ro
ro
ro

ro
ro
ro

A. M. Textor

SAG ES AUF DEUTSCH

Das Fremdwörterlexikon

Über 20 000 Fremdwörter aus allen Lebensgebieten

Vollständig überarbeitet und erweitert
von Renate Morell

Rowohlt Taschenbuch Verlag

4. Auflage November 2020

Vollständig überarbeitete und erweiterte
Neuausgabe September 2008

Veröffentlicht im Rowohlt
Taschenbuch Verlag,
Reinbek bei Hamburg, Mai 2002

Umschlaggestaltung ZERO Werbeagentur, München
Satz Life und Univers PostScript (PageOne)
Gesamtherstellung CPI books GmbH, Leck, Germany
ISBN 978 3 499 62398 1

Hinweise

Dieses Handbuch erklärt nicht nur über 20 000 Fremdwörter aus allen Lebensgebieten, sondern hilft auch bei der richtigen Aussprache. Zudem löst es die gängigen Abkürzungen bzw. Kürzel auf (Beispiele: **BRT** = Bruttoregistertonne; **ai** = Amnesty International). Neben den «reinen» Fremdwörtern enthält es eine Fülle von Namen und Bezeichnungen etwa aus der antiken Mythologie (Beispiel: **Adonis**) oder der Lebensumwelt (Beispiel: **Alligator**).

Das Gleichheitszeichen (=) löst eine Abkürzung auf und/oder verweist auf einen wortverwandten Begriff (Beispiel: **Dalbe** = Duckdalbe; die Erklärung von Dalbe siehe unter Duckdalbe).

Die Stichwörter sind alphabetisch geordnet; die Umlaute ä, ö, ü sind wie a, o, u behandelt. Die Stichwörter sind, wenn sie dasselbe Stammwort haben, in Wortgruppen zusammengefasst, wodurch – auch wenn dies zu geringfügigen Abweichungen von der alphabetischen Hierarchie führt – die etymologische bzw. semantische Zusammengehörigkeit der Wörter einer Gruppe verdeutlicht wird.
Hinter den Stichwörtern steht die Angabe zum grammatischen Geschlecht und – in Klammern – die meistens abgekürzte Herkunftsbezeichnung (vgl. Abkürzungsverzeichnis).
Die betonte Silbe eines Wortes ist unterstrichen. Wird ein Doppelselbstlaut – z. B. au, ei, eu – betont, so steht der Strich unter dem ersten Selbstlaut.
Die Aussprache der Wörter steht vor der Herkunftsbezeichnung. Wird nur ein Teil des Worts anders ausgesprochen, steht für die bekannte Aussprache ein Strich. Da wir aus Gründen der Einfachheit auf Lautschriftzeichen verzichtet haben, sind die Nasale, z. B. der französischen Sprache, bezeichnet mit an = ang, en = ang, in = äng, on = ong, un = öng. Ein Apostroph zwischen zwei Buchstaben (z. B. -ri'e-) gibt an, dass beide Buchstaben ausgesprochen werden.
Die häufig wiederkehrenden Endsilben -tion, -tium und -tiell werden immer -zion, -zium und -ziell gesprochen. Der Buchstabe C wird vor a, o und u immer wie K gesprochen, vor e und i in lateinischen Wörtern wie Z, sonst nach Angabe. Der Buchstabe V wird in allen Fremdsprachen, wenn er am Anfang der Silbe steht, wie W gesprochen. Die Endsilbe -rhöe wird immer rö gesprochen.

Abkürzungen

Abk.	Abkürzung
abwert.	abwertend
afrik.	afrikaans
ägypt.	ägyptisch
alban.	albanisch
allg.	allgemein
altind.	altindisch
altisl.	altisländisch
altnord.	altnordisch
amerik.	amerikanisch
anatom.	anatomisch
arab.	arabisch
aram.	aramäisch
asiat.	asiatisch
austral.	australisch
aztek.	aztekisch
Bed.	Bedeutung
bes.	besonders
Bez.	Bezeichnung
brasil.	brasilianisch
breton.	bretonisch
buddh.	buddhistisch
bulg.	bulgarisch
bzw.	beziehungsweise
chem.	chemisch
chin.	chinesisch
christl.	christlich
d. h.	das heißt
dt.	deutsch
Dtld.	Deutschland
EDV	elektronische Datenverarbeitung
ehemal.	ehemalig
eigtl.	eigentlich
Eigw.	Eigenschaftswort
einged.	eingedeutscht
elektr.	elektrisch
engl.	englisch
entspr.	entsprechend
eskim.	eskimoisch
etrusk.	etruskisch
europ.	europäisch

evang.	evangelisch
Ez.	Einzahl
finn.	finnisch
frz.	französisch
gäl.	gälisch
gebr.	gebräuchlich od. gebraucht
gegr.	gegründet
germ.	germanisch
ggf.	gegebenenfalls
Ggs.	Gegensatz
gr.	griechisch
hait.	haitisch
hawai.	hawaiisch
hebr.	hebräisch
herg.	hergestellt
Herk.	Herkunft
hl.	heilig
Hptw.	Hauptwort
ind.	indisch
indian.	indianisch
isl.	isländisch
islam.	islamisch
itl.	italienisch
jap.	japanisch
jav.	javanisch
Jh.	Jahrhundert
jidd.	jiddisch
Jj.	Jugendjargon
jmd.	jemand
jmdm.	jemandem
jmdn.	jemanden
jmds.	jemandes
jüd.	jüdisch
karib.	karibisch
katal.	katalanisch
kath.	katholisch
kelt.	keltisch
Kfz	Kraftfahrzeug
korean.	koreanisch
kreol.	kreolisch
kroat.	kroatisch

künstl.	künstlich
lad.	ladinisch
lat.	lateinisch
lett.	lettisch
lit.	litauisch
m.	männlichen Geschlechts
malai.	malaiisch
mexik.	mexikanisch
mhd.	mittelhochdeutsch
mong.	mongolisch
mytholog.	mythologisch
Mz.	Mehrzahl
nat.	national
n. Chr.	nach Christus
nepales.	nepalesisch
neugr.	neugriechisch
niederl.	niederländisch
normann.	normannisch
norw.	norwegisch
o. Ä.	oder Ähnliches
o. A.	ohne Artikel
od.	oder
o. g.	oben genannt
österr.	österreichisch
pers.	persisch
peruan.	peruanisch
philos.	philosophisch
philippin.	philippinisch
poln.	polnisch
polynes.	polynesisch
port.	portugiesisch
provenz.	provenzalisch
rd.	rund
röm.	römisch
roman.	romanisch
rumän.	rumänisch
russ.	russisch
s.	sächlichen Geschlechts
sanskr.	sanskritisch
scherzh.	scherzhaft
schott.	schottisch
schwed.	schwedisch
semit.	semitisch
serb.	serbisch
singhal.	singhalesisch
skand.	skandinavisch
slaw.	slawisch
slowen.	slowenisch
sog.	sogenannt
span.	spanisch
spez.	speziell
stellv.	stellvertretend
tägl.	täglich
tahit.	tahitisch
tamil.	tamilisch
tibet.	tibetisch
tschech.	tschechisch
tungus.	tungusisch
türk.	türkisch
u. a.	und andere(s)
u. Ä.	und Ähnliche(s)
umg.	umgangssprachlich
unbek.	unbekannt
ungar.	ungarisch
ungekl.	ungeklärt
unges.	ungesichert
urspr.	ursprünglich
usw.	und so weiter
v. Chr.	vor Christus
vgl.	vergleiche
viell.	vielleicht
vulg.	vulgär
w.	weiblichen Geschlechts
walis.	walisisch
wörtl.	wörtlich
Wz.	Warenzeichen
z. B.	zum Beispiel
z. T.	zum Teil
Ztw.	Zeitwort
zz.	zurzeit
z. Z.	zur Zeit
=	siehe unter

A

à (*frz.*) je, das Stück zu
a. = anno
a. = Acre
A-, a- (*gr.*); **Ab-, ab-** (*lat.*) als Vorsilbe: weg, ab, ent-, nicht
a. a. = ad acta
Abakus *m.* (*gr.-lat.*) 1. Deckplatte über Säulenkapitell; 2. antike Rechentafel
Abalone *w.* (*engl.-span.*) essbare Meeresschnecke, Seeohr, Meerohr
Abandon *m.* (abangdong), **Abandonnement** *s.* (-donmang, *frz.*) Preisgabe von Rechten oder Vermögenswerten
à bas! (a ba, *frz.*) nieder!, herunter!
Abasie *w.* (*gr.*) Gehunfähigkeit (aus organischen oder psychischen Ursachen); **abatisch** an Abasie leidend
Abate *m.* (*itl.-span.*) Titel eines kath. Weltgeistlichen in Italien und Spanien
Abaton *s.* (*gr.*) Altarraum in orthodoxen Kirchen
Abba *m.* (*aram.*) 1. Anrede (Vater) an Gott im Neuen Testament; 2. alte Anrede an Geistliche der Ostkirche
Abbasiden *Mz.* Kalifengeschlecht im Mittelalter (in der Nachfolge von Mohammeds Onkel Abbas)
Abbé *m.* (*frz.*) Titel eines kath. Weltgeistlichen in Frankreich
Abbreviation, Abbreviatur *w.* Abkürzung in Schrift und Notenschrift (z. B. *usw.* für *und so weiter*); **abbreviieren** (-vi'ie-) abkürzen
abcashen (-käsch-, *engl.*) abkassieren (umg.)
abcoolen (-kuhl-, *engl.*) sich beruhigen, abkühlen (Jj.)
Abderit *m.* Schildbürger, Einfaltspinsel (nach den Einwohnern der altgriechischen Stadt Abdera)
Abdikation *w.* (*lat.*) Abdankung, Verzicht; **abdizieren** abdanken, zurücktreten
Abdomen *s.* (*lat.*) 1. Bauch, Unterleib; 2. Hinterleib der Gliedertiere (z. B. Spinnen, Krebse); **abdominal** zu Bauch oder Unterleib gehörig; **Abdominalgravidität** *w.* Bauchhöhlenschwangerschaft
abdriften (*engl.*) vom Kurs abkommen
Abduktion *w.* (*lat.*) Wegführen eines Muskels von der Mittellinie des Körpers, Spreizen; **Abduktor** *m.* Spreizmuskel (*Mz.*: Abduktoren); **abduzieren** spreizen
Aberration *w.* (*lat.*) 1. scheinbare Ortsveränderung eines Gestirns (dem Beobachter entgegen); 2. Abbildungsfehler bei optischen Systemen; 3. Abweichung innerhalb einer Tier- oder Pflanzenart, Ztw. **aberrieren**
Abessinier *m.* (-ni'er) mittelgroße, schlanke, wildfarbene Kurzhaarkatze mit bes. Fellzeichnung (nach Abessinien, der alten Bez. für Äthiopien)
abgespact (-spehst, *engl.*) beeindruckend, leicht verrückt (Jj.)
abgefuckt (-fakt, *engl.*) heruntergekommen, in schlechtem Zustand (umg.)
abhorreszieren, abhorrieren (*lat.*) 1. verabscheuen, ablehnen; 2. zurückschrecken
Ability *w.* (äbi-, *engl.*) Geschicklichkeit, (Leistungs-)Fähigkeit (des Menschen)
ab initio (*lat.*) von Anfang an
Abiogenese *w.* (*gr.*) die Annahme von der Entstehung des Lebens aus Unbelebtem, Urzeugung
Abiose, Abiosis *w.* (*gr.*) Lebensunfähigkeit, Absterben von Geweben, Eigw. **abiotisch**
Abitur, Abiturium *s.* (*lat.*) Reifeprüfung; **Abiturient** (-ri'e-) *m.* jmd., der die Reifeprüfung ablegt oder abgelegt hat
Abjudikation *w.* (*lat.*) (gerichtliche) Aberkennung; **abjudizieren** aberkennen, absprechen
abkommandieren (*lat.*) jmdn. zur Erledigung einer Aufgabe wegschicken
abkonterfeien (*frz.*) abmalen, abzeichnen, fotografieren
Ablaktation *w.* (*lat.*) 1. Entwöhnung

(von der Muttermilch); 2. Veredelungsmethode in der Pflanzenzucht; **ablaktieren** 1. abstillen, entwöhnen; 2. einen Wildling veredeln (in der Pflanzenwelt)

Ablation *w.* (*lat.*) Abtragung durch Wind und Regen, Abschmelzen von Gletschern

Ablativ *m.* (*lat.*) Beugungsfall des Hauptworts, Woherfall (z. B. im Lateinischen)

abnorm (*lat.*) von der Regel abweichend, nicht normal; **Abnormität** *w.* Abweichung vom Normalen

Abo = Abonnement

Abolition *w.* (*lat.*) 1. Abschaffung der Sklaverei; 2. Niederschlagung eines Strafverfahrens

abominabel (*frz.*) abstoßend, widerlich, scheußlich

Abonnement *s.* (abonnmang, *frz.*) Dauerbezug (von Zeitungen, Konzertkarten o. Ä.); **Abonnent** *m.* jmd., der ein Abonnement hat, Ztw. **abonnieren**

Aborigines *Mz.* (äboridschines, *lat.-engl.*) die Ureinwohner, bes. Australiens

Abort, Abortus *m.* (*lat.*) Fehlgeburt; **abortieren** fehlgebären; **abortiv** 1. eine Fehlgeburt bewirkend; 2. fehlgebildet; 3. verkürzt verlaufend (von Krankheiten)

ab ovo (*lat.*) von Anfang an, vom Ursprung her

abqualifizieren (*lat.*) jmdm. die Eignung für etwas absprechen

Abrakadabra *s.* (*unbek. Herk.*) 1. Zauberwort; 2. verworrenes Gerede

abrasieren (*lat.*) 1. Körperhaare entfernen; 2. einebnen, schleifen (umg.)

Abrasion *w.* (*lat.*) 1. Abtragung durch die Meeresbrandung; 2. Ausschabung (der Gebärmutter)

Abraxas *m.* (*gr.*) gnostisches Geheimwort (für Gott); **Abraxasstein** *m.* Gemme, Amulett, Ring mit einem Abraxas

abreagieren (*lat.*) sich von Erregung, Spannung befreien; **Abreaktion** *w.* Lösung seelischer Spannung

Abri *m.* (*frz.*) steinzeitliche Wohnstelle unter einem Felsvorsprung

Abrogation *w.* (*lat.*) Abschaffung, Aufhebung eines Gesetzes; **abrogieren** abschaffen, aufheben, zurücknehmen

abrupt (*lat.*) jäh, unvermittelt, unerwartet, zusammenhanglos

Absence *w.* (absangß, *frz.*) vorübergehende Geistesabwesenheit

absent (*lat.*) abwesend; **in absentia** (-zia) in Abwesenheit; **sich absentieren** sich entfernen; **Absenz** *w.* Abwesenheit

Absinth *m.* (*gr.-lat.*) Wermutpflanze, Wermutbranntwein

absit! (*lat.*) das sei ferne!, bewahre!

absolut (*lat.*) 1. rein, nur auf sich bezogen (z. B. absolute Musik, Malerei); 2. uneingeschränkt, vollkommen, unabhängig (z. B. absolute Monarchie); 3. überhaupt, schlechthin, durchaus (z. B. absolut keine Lust); **Absolution** *w.* Lossprechung, bes. von Sünden; **Absolutismus** *m.* 1. uneingeschränkte Herrschaft; 2. Zeitalter der uneingeschränkten Fürstenherrschaft, Eigw. **absolutistisch**

Absolvent *m.* (*lat.*) jmd., der eine Ausbildung (erfolgreich) durchlaufen hat; **absolvieren** 1. durchlaufen, erfolgreich abschließen; 2. die Absolution erteilen, Hptw. **Absolvierung** *w.*

Absorber *m.* (*engl.*) Gerät zum Aufsaugen von Gasen (in Kältemaschinen); **absorbieren** (*lat.*) 1. aufsaugen; 2. restlos beanspruchen; 3. verschlucken (von Licht, Strahlung), Hptw. **Absorption** *w.*; **absorptiv** einsaugend, verschluckend

abstinent (*lat.*) enthaltsam; **Abstinenz** *w.* Enthaltsamkeit, Enthaltung; **Abstinenzler** *m.* Alkoholgegner, Anhänger der Antialkoholbewegung

Abstract *s.* (äpßträkt, *engl.*) kurze Inhaltsangabe, kurzer Abriss

abstrahieren (*lat.*) 1. abziehen, absehen von, beiseitelassen; 2. verallgemeinern, zum Begriff erheben; **abstrakt** 1. begrifflich; abgezogen, theoretisch; 2. ungegenständlich; **abstrakte Kunst** *w.* sich vom Gegenständlichen lösende, ungegenständliche Kunst; **Abstraktion** *w.* Verallgemeinerung, Begriffsbildung; **Abstraktum** *s.* Hauptwort, das etwas Nichtgegenständliches bezeichnet, Begriffswort (z. B. Liebe, Seele) (*Mz.* Abstrakta)

abstrus (*lat.*) dunkel, verworren, unklar, absonderlich, unverständlich; Hptw. **Abstrusität** *w.*

absurd (*lat.*) unsinnig, widersinnig, sinnlos, abwegig; **Absurdität** *w.* Widersinnigkeit

Abszess *m.* (*lat.*) Eiterherd; **abszedieren** eitern
Abszisse *w.* (*lat.*) die (waagerechte) x-Achse im Koordinatensystem, i. Ggs. zur Ordinate
abtrainieren (-trä-, *engl.*) Gewicht (durch körperliches Training) verlieren
abtörnen, abturnen (-törnen, *engl.*) aus der Stimmung bringen
Abu *m.* (*arab.*) Vater, Bestandteil arab. Namen
Abulie *w.* (*gr.*) krankhafte Willenlosigkeit, Unentschlossenheit
abundant (*lat.*) reichlich, überfließend; **Abundanz** *w.* Überfluss, Überangebot
ab urbe condita (*lat.*) seit Gründung der Stadt (Rom), altröm. Zeitrechnung
Abusus *m.* (*lat.*) übermäßiger Gebrauch, Missbrauch; **abusiv** missbräuchlich
Abyssus *m.* (*gr.*) 1. Meerestiefe; 2. Abgrund; **abyssisch** aus großer Tiefe, in großer, abgründiger Tiefe
a. c. = a conto
Academic Writing *s.* (äka- reit-, *engl.*) 1. wissenschaftliches Schreiben, ein in Syntax und Stil den akademisch-wissenschaftlichen Standards angepasstes Schreiben; 2. wissenschaftlich relevante Textsorte (z. B. Examensarbeit, Dissertation u. Ä.)
a cappella (*itl.*) Musik: für Singstimmen ohne Instrumentalbegleitung
accel. Abk. für **accelerando** (atschellerando, *itl.*) Musik: schneller werden(d), lebhafter
Accent aigu *m.* (akßangt ägü, *frz.*) Akut, Betonungszeichen, Zeichen ´, z. B. é; **Accent circonflexe** *m.* (– ßirkongfleks) Zirkumflex, Dehnungszeichen, Zeichen ˆ, z. B. ê; **Accent grave** *m.* (– graf) Gravis, Betonungszeichen, Zeichen `, z. B. è
Accessoires *Mz.* (akßessoahr, *frz.*) modisches Zubehör
Accompagnato *s.* (akompanjato, *itl.*) Rezitativ mit Orchester
Account *m.* od. *s.* (äkaunt, *engl.*) 1. Rechnung, Konto; 2. Zugangsberechtigung zu Internet und E-Mail; 3. Kunde; **Account-Executive** *m.* (-exekjutif) Kundenbetreuer; **Accountant** *m.* (-tent) Buchhalter; Rechnungs- und Wirtschaftsprüfer; **Account-Management, Accountmanagement** *s.* (mänedsch-) Kundenbetreuung in einer bzw. für eine Firma; **Account-Manager, Accountmanager** *m.* Kundenbetreuer
accresc. Abk. für **accrescendo** (akreschendo, *itl.*) Musik: anschwellend, stärker
Accrochage *w.* (akroschahsch, *frz.*) Ausstellung aus den eigenen Beständen einer Galerie
ACE-Hemmer *Mz.* (aus engl. *a*ngio-tensin *c*onvertising *e*nzyme) blutdrucksenkende Arzneistoffe
Acetat *s.* (*lat.*) Salz der Essigsäure; **Acetatseide** *w.* Kunstseide aus Zellulose-Acetat; **Aceton** *s.* Lösungsmittel (Essiggeist); **Acetylen** *s.* brennbarer, gasförmiger Kohlenwasserstoff
Achat *m.* (*gr.*) bunt geschichteter Schmuckstein, Eigw. **achaten**
Acheron *m.* (*gr.*) Fluss in der Unterwelt; **acherontisch** unterweltlich
Acheuléen *s.* (aschöleang, *frz.*) Kulturstufe der älteren Steinzeit
Achillessehne *w.* (*gr.*) Sehne in der Wadenmuskulatur; **Achillesferse** *w.* schwache Seite, verwundbare Stelle eines Menschen
a. Chr. (n.) = ante Christum (natum)
achromatisch (akro-, *gr.*) Farben nicht verzerrend; **Achromat** *m.* fotografisches Objektiv mit achromatischer Linse; **Achromasie** *w.*; **Achromatismus** *m.* Brechung des Lichts ohne Zerlegung in Farben; **Achromatopsie** *w.* Farbenblindheit
a. c. i. = *a*ccusativus *c*um *i*nfinitivo (*lat.*) Akkusativ mit Infinitiv, grammatische Fügung, bei der das Akkusativobjekt des ersten Verbs zugleich Subjekt des zweiten, im Infinitiv stehenden Verbs ist (z. B.: Ich höre den Hund bellen = Ich höre den Hund. Er bellt.)
Acid *s.* (ehßid, *engl.*) Rauschmittel, LSD; **Acid-House** (-haus) Musikstil mit Bassrhythmen und Sprechgesang
Acidimetrie *w.* (*lat.*) Methode zur Bestimmung des Säuregehalts; **Acidität** *w.* Säuregehalt einer Lösung
à condition (a kongdißjong, *frz.*) bedingungsweise, unter Vorbehalt
a conto (*itl.*) auf Rechnung von, auf Abschlag (Abk. a. c.)

Acre *m.* (ehk'r, *engl.*) englisches Flächenmaß: etwa 4046 qm (Abk. a.)
Acrobat Reader *m.* (äkro- rih, *engl.*) Programm des US-amerik. Softwareherstellers Adobe, mit dem PDF-Dateien gelesen werden können (EDV)
Acrylfarben *Mz.* (*Kunstwort*) wasserlösliche, schnell trocknende Kunstharzdispersionsfarben, die seit den 1960er-Jahren in der Malerei verwendet werden
Action *w.* (äktschen, *engl.*) Spannung, Dramatik, Handlungsreichtum; **Action directe** *w.* (akßiong direkt, *frz.*) unmittelbares, an keine Vertretung delegiertes (politisches) Handeln der Betroffenen; **Actionfilm** *m.* (*engl.*) Film, der überwiegend auf Action ausgerichtet ist; **Actionpainting** *s.* (-pehnting) Aktionsmalerei, abstrakt-expressionistische Richtung der modernen Malerei, vor allem in den USA; **Action-Research**, **Actionresearch** *s.* (-rihsörtsch) Handlungsforschung, Aktionsforschung mit dem Ziel, in bestimmten Bereichen direktes soziales Handeln zu ermöglichen; **Actionthriller** *m.* (-ßriller) handlungs- und spannungsreicher Roman oder Film
A. D. = Anno Domini
a. d. = a dato
Ad-, ad- (*lat.*) als Vorsilbe: zu, hinzu
ad absurdum führen (*lat.*) die Sinnlosigkeit einer Behauptung nachweisen
ad acta legen (*lat.*) zu den Akten, beiseitelegen, als erledigt betrachten, abtun
Adagietto *s.* (adadschetto, *ital.*) kleines Adagio; **adagio** (-dscho) Musik: langsam, getragen; **Adagio** *s.* langsamer Satz eines Tonwerks; **adagio assai** ziemlich langsam; **– molto, adagissimo** (-dschissi-) sehr langsam
Adagium *s.* (*lat.*) Sprichwort (*Mz.* Adagia)
Adapter *m.* (*engl.*) 1. Vorrichtung zur Anpassung elektrischer Geräte aneinander; 2. Zusatzgerät; **Adaption, Adaptation** *w.* (*lat.*) Anpassung, Umarbeitung; **adaptieren** anpassen, umarbeiten; **adaptiv** auf Adaption beruhend
adäquat (*lat.*) angemessen, entsprechend, passend; Hptw. **Adäquatheit** *w.*
a dato (*lat.*) vom Tage des Datums an
ad calendas graecas, ad kalendas graecas (ka- gräk-, *lat.*) bis zu den (nicht vorhandenen) griechischen Kalenden: nie, niemals, am Nimmerleinstag
Ad-Click *m.* (äd-, aus *engl.* *ad*vertising *click*) Aufruf einer Website im Internet per Mausklick (EDV); **Ad-Copy** *w.* Werbetext; **ADD** *o. A.* analog aufgenommen, digital bearbeitet und abgespielt (von Datenträgern); **adden** etwas hinzufügen (Jj.); **Add-on** *s.* Hilfsprogramm, das die Kapazität eines PC erweitert (EDV)
addieren (*lat.*) zusammenzählen, zusammenrechnen, hinzufügen; **Addition** *w.* Zusammenrechnung, Summierung; **additional, additionell** nachträglich, zusätzlich; **additiv** durch Addition entstanden; **Additiv** *s.* chem. Zusatz zur Qualitätsverbesserung eines Stoffs
addizieren (*lat.*) zuerkennen, zusprechen, zuschreiben, bes. unsignierte Gemälde einem Künstler
Adduktion *w.* (*lat.*) heranziehende Bewegung eines Muskels; **adduktiv** heranziehend; **Adduktor** *m.* heranziehender Muskel (*Mz.* Adduktoren)
à demi (*frz.*) zur Hälfte
Adenitis *w.* (*gr.*) Drüsenentzündung, Lymphknotenentzündung; **Adenoma** *s.* Drüsengeschwulst; **adenös** die Drüsen betreffend; **Adeno-Virus** *s.* Drüsenkrankheiten erzeugendes Virus
Adept *m.* (*lat.*) Eingeweihter, Jünger eines Meisters
ad exemplum (*lat.*) zum Beispiel
Adhan *m.* (*arab.*) Aufruf des Muezzin zu Gebet und Gottesdienst im Islam
adhärent (*lat.*) anhaftend, aneinander haftend; **adhärieren** anhaften; **Adhäsion** *w.* 1. das Aneinanderhaften von Stoffen; 2. Verklebung (von Organen)
ad hoc (*lat.*) 1. zu diesem Zweck, eigens dafür; 2. aus dem Augenblick
ad hominem argumentieren (demonstrieren) (*lat.*) Beweis oder Erklärung auf das Verständnis eines bestimmten Menschen abstellen
ad honorem (*lat.*) ehrenhalber, zu Ehren
adieu! (adjöh, *frz.*) Gott befohlen!, Leb wohl!; **Adieu** *s.* das Lebewohl
Ädikula *w.* (*lat.*) Fenstereinfassung, Nische
ad infinitum = in infinitum

Adipositas *w.* (*lat.*) Fettleibigkeit; Eigw. **adipös**

à discrétion (a dißkreßiong, *frz.*) nach Belieben

Adjektiv *s.* (*lat.*) Eigenschaftswort, Beiwort; **adjektivisch** als Eigenschaftswort gebraucht

Adjudikation *w.* (*lat.*) Zuerkennung; **adjudizieren** zuerkennen, zusprechen

adjungieren (*lat.*) zuordnen, beigeben; **Adjunktion** *w.* Beifügung

adjustieren (*lat.*) eichen, fein einstellen, zurichten; **Adjustierung** *w.* Eichung, genaue Einstellung

Adjutant *m.* (*lat.*) zur Unterstützung beigeordneter Offizier

ad kalendas ... = ad calendas ...

Adlatus *m.* (*lat.*) Helfer, Gehilfe (scherzh.)

ad libitum (*lat.*) nach Belieben (Abk. a. l., ad l., ad lib.)

ad maiorem Dei gloriam (-de'i-, *lat.*) zur größeren Ehre Gottes, Wahlspruch der Jesuiten

Administration *w.* (*lat.*) Verwaltung, Verwaltungsbehörde; **administrativ** behördlich, verwaltungsmäßig; **Administrator** *m.* Verwalter

admirabel (*lat.*) bewundernswert

Admiral *m.* (*arab.-frz.*) 1. Seeoffizier im Generalsrang; 2. samtschwarzer Schmetterling mit weißen Flecken und roten Streifen; **Admiralität** *w.* oberste Behörde der Kriegsmarine

Adnex *m.* (*lat.*) Anhang, Zusatz

ad notam nehmen (*lat.*) zur Kenntnis nehmen, sich merken

ad oculos demonstrieren (*lat.*) deutlich vor Augen führen, anschaulich machen

adoleszent (*lat.*) heranwachsend; **Adoleszenz** *w.* Jugendalter, Lebensabschnitt nach der Pubertät

Adonai *o.A.* (*hebr.*) Umschreibung für Jahwe im Alten Testament

Adonis *m.* (*griech.*) schöner junger Mann (nach dem Jüngling der griech. Mythologie), Eigw. **adonisch**

adoptieren (*lat.*) 1. als Kind annehmen; 2. sich etwas nachahmend aneignen; **Adoption** *w.* Annahme, das Adoptieren; **Adoptivkind** *s.* angenommenes Kind

Adoration *w.* (*lat.*) Anbetung, religiöse Verehrung, Eigw. **adorabel**

ad referendum (*lat.*) zur Berichterstattung

ad rem (*lat.*) zur Sache (gehörend)

Adrema *w.* (Kurzwort, *Wz.*) Adressiermaschine

Adrenalin *s.* (*lat.*) Hormon des Nebennierenmarks

Adressat *m.* (*frz.*) 1. Empfänger einer Sendung; 2. jmd., an den etwas gerichtet ist; **Adresse** *w.* 1. Anschrift; 2. politische Willenskundgebung an die Regierung; 3. gekennzeichneter Speicherplatz im Computer (EDV); **adressieren** 1. mit Adresse versehen; 2. sich an jmdn. wenden

adrett (*frz.*) sauber, nett, ordentlich

Adserver *m.* (ädsörwer, aus *engl. ad*vertising und *server*) Server, der den Erfolg von Internetwerbung misst (EDV)

adsorbieren (*lat.*) anlagern; **Adsorption** *w.* Bindung von Gasen an die Oberflächenschicht fester Stoffe

ad spectatores (*lat.*) an das Publikum gerichtete Äußerung eines Schauspielers (Regieanweisung)

Adstringens *s.* (*lat.*) zusammenziehendes Mittel (*Mz.* Adstringenzien); **adstringieren** zusammenziehen, verengen

adult (*lat.*) erwachsen, geschlechtsreif; **Adult-Check** *m.* (ädalt tscheck, *engl.*) Altersnachweissystem, um den Zugriff von Minderjährigen auf jugendgefährdende Websites zu verhindern; **Adult-Education** *w.* (– ädjukehschn) Erwachsenenbildung; **Adulter** *m.*, **Adultera** *w.* (*lat.*) Ehebrecher(in) **Adult-School** *w.* (– skuhl, *engl.*) Fort- und Weiterbildungseinrichtung für Erwachsene; **Adult-Shop** *m.* (– schopp) kaschierende Bez. für Sexshop

ad usum (*lat.*) zum Gebrauch; **ad usum Delphini** für die Jugend bearbeitet, von anstößigen Stellen befreit (was auf Veranlassung Ludwigs XIV. mit der Lektüre des Kronprinzen, des Dauphins, geschah); **ad usum medici** (-tsi) zum Gebrauch des Arztes (Aufschrift auf unverkäuflichen Arzneiproben)

Advantage *m.* (edwahntidsch, *engl.*) Vorteil, erster gewonnener Punkt nach dem Einstand (beim Tennis)

Advent *m.* (*lat.*) die vier Wochen vor Weihnachten

Adverb *s.* (*lat.*) Umstandswort; **adverbial** als Umstandswort gebraucht

adversativ (*lat.*) gegensätzlich, entgegengesetzt

Advertiser *m.* (ädwärteiser, *engl.*) Werbeagentur, Werbeunternehmen; **Advertising** *s.* Werbung, Werbebranche; **Advertising Agency** *w.* (– ähdschenßi, *engl.*) Werbeagentur; **Advertising Copy** *w.* Werbetext (Vorlage); **Advertising Department** *s.* (di-) Werbeabteilung einer Firma; **Advertising Manager** *m.* (– mänedscher) Werbeleiter

Advocatus Diaboli *m.* (*lat.*) jmd., der der Sache zuliebe die Position der Gegenseite einnimmt

Advokat *m.* (*lat.*) Anwalt, Rechtsbeistand

Adynamie *w.* (*gr.*) Schwäche, Kraftlosigkeit; **adynamisch** schwach, kraftlos

Aero-, aero- (äro, *gr.*) als Wortteil: Luft; **aerob** Sauerstoff zum Leben brauchend (von Lebewesen); **Aerobic** *s.* od. *o. Art.* (*engl.*) Fitnesstraining mit Tanz und Gymnastikübungen; **Aerobier** (-bi'er, *gr.*), **Aerobiont** *m.* Lebewesen, das nur mit Sauerstoff leben kann; **Aerodynamik** *w.* Lehre von den Bewegungsgesetzen der Luft; **Aeroflot** *w.* (*gr.-russ.*) russ. Fluggesellschaft; **Aerologie** *w.* Erforschung der höheren Luftschichten in der Meteorologie; **Aeronautik** *w.* Luftfahrtkunde; **Aerostatik** *w.* Lehre von den Gleichgewichtszuständen der Luft

Affäre *w.* (*frz.*) 1. unangenehme Sache, peinlicher Vorfall; 2. Liebesverhältnis

Affekt *m.* (*lat.*) heftige Gemütsbewegung, Zustand der Erregung; **affektiert** geziert, gekünstelt; **Affektation** *w.* affektiertes Benehmen; **Affektion** *w.* Erkrankung; **affektiv** affektbetont, durch einen Affekt hervorgerufen; **Affektivität** *w.* Gesamtheit menschlicher Gefühle und Stimmungen

AF = Air France

affettuoso, con affetto (*itl.*) Musik: mit Empfindung, leidenschaftlich

Affiche *w.* (affisch, *frz.*) Anschlag, Aushang, Plakat, Ztw. **affichieren**

Affidavit *s.* (*lat.*) 1. eidesstattliche Versicherung; 2. Bürgschaft für einen Immigranten

affin (*lat.*) 1. wesensverwandt; 2. reaktionsfähig (von Stoffen bei chem. Verbindungen); **Affinerie** *w.* Scheideanlage für Metalle; **affinieren** reinigen, scheiden, trennen (z. B. in der Metallverarbeitung); **Affinität** *w.* 1. Anziehungskraft zwischen (zwei) Menschen; 2. chem. Reaktionsbereitschaft

Affirmation *w.* (*lat.*) Bejahung, Bekräftigung; **affirmativ** bejahend, bekräftigend

Affix *s.* (*lat.*) Wortbildungselement (Präfix und Suffix)

affizieren (*lat.*) reizen, einen krankhaften Vorgang auslösen; **affiziert** gereizt, befallen

Affodill *m.* (*gr.-lat.*) Gattung der Liliengewächse

Affrikata *w.* (*lat.*) Verschlusslaut mit darauf folgendem Reibelaut (z. B. *ts*)

Affront *m.* (affrong, *frz.*) herausfordernde Beleidigung, Brüskierung

affrös (*frz.*) abscheulich

Afghane *m.* 1. Staatsbürger Afghanistans; 2. afghanischer Windhund; **Afghani** *m.* Währungseinheit in Afghanistan

à fonds perdu (a fong perdü, *frz.*) auf Verlustkonto

a fortiori (*lat.*) erst recht, umso mehr

AFP *w.* (aus *frz.* *A*gence *F*rance-*P*resse) seit 1944 bestehende franz. Nachrichtenagentur

a fresco = al fresco

Afrikaans *s.* (-kahns, *niederl.*) Sprache der Buren in der Republik Südafrika

Afrikanistik *w.* (*lat.*) Wissenschaft von der Geschichte, den Kulturen und Sprachen afrikanischer Völker

Afroamerikaner *m.* US-Amerikaner mit aus Afrika stammenden (schwarzen) Vorfahren; **Afrofrisur** *w.*, **Afrolook** *m.* (-luck) **Afro-Look**, Frisur mit dichten, stark gekrausten Locken

Aftermove *s.*, **Aftermove-Party** *w.* (-muhf-, engl.) (öffentliche) Party nach einer Großveranstaltung (z. B. einem Popkonzert); **Aftershave** *s.* (-schehf), **Aftershavelotion** *w.* (-lohschn) hautpflegendes Gesichtswasser nach der Rasur; **After-Show-Party, Aftershowparty** *w.*

(-schoh-) Party nach einem Event (z. B. Autorennen, Filmpreisverleihungen o. Ä.); **After-Work-Party, Afterworkparty** *w.* (-wörk-) Party unmittelbar nach der Arbeit für Mitarbeiter und Geschäftspartner

Aga, Agha *m.* (*türk.*) 1. Herr (als persische Anrede); 2. früherer Titel für türkische Offiziere; **Agha Khan** *m.* Oberhaupt der schiitischen Glaubensgemeinschaft

Agape *w.* (*gr.*) 1. Gottesliebe, Nächstenliebe; 2. Liebesmahl, Speisung (der Armen im Frühchristentum)

Agar-Agar *s.* (*malai.*) Gallerte aus Meeresalgen

Agave *w.* (*gr.*) der Aloe verwandte, artenreiche Gattung mit bedornten, dickfleischigen Blättern

Ageism *m.* (ehdschism, *engl.*) Diskriminierung älterer Menschen

Agenda *w.* (*lat.*) 1. Merkbuch, Schreibtafel; 2. Terminkalender; 3. Verhandlungspunkte; **Agende** *Mz.* Buch für die Gottesdienstordnung

Agens *s.* (*lat.*) treibende Kraft, wirkende Ursache (*Mz.* Agenzien)

Agent *m.* (*lat.*) 1. Vertreter, Vermittler, Unterhändler; 2. Spion; **Agent** *m.* (ehdschent, *engl.*) Bevollmächtigter einer Firma, Handelsvertreter; **Agent provocateur** *m.* (aschang prowokatöhr, *frz.*) Lockspitzel; **Agentur** *w.* (*lat.*) 1. Geschäftsstelle; 2. Künstlervermittlungsbüro; 3. Nachrichtenbüro

Agglomerat *s.* (*lat.*) zusammengeballtes Gestein; **Agglomeration** *w.* Zusammenballung, Konzentration (z. B. von Vorstädten); **agglomerieren** zusammenballen, anhäufen

Agglutination *w.* (*lat.*) 1. Verklebung, Verklumpung (von Zellen); 2. das Anfügen von Affixen; **agglutinieren** 1. zusammenballen, zusammenkleben; 2. Affixe anfügen

Aggregat *s.* (*lat.*) 1. aus mehreren selbständigen Teilen bestehende Einheit; 2. Maschinensatz; **Aggregatzustand** *m.* Erscheinungsform der Körper (fest, flüssig, gasförmig)

Aggressine *Mz.* (*lat.*) durch Bakterien gebildete Stoffe im Körper, die seine Abwehrkräfte schwächen; **Aggression** *w.* 1. Angriff, Überfall, Angriffskrieg; 2. aggressive Haltung, aggressives Verhalten; **aggressiv** angriffslustig, feindselig, streitsüchtig, provozierend; **Aggressivität** *w.* Angriffslust, Angriffsverhalten; **Aggressor** *m.* Angreifer (*Mz.* Aggressoren)

Agha = Aga

Ägide *w.* (*gr.*) Leitung, Schirmherrschaft

agieren (*lat.*) handeln; auftreten als

agil (*lat.*) flink, gewandt, beweglich, geschäftig, Hptw. **Agilität** *w.*; **agile** (adschile, *itl.*) Musik: leicht, behände

Agility *w.* (ädschiliti, *engl.*) vom Pferdesport inspirierter Sport für Hunde, bei dem der Hund einen Parcours von bis zu zwanzig Hindernissen zu durchlaufen hat

Agio *s.* (ahdscho, *itl.*) Aufgeld (Unterschied zwischen Nennwert und Marktpreis eines Wertpapiers); **Agiotage** *w.* (-tasch, *itl.-frz.*) Börsenspekulation mit Kursdifferenzen; **Agioteur** *m.* (-tör) Börsenspekulant; **agiotieren** Kursschwankungen nutzen, an der Börse spekulieren

Agitation *w.* (*lat.*) 1. Werbung für politische Ziele, Propaganda; 2. Hetze; **agitato** (adschitato, *itl.*) Musik: heftig; **Agitator** *m.* (*lat.*) jmd., der Agitation betreibt; **agitieren** 1. für politische Ziele werben, Propaganda treiben; 2. hetzen

Agitprop *w.* (Kunstwort aus *Agit*ation und *Prop*aganda) kommunistische Bewegung in den 1920er-Jahren mit dem Ziel, die (russischen) Massen zu revolutionieren

Agnat *m.* (*lat.*) Blutsverwandter von der väterlichen Seite; **agnatische Erbfolge** männliche Erbfolge

Agnomen *s.* (*lat.*) Beiname (*Mz.* Agnomina)

Agnostiker *m.* (*lat.*) Anhänger der Lehre; **Agnostizismus** *m.* Lehre von der rationalen Unerkennbarkeit des Göttlichen, des Metaphysischen, Eigw. **agnostizistisch**

agnoszieren (*lat.*) anerkennen

Agnus Dei *s.* (– de'i, *lat.*) 1. Lamm Gottes, Bez. für Christus; 2. Schlussteil des kath. Gottesdienstes

à gogo (*frz.*) nach Belieben (viel)

Agogik *w.* (*gr.*) individuelle Gestaltung des musikalischen Tempos, Eigw. **agogisch**

Agon *m.* (*gr.*) Wettkampf in der Antike;

agonal wettkampfmäßig; **Agonie** *w.* Todeskampf; **Agonist** *m.* Wettkämpfer

Agora *w.* (*gr.*) Markt- und Versammlungsplatz im antiken Griechenland; **Agoraphobie**, *w.* (*gr.*) Platzangst

Agraffe *w.* (*frz.*) Spange

Agrafie, Agraphie *w.* (*gr.*) Verlust des Schreibvermögens

Agrar-, agrar- (*gr.*) auf die Landwirtschaft bezogen; **Agrarchemie** = Agrochemie; **Agrarexport** *m.* Ausfuhr landwirtschaftlicher Produkte; **Agrarier** *m.* (-ri'er) Landbesitzer, Großgrundbesitzer; **Agrarimport** *m.* Einfuhr landwirtschaftlicher Produkte; **agrarisch** landwirtschaftlich; **Agrarkulturchemie** = Agrochemie

Agreement *s.* (ägrihment, *engl.*) nichtvertragliche Übereinkunft (zwischen Staaten)

Agrément *s.* (agrehmang, *frz.*) Beglaubigung eines Diplomaten

Agrikultur *w.* (*lat.*) Ackerbau, Landwirtschaft

Agro-, agro- (*gr.*) als Wortteil: Landwirtschafts-, Boden-; **Agrobusiness** *s.* (-bisnis-, *gr.-engl.*) Herstellung, Verarbeitung und Vermarktung landwirtschaftlicher Erzeugnisse durch private Unternehmen; **Agrochemie** *w.* 1. Forschungsbereich der Chemie, der sich mit Pflanzen- und Tierernährung beschäftigt; 2. Großunternehmen für agrochemische Erzeugnisse, zunehmend auch gentechnologisch behandelte Produkte; **Agronom** *m.* wissenschaftlich ausgebildeter Landwirt; **Agronomie** *w.* Ackerbaukunde, Landwirtschaftswissenschaft, Eigw. **agronomisch**

Agrumen *Mz.* (*itl.*) Südfrüchte, Zitrusfrüchte

Ahasver *m.* (*hebr.-lat.*) Sagengestalt des ewig unstet wandernden Juden; **ahasverisch** ruhelos umherirrend

ai = Amnesty International

Ai *s.* (*indian.*) südamerik. Faultier

AIDA-Formel *w.* (aus: *engl.* *a*ttention *i*nterest *d*esire *a*ction) Regel für erfolgreiche Werbung: Aufmerksamkeit, Interesse, Verlangen, Handeln

Aide *m.* (ähd, *frz.*) Partner beim Whist; **Aide-mémoire** *w.* (-memoahr) schriftliche Fixierung einer diplomatischen Unterredung

Aids *s.* (ehds, aus *engl.* *a*cquired *i*mmune *d*eficiency *s*yndrome) Immundefektsyndrom, Verlust der körpereigenen Abwehrkräfte (aufgrund einer Infektion mit dem HI-Virus)

Aikido *s.* (*jap.*) Form der Selbstverteidigung

Air-, air- (ähr, *engl.*) als Vorsilbe: Luft-

Air *s.* (ähr, *frz.*) 1. Hauch, Fluidum; 2. Lied, Weise; 3. Aussehen, Haltung; **sich ein Air geben** sich ein Ansehen geben

Airbag *m.* (ährbäck, *engl.*) Prallkissen, Sicherheitsvorkehrung im Auto; **Airboard** *m.* (-bohrd) aufblasbarer Hightech-Schlitten mit zwei Luftkammern; **Airbus** *m.* (ährbus) Großraumflugzeug für den Passagierverkehr; **Aircondition** *w.* (-kondischen) Klimaanlage

Airedaleterrier *m.* (ährdehlterri'er, *engl.*) drahthaariger englischer Rassehund

Air Force *w.* (– forß, *engl.*) Luftstreitkräfte Großbritanniens und der USA; **Air Force One** *s.* (– wan) Dienstflugzeug des US-Präsidenten; **Air France** *w.* (– frongß, *frz.*) französische Fluggesellschaft; **Airlift** *m.* (*engl.*) Luftbrücke; **Airline** *w.* (-lein) Fluglinie, Luftverkehrsgesellschaft; **Airmail** *w.* (-mehl, *engl.*) Luftpost; **Airport, Airterminal** *m.* (-tör-) Flughafen; **Airshuttle** *m.* (-schattl) Flugfähre; **Airsurfing** *s.* (-sörf-) Kombination aus Fallschirmspringen und Windsurfen, Extremsportart

Ajatollah *m.* (*pers.*) schiitischer Ehrentitel für Geistliche

à jour (aschuhr, *frz.*) auf dem Laufenden

Ajourarbeit Durchbrucharbeit an Geweben; **Ajourfassung** Randfassung für Edelsteine

Akademie *w.* (*gr.*) Hochschule, Kunstschule, wissenschaftliche Gesellschaft; **Akademiker** *m.* 1. Person mit abgeschlossener Hochschulausbildung; 2. Mitglied einer Akademie; **akademisch** 1. wissenschaftlich; 2. trocken, erstarrt; **Akademismus** *m.* starrer, sich an die Regeln der Kunstakademien haltender Kunststil

Akanthus *m.* (*gr.*) 1. Bärenklau; 2. Blattornament am korinthischen Kapitell

Akarine *w.* (*gr.*) Milbe

akaustisch (*gr.*) nicht ätzend

Akazie *w.* (-zi'e, *lat.*) Laubbaum aus der Gattung der Hülsenfrüchtler, bes. in Afrika und Australien beheimatet

Akelei *w.* (*lat.*) Zierpflanze, Gattung der Hahnenfußgewächse

Akinese, Akinesie *w.* (*gr.*) 1. Bewegungshemmungen von Gliedmaßen; 2. Sichtotstellen bei Tieren; **akinetisch** unbeweglich, bewegungsarm

Akk. = Akkusativ

Akklamation *w.* (*lat.*) 1. Beifall; 2. Zustimmungsruf bei mündlicher Abstimmung; **akklamieren** zustimmen

Akklimatisation *w.* (*gr.-lat.*) Anpassung an ein fremdes Klima, eine andere Umgebung; **akklimatisieren** sich eingewöhnen

Akkolade *w.* (*frz.*) 1. feierliche Umarmung bei einer Ordensverleihung; 2. geschwungene Klammer, die Zusammengehöriges bezeichnet

akkommodabel (*lat.*) anpassungsfähig, zweckmäßig; **Akkommodation** *w.* 1. Angleichung, Anpassung; 2. Einstellung des Auges auf die Entfernung; **akkommodieren** anpassen, angleichen; **sich akkommodieren** sich einigen, sich vergleichen

Akkompagnement *s.* (akompanjemang, *frz.*) musikalische Begleitung; **akkompagnieren** (-panjihren) instrumental begleiten

Akkord *m.* (*frz.*) 1. Zusammenklang von mindestens drei Tönen; 2. Vergleich zwischen Schuldner und Gläubiger; 3. Stücklohn; **Akkordeon** *s.* Ziehharmonika, Handharmonika; **akkordieren** übereinkommen, einen Vergleich eingehen

akkreditieren (*frz.*) 1. beglaubigen, bestätigen, bevollmächtigen; 2. Kredit einräumen; **Akkreditiv** *s.* 1. Beglaubigungsschreiben, bes. für Diplomaten; 2. Kreditbrief

Akku *m.* = Kurzwort für Akkumulator

Akkulturation *w.* (*lat.*) das Hineinwachsen einer Person in ihre kulturelle Umwelt

Akkumulation *w.* (*lat.*) Anhäufung, Ansammlung; **Akkumulator** *m.* 1. Stromspeicher, Stromsammler, Akku; 2. Speicherzelle für Zwischenergebnisse (EDV); **akkumulieren** anhäufen, speichern

akkurat (*lat.*) genau, sorgfältig, ordentlich; **Akkuratesse** *w.* (*frz.*) Genauigkeit, Ordnungsliebe, Sorgfalt

Akkusativ *m.* (*lat.*) der 4. Fall, antwortet auf die Frage: Wen oder was? (Abk. Akk.);

Akkusativ mit Infinitiv = a. c. i.

Akme *w.* (*gr.*) Gipfel, Höhepunkt, bes. im Verlauf einer Krankheit

Akne *w.* (*gr.*) Hautausschlag, bes. in der Pubertät; **akneigen** (-ne'i-) Akne erzeugend

akquirieren (*lat.*) 1. erwerben, anschaffen; 2. als Akquisiteur tätig sein; **Akquisiteur** *m.* (-tör) Anzeigenwerber, Kundenwerber; **Akquise, Akquisition** *w.* 1. Erwerbung, Anschaffung; 2. Anzeigenwerbung, Kundenwerbung, alle Maßnahmen der Kundengewinnung

Akren *Mz.* (*gr.*) die Körperenden (z. B. Nase, Kinn, Hände, Füße)

Akribie *w.* (*gr.*) äußerste Genauigkeit, peinliche Sorgfalt, Eigw. **akribisch**

Akro-, akro- (*gr.*) als Wortteil: hoch, spitz

Akrobat *m.* (*gr.*) Turnkünstler, Seiltänzer, Trapezkünstler; **Akrobatik** *w.* 1. Kunst des Akrobaten; 2. Geschicklichkeit und Körperbeherrschung, Eigw. **akrobatisch**

Akromegalie *w.* (*gr.*) Riesenwuchs vorspringender Körperteile (z. B. Hände, Füße, Nase)

Akronym *s.* (*gr.*) aus den Anfangsbuchstaben mehrerer Wörter gebildetes Wort (z. B. UNO)

Akrophobie *w.* (*gr.*) Höhenangst

Akropolis *w.* (*gr.*) Oberstadt, Stadtburg altgriechischer Städte, bes. Athens

Akrostichon *s.* (*gr.*) Gedicht, bei dem die Anfangsbuchstaben der Verse einen Sinn ergeben

Akt *m.* (*lat.*) 1. Handlung, Geschehen, Vorgang; 2. feierliche Handlung, Zeremoniell; 3. Teil des Dramas; 4. künstlerische Darstellung des nackten Körpers; 5. Koitus, Geschlechtsakt

Akte *w.* (*lat.*) Sammlung schriftlicher Unterlagen, bes. bei Behörden (*Mz.* Akten)

Akteur *m.* (-tör, *frz.*) 1. Schauspieler; 2. handelnde Person

Aktie *w.* (-zi'e, *lat.*) Anteilschein am Grundkapital einer Aktiengesellschaft; **Aktienindex** *m.* Kennzahl für die Entwicklung (des Durchschnitts) von Aktienkursen (z. B. der *D*eutsche *A*ktieninde*x* DAX); **Aktienkurs** *m.* der an der Börse festgestellte Preis von Wertpapieren; **Aktionär** *m.* Besitzer von Aktien

Aktinometer *s.* (*gr.*) Messgerät für Sonnenstrahlung; **aktinomorph** strahlenförmig (von Blüten)

Aktion *w.* (*lat.*) Handlung, Unternehmung, Tun; **Aktionär** = Aktie; **Aktionismus** *m.* von Aktion zu Aktion getriebenes Handeln, Eigw. **aktionistisch**; **Aktionskunst** *w.* Vorläuferin des Happenings, Kunst als Aktion (des Künstlers); **Aktionsradius** *m.* Wirkungsbereich

aktiv (*lat.*) 1. tätig, unternehmend, eine Sache ausübend; 2. chem. wirksam, reaktionsfähig; 3. das Aktiv betreffend; **Aktiv** *s.* Tätigkeitsform des Zeitworts, im Ggs. zu Passiv; Eigw. **aktivisch**; **Aktiva** *Mz.* vorhandene Vermögenswerte, Guthaben; **Aktivität** *w.* 1. Unternehmungsgeist, Tätigkeitsdrang, Betriebsamkeit; 2. Maß für die Stärke radioaktiver Strahlung; **aktivieren** 1. in Bewegung bringen; 2. zu den Aktiva schreiben; 3. radioaktiv machen; **Aktivismus** *m.* zielstrebiges Handeln für ein (politisches) Ziel, Eigw. **aktivistisch**

Aktrice *w.* (aktriß, *frz.*) Schauspielerin

aktualisieren (*lat.*) 1. wirksam machen; 2. auf den neuesten Stand bringen, Hptw. **Aktualisierung** *w.*; **Aktualität** *w.* 1. Gegenwartsnähe, Tagesbezogenheit; 2. das Wirksamsein; **Aktuar** *m.* Versicherungs- und Wirtschaftsmathematiker; **aktuell** (-tu'e-) für den Augenblick von Interesse, zeitnah

Akupressur *w.* (*lat.*) Druckmassage; **Akupunktur** *w.* Heilbehandlung durch den Einstich von Nadeln in bestimmte Hautstellen; Ztw. **akupunktieren**

Akustik *w.* (*gr.*) 1. Lehre vom Schall; 2. Klangverhältnisse in einem Raum, Eigw. **akustisch**; **akustischer Typ** Mensch, der sich Gehörtes besser merken kann als Gesehenes

akut (*lat.*) 1. vordringlich, brennend; 2. rasch verlaufend, heftig einsetzend (von Krankheiten)

Akut = Accent aigu

Akzedenz *w.* (*lat.*) Zustimmung, Beitritt; **akzedieren** zustimmen, beitreten

Akzeleration *w.* (*lat.*) Beschleunigung; **akzelerieren** beschleunigen

Akzent *m.* (*lat.*) 1. Betonung; 2. Tonfall, Aussprache; **akzentuieren** betonen, hervorheben

Akzept *s.* (*lat.*) angenommener Wechsel, Anerkennung eines Wechsels; **akzeptabel** annehmbar; **Akzeptant** *m.* der zur Bezahlung des Wechsels Verpflichtete; **Akzeptanz** *w.* Bereitschaft, etwas zu akzeptieren; **akzeptieren** annehmen, sich einverstanden erklären, hinnehmen

akzessorisch (*lat.*) nebensächlich, untergeordnet

akzidentiell (-zi'e-), **akzidentell** (*lat.*) zufällig, beiläufig, nebensächlich; **Akzidenz** *w.* gelegentliche Druckarbeit (z. B. Formulare u. Ä.)

Akzise *w.* (*lat.*) Verbrauchs-, Verkehrssteuer

à la (alla, *frz.*) nach Art von; **à la baisse spekulieren** (alla bähß –, *frz.*) auf das Sinken der Börsenkurse spekulieren

Alabaster *m.* (*gr.*) marmorartiger, durchscheinender Gips; Eigw. **alabastern**

à la bonne heure! (alla bonnör, *frz.*) sehr gut!, vortrefflich!

à la carte (alla kart, *frz.*) nach der Speisekarte (essen)

à la hausse spekulieren (alla ohß –, *frz.*) auf das Steigen der Börsenkurse spekulieren

à la jardiniere (– schardinjähr, *frz.*) mit Ein- oder Beilagen von frischem Gemüse versehen (von Speisen)

Alalie *w.* (*gr.*) Unfähigkeit, artikuliert zu sprechen, fehlendes Sprachvermögen

à la longue (alla longe, *frz.*) auf die Dauer

à la mesure (alla mesühr, *frz.*) Musik: im Takt

à la mode (alla mohd, *frz.*) modisch, nach der neuesten Mode; **Alamodezeit** *w.* Zeit der übertriebenen Nachahmung des Französischen in Tracht, Lebensart und künstlerischer Form im Deutschland des 17. Jahrhunderts, Eigw. **alamodisch**

Alarm *m.* (*frz.-itl.*) 1. Warnruf, Warnsignal; 2. Beunruhigung; **alarmieren** warnen, zu Hilfe rufen; **alarmierend** beunruhigend

à la saison (alla säsong, *frz.*) der Jahreszeit entsprechend

à la suite (alla swit, *frz.*) in einer militärischen Ehrenstellung (ohne Amt)
Alaun *m.* (*lat.*) Doppelsulfat, blutstillendes Mittel
Albatros *m.* (*arab.-span.*) gänsegroßer Seevogel mit Flügeln von großer Spannweite
Albe *w.* (*lat.*) das weiße Chorhemd des kath. Geistlichen
Albergo *s.* (*itl.*) italien. Wirtshaus, Herberge, Pension
Albigenser = Katharer
Albinismus *m.* (*lat.*) erblich bedingter Pigmentmangel bei Mensch und Tier; **Albino** *m.* Mensch oder Tier mit Pigmentmangel
Albion keltischer Name für England, heute nur noch poetisch verwendet
Album *s.* (*lat.*) 1. Sammel-, Gedenkbuch; 2. Tonträger mit mindestens fünf Stücken eines Komponisten oder Interpreten
Albumen *s.* (*lat.*) Eiweiß
Alcantara *s.* (*Wz.*) Wildlederimitat
Alchemie *w.*, **Alchimie** *w.* (*arab.-gr.*) 1. Goldmacherkunst; 2. mittelalterliche Chemie; **Alchimist** *m.* Chemiker des Mittelalters, Goldmacher; **alchimistisch** die Alchimie betreffend
Alcopops = Alkopops
al corso (*itl.*) zum laufenden Kurs (von Börsenwerten)
Aldehyd *s.* (*gr.*) Alkohol, dem Wasserstoff entzogen wurde
al dente (*itl.*) bissfest (z. B. von Nudeln)
Ale *s.* (ehl, *engl.*) englisches Bier
alea iacta est (*lat.*) es ist entschieden (nach dem angeblichen Ausspruch Caesars, als er den Rubikon überschritt: «Der Würfel ist geworfen»)
Aleatorik *w.* (*lat.*) moderne Kompositionstechnik, die der Aufführung des Werks durch zufallsbedingte Abfolge von Klangkomplexen immer neue Interpretationsmöglichkeiten offenlässt; **aleatorisch** vom Zufall abhängend, beliebig
alert (*frz.*) lebhaft, munter, frisch, fröhlich
Alexandriner *m.* sechsfüßiger gereimter Jambenvers (nach der frz. Alexanderepik des Mittelalters); **Alexandrit** *m.* sibirische, smaragdgrüne Abart des Chrysoberylls (nach dem russ. Zaren Alexander II.)
Alexie *w.* (*gr.*) krankhafte Unfähigkeit zu lesen
alfanzen (*itl.*) Possen reißen, närrisch reden, schwindeln; **Alfanzerei** *w.* Albernheit, kindisches Benehmen
Al Fatah = El Fatah
al fine (*itl.*) Musik: bis zum Schluss
al fresco (*itl.*) auf frischem Untergrund gemalt
Algebra *w.* (*arab.*) Lehre von den regelhaften Beziehungen mathem. Größen, Lehre von den Gleichungen, Eigw. **algebraisch** (-a'i-)
Algesie *w.* (*gr.*) Schmerz, Schmerzempfindlichkeit; **Algesiologie** *w.* Schmerzforschung
ALGOL *s.* (aus *engl. algo*rithmic *l*anguage) Programmiersprache aus den 1960er-Jahren, grundlegend für spätere Programmiersprachen (EDV)
Algonkin *s.* Sprache der Algonkinindianer in Nordamerika und Kanada (nach dem gleichnamigen Gebiet in Kanada)
Algonkium *s.* (*indian.*) frühes Zeitalter der Erdgeschichte
Algrafie, Algraphie *w.* (aus *Al*uminium und Typo*grafie*) Aluminiumdruck(verfahren)
Algorithmus *m.* (*gr.*) festgelegte Folge von Schritten zur Lösung einer Aufgabe
alias (*lat.*) unter dem Namen ... bekannt
Alibi *s.* (*lat.*) 1. Nachweis der Abwesenheit vom Tatort; 2. Entschuldigung, Ausrede
Alien *s.* (ehli'en, *engl.*) Lebewesen von anderen Planeten
Alienation *w.* (-li'e-, *lat.*) 1. Entfremdung; 2. psychotisch bedingte geistige Zerrüttung; 3. Veräußerung, Verkauf; **alienieren** 1. entfremden; 2. veräußern
Alimentation *w.* (*lat.*) Unterhaltsgewährung; **Alimente** *Mz.* Unterhaltsbeiträge; **alimentieren** Alimente zahlen
a limine (*lat.*) ohne weiteres
aliter (*lat.*) anders
Alizarin *s.* (*arab.-span.*) Krapprot, ein Farbstoff
Alk *m.* (*schwed.*) auf dem Meer der Nordhalbkugel lebender Schwimmvogel
Alk *m.* Kurzwort für Alkohol und Alkoholiker (Jj.); **alken** sich hemmungslos betrinken (Jj.); **Alki** *m.* Kurzwort für Alkoholiker (*umg.*)

Alkahest *m.* oder *s.* Universallösungsmittel für alle Stoffe (Annahme der Alchimisten)
Al Kaida = El Kaida
alkäisch im Versmaß des griechischen Dichters Alkäos (von Oden)
Alkalde *m.* (*span.*) Ortsrichter, Bürgermeister in Spanien
Alkalimetall (*arab.*) chem. stark reaktionsfähige, einwertige Elemente (z. B. Cäsium, Lithium); **alkalisch** basisch, laugenhaft; **Alkaloid** *s.* organische Stickstoffverbindung, meist giftig (z. B. Koffein, Nikotin, Kokain)
Alkazar *m.* (auch -asar, *arab.-span.*) span. Bez. für Burg, Schloss, Palast
Alkohol *m.* (*arab.*) 1. Hydroxylgruppe(n) enthaltende organische Verbindung; 2. Äthylalkohol; **Alkoholika** *Mz.* alkoholische Getränke; **Alkoholiker** *m.* Alkoholkranker; **alkoholisch** alkoholhaltig (von Getränken); **Alkoholismus** *m.* Trunksucht; **alkoholisieren** 1. jmdn. betrunken machen; 2. mit Alkohol versetzen; **Alkopops** *Mz.* (*engl.*) im Handel angebotene Mischgetränke aus Limonade und Alkohol
Alkoven *m.* (*arab.*) Bettnische
Alkyl *s.* (*arab.-gr.*) einwertiger Kohlenwasserstoff
alla breve (*itl.*) Musik: schnell, beschleunigt, doppelt so schnell
alla caccia (– katscha, *itl.*) Musik: im Stil der Jagdmusik
Allah (*arab.*) Name Gottes im Islam
alla polacca (*itl.*) Musik: in der Art einer Polonaise
alla prima (*itl.*) Malweise mit einem einzigen Farbauftrag («aufs Erste»)
allargando (*itl.*) Musik: breiter, langsamer werdend
alla tedesca (*itl.*) Musik: nach Art des Walzers (des deutschen Tanzes)
alla turca (*itl.*) Musik: im Stil der türkischen Musik
alla zingarese (*itl.*) Musik: im Stil von Zigeunermusik
Allee *w.* (*frz.*) von Bäumen gesäumte Straße
Allegat (*lat.*) angeführte Schriftstelle, Zitat; **allegieren** ein Zitat anführen
Allegorese *w.* (*gr.*) Textdeutung, die hinter dem Wortlaut einen verborgenen Sinn sucht; **Allegorie** *w.* Sinnbild, Gleichnis, bildhafte Darstellung eines abstrakten Begriffs (z. B. Sensenmann für Tod); **allegorisch** etwas durch eine Allegorie ausdrückend
allegretto (*itl.*) Musik: ziemlich rasch; **allegro** schnell, lebhaft
allel (*gr.*) sich entsprechend (von Genen); **Allel** *s.* Erbanlagepaar innerhalb eines Gens; **Allelie** *w.* Zusammengehörigkeit von Allelen; **allelodidaktisch** sich gegenseitig unterrichtend
Allemande *w.* (-mangd, *frz.*) 1. Schreittanz in mäßigem Tempo; 2. (erster) Suitensatz
Allergene *Mz.* (*gr.*) Stoffe, die allergische Krankheiten hervorrufen; **Allergie** *w.* Überempfindlichkeit gegen bestimmte Stoffe; **Allergiker** *m.* jmd., der für Allergien anfällig ist; **allergisch** 1. die Allergie betreffend; 2. überempfindlich gegen jmdn. od. etwas (reagierend); **Allergologie** *w.* die Lehre von den Allergien
allez! (alleh, *frz.*) vorwärts, los!
Allianz *w.* (*frz.*) Verbindung, Bündnis, Staatenbündnis; **alliieren** (-li'ie-) verbünden; **alliiert** verbunden, verbündet
Alligator *m.* (*span.*) tropisch-subtropische Krokodilart
All-in-One *s.* (ohlinwan, *engl.*) Bez. für Body, Korselett
Alliteration *w.* (*lat.*) Stabreim, gleiche Anfangsbuchstaben mehrerer Wörter (z. B. *o*b Sinn, *o*b Sucht, *o*b Sage ... [Gottfried Benn]); **alliterieren** mit demselben Buchstaben anlauten, stabreimen
Allium *s.* (*lat.*) Knoblauch
Allo-, allo- (*gr.*) als Wortteil: verschieden, gegensätzlich
Allogamie *w.* (*gr.*) Fremdbestäubung von Blüten
Allokation *w.* (*gr.*) Zuweisung von finanziellen Mitteln; Ztw. **allozieren**
Allonge *w.* (allongsch, *frz.*) Verlängerungsabschnitt (an einem Wechsel); **Allongeperücke** *w.* Herrenperücke mit langen Locken; **allongieren** (-schieren) verlängern
allons! (allong, *frz.*) auf!, vorwärts!, gehen wir!; **Allons enfants de la patrie!** (allongsenfang de la patrije, *frz.*) Auf, Kinder des Vaterlands! Anfang der französ.

Nationalhymne (seit 1795), der Marseillaise

allonym (*gr.*) unter anderem Namen

Allopathie *w.* (*gr.*) (die übliche) Behandlung von Krankheiten mit der Krankheit entgegengesetzten Medikamenten (im Gegensatz zur Homöopathie), Eigw. **allopathisch**

Alloplastik *w.* (*gr.*) Verwendung körperfremder Stoffe, z. B. Silber, Elfenbein, als Gewebeersatz

Allosaurier *m.* (-ri'er, *gr.*) fleischfressender Dinosaurier

Allotria *Mz.* (*gr.*) Unfug

allover (ohlower, *engl.*) ganzflächig, ohne Rand gemustert; **All over** *s.* Malverfahren, das die Bildfläche bis zum Rand ausfüllt

allozieren = Allokation

all right! (ohlreit, *engl.*) gut!, in Ordnung!

allround (-raund, *engl.*) allseitig; **Allroundman** *m.* Tausendsassa; **Allroundspieler** *m.* Spieler, der auf allen Positionen einer Mannschaft spielen kann; **Allroundsportler** *m.* Sportler, der mehrere Sportarten beherrscht

All-Star-Band *w.* (ohl star bänd, *engl.*) aus (berühmten) Solisten bestehendes größeres oder kleineres (Jazz-)Orchester

All-Terrain-Bike *s.* (ohl – beik, *engl.*) Geländefahrrad

all'ungherese (*itl.*) Musik: im Stil von Zigeunermusik

Allüre *w.* (*frz.*) Gangart des Pferdes; **Allüren** *Mz.* eigenwilliges Benehmen (eines Stars)

Allusion *w.* (*lat.*) Anspielung

Alluvium = Holozän

Alma Mater *w.* (*lat.*) Bezeichnung der Universität als nahrungsspendender Mutter

Almanach *m.* (*gr.*) Jahrbuch, Kalender mit unterhaltenden Beiträgen

Almosen *s.* (*gr.*) milde Gabe an die Armen

Aloe *w.* (*lat.*) wasserspeicherndes Liliengewächs; **Aloe vera** *w.* Wüstenlilie, die in pharmazeutischen und kosmetischen Erzeugnissen verarbeitet wird

alogisch (*gr.*) wider die Vernunft, unlogisch

aloha! (*hawai.*) willkommen! und lebt wohl!

Alpaka *s.* (*span.*) 1. Neusilber, silberähnliche Metalllegierung; 2. zahme Lamaart; 3. Halbwollgewebe, Lüster

al pari (*itl.*) zum Nennwert (von Aktien)

Alpha *s.* (*gr.*) erster Buchstabe des griechischen Alphabets, A, α; **Alphabet** *s.* Reihenfolge der Schriftzeichen einer Sprache; **alphabetisieren** 1. alphabetisch anordnen; 2. einen Analphabeten im Lesen und Schreiben unterrichten, Hptw. **Alphabetisierung** *w.*; **alphanumerisch** Buchstaben und Ziffern enthaltend (vom Zeichenvorrat in der EDV); **Alphastrahlen** *Mz.* Teilchenstrahlung beim radioaktiven Zerfall von Atomkernen, α-Strahlen; **Alphatier** *s.* das die Gruppe seiner Artgenossen beherrschende Tier

alpin (*lat.*) 1. die Alpen betreffend; 2. in den Alpen vorkommend; **Alpinarium** *s.* Naturwildpark im Hochgebirge; **Alpinismus** *m.*, **Alpinistik** *w.* als Sport ausgeübtes Bergsteigen; **Alpinist** *m.* Hochgebirgsbergsteiger; **Alpinum** *s.* Anlage mit Gebirgspflanzen; **Alporama** *s.* (*lat.-gr.*) Alpenansicht

al punto (*itl.*) auf den Punkt, ganz genau

Al-Quaida = El Kaida

al riverso (*itl.*) Musik: von hinten nach vorn zu spielen

al secco (*itl.*) auf trockenem Untergrund gemalt

al segno (– ßenjo, *itl.*) Musik: bis zum Zeichen

al sgraffito (*itl.*) dunkel auf hellem Untergrund gemalt

Alt *m.* (*itl.*) 1. tiefe Frauenstimme; 2. Sängerin mit Altstimme, auch: **Altistin** *w.*

Altan *m.* (*itl.*) Vorbau, Balkon, Söller

Altar *m.* (*lat.*) tischähnlicher Aufbau in christl. Kirchen, Opferstätte

altera pars (*lat.*) die Gegenseite

Alteration *w.* (*lat.*) 1. Aufregung, Ärger; 2. Änderung eines Tons im Akkord; **alterieren** 1. (sich) ärgern, aufregen; 2. einen Ton verändern

Alter Ego *s.* (*lat.*) 1. das (zweite) unbewusste Ich; 2. Freund, Vertrauter

Alternative *w.* (*lat.*) Wahl zwischen zwei Möglichkeiten; Eigw. **alternativ**; **alternieren** wechseln, abwechseln, einander ablösen, Hptw. **Alternation** *w.*; **alternierend** abwechselnd

Altruismus *m.* (*lat.*) Selbstlosigkeit; **Altruist** *m.* selbstloser, uneigennütziger Mensch, Eigw. **altruistisch**

Alu *s.* Kurzwort für Aluminium (z. B. Alufolie, Alurad); **Aluminium** *s.* (*lat.*) chem. Element, ein Leichtmetall; **Aluminiumfahrrad** *s.* Fahrrad, bei dem (fast) alle Teile aus Aluminium sind; **Aluminiumfolie** *w.* (-li'e) Folie aus Aluminium

Alumnat *s.* (*lat.*) Schulheim, Stift; **Alumne** *m.* Zögling eines Alumnats, Alumnus

Alveolar *m.* (*lat.*) Zahnlaut (z. B. *s, d*); **alveolär** mit kleinen Hohlräumen versehen; **Alveole** *w.* 1. Bläschen, besonders an Drüsen und Lunge; 2. Höhlung im Kiefer für die Zähne, Alveolarfortsatz

a. m. = ante meridiem

amabile (*itl.*) Musik: liebenswürdig, zärtlich im Ausdruck

Amalgam *s.* (*arab.-gr.*) Legierung eines Metalls mit Quecksilber; **amalgamieren** 1. ein Amalgam herstellen; 2. vereinigen, verbinden

Amant *m.* (amang, *frz.*) Liebhaber, Geliebter

Amarant *m.* (*lat.-gr.*) 1. Fuchsschwanz (Pflanze); 2. dunkelroter Farbstoff; **amarant, amaranten** dunkelrot

Amarelle *w.* (*lat.*) Sauerkirschensorte

Amaretto *m.* (*itl.*) 1. Mandellikör; 2. Mandelgebäck

Amaryl *m.* (*gr.*) hellgrüner Saphir; **Amaryllis** *w.* Zierpflanze mit vielen verwandten Gattungen

Amateur *m.* (-tör, *frz.*) Nichtfachmann, der Kunst, Wissenschaft, Sport aus Liebhaberei betreibt

Amati *w.* Geige, die von einem Mitglied der berühmten italien. Geigenbauer-Familie Amati hergestellt wurde

Amazone *w.* (*gr.*) 1. Angehörige eines kriegerischen Frauenvolks der griech. Sage; 2. Turnierreiterin; 3. Papageiengattung

Ambassade *w.* (angbassahd, *frz.*) Gesandtschaft; **Ambassadeur** *m.* (-dör) Gesandter

Amber = Ambra

Ambi-, ambi- (*lat.*) als Wortteil: doppelt, beide

ambidexter (*lat.*) mit beiden Händen gleich geschickt

Ambiente *s.* (-bi'en-, *itl.*) Umgebung, Milieu

Ambiguität *w.* (*lat.*) Doppel-, Mehrdeutigkeit, Eigw. **ambiguos**

Ambition *w.* (*lat. frz.*) ehrgeiziges Streben; **ambitioniert** anspruchsvoll, hochgesteckt; **ambitiös** ehrgeizig, geltungsbedürftig

ambivalent (*lat.*) 1. doppelwertig; 2. zwiespältig; **Ambivalenz** *w.* 1. Doppelwertigkeit; 2. Widerstreit der Gefühle

Ambra *w.* (*arab.*) wohlriechende Ausscheidung des Pottwals, Duftstoff

Ambrosia *w.* (*gr.*) Speise der Götter; **ambrosisch** köstlich, himmlisch, göttlich

ambulant (*lat.*) 1. nicht ortsfest; 2. nicht stationär (von ärztl. Behandlung); **Ambulanz** *w.* Krankenwagen; **Ambulatorium** *s.* ärztlicher Behandlungsraum

Amelie *w.* (*gr.*) angeborenes Fehlen von Gliedmaßen

Amelioration *w.* (*frz.*) Verbesserung des Bodens, Ztw. **ameliorieren**

amen (*hebr.*) die ein Gebet bekräftigende Schlussformel im hebräischen, christlichen und islamischen Kult; **Amen** *s.* das bekräftigende Schlusswort eines Gebets

Amendement *s.* (amangdmang, *frz.*) (Antrag zur) Abänderung von Verträgen und Gesetzen

Amenorrhö, Amenorrhöe *w.* (*gr.*) Ausbleiben der Monatsregel

American Way of Life *m.* (emeriken weh of leif, *engl.*) amerikanischer Lebensstil

a metà (*itl.*) zur Hälfte

Amethyst *m.* (*gr.*) violetter Schmuckstein

Ametrie *w.* (*gr.*) Ungleichmäßigkeit, Missverhältnis; **ametrisch** ungleichmäßig, unproportioniert

Ameublement *s.* (amöblemang, *frz.*) Möblierung, Wohnungsausstattung

Amid *s.* (*Kunstwort*) chem. Verbindung des Ammoniaks

Amigo *m.* (*lat.*) 1. Freund; 2. Geschäftsmann mit wirtschaftlich vorteilhaften Beziehungen zu Politikern; **amikal** freundschaftlich

Amine *Mz.* (*Kunstwort*) von Ammoniak abgeleitete organische (basische) Verbindungen; **Aminosäuren** *Mz.* organische Säuren, wichtigster Baustein der Eiweiße

Amitose *w.* (*gr.*) direkte Zellkernteilung, im Ggs. zu Mitose

Ammoniak *s.* (*gr.*) Wasserstoff-Stickstoff-Verbindung; **Ammonit** *m.* versteinerter Kopffüßler, Ammonshorn; **Ammonium** *s.* Wasserstoff-Stickstoff-Verbindung

Amnesie *w.* (*gr.*) Erinnerungslosigkeit; Gedächtnisverlust

Amnestie *w.* (*gr.*) Straferlass, Begnadigung; **amnestieren** begnadigen

Amnesty International (ämnesti -näschenel, *engl.*) 1961 gegr. weltweit tätige Organisation mit Sitz in London, die sich für die Menschenrechte und die Freilassung von Häftlingen einsetzt, die aus weltanschaulichen, religiösen oder politischen Gründen im Gefängnis sind (Abk. ai)

Amnion *s.* (*gr.*) Embryonalhülle; **Amnioten** *Mz.* (*gr.*) Sammelbegriff für die drei obersten Wirbeltierklassen (Reptilien, Vögel, Säuger) mit Embryonalentwicklung im Amnion

Amöbe *w.* (*gr.*) Wechseltierchen, Einzeller ohne feste Körperform; **amöboid** amöbenartig

Amok *m.* (*malai.*) blindwütige Angriffs- und Mordlust

amön (*lat.*) anmutig, lieblich; Hptw. **Amönität** *w.*

Amor *m.* (*lat.*) Liebesgott der Römer

amoralisch (*lat.*) außerhalb moralischer Grundsätze; **Amoralismus** *m.* Ablehnung moralischer Maßstäbe; **Amoralität** *w.* amoralische Haltung, amoralisches Bewusstsein

Amoretten *Mz.* (*frz.*) kleine geflügelte nackte Liebesgötterfiguren

Amor Fati *m.* (*lat.*) Liebe zum Unausweichlichen

amoroso (*itl.*) Musik: zärtlich, verliebt

amorph (*gr.*) formlos, gestaltlos, ungestaltet

Amortisation *w.* (*lat.*) Tilgung, Abzahlung nach Plan; **amortisieren** 1. abzahlen, tilgen; 2. Kosten durch Ertrag decken

Amouren *Mz.* (amuhren, *frz.*) Liebschaften, Liebesverhältnisse; **amourös** verliebt, eine Liebschaft betreffend

Ampère *s.* (ampähr) Einheit der elektrischen Stromstärke (nach A. M. Ampère)

Amphetamin *s.* (*Kunstwort*) schnell wirkende Droge

Amphi-, amphi- (*gr.*) als Wortteil: doppel-, um ... herum

Amphibie (-bi'e) *w.*; **Amphibium** *s.* (*gr.*) Tiergattung, die im Wasser und auf dem Lande leben kann, Eigw. **amphibisch**;

Amphibolie *w.* Zweideutigkeit, Doppelsinn; **amphibol, amphibolisch** doppelsinnig

Amphiole *Wz.* (Kurzwort aus *Am*pulle und *Phiole*) Kombination aus Ampulle und Injektionsspritze

Amphitheater *s.* (*gr.*) antike Theaterform mit rund, halbrund oder oval angeordneten Stufensitzen, Eigw. **amphitheatralisch**

Amphitrite *w.* (*gr.*) Meeresgöttin in der griech. Mythologie

Amphitryon Held der griech. Sage, dessen Gestalt Zeus annahm, um Alkmene, die Frau des A., zu verführen

Amphora, Amphore *w.* (*gr.*) Steinkrug mit zwei Henkeln

Amplifikation *w.* (*lat.*) Erweiterung, weitere Ausführung; **amplifizieren** erweiternd ausführen

Amplitude *w.* (*lat.*) größter Schwingungsausschlag (z. B. eines Pendels)

Ampulle *w.* (*lat.*) luftdicht verschlossenes Glasröhrchen für Arzneien

Amputation *w.* (*lat.*) operative Abnahme eines Körperglieds; **amputieren** Glied abnehmen

Ampyx *m.* (*gr.*) Stirnband der Frau in der Antike

Amrita *s.* (*sanskr.*) Elixier der Unsterblichkeit bei den indischen Göttern

Amulett *s.* (*arab.-lat.*) als Anhänger getragener Gegenstand zur Abwehr von Unheil

amüsant (*frz.*) vergnüglich, unterhaltend; **Amuse-Gueule** *s.* (amüs göhl, *frz.*) Appetithäppchen; **Amüsement** *s.* (-mang, *frz.*) Vergnügung, Zeitvertreib; (sich) **amüsieren** 1. unterhalten, die Zeit vertreiben; 2. belustigen

amusisch (*gr.*) ohne Kunstverständnis

Amygdala *w.* (*gr.*) mandelförmiges Zentrum im Gehirn, das wesentl. an der Entstehung von Angst beteiligt ist; **Amygdalin** *s.* blausäurehaltiger Bestandteil in Obstkernen und bitteren Mandeln

Ana-, ana- (*gr.*) als Vorsilbe: auf, hinauf, wieder, entsprechend
Anabaptist *m.* (*gr.*) Wiedertäufer
Anabiose *w.* (*gr.*) das Vermögen von Lebewesen und ihren Keimen, extreme Bedingungen durch ein scheintotes Stadium zu überleben
Anabolika *Mz.* (*gr.-lat.*) muskelbildende Hormonpräparate zur sportl. Leistungssteigerung; **Anabolismus** *m.* die dem Aufbau körpereigener Stoffe dienenden Prozesse in Lebewesen
Anachoret *m.* (*gr.*) Einsiedler, Klausner; **anachoretisch** einsiedlerisch
Anachronie *w.* (*gr.*) Erzählweise, die eine Geschichte nicht in der Reihenfolge der Ereignisse, sondern in Umstellungen erzählt, beliebtes literarisches Stilmittel (z. B. im Kriminalroman od. -film)
Anachronismus *m.* (*gr.*) 1. Verlegung eines Ereignisses in eine falsche Zeit; 2. zeitwidrige Erscheinung, Eigw. **anachronistisch**
Anacidität *w.* (*gr.-lat.*) das Fehlen von Salzsäure im Magensaft
Anadyomene *w.* (*gr.*) die Schaumgeborene, Beiname der Aphrodite
Anaerobien *Mz.*; **Anaerobier** *Mz.* (-ärobi'er, *gr.*) ohne Sauerstoff lebende niedere Lebewesen
Anagoge *w.* (*gr.*) 1. Erhebung des Geistes zur Gottesschau; 2. Auslegung eines Textes durch Hinzufügung eines höheren Sinns, bes. der Bibel, Eigw. **anagogisch**
Anagramm *s.* (*gr.*) wortspielerische Veränderung des Wortsinns durch Buchstabenumstellung
Anakoluth *s.* (*gr.*) Sprung im Satzbau
Anakonda *w.* (*singhal.*) Königsschlange, Riesenschlange
Anakreontik *w.* kokett-elegante Dichtung des Rokoko, die Genuss- und Lebensfreude feiert; **Anakreontiker** *m.* Vertreter der Anakreontik; **anakreontisch** in der Art der Anakreontik(er) (nach dem griech. Dichter Anakreon)
Anakrusis *w.* (*gr.*) 1. Auftakt (in manchen Liedern); 2. Vorschlagsilbe, Teil des Wortes vor der ersten Hebung
anal (*lat.*) den After (Anus) betreffend
Analekten *Mz.* (*gr.*) Sammlung ausgewählter Stellen, Sammlung vermischter Schriften; **analektisch** auswählend
Analeptika *Mz.* (*gr.*) belebende Mittel
Analerotik *w.* sexuelles Lustempfinden in der Afterregion
Analgetika *Mz.* (*gr.*) schmerzlindernde Mittel
analog (*gr.*) 1. entsprechend, gleichartig; 2. stufenlos (EDV); **Analogie** *w.* Übereinstimmung, Gleichartigkeit; **Analogieschluss** *m.* Schlussfolgerung aus ähnlichen Voraussetzungen; **Analogon** *s.* ähnlicher Fall; **Analogrechner** *m.* elektronische Rechenanlage, die mathematische Beziehungen nicht in Zahlen, sondern in physikalischen Größen (z. B. in Kurven) darstellt (EDV)
Analphabet *m.* (*gr.*) Mensch, der weder lesen noch schreiben kann, Eigw. **analphabetisch**
Analyse *w.* (*gr.*) 1. systematische Untersuchung, Zerlegung eines Gegenstands oder Stoffs zur Ermittlung seiner Einzelbestandteile; 2. kurz für Psychoanalyse; **analysieren** zergliedern, systematisch untersuchen; **Analysis** *w.* 1. Teilgebiet der Mathematik; 2. Zergliederung einer geometrischen Konstruktionsaufgabe; **Analyst** *m.* Börsenfachmann für die Analyse von Tendenzen im Wertpapierhandel; **Analytik** *w.* Lehre von den Beweisen und (logischen) Schlüssen; **Analytiker** *m.* 1. Wissenschaftler auf dem Gebiet der Analytik; 2. kurz für Psychoanalytiker; **analytisch** die Analyse betreffend, zu ihr gehörig; zergliedernd, zerlegend
Anämie *w.* (*gr.*) Blutarmut, Mangel an roten Blutkörperchen, Eigw. **anämisch**
Anamnese *w.* (*gr.*) Krankheitsgeschichte, Vorgeschichte des Kranken, Eigw. **anamnetisch**
anamorphisch, anamorphotisch (*gr.*) verzerrt (dargestellt); **Anamorphose** *w.* absichtlich verzerrte Darstellung (in der bildenden Kunst)
Ananas *w.* (*indian.*) in tropischen Gebieten verbreitete Obstpflanze (aus der Familie der Bromeliengewächse) und deren Frucht
Anankasmus *m.* (*gr.*) Zwangsvorstellung, Zwangsneurose, Denkzwang und daraus entspringende Zwangshandlung

Ananke *w.* (*gr.*) Notwendigkeit, Unabwendbarkeit (griechische Schicksalsgöttin)
ananthisch (*gr.*) nicht blühend (von Pflanzen)
Ananym *s.* (*gr.*) aus dem wirklichen Namen gebildeter Deckname (z. B. *Celan* aus Ancel)
Anapäst *m.* (*gr.*) Versfuß mit zwei Kürzen und einer Länge: ∪ ∪ –
Anapher *w.* (*gr.*) gleiche Worte am Anfang einer Satzreihe (z. B. *Alle Herzen* sind froh, *alle Herzen* sind frei [Th. Fontane]), im Ggs. zu Epipher
Anaphrodisiakum *s.* (*gr.*) Mittel, das den Geschlechtstrieb dämpft
Anarchie *w.* (*gr.*) Gesetzlosigkeit, Herrschaftslosigkeit, Eigw. **anarchisch**; **Anarchismus** *m.* politische Lehre, die jede Staatsgewalt ablehnt; **Anarchist** *m.* Anhänger dieser Lehre, Eigw. **anarchistisch**
Anästhesie *w.* (*gr.*) 1. Schmerzunempfindlichkeit; 2. Betäubung; **anästhesieren** betäuben; **Anästhetikum** *s.* Betäubungsmittel
Anastigmat *m.* (*gr.*) Linse für unverzerrte Bilder, Eigw. **anastigmatisch**
Anathem, Anathema *s.* (*gr.*) Fluch, Bannfluch, Kirchenbann
Anatom *m.* (*gr.*) Lehrer und Wissenschaftler der Anatomie; **Anatomie** *w.* 1. Lehre vom Körperbau der Lebewesen; 2. Wissenschaft von der Zergliederung der Leiche; 3. Universitätsinstitut für anatomische Studien; **anatomisch** die Anatomie betreffend
Anchorman *m.* (änkormen, *engl.*) Koordinator, Moderator
Anchovis *w.;* **Anschovis** *w.* (antschowis, *span.-niederl.*) kleine Sardelle
Anciennität *w.* (angßi'ennität, *frz.*) Dienstalter, Rangordnung nach dem Alter; **Ancien Régime** *s.* (angßieng reschim) alte Regierungsform, urspr. die absolutistische französische Regierung vor der Revolution von 1789
ancora (*itl.*) Musik: noch einmal, wiederholen
andante (*itl.*) Musik: langsam, schreitend, ruhig; **andante con moto** leicht bewegt; **andantino** mäßig bewegt
andocken (*engl.*) ankoppeln (Raumschiffe)
Andro-, andro- (*gr.*) als Wortteil: männlich
Androgamet *m.* (*gr.*) männliche Keimzelle; **Androgene** *Mz.* die männlichen Geschlechtshormone; **androgyn** zwitterhaft, doppelgeschlechtig; **Androgynie** *w.* Mischung weiblicher und männlicher Anteile; **Andron** *m.* der den Männern reservierte, offizielle Mittelpunkt der antiken griech. Hausgemeinschaft, im Ggs. zu Dikos
Anekdote *w.* (*gr.*) charakteristische kleine (witzige) Geschichte (meist über eine bekannte Persönlichkeit); **anekdotenhaft, anekdotisch** wie eine Anekdote
Anemograph *m.* (*gr.*) selbstschreibender Windmesser; **Anemologie** *w.* Lehre von den Winden; **Anemometer** *s.* Windmesser; **Anemone** *w.* (*gr.*) Buschwindröschen, ein Hahnenfußgewächs; **Anemostat** *m.* (*Wz.*) Luftverbesserer
anfixen (*lat.*) 1. jmdn. zum ersten Mal Drogen verabreichen; 2. jmdn. begeistern (*umg.*)
anfucken (-fack-, *engl.*) jmdn. dumm anreden (Jj.)
Angelus *m.* (*gr.-lat.*) 1. katholisches Gebet; 2. Glockenläuten zum Angelusgebet
angeprollt (*dt.-engl.*) ungepflegt, proletenhaft (Jj.)
Angina *w.* (*lat.*) Mandelentzündung; **Angina Pectoris** *w.* Herzkrampf, Herzschmerzen durch Gefäßverengung
Angiospermen *Mz.* (*gr.*) bedecktsamige Pflanzen
Anglaise *w.* (anglähs, *frz.*) schneller englischer Volkstanz
anglikanisch (*lat.*) der englischen Staatskirche zugehörig
Anglist *m.* (*lat.*) Erforscher der englischen Sprache; **Anglistik** *w.* wissenschaftliche Erforschung der englischen Sprache und Kultur; **Anglizismus** *m.* aus dem Englischen übernommenes Sprachelement; **anglophil** englandfreundlich, Hptw. **Anglophilie** *w.*
Angora Bez. für Felle und Wolle mit langem, dichtem, seidigem Haar (nach dem alten Namen für die türkische Hauptstadt Ankara); **Angorakatze** *w.* Sammelbez.

für allgemein langhaarige Katzen, keine eigene Rassekatze

Angostura *m.* (*Wz.*) bitterwürziges Aroma aus der Rinde des südamerikanischen Angosturabaumes zur Likörbereitung

Angry young Men *Mz.* (ängri jang –, *engl.*) zornige junge Männer, Sammelbez. für die Generation sozialkritischer englischer Dramatiker im Anschluss an den Zweiten Weltkrieg

angular (*lat.*) den Winkel betreffend

Anhydrid *s.* (*gr.*) chem. Verbindung, die aus einer anderen durch Wasserentzug entsteht

änigmatisch (*gr.*) rätselhaft

Anilin *s.* (*span.-arab.*) aus Steinkohlenteer gewonnener Ausgangsstoff vieler Farbstoffe

Anima *w.* (*lat.*) Seele; **animalisch** 1. tierisch, kreatürlich; 2. urwüchsig; **Animalismus** *m.* religiöse Tierverehrung; **Animalität** *w.* tierisches Wesen; **Animateur** *m.* (-tör, *frz.*) jmd., der für das Unterhaltungsprogramm, z. B. einer Reisegesellschaft, sorgt; **Animation** *w.* (ännimehschen, *engl.*) 1. Trickfilmverfahren; 2. durch einen Animateur angeregte Unterhaltung; **Animationsfilm** *m.* Trickfilm; **Animatismus** *m.* (religiöser) Glaube an die Allbelebung; **Animator** *m.* jmd., der die Trickfilmverfahren beherrscht; **Anime** *w.* (Abk. von *engl. anim*ation) in Japan hergestellter Animationsfilm, das erfolgreichste Genre der japanischen Filmproduktion (z. B. Pokémon, Prinzessin Mononoke und Chihiros Reise); **animieren** (*lat.*) 1. ermuntern, anregen, anreizen; 2. Trickfilmverfahren anwenden; **Animismus** *m.* 1. religiöser Glaube an Geistwesen; 2. die Erklärung okkulter Erscheinungen durch die mediale Begabung bestimmter Menschen, Eigw. **animistisch**

Animosität *w.* (*lat.*) Empfindlichkeit, Gereiztheit, Abneigung

animoso (*itl.*) Musik: bewegt, erregt

Anion *s.* (*gr.*) negativ geladenes Ion

Anisette *w.* (-sett, *frz.*) Anislikör

Ankathete *w.* (*gr.*) einer der Schenkel im rechtwinkligen Dreieck

Ankleboot *m.* (änklbuht, *engl.*) kurzer, bis zum Fußknöchel reichender Stiefel, Stiefelette

Annalen *Mz.* (*lat.*) Jahrbücher

Annaten *Mz.* (*lat.*) in früherer Zeit Jahresabgabe an den Papst für ein neu besetztes kirchliches Amt

annektieren (*lat.*) sich gewaltsam aneignen; **Annex** *m.* Anhang; **Annexion** *w.* gewaltsame Aneignung fremden Staatsgebiets; **Annexionismus** *m.* das Streben eines Staats nach Annexionen; Eigw. **annexionistisch**

anni currentis (*lat.*) im laufenden Jahr

Annihilation *w.* (*lat.*) 1. Nichtigkeitserklärung; 2. Zerstrahlung eines Teilchens und seines Antiteilchens beim Zusammentreffen; **annihilieren** 1. für ungültig erklären, zunichtemachen; 2. zerstrahlen

Anniversarium *s.* (*lat.*) jährliche Gedächtnisfeier, bes. in der kath. Kirche

Anno, anno (*lat.*) im Jahre (Abk. a.); **Anno Domini** im Jahre des Herrn (= nach Christi Geburt, Abk. A. D.)

Annonce *w.* (annongße, *frz.*) Zeitungsanzeige; Ankündigung; **annoncieren** anzeigen, ankündigen

Annotation *w.* (*lat.*) erläuternde Anmerkung; **annotieren** den Inhalt eines Buches o. Ä. erläutern und analysieren

annuell (-nu'e-, *lat.*) einjährig (von Pflanzen); **Annuität** *w.* Jahreszahlung an Raten und Zinsen

annullieren (*lat.*) rückgängig machen, widerrufen, für ungültig erklären, Hptw. **Annullierung** *w.*

Anode *w.* (*gr.*) positive Elektrode; **Anodenstrahlen** *Mz.* positiv elektrisch geladene Strahlen

anomal (*gr.*) regelwidrig, von der Norm abweichend; **Anomalie** *w.* 1. Abweichung vom Normalen; 2. Missbildung

Anomie *w.* (*gr.*) Zustand sich auflösender gesellschaftlicher Integration, Eigw. **anomisch** (nach É. Durkheim)

anonym, anonymisch (*gr.*) 1. namenlos; 2. unpersönlich; **Anonyma** *Mz.* Schriften ohne Verfasserangabe; **Anonymität** *w.* 1. Unbekanntheit des Namens; 2. unpersönliche Beschaffenheit (z. B. von Städten); **Anonymus** *m.* unbekannter Künstler, unbekannte Person (*Mz.* Anonymi oder Anonymen)

Anopheles *w.* (*gr.*) Gattung der Fiebermücke (z. B. die Malariaüberträgerin)

Anorak *m.* (*eskim.*) Windbluse mit Kapuze

Anorexie *w.* (*gr.*) Appetitlosigkeit, Appetitmangel

anorganisch (*gr.*) nicht von Pflanze oder Tier stammend, unbelebt

Anschovis = Anchovis

Antagonismus *m.* (*gr.*) Widerstreit, Widerspruch, gegensätzliche Wirkung; **Antagonist** *m.* Gegner, Gegenspieler; **antagonistisch** widerstreitend, gegensätzlich, in unversöhnbarem Widerspruch stehend

Antarktika *w.* (*gr.*) der Südpolarkontinent; **Antarktis** *w.* Land- und Meergebiete um den Südpol, Eigw. **antarktisch**

Antäus *m.* (-tä'u-, *gr.*) Sohn des Poseidon und der Erdgöttin Gäa, ein unbesiegbarer Riese, solange er die Erde berührte

ante (*lat.*) vor (im zeitlichen Sinne)

ante Christum natum (*lat.*) vor Christi Geburt (Abk. a. Chr.)

ante meridiem (-di'em, *lat.*) vor Mittag, vor 12 Uhr (Abk. a. m.)

Antenne *w.* (*lat.*) 1. Vorrichtung zum Empfangen oder Senden elektromagnetischer Wellen; 2. Fühler der Gliedertiere

Antependium *s.* (*lat.*) Verkleidung des Altarunterbaus

ante portas (*lat.*, eigtl. *ad* portas, vor den Toren) im Kommen, im Anmarsch (scherzh.)

Antezedens *s.*; **Antezedenz** *w.* (*lat.*) das Vorausgegangene, Voraussetzung (*Mz.* Antezedenzien)

Anthologie *w.* (*gr.*) Sammlung ausgewählter (literarischer) Texte

Anthrax *m.* (*gr.*) Milzbrand(erreger)

anthrazit (*gr.*) dunkelgrau; **Anthrazit** *m.* Steinkohle, Glanzkohle

Anthropo-, anthropo- (*gr.*) als Wortteil: Mensch; **anthropogen** vom Menschen geschaffen, herrührend; **Anthropogenie** *w.* Wissenschaft von Entstehung und Abstammung des Menschen; **Anthropogeographie** *w.* Erforschung der Wechselbeziehung zwischen Mensch und geographischem Umfeld; **Anthropoide** *m.* Menschenaffe; **Anthropolatrie** *w.* Menschenkult, gottähnliche Verehrung eines Menschen; **Anthropologe** *m.* Wissenschaftler auf dem Gebiet der Anthropologie; **Anthropologie** *w.* Wissenschaft von der Entwicklung des Menschen als biologischem und sozialem Wesen, Eigw. **anthropologisch**; **anthropomorph** menschenähnlich; **Anthropomorphismus** *m.* Übertragung menschlicher Eigenschaften auf Außermenschliches; **Anthropophage** *m.* Kannibale; **Anthropophobie** *w.* Menschenfurcht, Menschenscheu; **Anthroposoph** *m.* Anhänger der Anthroposophie; **Anthroposophie** *w.* die Weltanschauungslehre Rudolf Steiners, Eigw. **anthroposophisch**; **anthropozentrisch** vom Menschen ausgehend, den Menschen in den Mittelpunkt stellend; **Anthropus** *m.* Frühstufe in der Entwicklung des Menschen

Anti-, anti- (*gr.*) als Wortteil: gegen

Antiaging *s.* (-ehdschin, *engl.*) Mittel und Maßnahmen, die das biologische Altern des Menschen hinauszögern (sollen)

Antialkoholiker *m.* (*gr.-arab.*) Alkoholgegner

Antiatom *s.* (*gr.*) Atom der Antimaterie

antiautoritär (*gr.-frz.*) gegen Zwänge und autoritäre Normen, bes. in der Erziehung

Antibabypille *w.* (*gr.-engl.-lat.*) Mittel für die hormonell gesteuerte Empfängnisverhütung (umg.)

antibakteriell (-ri'e-, *gr.-lat.*) bakterienvernichtend

Antibiont *m.* (*gr.*) Kleinstlebewesen, das Antibiose bewirkt; **Antibiose** *w.* Schädigung von Mikroben durch die Stoffwechselprodukte anderer Mikroben; **Antibiotikum** *s.* natürliches oder synthetisches Mittel, das Antibiose bewirkt, Eigw. **antibiotisch**

antichambrieren (-scham-, *frz.*) sich durch beharrliches Warten (im Vorzimmer) um jmds. Gunst bemühen

Antichrist *m.* (*gr.*) ein der Wiederkehr Christi vorausgehender Widersacher

Antidot *s.* (*gr.*) Gegengift

Antifaschist *m.* (*gr.-itl.*) Gegner des Faschismus, Eigw. **antifaschistisch**

Antigene *Mz.* (*gr.*) giftige Eiweißstoffe (z. B. Mikroben), die die Bildung von Antikörpern bewirken

antigliss (*frz.*) rutschsicher (z. B. von Schuhsohlen)

Antiheld *m.* (*gr.-dt.*) negative Hauptfigur im Roman, Drama und Film

Antihistamin *s.* Wirkstoff gegen Allergien (z. B. Heuschnupfen)
Antikapitalismus *m.* gegen den Kapitalismus gerichtete Ideologie; Eigw. **antikapitalistisch**
antik (*lat.*) 1. dem gr. oder röm. Altertum zugehörig; 2. wertvoll und alt (umg.); **Antike** *w.* das klassische Altertum; **Antiken** *Mz.* antike Kunstwerke; **antikisieren** antike Vorbilder nachahmen, Eigw. **antikisch**
Antikathode *w.* (*gr.*) Gegenkathode bei Röntgenröhren
antiklerikal (*gr.-lat.*) kirchenfeindlich, Hptw. **Antiklerikalismus** *m.*
Antiklimax *w.* (*gr.*) Übergang vom stärkeren zum schwächeren sprachlichen Ausdruck
Antikommunismus *m.* gegen den Kommunismus gerichtete Ideologie; Eigw. **antikommunistisch**
antikonstitutionell (*lat.*) verfassungswidrig
antikonzeptionell (*lat.*) empfängnisverhütend
Antikörper *Mz.* Reaktionsprodukte der Körperzellen auf den Reiz der Antigene
Antilope (*gr.*) gehörnter Paarhufer in Afrika und Asien
Antimaterie *w.* (-ri'e, *gr.-lat.*) aus Antiteilchen bestehende hypothetische Materie
Antimon *s.* (*lat.*) chem. metallisches oder nichtmetallisches Element; **Antimonit** *m.* Grauspießglanz, wichtigstes Antimonerz
Antineuralgika *Mz.* (*gr.*) schmerzlindernde, schmerzstillende Mittel
Antinomie *w.* (*gr.*) 1. Widerspruch zwischen zwei gleich gültigen Urteilen; 2. Widerspruch zwischen zwei Rechtssätzen, Eigw. **antinomisch**
Antioxidans *s.* (*gr.*) Stoff (im Körper), der die Oxidation unterbricht
Antipassat *m.* (*gr.-niederl.*) Gegenwind zum Passat
Antipasto *m.* oder *s.* (*itl.*) italien. Vorspeise
Antipathie *w.* (*gr.*) Abneigung, Widerwillen, Eigw. **antipathisch**
Antiphlogistikum *s.* (*gr.*) entzündungshemmendes Heilmittel
Antiphon *w.* (*gr.*) Wechselgesang zwischen Priester und Chor oder Gemeinde
Antiphrase *w.* (*gr.*) ironische, im entgegengesetzten Sinn verwendete Stilfigur (z. B. eine schöne Bescherung)
Antipode *m.* (*gr.*) 1. «Gegenfüßler», Bewohner des entgegengesetzten Teils der Erdkugel; 2. Mensch mit entgegengesetztem Standpunkt
Antipyretikum (*gr.*) Mittel zur Fiebersenkung, Eigw. **antipyretisch**
Antiqua *w.* (*lat.*) die heute gebräuchliche gerade stehende lateinische Druckschrift;
Antiquar *m.* Händler mit gebrauchten Druckerzeugnissen; **Antiquariat** *s.* Handel, Buchhandlung mit gebrauchten Druckerzeugnissen; **antiquarisch** alt, gebraucht; **antiquiert** veraltet; **Antiquität** *w.* wertvoller, alter (Kunst)gegenstand
Antisemit *m.* Judengegner; **antisemitisch** judenfeindlich; **Antisemitismus** *m.* Judenfeindschaft
Antisepsis *w.* (*gr.*) Abtötung der Krankheitserreger in einer Wunde mit chem. Mitteln; **Antiseptika** *Mz.* keimtötende Mittel; **antiseptisch** keimtötend
Antiskating *s.* (-skeht-, *gr.-engl.*) eine größtmögliche Leichtigkeit des Tonabnehmens bewirkende Vorrichtung
Antispasmodikum *s.* (*gr.*) krampflösendes Mittel, Eigw. **antispastisch**
antistatisch die elektrostatische Aufladung verhindernd (Eigenschaft bestimmter Chemikalien)
Antiteilchen *s.* Elementarteilchen mit entgegengesetztem Vorzeichen (des zugeordneten Teilchens)
Antithese *w.* (*gr.*) entgegengesetzte Behauptung, Gegenbehauptung, Eigw. **antithetisch**
Antitoxin *s.* (*gr.*) körpereigenes Gegengift, ein Immunstoff
antiviral (*gr.-lat.*) gegen Viren wirkend; **Antivirenprogramm** *s.* Software, die Viren im PC verhindert oder beseitigt (EDV)
Antizipation *w.* (*lat.*) Vorwegnahme; **antizipatorisch** bewusstseinsmäßig vorwegnehmend; **antizipieren** etwas in Gedanken vorwegnehmen, vorausdenken
antizyklisch (*gr.*) 1. unregelmäßig wiederkehrend; 2. einem Konjunkturverlauf entgegenwirkend; **Antizyklone** *w.* Hochdruckgebiet
Antonomasie *w.* (*gr.*) Umschreibung

eines Eigennamens oder Charakterisierung einer Person durch charakteristische Beiwörter (z. B. der Frauenheld = Casanova); **Antonym** *s.* Wort, das einem anderen bedeutungsmäßig entgegengesetzt ist (z. B. jung/alt)
antörnen, anturnen (-törn-, *engl.*) in Stimmung bringen
Anurie *w.* (*gr.*) Fehlen der Harnabsonderung, Harnverhaltung
Anus *m.* (*lat.*) After, Eigw. **anal**; **Anus praeter** *m.* (– prä-) künstlicher Darmausgang
anvisieren (*lat.*) ins Visier nehmen, anstreben
A.O.C. *o. A.* (aus *frz. a*ppellation d'*o*rigine *c*ontrollée) Herkunftsnachweis französ. Weine
AP *o. A.* (Abk. von *engl. A*ssociated *P*ress) US-amerik. Nachrichtendienst
Äolsharfe *w.* (*gr.*) Windharfe, Saiteninstrument, das der Wind zum Tönen bringt
Äon *m.* (*gr.*) langer Zeitraum, Weltalter, Ewigkeit (*Mz.* Äonen)
Aorta *w.* (*gr.*) Hauptschlagader
Apache *m.* (apatsche, *indian.*) 1. Indianer in Nordamerika; 2. (*frz.*) Großstadtganove
Apanage *w.* (-nasch, *frz.*) Zuwendungen an die nichtregierenden Angehörigen eines Fürstenhauses
apart (*frz.*) außergewöhnlich, anziehend, mit persönlichem Stil
Apartheid *w.* (*afrik.*) Rassentrennung (räumlich, wirtschaftlich, sozial, politisch) zwischen weißen und farbigen Bewohnern, bes. im früheren Südafrika
Apartment *s.* (epartment, *engl.*) moderne Kleinwohnung; **Apartmenthaus** *s.* Wohnhaus mit Apartments; **Apartmenthotel** *s.* 1. Hotel mit Apartments; 2. (verhüllend für) Bordell
Apathie *w.* (*gr.*) Teilnahmslosigkeit, Gleichgültigkeit, Eigw. **apathisch**
Apatride *m.* und *w.* (*gr.*) Staatenlose(r)
Aperçu *s.* (aperßü, *frz.*) geistreiche prägnante Bemerkung
Aperitif *m.* (*frz.*) appetitanregendes alkoholisches Getränk
Apertur *w.* (*lat.*) 1. Öffnung, Eingang, bes. von Körperkanälen; 2. Maß für die Bildhelligkeit und die Bildauflösungsqualität optischer Systeme
Apex *m.* (*lat.*) 1. Längenzeichen für Vokale, Betonungszeichen für Silben; 2. Zielpunkt bewegter Objekte (z. B. eines Gestirns); 3. Zungenspitze (*Mz.* Apizes)
Aphasie *w.* (*gr.*) Verlust des Sprachvermögens, Eigw. **aphasisch**
Aphel *s.* (afel, *gr.*) größte Sonnenferne eines Planeten
Aphorismus *m.* (*gr.*) kurze prägnante Formulierung einer (persönlichen) Lebenseinsicht, Gedankensplitter; **aphoristisch** knapp, treffend, zugespitzt
Aphrodisiakum *s.* (*gr.*) Mittel, das den Geschlechtstrieb anregt oder steigert (*Mz.* Aphrodisiaka); **aphrodisisch** den Liebesgenuss betreffend; **Aphrodite** *w.* Liebesgöttin der Griechen
Aphthe *w.* (afte, *gr.*) weißliche, schmerzhaft entzündete Stelle der Mundschleimhaut; **Aphthenseuche** Maul- und Klauenseuche
a piacere (a pjatschere, *itl.*) Musik: nach Belieben (des Interpreten)
apikal (*lat.*) 1. an der Spitze, am Scheitel u. Ä. gelegen; 2. mit der Zungenspitze artikuliert
Apikultur *w.* (*lat.*) Bienenzucht; **Apis** *w.* Biene; **Apis** *m.* (*ägypt.-gr.*) Stiergottheit im alten Ägypten
Aplanat *m.* (*lat.*) nicht verzerrendes Linsenpaar, Eigw. **aplanatisch**
Aplomb *m.* (aplongb, *frz.*) 1. sicheres Auftreten, Nachdruck; 2. Balance, Gleichgewicht (beim Balletttanz)
APO, Apo *w. a*ußer*p*arlamentarische *O*pposition am Ende der 1960er Jahre
Apo-, apo- (*gr.*) als Wortteil: von – weg; entfernt, ausgehend, abgesetzt von; ab, nach, ent-
apodiktisch (*gr.*) 1. keinen Widerspruch duldend; 2. unwiderleglich, unumstößlich
Apogäum *s.* (-gä'u-, *gr.*) erdfernster Punkt der Gestirnsbahn
Apokalypse *w.* (*gr.*) prophetisch-visionäre Offenbarungsschrift vom Weltuntergang (z. B. die Offenbarung des Johannes im Neuen Testament); **Apokalyptik** *w.* 1. Gesamtheit des apokalyptischen Schrifttums; 2. Deutung von Ereignissen als Zeichen für das Weltende; **apokalyptisch** 1. die Apokalypse betreffend; 2. Unheil verkündend; 3. dunkel, geheimnisvoll

Apokatastase *w.* (*gr.*) Lehre von der Erfüllung aller göttlichen Verheißungen in der Weltvollendung

apokryph (*gr.*) später zugesetzt, nachgetragen, als nicht echt geltend; **Apokryphen** *Mz.* die nicht in den Bibelkanon aufgenommenen Schriften des Alten und Neuen Testaments

apolitisch (*gr.*) unpolitisch

Apoll, Apollo *m.* (*gr.*) 1. griechischer Gott der Dichtkunst und der Weissagung; 2. blendend schöner (junger) Mann; **apollinisch** maßvoll, harmonisch, ausgeglichen

Apolog *m.* (*gr.*) Lehrfabel; **Apologet** *m.* 1. jmd., der eine Überzeugung oder Lehre nachdrücklich verteidigt; 2. Verteidiger der christlichen Lehre (in der Antike); **Apologetik** *w.* die Lehre von der Rechtfertigung von (christlichen) Lehrsätzen; **apologetisch** eine Lehre, eine Überzeugung rechtfertigend; **Apologie** *w.* Rede oder Schrift zur Verteidigung einer Lehre, Überzeugung u. Ä.

Apophthegma *s.* (*gr.*) geflügeltes Wort (*Mz.* Apophthegmata); **apophthegmatisch** kurz und geistvoll

Apophyse *w.* (*gr.*) 1. Knochenfortsatz als Muskelansatz; 2. Gesteinsabzweigung

Apoplektiker *m.* (*gr.*) Menschentyp, der zum Schlaganfall neigt; **apoplektisch** zum Schlaganfall neigend; **Apoplexie** *w.* Schlaganfall

Aporem *s.* (*gr.*) logische Schwierigkeit; Unlösbarkeit eines (philos.) Problems; **Aporetik** *w.* Behandlung von Aporien; **Aporie** *w.* Ausweglosigkeit, unlösbares Problem

Apostasie *w.* (*gr.*) Abfall (eines Christen) vom Glauben; **Apostat** *m.* Abtrünniger

Apostel *m.* (*gr.*) 1. Jünger Jesu, frühchristlicher Missionar; 2. werbender Vertreter für eine Überzeugung; **Apostolat** *s.* Apostelamt, Auftrag der Kirche; **Apostolikum** *s.* das Apostolische Glaubensbekenntnis; **apostolisch** 1. von den Aposteln ausgehend; 2. päpstlich

a posteriori (*lat.*) aus Erfahrung gewonnen; **aposteriorisch** erfahrungsgemäß

Apostroph *m.* (*gr.*) Auslassungszeichen; **Apostrophe** *w.* feierliche Anrede, Ausruf, bes. in einem Gedicht (z. B. O du, nur du!); **apostrophieren** feierlich anreden, sich auf jmdn. beziehen

Apotheke *w.* (*gr.*) 1. zugelassenes Geschäft für Herstellung und Verkauf von Arzneimitteln; 2. Geschäft mit hohen Preisen (umg.)

Apotheose *w.* (*gr.*) 1. Versetzung unter die Götter, Vergöttlichung; 2. prunkvolles Schlussbild einer theatralischen Darbietung

Apparat *m.* (*lat.*) 1. Gerät aus zusammengesetzten Einzelteilen; 2. alle für die Durchführung einer Aufgabe, die Ausübung einer Funktion notwendigen Mittel (und Personen); 3. Anmerkungsteil, kritischer Apparat; **apparativ** den Apparat betreffend, zu ihm gehörig; mittels Apparaten; **Apparatschik** *m.* stur seinen Anweisungen verpflichteter Bürokrat; **Apparatur** *w.* Einheit von Apparaten

apparent (*lat.*) wahrnehmbar (von Krankheiten)

Appartement *s.* (appartmang, *frz.*) Zimmerflucht, Wohnung

appassionato (*itl.*) Musik: leidenschaftlich, stürmisch

Appeal *m.* (äppihl, *engl.*) Werbewirkung, Anreiz, Ausstrahlungskraft

Appeasement *s.* (äppihsment, *engl.*) Beschwichtigung, Beschwichtigungspolitik

Appell *m.* (*frz.*) 1. Aufruf; 2. Antreten zum Befehlsempfang; 3. Gehorsam des Jagdhundes; **Appellation** *w.* Berufung bei einer höheren Instanz; **appellieren** 1. Berufung einlegen; 2. anrufen, eindringlich ansprechen, mahnen

Appendix *m.* (*lat.*) 1. Anhang; 2. Wurmfortsatz des Blinddarms; **Appendizitis** *w.* Entzündung des Wurmfortsatzes

Apperzeption *w.* (*lat.*) bewusste Erfassung, Aufnahme und Verarbeitung von äußeren und inneren Eindrücken; **apperzipieren** aufnehmen, bewusst erfassen

Appetenz *w.* (*lat.*) 1. Suchverhalten (z. B. bei der Nahrungssuche); 2. Begehren

Appetit *m.* (*lat.*) Lust aufs Essen, Lust am Essen; **appetitlich** 1. appetitanregend; 2. anziehend, nett, adrett; **Appetizer** *m.* (äppeteiser, *engl.*) appetitanregendes Mittel

applanieren (*frz.*) ebnen, glätten

applaudieren (*lat.*) Beifall klatschen; **Applaus** *m.* Beifall

Applikation *w.* 1. Aufnäharbeit, aufgenähtes Muster; 2. Anwendung (von Medikamenten); **Applikatur** *w.* Fingersatz in der Klavierspieltechnik; **applizieren** 1. verabfolgen, anwenden; 2. auftragen, aufnähen

appoggiando (appodschando, *itl.*); **appoggiato** (-dschato) Musik: getragen

Appoggiatur *w.* (-dschatur, *itl.*) langer Vorschlag, Nebenton vor dem Hauptton

Apport *m.* (*frz.*) 1. Herbeibringen des erlegten Wildes durch den Hund; 2. Herbeibringen durch Geisterhand im Spiritismus; **apportieren** herbeibringen

Apposition *w.* (*lat.*) Sprachlehre: Beifügung, erklärender Beisatz

Apprehension *w.* (*lat.*) 1. unmittelbares Erfassen, Begreifen; 2. Befürchtung (veraltet)

Appretur *w.* (*frz.*) Verfahren zur Verbesserung der Eigenschaften oder des Aussehens von Geweben, Ztw. **appretieren**

Approach *m.* (äprohtsch, *engl.*) 1. Herangehensweise an ein wissenschaftliches Problem; 2. Textaufreißer eines Werbetextes

Approbation *w.* (*lat.*) Zulassung, Genehmigung, Ztw. **approbieren**

approximativ (*lat.*) annähernd

après nous le déluge (aprä nuh le delühsch, *frz.*) nach uns die Sintflut; **Après-Ski** *s.* Vergnügen aller Art im Winterurlaub

a priori (*lat.*) von vornherein, unabhängig von Erfahrung

apropos (apropo, *frz.*) übrigens, nebenbei, am Rande (gesagt)

Apside *w.* (*gr.*) größter oder kleinster Abstand eines Planeten zu seinem Bezugskörper; **Apsis** *w.* Chornische, halbrunde Nische (*Mz.* Apsiden)

Aqua destillata (*lat.*) destilliertes Wasser (Abk. aq. dest.)

Aquafarm *w.* (*lat.-engl.*); **Aquakultur** *w.* (*lat.*) systematische Bewirtschaftung des Meeres, bes. durch Fisch- und Muschelzuchten

Aquädukt *m.* (*lat.*) antike Wasserleitung in Form von Bogenbrücken

Aquamanile *s.* (*lat.*) bei der Messe gebrauchtes Gefäß zum Händewaschen

Aquamarin *m.* (*lat.*) meergrüner bis blassblauer Beryll, ein Edelstein

Aquanautik *w.* (*lat.-gr.*) Tiefseeforschung

Aquaplaning *s.* (*lat.-engl.*) Wasserglätte, gefährliches Rutschen auf nasser Fahrbahn

Aquarell *s.* (*itl.*) Wasserfarbenbild; **aquarellieren** mit Wasserfarben malen

Aquaristik *w.* (*lat.*) Lehre von Züchtung und Haltung von Wassertieren; **Aquarium** *s.* Wasserbehälter zur Züchtung und Haltung von Wassertieren und -pflanzen; **Aquarius** *m.* Sternbild des Wassermanns; **aquatisch** im Wasser entstanden, im Wasser befindlich; **Aquatinta** *w.* (*itl.*) Kupferstichverfahren, das die Wirkung einer getuschten Pinselzeichnung hervorruft

Äquator *m.* (*lat.*) größter Breitenkreis, der die nördliche und südliche Erdhälfte trennt; **äquatorial** am Äquator gelegen

à quatre (akattr', *frz.*); **à quatre mains** (– mäng); **a quattro** (*itl.*) zu vieren; **a quattro mani** (*itl.*) vierhändig

Aquavit *m.* (*lat.*) mit Kümmel aromatisierter Branntwein

Äquidistanz *w.* (*lat.*) gleich großer Abstand

Äquilibrist *m.* (*lat.*) Jongleur, Seiltänzer, Gleichgewichtskünstler, Eigw. **äquilibristisch**

Äquinoktium *s.* (*lat.*) die Zeit der Tagundnachtgleiche

Äquivalent *s.* (*lat.*) Gegenwert, vollwertiger Ersatz; **äquivalent** gleichwertig; **Äquivalenz** *w.* Gleichwertigkeit; **äquivok** 1. gleich lautend, aber in der Bedeutung unterschiedlich; 2. doppeldeutig

Ar *s.* (*lat.*) Flächenmaß, 100 qm

Ara *m.* (*Tupi*) großer langschwänziger Papagei im tropischen Amerika

Ära *w.* (*lat.*) durch etwas Bestimmtes gekennzeichneter Zeitabschnitt (*Mz.* Ären)

Arabeske *w.* (*frz.*) 1. stilisiertes, reich verziertes Blattrankenornament; 2. Charakterstück mit reicher Figuration der Melodie; **Arabesque** *w.* (-besk, *frz.*) eine Grundposition im Ballett

Arachnoide *w.* (*gr.*) Spinnentier; **Arachnologie** *w.* Teilgebiet der Zoologie, das

sich mit Spinnentieren beschäftigt; **Arachnophobie** *w.* zwanghafte Angst vor Spinnen
Aräometer *s.* (*gr.*) Gerät zur Ermittlung des spezifischen Gewichts
Ärar *s.* (*lat.*) Staatskasse, Fiskus; **ärarisch** staatlich, staatseigen
Arawak *s.*, **arawakische Sprachen** *Mz.* in der Karibik und Lateinamerika beheimatete Sprachfamilie
Arbiter *m.* (*lat.*) Schiedsrichter; **Arbiter Elegantiarum** *m.* Sachverständiger, Maßgeblicher in Fragen des guten Geschmacks
Arbitrage *w.* (arbitrasch, *frz.*) 1. Schiedsspruch (im Handelsrecht); 2. Ausnützung von Kursschwankungen an verschiedenen Börsen; **arbiträr** willkürlich, nach Ermessen
Arboretum *s.* (*lat.*) Baumgarten
Archaikum *s.* (-cha'i-, *gr.*) älteste Erdformation; **archaisch** 1. frühzeitlich; 2. altertümlich; **archaisieren** in archaischen Formen gestalten; **Archaismus** *m.* Gebrauch alter Wörter und Wendungen in Gegenwartssprache und -literatur
Archäologe *m.* (*gr.*) wissenschaftlicher Erforscher des Altertums; **Archäologie** *w.* Altertumskunde, Eigw. **archäologisch**
Archäopteryx *m.* (*gr.*) der Urvogel; **Archäozoikum** *s.* (-zo'i-) erdgeschichtliche Frühzeit mit den Abschnitten Archaikum und Algonkium (vor ca. 2,7 Milliarden bis 580 Millionen Jahren)
Archetyp, Archetypus *m.* (*gr.*) Urbild, Urform, Urfassung; **archetypisch** der Urform entsprechend
Archidiakon *m.* (*gr.*) erster Diakon; **Archimandrit** *m.* Abt eines Klosters der Ostkirchen
Archipel *m.* (*gr.*) Inselgruppe, Inselmeer
Architekt *m.* (*gr.*) Baumeister; **Architektonik** *w.* 1. Wissenschaft von der Baukunst; 2. künstlerischer Aufbau eines Werks; **architektonisch** die Architektonik betreffend; **Architektur** *w.* Baukunst, Baustil
Architrav *m.* (*gr.-lat.*) steinerner Querbalken zwischen Säulen und Fries an antiken Bauwerken, Epistyl
Archiv *s.* (*gr.-lat.*) 1. Sammlung von Urkunden, Schriftstücken, Dokumenten; 2. das Haus oder der Raum, wo sie verwaltet werden; **Archivalien** *Mz.* (-li'en) die im Archiv aufbewahrten Dokumente; **archivalisch** urkundlich; **Archivar** *m.* Verwalter des Archivs; **archivieren** in ein Archiv aufnehmen
Archivolte *w.* (*itl.*) Stirnseite eines Rundbogens
Archont *m.* (*gr.*) der höchste Beamte im antiken Athen
ardente (*itl.*) Musik: feurig
Areal *s.* (*lat.*) 1. Bodenfläche; 2. abgegrenztes Gebiet
areligiös (*lat.*) nicht religiös
Arena *w.* (*lat.*) Kampfplatz
Areopag *m.* (*gr.*) höchster Gerichtshof im antiken Athen
Ares *m.* (*gr.*) griech. Kriegsgott
Argon *s.* (*gr.*) chem. Element, Edelgas
Argot *s.* (argo, *frz.*) Sondersprache, Gaunersprache
Argument *s.* (*lat.*) 1. Beweisgrund, Beweismittel; 2. einem Bühnenstück vorgestellte Erklärung; 3. unabhängige Variable einer mathem. Funktion; **Argumentation** *w.* Beweisführung; **argumentativ** die Argumentation betreffend; **argumentieren** folgern, begründen, beweisen; **Argumentum e Contrario** *s.* Folgerung aus dem Gegenteil
Argus *m.* hundertäugiger Wächter der Io in der gr. Sage; **mit Argusaugen** wachsam, misstrauisch, scharf beobachtend
Ariadnefaden *m.* (*gr.*) Leitfaden durch Wirrnisse (nach dem Garnknäuel der Ariadne, mit dem Theseus aus einem Labyrinth herausfand)
Arianer *m.* Anhänger des Arianismus; **Arianismus** *m.* die von dem Presbyter Arius im 4. Jh. begründete Lehre, wonach Christus mit Gott wesensähnlich, nicht wesensgleich ist
arid (*lat.*) trocken, wüstenhaft
Arie *w.* (-ri'e, *itl.*) Komposition für Sologesang mit Orchesterbegleitung, bes. in der Oper
Ariel (-ri'e-, *hebr.*) Luftgeist
Ariette *w.* (ariett, *frz.*) kleine Arie; **arioso** (*itl.*) Musik: liedhaft, singend
Aristokrat *m.* (*gr.*) 1. Angehöriger des Adels; 2. vornehm zurückhaltender Mensch; **Aristokratie** *w.* adlige Ober-

schicht; **aristokratisch** 1. dem Adel angehörig; 2. vornehm-distanziert; **Aristonym** *s.* adliges Pseudonym, oft auch spaßhaft (z. B. Hella *von* Sinnen)

Arithmetik *w.* (*gr.*) Teilgebiet der Mathematik, die Zahlentheorie und das Rechnen mit Zahlen umfassend, Eigw. **arithmetisch**

Arkade *w.* (*frz.*) 1. auf Säulen oder Pfeilern ruhende Bogenreihe; 2. Bogengang, Laubengang

Arkadien *s.* (-di'en) idyllisches heiteres Landleben (als literarischer Schauplatz); **arkadisch** ländlich, heiter, sorgenfrei (nach der Landschaft des Peloponnes)

Arkanum *s.* (*lat.*) 1. Geheimnis; 2. Geheimmittel; **Arkandisziplin** *w.* Geheimhaltung religiöser Riten

Arkebuse *w.* (*niederl.-frz.*) altes Gewehr, Hakenbüchse

Arktis *w.* (*gr.*) Nordpolgebiet, Eigw. **arktisch**

Arlechino (-kino, *itl.*) Harlekin der Commedia dell'Arte

Armada *w.* (*span.*) große Kriegsflotte (nach der span. Armada im 16. Jh.)

Armageddon *s.* (*hebr.*) nach der Offenbarung des Johannes der Ort der letzten Schlacht, Katastrophe, Untergang

Armagnac *m.* (armanjak, *frz.*) französischer Weinbrand

Armatur *w.* (*lat.*) Ausrüstungsstück einer technischen Anlage (z. B. Mess- oder Bedienungsgerät); **armieren** 1. mit Armaturen versehen; 2. verstärken (z. B. ein Bauteil)

Armee *w.* (*frz.*) 1. gesamte Streitmacht eines Staats; 2. Heeresgruppe

Armorial *s.* (*lat.*) Wappenbuch

Army *w.* (*engl.*) Kurzwort für die US-amerik. Streitkräfte (umg.)

Arom, Aroma *s.* (*gr.*) 1. Duft oder Geschmack; 2. Geschmacksstoff; **aromatisch** würzig

arpeggiato (arpedschato, *itl.*); **arpeggio** (arpedscho) Musik: gebrochen, nach Harfenart

Arrak *m.* (*arab.*) Branntwein aus Reis oder Melasse

Arrangement *s.* (arrangschmang, *frz.*) 1. Anordnung, Gestaltung; 2. das gestaltete Ganze; 3. Übereinkunft, Absprache, Vereinbarung; 4. Bearbeitung eines Musikstücks für eine andere Besetzung; **Arrangeur** *m.* (-schöhr, *frz.*) 1. jmd., der etwas arrangiert; 2. Bearbeiter von Musikstücken; **arrangieren** 1. in die Wege leiten, vorbereiten, zusammenstellen; 2. Musikstück bearbeiten; 3. sich vergleichen, sich einrichten; **Arrangierprobe** *w.* Stellprobe im Theater

Array *m.* od. *n.* (ärreh, *engl.*) 1. Aufstellung, Anordnung gleicher Dinge; 2. Datenwerte gleichen Typs (EDV); 3. Anordnung gleichartiger elektronischer Bauelemente; **Arrayprozessor, Arrayrechner** *m.* Rechner mit mehreren miteinander verbundenen Rechenwerken (EDV)

Arrest *m.* (*lat.-frz.*) 1. Haft für bestimmte Personen (z. B. Jugendarrest); 2. vorläufige Beschlagnahme, Sicherstellung; **Arrestant** *m.* Häftling, Gefangener; **arretieren** 1. verhaften; 2. bewegliche Teile feststellen; **Arretierung** *w.* 1. Festnahme; 2. Sperrvorrichtung

Arrival *s.* (ereiwl, *engl.*) Ankunftshalle, bes. auf einem Flughafen

arrivederci! (-dertschi, *itl.*) auf Wiedersehen!

arriviert (*frz.*) gesellschaftlich aufgestiegen und anerkannt

Arroba *w.* (*span.*) 1. alte span. Gewichtsklasse (ca. 11 kg); 2. Hohlmaß für Öl (ca. 13 l); 3. das @-Zeichen; 4. altes Bleigusszeichen, Klammeraffe: {}

arrogant (*frz.*) anmaßend, überheblich; **Arroganz** *w.* Anmaßung, Überheblichkeit

arrondieren (arongdihren, *frz.*) abrunden, zusammenlegen (von Grundstücken), Hptw. **Arrondierung** *w.*; **Arrondissement** *s.* (-dißmang) französischer Verwaltungsbezirk

Ars *w.* Kunst (*Mz.* Artes); **Ars Amandi** *w.* Liebeskunst; **Ars antiqua** *w.* mehrstimmige Musik des 13. und 14. Jh.; **Ars Moriendi** *w.* (-ri'en-) erbauliches mittelalterliches Sterbebüchlein; **Ars nova** *w.* die neue (mehrstimmige) Musikströmung im Frankreich des 14. Jh.; **Ars poetica** *w.* Dichtkunst

Arsen *s.* (*gr.*) chem. Element (Halbmetall); **Arsenik** *s.* giftige Arsenverbindung; Eigw. **arsenig**

Art brut *w.* (ahrbrü, *frz.*) Kunst, die sich durch Ursprünglichkeit und unverbildete Eigenständigkeit vom Akademismus abhebt (z. B. Kunst von Kindern, Laienmalern und psychisch Kranken)
Arsenal *s.* (*arab.-itl.*) Zeughaus
Art déco *s.* (ahrdeko, *frz.*) dekorative Kunst, Kunstgewerberichtung der 20er und 30er Jahre des 20. Jh.; **Artdirector** *m.* (-dei-, *engl.*) künstlerischer Direktor einer Werbeabteilung
Artefakt *s.* (*lat.*) 1. Kunsterzeugnis; 2. vorgeschichtliches Werkzeug; 3. Selbstverletzung, -verstümmelung
Artemis (*gr.*) griech. Göttin der Jagd
Arte povera *w.* (*itl.*) moderne Objektkunst mit schlichten Alltagsmaterialien (Holz, Asche, Eisenstücke u. Ä.)
Arterie *w.* (-ri'e, *gr.*) Schlagader; **arteriell** die Schlagadern betreffend; **Arteriosklerose** *w.* Arterienverkalkung
Artes liberales *Mz.* (*lat.*) die sieben freien Künste in Antike und Mittelalter: Arithmetik, Astronomie, Dialektik, Geometrie, Grammatik, Musik und Rhetorik
Artha = Moksha
Arthritis *w.* (*gr.*) Gelenkentzündung; **Arthrose, Arthrosis** *w.* degeneratives chronisches Gelenkleiden
artifiziell (-zi'e-, *lat.*) künstlich
Artikel *m.* (*lat.*) 1. Geschlechtswort; 2. Verkaufsgegenstand, Ware; 3. Aufsatz, Abhandlung; 4. Abschnitt eines Gesetzes oder Vertrags
artikular (*lat.*) zum Gelenk gehörig; **Artikulaten** *Mz.* Gliedertiere; **Artikulation** *w.* 1. deutliche Lautbildung, deutliche Aussprache; 2. das Benennen (z. B. von Gefühlen); 3. Verbindung oder Trennung von Tönen; 4. Gelenk; **artikulieren** 1. deutlich aussprechen; 2. etwas formulieren (z. B. Gefühle)
Artillerie *w.* (*frz.*) mit Geschützen ausgerüstete Waffengattung; **Artillerist** *m.* Soldat der Artillerie
Artischocke *w.* (*itl.*) distelartige Gemüsepflanze
Artist *m.* (*lat.*) 1. Geschicklichkeitskünstler im Zirkus und Varieté; 2. jmd. mit hohem formalem Können; **Artistik** *w.* Zirkus- und Varietékunst; **artistisch** in der Art eines Artisten
Art nouveau *m.* (ahr nuwoh, *frz.*) Bez. für Jugendstil in Frankreich und England
Artothek *w.* (*lat.-gr.*) Kunstverleih
Arts and Crafts *Mz.* (– änd krahfts, *engl.*) Bewegung in England um 1900 zur Erneuerung des Kunsthandwerks
As = Ass
As *m.* (*lat.*) altrömische Münz- und Gewichtseinheit
Asbest *m.* (*gr.*) grausilbernes faseriges Material, das wärmedämmend, aber gesundheitsschädigend ist; **Asbestose** *w.* durch Asbest verursachte Lungenkrankheit
Aschkenasim *Mz.* (*hebr.*) die in Mittel- und Osteuropa beheimateten, Jiddisch sprechenden Juden (i. Ggs. zu den Sephardim)
ASCII *m.* (aski, aus *engl.* *A*merican *S*tandard *C*ode for *I*nformation *I*nterchange) weltweiter Standard-Zeichensatz für die meisten Computersysteme (EDV)
Ascorbinsäure *w.* (*gr.-lat.*) Vitamin C
ASEAN (aus *engl.* *A*ssociation of *S*outh *E*ast *A*sian *N*ations) Vereinigung südostasiatischer Nationen, derzeit 9 Mitgliedsstaaten, gegr. 1967, Sitz in Jakarta (Indonesien)
Asebie *w.* (*gr.*) Frevel, Gottlosigkeit, das Gegenteil von Eusebie; Eigw. **asebisch**
a secco = al secco
Asepsis, Aseptik *w.* (*gr.*) keimfreie Wundbehandlung; **aseptisch** keimfrei
Askaris *w.* (*gr.*) Spulwurm, Eingeweidewurm (*Mz.* Askariden)
Askese *w.* (*gr.*) entsagende Lebensweise; **Asket** *m.* enthaltsam, entsagend lebender Mensch, Eigw. **asketisch**
Äskulap griechischer Gott der Heilkunde; **Äskulapstab** *m.*, **Äskulapschlange** *w.* Schlangenstab, Symbol für Heilkunst und Arztberuf
Asmodi (*aram.*) Fürst der Dämonen im Talmud
Asomnie *w.* (*lat.*) Schlaflosigkeit
asozial (*lat.*) unsozial
Aspekt *m.* (*lat.*) 1. Blickwinkel, Gesichtspunkt; 2. bestimmte Planetenstellung; 3. Verlaufsform des Verbs, die einen Vorgang als abgeschlossen oder nicht abgeschlossen kennzeichnet (z. B. in slawischen Sprachen)

Aspergill *s.* (*lat.*) Weihwedel zum Besprengen

Asphalt *m.* (*gr.*) zähe Masse aus Bitumen und Mineralstoffen; **asphaltieren** eine Straße mit Asphalt belegen

Asphodill = Affodill

Aspik *s.* (*frz.*) Fisch- oder Fleischgelee

Aspirant *m.* (*lat.*) Anwärter, Bewerber; **Aspirata** *w.* Hauchlaut; **Aspiration** *w.* 1. Hoffnung, Erwartung, Bestrebung; 2. Aussprache mit Hauchlaut; **Aspirator** *m.* Vorrichtung zum Ansaugen; **aspirieren** 1. mit Hauchlaut aussprechen; 2. ansaugen (z. B. Luft)

Ass *s.* (*frz.*) 1. höchste Karte im Kartenspiel; 2. unerreichbarer Aufschlagball im Tennis; 3. Spitzenkönner auf seinem Gebiet

assai (*itl.*) sehr, ziemlich, genug (bei der Tempobez. in der Musik)

Assekuranz *w.* (*lat.*) Versicherung, Versicherungsgesellschaft

Assemblage *w.* (aßangblahsch, *frz.*) dreidimensionale Collage aus (häufig) vorgefundenen Gegenständen; **Assemblee** *w.* (-bleh) Versammlung

Assembler *m.* (äßem-, *engl.*) 1. maschinenorientierte Programmiersprache; 2. Übersetzungsprogramm für die Umwandlung von maschinenorientierter Programmiersprache in die Maschinensprache des jeweiligen PC (EDV)

Assembling *s.* (äß-, *engl.*) Zusammenschluss von Industriebetrieben zwecks Rationalisierung

assentieren (*lat.*) zustimmen

Assertion *w.* (*lat.*) Behauptung, Feststellung; **assertorisch** behauptend, einen Tatbestand feststellend

Asservat *s.* (*lat.*) amtlich verwahrter Gegenstand, der z. B. gerichtlich von Bedeutung ist; **Asservatenkammer** *w.* Aufbewahrungsort für beschlagnahmte Gegenstände; **Asservatenkonto** *s.* bestimmten Zwecken vorbehaltenes Sonderkonto

Assessment *s.* (äß-, *engl.*) 1. steuerliche Veranlagung; 2. Einstufung(stest), Beurteilung von Bewerbern oder Projekten; **Assessmentcenter** *s.* ausgiebiges psychologisches Testverfahren zur Beurteilung eines Bewerbers

Assessor *m.* (*lat.*) akademisch ausgebildeter, aber noch nicht fest angestellter Beamter

Assiette *w.* (aßjett, *frz.*) flache, kleine Schüssel

Assignaten *Mz.* (*frz.*) Papiergeld, Inflationsgeld zur Zeit der Französischen Revolution

Assimilation, Assimilierung *w.* (*lat.*) 1. Angleichung, Anpassung, Anverwandlung; 2. Umwandlung der Nahrung im Körper; 3. Angleichung zweier benachbarter Mitlaute; **assimilieren** angleichen, anpassen, anverwandeln

Assistant *m.* (-tent, *engl.*) Assistent; **Assistant Chairman** *m.* (tschärmän) stellvertretender Vorsitzender; **Assistant Foreman** *m.* (– formän) Vorarbeiter; **Assistant General Manager** *m.* (– dschenerel mänedscher) stellvertretender Generaldirektor

Assistent *m.* (*lat.*) einem leitend Tätigen zugeordnete Fachkraft; **Assistenz** *w.* Hilfe, Beistand, Mitwirkung; **assistieren** mitwirken, zur Hand gehen

Associé *m.* (assoßjeh, *frz.*) Teilhaber, Geschäftspartner

Assoluta *w.* (*itl.*) weiblicher Opern- oder Ballettstar der absoluten Spitzenklasse

Assonanz *w.* (*lat.*) Gleichklang nur der Vokale, vokalischer Halbreim (z. B. Sonate – Tomate)

assortieren (*frz.*) nach Warengattungen zusammenstellen; **Assortiment** *s.* Warenlager

Assoziation *w.* (*lat.*) 1. Zusammenschluss; 2. Vereinigung von Molekülen zu größeren Einheiten; 3. Gedankenverbindung, Gedankenverknüpfung; **assoziativ** verbindend, durch Vorstellung verknüpft; **assoziieren** (-zi'ie-) 1. gedanklich verknüpfen; 2. sich zusammenschließen

Assumtion *w.* (*lat.*) Himmelfahrt (Marias); **Assunta** *w.* Darstellung der Himmelfahrt Marias in der bildenden Kunst

Asteroid *m.* (*gr.*) 1. Seestern; 2. kleiner Planet

Asteronym *s.* (*gr.*) durch drei Sternchen (***) verheimlichter Autorenname

Asthenie *w.* (*gr.*) Kraftlosigkeit, Schwäche; **Astheniker** *m.* Mensch von schmalem, schmächtigem Körperbau, Eigw. **asthenisch**

Ästhesie *w.* (*gr.*) Empfindungsfähigkeit; Empfindungsvermögen; **Ästhet** *m.* jmd., der größten Wert auf stilvoll-schöne Gestaltung legt; **Ästhetik** *w.* 1. wissenschaftliche Untersuchung des Schönen, bes. in der Kunst; 2. den Regeln der Ästhetik entsprechende Gestaltung; **ästhetisch** die Ästhetik (1) betreffend, geschmackvoll, stilvoll-kultiviert; **ästhetisieren** einseitig nach den Gesetzen der Ästhetik urteilen; **Ästhetizismus** *m.* Beurteilung aller Lebenserscheinungen nach dem Maßstab der Ästhetik

Asthma *s.* (*gr.*) anfallsweise auftretende Atemnot

Astigmatismus *m.* (*gr.*) Unvermögen einer Linse und des Auges, unverzerrte Bilder wiederzugeben, Eigw. **astigmatisch**

ästimieren (*lat.*) schätzen, achten, würdigen

Asti spumante (*itl.*) itl. Schaumwein

Astrachan *s.* (*russ.*) Fell des Astrachanschafs und Nachahmung in Plüsch

astral (*lat.*) die Gestirne betreffend; **Astralleib** *m.* im Okkultismus der unsichtbare Ätherleib des Menschen

Astrologe *m.* (*gr.*) Sterndeuter; **Astrologie** *w.* Sterndeutekunst, Eigw. **astrologisch**; **Astronaut** *m.* (*gr.*) Weltraumfahrer; **Astronautik** *w.* Raumfahrt; **Astronom** *m.* Wissenschaftler der Astronomie; **Astronomie** *w.* Wissenschaft, die sich mit der Erforschung des Weltalls befasst; **astronomisch** 1. die Astronomie betreffend; 2. unfassbar groß; **Astrophysik** *w.* Teilgebiet der Astronomie, das sich mit der Physik der Gestirne befasst

Asyl *s.* (*gr.*) Zufluchtsort; **Asylant** *m.* politisch oder religiös Verfolgter, der in einem anderen Land Zuflucht sucht

Asymmetrie *w.* (*gr.*) Ungleichmäßigkeit; **asymmetrisch** ungleichmäßig, nicht symmetrisch

Asymptote *w.* (*gr.*) Gerade, die sich einer Kurve beliebig nähert, ohne sie zu erreichen

asynchron (*gr.*) nicht gleichzeitig, in unregelmäßigem Takt; **Asynchronmotor** *m.* Motor, dessen Drehzahl nicht mit der Netzfrequenz übereinstimmt

Asyndeton *s.* (*gr.*) eine Reihe gleichgeordneter, nicht durch Konjunktionen verbundener Wörter oder Satzteile (z. B. alles rennet, rettet, flüchtet), Eigw. **asyndetisch**

Asynergie *w.* (*gr.*) mangelhaftes Zusammenwirken von Muskeln, Eigw. **asynergisch**

Aszendent *m.* (*lat.*) 1. Verwandter in aufsteigender Linie; 2. Aufgangspunkt eines Gestirns; 3. das im Augenblick der Geburt am Osthorizont erscheinende Tierkreiszeichen; **Aszendenz** *w.* 1. Verwandtschaft in aufsteigender Linie; 2. Aufgang eines Gestirns

at (ät, *engl.*) bei; Zeichen @, das in E-Mail-Adressen verwendet wird (EDV)

ataktisch (*gr.*) unregelmäßig

Ataman *m.* (*russ.*) = Hetman

Ataraktika *Mz.* Beruhigungsmittel; **Ataraxie** *w.* (*gr.*) Unerschütterlichkeit, Seelenruhe, Gleichmut

Atavismus *m.* (*lat.*) 1. das Wiederauftreten entwicklungsgeschichtlich überholter Merkmale; 2. Rückfall in überwunden geglaubte Zustände; Eigw. **atavistisch**

Ataxie *w.* (*gr.*) Bewegungsstörung durch mangelnde Muskelkoordination

Atelier *s.* (ateljeh, *frz.*) 1. Werkstatt für Künstler und bestimmte Berufe; 2. Raum für Filmaufnahmen

a tempo (*itl.*) 1. Musik: (wieder) im Tempo; 2. rasch

Äthan *s.* (*gr.*) gasförmiger Kohlenwasserstoff

Athanasie *w.* (*gr.*) Unsterblichkeit

Atheismus *m.* (-te'is-, *gr.*) die Überzeugung, dass es keinen Gott gibt; **Atheist** *m.* Gottloser; **atheistisch** gottlos

Athene griechische Göttin der Weisheit

Athenäum *s.* 1. Tempel der Athene; 2. Titel einer für die deutsche Romantik wichtigen Zeitschrift, die von 1798 bis 1800 in Jena erschien (nach der griech. Göttin Athene)

Äther *m.* (*gr.*) 1. organische Verbindung mit narkotisierender Wirkung (fachsprachl. Ether); 2. nach antiker Vorstellung die unveränderliche Materie der himmlischen Sphären; 3. nach alter physikal. Vorstellung ein Medium wellenförmiger Kraftübertragung (Ätherwellen); **ätherisch** 1. hauchzart, vergeistigt; 2. flüchtig, verfliegend

Athlet *m.* (*gr.*) 1. Kraftmensch, Muskelmensch; 2. Wettkämpfer; **athletisch** 1. muskelstark; 2. sportlich durchtrainiert

Äthylen *s.* (*gr.*) ungesättigter Kohlenwasserstoff

Athymie *w.* (*gr.*) Schwermut, Antriebslosigkeit

Ätiologie *w.* (*gr.*) Lehre von den Ursachen, bes. den Krankheitsursachen; **ätiologisch** ursächlich

Atkins-Diät *w.* (ät-) Diät zur Gewichtsreduzierung auf der Basis möglichst vollständigen Verzichts auf Kohlenhydrate, auch als Low-Carb(= carbohydrate)-Diät bekannt (nach dem US-amerik. Ernährungswissenschaftler Robert C. Atkins, 1930–2003)

Atlant *m.* (*gr.*) männliche Figur als Gebälkträger; **Atlantik** *m.* der Atlantische Ozean; **Atlantis** *s.* sagenhafte, im Atlantik versunkene Insel

Atlas *m.* (*gr.*) 1. Riese, der nach der griechischen Sage das Himmelsgewölbe trägt; 2. gebundene Sammlung von Karten zur Geographie oder zu einem anderen Fachgebiet (*Mz.* Atlanten); 3. oberster Halswirbel

Atlas *m.* (*arab.*) schwerer, glänzender Seidenstoff

Atman *s.* (*sanskr.*) der Wesenskern des Menschen in der indischen Philosophie

Atmosphäre *w.* (*gr.*) 1. Lufthülle um die Erde; 2. Einheit für den Druck; 3. Stimmung, Fluidum; **atmosphärisch** die Atmosphäre betreffend

Atoll *s.* (*malai.*) ringförmige Koralleninsel

Atom *s.* (*gr.*) kleinste Einheit eines chem. Elements; **atomar** mit dem Atom zusammenhängend; **Atombombe** *w.* Bombe mit Kernsprengstoff, bei deren Explosion Atomkerne gespalten werden; **Atomenergie** *w.* bei der Spaltung des Atomkerns frei werdende Energie; **atomisieren** in kleinste Teile zerlegen; **Atomkern** *m.* der aus Nukleonen bestehende positiv geladene Bestandteil des Atoms in der Elektronenhülle; **Atommeiler** *m.* = Reaktor; **Atommüll** *m.* radioaktive Abfallstoffe; **Atomwaffen** *Mz.* Kernwaffen

atonal (*lat.*) tonartlich ungebunden, Hptw. **Atonalität** *w.*

Atonie *w.* (*gr.*) Muskelerschlaffung, Eigw. **atonisch**

Atout *s.* (attu, *frz.*) Trumpf im Kartenspiel

à tout prix (a tuh prih, *frz.*) um jeden Preis

atoxisch (*gr.*) nicht giftig

Atrium *s.* (*lat.*) 1. säulenumstandener Hofraum im altrömischen Haus; 2. Säulenvorhof der altchristlichen Basilika; 3. Innenhof eines Hauses; 4. Vorkammer des Herzens

Atrophie *w.* (*gr.*) Abnahme von Geweben und Organen durch Zellschwund

Atropin *s.* (*gr.*) hochgiftiges Alkaloid, natürlich z.B. in der Tollkirsche vorkommend

Atrozität *w.* (*lat.*) Grausamkeit, Gräuel

Attac *o. Art.* (aus *frz.*: *A*ssociation pour la *T*axation des *T*ransactions Financières pour l'*A*ide aux *C*itoyens) weltweit größter Zusammenschluss von Privatpersonen und Organisationen, die wachsende Ungleichheit, Steuerfreiheit von Finanztransaktionen und deregulierte Globalisierung bekämpfen

attacca (*itl.*) Musik: ohne Pause den folgenden Satz anschließen

Attaché *m.* (attascheh, *frz.*) beigeordneter Beamter des diplomatischen Dienstes

Attachment *s.* (ettätsch-, *engl.*) ein an eine E-Mail angehängtes längeres (Ton-, Bild-, Text- oder Film-)Dokument, das vom Empfänger geöffnet und bei Bedarf heruntergeladen werden kann

Attacke *w.* (*frz.*) 1. Angriff; 2. Krankheitsanfall; **attackieren** angreifen, anfeinden

Attentat *s.* (*lat.*) (Mord-)Anschlag auf einen politischen Gegner; **Attentäter** *m.* jmd., der ein Attentat ausführt

Attention! (attangßjong, *frz.*) Achtung!

Attentismus *m.* (*lat.*) 1. abwartendes Verhalten; 2. berechnende Zurückhaltung der eigenen Entscheidung; Eigw. **attentistisch**

Attest *s.* (*lat.*) ärztliche Bescheinigung; **attestieren** bescheinigen

Attika *w.* (*gr.*) fensterloser Aufbau über dem Gesims

Attila *w.* (*ungar.*) mit Schnüren besetzte Husarenjacke (nach dem Hunnenkönig)

Attitüde *w.* (*frz.*) 1. Haltung, innere Einstellung, Pose; 2. eine Grundposition im Ballett

Attraktion *w.* (*lat.*) Zugnummer, Anziehungskraft; **attraktiv** anziehend, gutaussehend

Attrappe *w.* (*frz.*) täuschend ähnliche Nachbildung

Attribut *s.* (*lat.*) 1. Kennzeichen, Merkmal, Eigenschaft; 2. Sprachlehre: Beifügung; **attributiv** beigegeben, beifügend

atü Zeichen für die veraltete Druckeinheit für Atmosphärenüberdruck

atypisch (*gr.*) nicht typisch, von der Regel abweichend

at-Zeichen = at

Au = Aurum

Aubergine *w.* (oberschin, *frz.*) 1. violette Frucht einer Gemüsepflanze, Eierfrucht; 2. chinesisches Porzellan mit blauroter Glasur

au contraire (o kongträr, *frz.*) im Gegenteil

au courant (o kurang, *frz.*) auf dem Laufenden

audiatur et altera pars (*lat.*) (man soll) auch die Gegenseite hören

Audienz *w.* (-di'e-, *lat.*) Empfang bei hohen Persönlichkeiten

Audiometer *s.* (*lat.*) Hörmessgerät; **Audiometrie** *w.* Prüfung des Gehörs mit dem Audiometer; **Audiovision** *w.* (*lat.*) Technik der Speicherung und Wiedergabe von Ton und Bild; **audiovisuelle Medien** *Mz.* (elektronische) Medien, die Töne und Bilder übermitteln, sowie die Geräte zum Speichern (Tonfilm, Fernsehen, Videorecorder); **Audiphon** *s.* Hörapparat; **Auditeur** *m.* (ohditör, *frz.*) Militärjurist; **auditiv** (*lat.*) das Gehör betreffend; **Auditor** *m.* (oditer, *engl.*) engl. Bez. für Buch-, Rechnungs- und Wirtschaftsprüfer, Revisor; **Auditor** *m.* (*lat.*) Richter der röm. Kurie; **Auditorium** *s.* 1. Zuhörerschaft; 2. Hörsaal einer Universität; **Auditorium maximum** größter Hörsaal; **Auditus** *m.* das menschliche Hörvermögen

au fond (o fong, *frz.*) im Grunde genommen, eigentlich

au four (o fuhr, *frz.*) im Ofen gebraten, gebacken

aufpeppen (*engl.*) steigern, bereichern; modern machen; **aufpoppen** (*engl.*) 1. (sich) poppig zurechtmachen (Jj.); 2. aufspringen (Bildschirmfenster [EDV])

aufstylen = stylen

auftunen = tunen

Augiasstall *m.* Riesenunordnung, Dreckloch (nach dem von Herkules ausgemisteten Stall)

Augmentation *w.* (*lat.*) Ausweitung eines musikalischen Themas

Augur *m.* (*lat.*) 1. Vogelschauer, römischer Priester; 2. jmd., der aufgrund seines Insiderwissens Prognosen stellt; **Augurenlächeln** *s.* verständnisinniges Lächeln unter Eingeweihten

Augustiner *m.* Angehöriger des Augustinerordens, eines seit dem 14. Jh. in Böhmen siedelnden Ordens, der sich auf den Kirchenlehrer Augustinus (354–430 n. Chr.) beruft

Auktion *w.* (*lat.*) Versteigerung; **Auktionator** *m.* Versteigerer; **auktionieren** versteigern

Aula *w.* (*lat.*) Festsaal, großer Versammlungsraum in Schulen

au naturel (o natürell, *frz.*) in natürlichem Zustand, unvermischt

au pair (o pär, *frz.*) ohne Bezahlung, auf Gegenleistung beruhend; **Aupairmädchen** *s.*, **Aupairjunge** *m.* junge Person, die im Ausland gegen Unterkunft, Verpflegung und Taschengeld in einer Familie arbeitet und dabei Sprachkenntnisse erwirbt

Aura *w.* (*gr.*) Ausstrahlung, intensive Wirkung einer Person

Aureole *w.* (*lat.*) 1. Heiligenschein; 2. Hof um Sonne oder Mond; 3. Warnschein in Grubenlampen; 4. elektrische Lichterscheinung

Aureomyzin *s.* (*Wz.*) Antibiotikum

Aureus *m.* (-re'u-, *lat.*) römische Goldmünze

au revoir (o rewoar, *frz.*) auf Wiedersehen

Aurignacien *s.* (orinjaßjäng) Stufe der Altsteinzeit (nach der Stadt Aurignac in Frankreich)

aurikular, aurikulär (*lat.*) das Ohr betreffend

Aurora (*lat.*) 1. röm. Göttin der Morgenröte; 2. ein Tagfalter

Aurum *s.* (*lat.*) Gold (chem. Zeichen: Au)

ausagieren (*lat.*) Gefühle ohne Hemmungen in Handlungen übertragen
ausbalancieren (-balangßieren, *frz.*) ins Gleichgewicht bringen
ausbaldowern (*jidd.*) auskundschaften
auschecken (-tscheck-, *engl.*) 1. Passagiere, Hotelgäste bei der Abfahrt abfertigen; 2. abreisen, sich abfertigen lassen
auschillen (-tschi-, *engl.*) sich erholen, entspannen
ausflippen (*engl.*) 1. die Nerven verlieren, durchdrehen; 2. sich sehr über etwas freuen; 3. aus Gewohnheiten ausbrechen
ausknocken (-nock-, *engl.*) k. o. schlagen
Auskultation *w.* (*lat.*) medizin. Abhorchen; **auskultatorisch** durch Abhorchen; **auskultieren** behorchen, abhorchen
ausloggen (*engl.*) ein kennwortverschlüsseltes Computernetzwerk verlassen
ausmanövrieren (*frz.*) kaltstellen, austricksen, hinausdrängen
Auspizien *Mz.* (-zi'en, *lat.*) Aussichten für ein Vorhaben
auspowern (-pau-, *engl.*) kraftlos machen, erschöpfen; Eigw. **ausgepowert**
auspowern (*frz.*) ausbeuten, ausplündern, arm machen
ausrangieren (-rangschieren, *frz.*) aussondern, außer Dienst stellen
ausstaffieren (*frz.*) ausstatten; **Ausstaffierung** *w.* Ausstattung
austarieren (*itl.*) ins Gleichgewicht bringen
Auster (*gr.-lat.*) essbare Muschel in warmen Meeren
Austerity *w.* (oßteriti, *engl.*) 1. Strenge, Einfachheit, Einschränkung; 2. rigorose Sparpolitik
Austria (*lat.*) Österreich; **Austriazismus** *m.* österreichische Spracheigentümlichkeit
austricksen (*engl.*) durch einen Trick überlisten
Austronesik *w.* (*lat.-gr.*) Wissenschaft von den Sprachen und Kulturen der Inseln in Südostasien und der Südsee
Aut(o)-, aut(o)- (*gr.*) als Wortteil: selbst, eigen
Autarkie *w.* (*gr.*) wirtschaftliche Selbstversorgung, Eigw. **autark**
authentifizieren (*gr.-lat.*) beglaubigen;
authentisch (*gr.*) verbürgt, echt, vom Autor beglaubigt; **authentisieren** rechtsgültig machen; **Authentizität** *w.* Echtheit, Glaubwürdigkeit
Authorized Officer *m.* (oßoreisd –, *engl.*) engl. Bez. für Prokurist
Autismus *m.* (*gr.*) psychische Störung mit extremer Selbstbezogenheit und Kontaktverlust, Eigw. **autistisch**
Auto *s.* kurz für Automobil
Autoaggression *w.* (*gr.-lat.*) gegen die eigene Person gerichtete Aggression; **Autoaggressionskrankheiten** *Mz.* Krankheiten, bei denen der Körper Antikörper gegen körpereigene Antigene bildet
Autobiografie, Autobiographie *w.* (*gr.*) Beschreibung des eigenen Lebens, Selbstbiographie, Eigw. **autobiografisch, autobiographisch**
Autochromdruck *m.* (*gr.*) Autotypie mit Farbraster
autochthon (*gr.*) 1. an Ort und Stelle entstanden (von Gestein); 2. alteingesessen; **Autochthone** *m.* oder *w.* Eingeborene(r), Ureinwohner(in)
Autodafé *s.* (*port.*) Ketzerverbrennung, Bücherverbrennung (aufgrund eines Urteils der Inquisition)
Autodidakt *m.* (*gr.*) jmd., der sich durch Selbstunterricht bildet, Eigw. **autodidaktisch**
autodynamisch (*gr.*) selbstwirkend
autoerotisch (*gr.*) selbstverliebt, in den eigenen Körper verliebt, Hptw. **Autoerotismus** *m.*
Autofokus *w.* (*gr.-lat.*) Vorrichtung zur automatischen Einstellung der Bildschärfe (z. B. an Kameras)
Autogamie *w.* (*gr.*) Selbstbefruchtung bei bestimmten Pflanzen und Tieren
autogen (*gr.*) selbsttätig, selbstwirkend; **autogenes Training** Übungen zur Entspannung durch Selbsthypnose
Autogramm *s.* (*gr.*) eigenhändige Unterschrift (berühmter Personen)
Autograph, Autograf *s.* (*gr.*) Manuskript in der ersten Fassung, Urschrift
Autohypnose *w.* (*gr.*) Selbsthypnose
Autoinfektion *w.* (*gr.-lat.*) Selbstansteckung; **Autointoxikation** *w.* Selbstvergiftung des Körpers
Autokino = Drive-in

Autoklav *m.* (*gr.-lat.*) Dampfdruckgefäß zum Sterilisieren

Autokorrektur *w.* (*gr.-lat.*) in Textverarbeitungsprogrammen verfügbare Funktion, die häufig auftretende Eingabefehler automatisch korrigiert (EDV)

Autokrat *m.* (*gr.*) 1. unbeschränkter Herrscher, Alleinherrscher; 2. selbstherrlicher, rücksichtsloser Mensch; **Autokratie** *w.* Staatsform mit unbeschränkt herrschendem Oberhaupt; **autokratisch** 1. alleinherrschend; 2. selbstherrlich

Automat *m.* (*gr.*) 1. Verkaufsapparat, Warenautomat; 2. System mit elektronischer Steuerung; **Automatik** *w.* Vorgang der Selbststeuerung; **automatisch** 1. selbsttätig; 2. unwillkürlich, zwangsläufig, mechanisch; **Automatisierung, Automation** *w.* Umstellung der Produktion auf automatische Arbeitssysteme, Ztw. **automatisieren**; **Automatismus** *m.* 1. selbsttätiger, unbewusster Ablauf von Vorgängen; 2. spontane Mal- und Schreibtechniken (der Surrealisten), durch die sich das Unbewusste ohne rationale Kontrollen ausdrücken soll

Automobil *s.* (*gr.-lat.*) Kraftfahrzeug

autonom (*gr.*) selbständig, unabhängig; **Autonomie** *w.* Selbständigkeit, (politische) Unabhängigkeit; **Autonomist** *m.* Kämpfer für politische Autonomie

Autopilot *m.* (*gr.-itl.*) automatisches Steuerhilfsgerät eines Luftfahrzeugs

Autoplastik *w.* (*gr.*) Ersatz von Haut- oder Gewebeverlusten durch geeignetes Gewebe des eigenen Körpers

Autopsie *w.* (*gr.*) Leichenschau, Leichenöffnung

Autor *m.* (*lat.*) Urheber, Verfasser; **autorisieren** bevollmächtigen, Hptw. **Autorisierung, Autorisation** *w.*

Autoreverse *s.* (-riwörß, *lat.-engl.*) automatische Rückwärtsschaltung an Kassetten- und Videorecordern

Autorität *w.* (*lat.*) 1. Ansehen, Einfluss; 2. fachliche Kompetenz; **autoritär** diktatorisch, Gehorsam fordernd; **autoritativ** maßgebend, auf Autorität beruhend

Autoskooter *m.* (-skuter, *gr.-engl.*) elektrisch betriebener kleiner Flitzer auf Jahrmärkten

Autostrada *w.* (*itl.*) italien. Autobahn

Autosuggestion *w.* (*gr.-lat.*) Selbstbeeinflussung, Eigw. **autosuggestiv**

Autotypie *w.* (*gr.*) fotomechanisches Reproduktionsverfahren für Bilder mit Halbtönen

auxiliar (*lat.*) helfend

a. v. = a vista

Aval *m.* (*frz.*) Wechselbürgschaft; **per aval** als Bürge

Avance *w.* (awangß, *frz.*) 1. Vorsprung, Vorteil; 2. Entgegenkommen (meist *Mz.* Avancen); **Avancement** *s.* (-mang) Beförderung, Vorwärtskommen; **avancieren** vorwärtskommen, aufrücken; **Avantage** *w.* (-tasch) Vorteil, Gewinn

Avantgarde *w.* (awangard, *frz.*) die Vorkämpfer; **Avantgardist** *m.* Wegbereiter, Vorkämpfer; **avantgardistisch** vorkämpferisch

avanti! (*itl.*) vorwärts!, los!

Avatar *m.* (*sanskr.*) 1. in den indischen Religionen ein Gott, der zu den Menschen herabsteigt und ihre Gestalt annimmt; 2. computergenerierte Kunstfigur in der virtuellen Welt (z. B. Lara Croft)

ave (*lat.*) sei gegrüßt!; **Ave** *s.* Ave-Maria, katholisches Mariengebet

Avenida *w.* (*span.-port.*) breite Prachtstraße, Allee in Spanien, Portugal und Lateinamerika; **Avenue** *w.* (awenü, *frz.*; ewenju, *engl.*) Prachtstraße

Avers *m.* (*lat.*) Vorderseite, Kopfseite einer Münze

Aversion *w.* (*lat.*) Abneigung, Widerwille

Aviatik *w.* (*lat.*) alte Bezeichnung für Flugtechnik, Flugwesen

avid (*lat.*) Antikörper anziehend

Avis *s.* (awih, *frz.*) Benachrichtigung, Ankündigung; **avisieren** ankündigen

a vista (*itl.*) bei Sicht, bei Vorlage fällig (von Wechseln)

Avitaminose *w.* (*lat.*) durch Vitaminmangel bewirkte Krankheit

Avocado *w.* (*aztek.*) dunkelgrüne Frucht eines südamerik. Lorbeergewächses

AWACS *o. A.* (aus engl. *A*irborne early *w*arning *a*nd *c*ontrol *s*ystem) Frühwarnsystem der NATO

Awesta *s.* (*pers.*) Gesamtheit der religiösen Schriften des Parsismus

axial (*lat.*) in Richtung der Achse

axillar (*lat.*) 1. zur Achselhöhle gehörend; 2. achselständig (von Blättern)
Axiologie *w.* (*gr.*) Wertlehre
Axiom *s.* (*gr.*) Grundsatz, der nicht ableitbar und (deshalb) nicht beweisbar, aber unanzweifelbar ist; **Axiomatik** *w.* Lehre von den mit Axiomen durchführbaren logischen Operationen; **axiomatisch** auf Axiomen beruhend, unanzweifelbar
Axolotl *m.* (*Nahuatl*) mexikan. Schwanzlurch, dem lebenslang Gliedmaßen, Organe und Teile des Gehirns nachwachsen
Ayran *s.* oder *m.* (*türk.*) erfrischendes säuerliches Joghurtgetränk
Azetat = Acetat; **Azeton** = Aceton
Azimut *s.* oder *m.* (*arab.*) Winkel zur Lagebestimmung eines Gestirns
Azoikum *s.* (*gr.*) früheste erdgeschichtliche Formation; **azoisch** ohne Spuren organischen Lebens
Azur *m.* (*arab.-pers.*) das Himmelsblau; **azurn** tief himmelblau
Azzurri *Mz.* (*itl.*) italien. Fußballnationalmannschaft

B

B. A. = Bachelor of Arts

Baal *m.* (*hebr.*) (Fruchtbarkeits-)Gott der Westsemiten

Baas *m.* (*niederl.*) Chef, Meister, Aufseher, Vermittler (von Seeleuten)

Baba *m.* (*pers.-türk.*) türkischer Ehrentitel für Geistliche und Fromme

Baba *w.* (*russ.*) Kurzform von Babuschka, Oma, Großmutter; **Baba Jaga** *w.* Hexe im russ. Volksmärchen

Babbitt *m.* (bäbbitt, *engl.*) Spießer, Geschäftemacher (nach dem Helden des gleichnamigen Romans von Sinclair Lewis, 1922)

Babel, Babylon *s.* (*hebr.*) 1. Ruinenstadt am Euphrat; 2. Sinnbild für Sittenverfall, Tohubawohu und Sprachenwirrwarr

Babusche *w.* (*pers.-türk.*) orientalischer pantoffelartiger Schuh

Babuschka *w.* (*russ.*) Großmutter

Baby *s.* (behbi, *engl.*) Säugling und kleines Kind; **Baby-Bonds** Schuldverschreibungen von sehr kleinem Nennwert; **Babyboom** *m.* (-buhm) plötzliches Ansteigen der Geburtenziffern; **Babyboomer** *m.* jmd. aus einem geburtenstarken Jahrgang; **Babydoll** *m.* Damenschlafanzug mit kurzem Höschen und weitem Oberteil; **Babyfon** *Wz. s.* Funkgerät, das Geräusche aus dem Kinderzimmer überträgt; **Babyjahr** *s.* auf die Rente anzurechnendes Jahr für die Erziehung eigener Kinder; **Babylook** *m.* (-luk) kosmetisch erzielte Gesichtsverjüngung; **Baby-Pro** *w.* (Kurzform von Baby-Prostitution) Prostitution von sehr jungen Minderjährigen (Jargon); **Babysitter** *m.* jmd., der auf ein Baby gegen Entgelt aufpasst, Ztw. **babysitten**; **Babystrich** = Baby-Pro

Baccalaureus = Bakkalaureus

Bacchus *m.* (bachus, *gr.-lat.*) röm. Gott des Weins und der Fruchtbarkeit; **Bacchanal** *s.* ausschweifendes Trinkgelage; **Bacchant** *m.* 1. berauschter Zecher; 2. fahrender Schüler im Mittelalter; **bacchantisch** überschäumend, ausgelassen, trunken

Bachelor (bettscheler, *lat.-engl.*) niederster akademischer Grad (Abk. B.); **Bachelor of Arts** *m.* o. g. Grad für die geisteswissenschaftliche Fachrichtung (Abk. B. A.); **Bachelor of Science** *m.* (– ßeienz) o. g. Grad für die naturwissenschaftliche Fachrichtung (Abk. B. Sc.)

Backgammon *s.* (-gämmen, *engl.*) ein Brettspiel mit Würfeln

Background *m.* (bäckgraund, *engl.*) 1. Milieu, geistige Herkunft, Gesamtheit der Erfahrungen; 2. Projektion als Filmhintergrund; 3. Klanghintergrund bei einem Solo (im Jazz); 4. Untermalung, Geräuschkulisse

Backhand *m.* (bäckhänd, *engl.*) Rückhandschlag im Tennis, Gegenteil von Forehand

Backlist *w.* (*engl.*) Liste der vom Verlag geführten Bücher

Backpack *m.* (-päck, *engl.*) Rucksack; **Backpacker** *m.* Rucksacktourist; **Backpacker Hotel** *s.* Hotel für Rucksacktouristen

Backslash *m.* (bäcksläsch, *engl.*) Schrägstrich von links oben nach rechts unten, Steuerbefehl i. d. EDV; **Backstage** *s.* (bäckstehdsch, *engl.*) Bereich hinter der Bühne, bes. von Musikern; **Back-up** *s.* (bäckap, *engl.*) Sicherheitskopie von Computerdaten auf einem zweiten Speichermedium (EDV); **Back-up-Line** *w.* (-lein, *engl.*) Gesamtheit der Kreditmöglichkeiten eines Kreditnehmers

Backwoods *Mz.* (bäckwuds, *engl.*) abgelegene Wälder in Amerika; **Backwoodsman** *m.* (-män) Hinterwäldler

Bacon *m.* (behkn, *engl.*) leicht gesalzener, geräucherter, durchwachsener Speck

Badminton *s.* (bätminten, *engl.*) Turnierform des Federballspiels

Bafel *m.* (aus dem Talmud) 1. Geschwätz; 2. Ausschussware

Bagage *w.* (bagahsche, *frz.*) anhänglicher, unwillig akzeptierter Tross von Leuten
Bagatelle *w.* (*frz.*) Kleinigkeit, Nichtigkeit; **Bagatelldelikt** *s.* unbedeutender Rechtsverstoß; **bagatellisieren** auf die leichte Schulter nehmen, als geringfügig darstellen, verkleinern
Bagel *m.* (*jidd.*) ringförmiges Hefeteigbrötchen
Bagno *s.* oder *m.* (banjo, *itl.*) frühere Strafanstalt in Italien und Frankreich
Baguette *w.* (bagett, *frz.*) 1. französisches Stangenweißbrot; 2. besondere Schliffart bei Brillanten
Bahai-Bewegung *w.* (*pers.*) pantheistische soziale Religionsbewegung aus Persien
Bai *w.* (*frz.*) Meeresbucht
Baigneuse *w.* (bänjöse, *frz.*) Spitzenhaube des 18. Jahrhunderts
Bain-Marie *s.* (bängmarih, *frz.*) Wasserbad zum Wärmen von Speisen
Bairam, Bayram *m.* (*türk.*) Name von zwei hohen liturgischen Festen im Islam
Baiser *s.* oder *m.* (bäseh, *frz.*) Meringe, Schaumgebäck
Baisse *w.* (bähß, *frz.*) Fallen der Preise und Börsenkurse; **Baissier** *m.* (-jeh) Spekulant, der fallende Kurse ausnutzt
Bajadere *w.* (*port.*) indische Tempeltänzerin
Bajan *s.* (*russ.*) russ. Knopfakkordeon
Bajazzo *m.* (*itl.*) Hanswurst, Clown, Possenreißer im itl. Theater
Bajonett *s.* (*frz.*) Seitengewehr
Bakelit *s.* *Wz.* Kunststoff aus Kunstharzen (nach dem belgischen Chemiker Baekeland)
Bakkalaureat *s.* (*lat.*) 1. unterster akadem. Grad in England und den USA; 2. Abitur in Frankreich; **Bakkalaureus** *m.* (-re'us) Inhaber des Bakkalaureats
Bakkarat *s.* (bakara, *frz.*) Kartenglücksspiel
Baklava *s.* (*türk.*) honiggetränktes Blätterteiggebäck mit Mandeln und Nüssen
Bakschisch *s.* (*pers.*) 1. Trinkgeld; 2. Bestechungsgeld
Bakterie *w.* (-ri'e, *gr.*), **Bakterium** *s.* einzelliges Kleinlebewesen, Spaltpilz, häufig Krankheitserreger; **bakteriell** durch Bakterien erzeugt; **Bakteriologie** *w.* Wissenschaft von den Bakterien, Eigw. **bakteriologisch**; **Bakteriophagen** *Mz.* bakterienzerstörende Kleinstlebewesen; **bakterizid** keimtötend
Balalaika *w.* (*russ.*) russisches Saiteninstrument
Balance *w.* (balangß, *frz.*) Gleichgewicht; **Balancé** *m.* (balangßeh) Schwebeschritt im Tanz; **Balanceakt** *m.* Gleichgewichtskunststück; **Balance of Power** *w.* (bällenß of pauer, *engl.*) Gleichgewicht der Mächte; **balancieren** (balangßieren, *frz.*) das Gleichgewicht halten
Balata *w.* (*indian.*) kautschukartiger Pflanzensaft; **Balatum** *s.* (*Wz.*) kautschukgetränkter Fußbodenbelag
Baldachin *m.* (*itl.*) Altarhimmel, Thronhimmel, Stoffdach
baldowern = ausbaldowern
Balinese *m.* eine der Siamkatze stark ähnelnde Katze (nach der Insel Bali)
balkanisieren in Kleinstaaten zersplittern, Hptw. **Balkanisierung** *w.*; **Balkanologie, Balkanistik** *w.* Wissenschaft von den Kulturen und Sprachen des Balkans
Balkon *m.* (*frz.*) 1. offener Gebäudevorbau; 2. erhöhter Zuschauerraum im Theater oder Kino
ballabile (*itl.*) Musik: tänzerisch
Ballade *w.* (*frz.-itl.*) dramatisch erzählendes Gedicht mit tragischem Ausgang, Eigw. **balladesk**
Ballawatsch = Pallawatsch
Ballei *w.* (*lat.*) Amtsbezirk eines Ritterordens
Ballerina *w.*, **Ballerino** *m.* (*itl.*) Balletttänzer(in)
Ballett *s.* (*frz.*) 1. Bühnentanz; 2. Tanzgruppe; **Ballettensemble** *s.* (-angsambl) Tanzgruppe eines Theaters; **Balletteuse** *w.* (-töhse) Balletttänzerin
ballhornisieren verschlimmbessern (nach dem Lübecker Buchdrucker Ballhorn)
Balliste *w.* (*gr.-lat.*) altes Wurfgeschütz; **Ballistik** *w.* Lehre von den Geschossbahnen; **ballistische Kurve** *w.* Flugbahn eines Geschosses
Ballon *m.* (-ong, *frz.*) 1. mit Leichtgas gefüllter Ball; 2. große, bauchige Flasche, auch Korbflasche

Ballotade *w.* (*frz.*) Sprung des Pferdes in der Reitkunst

Ballotage *w.* (ballotahsche, *frz.*) Abstimmung mit Kugeln; **ballotieren** mit Kugeln abstimmen

Ballyhoo *s.* (bällihuh, *engl.*) marktschreierische Reklame, Werberummel

Balneologie *w.* (*lat.*) Bäderkunde; **Balneotherapie** *w.* Therapie mit Heilbädern

Bal paré *m.* (*frz.*) großer festlicher Ball

Balsa *s.* (*span.*) Nutzholz des südamerik. Balsabaums; **Balsa** *w.* Floß aus Binsenbüscheln der südamerik. Indianer

Balsam *m.* (*gr.-lat.*) 1. Gemisch aus Harzen und ätherischen Ölen; 2. Linderungsmittel; 3. Linderung; **balsamisch** duftend, wohltuend; **balsamieren** einsalben

Baltistik, Baltologie *w.* (*lat.*) Wissenschaft von den baltischen Kulturen und Sprachen

Baluster *m.* (*gr.-frz.*) Ziersäulchen; **Balustrade** *w.* (*frz.*) Brüstung aus Säulchen

Bambi *s.* jährlich verliehener dt. Filmpreis (nach Walt Disneys Hauptfigur im gleichnamigen Zeichentrickfilm); **Bambina** *w.* (*itl.*) kleines Mädchen; **Bambino** (*itl.*) 1. kleiner Junge; 2. Jesuskind in der Kunst

Bambule *w.* (*frz.*) Häftlingsprotest

Bambus *m.* (*niederl.*) tropische Graspflanze

Bamigoreng *s.* (*malai.*) indonesisches Nudelgericht

Ban *m.* (*serb.* u. *kroat.*) früherer Landeshauptmann, bes. in Kroatien und Ungarn (Mz. Bani)

banal (*frz.*) abgedroschen, platt, alltäglich; **banalisieren** verflachen, breittreten; **Banalität** *w.* Plattheit, Abgeschmacktheit

Banause *m.* (*gr.*) Mensch ohne Kunstverständnis, Eigw. **banausisch**, Hptw. **Banausentum** *s.*

Band *w.* (bänd, *engl.*) Musikgruppe (z. B. Jazzband, Beatband); **Bandleader** *m.* (-lihder) Leiter einer Band

Bandage *w.* (bandahsche, *frz.*) 1. fester Verband; 2. Schutzbinde (z. B. beim Sport); **bandagieren** (-schieren) verbinden, umwickeln; **Bandagist** *m.* Hersteller von Bandagen

Bande *w.* (*frz.*) 1. elastischer Innenrand des Billardtisches; 2. Einfassung von Reit- und Kegelbahn sowie Zirkusmanege u. Ä.

Banderilla *w.* (banderilja, *span.*) geschmückter Spieß des Banderilleros; **Banderillero** *m.* (-jero) Stierkämpfer, der den Stier mit der Banderilla reizt

Banderole *w.* (*frz.*) 1. Steuerband; 2. Spruchband in der Malerei; **banderolieren** mit Kontrollstreifen versehen

Bandit *w.* (*itl.*) 1. Räuber, Straßenräuber; 2. Lausejunge (umg.)

Bandleader = Band

Bandola, Bandurria *w.* (*span.-itl.*) lautenähnliches Musikinstrument

Bandoneon *s.* Handharmonika mit Knöpfen an beiden Seiten (nach dem Erfinder H. Band)

Bandy *s.* (bändi, *engl.*) frühere Form des Eishockeyspiels mit Ball statt Puck

Banjo *s.* (bändscho, *engl.*) gitarreartiges Instrument

Bank *w.* (*frz.-itl.*) Kreditanstalt; **Bankakzept** *s.* (*lat.*) von einer Bank angenommener Wechsel

Bankett *s.* (*frz.*) 1. Festmahl; 2. Randstreifen neben der Landstraße; **bankettieren** festlich tafeln

Bankier *m.* (bankjeh, *frz.*); **Banker** *m.* (bänker, *engl.*) Inhaber, Vorstandsmitglied einer Bank, Bankfachmann; **Bankomat** *m.* Geldautomat

Bankrott *m.* (*itl.*) Zahlungseinstellung, Konkurs; **bankrott** zahlungsunfähig, übertragen: erledigt; **Bankrotteur** *m.* (-tör) jmd., der Bankrott macht

Banner *m.* (bänn-, *engl.*) Werbebalken auf einer Internetseite; **Bannerwerbung** *w.* kommerzielle Werbung im Internet, die zusätzlich zu den angeklickten Webseiten erscheint (heute meist in bewegten Bildern)

Bantamgewicht *s.* (*jav.*) leichtere Körpergewichtsklasse beim Boxen, Ringen und Gewichtheben; **Bantamhuhn** *s.* Zwerghuhn

Bantu *Mz.* (*afrik.*), große Anzahl von Stämmen in Mittel- und Südafrika; **Bantu-Sprachen** *Mz.* Gruppe afrik. Sprachen (z. B. Suaheli und Sulu); **Bantuistik** *w.* Wissenschaft von den Kulturen und Sprachen der Bantu

banzai (*jap.*) lebe hoch!

Baptismus *m.* (*gr.-lat.*) christl. Religionsgemeinschaft mit Erwachsenentaufe; **Baptist**, *m.* Anhänger des Baptismus; **Baptisterium** *s.* Taufkapelle

Bar *w.* (*engl.*) 1. Schanktisch mit hohen Stühlen; 2. Nachtlokal; **Barkeeper** *m.* (-kihper), **Barmixer** *m.* Barmann

Bar *s.* (*gr.*) alte Maßeinheit des (Luft-)Drucks

Baracke *w.* (*frz.*) niedriger, oft provisorischer Bau, meist aus Holz

Baratt *m.* (*itl.*) Warentausch; **Baratthandel** *m.* Tauschhandel; **barattieren** tauschen; **Baratterie**, *w.* Betrug oder Verschulden der Schiffsbesatzung gegenüber dem Reeder

Barbar *m.* (*gr.*) unkultivierter Mensch, Rohling; **Barbarei** *w.* Rohheit, Grausamkeit, barbarisches Vergehen; **barbarisch** roh, ungesittet, grausam; **Barbarismus** *m.* grober Ausdrucksfehler

Barbecue *s.* (-bikju, *engl.*) 1. Gartenfest mit gegrilltem Fleisch; 2. Bratrost, Gartengrill (Abk. BBQ)

Barbie *w.* (*Wz.*) seit 1959 meistverkaufte Puppe der Welt (nach der Tochter Barbara der Designerin Ruth Handler)

Barbier *m.* (*frz.*) Frisör, Rasierer; **barbieren** rasieren

Barbiton, Barbitos *s.* (*gr.*) altgriech. Saiteninstrument

Barbiturat *s.* (*Kunstwort*) Schlaf- und Beruhigungsmittel

Barchent *m.* (*arab.*) linksseitig gerauter Baumwollstoff

Barcode *m.* (*engl.*) Strichcode auf Artikeln, der Preis u. a. Verkaufsdaten an Computerkassen erfasst

Barde *m.* (*kelt.*) Sänger, Dichter

Barde *w.* (*frz.*) Speckscheibe; **bardieren** mit Speck belegen, in Speck wickeln

Bardolino *m.* trockener italien. Rotwein (nach dem Ort Bardolino am Gardasee)

Barège *m.* (baräsch, *frz.*) gazeartiger Kleiderstoff

Barett *s.* (*lat.*) flache Mütze ohne Schirm

Bargaining *s.* (bahgening, *engl.*) 1. Verhandeln; 2. Vertragsabschluss

Bariton *m.* (*itl.*) 1. Männerstimme zwischen Tenor und Bass, Sänger mit Baritonstimme; 2. Solo einer Baritonstimme in einem Musikstück

Barkarole *w.* (*itl.*) Gondellied

Barkasse *w.* (*span.*) 1. kleines Dampfboot; 2. größtes Beiboot von Schiffen

Bar-Mizwa *w.* (*hebr.*) Feier, bei der die 13-jährigen männlichen Juden in die jüdische Glaubensgemeinschaft aufgenommen werden

Barock *m.* oder *s.* (*frz.*) Kulturepoche und Kunststil vom Ende des 16. bis zur Mitte des 18. Jh.; **barock** 1. im Barockstil; 2. verschnörkelt, übertrieben, Ztw. **barockisieren**; **Barockperle** unregelmäßige Perle

Barogramm *s.* (*gr.*) vom Barographen aufgezeichnete Luftdruckkurve; **Barograph** *m.* selbsttätig schreibendes Barometer; **Barometer** *s.* Luftdruckmesser, Eigw. **barometrisch**

Baron *m.* (*frz.*) Freiherr; **Baronesse** *w.* Freifräulein; **Baronin** *w.* Freifrau; **baronisieren** in den Freiherrnstand erheben

Barras *m.* Kommiss, Militär (Soldatensprache, Herkunft ungeklärt)

Barrel *s.* (bärrel, *engl.*) Hohlmaß für Erdöl (rd. 158 l)

Barriere *w.* (-ri'e-, *frz.*) Schlagbaum, Bahnschranke, Sperre

Barrikade *w.* (*frz.*) Straßensperre, bes. bei Straßenkämpfen

Barrique *w.* (-riek, *frz.*) ca. 220 Liter fassendes eichenes Weinfass; **Barriquewein** *m.* im Eichenfass gereifter Wein, (meistens) von gehobener Qualität

Barrister *m.* (bärrister, *engl.*) Rechtsanwalt an engl. Obergerichten

Barsoi *m.* (*russ.*) russ. Windhund

Barsortiment *s.* Zwischenhandel zwischen Verlag und Einzelbuchhandel (Sortiment)

Barter-Geschäft *s.* (*engl.*) Tauschgeschäft, Kompensationsgeschäft: Ware gegen Ware, Leistung gegen Leistung

Baryon *s.* (*gr.*) schweres Elementarteilchen (z. B. Neutron)

Baryton *s.* (*gr.-frz.*) gambenähnliches Saiteninstrument; **baryzentrisch** auf den Schwerpunkt bezüglich; **Baryzentrum** *s.* Schwerpunkt

basal (*gr.*) grundlegend, die unterste Schicht, die Basis bildend

Basalt *m.* (*lat.*) schwarzes Eruptivgestein, Eigw. **basalten**

Basar, Bazar *m.* (*pers.*) 1. orientalisches Händlerviertel; 2. Ladenstraße; 3. Verkaufsausstellung zu Wohltätigkeitszwecken

Baschlik *m.* (*russ.-türk.*) kaukasische Wollkapuze mit Schal

Base *w.* (*gr.*) chem. Verbindung, die mit Säure Salz bildet, Eigw. **basisch**

Baseball *s.* (behsboll, *engl.*) amerik. Schlagballspiel

Basedow-Krankheit *w.* Schilddrüsenerkrankung (nach dem deutschen Arzt K. v. Basedow)

Basement *s.* (behs-, *engl.*) Tiefparterre

Bashing *s.* (bäsch-, *engl.*) heftiger verbaler Angriff, Jagd auf bzw. Zusammenprügeln von Minderheiten aus rassistischen Gründen

BASIC *s.* (behßik, aus *engl.* *b*eginner's *a*ll purpose *s*ymbolic *i*nstruction *c*ode) eine einfache Programmiersprache; **Basic English** *s.* (– inglisch) vereinfachtes Englisch mit einem Grundwortschatz von 850 Wörtern; **Basic Message** *w.* (-ßidsch) die durch die Werbung vermittelte grundlegende «Botschaft»; **Basic Needs** *Mz.* (– nihds) die menschlichen Grundbedürfnisse; **Basics** *Mz.* (-iks) 1. Grundkenntnisse, Grundbegriffe, das Wesentliche; 2. unverzichtbare Ausstattung, Grundausstattung

basieren = Basis

Basilika *w.* (*gr.-lat.*) mehrschiffige, flachdeckige Halle, im römischen Altertum Markt- und Gerichtshalle, in der Form von der frühchristlichen Kirche übernommen

Basilikum *s.* (*gr.*) stark duftende Gewürzpflanze

Basilisk *m.* (*gr.*) Leguanart; **Basiliskenblick** *m.* tödlicher Blick, der der geflügelten, im Altertum Basilisk genannten Schlange zugeschrieben wurde

Basis *w.* (*gr.*) 1. Grundlage, Grundlinie, Grundzahl, Grundfläche; 2. die Mitglieder einer Organisation im Ggs. zu den Funktionären; **basieren** ruhen auf, beruhen auf, sich gründen auf

Basketball *s.* (*engl.*) Korbballspiel

Basküle *w.*, **Baskülverschluss** *m.* (*frz.*) Fensterverschluss, Drehschloss, das von der Mitte aus oben und unten Riegel vorschiebt

Basmati *m.* (*Hindi*) Langkornreis aus Indien

Basrelief *s.* (bareljeff, *frz.*) Flachrelief, leicht plastisches Bildwerk

Bass *m.* (*itl.*) 1. tiefe Männerstimme; 2. Streichinstrument, Kontrabass; 3. tiefste Tonlage bei Musikinstrumenten

Basselisse *w.* (bassliss, *frz.*) mit waagerecht geführter Kette gewirkter Bild- oder Wandteppich

Bassena *w.* (*frz.-itl.*) Wasserbecken im Hausflur für mehrere Mietparteien

Basset *m.* (bä-, *engl.*) Dachshund

Bassett *s.* (*itl.*) ältere Bezeichnung für Cello; **Bassetthorn** *s.* Altklarinette

Bassin *s.* (bassäng, *frz.*) Wasserbecken

Bassist *w.* (*itl.*) 1. Sänger mit Bassstimme; 2. Kontrabassspieler

basso continuo (*itl.*) Musik: Generalbass; **basso ostinato** ständig wiederkehrendes Bassmotiv, klangliche Stütze des musikalischen Geschehens

Basson *m.* (bassong, *frz.*) Fagott

basta! (*itl.*) genug!, Schluss!

Bastard *m.* (*lat.*) 1. durch Artenkreuzung entstandenes Tier oder entstandene Pflanze; 2. alte Bezeichnung für uneheliches Kind; **Bastardfaden** *m.* Kennzeichen unehelicher Abkunft im Wappen; **bastardieren** kreuzen, Hptw. **Bastardierung** *w.*; **Bastardschrift** Druckschrift, in der sich verschiedene Schriftarten mischen

Bastei *w.* (*itl.*) halbrunder, aus der Mauer vorspringender Festungsteil

Bastille *w.* (bastije, *frz.*) 1. befestigtes Schloss, Burg in Frankreich; 2. Pariser Staatsgefängnis, das 1789 zu Beginn der Revolution zerstört wurde

Bastion *w.* (*frz.*) Bollwerk

Bastonade *w.* (*itl.*) bes. im Orient bis ins 19. Jh. gebräuchliche Prügelstrafe auf Fußsohlen und Rücken

Bataille *w.* (bataij, *frz.*) Schlacht; **Bataillon** *s.* (bataljohn) Truppenverband aus mehreren Kompanien

Batate *w.* (*indian.*) Süßkartoffel, stärkereiche Knolle der Knollenwinde

Batchprocessing *s.* (bätsch-, *engl.*) Stapelverarbeitung von Aufgaben im Rechner (EDV)

Bathometer *s.* (*gr.*) Meerestiefenmesser, Tiefseelot

bathygraphisch (*gr.*) tiefseekundlich

Bathysphäre *w.* (*gr.*) größte Tiefe des Meeres

Batik *m.* oder *w.* (*malai.*) Stofffärbeverfahren mit Hilfe von Wachs, Ztw. **batiken**

Batist *w.* (*frz.*) sehr zartes Leinen- oder Baumwollgewebe, Eigw. **batisten**

Batter *m.* (bä-, *engl.*) Baseballspieler, der am Schlag ist

Batterie *w.* (*frz.*) 1. Einheit bei der Artillerie; 2. zusammengeschaltete elektr. Elemente; **battieren** dem Gegner beim Fechten die Klinge aus der Hand schlagen

Battuta *w.* (*itl.*) 1. Taktschlag; 2. Schlag auf die gegnerische Klinge beim Fechten

Baud *s.* (bohd) Maßeinheit für die Übertragung einer bestimmten Signalmenge pro Zeiteinheit (nach dem französ. Fernmeldetechniker J. H. E. Baudot, 1845–1903)

Baude *w.* (*tschech.*) Unterkunftshütte in den Bergen

Bauxit *m.* wichtigstes Aluminiumerz (nach Les Beaux in Frankreich, dem ersten Fundort)

Bavaria *w.* (*lat.*) Frauengestalt als Sinnbild Bayerns

Bavel = Bafel

Bayram = Bairam

Bazar = Basar

Bazillus *m.* (*lat.*) stäbchenförmige Sporen bildende Bakterie (*Mz.* Bazillen); **Bazillophobie** *w.* übertriebene Bazillenfurcht

Beachbar *w.* (bihtsch-, *engl.*) 1. Strandbar; 2. Bar in (Groß-)Städten mit der für Strandbars typischen Ausstattung mit feinem weißem Sand, Liegestühlen und Sonnenschirmen; **beachen** an den Strand gehen; **Beachvolleyball** *m.* und *s.* (-wolli-) auf Sand von Zweiermannschaften gespielte Art des Volleyballspiels; **Beachwear** *w.* (-wär) Strandkleidung

Beamantenne *w.* (bihm-, *engl.*) Richtantenne; **Beamer** *m.* Gerät, das eine Grafik von einem PC-Schirm auf eine Leinwand projiziert; **beamen** 1. das, was der Beamer tut; 2. Menschen und Gegenstände digital auflösen und an anderer Stelle wieder erscheinen lassen (ein in Sciencefiction-Filmen problemlos gelingender Vorgang)

Beat *m.* (biht, *engl.*) 1. regelmäßiger rhythmisierender Grundschlag in Jazz und Unterhaltungsmusik, gemessen in beats per minute (Abk. bpm); 2. Sammelbez. für verschiedene, nach 1960 aufgekommene Strömungen der Popmusik; **beaten** spielen und/od. dazu tanzen; **Beatgeneration, Beat-Generation** (-dschenerehschen) Gruppe junger amerik. Künstler und Intellektueller nach dem Zweiten Weltkrieg, die ihren nonkonformistischen Lebensstil in freier Sexualität, Drogengenuss, Jazzmusik und mystischen Neigungen auslebte

Beatifikation *w.* (*lat.*) Seligsprechung; **beatifizieren** seligsprechen

beati possidentes (*lat.*) glücklich (sind) die Besitzenden

Beatle *m.* (bihtl, *engl.*) veraltete Bez. für einen langhaarigen jungen Mann (nach den Beatles, einer engl. Musikgruppe); **Beatnik** *m.* (aus *Beat* und Sput*nik*) jmd., der sich zur Beat-Generation zählte

Beau *w.* (boh, *frz.*) schöner Mann, Stutzer, Modenarr; **Beaufortskala, Beaufort-Skala** *w.* eine Wind(stärken)skala (nach dem engl. Admiral Sir F. Beaufort); **Beauté** *w.* (boteh, *frz.*); **Beauty** *w.* (bjutih, *engl.*) Schönheit, schöne Frau; **Beautycase** *s.* od. *m.* (-kehs) Schminkkoffer; **Beautycenter** *s.* (-ßenter) Schönheitssalon

Beaver *m.* (bihwer, *engl.*) stark gerautes Baumwolltuch

Bébé *s.* (*frz.*) Säugling, kleines Kind

Bebop *m.* (bibopp, *engl.*) Stilform des Jazz in den 1940er Jahren

Béchamel-Soße *w.* (beschamell-, *frz.*) Buttersoße nach dem Marquis de Béchamel

becircen (-zirz-, *lat.*) verzaubern, verführen (nach der griechischen weiblichen Sagengestalt Kirke)

Becquerel *s.* (beckerell) Maßeinheit für die Aktivität einer radioaktiven Substanz (nach dem französ. Physiker H. Becquerel, 1852–1903)

Bed and Breakfast *s.* (bett änd breckfest, *engl.*) preiswerte Privatunterkunft mit Frühstück

Beduine *m.* (*arab.*) arabischer Nomade
Beefeater *m.* (bihfihter, *engl.*) volkstümlicher Name der britischen königlichen Leibwache im Londoner Tower
Beefsteak *s.* (bihfstehk, *engl.*) Rindersteak; **Beeftea** *m.* (-tih) Kraftbrühe aus Rindfleisch
Beelzebub *m.* (*hebr.*) Teufel, Herr aller Teufel
Beep *s.* (bihp, *engl.*) Piepton; **Beeper** *m.* tragbares Funkgerät, das Pieptöne von sich gibt, wenn der Träger gesucht wird; Piepser, Pager
Beg *m.* (*türk.*) höherer türkischer Titel
Beginen *Mz.* (*niederl.*) halb klösterliche Frauengemeinschaft in den Niederlanden und Belgien
Begum *w.* (*Hindi*) Titel indischer Fürstinnen
Behaviorismus *m.* (bihewi'erismus, *engl.*) amerik. Richtung der Verhaltensforschung
Behemoth *m.* (*hebr.*) in der jüdischen Apokalyptik ein Tier der Endzeit
Bei = Beg
beige (behsch, *frz.*) gelbgrau, naturfarben, sandfarbig
Beignet *m.* (bänjäh, *frz.*) in Teig getauchtes und in Schmalz gebackenes Obst
Beiram = Bairam
Bekassine *w.* (*frz.*) Sumpf-, Moorschnepfe
Bel *s.* Einheit für das logarithmierte Verhältnis zweier physikalischer Größen, meist im zehnten Teil verwendet (z. B. Dezibel, nach A. G. Bell, 1847–1922)
Belami *m.* (*frz.*) Frauenliebling
Belcanto *m.* (*itl.*) virtuoser, klangschöner Gesang der italienischen Schule
Belemnit *m.* (*gr.*) Donnerkeil, Teil versteinerter Tintenfische
Beletage *w.* (beletasch, *frz.*) der erste Stock eines Hauses; **Belesprit** *m.* (-esprih) Schöngeist
Belial *m.* (*hebr.*) Teufel, Dämon
Belkanto = Belcanto
Belladonna *w.* (*itl.*) Gift der Tollkirsche, Atropin
Belle Époque *w.* (bell epock, *frz.*) Bez. für die Zeit von der Jahrhundertwende bis zum Ersten Weltkrieg in Frankreich, die durch Wohlstand, gesellschaftliche Vergnügungen und technischen Fortschritt geprägt war
Belletrist *m.* (*frz.*) Schriftsteller der Belletristik; **Belletristik** *w.* erzählende, schöngeistige (Unterhaltungs-)Literatur, Eigw. **belletristisch**
Bellevue *s.* (bellwüh, *frz.*) schöne Aussicht, Name vieler schön gelegener Schlösser
Bellizist *m.* (*lat.*) Befürworter des Krieges, Kriegstreiber, Falke, Eigw. **bellizistisch**
Belpaese, Bel-Paese *m.* (-pa'e-, *itl.*) vollfetter italien. Butterkäse
Beluga *w.* (*russ.*) russ. Name für den Hausen, ein Störfisch; **Beluga** *m.* Kaviar aus dem Rogen des Hausens
Belvedere *s.* (*itl.*) = Bellevue
Ben (*hebr.-arab.*) Teil arab. und hebr. Familiennamen mit der Bedeutung Sohn
Benchmark *s.* (bentsch-, *engl.*) Bewertungsverfahren für die Leistungsfähigkeit von Rechnern (EDV), **Benchmarking** *s.* 1. = Benchmark; 2. Analyse und Vergleich von (konkurrierenden) Unternehmen, um interne und externe Potenziale der Leistungsverbesserung aufzudecken und umzusetzen
bene! (*itl.*) gut!, schön!
benedeien (*lat.*) segnen, lobpreisen; **Benedictus** *s.* Lobgesang nach dem Evangelium des Lukas (im Neuen Testament), Teil des christlichen Gottesdienstes; **Benediktiner** *m.* 1. Angehöriger des ältesten, im 6. Jh. gegründeten kath. Ordens; 2. Kräuterlikör nach dem Rezept einer franz. Benediktinerabtei (nach dem Ordensgründer Benedikt von Nursia, 480–ca. 547); **Benediktion** *w.* Segnung, kath.-kirchl. Weihe
Benefiz *s.* (*lat.*) Veranstaltung zugunsten eines Künstlers oder wohltätigen Zwecks; **Benefizium** *s.* 1. Pfründe aus einem Kirchenamt; 2. mittelalterliches Lehen
Benelux, Beneluxländer, Beneluxstaaten *Mz.* (aus *Be*lgique, *Ne*derland, *Lux*embourg) die seit 1960 in einer Wirtschaftsunion zusammengeschlossenen Länder Belgien, Niederlande und Luxemburg
benevolent (*lat.*) wohlwollend; **Benevolenz** *w.* Wohlwollen

benigne (*lat.*) gutartig (von Geschwulsten); **Benignität** *w.* Gutartigkeit
Benjamin *m.* (*hebr.*) der Jüngste einer Familie oder Gruppe
Benthos *s.* (*gr.*) Pflanzen- und Tierwelt des Meeresbodens, Eigw. **benthonisch**
Benzin *s.* (*lat.*) Treibstoff aus Rohöl
Benzoe *w.* (-zo'e, *lat.*) wohlriechendes tropisches Harz
Benzol *s.* (*lat.*) wasserhelle, leicht entzündliche Kohlenstoffverbindung
Beo *m.* (*malai.*) asiatischer Star, ein Singvogel
Berber *m.* 1. Angehöriger des nordafrik. Volkes der Berber; 2. nordafrikan. Rassepferd; 3. wollener Knüpfteppich; 4. Nichtsesshafter, Wohnungsloser (umg.)
Berberitze *w.* (*lat.*) Sauerdorn, Zierstrauch mit gelben Blüten und Blattdornen
Berceuse *w.* (berßöhse, *frz.*) Wiegenlied
Bergamaska *w.* (*frz.-itl.*) italien. Bauerntanz
Bergamotte *w.* (*itl.-türk.*) 1. Abart der Apfelsine; 2. Birnenart
Beriberi *w.* (*singhal.*) Krankheit durch Vitamin-B-Mangel
Berlocke *w.* (*frz.*) Schmuckanhänger, meist an Uhrketten
Bermudashorts, Bermudas *Mz.* (-shorz, *engl.*) knielange Shorts oder Badehose
Bersagliere *m.* (berßaljehre, *itl.*) Angehöriger einer italien. Scharfschützentruppe (*Mz.* Bersaglieri)
Berserker *m.* (*altnord.*) 1. Krieger der altnord. Sage; 2. jmd., der sich wild gebärdet und wütet
Beryll *m.* (*gr.*) dem Smaragd verwandter, meist grüner Edelstein; **Berylliose** *w.* Staublungenerkrankung
Besanmast *m.* (*lat.-niederl.*) hinterster Schiffsmast
Bésigue *s.* (besihk, *frz.*) französ. Kartenspiel
bespacen (-spehßen, *engl.*) jmdn. aufbauen, in gute Laune bringen (Jj.)
Best Agers *Mz.* (– edschers, *engl.*) die Generation ab 50 Jahren, deren Lebenserfahrung, Wissen und (nicht zuletzt) Kaufkraft von verschiedenen Wirtschaftsbranchen entdeckt wurden; **Best Boy** *m.* Assistent des Chefbeleuchters beim Film
bestialisch (*lat.*) unmenschlich, grausam, Hptw. **Bestialität** *w.*; **Bestie** *w.* (beßti'e) 1. wildes Tier; 2. brutaler Mensch, Unmensch
Best-of *s.* (*engl.*) Zusammenstellung der erfolgreichsten Titel eines Sängers, Musikers u. a.
Bestseller *m.* (*engl.*) etwas, bes. ein Buch, was in einem bestimmten Zeitraum sehr häufig verkauft wird, Kassenschlager
Beta *s.* (*gr.*) zweiter Buchstabe des griechischen Alphabets, Β, β; **Betablocker** *m.* Kurzform von Betarezeptorenblocker;
Betarezeptor *m.* (*gr.-lat.*) Nervenfaserende des sympathischen Nervensystems; **Betarezeptorenblocker** *m.* chem. Substanz zur Behandlung von Bluthochdruck;
Betastrahlen (*gr.*) beim radioaktiven Zerfall von Atomkernen entstehende Strahlen aus Elektronen, β-Strahlen; **Betatron** *s.* Elektronenschleuder; **Betateilchen** *s.* beim radioaktiven Zerfall ausgesendete Elektronen; **Betazerfall** *m.* Umwandlung eines Atomkerns unter Aussendung von β-Strahlen
Bête *w.* (bäht, *frz.*) Strafeinsatz beim Spiel, Geld des Verlierers
Betel *m.* (*malai.*) Genussmittel aus der Frucht der Betelnusspalme
Betise *w.* (*frz.*) Dummheit, Torheit
Beton *m.* (betong, *frz.*) fester Baustoff aus einem Gemisch von Zement, Wasser, Sand und Kies; **betonieren** 1. mit Beton ausbauen; 2. etwas ein für alle Mal festlegen (z. B. eine Ansicht)
Bey = Beg
Bezoar *m.* (*pers.*) Stein aus dem Magen von Wiederkäuern, galt als Heilmittel
bfn. = brutto für netto
Bhagawadgita *w.* (*sanskr.*) altind. religionsphilosophisches Gedicht (um 700 n. Chr.); **Bhagwan** *m.* Ehrentitel für hinduistische Religionslehrer
Bi-, bi- (*lat.*) als Vorsilbe: zweifach, doppelt; **bi** Kurzwort für bisexuell (umg.)
Biarchie *w.* (*lat.-gr.*) Doppelherrschaft
Bias *s.* (beijeß, *engl.*) durch falsche Methoden bewirkte Verzerrung eines Befragungsergebnisses (z. B. in der Meinungsforschung)
Biathlon *s.* (*gr.*) moderne Wintersportdis-

ziplin, Doppelwettkampf im Skilanglauf und im Scheibenschießen

Bibel *w.* (*gr.*) 1. Schriften des Alten und Neuen Testaments; 2. ein für jmdn. maßgebendes Buch (umg.); **biblisch** 1. die Bibel betreffend; 2. sehr alt (umg); **Bibelkonkordanz** *w.* Nachschlagewerk für Bibelstellen

Bibelot *m.* (bibeloh, *frz.*) Kleinkunstwerk, Nippsache

Bibernelle *w.* (*lat.*) Gewürzpflanze (auch Pimpernell)

Biblia Pauperum *w.* (*lat.*) mittelalterliche Bilderbibel oder Bibelkurzfassung

Biblio-, biblio- (*gr.*) als Wortteil: Buch-, Bücher-; **Bibliographie** *w.* Bücherverzeichnis, Schrifttumsnachweis, Eigw. **bibliographisch**; **Bibliomane** *m.* Büchernarr, Eigw. **bibliomanisch**; **bibliophil** bücherliebend; **Bibliophile** *m.* Bücherfreund; **Bibliophilie** *w.* Buchliebhaberei; **Bibliothek** *w.* Bücherei, Büchersammlung, größerer Besitz an Büchern; **Bibliothekar** *m.* Verwalter einer Bibliothek, Eigw. **bibliothekarisch**

biblisch = Bibel

Biblizismus *m.* (*gr.-lat.*) Bibelverständnis, das jede Aussage in der Bibel wörtlich nimmt

bichrom (*lat.-griech.*) zweifarbig, Hptw. **Bichromie** *w.*

Bidet *s.* (bidäh, *frz.*) Sitzgefäß für Spülungen des Unterleibs

Bidon *m.* (-dong, *frz.*) Kanne, Kanister mit Verschluss

Bidonville *s.* (bidongwihl, *frz.*) Elendsquartier am Stadtrand nordafrikanischer Siedlungen

bien (biäng, *frz.*) gut, recht

biennal (bi'e-, *lat.*) zweijährlich, alle zwei Jahre (stattfindend); **Biennale** *w.* alle zwei Jahre stattfindende Veranstaltung; **Biennium** *s.* Zeitraum von zwei Jahren

bifilar (*lat.*) doppelfädig

Bifokalglas *s.* (*lat.*) Zweistärkenglas

biform (*lat.*) zwiegestaltig, doppelgestaltig, Hptw. **Biformität** *w.*

Bifurkation *w.* (*lat.*) Gabelung, Zweiteilung

Bigamie *w.* (*lat.-gr.*) Doppelehe; **Bigamist** *m.* jmd., der zwei Ehen gleichzeitig führt, Eigw. **bigamisch, bigamistisch**

Big Apple *m.* (– äppl, *engl.*) Spitzname von New York (nach einem Buch von E. S. Martin von 1909)

Bigband, Big Band *w.* (-bänd, *engl.*) großes Jazzorchester

Big Bang *m.* (– bäng, *engl.*) Bez. für den hypothet. Urknall bei der Entstehung des Weltalls

Big Ben *m.* (*engl.*) volkstümlicher Name des Glockenturms im Londoner Parlamentsgebäude

Big Business *s.* (– bisniß, *engl.*) Großindustrie und deren Geschäftswelt

bigott (*frz.*) scheinheilig, frömmelnd, Hptw. **Bigotterie** *w.*

Bigpoint, Big Point *m.* (*engl.*) für den Spielverlauf im Tennis (oft) entscheidender Punkt

Bigpush, Big Push *m.* (-pusch, *engl.*) hohe Kapitalunterstützung, bes. für ein Entwicklungsland

Big Science *w.* (– ßei'enß, *engl.*) Großforschung, große wissenschaftliche Unternehmungen der Privatindustrie und des Staats mit den dazugehörigen Organisationen

Bijou *m.* oder *s.* (bischuh, *frz.*) Kleinod, Edelstein; **Bijouterie** *w.* 1. kunstgewerbliche modische Schmuckwaren; 2. Schmuckwarenhandel

Bikarbonat *s.* (*lat.*) doppeltkohlensaures Salz

Bike *s.* (beik, *engl.*) 1. Fahrrad; 2. (kleines) Motorrad; **biken** Fahrrad od. Motorrad fahren; **Biker** *m.* Fahrrad- od. Motorradfahrer; **Biker Boots** *Mz.* (– buhts) Motorradstiefel od. den Motorradstiefeln nachempfundene schwere (halb)hohe Stiefel mit Riemen und gekerbter Gummisohle

Bikini *m.* zweiteiliger Damenbadeanzug (nach dem Atoll)

bikonkav (*lat.*) auf beiden Seiten hohl geschliffen (von Linsen)

bikonvex (*lat.*) auf beiden Seiten erhaben geschliffen (von Linsen)

bilabial (*lat.*) Sprachlehre: mit beiden Lippen gebildet; **Bilabial** *m.* mit beiden Lippen gebildeter Laut (z. B. *b*, *m*)

Bilanz *w.* (*itl.*) 1. Kontenabschluss, Gegenüberstellen der Aktiva und Passiva zur Ermittlung des Geschäftsstandes; 2. Ergebnis, Fazit; **bilanzieren** Bilanz machen

bilateral (*lat.*) zweiseitig, zwei Seiten betreffend

Bilge *w.* (bilsch, *engl.*) Kielraum eines Schiffes

Bilharziose *w.* Wurmkrankheit (nach dem dt. Tropenarzt T. Bilharz, 1825–1862)

biliär (*lat.*) die Galle betreffend; **biliös** gallig

bilingual (*lat.*) 1. zweisprachig; 2. auf zwei Sprachen bezogen; **bilinguisch** in zwei Sprachen verfasst

Bill *w.* (*engl.-lat.*) Gesetz, Gesetzentwurf

Billard *s.* (bijahr, eingedeutscht billjard, *frz.*) Kugelspiel auf besonderen, grün bezogenen Tischen; **Billardqueue** *s.* (-köh) Billardstock

Billboard *s.* (-bohrd, *engl.*) große Reklametafel

Billetdoux *s.* (bijähduh, *frz.*) Liebesbrief

Billett *s.* (bijäh, eingedeutscht billjett) Einlasskarte, Fahrkarte

Billiarde *w.* (billjarde, *frz.*) tausend Billionen (10^{15})

Billion *w.* (billjohn, *frz.*) tausend Milliarden (10^{12}); in der ehem. UdSSR, USA, Frankreich: 10^{9}

Billrothbatist *m.* wasserdichter Verbandsstoff (nach dem österr. Chirurgen T. Billroth)

bimanuell (-nu'e-, *lat.*) zweihändig, mit beiden Händen gleich geschickt

Bimester *s.* (*lat.*) Zeitdauer von zwei Monaten

Bimetallismus *m.* (*lat.*) auf zwei Metallen aufgebautes Währungssystem (meist Gold und Silber)

binär, binarisch (*lat.*) zweiteilig, aus zwei Einheiten bestehend; **Binärcode** *m.* Code mit nur zwei Zeichen; **Binärsystem** *s.* Dualsystem

Bindi *s.* (*Hindi*) roter oder andersfarbener, auf die Stirn gemalter oder geklebter Punkt, traditionell bei verheirateten Hindufrauen, heute oft als Dekoration getragen, das sog. dritte Auge

Bingo *s.* (*engl.*) dem Lotto ähnliches engl. Glücksspiel; **bingo!** gewonnen!, getroffen!, hat geklappt! (umg.)

Binokel *s.* (*lat.*) Augenglas für beide Augen, Opernglas; **binokular** mit beiden Augen, für beide Augen

Binom *s.* (*lat.*) aus zwei Teilen gebildeter mathemat. Ausdruck; **binomisch** zweiteilig, zweigliedrig

Bio-, bio- (*gr.*) als Vorsilbe: Leben, das Leben betreffend

bioaktiv biologisch aktiv; **Bioalkohol** *m.* aus biologischen Abfällen gewonnener, als Brenn- und Treibstoff verwendeter Alkohol

Biobibliographie, Biobibliografie *w.* Bibliographie zu Quellen und Sekundärliteratur über eine Person

Biochemie *w.* 1. Wissenschaft von der Chemie des Organismus; 2. Heilverfahren, das auf Biochemie beruht

Biochip *m.* (-tschip, *gr.-engl.*) Computerchip aus organischen Verbindungen (im Entwicklungsstadium)

Biodiversität *w.* genetische Vielfalt der Arten; **biodynamisch** nur mit organischen Stoffen (gedüngt)

Bioethik *w.* (*gr.*) Teilgebiet der Ethik, das sich auf den Arbeits- und Forschungsbereich der Biologie bezieht, der sich mit lebenden Organismen, bes. mit embryonalen Stammzellen, beschäftigt

Biogas *s.* Faulgas aus Biomasse

Biogenese *w.* Entwicklungsgeschichte der Lebewesen, Eigw. **biogenetisch**; **Biogeographie, Biogeografie** *w.* interdisziplinäres Forschungsgebiet von Geographie und Biologie, das sich mit Entwicklung, Verbreitung und Umweltbeziehungen der Pflanzen- und Tierarten in verschiedenen Erdregionen beschäftigt

Biograf, Biograph *m.* jmd., der das Leben eines Menschen beschreibt; **Biografie, Biographie** *w.* 1. Lebensbeschreibung; 2. Lebensgeschichte eines Menschen, Eigw. **biografisch, biographisch**; **Biographical Picture, Biopic** *s.* (beiogräf- piktscher, *engl.*) biographischer Film, bes. über historische Persönlichkeiten; **Bioinformatik** *w.* (*gr.-lat.*) Disziplin der Informatik, um die enormen Datenmengen bei der (menschlichen) Genomentschlüsselung zu verarbeiten

Bioklima *s.* (*gr.*) Gesamtheit der klimatischen Einflüsse auf Lebewesen; **Biokompatibilität, Biotoleranz** *w.* (*gr.-lat.*) Verträglichkeit eines Werkstoffes (z. B. eines Implantats) mit einem lebenden Organismus, Eigw. **biokompatibel, biotolerant**

Biologie *w.* Wissenschaft von den Lebensvorgängen, Eigw. **biologisch**; **Biologismus** *m.* Übertragung biologischer Gesichtspunkte auf Individuum und Gesellschaft; **Biomasse** *w.* Gesamtheit der organischen Substanz (eines Lebensraums); **Biomechanik** *w.* Wissenschaft von den mechanischen Abläufen in Organismen; **Biometrie, Biometrik** *w.* (*gr.*) 1. Erfassung und Bearbeitung von Mess- und Zählwerten von Lebewesen, Teilbereich der Biologie; 2. Erkennungsverfahren zur Personenidentifikation (z. B. auf Flughäfen), Eigw. **biometrisch**; **Biomorphose** *w.* durch den Lebensablauf bedingte Veränderungen des Erscheinungsbildes von Lebewesen; **Bionik** *w.* (aus *Bio*logie und Tech*nik*) interdisziplinärer Wissenschaftszweig, der aus der Biologie abgeleitete Prinzipien für technische Anwendungen fruchtbar machen will (z. B. bei der Konstruktion von Prothesen u. Ä.) **Bionomie** *w.* Wissenschaft von den Gesetzen des Lebens (im Tierreich)

Biophysik *w.* Wissenschaft von den physikal. Vorgängen im Körper

Biopic *s.* Kurzwort für Biographical Picture

Biopiraterie *w.* (*gr.-lat.*) die ohne Zustimmung der Herkunftsländer erfolgende Privatisierung, Patentierung und Kommerzialisierung biologischer und genetischer Ressourcen (durch Agrar- und Pharmakonzerne); **Biopolitik** *w.* nach heutigem Verständnis die Gesamtheit der rechtlichen und administrativen Prozesse zur Regulierung (von Grundlagen und Grenzen) biotechnologischer Innovationen

Biopsie *w.* Entnahme von Gewebe aus dem lebenden Organismus; **Biorhythmus** *m.* 1. der regelmäßig wiederkehrende Teil organischen Lebens (z. B. weiblicher Zyklus); 2. Theorie, nach der körperliche und geistige Aktivität sowie das Gefühlsleben in Phasen verlaufen

BIOS *s.* (bei-, aus *engl. B*asic *I*nput *O*utput *S*ystem) Software, die nach dem Einschalten des Rechners Speicher und System überprüft und das Booten auslöst (EDV)

Biosphäre *w.* (*gr.*) Teil der Erde, in dem Lebewesen existieren; **Biosprit** *m.* (-schpritt) Benzin aus erneuerbaren Rohstoffen (z. B. Raps u. a.); **Biotechnologie** *w.* Wissenschaft, die die technische Durchführung biologischer Prozesse erforscht (z. B. Einsatz von gezüchteten Algen zur Stoffumwandlung); **Biotoleranz** = Biokompatibilität; **Biotop** *m.* oder *s.* Lebensraum einer Tier- oder Pflanzenart (*Mz.* Biotope); **biotrope Faktoren** *Mz.* (*gr.-lat.*) Gegebenheiten wie Wetter und Luftdruck, die auf Lebewesen einwirken; **Biotypus** *m.* durch Selbstbefruchtung oder Parthenogenese entstandene, genetisch gleiche Organismengruppe; **Biowissenschaften** *Mz.* Gesamtheit der zur Biologie gehörenden Wissenschaftsbereiche; **biozentrisch** Denkweise, die das organische Leben in den Mittelpunkt stellt

Bioskop *s.* (*gr.*) altes Filmvorführgerät

Bipede *m.* (*lat.*) der Zweifüßer, Eigw. **bipedisch**

bipolar (*lat.*) zweipolig, doppelpolig, Hptw. **Bipolarität** *w.*; **bipolare Störung** *w.* manisch-depressive Erkrankung

Bireme *w.* (*lat.*) antikes Kriegsschiff mit zwei übereinanderliegenden Ruderreihen

Birett *s.* (*gr.-lat.*) Barett kath. Geistlicher

bis (*frz.*) Musik: noch einmal, wiederholen

Bisam *m.* (*hebr.*) 1. Moschus; 2. Fell der Bisamratte

bis dato = dato

Bisexualität *w.* (*lat.*) 1. Doppelgeschlechtigkeit; 2. hetero- und homosexuelle Neigungen, Eigw. **bisexuell**

Biskuit *m.* oder *s.* (biskwit, *frz.*) ganz leichtes Gebäck; **Biskuitporzellan** zweimal gebranntes, unglasiertes Porzellan

Bison *m.* (*gr.*) Büffel, Rinderart

Bistro *s.* (*frz.*) Kneipe, kleine Gastwirtschaft

Bit *s.* (aus *engl. bi*nary digi*t*) 1. Einheit für die Anzahl von Zweierschritten, die ein Computer gleichzeitig bearbeiten kann (z. B. ein 8-Bit-, 16-Bit-Rechner); 2. der einzelne Zweierschritt (EDV); **bits per second** *o. A.* digitale Übertragungsgeschwindigkeit, Bit pro Sekunde (Abk. bps)

bitonal 1. doppelt tönend (z. B. vom Husten); 2. auf zwei gleichzeitig verwendete Tonarten bezogen; **Bitonalität** *w.* gleichzeitige Verwendung von zwei Tonarten
Bitterlemon, Bitter Lemon *s.* (-lemmen, *engl.*) leicht bitter schmeckendes Getränk aus Zitronensaft mit Chiningehalt
Bitumen *s.* (*lat.*) natürliches oder bei der Erdölaufbereitung gewonnenes Kohlenwasserstoffgemisch, Steinkohlenpech, Eigw. **bitumig, bituminös**
bivalent (*lat.*) zweiwertig (Chemie)
Biwak *s.* (*frz.*) Zeltlager, Feldlager; **biwakieren** Zeltlager aufschlagen, im Freien nächtigen
bizarr (*frz.*) sonderbar, fremdartig, wunderlich; **Bizarrerie** *w.* Absonderlichkeit
Bizeps *m.* (*lat.*) doppelköpfiger Oberarmmuskel
Blackbox, Black Box *w.* (bläck-, *engl.*) 1. unbekanntes (kybernetisches) System, dessen Verhalten aber erkennbar ist; 2. Datenschreiber für die Unfallanalyse (z. B. Flugschreiber)
Blackjack, Black Jack *s.* (-dschäck, *engl.*) US-amerik. Kartenglücksspiel
Blacklist *w.* (*engl.*) Liste von unerwünschten E-Mails, deren Annahme unterbunden wird (EDV)
Blackmail *w.* (-mehl, *engl.*) Erpressung
Blackout, Black-out *s.* (-aut, *engl.*) 1. plötzliches Abstellen der Bühnenbeleuchtung am Ende einer Theaterszene; 2. totaler Stromausfall; 3. plötzlicher Denkaussetzer
Black Panther Party *w.* (*engl.*) militante Organisation der US-amerik. Bürgerrechtsbewegung
Black Power *w.* (– pauer, *engl.*) Bewegung Schwarzer gegen Rassendiskriminierung in den USA
blamabel (*frz.*) beschämend; **Blamage** *w.* (blamasche) Peinlichkeit, Bloßstellung, Hereinfall; **blamieren** beschämen, lächerlich machen; bloßstellen
Blanc de Blancs *m.* (blang de blang, *frz.*) Weißwein oder Champagner aus weißen Trauben
Blanche *w.* (blangsch, *frz.*) weiße Bahn, auf der der Fechtsport stattfindet
blanchieren (blangschihren, *frz.*) Gemüse u. a. kurz überbrühen
Blancmanger *s.* (blangmangscheh, *frz.*) weiße Mandelsüßspeise
bland (*lat.*) 1. reizlos (von einer Diät); 2. mild verlaufend (von Krankheiten)
blanko (*itl.*) weiß, unbeschrieben, leer; **Blankoscheck** *m.* unterschriebener Scheck mit unausgefüllter Summe; **Blankovollmacht** *w.* unumschränkte Vollmacht
blasiert (*frz.*) überheblich, eingebildet
Blason *s.* (blasong, *frz.*) Wappenschild; **blasonieren** Wappen kunstgerecht ausmalen oder deuten
Blasphemie *w.* (*gr.*) Gotteslästerung, Eigw. **blasphemisch**
Blastogenese *w.* (*gr.*) ungeschlechtliche Vermehrung, z. B. durch Knospung
Blastozyten *Mz.* (*gr.*) undifferenzierte Zellen von Lebewesen im Embryonalstadium
Blaxploitation *w.* (bläcksplotehschen, aus *engl. bla*ck und *exploitation*) von Weißen produzierte Filme mit schwarzen Schauspielern, die sich an ein schwarzes Publikum richten, US-amerik. Filmgenre bes. in den 1970er Jahren (z. B. *Shaft* von Gordon Parks)
Blazer *m.* (blehser, *engl.*) Damen- oder Herrenjackett
Bleaching *s.* (blihtsch-, *engl.*) professionelle Zahnaufhellung durch Bleichmittel, Ztw. **bleachen**
Blend *m.* oder *s.* (*engl.*) Verschmelzung zweier Wörter zu einem neuen Begriff (z. B. *Sexpol* aus *Sex* und *Po*litik)
Blennorrhöe, Blennorrhö *w.* (*gr.*) Eiterfluss, bes. der Augenbindehaut
blessieren (*frz.*) verwunden; **Blessur** *w.* Wunde, Verwundung
bleu (blöh, *frz.*) blassblau
Blimp *m.* (*engl.*) 1. englischer Stockkonservativer; 2. Geräuschschutzgerät an Kameras
Blinddate, Blind Date *s.* (bleinddeht, *engl.*) durch Anzeige oder Agentur vermitteltes Rendezvous mit einem unbekannten Partner
Blini *Mz.* (*russ.*) Buchweizenpfannkuchen
Blizzard *m.* (bliserd, *engl.*) schwerer Schneesturm in Nordamerika
Blockade *w.* (*frz.*) 1. Absperrung von aller Zufuhr; 2. Funktionsausfall (bei Brem-

sen u. Ä.); **blockieren** 1. absperren, sperren; 2. ausfallen (einer Funktion)
Blockbuster *m.* od. *s.* (-baster, *engl.*) Kinohit, Kassenknüller
Blog *s.* (aus *engl.* Web und *Log*) auf einer Website fortlaufend geführtes Tagebuch; Ztw. **bloggen**; **Blogger** *m.* jmd., der sein Tagebuch im Internet führt; **Blogonym** *s.* Deckname, Pseudonym für Veröffentlichungen im Internet (EDV)
Blonde *w.* (blongd, *frz.*) Seidenspitze; **blondieren** blond färben; **Blondine** *w.* blonde Frau
Bloody Mary *w.* (bladdi märri, *engl.*) Cocktail mit Wodka und Tomatensaft
Blouson *s.* (blusong, *frz.*) Windjacke; **Blouson noir** *m.* (– noar, *frz.*) französische Bez. für Halbstarker
Blow-Job *m.* (blohdschob, *engl.*) vulgäre Bez. für die orale sexuelle Erregung des Penis, Fellatio
Blowout, Blow-out *m.* (-aut, *engl.*) unkontrolliertes Entweichen von Erdgas od. Erdöl aus einem Bohrloch
Blowup, Blow-up *s.* (-ap, *engl.*) Vergrößerung (von Fotos)
Bluebox = Bluescreen
Blue Card *w.* (bluh –, *engl.*) der US-amerik. Green Card entsprechende Erlaubnis für (hochqualifizierte) Migranten, in die EU zu immigrieren (in der europäischen Diskussion)
Bluechip, Blue Chip *m.* (-tschipp, *engl.*) Wertpapier der besten Sorte; **Bluejeans** *Mz.* (-dschihns) (Arbeits-)Hose aus blauer Baumwolle; **Blue Movie** *m.* od. *s.* (– muhwie) Erotikfilm; **Bluenote, Blue Note** *w.* (-noht) für den Blues typische abweichende Intonierung der dritten und siebten Note der Durtonleiter
Blues *m.* (bluhs, *engl.*) 1. schwermütiges Lied der Schwarzen in den USA, eine der Grundlagen des Jazz; 2. langsamer Gesellschaftstanz; 3. Traurigkeit, Schwermut
Bluescreen, Bluescreenverfahren *s.* (-skrihn-, *engl.-dt.*) ein Verfahren in Film- und Fernsehtechnik, bei dem ein beliebiger Hintergrund in das andernorts gedrehte Filmgeschehen projiziert wird
Bluetooth *m.* od. *n.* (-tuhß, *Wz.*) Industriestandard für die drahtlose Funkverbindung von Geräten über kurze Distanz
Bluff *m.* (blaff, auch blöff, *engl.*) bewusste Irreführung, Täuschungsmanöver; **bluffen** blenden, irreführen, täuschen
blümerant (*frz.*) schwindelig, schwach
Boa *w.* (*lat.*) 1. Riesenschlange; 2. langer, schmaler Schal aus Pelz oder Straußenfedern
Boardinghouse *s.* (bohrdinghaus, *engl.*) Fremdenheim, Pension
Board Member *s.* (*engl.*) Mitglied des Aufsichts- od. Verwaltungsrats
Board of Directors *s.* (– dei-, *engl.*) Aufsichtsrat, Verwaltungsrat
Board of Management/Managers *s.* (-mänedsch-, *engl.*) Vorstand
Bob, Bobsleigh *m.* (-sleh, *engl.*) Metallsportschlitten
Bobby *m.* (*engl.*) engl. Polizist (umg.)
Bobine *w.* (*frz.*) 1. Garnspule; 2. Seiltrommel; 3. Papierrolle, von der Zigarettenhülsen abgeteilt werden
Bobinet *m.* (bobinäh, *frz.*) feiner Tüll
Bobsleigh = Bob
Boccia *w.* (bottscha, *itl.*) italienisches Kugelspiel
Boche *m.* (bosch, *frz.*) französisches Schimpfwort für «den» Deutschen
Bocher *m.* (*jidd.*) Talmudschüler
Bodega *w.* (*span.*) Weinstube
Body *m.* (boddi, *engl.*) 1. Körper; 2. eng anliegender Anzug, Kurzwort für Bodysuit; 3. die eigentl. Nachricht einer E-Mail (EDV); **Body-Art** *w.* Körperkunst, Kunstform, bei der der (eigene) Körper zur künstlerischen Darstellungsfläche wird; **Bodybuilding** *s.* (-bilding) Trainingsmethode zur Ausbildung der Muskulatur; **Bodycheck** *m.* (-tscheck) erlaubte Körperattacke beim Eishockey; **Bodydouble** *s.* (-duhbl) Ersatzdarsteller(in) in Filmszenen, in denen nur der (nackte) Körper zu sehen ist; **Bodyguard** *m.* (-gahd) Leibwächter; **Bodylotion** *w.* (-lohschn) hautpflegendes Kosmetikum für den Körper; **Body-Mass-Index** *m.* (-mahß-) Maßzahl für die Bewertung des Körpergewichts, errechnet aus Körpergewicht (in kg) geteilt durch Körpergröße im Quadrat (m^2) (Abk. BMI); **Bodypainting** *s.* (-pehnt-) Körperbemalung, eine Form der Body-Art; **Bodyshaping** *s.* (-schep-), **Bodystyling** *s.* (-steil-) Formung des (weiblichen) Kör-

pers durch gezielte gymnastische Übungen; **Bodystocking** *s.* eng am ganzen Körper anliegender Anzug (mit Fuß); **Bodysuit** *m.* (-sjut) eng anliegende, dem Badeanzug ähnelnde Unterbekleidung, Body
Bofel = Bafel
Boheme *w.* (boähm, *frz.*) unkonventionelles künstlerisches Milieu; **Bohemien** *m.* (-jäng) Angehöriger der Boheme
Boi *m.* (*frz.*) (Baum-)Wollflanell
Boiler *m.* (*engl.*) Warmwasserspeicher
boisieren (boasihren, *frz.*) täfeln
Bojar *m.* (*russ.*) adliger Großgrundbesitzer, auch Würdenträger
Boje *w.* (*frz.*) verankertes Seezeichen
Bolero *m.* (*span.*) 1. spanischer Tanz; 2. knappes offenes Jäckchen; 3. rund aufgeschlagener Hut
Bollette *w.* (*itl.*) Zollabfertigungspapier
Bollywood *s.* (aus *engl.* *B*ombay und Hol*lywood*) Bez. für die jährlich rd. 300 Titel umfassende indische Filmproduktion, für die ihre schrill-bunte Machart und üppige Inszenierung mit Gesangs- und Tanzeinlagen charakteristisch ist
Bolometer *s.* (*gr.*) Instrument zur Messung von Wärmestrahlen
Bolschewik *m.* (*russ.*) Mitglied der Kommunistischen Partei der Sowjetunion; **Bolschewismus** *m.* Theorie und Praxis des sowjetischen Kommunismus, Eigw. **bolschewistisch**
Bolus (*gr.*) 1. *o. A.* rotbraune Tonerde (z. B. Terra di Siena); 2. *m.* großer Bissen, Kugel; **Bolustod** *m.* Erstickungstod durch einen Fremdkörper
Bombage *w.* (bombasche, *frz.*) 1. Herstellung gewölbter Formen in Blech oder Karton; 2. Wölben der Konservendosen bei Gasbildung, Ztw. **bombieren**
Bombarde *w.* (*frz.*) altes Geschütz; **Bombardement** *s.* (-mang) Beschießung, Bombenabwürfe; **bombardieren** 1. beschießen, Bomben abwerfen; 2. bedrängen, nötigen
Bombardon *s.* (*frz.*) tiefe Tuba, Blechinstrument
Bombasin *m.* (bombasäng, *frz.*) 1. Halbseidengewebe; 2. tuch- oder köperbindiges Gewebe aus feinem Merinokammgarn
Bombast *m.* (*lat.*) 1. Baumwollzeug zum Wattieren; 2. Schwulst; **bombastisch** mit zu viel Aufwand, schwülstig, hochtrabend
Bombe *w.* (*lat.*) 1. Sprengsatz; 2. wuchtvoller Ballwurf od. -schuss (z. B. im Fußball); 3. unerhörte, überraschende Nachricht; **bomben** = bombardieren (1.)
Bon *m.* (bong, *frz.*) Gutschein, Kassenzettel; **bongen** 1. einen Bon ausstellen; 2. etwas verabreden (umg.)
bona fide (*lat.*) in gutem Glauben
Bonbon *m.* oder *s.* (bongbong, *frz.*) Zuckerzeug; **Bonbonniere** *w.* (-bonniähr) Schachtel mit Pralinen
Bond *m.* (*engl.*) verzinsbare Schuldverschreibung
Bondage *s.* (bondidsch, *engl.*) Fesselung zur Steigerung sexueller Lust
bongen = Bon
Bongo *s.* od. *w.* (*span.*) paarweise angeordnete (kubanische) Trommel
Bonheur *m.* (bonnöhr, *frz.*) Glück
Bonhomie (bonnomih, *frz.*) Biederkeit, Gutmütigkeit, Einfalt; **Bonhomme** *m.* (-nomm) gutmütiger Einfaltspinsel
Bonifikation *w.* (*lat.*) Vergütung, Preisnachlass, Eigw. **bonifizieren**
Bonität *w.* (*lat.*) Zahlungsfähigkeit, Kreditwürdigkeit
Bonmot *s.* (bongmoh, *frz.*) geistreiches Wort, witzige Wendung
Bonne *w.* (bonn, *frz.*) Kindermädchen
Bonsai *m.* (*jap.*) jap. Zwergbaum; **Bonsai** *s.* Methode, Zwergbäume zu züchten
Bonsens *m.* (bongsangs, *frz.*) gesunder Menschenverstand
Bonus *m.* (*lat.*) 1. Sondervergütung (in Aktiengesellschaften); 2. Pluspunkt gegenüber anderen
Bonvivant *m.* (bongwiwang, *frz.*) Lebemann
Bonze *m.* (*jap.*) 1. buddhistischer Priester; 2. eingebildete, überhebliche Persönlichkeit in Amt oder Partei; **Bonzokratie** *w.* Bonzenherrschaft
Boogie-Woogie *m.* (bugiwugi, *engl.*) Pianostil auf Bluesgrundlage, Swingtanz
Booker Prize *m.* (bucker preis, *engl.*) seit 1969 jährlich vergebener wichtigster Buchpreis für Autoren aus Großbritannien, Irland und dem Commonwealth (nach der britischen Firma Booker, die den Preis stiftete)

Booklet *s.* (bucklet, *engl.*) (Werbe-)Broschüre ohne Einband; Beiheftchen (z. B. zu einer CD); **Bookmark** *s.* od. *w.* Eintrag von häufig benutzten Internetseiten in einem besonderen Verzeichnis (EDV), Ztw. **bookmarken**
Boom *m.* (buhm, *engl.*) plötzlicher wirtschaftlicher Aufschwung, ökonomischer Erfolg, Ztw. **boomen**; **Boomtown** *w.* (-taun) Stadt, die einen sprunghaften Boom erlebt
Booster *m.* (buh-, *engl.*) leistungssteigerndes Zusatzgerät, Verstärker
Boot *m.* (buht, *engl.*) knöchellanger Stiefel aus Wildleder; **booten** einen Computer (von der Festplatte) neu starten (EDV)
böotisch (*gr.*) denkfaul, plump, hinterwäldlerisch
Bootleg *s.* (buht-, *engl.*) schwarz hergestellte Ware (z. B. Alkohol während der Prohibition i. d. USA, Raubdrucke oder Raubkopien von Schallplatten, CDs oder Videos); **Bootlegger** *m.* Hersteller von Bootlegs
Bor *s.* (*lat.*) chem. Element, ein Nichtmetall
Bora *w.* (*itl.*) kalter Fallwind an der Adria
Borax *m.* (*arab.-lat.*) borsaures Natrium, Mittel zum Weichmachen des Wassers
Bordcase *s.* und *m.* (-kehs, *engl.*) kleines kofferähnliches Fluggepäckstück; **Bordcomputer** *m.* Computer an Bord von Flugzeugen, Schiffen u. a., der für Flug und Fahrt wichtige Daten auswertet
Bordeaux *m.* (bordoh, *frz.*) französischer Rot- und Weißwein (nach der Stadt Bordeaux); **bordeauxrot** braunrot, weinrot
Bordell *s.* (*frz.*) Freudenhaus
Bordercollie *m.* (*engl.*) alte Rasse eines reinen Arbeits- und Hütehundes (aus dem Grenzgebiet zwischen England und Schottland)
Borderlinesyndrom *s.* (-lein, *engl.-gr.*) Krankheitssyndrom, das auf der Grenze zwischen Neurose und Psychose liegt
Bordüre *w.* (*frz.*) Saum, Einfassung, Borte; **bordieren** einfassen
Boreas *m.* (*gr.*) kalter Nordwind; **boreal** nördlich
Boreout *s.* (-aut, *engl.*) Unterforderung, Langeweile bei der Arbeit
Borgis (*itl.*) Schriftgrad von 9 Punkt
borniert (*frz.*) beschränkt, dumm, engstirnig, Hptw. **Borniertheit** *w.*
born to (*engl.*) wie geschaffen für
Borretsch *m.* (*lat.-arab.*) Gewürzkraut
Borsalino *m.* (*itl.*) Herrenfilzhut aus der Hutfabrik von Borsalino in Alessandria / Oberitalien
Borschtsch *m.* (*russ.*) Kohlsuppe
Borussia (*lat.*) Frauengestalt als Sinnbild Preußens
Boskett *s.* (*frz.*) angepflanzte Gruppe von Bäumen und Sträuchern, Lustwäldchen
Boss *m.* (*engl.*) Chef, führende Person; **bossen** den Boss spielen, jmdn. übertrumpfen
bosselieren, bossieren (*itl.*) 1. die Rohform einer Figur grob aushauen; 2. gebrochene Mauersteine behauen; **Bossierwachs** *s.* Modellierwachs
Boston *m.* (bostn, *engl.*) amerik. langsamer Walzer (nach der US-amerik. Stadt)
Botanik *w.* (*gr.*) Pflanzenkunde; **Botaniker** *m.* Wissenschaftler auf dem Gebiet der Botanik; **botanisieren** Pflanzen sammeln und bestimmen
Bottega = Bodega
Bottleparty *w.* (bottlparti, *engl.*) Party, zu der jeder Gast ein alkoholisches Getränk mitbringt
Bottom-up *s.* (-ap, *engl.*) Problemlösungsmethode nach dem Grundsatz *von unten nach oben*, im Ggs. zu Top-down
Bouclé *s.* (bukleh, *frz.*) 1. starkes Kräuselgarn; 2. Haargarnteppich
Boudoir *s.* (budoah, *frz.*) elegantes, privates Damenzimmer
Bouffonerie *w.* (buffonnerih, *itl.-frz.*) Possenreißerei
Bouillabaisse *w.* (buijabähß, *frz.*) südfranzösische Fischsuppe
Bouillon *w.* (buijong, *frz.*) Fleischbrühe
Boule *w.* oder *s.* (buhl, *frz.*) 1. Spielkugel; 2. Kugelspiel, bes. in Frankreich
Boulevard *m.* (bulwar, *frz.*) breite Straße, Ringstraße; **Boulevardpresse** Sensationspresse
Bouquet = Bukett
Bouquinist = Bukinist
Bourgeois *m.* (burschoa, *frz.*) 1. Bürger; 2. abfällige Bez. für einen wohlhabenden und selbstzufriedenen Bürger; **bourgeois** bürgerlich, zur Bourgeoisie gehörig;

Bourgeoisie *w.* wohlhabendes Bürgertum
Bourrée *w.* (bureh, *frz.*) heiterer Tanz
Bourrette *w.* (burett, *frz.*) Seidenfrotté, körnig aussehender Seidenstoff in Taftbindung
Bouteille *w.* (butähj, *frz.*) Flasche
Boutique *w.* (butik, *frz.*) Spezialgeschäft für Mode und modische Artikel
Bouton *m.* (butong, *frz.*) Knopf, knopfförmiger Ohrring; **Boutonnière** *w.* (butonniähr) 1. Ansteckblume, Knopflochblume; 2. äußerer Harnröhrenschnitt
Bovel = Bafel
Bowiemesser *s.* (*engl.*) amerik. Jagdmesser, Hirschfänger
Bowle *w.* (bohle, *engl.*) 1. kaltes Getränk aus Wein mit Früchten oder Kräutern; 2. Gefäß für das Getränk
bowlen (bohl-, *engl.*) Bowling spielen; **Bowling** *s.* 1. amerik. Kegeln; 2. engl. Kugelspiel auf Rasen; **Bowlinggreen** *s.* (-grihn) Rasenplatz für engl. Bowling
Bowler *m.* (bohler, *engl.*) steifer Herrenhut, Melone
Box *w.* (*engl.*) 1. Büchse, Schachtel; 2. abgeteilter Raum; 3. Rollfilmkamera
Boxcalf, Boxkalf *s.* (-kahf, *engl.*) feinnarbiges Kalbleder
boxen (*engl.*) (nach festen Regeln) mit den Fäusten kämpfen; **Boxen** *s.* Faustkampf, eine sportliche Disziplin; **Boxer** *m.* 1. Faustkämpfer; 2. eine Hunderasse
Boy *m.* (beu, *engl.*) Junge, Page; **Boyfriend** *m.* (-frend) 1. der Freund eines jungen Mädchens; 2. Freier im Sextourismus (Jargon); **Boygroup** *w.* (-gruhp) von einer Plattenfirma zusammengestellte Gruppe sehr junger Tänzer und Sänger, deren Fans sehr junge Mädchen sind
Boykott *m.* (beukott) Ausschluss, Liefersperre, Ächtung; **boykottieren** mit Boykott belegen (nach dem im 19. Jh. in Irland geächteten Verwalter Ch. C. Boycott)
Boy-Scout *m.* (beuskaut, *engl.*) englischer Pfadfinder
bpm = Beat (1.)
bps = Bit
Bra = Wonderbra
Brabançonne *w.* (brabangßonn, *frz.*) belgische Nationalhymne (nach der belg. Provinz Brabant)
Bracelet *s.* (brassleh, *frz.*) 1. Armband; 2. Handschelle (umg.)
brachial (*lat.*) zum Arm gehörig; **Brachialgewalt** *w.* rohe Gewalt
Brachylogie *w.* (*gr.*) Kürze und Prägnanz im sprachlichen Ausdruck, Gedrängtheit des Ausdrucks
Bradykardie *w.* (*gr.*) langsame Herztätigkeit
Brahma *m.* (*altind.-sanskr.*) höchster Gott des Hinduismus; **Brahma** *s.* Weltseele, schöpferische Kraft; **Brahmaismus** *m.* Lehre von Brahma; **Brahmane, Brahmine** *m.* Mitglied der obersten Hindi-Kaste: Priester, Gelehrte, Dichter, Eigw. **brahmanisch**
Braille-Schrift *w.* (braije, *frz.*) Blindenschrift
Braindrain *m.* (brehndrehn, *engl.*) Abwanderung von Wissenschaftlern und Fachkräften ins Ausland; **Brainstorming** *s.* Ideenkonferenz zur Sammlung möglichst vieler spontaner Einfälle; **Braintrust, Brain-Trust** *m.* (brehntrast) Expertengruppe in Wirtschaftsunternehmen und Behörden; **Brainwashing** *s.* (-wosch-) Gehirnwäsche
Brakteat *m.* (*lat.*) einseitig geprägte mittelalterliche Münze aus dünnem Silber- oder Goldblech
Bram *w.* (*niederl.*) Verlängerung von Schiffsmasten
Bramarbas *m.* (*span.*) Großmaul, Prahlhans, Aufschneider; **bramarbasieren** prahlen, aufschneiden, schwadronieren, dicktun
Branche *w.* (brangsche, *frz.*) Geschäftszweig
Branding *s.* (bränd-, *engl.*) 1. Markengebung; 2. das Einbrennen von Mustern in die Haut (durch Nadeln)
Brandy *m.* (brändi, *engl.*) Branntwein
Brasil *w.* (*port.*) sehr dunkle Zigarre aus Brasiltabak
Brass-Band *w.* (braßbänd, *engl.*) (Marsch-)Kapelle mit Blechblasinstrumenten; **Brass-Rock** *m.* Rockmusik mit Eigengewicht der Blasinstrumente
Brasse *w.* (*niederl.-frz.*) Tau zum Drehen der Rahen, Ztw. **brassen**
Brasselett = Bracelet
Bratsche *w.* (*itl.*) Streichinstrument, das

eine Oktave tiefer als die Geige gestimmt ist

bravo! (*itl.*) gut!, gut gemacht!; **Bravo** *m.* Bandit, gedungener Mörder; **bravissimo!** sehr gut!, hervorragend!

Bravour *w.* (brawuhr, *frz.*) 1. Schwung, Forschheit; 2. Virtuosität; **bravourös** glanzvoll, meisterhaft, virtuos; **Bravourstück** *s.* Glanzleistung

Brd. = Billiarde

Break *m.* oder *s.* (brehk, *engl.*) 1. Pause, Unterbrechung; 2. plötzlicher Durchbruch im sportlichen Wettkampf, Konterschlag; 3. kurzes Solo im Jazz; 4. Punktgewinn beim gegnerischen Aufschlag im Tennis; **Breakdance** *m.* (-dänß) akrobatische Tanzkunststücke zu Soul, Rap, Hip-Hop; **Breakevenpoint, Break-even-Point** *m.* (-ihwen-) Rentabilitätsschwelle, Übergang in den Gewinn, Kostendeckungspunkt, «schwarze Null»

Breakfast *s.* (bräckfest, *engl.*) Frühstück

Breccie (-tsche), **Brektie** (-ti'e), **Brekzie** (-zi'e) *w.* (*itl.*) zertrümmertes, kantiges Sedimentgestein

Bredouille *w.* (breduj, *frz.*) Klemme, Patsche

Breeches *Mz.* (brihtschis, *engl.*) Reithosen

Breeder *m.* (brih-, *engl.*) Brutreaktor, Brüter

Bregma *s.* (*gr.*) Schädelbereich der großen Fontanelle

Breton *m.* (bretong, *frz.*) kleiner Hut mit rund hochgerollter Krempe

Breve *s.* (*lat.*) kurzer päpstlicher Erlass

Brevier *s.* (*lat.*) 1. Stundengebet(buch) für den kath. Geistlichen; 2. Sammlung aussagekräftiger Textstellen eines klassischen Autors (z. B. Goethebrevier)

Breviloquenz *w.* (*lat.*) Knappheit des Ausdrucks

brevi manu (*lat.*) kurzerhand, ohne Umstände

Bric-à-brac *s.* (brickabrack, *frz.*) kleine Kunstgegenstände, Gerümpel, Trödel

Bridge *s.* (bridsch, *engl.*) ein Kartenspiel für vier Personen

Brie *m.* (*frz.*) weicher französischer Schimmelkäse

Briefing *s.* (*engl.*) kurze Unterrichtung, Lagebesprechung, Einweisung, Ztw. **briefen**

Brigade *w.* (*span.-itl.*) 1. Truppeneinheit (2 bis 3 Regimenter); 2. Belegschaft einer Hotelküche; **Brigadier** *m.* (-djeh) Brigadegeneral

Brigant *m.* (*itl.*) Straßenräuber; **Brigantine** *w.* kleines zweimastiges Segelschiff

Brigg *w.* (*itl.-engl.*) zweimastiges Segelschiff

Brikett *s.* (*frz.*) quader- oder eiförmig gepresste feinkörnige Stoffe, bes. Kohle; **brikettieren** in Brikettform pressen

Brikole *w.* (*frz.*) Rückprall beim Billard; **brikolieren** durch Rückprall treffen

Brillant *m.* (brijang, eingedeutscht brillant, *frz.*) 1. besonders geschliffener Diamant; 2. Schriftgrad von 3 Punkt; **brillant** (brilj-) glänzend, virtuos; **Brillantine** *w.* Haarpomade; **Brillanz** *w.* 1. Virtuosität; 2. Tonschärfe; 3. Bildschärfe; **brillieren** glänzen, Aufsehen erregen

Brillonette *w.* (briljo-, *frz.*) unterseits flacher Halbbrillant

Brimborium *s.* (*lat.*) Gerede, Getue, Drumherum, Aufheben

Brio *s.* (*itl.*) Feuer, Leidenschaft; **con brio** Musik: feurig, schwungvoll

Brioche *w.* (briosch, *frz.*) feines Gebäck aus Butterteig

Brioletten, Brioletts *Mz.* (*frz.*) Doppelrosette aus Brillanten, meist Ohrgehänge

brioso (*itl.*) Musik: forsch, feurig

Brisanz *w.* (*frz.*) hohe Aktualität, Sprengkraft; **brisant** sprengend, sprengkräftig, explosiv, heikel

Brise *w.* (*frz.-span.*) Seewind

Brisolett *s.*, **Brisolette** *w.* (*frz.*) Klößchen aus Kalbfleisch

Brissago *w.* Zigarrensorte aus der Schweiz (nach dem Ort Brissago)

Britpop, Brit-Pop *m.* (aus *engl. Brit*ish und *pop*) gitarrenbetonte, aus Großbritannien stammende Richtung der Popmusik

Broadcasting *s.* (brodkasting, *engl.*) Rundfunk

Broadway *m.* (brodweh, *engl.*) Hauptstraße, bes. in New York, mit Banken, Geschäften, Theatern usw.

Broccoli = Brokkoli

Broderie *w.* (*frz.*) Stickerei, Einfassung, Ztw. **brodieren**

Broiler *m.* (*engl.*) Bez. für Brathähnchen in der ehemal. DDR

Brokat *m.* (*itl.*) kostbarer gold- oder silberdurchwirkter Seidenstoff; **brokaten** aus Brokat

Broker *m.* (*engl.*) Wertpapierhändler

Brokkoli (*itl.*) Spargelkohl

Brom *s.* (*gr.*) chem. Element, Grundstoff für Beruhigungsmittel

Bromelie *w.* (-li'e) Ananasgewächs (nach dem schwed. Botaniker O. Bromel)

Bronchialkatarrh *m.*, **Bronchitis** *w.* (*gr.*) Entzündung der Luftwege; **Bronchien** *Mz.* (-chi'en) die Luftwege

Brontosaurier (-ri'er), **Brontosaurus** *m.* (*gr.*) urzeitliche Riesenechse

Bronze *w.* (brongße, *frz.*) Legierung aus Kupfer und Zinn, Eigw. **bronzen, bronzefarben**; **Bronzezeit** *w.* vorgeschichtlicher Zeitabschnitt zwischen Stein- und Eisenzeit; **bronzieren** mit Bronzefarbe überziehen

Brosche *w.* (*frz.*) Ansteckschmuck; **broschieren** 1. Druckbogen zusammenheften und in leichten Karton binden; 2. mit Webmustern durchwirken; **Broschur** *w.* 1. das Broschieren; 2. Broschüre; **Broschüre** *w.* geheftete Druckschrift; Flugschrift

Brownie *m.* (brau-, *engl.*) flacher, tiefbrauner Schokoladenkuchen

Browning *m.* (brauning) US-amerik. Selbstladepistole (nach dem amerik. Erfinder J. M. Browning, 1855–1926)

Browser (brauser, *engl.*) Programm, das den Zugriff auf Seiten im World Wide Web ermöglicht (EDV); **browsen** im Internet schmökern

BRT = Bruttoregistertonne

Bruitismus *m.* (brüitis-, *frz.*) Musikkompositionen unter Einbeziehung von Lärm, Geräusch, Krach

Brumaire *m.* (brümähr, *frz.*) zweiter Monat im Kalender der Französischen Revolution (22. Oktober–20. November)

Brunch *m.* (bransch, *engl.*) spätes, üppiges Frühstück anstelle des Mittagessens; Ztw. **brunchen**

Brünelle *w.* (*frz.*) Handelsbezeichnung für geschälte, entkernte Pflaumen

brünett (*frz.*) braunhaarig, braunhäutig; **brünieren** Metall bräunen, Hptw. **Brünierung** *w.*

brüsk (*frz.*) schroff, barsch, unvermittelt; **brüskieren** vor den Kopf stoßen, Hptw. **Brüskierung** *w.*

brutal (*lat.*) rücksichtslos, gefühllos, gewalttätig, roh, Hptw. **Brutalität** *w.*

brutto (*itl.*) 1. ohne Abzug; 2. mit Verpackung; **Bruttoeinnahme** *w.* Einnahme, von der die Unkosten nicht abgezogen sind; **brutto für netto** der Preis gilt für das Gewicht der Ware inklusive Verpackung (Abk. bfn.)

Bruttoregistertonne *w.* Maß für den Rauminhalt eines Schiffes (Abk. BRT)

Bruttosozialprodukt *s.* das Jahresergebnis des Wirtschaftsprozesses eines Landes (Abk. BSP)

Bruxismus *m.* (*gr.*) Zähneknirschen im Schlaf

Bruyèreholz *s.* (brüijähr-, *frz.*) Wurzelholz der mittelmeerischen Baumheide, bes. für Pfeifenköpfe verwendet

Bryologie *w.* (*gr.*) Wissenschaft von den Moosen

BSE *w.* (aus *engl.* *b*ovine *s*pongiform *e*ncephalopathy) Hirnerkrankung bei Rindern, Rinderwahn(sinn)

bsh = Bushel

B2B = Business-to-Business

B2C = Business-to-Consumer

Bubblegum *s.* oder *m.* (babbelgamm, *engl.*) Kaugummi, mit dem man Blasen vor dem Mund bilden kann

Bucentaur *m.* (-ze-, *itl.*) Prunkschiff des Dogen von Venedig

Buckram *m.* (*engl.*) Steifleinen zum Buchbinden

Buckskin *m.* (backskinn, *engl.*) 1. weiches Schaf- oder Hirschleder; 2. melierter Herrenanzugstoff in Köperbindung

Buddha *m.* (*sanskr.*) indischer Religionsstifter; **Buddhismus** *m.* die von Buddha im 6. Jh. v. Chr. begründete ostasiatisch-indische Religion; **Buddhist** *m.* Anhänger des Buddhismus, Eigw. **buddhistisch**

Buddy *m.* (bad-, *engl.*) Kumpel, Freund (umg.)

Budget *s.* (büdscheh, *frz.*) Haushaltsplan, Voranschlag öffentl. Haushalte, Ztw. **budgetieren**

Budike, Butike *w.* (*frz.*) Kramladen, Kneipe; **Budiker** *m.* Inhaber einer Budike

Budo *s.* (*jap.*) Sammelbez. für die Sportarten Judo, Karate u. Ä.; **Budoka** *m.* Budosportler

Buen Retiro *s.* (bu'en –, *span.*) Zuflucht (spanischer Schlossname)

Büfett, Buffet, Büffet *s.* (büffeh, *frz.*) 1. Schanktisch; 2. Anrichte; **kaltes Büfett** *s.* Tisch mit kalten Speisen zur Selbstbedienung; **Büfettier, Buffetier** *m.* (-tjeh) Verwalter des Schanktischs

Buffalo *m.* (baffeloh, *engl.-span.*) amerikanischer Büffel, Bison

Buffo *m.* (*itl.*) Sänger komischer Rollen; **Buffo-Oper** *w.* komische Oper; **buffonesk** komisch, im Stil der Buffo-Oper

Bug *m.* (bag, *engl.*) Programmfehler (EDV)

Buggy *m.* (baggi, *engl.*) 1. hochrädriger, einspänniger Wagen; 2. zusammenklappbarer Kinderwagen

bugsieren (*niederl.*) ins Schlepptau nehmen, lotsen

Builder *m.* (bilder, *engl.*) waschaktive Substanz in Waschmitteln (z. B. Phosphat); **Build-Upper** *m.* (-apper, *engl.*) Werbeleiter

Bukanier, Bukanier *m.* (*westind.*) Seeräuber

Bukett *s.* (*frz.*) 1. Blumenstrauß; 2. Blume des Weins

Bukinist *m.* (*frz.*) Straßenhändler mit antiquarischen Büchern, bes. in Paris

Buklee = Bouclé

Bukolika *Mz.* (*gr.*) Schäferpoesie; **Bukoliker** *m.* Dichter idyllischer Poesie; **bukolisch** idyllisch, ländlich

Bülbül *m.* (*pers.*) Nachtigall

Bulette *w.* (*frz.*) Fleischklößchen, Frikadelle

Bulimie *w.* (*gr.*) Essstörung mit Heißhunger und anschließendem Erbrechen

Bull *m.* (*engl.*) Haussier, Spekulant auf steigende Kurse

Bulla *w.* (*lat.*) Blase; **Bullauge** *s.* (*engl.*) rundes Fenster auf Schiffen

Bulldog *m.* (*Wz., engl.*) Zugmaschine; **Bulldogge** *w.* stämmige engl. Hunderasse

Bulldozer *m.* (bulldoser, *engl.*) Planierraupe

Bulle *w.* (*lat.*) 1. Siegelkapsel; 2. mittelalterliche, mit Metallsiegel versehene Urkunde; 3. päpstlicher Erlass

Bulletin *s.* (bülltäng, *frz.*) 1. amtliche Bekanntmachung, Tagesbericht; 2. Titel von wissenschaftlichen Zeitschriften

bulletproof (-pruhf, *engl.*) kugelsicher; hartgesotten, unverwundbar

Bullfinch *w.* (bullfintsch, *engl.*) Dornenhecke als Rennhindernis im Reitsport

Bullshit *m.* (*engl.*) Geschwätz, leeres Gerede

Bully *s.* (*engl.*) Anspiel von zwei Spielern im Eishockey

Bumerang *m.* (*austral.*) gekrümmtes Wurfholz, das in die Hand des Werfers zurückkehrt

Buna *s.* (*Wz.*) künstlicher Kautschuk

Bungalow *m.* (bungalo oder bangelo, *ind.-engl.*) flaches einstöckiges Haus

Bungee *s.* (bandschih, *engl.*) Sprung aus großer Höhe an einem elastischen Seil, das kurz vor dem Boden zurückfedert

Bunny *s.* (banni, *engl.*) als Häschen kostümierte weibliche Bedienung in Playboy-Clubs

Buran *m.* (*russ.*) Steppensturm

Burberry *m.* (börberri, *engl.*) festes, wasserdichtes Kammgarngewebe für Mäntel u. a.

Bürette *w.* (*frz.*) Messglas mit Hahn für chemische Untersuchungen

Burka, Burkha, Burqa *w.* (*arab.*) Ganzkörperschleier der Muslimin in (orthodox-)islamischen Ländern

burlesk (*itl.*) komisch, possenhaft; **Burleske** *w.* Posse, Schwank

burnen (bör-, *engl.*) attraktiv sein; gut kommen; **Burner** *m.* etwas, was begeistert (Jj.)

Burnout *s.* (börnaut, *engl.*) 1. unkontrollierte Kernspaltung; 2. Beginn des Raketenflugs ohne Triebwerk; 3. Syndrom großer körperlich-seelischer Erschöpfung

Burnus *m.* (*arab.*) Kapuzenumhang der Beduinen

Büro *s.* (*frz.*) Geschäftszimmer, Amtsraum, Schreibstube; **Bürokrat** *m.* jmd., der bürokratisch denkt und handelt; **Bürokratie** *w.* 1. Verwaltungsapparat; 2. bürokratisches Handeln; **bürokratisch** übergenau, stur nach den Vorschriften; **bürokratisieren** überorganisieren, schematisieren; **Bürokratismus** *m.* Aufblähung des Verwaltungsapparats und Überschätzung seiner Wichtigkeit, Amtsschimmel

burschikos (*gr.-lat.*) betont ungezwungen

Burse *w.* (*lat.*) Studentenheim

Bus *m.* (*lat.*) 1. Autobus, Omnibus; 2. (*engl.*) Sammelleitung in der EDV

Bushel *s.* (buschl, *engl.*) englisches Getreidemaß (rd. 36 l)

Bushido *m.* (*jap.*) Ehrenkodex des altjapanischen Kriegertums

Business *s.* (bisniß, *engl.*) Geschäft, vorteilhafter Geschäftsabschluss; **business as usual** (äs juschl) die Geschäfte gehen ihren Gang, alles läuft normal; **Businessclass, Business-Class** *w.* Reiseklasse für Geschäftsleute, bes. im Flugzeug; **Businessman** *m.* (-män, *engl.*) Geschäftsmann; **Business-to-Business** *s.* Geschäfte zwischen Unternehmen (Abk. B2B); **Business-to-Consumer** *s.* (-sjum-) Geschäfte zwischen Unternehmen und Privatkunden (Abk. B2C)

Bussole *w.* (*frz.*) Kompassgerät

Butan *s.* (*lat.*) Kohlenwasserstoff

Butike = Budike

Butler *m.* (batler, *engl.*) oberster Diener in vornehmen (englischen) Häusern

Butterflystil *m.* (batterflei-, *engl.*) Schmetterlingsstil beim Schwimmen

Button *m.* (batten, *engl.*) Anstecker mit Text oder Symbol, der die Meinung des Trägers kundtut

Butyrometer *s.* (*gr.*) Messrohr zur Bestimmung des Fettgehalts der Milch

Buykott *m.* (bei-, *engl.*) Kaufstreik gegen bestimmte Unternehmen, um (politische) Forderungen durchzusetzen (dem Wort Boykott entlehnt), Ztw. **buykottieren**

Buy-out *s.* (beiaut, *engl.*) Kauf, Umstrukturierung und gewinnbringender Wiederverkauf (von Teilen) einer (zumeist unterbewertet erworbenen) Firma

bye-bye! (beibei, *engl.*) auf Wiedersehen!

Bypass *m.* (beipas, *engl.*) 1. Umführung einer Strömung im Triebwerk; 2. Umgehung einer verschlossenen Blutbahn durch Gefäßtransplantat; das Transplantat selbst

Byte *s.* (beit, *engl.*) Informationseinheit für ein digitales Zeichen (= 8 Bit; Abk. B; EDV)

Byzantinistik *w.* Wissenschaft von der byzantinischen Geschichte und Kultur (nach Byzanz, dem alten Namen für Konstantinopel bzw. Istanbul)

C

C = Celsius

ca. = circa

Cab *s.* (käbb, *engl.*) 1. Kabriolett, einspännige Droschke; 2. Taxi (umg.)

Caballero *m.* (kawajero, *span.*) 1. span. Edelmann; 2. span. Titel: Herr

Cabanossi = Kabanossi

Cabasa, Cabaza *w.* (*port.*) lateinamerik. Rasselinstrument aus einem mit einem Perlennetz überzogenen hohlen Kürbis

Cablecar *m.* (kehblkahr, *engl.*) Drahtseil-Straßenbahn; **Cabletransfer** (-tränsfer) telegraphische Anweisung von Geldbeträgen nach Übersee

Cabochon *m.* (kaboschong, *frz.*) rund geschliffener Edelstein

Cabrio = Kabrio

Cache *m.* (kasch, *engl.*) Datei, die Kopien von aufgerufenen Inhalten enthält, um einen erneuten Zugriff zu beschleunigen (EDV)

Cachenez *s.* (kaschneh, *frz.*) seidenes Halstuch

Cachucha *w.* (katschutscha, *span.*) spanischer Tanz im Walzertakt

CAD *o. A.* (aus *engl.* *c*omputer-*a*ided *d*esign) computerunterstütztes Entwerfen und Konstruieren (EDV)

Caddie *m.* (käddi, *engl.*) 1. Junge, der die Golfschläger über den Platz trägt; 2. *Wz.* kleiner Wagen für das Golfgepäck; 3. *Wz.* Einkaufswagen im Supermarkt

Cadeau *s.* (kadoh, *frz.*) Geschenk

Cadmium = Kadmium

Cadrage *w.* (-drahsch, *frz.*) die Festlegung der Bildausschnitte bei Filmaufnahmen

CAE *o. A.* (aus *engl.* *c*omputer-*a*ided *e*ngineering) computerunterstützte Ingenieurarbeiten

Cafard *s.* (-fahr, *frz.*) Unlust, Überdruss, Weltschmerz; Kater

Café *s.* (*frz.*) Kaffeehaus; **Café chantant** *s.* (– schangtang), **Café concert** *s.* (– konßär) 1. Musikcafé; 2. Tingeltangel; **Cafeteria** *w.* (*span.-engl.*) Imbissstube mit Selbstbedienung; **Cafetier** *m.* (-tjeh) Kaffeehausbesitzer

Caffè *m.* (*itl.*) starker Kaffee, Espresso; **Caffè freddo** *m.* Eiskaffee; **Caffè Latte** *m.* Milchkaffee; **Caffè lungo** (mit Wasser) verlängerter Kaffee; **Caffè macchiato** *m.* (mackiato) Espresso mit einem Schuss aufgeschäumter heißer Milch

CAI *o. A.* (aus *engl.* *c*omputer-*a*ided *i*nstruction) computergestütztes Lehren und Unterrichten (EDV)

Ça ira (ßa ira, *frz.*) es wird gehen (Titel eines französischen Revolutionslieds 1789)

Caisson *m.* (käßong, *frz.*) Senkkasten zum Arbeiten unter Wasser; **Caissonkrankheit** *w.* Druckluftkrankheit

Cake *m.* (kehk, *engl.*) in einer länglichen Form gebackenes, dem Sandkuchen ähnelndes Gebäck

Cakewalk *m.* (kehkwohk, *engl.*) afroamerik. Tanz mit grotesken Bewegungen (um 1900)

cal. = Kalorie

CAL *o. A.* (aus *engl.* *c*omputer-*a*ssisted *l*earning) computergestütztes Lernen (EDV)

Calamares (*span.*), **Calamari** *Mz.* (*itl.*) frittierte Tintenfischringe

Calamus *m.* (*gr.*) antikes Schreibrohr

calando (*itl.*) Musik: nachlassend, leiser und langsamer werdend

Calembour *m.* (kalangbur, *frz.*) Wortspiel mit Homonymen (z. B. Meer / mehr)

Caliban = Kaliban

Call *m.* (kohl, *engl.*) 1. Kaufoption an der Börse; 2. Anruf, Telefongespräch (umg.); **Callboy** *m.* Prostituierter auf telefonische Bestellung; **Call-by-Call** *s.* (-bei-) Möglichkeit, durch Vorwahl den (gerade) günstigsten Telefonanbieter zu nutzen; **Callcenter** *s.* (-ßen-) Telefonzentrale für 1. Kundendienst eines od. mehrerer Unternehmen; 2. Kunden- und Auftragsgewinnung, Akquise (in Deutschland noch verboten); **Callcenteragent** *m.*

(-ehdschent) jmd., der im Callcenter arbeitet; **callen** anrufen (umg.); **Callgirl** *s.* Prostituierte auf telefonische Bestellung; **Call-in** *s.* Sendung, bei der die Zuschauer od. Hörer anrufen können; **Callingcard, Calling-Card** *w.* 1. international gültige Telefonkarte; 2. Visitenkarte
Calla *w.* (*gr.*) Schlangenwurz
Callositas *w.* (*lat.*) Hautschwiele
calmato (*itl.*) Musik: beruhigt
Calvados *m.* (*frz.*) französischer Apfelbranntwein
Calvinismus = Kalvinismus
Calypso *m.* (*Herkunft unsicher*) rumbaähnliche volkstümliche Tanzmusik Westindiens
CAM *o. A.* (aus *engl. c*omputer-*a*ided *m*anufacturing) computerunterstützte Steuerung und Überwachung von Produktionsabläufen (EDV)
Camcorder *m.* (käm-, aus *engl. cam*era und *recorder*) Gerät für die Aufnahme und Wiedergabe von Videofilmen
Camelot = Kamelott
Camembert *m.* (kamangbähr, *frz.*) französ. Weichkäse
Camera obscura *w.* (*lat.*) Lochkamera, einfachste Form der Kamera mit Loch statt Linse
Camerlengo *m.* (*itl.*) päpstlicher Vermögensverwalter
Camion *m.* (kamiong, *frz.*) Lastkraftwagen
Camorra *w.* (*itl.*) (politischer) mafioser Geheimbund in Neapel
Camouflage *w.* (kamuflahsch, *frz.*) Tarnung, Maskierung, Täuschung
Camp *s.* (kämp, *engl.*) 1. Zeltlager; 2. Gefangenenlager; 3. Ferienlager; **campen** zelten; **Camper** *m.* 1. jmd., der Camping macht; 2. Wohnmobil; **Camping** *s.* das Zelten; **Campingplatz** *m.* Platz zum Zelten
Campanile *m.* (*itl.*) Glockenturm
Campari *m.* (*Wz.*) bittersüßer roter Aperitif (nach dem italien. Hersteller D. Campari)
Campecheholz = Kampescheholz
Campesino *m.* (*span.*) Bauer, Landarbeiter in Lateinamerika (*Mz.* Campesinos)
Camposanto *m.* (*itl.*) Friedhof
Campus *m.* (*engl.*) Gesamtgelände einer Universität, bes. in den USA
campy (kämpi, *engl.*) kitschig schön, manieristisch
Canadienne *w.* (kanadjenn, *frz.*) gegürtete Jacke
Canaille = Kanaille
Canapé = Kanapee
Canasta *m.* oder *s.* (*span.*) aus Südamerika stammendes Kartenspiel
Cancan *m.* (kangkang, *frz.*) französischer Tanz, meist Schautanz im Varieté
canceln (kän-, *engl.*) absagen, streichen
Cancer *m.* (*lat.*) Krebs, Karzinom; **cancerogen** = kanzerogen
cand. = Kandidat
Candida *w.* (*lat.*) 1. Antiquadruckschrift; 2. Sprosspilz auf der Haut, der zum Krankheitserreger werden kann
Candlelight-Dinner *s.* (kändlleit-, *engl.*) festliches Abendessen bei Kerzenlicht
Candy *s.* (kändi, *engl.*) Zuckerzeug
Canneloni *Mz.* (*itl.*) Röhrennudeln, die man mit Fleisch u. a. füllen und überbacken kann
Canning *s.* (kän-, *engl.*) Schutzhülle um den Brennstoff in Kernreaktoren
Canon = Kanon
Cañon *m.* (kanjon, *span.*) tief eingeschnittenes, enges Tal
Canossa-Gang *m.* demütigender Bußgang (nach Canossa in Italien, wo Papst Gregor VII. 1077 den bußfertigen Kaiser Heinrich IV. empfing)
Canotier *m.* (-tjeh, *frz.*) steifer Strohhut mit flachem Kopf und gerader Krempe (Kreissäge)
Cant *m.* (känt, *engl.*) 1. gesellschaftliche Heuchelei, Scheinheiligkeit; 2. Gaunersprache, Rotwelsch
cantabile (*itl.*) Musik: gesanglich; **cantando** singend
Canter = Kanter
Cantus firmus *m.* (*lat.*) Grundmelodie in einer musikalischen Komposition, die in allen Stimmen auftreten kann
Capa *w.* (*span.*) farbiger Umhang des Stierkämpfers; **Cape** *s.* (kehp, *engl.*) ärmelloser Umhang
Capeador *m.* (*span.*) Stierkämpfer, der den Stier mit der Capa stimuliert

Cappuccino (kaputschino, *itl.*) italien. Milchkaffee

Capriccio *s.* (kapritscho, *itl.*) Musik: scherzhaftes, launiges Musikstück; **capriccioso** (-tschoso) launig, spielerisch

Capri-Hose *w.* dreiviertellange Hose, bes. für Damen (nach der italien. Insel Capri)

Captain *m.* (käptn, *engl.*) Hauptmann im engl. und amerik. Heer

Captatio Benevolentiae *w.* (-ti'ä, *lat.*) feststehende Formulierung in Rede oder Brief, mit der jmd. um das Wohlwollen des Adressaten wirbt, Demutsformel

Capuchon *m.* (kapüschong, *frz.*) Damenmantel mit Kapuze im 19. Jh.

Caput mortuum *s.* (-tu'u-, *lat.*) rotes Eisenoxyd, Englischrot

Car *m.* (*engl.*) Auto, Wagen

caramba! (*span.*) Donnerwetter!, Teufel!

Caravan *m.* (*engl.*) Kombiwagen

Cardigan *m.* (kardigen, *engl.*) kragenlose Wolljacke, auch Strickweste

CARE *o. A.* (kähr, aus *engl.* *C*ooperative for *A*merican *R*emittances to *E*urope) US-amerik. Hilfsorganisation, die nach dem 2. Weltkrieg Hilfssendungen nach Europa organisierte; **Carepaket** *s.* Hilfssendung aus dem CARE-Programm

care of (kähr off, *engl.*) Anmerkung auf Briefen: wohnhaft bei (Abk. c/o)

carezzando (*itl.*) Musik: streichelnd, zärtlich

Cargo = Kargo; **Cargoshorts** *Mz.* (-schorts, *engl.*) Shorts mit vielen Taschen

Caritas = Karitas

Caritasverband *m.* (*lat.-dt.*) internat. Wohlfahrtsverband der kath. Kirche

Carjacking (-dschä-), **Carnapping** (-näpp-) *s.* (*engl.*) (gewaltsamer) Autoraub

Carmagnole *w.* (karmanjoll, franz. Revolutionslied (nach der Stadt Carmagnola)

Carmen *s.* (*lat.*) Lied (*Mz.* Carmina)

Carnet *s.* (-neh, *frz.*) (Notiz-)Büchlein, kleiner Block

Carol *s.* (kä-, *engl.*) engl. Volkslied, bes. Weihnachtslied

Carpaccio *m.* (karpatscho, *itl.*) dünn geschnittene, marinierte Rindfleischscheiben, die man roh isst

Carpark *m.* (*engl.*) Parkplatz; **Carport** *m.* überdachter Stellplatz für Autos; **Carsharing** *s.* (-schä-) Nutzung eines Autos durch mehrere Personen

carpe diem (– di'em, *lat.*) pflücke (= genieße) den Tag, Spruch aus den Oden des Horaz

Carte blanche *w.* (kart blangsch, *frz.*) unbeschränkte Vollmacht, Freibrief

Cartesianismus *m.* Richtung in der (europäischen) Philosophie, für die die Selbstgewissheit des eigenen Bewusstseins, die verstandesmäßige Erkenntnis der Welt und ein Leib-Seele-Dualismus grundlegend sind, Eigw. **cartesisch, cartesianisch** (nach dem französ. Philosophen René Descartes, 1596–1650)

Cartoon *m.* (kartuhn, *engl.*) künstlerisch-graphisch gestaltete politisch-satirische Bild-Text-Geschichte; **Cartoonist** *m.* Cartoonzeichner

Casa *w.* (*lat.-itl.*) Haus

Casanova *m.* Frauenverführer, Frauenheld (nach dem ital. Abenteurer Giacomo G. Casanova im 18. Jh.)

Cäsar *m.* (zäsar, *lat.*) Titel des röm. Kaisers; **Cäsarenwahn** *m.* Größenwahn des Alleinherrschers; **Cäsarismus** *m.* uneingeschränkte Herrschergewalt; **Cäsaropapismus** *m.* Staatsform, bei der weltliche und geistliche Herrschaft in einer Hand liegen

Casemanagement *s.* (kehsmänedsch-), **Casework** *s.* (-wörk, *engl.*) nach einem Ablaufplan organisierte, kontrollierte und evaluierte, bedarfsgerechte Sozialarbeit für einen Klienten, Fallmanagement, Einzelfallhilfe

Cash *s.* (käsch, *engl.*) Bargeld, Barzahlung; **cash and carry** (– änd kerri) bar bezahlen und mitnehmen; **cash before delivery** (– bifohr diliverih) Zahlung vor Lieferung; **cashen** Geld machen (umg.); **Cashflow** *m.* (käschfloh, *engl.*) die Summe von Reingewinn und Abschreibungen, die die Innenfinanzierung eines Unternehmens wiedergibt; **cash on delivery** Zahlung bei Lieferung

Cashewnuss *w.* (käschjuh-, *Tupi-engl.*) Nuss des tropisch-amerik. Nierenbaums

Casino = Kasino

Cäsium *s.* (zä-, *lat.*) chem. Element, ein unbeständiges Metall

Cassata *s.* oder *w.* (*itl.*) italienische Eistorte
Cassis *m.* (*frz.*) schwarzer Johannisbeerlikör
Cast *s.* (*engl.*) Produktionsteam beim Film; **Casting** *s.* 1. Rollenbesetzung beim Film, Ztw. **casten**; 2. Sportart, bei der es darum geht, eine Angel möglichst weit auszuwerfen, Trockenangeln
Castle *s.* (kahßl, *engl.*) Schloss, Burg
Castorhut *m.* (*lat.*) Hut aus Biberfilz
Casual Clothing *s.* (kehschu'el klosing, *engl.*); **Casual Wear** *s.* (– wehr) saloppe Kleidung, Freizeitkleidung
Casula = Kasel
Casus *m.* (*lat.*) Fall; **Casus Belli** *m.* Kriegsfall; **Casus Foederis** *m.* Bündnisfall
CAT *o. A.* (kät, aus *engl.* *c*omputer-*a*ided *t*ranslation) computerunterstütztes Übersetzen (EDV)
Catalpa *w.* (*indian.*) Trompetenbaum
Catch-as-catch-can *s.* (kätsch äs kätsch känn, *engl.*) Ringkampf im freien Stil, bei dem alle Griffe erlaubt sind, Ztw. **catchen**; **Catcher** *m.* Freistilringer
Catering *s.* (kehtering, *engl.*) Lieferdienst für Verpflegung (z. B. auf dem Filmset) und für Speisen und Getränke bei Festlichkeiten
Caterpillar *m.* (käterpiller, *engl.*) Raupenschlepper
Catgut = Katgut
Cattleya *w.* Orchideenart (nach dem engl. Züchter William Cattley)
Catwalk *m.* (kätwohk, *engl.*) Laufsteg; roter Teppich für die Stars
Cauchemar *m.* (kohsch-, *frz.*) 1. Albtraum; 2. Gespenst
Caudillo *m.* (kaudiljo, *span.*) Heerführer, diktatorischer Machthaber
Causa *w.* (*lat.*) 1. Ursache; 2. Streitsache; **causa** wegen, um … willen
Cause célèbre *w.* (kohs ßehläbre, *frz.*) aufsehenerregender Rechtsfall
Causerie *w.* (kohserih, *frz.*) Plauderei; **Causeur** *m.* (-sör) Plauderer; **Causeuse** *w.* (-sös) kleines Sofa
ça va? (*frz.*) wie geht's?
Cavatine *w.* (*itl.*) kurze Arie, melodiöses Instrumentalstück
cave, cavete (*lat.*) Achtung, Vorsicht; **cave canem** Vorsicht, Hund!
Cayennepfeffer *m.* (kajenn-) Chilipfeffer (nach Cayenne, der Hauptstadt von Französisch-Guayana)
cbm = früher für Kubikmeter
CD *w.* (tsedeh, aus *engl.* *c*ompact *d*isc) kleine Schallplatte als digitaler Datenträger, der durch Laserstrahl abgetastet wird; **CD-Player** *m.* (-plehjer) Plattenspieler für CDs; **CD-ROM** *w.* (aus *engl.* *CD* und *r*ead *o*nly *m*emory) auf einer CD gespeicherte Datenbank, die nur gelesen, aber vom Anwender nicht geändert werden kann (EDV)
CD = Corps diplomatique
Cedille *w.* (ßedij, *frz.*) Häkchen unter einem Buchstaben, z. B. ç in französischen und türkischen Wörtern
Celebrities *Mz.* (ßileb-, *engl.*) prominente, in Öffentlichkeit und Medien bekannte Personen
Celesta *w.* (tschelesta, *itl.*) Stahlplattenklavier
Cella *w.* (ze-, *lat.*) 1. Innenraum des antiken Tempels; 2. Zelle, kleinste Einheit von Organismen
Cellist *m.* (tsche-, *itl.*) Cellospieler; **Cello** *s.* (tsch-) Kniegeige, Violoncello (*Mz.* Celli)
Cellon *s.* (ze-, *Wz.*) Kunststoff; **Cellophan** *s.* (*Wz.*) durchsichtige Folie, Verpackungsmaterial
Cellulitis = Zellulitis
Celsius (zel-) Gradeinheit; **Celsiusskala** Thermometerskala von 100 Graden zwischen Gefrier- und Siedepunkt des Wassers (Abk. C) (nach dem schwed. Astronomen A. Celsius)
Cembalo *s.* (tschem-, *itl.*) Tasteninstrument, bei dem die Saiten angerissen werden
Cénacle *s.* (ßenakl, *frz.-lat.*) 1. Saal, in dem das Abendmahl abgehalten wird; 2. Vereinigung französischer Dichter in Paris zur Zeit der Romantik
Cent *m.* (ßent, *engl.*) kleine Münze, Untereinheit der Währungseinheit des Dollar und des Euro; **Centavo** *m.* (*port.*) kleine Münze in Brasilien
Center *s.* (ßenter, *engl.*) Zentrum, Mittelpunkt für bestimmte Dienstleistungen und Tätigkeiten (z. B. Vergnügungscenter, Call-

center); **Center-Court** *m.* (-kohrt) Hauptplatz einer großen Tennisanlage; **Centerpark** *m.* Vergnügungspark
Centweight *s.* (ßentweht, *engl.*) engl. Handelsgewicht
CEO = Chief Executive Officer
Cercle *m.* (ßerkl, *frz.*) 1. gesellschaftlicher Kreis; 2. Empfang bei Hof
cereal (*lat.*) zum Ackerbau gehörend; **Cerealien** *Mz.* (-li'en) jährlich gefeiertes Fest der Ceres; **Ceres** (ze-) römische Göttin des Ackerbaus
cerise (ßerihs, *frz.*) kirschrot
CERN (aus *frz. C*onseil *E*uropéen pour la *R*echerche *N*ucléaire) Europäischer Rat für Kernforschung mit derzeit 19 europ. Mitgliedsstaaten, gegr. 1952, Sitz in Genf (Schweiz)
Cervelat = Zervelatwurst
Cervix *w.* (*lat.*) 1. Nacken, Hals; 2. Gebärmutterhals
Cessna *w.* (*Wz.*) kleines Motorflugzeug (nach dem amerik. Erbauer Clyde V. Cessna, * 1927)
c'est la vie! (ße la wih, *frz.*) so ist das Leben!
ceterum (zet-, *lat.*) übrigens; **ceterum censeo** (– zenseo) im Übrigen bin ich der Meinung, um daran zu erinnern; **ceteris paribus** unter sonst gleichen Umständen
Cevapcici *Mz.* (tschewaptschitschi, *serb.*) scharf gewürzte Hackfleischröllchen vom Grill
Ceylon Cat *w.* (– kätt, *engl.*) kleine bis mittelgroße kurzhaarige Katze mit wildfarbenem Fell (nach Ceylon, der früheren Bez. für Sri Lanka)
cf = cost and freight
cf., cfr. = confer
CFO = Chief Financial Officer
cg = Zentigramm
CH = Confoederatio Helvetica
Chablis *m.* (schabli) weißer Burgunderwein (nach der französ. Stadt Chablis)
Cha-Cha-Cha *m.* (tscha-, *span.*) kubanischer Modetanz der 1950er Jahre
Chaconne *w.* (schakonn, *frz.*) 1. langsamer spanischer Tanz; 2. Musikstück nach Art der Chaconne
chacun à son goût (chakõng a ßong guh, *frz.*) jeder nach seinem Geschmack
Chagrin *s.* (schagräng, *frz.*) künstlich genarbtes Leder; **chagrinieren** (-grinihren) Narbenmuster aufpressen
Chaine *w.* (schähn, *frz.*) Kettfaden; **Grande Chaine** *w.* (grangd –) Große Kette (beim Tanz)
Chairman *m.* (tschährmän, *engl.*) Vorsitzender, Präsident, Leiter eines Gremiums
Chaise *w.* (schähs, *frz.*) halb offener Wagen; **Chaiselongue** *w.* (-long) Ruhebett
Chakra *s.* (*sanskr.*) nach indischer Auffassung eins der sieben Energiezentren im menschlichen Körper (*Mz.* Chakren)
Chalet *s.* (schalä, *frz.*) Landhaus, Sennhütte
Chalkotypie *w.* (tschal-, *gr.*) Kupferdruck(kunst)
Chalzedon *m.* (ka-, *gr.*) grüner Schmuckstein
Chamäleon *s.* (ka-, *gr.*) 1. die Farbe wechselnde Eidechsenart; 2. wetterwendischer Mensch
Chambertin *m.* (schangbertäng, *frz.*) roter Burgunderwein
Chambre séparée *s.* (schangbre ßehpareh, *frz.*) früher: Nebenraum in Restaurants, wo man ungestört war
chamois (schamoa, *frz.*) gelbbraun, gämsfarben; **Chamois** *s.* Gämsenleder
Champ *m.* (tschä-, *engl.*) Kurzwort für Champion; **Champion** *m.* (tschämpien) Spitzensportler, Gewinner einer Meisterschaft; **Champions League** *w.* (– lihg) Fußballpokalwettbewerb europäischer Spitzenmannschaften
Champagner *m.* (schampanjer, *frz.*) französischer Schaumwein
Champignon *m.* (schampinjong, *frz.*) ein essbarer Pilz
Chamsin *m.* (ka-, *arab.*) heißer, trockener Südwind in Ägypten
Chan = Khan
Chanat = Khanat
Chance *w.* (schangß, *frz.*) günstige Gelegenheit, Aussicht, Glücksfall
Chancellor *m.* (tschahnßeler, *engl.*) Kanzler
Change *m.* (tschehndsch, *engl.*) Geldwechsel, Gelddumtausch
changeant (schangschang, *frz.*) verschiedenfarbig schillernd; **Changeant** *m.* verschiedenfarbig schillerndes Gewebe
changieren (schangschihren, *frz.*) 1.

schillern; 2. vom Rechts- zum Linksgalopp wechseln im Reitsport

Chanson *s.* (schangsong, *frz.*) Lied mit poetischem, politischem oder satirischem Inhalt, Kabarettlied; **Chansonette** *w.* (-nett) 1. kleines Chanson; 2. Chansonsängerin; **Chansonnier** *m.* (-sonnjeh) 1. Troubadour; 2. Chansonsänger oder -dichter

Chanukka *w.* (cha-, *hebr.*) Lichterfest, Fest der jüd. Tempelweihe

Chaos *s.* (ka-, *gr.*) ungestalteter, ungeordneter Zustand der Dinge; **Chaostheorie** *w.* mathem.-physikal. Theorie, mit der zufallsbedingte, durch chaotische Strukturen gekennzeichnete Systeme beschrieben werden; **Chaot** *m.* jmd., der unorganisiert und sprunghaft handelt; **chaotisch** ungeordnet, wirr, wüst, drunter und drüber

Chapeau claque *m.* (schapoh klack, *frz.*) zusammenklappbarer Zylinder, Klapphut

Chaplinade *w.* (tschäp-) komisches, groteskes Ereignis, Eigw. **chaplinesk** (nach dem engl. Filmschauspieler Charlie Chaplin, 1889–1977)

chaptalisieren (schap-) Wein mit Zucker anreichern, Hptw. **Chaptalisierung, Chaptalisation** *w.* (nach dem französ. Chemiker J.-A. Chaptal, 1756–1832)

Charakter *m.* (ka-, *gr.*) 1. Wesensart, Kern der Persönlichkeit; 2. Merkmal, Kennzeichen (*Mz.* Charaktere); **charakterisieren** kennzeichnen, treffend schildern; **Charakteristik** *w.* Kennzeichnung, treffende Beschreibung; **Charakteristikum** *s.* Kennzeichen, besonderes Merkmal; **charakteristisch** bezeichnend; **charakterlich** den Charakter eines Menschen betreffend; **Charakterologie** *w.* Charakterkunde, Eigw. **charakterologisch**

Charge *w.* (scharsch, *frz.*) 1. Rang, Dienstgrad; 2. scharf gezeichnete Nebenrolle im Theater; 3. Beschickung, Ladung; **chargé** (scharsche) eingeschrieben (von Briefen); **Chargé d'Affaires** *m.* (scharscheh daffär) Geschäftsträger; **chargieren** (-schihren) 1. beschicken; 2. eine Nebenrolle spielen; 3. Rollencharakter übertreiben

Charis (ka-, *gr.*) griech. Göttin der Anmut

Charisma *s.* (*gr.*) 1. Gnadengabe; 2. besondere Ausstrahlung eines Menschen, Eigw. **charismatisch**

Charité *w.* (schariteh, *frz.*) Krankenhaus, bes. in Paris und Berlin

Chariten, Charitinnen *Mz.* (*gr.*) Grazien, Göttinnen der Anmut

Charity *w.* (tschäri-, *engl.*) Wohltätigkeit; **Charity Concert** *s.* Konzert für wohltätige Zwecke, Benefizkonzert; **Charity Gala** *w.* festliche Show mit vielen Stars für wohltätige Zwecke

Charivari *s.* (scha-, *frz.*) Durcheinander

Charleston *m.* (tscharlsten, *engl.*) Modetanz der 1920er Jahre (nach der US-amerik. Stadt Charleston)

Charlotte (russe) *w.* (scharlott rüß, *frz.*) Süßspeise aus in Wein getauchten Löffelbiskuits und Krem

charmant (scharmant, *frz.*) liebenswert, voll Charme; **Charme** *m.* Zauber, gewinnendes Wesen; **Charmeur** *m.* (-ör) charmanter Mann; **Charmeuse** *w.* (scharmös) Seiden- oder Kunstseidenstoff

charming (tscharm-, *engl.*) liebenswert, charmant; **Charming Boy** *m.* charmanter Junge od. junger Mann

Charon *m.* (*gr.*) Totenfährmann in der griech. Mythologie

Chart *m.* (tschart, *engl.*) grafische Darstellung von Zahlenreihen; **Charts** *Mz.* Rangtabelle, Hitliste

Charta *w.* (ka-, *lat.*) Urkunde, Verfassung

Charter *m.* (tscharter, *engl.*) 1. Freibrief, Schutzbrief; 2. Frachtvertrag; **Charterer** *m.* Mieter eines Schiffes oder Flugzeugs; **Chartermaschine** *w.* gemietetes Flugzeug, kein Linienflugzeug; **chartern** mieten

Chartreuse *w.* (schartrös, *Wz.*) 1. Kartause; 2. Klosterlikör; **Chartreux** *m.* (schartröh) kräftige, muskulöse Katze mit sehr dichtem graublauem Fell, Kartäuser

Charybdis = Szylla und Charybdis

Chasse *w.* (schass, *frz.*) Spiel mit 15 Bällen beim Billard; **Chassé** *m.* Tanzschritt, Ztw. **chassieren**

Chasseur *m.* (schassör, *frz.*) Jäger

Chassidismus *m.* (*hebr.*) im 18. Jh. entstandene religiöse Erneuerungsbewegung des osteuropäischen Judentums

Chassis *s.* (schassih, *frz.*) 1. Fahrgestell

des Kfz; 2. Montagerahmen von technischen Geräten, z.B. von Radio oder Handy

Chat *m.* (tschät, *engl.*) Unterhaltung, Schwatz im Internet mit anderen Netzbenutzern, Ztw. **chatten**; **Chatroom** *m.* (-ruhm) virtuelles Forum, in dem Internetbenutzer miteinander kommunizieren

Château *s.* (schatoh, *frz.*) Schloss

Chateaubriand *s.* (schatobriang, *frz.*) dicke, meist auf dem Rost gebratene Rindslendenschnitte

Chatelaine *s.* (schatlähn, *frz.*) Uhrkette mit Anhänger

Chaudeau *m.* (schodoh, *frz.*) süße Weinsoße

Chauffeur *m.* (schoför, *frz.*) jmd., der berufsmäßig Personen im Kraftfahrzeug befördert; **chauffieren** (schofihren) 1. ein Kraftfahrzeug lenken; 2. jmdn. (berufsmäßig) befördern

Chaussee *w.* (schoßeh, *frz.*) ausgebaute Landstraße

Chauvi *m.* (schowih, Kurzwort) Mann, der sich Frauen gegenüber grundsätzlich überlegen fühlt; **Chauvinismus** *m.* (*frz.*) 1. blinder, exzessiver Nationalismus; 2. Verhalten und Geisteshaltung eines Chauvis, Eigw. **chauvinistisch**; **Chauvinist** *m.* 1. engstirniger Nationalist; 2. = Chauvi

Check *m.* (tschäck, *engl.*) 1. erlaubte Spielbehinderung beim Eiskockey; 2. Kontrolle, Überprüfung, Scheck; **checken** 1. prüfen, kontrollieren; 2. begreifen (umg.); **Check-in** *s.* Flugabfertigung vor dem Flug; **Checkliste** *w.* Kontrollliste; **Check-out** *s.* (-aut) Flugabfertigung nach dem Flug; **Checkpoint** *m.* Kontrollstelle an Grenzübergängen; **Check-up** *m.* (-ap) umfassende medizinische Vorsorgeuntersuchung

Cheder *w.* (che-, *hebr.*) religiös geprägte Grundschule für jüdische Jungen

Cheer *s.* (tschihr, *engl.*) Jubel-, Beifallsruf; **cheerio!** (tschihrioh), **Cheers!** 1. Prost! 2. Adieu!; **Cheerleader** *m.* (-lihder) Angehörige einer Gruppe von jungen Frauen, deren Aufgabe es ist, ihre Sportmannschaft und das Publikum anzufeuern; Ztw. **cheeren**

Chef *m.* (schäff, *frz.*) 1. Vorgesetzter, Leiter, Geschäftsinhaber; 2. saloppe Anrede an eine unbekannte Person (von der man etwas will); 3. als Wortteil in der Bedeutung: Verantwortlicher, Leiter (z.B. Chefingenieur, Chefgrafiker u.v.a.m.); **Chefarzt** *m.* leitender Arzt im Krankenhaus; **Chef de Cuisine** *m.* (küsin, *frz.*) Küchenchef; **Chef de Mission** *m.* Leiter einer sportlichen Delegation (z.B. bei Wettkämpfen); **Chef de Réception** *m.* (-sepßion) Empfangschef; **Chef d'Étage** *m.* (– detahsch) Zimmerkellner; **Chef d'Œuvre** *s.* (scheh dövr) Meisterwerk, Meisterstück; **Chefetage** *w.* (-etasche) 1. Stockwerk, wo sich die Räume der Geschäftsführung befinden; 2. stellvertr. für Führungsposition; **Chefingenieur** *m.* (-inscheniör) leitender technischer Angestellter; **Chefredakteur** *m.* (-daktör) Leiter einer Redaktion; **Chefvisite** *w.* Visite des Chefarztes

Chemie *w.* (che- oder ke-, *frz.-arab.*) Wissenschaft von den Eigenschaften der Zusammensetzung und Umwandlung der Stoffe; **Chemigraphie** *w.* Ätzverfahren zur Herstellung von Druckplatten; **Chemikalie** *w.* chemisches Erzeugnis; **Chemiker** *m.* Chemiewissenschaftler; **chemisch** 1. die Chemie betreffend, in der Chemie verwendet; 2. unter Verwendung von Chemikalien hergestellt; **chemische Elemente** chemische Grundstoffe in der äußeren, Meere und Atmosphäre umfassenden Erdschicht, Metalle und Nichtmetalle; **chemische Keule** Reizstoff, der wie Tränengas eingesetzt wird; **chemische Verbindungen** aus Elementen zusammengesetzte, in ihren Eigenschaften gegenüber den Ausgangsstoffen veränderte Stoffe; **Chemismus** *m.* Gesamtheit der chemischen Vorgänge im Tier- und Pflanzenkörper; **Chemotechnik** *w.* Gesamtheit der Verfahren und Einrichtungen zur praktischen Nutzbarmachung chem. Wissens; **Chemotherapie** *w.* Behandlung von Krankheiten mit chemischen Mitteln, Eigw. **chemotherapeutisch**

Chemisett *s.* (schemisett, *frz.*) gesteifte Hemdbrust an Frack- und Smokinghemden

Chenille *w.* (schenij, *frz.*) raupenartig wirkender Webfaden

cherchez la femme! (scherscheh la

famm, *frz.*) sucht die Frau! (die dahinterstecken muss)
Cherry-Brandy, **Cherrybrandy** *m.* (tscherri·brändi, *engl.*) Kirschlikör
Cherub *m.* (che-, *hebr.*) Erzengel (*Mz.* Cherubim), Eigw. **cherubinisch**
Chester *m.* (tschester, *engl.*) vollfetter Hartkäse
Chesterfield *m.* (-fihld) meist einreihiger Herrenmantel mit verdeckter Knopfleiste (nach dem engl. Lord, der den Mantel entwarf)
chevaleresk (schewalresk, *frz.*) ritterlich, kavaliersmäßig; **Chevalier** *m.* (schewaljeh) 1. franz. Adelstitel; 2. Kavalier
Cheviot *m.* (tschewiet, *engl.*, eingedeutscht: schewiott) Schafwollgewebe in Köperbindung
Chevreau *s.* (schewroh, *frz.*) weiches Schaf- oder Ziegenleder
Chewinggum *m.* (tschuing gamm, *engl.*) Kaugummi
Chi *s.* (*gr.*) 22. Buchstabe des griechischen Alphabets, X, χ
Chianti *m.* (kjanti) italienischer Rotwein (nach der italien. Landschaft)
Chiaroscuro = Clair-obscur
Chiasmus *m.* (*gr.*) Überkreuzstellung von Satzgliedern (z. B. die Kunst *ist lang*, und *kurz ist* unser Leben); **chiastisch** gekreuzt
chic = schick
Chica *w.* (tschi-, *span.*) kleines Mädchen; **Chicano** *m.* Bez. für einen Spanisch sprechenden, aus Mexiko stammenden US-Bürger; **Chicle** *s.* Kaugummi, das aus der Rinde eines mittelamerik. Baumes gewonnen wird; **Chico** *m.* kleiner Junge
Chichi *s.* (schischih, *frz.*) 1. Getue, Gehabe; 2. Accessoires
Chick *s.* (tschi-, *engl.*) Mädchen (Jj.); **Chicken-Talk** *m.* (-tohlk) Mädchenrunde (Jj.)
Chicorée, Schikoree *w.* (schikoreh, *frz.*) endivienartige Gemüsepflanze, eine Zichorienart
Chief *m.* (tschihf, *engl.*) Leiter, Chef, Oberhaupt; Häuptling; **Chief Buyer** *m.* (-beijer) Chefeinkäufer; **Chief Executive Officer** *m.* (– exekjutif –) Firmenchef, Generaldirektor (Abk. CEO); **Chief Financial Officer** *m.* (– feinentschl –) Leiter des Rechnungswesens (Abk. CFO); **Chief Information Officer** *m.* (-mehschen –) Leiter des Informationsmanagements eines Unternehmens (Abk. CIO); **Chief Operating Officer** *m.* (-rehting –) Betriebsleiter, oberste Führungskraft (Abk. COO)
Chiffon *m.* (schiffong, schiffong, *frz.*) schleierfeiner Stoff aus Wolle oder Seide
Chiffre *w.* (schiffre, *frz.-arab.*) 1. Ziffer; 2. geheimes Schriftzeichen; 3. Kennziffer einer Zeitungsannonce; **chiffrieren** verschlüsseln
Chignon *s.* (schinjong, *frz.*) Haarknoten im Nacken
Child-Guidance *w.* (tscheild geidenß, *engl.*) Erziehungsberatung in den angelsächsischen Ländern
Chili *m.* (tsch-, *indian.*) 1. roter Pfeffer; 2. scharf gewürztes Gericht
Chiliasmus *m.* (*gr.*) Lehre von der Erwartung des Jüngsten Gerichts und des Tausendjährigen Reichs Christi, Eigw. **chiliastisch**
chillen (tschi-, *engl.*) ausruhen, entspannen; **chillig** entspannend, beruhigend, bes. von Musik (umg.)
Chimäre *w.* (*gr.*) 1. feuerschnaubendes, aus mehreren Tierkörpern zusammengesetztes Fabelwesen der griech. Sage; 2. = Schimäre; 3. Organismus, der aus (durch Pfropfung oder Transplantation erzeugten) genetisch verschiedenen Zellen besteht; 4. Lebewesen, bei dem Zellen mit abweichender Chromosomenstruktur nachweisbar sind
Chinchilla *w.* (tschintschilla, *span.*) südamerik. Hasenmaus, kostbares Pelztier
chin-chin! (tschin-tschin, *engl.*) zum Wohl!, Prost!
Chinin *s.* (*peruan.*) aus Chinarinde gewonnenes Arzneimittel
Chinoiserie *w.* (schinoaserih, *frz.*) europäisches Kunstgewerbe im chinesischen Stil
Chintz *m.* (tschinz, *engl.*) bedrucktes, durch Appretur geglättetes Baumwollgewebe
Chip *m.* (tschip, *engl.*) 1. dünnes, in Fett gebackenes Kartoffelscheibchen; 2. Spielmarke; 3. aus Silicium bestehendes Trägerplättchen mit integrierten Schaltkreisen, auf dem Informationen gespeichert werden (EDV)

Chippendale *s.* (tschippendehl) englischer Rokokostil (nach dem engl. Tischler Th. Chippendale, 1718–1779)

Chippie, Chippy *m.* (tschi-, *engl.*) Einsteiger in den Drogenkonsum (Jargon)

Chiragra *s.* (*gr.*) Gicht der Hand; **Chirologie** *w.* 1. die Taubstummensprache; 2. Lehre von der Handdeutung; **Chiromant** *m.* Wahrsager; **Chiromantie** *w.* Wahrsagen aus den Handlinien

Chiropraktik *w.* (*gr.*) manuelle Heilmethode bei Wirbelsäulenleiden

Chirurg *m.* (*gr.*) Facharzt der Chirurgie; **Chirurgie** *w.* 1. Behandlung durch operative Eingriffe; 2. Krankenhausabteilung, Eigw. **chirurgisch**

Chitin *s.* (*gr.*) hornartiger Stoff, der z. B. den Panzer der Gliedertiere bildet

Chiton *m.* (*gr.*) hemdartiges Untergewand im antiken Griechenland

Chlamys *w.* (*gr.*) Überwurf für junge Männer im antiken Griechenland

Chloasma *s.* (*gr.*) brauner Hautfleck

Chlor *s.* (klo-, *gr.*) chem. Element, ein Nichtmetall; **chloren, chlorieren** mit Chlor keimfrei machen; **Chloroform** *s.* Chlorverbindung, Betäubungsmittel, Ztw. **chloroformieren**

Chlorophyll *s.* (kl-, *gr.*) Blattgrün, grüner Farbstoff in Pflanzenzellen, der die Assimilation ermöglicht

Choke *m.* (tschohk, *engl.*) Kaltstarthilfe im Auto

Cholämie *w.* (ko-, *gr.*) Übertritt von Gallenflüssigkeit ins Blut; **Cholelith** *m.* Gallenstein; **Cholelithiasis** *w.* Gallenkolik

Cholera *w.* (ko-, *gr.*) schwere Infektionskrankheit von Magen und Darm, die seuchenartig auftritt

Choleriker *m.* (ko-, *gr.*) jähzorniger Mensch; **cholerisch** jähzornig, aufbrausend, reizbar

Cholesterin *s.* (ko-, *gr.*) ein Steroid, Bestandteil aller Körperzellen im menschlichen und tierischen Organismus

Chopsuey *s.* (tschopsui, *chin.*) Reisgericht mit verschiedenen Gemüsen, Fisch od. Fleisch

Chor *m.* (ko-, *gr.*) 1. Gruppe von Sängern oder Sprechern; 2. Musikstück für Singstimmen; 3. Raum des Hauptaltars (auch *s.*); **Choral** *m.* (ko-, *gr.*) Lied mit religiösem Inhalt, Kirchenlied

Chorditis *w.* (*gr.*) Entzündung der Stimmbänder

Chorea *w.* (ko-, *gr.*) Veitstanz; **Choreo** *w.* das optisch und akustisch dominante, organisierte Auftreten der fanatischen Anhänger eines (Fußball-)Vereins, bes. in den Fankurven der Stadien; **Choreograph** *m.* Ballettschöpfer und -regisseur; **Choreographie**, *w.* Ballettentwurf und -regie, Ztw. **choreographieren**

Chorist *m.* (ko-, *gr.*) Chorsänger

Chorizo *m.* (-tscho, *span.*) scharf gewürzte, grobe Schweinswurst

Chose *w.* (schohs, *frz.*) Sache, Angelegenheit

Chow-Chow *m.* (tschau-tschau) chin. Hunderasse, chinesischer Spitz

Chrestomathie *w.* (kre-, *gr.*) Sammlung ausgewählter Texte für den Unterricht

Chrisam *s.* oder *m.*; **Chrisma** *s.* (kri-, kris-, *gr.*) geweihtes Salböl in der kath. und orthodoxen Kirche

Christ *m.* (kri-, *gr.*) 1. Kurzwort für Christus; 2. Anhänger des Christentums; **Christentum** *s.* christliche Lehre, christlicher Glaube; **christianisieren** zum Christentum bekehren, Hptw. **Christianisierung** *w.*; **Christian Science** *w.* (kristjen ßeienß, *engl.*) 1879 gegründete Glaubensgemeinschaft; **christlich** 1. der Lehre Christi und dem Christentum entsprechend; 2. zum Christentum und zu den christlichen Kirchen gehörig; **Christmas** *w.* (krismes, *engl.*) Weihnachten; **Christmette** *w.* Gottesdienst in der Christnacht; **Christogramm** = Christusmonogramm; **Christolatrie** *w.* (*gr.*) Verehrung Christi als Gott; **Christologie** *w.* die dogmatische Lehre von der Person Christi; **Christophanie** *w.* Erscheinung Christi

Christopher Street Day *m.* (– striht deh, *engl.*) jährlich in vielen Ländern mit Veranstaltungen und Paraden begangener Gedenktag für den 28. 06. 1969, an dem in der Christopher Street in New York zum ersten Mal Homosexuelle gegen polizeiliche Übergriffe aufbegehrten (Abk. CSD)

Christrose *w.* (*gr.*) Schneerose, im Winter weiß blühende Pflanzenart der Nieswurz; **Christus** *m.* Ehrenname von Jesus: der

Gesalbte, der Messias; **Christusmonogramm** *s.* das symbolische Zeichen für den Namen Christus, aus den griech. Buchstaben X (Chi) und P (Rho); **Christwurz** *w.* volkstümliche Bezeichnung für verschiedene Pflanzen (z. B. Christrose und Arnika)

Chrom *s.* (kro-, *gr.*) chem. Element, ein Metall; **Chromatiden** *Mz.* Chromosomenspalthälften, aus denen die Tochterchromosomen (bei der Zellteilung) entstehen

Chromatik *w.* (kro-, *gr.*) 1. Farbenlehre; 2. Aufteilung der Tonleiter in Halbtonschritte; **chromatisch** 1. farbig, farblich; 2. in Halbtönen fortschreitend; **chromogen** farberzeugend; **Chromolithographie** *w.* Farbsteindruck

Chromatin *s.* (kro-, *gr.*) anfärbbarer, das Erbgut der Zelle enthaltender Bestandteil des Zellkerns

Chromosom *s.* (kro-, *gr.*) Träger der Erbanlagen, Bestandteil der Zellen jeder Organismenart; **Chromosomensatz** *m.* Gesamtheit der Chromosomen eines Zellkerns

Chromosphäre *w.* (kro-, *gr.*) die atmosphärische Schicht der Sonne

Chronik *w.* (kro-, *gr.*) Geschichtswerk, das die Ereignisse in ihrer zeitlichen Reihenfolge darstellt; **Chronique scandaleuse** *w.* (kronik skangdalös, *frz.*) Sammlung von Skandal- und Klatschgeschichten; **chronisch** (*gr.*) ständig; **Chronist** *m.* Verfasser einer Chronik

Chronologie *w.* (kro-, *gr.*) Wissenschaft von der Zeitmessung und -rechnung; **chronologisch** zeitlich geordnet; **Chronometer** *m.* Zeitmesser, genau gehende Uhr; **Chronos** = Kronos

Chrysalide *w.* (krü-, *gr.*) Schmetterlingspuppe; **Chrysalis** *w.* Puppenstadium der Insekten

Chrysolith *m.* (krü-, *gr.*) Mineral, grüner Schmuckstein, Goldstein

chthonisch (*gr.*) der Erde angehörend, unterirdisch; **chthonische Gottheiten** in vielen Religionen verehrte Erdgottheiten (z. B. Demeter in der griech. Mythologie)

Chucks *Mz.* (tscha-) flache oder hohe Turnschuhe aus Leinen, mit Schnürsenkeln, weißer Gummisohle und -kappe (nach dem US-amerik. Basketballspieler Chuck Taylor)

Chunk *s.* (tschank, *engl.*) Sprachlehre: sinnvolle Einheit von Wörtern, die (deshalb) besser zu lernen ist als einzelne Vokabeln (z. B. *es geht darum, dass …* anstelle von *gehen um*)

Chuppa *m.* (chu-, *hebr.*) Hochzeitszelt bei der Eheschließung nach jüdischem Ritus

Chutney *s.* oder *m.* (tschattnih, *engl.*) scharf gewürzte Soße aus Früchten

Chuzpe *w.* (*hebr.-jidd.*) Unverschämtheit, Dreistigkeit

CIA (ßi-ei-eh, aus *engl.* *C*entral *I*ntelligence *A*gency) Zentrale Nachrichtenbehörde, 1947 gegr. Geheimdienst der USA, Sitz in Washington

Ciabatta *s.* (tscha-, *itl.*) italien. Weißbrot aus Hefeteig

ciao (tschau, *itl.*) hallo!, tschüs!

Ciborium = Ziborium

Cicero *s.* (zi-) Schriftgrad von 12 Punkt;

Cicerone *m.* (tschitscherohne, *itl.*) Fremdenführer; **ciceronisch, ciceronianisch** (ziz-) des berühmten Redners Cicero würdig, stilistisch vollkommen (nach dem römischen Redner Cicero, 106–43 v. Chr.)

Cicisbeo *m.* (tschitschisbeo, *itl.*) Hausfreund, Liebhaber der Ehefrau

Cidre *m.* (sidre, *frz.*) französischer Apfelwein

Cie. = Kompanie(gesellschaft)

cif = cost, insurance, freight

Cineast *m.* (ßineast, *frz.*) 1. Filmkünstler; 2. Filmkenner, Filmliebhaber, Kinofan (*Mz.* Cineasten)

Cinemascope *s.* (ßin-, *gr.*) Filmverfahren, das Bilder auf eine gewölbte Bildwand von zweieinhalbfacher Normalbreite wirft;

Cinerama *s.* (aus *cine*ma und pano*rama*) besonderes Projektionsverfahren auf (halb)kreisförmiger Bildwand

Cinquecento *s.* (tschinquetschento, *itl.*) das 16. Jh. als italien. Stilepoche

CIO = Chief Information Officer

circa (zi-, *lat.*) etwa, ungefähr

Circe *w.* (zirze, *gr.*) 1. männerbetörende Zauberin der griech. Sage; 2. Verführerin

Circuittraining *s.* (ßörkittrehning, *engl.*) modernes Leistungssporttraining mit raschem Wechsel zwischen verschiedenen Kraftübungen

Circulus vitiosus *m.* (zi-, *lat.*) 1. Zirkelschluss; 2. Teufelskreis, ausweglose Lage, in der sich alle Faktoren wechselseitig negativ verstärken

cisalpin = zisalpin

Citoyen *m.* (ßitoajäng, *frz.*) frz. Bez. für (Staats-)Bürger, in der Franz. Revolution die Anrede anstelle von Monsieur

City *w.* (ßitti, *engl.*) Geschäftsviertel, Innenstadt; **Citybike** *s.* (-beik, *engl.*) wendiges Motorrad oder Fahrrad für den Stadtverkehr; **Cityhall** *w.* (-hohl) engl. Bez. für Rathaus

Civil Rights *Mz.* (ßiwwil reits, *engl.*) Bürgerrechte

Civitas Dei *w.* (zi- de'i, *lat.*) der Staat Gottes (theologisch weitreichender Begriff aus dem Hauptwerk des Augustinus)

cl = Zentiliter

Cladosporium cellare *s.* (*lat.*) Pilz in (Wein-)Kellern mit hoher Luftfeuchtigkeit, der sich von den flüchtigen Stoffen des Weins (z. B. Alkohol) ernährt

Claim *s.* (klehm, *engl.*) 1. Rechtsanspruch, Rechtstitel; 2. Anteil (an einem Goldgräbergeschäft); 3. Behauptung, die ein Werbetext aufstellt, Werbeversprechen

Clairet = Klarett

Clair-obscur *s.* (klärobskür, *frz.*) Helldunkelmalerei, ein Gestaltungsprinzip der Malerei, bes. im holländischen Barock

Clairon *s.* (klärong, *frz.*) hohe Trompete, Signalhorn

Clairvoyance *w.* (klärvoajangß, *frz.*) das Hellsehen

Clan *m.* (klänn, auch klan, *kelt.*) 1. Lehnsverband; 2. verschworene Interessengruppe (umg.)

Claque *w.* (klack, *frz.*) bezahlte Beifallklatscher (*Ez.* Claqueur, *m.*)

Claret *m.* (klä-, *engl.*) 1. engl. Bez. für roten Bordeauxwein; 2. Klarett

Chlavicord = Klavichord

Clavicula *w.* (*lat.*) Schlüsselbein

clean (klihn, *engl.*) nicht mehr rauschgiftabhängig

Clearing *s.* (klihring, *engl.*) 1. Verrechnungsverfahren; 2. Datenprüfung auf Vollständigkeit (EDV)

Clerical Staff *s.* (– stahf, *engl.*) Büropersonal; **Clerk** *m.* (klahk) kaufmännischer Angestellter, Verwaltungsbeamter, Sachbearbeiter

clever (klewwer, *engl.*) geschickt, gewandt, klug, gerissen, Hptw. **Cleverness** *w.*

Client-Server-System *s.* (kleijentsörf-, *engl.*) System (2.) von Rechnern, die Programme und Informationen anbieten (Server) und solchen, die diese in Anspruch nehmen (Client)

Cliffhanger *m.* (kliffhä-, *engl.*) Fernsehserie (oder Fortsetzungsroman), deren Einzelepisode gerade im spannendsten Augenblick abbricht

Clinch *m.* (klintsch, *engl.*) Umklammerung beim Boxen, Nahkampf

Clip *m.* (*engl.*) 1. Ohrschmuck; 2. Kurzform von Videoclip

Clique *w.* (klicke, *frz.*) Klüngel, Sippschaft

Clochard *m.* (kloschahr, *frz.*) Stadtstreicher

Clogs *Mz.* (*engl.*) modische Holzpantoffeln

Cloisonné *s.* (kloaßonneh, *frz.*) Zellenemail

Clon = **Klon**

Cloqué *m.* (klockeh, *frz.*) Blasenkrepp, gaufrierter Stoff

Closed Shop *m.* (klohsd schopp, *engl.*) 1. EDV-Anlage, bes. Rechenzentrum, zu der nur die Bedienungsmannschaft Zugang hat; 2. engl. und US-amerik. Unternehmen mit Gewerkschaftszwang, im Ggs. zu Open Shop

Close-up *s.* (klohsap, *engl.*) Nahaufnahme im Film

Clou *m.* (kluh, *frz.*) Höhepunkt, Glanzpunkt

Clown *m.* (klaun, *engl.*) Spaßmacher im Zirkus; **Clownerie** *w.* Spaßmacherei, Eigw. **clownesk**

Club = Klub

Clubbing *s.* (klab-, *engl.*) das Besuchen von Klubs

Cluster *s.* (klaster, *engl.*) 1. Menge von Einzelteilen (z. B. Moleküle), die als einheitliches Ganzes anzusehen ist; 2. Klangfeld, auf klangliche Wirkung bedachte Häufung von Tönen, bes. in Sekundenin-

tervallen; 3. pathologische Zellhaufen, bes. von Krebszellen; 4. Netzwerk aus mehreren Rechnern (EDV)
Clutchbag *s.* (klatschbäg, *engl.*) Damenhandtasche mit Bügel und Schnappverschluss
cm = Zentimeter
cm/sec Zentimeter in der Sekunde = Einheit der Geschwindigkeit
Co. = Cie.
c/o = care of
Coach *w.* (kohtsch, *engl.*) 1. Kutsche; 2. Trainer, Betreuer; **coachen** trainieren, betreuen, bes. im Sport, Hptw. **Coaching** *s.*
Coat *m.* (koht, *engl.*) Überrock, lange Jacke
Cobbler *m.* (*engl.*) alkoholischer Cocktail
COBOL (aus *engl.* *co*mmon *b*usiness *o*riented *l*anguage) Programmiersprache für kommerzielle Datenverarbeitung (EDV)
Coca-Cola *w.* (*Wz.*) koffeinhaltiges Erfrischungsgetränk
Cochenille = Koschenille
Cochon *m.* (koschong, *frz.*) Schwein; **Cochonnerie** *w.* (koschonnerih) Schweinerei, Zote
Cockerspaniel *m.* (-spanjel, *engl.*) engl. Jagdhund, Stöberhund
Cockney (kockni, *engl.*) 1. *s.* Londoner Dialekt; 2. *m.* Spottname für den Londoner Spießbürger
Cockpit *s.* (*engl.*) 1. Sitzraum in Motor- und Segelboot; 2. Pilotenkabine im Flugzeug; 3. Sitz des Fahrers im Rennwagen
Cocktail *m.* (-tehl, *engl.*) alkoholisches Mischgetränk verschiedenster Zusammensetzung; **Cocktailkleid** *s.* kleines Abendkleid; **Cocktailparty** *w.* Geselligkeit am frühen Abend
Coda *w.* (*itl.*) 1. Schlussteil einer Komposition oder eines Satzes (von Sinfonie oder Sonate); 2. Zusatz, Abgesang in der Lyrik
Code *m.* (kohd, *frz.*) 1. Gesetzbuch; 2. (*engl.*) Zeichenvorrat als Grundlage der Nachrichtenübermittlung und Informationsverarbeitung (EDV); 3. Kode; **Code civil** *m.* (– ßiwil, *frz.*) französ. Bürgerliches Gesetzbuch; **Codeswitching** *s.* (-switsch-, *engl.*) Wechsel von einer Sprachebene zur anderen (z. B. von der Hochsprache in den Dialekt)
Codex = Kodex; **codieren** (*lat.*) ein Wort, einen Text verschlüsseln, Hptw. **Codierung** *w.*
Cœur *s.* (kör, *frz.*) Kartenspiel: Herz
Coffee *m.* (koffih, *engl.*) Kaffee; **Coffeeshop** *m.* (-schopp) 1. kleiner Imbissraum (z. B. in Hotels); 2. (verbrämend für) Lokal, in dem legal Marihuana und Haschisch gekauft werden können, bes. in den Niederlanden
cogito, ergo sum (*lat.*) ich denke, also bin ich (philosophisch grundlegender Satz bei Descartes)
Cognac *m.* (konjack, *Wz.*) französischer Weinbrand (nach der Stadt Cognac)
Coiffeur *m.* (koafför, *frz.*) Friseur; **Coiffeuse** *w.* (koaffös) Friseuse; **Coiffure** *w.* (koaffür) Frisur; Haartracht
Coincidentia Oppositorum *w.* (ko'inzidenzia –, *lat.*) Zusammenfall und Aufhebung aller Widersprüche
Coitus = Koitus
Coke *w.* (kohk, *engl.*) kurz für (eine Flasche, ein Glas) Coca-Cola
col basso (*itl.*) Musik: mit dem Bass, mit der Bassstimme
Cold Cream *w.* (– krihm, *engl.*) kühlende Feuchtigkeitscreme, bes. für das Gesicht;
Cold Turkey *o. A.* (– törki) abrupter Totalentzug von Drogen
colla destra mit der rechten Hand; **colla parte** mit der Hauptstimme; **colla sinistra** mit der linken Hand
Collage *w.* (kollahsch, *frz.*) künstlerisch arrangiertes Klebebild aus verschiedenen Materialien (z. B. Papier, Stoff, Text)
Collagen = Kollagen
coll'arco (*itl.*) Musik: mit dem Bogen
College *s.* (kollidsch, *engl.*) höhere Schule und Universität in England und Amerika, meist mit Internat verbunden; **Collège** *s.* (kollähsch, *frz.*) höhere Schule in Frankreich und Belgien
Collegium musicum *s.* (*lat.*) Musikvereinigung zur Pflege der Musik
col legno (– lenjo, *itl.*) Musik: mit der Bogenstange
Collie *m.* (*kelt.*) schottischer Schäferhund
Collier *s.* (kolljeh, *frz.*) Halsband
coll'ottava (*itl.*) Musik: die Oktave ist mitzuspielen

Collum *s.* (*lat.*) Hals

Colonel *m.* (kolonell, *frz.*; körnl, *engl.*) Oberst

Colt *m.* (*Wz.*) Revolver (nach dem amerik. Erfinder und Hersteller S. Colt, 1814–1862)

Combo *w.* (kombo, *engl.*) kleines Ensemble von (bis zu 6) Jazzmusikern

Comboloi = Komboloi

Comeback *s.* (kambäck, *engl.*) erfolgreiches Wiederauftreten einer früher bekannten Person in der Öffentlichkeit

COMECON, Comecon *m.* und *s.* (aus *engl.* *Co*uncil for *M*utual *Econ*omic Assistance) Rat für gegenseitige Wirtschaftshilfe, die von 1949 bis 1991 bestehende Wirtschaftsorganisation sozialistischer Staaten

Comédie française *w.* (komedih frangßäs, *frz.*) französisches Staatstheater in Paris; **Comédie larmoyante** *w.* (– larmoajangt) Rührstück

Comedian *m.* (komihdi'en, *engl.*) Unterhaltungskünstler in einer Comedy(show); **Comedy** *w.* 1. (meistens) als (Fernseh-)Serie produzierte Komödie; 2. Kurzwort für Comedyshow; **Comedyshow** *w.* (-schoh) Unterhaltungssendung, bes. im Fernsehen, mit Sketchen, Gags und Slapstickelementen

come prima, come sopra (*itl.*) Musik: wie oben, wie vorher

Come quick, danger! (kam kwick, dehnscher, *engl.*) kommt schnell, Gefahr!, ehemaliges engl. Seenotzeichen (Abk. CQD); **Come-together** *s.* Zusammenkunft, Treffen (von Gleichgesinnten)

Comic *m.* (kommick, *engl.*); **Comicstrip** *m.* gezeichnete Bildgeschichte mit Text in Sprechblasen

Coming Man *m.* (kamming män, *engl.*) vielversprechender, meist jüngerer Mann mit Karriereaussichten

Coming-out *s.* (kamming aut, *engl.*) das öffentliche Eingeständnis einer bisher verborgenen Tatsache, Neigung, bes. das Eingeständnis einer Person, homosexuell zu sein

comme ci, comme ça (komm ßi, komm ßa, *frz.*) so lala, leidlich

Commedia dell'Arte *w.* (*itl.*) italien. Stegreifkomödie mit feststehenden Charakterfiguren

comme il faut (komm il foh, *frz.*) wie es sich gehört, tadellos

Commercial *s.* (kommörschel, *engl.*) Werbespot

Commission-Broker, Commissionbroker *m.* (kommischn-, *engl.*) Börsenmakler, der nur auf Auftrag seiner Kunden tätig wird; **Commissioner** *m.* 1. Beamter für Sonderaufgaben; 2. Polizeipräsident

Commis voyageur *m.* (kommih voajaschöhr, *frz.*) Handlungsreisender

Commitment *s.* (kommittment, *engl.*) 1. Verpflichtung, Verbindlichkeit, Bindung; 2. Überweisung (an einen Ausschuss); 3. Einsatz eines Mitarbeiters (für seine Firma)

Common Sense *m.* (kommen ßens, *engl.*) gesunder Menschenverstand

Commonwealth *s.* (kommenwelß, *engl.*) 1. Staatenbund; 2. Bez. für das ehemalige britische Weltreich

Communiqué = Kommuniqué

comodo (*itl.*) Musik: gemächlich

comp. Abk. von **composuit** (*lat.*) hat zusammengestellt

Compact Disc = CD

Compiler *m.* (kompeiler, *engl.*) Computerprogramm, das Programmiersprachen in Maschinensprachen übersetzt (EDV)

Composer *m.* (kompohser, *engl.*) elektrische Schreibmaschine, die Druckvorlagen liefert

Compoundmaschine *w.* (kompaund-, *engl.*) Verbundmaschine, Antriebsmaschine mit verschiedenen Zylindern, durch die das Antriebsmittel nacheinander geleitet wird

Comprette = Komprette

Comptoir *s.* (kongtoar, *frz.*) Kontor, Büro

Computer *m.* (kompjuter, *engl.*) Rechner, elektronische Datenverarbeitungsanlage; **Computeranimation** *w.* am Computer erzeugte bewegte Bildsequenz; **Computerfreak** *m.* (-frihk) eine auf den Computer fixierte Person; **computergeneriert** mit Hilfe des Computers bearbeitet od. erzeugt (z. B. Fotos, Filmaufnahmen); **computergestützt** durch EDV möglich; **Computergrafik** *w.* vom Computer erzeugte grafische Darstellung; **computerisieren** 1. Daten für einen Computer bearbeiten; 2. (Produktion oder Dienstleistungen) auf Computer umstellen; **Computerkriminalität** *w.* Gesamtheit der Straftaten, die erst mit Einsatz und Verbreitung von Computern möglich wurden; **Computerkunst** *w.* mittels Computer hergestellte Kunstwerke in bildender Kunst, Literatur und Musik; **Computertomographie** *w.* computergestütztes Röntgenschichtverfahren (Abk. CT); **Computerviren** *Mz.* (*engl.-lat.*) in Netzwerk bzw. Computer eingeschleuste Programme, die sich ähnlich wie biologische Viren vermehren und Daten und/oder Programme gegen den Willen des Benutzers verändern oder zerstören (EDV)

Comptroller = Controller

Comte *m.* (kongt, *frz.*) Graf, **Comtesse** *w.* (kongtess) Gräfin

con (*itl.*) mit; Musik: **con affetto** gefühlvoll; **con agilita** (adschilita) leicht, behände; **con amore** mit Liebe; **con anima** Musik: mit Seele, mit Ausdruck; **con brio** schwungvoll, feurig; **con calore** mit Wärme

Concept-Art, Conceptart *w.* (-ze-, *engl.*) Kunstrichtung, die künstlerische Konzepte, nicht deren Realisation zum Gegenstand der Darstellung macht

concetti = Konzetti

Concha, Conche = Koncha, Konche

Concierge *m.* oder *w.* (kongßiärsch, *frz.*) Hausmeister, Hausmeisterin in Frankreich; **Conciergerie** *w.* (-scherie) Gefängnis in Paris

concitato *w.* (-tschi-, *itl.*) Musik: erregt, aufgeregt

Concordia *w.* (*lat.*) röm. Göttin der Eintracht

Concours hippique *m.* (kongkuhr ippik, *frz.*) Pferderennen

con discrezione (*itl.*) Musik: zurückhaltend

Conditio sine qua non (*lat.*) unerlässliche Bedingung

con dolcezza (– doltschetsa) Musik: zärtlich, weich; **con dolore** schmerzlich

Condottiere *m.* (-ti'e-, *itl.*) italien. Söldnerführer in der Renaissance-Zeit

Conductor *m.* (-dak-, *engl.*) Dirigent

con espressione (*itl.*) Musik: ausdrucksvoll

confer! (*lat.*) vergleiche! (Abk. cf., cfr.)

Conférencier *m.* (konferangßieh, *frz.*) Unterhaltungskünstler, Ansager

Confessio *w.* (*lat.*) 1. Glaubensbekenntnis, Bekenntnisschrift; 2. Geständnis, Beichte; 3. Heiligengrab unter dem Hochaltar kath. Kirchen, Krypta; **Confessor** *m.* Glaubensbekenner (in der römischen Kaiserzeit)

Confiserie *w.* (*frz.*) Konditorei

Confiteor (*lat.*) das allgemeine und öffentliche Schuldbekenntnis als Teil der christl. Liturgie

Confoederatio Helvetica (-fö-, *lat.*) Schweizerische Eidgenossenschaft (Abk. CH)

con forza (*itl.*) Musik: mit Kraft; **Confrater** = Konfrater; **con fuoco** Musik: mit Feuer; **con gravita** schwer, wuchtig

Conga *w.* (*engl.-span.*) 1. kubanische fass- oder kegelförmige Holztrommel; 2. kubanischer Volkstanz

Congrevedruck *m.* (-grähf-, *engl.*) altes Vierfarbendruckverfahren

con gusto (*itl.*) Musik: mit Geschmack; **con impeto** ungestüm; **con leggerezza** (ledscheretsa, *itl.*) leicht; **con moto** bewegt

Connaisseur *m.* (konnässöhr, *frz.*) Kenner, Fachkenner, Feinschmecker

Connections *Mz.* (konnecktschens, *engl.*) vorteilhafte Verbindungen, bes. Geschäftsverbindungen; **connecten** Kontakte, Beziehungen herstellen (Jj.)

con passione (*itl.*) Musik: leidenschaftlich

Consecutio Temporum *w.* (*lat.*) Sprachlehre: Zeitenfolge in Haupt- und Gliedsätzen

Conseil *m.* (kongßej, *frz.*) Rat, Ratsversammlung

Consilium = Konsilium

Consommé *s.* (kongsommeh, *frz.*) Kraftbrühe

con sordino (*itl.*) Musik: mit Dämpfer

con spirito = spirituoso

Consulting *s.* (konßalting, *engl.*) Beratungstätigkeit, bes. Unternehmensberatung

Container *m.* (kontehner, *engl.*) 1. standardisierter Großbehälter; 2. behelfsmäßiger Wohn- oder Gewerberaum; **Contai-**

nershow *w.* (-schoh) Fernsehsendung, für die eine Anzahl ausgewählter Personen für eine bestimmte Zeit zusammenlebt und die Ereignisse des Gruppenlebens aufzeichnen und senden lässt (z. B. die niederl. Produktion *Big Brother* von 1999); **Containerterminal** *m.* (-törminel) spezielle Umschlaganlage für den Containerverkehr

Containment *s.* (kontehn-, *engl.*) 1. Schutzhülle um Atomreaktoren; 2. die im Kalten Krieg formulierte US-amerik. Verteidigungs- und Bündnispolitik zur Eindämmung des Kommunismus

Conte *m.* (*itl.*) Graf; **Contessa** *w.* Gräfin

Contenance *w.* (kongtnangß, *frz.*) Haltung, Fassung, Gelassenheit

con tenerezza (*itl.*) Musik: mit Zartheit

Content Management *s.* (– mänedsch-, *engl.*) Sammelbezeichnung für alle Tätigkeiten und Hilfsmittel, die der Erstellung, Veröffentlichung und Verwaltung digitaler Informationen dienen (Abk. CM); **Content Management System** *s.* webbasiertes Redaktionssystem, Anwendungsprogramm, das die Erstellung und Bearbeitung von Text- und Bilddokumenten (durch den Benutzer) ermöglicht (Abk. CMS)

continuo (*itl.*) Musik: fortlaufend

contra (*lat.*) gegen

Contradictio in Adiecto (-di'e-, *lat.*) Widerspruch zwischen der im Eigenschaftswort benannten Eigenschaft und dem Hauptbegriff (z. B. eckiger Kreis)

Contrat social *m.* (kongtra ßoßiall, *frz.*) Gesellschaftsvertrag (nach J. J. Rousseau), 1712–1779)

contre cœur (kongtre köhr, *frz.*) widerwillig

Contredanse *m.* (-dangß, *frz.*) Tanz mit zwei od. vier einander gegenüberstehenden und miteinander tanzenden Paaren

Controller *m.* (kontrohler, *engl.*) Fachmann für, Leiter des betrieblichen Rechnungswesens; **Controlling** *s.* von der Geschäftsleitung durchgeführte Planungs- und Kontrollfunktion(en)

COO = Chief Operating Officer

Cookie *s.* (kucki, *engl.*) 1. Keks, Plätzchen; 2. kleine Textdatei, die der Anbieter von Websites auf die Festplatte des Besuchers schreibt und damit Zweck und Zeit des Besuchs kontrolliert

cool (kuhl, *engl.*) 1. nüchtern, leidenschaftslos, gelassen; 2. souverän, sehr gut;

Cooler *m.* erfrischender alkoholischer Longdrink; **Cool Jazz** *m.* (kuhl dschäs) Stilform des Jazz in den 1950er Jahren

Cop *m.* (*engl.*) amerikanischer Polizist (umg.)

Copyright *s.* (-ireit, *engl.*) Urheberrecht;

Copyshop *m.* Geschäft, in dem man Kopien machen (lassen) kann

Coq au Vin *s.* (kock o wäng, *frz.*) Hähnchen in (Rot-)Weinsoße

Coquille *w.* (kockij, *frz.*) 1. Muschelschale; 2. Ragout in einer Muschelschale; **Coquillage** *w.* (-ahsch) Muschelwerk (z. B. als Verzierung an Wänden)

coram publico (*lat.*) öffentlich, vor aller Öffentlichkeit

Cord *m.* (*engl.*) stark gerippter Woll- oder Baumwollstoff

Cordon bleu *m.* (kordong blöh, *frz.*) mit Käse und gekochtem Schinken gefülltes Kalbsschnitzel

Corned Beef *s.* (kornd bihf, *engl.*) gesalzenes, zerkleinertes Rindfleisch (in Dosen)

Corner *m.* (*engl.*) 1. planmäßiges Aufkaufen einer bestimmten Ware an der Börse zum Zweck der Preissteigerung; 2. Ecke im Boxring

Corn-Flakes *Mz.* (-flehks, *engl.*) geröstete Maisflocken

Cornichon *s.* (-schong, *frz.*) kleine Pfeffergurke

Corona = Korona

Corporate Design *s.* (korporet dißein, *engl.*) einheitliche Gestaltung des Erscheinungsbildes eines Unternehmens, bes. in Logo, Verpackung, Website u. Ä.; **Corporate Governance** *w.* (– gawernenz) Verhaltenskodex für Aktiengesellschaften; **Corporate Identity** *w.* (– eidentitih) Unternehmensphilosophie, unverwechselbares Auftreten in der Öffentlichkeit, bes. durch sein Corporate Design; **Corporation** *w.* (-reschen) Kapitalgesellschaft

Corps = Korps; **Corps de Ballet** *s.* (– de ballä, *frz.*) Balletttruppe; **Corps diplomatique** *s.* (– -tik) Diplomatisches Korps (Abk. CD)

Corpus = Korpus

Corpus Delicti *s.* (*lat.*) Beweisstück;

Corpus Juris *s.* Gesetzbuch

Correctio *w.* (-zio, *lat.*) Korrektur eines zu schwachen sprachlichen Ausdrucks durch einen stärkeren (z. B. sie war schön, überirdisch schön)

Corregidor *m.* (korrechidor, *span.*) Richter, hoher Beamter in Portugal und Spanien

Corrida *w.* (*span.*) Stierkampf

corriger la fortune (korrischeh la fortün, *frz.*) dem Glück nachhelfen, falsch spielen

Corsage = Korsage

Cortison = Kortison

Cosa Nostra *w.* (*itl.*) nach dem Vorbild der Mafia in Sizilien organisierte, kriminelle Vereinigung in den USA

così fan tutte (*itl.*) so machen es alle (Frauen)

Cosinus = Kosinus

Cosmea *w.* (*gr.-lat.*) Korbblütler mit zarten weißen od. rosa Blüten

cost and freight (kohst änd freht, *engl.*) Verladekosten und Fracht im Preis eingeschlossen (Abk. cf); **cost, insurance, freight** (– inschurenß –) Verladekosten, Versicherung und Fracht im Preis eingeschlossen (Abk. cif)

Cotangens = Kotangens

Côte *w.* (koht, *frz.*) französ. Bez. für Küste; **Côte d'Azur** *w.* (– dasür) azurblaue Küste, die französ. Mittelmeerküste zwischen Cassis im Westen und Menton an der italien. Grenze (nach dem franz. Dichter Stephan Liégeard, 1887)

Cottage *s.* (kottidsch, *engl.*) englisches Landhaus; **Cottagecheese** *m.* (-tschieß) körniger Frischkäse

Cotton *s.* (kottn, *engl.*) Baumwolle, Baumwollstoff, Kattun; **Cottonmaschine** *w.* Strumpfwirkmaschine; **Cottonöl** *s.* Baumwollsamenöl; **Cottonwood** *s.* (-wud) Holz der kanadischen Pappel

Couch *w.* (kautsch, *engl.*) Liegesofa, Schlafsofa; **Couchpotato** *w.* (-potehto) jmnd., der sich am liebsten nicht vom Sofa wegbewegt (und fernsieht)

Couleur *w.* (kulör, *frz.*) 1. Trumpf im Kartenspiel; 2. Farben einer Studentenverbindung; 3. Gesinnung

Coulomb *s.* (kulong, *frz.*) Maßeinheit für die Elektrizitätsmenge (Zeichen: C)

Count *m.* (kaunt, *engl.*) engl. Titel für einen Grafen des europäischen Kontinents; **Countess** *w.* Gräfin; **County** *w.* Grafschaft; dem Kreis entsprechender Verwaltungsbezirk in England und den USA

Countdown *m.* (kauntdaun, *engl.*) 1. letzte technische Kontrollen (z. B. vor einem Raketenstart); 2. Rückwärtszählung bis null, wo der Start beginnt

Counter *m.* (kaunter, *engl.*) 1. Theke, Schalter; 2. Zähler, Schaltwerk in der EDV; **Countertenor** *m.* falsettierender Männertenor

Countrymusic *w.* (kantrimjusik, *engl.*) balladenartige Volks- und Unterhaltungsmusik der Weißen in den USA; **Countrysong** *m.* Lied im Stil der Countrymusic

Coup *m.* (ku, *frz.*) Schlag, Streich, Husarenstück; **Coup d'État** *m.* (– deta) Staatsstreich; **Coup de Foudre** *m.* (– fudre) 1. Blitzschlag, Blitz aus heiterem Himmel; 2. Liebe auf den ersten Blick

Coupé *s.* (kupeh, *frz.*) 1. (früher) Eisenbahnabteil; 2. geschlossenes zweitüriges Auto mit nach hinten abfallendem Dach

Couplet *s.* (kupleh, *frz.*) witzig-freches aktualitätsbezogenes Lied mit Kehrreim

Coupon *m.* (kupong, *frz.*) 1. Gutschein; 2. Zinsabschnitt

Cour *w.* (kuhr, *frz.*) Hof, Hofhaltung; **die Cour machen** den Hof machen; **Cour d'Honneur** *m.* (– donör) Ehrenhof einer Schlossanlage

Courage *w.* (kurahsch, *frz.*) Mut, Beherztheit, Eigw. **couragiert**

Courante *w.* (kurangt, *frz.*) 1. schneller altfranzösischer Tanz; 2. lebhafter Satz einer Suite im Dreivierteltakt

Courtage *w.* (kurtasch, *frz.*) Maklergebühr

Courtoisie *w.* (kurtoasih, *frz.*) ritterliche Höflichkeit

Couscous *s.* (kußkuß, *arab.*) nordafrik. Gericht aus Hirsebrei mit Fleisch, Gemüse und Kichererbsen

Cousin *m.* (kusäng, *frz.*) Vetter; **Cousine** *w.* (kusine) Base

coûte que coûte (kutt ke kutt, *frz.*) koste es, was es wolle, um jeden Preis

Couture = Haute Couture

Couvade *w.* (ku-, *frz.*) Männerkindbett (symbolische Handlung bei einigen Naturvölkern)

Cover *s.* (kawwer, *engl.*) 1. Titelblatt; 2. Plattenhülle; **Coverband** *w.* (-bänd) Musikgruppe, die sich auf das Nachspielen von Originalversionen spezialisiert hat; **Coverboy** *m.* Männerfoto auf der Titelseite einer Illustrierten; **Covercoat** *m.* (-koht) 1. Wollstoff; 2. Mantel aus diesem Stoff; **Covergirl** *s.* (-görl) Frauenfoto auf der Titelseite einer Illustrierten; **Coverstory** *w.* Titelstory; **Cover-up** (-ap) volle Deckung im Boxsport; **Coverversion** *w.* Neuinterpretation eines Musiktitels

Cowboy *m.* (kaubeu, *engl.*) amerik. Rinderhirt

Cowper *m.* (kauper) Winderhitzer für Hochöfen (nach dem engl. Ingenieur A. E. Cowper)

Coyote = Kojote

CPU *o. A.* (ßipihju, aus *engl. c*entral *p*rocessing *u*nit) Zentraleinheit eines Computers (EDV)

CQD = Come quick, danger!

cr. = currentis

Crack *m.* (kräck, *engl.*) 1. das beste Rennpferd; 2. hervorragender Sportler; 3. *s.* synthetisches Rauschgift; **Cracker** *m.* 1. ungesüßtes Gebäck; 2. Codeknacker, Ztw. **cracken**

Crampus = Krampus

Cránion *s.* (*gr.*) Schädel(knochen)

craniosakral = kraniosakral

Craquelé *s.* (krackleh, *frz.*) 1. Glasur mit (absichtlich erzeugten) feinen Sprüngen; 2. *s.* und *m.*, Kreppgewebe aus Baumwolle oder Zellwolle mit rissigem Aussehen

Crash *m.* (kräsch, *engl.*) 1. Autounfall, Flugzeugabsturz; 2. Zusammenbruch (eines Unternehmens); 3. Zusammenbruch eines EDV-Systems; **Crashkid** *s.* Jugendlicher, der gestohlene Autos zu Schrott fährt; **Crashkurs** *m.* Kurs, der den Lehrstoff in kurzer Zeit und intensiver Form vermittelt; **Crashtest** *m.* Aufpralltest in der Erprobungsphase von Fahrzeugen

Crawl = Kraul

Crayon *m.* (kräjong, *frz.*) Drehbleistift; **Crayonmanier** *w.* Kupferstichverfahren, durch das die Wirkung einer Kreidezeichnung erzeugt wird

Cream *m.* (krihm, *engl.*) Rahm, Sahne

Creation = Kreation

Creative Writing *s.* (krijätif reit-, *engl.*) kreatives Schreiben, methodisch angeleiteter Schreibprozess, oft mit autobiographisch-therapeutischem Hintergrund

Credit = Kredit (2.)

Credit Points *Mz.* (kre-, *engl.*) Leistungspunkte, aus denen sich z. B. die Abschlussnote eines Studienmoduls zusammensetzt; **Credits** *Mz.* Würdigung, Danksagung an Personen od. Institutionen für Hilfe und Mitwirkung an der Veröffentlichung eines Buchs, Films o. Ä.

Credo *s.* (kr-, *lat.*) Glaubensbekenntnis; Überzeugung; **credo, quia absurdum** (*lat.*) ich glaube, weil es wider die Vernunft ist (Martin Luthers Motto für seine Glaubensauffassung); **credo, ut intelligam** ich glaube, damit ich erkenne (nach Anselm von Canterbury, 1033–1109)

Creme *w.* (krähm, *frz.*) 1. Sahne, Rahm; 2. dickflüssige Süßspeise; 3. Hautpflegemittel; 4. Oberschicht der Gesellschaft; **creme, cremefarben** blassgelb; **Crème de la Crème** allerbeste Gesellschaft; **Crème double** *w.* (– dubble) Sahne mit einem Fettgehalt von 40 und mehr Prozent, Doppelrahm; **Crème fraîche** *w.* (– fräsch) fetter Sauerrahm

Creole = Kreole

Creolen *Mz.* (*frz.*) ringförmige Ohrringe

Crêpe *m.* (kräp, *frz.*) 1. Kreppstoff; 2. hauchdünner Eierpfannkuchen; **Crêpe Chiffon** *m.* (– schiffong) hauchdünnes Gewebe aus reiner Seide in Taftbindung; **Crêpe de Chine** *m.* (– schihn), rein- oder kunstseidenes Gewebe in Taftbindung mit gekrepptem Schussfaden; **Crêpe marocain** *m.* (– marokäng) körniges Gewebe in Taftbindung; **Crêpe Satin** *m.* (– ßatäng) Seiden- oder Kunstseidengewebe in Atlasbindung mit glänzender Vorderseite; **Crèpe Suzette** *w.* (– ßüsett) dünner, gefüllter, mit Alkohol flambierter Eierkuchen

cresc., crescendo (kreschendo, *itl.*) Musik: stärker werdend, anschwellend

Cretonne *m.* (kretonn, *frz.*) bedruckter Baumwollstoff

Crew *w.* (kruh, *engl.*) 1. Besatzung, Mannschaft; 2. Personengruppe mit einer bestimmten Aufgabe

Crime *s.* (kreim, *engl.*) 1. Kriminalität; 2. die einzelne Straftat
Crimson Rambler *w.* (krimsn rämbler, *engl.*) rote Kletterrose
crinkled (krinkelt, *engl.*) bei der Herstellung so bearbeitet, dass ein zerknittertes Aussehen entsteht (von Stoff, Lack, Leder)
Crocs *Mz.* (*engl.*) rutschfeste, leichte, bunte Gummischuhe mit offener Ferse
Croissant *s.* (kroaßang, *frz.*) Hörnchen aus Blätterteig
Cromagnonrasse *w.* (kromanjong-) Menschen der Altsteinzeit (nach dem franz. Fundort)
Cromargan *s.* (*Wz.*) rostfreier Chrom-Nickel-Stahl, der bes. für Bestecke verwendet wird
Crooner *m.* (kruh-, *engl.*) Schnulzensänger
Croquet = Krocket
Croquette = Krokette
Cross *m.* (kro-, *engl.*) 1. diagonal über den Platz geschlagener Ball beim Tennis; 2. Boxschlag über den Arm des Gegners
Crosscountry, Cross-Country *s.* (-kantri) Querfeldeinrennen, Waldlauf; **Crossingover, Crossing-over** *s.* (-ohwer, *engl.*) Austausch von Erbfaktoren zwischen Chromosomen; **Crossover** *s.* Stilmischung (z. B. in bildender Kunst und Musik)
Croupier *m.* (kruppjeh, *frz.*) Spielbankangestellter mit Aufsichtsfunktion
Croûton *m.* (krutong, *frz.*) in Fett gebackene Brot- od. Brötchenwürfel als Garnierung auf Suppe und Salat
Crowd *w.* (kraud, *engl.*) Menschenmenge; **crowdy** belebt, voll (umg.)
Cru *s.* (krü, *frz.*) Gewächs; staatlich kontrollierte und geschützte Qualitätsbez. für durch Boden und Klima bevorzugte Lagen von (französischen) Weinen
Cruise-Missile *s.* (kruhsmisseil, *engl.*) unbemannter Flugkörper; **Cruising** *s.* das Umherziehen auf der Suche nach einem Sexpartner, Ztw. **cruisen**
Crunch *m.* (krantsch, *engl.*) 1. Übung für die gerade Bauchmuskulatur; 2. das Komprimieren von Daten (EDV)
Crux *w.* (*lat.*) Kreuz, Leid, Kummer, Last
Cruzeiro *m.* (-sä-, *port.*) Währungseinheit in Brasilien bis 1986
Csárdás *m.* (tschardasch, *ung.*) ungarischer (National-)Tanz mit langsamer Einleitung und schnellem Hauptteil
ct = Cent, Centime (*Mz.* cts)
c. t. = cum tempore
CT = Computertomographie
Cucurbita *w.* (*lat.*) Kürbis(gewächs)
Cue *m.* (kjuh, *engl.*) Stichwort, Wink, Einsatzzeichen
cui bono? (*lat.*) wem zuliebe?, wozu?, wem nützt es?
cuius regio, eius religio (kuju-, eju-, *lat.*) wessen Land, dessen Religion (Grundsatz des Augsburger Religionsfriedens von 1555)
Cul de Paris *m.* (kühl de pari, *frz.*) Gesäßpolster unter dem Frauenrock im 18. und 19. Jh.
Culotte *w.* (külott, *frz.*) Kniehose des frz. Adels (vgl. Sansculotte)
Culpa *w.* (*lat.*) Fahrlässigkeit, Verschulden, Schuld; **mea culpa** durch meine Schuld (aus dem Confiteor, dem Sündenbekenntnis im christl. Gottesdienst)
Cultural Diversity = Diversity
Cumberlandsoße *w.* (kamberländ-) Soße mit Johannisbeergelee und Senf (nach dem Herzog von Cumberland)
cum grano salis (*lat.*, mit einem Körnchen Salz) mit der nötigen Einschränkung
Cumin *m.* (*lat.*) Kreuzkümmel
cum laude (*lat.*) gut, mit Lob; **summa cum laude** ausgezeichnet, mit höchstem Lob
cum tempore (*lat.*) mit dem akademischen Viertel, eine Viertelstunde nach der angesetzten Zeit (Abk. c. t.)
Cunnilingus *m.* (*lat.*) orale sexuelle Erregung der weiblichen Geschlechtsorgane
Cup *m.* (kap, *engl.*) Siegespokal
Cupido *m.* (*lat.*) römischer Liebesgott
Cuprama *w.* (*Wz.*) Kupferspinnfaser; **Cupresa** *w.* Kupferkunstseide
Curaçao *m.* (kürassao, *Wz.*) Likör aus den Schalen der Curaçao-Pomeranze
Curare = Kurare
Curé *m.* (küreh, *frz.*) französ. kath. Geistlicher

Curettage *w.* (-tahsch, *frz.*) Ausschabung der Gebärmutter

Curie *s.* (kürih, *frz.*) Maßeinheit der radioaktiven Strahlung (Zeichen Ci)

Curling *s.* (körling, *engl.*) schottisches Eisschießen

currentis (*lat.*) des laufenden Monats od. Jahres (Abk. cr)

Curriculum *s.* (*lat.*) Lehrplan; **Curriculum Vitae** *s.* (– witä, *lat.*) Lebenslauf

Curry *s.* (körri, *engl.*) indisches Gewürz

Cursor *m.* (körßer, *engl.*) Anzeige auf dem Bildschirm eines Computers für die nächste Eingabe (EDV)

Customer Care *w.* (ka- kär, *engl.*) Kundenbetreuung, Kundenberatung

Cut, Cutaway *m.* (kateweh, *engl.*) halblanger Herrenrock mit abgerundeten Vorderschößen

Cut-and-Past *s.* (kattändpehst, *engl.*) Kopieren und Einfügen von Texten und Bildern o. Ä. an andere Textstellen (EDV); **Cut-and-Pasters-Generation** *w.* die Generation «Kopieren – Einfügen», d. h. die Generation, bes. von Schülern und Studenten, die sich Referate, Semester- und Hausarbeiten aus dem Internet besorgt

Cutter *m.*, **Cutterin** *w.* (katter-, *engl.*) Schnittmeister(in) bei Film- und Tonbandaufnahmen, Ztw. **cutten, cuttern**

Cuvee *w.* (küweh, *frz.*) Weinverschnitt zur Schaumweinbereitung

CVJM = YMCA

cwt = Centweight

Cyanid *s.* (*gr.*) Salz der Blausäure

Cyber- (ßeiber, *engl.*) als Wortteil in der Bedeutung: in einer virtuellen, vom Computer erzeugten Realität stattfindend (z. B. Cyberspace, Cybercity, Cybersex)

Cyborg *m.* (aus *engl.* *cyb*ernetic *org*anism) geplanter Einbau technischer Geräte in den menschlichen Körper, um ihn für bestimmte Aufgaben zu präparieren

Cynar *m.* (*lat.*) italien. Aperitif aus Artischocken und Kräutern

D

da capo (*itl.*) Musik: noch einmal, wiederholen; **da capo al fine** vom Anfang bis hierher wiederholen

d'accord (dakkohr, *frz.*) einverstanden

Dad *m.* (däd, *engl.*) Kurzwort für Daddy

Dada, Dadaismus *m.* internationale Kunstbewegung in der Zeit nach dem Ersten Weltkrieg, in der es um Freisetzung von unbewussten (durch kulturelle Normen blockierten) schöpferischen Kräften und deren Umsetzung in unkonventionelle provokante künstlerische Darstellungen ging, Eigw. **dadaistisch**

Daddy *m.* (dä-, *engl.*) Papa, Vater (umg.)

dag = Dekagramm

Daguerreotypie *w.* (dagerrotüpih) frühe Fotografie, Lichtbild auf Metallplatte (nach dem französ. Erfinder der Fotografie L. J. M. Daguerre, 1787–1851)

Dahlie *w.* (-li'e) Gartenpflanze aus der Familie der Korbblütler mit in Spätsommer und Herbst leuchtend blühenden großen Blüten

Daily Soap *w.* (dehli ßohp, *engl.*) täglich (im Fernsehen) ausgestrahlte Seifenoper

Daimyo *m.* (*jap.*) japanischer Ritter, Angehöriger des Hochadels

Daiquirí *m.* tropischer Cocktail auf der Basis von weißem Rum (nach dem Namen einer Siedlung bei Santiago de Cuba)

Dakapo *s.* (*itl.*) Beifallsbekundung des Publikums, die den Sänger, die Sängerin auffordert, etwas Vorgetragenes, z. B. eine Arie, zu wiederholen

dakryodisch (*gr.*) tränen-, tropfenförmig; **Dakryorrhö** *w.* Tränenfluss

Daktyl(o)-, daktyl(o)- (*gr.*) als Wortteil: Finger, Zehe; **Daktylogramm** *s.* Fingerabdruck; **Daktylologie** *w.* Gebärden- und Fingersprache der Taubstummen; **Daktyloskopie** *w.* Fingerabdruckverfahren

Daktylus *m.* (*gr.*) Versfuß mit einer Länge und zwei Kürzen: – ◡ ◡

Dalai-Lama *m.* (*mong.-tibet.*) weltliches Oberhaupt des Lamaismus in Tibet

Dalbe = Duckdalbe

Dalles *m.* (*hebr.*) Geldmangel

Dalmatika *w.* (*lat.*) hemdartiger Überwurf mit Ärmeln, Pontifikalgewand der kath. Bischöfe

dal segno (– ßenjo, *itl.*) Musik: vom Zeichen ab (wiederholen)

Damassé *m.* (*frz.*) Seide mit damastähnlicher Musterung

Damast *m.* Stoff mit eingewebten Mustern, Eigw. **damasten** (nach der Stadt Damaskus)

Damaszenerklinge *w.* Klinge aus verziertem Stahl; **damaszieren** Eisen und Stahl mit Musterungen versehen, Hptw. **Damaszierung** *w.* (nach der Stadt Damaskus)

Dame *w.* (*frz.*) 1. höfliche Bez. für Frau; 2. vornehme, elegante Frau; 3. Königin im Schach; 4. an dritter Stelle stehende Spielkarte; 5. Brettspiel; **Dame** *w.* (dehm, *engl.*) dem Sir entsprechender engl. Adelstitel für eine Frau

Damno *m.* (*itl.*), **Damnum** *s.* (*lat.*) Unterschied zwischen Nennwert und tatsächlich gezahlter Summe (z. B. bei Hypotheken oder Darlehen), Verlust des Entleihers

Damoklesschwert *s.* ständig drohende Gefahr (nach dem Höfling Damokles am Hofe des Tyrannen Dionysos I., der ein Schwert über ihm aufgehängt hatte)

Dämon *m.* (*gr.*) 1. göttliches Wesen; 2. böser Geist, von dem jmd. besessen ist; **Dämonie** *w.* Macht des Dämons; **dämonisch** 1. getrieben; 2. geheimnisvoll wirkend, suggestiv

Danaergeschenk *s.* (-na'er-, *gr.*) verhängnisvolles Geschenk, Unglücksgabe (so wie das Trojanische Pferd); **Danaidenarbeit** *w.* Anstrengung, die zu nichts führt, vergebliche Mühe, Fass ohne Boden (nach dem Fass, das in der griech. Sage die

Töchter des Danaus vergeblich versuchten mit Wasser zu füllen)

Dandy *m.* (dändi, *engl.*) extravaganter Lebe- und Genussmensch, der sich durch sein übertrieben modisches Äußeres und seine arrogante Gleichgültigkeit von allem Alltäglichen abgrenzen will; **dandyhaft** blasiert, extravagant (gekleidet), egozentrisch

Danebrog *m.* (*dän.*) dänische Flagge

Danse macabre *m.* (dangß makabr, *frz.*) Totentanz

dantesk von der Großartigkeit eines Dante (des italien. Dichters Dante Alighieri, 1265–1321)

Daphne *w.* (daf-) Seidelbast (nach der griech. Nymphe Daphne)

Darjeeling *m.* (dardschieling, *engl.*) indische Teesorte

Dark Horse *s.* (dahk horß, *engl.*) 1. Rennpferd, dessen Siegeschancen man nicht abschätzen kann; 2. unkalkulierbarer Mitbewerber; **Darkroom** *m.* (dahkruhm, *engl.*) dunkler Raum für anonyme homosexuelle Kontakte

Darling (*engl.*) Liebling

Darts *Mz.* (*engl.*) Wurfspiel mit kleinen Pfeilen

Darwinismus *m.* biologische Evolutionstheorie (nach dem engl. Naturforscher Charles Darwin, 1809–1882); **Darwinist** *m.* Anhänger des Darwinismus, Eigw. **darwinistisch**

Dash *m.* (däsch, *engl.*) Spritzer als Beimischung beim Cocktailmixen

Data-Mining, Datamining *s.* (-mein-, *engl.*) computergestützte Datenauswertung, um bisher unbekannte Korrelationen zu erkennen (EDV)

Date *s.* (deht, *engl.*) Treffen, Verabredung, Rendezvous; **Dating** *s.* das Sichverabreden mit möglichst vielen wechselnden Partnern, um die eigene Beliebtheit zu beweisen (in den USA)

Daten *Mz.* (*lat.*) 1. nähere Angaben, Tatsachen; 2. Zeichen, die eine Information darstellen und in Form von Buchstaben oder Ziffern gespeichert und weiterverarbeitet werden können (EDV); **Datei** *w.* (digital gespeicherte) Datensammlung; **Datenbank** *w.* durch Integration von Dateien entstandene umfassende Datensammlung; **Datenerfassung** *w.* Eingabe von bereitgestellten und für den Computer bearbeiteten Daten; **Datenhighway** *m.* (-heiweh) Datenautobahn, durch den Einsatz von Glasfaserkabeln ermöglichte universelle und schnelle Übertragung von großen Datenmengen; **Datenverarbeitung** = EDV; **datieren** 1. mit Datum versehen; 2. seit einer bestimmten Zeit bestehen, stammen von, Hptw. **Datierung** *w.*; **Datum** *s.* 1. Zeitangabe nach dem Kalender; 2. *Ez.* von Daten

Dativ *m.* (*lat.*) Sprachlehre: der dritte Fall, antwortet auf die Frage: Wem?

dato (*lat.*) am heutigen Tage, am Tag des Datums; **bis dato** bis heute

DAT-Recorder *m.* (aus *engl.* *d*igital *a*udio *t*ape) Digitaltonband-Rekorder

Datscha *w.* (*russ.*) Wochenendhaus, Sommerhaus (meist aus Holz)

Datum = Daten

Dauphin *m.* (dofäng, *frz.*) Titel des französ. Kronprinzen

Davis-Cup *m.* (dehwis kap) Davis-Pokal, jährlich verliehener Tennispreis (nach dem amerik. Stifter Dwight F. Davis)

Davit *m.* oder *s.* (dehwit, *engl.*) Schiffskran

dawai (*russ.*) los!, vorwärts!

Dawesplan *m.* (doh'es-) Plan zur Regelung der deutschen Reparationszahlungen nach dem Ersten Weltkrieg (nach dem US-amerik. Politiker C. G. Dawes, 1865–1951)

DAX *m.* *D*eutscher *A*ktieninde*x*, der die 30 umsatzstärksten deutschen Aktienwerte enthält

Day-for-Night *o. A.* (dehforneit, *engl.*) filmisches Verfahren, durch das am Tag gedrehte Szenen als Nachtszenen erscheinen, im Ggs. zu Night-for-Night

Daytrading *s.* (-trehding, *engl.*) Tageshandel an der Börse

dB = Dezibel

d. c. = da capo

d. d. = de dato

D-Day *m.* (dih-, *engl.*) Tag des Beginns einer militärischen Operation (nach der so bezeichneten militärischen Invasion der Alliierten am 6. 6. 1944 in Frankreich)

DDD Abk. für digital aufgenommen, digital bearbeitet, digital abgespielt (auf CDs)

De-, de- (*lat.*) als Vorsilbe: ent-, weg-
Deadline *w.* (dädlein, *engl.*) Endtermin einer Frist; **Deadlock** *m.* 1. Stillstand in Verhandlungen; Versagen der Zugriffsregelungen auf die Systemressourcen eines Rechners, Verklemmung (EDV)
deaktivieren ab-, ausschalten (z. B. eine Maschine)
Deal *m.* (dihl, *engl.*) Handel, Geschäft; **dealen** 1. unsaubere Geschäfte machen (z. B. mit Waffen, Rauschgift); 2. handeln, verkaufen, Geschäfte vermitteln; **Dealer** *m.* 1. Rauschgifthändler; 2. Börsenspekulant
Dean *m.* (dihn, *engl.*) oberster Geistlicher einer englischen Kathedrale, Superintendent der anglikan. Kirche
Debakel *s.* (*frz.*) Katastrophe, desaströses Ereignis
Debatte *w.* (*frz.*) Erörterung, Meinungsaustausch, Diskussion; **Debattenschrift** *w.* verkürzte Kurzschrift; **debattieren** diskutieren, Debatten führen
Debet *s.* (*lat.*) Soll, Schuld, Verbindlichkeit; **debitieren** auf die Sollseite schreiben, belasten; **Debitor** *m.* Schuldner; **Debitorenkonto** *s.* Konto der Außenstände
debil (*lat.*) leicht schwachsinnig; **Debilität** *w.* leichter Schwachsinn
Debrecziner, Debreziner *Mz.* scharf gewürzte Würstchen (nach der heute ungar. Stadt Debrecen)
debuggen (dihbaggen, *engl.*) einen Fehler in einer Software beheben (EDV)
Debüt *s.* (debüh, *frz.*) erstes Auftreten in der Öffentlichkeit; **Debütant** *m.* jmd., der zum ersten Male auftritt, Ztw. **debütieren**
Dechanat *s.*, **Dechanei** *w.* (*lat.*) Amtsbezirk des Dechanten; **Dechant** *m.* Vorsteher eines Kirchenbezirks der kath. Kirche
dechiffrieren (deschiffrihren, *frz.*) (einen chiffrierten Text) entschlüsseln, Hptw. **Dechiffrierung** *w.*
deciso (detschiso, *itl.*) Musik: entschlossen
declamando (*itl.*) Musik: ausdrucksvoll
Decoder *m.* (dikohder, *engl.*) Gerät zur Daten- bzw. Informationsentschlüsselung; **decodieren** (mit Hilfe eines Decoders) entschlüsseln; **Decoding** *s.* Entschlüsselung einer chiffrierten Nachricht
Decollage *w.* (dekollasch, *frz.*) bildnerisches Werk, das durch Abreißen, Zerstückeln, Kratzen oder Schaben einer Collage entsteht
decouragieren (dekuraschihren, *frz.*) entmutigen
decrescendo (dekreschendo, *itl.*) Musik: abnehmend, leiser werdend
Decubitus = Dekubitus
de dato (*lat.*) von heute, vom Ausstellungstag an (bei Urkunden, Abk. d. d.)
Dedikation *w.* (*lat.*) Zuneigung, Widmung; **dedizieren** widmen, zueignen, übereignen, schenken
Deduktion *w.* (*lat.*) Ableitung, Herleitung des Besonderen aus dem Allgemeinen; **deduktiv** ableitend; **deduzieren** ableiten
Deejay = Diskjockey
Deep Blue *o. A.* (dihp bluh, *engl.*) Name des von IBM entwickelten Schachcomputers, der 1997 gegen den Schachweltmeister Kasparow gewann; **Deep Throat** *s.* (– ßroht) Oralsex, bei dem der Penis tief in den Rachenraum eindringt
Deeskalation *w.* (de'e-, *lat.*) Entschärfung (einer Situation), stufenweise Verringerung militärischer Mittel, Ztw. **deeskalieren**
de facto (*lat.*) wirklich, tatsächlich, im Ggs. zu de jure
Defäkation *w.* (*lat.*) 1. Läuterung, Reinigung von Flüssigkeiten; 2. Stuhlentleerung; **defäkieren** Stuhl entleeren
Defätismus *m.* (defä-, *frz.*) Schwarzseherei, Zweifel am Erfolg, Eigw. **defätistisch**; **Defätist** *m.* Schwarzseher, Pessimist
Defekt *m.* (*lat.*) Mangel, Schaden, Fehler; **defekt** beschädigt, mangelhaft; **Defektar** *m.* Apotheker, der selbst Arzneimittel herstellt; **Defektur** *w.* Arzneianfertigung auf Vorrat
defensiv (*lat.*) 1. abwehrend, verteidigend, 2. Risiken vermeidend, Hptw. **Defensivität** *w.*; **Defensive** *w.* Abwehr, Verteidigung; **Defensivspieler** *m.* für die Verteidigung geeigneter Spieler; **Defensor** *m.* Verteidiger, Sachwalter
deficiendo (defitschendo, *itl.*) Musik: nachlassend
Deficitspending, Deficit-Spending *s.*

(däffißitt-, *engl.*) ungedeckte Erhöhung der öffentlichen Ausgaben

Defilee *s.* (*lat.-frz.*) Vorbeimarsch; **defilieren** feierlich vorbeiziehen

definieren (*lat.*) begrifflich festlegen, abgrenzen, erklären; **definierbar** so beschaffen, dass man es definieren kann; **Definition** *w.* Begriffsbestimmung, Begriffsabgrenzung, Erklärung; **definitiv** endgültig; **Definitivum** *s.* endgültiger Zustand, Dauerzustand

defizient (-zi'e-, *lat.*) fehlend, unvollständig

Defizit *s.* (*lat.*) Fehlbetrag, Mangel; **defizitär** zu einem Defizit führend, belastet mit einem Defizit

Deflation *w.* (*lat.*) Beschränkung der Geldmenge zur Steigerung des Geldwerts und zur Vergrößerung der Kaufkraft; **deflationär, deflationistisch, deflatorisch** die Deflation betreffend, Deflation bewirkend

Deflektor *m.* (*lat.*) Schornsteinaufsatz, Luftsauger

Defloration *w.* (*lat.*) Entjungferung; **deflorieren** entjungfern

Deformation *w.* (*lat.*) Verformung, Verunstaltung, **Déformation professionelle** *w.* (*frz.*) berufsbedingte einseitige Wahrnehmung, berufsbedingte Scheuklappen; **deformieren** verformen, verunstalten, Eigw. **deformiert**

Defragmentierung *w.* (*lat.*) Systemsteuerungsprogramm, das die Daten auf der Festplatte optimal (neu) ordnet (EDV)

Defraudant *m.* (*lat.*) Betrüger; **Defraudation** *w.* Unterschlagung, Hinterziehung; **defraudieren** unterschlagen, hinterziehen, veruntreuen

Defroster *m.* (*engl.*) Abtauvorrichtung

Degagement *s.* (degaschmang, *frz.*) 1. Befreiung von Verbindlichkeiten; 2. Zwanglosigkeit; **degagieren** (-schihren) 1. befreien, losmachen; 2. beim Fechten die gegnerische Klinge umgehen; **degagiert** befreit, zwanglos

Degeneration *w.* (*lat.*) Entartung, Verfall, Rückbildung; **degenerieren** verkümmern, entarten

Degout *m.* (deguh, *frz.*) Ekel, Abneigung, Widerwille; **degoutant** widerlich, abstoßend; **degoutieren** anwidern, ekelhaft finden

degradieren (*lat.*) herabsetzen, zurückversetzen; **Degradierung, Degradation** *w.* 1. Rückversetzung, Rangminderung; 2. Zerlegung von Molekülen in kleinere Bruchstücke (z. B. Abbau von Polymeren); 3. negative Veränderung des Bodenprofils

Degression *w.* (*lat.*) 1. Verminderung (von Abschreibungssätzen); 2. Staffelung (von Steuersätzen); **degressiv** abnehmend, abfallend, sich stufenweise vermindernd

Degustation *w.* (*lat.*) Kostprobe, Prüfung von Lebensmitteln, bes. von Wein

de gustibus non est disputandum (*lat.*) über den Geschmack lässt sich nicht streiten

Dehors *Mz.* (deor, *frz.*) äußerer Schein, Dekorum

Dehydratation, Dehydratisierung *w.* (*lat.*) Wasserentzug, Austrocknung (z. B. des menschlichen Körpers); **dehydratisieren** Wasser entziehen; **dehydrieren** Wasserstoff entziehen, Hptw. **Dehydrierung** *w.*

Deifikation *w.* (de'i-, *lat.*) Vergottung (eines Dinges oder Menschen), Ztw. **deifizieren**; **Dei Gratia** (– -zia) von Gottes Gnaden, Zusatz zum Titel von geistlichen und weltlichen Herrschern (Abk. D. G.)

Deismus *m.* (de'i-, *lat.*) Glaube an Gott als Schöpfer, nicht aber als Lenker der Welt; **Deist** *m.* Anhänger des Deismus; Eigw. **deistisch**

Déjà-vu-Erlebnis *s.* (dehschawüh-, *frz.*) das plötzliche Gefühl, etwas Gegenwärtiges schon einmal erlebt zu haben

Dejeuner *s.* (deschöneh, *frz.*) Frühstück, kleines Mittagessen

de jure (*lat.*) dem Rechte nach, juristisch verbindlich, im Ggs. zu de facto

Deka-, deka- (*gr.*) als Vorsilbe: zehn, **Deka** *s.* Kurzwort für Dekagramm

Dekabrist *m.* (*russ.*) Teilnehmer an der russischen Verschwörung vom Dezember 1825

Dekade *w.* (*gr.*) eine Einheit von zehn (z. B. 10 Jahre, 10 Tage, 10 Gedichte)

dekadent (*frz.*) kulturell niedergehend; überfeinert; **Dekadenz** *w.* Niedergang, Verfall, Überfeinerung

dekadisch (*gr.*) nach Zehnern rechnend; **Dekagramm** *s.* 10 Gramm (Abk. dag und dkg)

Dekaeder *m.* (-ka'e-, *gr.*) von zehn Flächen begrenzter Körper; **Dekagon** *s.* Zehneck

Dekalog *m.* (*gr.*) die Zehn Gebote

Dekameron *s.* (*itl.*) Erzählungen Boccaccios, deren Rahmenhandlung zehn Tage umfasst

Dekan *m.* (*lat.*) 1. höherer Geistlicher der evang. und kath. Kirche; 2. Vorsitzender einer Fakultät; **Dekanat** *s.* Amtsbereich des Dekans

dekantieren (*frz.*) abgießen, umgießen, bes. Rotwein

dekartellieren, dekartellisieren (*lat.-frz.*) Kartell auflösen, Hptw. **Dekartellierung, Dekartellisierung** *w.*

Deklamation *w.* (*lat.*) 1. kunstgerechter Vortrag; 2. eingelerntes, hohles Gerede; **Deklamator** *m.* Vortragskünstler; **deklamatorisch** 1. sprechkünstlerisch; 2. etwas rednerisch vortäuschend; **deklamieren** vortragen, aufsagen

Deklaration *w.* (*lat.*) 1. offizielle Erklärung; 2. Wert-, Inhaltsangabe (z. B. beim Zoll); **deklarieren** eine Deklaration abgeben; **deklariert** ausgesprochen, offensichtlich

deklassieren (*lat.-frz.*) 1. einen Gegner hoch besiegen (im Sport); 2. sozial absteigen (lassen), Hptw. **Deklassierung** *w.*

Deklination *w.* (*lat.*) 1. Sprachlehre: Beugung von Adjektiv, Artikel, Numerale, Substantiv; 2. Abweichung der Magnetnadel; **deklinieren** Sprachlehre: beugen (von Wörtern, außer Verben)

Deko *w.* (*lat.*) Kurzwort für Dekoration

dekodieren = decodieren

Dekolletee, Dekolleté *s.* (dekollteh, *frz.*) tiefer Ausschnitt an Damenkleidern; **dekolletiert** tief ausgeschnitten

dekolorieren (*lat.*) entfärben, ausbleichen

dekompensieren (*lat.*) eine (organische) Störung nicht mehr ausgleichen können, Hptw. **Dekompensation** *w.*

dekomponibel (*lat.*) zerlegbar, auflösbar; **dekomponieren** auseinandernehmen, zerlegen; **Dekomposition** *w.* 1. Auflösung; 2. Organschwund, Verminderung einer Organfunktion; **Dekompositum** *s.* Sprachlehre: Ableitung von Wörtern aus einem Kompositum

dekonstruieren (*lat.*) zerlegen, auseinanderlegen, zergliedern; **Dekonstruktion** *w.* Zerlegung, Auflösung, Auseinanderlegung, Zergliederung

Dekor *s.* (*lat.*) Muster, Musterung; **Dekorateur** *m.* (-tör, *frz.*) Fachmann für die Innenausstattung; **Dekoration** *w.* 1. Ausgestaltung, Ausschmückung; 2. künstlerische Ausgestaltung der Bühne, Bühnenbild; 3. Ordensverleihung; **dekorativ** effektvoll schmückend; **dekorieren** 1. ausstatten, ausschmücken; 2. Orden verleihen

Dekort *m.* (*itl.-frz.*) Abzug vom Preis, Verkürzung; **dekortieren** abziehen, verkürzen

Dekorum *s.* (*lat.*) Schicklichkeit, äußerer Anstand

Dekostoff *m.* (*lat.-dt.*) Dekorationsstoff, Stoff für Innenausstattungen

Dekrepitation *w.* (*lat.*) Zerplatzen der Hülle von Kristallen beim Erhitzen, Ztw. **dekrepitieren**

Dekret *s.* (*lat.*) Erlass, Verordnung; **dekretieren** bestimmen, verordnen

Dekubitus *m.* (*lat.*) das Wundliegen

dekupieren (*frz.*) ausschneiden, aussägen

Dekurie *w.* (-ri'e, *lat.*) Abteilung von zehn Mann (im antiken Rom); **Dekurio** *m.* Führer einer Dekurie

Dekuvert *s.* (dekuwähr, *frz.*) Mangel an Waren oder Wertpapieren; **dekuvrieren** (-wrihren) aufdecken, enthüllen, entlarven

del. = deleatur

Delation *w.* (*lat.*) 1. Anzeige; 2. Übertragung einer Erbschaft

deleatur (*lat.*) Anweisung an die Druckerei: soll wegfallen (Abk. del.); **Deleatur** *s.* Tilgungszeichen (₰)

Delegation *w.* (*lat.*) 1. Abordnung; 2. Übertragung von Zuständigkeiten; **delegieren** abordnen, übertragen, Hptw. **Delegierung** *w.*; **Delegierte** *m.* und *w.* Abgeordnete(r), Beauftragte(r)

delektieren (sich) (*lat.*) ergötzen, laben, sich gütlich tun

Delfin = Delphin

Deliberation *w.* (*lat.*) Überlegung, Beratschlagung; **Deliberationsfrist** *w.* Bedenkzeit; **Deliberativstimme** *w.* beratende, nicht abstimmungsberechtigte (= Dezisivstimme) Stimme; **deliberieren** nachdenken, überlegen

delicatamente, delicato (*itl.*) Musik: zart

delikat (*lat.*) 1. fein, auserlesen; 2. wohlschmeckend, köstlich; 3. Behutsamkeit erfordernd, heikel; **Delikatesse** *w.* (*frz.*) 1. Leckerbissen, Feinkost; 2. Zartgefühl

Delikt *s.* (*lat.*) Straftat

delinquent (*lat.*) straffällig; **Delinquent** *m.* Straffälliger; **Delinquenz** *w.* Straffälligkeit

delirando (*itl.*) Musik: leidenschaftlich, rasend

delirieren (*lat.*) irre reden; **Delirium** *s.* Fieberwahn, Bewusstseinstrübung mit Wahnerlebnissen; **Delirium tremens** *s.* Säuferwahn

deliziös (*frz.*) köstlich

Delkredere *s.* (*itl.*) 1. Haftung, Gewährleistung für den Eingang einer Forderung; 2. Wertberichtigung für wahrscheinliche Ausfälle bei Außenständen; **Delkrederefonds** *m.* (-fong) Rücklagen für etwaige Verluste an Außenständen; **Delkredereprovision** *w.* Vergütung für die Übernahme der Haftung

Delogement *s.* (deloschmang, *frz.*); **Delogierung** *w.* (-schihrung) Ausweisung, Ausquartierung aus einer Wohnung; **delogieren** (-schihren) ausweisen, ausquartieren

Delphin, Delfin *m.* (*gr.-lat.*) Zahnwal

Delphinus *m.* (*lat.*) lateinische Bezeichnung für Dauphin (Kronprinz)

delphisch dunkel, doppelsinnig (nach Delphi, der altgriech. Orakelstätte)

Delta *s.* (*gr.*) 1. Mündungsgebiet mehrarmiger Flüsse; 2. vierter Buchstabe des griechischen Alphabets, Δ, δ; **Deltamuskel** *m.* dreieckig geformter Armhebemuskel; **Deltastrahlen** *Mz.* Elektronenstrahlen, die beim Durchgang von Strahlung durch Materie vorkommen

Delusion *w.* (*lat.*) Verspottung, Täuschung; **delusorisch** trügerisch

de luxe (– lüks, *frz.*) mit allem Luxus, luxuriös

Dem-, dem- (*gr.*) als Vorsilbe: Volks-; **Demagoge** *m.* (*gr.*) Volksverführer; **Demagogie** *w.* politische Hetze, Volksverführung; **demagogisch** hetzerisch, volksverführend

Demand *m.* (dimahnd, *engl.*) Marktnachfrage

Demarche *w.* (demarsch, *frz.*) diplomatischer Einspruch

Demarkation *w.* (*frz.*) Abgrenzung; **Demarkationslinie** *w.* vorläufige Grenzlinie

demaskieren (sich) (*frz.*) die Maske abnehmen, entlarven; **Demaskierung** *w.* Entlarvung

dement (*lat.*) an Demenz leidend

Dementi *s.* (*frz.*) Richtigstellung einer Nachricht, Widerruf; **dementieren** etwas richtigstellen, widerrufen

Dementia *w.* (-zia, *lat.*) Schwachsinn aufgrund von Hirnschädigung; **Dementia praecox** *w.* Jugendirresein; **Dementia senilis** Altersschwachsinn; **Demenz** *w.* 1. Dementia; 2. umg. für den altersbedingten Verlust geistiger Fähigkeiten, Altersschwachsinn

Demeter *w.* (*gr.*) griechische Göttin des Ackerbaus

Demiglace *s.* (-glass, *frz.*) Halbgefrorenes

Demijohn *m.* (demidschen, *engl.*) großer Glasballon im Korb

Demimonde *w.* (demimongd, *frz.*) Halbwelt

demi-sec (-seck, *frz.*) halbtrocken (von Schaumwein)

Demission *w.* (*lat.*) Niederlegung eines Amts, Abschied, Rücktritt; **demissionieren** seinen Abschied nehmen, vom Amt zurücktreten

Demiurg *m.* (*gr.*) Weltenschöpfer, Weltbaumeister (bei Platon und den Gnostikern)

Demo = Demonstrationsaufnahme

Demo *w.* Kurzwort für Demonstration

Demo-, demo- (*gr.*) als Wortteil: Volk, Staat

demobilisieren (*lat.*) abrüsten; **Demobilisierung** *w.*, **Demobilisation** *w.*, **Demobilmachung** *w.* Abrüstung, Zurückführung des Heers auf Friedensstärke

Demodulation *w.* (*lat.*) Gleichrichtung von Schwingungen; **Demodulator** *m.* Gerät zur Gleichrichtung von Schwingungen; **demodulieren** gleichrichten

Demographie, Demografie *w.* (*gr.*) beschreibende Erforschung der wirtschafts- und sozialpolitischen Bevölkerungsbewegungen, Eigw. **demographisch, demografisch**

Demoiselle *w.* (demoasell, *frz.*) Fräulein

Demokrat *m.* (*gr.*) 1. Anhänger der Demokratie; 2. Anhänger oder Mitglied einer demokratischen Partei; **Demokratie** *w.* 1. Volksherrschaft als Staatsform; 2. Gültigkeit freiheitlicher Prinzipien in allen gesellschaftlichen Bereichen, Eigw. **demokratisch**; **demokratisieren** demokratische Prinzipien einführen, Hptw. **Demokratisierung** *w.*

demolieren (*lat.*) zerstören, beschädigen, zertrümmern, Hptw. **Demolierung** *w.*

Demonetisierung *w.* (*lat.*) Außerkurssetzen eines Zahlungsmittels, Ztw. **demonetisieren**

Demonstrant *m.* (*lat.*) Teilnehmer an einer Kundgebung; **Demonstration** *w.* 1. Vorführung, anschaulicher Beweis; 2. öffentliche Kundgebung; **Demonstrationsaufnahme** *w.*, **Demonstrationsband, Demonstrationstape** *s.* Musik- oder Videoband zu Werbungszwecken (z. B. für einen Schauspieler od. eine Musikgruppe); **demonstrativ** 1. mit Nachdruck, herausfordernd; 2. verdeutlichend; 3. hinweisend (von Fürwörtern); **Demonstrativpronomen** *s.* Sprachlehre: hinweisendes Fürwort; **demonstrieren** 1. vorführen, verdeutlichen, anschaulich machen; 2. zu erkennen geben; 3. öffentlich kundtun, protestieren

Demontage *w.* (demongtasch, *frz.*) Abbau, Abbruch; **demontieren** abbauen

demoralisieren (*frz.*) jmds. Moral untergraben, entmutigen, Hptw. **Demoralisierung, Demoralisation** *w.*

de mortuis nil nisi bene (*lat.*) über die Toten (soll man) nur Gutes (sprechen)

Demos *m.* (*gr.*) 1. Gebiet und Bevölkerung eines Stadtstaates im antiken Griechenland; 2. kleinster staatlicher Verwaltungsbezirk in Griechenland

Demoskopie *w.* (*gr.*) Meinungsforschung

Denar *m.* (*lat.*) altrömische Münze

Denaturalisation *w.* (*lat.*) Ausbürgerung; **denaturalisieren** Staatsangehörigkeit entziehen

denaturieren (*lat.*) einen Stoff seiner natürlichen Eigenschaften berauben, verunreinigen, versetzen mit, Hptw. **Denaturierung** *w.*

Dendro-, dendro- (*gr.*) als Wortteil: Baum; **Dendrochronologie** *w.* Jahresringforschung bei Bäumen; **Dendrologie** *w.* Baumkunde; **Dendrometer** *m.* Gerät zur Vermessung stehender Bäume

Denguefieber *s.* (*span.*) durch Stechmücken übertragene, heftige Viruserkrankung in Tropen und Subtropen

Denier *s.* (denjeh, *frz.*) Einheit für die Fadenstärke von Seide und Kunstfaser

Denim *m.* od. *s.* (*Wz.*, aus *frz.* serge de Nîmes) blauer Jeansstoff (aus der Stadt Nîmes)

Denobilitation *w.* (*lat.*) Entzug des Adelsprädikats, Ztw. **denobilitieren**

Denomination *w.* (*lat.*) 1. Benennung, Ernennung; 2. Anzeige, Ankündigung; 3. Herabsetzung des Nennbetrags einer Aktie; **Denominativ** *s.* Sprachlehre: von Haupt- oder Eigenschaftswort abgeleitetes Zeitwort; **denominieren** ernennen, benennen

Dens *m.* (*lat.*) Zahn

densieren (*lat.*) verdichten; **Densimeter** *s.* Gerät zur Messung des spezifischen Gewichts, bes. von Flüssigkeiten, Dichtemesser; **Densität** *w.* Dichtigkeit

dental (*lat.*) die Zähne betreffend; **Dental** *m.* Zahnlaut (z. B. *c, d, l*); **Dentalgie** *w.* Zahnschmerz; **Dentist** *m.* Zahnarzt; **Dentologie** *w.* Zahnheilkunde

Denudation *w.* (*lat.*) Abtragung des Bodens durch Wasser, Wind u. a.

Denunziant *m.* (*lat.*) jmd., der denunziert; **Denunziation** *w.* verleumderische Anzeige, Bezichtigung; **denunziatorisch** verleumderisch, öffentlich verurteilend; **denunzieren** 1. jmdn. anzeigen, 2. etwas verdammen, verurteilen

Deo, Deodorant *s.* (*lat.-engl.*) kosmetisches Mittel gegen Körpergeruch

Departement *s.* (departmang, *frz.*) 1. frz. Verwaltungsbezirk; 2. Abteilung; **Department** *s.* (dipartment, *engl.*) US-amerik. Ministerium

Departure *w.* (-tscher, *engl.*) Abflug, Abflughalle (auf Flughäfen)

Dependance *w.* (depangdangß, *frz.*) 1. Nebengebäude, Zweigstelle, Niederlassung

Dependenz *w.* (*lat.*) Abhängigkeit, Eigw. **dependent**

Depersonalisation *w.* (*lat.*) Entpersönlichung, Verlust des Ich-Bewusstseins

Depesche *w.* (*frz.*) Eilnachricht, Ztw. **depeschieren**

Depigmentierung *w.* (*lat.*) Schwinden des Pigments aus Haut oder Haar

Depilation *w.* (*lat.*) Enthaarung; **depilieren** enthaaren, Haare entfernen

Deplacement *s.* (deplassmang, *frz.*) Wasserverdrängung eines Schiffs; **deplaciert, deplatziert** unangebracht, fehl am Platz

Deplantation *w.* (*lat.*) Verpflanzung (von Körpergewebe), Ztw. **deplantieren**

deplorabel (*lat.*) beklagenswert

Deponat *s.* (*lat.*) etwas, was jmd. hinterlegt hat; **Deponent** *m.* jmd., der etwas hinterlegt; **Deponie** *w.* Müllkippe; **deponieren** hinterlegen, zum Aufbewahren geben, Hptw. **Deponierung** *w.*

Deponens *s.* (*lat.*) Sprachlehre: lateinisches Zeitwort mit passiver Form, aber aktiver Bedeutung (z. B. *mori* sterben)

Depopulation *w.* (*lat.*) Entvölkerung

Deportation *w.* (*lat.*) Zwangsverschickung, Verbannung; **deportieren** zwangsweise verschicken, verbannen; **Deportierte** *m.* oder *w.* Verbannte(r)

Depositen *Mz.* hinterlegte Wertsachen, hinterlegtes Geld; **Deposition** *w.* Hinterlegung

depossedieren (*lat.-frz.*) enteignen, besitzlos machen; **Depossedierung** *w.* Enteignung

Depot *s.* (depoh, *frz.*) 1. Warenlager, Sammelstelle (z. B. für Busse, Straßenbahnen); 2. Ablagerung, Bodensatz (z. B. des Rotweins); 3. Abteilung einer Bank für die Deponierung von Wertsachen; **Depotfett** *s.* das im Unterhautgewebe gespeicherte Fett, das bei Hunger verbraucht wird; **Depotpräparat** *s.* Arzneimittel mit Langzeitwirkung; **Depotwechsel** *m.* als Sicherheit hinterlegter Wechsel

Depravation *w.* (*lat.*) Verschlechterung, Wertminderung; **depravieren** verschlechtern, verderben

Depression *w.* (*lat.*) 1. düstere, hoffnungslose Gestimmtheit; 2. Niedergang der Wirtschaft; 3. Tiefdruckgebiet; 4. Bodensenke; **depressiv** 1. schwermütig, düster; 2. im Konjunkturrückgang; **Depressi** *m.* niedergeschlagene Person (Jj.); **depriletto** schlecht drauf (Jj.); **deprimieren** verstimmen, niederdrücken, entmutigen; **deprimiert** niedergeschlagen, mutlos; **Deprimiertheit** *w.* Niedergeschlagenheit

Deprivation *w.* (*lat.*) 1. Entziehung, Vorenthaltung, Entzug (z. B. von Liebe); 2. Verlust von Fähigkeiten

De profundis (*lat.*) aus der Tiefe, aus der Not (Anfangsworte des 130. Psalms der Vulgata)

Deputat *s.* (*lat.*) 1. Sachleistungen, die zum Gehalt gehören; 2. Pflichtstundenanzahl einer Lehrkraft; **Deputation** *w.* Abordnung; **deputieren** abordnen, entsenden; **Deputierte(r)** *m.* und *w.* Abgeordnete(r), Abgesandte(r); **Deputy** (däpju-, *engl.*) Stellvertreter, stellvertretend

Derangement *s.* (derangschemang, *frz.*) Unordnung; **derangiert** (derangschihrt) in Unordnung, zerzaust

Derby *s.* (dörbi, eingedeutscht: derbi, *engl.*) 1. Pferderennen; 2. Sportereignis

deregulieren (*lat.*) ordnende, regelnde Maßnahmen außer Kraft setzen; **Deregulierung** *w.* 1. das Deregulieren; 2. Aufhebung von Gesetzen, die den global ungehinderten Austausch von Kapital, Waren und Dienstleistungen behindern

Derivat *s.* (*lat.*) 1. Abkömmling (einer chemischen Substanz, eines Worts); 2. Finanztransaktion, bei der sich Käufer und Verkäufer auf einen vorab festgelegten Preis (z. B. von Aktien) einigen; **Derivation** *w.* Ableitung; **derivativ** durch Ableitung entstanden, ableitend; **Derivativ** *s.* abgeleitetes Wort

Derm(ato)-, derm(ato)- (*gr.*) als Wortteil: Haut; **Derma** *s.* die Haut; **dermal** (*gr.*) die Haut betreffend; **Dermatitis** *w.* Hautentzündung; **Dermatol** *s.* (*Wz.*) keimtötendes Arzneimittel; **Dermatologe** *m.* Hautarzt; **Dermatologie** *w.* Lehre von den Hautkrankheiten, Eigw. **derma-**

tologisch; **Dermatoplastik** *w.* Hautverpflanzung; **Dermatose** *w.* Hautkrankheit; **Dermoplastik** *w.* 1. = Dermatoplastik; 2. Methode der Tierpräparation
Dernier Cri *m.* (dernjeh krih, *frz.*) letzter Schrei, neueste Mode
Derogation *w.* (*lat.*) Einschränkung, Schmälerung; **derogativ** aufhebend, einschränkend
Deroute *w.* (derut, *frz.*) 1. Kurssturz; 2. wilde Flucht
Derwisch *m.* (*pers.*) Mönch islamischer Bettelorden, zu deren Riten ekstatisch-religiöse Tänze gehören
Desaster *s.* (*frz.*) Unglück, Zusammenbruch, Unstern, Eigw. **desaströs**
desavouieren (desawuihren, *frz.*) 1. in Abrede stellen, ableugnen; 2. bloßstellen
desensibilisieren (*lat.*) unempfindlich machen (z. B. gegen allergieauslösende Stoffe), Hptw. **Desensibilisierung** *w.*; **Desensibilisator** *m.* Farbstoff, der Filme unempfindlich macht
Deserteur *m.* (-tör, *frz.*) Fahnenflüchtiger; **desertieren** fahnenflüchtig werden, überlaufen; **Desertion** *w.* Fahnenflucht
Déshabillé *s.* (desabijeh, *frz.*) elegantes Morgen- oder Hauskleid
desiderabel (*lat.*) wünschenswert; **Desiderat** *s.* Erwünschtes, Fehlendes
Design *s.* (disein, *engl.*) 1. (zeichnerischer) Plan, Entwurf, Modell, Muster (bes. zur Gestaltung industriell hergestellter Gegenstände); 2. die aufgrund von 1. entstandene Formgebung von etwas; **Designer** *m.* (diseiner, *engl.*) Musterzeichner, Formgestalter; **Designerbaby** *s.*, **Designermensch** *m.* menschliches Lebewesen, dessen Erbgut im Embryonalzustand durch Eliminierung unerwünschter und Implantation erwünschter Gene verändert wurde; **Designerdroge** *m.* synthetische Droge aus kommerziellen Schmerzmitteln; **Designerfood** *s.* (-fud) gentechnisch verändertes Lebensmittel, Novel Food
Designation *w.* (*lat.*) Bezeichnung, einstweilige Ernennung; **designieren** bezeichnen, bestimmen (für ein Amt)
desillusionieren (*frz.*) enttäuschen, ernüchtern, einer Vorstellung berauben, Hptw. **Desillusionierung** *w.*
desinfizieren (*lat.*) Krankheitserreger beseitigen, Hptw. **Desinfektion** *w.*, **Desinfizierung** *w.*; **Desinfiziens** *s.* (-zi'ens) Mittel zur Desinfektion (*Mz.* Desinfizienzien)
Desintegration *w.* (*lat.*) Auflösung (eines Ganzen); **desintegriert** aufgelöst, aufgespalten, unzusammenhängend
Desinteresse *w.* (*lat.*) Unbeteiligtsein, Gleichgültigkeit; **desinteressiert** uninteressiert, unbeteiligt
Desinvolture *w.* (dehsängwoltühr, *frz.*) ungezwungene Haltung, Ungeniertheit
Deskription *w.* (*lat.*) Beschreibung; **deskriptiv** beschreibend
Desktop *m.* (*engl.*) Hintergrund hinter den Bildern und Symbolen auf dem Bildschirm eines Computers, sog. Schreibtisch(platte) (EDV); **Desktop-Publishing** *s.* (-pablisching, *engl.*) komplette Bild- und Satzerstellung eines Textes am Computer (Abk. DTP)
Desmorrhexis *w.* (*gr.*) Bänderriss
desodorieren, desodorisieren (*lat.*) geruchlos machen
desolat (*lat.*) verlassen, einsam, trostlos
Desordre *w.* (*frz.*) Unordnung
Desorganisation *w.* (*lat.*) 1. Auflösung, Zerrüttung; 2. fehlende Planung; **desorganisiert** ungeordnet, schlecht geplant
desorientieren (-ori'en-, *frz.*) verwirren, falsch informieren; **desorientiert** 1. verwirrt; 2. nicht im Bilde, Hptw. **Desorientierung** *w.*
Desoxydation *w.* (*lat.-gr.*) Entzug von Sauerstoff aus chem. Verbindungen
Desoxyribonucleinsäure *w.* (-kle'in-) Träger der genetischen Information (Abk. DNS, *engl.* DNA)
despektierlich (*lat.*) geringschätzig, respektlos
Desperado *m.* (*span.*) 1. zu jeder Verzweiflungstat Entschlossener; 2. (politischer) Abenteurer
desperat (*lat.*) verzweifelt, hoffnungslos
Despot *m.* (*gr.*) Tyrann, Gewaltherrscher; **Despotie** *w.*; **Despotismus** *m.* Gewaltherrschaft, Diktatur; **despotisch** wie ein Despot
Dessert *s.* (dessähr, *frz.*) Nachtisch, Süßspeise
Dessin *s.* (dessäng, *frz.*) Muster, Muste-

rung, Zeichnung; **Dessinateur** *m.* (-tör) Musterzeichner

Dessous *Mz.* (deßuh, *frz.*) elegante Damenunterwäsche

destabilisieren (*lat.*) instabil machen, Ztw. **Destabilisierung** *w.*

De Stijl *o. A.* (– steil, *niederl.*) Gruppe von holländischen Künstlern nach dem 1. Weltkrieg, die eine elementare Erneuerung von bildender Kunst und Architektur anstrebte

Destillat *s.* (*lat.*) durch Destillation gewonnene Flüssigkeit; **Destillateur** *m.* (-tör, *frz.*) Branntweinbrenner; **Destillation** *w.* (*lat.*) Reinigung von Flüssigkeit durch Verdampfen und anschließende Rückverflüssigung; **Destille** *w.* Branntweinbrennerei, Branntweinausschank; **destillieren** verdampfen, abdampfen

Destinatar *m.* (*lat.*) Empfänger (besonders von Schiffsgütern); **Destination** *w.* Bestimmung, Bestimmungsort

Destose *w.* (*Kunstwort*) aus rohem Stärkesirup gewonnener Süßstoff

destra mano (*itl.*) Musik: mit der rechten Hand

destruieren (*lat.*) zerstören; **Destruktion** *w.* 1. Zerstörung; 2. Verwitterung, Abtragung; **destruktiv** zerstörerisch, zersetzend, Hptw. **Destruktivität** *w.*

Deszendent *m.* (*lat.*) 1. Nachkomme, Abkömmling; 2. Gestirn im Untergehen; **Deszendenz** *w.* 1. Verwandtschaft (absteigende Linie); 2. Untergang eines Gestirns

détaché (detascheh, *frz.*) Musik: unverbunden, Stakkato; **detachiert** kühl, sachlich

Detail *s.* (detaj, *frz.*) Einzelheit; **ins Detail gehen** ausführlich schildern, genau berichten; **Detailhandel** *m.* Einzelhandel; **detaillieren** aufgliedern, Einzelheiten angeben

Detektiv *m.* (*engl.*) 1. Geheimpolizist; 2. privater Ermittler; Eigw. **detektivisch**

Detektor *m.* (*lat.*) 1. Hochfrequenzgleichrichter; 2. Nachweisgerät (z. B. Lügendetektor)

Détente *w.* (detangt, *frz.*) Entspannung zwischen Staaten; **Détentepolitik** *w.* Entspannungspolitik

Detention *w.* (*lat.*) Besitz (ohne Rechtsschutz)

Detergens *s.* (*lat.*) in Waschmitteln enthaltene Stoffe, die die Oberflächenspannung des Wassers mindern und die Reinigungskraft erhöhen

Determinante *w.* (*lat.*) 1. hypothetisches Teilchen des Keimplasmas, das Keimentwicklung und Vererbung bestimmt; 2. Rechenhilfe der Algebra bei der Auflösung linearer Gleichungen; **Determination** *w.* Bedingtheit, Bestimmung, Zuordnung; **determinativ** 1. bestimmend; 2. fest entschlossen; **determinieren** bestimmen, bedingen; **Determiniertheit** *w.* Bestimmtheit, Abhängigkeit; **Determinismus** *m.* philosophische Lehre von der ursächlichen Bestimmtheit allen Geschehens und der Unfreiheit des Willens; **Determinist** *m.* Anhänger des Determinismus, Eigw. **deterministisch**

detestabel (*lat.*) abscheulich, verabscheuungswürdig

Detonation *w.* (*lat.*) 1. Knall, Entladung, Explosion; 2. (*frz.*) unreines Singen oder Spielen; **detonieren** 1. explodieren; 2. (*frz.*) den Ton unrein ansetzen

Detorsion *w.* (*lat.*) Verdrehung

Detumeszenz *w.* (*lat.*) Abnahme, Abschwellung (eines Tumors)

Deuce *s.* (djuhs, *engl.*) Gleichstand beim (Tennis-)Spiel, wenn beide Parteien jeweils drei Punkte gewonnen haben

Deus absconditus *m.* (de'us –, *lat.*) der verborgene Gott; **Deus ex Machina** *m.* der Gott aus der (Theater-)Maschine, Person in Drama oder Roman, die alle Probleme löst; **Deus otiosus** *m.* der untätige Gott, der die Welt zwar erschaffen hat, aber keinen weiteren Anteil an ihr nimmt

Deuterium *s.* (*gr.*) Wasserstoffisotop, wichtig für den Bau von Wasserstoffbomben; **Deuteron** *s.* Atomkern des Deuteriums

Deuteronomium *s.* (*gr.*) das fünfte Buch Mose

Deux-Pièces *s.* (döhpjäß, *frz.*) zweiteiliges Kleid

Devalvation *w.* (*lat.*) Entwertung, Abwertung (einer Währung); **devalvatorisch** zur Abwertung führend; **devalvieren** abwerten

Devastation *w.* (*lat.*) Zerstörung, Verwüstung, Ztw. **devastieren**

Developer *m.* (diwelloper, *engl.*) Entwicklerflüssigkeit in der Fototechnik
devestieren (*lat.*) die Priesterwürde entziehen, Hptw. **Devestitur** *w.*
Devi *o. A.* (*sanskr.*) jede weibliche Gottheit im Hinduismus, Dewi
Devianz *w.* (*lat.*) Abweichung (von einer Norm), Eigw. **deviant**
Devise *w.* (*lat.*) 1. Wahlspruch, Losung; 2. ausländisches Zahlungsmittel; **Devisenmarkt** *m.* Gesamtheit des Handels mit Devisen an der Devisenbörse
Devolution *w.* (*lat.*) Rechtsübergang auf eine andere Person oder Institution
Devon *s.* erdgeschichtlicher Zeitabschnitt des Paläozoikums, der Erdfrühzeit (nach der engl. Grafschaft Devonshire)
Devoration *w.* (*lat.*) das Verschlingen, Verschlucken, Ztw. **devorieren**
devot (*lat.*) ergeben, unterwürfig; **Devotion** *w.* Ergebenheit, Unterwürfigkeit; **Devotionalien** *Mz.* (-li'en) Gegenstände der Volksfrömmigkeit (zum Beispiel Kreuze, Rosenkränze, Heiligenbildchen)
Dextran *s.* (*Wz.*) vielverwendeter synthetischer Blutplasmaersatz; **Dextrin** *s.* (*lat.*) Stärkegummi, Klebstoff aus Stärkemehl; **Dextropur** *s.* (*Wz.*) Traubenzuckerpräparat; **Dextrose** *w.* Traubenzucker
Dextrokardie *w.* (*gr.-lat.*) Lage des Herzens in der rechten Brusthöhle
Dezennium *s.* (*lat.*) Jahrzehnt
dezent (*lat.*) zurückhaltend, unaufdringlich, Hptw. **Dezenz** *w.*
dezentral (*lat.*) vom Mittelpunkt entfernt; **Dezentralisation** *w.* Auflösung von Mittel- und Schwerpunkten (z. B. in der Verwaltung), Ztw. **dezentralisieren**
Dezernat *s.* (*lat.*) Aufgabenbereich, Amtsbereich; **Dezernent** *m.* Dezernatsleiter, Amtsleiter
Dezi-, dezi- (*lat.*) als Wortteil: ein Zehntel
Dezibel *s.* (*lat.*) der zehnte Teil des Bel, Maßeinheit für die Lärmstärke (Zeichen dB), in der Hochfrequenz Maßeinheit für die Dämpfung
dezidiert (*lat.*) entschieden, entschlossen
Dezigramm *s.* (*lat.*) $^1/_{10}$ Gramm (Abk. dg); **Deziliter** *m.* $^1/_{10}$ Liter (Abk. dl); **Dezimale** *w.* Dezimalstelle, rechts vom Komma stehende Zahl; **Dezimalklassifikation** *w.* von dem amerikanischen Bibliothekar Melvil Dewey 1876 erfundenes System zur Ordnung des gesamten Wissens in Zehnergruppen (Abk. DK); **Dezimalsystem** *s.* Zahlensystem, das auf der Zahl 10 beruht; **Dezimeter** *s.* $^1/_{10}$ Meter (Abk. dm)
Dezime *w.* (*lat.*) 1. Intervall von 10 Tönen; 2. Strophenform mit zwei Fünfzeilern
dezimieren (*lat.*) etwas stark vermindern, jmdm. starke Verluste beibringen, Hptw. **Dezimation, Dezimierung** *w.*
Dezision *w.* (*lat.*) Entscheidung; **dezisiv** entscheidend; **Dezisivstimme** *w.* (*lat.*) abstimmungsberechtigte Stimme in politischen Gremien
dg = Dezigramm
Dg = Dekagramm
Dharma *s.* od. *m.* (*sanskr.*) 1. religiöses Grundprinzip, Gesetz in der indischen Religion; 2. daseinsbedingende Kräfte, durch deren Zusammenwirken die menschliche Persönlichkeit und ihr Geschick zustande kommt
d'Hond'sches System, d'hondtsches System *s.* Berechnungsverfahren für die Sitzverteilung (z. B. im Deutschen Bundestag) bei Verhältniswahlrecht (nach dem Belgier V. d'Hondt, 1841–1901)
Dhoti *m.* (*Hindi*) Lendentuch der Inder
Di-, di- (*gr.*) als Vorsilbe: zwei, doppelt
Dia = Diapositiv
Dia-, dia- (*gr.*) als Vorsilbe: durch, hindurch
Diabas *m.* (*gr.*) Grünstein, ein vulkanisches Eruptivgestein
Diabetes *m.* (*gr.*) Harnruhr; **Diabetes mellitus** *m.* Zuckerkrankheit; **Diabetiker** *m.* Zuckerkranker, Eigw. **diabetisch**
Diabolie, Diabolik *w.* (*gr.*) teuflisches Verhalten, satanische Bosheit; **diabolisch** teuflisch, tückisch; **Diabolo** *s.* (*Kunstwort*) schwieriges Geschicklichkeitsspiel mit Doppelkegel und Handstöcken; **Diabolus** *m.* der Teufel
diachron (-kron, *gr.*) entwicklungsmäßig betrachtet; **Diachronie** *w.* Beschreibung der Sprache in ihrer Entwicklung
Diadem *s.* (*gr.*) Stirnreif, niedrige Krone
Diadochen *Mz.* (*gr.*) streitende Konkurrenten um die Nachfolge (Alexanders d.

Großen); **Diadochenkämpfe** *Mz.* Konkurrenzkämpfe um die (Amts-)Nachfolge

Diagnose *w.* (*gr.*) 1. Erkennen einer Krankheit; 2. Zustandsbeurteilung; **Diagnostik** *w.* Lehre vom Erkennen einer Krankheit; **Diagnostiker** *m.* jmd., der sich besonders auf die Diagnose versteht, Eigw. **diagnostisch**, Ztw. **diagnostizieren**

diagonal (*gr.*) schräg laufend; **Diagonal** *m.* Stoff mit deutlich schräg laufender Musterung; **Diagonale** *w.* Schräglinie, Verbindungslinie zwischen zwei nicht benachbarten Ecken eines Vierecks

Diagramm *s.* (*gr.*) Schaubild, grafische Darstellung

Diakon *m.* (*gr.*) niederer Geistlicher (kath. Kirche), Prediger (evang. Kirche); **Diakonie** *w.* Gemeindedienst der evang. Kirche; **Diakonisse** *w.* evang. Kranken- oder Gemeindeschwester

diakritisch (*gr.*) unterscheidend; **diakritisches Zeichen** Zeichen über oder unter einem Buchstaben, das die Aussprache anzeigt (z. B. *Háček*)

Dialekt *m.* (*gr.*) Mundart; **Dialektik** *w.* 1. Kunst der Gesprächs- und Beweisführung; 2. philosophische Erkenntnismethode, die sich von der (Ausgangs-)These durch die Antithese zur Synthese als Erkenntnis höherer Art bewegt; **Dialektiker** *m.* jmd., der sich auf Dialektik versteht; **dialektisch** 1. mit den Methoden der Dialektik; 2. spitzfindig

Dialer *m.* (dei-, *engl.*) unseriöses Einwahlprogramm, Computerprogramm, das eine Wählverbindung zu teuren Telefondiensten herstellt (EDV)

Dialog *m.* (*gr.*) 1. Wechselrede von zwei oder mehr Personen; 2. Frage und Antwort zwischen Benutzer und Computer (EDV); **dialogisch** in Dialogform; **dialogisieren** in Dialogform bringen; **Dialogismus** *m.* als rhetorisches Stilmittel eingesetzte Fragen des Redners an sich selbst, um sie umgehend selbst zu beantworten; **Dialogregie** *w.* Regieführung der Dialoge im Film

Dialysator *m.* (*gr.*) Gerät zur Durchführung einer Dialyse; **Dialyse** *w.* 1. Methode zur Trennung verschiedenartiger Substanzen einer chem. Verbindung; 2. Blutwäsche, Eigw. **dialytisch**

Diamant *m.* (*gr.*) 1. härtester Edelstein; 2. kleiner Schriftgrad (4 Punkt); **diamanten** aus Diamant; **diamantene Hochzeit** der 60. Hochzeitstag

Diameter *m.* (*gr.*) Durchmesser einer Kugel oder eines Kreises; **diametral** völlig entgegengesetzt; **diametrisch** den Durchmesser betreffend

Diana *w.* (*lat.*) römische Jagdgöttin

Dianoetik *w.* (-no'e-, *gr.*) die Lehre vom Denken; **dianoetisch** den Verstand betreffend

diaphan (*gr.*) durchscheinend, Hptw. **Diaphanität** *w.*, **Diaphanie** *w.*; **Diaphanbild** *s.* durchscheinendes Bild

Diaphorese *w.* (*gr.*) das Schwitzen; **diaphoretisch** schweißtreibend

Diapositiv *s.* (*gr.-lat.*) durchsichtiges Foto zur Projektion auf eine weiße Fläche; **Diaprojektor** *m.* Projektionsgerät für Dias

Diarium *s.* (*lat.*) Buch für tägliche Eintragungen, Tagesheft, Kladde

Diarrhöe, Diarrhö *w.* (*gr.*) Durchfall

Diaskop *s.* (*gr.*) alte Bez. für Diaprojektor

Diaspora *w.* (*gr.*) religiöse Minderheit in sonst andersgläubigem Gebiet

Diastole *w.* (*gr.*) 1. rhythmische Erweiterung des Herzens; 2. Dehnung kurzer Vokale aus Verszwang, Eigw. **diastolisch**

Diät *w.* (*gr.*) Krankenkost, Schonkost

Diäten *Mz.* Tagegelder und Aufwandsentschädigung für Abgeordnete

Diätetik *w.* (*gr.*) Lehre von der Ernährung und vernunftgemäßen Lebensweise, Eigw. **diätetisch**

diatherman (*gr.*) wärmedurchlässig; **Diathermie** *w.* Wärmebehandlung mit hochfrequentem Wechselstrom, der die Gewebe im Inneren des Körpers erwärmt

Diathese *w.* (*gr.*) Veranlagung für spezielle Krankheiten

Diatonik *w.* (*gr.*) aus sieben Stufen bestehendes Dur-Moll-Tonleitersystem mit Ganz- und Halbtönen, Eigw. **diatonisch**

Diatribe *w.* (*gr.*) 1. satirische Moralpredigt der antiken Wanderredner; 2. Moralpredigt in fingiertem Dialog; 3. Streitschrift

Diavolo *m.* (*itl.*) Bez. für Teufel

Dibbelmaschine *w.* (*engl.*) eine Maschine zum Dibbeln; **dibbeln** in Reihen mit großen Abständen aussäen

Dibbuk *m.* (*hebr.*) nach kabbalistischer Lehre die sündige Seele eines Toten, die als böser Geist einen Lebenden ergreift und peinigt

dichotom, dichotomisch (*gr.*) zweigeteilt, zweigliedrig; **Dichotomie** *w.* Zweigliedrigkeit, Zweiteiligkeit

Dichroismus *m.* (dikro-, *gr.*) Zweifarbigkeit, Farbwechsel von Kristallen je nach Lichteinfall; **Dichromasie** *w.* (eine Form der) Farbenblindheit; **dichromatisch** zweifarbig

Dick *m.* (*engl.*) Penis, Schwanz (umg.)

Dictionnaire *m.* (dikßionnähr, *frz.*) Wörterbuch, Lexikon

Didaktik *w.* (*gr.*) Lehre des Lehrens und Lernens; **didaktisch** 1. unterrichtskundlich; 2. belehrend, lehrhaft; **didaktisieren** Unterrichtsstoff didaktisch aufbereiten

Didgeridoo *s.* (didscheriduh) großes hölzernes Blasinstrument der austral. Ureinwohner (Herkunft unbek., viell. aus der Sprache der Aborigines)

Didymitis *w.* (*gr.*) Hodenentzündung

Diegese *w.* (di'e-, *gr.*) Erzählung, Ausführung; **diegetisch** erzählend, entwickelnd, ausführend

Dielektrikum *s.* (di'e-, *gr.*) Stoff ohne elektrische Leitfähigkeit (*Mz.* Dielektrika); **dielektrisch** nicht leitend

Dies *m.* (di'es, *lat.*) Tag; **Dies ater** *m.* schwarzer Tag, Unglückstag; **Dies Irae** *m.* (-rä) Tag des Zorns, Tag des Weltgerichts

Diese (di'e-), **Diesis** *w.* (di'e-, *gr.*) Musik: das um einen halben Ton erhöhende Kreuzzeichen in der Notenschrift

diffamieren (*lat.*) verleumden, herabsetzen; **diffamatorisch** verleumderisch, ehrenrührig, Hptw. **Diffamierung, Diffamation** *w.*

different (*lat.*) verschieden, abweichend; **Differential, Differenzial** *s.* (*lat.*) 1. sehr kleine Größe in der Differentialrechnung; 2. Kurzwort für Differentialgetriebe; **Differentialdiagnose** *w.* Abklärung einer Krankheit durch Vergleich mit ähnlichen Krankheitsbildern; **Differentialgetriebe** *s.* (*lat.*) Ausgleichsgetriebe; **Differentialquotient** *m.* Verhältnis zweier unendlich kleiner Größen; **Differentialrechnung** *w.* Gebiet der Mathematik, das sich mit der Berechnung lokaler Änderungsdaten einer mathematischen Funktion beschäftigt; **Differenz** *w.* 1. Unterschied, Fehlbetrag; 2. Meinungsverschiedenheit; **differenzieren** unterscheiden, trennen, aufgliedern; **differenziert** genau unterschieden; **Differenzierung** *w.* Ausbildung von Unterschieden; **differieren** 1. abweichen; 2. anderer Meinung sein

diffizil (*lat.*) schwierig, verwickelt, heikel, Hptw. **Diffizilität** *w.*

difform (*lat.*) missgestaltet; **Difformität** *w.* Missgestalt, Missbildung

diffrakt (*lat.*) gebrochen; **Diffraktion** *w.* Brechung des Lichts und anderer Wellen

diffundieren (*lat.*) 1. zerstreuen (von Strahlen); 2. eindringen, verschmelzen; **diffus** zerstreut, verschwommen; **Diffusion** *w.* 1. Durchdringung, Vermischung (von Gasen); 2. Zerstreuung (von Licht); **diffusiv** sich ausbreitend

digen (*gr.*) zweigeschlechtlich; **Digenie** *w.* zweigeschlechtliche Fortpflanzung

digerieren (*lat.*) ausziehen, auslaugen, verdauen

Digest *m.* (daidschest, *engl.*) Auswahl, Überblick (von Buch- und Zeitschriftenauszügen)

Digesten *Mz.* (*lat.*) Gesetzessammlung Justinians

Digestif *m.* (dische-, *lat.-frz.*) verdauungsanregendes alkoholisches Getränk, das man nach dem Essen trinkt; **Digestion** *w.* (*lat.*) 1. Verdauung; 2. Auslaugung; **digestiv** verdauungsfördernd

Digger *m.* (*engl.*) Goldgräber; Diamantensucher

Digicam = Digitalkamera

Digit *s.* (didschit, *engl.*) Ziffer einer elektronischen Anzeige

digital (*lat.*) 1. mit den Fingern, die Finger oder Zehen betreffend; 2. in Stufen erfolgend; 3. in Ziffern oder Zeichen darstellend (EDV); **Digitalaufzeichnung** *w.* Speicherung von analogen Zeichen in digitalisierter Form auf Trägern, von denen sie in analoger Form abgerufen werden können; **Digitalfernsehen** *s.* Übertragung von Fernsehsendungen mit Hilfe von Digitaltechnik; **Digitalis** *w.* 1. Fingerhut; 2. aus dem Fingerhut gewonnenes Herzmittel; **digitalisieren** 1. Daten und Informationen in Ziffern (durch binäre Zeichen) darstellen; 2. ein Analogsignal in ein digitales Signal umwandeln, Hptw. **Digitalisierung** *w.*; **Digitalkamera** *w.* Kamera, die Bilder digital speichert (z. B. auf einer Diskette); **Digitalrechner** *m.* elektronische Rechenanlage, die mit Binärzeichen arbeitet; **Digitaluhr** *w.* Uhr mit Ziffernanstelle von Zeigeranzeige (z. B. 12:00); **Digital versatile Disc** = DVD; **Digitizer** *m.* (didschitaiser, *engl.*) Gerät, das nichtdigitale Daten, z. B. handschriftliche Eingaben und Grafiken, digitalisiert; **Digitus** *m.* (*lat.*) 1. Finger; 2. Zehe

Dignität *w.* (*lat.*) Würde, Amtswürde

Digraph, Diagraf *m.* od. *s.* (*gr.*) Verbindung von zwei Buchstaben zu einem Laut (z. B. *ch* im Deutschen)

Digression *w.* (*lat.*) Abschweifung, Abweichung

Dike *w.* (*gr.*) Göttin der Gerechtigkeit

Diktaphon *s.* (*lat.-gr.*) Diktiergerät

Diktat *s.* (*lat.*) 1. das Ansagen eines Texts; 2. Nachschrift eines angesagten Texts; 3. Befehl, etwas Aufgezwungenes; **Diktator** *m.* unumschränkter Gewaltherrscher; **diktatorisch** mit uneingeschränkter Gewalt, gebieterisch; **Diktatur** *w.* Gewaltherrschaft; **diktieren** 1. einen Text zum Mitschreiben Wort für Wort sagen; 2. befehlen, aufzwingen

Diktion *w.* (*lat.*) Ausdrucksweise; **Diktum** *s.* Ausspruch

dilatabel (*lat.*) dehnbar; **Dilatation** *w.* Dehnung, Erweiterung; **Dilation** *w.* Frist, Aufschub; **dilatorisch** aufschiebend, verzögernd, hinhaltend

Dildo *m.* (*engl.*) künstlicher Penis

Dilemma *s.* (*gr.*) Zwangslage, Wahl zwischen zwei Übeln, Klemme, Eigw. **dilemmatisch**

Dilettant *m.* (*itl.*) 1. laienhafter Liebhaber einer Kunst oder Wissenschaft; 2. Pfuscher; **dilettantisch** laienhaft, unzulänglich; **Dilettantismus** *m.* 1. Liebhaberei für Kunst oder Wissenschaft; 2. Unzulänglichkeit, Pfuscherei; **dilettieren** etwas als Liebhaberei betreiben

Diligence *w.* (dilischangß, *frz.*) Postkutsche

diluendo (-lu'e-, *lat.*) Musik: verlöschend, immer leiser werdend

Diluvium *s.* (*lat.*) alte Bez. für Pleistozän, Eiszeitalter, Eigw. **diluvial**

Dime *m.* (deim, *engl.*) 10-Cent-Münze in den USA

Dimension *w.* (*lat.*) 1. Ausdehnung; 2. Größenordnung; **dimensional** die Ausdehnung betreffend; **dimensionieren** abmessen, in den Dimensionen festlegen

Dimeter *m.* (*gr.*) zweifüßige Verseinheit

diminuendo (-nu'e-, *itl.*) Musik: abnehmend, langsamer

Diminutiv, Diminutivum *s.* (*lat.*) Sprachlehre: Verkleinerungsform; **diminutiv** verkleinernd

Dimission = Demission

Dimmer *m.* (*engl.*) stufenloser Helligkeitsdämpfer, Ztw. **dimmen**

dimorph (*gr.*) zweigestaltig; **Dimorphismus** *m.* Zweigestaltigkeit

DIN (*Wz.*) 1. Kurzwort für *D*eutsche *I*ndustrie-*N*orm; 2. Maßeinheit für die Lichtempfindlichkeit von Filmen

Dinar *m.* (*lat.*) Währungseinheit des früheren Jugoslawien u. anderer Länder

Diner *s.* (dein-, *engl.*) Esslokal, Restaurant

Diner *s.* (dineh, *frz.*) 1. Mittagessen; 2. Festessen; **dinieren** zu Mittag essen; festlich speisen

Dingi *s.* (*Hindi*) kleines Beiboot

Dingo *m.* (*austral.*) australischer Wildhund

Diningroom *m.* (deiningruhm, *engl.*) Esszimmer, Speisesaal

Dinks *Mz.* (aus *engl.* *d*ouble *i*ncome *n*o *k*ids) Paare ohne Kinder mit doppeltem Einkommen

Dinner *s.* (*engl.*) 1. Hauptmahlzeit in England; 2. festliches Essen; **Dinnerjacket** *s.* (-dschäckit) engl. Bez. für Smoking; **dinnern** essen gehen (Jj.)

Dinosaurier (-ri'er), **Dinosaurus** *m.* (*gr.*) ausgestorbene Riesenechse des Mesozoikums

Diode *w.* (*gr.*) Zweipolröhre

Diolen *s.* (*Wz.*) eine Polyesterfaser

Dionysien *Mz.* (-si'e-, *gr.*) Feste zu Ehren des Gottes Dionysos im antiken Griechenland; **dionysisch** rauschhaft, wild, ekstatisch

Diopter *s.* (*gr.*) Visiereinrichtung; **Dioptrie** *w.* Maßeinheit für die lichtbrechende

Kraft einer Linse; **dioptrisch** lichtbrechend

Diorama *s.* (*gr.*) plastisch wirkendes Bild im Schaukasten

Dioskuren *Mz.* (*gr.*) die Zwillingsgötter Kastor und Pollux als Sinnbild unzertrennlicher Freunde

Diotima *w.* (*gr.*) Priesterin in Platons Gastmahl, Sinnbild weiblicher Liebe

Dioxin *s.* (*gr.*) hochgiftige Verbindung aus Chlor und Kohlenwasserstoff

Diözese *w.* (*gr.*) Amtsbezirk eines kath. Bischofs

Dip *m.* (*engl.*) kalte Soße zum Eintunken von Gemüsestücken u. a., Ztw. **dippen**

Diphtherie, Diphtheritis *w.* (*gr.*) Infektionskrankheit der Luftwege; **diphtheroid** diphtheritisartig

Diphthong *m.* (*gr.*) Doppellaut, zwei zu einem Laut verbundene Vokale (z. B. ei)

diploid (*gr.*) mit zwei Chromosomensätzen versehen

Diplokokken *Mz.* (*gr.*) paarweise zusammenhaftende Kugelbakterien

Diplom *s.* (*gr.*) Urkunde über eine bestandene Abschlussprüfung; **Diplomand** *m.* Student, der sich auf seine Diplomprüfung vorbereitet; **Diplomat** *m.* 1. Vertreter eines Staates im Ausland, höherer Beamter im auswärtigen Dienst; 2. kluger Taktiker; **Diplomatie** *w.* 1. Gesamtheit der Diplomaten; 2. Verhandlungstaktik, Verhandlungsgeschick; **Diplomatik** *w.* Urkundenforschung; **Diplomatiker** *m.* Urkundenforscher; **diplomatisch** 1. die Diplomatie und/oder den Diplomaten betreffend, urkundlich; 2. taktisch klug; **Diplomatisches Korps** (– kohr) Gesamtheit der bei einer Regierung beglaubigten diplomatischen Vertreter (Abk. CD); **diplomieren** ein Diplom erteilen

Dipodie *w.* (*gr.*) metrische Einheit aus zwei Versfüßen (z. B. zwei Jamben oder zwei Trochäen)

Dipol *m.* (*gr.*) Vorrichtung mit zwei gleich großen elektrischen Ladungen oder zwei entgegengesetzten Polen

dippen = Dip

Diptychon *s.* (*gr.*) zweiteiliges, zusammenklappbares Bild

Direct Banking *s.* (dei- bänk-, *engl.*) Erledigung von Bankgeschäften mit Hilfe der Telekommunikation; **Direct Mailing** *s.* (– mehl-) Briefwerbung, Postwurfsendung; **Direct Marketing, Direktmarketing** *s.* Ausrichtung von Warenangebot und Werbung eines Unternehmens direkt auf bestimmte Zielgruppen

Directoire *s.* (direktoar, *frz.*) 1. Kunststil zur Zeit des Direktoriums in Frankreich, Form des Klassizismus; 2. Direktorium (2.)

Director's Cut *m.* (dei- katt, *engl.*) vom Regisseur eines Films autorisierte Fassung, die oft von der im Kino gezeigten Fassung eines Films abweicht

direkt (*lat.*) 1. unmittelbar, sofort; 2. geradezu, schnörkellos; **direkte Rede** wörtliche Wiedergabe eines Gesprächs; **Direktion** 1. Vorstand, Geschäftsleitung, Verwaltung; 2. Richtung; **Direktive** *w.* Anleitung, Verhaltensmaßregel; **Direktmandat** *s.* Abgeordnetensitz aufgrund von Persönlichkeits-, nicht Listenwahl; **Direktor** *m.* Leiter eines Unternehmens, eines Amtes oder einer Schule; **Direktorat** *s.* Direktoramt, Eigw. **direktorial**; **Direktorium** *s.* 1. Geschäftsleitung, Vorstandsgruppe; 2. oberste Staatsbehörde in Frankreich i. d. Zeit von 1795 bis 1799; **Direktrice** *w.* (-trïß, *frz.*) Leiterin einer Modewerkstätte, Abteilungsleiterin in der Bekleidungsindustrie

Dirigent *m.* (*lat.*) Leiter eines Orchesters; **dirigieren** 1. lenken, steuern; 2. ein Orchester leiten; **Dirigismus** *m.* Wirtschaftssystem mit hohem Staatseinfluss, Eigw. **dirigistisch**

Dirttrack-Rennen = Speedwayrennen

dirty (dör-, *engl.*) 1. süchtig, drogenabhängig; 2. polizeil. registriert

Dis-, dis- (*lat.*) als Vorsilbe: auseinander, zwischen

Disagio *s.* (-ahdscho, *itl.*) Unterschied zwischen dem Nennwert von Wertpapieren oder Devisen und dem niedrigeren Kurswert

Discjockey = Diskjockey

Discman *m.* (*Wz.*) tragbarer CD-Player

Disco = Disko

Discounter *m.*, **Discountgeschäft** *s.*, **Discountladen** *m.* (diskaunt-, *engl.*) Laden, in dem Markenartikel und andere Waren zu einem besonders hohen Rabattsatz verkauft werden, Billigwarenladen

discreto, con discrezione (*itl.*) Musik: vorsichtig, verhalten

Disease-Management-Programme *Mz.* (-sihsmänedsch-, *engl.*) (verpflichtende) systematische Behandlungsprogramme für chronisch Kranke

Disengagement *s.* (dißingehdschment, *engl.*) Politik der Entspannung zwischen gegnerischen Mächten durch Truppenverminderung und andere konfliktvermeidende Maßnahmen

Diseur *m.* (disör), **Diseuse** *w.* (disös, *frz.*) Sprecher(in), Vortragskünstler(in) im Kabarett

Disharmonie *w.* (*gr.*) 1. Missklang; 2. Uneinigkeit, Unstimmigkeit; **disharmonisch** 1. misstönend; 2. uneinig, schlecht zusammenpassend

disjunkt (*lat.*) getrennt, gegensätzlich; **Disjunktion** *w.* 1. Trennung, Trennungsvorgang; 2. einander ausschließende Aussagen; **disjunktiv** gegensätzlich, einander ausschließend

Diskant *m.* (*lat.*) 1. Oberstimme, hohe Tonlage eines Instruments; 2. Schrillheit einer Stimme beim Sprechen; 3. obere Hälfte der Klaviatur

Diskette *w.* scheibenförmiger externer Speicher (EDV)

Diskjane, DJane *w.* (dihdschehn, *engl.*) weibl. Diskjockey

Disko, Diskothek *w.* (*gr.-engl.*) 1. Tanzlokal mit Musik (von Schallplatten); 2. Tonträgerarchiv; **Diskofox** *m.* moderner Foxtrott, der zu Diskomusik getanzt wird; **Diskjockey** (-dschokkeh) jmd., der in einer Diskothek oder im Radio ein Musikprogramm bestreitet und kommentiert, Deejay, DJ; **Diskolook** *m.* (-luck,) spezielle Mode mit auffälligen Farben und glänzenden Stoffen; **Diskomusik** *w.* Musik mit einfacher schneller Rhythmik, zu der man tanzen kann

Diskont *m.* (*itl.*) Zinsabzug bei Zahlung noch nicht fälliger Summen; **diskontieren** Wechsel vor dem Fälligkeitstermin gegen Zinsabzug kaufen, Hptw. **Diskontierung** *w.*

diskontinuierlich (*lat.*) unterbrochen, nicht fortdauernd; **Diskontinuität** *w.* unterbrochener Vorgang

Diskoqueen *w.* (-kwihn, *engl.*) wegen ihres Aussehens und Tanzens vom Diskopublikum bewunderte junge Frau; **Diskoroller** *m.* in den 1980er Jahren moderner, durch Neonfarben auffallender, schneller Rollschuh; **Diskosound** *m.* (-ßaund) der für Diskomusik typische Sound, zu dem sich gut tanzen lässt

diskordant (*lat.*) nicht übereinstimmend, uneinig; **Diskordanz** *w.* Missklang, Uneinigkeit

Diskothek = Disko

diskreditieren (*lat.*) verdächtigen, in Verruf bringen

diskrepant (*lat.*) uneinig, zwiespältig, abweichend; **Diskrepanz** *w.* Zwiespältigkeit, Unstimmigkeit, Abweichung

diskret (*lat.*) 1. verschwiegen, taktvoll, zurückhaltend; 2. isoliert, vereinzelt (von Zahlenwerten); **Diskretion** *w.* Verschwiegenheit, Zurückhaltung

diskriminieren (*lat.*) herabsetzen, benachteiligen; **Diskriminierung** *w.* Herabsetzung, Benachteiligung

Diskurs *m.* (*lat.*) Gespräch, Auseinandersetzung, Erörterung; **diskursiv** fortschreitend, erschließend

Diskus *m.* (*gr.*) Wurfscheibe

Diskussion *w.* (*lat.*) Erörterung, Meinungsaustausch; **diskutabel** erörternswert, in Frage kommend; **diskutieren** erörtern, besprechen

Dislokation *w.* (*lat.*) Verlagerung, Verschiebung; **dislozieren** verschieben, die Lage verändern

Dispache *w.* (-pasch, *frz.*) Kostenverteilung bei Havarie eines Schiffes

disparat (*lat.*) ungleichartig, unvereinbar; **Disparität** *w.* Ungleichheit, Verschiedenheit

Dispatcher *m.* (dispätscher, *frz.*) Manager des Produktionsprozesses in Großbetrieben

Dispens *m.*, **Dispensation, Dispensierung** *w.* (*lat.*) Befreiung, Entpflichtung; **dispensieren** von einer Verpflichtung befreien, beurlauben

Dispersion *w.* (*lat.*) 1. Brechung des Lichts in verschiedene Farben; 2. feinste Verteilung eines Stoffs in einem anderen;

3. Abhängigkeit der Ausbreitungsgeschwindigkeit einer Welle von ihrer Länge; **Dispersionsfarbe** *w.* pigmentierte Anstrich- od. Künstlerfarbe, die mit Wasser verdünnbar, nach dem Trocknen aber wasserunlöslich ist, Binderfarbe

Displaced Persons *Mz.* (-plehst pörßens, *engl.*) ausländische Zwangsarbeiter in Deutschland während des Zweiten Weltkriegs (Abk. D. P.)

Display *s.* (-pleh, *engl.*) 1. Blickfangwerbung im Schaufenster; 2. optische Datenanzeige an elektronischen Geräten (EDV)

Disponenden *Mz.* (*lat.*) vom Buchhändler nicht verkaufte, dem Buchhandel weiterhin zur Verfügung stehende Bücher; **Disponent** *m.* Angestellter mit besonderen Vollmachten; **disponibel** verfügbar, Hptw. **Disponibilität** *w.*; **disponieren** verfügen, anordnen, planen; **disponiert** aufgelegt, gelaunt; **Disposition** *w.* 1. Einteilung, Anordnung; 2. Neigung zu Krankheiten; 3. Plan, Aufriss; 4. Verfügung; 5. Stimmung; **zur Disposition** 1. zur Verfügung; 2. einstweilen im Ruhestand; **Dispositionsfonds** *m.* (-fong) Posten in einem öffentl. Haushalt, über den von der Verwaltung frei verfügt werden kann; **Dispositionskredit** *m.* Überziehungskredit; **dispositiv** anordnend, verfügend

Disproportion *w.* (*lat.*) Missverhältnis; **disproportional, disproportioniert** ungleich, im Missverhältnis stehend

Disput *m.* (*lat.-frz.*) Redestreit; **disputabel** strittig; **Disputant** *m.* Teilnehmer am Disput; **Disputation** *w.* (wissenschaftliches) Streitgespräch; **disputieren** erörtern, sich auseinandersetzen; **Disputierer** *m.* Rechthaber

disqualifizieren (*lat.*) 1. wegen Regelverletzung vom Wettbewerb ausschließen; 2. für untauglich erklären, Hptw. **Disqualifizierung, Disqualifikation** *w.*

Dissemination *w.* (*lat.*) Ausbreitung, Verbreitung (von Krankheitserregern); **disseminieren** ausstreuen, verbreiten

dissen diskriminieren (Jj.)

Dissens *m.* (*lat.*) Meinungsverschiedenheit; **dissentieren** anders denken, anderer Meinung sein; **Dissenting Vote** *s.* (– woht, *engl.*) Veröffentlichung der Minderheitenmeinung (eines Gerichts)

Dissertation *w.* (*lat.*) Doktorarbeit; **dissertieren** eine Doktorarbeit anfertigen

Dissident *m.* (*lat.*) 1. Freidenker; 2. (*russ.*) jmd., der mit der offiziellen politischen Doktrin nicht übereinstimmt; **dissidieren** 1. anders denken; 2. aus einer Kirche austreten

Dissimilation *w.* (*lat.*) 1. Umwandlung eines Lautes in der sprachgeschichtlichen Entwicklung (z. B. *Köder* aus mhd. *kerder*); 2. Abbau der durch Assimilation gewonnenen Körperstoffe, Ztw. **dissimilieren**

Dissimulation *w.* (*lat.*) bewusste Verheimlichung, Verstellung, Ztw. **dissimulieren**

Dissipation *w.* (*lat.*) Umwandlung anderer Energieformen in Wärme; **dissipieren** zerstreuen, umwandeln

dissolubel (*lat.*) löslich, auflösbar; **dissolvieren** auflösen

dissonant (*lat.*) misstönend, unharmonisch; **Dissonanz** *w.* 1. Missklang; 2. Misston, Unstimmigkeit; **dissonieren** nicht zusammenstimmen

Dissoziation *w.* (*lat.*) 1. Zerfall von Molekülen; 2. Auflösung von Bewusstseinszusammenhängen (z. B. bei Halluzinationen oder unter Drogeneinfluss), Ztw. **dissoziieren**

Disstress *m.* (*gr.-engl.*) lang andauernder starker Stress

distal (*lat.*) von der Körpermitte am weitesten entfernt; **Distanz** *w.* 1. Abstand; 2. Reserviertheit; **distanzieren** jmdn. im Wettkampf hinter sich lassen, Distanz einlegen; **sich distanzieren** von jmdm. oder etwas abrücken; **distanziert** zurückhaltend

distich (*gr.*) in zwei gegenüberliegenden Reihen angeordnet (z. B. Farnblätter); **Distichon** *s.* Verspaar aus Hexameter und Pentameter

distinguiert (distingihrt, *lat.-frz.*) vornehm; **distinkt** deutlich unterschieden; **Distinktion** *w.* Vornehmheit, hoher Rang; **distinktiv** unterscheidend; auszeichnend

Distorsion *w.* (*lat.*) 1. Verstauchung; 2. optisch verzerrender Abbildungsfehler

distrahieren (*lat.*) strecken, auseinanderziehen; **Distraktion** *w.* 1. (Teil der) Be-

handlung von Knochenbrüchen; 2. Zerrung der Erdkruste (z. B. durch Erdbeben); 3. Auseinanderziehen, Streckung
distribuieren (*lat.*) verteilen; **Distribution** *w.* Verteilung; **distributiv** verteilend
Distrikt *m.* (*lat.*) Bezirk, Bereich
Diszession *w.* (*lat.*) Weggang, Übertritt (z. B. in eine andere Partei)
Disziplin *w.* (*lat.*) 1. Unterordnung, bewusste Einordnung; 2. wissenschaftliches Fachgebiet; 3. Teilbereich des Sports; **Disziplinargewalt** *w.* Ordnungsgewalt; **disziplinarisch** der Dienstordnung gemäß; **disziplinieren** zur (Ein-)Ordnung erziehen; **diszipliniert** sich ein- oder unterordnend, beherrscht
dithyrambisch (*gr.*) hymnisch, überschwänglich; **Dithyrambus** *m.*, **Dithyrambe** *w.* Lobeshymne
dito (*itl.*) gleichfalls, ebenso (Abk. do., dto.)
Diurese *w.* (*gr.*) Harnausscheidung; **diuretisch** harntreibend; **Diuretikum** *s.* harntreibendes Mittel
Diurnal, Diurnale *s.* (*lat.*) Gebetbuch der kath. Geistlichen
Diva *w.* (*lat.*) 1. gefeierte Künstlerin, Star; 2. jmd., der sich mimosenhaft und extravagant verhält
divergent, divergierend (*lat.*) auseinandergehend, voneinander abweichend; **Divergenz** *w.* Auseinanderstreben, Meinungsverschiedenheit; **divergieren** auseinanderstreben, verschiedener Meinung sein
divers (*lat.*) verschieden; **Diversant** *m.* (*russ.*) Störer, Saboteur im kommunistischen Sprachgebrauch; **Diverses** *s.* Verschiedenes, Allerlei; **Diversifikation** *w.* Produkterweiterung eines Unternehmens, Ztw. **diversifizieren**; **Diversität** *w.* Vielfalt, Mannigfaltigkeit
Diversity *w.* (deiwörsiti, *engl.*) Vielfalt, Vielfältigkeit in kultureller ethnischer, sprachlicher, religiöser Hinsicht, wie sie für moderne Gesellschaften bezeichnend ist; **Cultural Diversity** *w.* (kaltscherel –) kulturelle Vielfalt; **Diversity Management** *s.* (– mänedsch-) Management in Wirtschaft, Verwaltung und Politik, das die kulturelle und sprachliche Vielfalt einer Gesellschaft bewusst fördern und nutzen will (z. B. in der Personalpolitik)
Divertimento (*itl.*), **Divertissement** *s.* (-tißmang, *frz.*) heiteres Stück; suitenartige Komposition; Zwischenspiel in der Oper
divide et impera! (*lat.*) teile und herrsche!, trenne deine Gegner, um sie einzeln besser beherrschen zu können
Dividend *m.* (*lat.*) die zu teilende Zahl, Zähler, im Ggs. zu Divisor; **Dividende** *w.* Gewinnanteil, der auf eine Aktie entfällt; **dividieren** teilen
Divination *w.* (*lat.*) Ahnung; **divinatorisch** seherisch, prophetisch; **Divinität** *w.* Göttlichkeit, Gottheit; **Divus** *m.* der (nach seinem Tod) zum Gott Erhobene, Titel römischer Kaiser
Divis *s.* (*frz.*) Bindestrich, Teilungszeichen; **divisibel** (*lat.*) teilbar; **Division** *w.* 1. Grundrechenart des Teilens; 2. Truppenverband; **Divisor** *m.* Teiler, Nenner, im Ggs. zu Dividend
divorced, beheaded, died (diworßt, bihedid, deid, *engl.*) engl. Abzählreim: geschieden, geköpft, gestorben, was sich auf die Ehefrauen von Heinrich VIII. bezieht (von Katharina von Aragon ließ sich der engl. König scheiden, Anne Boleyn ließ er köpfen, und Jane Seymour sowie drei weitere Ehefrauen starben eines natürlichen Todes)
Diwan *m.* (*pers.*) 1. ehem. türkischer Staatsrat; 2. Bettsofa; 3. orientalische Gedichtsammlung
dixi (*lat.*) ich habe gesprochen (als Schlusswort)
Dixieland *s.* (-länd, *engl.*) 1. Bezeichnung für die Südstaaten der USA; 2. *m.* Jazzstil, Nachahmung des New-Orleans-Jazz durch weiße Musiker
dizygot (*gr.*) zweieiig (von Zwillingen)
DJ = Diskjockey
DJane = Diskjane
Djihad = Dschihad
DK = Dezimalklassifikation
dkg = Dekagramm
dl = Deziliter
dm = Dezimeter
DNA, DNS = Desoxyribonucleinsäure
DNS = Domain Name System
do. = dito

docendo discimus (-zen- -zi-, *lat.*) durch Lehren lernen wir
Dock *s.* (*engl.*) Anlage zum Trockenlegen der Schiffe; **docken** Schiffe ins Dock legen; **Docker** *m.* Dockarbeiter
Dodekaeder (-ka'e-, *gr.*) ein von 12 Flächen begrenzter Körper; **Dodekagon** *s.* Zwölfeck; **Dodekaphonie** *w.* Zwölftontechnik in der Musik, atonale Musik
Dogaressa *w.* (*itl.*) Frau des Dogen
Dogcart *m.* (dogkahrt, *engl.*) offener, zweirädriger Jagdwagen
Doge *m.* (dohsche, *itl.*) Oberhaupt der ehemaligen Republik Venedig
Dogge *w.* (*engl.*) sehr alte und weitverbreitete, große schlanke (Jagd-)Hunderasse
Dogma *s.* (*gr.*) Glaubenssatz, verbindliche Lehrmeinung, Aussage, die den Anspruch auf absolute Gültigkeit erhebt (*Mz.* Dogmen); **dogmatisch** 1. die Lehrsätze betreffend; 2. engstirnig, starr; **dogmatisieren** zum Dogma erheben; **Dogmatismus** *m.* 1. Denken auf der Grundlage von Dogmen; 2. Verzicht auf selbständiges Denken
Dogskin *s.* (*engl.*) Handschuhleder aus kräftigem Schafleder
do it yourself (du itt jurßelf, *engl.*) mach es selbst; **Do-it-yourself-Bewegung** eine von den USA ausgehende Massenbewegung, die eigene handwerkl. Arbeiten propagierte
Dokimasie *w.* (*gr.*) Prüfung, Untersuchung; **Dokimasiologie, Dokimastik** *w.* Prüfkunst, Lehre von der Prüfung (z. B. der Erze); **Dokimastikum** *s.* Probeschrift, Probestück, Eigw. **dokimastisch**
Doktor *m.* (*lat.*) 1. akademischer Titel auf der Basis einer Doktorarbeit; 2. jmd., der den Doktortitel besitzt (Abk. Dr.); 3. Arzt; **Doktorand** *m.* jmd., der an seiner Dissertation arbeitet; **Doktorat** *s.* Doktorwürde; **doktorieren** = promovieren
Doktrin *w.* (*lat.*) 1. verbindlicher Grundsatz; 2. politisches Programm; **doktrinär** auf eine Doktrin festgelegt, starr, einseitig; **Doktrinär** *m.* starrer Verfechter von Lehrmeinungen
Doku *w.* Kurzwort für Dokumentation; **Dokudrama** *s.* Mischung aus Dokumentar- und Spielfilm, in dem historische Situationen quasidokumentarisch von Schauspielern nachgespielt werden; **Dokument** *s.* (*lat.*) 1. Urkunde, Beweisstück; 2. Information in Form von Text, Grafik, Bild, Video, Audio im World Wide Web; **dokumentarisch** 1. urkundlich beglaubigt, amtlich; 2. belegt, bewiesen; **Dokumentarfilm** *m.* nichtfiktionaler Film, der Personen, Ereignisse und Themen der Zeitgeschichte dokumentiert; **Dokumentarspiel** *s.* Theater- und Fernsehgattung, die historische Situationen als Tatsachenspiel inszeniert; **Dokumentation** *w.* Beweisführung durch Dokumente, Beurkundung, Sammlung und Auswertung von Dokumenten aller Art; **dokumentieren** belegen, beweisen; **Dokusoap** *w.* (-sohp, *engl.*) an die Seifenoper angelehntes Fernsehgenre, in dem Szenen aus dem Alltag einer Gruppe od. eines Protagonisten gezeigt werden
Dolby *s.* (*Wz.*) Verfahren zur Unterdrückung von Störgeräuschen bei der Tonaufzeichnung und -wiedergabe (nach Ray M. Dolby, dem Gründer der Dolby-Laboratorien)
dolce (doltsche), **dolciato** (doltschato, *itl.*) Musik: sanft, süß, lieblich; **Dolcefarniente** *s.* (-ni'en-) süßes Nichtstun; **Dolce Vita** *w.* (doltsche wita) Luxusleben, Genussleben, Müßiggängertum
dolente (*itl.*) Musik: klagend
dolieren = dollieren
Doline *w.* (*slow.*) durch versickernde Wasser gebildeter Erdtrichter, bes. im Karstboden
Dollar *m.* (*engl.*) Währungseinheit in den USA, in Kanada u. a. Ländern
dollieren (*frz.*) Leder dünn schaben (für Handschuhe)
Dolly *m.* (*engl.*) Kamerawagen
Dolman *m.* (*türk.*) Husarenjacke
Dolmen *m.* (*breton.-frz.*) prähistorische tischförmig gebaute Grabkammer aus Steinen
dolmetschen (*türk.*) (mündlich) zwischen zwei Partnern verschiedener Sprachen vermitteln; **Dolmetscher** *m.* berufsmäßiger Übersetzer
Dolomit *m.* Sedimentgestein mit charakteristischen Verwitterungsformen (nach dem frz. Mineralogen D. G. de Dolomien,

1750–1801); **Dolomiten** *Mz.* Teil der südlichen Alpen

doloroso (*itl.*) Musik: schmerzlich, wehmütig

dolos (*lat.*) arglistig, betrügerisch

Dom *m.* 1. (*lat.*) Bischofskirche; 2. (*frz.*) Haube, Aufsatz (z. B. auf Dampfkesseln); 3. (*port.*) Herr, portugies. Titel

Domain *w.* (domehn, *engl.*) 1. Internetadresse; 2. Länderkennung im Internet (z. B. *de* für Deutschland); **Domain Name System** *s.* (– nehm sistem) hierarchische Datenbank zur Vergabe, Organisation und Verwaltung der Adressen im Internet (Abk. DNS)

Domäne *w.* (*frz.*) 1. staatliches Gut; 2. Sparte, Arbeitsgebiet

Domestik, Domestike *m.* (*lat.*) gefügiger Dienstbote (umg.); **Domestikation** *w.* Zähmung zum Haustier; **domestizieren** zähmen

Domina *w.* (*lat.*) 1. Herrin, Stiftvorsteherin; 2. im Sadomasochismus die Sadistin; **dominant** vorherrschend, bestimmend, Hptw. **Dominanz** *w.*; **Dominante** *w.* 1. der fünfte Ton der diachronen Tonleiter (Quinte); 2. vorherrschendes, bestimmendes Merkmal; **dominieren** beherrschen, vorherrschen

Dominikaner *m.* Angehöriger des im 13. Jh. in Frankreich durch den kastilischen Priester Dominikus (1170–1220) gegr. Predigerordens

Dominion *s.* (dominjen, *engl.*) Teil des ehemal. britischen Weltreichs mit eigener Regierung

Domino *m.* (*itl.*) Maskenmantel und Träger des Kostüms; **Domino** *s.* Anlegespiel mit Steinen; **Dominoeffekt** *m.* Kettenreaktion; **Dominotheorie** *w.* die für die US-amerik. Nachkriegspolitik maßgebliche These, dass, wenn ein Land (bes. in Südostasien) kommunistisch würde, die Nachbarländer wie Dominosteine eins nach dem anderen umkippen würden

Dominus (*lat.*) Herr, Gebieter; **Dominus vobiscum** der Herr sei mit euch!, Gruß des kath. Priesters an die Gemeinde (in der lateinischen Liturgie)

Domizil *s.* (*lat.*) Wohnsitz

Dompteur *m.* (dongtör, *frz.*) Tierbändiger; **Dompteuse** (-tös) Tierbändigerin

Don *m.* (*span.-itl.*) Herr; **Doña** *w.* (donja, *span.*) Frau (als span. Anrede vor Vornamen); **Donna** *w.* (*itl.*) Titel für weibliche Adlige in Italien

Donatar *m.* (*lat.*) Empfänger einer Schenkung; **Donation** *w.* Schenkung; **Donator** *m.* Schenker, Stifter; **Donum** *s.* Geschenk, Schenkung

Döner, Dönerkebab *m.* (*türk.*) Kebab aus stark gewürztem (Hammel-)Fleisch, das an einem senkrecht stehenden Drehspieß gebraten wird

Donjon *m.* (dongschong, *kelt.-frz.*) Hauptturm der normann.-franz. Burg, Bergfried

Don Juan *m.* (– chu-, *span.*) Frauenheld, Verführer

Donkey *m.* (donki, *engl.*) 1. Esel; 2. kleine Hilfsmaschine für Schiffe

Donna = Don

Donquichotterie *w.* (-kischotterie) weltfremdes, zum Scheitern verurteiltes Unterfangen (nach dem spanischen Roman «Don Quichotte» von Cervantes)

Donut *m.* (dohnat, *engl.*) süßes ringförmiges Hefeteilchen, Krapfen

doodeln (duh-, *engl.*) nebenbei kritzeln (z. B. beim Telefonieren)

Doom *s.* (duhm, *engl.*) seit 1993 in drei Staffeln hergestelltes Computerspiel, das als Meilenstein der sog. Ego-Shooter-Spiele gilt

Doorkeeper, Doorman *m.* (dohrkihper, -män, *engl.*) Portier

Dope *s.* (dohp, *niederl.-engl.*) Rauschgift; **dopen** durch (verbotene) anregende Mittel die sportlichen Leistungen erhöhen, Hptw. **Dopen, Doping** *s.*; **Dopingkontrolle** *w.* Untersuchung von Harn- und Speichelproben auf Dopingsubstanzen

Dorade *w.* (*frz.*) Makrelenfisch, Goldmakrele

Dorado = Eldorado

dorisch zum altgriech. Stamm der Dorer gehörig; **dorische Säule** *w.* sich nach oben verjüngende, mit drei Ringen unter dem Kapitell abschließende Säule ohne Fuß (z. B. am Parthenon); **dorische Tonart** *w.* altgriech. erste Kirchentonart

Dormitorium *s.* (*lat.*) großer Schlafsaal, Gemeinschaftsschlafsaal in Klöstern

dorsal (*lat.*) zum Rücken gehörig; **Dorsal** *s.* mit dem Rücken der Zunge gebildeter Laut, Dorsallaut (z. B. *g, k*); **Dorsale** *s.* Rückwand des Chorgestühls; **dorsoventral** in der Richtung Rücken–Bauch liegend

DOS = MS-DOS

dos à dos (dos a do, *frz.*) Rücken an Rücken

Dos and Don'ts *Mz.* (duhs änd –, *engl.*) Benimmregeln, das, was man tun bzw. unterlassen soll, bes. in interkulturellen Begegnungen

dosieren (*gr.*) bemessen, zuteilen; **Dosis** *w.* kleine, zugemessene Menge (einer Arznei)

Dossier *s.* (dossjeh, *frz.*) Aktenstück, das alle zu einer Sache gehörigen Schriftstücke enthält

Dot *m.* (*engl.*) Punkt in E-Mail- und Internetadressen; **Dotcom** *s.*, **Dotcomfirma** *w.* Internetunternehmen (EDV)

Dotation *w.* (*lat.*) Schenkung, Ausstattung; **dotieren** mit Geld ausstatten

Douane *w.* (duan, *frz.*) Zoll, Zollamt; **Douanier** *m.* (duanjeh) Zollbeamter, Zöllner

Double *s.* (duhbl, *frz.*) Ersatzdarsteller (z. B. im Film), Ztw. **doubeln**

Doublebind *s.* (dabbelbeind, *engl.*) gleichzeitige, gleich starke Bindungen an widersprüchliche Informationen oder Gefühlsäußerungen einer anderen Person; **Doubleface** *s.* (-fehß) zweiseitig zu tragendes Gewebe (z. B. bei Kleidungsstücken); **Doublefeature** *s.* (-fietscher) zwei Spielfilme in einer Vorstellung

Doublé, Dublee *s.* (*frz.*) unedles Metall, das mit einer dünnen Schicht Edelmetall überzogen ist, Ztw. **doublieren**

Doublette = Dublette

Doupion *m.* (dupjong, *frz.*) der Rohseide nachgeahmtes Mischgewebe, meist aus Kunstseide und Zellwolle

do ut des (*lat.*) ich gebe, damit du gibst, eine Hand wäscht die andere

Dow-Jones-Index *m.* (daudschohns-, *engl.*) Index der Durchschnittskurse von dreißig Aktien an der New Yorker Börse

down (daun, *engl.*) niedergedrückt, niedergeschlagen; **downlow** (-loh) 1. schlecht drauf; 2. gelassen, cool (Jj.)

Downing Street *w.* (dauning striht, *engl.*) Straße in London, Amtssitz des britischen Premierministers

Download *m.* od. *s.* (-lohd, *engl.*) der Vorgang, mit dem aus dem Internet Dateien heruntergeladen werden; **downloaden** herunterladen (EDV)

downlow = down

Downsizing *s.* (daunseis-, *engl.*) Verkleinerung, Verringerung; Gesundschrumpfung

Down-Syndrom *s.* (*engl.*) angeborene geistige Behinderung durch Chromosomenfehlentwicklung, Mongolismus

Downtown *w.* (-taun, *engl.*) amerik. Bezeichnung für Stadtzentrum, Geschäftsviertel, Innenstadt

Doxale *s.* (*gr.*) Chorgitter; **Doxographie** *w.* systematische Darstellung der griech. philosophischen Lehren (nach Doxograph, einem der griech. Gelehrten, die die Sammlung anlegten); **Doxologie** *w.* Verherrlichung Gottes und der Dreifaltigkeit

Doyen *m.* (doajäng, *frz.*) Rangältester, Wortführer des diplomat. Korps

Dozent *m.* (*lat.*) Hochschullehrer; **Dozentur** *w.* Dozentenstelle; **dozieren** 1. Vorlesung halten; 2. belehrend reden

D. P. = Displaced Persons

Dr. = Doktor

Drachme *w.* (*gr.*) 1. griechische Währungseinheit vor Einführung des Euro (2002); 2. altes Apothekergewicht

drag and drop (dräg änd –, *engl.*) einen markierten Textteil mit der Maus an eine andere (Text-)Stelle ziehen und einfügen (EDV)

Dragée *w.* oder *s.* (drascheh, *frz.*) mit Zucker überzogene Tablette, Süßigkeit

Dragoman *m.* (*arab.*) Dolmetscher, Übersetzer, Fremdenführer im Orient

Dragoner *m.* (*frz.*) 1. leichter Reiter; 2. resolute Frau (umg.)

Dragqueen *w.* (drägkwihn, *engl.*) Mann, der in übertriebener Weise eine Frau darstellt

Drain, Drän *m.* (drehn, *engl.*) Abzugsrohr für Flüssigkeit; **Drainage**, **Dränage** *w.* (dränasche) Ableitung der Flüssigkeit; **drainieren**, **dränieren** Abfluss verschaffen, entwässern; **Drainierung** *w.* Entwässerung des Bodens

Draisine *w.* 1. Laufrad; 2. kleiner Schienenwagen mit Antrieb (nach dem Erfinder K. F. Drais von Sauerbronn, 1785–1851)
drakonisch hart, streng, grausam (nach Drakon, dem griech., als bes. hart geltenden Gesetzgeber, 621 v. Chr.)
Drama *s.* (*gr.*) 1. Schauspiel, Bühnenwerk; 2. ernstes, erschütterndes Geschehen; **Dramatik** *w.* 1. dramatische Dichtkunst; 2. Spannung; **Dramatiker** *m.* Verfasser eines Bühnenwerks; **dramatisch** 1. in Dramenform; 2. aufregend, spannend; **dramatisieren** 1. Bearbeitung eines Stoffs für die Bühne; 2. übertreiben, aufbauschen; **Dramaturg** *m.* literarischer Berater an einer Bühne, bei Rundfunk- oder Fernsehanstalten und beim Film; **Dramaturgie** *w.* 1. Lehre von der Kunst des Dramas und Theaters; 2. Inszenierung eines Bühnenwerks; 3. dramatische Abteilung eines Theaters, einer Rundfunk- oder Fernsehanstalt
Drän = Drain
Drap *m.* (dra, *frz.*) Tuch, festes Wollgewebe; **Drapé** *m.* wollener, tuchartiger Herrenanzugsstoff; **Drapeau** *m.* (-poh) Banner, Fahne; **Draperie** *w.* 1. dekorative Gehänge aus Stoff; 2. die Darstellung von Stoffgehängen in der bildenden Kunst; **drapieren** Stoff dekorativ anordnen; **Drapierung** *w.* Anordnung von Stoff, bes. von Gewandfalten
Drastik *w.* (*gr.*) Derbheit, Direktheit; **drastisch** 1. derb, kein Blatt vor den Mund nehmend; 2. kräftig, wirksam
Drawback *s.* (drohbäck, *engl.*) Rückvergütung für Einfuhrzoll
Dreadlocks, Dreads *Mz.* (dräd-, *engl.*) (Männer-)Frisur mit kleinen Zöpfen, Rastafarilocken
Dreamteam *s.* (drihmtihm, *engl.*) ideal zusammengesetzte Mannschaft od. Gruppe
Dress *m.* (*engl.*) Kleidung, bes. Sportkleidung
Dresseur *m.* (-sör, *lat.-frz.*) Tierlehrer; **Dressur** *w.* Abrichtung von Tieren; **dressieren** 1. abrichten; 2. Speisen herrichten; **Dressing** *s.* (*engl.*) 1. Salatsoße; 2. Gewürzmischung für die Füllung von Geflügelbraten; **Dressman** *m.* (-män, *engl.*) männliches Mannequin (*Mz.* Dressmen)
Dr. h. c. (– honoris causa) Doktor ehrenhalber, Ehrendoktor
dribbeln (*engl.*) Ball mit kleinen Stößen übers Spielfeld treiben, Hptw. **Dribbling** *s.*
driften (*engl.*) wegtreiben, sich treiben lassen
Drink *m.* (*engl.*) alkoholisches (Misch-) Getränk
Drippainting, Dripping (-pehnt-, *engl.*) dem Actionpainting verwandte Maltechnik, bei der Farbe auf die am Boden liegende Leinwand getropft wird
Drive *m.* (dreiw, *engl.*) 1. Treibschlag in Polo, Golf und Tennis, Ztw. **driven**; 2. Rhythmussteigerung im Jazz; 3. mitreißende Dynamik, Schwung; **Drive-in** *s.* (dreiw-in) Einrichtungen, deren Service man vom Auto aus in Anspruch nehmen kann (z. B. Kino, Restaurant, Bank, Laden)
Droge *w.* (*niederl.*) 1. Rohstoff für Arzneimittel; 2. Rauschgift; **Drogerie** *w.* Fachgeschäft für nicht rezeptpflichtige Arzneimittel u. a.; **Drogist** *m.* Besitzer oder Angestellter einer Drogerie
Drolerie *w.* (*frz.*) 1. schnurrige Komik, Drolligkeit; 2. drollige Darstellung von Tieren und Menschen in der Kunst (des Mittelalters)
Dromedar *s.* (*gr.-lat.*) einhöckriges Kamel
Dropkick *m.* (*engl.*) Zurückspielen des Balls im Moment seines Aufpralls, bes. beim Fußball; **Dropout** (-aut) 1. *m.* jmd., der seine gewohnte soziale Gruppe verlässt; 2. *s.* Ausfall eines Signals (EDV); **Dropper, Dropshot** *m.* (-schot) für den Gegner (fast) unerreichbarer Ball in Squash und Tennis; **Drops** *m.* od. *s.* saures Bonbon mit Fruchtgeschmack
Droschke *w.* (*russ.*) Pferdekutsche mit Klappverdeck zum Mieten
Drugstore *m.* (dragstor, *engl.*) amerik. Gemischtwarenladen
Druide *m.* (*kelt.*) keltischer Priester
Drumlin *m.* (dramlin, *irisch*) Moränenhügel
Drummer *m.* (drammer, *engl.*) Schlagzeuger in einer Band; **Drums** *Mz.* Schlaginstrumente der Rhythmusgruppe
Druschina *w.* (*russ.*) Gefolgschaft russischer Großfürsten

Druse *m.* (*arab.*) Angehöriger einer bis heute bestehenden syrisch-islamischen Religionsgemeinschaft (nach dem Gründer Ad-Darazi, um 1010 n. Chr.)

dry (drei, *engl.*) trocken, herb

Dschanna *w.* (*arab.*) islamische Bez. für Paradies

Dschebel *m.* (*arab.*) arab. Bez. für Gebirge

Dschellaba w. (*arab.*) wollener bodenlanger Kapuzenmantel für Männer

Dschihad *m.* (*arab.*) 1. Pflicht des einzelnen Muslim zur lebenslangen religiös-moralischen Vervollkommnung; 2. (heiliger) Krieg der muslimischen Gemeinschaft zur Verteidigung und Ausbreitung des Islam

Dschinn *m.* (*arab.*) Dämon des arabischen Volksglaubens

Dschuma *w.* (*arab.*) 1. Freitagsgebet; 2. arab. Bez. für Freitag

Dschungel *m.* oder *s.* (*sanskr.-engl.*) tropisches Sumpfwalddickicht

Dschunke *w.* (*chin.*) ostasiatisches Segelschiff, meist Wohnschiff

DSL *o. A.* (aus *engl. d*igital *s*ubscriber *l*ine) Sammelbez. für Datenleitungen, die eine schnelle Übertragungstechnik ermöglichen (EDV)

DTP = Desktop-Publishing

Dual, Dualis *m.* (*lat.*) Zweizahl, Zweiheit; **dual** zweiheitlich; **Dualismus** *m.* 1. Gegensätzlichkeit, Polarität; 2. philosophisch-religiöse Lehre, dass die Welt auf zwei gegensätzlichen Prinzipien aufgebaut ist; **Dualist** *m.* Vertreter des Dualismus; **dualistisch** gegensätzlich, gespalten; **Dualität** *w.* Zweiheit; **Dualsystem** *s.* Zahlensystem mit der Basis 2, in dem sich jede Zahl durch eine Folge von nur zwei Symbolen (0 und 1) ausdrücken lässt, Grundlage der digitalen Datenverarbeitung

Dub = Dubbing (3.)

Dubbing *s.* (dabbing, *engl.*) 1. Synchronisation beim Film; 2. Neumischung der Stimmen eines Musikstücks und Hinzufügung von Klangeffekten; 3. bes. Reggae-Stil

dubios, dubiös (*lat.*) zweifelhaft; **Dubiosen** *Mz.* unsichere Außenstände

Dublee = Doublé

Dublette *w.* (*frz.*) Doppelstück, Doppelschuss (bei der Jagd), Doppelschlag (beim Boxen); **dublieren, doublieren** 1. Metall mit Gold überziehen; 2. Garn doppeln;

Dublone *w.* (*span.*) alte span. Goldmünze

Dublüre *w.* (*frz.*) Aufschlag an Uniformen

Duc *m.* (dück, *frz.*) Titel eines Herzogs in Frankreich; **Duca** *m.* (duka, *itl.*) Titel eines Herzogs in Italien; **Duchess** *w.* (datschis, *engl.*) Titel einer Herzogin in England; **Duchessa** *w.* (duckessa, *itl.*) Titel einer italien. Herzogin; **Duchesse** *w.* (düscheß, *frz.*) 1. Titel einer Herzogin in Frankreich; 2. Seiden- oder Kunstseidengewebe in Atlasbindung; **Duchessespitze** Verbindung von Nadel- und Klöppelspitze

Duck *m.* (dack, *engl.*) Segeltuch

Duckdalbe, Dückdalbe *w.* eingerammtes Pfahlbündel zum Festmachen von Schiffen (nach dem Duc d'Albe [Herzog von Alba])

Ductus = Duktus

due (*itl.*) zwei; **Duecento** *s.* (du'etschento, *itl.*) das 13. Jh. als italien. Stilepoche

Duell *s.* (du'e-, *lat.*) Zweikampf; **Duellant** *m.* Duellkämpfer; **duellieren** ein Duell austragen

Dueña, Duenja *w.* (*span.*) Anstandsdame, Erzieherin für Mädchen

Duett *s.* (du'e-, *itl.*) 1. Komposition für zwei Stimmen; 2. musikalischer Vortrag von zwei Stimmen

Dufflecoat *m.* (dafflkoht, *engl.*) halblanger Kapuzenmantel aus Wollstoff

Dukaten *m.* (*lat.*) alte Goldmünze

Duke *m.* (djuk, *engl.*) Titel eines Herzogs in England

duktil (*lat.*) dehnbar; **Duktilität** *w.* Dehnbarkeit; **Duktus** *m.* Schriftzug, künstlerische Linienführung

Dulzinea *w.* (*span.*) Angebetete, Herzensdame (nach der Geliebten des Don Quichotte)

Duma *w.* (*russ.*) Volksvertretung im zaristischen Russland und seit 1993

Dumdum *s.* (*ind.-engl.*) stumpfes Geschoss, das beim Auftreffen zerreißt und schwere Verletzungen hervorruft

Dumka *w.* (*tschech.*) slawisches Volkslied

Dummy *m.* (dammi, *engl.*) 1. Attrappe; 2. Unfallpuppe bei Tests; 3. Blinddaten in der EDV, die zu Testzwecken gebraucht werden

Dumping *s.* (damping, *engl.*) Verkauf von Waren zu Schleuderpreisen, um sich gegen Konkurrenten durchzusetzen

Duo *s.* (*itl.*) 1. Komposition für zwei Instrumente; 2. Vereinigung von zwei Musikern; 3. zwei Personen, die etwas gemeinsam aushecken, Zweiergespann

Duodenalgeschwür *s.* (*lat.*) Zwölffingerdarmgeschwür

Duodez *s.* (*lat.*) das kleinste der gebräuchlichsten Buchformate; **Duodezfürst** *m.* Herrscher eines kleinen Ländchens; **Duodezimalsystem** *s.* auf der Zahl 12 aufgebautes Zahlensystem

düpieren (*frz.*) prellen, täuschen, an der Nase herumführen, Hptw. **Düpierung** *w.*

Duplikat *s.* (*lat.*) Doppel, Abschrift, Kopie; **Duplikation** *w.* Verdoppelung; **duplizieren** verdoppeln; **Duplizität** *w.* Doppelgeschehen, Zweimaligkeit

Duque *m.* (ducke, *span.*) Titel eines Herzogs in Spanien; **Duquesa** *w.* Titel einer Herzogin in Spanien

Dur *s.* (*lat.*) Musik: Tonart mit großer Terz

durabel (*lat.*) dauerhaft, haltbar

Duralumin *s.* (*Wz.*) Aluminiumlegierung

Dust *m.* (dast, *engl.*) Teestaub

Duty-free-Shop *m.* (djutifrihschop, *engl.*) Flughafengeschäft mit zollfreier Ware

Duumvirat *s.* (du'um-, *lat.*) Zweimänneramt im alten Rom

Duvetine *w.* (düftin, *frz.*) wie Wildleder wirkendes Gewebe aus Wolle oder Baumwolle mit Seide, Samtimitation

DVD (aus *engl.* *D*igital *v*ersatile *D*isc) kleine Scheibe als digitaler Datenträger für Ton-Bild-Aufzeichnungen (EDV)

Dyade *w.* (*gr.*) Zweiheit, Eigw. **dyadisch**

Dyn *s.* (*gr.*) alte Maßeinheit für Kraft

Dynamik *w.* (*gr.*) 1. Lehre vom Einfluss der Kraft auf die Bewegung von Körpern; 2. Anwendung der verschiedenen Tonstärkegrade in der Kompositionstechnik; 3. Schwung, Lebendigkeit, Triebkraft; **dynamisch** 1. lebendig, schwungvoll; 2. schnell, ohne Verzögerungen (Jj.); **dynamisieren** vorantreiben; **Dynamit** *m.* od. *s.* Sprengstoff

Dynamo *m.* (*gr.*) Stromerzeuger; **Dynamometer** *s.* Kraftmesser

Dynast *m.* (*gr.*) Herrscher; **Dynastie** *w.* Herrschergeschlecht, Herrscherhaus, Eigw. **dynastisch**

Dys-, dys- (*gr.*) als Vorsilbe: miss-, übel-; **Dysenterie** *w.* Ruhr; **dysenterisch** ruhrartig; **Dysfunktion** *w.* gestörte Tätigkeit (eines Organs), Eigw. **dysfunktional**; **Dysmelie** *w.* angeborene Missbildung der Gliedmaßen; **Dyspepsie** *w.* Verdauungsstörung, Eigw. **dyspeptisch**; **Dysphagie** *w.* Schluckstörung; **Dysstress** = Disstress; **Dystonie** *w.* Störung des Spannungszustandes, bes. der Muskeln und Gefäße; **Dystrophie** *w.* Ernährungsstörung

E

E-, e- Abk. für Electronic (z. B. E-Banking, E-Learning), elektronisch

€ Zeichen für Euro

Eagle *m.* (ihgl, *engl.*) US-amerik. Goldmünze (nach dem Adler als Münzbild)

EAN-Code Abk. von *E*uropäische *A*rtikel*n*ummerierung (für den Strichcode auf Waren, der an der Kasse gescannt wird)

Earl *m.* (öhrl, *engl.*) Titel eines Grafen in England

Earl Grey *m.* (öhrl greh) Teesorte, die mit dem Öl der Bergamotte aromatisiert wird (nach Sir Edward Viscount Grey of Fallodon, 1862–1933)

easy (ihsi, *engl.*) einfach, leicht, locker; **take it easy!** (tehk –) nimm's leicht!; **easy care** (– kähr) pflegeleicht (von Textilien); **easy come, easy go** wie gewonnen, so zerronnen; **easygoing** (-go'ing) gelassen, lässig; **Easy Listening** *s.* (– lisse-) leicht zu konsumierende Unterhaltungsmusik; **Easy Living** *s.* (– liw-) unbeschwerte Art zu leben; **Easy Rider** *m.* (– reider) spezielles Motorrad und dessen Fahrer (nach dem gleichnamigen Film von Dennis Hopper)

Eau *s.* (oh, *frz.*) Wasser; **Eau de Cologne** *w.* oder *s.* (– kolonj) Kölnischwasser; **Eau de Javel** *s.* (– scha-) Mittel zum Bleichen und Desinfizieren (nach dem Pariser Vorort Javel); **Eau de Parfum** *s.* (– parfang) leichtere Duftstärke als Parfum; **Eau de Toilette** *s.* (– toalett) leichtere Duftstärke als Eau de Parfum; **Eau de Vie** *w.* od. *s.* Branntwein

E-Banking = Electronic Banking

eBay *s.* (*Wz.*) 1995 i. d. USA gegründetes Internet-Auktionshaus

ebenieren (*lat.*) mit Ebenholz verzieren, kunsttischlern

Ebolavirus *m.* Virus, der die Ebolakrankheit hervorruft (nach dem Fluss Ebola in der Republik Kongo)

Ebonit *s.* (*Wz.*) Hartgummi aus Kautschuk

E-Book = Electronic Book

E-Business = Electronic Business

e. c. = exempli causa

Ecaillemalerei *w.* (ekaij, *frz.*) schuppenartige Musterung auf Porzellan

E-Card = Electronic Card

E-Cash = Electronic Cash

Ecce-Homo *s.* (ekze-, *lat.*) 1. welch ein Mensch!, Ausruf des Pilatus nach dem Johannesevangelium; 2. Bildnis des dornengekrönten Christus in der bildenden Kunst

Ecclesia *w.* (ekle-, *gr.-lat.*) 1. christliche Kirche; 2. Personifikation der Kirche in einer Frauengestalt in der bildenden Kunst

ecco! (ekko, *itl.*) sieh da!

Echappement *s.* (eschappmang, *frz.*) 1. Hemmung in der Uhr; 2. Auslösungsvorrichtung im Klavier, die die angeschlagenen Hämmerchen zurückschnellen lässt

echauffieren (eschofihren, *frz.*) sich erhitzen, aufregen; **echauffiert** aufgeregt, erhitzt

Echec *m.* (escheck, *frz.*) 1. franz. Bez. für Schach; 2. Schaden, Niederlage

Echo *s.* (*gr.*) 1. Widerhall; 2. (positive) Resonanz, Reaktion; 3. Wiederholung einer kurzen musikalischen Phrase mit geringerer Tonstärke; **Echoeffekt** *m.* durch Rückstrahlung elektromagnetischer Wellen an Hindernissen bedingte Erscheinung; **Echolalie** *w.* 1. automatisches, sinnloses Nachsprechen von Wörtern; 2. Nachsprechen von Wörtern bei Kleinkindern; **Echolot** *s.* Meerestiefenmesser

E-Church = Electronic Church

Eclair *s.* (eklähr, *frz.*) mit Sahne gefülltes Brandteiggebäck

École Nationale d'Administration *w.* (ekol nazional dadministraziong, *frz.*) 1945 gegr. französ. Verwaltungshochschule in Straßburg, die traditionell die Elite des französ. Staatsapparates ausbildet (Abk. ENA); **Enarch** *m.* Absolvent der ENA

École superieure *w.* (ekol süperiör, *frz.*) französ. Hochschule

E-Commerce = Electronic Commerce
Economyklasse *w.* (ikonnomi-, *engl.*) preisgünstige Tarifklasse im Luftverkehr
Ecossaise *w.* (ekossäs, *frz.*) schottischer Tanz
Écriture automatique *w.* (-tür otomatick, *frz.*) ohne die Kontrolle durch Bewusstsein und Willen niedergeschriebener Text, eine von den französ. Surrealisten praktizierte Technik des Schreibens
ecru = ekrü
ECU, Ecu (ekü, aus *engl. E*uropean *C*urrency *U*nit) europäische Rechnungseinheit (1979–1998), Vorläufer des Euro
ed. = edidit
edaphisch (*gr.*) bodenbedingt, zum Erdboden gehörig
Edaphon *s.* (*gr.*) die Kleinlebewelt im Erdboden
Eden *s.* (*hebr.*) Paradies, Gottesgarten (in der Bibel)
edieren (*lat.*) herausgeben, veröffentlichen; **edidit** er hat herausgegeben; **Edition** *w.* Ausgabe, Auflage, Herausgabe von Büchern; **Editio castigata** *w.* von anstößigen Partien gereinigte Ausgabe; **Editio princeps** *w.* (-zeps) Erstausgabe; **Editor** *m.* Herausgeber; **Editorial** *s.* Verlagsimpressum, Vorwort
Edikt *s.* (*lat.*) Erlass, Verordnung
Education sentimentale *w.* (edükaßjong ßangtimangtal, *frz.*) Herzenserziehung, Gefühlserziehung; **Edukation** *w.* (*lat.*) Erziehung
Edutainment *s.* (edjutehn-, aus *engl. edu*cation und enter*tainment*) Computerlernprogramme zur unterhaltsamen und spielerischen Wissensvermittlung, bes. für Kinder und Jugendliche
EDV = elektronische Datenverarbeitung
EEG = Elektroenzephalogramm
Efendi *m.* (*türk.*) frühere türkische Anrede für Herr
Effekt *m.* (*lat.*) Wirkung, Erfolg, Ergebnis; **Effekten** *Mz.* Wertpapiere; **effektiv** wirklich, tatsächlich, wirkungsvoll; **Effektivität** *w.* Wirksamkeit; **effektuieren** einen Auftrag ausführen, eine Zahlung leisten; **effektvoll** eindrucksvoll
Effemination *w.* (*lat.*) Weiblichkeit, Feminität in Erscheinung, Empfinden und Verhalten eines Mannes
Effendi = Efendi
Effet *s.* (effä, *frz.*) Drall eines Balles, Wirkung eines bestimmten Stoßes
effetuoso (*itl.*) Musik: wirkungsvoll, effektvoll
Efficiency *w.* (iffischenßi, *engl.*) Leistungsfähigkeit, Wirtschaftlichkeit; **effizient** (-zi'e-, *lat.*) leistungsfähig, wirksam; **Effizienz** *w.* (*lat.*) Wirksamkeit; **effizieren** bewirken
effilieren (*lat.-frz.*) Haare ausdünnen
Effloreszenz *w.* (*lat.*) 1. Hautausschlag; 2. Kristallausblühung; **effloreszieren** 1. aufblühen, ausschlagen; 2. ausblühen, auswittern
Effusion *w.* (*lat.*) Ausströmung, Ausfließen; **Effusivgestein** *s.* Ergussgestein
EFTA *w.* (aus *engl. E*uropean *F*ree *T*rade *A*ssociation) Europäische Freihandelszone
egal (*frz.*) 1. gleich, gleichartig; 2. gleichgültig; **egalisieren** gleichmachen, ausgleichen, Hptw. **Egalisierung** *w.*; **Egalité** *w.*, **Egalität** *w.* Gleichheit; **egalitär** auf Gleichheit zielend
Egghead *m.* (ägghähd, *engl.*) Intellektueller, Intelligenzler
Ego *s.* (*lat.*) das Ich; **Egoismus** *m.* Selbstsucht, Ichsucht; **Egoist** *m.* selbstsüchtiger Mensch; **egoistisch** selbstgefällig, eigensüchtig; **egomanisch** in krankhafter Weise auf sich selbst bezogen, Hptw. **Egomanie** *w.*; **Ego-Shooter** *m.* (-schuhter, *engl.*) Kategorie von Computerspielen, in denen ein Spieler in einer frei begehbaren dreidimensionalen Spielwelt schwerbewaffnet gegen Feinde und Monster antritt, First-Person-Shooter; **Egotismus** *m.* (*lat.*) Eigenliebe, Bedürfnis, im Vordergrund zu stehen; **Egotist** *m.* Mensch mit dieser Veranlagung; **Egotrip** *m.* (*lat.-engl.*) stark ichbezügliche Lebensphase; **E-Government** = Electronic Government; **Egozentrik** *w.* (*lat.*) Neigung, alles Erlebte ausschließlich in Bezug zum eigenen Leben zu setzen, Eigw. **egozentrisch**; **Egozentriker** *m.* egozentrischer Mensch
egrenieren (*lat.*) auskernen; **Egreniermaschine** *w.* Maschine zum Entkernen der Baumwolle
Egyptienne *w.* (eschiptjenn, *frz.*) Form der Antiquaschrift

eh bien! (eh bjäng, *frz.*) nun gut!
Eidetik *w.* (*gr.*) ausgeprägte bildhafte Vorstellungsfähigkeit; **eidetisch** anschaulich, bildhaft; **Eidophusikon** *s.* ein am Ende des 18. Jh., bes. in England, geschaffenes mechanisches Illustrationstheater mit maßstabsgerechten beweglichen Figuren, Version einer optischen Wunderkammer
einchecken (-tscheck-, *dt.-engl.*) 1. Passagiere, Hotelgäste bei der Ankunft abfertigen; 2. Kontrollen passieren, sich anmelden
Einherier *Mz.* (-ri'er, *isl.*) die unsterblich gewordenen Helden in Walhall (in der nordischen Göttersage)
einkalkulieren (*dt.-lat.*) einplanen, berücksichtigen
einloggen (*dt.-engl.*) sich in ein kennwortverschlüsseltes Computernetzwerk einschalten (EDV)
einprogrammieren (*dt.-gr.*) als Programm eingeben (EDV)
einscannen (-skänn-, *dt.-engl.*) mit dem Scanner eingeben (EDV)
Eire *o. A.* (äere) irischer Name für Irland
Ejaculatio praecox *w.* (– prä-, *lat.*) vorzeitiger Samenerguss; **Ejakulation** *w.* Erguss, Samenerguss; **ejakulieren** ausspritzen; **Ejektion** *w.* die Ausschleudertätigkeit des Vulkans; **Ejektor** *m.* 1. mechanischer Auswerfer von Patronenhülsen; 2. Strahlpumpe; **ejizieren** ausschleudern (von Materie)
Ekart *m.* (ekar, *frz.*) Kursunterschied
Ekarté *s.* (*frz.*) französ. Kartenspiel
EKG = Elektrokardiogramm
Ekklesia = Ecclesia
Ekklesiarchie *w.* (*gr.*) Kirchenherrschaft, Kirchenaufsicht; **Ekklesiastik, Ekklesiologie** *w.* theologische Lehre von der christl. Kirche
Eklampsie *w.* (*gr.*) Krampfanfall während der Schwangerschaft oder im Wochenbett
Eklat *m.* (ekla, *frz.*) Aufsehen, Skandal; **eklatant** 1. aufsehenerregend; 2. offenkundig
Eklektiker *m.* (*gr.*) unschöpferischer Denker oder Künstler, der sich vorhandener Systeme, Schulen oder Stile bedient; **eklektisch** unoriginell, unschöpferisch; **Eklektizismus** *m.* Verfahren eines Eklektikers und das denkerische oder künstlerische Ergebnis daraus, Eigw. **eklektizistisch**
Eklipse *w.* (*gr.*) Sonnen-, Mondfinsternis; **Ekliptik** *w.* scheinbare Jahresbahn der Sonne am Himmel, Eigw. **ekliptisch**
Ekloge *w.* (*gr.*) Hirtengedicht, bes. in der lateinischen Poesie
Ekrasit *s.* (*frz.*) Sprengstoff
ekrü (*frz.*) ungebleicht, naturfarbig; **Ekrüseide** *w.* gelbliche Naturseide
Ekstase *w.* (*gr.*) Rausch, Verzückung; **Ekstatiker** *m.* Verzückter, Entrückter; **ekstatisch** verzückt, rauschhaft, begeistert, außer sich
Ekto-, ekto- (*gr.*) als Wortteil: außen
Ektoblast, Ektoderm *s.* (*gr.*) äußere Hautschicht des menschlichen oder tierischen Keims; **Ektomie** *w.* Herausschneiden eines Organs; **Ektoparasit** *m.* Schmarotzer auf der äußeren Haut (des Menschen); **Ektoplasma** *s.* äußere Protoplasmaschicht; **Ektoskopie** *w.* Diagnostik mit bloßem Auge
Ekzem *s.* (*gr.*) entzündlicher Hautausschlag; **Ekzematiker** *m.* jmd., der anfällig für Ekzeme ist; **ekzematös** ein Ekzem hervorrufend, von einem Ekzem befallen
Elaborat *s.* (*lat.*) 1. Ausarbeitung, schriftliche Arbeit; 2. Machwerk; **elaboriert** ausgearbeitet, hochentwickelt, durchgebildet (von Sprache)
Elan *m.* (elang, *frz.*) Schwung, Begeisterung; **Élan vital** *m.* (– wital) Lebensdrang, Lebensschwung
Elastik *s.* oder *w.* (*gr.-frz.*) sehr dehnbares Gewebe; **elastisch** spannkräftig, dehnbar, federnd; **Elastizität** *w.* Spannkraft, Dehnbarkeit, Federkraft
Elder Statesman *m.* (– stehtsmän, *engl.*) ein auch nach seinem Ausscheiden aus dem Amt angesehener, erfahrener Politiker
Eldorado *s.* (*span.*) sagenhaftes Goldland, Paradies, Traumland
E-Learning = Electronic Learning
Eleaten *Mz.* griech. Philosophenschule in Elea (Unteritalien) um 500 v. Chr.
electronic (*engl.*) elektronisch; **Electronic Banking** *s.* (-bänk-) Bankdienstleistungen per Computer (Abk. E-Banking); **Electronic Book** *s.* (– buck) Datenträger mit gespeicherten Buchinhalten, die am PC

gelesen oder heruntergeladen werden können (Abk. E-Book); **Electronic Business** *s.* (– bisnis) Geschäfte, die vor allem per Internet getätigt werden (Abk. E-Business); **Electronic Card** *w.* 1. elektronische Postkarte, die über einen entspr. Onlinedienst verschickt werden kann; 2. elektronische Gesundheitskarte mit Stammdaten des Patienten (für die BRD ab 2008 geplant, Abk. E-Card); **Electronic Cash** *s.* (– käsch) bargeldlose Zahlweise (z.B. per Kreditkarte) an elektronischen Kassen (Abk. E-Cash); **Electronic Church** *w.* (– tschörtsch) bes. in den USA verbreitete sog. Fernsehkirche (Abk. E-Church); **Electronic Commerce** *m.* (– kommörß) Gesamtheit der Aktivitäten im Internet, um einen Verkauf anzubahnen und durchzuführen (Abk. E-Commerce); **Electronic Government** *s.* (– gawern-) (vereinfachtes) Regieren und Verwalten durch Nutzung der Informations- und Kommunikationstechnologie (Abk. E-Government); **Electronic Learning** *s.* (– lörn-) computergestütztes Lernen (Abk. E-Learning); **Electronic Mail** = E-Mail; **Electronic Marketing** *s.* Marketing im Internet (Abk. E-Marketing); **Electronic Publishing** *s.* (– paplisch-) Veröffentlichung von Verlagsprodukten auf elektronischen Medien, bes. CD-ROM oder im Internet (Abk. E-Publishing); **Electronic Recruiting** *s.* (– rihkrut-) Personalsuche (von Seiten der Unternehmen) und Bewerbungen (von Seiten der Stellensuchenden) im Internet (Abk. E-Recruiting); **Electronic Voting** *s.* (– wo-) elektronisch vermittelte Stimmabgabe bei Wahlen (z.B. zum Parlament)

Elefantiasis, Elephantiasis *w.* (*gr.*) unförmige Lymphstauverdickungen der Gliedmaßen

elegant (*lat.*) 1. geschmackvoll, gewählt, vornehm; 2. geschickt in Durchführung und Ergebnis; **Elegant** *m.* (elegang, *frz.*) Stutzer; **Eleganz** *w.* 1. Geschmack, Vornehmheit; 2. Gewandtheit, (stilistische) Meisterschaft

Elegie *w.* (*gr.*) 1. wehmütiges Gedicht; 2. Wehmut, Schwermut; **elegisch** wehmütig, klagend

Eleison *s.* (-le'i-, *gr.*) erbarme dich!, Gesang im Gottesdienst

Elektion *w.* (*lat.*) Wahl, Auswahl; **elektiv** auswählend; **Elektorat** *s.* Kurfürstenwürde

elektrifizieren (*gr.-lat.*) auf Elektrizität umstellen, Hptw. **Elektrifizierung** *w.*; **Elektrik** *w.* elektrische Ausstattung (z.B. einer Anlage); **Elektriker** *m.* Fachmann für elektr. Anlagen; **elektrisch** 1. mit Hilfe von elektr. Energie betrieben; 2. Elektrizität erzeugend; 3. Elektrizität leitend; 4. auf Anziehung und Abstoßung geladener Elementarteilchen beruhend; **elektrisieren** 1. mit elektr. Strom in Berührung bringen oder behandeln; 2. begeistern, aufrütteln; **Elektrizität** *w.* 1. positive oder negative elektrische Ladung von Teilchen; 2. elektrische Energie

Elektro-, elektro- (*gr.*) als Wortteil: elektrisch, die Elektrizität betreffend

Elektroakustik (*gr.*) Teilgebiet der Akustik, das sich mit der Erzeugung, Übertragung und Wiedergabe von Schall mittels der Elektrotechnik beschäftigt; **Elektrochemie** *w.* Lehre v. Zusammenhang chem. und elektr. Vorgänge; **Elektrode** *w.* (*engl.*) Stromzuführer; **Elektrodynamik** *w.* (*gr.*) Wissenschaft von den Wirkungen der bewegten Elektrizität; **Elektroenergie** *w.* Energie des elektrischen Feldes; **Elektroenzephalogramm** *s.* Aufzeichnung der Hirnströme (Abk. EEG); **Elektrogastrographie** *w.* (Verfahren zur) Darstellung der Aktionsströme des Magens; **Elektrographie** *w.* 1. Ätzverfahren zur Vorbereitung des Drucks mit Zinkhochdruckplatten; 2. Elektrostatdruck, spezielles Verfahren beim digitalen Großformatdruck; **Elektroingenieur** *m.* (-scheniör) Elektrotechniker mit Hochschulabschluss; **Elektrokardiogramm** *s.* Aufzeichnung der Herztätigkeit mittels elektrischer Ströme (Abk. EKG); **Elektrokaustik** *w.* Operationsmethode, um krankes Gewebe elektrisch zu verschorfen; **Elektrokauter** *m.* chirurgisches Instrument für die Elektrokaustik; **Elektrokoagulation** *w.* Operationsmethode, um krankes Gewebe mit Hochfrequenzstrom zu zerstören; **Elektrolyse** *w.* Zerlegung einer chem. Verbindung durch elektr. Strom, Eigw. **elektrolytisch**; **Elektromagnet** *m.* Eisenkern, der, vom magnetischen Feld einer Elektrospule durchsetzt, selbst magnetische Eigenschaften annimmt; **Elektromagnetismus** *m.* durch elektr. Strom erzeugter Magnetismus, Eigw. **elektromagnetisch**; **elektromagnetische Wellen** *Mz.* sich mit Lichtgeschwindigkeit im Raum ausbreitende Schwingungen des elektromagnetischen Feldes; **Elektromechanik** *w.* Teilgebiet von Mechanik und Elektrotechnik, das sich mit der Umwandlung von mechanischer in elektrische Energie befasst; **Elektromechaniker** *m.* Facharbeiter, der elektromechanische Anlagen montiert und wartet; **Elektromyogramm** *s.* Aufzeichnung der Aktionsströme von Muskeln (Abk. EMG)

Elektron *s.* (*gr.*) 1. negativ geladenes Elementarteilchen (*Mz.* Elektronen); 2. (*Wz.*) Magnesiumlegierung; 3. in der Natur vorkommende Gold-Silber-Legierung; **Elektronenmikroskop** *s.* Mikroskop, das mit Elektronenstrahlen vergrößert

Elektronik *w.* (*gr.*) Bereich der Elektrotechnik und der Elektrophysik, der sich mit den Grundlagen und Anwendungen der Elektrizität in Form von Elektronen befasst (z. B. bei Photozellen, Elektronenröhren, Computern, Radio, Fernsehen), Eigw. **elektronisch**; **elektronische Datenverarbeitung** *w.* Erfassung, Aufbereitung, Speicherung und Weiterverarbeitung von Daten mittels Computer (Abk. EDV); **elektronische Musik** *w.* mit elektronischen Hilfsmitteln erzeugte und wiedergegebene Musik; **elektronischer Produktcode** *m.* den Barcode ablösender Code auf Waren, der jedes einzelne Produkt identifiziert und ohne Berührungs- oder Sichtkontakt über Radiofrequenzen gespeichert und ausgelesen wird (Abk. EPC); **elektronischer Wahlstift** digitaler Stift, mit dem die Stimmabgabe auf einem Wahlzettel markiert wird, was ein herkömmliches Auszählverfahren überflüssig macht

Elektroskop *s.* (*gr.*) Gerät zum Nachweisen und Messen elektr. Ladungen; **Elektrosmog** *m.* (*gr.-engl.*) durch elektronische Geräte erzeugte elektromagnetische Felder, die als gesundheitsschädigend gelten; **Elektrostatik** *w.* (*gr.*) Lehre von der ruhenden Elektrizität; **Elektrotechnik** *w.* die Lehre von der Erzeugung und Anwendung der Elektrizität; **Elektrotechniker** *m.* Fachmann auf dem Gebiet der Elektrotechnik; **Elektrotherapie** *w.* Heilbehandlung mit Elektrizität; **Elektrotomie** *w.* Operieren mit der elektr. schneidenden Schlinge

Element *s.* (*lat.*) 1. Stoff, der mit chemischen Mitteln nicht weiter zerlegt werden kann, chemischer Grundstoff; 2. Urstoff in der alten Naturphilosophie (Erde, Feuer, Wasser, Luft); 3. Komponente, Bauteil; 4. Stromquelle, die auf chemischer Zersetzung beruht; 5. idealer Entfaltungsraum für eine Person; **elementar** 1. grundlegend; 2. ursprünglich, ungebändigt; **Elementargewalt** *w.* Naturgewalt; **Elementarteilchen** *s.* 1. Bauteil des Atoms (Elektron, Neutron, Proton); 2. vom jetzigen Forschungsstand als nicht weiter teilbar angesehenes Teilchen, fundamentaler Baustein der Materie; **Elementarunterricht** *m.* Grundschulunterricht

Elephantiasis = Elefantiasis

Elevation *w.* (*lat.*) Hebung, Erhebung, Polhöhe; **Elevator** *m.* Hebewerk für Getreide, Sand u. a.; **Elevator** *m.* (elewehter, *engl.*) Fahrstuhl, Lift

Eleve *m.* (*frz.*) Anfänger, Praktikant (z. B. beim Theater, in der Forstwirtschaft)

El Fatah *w.* (– fatach, *arab.*) 1958 gegr. palästinensische Kampforganisation, Kern der PLO

elidieren (*lat.*) (Buchstaben) weglassen, auslassen, tilgen, Hptw. **Elision** *w.*

eliminieren (*lat.*) entfernen, streichen, beseitigen, Hptw. **Elimination** *w.*

Elite *w.* (*lat.-frz.*) Auslese (der Besten); **elitär** (*frz.*) zur Elite gehörig

Elixier *s.* (*arab.*) Auszug, Heiltrank, Verjüngungsmittel

El Kaida *w.* (*arab.*) international und dezentral operierendes Netzwerk islamistischer Terrorgruppen

Ellipse *w.* (*gr.*) 1. Kegelschnitt (abgeplatteter Kreis); 2. Sprachlehre: Auslassung von leicht ergänzbaren Worten; **Ellipsoid** *s.* eiähnlicher Körper, der durch die Umdrehung einer Ellipse um ihre Achse entsteht; **Elliptizität** *w.* Abplattung; **elliptisch** 1. ellipsenförmig; 2. unvollständig

El Niño *o. A.* (– ninjo, *span.*) nichtzyklische Warmwasserströmung im tropischen Pazifik mit weitreichenden Auswirkungen auf das Wetter der Welt

Eloge *w.* (*frz.*) Lobrede, Schmeichelei

Elongation *w.* (*lat.*) 1. Schwingung eines Körpers um seine Gleichgewichtslage; 2. Planetenwinkel (zur Sonne); **elongieren** verlängern, ausdehnen

eloquent (*lat.*) beredt, wortgewandt; **Eloquenz** *w.* Beredsamkeit, Redegewandtheit

Elysium *s.* (*gr.*) Gefilde der Seligen in der griech. Sage, Eigw. **elysisch, elysäisch**

Elzevir *w.* Antiquadruckschrift (nach dem niederl. Buchdrucker Elzevir); **Elzevirdruck** Buch aus der Druckerei Elzevir

em. = emeritiert, emeritus

E-Mail *w.* (ihmehl, aus *engl. e*lectronic *mail*) elektronische Post, die über einen Onlinedienst od. das Internet verschickt und empfangen wird; **E-Mail-Adresse** *w.* Adresse für E-Mails mit Angabe des Servers; **emailen** = mailen

Email *s.*, **Emaille** *w.* (emaj, ema[l]je, *frz.*) Glasfluss zum Überziehen von Metall; **Email cloisonné** *s.* (– kloasonneh) Zellenemail; **Emailleur** *m.* (ema[l]jöhr) Facharbeiter für Emailtechnik; **emaillieren** (emajihren) mit Email überziehen; **Emailmalerei** *m.* das Malen mit farbigem, flüssigem Glas, das bes. auf Metall gebrannt wird

Emanation *w.* (*lat.*) 1. Ausstrahlung, Ausströmung, bes. von psychischer Energie; 2. das Hervorgehen aller Einzeldinge aus einem einheitlichen (göttlichen) Urgrund; **Emanationstherapie** *w.* Behandlung verschiedener Krankheiten mit radioaktiven Gasen; **emanieren** 1. ausstrahlen, ausströmen; 2. radioaktive Strahlen aussenden

Emanzipation *w.* (*lat.*) 1. Befreiung, Selbstbefreiung aus Abhängigkeit; 2. gesellschaftlich-rechtliche Gleichstellung (der Frau mit dem Mann) erlangen; **emanzipatorisch** auf Emanzipation gerichtet; **emanzipieren** (sich) befreien, rechtliche Gleichstellung erlangen; **emanzipiert** frei, gleichberechtigt, unabhängig; **Emanze** *w.* abwertende Bez. für eine emanzipierte Frau

E-Marketing = Electronic Marketing

Emaskulation = Kastration

Emballage *w.* (angballasch, *frz.*) Verpackung; **emballieren** verpacken

Embargo *m.* oder *s.* (*span.*) 1. Beschlagnahme fremder Schiffe mit Ladung im Hafen; 2. Handels- und Ausfuhrverbot

Embedded Journalism *m.* (– dschurnalism, *engl.*) Einbindung der Kriegsberichterstatter in die kämpfende Truppe, bes. der USA im zweiten Irakkrieg; **Embedded Syndrome** *s.* durch psychologische Abhängigkeit von der Kriegstruppe bewirkter Verlust der Objektivität in der Kriegsberichterstattung

Emblem *s.* (*gr.*) Sinnbild, Kennzeichen, Symbol; **Emblematik** *w.* Lehre und Wissenschaft von den Emblemen; **emblematisch** sinnbildlich

Embolie *w.* (*gr.*) Verstopfung eines Blutgefäßes durch einen Blutpfropf oder Fremdkörper, Eigw. **embolisch**; **Embolus** *m.* Blutpfropf

Embonpoint *s.* (angbongpoäng, *frz.*) Wohlbeleibtheit, Körperfülle

Embryo *m.* (*gr.*) Keimling, Leibesfrucht im frühen Stadium der Schwangerschaft; **Embryologie** *w.* Lehre von der Entwicklung des Embryos; **embryonal** 1. im Zustand des Embryos; 2. im Anfangsstadium

Emendation *w.* (*lat.*) Verbesserung, Berichtigung; **emendieren** verbessern, berichtigen

Emergency Exit *m.* (imördschen- –, *engl.*) Notausgang

Emergenz *w.* (*lat.*) 1. Anhangsorgan von Pflanzen (z. B. Dornen); 2. Begriff aus der neueren engl. Philosophie, wonach jede höhere Stufe der Weltevolution durch neu auftauchende Qualitäten geprägt ist

Emerging Markets *Mz.* (imördsching –, *engl.*) der mit hohen Risiken behaftete Aktienmarkt der sog. Schwellenländer

emeritieren (*lat.*) pensionieren, in den Ruhestand versetzen; **emeritiert** im Ruhestand (Abk. em.); **Emeritus** *m.* in den Ruhestand versetzter Hochschullehrer

Emersion *w.* (*lat.*) Auftauchen, Austritt aus dem Schatten (von Monden), Ztw. **emergieren**

Emesie *w.* (*gr.*) Neigung zum Erbrechen; **Emetikum** *s.* (*gr.-lat.*) Brechmittel

Emeute *w.* (emöht, *frz.*) Aufstand, Meuterei, Aufruhr

Emigrant *m.* (*lat.*) Auswanderer (besonders aus politischen Gründen); **Emigration** *w.* Auswanderung; **emigrieren** auswandern

Emin *m.* (*türk.*) arab. und türk. Aufseher, Präfekt

eminent (*lat.*) außerordentlich, hervorragend; **Eminenz** *w.* Anrede für Kardinäle; **graue Eminenz** *w.* einflussreiche Person im Hintergrund

Emir *m.* (*arab.*) Titel arab. Stammesführer und Fürsten; **Emirat** *s.* Amtsbereich eines Emirs, Fürstentum

Emissär *m.* (*lat.*) Abgesandter mit einem speziellen Auftrag; **Emission** *w.* 1. Ausgabe von Wertpapieren; 2. Ausstrahlung von elektromagnetischen Wellen oder Teilchen; 3. Aussendung (z. B. von luftverunreinigenden Stoffen); **Emissionshandel** *m.* Instrument der Klimapolitik, durch das der absolute Ausstoß von Treibhausgasen internat. verbindlich begrenzt werden soll; **Emissionskurs** *m.* Ausgabekurs von Wertpapieren; **Emissionsnormen** *Mz.* verbindliche Grenzwerte für die Emission (3.); **Emissionswerte** *Mz.* die Emission (3.) betreffende Werte; **Emittent** *m.* jmd., der Anleihen oder Wertpapiere ausgibt; **emittieren** aussenden, ausströmen, ausgeben

Emoticon *s.* (aus *engl. emot*ion und *icon*) anfänglich aus Satzzeichen, später aus einem Symbol bestehendes Zeichen in der elektronischen Kommunikation, um Gefühle auszudrücken (z. B. Smiley)

Emotion *w.* (*lat.*) Gemütsbewegung, Gefühlszustand, Gemütserregung; **emotional, emotionell** gefühlsmäßig, gefühlsbetont; **Emotionalität** *w.* Gefühlsbetontheit, Erregbarkeit

Empaquetage *w.* (angpacktahsch, *frz.*) Verpackungskunst, künstlerische Verhüllungsaktion von Gebäuden (z. B. des Dt. Reichstages durch Christo i. J. 1995)

Empathie *w.* (*gr.*) Einfühlungsvermögen (in eine andere Person), Eigw. **empathisch**

Empereur *m.* (omgperör, *frz.*) Herrscher, Kaiser

Emphase *w.* (*gr.*) Nachdruck, Eindringlichkeit, Betonung; **emphatisch** nachdrücklich, betont

Emphysem *s.* (*gr.*) Aufblähung, Ansammlung von Luft im Gewebe, bes. in der Lunge

Empire *s.* (empeier, *engl.*) das (britische) Weltreich; **Empire** *s.* (angpihr, *frz.*) 1. das französische Kaiserreich unter Napoleon I. und III.; 2. Stilepoche zur Zeit Napoleons I.

Empirem *s.* (*gr.*) Erfahrungstatsache; **Empirie** *w.* Erfahrung, Sinneserfahrung, Erfahrungswissen; **Empiriker, Empirist** *m.* jmd., der sich vorrangig auf die Empirie stützt; **empirisch** auf Erfahrung beruhend, nicht theoretisch; **Empirismus** *m.* philosophische und wissenschaftliche Richtung, die jede Erkenntnis aus Sinneswahrnehmungen ableitet, Eigw. **empiristisch**

Empyem *s.* (*gr.*) Eiteransammlung in einer Körperhöhle

empyreisch (-re'i-, *gr.*) lichtstrahlend, himmlisch; **Empyreum** *s.* (-re'um) oberster Lichthimmel, Ort der Seligen nach antiker und mittelalterlicher Anschauung

Emu *m.* (*port.*) Straußvogel

Emulation *w.* (*lat.*) 1. Nacheiferung; 2. Eifersucht, Neid; 3. (*engl.*) Nachahmung des Verhaltens eines Computers durch einen anderen, um Programmschritte auszuführen, zu denen Ersterer nicht in der Lage ist (EDV); **Emulator** *m.* Gerät od. Programm, das eine Emulation (3.) durchführt (EDV)

Emulgator *m.* (*lat.*) Stoff, der eine dauerhafte Mischung mehrerer unlösbarer Stoffe ermöglicht (für kosmetische Präparate u. a.); **emulgieren** eine Emulsion herstellen; **Emulsion** *w.* Gemisch unlösbarer Stoffe (z. B. Fett in Wasser)

ENA = École Nationale d'Administration

en avant! (ang awang, *frz.*) vorwärts!

en bloc (ang block, *frz.*) im Ganzen, in Bausch und Bogen

Encadrement *s.* (-mong, *frz.*) Einfassung, Rahmen

Enchilada *w.* (-tschi-, *span.*) mit Fleisch und Gemüse gefülltes Omelett

encodieren = enkodieren

Encoding *s.* (enkohding, *engl.*) Chiffrierung, Verschlüsselung von Nachrichten

Encounter *s.* (enkaunter, *engl.*) 1. Zusammentreffen; 2. Gruppentraining in der Psychologie, Gruppentherapie
encouragieren (angkuraschihren, *frz.*) ermutigen, anfeuern
Endemie *w.* (*gr.*) örtlich begrenztes Auftreten einer Krankheit; **endemisch** örtlich gebunden, heimisch, einheimisch; **Endemismus** *m.* räumlich begrenztes Vorkommen von Tieren und Pflanzen; **Endemiten** *Mz.* räumlich begrenzt vorkommende Tiere und Pflanzen
endermal (*gr.*) in der Haut, in die Haut
en détail (ang detaj, *frz.*) im Kleinen, im Einzelverkauf, im Einzelnen
Endivie *w.* (-wi'e, *lat.-frz.*) Salatpflanze, ein Zichoriengewächs
Endo-, endo- (*gr.*) als Wortteil: innen, in
Endobiose *w.* (*gr.*) Gastbesiedlung im Innern eines Wirtsorganismus (z. B. Bakterien im Darm)
Endogamie *w.* (*gr.*) Heirat innerhalb des eigenen sozialen Verbands (Stamm, Kaste)
endogen (*gr.*) im Inneren, im Körper entstanden, von innen kommend (z. B. Krankheiten)
Endokard *s.* (*gr.*) die innere Herzwandschicht; **Endokarditis** *w.* Entzündung der Herzinnenhaut
endokrin (*gr.*) mit innerer Sekretion verbunden; **Endokrinologie** *w.* Lehre von der inneren Sekretion (der Drüsen)
Endoparasit *m.* (*gr.*) Parasit, der im Innern des Wirtstiers oder der Wirtspflanze lebt
Endorphin *s.* (aus *gr. end*ogen und *Morphin*) körpereigenes, schmerzstillendes Hormon, Glückshormon
Endoskop *s.* (*gr.*) Gerät zum Untersuchen und Ausleuchten von Körperhöhlen; **Endoskopie** *w.* Untersuchung mit dem Endoskop
Endosymbiose *w.* (*gr.*) lebensnotwendige Symbiose von verschiedenen Organismen
endotherm (*gr.*) Wärme verbrauchend, sich unter Wärmeaufnahme vollziehend (von chem. und physikal. Prozessen)
endothym (*gr.*) zum inneren Gefühls- und Affektbereich gehörig
Endotoxine *Mz.* (*gr.*) Gifte, die durch Bakterienzerfall frei werden
Energetik *w.* (*gr.*) 1. Wissenschaft von der Energie und ihrer Umwandlung; 2. philosophische Ansicht, dass alles Sein und Geschehen auf Energie zurückgeht, Eigw. **energetisch**; **Energie** *w.* 1. Fähigkeit eines Systems, Arbeit zu leisten, Arbeitsvermögen; 2. Tatkraft, Schwung, Willenskraft, Unternehmungslust; **energisch** 1. tatkräftig, willensstark; 2. nachdrücklich
energico (-dschi, *itl.*) Musik: bestimmt, energisch
Energy-Drink, Energydrink *m.* (-dschi-, *engl.*) alkoholfreies, auf Koffein u. a. Wirkstoffen basierendes Fertiggetränk, das belebende Wirkungen haben soll
enervieren (*lat.*) auf die Nerven gehen, entnerven
en face (ang faß, *frz.*) von vorn (gesehen)
en famille (ang famij, *frz.*) im vertrauten Kreis, unter sich
Enfant terrible *s.* (angfang terrihbl, *frz.*) jmd., der durch Offenheit in seinen Äußerungen und Verhaltensweisen andere in Verlegenheit bringt oder schockiert
Enfleurage *w.* (angflörahsch, *frz.*) Verfahren in der Parfümherstellung, durch das Blüten- und Pflanzendüfte gewonnen werden
Engagement *s.* (anggaschmang, *frz.*) 1. Zahlungs- oder Abnahmeverpflichtung von Börsenpapieren; 2. Anstellung (eines Künstlers); 3. persönlicher Einsatz; **engagieren** (anggaschihren) anstellen, unter Vertrag nehmen; **sich engagieren** sich auf etwas einlassen; sich für etwas einsetzen, Eigw. **engagiert**
en garde! (ang –, *frz.*) Kommando zur (Wieder-)Einnahme der Ausgangsposition beim Fechten
Engine *w.* (endschin, *engl.*) eigenständiges, oft im Hintergrund laufendes Computerprogramm, das für komplexe Berechnungen und Simulationen, bes. bei Computerspielen, zuständig ist (EDV); **Engineering** *s.* (endschinihring, *engl.*) Rationalisierung(en) im Produktionsprozess
English spoken (inglisch spohken, *engl.*) man spricht (hier) Englisch; **Englishwaltz** *m.* (inglischwolz) langsamer Walzer

Engorgement *s.* (anggorschmang, *frz.*) Stockung des Wirtschaftslebens
Engramm *s.* (*gr.*) bleibende Spur geistiger Eindrücke im Gedächtnis
en grande tenue (ang grang tenüh, *frz.*) in vollem Staat; **en grande toilette** (– toalett) in großer Aufmachung; **en gros** (ang groh) im Großen, im Großhandel, im Allgemeinen
enharmonisch (*gr.*) harmonisch austauschbar, aber anders bezeichnet (von Intervallen)
Enigma (*gr.*) 1. *s.* Rätsel; 2. *w.* Name der Chiffriermaschine der dt. Marine im 2. Weltkrieg; **emigmatisch** rätselhaft
Enjambement *s.* (angschangbmang, *frz.*) Versbrechung, Übergreifen des Satz- und Sinnzusammenhangs einer Verszeile in die folgende (z. B.: Ganz leise hast/du dich angezogen … [Ulla Hahn])
Enkaustik *w.* (*gr.*) Maltechnik mit heißen Farben, Wachsmalerei, Ztw. **enkaustieren**, Eigw. **enkaustisch**
Enklave *w.* (*lat.-frz.*) vom Hoheitsgebiet des eigenen Staates eingeschlossener Teil eines anderen Staates, im Ggs. zu Exklave
enkodieren (*engl.*) mit einem Kode verschlüsseln
Enkomion *s.* (*gr.*) Loblied, Lobrede, Lobgedicht
Enkopresis *w.* (*gr.*) Einkoten, Stuhlinkontinenz (bei Kindern)
Enkulturation *w.* (*engl.*) das Hineinwachsen eines Menschen in die ihn umgebende Kultur
en masse (ang maß, *frz.*) in Mengen, massenhaft
en miniature (ang minijatühr, *frz.*) verkleinert, in kleinerem Maßstab
Ennui *m.* (angnüi, *frz.*) Überdruss, Langeweile; **ennuyant** (-jang) langweilig, lästig, ermüdend; **ennuyieren** (-jihren) langweilen, belästigen, anöden
enorm (*lat.*) außerordentlich, ungeheuer; **Enormität** *w.* Ungeheuerlichkeit
en passant (ang passang, *frz.*) im Vorübergehen, nebenbei, beiläufig
en pleine carrière (ang plähn karriähr, *frz.*) in gestrecktem Galopp
en profil (ang profill, *frz.*) von der Seite
Enquete *w.* (angkäht, *frz.*) Untersuchung, amtliche Umfrage, Erhebung
enragiert (angraschihrt, *frz.*) leidenschaftlich, versessen auf
en route (ang rutt, *frz.*) unterwegs, auf der Reise
Ens *s.* (*lat.*) das Seiende, Wesen, Idee in der Philosophie
Ensemble *s.* (angsangbl, *frz.*) 1. Schauspielgruppe, Künstlergruppe, Musikergruppe; 2. Gesamtheit (z. B. einer Ansammlung von Bauten); 3. zusammengehörige Kleidungsstücke
en suite (ang swit, *frz.*) 1. hintereinander, ununterbrochen; 2. im Gefolge
Entelechie *w.* (*gr.*) formstiftendes inneres Prinzip (des Organismus)
Entente *w.* (angtangt, *frz.*) Bündnis; **Entente cordiale** *w.* (– kordiall) Bez. für das engl.-frz. Bündnis nach 1904, herzliches Einvernehmen
enteral (*gr.*) Eingeweide und Darm betreffend; **Enteritis** *w.* Darmentzündung; **Enterobakterien** *Mz.* (-ri'en) alle Bakterien in den Eingeweiden von Tier und Mensch; **Enteron** *s.* Eingeweide; **Enteropathie** *w.* Sammelbez. für alle Darmerkrankungen; **Enterosit** *m.* Darmschmarotzer; **Enteroskop** *s.* Instrument zur Untersuchung des Dickdarms; **Enteroskopie** *w.* Untersuchung des Dickdarms, Darmspiegelung
Entertainer *m.* (-tehner, *engl.*) 1. Unterhalter, Showmaster; 2. Unterhaltungskünstler, Ztw. **entertainen**; **Entertainment** *s.* Unterhaltung, Showgeschäft
enthusiasmieren (*gr.*) begeistern, berauschen; **enthusiasmiert** hingerissen; **Enthusiasmus** *m.* leidenschaftliche Begeisterung; **Enthusiast** *m.* schwärmerischer Bewunderer; **enthusiastisch** schwärmerisch, begeistert
Entität *w.* (*lat.*) 1. Seinshaftigkeit, Dasein (im Ggs. zum Wesen eines Dinges); 2. ein eindeutig zu bestimmendes Objekt der Informatik, Entity
Entomologe *m.* (*gr.*) Insektenforscher; **Entomologie** *w.* Insektenkunde, Eigw. **entomologisch**
entopisch (*gr.*) einheimisch, örtlich
Entourage *w.* (angturasche, *frz.*) Gefolge

en tout cas (ang tu ka, *frz.*) auf jeden Fall, unter allen Umständen
Entozoen *Mz.* = Endoparasiten
Entr'act, Entreakt *m.* (angtreakt, *frz.*) Zwischenaktspiel, Zwischenaktmusik
Entrechat *m.* (angtrescha, *frz.*) Ballettsprung, bei dem die Beine übereinandergeschlagen werden, Kreuzsprung
Entrecote *s.* (angtrekoht, *frz.*) Mittelrippe vom Rind
Entree *s.* (angtreh, *frz.*) 1. Eingang, Eingangszimmer; 2. Eintrittskarte; 3. Vorspeise
Entrefilet *s.* (angtrefileh, *frz.*) Kurzkommentar, kleiner Zeitungsartikel
Entrelacs *s.* (angtrela, *frz.*) im arabischen, keltischen und afrikan. Kulturraum verbreitetes Dekor aus verschlungenen Linien, Flechtwerk
Entremetier *m.* (angtremetjeh, *frz.*) auf Suppen und kleine Gerichte spezialisierter Koch; **Entremets** *s.* (angtremä) kleines Gericht zwischen den Gängen
entre nous (angtre nuh, *frz.*) unter uns, ungezwungen
Entrepot *s.* (angtrepoh, *frz.*) Speicher, Stapelplatz vor dem Verzollen
Entrepreneur *m.* (angtreprenör, *frz.*) Unternehmer, Veranstalter; **Entreprise** *w.* (angtreprihs) Unternehmung
Entresol *s.* (angtreßoll, *frz.*) Zwischenstock
entrez! (angtreh, *frz.*) herein!
entrieren (angtrihren, *frz.*) einleiten, einfädeln, anspinnen
Entropie *w.* (*gr.*) 1. Teil einer Wärmemenge, der nicht in Energie umgesetzt werden kann; 2. der mittlere Informationsgehalt einer Nachricht (in der Informationstheorie)
Enukleation *w.* (*lat.*) Auskernung, Ausschälung (z.B. einer Geschwulst); **enukleieren** (-kle'i-) 1. eine Enukleation vornehmen; 2. entwickeln, erklären
Enumeration *w.* (*lat.*) 1. Aufzählung; 2. die Zuweisung von Zuständigkeiten als gesetzlich vorgeschriebener verwaltungsrechtlicher Grundsatz; **enumerieren** aufzählen
Enunziation *w.* (*lat.*) Aussage, Erklärung; **enunziativ** erklärend
Enurese, Enuresis *w.* (*gr.*) Bettnässen, bes. bei Kindern
Enveloppe *w.* (angwelopp, *frz.*) 1. Hülle, Decke; 2. Briefumschlag; 3. einhüllende Kurve (in der Mathematik)
Environment *s.* (enweirenment, *engl.*) zeitgenössische Kunstform, die eine künstlerische Objektanordnung im Raum vornimmt und dadurch den Betrachter zum Begeher eines Kunstwerks macht
en vogue (ang wohg, *frz.*) modern, im Schwange, beliebt
Envoyé *m.* (angwoajeh, *frz.*) Geschäftsträger, Gesandter
Enzephalitis *w.* (*gr.*) Gehirnentzündung; **Enzephalogramm** Röntgenbild des Gehirns; **Enzephalographie** *w.* diagnostische Verfahren zur Erkennung von Gehirnerkrankungen; **Enzephalopathie** *w.* Gehirnerkrankung
Enzyklika *w.* (*gr.*) päpstliches Rundschreiben; **enzyklisch** einen Kreis durchlaufend
Enzyklopädie *w.* (*gr.*) umfassende Darstellung des gesamten vorliegenden Wissens aller Disziplinen oder eines Wissensgebiets; **enzyklopädisch** alle Wissensgebiete umfassend; **Enzyklopädist** *m.* Herausgeber (oder Mitarbeiter an) einer Enzyklopädie
Enzym *s.* (*gr.*) organische Verbindung in der lebenden Zelle, die den Stoffwechsel im Körper steuert; **Enzymologie** *w.* Lehre von der Wirkungsweise der Enzyme
eo ipso (*lat.*) von selbst, selbstverständlich
Eolienne *w.* (eohljenn, *frz.*) gerippte Halbseide
Eolithe *Mz.* (*gr.*) Steinsplitter aus voreiszeitlichen Ablagerungen, die früher für menschliche Werkzeuge gehalten wurden
Eozän *s.* (*gr.*) zweitälteste Stufe des Tertiärs, Eigw. **eozän**
Eozoikum = Algonkium
epagogisch (*gr.*) vom Einzelnen zum Allgemeinen, von den Folgen zu den Ursachen führend
Epaulett *s.*, **Epaulette** *w.* (epolett, *frz.*) Schulterstück auf Uniformen
Ephebe *m.* (*gr.*) wehrfähiger Jüngling im alten Griechenland; **Ephebie** *w.* Pubertät des männlichen Jugendlichen; **Ephebophilie** *w.* homosexuelle Neigung zu jungen Männern;

Ephelide *w.* (*gr.*) Sommersprosse
ephemer, ephemerisch (*gr.*) 1. eintägig (von Organismen); 2. flüchtig, vergänglich; **Ephemeride** *w.* 1. Eintagsfliege; 2. astronom. Tabelle für die tägl. Stellung der Himmelskörper
Ephorus *m.* (*gr.*) Vorsteher eines Predigerseminars der evang. Kirche
Epi-, epi- (*gr.*) als Vorsilbe: bei, neben, über, um, auf
Epibiose *w.* Gastbesiedlung auf dem Äußeren eines Wirtsorganismus (z. B. Bakterien auf der Haut)
Epidemie *w.* (*gr.*) Krankheitswelle, gehäuftes Auftreten einer Infektionskrankheit während einer bestimmten Zeit; **Epidemiologie** *w.* Wissenschaft von den Epidemien und Zivilisationskrankheiten; **epidemisch** in Form einer Epidemie auftretend
Epidermis *w.* (*gr.*) Oberhaut, oberste Hautschicht
Epidiaskop *s.* (*gr.*) Projektor für durchsichtige und nicht durchsichtige Vorlagen
Epigastrium *s.* (*gr.-lat.*) Oberbauch, Oberbauchgegend
Epigenese *w.* (*gr.*) 1. embryonale Entwicklung eines Lebewesens durch eine Kette von Neubildungen (nach der Theorie von C. F. Wolff im 18. Jh.); 2. spätere Entstehung (von Gesteinsstätten), Eigw. **epigenetisch**; **Epigenetik** *w.* Forschungsdisziplin, die nach Merkmalen im Erbgut sucht, die Gene ein- und ausschalten, selbst aber keine Gene sind
Epigone *m.* (*gr.*) unschöpferischer Nachahmer großer Vorbilder, Eigw. **epigonal**
Epigramm *s.* (*gr.*) Sinngedicht, (spöttischer) Ausspruch in knapper, dichterischer Form; **Epigrammatik** *w.* Kunst des Verfassens von Epigrammen; **Epigrammatiker** *m.* Verfasser von Epigrammen; **epigrammatisch** kurz, schlagend, knapp
Epigraph, Epigraf *s.* (*gr.*) (antike) Aufschrift, Inschrift; **Epigraphik, Epigrafik** *w.* Inschriftenkunde; **Epigraphiker, Epigrafiker** *m.* Inschriftenforscher
Epik *w.* (*gr.*) Kunst des Epos, der erzählenden Dichtung; **Epiker** *m.* erzählender Dichter; **episch** erzählend, ausmalend
Epikrise *w.* (*gr.*) abschließende ärztliche Beurteilung einer Erkrankung
Epikureer *m.* (-re'e-, *gr.*) jmd., der die (materiellen) Freuden des Daseins in vollen Zügen genießt, Genussmensch (nach dem griechischen Philosophen Epikur), Eigw. **epikureisch**
Epilation = epilieren
Epilepsie *w.* (*gr.*) Fallsucht; **Epileptiker** *m.* jmd., der an Epilepsie leidet, Eigw. **epileptisch**
epilieren (*lat.*) Haare kosmetisch entfernen, Hptw. **Epilation** *w.*
Epilog *m.* (*gr.*) Schlussteil einer Rede, abschließendes Nachwort, Nachspiel im Drama
Epinglé *m.* (epängleh, *frz.*) Möbel- und Kleiderstoff mit ungleich starken (Quer-)Rippen
Epiphanie, Epiphania *w.* 1. Erscheinung einer Gottheit unter den Menschen; 2. Erscheinungsfest, Dreikönigsfest der christl. Kirchen
Epiphänomen *s.* (*gr.*) Begleiterscheinung
Epipher, Epiphora *w.* (*gr.*) 1. Tränenfluss; 2. gleiche Wörter am Ende einer Satzreihe (z. B.: Doch alle Lust *will Ewigkeit, will* tiefe, tiefe *Ewigkeit* [F. Nietzsche]), im Ggs. zu Anapher
Epiphyten *Mz.* (*gr.*) Pflanzen, die auf anderen Pflanzen leben, ohne Schmarotzer zu sein (z. B. manche Orchideen, Moose, Flechten)
episch = Epik
Episkop *s.* (*gr.*) Projektor für undurchsichtige Bilder
episkopal (*gr.*) bischöflich; **Episkopalismus** *m.* kirchenrechtliche Lehre, die das Episkopat über den Papst stellt; **Episkopalkirche** *w.* Kirche mit bischöflicher Verfassung; **Episkopat** *m.* od. *s.* 1. Bischofsamt; 2. Gesamtheit der Bischöfe; **Episkopus** *m.* Bischof
Episode *w.* (*gr.*) Nebenhandlung, Zwischenspiel, nebensächliches Erlebnis; **episodisch** 1. gelegentlich; 2. vorübergehend, nebensächlich
Epistaxis *w.* (*gr.*) Nasenbluten
Epistel *w.* (*gr.-lat.*) 1. Brief, Sendschreiben; 2. Strafpredigt
Epistemologie *w.* (*gr.*) Erkenntnistheorie, Lehre vom Wissen (bes. in der angelsächsischen Philosophie)

Epistyl *s.* (*gr.*) Säulenknauf und Verbindungsbalken zwischen zwei Säulen, Architrav

Epitaph *s.* (*gr.*) Grabschrift und Grabmal mit Inschrift

Epithel *s.* (*gr.*) die oberste Zellschicht der Haut

Epitheton *s.* (*gr.*) Sprachlehre: Beiwort; **Epitheton ornans** *s.* (*gr.-lat.*) nur schmückendes, formelhaftes Beiwort (z. B. *scharfes* Schwert)

Epizentrum *s.* (*gr.-lat.*) Erdoberfläche über einem Erdbebenherd

Epizoon *m.* (-zo'on, *gr.*) Tier, das auf anderen Lebewesen lebt, ohne Schmarotzer zu sein; **Epizootiologie** *w.* Wissenschaft von den Seuchen bei Tieren

Epoche *w.* (*gr.*) 1. Beginn eines Zeitabschnitts; 2. größerer Zeitraum, der durch Gemeinsamkeiten, z. B. in der Kunst, charakterisiert ist; **epochemachend, epochal** eine Epoche begründend, bedeutend, aufsehenerregend

Epopöe *w.*, **Epos** *s.* (*gr.*) große erzählende Dichtung in gehobener Sprache, bes. Helden- und Göttersagen

Epsilon *s.* (*gr.*) fünfter Buchstabe des griechischen Alphabets, Ε, ε

Equalizer *m.* (ikweleiser, *engl.*) Zusatzgerät an Verstärkern zur Veränderung des Klangbildes

Equestrik *w.* (*lat.*) Reitkunst, bes. im Zirkus

Equilibrist = Äquilibrist

equilibrieren = äquilibrieren

Equipage *w.* (ekipahsch, equipahsche, *frz.*) herrschaftliche Kutsche; **Equipe** *w.* (ekip) Mannschaft (bes. im Reitsport)

Equipment *s.* (ekwipment, *engl.*) Ausstattung, Ausrüstung, bes. einer Band

Eranos *m.* (*gr.*) im antiken Griechenland Mahlzeit, zu der jeder Teilnehmer beitrug

Erato *w.* (*gr.*) griech. Muse der Liebesdichtung

Erbium *s.* chem. Element, ein Seltenerdmetall (nach dem Ort Ytterby in Schweden)

Erebus, Erebos *m.* (*gr.-lat.*) Unterwelt, Hades

E-Recruiting = Electronic Recruiting

erektil (*lat.*) schwellfähig; **Erektion** *w.* Aufrichtung, Steifwerden von Schwellkörpern an Penis und Kitzler

Eremit *m.* (*gr.*) Einsiedler; **Eremitage** *w.*, **Ermitage** *w.* (ermittasch, *frz.*) Einsiedelei, als Einsiedelei gestaltetes Lustschlösschen

Erethiker *m.* (*gr.*) leicht erregbarer, reizbarer Mensch, Eigw. **erethisch**

Erg *s.* (*gr.*) alte physikalische Einheit für Arbeit

ergo (*lat.*) also, folglich

Ergograph, Ergograf *m.* (*gr.*) Instrument zur Aufzeichnung der Muskelarbeit; **Ergometer** *s.*, **Ergostat** *m.* Apparat zur Messung der Muskelarbeit

Ergonomie, Ergonomik *w.* (*gr.*) Teilgebiet der Arbeitswissenschaft, das sich mit der bestmöglichen wechselseitigen Anpassung zwischen dem arbeitenden Menschen und seinen Arbeitsbedingungen befasst; **Ergotherapie** *w.* Arbeits- und Beschäftigungstherapie

Ergotismus *m.* (*frz.*) Vergiftung durch Mutterkorn

erigibel (*lat.*) aufrichtbar, schwellfähig, zur Erektion fähig; **erigieren** sich aufrichten, eine Erektion haben; **erigiert** im Zustand der Erektion, aufgerichtet

Erinnyen *Mz.* (*gr.*) die Rachegöttinnen Tisiphone, Alekto und Megaira in der griech. Mythologie

Eris *w.* (*gr.*) Göttin des Streits in der griech. Sage; **Erisapfel** *m.* Zankapfel; **Eristik** *w.* Kunst des Streitgesprächs (bei den Sophisten)

erodieren (*lat.*) wegnagen, auswaschen

erogen (*gr.*) sexuell erregend; sexuell erregbar

eroico (*itl.*) Musik: heldisch, kraftvoll

Eros *m.* (*gr.*) sinnliche Anziehung (nach Eros, dem griech. Gott der Liebe); **Eroscenter, Eros-Center** *s.* (-ßenter, *engl.*) modernes Bordell

Erosion *w.* (*lat.*) Auswaschung, Bodenabtragung durch Wasser oder Wind

Eroten *Mz.* (*gr.*) Darstellungen nackter Kindergestalten als Begleiter des Liebesgottes, Amoretten

Erotik *w.* (*gr.*) Sinnlichkeit, sinnliche Liebe; **Erotiker** *m.* 1. Verfasser von Erotika; 2. sinnlicher Mensch, Liebeskünstler; **Erotikon** *s.* Buch mit erotischem Inhalt (*Mz.*

Erotika); **erotisch** 1. sinnlich; 2. von der sinnlichen Liebe handelnd; 3. sexuell; **erotisieren** sinnliches Verlangen hervorrufen; **Erotomanie** *w.* Fixiertheit auf Sexualität, Eigw. **erotomanisch**

errare humanum est (*lat.*) Irren ist menschlich

Errata = Erratum

erratisch (*lat.*) weit vom Ursprungsort entfernt; **erratische Blöcke** *Mz.* Findlinge, die in der Eiszeit durch Gletscher verschleppt wurden

Erratum *s.* (*lat.*) Druckfehler (*Mz.* Errata)

eruieren (*lat.*) ermitteln, erforschen; Hptw. **Eruierung** *w.*

eruktieren (*lat.*) aufstoßen, rülpsen, Hptw. **Eruktation** *w.*

Eruption *w.* (*lat.*) 1. Ausbruch von Vulkanmassen; 2. Hautausschlag; **eruptiv** durch Eruption entstanden

Erysipel, Erysipelas *s.* (*gr.*) durch Streptokokken hervorgerufene Wundrose, Rotlauf

Erythem *s.* (*gr.*) (entzündliche) Hautröte; **Erythrozyt** *m.* rotes Blutkörperchen; **Erythrozytose** *w.* krankhafte Vermehrung der roten Blutkörperchen

ESA *w.* (aus *engl. E*uropean *S*pace *A*gency) europ. Weltraumbehörde

Escalopes *Mz.* (-lopp, *frz.*) dünn geschnittene, gebratene Fleisch- od. Fischschnitte

Escape *o. A.* (iskehp, *engl.*) Taste auf der Tastatur eines Computers, die den Abbruch eines Befehls oder das Verlassen eines Programms bewirkt (Abk. Esc; EDV)

Eschatologie *w.* (es'cha-, *gr.*) Lehre von den letzten Dingen; **eschatologisch** endzeitlich, von den letzten Dingen handelnd

Escudo *m.* (*port.*) Währungseinheit in Chile, in Portugal vor Einführung des Euro (2002)

-esk (*itl.*) Nachsilbe, bes. an Adjektiven, mit der Bedeutung: in der Art von (z. B. kafka*esk*)

Eskaladierwand *w.* (*frz.*) Hinderniswand für Kletterübungen

Eskalation *w.* (*lat.-engl.*) Steigerung, Ausdehnung, stufenweise Verschärfung, bes. beim Einsatz militärischer Mittel; **eskalieren** sich ausweiten, steigern, verschärfen

Eskamotage *w.* (-tahsch, *frz.*) alte Bez. für Zauberei, Taschenspielerei; **Eskamoteur** *m.* (-töhr) Zauberkünstler; **eskamotieren** wegzaubern

Eskapade *w.* (*frz.*) 1. falscher Sprung eines Reitpferdes; 2. leichtsinniger Streich, Seitensprung, Abenteuer; **Eskapismus** *m.* (*lat.-frz.*) Flucht vor der Wirklichkeit in eine Traumwelt, Eigw. **eskapistisch**

Eskarpe *w.* (*frz.*) Böschung bei Befestigungen

Eskarpins *Mz.* (-päng, *frz.*) Herrenschuhe mit Schnallen im 18. Jh.

Eskimorolle *w.* Methode, ein gekentertes Kajak wieder aufzurichten, Kenterrolle; **eskimotieren** eine Eskimorolle durchführen (nach den Eskimos, die diese Methode erfanden)

Eskompte *w.* (eskongt, *frz.*) Rabatt, Diskont; **eskomptieren** diskontieren

Eskorte *w.* (*frz.*) Geleit, Schutz, Ehrengeleit; **eskortieren** geleiten

Esoterik *w.* (*gr.*) Geheimlehre und geheime Riten eines (religiösen) Kultverbandes; **Esoteriker** *m.* jmd., der in eine Esoterik eingeweiht ist; **esoterisch** in Form einer Geheimlehre, nur Eingeweihten zugänglich

Espada *m.* (*span.*) der mit dem Degen bewaffnete Stierkämpfer

Espadrilles *Mz.* (-drijeß, *span.*) Leinenschuhe mit durchgezogener Sohle aus Espartogras

Espagnole *w.* (espanjoll, *frz.*) spanischer Tanz

Esparto *m.* (*span.*) Steppengras, Rohstoff für die Papierproduktion

Esperanto *s.* (*Kunstwort* in Anlehnung an *port.* und *span.*) Welthilfssprache (nach dem poln. Arzt L. L. Zamenhof, 1859–1917, der die Sprache unter dem Pseudonym Dr. Esperanto veröffentlichte)

espirando (*itl.*) Musik: verhauchend, ersterbend

Esplanade *w.* (*frz.*) Anlage, freier Platz, meist vor großen Bauwerken

espressivo (*itl.*) Musik: ausdrucksvoll

Espresso *m.* (*itl.*) auf italienische Art zubereiteter Mokka (*Mz.* Espressi)

Esprit *m.* (esprih, *frz.*) Geist, Witz, Schlagfertigkeit, Scharfsinn; **Esprit de Corps** *m.* (– kohr, *frz.*) Standesbewusstsein, Korpsgeist
Esquire *m.* (iskwair, *engl.*) englischer Höflichkeitstitel (Abk. Esq)
Essay *m.* oder *s.* (esseh, *frz.*) Studie, anspruchsvolle kürzere Abhandlung über ein gegenwartsbezogenes Thema; **Essayist** *m.* (-jist) Verfasser von Essays; **essayistisch** nach Art eines Essays
Essener *Mz.* (*aram.*) altjüdische ordensähnliche Gemeinschaft (von 150 v. Chr. – 70 n. Chr.)
Essential *s.* (issentschel, *engl.*) wesentlicher Punkt, unabdinglicher Kernpunkt (*Mz.* Essentials)
essentiell, essenziell (-zi'e-, *lat.*) wesentlich, wesenhaft, lebensnotwendig; **Essenz** *w.* 1. Wesenheit, Wesen einer Sache; 2. konzentrierter Auszug aus Naturprodukten; 3. Hauptsache, Kernpunkt
Establishment *s.* (istäblischment, *engl.*) etablierte Gesellschaftsschicht, die kein Interesse an gesellschaftlichen Veränderungen hat
Estaminet *s.* (-neh, *frz.*) Schenke, Kneipe
Estampe *w.* (estomp, *frz.*) Abdruck eines Holzschnitts, Kupfer- und Stahlstichs
Estanzia *w.* (*span.*) südamerikanisches Gut, Viehfarm
estimieren (*frz.*) schätzen, achten, respektieren
estinguendo (-gu'e-, *itl.*) Musik: verlöschend
Estrade *w.* (*frz.*) 1. erhöhter Platz im Raum, meist vor Fenstern; 2. folkloristische Unterhaltungsshow (in der DDR)
Estragon *m.* (*arab.-frz.*) Gewürzpflanze
Estrich *m.* (*lat.*) glatter Fußboden aus Lehm, Zement, Ziegelsteinen
et (*lat.*) und
Eta *s.* (*gr.*) siebter Buchstabe des griechischen Alphabets, H, η
etablieren (*frz.*) gründen, einrichten, eröffnen; **sich etablieren** sich niederlassen, Hptw. **Etablierung** *w.*; **Etablissement** *s.* (etablißmang) 1. Betrieb, Unternehmen; 2. Vergnügungsstätte; 3. Bordell
Etage *w.* (etasche, *frz.*) Stockwerk; **Etagere** *w.* (etaschähr) Gestell mit mehreren Etagen für Bücher oder Ziergegenstände
et alii (– li'i, *lat.*) und andere (Abk. et al.)
Etalon *s.* (-long, *frz.*) Eichmaß
Etamin *s.* (*frz.*) gazeartiger Gitterstoff, bes. für Vorhänge
Etappe *w.* (*frz.*) 1. Teilstrecke, Abschnitt; 2. Gebiet hinter der Front
Etat *m.* (etah, *frz.*) 1. Haushaltsplan des Staates; 2. zweck- und zeitgebundene Geldmittel; **etatisieren** in den Voranschlag aufnehmen; **Etatismus** *m.* 1. Tendenz, den staatlichen Einfluss zu stärken; 2. eine auf staatliche Interessen fixierte Denkweise; **Etats généraux** *Mz.* (etah scheneroh, *frz.*) die vom frz. König zur Steuerbewilligung einberufenen Generalstände, bestehend aus Vertretern des Adels, des Klerus und der Bürger
etc. Abk. für **et cetera** (*lat.*) und so weiter; **et cetera pp.** (– pepe) ein verstärkendes doppeltes *und so weiter* (pp. = perge, perge!, fahre fort!)
etepetete (*frz.*) umständlich, steif, geziert
Eternelle *w.* (-nell, *frz.*) Häkelspitze mit stets wiederkehrendem Muster; **eternisieren** (*lat.*) verewigen, Dauer verleihen
Eternit *s.* (*Wz.*) feuerfestes Baumaterial aus Asbest und Zement
Etesien *Mz.* (-si'en, *gr.*) trockene Nordwestwinde im östlichen Mittelmeergebiet;
Etesienklima *s.* Klima der Subtropen (trocken im Sommer, feucht im Winter)
Ether = Äther
Ethik *w.* (*gr.*) Lehre vom sittlichen Verhalten; **ethisch** den Erkenntnissen der Ethik entsprechend, sittlich
Ethnie *w.* (-ni'e, *gr.*) Gruppe von Menschen mit einheitlicher Kultur und Sprache; **ethnisch** einer Ethnie zugehörig, eine Ethnie betreffend; **Ethnographie** *w.* beschreibende Völkerkunde, Eigw. **ethnographisch**; **Ethnolekt** *m.* (*gr.*) Sammelbez. für sprachliche Abweichungen und Sprachstile, die von ethnischen Minderheiten gesprochen werden (in Dtld. z. B. ein bes. von Jugendlichen gesprochenes Gemisch aus verschiedenen Einwanderersprachen); **Ethnologe** *m.* Wissenschaftler auf dem Gebiet der Ethnologie; **Ethnologie** *w.* wissenschaftliche Völkerkunde,

Eigw. **ethnologisch**; **Ethnolook** *m.* (-luck) Modestil, der sich an der Tracht einer Ethnie orientiert; **Ethnomedizin** *w.* interdisziplinäres Forschungsgebiet, das sich mit der kulturspezifischen Bedingtheit von Gesundheit und Krankheit beschäftigt; **Ethnopop** *m.* Popmusik, die Elemente der Volksmusik aufnimmt; **Ethnozentrismus** *m.* Haltung, die die eigene Kultur in den Mittelpunkt stellt und andere Kulturen abwertet; **Ethnozid** *m.* Zerstörung einer Kultur, Religion oder Sprache zum Zwecke der Assimilierung der Ethnie

Ethologe *m.* (*gr.*) Verhaltensforscher; **Ethologie** *w.* Verhaltensforschung, bes. des Verhaltens der Tiere

Ethos *s.* (*gr.*) sittliches Bewusstsein, moralische Grundhaltung

Etikett *s.* (*frz.*) Aufklebeschild mit Bezeichnung des Inhalts; **Etikette** *w.* 1. Hofsitte; 2. Vorschriften für gesellschaftliche Umgangsformen; **Etikettenschwindel** *m.* 1. Vortäuschung falscher Tatsachen; 2. Benutzung eines Markennamens für eine minderwertige Ware; **etikettieren** mit Zettel und Aufschrift versehen

etouffé (-tuffe, *frz.*) gestopft (von Blechblasinstrumenten)

Etüde *w.* (*frz.*) Studie, musikalisches Übungsstück

Etui *s.* (*frz.*) Behälter, Hülle; **Etuikleid** *s.* schlichtes, elegant wirkendes enganliegendes Kleid, meistens ohne Ärmel

Etymologie *w.* (*gr.*) Wissenschaft vom Ursprung und von der Bedeutungsentwicklung der Wörter; **etymologisch** worterklärend; **Etymon** *s.* Stammwort

Eu-, eu- (*gr.*) als Vorsilbe: gut, schön, reich

Eubiotik *w.* (*gr.*) Lehre vom gesundheitlichen Leben

Eucharistie *w.* (*gr.*) Altarsakrament in der kath. Kirche; **eucharistisch** zum Altarsakrament gehörig

Eudämonie *w.* (*gr.*) Glückseligkeit; **Eudämonismus** *m.* Weltanschauung, die im Glück das Lebensziel sieht; **eudämonistisch** nach Glückseligkeit strebend; **Eudämonologie** *w.* Anleitung zum glücklichen Leben

Eudoxie *w.* (*gr.*) 1. guter Ruf; 2. richtiges Urteil

Eugenetik, Eugenik *w.* (*gr.*) Erbgesundheitsforschung, Eigw. **eugenisch, eugenetisch**; **Eugeniker** *m.* Forscher auf dem Gebiet der Eugenik

Eukalyptus *m.* (*gr.*) immergrüner Strauch oder Baum, dessen ätherische Öle zu Heilzwecken verwendet werden

euklidische Geometrie *w.* auf den Axiomen des griechischen Mathematikers Euklid aufgebaute Geometrie (4./3. Jh. v. Chr.)

Eukolie *w.* (*gr.*) zufriedene Gemütsverfassung, heiterer Sinn

Eukrasie *w.* (*gr.*) Lehre von der (guten) Zusammensetzung der Körpersäfte als Basis der Gesundheit

Eumeniden = Erinnyen

Eunuch *m.* (*gr.*) Kastrat, zeugungsunfähiger Mann

Euphemismus *m.* (*gr.*) Beschönigung, mildernde Umschreibung (z. B. *vollschlank* für *dick*); **euphemistisch** beschönigend, verhüllend

Euphonie *w.* (*gr.*) sprachlicher Wohllaut, Wohlklang; **euphonisch** wohllautend

Euphorie *w.* (*gr.*) Gefühl erhöhten Wohlbefindens, Hochgefühl, Eigw. **euphorisch**

Euphuismus *m.* gezierter oder schwülstiger literarischer Stil (nach dem engl. Roman «Euphues» von John Lyly, 1579)

Eurasien (-si'en) die zusammenhängende Landmasse von Europa und Asien; **Eurasier** *m.* (-i'er) 1. Bewohner Eurasiens; 2. junge Haushundrasse

Eurhythmie *w.* (*gr.*) 1. Ausdrucks- und Bewegungskunst in der Anthroposophie; 2. Regelmäßigkeit des Pulses

Euro *m.* ab 2002 gemeinsame Währung von zunächst elf Staaten der Europäischen Union; **Eurokratie** *w.* (*frz.*) Bürokratie der Europäischen Gemeinschaft; **Europacup, Europapokal** *m.* (-kapp) Wettbewerb für europäische Mannschaften (im Sport); **European Article Number** *w.* (juropijen artikl namber, *engl.*) einheitliche Produktkennzeichnung in Europa in Form eines Strichcodes auf der Ware, Barcode (Abk. EAN); **Euro-Stoxx** *m.* seit 1998 bestehender europäischer Aktienindex, der die 50 umsatzstärksten Aktienwerte der Länder der Europäischen Wirtschafts- und Währungsunion enthält; **Eurovision** *w.* Fernsehprogrammaustausch zwischen europäischen Fernsehanstalten; **Eurozentrismus** *m.* eine Europa und europäische Interessen in den Mittelpunkt stellende (politische) Haltung, Eigw. **eurozentrisch, eurozentristisch**

Eusebie *w.* (*gr.*) Frömmigkeit, Gottesfurcht, das Gegenteil von Asebie; Eigw. **eusebisch**

Euterpe *w.* (*gr.*) Muse der lyrischen Dichtkunst und des Gesangs

Euthanasie *w.* (*gr.*) 1. Erleichterung des Sterbens; 2. Massentötung von (Geistes-) Kranken im Nationalsozialismus

eutroph (*gr.*) 1. reich an Nährstoffen; 2. überdüngt; **Eutrophie** *w.* guter Ernährungszustand

Evakuierung *w.* (*lat.*) 1. Räumung eines Gebiets, Aussiedlung von Bewohnern; 2. Herstellung eines Vakuums, Evakuation; **evakuieren** 1. ein Gebiet von den Bewohnern räumen, aussiedeln; 2. ein Vakuum herstellen

Evaluation *w.* (*engl.-frz.*) Bewertung, Beurteilung (von Projekten), Ztw. **evaluieren**

Evalvation *w.* (*lat.*) Schätzung, Bewertung, Bestimmung des Werts, bes. bei Münzen; **evalvieren** schätzen, berechnen, bewerten

Evangeliar *s.* (*gr.*) liturgisches Buch mit den Evangelientexten; **Evangelisation** *w.* Verkündigung des Evangeliums; **evangelisch** 1. der evangelischen Kirche angehörend; 2. auf das Evangelium bezogen; **Evangelist** *m.* Verfasser eines Evangeliums; **Evangelium** *s.* eins der vier Bücher vom Leben Jesu im Neuen Testament

evaporabel (*lat.*) verdunstbar; **Evaporation** *w.* Verdampfung, Verdunstung (von Wasser); **Evaporator** *m.* Gerät, das aus Meereswasser Süßwasser erzeugt; **evaporieren** verdampfen, durch Verdampfen Wasser entziehen

Evasion *w.* (*lat.*) 1. Entweichen; 2. Ausflucht; **evasiv, evasorisch** ausweichend

Evektion *w.* (*lat.*) Abweichen des Mondes von seiner Bahn infolge unterschiedlicher Anziehungskraft der Sonne

Event *s.* (iwent, *engl.*), **Evenement** *s.* (ewenmang, *frz.*), 1. Ereignis, Begebenheit; 2. medienwirksam inszenierte Veranstaltung (z. B. Modenschau, Popkonzert); **Eventmanager** *m.* (-mänedscher, *engl.*) Selbständiger od. Angestellter, der Events (2.) vorbereitet und durchführt

eventual, eventualiter, eventuell (-tu'a-, *lat.*) möglich, möglicherweise, gegebenenfalls, vielleicht, unter Umständen (Abk. evtl.); **Eventualität** *w.* Möglichkeit, möglicher Fall

Everdur *s.* (*Wz.*) säurebeständige Bronze;

Everglaze *s.* (-glehs, *Wz. engl.*) knitterfreies Gewebe mit waschbeständigem, dauerhaftem Muster

Evergreen *m.* oder *s.* (ewwergrihn, *engl.*) Schlager mit dauerhaftem Erfolg

Evertebrat *m.* (*lat.*) wirbelloses Tier

Everybody's Darling *m.* (*engl.*) jedermanns Liebling, jmd., der sich durch sein (konfliktvermeidendes) Verhalten bei jedem beliebt machen will

evident (*lat.*) augenscheinlich, offenbar, einleuchtend, auf der Hand liegend; **Evidenz** *w.* Einsichtigkeit, Gewissheit

Evokation *w.* (*lat.*) 1. Vorladung; 2. das Hervorrufen von Vorstellungen; **evozieren** 1. vorladen; 2. hervorrufen, bewirken

Evolution *w.* (*lat.*) 1. allmähliche Entwicklung; 2. stammesgeschichtliche Entwicklung der Lebewesen; **evolutionär** auf Evolution beruhend, sich langsam entwickelnd, nicht revolutionär; **evolvieren** entfalten, entwickeln

evozieren = Evokation

evtl. = eventuell

evviva! (ewwiwa, *itl.*) er, sie lebe hoch!

ex 1. aus, vorbei (umg.); 2. Aufforderung, ein Glas (Alkohol) ganz auszutrinken, auf ex (umg.)

Ex *m.* und *w.* (Kurzform für Exmann, Exfrau) ehemalige(r) Partner(in) (umg.)

Ex-, ex- (*lat.*) als Vorsilbe: aus, aus... heraus, ehemalig

ex abrupto (*lat.*) überraschend, unvorhergesehen

Exaggeration *w.* (*lat.*) Übertreibung, Steigerung; **exaggerieren** übertreiben, steigern

exakt (*lat.*) 1. genau, sorgfältig; 2. berechen- und messbar, Hptw. **Exaktheit** *w.*

Exaltation *w.* (*lat.*) Überspanntheit, übertriebene Erregtheit; **exaltiert** überspannt, übersteigert

Examen *s.* (*lat.*) Prüfung; **Examinand** *m.* Prüfling; **Examinator** *m.* Prüfer; **examinieren** prüfen, ausfragen

ex ante (*lat.*) im Vorhinein

Exanthem *s.* (*gr.*) Hautausschlag

Exanthropie *w.* (*gr.*) Menschenscheu

Exaration *w.* (*lat.*) Bodenabschürfung durch Gletscher

Exarch *m.* (*gr.*) 1. Vertreter des Patriarchen in der griech.-orthodoxen Kirche; 2. ehemaliger byzantinischer Statthalter in Italien; **Exarchat** *s.* Gebiet des byzantinischen Statthalters

Exartikulation *w.* (*lat.*) operative Abtrennung eines Gliedes im Gelenk

exc. = excudit

ex cathedra (*lat.*) 1. vom Papst verkündet; 2. als unanzweifelbar daherkommend

Exceptio *w.* (*lat.*) juristischer Einspruch

Exchange *w.* (ikstschehnsch, *engl.*) Tausch, Geldwechsel; Wechselstube

excudit (*lat.*) auf Kupferstichen: hat gestochen (Abk. exc.)

excusez! (exküseh, *frz.*) Verzeihung!

Executive *m.* (-kjutiv, *engl.*) leitender Angestellter, Führungskraft; **Executive Director** *m.* (– dei-) Geschäftsführer; geschäftsführender Direktor; **Executive Manager** *m.* (– mänedscher) Leiter der Exportabteilung; **Executive Officer** *m.* Sachbearbeiter im gehobenen Dienst; **Executive Position** *w.* (– posischen) leitende Funktion, leitende Position; **Executive Vice-President** *m.* (– weiß-) Vizepräsident, Bereichsleiter, geschäftsführender Abteilungsleiter

Exedra *w.* (*gr.*) 1. halbrunde Nische mit Sitzen; 2. Apsis (*Mz.* Exedren)

Exegese *w.* (*gr.*) wissenschaftliche Ausdeutung, Auslegung eines Textes, bes. der Bibel; **Exeget** *m.* Fachmann für die Bibelausdeutung; **Exegetik** *w.* Kunst der Textauslegung; **exegetisch** erklärend, auslegend, deutend

exekutieren (*lat.*) vollstrecken, hinrichten; **Exekution** *w.* 1. Vollzug, Vollstreckung eines richterlichen Spruches; 2. Hinrichtung; **exekutiv** ausführend; **Exekutive, Exekutivgewalt** *w.* Vollzugsgewalt des Staates; **Exekutor** *m.* Vollstrecker; **exekutorisch** durch Zwang erfolgend

Exempel *s.* (*lat.*) Beispiel, Lehre; **Exempel statuieren** abschreckendes Beispiel setzen; **Exemplar** *s.* Einzelstück, Muster; **exemplarisch** 1. beispielhaft; 2. abschreckend; **exempli causa** zum Beispiel (Abk. e. c.); **Exemplifikation** *w.* Erläuterung durch Beispiele; **exemplifizieren** am Beispiel erläutern

exemt (*lat.*) von etwas ausgenommen, befreit; **Exemtion** *w.* Ausnahme, Befreiung von einer Pflicht

Exequatur *s.* (*lat.*) 1. behördliche Genehmigung; 2. Ermächtigung eines diplomatischen Vertreters

Exequien *Mz.* (-kwi'en, *lat.*) 1. Begräbnisriten der kath. Kirche; 2. Musik zu einer Totenfeier

Exergie *w.* der Teil der Energie, der bei Umwandlung in die beabsichtigte Energieform tatsächlich umgewandelt wird, Eigw. **exergetisch**

exerzieren (*lat.*) (militärisch) drillen, einüben; **Exerzitien** *Mz.* (-ti'en) geistl. Übungen der Katholiken

exeunt = exit

Exfoliativzytologie *w.* (*lat.-gr.*) diagnostische Methode der Krebsfrüherkennung, bei der abgestoßene Zellen untersucht werden

Exhalation *w.* (*lat.*) Aushauchung, Ausdünstung (von Gasen bei Vulkanen), Ztw. **exhalieren**

Exhaustion *w.* (*lat.*) Erschöpfung; **exhaustiv** vollständig, erschöpfend; **Exhaustor** *m.* Gerät zum Absaugen von Gasen, Staub u. Ä.

exhibieren (*lat.*) zur Schau stellen; **Exhibition** *w.* 1. Zurschaustellung; 2. (exhibischen, *engl.*) Ausstellung, Schau; **Exhibitionismus** *m.* zwanghafte Neigung zur Entblößung der Geschlechtsteile; **Exhibitionist** *m.* jmd., der an Exhibitionismus leidet, Eigw. **exhibitionistisch**; **Exhibitionsklage** *w.* Klage auf Aushändigung einer Sache

exhumieren (*lat.*) wieder ausgraben; **Exhumierung** *w.* Wiederausgrabung von Leichen für gerichtliche Zwecke

Exil *s.* (*lat.*) (Ort der) Verbannung; **Exi-**

lant *m.* jmd., der im Exil lebt; **exilieren** ausweisen, verbannen

eximieren (*lat.*) von einer Verbindlichkeit befreien, ausnehmen

existent (*lat.*) wirklich, vorhanden; **Existenz** *w.* 1. Dasein, Vorhandensein; 2. materielle Lebensgrundlage; **existenzial, existential, existenziell, existentiell** auf die Existenz bezüglich, daseinsmäßig; **Existenzialismus, Existentialismus** *m.* moderne Richtung der Existenzphilosophie, die als einzige Wirklichkeit die menschliche Existenz in den Mittelpunkt stellt; **Existenzminimum** *s.* Mindesteinkommen; **existieren** sein, vorhanden sein, leben, bestehen

exit, exeunt (-e'u-, *lat.*) geht ab, gehen ab (als Regieanweisung für Bühnenschauspieler); **Exit** *m.* (*engl.*) Ausgang; **Exitus** *m.* (*lat.*) Ausgang, Tod

Exkavation *w.* (*lat.*) Aushöhlung, Ausbuchtung (eines Organs); **exkavieren** aushöhlen

exkl. = exklusive

Exklamation *w.* (*lat.*) Ausruf; **exklamieren** ausrufen

Exklave *w.* (*frz.*) Teil des eigenen Staates in einem anderen Staatsgebiet, i. Ggs. zu Enklave; **exkludieren** ausschließen; **Exklusion** *w.* Ausschluss; **exklusiv** 1. ausschließlich, einem bestimmten Personenkreis vorbehalten; 2. anspruchsvoll; **exklusive** außer, mit Ausnahme von; **Exklusivinterview** *s.* nur einem (Massen-)Medium gegebenes Interview; **Exklusivität** *w.* das Exklusivsein

Exkommunikation *w.* (*lat.*) Kirchenbann, Ausschließung aus der kath. Kirche; **exkommunizieren** aus der kath. Kirche ausschließen, bannen

Exkrement *s.* (*lat.*) Ausscheidung (Harn, Kot); **Exkret** *s.* ausgeschiedenes Stoffwechselprodukt; **Exkretion** *w.* Vorgang der Absonderung, der Ausscheidung

Exkulpation *w.* (*lat.*) Rechtfertigung, Entlastung; **exkulpieren** rechtfertigen, entlasten

Exkurs *m.* (*lat.*) Abschweifung innerhalb einer Abhandlung; **Exkursion** *w.* Lehr- und Studienausflug; **exkursiv** abschweifend

exlex (*lat.*) außerhalb des Gesetzes, vogelfrei

Exlibris *s.* (*lat.*) Eigentumszeichen in Büchern

Exmatrikel *w.* (*lat.*) Bescheinigung beim Abgang von der Hochschule; **Exmatrikulation** *w.* Streichung aus dem Studentenverzeichnis, Ztw. **exmatrikulieren**

Exmission *w.* (*lat.*) zwangsweise Ausweisung aus einer Wohnung; **exmittieren** ausweisen, gerichtlich entfernen

ex nihilo nihil (*lat.*) aus nichts entsteht nichts

ex nunc (– nunk, *lat.*) von jetzt an

Exo-, exo- (*gr.*) als Vorsilbe: außerhalb, außen

Exobiologie *w.* (*gr.*) Astrobiologie, Wissenschaft von den Möglichkeiten außerirdischen Lebens

Exodermis *w.* (*gr.*) äußeres Gewebe der Pflanzenwurzel

Exodus *m.* (*gr.*) 1. Auszug der Juden aus Ägypten (im 2. Buch Mose); 2. Auszug einer Gruppe von Menschen aus einem Raum od. Gebiet

ex officio (*lat.*) von Amts wegen

Exogamie *w.* (*gr.*) Heirat außerhalb des eigenen sozialen Verbandes (z. B. Stamm, Kaste)

exogen (*gr.*) durch äußere Einflüsse entstanden, von außen her wirkend

Exon *s.* (*Kunstwort*) der kodierende Bereich eines Gens, i. Ggs. zu Intron

exorbitant (*lat.*) außergewöhnlich, ungeheuerlich, Hptw. **Exorbitanz** *w.*

ex oriente lux (-ri'e-, *lat.*) aus dem Osten (kommt) das Licht (zunächst auf die Sonne, später auf Kultur und Christentum bezogen)

Exorzismus *m.* (*gr.-lat.*) Austreibung böser Geister; **Exorzist** *m.* Geisterbeschwörer, Ztw. **exorzieren**

Exoten *Mz.* (*gr.*) Menschen, Tiere, Pflanzen aus fernen Ländern; **Exotik** *w.* Reiz des Fremdartigen; **Exotika** *Mz.* aus fernen Ländern stammende Kunstwerke und kunsthandwerkliche Gegenstände; **exotisch** fremdartig, ausgefallen

exoterisch (*gr.*) allgemein verständlich, für alle zugänglich, nicht esoterisch

exotherm (*gr.*) unter Wärmeentwicklung ablaufend (von chem. Prozessen)

Expander *m.* (*lat.*) Muskelstrecker, Sportgerät zur Kräftigung der Muskeln; **expandieren** sich ausdehnen; **expansibel** dehnbar; **Expansion** *w.* Ausdehnung, Ausbreitung; **Expansionspolitik** *w.* Eroberungspolitik; **expansiv** sich ausdehnend, raumgreifend

Expatriation, Expatriierung *w.* (*lat.*) Ausbürgerung; **expatriieren** ausbürgern, Staatsangehörigkeit aberkennen

expediatur *s.* (*lat.*) Ausfertigungsvermerk; **Expedient** *m.* (-di'e-) 1. mit dem Versand Beauftragter; 2. Reisebürokaufmann; **expedieren** absenden, ausliefern, befördern; **Expedition** *w.* 1. Versandabteilung; 2. Forschungsreise

Expektorans, Expektorantium *s.* (*lat.*) schleimlösendes Mittel; **Expektoration** *w.* 1. Herzensergießung; 2. Auswurf (von Schleim u. Ä.); **expektorieren** 1. sich aussprechen, seinem Herzen Luft machen; 2. abhusten

expensiv (*lat.*) kostspielig

Experiment *s.* (*lat.*) 1. wissenschaftlicher Versuch; 2. gewagtes Unternehmen; **Experimentator** *m.* jmd., der Versuche anstellt; **experimentell** auf Versuchen beruhend; **experimentieren** Versuche anstellen; **Experimentum Crucis** *s.* entscheidendes Experiment, das einen endgültigen Beweis bringen soll

Experte *m.* (*lat.*) Sachverständiger, Sachkenner; **Expertensystem** *s.* problemlösungsorientiertes Programmsystem (EDV); **Expertise** *w.* Gutachten eines Experten

Expl. = Exemplar

Explanation *w.* (*lat.*) literaturwissenschaftliche Methode der Texterklärung; **explanieren** auslegen, erläutern

Explantat *s.* (*lat.*) Gewebekultur; **Explantation** *w.* Züchtung und Verpflanzung organischen Gewebes

Expletiv *s.* (*lat.*) Füllwort, Modalpartikel in der gesprochenen Sprache (z. B. *wohl*, *mal*)

Explikation *w.* (*lat.*) Erklärung; Erläuterung; **explizieren** erklären, erläutern; **explizit** 1. ausdrücklich; 2. differenziert, ausführlich

explodieren (*lat.*) 1. platzen, in die Luft gehen, detonieren, zerspringen, zerknallen; 2. (gefühlsmäßig) an die Decke gehen, ausrasten; **explosibel** selbstentzündlich; **Explosion** *w.* 1. Detonation, Entladung, Sprengschlag; 2. heftiger Gefühlsausbruch; **explosiv** leicht explodierend

Exploitation *w.* (*frz.*) Nutzbarmachung, Ausbeutung; **exploitieren** nutzbar machen, ausbeuten

Exploration *w.* (*lat.*) Untersuchung, Befragung, Erforschung; **explorieren** untersuchen, erforschen, befragen

Expo *w.* (*lat.*) Kurzwort für Exposition (3.), bes. für Weltausstellung

Exponat *s.* (*lat.-russ.*) ausgestellter Gegenstand, Museumsstück

Exponent *m.* (*lat.*) 1. Zahl, die den Grad einer Potenz oder Wurzel angibt; 2. charakteristischer Vertreter einer Richtung; **exponieren** 1. sich (Gefahr, Kritik u. Ä.) aussetzen; 2. darstellen, zur Schau stellen; **exponiert** herausgehoben (und dadurch angreifbar)

Export *m.* (*lat.*) Ausfuhr, Absatz im Ausland; **Exporten** *Mz.* Ausfuhrwaren; **Exporteur** *m.* (-tör) jmd., der Waren ausführt; **exportieren** Waren ins Ausland ausführen

Exposé, Exposee *s.* (*frz.*) Entwurf, Übersicht, Bericht; **Exposition** *w.* (*lat.*) 1. Einführung, vorbereitender Teil (z. B. eines Dramas, einer Sonate); 2. Aufriss in Punkten; 3. Ausstellung; **expositorisch** darlegend, erklärend

ex post (*lat.*) hinterher

express (*lat.*) 1. ausdrücklich; 2. eilig; **Express** *m.* Schnellzug; **expressis verbis** ausdrücklich, in deutlichen Worten, unmissverständlich

Expression *w.* (*lat.*) Ausdruck; **Expressionismus** *m.* Kunstrichtung des frühen 20. Jh., die einen subjektiv-ausdrucksstarken Stil in Abgrenzung zu Impressionismus und Naturalismus entwickelte, Ausdruckskunst; **Expressionist** *m.* Vertreter des Expressionismus, Eigw. **expressionistisch**; **expressiv** ausdrucksvoll; **Expressivität** *w.* 1. Ausprägung, Ausprägungsgrad einer Erbanlage; 2. Ausdruckskraft; **exprimieren** herausdrücken (durch Druck)

ex professo (*lat.*) von Amts (Berufs) wegen, absichtlich

Expromission *w.* (*lat.*) Übernahme einer fremden Schuld

Expropriation *w.* (*lat.*) Enteignung; **expropriieren** enteignen

Expulsion *w.* (*lat.*) Entfernung, Austreibung; **expulsiv** austreibend, abführend

exquisit (*lat.*) auserlesen, edel

Exsekration *w.* (*lat.*) Fluch, rituelle Verwünschung der kath. Kirche; **exsekrieren** verfluchen

Exsikkat *s.* (*lat.*) getrocknete Pflanzenprobe; **Exsikkation** *w.* Austrocknung; **exsikkativ** austrocknend; **Exsikkator** *m.* Gerät zum Austrocknen von Chemikalien

Exspiration *w.* (*lat.*) Ausatmung; **exspiratorisch** auf Exspiration beruhend; **exspirieren** ausatmen

Exstirpation *w.* (*lat.*) Entfernung eines Organs oder Gewebes; **exstirpieren** völlig entfernen, ausschneiden

Exsudat *s.* (*lat.*) ausgeschwitzte Flüssigkeit; **Exsudation** *w.* 1. krankhafte Ausschwitzung von Körperflüssigkeit; 2. Drüsenabsonderung bei Insekten

ex tempore (*lat.*) aus dem Stegreif; **Extempore** *s.* Stegreifspiel, Improvisation; **extemporieren** aus dem Stegreif spielen oder sprechen (auf der Bühne)

extendieren (*lat.*) ausdehnen, ausweiten; **Extension** *w.* 1. Ausdehnung, Streckung; 2. Begriffsumfang (z. B. Besteck = Messer, Gabel u. a.); **Extensität** *w.* Ausdehnung, Umfang, Breitenwirkung; **extensiv** ausgedehnt, umfassend; **Extensor** *m.* Streckmuskel (*Mz.* Extensoren)

Exterieur *s.* (exterjör, *frz.*) Äußeres, äußere Erscheinung, Außenseite; **Exteriorität** *w.* (*lat.*) Außenseite, Oberfläche

Extermination *w.* (*lat.*) 1. Landesverweisung; 2. Zerstörung; **exterminieren** vertreiben

extern (*lat.*) 1. auswärtig, fremd, draußen; 2. nicht im Internat wohnend; Hptw. **Externe** *w.* und *m.*; **Externalisation** *w.* (*engl.*) Verlegung eigener Gefühle in die Außenwelt, Projektion; **Externspeicher** *m.* mit der Zentraleinheit verbundener, außerhalb befindlicher Speicher (EDV)

exterritorial (*lat.*) der Landeshoheit nicht unterworfen; **Exterritorialität** *w.* rechtliche Unabhängigkeit von der Gerichtsbarkeit des Gastlandes (z. B. von Diplomaten)

Extinktion *w.* (*lat.*) 1. Schwächung des Lichts durch Absorption; 2. Erlöschen von Gedächtnisinhalten und bedingten Reflexen

extra (*lat.*) 1. besonders; 2. zusätzlich, außerdem; 3. eigens, absichtlich; **Extra** *s.* Zubehör (zur Standardausstattung); **Extrablatt** *s.* Sonderausgabe einer Zeitung; **extra brut** (– brüt, *frz.*), **extra dry** (– drei, *engl.*) besonders herb, trocken (von Schaumwein)

extrahieren (*lat.*) ausziehen, herausziehen; **Extrakt** *m.* 1. Auszug (z. B. aus pflanzlichen Stoffen); 2. die wesentlichen Punkte (einer Abhandlung, Rede u. Ä.); **Extraktion** *w.* Herausziehen, Entfernen, Herauslösung; **extraktiv** ausziehend, auslaugend

extramental (*lat.*) außerhalb des erkennenden Bewusstseins

extramundan (*lat.*) außerweltlich

extra muros (*lat.*) außerhalb der (Stadt-) Mauern

extra ordinem (*lat.*) außer der Reihe

extraordinär (*lat.*) außergewöhnlich, außerordentlich; **Extraordinarium** *s.* der außerordentliche Haushaltsplan; **Extraordinarius** *m.* außerordentlicher Professor

Extrapolation *w.* (*lat.*) 1. Erweiterung, Ausweitung; 2. Verlängerung einer mathematischen oder statistischen Beziehung über den Beobachtungszeitraum hinaus, Ztw. **extrapolieren**

Extrasystole *w.* (*lat.-gr.*) außerhalb des normalen Herzrhythmus erfolgender Herzschlag

extraterrestrisch (*lat.*) außerhalb der Erde

Extratour *w.* (*lat.-frz.*) eigenwillige, von einem Gruppenkonsens abweichende Verhaltensweise

extrauterin (-tra'u-, *lat.*) außerhalb der Gebärmutter; **Extrauteringravidität** *w.* Bauchhöhlenschwangerschaft

extravagant (*lat.-frz.*) ausgefallen, aus dem Rahmen fallend; **Extravaganz** *w.* auffallendes, aus dem Rahmen fallendes Verhalten

Extravasat *s.* (*lat.*) aus einem Körpergefäß ins Gewebe ausgetretene Flüssigkeit

extravertiert, extrovertiert (*lat.*) nach außen gewandt, der Welt zugewandt, offen für Eindrücke von außen

extrazellulär (*lat.*) außerhalb der Zelle

extrem (*lat.*) 1. äußerst, am äußersten Punkt; 2. radikal; **Extrem** *s.* 1. der äußerste Punkt, der größte oder der kleinste Wert, die äußerste Möglichkeit; 2. Übertreibung; **Extremismus** *m.* übersteigert radikale Haltung; **Extremist** *m.* übersteigert radikaler Mensch, Eigw. **extremistisch**; **Extremitäten** *Mz.* Gliedmaßen

extrinsisch (*lat.*) von außen, durch äußere Antriebe

extrovertiert = extravertiert

ex tunc (– tunk, *lat.*) von damals an

Exulant *m.* (*lat.*) Verbannter; **exulieren** in der Verbannung leben

Exulzeration *w.* (*lat.*) Geschwürbildung, Ztw. **exulzerieren**

Exundation *w.* (*lat.*) Überschwemmung; **exundieren** über die Ufer treten

Exuser *m.* (-juser, *engl.*) jmd., der nicht mehr rauschgiftsüchtig ist

ex usu (*lat.*) durch Übung, aus der Erfahrung

ex voto (*lat.*) einem Gelübde entsprechend; **Exvoto** *s.* Weihgeschenk, Votivgabe

ex work (– wörk, *lat.-engl.*) ab Werk (in Vertragsklauseln)

exzellent (*lat.*) ausgezeichnet, hervorragend, vorzüglich; **Exzellenz** *w.* 1. Vortrefflichkeit; 2. Titel für hohe Persönlichkeiten; **exzellieren** glänzen, sich hervortun

exzelsior (*lat.*) empor!, höher hinauf!

Exzentrik *w.* (*lat.*) 1. Artistik mit ausgefallenen Mitteln; 2. überspanntes Verhalten; **Exzentriker** *m.* 1. Varietékünstler, der ausgefallene Künste vorführt; 2. überspannter Mensch; **exzentrisch** 1. außerhalb des Mittelpunkts; 2. verstiegen, überspannt, ungewöhnlich; **Exzentrizität** *w.* 1. Abweichung vom Mittelpunkt; 2. Überspanntheit

Exzeption *w.* (*lat.*) Ausnahme; **exzeptionell** ungewöhnlich, außergewöhnlich; **exzeptiv** ausnehmend, ausschließend

exzerpieren (*lat.*) herausschreiben, Auszüge machen; **Exzerpt** *s.* Auszug (aus einem Buch)

Exzess *m.* (*lat.*) Ausschreitung, Ausschweifung; **exzessiv** übermäßig, ausschweifend

exzidieren (*lat.*) ausschneiden; **Exzision** *w.* (*lat.*) Ausschneidung kranken Gewebes

exzitabel (*lat.*) erregbar, reizbar; **Exzitantien** *Mz.* (-zi'en) kreislaufanregende Arzneimittel; **Exzitation** *w.* Erregung, Aufregung; **exzitieren** anregen

Eyecatcher *m.* (eikätscher, *engl.*) Blickfang in der Werbung; **Eyeliner** *m.* (-leiner) Kosmetikstift oder Pinsel zum Ziehen eines Lidstrichs

Eyrir *m.* od. *s.* (eirir, *isländ.*) isländ. Währungseinheit (*Mz.* Aurar)

F

f = forte
f. = 1. feminin; 2. folgende (Seite)
Fa. = Firma
Fabel *w.* (*lat.*) 1. Lehrdichtung, in der Tiere die Rolle der Menschen spielen; 2. Stoff einer Dichtung und Gang der Handlung
Fabian Society *w.* (fehbjen ßoßei'eti, *engl.*) Vereinigung englischer Intellektueller am Ende des 19. Jh.; **Fabianismus** die von o. g. Gesellschaft vertretene Theorie eines sozialreformerisch-evolutionären Sozialismus
Fable convenue *w.* (fabl congwenüh, *frz.*) eine erdichtete Geschichte, die man als Wahrheit gelten lässt
Fabrik *w.* (*lat.-frz.*) gewerblicher Betrieb, der Erzeugnisse serienmäßig maschinell produziert; **Fabrikant** *m.* Hersteller, Inhaber einer Fabrik; **Fabrikat** *s.* 1. Ware, die fabrikmäßig erzeugt wird; 2. bestimmter Typ eines Fabrikats; **Fabrikation** *w.* Herstellung von Waren in einer Fabrik; **fabrizieren** 1. etwas (mehr schlecht als recht) zusammenbauen (scherzhaft); 2. herstellen
Fabula *m.* (*lat.*) Sage, Erzählung, Fabel; **fabula docet** (– -zett) ... die Moral der Geschichte ist; **Fabulant, Fabulierer** *m.* jmd., der fabuliert; **fabulieren** draufloserzählen, Geschichten erfinden; **fabulös** märchenhaft, unwirklich, unglaubhaft
Facebook *s.* (fehßbuck, *engl.*) 2004 gegr., englischsprachige Internetplattform zur Herstellung eines sozialen Netzwerks, bes. Studenten und Hochschulabsolventen; **Facecredibility, Face-Credibility** *w.* vertrauenerweckender Eindruck; **Facelifting** *s.* (fehß-) 1. Schönheitsoperation zur Straffung des Gesichtes; 2. geringfügige oder nur äußerliche Veränderung von Marktprodukten, deren Absatz stagniert; 3. das Aufpolieren, Modernisieren
Facette *w.* (fassette, *frz.*) 1. geschliffene Abschrägung an Spiegeln oder edlen Steinen; 2. Teil, Aspekt eines Zusammenhangs; **Facettenauge** *s.* aus mehreren Einzelaugen zusammengesetztes Auge der Insekten; **facettieren** abschrägen, Facetten (1) schleifen
Facevalue = Facecredibility
Facialis = Fazialis
facile (fatschile, *itl.*) Musik: leicht
Facility-Management *s.* (fäßilitymänedsch-, *engl.*) Bewirtschaftung und Verwaltung von Gebäuden, Anlagen und Einrichtungen (eines Unternehmens), Immobilienmanagement; **Facility-Manager** *m.* Immobilienverwalter
Facing *s.* (fehs-, *engl.*) das, was (im Regal) von einer Ware sichtbar ist
Façon = Fasson; **Façon de parler** (fassong de parle, *frz.*) Redensart, Phrase; **Façonné** *m.* Bezeichnung für Stoffe mit kleinen Webmustern
Fact *m.* (fäkt, *engl.*) Tatsache, Faktum; **Factionprosa** *w.* (fäktschen-) Dokumentarliteratur, nichtfiktive, wirkliche Ereignisse dokumentierende Literatur, bes. in den USA seit den 1960er Jahren; **Factoring** *s.* (fäk-, *engl.*) amerik. Methode der Absatzfinanzierung; **Factory-Outlet** *s.* (-aut-) Verkaufsstelle, in der die Waren eines Unternehmens direkt an den Kunden verkauft werden; **Facts** *Mz.* (fäkts, *lat.-engl.*) Tatsachen(material)
Facultas Docendi = Fakultas
Fade-in *s.* (fehdin, *engl.*) Einblenden von Musik; **Fade-out** *s.* (fehdaut, *engl.*) Ausblenden von Musik; **Fading** *s.* Schwundeffekt in der Technik; **Fading-out** *s.* das Absetzen von, das Hinausschleichen aus therapeutischen Maßnahmen
Fado *m.* (fadu, *port.*) schwermütiges portugiesisches (Tanz-)Lied
Fagott *s.* (*itl.*) Holzblasinstrument, Bass der Holzbläser; **Fagottist** *m.* Fagottspieler
Faible *s.* (fehbl, *frz.*) Schwäche, Vorliebe, Neigung
Faille *w.* (faij, *frz.*) Stoff mit Ripscharakter

aus Seide oder Kunstseide und rückwärtigem atlasartigem Glanz

fair (fähr, *engl.*) anständig, ehrlich, gerecht, den Spielregeln entsprechend; **Fairness** *w.* (-nis), **Fairplay** *s.* (-pleh) faires Verhalten; **Fair Trade** *m.* (– trehd) Handel zu fairen Bedingen, bes. mit Ländern der Dritten Welt; **Fair Way** *s.* (– weh) gepflegte Spielbahnen zwischen Abschlag und Grün (beim Golf)

Fait accompli *s.* (fäht akongplih, *frz.*) vollendete Tatsache

Fäkalien *Mz.* (-li'en, *lat.*) Kot

Fake *s.* (fehk, *engl.*) Vortäuschung, Fälschung; **faken** etwas vortäuschen, zurechtmachen, frisieren

Fakih *m.* (*arab.*) Lehrer der islam. Rechtswissenschaft; **Fakir** *m.* 1. islamischer Bettelmönch; 2. hinduistischer Asket; 3. Zauberer, Gaukler in Indien

Faksimile *s.* (*lat.*) Reproduktion, fotomechanisch genaue Nachbildung, bes. von Handschriften und älteren Druckwerken; **faksimilieren** Faksimile herstellen

faktisch (*lat.*) tatsächlich, gegeben, wirklich; **Faktizität** *w.* nachweisbare Wirklichkeit, Tatsächlichkeit, Gegebenheit

Faktitiv, Faktitivum *s.* (*lat.*) Zeitwort, das ein Bewirken ausdrückt (z. B. befreien = frei machen)

Faktor *m.* (*lat.*) 1. bestimmender Umstand, wichtiger Bestandteil, Gesichtspunkt; 2. Leiter der Setzerei; 3. Vervielfältigungszahl in der Multiplikation; **Faktorei** *w.* überseeische Handelsniederlassung in der Kolonialzeit

Faktotum *s.* (*lat.*) Axt im Hause, Mädchen für alles

faktual (*lat.*) an der äußeren Wirklichkeit überprüfbar, i. Ggs. zu fiktional (von literarischen Texten); **Faktum** *s.* (*lat.*) Tatsache, Tatbestand

Faktur, Faktura *w.* (*lat.*) Lieferschein, Rechnung für gelieferte Ware; **fakturieren** Rechnung ausschreiben; **Fakturist** *m.* kaufmännischer Angestellter, der Rechnungen aufstellt und prüft

Fakultas *w.* (*lat.*) Lehrbefähigung, Lehrberechtigung; **Fakultät** *w.* 1. größere, mehrere Wissenschaften zusammenfassende Abteilung einer Universität; 2. das Zeichen ! in der Mathematik (z. B. *6!*, gesprochen: *6 Fakultät*); **fakultativ** wahlfrei, nach eigenem Ermessen, nicht verbindlich

Falafel *w.* od. *s.* (*arab.*) Bällchen aus gemahlenen Kichererbsen und Linsen

Falange *w.* (falanche, *span.*) bis 1977 faschistische Staatspartei in Spanien; **Falangist** (-chist) *m.* Mitglied der Falange

fallieren (*frz.*) zahlungsunfähig werden, Bankrott machen

Fallot, Falott *m.* (*frz.*) Gauner, Betrüger

Fallout, Fall-out *m.* (fohlaut, *engl.*) Niederschlag von radioaktiven Stoffen (z. B. nach Kernwaffenexplosionen)

False Friend *m.* (fohlß frend, *engl.*) fremdsprachliches Wort, das in der eigenen Sprache ähnlich klingt od. geschrieben wird, aber eine von der Herkunftssprache abweichende Bedeutung hat, Übersetzungsfalle, Fauxami (z. B. *Feuilleton* im Französischen = Fortsetzungsroman, (Fernseh-)Serie, *Feuilleton* im Deutschen = Kulturteil einer Zeitung)

Falsett *s.* (*itl.*) Kopfstimme, Fistelstimme, Ztw. **falsettieren**

Falsifikat *s.* (*lat.*) Fälschung; **Falsifikation** *w.* Widerlegung einer Aussage durch ein Gegenbeispiel bzw. einen empirischen Gegenbeweis; **falsifizieren** widerlegen

Falstaff *m.* Schlemmer, Genießer, Angeber (nach der Shakespeare-Figur)

Fama *w.* (*lat.*) Gerücht, Nachrede

familial (*lat.*) die Familie (als soziale Gruppe) betreffend; **familiär** vertraut, vertraulich, Hptw. **Familiarität** *w.*, **Familie** *w.* 1. Eltern und Kinder, die nächste Verwandtschaft; 2. verwandte Gattung, biologische Einteilungsstufe zwischen Gattung und Ordnung

famos (*lat.*) ausgezeichnet, trefflich, prächtig

famulieren (*lat.*) ein medizin. Praktikum im Krankenhaus ableisten; **Famulus** *m.* (*lat.*) 1. Medizinstudent im Praktikum; 2. Gehilfe (scherzhaft)

Fan *m.* (fänn, *engl.*) begeisterter Anhänger; **...fan** Wortbildungselement, z. B. Fußballfan, Madonnafan, Picknickfan

Fanal *s.* (*itl.*) 1. Feuerzeichen, Leuchtfeuer, Sturmzeichen; 2. Ereignis, Handlung als Auftaktzeichen einer Veränderung

Fanatiker *m.* (*lat.*) jmd., der sich fanatisch für etwas einsetzt; **fanatisch** mit Fanatismus denkend und handelnd; **fanatisieren** fanatisch machen; **Fanatismus** *m.* blindgläubiges, kompromiss- und rücksichtsloses Verfolgen eines (politischen) Ziels

fancy (fän, *engl.*) phantasievoll, reich (verziert); **Fancydress, Fancy Dress** *m.* Kostüm, Verkleidung; **Fancydrink, Fancy Drink** *m.* ungewöhnliche Mischung von Zutaten eines Drinks; **Fancymusic, Fancy Music** = Fantasie (3.); **Fancywork, Fancy Work** *s.* feine Handarbeit

Fandango *m.* (*span.*) spanischer Tanz mit Kastagnettenbegleitung

Fanfare *w.* (*frz.*) 1. gerade Trompete ohne Ventile; 2. Trompetensignal

Fango *m.* (*itl.*) mineralischer Schlamm für Heilpackungen

Fanklub *m.* (fän-, *engl.*) Klub für die Fans eines Stars od. einer Sache (z.B. Fußballverein); **Fanmeile** *w.* öffentliche Plätze, auf denen wichtige Sportereignisse, z.B. die Fußball-Weltmeisterschaft 2006, mittels Großbildleinwand übertragen und von sportbegeisterten Massen gemeinsam verfolgt werden

Fantasia *w.* (*span.*) nordafrikanisches Reiterschauspiel

Fantasie *w.* (*gr.*) 1. Vorstellungskraft, Einbildungskraft, Erfindungsgabe, Einfallsreichtum; 2. Luftschloss, Wunschvorstellung, Traumbild; 3. Musikwerk in freier Form; **fantasieren** 1. träumen, sich ausmalen; 2. irrereden; 3. musikalisch improvisieren; **Fantast** *m.* Schwärmer, Träumer; **Fantasterei** *w.* Schwärmerei, wirklichkeitsfremdes Gedankenspiel; **Fantastik** *w.* Märchenhaftigkeit, Fantasterei; **fantastisch** 1. wirklichkeitsfern; 2. großartig, märchenhaft, unglaublich

Fantasy *w.* (fentesih, *engl.*) Roman- oder Filmgenre, das die Handlung in Märchen- und Traumwelten verlegt

FAO (aus *engl.* *F*ood and *A*gricultural *O*rganization) Ernährungs- und Landwirtschaftsorganisation der Vereinten Nationen, gegr. 1951, Sitz in Rom (Italien)

FAQ (aus *engl.* *f*requently *a*sked *q*uestions) Liste von häufig gestellten Fragen und dazugehörigen Antworten, bes. zu digital gesteuerten Geräten, die nur noch online eingesehen werden kann, ersetzt zunehmend das Benutzerhandbuch (EDV)

Farad *s.* Maßeinheit der elektr. Kapazität; **Faradaykäfig, Faraday-Käfig** *m.* Abschirmung gegen äußere elektrische Felder durch einen Behälter aus Draht oder Blech; **Faraday'sche Gesetze** *Mz.* Gesetze über den Zusammenhang von Ladung und Stoffumsatz bei der Elektrolyse; **Faradisation** *w.* Heilbehandlung mit faradischem (Wechsel-)Strom (nach dem engl. Physiker M. Faraday, 1791–1867)

Farandole *w.* (farangdol, *frz.*) provenzalischer Tanz

Farce *w.* (farß, *frz.*) 1. kurzes burleskes Spiel; 2. billige, abgeschmackte Posse; 3. Fleischfüllung; **farcieren** mit einer Fleischmasse füllen

farewell! (fähr-, *engl.*) leb(t) wohl!

Farfalle *Mz.* (*itl.*) schmetterlingsförmige Nudeln

Farin *m.* (*lat.-itl.*) 1. Rohzucker; 2. Puderzucker

Farm *w.* (*engl.*) landwirtschaftlicher Betrieb in Amerika und England; **Farmer** *m.* Landwirt

Faro = Pharao und Pharus

Fasan *m.* (*frz.*) Hühnervogel; **Fasanerie** *w.* Fasanengehege, Vogelgehege mit Gartenanlage, bes. im Barock

faschieren (*frz.*) Fleisch durch die Maschine drehen

Faschinen *Mz.* (*itl.*) Reisigbündel für (Ufer-)Befestigungsanlagen; **faschinieren** mit Faschinen ausrüsten

Faschismus *m.* (*itl.*) 1. von Mussolini etablierte nationalistische Gewaltherrschaft in Italien; 2. eine ähnlich organisierte Herrschaftsform oder Bewegung; **Faschist** *m.* Anhänger des Faschismus, Eigw. **faschistisch**; **faschistoid** in Gedanken oder Methoden dem Faschismus ähnelnd; **Fascho** *m.* jmd., der mit dem Faschismus sympathisiert (umg.)

Fashion *w.* (fäschen, *engl.*) 1. Mode; 2. Lebensart; **fashionable** (-ebl) modisch, schick

Fassade *w.* (*frz.*) 1. Vorderseite, Schauseite, Stirnseite; 2. Äußerlichkeit, äußerer Schein

Fasson *w.* (fassong, *frz.*) 1. Form, Schnitt, Sitz von etwas; 2. Lebensweise; **Fasson-**

schnitt *m.* Herren-Haarschnitt in stufenloser Form

Fastage = Fustage

Fastback *s.* (-bäck, *engl.*) Fließheck eines Autos; **Fastbreak, Fast Break** *m.* (-brehk) schneller Konter bei Basket- und Handball; **Fastfood** *s.* (-fuhd) 1. Schnellgerichte in Imbisslokalen; 2. etwas, was billig gemacht ist und schnell konsumiert wird; **Fast Mapping** *s.* (– mäp-) Stadium im kindlichen Spracherwerb, in dem es eine grobe Vermutung über die Bedeutung eines Wortes entwickelt

fastidiös (*frz.*) ärgerlich, widerwärtig

fastoso (*itl.*) Musik: prächtig

Faszes *Mz.* (*lat.*) Rutenbündel mit Beil als Symbol altrömischer Magistratsgewalt; von den italienischen Faschisten übernommen; **faszial** bündelweise

Faszie *w.* (-zi'e, *lat.*) Muskelhaut, Bindegewebshaut

Faszikel *m.* (*lat.*) 1. Aktenbündel; 2. kleines Muskel- od. Nervenfaserbündel; 3. Leitbündel von Samenpflanzen

Faszination *w.* (*lat.*) Bezauberung, bannende Wirkung; **faszinieren** bezaubern, fesseln; **Faszinosum** *s.* etwas, was unwiderstehlich anzieht

fatal (*lat.*) 1. folgenschwer, verhängnisvoll; 2. unangenehm, peinlich; **Fatalismus** *m.* Lebenshaltung, die durch den Glauben an ein unentrinnbares, von einer überirdischen Macht verhängtes Schicksal bestimmt ist; **Fatalist** *m.* schicksalsergebener Mensch, Eigw. **fatalistisch**; **Fatalität** *w.* Peinlichkeit, Missgeschick

Fata Morgana *w.* (*itl.*) 1. Luftspiegelung; 2. Luftschloss, unrealistische Vorstellung

fatigieren (*frz.*) ermüden, langweilen

Fatum *s.* (*lat.*) Schicksal, Verhängnis

Fatwa *w.* (*arab.*) (nach muslimischen Rechtsvorstellungen) gesetzlicher Entscheid, ausgesprochen von den Ulema

Faubourg *m.* (fohbuhr, *frz.*) Vorstadt (einer Stadt in Frankreich)

Faun *m.* (*lat.*) römischer Gott mit Bocksfüßen, Sinnbild der Lüsternheit; **faunisch** geil, lüstern

Fauna *w.* (*lat.*) Tierwelt eines Gebiets; **Faunistik** *w.* Erforschung einer Fauna

faute de mieux (foht de miöh, *frz.*) notfalls, wenn's nichts Besseres gibt

Fauteuil *m.* (fotöj, *frz.*) Lehnsessel

Fauves *Mz.* (fohw, *frz.*) Gruppe französ. Maler um 1905; **Fauvismus** *m.* Malstil der Fauves mit reinen Farben, starken Kontrasten und flächiger Malweise

Fauxami = False Friend

Fauxfrais *Mz.* (fohfrä, *frz.*) Unkosten; **Fauxpas** *m.* (fopa) Missgriff, Taktlosigkeit

Favela *w.* (*port.*) Slum am Rande von Großstädten Südamerikas

favorisieren (*frz.*) 1. begünstigen, bevorzugen; 2. einen voraussichtlichen Sieger im Sport benennen; **Favorit** *m.* jmd., der favorisiert wird; **Favorite** *w.* beliebter Name für Lustschlösschen

Fax = Telefax; **faxen** = telefaxen

Fayence *w.* (fajangs) Töpferware mit farbiger oder weiß deckender Glasur (nach der italien. Stadt Faenza)

Fazenda *w.* (*port.*) Landgut, Plantage in Brasilien; **Fazendeiro** *m.* (-deiru) Plantagenbesitzer

Fazetien *Mz.* (-ti'en, *lat.*) epigrammatisch verdichtete Kurzerzählungen mit erotischem oder satirischem Inhalt, bes. in der italien. Renaissance

fazial (*lat.*) das Gesicht betreffend; **Fazialis** *m.* (*lat.*) Gesichtsnerv, der das Mienenspiel ermöglicht

Fazilität *w.* (*lat.*) 1. Leichtigkeit, Gewandtheit; 2. Kreditmöglichkeit

Fazit *s.* (*lat.*) Ergebnis, Endsumme

FBI *m.* oder *s.* (eff bi ei, aus *engl. F*ederal *B*ureau of *I*nvestigation) Bundeskriminalamt der USA

FCKW = Fluorchlorkohlenwasserstoff

Feasibilitystudie *w.* (fih-, *engl.*) Studie (2.) zur Durchführbarkeit eines (Groß-)Projekts

Feature *s.* (fihtscher, *engl.*) Dokumentarbericht mit Reportagen, Dialogen und Kommentaren in Radio und Fernsehen

febril (*lat.*) fieberhaft, fiebrig

fec. Abk. für **fecit** (*lat.*) auf Kunstwerken hinter dem Namen des Künstlers: Er hat gemacht

Fedajin *m.* (*arab.*) palästinensischer Untergrundkämpfer

Fedcup *m.* (-kapp, aus *engl. Fed*eration

Cup) Tenniswettbewerb für Frauen, Gegenstück zum Daviscup

Fee *w.* (*frz.*) gute od. böse weibliche Märchengestalt

Feedback *s.* (fihdbäck, *engl.*) 1. Rückkopplung, Rückmeldung von Ergebnissen; 2. Rückbeeinflussung durch die Wirkung des eigenen Verhaltens auf andere

Feeder *m.* (fih-, *engl.*) Versorgungsleitung vom Sender zur Antenne

Feelie *s.* (fihli, *engl.*) Kunstwerk oder kunsthandwerkliches Objekt, das der Betrachter nicht nur sehen, sondern auch hören, schmecken und betasten kann; **Feeling** *s.* (fihling, *engl.*) Gestimmtheit, Gefühl, Gespür

fekund (*lat.*) fruchtbar; **Fekundität** *w.* Fruchtbarkeit

Feliden *Mz.* (*lat.*) Familie der Katzen und katzenartigen Raubtiere

Fellache *m.* (*arab.*) Ackerbauer in Ägypten

Fellatio *w.* (*lat.*) orale sexuelle Erregung des Penis

Fellow *m.* (felloh, *engl.*) 1. Mitglied eines College; 2. Stipendiat; **Fellowship** (-schip) Graduiertenstipendium; **Fellow-Traveller** *m.* (-träwweler) Sympathisant, Parteigänger

Felonie *w.* (*frz.*) Bruch der Lehnstreue

Feluke *w.* (*arab.*) kleines Küstenfahrzeug des Mittelmeerraums

Feminat *s.* (*lat.*) 1. System, in dem die Frau eine bevorzugte Position hat; 2. Gremium mit ausschließlich weiblichen Mitgliedern; **feminin** (*lat.*) weiblich; **feminisieren, feminieren** verweiblichen; **Femininum** *s.* Sprachlehre: weibliches Hauptwort (Abk. f.); **Feminismus** *m.* 1. Theorie und Praxis der Frauenbewegung; 2. Ausbildung weiblicher Geschlechtsmerkmale beim Mann bzw. bei männlichen Tieren; 3. weibliche Kadenz, weiblicher Reim, der mit einer unbetonten Silbe endet (z. B. *Dauer – Lauer*); **feministisch** 1. den Feminismus betreffend; 2. die Ziele der Frauenbewegung vertretend

Femme fatale *w.* (famm fatal, *frz.*) begehrenswertes weibliches Luxusgeschöpf, das sich nicht scheut, seine spendablen Liebhaber in den (finanziellen) Ruin zu treiben, heute eine eher literarische Gestalt

Fendant *m.* (fangdang, *frz.*) Traubensorte und Weißwein aus dem Kanton Wallis

Fender *m.* (*engl.*) Schutzpolster an Schiffswänden

Fengshui, Feng-Shui *s.* (*chin.*) harmonische Gestaltung des Wohn- und Lebensraums nach traditionellen chin. Vorstellungen

Fennek *m.* (*arab.*) Wüstenfuchs

Fennoskandia *w.* Zusammenfassende Bez. für Finnland und Skandinavien

fermamente (*itl.*) Musik: kräftig, fest

Fermate *w.* (*itl.*) Haltezeichen über einer Note in der Notenschrift

Ferme *w.* (ferm, *frz.*) französisches Pachtgut, Meierei

Ferment *s.* (*lat.*) organischer Stoff, der einen Stoffwechsel steuert; **Fermentation** *w.* 1. Gärung; 2. biochem. Aufbereitung, bes. von Genussmitteln, zur Aromaentwicklung (z. B. von Tabak, Kakao); **fermentieren** mittels Fermentation verändern

Fernet *m.* (*Wz.*) italien. Magenbitterlikör

feroce (ferohtsche, *itl.*) Musik: wild

Ferrite *Mz.* (*lat.*) Eisenkristalle; **Ferritantenne** *w.* Richtantenne

Ferr(o)-, ferr(o)- (*lat.*) als Wortteil: Eisen enthaltend; **Ferromagnetismus** *m.* Magnetismus des Eisens u. a. Elemente; **Ferrum** *s.* (*lat.*) Eisen (Zeichen: Fe)

fertil (*lat.*) fruchtbar; **Fertilität** *w.* Fruchtbarkeit

Fes, Fez *m.* (*türk.*) orientalische Kopfbedeckung aus rotem Filz

Festival *s.* (festiwel, *engl.*) periodisch stattfindendes kulturelles Ereignis; **Festivität** *w.* (*lat.*) Festlichkeit

festivo, festoso (*itl.*) Musik: feierlich, festlich

Feston *s.* (-tong, *frz.*) 1. Blumen- oder Fruchtgirlanden an Bauwerken; 2. gestickter Bogenrand an Stoffen; **festonieren** Stoffe ausbogen

Feta *m.* (*neugr.*) Weichkäse aus Schafs- od. Ziegenmilch

fetal (*lat.*) zum Fötus gehörig; **Fetal Distress** *s.* (fihtel –, *engl.*) Sammelbez. für die Gefährdungen, denen der Fetus bzw. das Neugeborene vor, während und unmittelbar nach der Geburt ausgesetzt ist

Fete *w.* (*frz.*) Fest, Party; **Fêtes galantes** *Mz.* (fät galangt) 1. höfische Feste, bes. im Frankreich des 18. Jh.; 2. Genremalerei, die höfische Feste darstellt

Fetisch *m.* (*port.*) Zaubermittel, Gegenstand, dem Schutzkräfte zugeschrieben werden; **fetischisieren** etwas zum Fetisch machen; **Fetischismus** *m.* 1. Fetischglaube, Fetischverehrung; 2. Erregung der Sexualität durch bestimmte Gegenstände (z. B. Kleidungsstücke); **Fetischist** *m.* 1. Fetischverehrer; 2. Person mit fetischistisch geprägter Sexualität; **fetischistisch** den Fetischismus betreffend

Fetus, Fötus *m.* (*lat.*) Leibesfrucht ab der 12. Schwangerschaftswoche; **Fetogenese** *w.* Entwicklung des Fetus; **Fetometrie** *w.* Ausmessung des Fetus durch Ultraschall

Fetwa = Fatwa

feudal (*lat.*) 1. herrschaftlich, üppig; 2. zum Feudalismus gehörig; **Feudalismus** *m.* Herrschaftsform, die auf dem Lehnswesen und der politischen und wirtschaftlichen Macht des Adels aufgebaut ist; **Feudalität** *w.* 1. Lehnsverhältnis; 2. prunkvoller, üppiger Lebensstil

Feuillage *w.* (föjahsch, *frz.*) Verzierung mit geschnitztem od. gemaltem Blattwerk

Feuilleton *s.* (föjetong, *frz.*) 1. Kulturteil der Zeitung; 2. literarischer Einzelbeitrag im Kulturteil; **Feuilletonist** *m.* jmd., der (im) Feuilleton schreibt; **feuilletonistisch** nicht wissenschaftlich, essayistisch; plaudernd, leicht, unterhaltend

Fez = Fes

ff = fortissimo

Fiaker *m.* (*frz.*) Pferdedroschke und deren Kutscher, bes. in Österreich

Fiale *w.* (*gr.*) gotisches Spitztürmchen auf Strebepfeilern

Fiasco *m.* (*itl.*) bauchige, mit Stroh umkleidete Chiantiflasche

Fiasko *s.* (*itl.*) Misserfolg, schwerer Reinfall

fiat (*lat.*) es sei, es geschehe; **fiat iustitia** die Gerechtigkeit nehme ihren Lauf

Fibel *w.* (*lat.*) 1. Schmuckspange, Gewandspange; 2. Abc-Buch für Schulanfänger

Fiber *w.* (*lat.*) Faser

Fibonaccifolge *w.* (-natschi-) Zahlenfolge, wo jede einzelne Zahl die Summe ihrer beiden Vorgänger ist 1, 2, 3, 5, 8, 13 ... (nach dem italien. Mathematiker Leonardo Fibonacci, 1175–1250)

Fibrin *s.* (*lat.*) Eiweißstoff, der bei der Blutgerinnung auftritt; **Fibrinkleber** *m.* Kleber aus menschlichem Eiweiß zur Blutstillung und Gewebeverklebung; **Fibrom** *s.* gutartige Geschwulst im Bindegewebe; **Fibromyalgie** *w.* (*lat.-gr.*) Weichteilrheumatismus, chronische Schmerzkrankheit in allen Körperbereichen, bes. in den Muskeln; **fibrös** faserreich

Fiche (fisch, *frz.*) 1. *w.* Spielmarke; 2. *s.* fotografisch verkleinerte Datensammlung, die mit speziellen Geräten gelesen wird

Fichu *s.* (fischüh, *frz.*) dreizipfliges großes Brusttuch, das über dem Damenkleid getragen wurde, bes. im Biedermeier

Fiction *w.* (fikschen, *engl.*) Sammelbegriff für Prosaliteratur, die auf Fiktion beruht

Ficus *m.* (*lat.*) Feige(nbaum)

fide bona (*lat.*) in gutem Glauben

Fideikommiss *s.* (fide'i-, *lat.*) unveräußerliches familiäres Vermögen

fidel (*lat.*) lustig, vergnügt

Fidel, Fiedel *w.* (*lat.*) Streichinstrument in Mittelalter und Renaissance

Fidelismo, Fidelismus *m.* auf lateinamerik. Verhältnisse zugeschnittenes revolutionäres Gesellschaftskonzept (nach dem kubanischen Revolutionsführer Fidel Castro, * 1926)

Fidibus *m.* (*lat.*) gefalteter Papierstreifen zum Anzünden der Pfeife

Fiduz *s.* (*lat.*) Vertrauen, Zuversicht; **fiduziarisch** treuhänderisch

Fieldresearch *s.* (fihldresörtsch, *engl.*) Feldforschung, Markt- und Meinungsforschung; **Fieldwork** *s.* (-wörk) Befragung von Testpersonen; **Fieldworker** *m.* Interviewer

fiero (-i'e-, *itl.*) Musik: stolz

Fiesta *w.* (-i'e-, *span.*) spanisches (Volks-)Fest

fifty-fifty (*engl.*) halb und halb, halbpart

Figaro (*span.-itl.*) Frisör (scherzhaft; nach der Figur des Dieners in Beaumarchais' «Die Hochzeit des Figaro»)

Fight *m.* (feit, *engl.*) harter Kampf; **fighten** hart kämpfen; **Fighter** *m.* harter Kämpfer

Figur *w.* (*lat.*) 1. menschliche Gestalt, Körperform; 2. Darstellung eines Körpers in der Kunst; 3. Redefigur in der Rhetorik; 4. literarische Gestalt; 5. Bewegungsablauf im Tanz; 6. geschlossene Klangfolge; 7. Spielstein (z. B. beim Schach); 8. geometrische Darstellung; **figural** mit Figuren versehen; **Figuralmusik** *w.* mehrstimmige, kontrapunktische Musik des Mittelalters; **Figurant** *m.* nebensächliche Person; **Figuration** *w.* 1. Auflösung eines Akkords in gleichartige Figuren, Verzierung einer Melodie; 2. Formgebilde; **figurativ** gegenständlich, figürlich dargestellt; **figurieren** darstellen, auftreten als; **Figurine** *w.* 1. Modebild, Zeichnung eines Bühnenkostüms; 2. kleine Statue

Fiktion *w.* (*lat.*) etwas Vorgestelltes, Erdichtetes, Als-ob-Annahme; **fiktional** nicht auf die Überprüfbarkeit an der äußeren Wirklichkeit ausgerichtet, im Ggs. zu faktual (von literarischen Texten); **fiktiv** auf Fiktion beruhend

Filament *s.* (*lat.*) 1. Staubfaden der Blüte; 2. fadenförmiges Gebilde in der Gasschicht der Sonne (z. B. leuchtender Gasnebel, Sonnenprotuberanz); 3. endlose Chemiefaser

Filaria *w.* (*lat.*) Fadenwurm, ein Krankheitserreger

File *s.* (feil, *engl.*) Datei (EDV)

Filet *s.* (fileh, *frz.*) 1. Lendenstück; 2. Scheiben vom Lenden- oder Brustfleisch und vom entgräteten Fischrücken; **Filetarbeit** *w.* Nadel-Maschenarbeit, Ztw. **filieren**

Filiale *w.* (*lat.*) Zweigniederlassung, Tochtergesellschaft; **Filiation** *w.* 1. rechtliche Abstammung; 2. Gliederung des Staatshaushaltsplans

Filibuster *s.* (-baster, *engl.*) amerik. Bez. für eine Verschleppungstaktik in Debatten, z. B. Marathonreden, wodurch man die Verabschiedung von Gesetzen verhindert; Ztw. **filibustern**

Filigran *s.* (*lat.*) Arbeit aus feinem Gold- oder Silberdraht; **filigran** feingliedrig

Filius *m.* (*lat.*) Sohn (scherzhaft)

Film *m.* (*engl.*) 1. dünnes Häutchen, dünne Schicht; 2. fotografische Emulsionsschicht, Rohfilm; 3. projiziertes Laufbild, Filmstreifen; 4. Lichtspielwesen; **filmen** einen Film machen; **filmisch** den Film betreffend, für den Film geeignet; **Film noir** *m.* (– noahr, *frz.*) genreübergreifender Stil des amerik. Films der 1940er Jahre, der in eindrücklichen Schwarzweißbildern und nächtlich-düsteren Stimmungen seinen (Anti-)Helden scheitern ließ

Filou *m.* (filuh, *frz.*) Spitzbube, gerissener Halunke, Gauner

Fils *m.* (*arab.*) Währungseinheit in Irak, Jemen, Jordanien und Kuwait

Filter *m.* oder *s.* (*lat.*) Klärvorrichtung; **Filtrat** *s.* gefilterte Flüssigkeit; **filtrieren** durch einen Filter laufen lassen, filtern

Filzokratie *w.* (*dt.-gr.*) Machtausübung durch begünstigende Ämterhäufung oder Ämterverfilzung

final (*lat.*) 1. beendend, endgültig; 2. zweckbestimmend; **Final Cut** *m.* (feinel katt, *engl.*) der endgültige Filmschnitt, dessen Recht bei der Produktionsfirma, seltener beim Regisseur liegt; **Finale** *s.* (*itl.*) 1. Schlusssatz eines Musikwerks; 2. abschließender Höhepunkt einer Veranstaltung; 3. Endrunde, Endspurt; **Finalismus** *m.* (*lat.*) philosophische Lehre von der Zweckgerichtetheit allen Geschehens, Eigw. **finalistisch**; **Finalität** *w.* (*lat.*) Zweckbestimmtheit (z. B. einer Handlung) im Ggs. zur Ursachenbestimmtheit; **Finalsatz** *m.* Nebensatz, der eine Absicht ausdrückt

Financial Accountant *m.* (feinentschl äckauntent, *engl.*) Finanzbuchhalter; **Financial Consultant** *m.* (-saltent) Finanzberater; **Financial Controller** *m.* Leiter des Rechnungswesens, Leiter der Buchhaltung; **Financial Director** *m.* (– dei-) Leiter der Finanzabteilung, Finanzdirektor; **Financial Engineering** *s.* (– endschinihring) (rechnergestütztes) Instrumentarium zur Lösung finanzwirtschaftlicher Probleme (eines Unternehmens); **Financial Officer** = Financial Director

Finanzen *Mz.* (*frz.*) Geldwesen, Geldbesitz, Vermögensverhältnisse; **finanziell** (-i'e-) geldlich; **Finanzier** *m.* (-zjeh) Geldgeber; **finanzieren** Geldmittel bereitstellen, auf Kredit kaufen; **Finanzierung** Geldmittelbeschaffung, Kreditgewährung

Finca *w.* (*span.*) Landhaus, Landgut (in Lateinamerika)

Fin de Siècle *s.* (fäng de ßjäkle, *frz.*)

Schlagwort für das vorherrschende Lebensgefühl und seine künstlerischen Ausdrucksformen im Ausgang des 19. Jahrhunderts
Fine *s.* (*itl.*) Schlusszeichen in der Partitur
Finesse *w.* (*frz.*) Feinheit, Raffinesse, Kunstgriff
Finette *w.* (finett, *frz.*) feiner Barchent
Fingerfood *s.* (-fud, *engl.*) kleine Speisen, die man mit den Fingern isst; **Fingerprint** *m.* Fingerabdrücke an Stelle eines Passworts (z. B. für den Computerzugang); **Fingerprint Reader** *m.* (– rih-) Vorrichtung am Computer, um den Fingerabdruck zu «lesen» (EDV)
fingieren (*lat.*) vortäuschen, erdichten
fini (*frz.*) fertig, vorbei, vorüber
Finish *s.* (finisch, *engl.*) 1. Endkampf, Endspurt, Entscheidungskampf; 2. letzter Arbeitsgang, letzter Schliff; **finishen** 1. letzten Schliff geben; 2. im Finish das Letzte herausholen
Finissage *w.* (-ßahsch, *frz.*) Abschlussveranstaltung einer Kunstausstellung, Gegenstück zur Vernissage; **Finisseur** *m.* (-ör) Rennsportler, der beim Endspurt seine Stärken entfaltet
finites Verb *s.* (*lat.*) konjugierte Verbform
finito (*itl.*) vorbei, beendet (umg.)
Finning *s.* (*engl.*) Form der (illegalen) Haifischjagd, bei der den Tieren bei lebendigem Leibe die (auf dem asiatischen Markt teuer gehandelten) Flossen abgetrennt werden
Finte *w.* (*itl.*) Scheinangriff, Täuschungsversuch, Vorwand
fioco (*itl.*) Musik: leise, schwächer
Fiqh *m.* (*arab.*) aus Sunna, Koran und Idschma bestehende islamische Jurisprudenz
Firewall *w.* (feierwohl, *engl.*) elektron. Sicherheitssystem zur Kontrolle des Datenverkehrs auf Viren u. Ä. (EDV)
Firlefanz *m.* 1. überflüssiger Kram; 2. Unsinn, Spinnerei
firm (*lat.*) beschlagen, sattelfest
Firma *w.* (*lat.*) 1. wirtschaftliches Unternehmen; 2. Geschäftsname; **firmieren** mit einem bestimmten Namen unterzeichnen, diesen führen
Firmament *s.* (*lat.*) Himmelsgewölbe
Firmelung, Firmung *w.* (*lat.*) kath. Sakrament, Bestätigung der Taufe, Ztw. **firmeln, firmen**
Firmware *w.* (förmwehr, *engl.*) vom Systemhersteller mitgeliefertes Festspeicherprogramm (EDV)
Firnis *m.* (*frz.*) glänzender Überzug, Lack; **firnissen** mit Firnis überziehen
first class (först klahs, *engl.*) erstklassig;
First Lady *w.* (– lehdi) Frau eines Staatsoberhaupts
First Person Shooter = Ego-Shooter
Fishburger *m.* (fischbörger, *engl.*) Spezialbrötchen mit Fischfrikadelle
Fishing for Compliments *s.* (fisching for kompliments, *engl.*) das Erpichtsein auf Komplimente
Fisimatenten *Mz.* Ausflüchte, Sichwinden, Ausweichmanöver (Herk. unges.)
fiskalisch (*lat.*) die Staatskasse betreffend; **Fiskus** *m.* Staatskasse, Bezeichnung für den Staat als Eigentümer von Vermögen
Fisole *w.* (*gr.-itl.*) Bohne (Österreich)
fissil (*lat.*) spaltbar; **Fission** *w.* Spaltung eines (Atom-, Zell-)Kerns
Fissur *w.* (*lat.*) Riss, Knochenriss, Schleimhautriss, Schrunde
Fistel *w.* (*lat.*) 1. angeborener oder künstlicher Abflusskanal aus einer Körperhöhle; 2. hohe Stimmlage (Falsett); **fisteln** mit Fistelstimme sprechen oder singen
Fistfucking *s.* (-fack-, *engl.*) Sexualpraktik, bei der dem Partner die Faust in After oder Scheide eingeführt wird, Faustficken
fit (*engl.*) in Form, leistungsfähig; **Fitness** *w.* gute körperliche und / oder geistige Verfassung, Bestform; **Fitnesscenter, Fitnessstudio** *s.* mit Geräten ausgestattete Einrichtung, um seine körperliche Fitness zu trainieren
fitten (*engl.*) anpassen; **Fitting** *s.* 1. das Anpassen; 2. Verbindungsstück an Rohrleitungen
Five o'Clock Tea *m.* (feif o klock tih, *engl.*) Fünfuhrtee
fix (*lat.*) 1. schnell; 2. fest; 3. gewandt
Fixateur *m.* (-tör, *frz.*) dem Parfum zugefügte Komponente, die seine Verdunstung verzögert; **Fixativ** *s.* (*lat.*) Mittel, Zeichnungen unverwischbar zu machen; **fixe Idee** *w.* Zwangsvorstellung

fixen (*engl.*) 1. Rauschgift injizieren; 2. auf Kursrückgang (von Wertpapieren) spekulieren; **Fixer** *m.* 1. jmd., der Drogen spritzt; 2. Börsenspekulant, der auf Kursrückgang rechnet; **fixieren** 1. haltbar, unempfindlich machen; 2. anheften, festmachen; 3. anstarren; 4. schriftlich niederlegen, verbindlich machen; 5. psychisch, emotional in einer frühkindlichen Phase steckenbleiben, Hptw. **Fixierung** *w.*; **Fixing** *s.* Festlegung der Devisenkurse an der Börse; **Fixpunkt** *m.* Festpunkt, Ausgangspunkt; **Fixstern** *m.* scheinbar unbeweglicher Stern; **Fixum** *s.* festes Honorar

Fizz *m.* (fiß, *engl.*) Cocktail mit Früchten oder Säften und Sodawasser

Fjäll, Fjeld, Fjell *m.* (*schwed.*) Hochebene der skandinavischen Gebirge

Fjord *m.* (*dän.-norw.*) tief eingeschnittene enge Meeresbucht

fl. = Florin

Flagellanten *Mz.* (*lat.*) Geißler, Büßerscharen mit Geißeln; **Flagellaten** *Mz.* Geißeltierchen; **Flagellation** *w.* sexuelle Befriedigung durch Geißeln; **Flagellum** *s.* (*lat.*) Fortbewegungsorgan der Flagellaten

Flageolett *s.* (flascholett, *frz.*) 1. kleine Schnabelflöte; 2. hoher, flötenähnlicher Ton auf Saiteninstrumenten

flagrant (*lat.*) offensichtlich, ins Auge fallend; **in flagranti** auf frischer Tat

Flair *s.* (flähr, *frz.*) 1. Spürsinn, Witterung; 2. persönliche Ausstrahlung, Note

Flakon *s.* (flakong, *frz.*) Fläschchen aus geschliffenem Glas

Flambeau *m.* (flangboh, *frz.*) 1. Fackel; 2. hoher Armleuchter; **flambieren** Speisen mit Spirituosen übergießen und kurz anzünden

Flamberg *m.* Zweihänderschwert mit welliger Klinge, Flammenschwert (nach einem altfranz. Heldenepos)

Flamboyant *s.* (flangboajang, *frz.*) 1. flammenartiges gotisches Maßwerk; 2. tropischer Zierstrauch

Flame *s.* (flehm, *engl.*) aggressiver, rüpelhafter Internetbeitrag (EDV); **Flamer** *m.* Flame-Verfasser; **Flaming** *s.* das Versenden von Flames

Flamenco *m.* (*span.*) Tanzlied und Tanz in Andalusien

Flammeri *m.* (*engl.*) kalter Grießpudding

Flanell *m.* (*engl.*) leicht gerautes Woll- oder Baumwollgewebe in Köperbindung

Flaneur *m.* (flanör, *frz.*) Müßiggänger; **flanieren** bummeln, umherschlendern

Flanger *m.* (fländscher, *engl.*) Modulationseffekt in der elektronischen Musik, der durch Phasenverschiebung mit einer zeitverzögerten Kopie des Originalsignals erreicht wird

flankieren (*frz.*) 1. seitlich begrenzen; 2. seitlich decken

Flap *s.* (fläp, *engl.*) Strömungsklappe an Flugzeugen, die an der Unterseite der Tragflächen angebracht ist; **Flapper** *m.* Typ des selbstbewussten, schlagfertigen jungen Mädchens, bes. in US-amerik. Filmen der 1930er Jahre

Flare *m.* (flähr, *engl.*) Strahlungsausbruch in der Chromosphäre

Flash *m.* (fläsch, *engl.*) 1. kurze Einblende, Rückblende im Film; 2. Wirkungsbeginn des Rauschgifts; **Flashback** *m.* (-bäck) durch verzögerte Gehirnreaktion bewirkter Rauschzustand ohne erneute Einnahme von Drogen; **Flashlight** *s.* (-leit, *engl.*) Flackerlicht (z. B. in Diskos)

Flat *s.* (flätt, *engl.*) 1. um einen Halbton erniedrigte Note; 2. Kleinwohnung; **Flatrate** *w.* (-reht) monatlicher Pauschalpreis für einen unbegrenzten Internetzugang

Flatterie *w.* (*frz.*) Schmeichelei

Flatulenz *w.* (*lat.*) Blähung, Blähsucht

flautando (*itl.*) Musik: flötenartig; **Flauto** *m.* Flöte

flebile (*itl.*) Musik: kläglich, flehend

Fleece *s.* (flihß, *engl.*) flauschiges, leichtes und pflegeleichtes Gewebe

flektieren (*lat.*) beugen, ein Wort konjugieren oder deklinieren

Fleuron *s.* (flörong, *frz.*) stilisierte Blume in Stein oder im Buchdruck; **Fleurons** *Mz.* ungesüßte Blätterteigstückchen; **Fleurop** *w.* (flörop, aus *lat. flores Europ*ae) internationaler Auftragsdienst für Blumengeschenke

Flex *w.* (*Wz.*) elektrische Säge

flexibel (*lat.*) 1. biegsam, anpassungsfähig; 2. beugbar (vom Wort); **Flexibilität** *w.* Biegbarkeit, Biegsamkeit, Anpassungsfähigkeit; **Flexible Response** *s.* (flexibl rispons, *engl.*) seit den 1960er Jahren gültige NATO-Konzeption für Konflikte in Europa, nach der einem feindlichen Angriff wirkungsvoll, aber begrenzt begegnet werden soll; **Flexion** *w.* Beugung eines Wortes; Biegung, Knickung; **Flexor** *m.* Beugemuskel; **Flexur** *w.* 1. Biegung, Krümmung eines Organs; 2. bruchlose Biegung von Gesteinsschichten

Flibustier *m.* (-ti'er, *frz.*) Seeräuber, Freibeuter

Flic *m.* (flick, *frz.*) französischer Polizist (umg.)

Flicflac, Flickflack *m.* (*frz.*) mehrfacher Handstandüberschlag nach rückwärts

Flightrecorder *m.* (fleitrikorder, *engl.*) Flugschreiber

Flip *m.* (*engl.*) 1. alkoholisches Mischgetränk mit Ei oder Eigelb; 2. Eiskunstlaufsprung; **Flipchart** *m.* (-tschart) großer Papierblock auf einer Halterung; **Flipflop** *s.* 1. Kippschaltung in elektronischen Geräten; 2. modische Gummilatsche mit einem Riemen zwischen den Zehen; **Flipper** *m.* Spielautomat; **Flippie** *m.* unruhiger, bei keiner Sache bleibender Mensch, Eigw. **flippig** (umg.)

Flirt *m.* (flöhrt, *engl.*) 1. erotisch-verspielte Kontaktaufnahme zwischen zwei Personen; 2. Liebelei; **flirten** mit jmdm. (oder etwas) einen Flirt beginnen

floaten (flohten, *engl.*) schwanken (von Wechselkursen), Hptw. **Floating** *s.*

Flobertgewehr *s.* (flobähr-) Kleinkalibergewehr (nach dem französ. Waffenkonstrukteur N. Flobert, 1819–1894)

Flokati *m.* (*gr.*) heller, zottiger Wollteppich

Flonflon *s.* (flongflong, *frz.*) Straßenmusik, Bumsmusik, Gassenhauer

Floor *m.* (flohr, *engl.*) 1. Räumlichkeit für die Makler von Termingeschäften an der Börse; 2. Mindestzins, Untergrenze des Zinses

Flop *m.* (*engl.*) misslungenes Projekt, Misserfolg; Ztw. **floppen**

Floppydisk, Floppy *w.* (*engl.*) Diskette (EDV)

Flor *m.* (*lat.*) 1. Blütenpracht; 2. schwarzer Seidenkrepp, Trauerflor an Kleidungsstücken; 3. Haardecke aus Samt, Plüsch; **Flora** *w.* 1. römische Blumengöttin; 2. Pflanzenwelt eines Gebiets; **floral** mit Blumen geschmückt, geblümt; **Floreal** *m.* (*frz.*) der achte Monat des französischen Revolutionskalenders (20. April bis 19. Mai); **Florentine** *w.* Atlasseide aus Florenz; **Florentiner** *m.* 1. an der Unterseite mit Schokolade überzogenes Gebäckstück mit Nüssen od. Mandeln; 2. Damenstrohhut mit breitem, weichem Rand (nach der italien. Stadt Florenz); **Floreszenz** *w.* Blütenstand, Blütezeit; **florid** in voller Blüte, voll entwickelt; **florieren** in Blüte stehen, gedeihen, sich günstig entwickeln; **Florilegium** *s.* Blütenlese; **Florist** *m.* 1. Blumenbinder; 2. Pflanzenforscher; **Floristik** *w.* Erforschung der Flora eines Gebiets, Pflanzengeographie, Eigw. **floristisch**

Florett *s.* (*span.*) Stoßdegen mit dünner Klinge; **Florettseide** *w.* Abfallseide

Florin *m.* (*itl.-frz.*) alte Bez. für Gulden

Floskel *w.* (*lat.*) inhaltsleere Redewendung, konventionelle Höflichkeitsformel

Flotation *w.* (*lat.*) Aufbereitungsverfahren, Schwemmverfahren für Mineralien u. a. Stoffe, Ztw. **flotieren**; **Flotte** *w.* 1. Gesamtheit der Schiffe eines Staates; 2. größerer Schiffsverband; 3. Behandlungsbad für Textilien; **flottieren** schwimmen, treiben; **Flottille** *w.* (flottije, eingedeutscht flotille, *frz.*) kleinerer Schiffsverband

Flower-Power *w.* (flauerpauer, *engl.*) Slogan der Hippiebewegung, die mit Blumen als Symbol der gewaltlosen Macht demonstrierte

Fluid *s.* (*lat.*) flüssiges Mittel; **fluid** flüssig; **Fluidität** *w.* Fließfähigkeit; **Fluidum** *s.* besondere Ausstrahlung, atmosphärische Wirkung eines Menschen, einer Umgebung oder Situation

Fluke *w.* (*engl.*) Schwanzflosse des Wals

Fluktuation *w.* (*lat.*) 1. Hin- und Herschwanken, bes. von Flüssigkeiten; 2. schneller Wechsel; **fluktuieren** hin und her wogen, wechseln; **fluktuierend** unsicher, schwankend

Fluor *m.* (*lat.*) Scheidenausfluss

Fluor *s.* (*lat.*) chem. Element, ein giftiges Nichtmetall; **Fluorchlorkohlenwasserstoff** *m.* chem. Verbindung, als Kältemittel und Treibgas die Ozonschicht schädigend (weltweit verboten ab dem Jahr

2000; Abk. FCKW); **Fluoreszenz** *w.* Aufleuchten bei oder Nachleuchten nach Bestrahlung; **fluoreszieren** aufleuchten

Fluorid *s.* (*lat.*) Salz der Flusssäure; **fluoridieren, fluorieren** Fluoride zum Trinkwasser zusetzen (zur Kariesvorbeugung)

Fluorit *m.* (*lat.*) Flussspat

Flush *m.* (flasch, *engl.*) Wallung, Hautröte

fluvial (*lat.*) zum Fluss gehörig, vom Fluss gebildet; **Fluviograph** *m.* selbsttätig aufzeichnender Pegel

Fluxus *m.* (*lat.*) 1. Eiterfluss; 2. Kunstrichtung des Neodadaismus um 1960, die Theater, Musik und bildende Kunst zur Aktionskunst verband

Fly-by *s.* (fleibei, *engl.*) Raumflug ohne Landung auf einem Planeten, bes. zur Datensammlung; **Flyer** *m.* (fleier, *engl.*) 1. Vorspinnmaschine; 2. Handzettel, Werbezettel (z. B. für eine Veranstaltung); **Flymobil** *s.* kleines Flugzeug, das in einfacher Handhabung in ein Auto verwandelt werden kann; **Fly-over** *m.* Straßenüberführung

fob. Abk. für *free on board* (frih on bord, *engl.*): Verkäufer trägt Transportkosten bis aufs Schiff

Focaccia *w.* (-katscha, *itl.*) mit Olivenöl, Kräutern und Salz gebackenes Fladenbrot aus Hefeteig, das als Beilage oder als gefülltes Sandwich gereicht wird

Föderalismus *m.* (*lat.*) Streben nach weitgehender Selbständigkeit der Einzelstaaten in einem Bundesstaat; **Föderalist** *m.* Anhänger des Föderalismus; **föderalistisch** auf Föderalismus beruhend, dem Föderalismus geneigt; **Föderation** *w.* (Staaten-)Bund; **föderal, föderativ** bündnismäßig; bundesstaatlich; **föderiert** verbündet; **Föderierte** Verbündete

Fog *m.* (*engl.*) dichter Nebel

Foie gras *w.* (foa gra, *frz.*) Gänsestopfleber

Foire *w.* (foar, *frz.*) Messe, Jahrmarkt

fokal (*lat.*) den Brennpunkt betreffend; **Fokaldistanz** *w.* Brennweite; **Fokalinfektion** *w.* Erkrankung durch Streuung eines Krankheitsherds; **Fokus** *m.* 1. Brennpunkt; 2. Krankheitsherd; **fokussieren** 1. etwas auf einen Brennpunkt richten; 2. (Licht-)Strahlen sammeln, Hptw. **Fokussierung** *w.*

fol. = Folio

Folder *m.* (*engl.*) Werbeblatt, Faltblatt

Foliant *m.* (*lat.*) dickes Buch, Buch im Folioformat

Folie *w.* (-li'e, *lat.*) 1. Hintergrund; 2. sehr dünn ausgewalztes Metall- oder Kunststoffblatt (Mz. Folien)

Folio *s.* (*itl.*) großes Buchformat (4 Buchseiten pro Bogen)

Folium *s.* (*lat.*) getrocknetes Pflanzenblatt

Folk *m.* (fohk, *engl.*) 1. englischsprachige Volksmusik; 2. Musikstil in der Unterhaltungsmusik, der Elemente der Volksmusik verwendet; **Folketing** *s.* (*dän.*) das dänische Abgeordnetenhaus; **Folklore** *w.* (*engl.*) 1. Gesamtheit der Volksüberlieferungen als Gegenstand der Volkskunde; 2. volksmusikalische Elemente in der Kunst- und Unterhaltungsmusik; **Folklorismus** *m.* Pflege und kommerzielle Nutzung der Volksüberlieferungen; **Folklorist** *m.* Volkskundler; **Folkloristik** *w.* Wissenschaft von den Volksüberlieferungen, Volkskunde; **folkloristisch** 1. volkskundlich; 2. volksliedhaft (von Musik); 3. (kommerziell) volkstümlich; **Folksong** *m.* Song, der sich am englischsprachigen Volkslied orientiert

Follikel *m.* (*lat.*) Drüsenknötchen, Hautsäckchen, Bläschen; **Follikelhormon** *s.* weibliches Sexualhormon, Eigw. **follikular, follikulär**; **Follikelsprung** *m.* Eisprung

Fon = Phon

Fond *m.* (fong, *frz.*) 1. Grundlage; 2. Hintergrund (z. B. eines Bildes); 3. Rücksitz im Wagen; 4. Fleischsaft; **au fond** (o fong) im Grunde, genau genommen; **à fond perdu** (a fong perdüh) auf Verlustkonto

Fond de Robe *m.* (fong de rob, *frz.*) auf Spitze gearbeiteter BH mit angeschnittenen Trägern

Fondant *s.* (fongdang, *frz.*) Süßigkeit aus weichem Zucker

Fonds *m.* (fong, *frz.*) Bestand, Rücklage, verfügbarer Geldvorrat; **Fondsmanager** *m.* (-mänedscher) Fachmann für Kapitalanlagen, Vermögensverwalter

Fondue *w.* (fongdüh, *frz.*) Gericht aus geschmolzenem Käse und Wein

Fontäne *w.* (*lat.-frz.*) Springbrunnen

Fontanelle *w.* (*lat.*) Knochenlücke am Schädel des Säuglings

Fooddesigner *m.* (fuhddiseiner, *engl.*) jmd., der professionell Fotos von Speisen für Zeitschriften u. a. macht; **Foodhunter** *m.* (-hant-) jmd., der in den entlegensten Gegenden der Welt nach unbekannten Lebensmitteln, Gewürzen, Speisen und Rezepten sucht, um sie den Chefköchen in den Weltmetropolen zu verkaufen; **Foodstylist** *m.* (-stei-) jmd., der für die optische Präsentation von Lebensmitteln und Speisen bei Fototerminen des Fooddesigners zuständig ist

Foot *m.* (fut, *engl.*) Fuß, englisches Maß, etwa 30 cm

Foraminiferen *Mz.* (*lat.*) einzellige, planktonartige im Meer lebende Wurzelfüßer, an deren fossilen Formen prähistorische Umweltbedingungen rekonstruiert und datiert werden können

Force *w.* (forß, *frz.*) Stärke, Kraft; **Force de Frappe** *w.* (– de frapp) die atomare Abschreckungsstreitmacht Frankreichs; **Force majeure** (– maschöhr) höhere Gewalt; **forcieren** mit Nachdruck betreiben, zwingen, erzwingen

Forechecking *s.* (fortscheck-, *engl.*) frühzeitiges Stören des gegnerischen Angriffs bereits in der gegnerischen Hälfte, bes. im Eishockey, Angriffsverteidigung; **Forehand** *w.* (fohrhänd, *engl.*) Vorhandschlag im Tennis, Tischtennis usw., im Ggs. zu Backhand

Foreign Affairs *Mz.* (forin efärs, *engl.*) auswärtige Angelegenheiten, Außenpolitik; **Foreign Office** *s.* (– offiß) das britische Auswärtige Amt

forensisch (*lat.*) gerichtlich; **forensische Medizin** *w.* Rechtsmedizin

Formaggio *m.* (formadschoh, *itl.*) italien. Bez. für Käse

formal (*lat.*) 1. die äußere Form betreffend; 2. nur der Form nach; **Formalie** *w.* (-li'e) Förmlichkeit, Äußerlichkeit; **formalisieren** 1. in eine systematische Form bringen; 2. zur Form erstarren lassen; **Formalismus** *m.* Überbetonung des Formalen, Eigw. **formalistisch**; **Formalist** *m.* jmd., der die Form und das Formale überbetont; **Formalität** *w.* Formsache, Förmlichkeit; **formaliter** der Form nach, der Form wegen; **formell** förmlich

Formaldehyd *m.* Ameisensäure, giftiges Raumdesinfektionsmittel; **Formalin** *s.* (*Wz.*) Konservierungsmittel z. B. für anatom. Präparate auf der Basis von Formaldehyd

Format *s.* (*lat.*) 1. Normgröße; 2. Bedeutung, überdurchschnittliches Niveau (einer Person); 3. Anordnung von Daten (EDV); **formatieren** Ordnungsmerkmale für Daten festlegen, Hptw. **Formatierung** *w.* (EDV)

Formation *w.* (*lat.*) 1. in bestimmter Weise angeordnetes, strukturiertes Ganzes; 2. erdgeschichtlicher Abschnitt; 3. geschlossene Pflanzengesellschaft; 4. Truppeneinheit; **formativ** gestaltend

Formel *w.* (*lat.*) 1. kürzeste Form einer Begriffsbestimmung; 2. feststehende Redewendung; 3. chemische, physikalische, mathematische Bezeichnung; 4. Rennwagenklasse (z. B. Formel 1)

formell = formal

formidabel (*frz.*) sehr gut, außergewöhnlich

formieren (*lat.*) in einer bestimmten Form aufstellen, ordnen, gestalten

Formikatio *w.* (*lat.*) Hautjucken od. -kribbeln, Ameisenhaufen

Formular *s.* (*lat.*) Vordruck, Formblatt; **formulieren** in Worte fassen, ausdrücken; **Formulierung** *w.* sprachlicher Ausdruck

Forsythie *w.* (-ti'e) Strauch mit leuchtend gelben, vor den Blättern blühenden Blüten (nach dem engl. Botaniker W. Forsyth, 1737–1804)

Fort *s.* (fohr, *frz.*) Festungswerk

forte (*itl.*) Musik: stark, laut (Abk. f); **fortissimo** sehr laut (Abk. ff)

Fortifikation *w.* (*lat.*) Befestigung, Befestigungskunst; **fortifizieren** befestigen

FORTRAN *s.* (aus *engl. for*mular *trans*lator) Programmiersprache, bes. für technische und mathematisch-wissenschaftliche Probleme (EDV)

Fortuna *w.* (*lat.*) Erfolg, Glück (nach der römischen Göttin des Glücks)

Forum *s.* (*lat.*) 1. Marktplatz im antiken

Rom; 2. öffentliche Diskussion; 3. Plattform

forzando (*itl.*) Musik: verstärkt, mit starker Betonung (Abk. fz)

Fosburyflop *m.* Technik im Hochsprung, bei der die Latte in Rückenlage übersprungen wird (nach dem US-amerik. Hochspringer R. Fosbury, * 1947)

Foße *w.* (fohß, *frz.*) Fehlfarbe, leere Karte

Fossil *s.* (*lat.*) 1. Versteinerung oder Abdruck von Lebewesen der geologischen Vorzeit (*Mz.* Fossilien [-li'en]); 2. altmodischer Mensch, der seine Zeit überlebt hat (umg.); **fossil** versteinert, urzeitlich

fötal = fetal

fötid (*lat.*) stinkend

Foto-, foto- (*gr.*) als Wortteil: Licht, Lichtbild; **Foto** *s.* Kurzwort für Fotografie (2.); **Fotoapparat** *m.* (*gr.-lat.*) Stehbildkamera; **fotogen** (*engl.*) bildwirksam, gut zu fotografieren (bes. von Personen); **Fotograf** *m.* (*gr.*) jmd., der professionell fotografiert; **Fotografie** *w.* 1. Verfahren zur Herstellung von Lichtbildern; 2. einzelnes Lichtbild, Foto; **fotografieren** Bilder mit dem Fotoapparat machen; **fotografisch** zur Fotografie gehörig; **Fotogramm** *s.* fotografisches Messbild von beliebigen Objekten; **Fotojournalist** = Fotoreporter; **Fotokopie** *w.* durch Fotografie hergestellte Kopie, Ztw. **fotokopieren**; **Fotolabor** *s.* Labor zum Entwickeln und Vergrößern von fotografischem Material; **fotomechanisch** mittels Fotografie und Ätztechnik hergestellt; **Fotomodell** *s.* jmd., der sich beruflich als Modell für Werbung und Mode fotografieren lässt; **Fotomontage** *w.* 1. Zusammensetzung verschiedener Fotos oder Ausschnitte zu einem neuen Bild; 2. dieses Bild selbst; **Fotorealismus** *m.* von den USA ausgehende Richtung der Malerei der 1960er Jahre, die unter Verwendung fotografischer Elemente einen hyperrealistischen (Mal-)Stil entwickelte; **Fotoreporter** *m.* Reporter, der für Presseagenturen, Zeitungen u. a. Medien fotografiert, Pressefotograf, Fotojournalist

Fötus = Fetus

Foul *s.* (faul, *engl.*) grober Verstoß gegen die sportlichen Regeln; **foul** regelwidrig, unsportlich

Foulard *m.* (fulahr, *frz.*) 1. (meist bedruckter) leichter Seidenstoff; 2. Maschine zum Färben und Aufbessern von Geweben; **Foulard** *s.* Seidenschal

Fourage = Furage

fow. Abk. für *free on wagon* (frih on wäggen, *engl.*): Verkäufer trägt die Transportkosten bis zum Eisenbahnwagen

Foxterrier *m.* (-ri'er, *engl.*) engl. Hunderasse, rauhaariger Jagdhund

Foxtrott *m.* (*engl.*) aus Amerika stammender Gesellschaftstanz in vielen Varianten

Foyer *s.* (foajeh, *frz.*) Wandelgang, Erfrischungsraum im Theater

Fra = Frater

Frack *m.* (*engl.*) 1. Gesellschaftsanzug für Herren; 2. berufliche Kleidung der Kellner

fragil (*lat.*) zerbrechlich, überzart; **Fragilität** *w.* Zartheit, Zerbrechlichkeit

Fragment *s.* (*lat.*) Bruchstück, unvollendetes Werk; Eigw. **fragmentarisch**

frais, fraise (frähs, *frz.*) erdbeerfarbig

fraktal (*engl.*) vielfältig gegliedert, strukturiert

Fraktion *w.* (*lat.-frz.*) 1. parlamentarische Vertretung einer Partei; 2. durch chem. Trennung eines Stoffgemischs gewonnener Anteil; **fraktionieren** aufteilen, unterteilen

Fraktur *w.* (*lat.*) 1. Knochenbruch; 2. Schreib- und Druckschrift mit mehreren Varianten; **frakturiert** gebrochen

Frambösie *w.* (*frz.*) tropische Hautkrankheit

Frame *m.* (frehm, *engl.*) 1. Rahmen bei Fahrzeugen; 2. formatisierte Wissensdarstellung in Form eines semantischen Netzes; 3. Dateneinheit (EDV); 4. Einzelbild auf einem Filmstreifen

Franc *m.* (frang, *lat.-frz.*) Währungseinheit in Frankreich und anderen europäischen Ländern vor Einführung des Euro (2002)

Française *w.* (frangßäs, *frz.*) alter Gesellschaftstanz

Franchise *w.* (frangschis, *frz.*) 1. Abgaben- und Zollfreiheit; 2. Freibetrag bei Bagatellschaden, den die Versicherung nicht übernimmt; **Franchise** *s.* (fräntscheis, *engl.*) Einzelhandel, der Produkte in Lizenz eines Unternehmens vertreibt; **Fran-**

chisee *m.* (-isi) Lizenznehmer; **Franchisor** *m.* Lizenzgeber; **Franchising** *s.* (fräntscheising, *engl.*) spezielle gemeinsame Warenvertriebsform mehrerer Unternehmen

frankieren (*itl.*) Postsendung freimachen, Hptw. **Frankierung** *w.*; **franko** freigemacht, portofrei

frankophil (*lat.-gr.*) allem Französischen zugeneigt, Hptw. **Frankophilie** *w.*

Franktireur *m.* (-rör, *frz.*) Freischärler

Franziskaner *m.* Angehöriger des durch Franz von Assisi (1181–1226) 1210 gegründeten Bettelordens

frappant (*frz.*) überraschend, schlagend, auffallend; **Frappé, Frappee** *m.* Stoff mit eingepressten Mustern; **Frappé, Frappee** *s.* alkoholisches Getränk auf zerkleinertem Eis; **frappieren** 1. überraschen, stutzig machen; 2. Getränke mit Eis kühlen

Frater *m.* (*lat.*) Ordensbruder, Mönch (*Mz.* Fratres); **fraternisieren** verbrüdern; **Fraternisierung** *w.* Verbrüderung; **Fraternität** *w.* Bruderschaft; Brüderlichkeit

Freak *m.* (frihk, *engl.*) 1. Angehöriger einer Subkultur; 2. auf eine Tätigkeit, ein Hobby fixierte Person (z. B. Computerfreak), Eigw. **freakig, freaky**

Freecall *m.* (frihkohl, *engl.*) kostenloser Anruf; **Freeclimber** *m.* jmd., der Freeclimbing ausübt; **Freeclimbing** *s.* Bergsteigen ohne technische Hilfsmittel; **Freefloat, Free Float** *s.* (– floht) Aktienpakete von weniger als fünf Prozent des Grundkapitals (einer Aktiengattung); **Freeflow, Free Flow** *s.* (– floh) System der Essensausgabe, bei dem der Gast seine Speisenfolge selbst auswählt und zur Kasse trägt; **Freehold** *s.* lehnsfreier Grundbesitz (in England); **Freeholder** *m.* lehnsfreier Grundbesitzer; **Free Jazz** *m.* improvisationsreicher Jazz; **Freelance** *m.* (-lähnß, *engl.*) freiberuflich Tätiger; **Free-TV** *s.* (-tihwih) kostenfreies Fernsehen; **Freeware** *w.* (-wehr) kostenlose Software (EDV)

free on board = fob.

free on wagon = fow.

Freesia, Freesie *w.* (-si'e) beliebte Schnittblume mit zarten Blüten in Glockenform (nach dem dt. Arzt F. H. Th. Freese, † 1876)

Freeze *s.* (frihs, *engl.*) das Einfrieren atomarer Rüstung; **Freezer** *m.* 1. Eismaschine; 2. Gerät zum Einfrieren und zur tiefgekühlten Einlagerung von Speisen

Fregatte *w.* (*frz.*) altes Kriegsschiff, Schnellsegler

freie Radikale = Radikal (1.)

French Knickers *Mz.* (frentsch nick-, *engl.*) Damenhöschen in sportlicher Shortform mit weiten, locker fallenden Beinen, Boxershorts

frenetisch (*gr.*) rasend, wahnsinnig, tobend

frequent (*lat.*) häufig; **frequentieren** häufig besuchen, in Anspruch nehmen, Hptw. **Frequentation** *w.*; **Frequenz** *w.* 1. Zulauf, Besucherzahl; 2. Schwingungszahl, Periodenzahl

fresco (*itl.*) Musik: frisch, lebhaft

Fresko *s.*, **Freske** *w.* (*itl.*) 1. Wandmalerei auf frischem Verputz (*Mz.* Fresken); 2. frotteeartiger Stoff aus Wolle u. a. Material in Leinenbindung

Frigidaire *m.* (frischidähr, *Wz.*, *frz.*) Kühlschrank(marke); **Frigidarium** *s.* 1. kaltes Gewächshaus; 2. Abkühlungsraum in altrömischen Thermen

Frigidität *w.* (*lat.*) sexuelle Unerregbarkeit oder Orgasmusunfähigkeit bei Frauen, Eigw. **frigid, frigide**

Frikadelle *w.* (*frz.*) gebratenes Hackfleischklößchen

Frikandeau *s.* (frikangdoh, *frz.*) gedämpfte Kalbsnuss

Frikassee *s.* (*frz.*) Stücke von hellem Fleisch in heller Soße; **frikassieren** Fleisch zerstückeln

frikativ (*lat.*) durch Reibung erzeugt; **Frikativ** *m.* Sprachlehre: Reibelaut (z. B. *sch*); **Friktion** *w.* 1. Reibung; 2. Widerstand, Verzögerung

Frimaire *m.* (frimähr, *frz.*) der dritte Monat im Kalender der Französischen Revolution (21. November bis 20. Dezember)

Frisbee *s.* (-bih, *Wz.*) kleine Wurfscheibe

Frisé *s.* (*frz.*) frotteeartiges Gewebe; **Frisée** *m.* gekräuselter Salat

Friseur, Frisör *m.* (frisör, *frz.*), **Friseurin** (-ör-), **Friseuse** *w.* (frisöse) jmd., der Haarschnitt und Haarpflege professionell beherrscht; **frisieren** 1. die Haare kämmen, bürsten und stylen; 2. etwas manipulieren (z. B. eine Motorleistung, eine Bilanz); **Frisur** *w.* das Ergebnis des Frisierens

Friss *m.* (*ungar.*) schneller Teil beim Csárdás

Frittate *w.* (*itl.*) dünner Eierkuchen als Suppeneinlage

Fritte *w.* (*itl.*) Glaspulvermasse; **Fritten** *Mz.* (*frz.*) eingedeutschte Kurzform von Pommes frites; **fritten** (*engl.*) 1. eine Glasschmelze abschrecken; 2. eine pulverförmige Mischung erhitzen; 3. frittieren (umg.); **Fritteuse** *w.* (-öse) elektrisches Gerät zum Frittieren; **frittieren** (*lat.-frz.*) in siedendem Fett garen; **Frittüre** *w.* heißes Fett zum Ausbacken

frivol (*frz.*) leichtfertig, schlüpfrig; **Frivolität** *w.* Zweideutigkeit, Leichtfertigkeit; **Frivolitätenarbeit** *w.* Schiffchenspitzenarbeit

Fromage de Brie *m.* (frommasch de bri, *frz.*) französ. weicher Käse (meist aus der französ. Landschaft Brie)

Fronde *w.* (frongde, *frz.*) kämpferische, politische Opposition; **Frondeur** *m.* (frongdöhr) Anhänger der Fronde, Regierungsgegner; **frondieren** Widerstand leisten, sich auflehnen

Front *w.* (*frz.*) 1. Vorderseite eines Gebäudes; 2. vorderste Kampflinie; 3. Block, geschlossene (Gegen-)Gruppe; 4. Grenzbereich zwischen Luftmassen; **frontal** 1. auf der Vorderseite; 2. von vorn; **Frontale** *w.* Darstellung(sweise), Abbildung von vorn; **Frontispiz** *m.* 1. Giebeldreieck über vorspringendem Gebäudeteil; 2. verziertes Buchtitelblatt

Frontier *w.* (frantjer, *engl.*) 1. (Siedlungs-)Grenze im 19. Jh. in den USA zwischen dem Land der Indianer und der Siedler; 2. Siedler, Pionier; **Frontman** *m.* (-män) Frontmann, Musiker einer Band, der (als Sänger) im Vordergrund auftritt; **Front Office** *s.* Abteilung (eines Unternehmens) mit Kundenkontakt (z. B. Rezeption in Hotel oder Krankenhaus); **Frontwoman** *w.* (-wumän) Frontfrau, weibl. Gegenstück zum Frontman

Froster *m.* (*engl.*) Tiefkühlfach im Kühlschrank

Frottage *w.* (-ahsch, *frz.*) künstlerisches Verfahren, bei dem ein (reliefartiger) Untergrund auf Papier durchgerieben wird; **Frottee** *s.* (*frz.*) Kräuselstoff mit Noppen; **frottieren** reiben

Froufrou *s.* (frufru, *frz.*) das Rascheln von eleganten Damenunterkleidern, der Mode um 1900 entsprechend

Fructidor *m.* (frü-, *frz.*) der zwölfte Monat des französischen Revolutionskalenders (18. August bis 16. September)

frugal (*lat.*) einfach, mäßig, bescheiden (von Mahlzeiten), Hptw. **Frugalität** *w.*

Fruktifikation *w.* (*lat.*) Fruchtbildung

Fruktose *w.* (*lat.*) Fruchtzucker

Frust *m.*, **Frustration** *w.* (*lat.*) Versagung, erzwungener Verzicht und das sich daraus ergebende Gefühl der Enttäuschung; **frustrieren** versagen, Erwartungen enttäuschen

Frutti di Mare *Mz.* (*itl.*) Meeresfrüchte (z. B. Muscheln, Schnecken)

ft. = foot

fuck! (fack, *engl.*) Scheiße!, vulgärer Ausdruck der Verärgerung

fud. Abk. für **fudit** (*lat.*) auf Glocken und anderen Gusswerken: Er hat gegossen

Fugato *s.* (*lat.-itl.*) fugenartiger Teil in einem Musikstück; **Fuge** *w.* mehrstimmiger Satz von komplizierter, strenger Führung der Stimmen; **Fughetta** *w.* kleine Fuge; **fugiert** nach Art der Fuge komponiert

Fulldress *s.* (*engl.*) Gesellschaftsanzug, Gala; **Fullhouse, Full House** *s.* (-haus) 1. Spielblatt beim Poker; 2. Gedränge, volles Haus (umg.); **Full Service** *m.* (– sörwis) Kundendienst, der alle anfallenden Leistungen ausführt; **Fullshit** *o. A.* (-schitt) Unsinn, Bockmist, Scheiße (Jj.); **Full Speed** *w.* (– spihd) Höchstgeschwindigkeit; **Fulltimejob** *m.* (-teimdschobb, *engl.*) ganztägige Beschäftigung; **fully fashioned** (– fäschend) nach Fasson gearbeitet (von Kleidungsstücken und Strickwaren)

fulminant (*lat.*) blendend, zündend, durchschlagend; **fulminieren** blitzen, knallen; **Fulminsäure** *w.* Knallgas

Fumarole *w.* (*itl.*) vulkanische Gaswolke

Fun *m.* (fann, *engl.*) Spaß, Vergnügen; **Funclip** *s.* lustiger, skurriler Videoclip

Fundament *s.* (*lat.*) Grundlage, Grundstein, Grundmauern; **fundamental** grundlegend; **Fundamentalismus** *m.* starres Festhalten an politischen, religiösen u. a. Grundsätzen, Eigw. **fundamentalistisch**; **Fundamentalist** *m.* Anhänger eines Fundamentalismus; **fundamentieren** einen Grund legen; **Fundi** *m.* Kurzform von Fundamentalist (mit entschärfender Bedeutung); **fundieren** 1. mit Mitteln ausstatten; 2. untermauern; **fundiert** 1. gut ausgerüstet, abgesichert; 2. gut begründet, überzeugend

Fundraising *s.* (fandrehs-, *engl.*) das Beschaffen von Spenden (für wohltätige Zwecke)

Fundus *m.* (*lat.*) 1. Bestand, Grundstock; 2. Ausstattungsbestand eines Theaters

funebre (fünäbre, *frz.*), **funerale** (*itl.*) Musik: traurig, düster

Funeralien *Mz.* (-li'en, *lat.*) Begräbnisfeierlichkeiten

Funfur *m.* (fannför, *engl.*) Kleidungsstück aus Pelzimitat(en)

fungibel (*lat.*) austauschbar, unterschiedlich verwendbar; **fungieren** wirken als, eine Funktion erfüllen

Fungizid *s.* (*lat.*) in der Landwirtschaft verwendetes Mittel gegen Pilzbefall bei Pflanzen; **Fungosität** *w.* (*lat.*) schwammartige Wucherung; **Fungus** *m.* Pilz, Geschwulst

Funiculus, Funikulus *m.* (*lat.*) Nabelschnur, Gewebestrang, Samenstrang; **funikulär** zu einem Gewebestrang gehörend; **Funikulitis** *w.* Entzündung des Samenstrangs; **Funisitis** *w.* Infektion der Nabelschnur

Funk *m.* (fank, *engl.*) rhythmisch pointierter, perkussiver Stil in der modernen Unterhaltungsmusik, bes. schwarzer Musiker, Eigw. **funkig, funky**

Funktion *w.* (*lat.*) 1. Tätigkeit, Aufgabe, Zweck; 2. Leistung (eines Organs); 3. mathematische Größe, zu deren Wert ein bestimmter Wert einer anderen Größe gehört; **funktional** der Funktion entsprechend, zweckgerichtet; **Funktionalismus** *m.* 1. wissenschaftlicher Denkansatz, der komplexe Systeme als Gesamtheit der Funktionen der Systemelemente versteht; 2. (Postulat der) Übereinstimmung von Gestalt und Zweck in der Architektur; **Funktionär** *m.* aktiv tätiges Mitglied einer Organisation mit bestimmten Aufgaben; **funktionell** die Leistung betreffend, wirksam; **funktionieren** reibungslos vonstattengehen

Funsport *m.* (fann-, *engl.*) sportliche Betätigung ohne Leistungsdruck

fuocoso (*itl.*) Musik: mit Leidenschaft

Furage *w.* (furasch, *frz.*) Verpflegung der Truppen; **furagieren** (furaschihren) Lebensmittel (und Futter) für die Truppe beschaffen; **Furier** *m.* (furi'e) der für die Verpflegung zuständige Offizier

Furie *w.* (-ri'e, *lat.*) 1. römische Rachegöttin; 2. wutentbranntes Weib; **furios** wütend, leidenschaftlich zornig; **furioso** (*itl.*) Musik: wild, leidenschaftlich

Furnier *s.* (*frz.*) dünnes Blatt aus edlem Holz zur Verkleidung einfacher Hölzer; **furnieren** mit Furnier bedecken, beziehen

Furor *m.* (*lat.*) Wut, Zorn; **Furore** *w.* Begeisterung, Raserei; **Furore machen** Begeisterung, Aufsehen erregen; **Furor teutonicus** *m.* 1. der Kampfesmut der germanischen Krieger (nach dem röm. Dichter Lukan, 35–69 n. Chr.); 2. geflügeltes Wort für jede von Deutschland ausgehende (militärische) Aggression

Furunkel *m.* (*lat.*) eitrige Entzündung einer Talgdrüse; **Furunkulose** *w.* heftige anhaltende Furunkelbildung

Fusili *Mz.* (*itl.*) spiralförmige Nudeln

füsilieren (*frz.*) standrechtlich erschießen

Fusion *w.* (*lat.*) Vereinigung, Verschmelzung (z. B. von Unternehmen, Atomkernen, Zellen); **fusionieren** zusammenlegen, verschmelzen (von Unternehmen)

Fustage, Fastage *w.* (füstasch, fastasch, *frz.*) Leergut; Verpackung

Fusti *Mz.* (*itl.*) Abfälle und Unreinheiten an einer Ware und entsprechender Abzug am Preis

Fusuma *w.* (*jap.*) japan. Schiebetür als Raumteiler od. Schranktür

Fut *m.* (*russ.* aus *engl.* foot) altes russ. Längenmaß, ca. 30 cm (Mz. Futi)

Futhark *s.* (fußark, *skand.*) ältestes Runenalphabet

futil (*lat.*) nichtig, unbedeutend, Hptw. **Futilität** *w.*

Futon *s.* (*jap.*) hart gepolsterte japanische Matratze

Futur, Futurum *s.* (*lat.*) Sprachlehre: die grammatische Form des Zeitwortes, mit der eine Voraussage, Vermutung, feste Absicht oder Aufforderung ausgedrückt wird; **Futures** *Mz.* (fjutschers, *engl.*) Termingeschäfte (an der Börse); **Futurismus** *m.* revolutionäre, von Italien ausgehende Kunstrichtung zu Beginn des 20. Jh.; **Futurist** *m.* Vertreter des Futurismus; **futuristisch** dem Futurismus entsprechend, zum Futurismus gehörend; **Futurologie** *w.* (*lat.-gr.*) Zukunftsforschung

Fuzzylogik, Fuzzytheorie *w.* (fasi-, *engl.-gr.*) eine dem menschlichen Denken entsprechende Logik, die mit abgestuften Wahrheitswerten operiert und in verschiedenen Bereichen (z. B. bei der Programmierung von Waschmaschinen) Anwendung findet (EDV)

fz = forzando

G

g = Gramm

Gäa *w.* (*gr.*) griech. Göttin der Erde

Gabardine *m.* (-din, auch: -din, *frz.*) dichtes, schräg geripptes Gewebe aus Kammgarn oder Baumwolle

Gadget *s.* (gädschit, *engl.*) technische Spielerei, begehrter technischer Gegenstand (z. B. der iPod)

Gaffer *m.* (gä-, *engl.*) Chefbeleuchter beim Film, zuständig für Beleuchtung und alle anderen elektrischen Anlagen

Gag *m.* (gäg, *engl.*) komischer Einfall, bes. im Film

gaga verrückt, meschugge (umg., Herkunft ungeklärt)

Gagat *m.* (*gr.*) als Schmuckstein verwendete glänzende Pechkohle, Jet

Gage *w.* (gasche, *frz.*) Gehalt von Künstlern

Gagliarde *w.* (galjarde, *itl.*), **Gaillarde** *w.* (gaijard, *frz.*) fröhlicher alter Tanz; **gaio** (*itl.*), **gaiment** (gämang, *frz.*) Musik: heiter

Gagman *m.* (gägmän, *engl.*) Spezialist für die Erfindung und Konstruktion von (filmischen) Gags

Gaita *m.* (*span.*) Sammelbez. für unterschiedliche span. Blasinstrumente

Gajda *w.* (*bulg.*) in verschiedenen Ländern gebräuchlicher Dudelsack

Gala *w.* (*span.*) 1. festliche Kleidung; 2. Hoftracht; 3. prunkvolle Aufführung

galaktisch (*gr.*) zur Milchstraße gehörend; **Galaxie** *w.* Sternsystem außerhalb der Milchstraße; **Galaxis** *w.* Milchstraße

Galaktometer *s.* (*gr.*) Messapparat für die Qualität der Milch; **Galaktose** Bestandteil des Milchzuckers

Galalith *m.* (*Wz.*) Kunststoff aus Milcheiweiß

Galan *m.* (*span.*) Verehrer, Liebhaber (ironisch); **galant** höflich, betont aufmerksam gegenüber dem weiblichen Geschlecht; **Galanterie** *w.* galante Bemerkung, galantes Verhalten; **Galanthomme** *m.* (galangtomm, *frz.*), **Galantuomo** *m.* (*itl.*) franz. bzw. italien. Bez. für einen galanten Mann

Galeasse *w.* (*frz.*) 1. Küstenfrachtsegler; 2. größere Galeere

Galeere *w.* (*gr.-itl.*) Ruder- oder Segelkriegsschiff des Mittelalters

galenische Mittel *Mz.* pflanzliche Arzneimittel, die in der Apotheke hergestellt werden (nach dem griech.-röm. Arzt Galenus, 129–199 n. Chr.)

Galeone, Galione *w.* (*span.*) großes span.-port. Kauffahrtei- und Kriegsschiff mit Segeln (15.–18. Jh.)

Galerie *w.* (*frz.*) 1. nach einer Seite offener, gedeckter Gang; 2. oberster Rang im Theater; 3. Kunsthandlung, Gemälde- und Kunstsammlung; **Galerieton** *m.* dunkelbrauner Farbton stark nachgedunkelter Ölbilder; **Galerist** *m.* Chef einer Kunsthandlung

Galimathias *m.* (*gr.-frz.*) verworrenes Geschwätz (Herk. unges.)

Galion, Gallion *s.* (*span.*) Vorbau am Bug alter Schiffe; **Galionsfigur** *w.* 1. Schmuckfigur am Bug; 2. Vorzeigefigur, Wortführer (z. B. einer Partei)

Galipot *m.* (galipoh, *frz.*) Fichtenharz

Galium *s.* (*lat.*) Labkraut

Galleria *w.* (*itl.*) weitläufige, aus mehreren Gängen bestehende Hallenkonstruktion, oft mit Läden und Restaurants

Gallert *s.*, **Gallerte** *w.* (*lat.*) Sülze aus tierischen oder pflanzlichen Säften

Gallien (-li'e-, *lat.*) röm. Name Frankreichs; **gallisch** 1. zu Gallien gehörig; 2. stellvertr. für französisch; **gallikanische Kirche** die mit Sonderrechten versehene kath. Kirche Frankreichs vor der Revolution; **Gallium** *s.* chem. Element, ein Metall; **Gallizismus** *m.* (*lat.*) für die französische Sprache typische, in eine andere Sprache übernommene Eigentümlichkeit; **gallophil** allem Französischen zugeneigt

Gallon *m.* oder *s.* (gällen, *engl.*), **Gallone**

w. (*frz.*) in England und Amerika gebräuchliches Hohlmaß (rd. 4,5 l in Großbritannien, rd. 3,8 l in den USA)
Gallowayrind *s.* (gälloweh-) robuste Rinderrasse (nach der schottischen Landschaft Galloway)
Gallupinstitut *s.* (gällep-) amerikan. Institut für Meinungsforschung (gegr. 1935 von G. H. Gallup)
Galon *m.* (galong, *frz.*) Tresse, Borte, Litze; **galoniert** mit Gold- oder Silbertresse besetzt; **galonierter Diener** Diener in betresster Livree
Galopp *m.* (*itl.*) Sprunglauf des Pferdes; **galoppieren** Galopp reiten, rennen
galore *o. A.* (*engl.*) im Überfluss, bis zum Abwinken (umg.)
Galosche *w.* (*frz.*) Gummischuh
Galvanisation *w.* (nach dem italien. Naturforscher L. Galvani, 1737–1798) 1. Überziehen eines Gegenstandes mit einer Metallschicht durch Elektrolyse; 2. Heilbehandlung mit galvanischem Strom; **galvanischer Strom** Gleichstrom; **Galvaniseur** *m.* (-sör) Facharbeiter für das Galvanisieren; **galvanisieren** 1. auf elektr. Wege mit einer Metallschicht überziehen; 2. mit galvanischem Strom behandeln; **galvanisch** auf der elektrolytischen Erzeugung von Strom basierend; **Galvano** *s.* auf galvanischem Wege hergestellter Druckstock; **Galvanokaustik** *w.* Ausglühen von krankem Gewebe durch einen galvanisch glühenden Draht; **Galvanokauter** *m.* Instrument für Galvanokaustik; **Galvanometer** *s.* Gerät zur Messung geringer Stromstärken; **Galvanoplastik** *w.* Herstellung von Metallkopien durch galvanische Niederschläge; **Galvanopunktur** *w.* elektrische Entfernung von Haaren; **Galvanotechnik** *w.* Sammelbez. für verschiedene Verfahren des Galvanisierens
Gamasche *w.* (*frz.-span.*) Knöchel- oder Wadenbekleidung aus Leder oder Stoff
Gamasidiose *w.* (*lat.*) Vogelmilbenkrätze, die sich auf den Menschen übertragen kann
Gambe *w.* (*itl.*) Kniegeige
Gambit *s.* (*itl.-frz.*) Eröffnung einer Schachpartie mit einem Bauernopfer
Gambrinus *m.* (*lat.*) sagenhafter flandrischer König, gilt als Erfinder des Bierbrauens
Game *s.* (gehm, *engl.*) Spielgewinn im Tennis; **Gameboy** *m.* (*Wz.*) elektron. Geschicklichkeitsspiel; **Gamepad** *s.* Zusatzgerät für Computerspiele, Spielpaddel; **Gameport, Gamecontroller** *m.* Steckanschluss am PC für Joysticks (EDV); **Gameshow** *w.* (-schoh) Gewinnspiel-Unterhaltungsshow, bes. im Fernsehen
Gameten *Mz.* (*gr.*) Geschlechtszellen (Ei- und Samenzellen), Fortpflanzungszellen
gamin (gameng, *frz.*) jungenhaft, androgyn
Gamma (*gr.*) dritter Buchstabe des griechischen Alphabets, Γ, γ; **Gammaglobulin** *s.* Eiweiß des Blutplasmas, ein Immunglobulin; **Gammaquant** *s.* Elementarteilchen der Gammastrahlen; **Gammastrahlen** *Mz.* kurzwellige Röntgenstrahlen, γ-Strahlen
Gammarus *m.* (*lat.*) für die Fischnahrung wichtiger Süßwasserflohkrebs
Ganeff *m.* (*jidd.*) Ganove
Gang *m.* (gäng, *engl.*) organisierte kriminelle Bande; **Gangster** *m.* (gängster) Mitglied einer Gang
Ganglienzellen *Mz.* (-li'en) Nervenzellen; **Gangliom** *s.* (*gr.*) bösartige, vom Sympathikus ausgehende Geschwulst; **Ganglion** *s.* 1. Überbein; 2. Nervenknoten, Anhäufung von Nervenzellen; **Ganglitis** *w.* Nervenknotenentzündung
Gangrän *s.* (*gr.*) Wundbrand, Zersetzung von Körpergewebe; **gangränös** brandig
Gangspill *s.* (*niederl.*) Ankerwinde am Schiff
Gangster = Gang
Gangway *w.* (gängweh, *engl.*) Laufsteg vom Schiff zum Ufer, fahrbare Treppe zum Besteigen eines Flugzeugs
Ganove *m.* (*hebr.*) Spitzbube, Dieb, Gauner
Gant *w.* (*itl.*) Zwangsversteigerung, Konkurs
Ganymed *m.* (*gr.*) 1. Mundschenk und Geliebter des Zeus; 2. größter Jupitermond
Gap *s.* (gäp, *engl.*) 1. Forschungslücke in Wissenschaft und Technik; 2. Chromosomenlücke

Garage *w.* (garasche, *frz.*) Einstellraum für Autos
Garamond, Garmond *w.* (-mong, *frz.*) 1. Schriftart; 2. Schriftgrad von 10 Punkt
Garbage *m.* (-bidsch) 1. Müll, Abfall; 2. überflüssige, Speicherkapazität vergeudende Daten im Computer; **Garbage Collection** *w.* (– kollektschen) vom Benutzer unbemerkt laufendes Programm, das überflüssige Daten automatisch löscht (EDV)
Garant *m.* (*frz.*) Bürge; **Garantie** *w.* Bürgschaft, Gewährleistung, Zusicherung; **garantieren** bürgen, gewährleisten
Garçon *m.* (garßong, *frz.*) franz. Bez. für Kellner
Garde *w.* (*frz.*) Leibwache, Elitetruppe; **Gardedukorps** *s.* (garddükohr) 1. Leibgarde; 2. (*m.*) Leibgardist; **Gardist** *m.* Angehöriger der Garde
Gardemanger *m.* (gardmangscheh, *frz.*) Koch für Kaltspeisen
Garderobe *w.* (*frz.*) 1. Kleidung, Kleiderbestand; 2. Kleiderablage; **Garderobier** *m.* (-bi'eh), **Garderobiere** *w.* (-bi'är) Person, die Schauspieler ankleidet und ihre Garderobe wartet
gardez! (gardeh, *frz.*) Achtung! (Ausruf beim Schachspiel für Bedrohung der Dame)
Gardine *w.* (*lat.*) Fenstervorhang
Garmond = Garamond
Garnele *w.* (*niederl.*) schmackhafter, kleiner Seekrebs
garnieren (*frz.*) ausschmücken, verzieren, reizvoll anrichten, Hptw. **Garnierung** *w.*
Garnison *w.* (*frz.*) Truppenstandort
Garnitur *w.* (*frz.*) 1. Verzierung, Besatz; 2. Satz zusammengehöriger Gegenstände
Garotte, Garrotte *w.* (*span.*) Halseisen, mit dem die Todesstrafe durch Erdrosselung ausgeführt wurde
Gasel *s.*, **Gasele** *w.* (*arab.*) Gedichtform der orientalischen Lyrik mit demselben Reim in jeder zweiten Verszeile
Gaskonade *w.* Aufschneiderei (nach der frz. Landschaft Gascogne, der Heimat der drei Musketiere)
Gasolin *s.* (*engl.*) Leichtbenzin; **Gasometer** *m.* Gaskessel, Gasbehälter
gastrisch (*gr.*) den Magen betreffend; **Gastritis** *w.* Magenkatarrh, Entzündung der Magenschleimhaut; **gastrogen** vom Magen ausgehend; **Gastroskop** *s.* Magenspiegel; **Gastroskopie** *w.* Untersuchung mit dem Gastroskop
Gastronom *m.* (*gr.*) Gastwirt und Fachmann der feinen Küche; **Gastronomie** *w.* 1. Gaststättengewerbe; 2. feine Kochkunst; **gastronomisch** 1. feinschmeckerisch; 2. zum Gaststättengewerbe gehörend; **Gastrophysik** *w.* modernes Forschungsgebiet, das sich mit den physikalisch-chemischen Prozessen bei der Herstellung von Speisen und Gerichten befasst; **Gastrophysiker** *m.* Forscher und Praktiker auf dem Gebiet der Gastrophysik; **Gastrosophie** *w.* Kunst der Tafelfreuden
... gate (geht, *engl.*) Wortbildungselement mit der Bedeutung: Skandal, in Anlehnung an Water*gate* (z.B. Monicagate, Barschelgate)
Gate *s.* (geht, *engl.*) besondere Elektrode bei der Steuerung eines Elektronenstroms;
Gate-Array-Bausteine *Mz.* (-ärreh-) kostengünstige Chips mit Logikgattern;
Gatefold *s.* übergroße Seite in einem Buch oder einer Illustrierten, die auf das entspr. Format zusammengefaltet ist;
Gateway *s.* (-weh) Verbindungsstelle, Übergang zwischen zwei Netzen (EDV)
GATT (aus *engl. G*eneral *A*greement on *T*ariffs and *T*rade) von 1947 bis Anfang der 1990er Jahre bestehendes Allgemeines Zoll- und Handelsabkommen zwischen der UNO angehörigen oder assoziierten Vertragsparteien, Sitz in Genf (heute: WTO)
Gauche caviar *w.* (gohsch –, *frz.*) die (politische) Linke im Frankreich der 1980er Jahre, die sich als sozialistisch versteht, aber auf Luxus und Reichtum nicht zu verzichten bereit ist
Gaucher-Sydrom = Morbus Gaucher
Gaucho *m.* (gautscho, *span.*) südamerikanischer Rinderhirt zu Pferde
Gaudeamus igitur! (*lat.*) Anfang eines Studentenliedes: Freuen wir uns; **Gaudium** *s.* Belustigung, Spaß
gaufrieren (go-, *frz.*) (Papier, Gewebe, Leder) rillen, prägen
Gaur *m.* (*sanskr.*) ind. großes Wildrind; **Gayal** *m.* (*Hindi*) gezähmter Gaur

Gavotte *w.* (gawott, *frz.*) mäßig schneller altfranzösischer Tanz

Gay *m.* (geh, *engl.*) Homosexueller; **gay** homosexuell

Gaze *w.* (gase, *frz.-pers.*) lose gewebter Stoff; in Baumwolle: Verbandstoff

Gazelle *w.* (*frz.-arab.*) Antilopenart in den afrik. und asiatischen Steppen

Gazette *w.* (*itl.-frz.*) Zeitung (heute eher abwertend)

Gazpacho *m.* (gaspatscho, *span.*) kalt zu essende Gemüsesuppe, häufig aus Tomaten

Gecko *m.* (*malai.*) Klettereidechse

gehandikapt = Handikap

Gehenna *w.* (*hebr.-gr.*) Unterwelt, Hölle

Geiser, Geysir *m.* (*isl.*) periodisch sprudelnder heißer Springquell vulkanischen Ursprungs

Geisha *w.* (gehscha, *jap.*) in Musik, Tanz und gesellschaftlichen Zeremonien ausgebildete Gesellschafterin in japanischen Teehäusern

Geison *s.* (*gr.*) Kranzgesims antiker Tempel

Gel *s.* (gehl, Kurzform von Gelatine) gallertartiges, wasserhaltiges Kolloid; **Gelatine** *w.* (schela-, *frz.*) aus Knochen gewonnene Gallerte; **gelatinieren** zur Gelatine erstarren

Gelee *s.* (scheleh, *frz.*) mit Zucker eingedickter Fruchtsaft; **Gelée royale** *s.* (– roajal) Futtersaft für die Bienenkönigin; **gelieren** dick werden, gelatineartig werden

Gelotologe *m.* (*gr.*) Lachforscher; **Gelotologie** *w.* (*gr.*) Forschung über die Auswirkungen des Lachens auf den Menschen

Gematrie *w.* (*hebr.*) mystische Deutung von Wörtern anhand ihres Zahlenwerts, bes. in der kabbalistischen Tradition

Gemination *w.* (*lat.*) Verdoppelung von Konsonanten; **Gemini** *Mz.* Zwillinge; **Geminiden** *Mz.* Meteorstrom im Sternbild der Zwillinge

Gemme *w.* (*lat.*) Edelstein mit eingeschnittenen Figuren; **Gemmoglyptik** *w.* (*gr.*) Kunst, Gemmen zu schneiden

Gen *s.* (*gr.*) Erbträger in den Chromosomen (*Mz.* Gene)

genant (sche-, *frz.*) 1. peinlich; 2. verlegen, befangen; **sans gêne** (sang schän) zwanglos

Genbank, Genbibliothek *w.* Einrichtung zur Sammlung und Überlieferung von Genmaterial (z.B. von Pflanzen); **Gencheck** *m.* mit Hilfe der PID hergestelltes Profil der Gene eines Embryos; **Gendatei** *w.* Sammlung genetischer Daten; **Gendefekt** *m.* fehlerhaftes Gen

Gendarm *m.* (schangdarm, *frz.*) Landjäger; **Gendarmerie** *w.* Polizei in Landbezirken Österreichs und der Schweiz

Gender *s.* (dschen-, *engl.*) die sozial und kulturell geprägte Rolle der Geschlechter; **Gender-Mainstreaming** *s.* (– mehnstrihm-) die Gleichstellung aller Geschlechter anstrebende Politik; **Genderstudies** *Mz.* (-sta-) Frauen- und Geschlechterforschung

Genealoge *m.* (*gr.*) Stammbaumforscher; **Genealogie** *w.* 1. Stammbaumforschung; 2. Herkunftsforschung (z.B. von Krankheiten), Eigw. **genealogisch**

Genera = Genus

General- (*lat.*) als Wortteil: Haupt-, Ober-; **General** *m.* (*frz.*) 1. Offizier der höchsten Rangklasse; 2. Vorsteher eines kath. Ordens; **Generalbass** = Basso continuo; **Generalia** *Mz.* allgemeine Angelegenheit(en); **Generalisation**, **Generalisierung** *w.* Verallgemeinerung; **generalisieren** verallgemeinern; **Generalissimus** *m.* oberster Befehlshaber, Titel von Stalin, Franco; **Generalist** *m.* jmd., der im Ggs. zu einem Spezialisten in seinen (wissenschaftlichen) Interessen nicht festgelegt ist; **Generalität** *w.* Gesamtheit der Generale (auch Generäle); **Generalkonsul** *m.* ranghöchster Konsul; **General Manager** *m.* (dschenerel mänedscher, *engl.*) Geschäftsführer, leitender Direktor, Generaldirektor; **Generalprobe** *w.* die letzte Probe vor der Premiere

Generation *w.* (*lat.*) 1. Gesamtheit der Altersgenossen; 2. Menschenalter; 3. die einzelnen Glieder der Geschlechterfolge; 4. die technischen Geräte eines bestimmten Herstellungs- oder Ausstattungstypus; **generativ** 1. die Fortpflanzung betreffend; 2. Sprachlehre: die Erzeugung von Sätzen betreffend

Generator *m.* (*lat.*) Erzeuger von Strom

und Gas; **Generatorprogramm** *s.* ein Computerprogramm, das ein Benutzerprogramm erzeugt (EDV); **generieren** (*lat.*) erzeugen, produzieren, hervorbringen; **generisch** die Gattung, die Herkunft betreffend

generell (*lat.*) allgemein, allgemein gültig

generös (*lat.-frz.*) großmütig, großzügig, freigebig, Hptw. **Generosität** *w.*

Genese *w.* (*gr.*) Entstehung, Entwicklung; **Genesis** *w.* (*gr.*) 1. Ursprung, Schöpfung; 2. das erste Buch Mose

Genetic Engeneering *s.* (– indschenihr-, *engl.*) engl. Bez. für Gentechnologie

Genetik *w.* (*gr.*) Vererbungslehre; **genetisch** 1. entwicklungsgeschichtlich; 2. auf der Genetik beruhend; **genetischer Code** *m.* Verschlüsselung der genetischen Information in DNS und RNS; **genetischer Fingerabdruck** *m.* Bez. für das individuelle Erbgut eines Lebewesens

Genette *w.* (schenett, *frz.*) Ginsterkatze, Schleichkatze in Teilen Frankreichs, Spaniens und Afrikas

Genever *m.* (schenewer, *lat.-frz.*) holl. Wacholderbranntwein (auch: Genewer)

genial (*lat.*) schöpferisch, großartig; **genialisch** 1. genial veranlagt; 2. überschwänglich; **Genialität** *w.* geistige Schöpferkraft; **Genie** *s.* (schenih) 1. schöpferische Begabung; 2. Mensch mit außergewöhnlicher schöpferischer Begabung

Genfood *s.* (-fud, *engl.*) gentechnisch veränderte Lebensmittel, bes. Obst und Gemüse

Genien *Mz.* (geni'en, *lat.*) römische Schutzgeister

genieren (sche-, *frz.*) 1. stören, in Verlegenheit bringen; 2. sich schämen

genital (*lat.*) die Geschlechtsorgane betreffend; **Genital, Genitale** *s.* Geschlechtsorgan (*Mz.* Genitalien [-li'en])

Genitiv *m.* (*lat.*) Sprachlehre: der 2. Fall, antwortet auf die Frage: wessen?

Genius *m.* (*lat.*) 1. Genie; 2. röm. Schutzgeist, helfende Macht; 3. geflügelte Gottheit in künstler. Darstellungen; **Genius Loci** *m.* das an einem Orte herrschende geistige Klima; **Genius Morbi** *m.* Krankheitscharakter; **Genius Saeculi** *m.* (-sä-) Geist der Zeit, des Jahrhunderts

Genklonierung *w.* (*gr.*) identische Vermehrung eines isolierten Gens; **Genmanipulation** *w.* Veränderung des Erbguts von Zellen oder Organismen durch Übertragung fremder genetischer Information; **Genmutation** *w.* erbliche Veränderung eines Gens; **Genom** *s.* der die Erbmasse tragende einfache Chromosomensatz einer Zelle; **Genomik** *w.* moderne Disziplin der Genforschung, die darauf abzielt, die Gesamtheit aller Erbanlagen sowie die Funktionen und das zeitliche Zusammenspiel aller Gene zu erfassen; **Genotyp, Genotypus** *m.* Summe der Erbfaktoren eines Lebewesens; im Ggs. zu Phänotyp

Genozid *m.* (*gr.-lat.*) Völkermord, Vernichtung ethnischer, rassischer oder religiöser Gruppen

Genprofil = Gencheck

Genre *s.* (schangre, *frz.*) (Kunst- und Literatur-)Gattung; **genrehaft** dem alltäglichen Leben entnommen; **Genremalerei** *w.* Darstellung des alltäglichen Lebens

Gens *w.* (*lat.*) altröm. Familienverband, Sippe (*Mz.* Gentes); **Gentilen** *Mz.* Angehörige der Gentes

Gent *m.* (dschent, Kurzform von Gentleman, *engl.*) Stutzer, Geck

Gentechnik, Gentechnologie *w.* (*gr.*) Forschung und Entwicklung von Verfahren zur Genmanipulation, die Genmanipulation als Forschungsgebiet der Mikrobiologie; **Gentherapie** *w.* Austausch eines defekten durch ein sog. therapeutisches Gen in der Zelle eines Lebewesens; **Gentransfer** *m.* Übertragung von Genen eines Organismus in einen anderen

gentil (schangtij, *frz.*) nett, liebenswürdig, fein; **Gentilhomme** *m.* (-omm) französ. Bez. für Gentleman

Gentilen = Gens

Gentleman *m.* (dschentlmän, *engl.*) nobler Mann, Mann mit Charakter; **gentlemanlike** (-laik) nobel, mit Lebensart; **Gentlemen's Agreement** *s.* (– egrihment) Übereinkunft ohne schriftlichen Vertrag, auf Treu und Glauben

Gentry *w.* (dschentri, *engl.*) der niedere englische Adel

genual (*lat.*) das Knie betreffend

genuin (*lat.*) 1. angeboren; 2. echt, unverfälscht

Genus *s.* (*lat.*) 1. Art, Gattung; 2. grammatisches Geschlecht (*Mz.* Genera)
Geo-, geo- (*gr.*) Vorsilbe: Erd-, Erde
Geobiont *m.* (*gr.*) im Erdboden lebender Organismus; **Geobotanik** *w.* (*gr.*) Pflanzengeographie; **Geodäsie** *w.* Vermessungskunde; **Geodät** *m.* Landmesser; **geodätisch** die Geodäsie betreffend; **Geofraktur** *w.* Schwächezone in der Erdkruste; **Geogenese** *w.* Wissenschaft von der Entstehung der Erde; **Geograf, Geograph** *m.* Geographiewissenschaftler; **Geografie, Geographie** *w.* Erdkunde, Wissenschaft von der Erde, Eigw. **geografisch, geographisch**; **Geoid** *s.* die theoretische Gestalt der Erde; **Geologe** *m.* Vertreter der Geologie; **Geologie** *w.* Wissenschaft von der stofflichen Beschaffenheit der Erdkruste und ihrer Entwicklung, Eigw. **geologisch**; **Geomantie, Geomantik** *w.* Wahrsagekunst aus Linien und Mustern im Sand; **Geometer** *m.* Vermessungsingenieur; **Geometrie** *w.* die Raumlehre als Teil der Mathematik, Eigw. **geometrisch; Geomontografie** *w.* die Herstellung von Reliefkarten; **Geomorphologie** *w.* Wissenschaft von den Formen der Erdoberfläche und ihren Veränderungen, Eigw. **geomorphologisch**; **Geonym** *s.* (*gr.*) Pseudonym, das auf die geografische Herkunft einer Person verweist (z. B. der Fotograf Brassaï, dessen Geburtsort *Brassó* in Österreich-Ungarn war); **Geophagie** *w.* (-fa-) 1. krankhafte Neigung, Erde zu essen; 2. Erde fressend (von Würmern); 3. bei Naturvölkern verbreitete Gewohnheit, tonige Erde zu essen; **Geophysik** *w.* Wissenschaft von den physikalischen Eigenschaften des Erdkörpers; **Geophyt, Kryptophyt** *m.* Bodenpflanze, deren Überdauerungsorgane in der Erde liegen (z. B. die Zwiebel); **Geopolitik** *w.* Lehre vom Einfluss der geographischen Bedingungen auf die Politik; **Geosphäre** *w.* Erdhülle; **Geotaxis** *w.* durch die Schwerkraft bestimmte Taxie von Tieren und Pflanzen; **Geotektonik** *w.* Lehre vom Aufbau der Erdrinde; **Geotherapie** *w.* klimatische Heilbehandlung; **Geothermometer** *s.* Thermometer zur Bestimmung der Temperatur verschiedener Erdschichten; **Geotropismus** *m.* Fähigkeit der Pflanzen, ihren Wuchs auf die Schwerkraft einzustellen; **Geozentrik** *w.* ptolemäisches Weltbild, das die Erde als Mittelpunkt ansieht
Georgette *w.* (schorschett, *frz.*) sehr dünnes Seiden- oder Wollgewebe
Gepard *m.* (*frz.*) Jagdleopard
Geragogik *w.* (*gr.*) Teilgebiet der Pädagogik, das sich mit dem Lernen älterer Menschen beschäftigt, Alterspädagogik
Geranie *w.* (-ni'e, *gr.*) Zierstaude mit vielen Arten
Geriater *m.* (*gr.*) Arzt, der sich insbesondere mit den Krankheiten alter Menschen beschäftigt; **Geriatrie** *w.* Lehre von den Alterskrankheiten; **Geriatrikum** *s.* Heilmittel gegen typische Alterskrankheiten und -leiden
gerieren (sich) (*lat.*) sich gebärden, sich benehmen
German Angst *w.* (dschörmen –, *engl.*) eine für die Deutschen als typisch geltende übersteigerte Angst vor ökonomischer Unsicherheit und politischer Veränderung
Germania *w.* (*lat.*) Frauengestalt, die das Deutsche Reich von 1871 personifizierte; **Germanismus** *m.* dem Deutschen entlehnte Spracheigentümlichkeit in einer anderen Sprache (*Mz.* Germanismen); **Germanist** *m.* Vertreter der Germanistik; **Germanistik** *w.* deutsche Philologie, Wissenschaft von der deutschen Sprache und Literatur, Eigw. **germanistisch**
Germinal *m.* (scher-, *frz.*) der siebte Monat des franz. Revolutionskalenders (21. März bis 19. April)
germinal, germinativ (*lat.*) den Keim betreffend; **Germination** *w.* Keimungsphase
Gero-, gero- (*gr.*) als Wortteil; das Alter betreffend; **Geroderma** *w.* welke Haut mit Runzeln, Altershaut; **Geronten** *Mz.* die Ältesten in Sparta; **Gerontologie** *w.* Lehre vom Altern und seinen Ursachen; **Gerontokratie** *w.* 1. Regierung durch den Ältestenrat; 2. Herrschaft einer vergreisten Führungsclique; **Gerontophilie** *w.* sexuelle Fixiertheit auf ältere od. alte Menschen
Gerundium *s.* (*lat.*) gebeugter Infinitiv des lateinischen Verbs; **Gerundiv, Gerundivum** *s.* Passivpartizip (des Futurs) vom lateinischen Verb

Gerusia *w.* (*gr.*) Rat der Alten in Sparta
Gervais *m.* (schervä, *Wz.*) milder, fetter Frischkäse (nach der frz. Firma Gervais)
Geseire, Geseires *s.* (*jidd.*) Geschwätz, Gerede, Gejammer
Gespan *m.* (*ungar.*) ungarischer Verwaltungsbeamter, Vorsteher eines Komitats, Landrat
Gespons *m.* und *s.* (*lat.*) Gatte, Gattin (scherzhaft)
Gestagen *s.* (*gr.-lat.*) Gelbkörperhormon
Geste *w.* (*lat.*) Gebärde; **Gestik** *w.* Gesamtheit der gestischen Ausdrucksformen eines Menschen; **Gestikulation** *w.* (situative) Gebärdensprache; **gestikulieren** Gebärden machen; **Gestion** *w.* Verwaltung, Führung; **gestisch** durch Gebärden, die Gebärden betreffend
Getter *m.* (*engl.*) Material, das Gase bindet, um z. B. in Elektroröhren ein Vakuum aufrechtzuerhalten
Getto, Ghetto *s.* (*itl.*) 1. Stadtviertel, in dem die jüdische Bevölkerung lebte bzw. leben musste; 2. Stadtbezirk, in dem eine Minderheit wohnt; **Gettoblaster, Ghettoblaster** *m.* (*itl.-engl.*) leistungsstarker Stereokassettenrecorder, urspr. für Straßenmusik in den amerik. Gettos der Schwarzen; **gettoisieren, ghettoisieren** in ein Ghetto verbringen, in einem Ghetto halten
Geuse *m.* (*frz.-niederl.*) niederländischer Freiheitskämpfer gegen Spanien im 16. Jh.; **Geusenlied** *s.* niederländisches Spott- und Kampflied i. Kampf gegen die Spanier; **Geusenwörter** *Mz.* Bez. für Wörter, die ursprünglich als Beschimpfung einer sozialen Gruppe gemeint waren, von dieser aber als positive Selbstbezeichnung übernommen werden (z. B. Schwuler)
Geysir = Geiser
Ghanta *m.* (*sanskr.*) Ritualglocke in buddhistischen Zeremonien
Ghasel = Gasel
Ghibellinen *Mz.* (*itl.*) kaisertreue Partei im Italien der Renaissance
Ghostlight *s.* (gohstleit, *engl.*) Notbeleuchtung an den Ausgängen in Kino, Theater u. Ä.; **Ghosttown** *w.* (-taun) verlassene, geisterhafte Stadt; **Ghostword** *s.* (-wörd, *engl.*) Geisterwort, das seine Entstehung einem Übermittlungsfehler (Druckfehler, Versprecher u. a.) verdankt; **Ghostwriter** *m.* (-reiter) jmd., der für einen anderen anonym schreibt
Ghusl *w.* (*arab.*) Ganzkörperwaschung, islam. Ritual
G. I., GI *m.* (dschi ai, Abk. für government issue, *engl.*) Staatseigentum (scherzhafte Bez. für den amerik. Soldaten)
Giant Magnetoresistance (dscheient -resistenz, *engl.*) Riesenmagnetwiderstand, physikalische Erfindung, die das elektronische Lesen großer Datenmengen auf winzigen Magnetfeldern ermöglicht (Abk. GMR; EDV)
Giaur *m.* (*arab.*) Bez. der Moslems für einen Nichtmoslem
Gibbon *m.* (*frz.*) schwanzloser Langarmaffe in Südostasien
Gien *s.* (*niedl.*) schweres Takel
GIF *s.* (dschif, aus *engl.* *G*raphics *I*nterchange *F*ormat) Datenformat für kleine, wenig aufwendige Grafiken
Gig *s.* (*engl.*) offener, zweirädriger Einspänner; **Gig** *m.* (*engl.*) Musikerauftritt gegen Gage; **Gig** *w.* oder *s.* schmales Ruderboot
Giga- (*gr.*) das Milliardenfache einer Einheit; **Gigabit** *s.* Maßeinheit für 2^{30} Bits (EDV); **Gigabyte** *s.* (-beit) 1024 Megabyte (EDV); **Gigameter** *m.* eine Milliarde Meter
Gigant *m.* (*gr.*) Riese; **gigantisch** riesig, gewaltig, überlebensgroß; **Gigantismus** *m.* Riesenwuchs; **Gigantomachie** *w.* Kampf der Giganten gegen die Götter in der griech. Mythologie; **Gigantomanie** *w.* die Sucht, in riesigen Dimensionen zu gestalten, u. a. in der Architektur
Gigolo *m.* (schi-, *frz.*) 1. Eintänzer; 2. von älteren Frauen ausgehaltener junger Mann
Gigot *s.* (schigoh, *frz.*) 1. Hammelkeule; 2. sog. Hammelkeulenärmel im 19. Jh., Puffärmel
Gigue *w.* (schihg, *frz.*) heiterer Tanz, Satz einer Suite
Gilet *s.* (schilä, *frz.*) Weste
Gilka *m.* Kümmellikör (nach dem Hersteller J. A. Gilka)
Gimmick *m.* oder *s.* (*engl.*) 1. effektvolle Werbeidee; Effekthascherei; 2. Kriminal-,

Detektivgeschichte, od. -film, wo ein bestimmter Gegenstand entscheidend bei der Auflösung des Falls hilft

Gin *m.* (dschin, *engl.*)Wacholderbranntwein

Gingang, Gingham *m.* (gingäm, *malai.*) leinenähnliches Gewebe aus bunten Fäden

Gingiva *w.* (*lat.*) Zahnfleisch; **Gingivitis** *w.* Zahnfleischentzündung

Ginkgo *m.* (*jap.*) ostasiatischer Baum mit gefächerten Blättern

Ginseng *m.* (*chines.*) chinesische Heilpflanze

giocondoso (dschokon-, *itl.*) Musik: anmutig, heiter; **giocoso** fröhlich, scherzhaft

Gipsy *m.* (dschi-, *engl.*) engl. Bez. für Zigeuner; **Gipsy Pop** *m.* Popmusik mit einer Stilmischung aus Pop, Jazz, Flamenco und Rumba sowie Folklore aus verschiedenen Ländern

Gipüre *w.* (*frz.*) Spitze mit erhabenem Muster

Giralda *w.* (chi-, *span.*) Wetterfahne in Form einer weiblichen Gestalt; **Giralgeld** *s.* (schi-, *itl.*) buchmäßig vorhandenes Geld; **Girant** *m.* 1. jmd., der Geld durch Giro überträgt; 2. jmd., der einen Wechsel überträgt; **Girat, Giratar** *m.* jmd., auf den ein Wechsel übertragen wird; **girieren** einen Wechsel übertragen; **Giro** *s.* bargeldlose Zahlung durch Überweisung

Girandola *w.* (dschi-, *itl.*) 1. Feuerwerkskörper; 2. mehrarmiger Leuchter

Girardi *m.* (dschi-) flacher Strohhut (nach dem Wiener Schauspieler A. Girardi, 1850–1918)

Girl *s.* (görl, *engl.*) 1. Mädchen; 2. Revuetänzerin; **Girlie** *s.* selbstbewusstes, rotznäsiges Mädchen unter den Kids; **Girlielook** *m.* (-luck) betont mädchenhaftes Aussehen

Girlande *w.* (*frz.*) Gewinde, meist bogig gehängt, aus Blumen oder Papier

Girlsgroup *w.* (görlsgruhp, *engl.*) von einer Plattenfirma zusammengestellte Gruppe sehr junger Tänzerinnen und Sängerinnen, deren Fans sehr junge Männer (und Mädchen) sind

Giroflé *s.* (schirofleh, *frz.*) rotvioletter Farbstoff

Giro d'Italia *m.* (*itl.*) Etappenradrennen von Profi-Radfahrern in Italien

Girondist *m.* (schirongdist, *frz.*) Vertreter der gemäßigt-republikanischen Richtung im franz. Parlament der Revolution

Gitarre, Guitarre *w.* (*span.*) Zupfinstrument; **Gitarrist** *m.* Gitarrenspieler

giusto (dschusto, *itl.*) Musik: richtig, im richtigen Tempo

Give-away *s.* (giwäweh, *engl.*) kleines Werbegeschenk, Gratisprobe

Glacé, Glacee *s.* (glasseh, *frz.*) weiches Lamm- oder Ziegenleder

Glacis *s.* (glassi, *frz.*) Vorgelände einer Festung

Gladiator *m.* (*lat.*) Schwertkämpfer im alten Rom (*Mz.* Gladiatoren); **Gladiole** *w.* weit verbreitete Gartenblume mit schwertförmigen Blättern und leuchtenden Kelchblüten

glagolitisch (*slaw.*) altslawisch; **glagolitisches Alphabet** *s.* kyrillisches Alphabet

Glamour *m.* oder *s.* (glämmer, *engl.*) glänzende Aufmachung, Eigw. **glamourös**; **Glamourgirl** *s.* (-görl) Reklame-, Hollywood-Schönheit

Glandula *w.* (*lat.*) Drüse; **Glans** *w.* die Eichel des Penis

glasieren (*frz.*) mit Zuckerguss bzw. glänzender Schmelzmasse überziehen; **Glasur** *w.* 1. Schmelzmasse zum Überzug von Töpferwaren; 2. geschmolzener Zucker

Glasnost *w.* (*russ.*) politisches Schlagwort der 1980er Jahre in der Sowjetunion, mit dem ungehinderte Informations- und Diskussionsfreiheit sowie umfassende Informationspflicht (der Regierung) gefordert wurde

Glaukom *s.* (*gr.*) grüner Star

glazial (*lat.*) zur Eiszeit gehörig, der Eiszeit entstammend; **Glazialkosmogonie** *w.* Welteislehre; **Glaziologie** *w.* Gletscherkunde

Glencheck *m.* (aus *engl. glen* und *check*) Wollstoff mit großen Karos

Glider = Paraglider

Glissade *w.* (*frz.*) gleitender Tanzschritt; **glissando** (*itl.*) Musik: gleitend, schleifend; **Glissando** *s.* Gleiten auf der Saite (z. B. einer Geige)

global (*lat.*) 1. allgemein, ungefähr; 2.

weltweit, weltumspannend; **Global Goods** *Mz.* (glohbl guds, *engl.*) Produkte, die auf der ganzen Welt vertreten sind, (z.B. Coca-Cola und Benetton); **Global Marketing** *s.* weltweit angewandte Strategien zur Erschließung und Sicherung von Märkten; **Global Player** *m.* (– plejer) internationaler Konzern (und dessen personelle Führung), der frei von nationalen Beschränkungen weltweit aktiv ist; **Global Village** *s.* (– willidsch) Metapher und Schlagwort für den hypothetischen Zustand einer durch Internet verbundenen (Benutzer-)Welt, die im Hinblick auf Uneingeschränktheit und Schnelligkeit des Informationsflusses auf die Dimension eines Dorfes schrumpft; **globalisieren** (*lat.*) 1. (ungerechtfertigt) verallgemeinern; 2. (ein System, eine Wirtschaftsform) weltweit ausdehnen, Hptw. **Globalisierung** *w.*

Globetrotter *m.* (*engl.*) Weltenbummler, Weltreisender; **Globus** *m.* (*lat.*) Erdball, verkleinerte Nachbildung des Erdballs

Globulin *s.* (*lat.*) Eiweißstoff im Blutplasma

Glokalisierung *w.* (Kunstwort aus *Globalisierung* und *Lokalisierung*) Begriff, der den Zusammenhang zwischen Globalisierung und ihren bis auf die lokale Ebene durchschlagenden Folgen für Wirtschaft, Politik, Kultur und Ökologie bezeichnet

Gloria *s.* (*lat.*) 1. Lob, Ruhm; 2. Lobgesang, Teil der kath. Messe; **Gloria in excelsis Deo** Ehre sei Gott in der Höhe

Glorie *w.* (-ri'e, *lat.*) Ruhm, Herrlichkeit, Glanz; **Gloriette** *w.* kleiner, offener, runder Ziertempel; **glorifizieren** verherrlichen, Hptw. **Glorifikation** *w.*; **Gloriole** *w.* Heiligenschein; **glorios** glanzvoll, glorreich

Glossar, Glossarium *s.* (*gr.-lat.*) 1. Glossensammlung; 2. Wörterverzeichnis mit Erklärungen; **Glosse** *w.* 1. erklärender Kommentar im Text oder am Rande; 2. spöttische Randbemerkung; 3. polemischer Kurzkommentar in Tageszeitungen; **glossieren** Randbemerkungen machen

Glossolalie *w.* (*gr.*) ekstatisches (Zungen-)Reden; **Glossoplegie** *w.* Zungenlähmung

Glottis *w.* (*gr.*) Stimmritze zwischen den Stimmbändern

Glovebox *w.* (glaf-, *engl.*) vollständig abgeschlossener Kasten mit nach innen reichender Handschuhvorrichtung, für keimfrei zu haltende Arbeitsvorgänge

Glu *w.* (glü, *frz.*) Vogelleim

Glue-Ears *Mz.* (gluhihrs, *engl.*) durch Mittelohrvereiterung verklebte Ohren; **Glue-Sniffing** *s.* Sucht des Klebstoffschnüffelns

Glukose *w.* (*gr.*) Traubenzucker

Gluon *s.* (*gr.*) Klebeteilchen, das starke Wechselwirkungen zwischen Quarks bewirkt

Glutamat *s.* (*lat.*) Aromastoff aus den Salzen der Glutaminsäure; **Glutaminsäure** *w.* in eiweißhaltigen Nahrungsmitteln enthaltene Aminosäure; **Gluten** *s.* Eiweißstoff, der nach Entfernung der Stärke aus dem Mehl zurückbleibt, wird bei der Herstellung von Teigwaren verwendet; **Glutin** *s.* Eiweißstoff aus tierischen Knochen

Glykämie *w.* (*gr.*) Zuckergehalt des Blutes; **Glykogen** *s.* vom Körper erzeugte Stärke, in fast allen Zellen vorhanden; **Glykosid** *s.* in Zucker und Alkohol aufspaltbarer Pflanzenstoff; **Glykosurie** *w.* Ausscheiden von Zucker im Harn

Glypte *w.* (*gr.*) geschnittener Stein; **Glyptik** *w.* die Kunst, Stein oder Metall zu schneiden; **Glyptothek** *w.* Skulpturensammlung, Sammlung geschnittener Steine

Glyzerin *s.* (*gr.*) dickflüssige, süße Alkoholart

Glyzine, Glyzinie *w.* (-ni'e, *gr.*) Rankstrauch mit großen blasslila Blütentrauben

G-Man *s.* (dschihmähn, Abk. von government-*man*, *engl.*) Spezialmitarbeiter des FBI (*Mz.* G-Men)

Gnocchi *Mz.* (njocki, *itl.*) Klößchen aus Kartoffel- oder Grießteig

Gnom *m.* (*gr.*) Kobold, zwergenhafter Erdgeist

Gnome *w.* (*gr.*) kurzer Denkspruch in Prosa oder Vers, Eigw. **gnomisch**; **Gnomiker** *m.* Dichter von Gnomen

Gnoseologie *w.* (*gr.*) Erkenntnislehre, Eigw. **gnoseologisch**; **Gnosis** *w.* 1. Erkenntnis durch die Schau Gottes; 2. esoterische Philosophie oder Weltanschauung, Eigw. **gnostisch**; **Gnostiker** *m.* Vertreter

der Gnosis, **Gnostizismus** *m.* Bez. für verschiedene religiöse Bewegungen der Spätantike, denen ein manichäisches Weltbild eigen war
Gnu *s.* (*hottentottisch*) Kuhantilope Afrikas
Go *s.* (*jap.*) japanisches Brettspiel
Goal *s.* (gohl, *engl.*) Fußballtor, Treffer; **Goalie** *m.* Tormann, Torwart; **Goalkeeper** *m.* (gohlkihper) Torwart, Keeper
Gobelet *m.* (goblä, *frz.*) mittelalterlicher Pokal, Würfelbecher
Gobelin *m.* (gobläng, *frz.*) Wandteppich mit Bildern
Go-between *m.* (-bitwihn, *engl.*) Vermittler, Schlichter
Godemiché *m.* (godmische, *frz.*) Nachbildung des Penis, Dildo
Godet *s.* (godä, *frz.*) Stoffkeil
God save the King (Queen) (god sehw se king [kwihn], *engl.*) Gott schütze den König (die Königin), Titel und Anfang der englischen Nationalhymne
Go-go-Boy *m.*, (-beu), **Go-go-Girl** *s.* (-görl) Vortänzer(in) bei Musikveranstaltungen; **Go-Go-Funds** *Mz.* (-fands) hochriskante Investmentfonds mit hohen Gewinnchancen
Gog und Magog (*hebr.*) das (barbarische) Volk der Weltendzeit (nach der Offenbarung des Johannes)
Goi, Goj *m.* (*hebr.*) jüd. Bez. für Nichtjude
Go-in *s.* (goh inn, *engl.*) während der Studentenbewegung entwickelte Taktik des massenhaften Eindringens von Protestierenden in Hörsäle u. Ä., um eine Diskussion zu erzwingen
Gokart *m.* (*engl.*) 1. Laufwagen für Kinder; 2. niedriges, unverkleidetes Rennauto
Golden Delicious *m.* (– dilisches, *engl.*) beliebte Apfelsorte; **Golden Globe** *m.* (– glohb) der wichtigste US-amerik. Fernsehpreis; **Golden Goal** *s.* (– gohl) spielentscheidendes Tor in der Verlängerung eines (Fußball-)Spiels; **Golden Retriever** *m.* Jagdhund mit goldfarbenem Fell; **Goldrush** *m.* (-rasch) Goldrausch, massenweise Zuwanderung in US-amerik. Gebiete mit Goldvorkommen, bes. im 19. Jh.
Golem *m.* (*hebr.*) künstliche aus Ton geschaffene Gestalt der jüdischen Legende
Golf *m.* (*frz.*) Meeresbucht; **Golf** *s.* (*schott.-engl.*) (englisches) Spiel mit Hartgummiball und Schlägern
Golgatha *s.* (*hebr.*) 1. Hinrichtungsstätte im biblischen Jerusalem; 2. Symbol für tiefes Leid, tiefen Schmerz
Gomorrha = Sodom und Gomorrha
Goliath *m.* (*hebr.*) Riese aus dem Alten Testament, der von dem schwächeren Gegner David mit einer Steinschleuder getötet wird
Gon *s.* (*gr.*) Maßeinheit für Winkel
Gonade *w.* (*gr.*) Keimdrüse
Gonagra *s.* (*gr.*) Gicht im Knie; **Gonarthritis, Gonitis** *w.* Kniegelenkentzündung
Gondel *w.* (*itl.*) 1. venezianisches Boot; 2. Personenkorb am Ballon; **Gondoliera** *w.* (-li'e-) Gondellied; **Gondoliere** *m.* (-li'e-) Gondelführer
Gong *m.* oder *s.* (*malai.*) Schlagbecken; **gongen** den Gong schlagen
Gongorismus *m.* schwülstiger, überstrapazierter literarischer Stil (nach dem Schriftsteller Gongora)
Goniometer *s.* (*gr.*) Apparat zum Messen von Neigungswinkeln; **Goniometrie** *w.* Winkelmessung u. Winkelberechnung
Gonokokken *Mz.* (*gr.*) Bakterien, Erreger der Gonorrhöe; **Gonorrhö, Gonorrhöe** *w.* Geschlechtskrankheit, Tripper
goodbye! (gudbai, *engl.*) auf Wiedersehen!
Goodwill *m.* (gudwill, *engl.*) 1. Wohlwollen, freundliche Einstellung; 2. guter Ruf, Ansehen; 3. Geschäftswert; **Goodwilltour** *w.* (-tuhr) Reise eines Politikers, um sein Image aufzupolieren
Google *o. A.* (guhgl, *Wz.*) weltweit benutzte, umfangreichste Internet-Suchmaschine; **googeln** Informationen durch Benutzung von Google einholen
gordischer Knoten *m.* (*gr.*) unauflösbarer Knoten, Sinnbild für eine Schwierigkeit, die nur durch einen genialen Einfall zu lösen ist
Goretex *s.* *Wz.* wasser- und windabweisendes Gewebe (nach der engl. Firma *Gore* und *tex*tiles)
Gorge Postiche *w* (gorsch postisch, *frz.*)

unter dem Brusttuch getragenes Polster, Teil der Frauenmode um 1790

Gorgonenhaupt *s.* (*gr.*) Haupt der Medusa, eines weiblichen Ungeheuers der griechischen Sage, dessen Anblick versteinert

Gorgonzola *m.* (*itl.*) italienischer Schimmelpilzkäse

Gösch *w.* Bugflagge an Schiffen, bes. an Kriegsschiffen (nach den *Geusen*, den niederl. Freiheitskämpfern des 16. u. 17. Jh., die die Bugflagge einführten)

Gorilla *m.* (*afrik.*) größter Menschenaffe

Gospelsong *m.* (-ßong, *engl.*) Form des Negrospirituals seit den 1940er Jahren

Gospodar *m.* (*russ.*) Herr als russ. Anrede

Gossip *n.* (*engl.*) Klatsch, Tratsch, bes. über Prominente

Gothic Novel *w.* (*engl.*) engl. Version des Grusel- und Schauerromans (mit Fortführungen bis zum heutigen Horrorfilm); **Gothic-Szene** *w.* Jugendszene seit den 1980er Jahren, mit auffälliger Neigung zu okkulten, mystischen und morbiden Themen, schwarzer Kleidung und sorgfältig durchgestyltem Aussehen; **Gothic Rock** *m.* aus Punk hervorgegangene Musik der Gothic-Kultur; **Goths** *Mz.* die Anhänger der Gothic-Szene

Gotik *w.* (abwertende Bez. für den in Italien als barbarisch [= von den Goten stammend] empfundenen mittelalterlichen Baustil, *itl.*) Stilepoche der mittelalterlichen Kunst in Europa (12.–15. Jh.); **gotische Schrift** *w.* Schriftart der gotischen Stilepoche; **gotische Sprache** *w.* älteste überlieferte germanische Schriftsprache

Gouache *w.* (guahsch, *frz.*) 1. Maltechnik mit angereicherten Wasserfarben; 2. einzelnes Bild in dieser Technik

Goudakäse (gauda-) vollfetter Süßmilchkäse (nach der niederl. Stadt Gouda)

Gourmand *m.* (gurmang, *frz.*) Schlemmer, Vielfraß; **Gourmet** *m.* (gurmä) Feinschmecker, Weinkenner

Gout *m.* (gu, *frz.*) Geschmack; **goutieren** mögen, zu würdigen wissen

Gouvernante *w.* (guwer-, *frz.*) heute: prüde, mäkelnde Hauslehrerin oder Erzieherin; **Gouvernement** *s.* (guwernmang) 1. Regierung; 2. Verwaltungsbezirk; **Gouverneur** *m.* (-nör) 1. oberster Beamter eines Gouvernements oder einer Kolonie; 2. Befehlshaber einer Festung; 3. oberster Beamter eines amerik. Bundesstaats

Governance *w.* (gawernenz, *engl.*) das notwendige Zusammenspiel von politischen, wirtschaftlichen und zivilgesellschaftlichen Netzwerken innerhalb einer politisch-gesellschaftlichen Einheit

GPS *s.* (dschipihess, aus *engl.* global positioning system) satellitengestütztes Navigationssystem zur weltweiten Positionsbestimmung und Zeitmessung, Übertragungstechnik für Mobilfunk und technische Grundlage von Kontrollsystemen

Gracht *w.* (*niederl.*) schiffbarer Kanal, besonders innerhalb einer Stadt (in Holland und Belgien)

Grad *m.* (*lat.*) 1. Rang; 2. Maß, Stärke, Skaleneinheit; **Gradation** *w.* Steigerung, Stufenfolge, Abstufung; **gradieren** 1. abstufen; 2. (Salzsole) verstärken, konzentrieren; **Gradierung** *w.* Erhöhung, Verstärkung (des Salzgehalts); **Gradierwerk** *s.* Anlage zur Gradierung

gradual (*lat.*) den Grad betreffend, gradmäßig; **graduell** (-du'e-) stufenweise; **graduieren** 1. in Grade einteilen; 2. einen akademischen Titel verleihen; **graduiert** im Besitz eines akademischen Titels

Graecum, Gräkum *s.* (*lat.*) Prüfung zum Nachweis der Beherrschung der griechischen Sprache

Graffiti *Mz.* (*itl.*) Farbspraybilder oder -parolen an Häuserwänden; **Graffito** *m.* oder *s.* 1. Ez. von Graffiti; 2. in Stein eingeritzte Inschrift oder Muster

Grafik *w.* 1. Kunst und Technik von Holz- und Kupferstich, Radierung, Lithographie und Handzeichnung; 2. ein einzelnes Werk in diesen Techniken, Eigw. **grafisch**; **Grafiker** *m.* Künstler und ausgebildeter Techniker in der Grafik; **grafische Darstellung** *w.* Schaubild; **Grafikdesign** *s.* (-disein, *engl.*) Gebrauchsgrafik

Grafit *m.* (*gr.*) unlösliche Form des Kohlenstoffs

Grafologie *w.* (*gr.*) Handschriftendeutung, Eigw. **grafologisch**

Grafospasmus *m.* (*gr.*) Schreibkrampf

Grain *m.* (grehn, *engl.*) Juwelengewicht

Grain *s.* (gräng, *frz.*) aufgerauter Rips;

grainieren Papier aufrauen, narben, körnen
Gräkomanie *w.* (*gr.*) übersteigerte Vorliebe für alles Griechische
Gramm *s.* (*gr.*) Gewichtseinheit (Abk. g)
Grammar School *w.* (grämmer skuhl, *engl.*) dem Gymnasium vergleichbare, hochschulvorbereitende Schule, bes. in Großbritannien
Grammatik *w.* (*gr.*) 1. Regelsystem der Sprache; 2. Sprachlehrbuch; **grammatisch, grammatikalisch** das Regelsystem der Sprache betreffend, dem Regelsystem entsprechend; **Grammatiker** *m.* Wissenschaftler auf dem Gebiet der Grammatik
Grammatom *s.* (*gr.*) so viele Gramm eines chem. Elementes, wie sein Atomgewicht angibt; **Grammkalorie** = Kalorie; **Grammmolekül** *s.* so viel Gramm eines Stoffes, wie sein Molekulargewicht angibt
Grammofon *s. Wz.* Bez. für den Schallplattenapparat bei seiner Erfindung;
Grammy *m.* (grämmi, *engl.*) amerik. Schallplattenpreis
gramnegativ, grampositiv sich beim Färbeverfahren rot oder blau färbend (nach dem Bakteriologen J. Gram, 1853–1938)
Gran *s.* (*lat.*) altes Apotheker- und Goldgewicht
Granat *m.* (*lat.*) rotbrauner Edelstein; **Granatapfel** *m.* Frucht des Granatbaums
Granate *w.* (*itl.*) Artilleriegeschoss
Grand *m.* (grang, *frz.*) Spielform beim Skat, bei dem nur die Buben Trumpf sind
Grand Cru *s.* (grang krüh, *frz.*) großes Gewächs (vgl. Cru)
Grande *m.* (*span.*) Angehöriger des spanischen Hochadels
Grande Nation *w.* (grangd nassjong, *frz.*) von Napoleon kreierte Bez. für Frankreich: die große Nation
Grandes Écoles *Mz.* (grangdsekol, *frz.*) französ. Eliteuniversitäten, auf bestimmte Fachgebiete spezialisierte Hochschulen, die die französ. Führungselite in Staat und Wirtschaft ausbilden (z. B. die ENA)
Grandeur *w.* (grangdör, *frz.*) Größe, Großartigkeit
Grandezza *w.* (*span.-itl.*) Hoheit, Würde, nobles Auftreten; **con grandezza** Musik: mit Würde
Grand Guignol *m.* (grang ginjoll, *frz.*) 1. der Hanswurst im franz. Puppenspiel des 19. Jh.; 2. franz. Gattung der Grusel- und Schauerstücke, die im Théâtre du Grand Guignol in Paris aufgeführt wurden
Grandhotel *s.* (grang-, *frz.*) Luxushotel
grandios (*itl.*) großartig; **grandioso** Musik: erhaben, wuchtig
Grand Lit *s.* (grang lih, *frz.*) großes, zweischläfriges Bett
Grand Maître *m.* (grang mätre, *frz.*) Großmeister eines Ordens
Grand Mal *m.* (grang –, *frz.*) lebensgefährlich schwerer Anfall von Epilepsie
Grand Marnier *m.* (grang marni'e *Wz.*) Fruchtsaftlikör mit Orangen- und Kräuterzusätzen
Grand Old Lady *w.* (gränd ohld lehdy, *engl.*); **Grand Old Man** *m.* (– män) jmd., der auf seinem Gebiet eine erfahrene, ehrwürdige Autorität darstellt
Grand ouvert *m.* (grang uhwähr, *frz.*) Spielweise beim Skat, bei der der Spielmacher sein Blatt zeigen muss; **Grand Prix** *m.* (– prih) Großer Preis
Grandseigneur *m.* (grang ßenjöhr, *frz.*) weltgewandter, vornehmer Herr
Grand Slam *m.* (gränd släm, *engl.*) im Tennis: Sieger(in) aller in einem Jahr gewonnenen offenen Meisterschaften von Australien, Frankreich, England und den USA
granieren (*lat.*) eine Kupferstichplatte körnig machen
Granit (*lat.-itl.*) hartes Tiefengestein, Eigw. **graniten**
Granny Smith *m.* (gränni –, *engl.*) grüner saftreicher Apfel aus Australien (nach M. A. Smith, † 1870)
granulär (*lat.*) körnig; **granulieren** 1. körnen, in Körnchenform bringen; 2. Körnchen bilden; **Granulat** *s.* gekörnte Substanz; **Granulation** *w.* 1. Kornbildung, Körnung; 2. aufgeschmolzene Metallverzierung; 3. Vorform des Narbengewebes; **Granulom** *s.* geschwulstartige Bindegewebswucherung
Grapefruit *w.* (grehpfruht, *engl.*) Pampelmuse, orangenartige Zitrusfrucht

Graphem (*gr.*) Sprachwissenschaft: kleinstes bedeutungsunterscheidendes grafisches Zeichen; **Graphemik** *w.* Wissenschaft von den Graphemen
Graphik = Grafik
Graphit = Grafit
Grappa *m.* oder *w.* (*itl.*) italien. Tresterschnaps
Grass *s.* (*engl.*) Gras, Marihuana
grassieren (*lat.*) sich ausbreiten, um sich greifen (z. B. von Krankheiten, Modewörtern)
Gratifikation *w.* (*lat.*) zusätzliche Vergütung
Gratin (gratäng, *frz.*) überbackenes Gericht; **gratinieren** überbacken
gratis (*lat.*) umsonst, kostenlos; **gratis und franko** umsonst und ohne Portokosten
Gratulant *m.* (*lat.*) Glückwünschender; **gratulieren** beglückwünschen; **Gratulation** *w.* Glückwunsch, Beglückwünschung
gravamente, grave (*itl.*) Musik: schwer, ernst
Gravamina *Mz.* (*lat.*) anklagende Beschwerden, Vorwürfe, Anschuldigungen
Graves *m.* (graw) weiße od. rote Bordeauxweine (nach der französ. Landschaft Grave)
Graveur *m.* (grawör, *frz.*) jmd., der berufsmäßig graviert; **gravieren** in Holz, Stein oder Metall schneiden; **Gravur, Gravüre** *w.* Kupferstich, Stahlstich
gravid (*lat.*) schwanger; **Gravida** *w.* schwangere Frau; **Gravidität** *w.* Schwangerschaft
gravieren = Graveur
gravierend (*lat.*) erschwerend, belastend
Gravis = Accent grave
Gravität *w.* (*lat.*) Würde, Gemessenheit; **gravitätisch** gemessen, würdevoll, betont feierlich
Gravitation *w.* (*lat.*) wechselseitige Anziehungskraft der Körper, Schwerkraft; **gravitieren** der Schwerkraft folgen; **Graviton** *s.* Elementarteilchen des Schwerkraftfeldes (*Mz.* -tonen)
Gravur, Gravüre = Graveur
Grazie *w.* (-zi'e, *lat.*) Anmut; **Grazien** *Mz.* römische Göttinnen der Anmut; **grazil** schlank, gazellenhaft; **graziös** anmutig, lieblich, zierlich; **grazioso** (*itl.*) Musik: anmutig
gräzisieren (*lat.*) 1. in die griech. Sprache übertragen; 2. griechische Vorbilder nachahmen; **Gräzist** *m.* Kenner der griechischen Sprache und Kultur; **Gräzismus** *m.* in eine andere Sprache übernommene Ausdruckseigentümlichkeit des Griechischen
Greenback *m.* (grihnbäck, *engl.*) 1. mit rückseitig grünem Aufdruck versehene Schatzanweisung mit Banknotencharakter in den USA nach dem Bürgerkrieg; 2. populäre Bezeichnung für die heutige grüne Dollarnote
Greenhorn *s.* (grihn-, *engl.*) Neuling, Grünschnabel
Greenpeace (-pihß, *engl.*) 1971 gegründete internationale Umweltschutzorganisation, Sitz in Amsterdam (Niederlande)
Grègeseide *w.* (gräsch-, *frz.*) sehr feinfädige Rohseide
gregorianischer Gesang *m.* einstimmiger, unbegleiteter liturgischer Gesang der kath. Kirche; **gregorianischer Kalender** *m.* der durch Papst Gregor XIII. 1582 eingeführte, heute noch gültige Kalender
Gremium *s.* (*lat.*) beratende oder beschließende Körperschaft; Ausschuss
Gremlins *Mz.* (*engl.*) Kobolde, denen unerklärliche Störungen (meist an Maschinen) zugeschoben werden
Grenadier *m.* (*frz.*) Infanterist (urspr. Handgranatenwerfer)
Grenadine *w.* (*frz.*) 1. leichter, spröder Gitterstoff; 2. damastartiger Futterstoff; 3. Sirup aus Granatäpfeln
Grève *w.* (gräf, *frz.*) Streik, Ausstand (nach der Place de Grève in Paris, wo häufig Massenveranstaltungen stattfanden); **Grève générale** *w.* Generalstreik
Greyhound *m.* (grehhaund, *engl.*) 1. großer englischer Windhund, Rennhund; 2. amerik. Überlandbus
Grill *m.* (*engl.*) Bratrost; **grillen, grillieren** (grijihren, *frz.*) auf dem Rost braten; **Grillette** *w.* gegrilltes Hacksteak; **Grillparty** *w.* Party im Freien
Grimasse *w.* (*frz.*) (gewollte) Verzerrung des Gesichts, Ztw. **grimassieren**
Gringo (*span.*) Spottname im spanisch-

sprachigen Lateinamerika für Nichtromanen und Neulinge im Land

Griot *m.* (grioh, *frz.*) traditioneller Geschichtenerzähler und Spaßmacher bei wichtigen Festen im nordwestlichen Afrika

Grip *w.* (*engl.*) Sammelbez. für die Arbeiter am (Film-)Set

Grisaille *w.* (grisaije, *frz.*) 1. Seidenstoff aus schwarzen und weißen Fäden; 2. Malerei in graufarbigen Abtönungen; **Grisette** *w.* (-sett) 1. Pariser Putzmacherin; 2. leichtlebige junge Frau; 3. Pastetenart

Grissini *Mz.* (*itl.*) lange, dünne Weizengebäckstangen

Grizzly *m.* (*engl.*) nordamerik. Braunbär

Grog *m.* (*engl.*) heißes Getränk aus Rum, Wasser und Zucker

groggy erschöpft, müde, angeschlagen

Groom *m.* (gruhm, *engl.*) engl. Bez. für Reitknecht

Groove *m.* (gruhw, *engl.*) rhythmisch-melodischer, durch Bass oder Schlagzeug produzierter Schwebezustand; **grooven** 1. einen Groove erzeugen; 2. sich (in einer Situation, bei einer Sache) wohlfühlen

Grossesse nerveuse *w.* (grossess nervös, *frz.*) eingebildete Schwangerschaft

Gros *s.* (gro, *frz.*) 1. zwölf Dutzend; 2. der überwiegende Teil (von Personen); **Grossist** *m.* Großhändler

Großkordon *m.* (-dong, *frz.*) Großkreuz, höchste Klasse vieler Orden

Großmogul *m.* (*tatarisch*) 1. Titel indischer Herrscher (16.–19. Jh.); 2. großer Diamant (*Mz.* Großmoguln)

grosso modo (*itl.*) ungefähr, etwa, im großen Ganzen

Großwesir *m.* (*arab.*) 1. Titel eines nur dem Herrscher unterstellten Beamten islamischer Länder; 2. Titel des türkischen Ministerpräsidenten bis 1922

grotesk (*itl.*) 1. absurd, lächerlich; 2. verzerrt, phantastisch, übersteigert; **Grotesk** *w.* Druckschrift von gleichmäßig starker Linienführung ohne Querstriche; **Groteske** *w.* 1. antike Wandverzierung von verschnörkelter Linienführung; 2. künstlerische Darstellung, die mit den Mitteln des Derbkomischen und Paradoxen arbeitet

Grotte *w.* (*itl.*) in der barocken Gartenkunst oft künstlich gebildete Felsenhöhle

Groundhostess *w.* (graundhostess, *engl.*) weibliche Angestellte, die die Passagiere auf dem Flughafen betreut

Ground Zero *s.* (graund siro, *engl.*) das Gebiet im Süden von Manhattan, das durch den Zusammensturz des World Trade Center (11. 9. 2001) vollständig zerstört wurde

Groupie *s.* (grupih, *engl.*) weiblicher Fan, der alles daransetzt, um in möglichst engen Kontakt mit dem Star zu kommen

Grubber *m.* (*engl.*) Eggenpflug, Kultivator zur Bodenlockerung; **grubben** mit dem Grubber pflügen

Grunge *m.* (grandsch, *engl.*) aggressiver Hardrock

GSM *s.* (dschiehssem, aus *engl.* *G*lobal *S*ystem for *M*obile Communication) Standard für volldigitale Mobilfunknetze

G-String *w.* (dschih-, *engl.*) das Gesäß freilassender Slip, der vorn aus einem Stoffdreieck und hinten aus Schnüren besteht

Guanako *s.* (*span.*) dem Lama verwandtes Gebirgstier Südamerikas

Guano *m.* (*span.*) auf Inseln und an Küsten abgelagerter Vogelmist, der als Düngemittel verwendet wird

Guarana *m.* od. *s.* (*Tupi*) koffeinhaltiger, aus den Samen eines Seifenbaumgewächses gewonnener Stoff, der zu Getränken u. a. verarbeitet wird

Gubernator *m.* (*lat.*) Gouverneur im zaristischen Russland

Gudscharati *s.* (*Hindi*) moderne indische Sprache, Muttersprache Gandhis

Guelfen *Mz.* (gu'e- *itl.*) Welfen, papstfreundliche Partei im Italien der Renaissance

Guêpière *w.* (gäpjär, *frz.*) Miedergürtel zur Erzielung einer Wespentaille

Guéridon *m.* (geridong) 1. Figur des Mohren mit einem Tablett zum Ablegen von Briefen, Visitenkarten u. Ä., im 17. Jh. in Mode; 2. Beistelltisch zum Anrichten von Speisen; 3. einfüßiges Leuchtertischchen (nach dem in provenzal. Liedern besungenen Negersklaven Guéridon)

Guerilla *w.* (gerilja, *span.*) 1. Kleinkrieg, Bandenkrieg; 2. paramilitärische Einheit;

Guerilla *m.* Angehöriger einer Guerilla; **Guerillero** *m.* Untergrundkämpfer in Lateinamerika

Guide *m.* (gihd, *frz.*; gaid, *engl.*) Reiseführer, Reisehandbuch

Guildhall *w.* (gildhohl, *engl.*) Rathaus in England, bes. in London

Guignol = Grand Guignol

Guilloche *w.* (gijosch, *frz.*) verschlungene Zierlinie auf Geldscheinen; **Guillocheur** *m.* (-schör) Facharbeiter für Guillochen; **guillochieren** mit Guillochen versehen

Guillotine *w.* (gijotihn) Fallbeil, von dem franz. Arzt J. J. Guillotin erfundene Hinrichtungsmaschine; **guillotinieren** durch das Fallbeil hinrichten

Guinee *w.* (gini, *engl.*) 1. alte englische Goldmünze; 2. Rechnungseinheit: 21 englische Shilling

Guiro *m.* (*span.*) Perkussionsinstrument aus getrocknetem Flaschenkürbis mit Querkerben, über die mit einem Stab gerieben wird

Guitarre = Gitarre

Gujarati = Gudscharati

Gulag *m.* (aus *russ.* *G*lavnoje *U*pravlenije *L*agerej) 1. Hauptverwaltung des sowjetischen Straflagersystems (1930–1955); 2. Symbol für ein umfassendes System von Lagern und Gefängnissen in der Sowjetunion

Gulasch *s.* (*ungar.*) mit Paprika gewürztes Gericht aus klein geschnittenem Rindfleisch

Gully *m.* oder *s.* (*engl.*) Senkkasten im Straßenrinnstein

Gummi *m.* (*ägypt.-gr.*) Kautschukmasse; **Gummiarabicum** *s.* (*gr.-lat.*) Klebstoff aus dem Saft der Gummiakazie; **gummieren** mit Klebstoff bestreichen

Gunman *m.* (gannmän, *engl.*) bewaffneter Gangster (*Mz.* -men)

Guppy *m.* (*engl.*) Zahnkarpfen, ein Aquarienfisch

Gurkha *m.* (*angloind.*) 1. Angehöriger des nepalesischen Volks; 2. Soldat der nepalesischen Einheiten in der ind. od. britischen Armee

Guru *m.* (*Hindi*) 1. geistlicher Lehrer im Hinduismus und bei den Sikh, oft als göttliche Verkörperung verehrt; 2. quasireligiös verehrtes Gruppenidol

gustieren (*lat.*) mögen, Geschmack finden an; **Gusto** *m.* (*itl.*) Geschmack, Neigung, Wohlgefallen; **gustoso** Musik: zurückhaltend

gutta cavat lapidem (*lat.*) steter Tropfen höhlt den Stein

Guttapercha *w.* (*malai.*) kautschukartiger, aus Baumsaft gewonnener Stoff

Guttural *m.* (*lat.*) Kehllaut (z. B. *ch*); **guttural** tief, kehlig

Gymkhana *s.* (*Hindi-engl.*) Geschicklichkeitswettbewerb im Motorsport

Gymnasiast *m.* (*gr.*) Schüler eines Gymnasiums; **Gymnastik** *w.* auf Elastizität und Geschmeidigkeit abgestellte Körperübungen, Eigw. **gymnastisch**; **Gymnasium** *s.* 1. Gymnastikschule für Männer im antiken Griechenland; 2. höhere Schule, die zur Hochschulreife führt

Gymnospermen *Mz.* (*gr.*) Nacktsamer

Gynäkologe *m.* (*gr.*) Frauenarzt; **Gynäkologie** *w.* Frauenheilkunde, Eigw. **gynäkologisch**; **Gynäkospermium** *s.* Samenfaden mit X-Chromosom

Gynandrie, Gynandrismus *w.* (*gr.*) Zwitterhaftigkeit bei Lebewesen

Gyros *s.* (*gr.*) geröstetes Fleisch, das vom Drehspieß geschnitten wird; **Gyroskop** *s.* Messgerät zum Nachweis der Achsendrehung der Erde

Gyrovage *m.* (*gr.-lat.*) Bettelmönch

H

h = hora
ha = Hektar
h. a. = 1. huius anni; 2. hoc anno
Habanera *w.* (*span.*) kubanisch-spanische Lied- und Tanzform
Habeaskorpusakte *w.* (*lat.*) vom englischen Oberhaus 1679 verabschiedetes Gesetz zum Schutz der persönlichen Freiheit, von dem einzelne Grundsätze noch heute Gültigkeit haben
habemus Papam (*lat.*) wir haben einen Papst (Ausruf, mit dem der neu gewählte Papst verkündet wird)
habent sua fata libelli (*lat.*) Bücher haben (auch) ihre Schicksale
habil (*lat.*) gewandt, flink, fähig
habil. = habilitiert
Habilitation *w.* (*lat.*) Erwerb der Lehrberechtigung an Universitäten; **sich habilitieren** die Lehrberechtigung erwerben; **habilitiert** im Besitz der Lehrberechtigung (Abk. habil.)
Habit *s.* (*lat.*) Amtstracht
Habitat *s.* (*lat.*) 1. Lebensraum einer Tier- oder Pflanzenart; 2. Wohnstätte, Wohnraum
habitualisieren (*lat.*) gewöhnen, zur Gewohnheit machen, zur Gewohnheit werden; **Habitualisierung** *w.* Gewöhnung; **Habitué** *m.* (abitüeh, *frz.*) Stammgast, gewohnheitsmäßiger Besucher; **habituell** zur Gewohnheit geworden, gewohnheitsmäßig
Habitus *m.* (*lat.*) 1. Gesamterscheinungsbild und Auftreten einer Person; 2. Gestalt und Eigenschaften von Tieren, Pflanzen und anorganischen Substanzen
Haboku *s.* (*jap.*) künstlerische Technik der Tuschelavierung ohne Konturlinien
Haboob, Habub *m.* (habuhb, *arab.-engl.*) schwerer Sandsturm in Indien und Nordafrika
Háček *s.* (hatscheck, *tschech.*) Häkchen über einem Buchstaben, das einen Zisch- oder Reibelaut anzeigt, z. B. č oder ž in tschech. Wörtern
Haché = Haschee
Hacienda = Hazienda
Hacker *m.* (*engl.*) jmd., der sich über PC und Telefon unberechtigt Zugang zu fremden Daten verschafft, Ztw. **hacken**
Hackney *m.* (häcknih) kleines Reitpferd ohne bestimmte Rasse (nach dem Ort Hackney, heute zur Stadt London gehörend)
Haddock *m.* (häd-, *engl.*) geräuchertes Schellfischfilet
Hades *m.* (*gr.*) 1. griechischer Gott der Unterwelt; 2. Unterwelt; **Hadal** *m.* Lebensraum im Meer unterhalb von 6000 Metern
Hadith *m.* (*arab.*) Sammlung von Mohammed zugeschriebenen Aussprüchen und Taten, ergänzt durch die «Überliefererkette», die den Text durch Augen- und Ohrenzeugen bis auf den Propheten zurückführt
Hadsch *w.* (*arab.*) Pilgerfahrt nach Mekka; **Hadschar** *m.* der schwarze Stein an der Kaaba in Mekka; **Hadschi** *m.* Ehrentitel des Mekkapilgers
Hafis *m.* (*arab.*) islam. Bez. für einen Mann, der den Koran auswendig weiß
Hagana *w.* (*hebr.*) militante jüdische Organisation zwischen 1920 und 1948, die in Palästina gegen die Briten kämpfte, nach der Staatsgründung Israels in die staatliche Armee übergegangen
Haggada *w.* (*hebr.*) der erbaulich-erzählerische Teil des Talmud
Hagia Sophia *w.* (*gr.*) die Sophienkirche in Istanbul; **Hagiografie, Hagiographie** *w.* Lebensbeschreibung der Heiligen; **hagiografisch, hagiographisch** 1. das Leben der Heiligen, die Hagiographie betreffend; 2. kritiklos verherrlichend; **Hagiolatrie** *w.* Heiligenverehrung; **Hagiologie** *w.* die Lehre von den Heiligen; **Hagionym** *m.* der Name eines/einer Heiligen als Pseudonym (z. B. *St. Albin* für Bettina von Armin)

Hai *m.* (*isl.*) räuberischer Knorpelfisch mit 1–5 Zahnreihen und einer bzw. zwei Rückenflossen
Haiduck = Heiduck
Haiku *s.* (*jap.*) aus 17 Silben bestehende japan. Gedichtform
Hakim *m.* (*arab.*) 1. Arzt, Weiser im Orient; 2. Herrscher, Richter im Orient
Halacha *w.* (*hebr.*) Sammelbez. für die ethischen, gesetzlichen und rituellen Einzelvorschriften des jüdischen Lebens
Half, Halfback *m.* (hahfbäck, *engl.*) Läufer im Fußball; **Halfcourt** *m.* (-kohrt) Mittelteil des Spielfeldes beim Tennis; **Halfpenny** *m.* engl. Münze; **Halfpipe** *w.* (-peip) Halbröhre aus Beton, anderen Materialien oder Schnee, Sportanlage für Skater und Snowboarder; **Halftime** *w.* (-teim) Halbzeit (im Sport); **Halfvolley** *m.* (-wolli) ein unmittelbar nach dem Aufprall geschlagener Ball
halkyonisch = alkyonisch
halleluja (*hebr.*) lobet Gott; **Halleluja** *s.* liturgischer Gesang
Halloween *s.* (hälowihn, aus *engl.* All *Hallows Eve*) Abend vor Allerheiligen (1. November), der mit gruseligen Verkleidungen und Mummenschanz bes. in Irland und den USA gefeiert wird
Hallux *m.* (*lat.*) die große Zehe
Halluzination *w.* (*lat.*) Sinnestäuschung, Eigw. **halluzinatorisch**; **halluzinieren** an Halluzinationen leiden
Hallyu *s.* (*korean.*) seit ca. 2000 in Asien anhaltende Erfolgswelle von Filmen, Fernsehserien und Popmusik aus Südkorea, sog. Koreawelle
Halo *m.* (*gr.*) 1. atmosphärische Lichterscheinungen (z.B. der Hof um Sonne oder Mond); 2. Augenring(e); **Haloeffekt** *m.* psychologisch wirksamer Mechanismus, durch den man von einer Eigenschaft einer Person unbegründet auf eine andere schließt; **Halochemie** *w.* (*gr.*) Chemie der Salze; **Halogen** *s.* (*gr.-lat.*) chem. Element, das Salz bildet; **halogen** Salz bildend; **Halogenlampe** *w.* Hochleistungsglühlampe, die einen Halogenzusatz enthält; **Halophyt** *m.* Salzpflanze (z.B. Strandnelken); **Halothermen** *Mz.* warme Salzquellen
Halunke *m.* (*tschech.*) hinterhältiger Kerl, Gauner
Halwa *s.* (*arab.*) Süßigkeit aus Sesam- od. Sonnenblumensamen und Zucker
Hamac *m.* (amak, *frz.*) Hängematte
Hamadan *m.* robuster handgeknüpfter Teppich aus Kamelwolle (nach der iranischen Stadt Hamadan)
Hamadryade *w.* (*gr.*) Baumnymphe
Hämagglutination *w.* (*gr.-lat.*) Verklumpung von roten Blutkörperchen
Hamam, Hammam *m.* (*arab.*) Badehaus in der islamischen Welt, türkisches Bad
Hamamelis *w.* (*gr.*) Zaubernussstrauch, dessen Wirkstoffe in Kosmetik und Heilkunde genutzt werden
Ham and Eggs (häm änd eggs, *engl.*) gebratene Schinkenscheiben mit Spiegelei, berühmtes englisches Frühstück
Hamas *w.* (*arab.*) aus einem politischen und militärischen Flügel bestehende sunnitisch-islamistische Organisation in Palästina
Hamat(o)-, hamat(o) (*gr.*) als Wortteil: Blut; **Hämatit** *m.* rotes Eisenerz, Roteisenstein; **hämatogen** 1. aus dem Blut entstanden; 2. Blut bildend; **Hämatogramm** *s.* Blutbild; **Hämatologie** *w.* Lehre vom Blut und den Blutkrankheiten; **Hämatom** *s.* Bluterguss; **Hämatophobie** *w.* Angst vor dem Anblick von Blut; **Hämatopoese** *w.* (-po'e-) Blutbildung; **Hämatorrhö, Hamatorrhöe** *w.* Blutsturz; **Hämatoskopie** *w.* Bluntuntersuchung; **Hämaturie** *w.* Blutausscheidung im Urin
Hamburger *m.* (hämbörger, *engl.*) Rinderhacksteak mit Zutaten im Spezialbrötchen
Hämoglobin *s.* (*gr.*) Farbstoff der roten Blutkörperchen; **Hämometer, Hämoglobinometer** *s.* Gerät zur Bestimmung des Hämoglobingehalts; **Hämopathie** *w.* Blutkrankheit; **Hämophilie** *w.* Bluterkrankheit; **Hämorrhagie** *w.* Blutung; **Hämorrhoiden** *Mz.* (-rid-) Erweiterung der Blutadern im Mastdarm; **Hämostase** *w.* Blutstillung; **Hämozyten** *Mz.* Blutkörperchen
handeln (händeln, *engl.*) handhaben
Handicap, Handikap *s.* (händikäp, *engl.*) 1. Vorgabe für den leistungsschwächeren Sportler; 2. Erschwerung, Behinderung, Nachteil; **handikapen** 1. eine Vorgabe geben; 2. behindern, benachteiligen, Eigw.

gehandikapt; **Handikapper** *m.* jmd., der ein Handikap (1) gibt, Ausgleicher

Handling *s.* (händ-, *engl.*) Handhabung, Benutzung; **Handlingfee, Handling-Fee** *w.* (-fih) Bearbeitungsgebühren; **Handout** *s.* (händaut, *engl.*) für Sitzungen, Tagungen u. Ä. ausgegebene Informationsunterlagen; **Hands!** *Mz.* (hä-) Hand! (Hinweis auf Handspiel beim Fußball); **Handy** *s.* (hä-, *Kunstwort*) urspr. ein handliches, mobiles Funkgerät, heute: Mobiltelefon, stromnetzunabhängiges Telefon; **Handycam** *w.* (händikäm) handliche Videokamera; **Handyman** *m.* (-män) Bastler, Heimwerker, Axt im Hause

Hangar *m.* (*frz.*) Flugzeughalle

Hangover, Hang-over *m.* (hängower, *engl.*) Katerstimmung

Hannibal ad Portas (*lat.* fälschlicherweise: ante) scherzhafter Hinweis darauf, dass jmd. kommt, den man nicht dabeihaben will

Hansom *m.* (hänßem, *engl.*) leichte zweirädrige Kutsche mit dem Kutschbock hinter den Fahrgästen

haploid (*gr.*) nur einen einfachen Chromosomensatz aufweisend (von Zellen); **Haplont** *m.* haploides Lebewesen (z. B. Sporentierchen)

Happening *s.* (häppening, *engl.*) von Künstlern veranstaltetes Ereignis, bei dem alltägliche Handlungen und Gegenstände schockierend und demonstrativ verfremdet werden

happy (häppi, *engl.*) glücklich, froh (umg.); **Happy End** *s.* (häppi end, *engl.*) guter Ausgang, glückliches Ende (eines Romans, Theaterstücks, Films); **happyenden** ein gutes Ende, einen guten Ausgang finden; **Happy Few** *Mz.* (– fjuh) die wenigen vom Glück Begünstigten; **Happy Hour** *w.* (– auer) bestimmter Zeitraum, bes. am späten Nachmittag, in dem (alkoholische) Getränke in einem Lokal verbilligt sind

Haptik *w.* (*gr.*) Lehre vom Tastsinn; **haptisch** den Tastsinn betreffend

Harakiri *s.* (*jap.*) zeremoniell durchgeführter Selbstmord durch Bauchaufschlitzen in Japan

Harass *m.* (*frz.*) Lattenkiste, Kiste für Glas und Porzellan

hard boiled (*engl.*) kaltschnäuzig, zynisch, gerissen, der Männertyp des US-amerik. Films der 1930er und 1940er Jahre; **Hardcard** *w.* Festplatte in Form einer Steckkarte (EDV); **Hardcopy** *w.* Computer-Ausdruck auf Papier; **Hardcore** *m.* (-kohr) 1. harter Kern von Elementarteilchen; 2. die harte, extreme Version von etwas; **Hardcoreporno** pornographischer Film, der sexuelles Geschehen in aller Deutlichkeit zeigt; **Hardcourt** *m.* (-kohrt) Hartplatz, bes. für Tennis; **Hardcover** *s.* (-kawwer) Buch mit festem Einband; **Harddisc, Hard Disc, Harddisk, Hard Disk** *w.* Magnetplatte eines Computers, bes. Festplatte (EDV); **Harddrink, Hard Drink** *m.* hochprozentiges alkoholisches Getränk; **Hard Drug** *w.* harte Droge; **Hardedge, Hard Edge** *w.* Stilbezeichnung für eine (moderne) Malerei mit hart aufeinanderstoßenden Farbfeldern und geometrischen Formen; **Hardliner** *m.* (-leiner) Vertreter einer kompromisslosen, harten (politischen) Linie; **Hardrock** *m.* harmonisch vereinfachte, beatbetonte Version der Rockmusik; **Hard Selling** *s.* aggressive Verkaufsstrategien; **Hard Stuff** *m.* = Hard Drug; **Hardtop** *m.* oder *s.* abnehmbares, nicht faltbares Autoverdeck; **Hardware** *w.* (-währ) die Gesamtheit der technischen Einrichtungen eines Computers

Harem *m.* (*arab.-türk.*) 1. die vom Wohnhaus abgetrennten Frauengemächer in islamischen Ländern; 2. die darin wohnenden Frauen

Häresie *w.* (*gr.*) vom Dogma der Kirchenlehre abweichende Glaubenslehre, Ketzerlehre; **Häretiker** *m.* Ketzer; **häretisch** vom Dogma abweichend, ketzerisch

Haricots verts *Mz.* (arikot währ, *frz.*) grüne Bohnen

Harlekin *m.* (*itl.*) Spaßmacher, Hanswurst in der (italien.) Komödie; **Harlekinade** *w.* Possenreißerei, Hanswurstiade

Harmonie *w.* (*gr.*) 1. Einklang, Übereinstimmung; 2. Wohlklang, Ebenmaß; **Harmonielehre, Harmonik** *w.* Lehre vom Aufbau der Akkorde und der Verbindung der Klänge zu musikalisch logischen Folgen; **harmonieren** 1. zusammenstimmen, zusammenpassen; 2. sich verstehen; **Har-**

monika *w.* 1. Musikinstrument; 2. Faltenbalg (zwischen Eisenbahnwagen); **harmonisch** klangrein, aufeinander abgestimmt, wohlproportioniert, ausgewogen; **Harmonium** *s.* orgelartiges Instrument

Harnisch *m.* (*frz.*) Schutzrüstung; **in Harnisch bringen** ärgern

Harpagon *m.* (arpagong) männliche Hauptperson in Molières «Der Geizige», seitdem Inbegriff des Geizhalses

Harpsichord *s.* (-kort, *gr.*) Cembalo

Harpune *w.* (*frz.-niederl.*) Wurfspeer mit Haken und Leine für den Walfang; **Harpunier** *m.* 1. Harpunenwerfer; 2. Harpunenkanone; **harpunieren** mit der Harpune erlegen

Harpyie *w.* (-püje, *gr.*) 1. unheilvolles weibl. Ungeheuer in der griech. Sage, Vogel mit Mädchenkopf; 2. südamerikan. Greifvogel; 3. Jungfrauenadler, Wappenadler mit einem weiblichen Oberkörper

Harris Tweed *m.* (här- twihd, *Wz.*) handgesponnener Stoff für Oberbekleidung, bes. für Jacketts (nach dem Herstellungsort Harris auf der Hebrideninsel Lewis)

Harry *m.* (härri, *engl.*) Heroin (Jargon)

Hartschier, Hatschier *m.* (*itl.*) Leibwächter (urspr. Bogenschütze)

Haruspizium *s.* (*lat.*) Wahrsagerei aus Eingeweiden von Tieren

Hasard *s.* (*arab.-frz.*) 1. Glücksspiel; 2. Wagnis, Risiko; **Hasardeur** *m.* (-dör) Spieler, Abenteurer, Spekulant; **hasardieren** riskant spielen, viel wagen

Haschee, Haché *s.* (*frz.*) Gericht aus fein gehacktem Fleisch; **haschieren** fein hacken, wiegen

Haschisch, Hasch *s.* (*arab.*) Rauschmittel aus Hanf

Häsitation *w.* (*lat.*) Zaudern, Zögern, Stocken; **häsitieren** zögern, zaudern, stockend sprechen

Haskala *m.* (*hebr.*) Aufklärungsbewegung des 19. Jh. im osteuropäischen, jiddisch sprechenden Judentum

Hâtelette *w.* (atlett, *frz.*) am Spieß gebratene Fleischscheibe

Hatschek = Háček

Hattrick *m.* (hättrick, *engl.*) drei Torschüsse nacheinander; dreimaliger Erfolg desselben Wettkämpfers

Haubitze *w.* (*tschech.*) Feldgeschütz mit kurzem Rohr

Hausse *w.* (ohß, meist: hohß, *frz.*) 1. Steigen der Börsenkurse; 2. wirtschaftlicher Aufschwung; **Haussier** *m.* (-jeh) Börsenspekulant, der auf das Ansteigen der Kurse (à la hausse) spekuliert

Haute Coiffure *w.* (oht koafür, *frz.*) die modisch tonangebende Frisierkunst; **Haute Couture** *w.* (– kutühr) die tonangebende Mode jeder Saison; **Haute Couturier** *m.* (– kutührieh) Modeschöpfer; **Hautefinance** *w.* (– finangß) die Hochfinanz; **Hautelisse** *w.* (-liss) mit senkrecht geführter Kette gewebter Bild- oder Wandteppich; **Haute Tragédie** *w.* (– traschedie) Tragödienform des französ. Klassizismus im 17. Jh.; **Hautevolee** *w.* (-woleh) die feine Gesellschaft, die oberen Zehntausend; **Hautgout** *m.* (ohguh) 1. typischer, strenger Wildgeschmack und -geruch; 2. Anrüchigkeit; **Haut Mal** *s.* lebensgefährlicher epileptischer Anfall; **Hautrelief** *s.* (ohreljäf) Hochrelief, erhabene Schnitzerei; **Haut-Sauternes** *m.* (-sotern) weißer Bordeauxwein

Havanna *m.* kubanische Tabaksorte; **Havanna** *w.* Zigarre aus kubanischem Tabak

Havarie *w.* (*itl.-frz.-arab.*) 1. Seeschaden eines Schiffes oder seiner Ladung, 2. Schaden an technischen Anlagen; **havarieren** beschädigt werden; **havariert** beschädigt

Havelock *m.* (häwlock) Herrenmantel mit Umhang (nach dem engl. General Sir H. Havelock, 1795–1857)

Hawaiigitarre *w.* große Gitarre mit Stahlsaiten; **Hawaiitoast** *m.* Toast (1.) mit gekochtem Schinken und einer Scheibe Ananas

Hazard = Hasard

Hazienda, Hacienda *w.* (hassienda, *span.*) südamerik. Farm

h. c. = honoris causa

HDTV *s.* (aus *engl. h*igh *d*efinition *t*ele*v*ision) Fernsehstandard mit der Bildgröße 16:9 und höherer Auflösung

h. e. = hoc est

Head *n.* (häd, *engl.*) Leiter, Chef; **Header** *m.* (hehder) Kopfteil einer E-Mail; **Headhunter** (hädhanter); **Headscout** (-skaut) *m.* jmd., der Führungskräfte aus Unternehmen abwirbt; **Headline** *w.* (-lein) Schlagzeile einer Zeitung; **Headquarter** *s.* (-kwohter) Hauptquartier; **Headset** *s.* Vorrichtung, bestehend aus Kopfhörer(n), Mikrofon und einer Verbindung zum Telefon od. Handy, Freisprechanlage

Hearing *s.* (hihring, *engl.*) öffentliche Anhörung von Sachverständigen und Zeugen in einem (parlamentarischen) Ausschuss zu einem bestimmten Fall

Heautognomie *w.* (he'aut-, *gr.*) Selbsterkenntnis; **Heautoskopie** *w.* Doppelgängerwahn

Heavisideschicht *w.* (hewiseid-) hoch liegende Schicht der Atmosphäre, die elektrische Wellen reflektiert (nach dem engl. Physiker O. Heaviside, 1850–1929)

heavy (häwwi, *engl.*) hart, extrem (Jargon); **Heavymetal** *s.* (-mettl, *engl.*) extremer Hardrock und das dazugehörige Outfit

Hebe *w.* (*gr.*) griech. Göttin der Jugend, Mundschenkin der Götter; **Hebephrenie** *w.* Jugendirresein, Form der Schizophrenie

Hebraist *m.* (*lat.*) Forscher und Kenner der hebräischen Sprache und Geschichte; **Hebraistik** *w.* Wissenschaft von der hebräischen Sprache und Kultur

Hedgefonds *m.* (hedschfong, *engl.*) Investmentfonds mit kaum regulierter Anlagestrategie; **Hedgegeschäft** *s.* Warentermingeschäft, das an ein zeitlich übereinstimmendes, anderes Geschäft gebunden ist; **Hedging** *s.* Absicherung gegen die Risiken von Hedgegeschäften

Hedonismus *m.* (*gr.*) philosophische Lehre und Weltanschauung, nach der Genuss und Sinnenlust das höchste Prinzip menschlichen Handelns ist; **Hedonist, Hedoniker** *m.* Anhänger des Hedonismus, auch: Genießer, Eigw. **hedonistisch**

Hedschra *w.* (*arab.*) Übersiedlung Mohammeds von Mekka nach Medina (622 n. Chr., Anfang der mohammedanischen Zeitrechnung)

Hegemonie *w.* (*gr.*) Vorherrschaft, Vormachtstellung, Eigw. **hegemonial**

Heiduck *m.* (*ungar.*) ungar. Söldner, Freischärler

Heimarmene *w.* (*gr.*) Verhängnis, Schicksal (in der griech. Philosophie)

Hekate *w.* (*gr.*) Nacht- und Unterweltsgöttin, Torhüterin

Hekatombe *w.* (*gr.*) 1. Opfer von 100 Tieren in der Antike; 2. große Verlustmenge an Menschen, Massenopfer

Hekt(o)-, hekt(o)- (*gr.*) als Wortteil: hundertfach

Hektar *s.* (*gr.*) 10 000 Quadratmeter, hundert Ar (Abk. ha)

Hektik *w.* (*gr.*) unruhig-nervöse Betriebsamkeit; **hektisch** fiebrig, nervös-erregt

Hektograf, Hektograph *m.* (*gr.*) alter Vervielfältigungsapparat für Schriftstücke; **hektografieren, hektographieren** Schriftstücke abziehen, vervielfältigen

Hektoliter *s.* oder *m.* (*gr.*) hundert Liter (Abk. hl); **Hektometer** *s.* oder *m.* hundert Meter (Abk. hm); **Hektopascal** *s.* Maßeinheit des Luftdrucks, 100 Pascal (Abk. hPa)

Hel *w.* (*altnord.*) nach der german. Mythologie das Totenreich der zu Lande Gestorbenen, unter der Weltesche gelegen

Helanca *s.* *Wz.* gekräuseltes Nylongarn

helikoidisch (*gr.*) spiralförmig

Helikon *s.* (*gr.*) Kontrabasstuba

Helikopter *m.* (*gr.*) Hubschrauber

Helio-, helio- (*gr.*) als Wortteil: Sonne-

Heliograph *m.* (*gr.*) 1. Fernrohrkamera zum Fotografieren der Sonne; 2. Blinkgerät, das mit Sonnenstrahlen arbeitet; **Heliographie** *w.* Tiefdruckverfahren mit lichtempfindlich gemachten Kupferplatten; **Heliogravüre** *w.* Kupferdruck; **heliophob** *w.* den Sonnenschein meidend (von Pflanzen u. Tieren); **Heliophyt** *m.* Pflanze an sonnigen Standorten; **Helios** *m.* griechischer Gott der Sonne; **Heliostat** *m.* Spiegelapparat, der auftreffende Sonnenstrahlen in eine gewünschte Richtung wirft; **Heliotherapie** *w.* Heilverfahren mit Hilfe von Sonnenstrahlen; **Heliotrop** *m.* Schmuckstein, grünroter Chalzedon; **Heliotrop** *s.* süß duftende Gartenpflanze, Vanillestrauch; **Heliotropismus** *m.* Fähigkeit von Pflanzen, sich auf das Licht einzustellen; **Heliotypie** = Heliographie; **heliozentrisch** die Sonne als Mittelpunkt des Weltalls annehmend (wie Kopernikus); **Heliozoon** *s.* (-zoon) Sonnentierchen, ein Einzeller

Helium *s.* chem. Element aus der Gruppe der Edelgase (Zeichen: He)

Helix *w.* (*gr.*) 1. Ohrmuschelrand; 2. spiralige Molekularstruktur; 3. Weinbergschnecke

hellenisch (*gr.*) griechisch; **Hellenismus** *m.* 1. griech. Kulturepoche von Alexander d. Gr. bis Augustus; 2. die griech. Sprache jener Zeit, Eigw. **hellenistisch**; **Hellenistik** *w.* Wissenschaft von der griech. Sprache und Kultur

Helleristninger *Mz.* (*norweg.*) jungstein- und bronzezeitliche Felsenzeichnungen in Norwegen und Schweden

Hellespont *m.* (*gr.*) altgriech. Name der Dardanellen

Helminthen *Mz.* (*gr.*) Sammelbez. für alle in den Eingeweiden von Tier und Mensch schmarotzenden Würmer, Eingeweidewürmer

Helodes *w.* (*gr.*) Malaria; **Helophyt** *m.* Sumpfpflanze

Helot *m.* (*gr.*) staatseigener Sklave in Sparta

Helpdesk *m.* (*engl.*) Informationsdienst über Telefon od. Internet; **Helpfunction** *w.* (-fanktschen) Hilfsprogramm (EDV); **Helpkey** *m.* (-kih) Hilfetaste auf der Tastatur (EDV); **Helpline** *w.* (-lein) telefonischer Informations- und Hilfsdienst

Helvetia (-zia), **Helvetien** *s.* (-zi'en, *lat.*) Name der Schweiz, Eigw. **helvetisch**

Heman, He-Man *m.* (hihmän, *engl.*) sich betont maskulin gebender Mann

Hemi-, hemi- (*gr.*) als Wortteil: halb

Hemialgie *w.* halbseitiger Kopfschmerz; **Hemianopie, Hemianopsie** *w.* Halbsichtigkeit; **Hemiataxie** *w.* Bewegungsstörung einer Körperhälfte; **hemifazial** eine Gesichtshälfte betreffend; **Hemikranie** *w.* = Hemialgie; **Hemiopie, Hemiopsie** *w.* = Hemianopie; **Hemiplegie** *w.* (*gr.*) halbseitige Lähmung, Lähmung einer Körperhälfte; **Hemisphäre** *w.* 1. Halbkugel, nördliche oder südliche Hälfte der Erde; 2. Hirnhälfte; **Hemitonie** *w.* halbseitiger Krampf; **Hemizykel** *m.* Halbkreis

Henna *w.* (*arab.*) Hennastrauch, aus dessen Blättern ein Haarfärbemittel gewonnen wird

Henriquatre *m.* (angrikattre, *frz.*) kurzer Spitzbart (nach dem französ. König Heinrich IV.)

Henry *s.* (*engl.*) Einheit der Selbstinduktion (Zeichen: H)

Hepatika *w.* (*gr.*) Leberblümchen; **Hepatikum** *s.* leberwirksames Mittel; **hepatisch** auf die Leber bezogen; **Hepatitis** *w.* Leberentzündung; **Hepatopathie** *w.* Leberleiden

Hephäst, Hephaistos *m.* (*gr.*) Schmied der Götter in der griech. Mythologie

Hept(a)-, hept(a)- (*gr.*) als Wortteil: sieben

Heptagon *s.* (*gr.*) Siebeneck; **Heptameron** *s.* Novellensammlung der Margarete von Navarra (an sieben Tagen erzählt); **Heptameter** *m.* siebenfüßiger Vers; **Heptateuch** *m.* die ersten sieben Bücher des Alten Testaments; **Heptode** *w.* Siebenpolröhre

Hera *w.* (*gr.*) griech. Göttin, Gemahlin des Zeus; **Heraion, Heräon** *s.* Tempel der Hera

Herakles = Herkules

Heraldik *w.* (*dt.-frz.*) Wappenkunde, Eigw. **heraldisch**; **Heraldiker** *m.* Wappenkundiger, Wappenforscher

Herbar, Herbarium *s.* (*lat.*) Sammlung gepresster Pflanzen; **Herbivore** *m.* (reiner) Pflanzenfresser; **Herbizide** *Mz.* chem. Mittel zur Unkrautvernichtung

hereditär (*lat.*) 1. erblich; 2. das Erbe betreffend; **Heredität** *w.* Erbschaft, Erbfolge

Hereford, Herefordrind *s.* (häri-) mittelgroßes Fleischrind mit rotem Fell (nach der engl. Grafschaft Hereford)

Herero *m.* (*Herero*) Angehöriger eines Bantu-Volks in Südwestafrika; **Herero** *s.* Sprache der Herero

Herkules *m.* (*gr.*) 1. Herakles, Halbgott der griech. Sage, der übermenschliche Körperkräfte hatte; 2. ein Sternbild; **herkulisch** stark wie Herkules

Her Majesty (hör mädschesti, *engl.*) Anrede an die engl. Königin: Ihre Majestät (Abk. H. M.)

Hermaphrodit *m.* (*gr.*) zweigeschlechtiges Wesen, Zwitter; **Hermaphroditismus** *m.* Zweigeschlechtigkeit

Herme *w.* (*gr.*) Pfeiler mit Bildniskopf

Hermeneutik *w.* (*gr.*) 1. Kunst und Theorie der Auslegung von Texten, des Verstehens von Werken der bildenden Kunst und Musik; 2. metaphysische Richtung in der Existenzphilosophie, Eigw. **hermeneutisch**

Hermes *m.* (*gr.*) Götterbote, Gott des Handels und der Diebe in der griech. Mythologie

hermetisch (*gr.*) 1. dicht verschlossen; 2. vieldeutig, schwer verständlich, geheimnisvoll

Hernie *w.* (-ni'e, *gr.*) 1. Eingeweidebruch; 2. Krankheit der Kohlpflanzen durch Parasiten

Heroe, Heros *m.* (*gr.*) 1. Held; 2. griechischer Halbgott; **Heroin** *s.* morphiumartiges Rauschgift; **Heroine** *w.* Heldendarstellerin auf der Bühne; **heroisch** heldenhaft; **heroisieren** zum Helden erheben, als Held ansehen; **Heroismus** *m.* Heldentum, Heldentat

Herold *m.* (*frz.*) 1. jmd., der etwas überbringt oder verkündet; 2. in der Heraldik kundiger Diener eines mittelalterlichen Fürsten; **Heroldskunst** = Heraldik

Herostrat *m.* (*gr.*) 1. griechischer Jüngling, der aus Ruhmsucht einen Tempel anzündete; 2. Verbrecher aus Ruhmsucht; **Herostratentum** *s.* Ruhmsucht, die vor nichts zurückschreckt; **herostratisch** nach Art des Herostraten

Herotrickster *m.* (hih-, *engl.*) 1. ausgefuchster Gaunergott in vielen Religionen; 2. der Teufel im Märchen

Herpes *m.* (*gr.*) Bläschenausschlag, eine Viruserkrankung; **Herpes Zoster** *m.* Gürtelrose; **Herpetologie** *w.* Teilgebiet der Zoologie, die sich mit Kriechtieren und Lurchen befasst

Hesperiden *Mz.* (*gr.*) Töchter des Atlas, Hüterinnen der goldenen Äpfel, der **Hesperidenäpfel**

Hesperien *s.* (-ri'e-, *gr.*) antike Bezeichnung für Land im Westen, bes. Italien und Spanien, Eigw. **hesperisch**; **Hesperos, Hesperus** *m.* Abendstern

Hessian *s.* od. *m.* (hessjen, *engl.* für: hessisch) grobes Jutegewebe für Säcke

Hestia *w.* (*gr.*) griech. Göttin des Herdes

Hetäre *w.* (*gr.*) kultivierte, einflussreiche und bezahlte Geliebte bedeutender Männer in der Antike

Hetero-, hetero- (*gr.*) als Wortteil: anders, verschieden

heterochrom (*gr.*) verschiedenfarbig (z. B. von Augen)

heterodox (*gr.*) andersgläubig, von der offiziellen (kirchlichen) Lehre abweichend, Hptw. **Heterodoxie** *w.*; **heterogen** ungleichartig, uneinheitlich, Hptw. **Heterogenität** *w.*; **Heterogenese** *w.* anormale Gewebebildung; **Heterogonie** *w.* 1. Auftreten unbeabsichtigter Wirkungen; 2. Auftreten unterschiedlicher Fortpflanzung beim Generationswechsel; **heterolog** abweichend, entfernt; **heterologe Insemination** künstliche Befruchtung mit Spermien, die nicht vom Ehemann stammen; **Heterolyse** *w.* 1. Spaltung des Moleküls; 2. Zellverfall durch körperfremde Stoffe; **heteromorph** verschiedengestaltig; **heteronom** von fremden Gesetzen abhängig; **Heteronomie** *w.* 1. Fremdgesetzlichkeit, Abhängigkeit des Willens von äußeren Gesetzen; 2. Ungleichartigkeit, Ungleichwertigkeit (z. B. im Aufbau eines Tierkörpers); **Heteronyme** *Mz.* 1. Wörter, die bedeutungsmäßig eng zusammenhängen, aber unterschiedliche Wurzeln haben; 2. Wörter aus verschiedenen Dialekten oder Sprachen mit gleicher Bedeutung (z. B. Orange und Apfelsine); **heterophag** 1. Pflanzen und Tiere fressend (von Tieren); 2. auf Pflanzen und Tieren schmarotzend (von Parasiten); **Heteroplastik** *w.* Überpflanzung von tierischem auf menschliches Gewebe; **Heterosexualität** *w.* auf das andere Geschlecht gerichtete Sexualität, Eigw. **heterosexuell**; **Heterosphäre** *w.* der obere Bereich der Atmosphäre, ab ca. 120 km Höhe; **heterozygot** gemischterbig

Hethitologie *w.* Wissenschaft von den Hethitern und den Kulturen Kleinasiens (1700–1200 v. Chr.)

Hetman *m.* (*poln.*) 1. Oberbefehlshaber des Heeres in Polen und Litauen (16. bis 18. Jh.); 2. frei gewählter Heerführer der Kosaken

heureka! (*gr.*) ich hab's! ich hab's gefunden! (Archimedes zugeschriebener Ausruf); **Heuristik** *w.* 1. Lehre von den

Problemlösungsverfahren; 2. Methoden, die zu neuen Erkenntnissen führen; **heuristisch** zu neuen Erkenntnissen führend

Hexa-, hexa- (*gr.*) als Wortteil: sechs

Hexaeder *s.* (-xa'e-, *gr.*) Körper mit sechs Flächen, Würfel; **Hexagon** *s.* regelmäßiges Sechseck; **Hexagramm** *s.* Sechsstern, Davidsstern; **Hexameter** *m.* aus sechs daktylischen Versfüßen (– ∪ ∪) bestehender Vers, das Versmaß der homerischen Epen; **Hexapode** *m.* Sechsfüßer; **Hexateuch** *m.* die ersten sechs Bücher des Alten Testaments; **Hexis** *w.* Beschaffenheit, Zustand (in der Philosophie des Aristoteles); **Hexode** *w.* Sechspolröhre

Hfl. Abk. für holländische Gulden

Hiatus *m.* (*lat.*) 1. Sprachlehre: Zusammentreffen zweier Selbstlaute, was zu einer Lücke im Sprechrhythmus führt; 2. Spalte in menschlichen od. tierischen Organen

Hibachi *m.* (*jap.*) Kohlebecken zum Wärmen der Hände und zum Kochen des Teewassers

Hibernakel *s.* (*lat.*) Überwinterungsknospe an Wasserpflanzen; **hibernal** winterlich; **Hibernation** *w.* 1. Winterschlaf; 2. künstlich erzeugter Schlaf

Hibiskus *m.* (*lat.*) artenreiches Malvengewächs

hic et nunc (*lat.*) sofort, augenblicklich (zu tun)

Hickory *m.* (*Algonkin-engl.*) nordamerik. Walnussbaumart mit sehr zähem Holz

hic Rhodus, hic salta! (*lat.*) zeige *hier,* was du kannst (nach einer Fabel des Äsop, 7. Jh. v. Chr.)

Hidalgo *m.* (*span.*) 1. Edelmann aus niederem spanischem Adel; 2. mexikanische Goldmünze

Hidradenom *s.* (*gr.*) Schweißdrüsengeschwulst; **Hidrose** *w.* die Schweißabsonderung; **hidrotisch** schweißtreibend

Hidschra = Hedschra

Hierarchie *w.* (*gr.*) 1. (strenge) Rangfolge, Rangordnung in pyramidenförmigem Aufbau; 2. Gesamtheit des Klerus und dessen Rangordnung der kath. Kirche; **hierarchisch** nach einer Rangordnung aufgebaut; zur Hierarchie gehörig; **Hieratik** *w.* (hi'e-) religiös gebundene Kunst

Hierodulen *Mz.* (hi'e-, *gr.*) weibliche oder männliche Tempelsklaven in der Antike; **Hieroglyphen** *Mz.* (hi'ero-) altägyptische Bilderschrift; **hieroglyphisch** dunkel, rätselhaft; **Hierogramm** *s.* geheime altägyptische Priesterschrift; **Hierokratie** *w.* Ausübung der staatlichen Gewalt oder starker Einfluss auf die Staatsgewalt durch kirchliche Amtsträger; **Hieromant** *m.* aus den Eingeweiden der Opfertiere weissagender Priester; **Hieromantie** *w.* Weissagung aus Opfertieren; **Hieronymie** *w.* Wechsel des Namens beim Eintritt in eine Kultgemeinschaft

Hi-Fi *w.* (heifei), Kurzform von **Highfidelity** *w.* (*engl.*) höchste Wiedergabetreue, Originaltreue der Tonqualität; **high** (hei) begeistert, in einem Rauschzustand; **Highball** *m.* (-bohl) Longdrink mit Wisky; **Highbrow** *m.* (-broh) 1. hochgestochen, anspruchsvoll; 2. sich sehr intellektuell gebender Mensch; **High Church** *w.* (– tschörtsch, *engl.*) die anglikanische Hochkirche; **high end** technisch perfekt; **Highheels** *Mz.* (-hihls) Stöckelschuhe; **High Impact** *m.* starke Wirkung; **High-Key-Technik** *w.* überwiegend helle Filmaufnahmen, gute Stimmung und Happy End anzeigend; **Highland** *s.* (-länd) das schottische Hochland; **Highland-Cattle** *s.* (-kättl) schottisches Hochlandrind; **Highlandpony** *s.* schottische Ponyrasse; **Highlife** *s.* (-leif) 1. exklusiver Lebensstil; 2. eine Phase ausgiebigen Feierns; **Highlight** *s.* (-leit) 1. Glanzpunkt, Höhepunkt (einer Darbietung); 2. optische Hervorhebung; **highlighten** optisch hervorheben; **Highness** *w.* bis zu Heinrich VIII. der Titel des engl. Königs; **Highnoon** *s.* (-nuhn) extreme Spannung, spannender Höhepunkt (nach dem gleichnamigen Film von Fred Zinnemann); **Highriser** *m.* (-reiser) Bike mit hohem, zweigeteiltem Lenker und Rückenlehne(n); **High School** *w.* (– skuhl) amerikan. Schultyp, bei dem auf die achtjährige Grundschule ein vierjähriger Kurs folgt; **Highsnobiety** *w.* (-snobeijiti, aus *snob* und *society*) snobistische gesellschaftliche Kreise; **Highsociety** *w.* (-ßoßeijeti) die vornehme Welt, die oberen Zehntausend; **Hightea** *m.* (-tih) am frühen Abend zu

Tee gereichte kleine Mahlzeit; **Hightech** *w.* (-teck) hochentwickelte Technologie auf allen Gebieten; **Highway** *m.* (-weh) Hauptstraße, Landstraße, Autobahn in den USA

Hijacker *m.* (heidschäcker, *engl.*) Entführer eines Flugzeugs oder eines Schiffs

Hikiwake *s.* (*jap.*) das Unentschieden (beim Budo)

Hillbilly *m.* (*engl.*) 1. Hinterwäldler (Spottname für Südstaatler der USA); 2. ländliche Volksmusik der amerik. Südstaaten und die Musik der Cowboys sowie deren moderne Varianten

Himation *s.* (-ti-, *gr.*) weites Übergewand der altgriechischen Kleidung

Hindi *s.* Amtssprache in Indien (seit 1965); **Hindu** *m.* Anhänger des Hinduismus; **Hinduismus** *m.* Form des Brahmanismus, Volksreligion in Indien

hip (*engl.*) eingeweiht, in allem, was modern ist, beschlagen (umg.); **Hip-Hop** *m.* moderne Version des Rap

Hippiatrie, Hippiatrik *w.* (*gr.*) Pferdeheilkunde; **Hippiater** *m.* Pferdeheiler

Hippie *m.* (-pi, *engl.*) jugendlicher Anhänger einer antibürgerlichen Lebensform, ausgehend von den USA, in den 1970er Jahren (*Mz.* Hippies)

Hippodrom *m.* (*gr.*) Reitbahn, Reithalle

hippokratisch (*gr.*) gemäß den Grundsätzen des Hippokrates; **hippokratischer Eid** *m.* der in seinem sittlichen Gehalt noch heute für den Arzt gültige Eid des Hippokrates, 460–370 v. Chr.; **hippokratisches Gesicht** *s.* der von Hippokrates zum ersten Mal beschriebene Ausdruck des Sterbenden

Hippokrene *w.* (*gr.*) Quelle am Helikon, die als Ort dichterischer Inspiration galt

Hippologie *w.* (*gr.*) Wissenschaft vom Pferd, Eigw. **hippologisch**

Hippopotamus *m.* (*gr.*) Nilpferd, Flusspferd

Hipster *m.* (*engl.*) 1. leidenschaftlicher Jazzfreund, Jazzfan; 2. jmd., der hip ist; **Hipster** *w.* auf den Hüften sitzende Hose in verschiedenen Formen (z. B. als Slip, Short, Jeans u. a.)

Hirsuties *w.* (-suti'es, *lat.*) unnatürlich starke Behaarung

Hisbollah *m.* Anhänger, Mitglied der **Hisbollah** *w.* Gruppe (extremistischer) schiitischer Moslems, schiitische Miliz(en)

His Majesty *o. A.* (– mädjesti, *engl.*) Anrede an den engl. König: Seine Majestät (Abk. H. M.)

Hispanos *Mz.* (*span.*) Bez. für die Einwanderer aus spanischsprachigen Ländern nach Nordamerika

Hissar *m.* (*türk.*) Burg, oft als Bestandteil von türk. Ortsnamen

Histamin *s.* (*gr.*) körpereigenes Gewebshormon

Histokompatibilität *m.* (*gr.-lat.*) Gewebeverträglichkeit (zwischen Spender- und Empfängergewebe); **Histologe** *m.* (*gr.*) Facharzt auf dem Gebiet der Histologie; **Histologie** *w.* Lehre von den Körpergeweben, Eigw. **histologisch**

Historie *w.* (-ri'e, *lat.*) die Geschichte; **Historik** *w.* Geschichtswissenschaft; **Historiker** *m.* Geschichtswissenschaftler, Geschichtsforscher; **Historiograph** *m.* Geschichtsschreiber; **Historiographie** *w.* Geschichtsschreibung; **historisch** 1. geschichtlich, überliefert; 2. vergangen; **historisieren** 1. in die Geschichte verlegen, historische Stile annehmen; 2. etwas unter historischen Gesichtspunkten betrachten; **Historismus** *m.* 1. Geschichtsbewusstsein; 2. Überbetonung des Historischen; 3. eklektischer Baustil um 1900

Histotainment, Historytainment *s.* (-tehn-, aus *engl. hist*ory und enter*tainment*) dem Infotainment nachgebildete Bez. für die Vermengungen von Geschichte und Unterhaltung, z. B. in Historienfilmen, Computerspielen, Mittelaltermärkten, Fernsehserien u. Ä.

Histrione *m.* (*lat.*) 1. Schauspieler im antiken Rom; 2. etrusk. Tänzer; 3. Gaukler im Mittelalter

Hit *s.* (*engl.*) 1. Schlager, Erfolgsstück; 2. Verkaufsschlager, etwas, was sehr begehrt ist

hitchhiken (hitschheiken, *engl.*) per Anhalter reisen, trampen; **Hitchkick** *m.* bes. Technik beim Weitsprung, Laufsprung

HIV *s.* (aus *engl. h*uman *i*mmunodeficiency *v*irus) menschliches Immundefektvirus, Aidsvirus

hl = Hektoliter

h. l. = hoc loco

hm = Hektometer
H. M. = Her/His Majesty
h. m. = huius mensis
Hoax *m.* (hohks, *engl.*) 1. schlechter Scherz, Falschmeldung, Ente; 2. massenhaft verschickte Falsch- od. Scherzmeldung per E-Mail
Hobby *s.* (*engl.*) Steckenpferd, Liebhaberei
Hobo *m.* (*engl.*) umherziehender Arbeiter in den USA um 1900
hoc anno (*lat.*) in diesem Jahr
hoc est (*lat.*) das ist, das bedeutet (Abk. h. e.)
Hochfrequenz *w.* (*lat.*) Frequenz von 20000 bis 100 Mio. Hertz
hochmolekular (*lat.*) 1. aus vielen Atomen bestehend; 2. aus großen Molekülen bestehend
Hockey *s.* (hocki, *engl.*) Stockball, Rasensport mit Ball und Schlägern
hoc loco (*lat.*) an diesem Ort
hoc mense (*lat.*) in diesem Monat
Hodometer *s.* (*gr.-lat.*) Schrittzähler
Hodscha *m.* (*türk.*) geistlicher Lehrer im Islam
Hokuspokus *m.* (*engl.*) 1. Formel bei Zauberkunststücken; 2. Taschenspielerei, Blendwerk (viell. Verballhornung der kath. Messformel *hoc est corpus [meum]* = dies ist mein Leib)
Holdinggesellschaft *w.* (*engl.*) Gesellschaft, die Aktien und Anteile anderer Unternehmen besitzt und diese dadurch kontrolliert
Hole *s.* (hohl, *engl.*) Loch (beim Golfspiel)
Holidays *Mz.* (-dehs, *engl.*) Ferien, Urlaub
Holismus *m.* (*gr.*) Lehre, nach der alle Daseinsformen der Welt danach streben, ein Ganzes zu sein, Eigw. **holistisch**
Hollerithmaschine *w.* früher gängige Lochkartenbuchungsmaschine (nach dem Erfinder H. Hollerith)
Hollywood *s.* (-wud, *engl.*) geografisches Zentrum und Inbegriff des US-amerk. Films, Fernsehens und der Schallplattenindustrie; **Hollywoodschaukel** *w.* gepolsterte bequeme breite Gartenbank mit Rückenlehne, die in einer Vorrichtung zum Schaukeln befestigt ist
Holocaust; **Holokaust** *m.* (*gr.-engl.*) Massenvernichtung bes. durch Feuer, Bez. für die Judenvernichtung während des Nationalsozialismus
Holographie *w.* (*gr.*) technisches Verfahren mit Laserstrahlen, durch das ein dreidimensionales Bild, das Hologramm, erzeugt und gespeichert wird
Holozän *s.* (*gr.*) jüngster Abschnitt des Quartärs, beginnend etwa vor 10000 Jahren
Holster *s.* (*engl.*) 1. am Körper befestigte Pistolenhalterung; 2. Jagdtasche
Homebanking *s.* (hohmbänking, *engl.*) Erledigung von Bankgeschäften von zu Hause aus mittels Telekommunikation; **Homebase** *s.* (-behs) Markierung zwischen den beiden Schlägerboxen im Baseball; **Homecare** *w.* (-kär) Kranken- od. Altenbetreuung zu Hause; **Homecomputer** *m.* (-kompjuter, *engl.*) Computer mit einfacher Bedienbarkeit und großem Angebot an Spielprogrammen; **Homedress** = Homewear; **Homeland** *s.* (-länd) den Schwarzen zugewiesenes Gebiet in Südafrika während der Apartheid; **Homepage** *w.* (-pehdsch) Startseite eines Internetauftritts; **Homeplate** = Homebase
Homeriden *Mz.* (*gr.*) Sammelbez. für die griech. Epiker oder Sänger im Stile Homers; **homerisch** typisch für den Stil Homers, in seinem Stil; **homerisches Gelächter** lautes, ausgelassenes Gelächter
Homerule *w.* (hohmruhl, *engl.*) Schlagwort, Parole der irischen Unabhängigkeitsbewegung; **Homerun** *m.* (-rann) ein Schlag, den die Fängermannschaft nicht zum Abschlag bringen kann, was dem Schläger ermöglicht, das gesamte Spielfeld bis zum Homebase zu umlaufen; **Homeshopping** *s.* Einkaufen von zu Hause aus, vor allem über Internet; **Homesitter** *m.* jmd., der in Abwesenheit des Eigentümers oder Mieters dessen Haus bewohnt; **Homespun** *s.* (-span) grober, rauer (wie hausgemachter) Wollstoff; **Homestory** *w.* Zeitschriften- od. Fernsehbericht über das Privatleben einer bekannten Person; **Hometrainer** *w.* Heimtrainer; **Homewear** *w.* (-wehr) bequeme Kleidung für zu Hause
Homie *m.* (*engl.*) Mädchen od. Junge aus der Nachbarschaft, Kumpel, Freundin

Homiletik *w.* (*gr.*) Predigtlehre, Eigw. **homiletisch**; **Homiliar** *s.* Predigtsammlung; **Homilie** *w.* Predigt, erbauliche Bibelauslegung

Homilopathie, Homilophobie *w.* (*gr.*) krankhafte Menschenscheu

Hominiden *Mz.* (*lat.*) Menschenartige, Familie der Primaten

Hominisation *w.* (*lat.*) stammesgeschichtliche Menschwerdung

Hommage *w.* (ommahsch, *frz.*) 1. Huldigung; 2. Veranstaltung zu Ehren einer Person, bes. eines Künstlers; **Homme à Femmes** *m.* (omm a famm, *frz.*) Frauentyp, Frauenliebling; **Homme de Lettres** *m.* (– de lettr) Literat, Schriftsteller

Hommus, Hummus *m.* (*arab.*) gewürztes Kichererbsenpüree

Homo *m.* (*gr.*) kurz für Homosexueller

Homo *m.* (*lat.*) der Mensch als Gattungswesen; **Homo Faber** *m.* der Mensch als tätiges, die Welt technisch veränderndes Wesen; **Homo ludens** *m.* der Mensch als spielerisches Wesen; **Homo novus** *m.* Emporkömmling, Neuling; **Homo oeconomicus** *m.* der Mensch, soweit er rein wirtschaftlich denkt; **Homo sapiens** *m.* (-pi'ens) der vernunftbegabte Mensch, wissenschaftliche Bez. für den heutigen Menschen

Homo-, homo- (*gr.*) als Wortteil: gleich

homogen (*gr.*) gleichartig, gleich beschaffen; **homogenisieren** eine einheitliche Mischung herstellen; **Homogenität** *w.* Gleichartigkeit, Einheitlichkeit; **homolog** übereinstimmend, entsprechend; **homonym** gleich lautend; **Homonym** *s.* Wort, das genauso geschrieben und gesprochen wird wie ein anderes, aber etwas anderes bedeutet (z. B. *Ball / Ball*) oder sich grammatisch unterscheidet (z. B. die Vergangenheit von *hängen*: a) *hängte* b) *hing*); **homophag** 1. entweder Pflanzen oder Tiere fressend (von Tieren); 2. entweder auf Pflanzen oder Tieren schmarotzend (von Parasiten); **homophon** 1. mit einer führenden Melodiestimme (und Begleitstimmen); 2. gleichlautend (von Wörtern oder Silben); **Homophon** *s.* Wort, das genauso gesprochen, aber anders geschrieben wird (z. B. *fast / fasst*); **Homosexualität** *w.* gleichgeschlechtliche Liebe, Eigw. **homosexuell**; **Homosexuelle(r)** *m.* homosexuelle Person; **homozentrisch** mit gleichem Mittelpunkt; **homozygot** mit gleichen Erbanlagen

Homöo-, homöo- (*gr.*) als Wortteil: ähnlich

Homöopath *m.* (*gr.*) Arzt mit homöopathischer Heilweise oder Heilpraktiker; **Homöopathie** *w.* Heilweise, die Krankheiten mit kleinsten Dosen der den Krankheitserregern ähnlichen Stoffen angeht; **homöopathisch** 1. Homöopathie anwendend; 2. in minimaler Dosis (umg.); **Homöoplastik** *w.* Übertragung von arteigenem Gewebe; **Homöostase** *w.* Gleichgewichtszustand der Organismen

Homosexualität = Homo-, homo-

Homunkulus *m.* (*lat.*) künstlich erzeugter Mensch

Honanseide *w.* chinesische Naturseide mit dickeren Fadenstellen (nach der Provinz Honan in China)

honen (*engl.*) ziehschleifen, feinschleifen zur Erzielung vollkommen passender Metallteile

Honkytonk *s.* (*engl.*) 1. billige Kneipe, Schuppen; 2. schräge Musik auf dem Piano, dem Ragtime ähnlich

honett (*frz.*) ehrenhaft, anständig, ehrbar; **Honnêtehomme, Honnête Homme** (onnett omm) im 17. Jh. der wohlerzogene, gebildete, ehrenhafte Mann bzw. Adlige, später der Inbegriff des Biedermanns

Honey *m.* (hanni, *engl.*) Liebling, Schatz; **Honeymoon** *m.* (-muhn) Flitterwochen

Honneurs *Mz.* (onnör, *frz.*) Ehrenbezeigungen

Hongroise *w.* (ongroas, *frz.*) ungar. Tanz

honni (bzw. **honny**) **soit qui mal y pense** (onni soa ki mall ipangs, *frz.*) ein Schuft ist der, der Schlechtes dabei denkt (Inschrift des englischen Hosenbandordens)

honorabel (*lat.*) ehrenvoll, ehrenwert; **Honorar** *s.* Vergütung, Bezahlung für Angehörige freier Berufe; **Honorarprofessor** *m.* Professor ehrenhalber; **Honoratioren** *Mz.* die angesehensten Bürger des Ortes; **honorieren** 1. bezahlen, Wechsel einlösen; 2. anerkennen, würdigen; **honorig** nicht kleinlich, anständig; **honoris causa** ehrenhalber (Abk. h. c.)

Honourable (onerebl, *engl.*) engl. Ehrentitel: Hochwohlgeboren (Abk. Hon.)
Honved *w.* (*ungar.*) die ungarische Armee (1919–1945); **Honved** *m.* ungarischer Soldat
Hooded Shirt *s.* (huhdid schört, *engl.*) Sweatshirt mit Kapuze
Hook *m.* (huhk, *engl.*) 1. Haken beim Boxen; 2. Kurvball nach links bei Golf und Bowling; 3. Greifhaken an Armprothesen; **hooked** von einer harten Droge abhängig (Jargon); **hooken** einen Hook (2.) spielen; **Hooker** *m.* 1. Golfspieler, der den Hook (2.) beherrscht; 2. kleines flaches Fischerboot; **Hookshot** *m.* Sprungwurf beim Basketball; **Hookspin** *m.* mit Effet geschlagener Ball
Hooligan *m.* (huhligen, *engl.*) Rowdy, Schlägertyp, Randalierer
Hoplit *m.* (*gr.*) schwerbewaffneter Soldat im altgriechischen Heer
hora (*lat.*) Stunde als physikalische Maßeinheit (Zeichen: h); **Horarium** *s.* (*lat.*) Stundenbuch
Horen *Mz.* (*lat.*) griechische Göttinnen der Jahreszeiten
Horizont *m.* (*gr.*) 1. sichtbare Trennungslinie zwischen Himmel und Erde; 2. Gesichtskreis, geistiges Fassungsvermögen (z. B. Wissenshorizont); **horizontal** waagerecht; **Horizontale** *w.* waagerechte Linie oder Lage; **horizontales Gewerbe** *s.* Prostitution (umg.)
Hormon *s.* (*gr.*) körpereigener Wirkstoff, Produkt der Drüsen mit innerer Sekretion, Eigw. **hormonal, hormonell**
Hornpipe *w.* (-peip, *engl.*) 1. Blasinstrument, dessen Enden aus Horn bestehen; 2. alter engl. Tanz
Horolog, Horologium *s.* (*lat.*) Stundenzeiger, Uhr (z. B. Sonnenuhr); **Horologe** *m.* antiker Stundenausrufer
Horopter *m.* (*gr.*) Sehgrenze, Sehbereich des menschlichen Blicks
Horoskop *s.* (*gr.*) 1. Stellung der Gestirne in einem bestimmten Augenblick und an einem bestimmten Ort; 2. schematische Aufzeichnung dieser Stellung; 3. Charakter- und Zukunftsdeutung einer Person aus der Stellung der Gestirne, bes. am Tag der Geburt
Horra, Hora *w.* (*neuhebr.*) jüd. Volkstanz
horrend (*lat.*) schrecklich, unmäßig
horribel (*lat.*) grausig, schrecklich; **horribile dictu** schrecklich, es auszusprechen
Horror *m.* (*lat.*) Schrecken, Schauder, Abscheu, Entsetzen; **Horrorfilm** *m.* Film mit schaurig-gruseligem Inhalt; **Horrortrip** *m.* 1. extreme Angstzustände im Drogenrausch; 2. alptraumartiges Erlebnis; **Horror Vacui** *m.* Angst vor dem Leeren (angebliche Abneigung der Natur gegen leere Räume)
hors concours (or kongkuhr, *frz.*) außer Wettbewerb
Horsd'œuvre *s.* (ordöwre, *frz.*) Vorgericht, Vorspeise
Horse *s.* (horß, *engl.*) Heroin (Jargon); **Horsepower** *w.* (-pauer) Pferdestärke, in Großbritannien übliche Einheit der Leistung (= 745 Watt); **Horsepower hour** *w.* (auer) in Großbritannien übliche Einheit der mechanischen Arbeit (= ca. 1 PS pro Std.), Abk. h.p. hr.
Hortikultur *w.* (*lat.*) Gärtnerei, Gartenkunst
Hortus Animae *m.* od. *s.* häufige Bezeichnung für spätmittelalterliche Gebetbücher; Seelengarten
Horus *m.* altägyptischer Hauptgott, in Gestalt eines Falken verehrt, Titel des Königs
hosanna, hosianna (*hebr.*) Hilfs- und Freudenruf, der aus dem Alten Testament in die christliche liturgische Tradition übernommen wurde
Hospital *s.* (*lat.*) Krankenhaus; **Hospitalismus** *m.* 1. Infektionen durch im Krankenhaus übertragene Erreger; 2. seelische Störungen durch langen Krankenhaus- oder Heimaufenthalt, bes. bei Kindern; **Hospitant** *m.* 1. Gasthörer; 2. Praktikant, Ztw. **hospitieren**; **Hospiz** *s.* von einer christl. Vereinigung betriebenes Gasthaus oder Hotel
Host *m.* (*engl.*) 1. Kurzwort für Hostcomputer; 2. Internetadresse (EDV); **Hostcomputer** *m.* Hauptrechner in einem Computernetz, Wirtsrechner (EDV)
Hospodar = Gospodar
Hostess *w.* (*engl.*) 1. Betreuerin, Begleiterin, Führerin bei Ausstellungen, Messen u. Ä.; 2. Prostituierte (in der Diktion von Zeitungsannoncen)

Hostie *w.* (-ti'e, *lat.*) Abendmahlsoblate, den Leib des Herrn darstellend

hostil (*lat.*) feindlich; **Hostilität** *w.* Feindseligkeit

Hot *m.* (*engl.*) heiße, heftige Spielweise im Jazz; **hotten** in dieser Art spielen oder tanzen; **Hotdog** *s.* gekochtes und gegrilltes Würstchen, das der Länge nach in ein Brötchen gelegt wird

Hotel *s.* (*frz.*) Übernachtungsbetrieb für gehobenere Ansprüche; **Hotel de Ville** *s.* (– de will) Rathaus in Frankreich und Belgien; **Hotel garni** *s.* Hotel, das nur Frühstück gibt; **Hotelier** *m.* (-jeh) Hotelbesitzer; **Hotellerie** *w.* Gasthausgewerbe

Hot Jazz *m.* (-dschäs, *engl.*) frühe temperamentvolle Stilform des Jazz; **Hotkey** *m.* (-kih) Befehl, der ein anderes Programm aktiviert (EDV); **Hotline** *w.* (-lein) telefonische Spezialdienste für dringliche Fälle; **Hotpants** *Mz.* (-pä-) sehr knappe shortartige Hosen für Damen; **Hotshots** *Mz.* (-schotts) schnelle Abfolge von Gags; **Hotspot** *m.* 1. Bereich in einem Gen, wo Mutationen erfolgen; 2. Krisenherd; 3. vulkanische Region im Erdmantel; 4. = WLAN; 5. wichtige, interessante Orte, ein Muss für alle, die hip sein wollen

Hourdi *m.* (urdi, *frz.*) Hohlziegel für Dächer

House *m.* (*engl.*) in den USA der 1980er Jahre entstandene, dem Techno verwandte elektronische Tanzmusik (nach dem Club *Warehouse* in Chicago, wo sie zuerst gespielt wurde); **House of Commons** *s.* (haus of kommens) englisches Unterhaus; **House of Lords** *s.* englisches Oberhaus

Hovercraft *s.* (howerkrahft, *engl.*) Luftkissenfahrzeug

HTML (aus *engl. Hypertext mark-up Language*) Sprache zur Erstellung von Hypertext-Dokumenten, Dokumentensprache

http (aus *engl. Hypertext Transfer Protocol*) Anfang einer Adresse im World Wide Web

Hugenotten *Mz.* (*frz.*) die Protestanten in Frankreich, die das Land am Ende des 17. Jhs. verließen, Eigw. **hugenottisch**

huius anni (*lat.*) dieses Jahres; **huius mensis** dieses Monats

Huk *w.* (*niederl.*) Landzunge

Hula *w.* (*hawai.*) Gemeinschaftstanz der Eingeborenen auf Hawaii; **Hula Hoop, Hula Hopp** *m.* leichter Plastikreifen, den man durch Hüftbewegungen in der Taille kreisen lässt

human (*lat.*) 1. für den Menschen typisch; 2. nachsichtig, nicht streng; 3. menschenwürdig

Human Engineering *s.* (jumen endschinihring, *engl.*) Gestaltung von Maschinenanlagen, Geräten und Arbeitsplätzen nach menschlichen Erfordernissen

Humangenetik *w.* (*lat.*) Wissenschaft von der menschlichen Vererbung; **humanisieren** menschlich, menschenwürdig gestalten; **Humanismus** *m.* 1. in der Renaissance einsetzende Bildungsbewegung mit dem Ziel, den Menschen (nach dem Vorbild der Antike) zu wahrer Menschlichkeit zu erziehen; 2. geistige Haltung, die auf die Würde des menschlichen Individuums ausgerichtet ist; **Humanist** *m.* Vertreter des Humanismus; **humanistisch** 1. im Geist des Humanismus; 2. altsprachlich gebildet; **humanitär** menschenfreundlich, wohltätig; **Humanität** *w.* Menschlichkeit, Menschenwürde

Humanitarismus *m.* (*lat.*) menschenfreundliche, auf das Wohl des Menschen gerichtete Gesinnung (nach einer sich nach dem «Journal humanitaire» benennenden Gruppierung im Frankreich des 19. Jhs.); Eigw. **humanitaristisch**

Humankapital *s.* 1. Gesamtheit der Fähigkeiten, Fertigkeiten u. des Wissens, das in einer Person verkörpert ist; 2. = Human Resources

Human Relations *Mz.* (jumen rilehschens, *engl.*) eine Form der Personalpolitik, die auf Pflege und Förderung der zwischenmenschlichen Beziehungen im Betrieb ausgerichtet ist; **Human Resources** *Mz.* (-risorßis) die einem Unternehmen zur Verfügung stehenden Leistungspotenziale seiner Mitarbeiter; **Human Resources Manager** *m.* Personalchef; **Human Touch** *m.* (– tatsch) menschliche Note, menschlicher Zug; **Humanwissenschaften** *Mz.* (*lat.*) Gesamtheit der wissenschaftl. Disziplinen, die sich mit dem Menschen befassen

Humbug *m.* (*engl.*) Schwindel, Quatsch

humid (*lat.*) feucht; **Humidität** *w.* Feuchtigkeit; **Humidor** *m.* (*lat.*) Behälter mit konstant gehaltener Luftfeuchtigkeit zur Aufbewahrung von Zigarren

Humor *m.* (*lat.*) Heiterkeit, gelassene und heitere Einstellung gegenüber Widrigkeiten; **Humoralpathologie** *w.* antike Auffassung, die alle Krankheiten aus einer fehlerhaften Zusammensetzung der Körpersäfte ableitete; **Humoreske** *w.* kurze humoristische Erzählung oder heiteres, kleines Musikstück; **humorig** gut gelaunt; **Humorist** *m.* humoristischer Schriftsteller oder Vortragskünstler; **humoristisch** scherzhaft, humorvoll, witzig

Humus *m.* (*lat.*) Nährboden aus abgestorbenen pflanzlichen oder tierischen Stoffen; **humos** humusreich

Hundredweight *s.* (handridweht, *engl.*) engl. Handelsgewicht von ca. 51 kg (Abk. cwt, cwt.)

Hungarika *Mz.* (*lat.*) Werke über Ungarn; **Hungarologie** *w.* Wissenschaft von der ungarischen Sprache und Literatur

Hunter *m.* (hant-, *engl.*) 1. robustes Jagdpferd, das zuerst in England gezüchtet wurde; 2. engl. Jagdhund

Hurdy-Gurdy *s.* (*engl.*) engl. Drehleier

Huris *Mz.* (*arab.*) die ewig jungen und schönen Jungfrauen, die nach islamischem Glauben die Seligen im Paradies belohnen (Ez. Huri)

Hurrikan *m.* (harriken, *indian.*) tropischer Wirbelsturm mit Windstärken bis 300 km/h, Orkan

Husar *m.* (*ungar.-itl.*) ehemal. Angehöriger der leichten Kavallerie

Husky *m.* (haski, *engl.*) Eskimohund

Husle *w.* (*slaw.*) altertümliche Geige

Husse, Housse *w.* (*frz.*) dekorativer Überwurf über Stühle od. Sessel

Hussiten *Mz.* Anhänger des Reformators Johannes Hus, des Begründers und Predigers der tschechischen Glaubens- und Nationalbewegung im 15. Jh.

Hüzün *o.A.* (*arab.-türk.*) Weltschmerz, Verlustgefühl, eine als typisch türkisch geltende Form der Melancholie

hyalin (*gr.*) glasig, durchscheinend; **Hyaline** *Mz.* glasige Eiweißkörper; **Hyalit** *m.* Glasopal; **Hyalographie** Glasradierung

Hyäne *w.* (*gr.*) Aas fressendes Raubtier in Afrika und Südasien

Hyazinth *m.* (*gr.*) Edelstein, Abart des Zirkons; **Hyazinthe** Gattung der Liliengewächse mit stark duftenden Blüten

hybrid (*gr.*) 1. von zweierlei Herkunft, gekreuzt; 2. aus verschiedenen Sprachen zusammengesetzt (von Worten); 3. vermessen, hochmütig; **Hybrid** *s.*, **Hybride** *w.* aus einer Kreuzung hervorgegangenes Lebewesen; 2. ein aus unterschiedlichen Arten od. Prozessen zusammengesetztes Ganzes; 3. zwei od. mehr Arten von Technologie nutzend (z. B. Hybridmotor, Hybridhaus); **Hybridisation** *w.* Kreuzung, Ztw. **hybridisieren**; **Hybris** *w.* Selbstüberhebung, Vermessenheit

Hydr(o)-, hydr(o)- (*gr.*) als Vorsilbe: Wasser

Hydra *w.* (*gr.*) 1. neunköpfiges Seeungeheuer der griech. Mythologie; 2. Süßwasserpolyp

Hydrämie *w.* (*gr.*) erhöhter Wassergehalt des Blutes; **Hydrant** *m.* Wasserzapfstelle zum Anschließen von Schläuchen; **Hydrat** *s.* chem. Verbindung, die durch Anlagerung von Wasser entsteht; **Hydraulik** *w.* techn. Verfahren und Anlagen zur Kraftübertragung durch Flüssigkeiten; **hydraulisch** auf Hydraulik basierend

Hydria *w.* (*gr.*) altgriech. Gefäß zum Wassertragen (mit zwei waagerechten und einem senkrechten Henkel)

Hydrid *s.* (*gr.*) Verbindung von Wasserstoff mit anderen Elementen; **hydrieren** auf chemischem Wege Wasserstoff anlagern, Hptw. **Hydrierung** *w.*

Hydrobiologie *w.* (*gr.*) Wissenschaft von der Lebewelt der Gewässer; **hydrobiont** im Wasser lebend (von Lebewesen)

Hydrochinon *s.* (*gr.*) fotografischer Entwickler; **Hydrodynamik** *w.* Wissenschaft von den bewegten Flüssigkeiten, Strömungslehre, Eigw. **hydrodynamisch**; **hydroenergetisch** von Wasser angetrieben; **hydrogam** durch Vermittlung des Wassers befruchtet (von Pflanzen); **Hydrogen** *s.* Wasserstoff, chem. Element, Zeichen H; **Hydrographie** *w.* Teilgebiet der Hydrologie, das sich mit dem natürlichen Wasserkreislauf befasst, Eigw. **hydrographisch**; **Hydrokultur** *w.* Verfahren und Ausstattung zur Pflanzenaufzucht in Nährlösung; **Hydrologie** *w.* Wissenschaft vom Wasser; **Hydrolyse** *w.* Spaltung chemischer Verbindungen durch Wasser, Eigw. **hydrolytisch; Hydrometer** *s.* Gerät zum Messen strömender Flüssigkeiten; **hydrophil** Wasser anziehend, Wasser liebend (von Pflanzen und Tieren); **hydrophob** Wasser abstoßend, wasserscheu (von Pflanzen und Tieren); **hydropneumatisch** durch Wasser und Luft angetrieben; **Hydrops** *m.*, **Hydropsie** *w.* Wassersucht; **Hydrosphäre** *w.* die Wasserhülle der Erde; **Hydrostatik** *w.* Wissenschaft vom Druck und Gleichgewicht der Kräfte bei ruhenden Flüssigkeiten; **Hydrotechnik** *w.* Wasserbautechnik; **Hydrotherapie** *w.* Wasserheilkunde; **Hydrothorax** *w.* Brustwassersucht; **Hydrozephalus** *m.* Wasserkopf

Hyetograph *m.* (*gr.*) Instrument zum Registrieren der Niederschlagsmenge; **Hyetometer** *s.* Instrument zum Messen der Niederschlagsmenge

Hygieia *w.* (-gi'ei-, *gr.*) Göttin der Gesundheit; **Hygiene** *w.* (-gi'e-) Gesundheitslehre; **hygienisch** den Forderungen der Gesundheitslehre entsprechend

Hygrograph *m.* (*gr.*) registrierendes Messgerät für Luftfeuchtigkeit; **Hygrometer** *s.* Luftfeuchtigkeitsmesser; **hygrophil** feuchten Standort liebend (von Pflanzen); **Hygrophyten** *Mz.* Pflanzen, die an feuchten Stellen leben; **Hygroskop** *s.* Apparat, der die Luftfeuchtigkeit anzeigt; **hygroskopisch** Feuchtigkeit bindend

Hyle *w.* (*gr.*) Urstoff in der altgriech. Naturphilosophie; **Hylozoismus** *m.* Lehre, nach der der Stoff beseelt ist

Hymen *m.* (*gr.*) griech. Hochzeitsgott; **Hymen** *s.* Jungfernhäutchen

Hymne *w.*, **Hymnus** *m.* (*gr.*) 1. Lobgesang, Festgesang; 2. kurz für Nationalhymne; **Hymnik** *w.* Kunst d. Hymnendichtung und -komposition; **hymnisch** lobpreisend, überschwänglich

Hype *m.* (heip, *engl.*) übersteigerte Reklame, Medienrummel; **hypen** künstlich aufwerten, groß herausbringen, großen Rummel (um eine Person od. Sache) veranstalten

Hyper-, hyper- (*gr.*) als Vorsilbe: über, über…, hinaus, übermäßig

Hyperacidität *w.* (*gr.-lat.*) erhöhter Säuregehalt des Magensaftes; **Hyperalgesie** *w.* Schmerzüberempfindlichkeit; **Hyperämie** *w.* (*gr.*) Blutandrang, Blutüberfülle; **Hyperästhesie** *w.* Überempfindlichkeit gegenüber Sinnesreizen; **Hyperazidität** = Hyperacidität

Hyperbel *w.* (*gr.*) 1. mathematischer Kegelschnitt mit zwei parallelen Zweigen; 2. Übertreibung als sprachliches Stilmittel (z. B. ein *Meer* von Tränen); **hyperbolisch** übertrieben

Hyperboreer *Mz.* (-re'er, *gr.*) sagenhaftes Volk im hohen Norden; **hyperboreisch** hoch im Norden gelegen

Hyperfunktion *w.* (*gr.-lat.*) Überfunktion eines Organs

Hypergamie *w.* die Heirat einer Frau aus einer tieferstehenden Schicht od. Kaste mit einem Angehörigen einer höheren Schicht od. Kaste, im Ggs. zu Hypogamie

Hyperglykämie *w.* (*gr.*) erhöhter Blutzuckergehalt

Hyperion *m.* (*gr.*) ein Titan in der griech. Mythologie, Sohn der Gaia und des Uranos

Hyperkinese *w.* (*gr.*) krankhafter Bewegungsdrang

hyperkritisch (*gr.*) überkritisch, überstreng

Hyperlink = Link

Hypermetropie, Hyperopie *w.* (*gr.*) Übersichtigkeit, Weitsichtigkeit

Hyperrealismus = Fotorealismus

Hypersekretion *w.* (*gr.*) vermehrte Absonderung

Hypertext *m.* (heiper-, *engl.*) Dokumentensystem im World Wide Web, das Texte, Graphiken, Video- und Audiodokumente miteinander verbindet

Hypertonie *w.* (*gr.*) 1. erhöhter Blutdruck; 2. vermehrte Muskelspannung

Hypertrichose *w.* (*gr.*) übermäßige Körperbehaarung

hypertroph, hypertrophisch (*gr.*) 1. durch Zellwachstum vergrößert; 2. überspannt, überzogen; **Hypertrophie** *w.* 1. übermäßige Vergrößerung; 2. überzogenes Selbstbewusstsein, Anmaßung

Hypnos *m.* (*gr.*) griech. Gott des Schlafes;

Hypnose *w.* schlafähnlicher Zustand, durch Suggestion hervorgerufene Willenlosigkeit; **Hypnosie** *w.* Schlafkrankheit; **Hypnotikum** *s.* Schlafmittel; **hypnotisch** willenlähmend; **Hypnotiseur** *m.* (-sör) Person mit hypnotischen Fähigkeiten; **hypnotisieren** 1. in Hypnose versetzen; 2. bannen, widerstandslos machen; **Hypnotismus** *m.* Lehre von der Hypnose

Hypo-, hypo- (*gr.*) als Vorsilbe: unter

Hypoacidität, Hypoazidität *w.* (*gr.-lat.*) verminderter Säuregehalt des Magensaftes

Hypochonder *m.* (*gr.*) an Hypochondrie Leidender, eingebildeter Kranker, Eigw. **hypochondrisch**; **Hypochondrie** *w.* (*gr.*) Krankheitsangst, Krankheitsgefühl ohne pathologische Ursache

hypodermatisch (*gr.*) unter der Haut

Hypofunktion *w.* (*gr.*) Unterfunktion der Organe

Hypogalaktie *w.* (*gr.*) zu geringe Milchabsonderung in der Stillzeit

Hypogamie *w.* die Heirat einer Frau aus einer höheren Schicht mit einem Angehörigen einer tieferstehenden Schicht od. Kaste, im Ggs. zu Hypergamie

Hypoglykämie *w.* (*gr.*) verminderter Blutzuckergehalt

Hypokausten *Mz.* (*gr.*) Warmluftheizanlage unter den Fußböden in Antike und Mittelalter

Hypokinese *w.* (*gr.*) Bewegungsarmut der Muskulatur

Hypokrisie *w.* (*gr.*) Heuchelei, Scheinheiligkeit; **Hypokrit** *m.* Heuchler; **hypokritisch** heuchlerisch, scheinheilig

Hypophyse *w.* (*gr.*) Hirnanhangsdrüse

Hypoplasie *w.* (*gr.*) Unterentwicklung von Organen

Hypostase *w.* (*gr.*) 1. Unterlage, Grundlage, Substanz; 2. Verdinglichung eines Begriffs; 3. Blutstauung unten liegender Körperteile; 4. Personifizierung göttlicher Eigenschaften; **hypostasieren** vergegenständlichen, personifizieren, unterstellen; **hypostatisch** gegenständlich

hypotaktisch (*gr.*) Sprachlehre: untergeordnet, abhängig, Hptw. **Hypotaxe, Hypotaxis** *w.*

Hypotenuse *w.* (*gr.*) im rechtwinkligen Dreieck die längste Seite

Hypothek *w.* (*gr.*) durch Beleihung erworbenes Pfandrecht an Grundstücken und Häusern, Eigw. **hypothekarisch**

Hypothermie *w.* (*gr.*) Untertemperatur

Hypothese *w.* (*gr.*) 1. begründete (wenn auch nicht bewiesene) wissenschaftliche Annahme; 2. die Prämisse für die Konklusion (in logischen Operationen); **hypothetisch** unterstellt, angenommen

Hypotonie, Hypotension *w.* (*gr.*) 1. Blutunterdruck; 2. verminderter Augendruck

Hypotrophie *w.* (*gr.*) 1. Unterentwicklung von Organen und Geweben; 2. Unterernährung

Hypovitaminose *w.* (*gr.*) Vitaminmangelkrankheit

Hypozentrum *s.* (*gr.*) Erdbebenherd

Hypso-, hypso- (*gr.*) als Wortteil: Höhe; **Hypsometer** *s.* Höhenmesser; **Hypsometrie** *w.* Höhenmessung; **Hypsothermometer** *s.* Höhenmessgerät nach dem Siedepunkt des Wassers; **Hypsophobie** *w.* Höhenangst

Hysterie *w.* (*gr.*) krankhafter Erregungszustand mit abnormen körperlichen und psychischen Symptomen; **Hysteriker** *m.* Person mit hysterischen Leiden; **Hysteriologie** *w.* die Lehre von den Krankheiten der Gebärmutter, Eigw. **hysteriologisch**; **hysterisch** 1. auf Hysterie beruhend; 2. übererregt, überspannt

Hysterologie *w.*; **Hysteron-Proteron** *s.* (*gr.*) Redefigur, die etwas vorwegnimmt, was zeitlich oder logisch später folgen müsste (z. B. Ihr Mann ist tot und lässt Sie grüßen [Goethe, Faust])

Hysteroskopie *w.* (*gr.*) Gebärmutteruntersuchung; **Hysterotomie** *w.* Kaiserschnitt

I

Iambus = Jambus
Iatrik, Iatrologie *w.* (*gr.*) Heilkunst, ärztliche Kunst
ib., ibd. = ibidem
Iberer *Mz.* (*lat.*) frühere Bevölkerung der Pyrenäenhalbinsel; **iberisch** die Pyrenäenhalbinsel betreffend; **Iberische Halbinsel** *w.* Pyrenäenhalbinsel; **Iberoamerika** *s.* Lateinamerika, Eigw. **iberoamerikanisch**
ibidem (*lat.*) ebenda, am selben (schon erwähnten) Ort; (Abk. ib., ibd.)
Ibis *m.* (*arab.-gr.*) tropischer und subtropischer Storchvogel; hl. Vogel der ägypt. Göttin Isis
Iblis *o. A.* (*arab.*) (ein) Name des Teufels im Islam
Ibn *m.* (*arab.*) Sohn, Teil arab. Personennamen
IBRD (aus *engl.* *I*nternational *B*ank for *R*econstruction and *D*evelopment) 1944 gegr. Internationale Bank für Wiederaufbau und Entwicklung, Sonderorganisation der Vereinten Nationen mit Sitz in Washington (USA), Weltbank
IC = Intercity-Zug
ICE = Intercityexpress
Ichneumon *m.* oder *s.* (*gr.*) afrikanische Schleichkatze
Ichthyol *s.* (*Wz.*) schwefelhaltiges Destillat aus Ölschiefer, zu Heilzwecken gegen Hautkrankheiten u. a. verwendet
Ichthyo-, ichthyo (*gr.*) als Wortteil: Fisch
Ichthyologie *w.* (*gr.*) Fischkunde; **Ichthyosaurus** *m.* ausgestorbene, riesige Fischechse (*Mz.* Ichthyosaurier [-'ri'er]); **Ichthyose, Ichthyosis** *w.* Fischschuppenkrankheit des Menschen; **Ichthyotoxin** *s.* Fischgift im Blut mancher Fische
Icing *s.* (eißing, *engl.*) regelwidriger Weitschuss des Pucks im Eishockey, Befreiungsschuss über zwei Linien
ICN = Intercity Night
Icon *s.* (eiken, *engl.*) grafisches Zeichen, Piktogramm, das am Bildschirm für die Charakterisierung von Funktionen benutzt wird (z. B. eine winzige Sanduhr, die anzeigt, dass ein Programm arbeitet (EDV)
Icterus = Ikterus
Ictus = Iktus
id. = idem
i. D. Abk. für inklusive Dividende (auf Kurszetteln)
Id *s.* (*arab.*) das höchste mohammedanische Fest
Ideal *s.* (*gr.*) Idealbild, Inbegriff des Vollkommenen, Vorbild, nach dem jmd. strebt; **ideal** 1. vollkommen, vorbildlich; 2. nur in der Vorstellung vorhanden; **idealisieren** zum Ideal erheben, verklären; **Idealismus** *m.* 1. durch Ideale bestimmte Lebensführung und Weltanschauung; 2. philosophische Anschauung, die das Materielle als Erscheinungsform von Ideen interpretiert; **Idealist** *m.* 1. von Idealen bestimmter Mensch; 2. Vertreter des philosophischen Idealismus, Eigw. **idealistisch; Idealität** *w.* ideale Beschaffenheit; **idealiter** idealerweise; **Idealtyp, Idealtypus** *m.* Person, die in vollkommener Weise die Merkmale einer (sozialen) Gruppe aufweist, Eigw. **idealtypisch**
Idee *w.* (*gr.*) 1. Urbild, reiner Begriff; 2. Einfall, Vorstellung, Gedanke; 3. Kleinigkeit, ein bisschen; **ideell** (-de'e-) auf einer Idee beruhend, gedanklich; **Ideenassoziation** *w.* nicht dem Willen unterliegende gedankliche Verknüpfung von Vorstellungen; **Ideendrama** *s.* Weltanschauungsdrama, Theaterstück, in dem Handlung und Personen einer allgemeinen Idee untergeordnet werden (z. B. Lessings *Nathan der Weise*); **Ideengeschichte** *w.* Geistesgeschichte; **Ideenflucht** *w.* krankhafte Unfähigkeit, einen Gedanken zu verfolgen, Bestürmtwerden von ständig wechselnden Vorstellungen
Idée fixe *w.* (ideh fix, *frz.*) 1. Grundgedanke, durchgehaltene Idee eines Werks; 2. Zwangsvorstellung

idem (*lat.*) derselbe, dasselbe (Abk. id.)
Iden *Mz.* (*lat.*) im altrömischen Kalender der 13. oder 15. Tag des Monats; **Iden des März** Tag der Ermordung Cäsars (am 5. März 44 v. Chr.), (Ez. Idus)
Identifikation, Identifizierung *w.* (*lat.*) 1. Feststellung der Gleichheit; 2. gefühlsmäßiges Sichgleichsetzen mit anderen und Übernahme ihrer Normen; **Identifikator** *m.* (willkürlich) zugewiesenes Merkmal, häufig eine Nummer, zur eindeutigen Identifizierung eines Objekts (z. B. ein Buch durch ISBN-Nummer) oder eines Menschen (z. B. durch die Nummer des Personalausweises) (Abk. ID); **identifizieren** 1. jmdn. oder etwas wiedererkennen, seine Identität feststellen, Eigw. **identifizierbar**; 2. gleichsetzen; 3. sich identifizieren: sich mit etwas oder jmdm. gleichsetzen; **identisch** ein und dasselbe; **identische Zwillinge** *Mz.* eineiige Zwillinge; **Identität** *w.* 1. vollkommene Gleichheit, Übereinstimmung in allen Merkmalen; 2. die erlebte Kontinuität des Ich
Ideo-, ideo- (*gr.*) als Wortteil; Begriff, Idee, Vorstellung
Ideogramm *s.* (*gr.*) Schriftzeichen, das einen ganzen Begriff darstellt, Begriffszeichen; **Ideographie, Ideografie** *w.* Bilderschrift, Begriffsschrift, aus Ideogrammen gebildete Schrift, Eigw. **ideographisch, ideografisch**
Ideologe *m.* (*gr.*) Vertreter einer Ideologie; jmd., der die Wirklichkeit durch die Brille einer Ideologie sieht; **Ideologem** *s.* Gedankengebilde, Vorstellung; **Ideologie** *w.* (politisches) Denksystem, das aufgrund beschränkter Wirklichkeitswahrnehmung einseitig und interessegeleitet ist; **ideologisch** auf einer Ideologie beruhend, ihr entsprechend; **ideologisieren** zur Ideologie machen, ideologisch ausrichten; **Ideologiekritik** *w.* 1. Nachweis der gesellschaftlichen Bedingtheit von Ideologien; 2. Interpretation von Texten im Hinblick auf ihre gesellschaftlichen Voraussetzungen; **Ideomotorik** *w.* unwillkürliche Bewegungen, die durch Vorstellungen oder Wahrnehmungen ausgelöst werden
id est (*lat.*) das heißt, das bedeutet (Abk. i. e.)
Idio-, idio- (*gr.*) als Vorsilbe: Eigen-, Selbst; **Idiofon** *s.* selbstschwingendes Musikinstrument (z. B. Gong); **Idiogramm** *s.* grafische Darstellung der Chromosomen eines Chromosomensatzes; **Idiolatrie** *w.* Selbstvergötterung
Idiolekt (*engl.*) Wortschatz, Aussprache und Ausdrucksweise eines einzelnen Individuums
Idiom *s.* (*gr.*) 1. Mundart; 2. Spracheigentümlichkeit; **Idiomatik** *w.* Wissenschaft von den Spracheigenarten; **idiomatisch** die Idiomatik betreffend; **idiomatische Wendungen** *Mz.* Spracheigentümlichkeiten, für eine bestimmte Sprache charakteristische Redewendungen
idiopathisch (*gr.*) ohne erkennbare Ursache, selbständig auftretend (von Krankheiten)
Idioplasma *s.* (*gr.*) Keimplasma
Idiosynkrasie *w.* (*gr.*) 1. Überempfindlichkeit gegen bestimmte Stoffe; 2. unüberwindliche Abneigung, Widerwille gegenüber bestimmten Gegenständen, Anschauungen, Personen, Eigw. **idiosynkratisch**
Idiot *m.* (*gr.*) 1. Schwachsinniger; 2. Schwachkopf (umg.); **Idiotie** *w.* angeborener oder sehr früh durch Gehirnerkrankung erworbener schwerster Schwachsinn; **Idiotikon** *s.* Mundartwörterbuch; **idiotisch** 1. geistesschwach, blöde; 2. dumm, widersinnig, unsinnig; **Idiotismus** *m.* 1. Idiotie, Verblödung; 2. unbegreiflich törichte Handlungsweise; 3. mundartliche Eigentümlichkeit, mundartlicher Einschlag in der Sprache (*Mz.* Idiotismen)
idiotypisch (*gr.*) durch die Gesamtheit aller Erbfaktoren festgelegt; **Idiotyp, Idiotypus** *m.* Gesamtheit aller Erbfaktoren; **Idiovariation** *w.* Genmutation
Ido *s.* (*Kunstwort*) aus dem Esperanto weiterentwickelte Welthilfssprache
Idol *s.* (*gr.*) 1. Götzenbild in Menschengestalt; 2. kritiklos bewunderte, vergötterte Person; **Idolatrie** *w.* Götzendienst, Abgötterei; **idolisieren** zum Idol erheben
Idschma *w.* (*arab.*) Konsens, Einstimmigkeit der islamischen Rechtsgelehrten, neben Koran und Sunna die dritte Quelle islamischer Rechtsauslegung (Fiqh); **Idschithad** *m.* das Recht auf Bildung einer individuellen Meinung in Fragen, die

nicht im Koran od. Hadith beantwortet sind

Idyll *s.* (*gr.*) Bild oder Zustand eines stillen, einfachen, friedlichen Daseins; **Idylle** *w.* dichterische Schilderung einfacher, ländlicher Lebenszustände; **idyllisch** friedlich, ländlich

i. e. = id est

i. f. = ipse fecit

Iglu *m.* (*eskim.*) Rundbau der Eskimos aus Eis und gefrorenem Schnee

ignoramus, ignorabimus (*lat.*) wir wissen es nicht und werden es nicht wissen (Ausdruck für die Anerkennung unlösbarer Welträtsel)

Ignorant *m.* (*lat.*) Unwissender bzw. nicht wissen wollender Mensch; **ignorant** nicht zur Kenntnis nehmend; **Ignoranz** *w.* 1. Unwissenheit; 2. gewollte Unwissenheit; **ignorieren** übersehen, nicht beachten, nicht wissen wollen

Iguana *m.* (*Arawak-span.*) großer Leguan im tropischen Amerika; **Iguanodon** *m.* Pflanzen fressender urzeitlicher Dinosaurier

IHS (aus der *gr.* Abk. des Namens Jesu IHSOYS) Christusmonogramm, symbolisches Zeichen für Christus, Wiedergabe in Bildwerken und Handschriften mit unterschiedlicher Deutung (z. B. als *in hoc salus* = in diesem Heil od. *Jesus Hominum Salvator* = Jesus, der Menschen Heiland u. a. m.)

Ikebana *s.* (*jap.*) japan. Kunst des Blumensteckens

Ikon *s.*, **Ikone** *w.* (*gr.*) 1. Heiligenbild der Ostkirchen; 2. Kultbild (das sich jmd. von jmdm. macht); **Ikonodulie** *w.* Bilderverehrung; **Ikonograph** *m.* 1. Wissenschaftler auf dem Gebiet der Ikonographie; 2. lithographisches Gerät; **Ikonographie** *w.* Bestimmung und Deutung alter, bes. antiker Bildwerke; **Ikonoklasmus** *m.* Bildersturm; **Ikonoklast** *m.* Bilderstürmer; **Ikonologe** *m.* Wissenschaftler auf dem Gebiet der Ikonologie; **Ikonologie** *w.* Erforschung, Beschreibung und Deutung von Bildinhalten jeder Art; **Ikonoskop** *s.* Elektronenröhre im Fernsehapparat; **Ikonostase** *w.* Bilderwand vor dem Altarraum orthodoxer Kirchen

Ikosaeder *s.* (-sa'e-, *gr.*) Körper mit zwanzig Flächen, Zwanzigflächner

ikterisch (*gr.*) die Gelbsucht betreffend; gelbsüchtig; **Ikterus** *m.* Gelbsucht

Iktus *m.* (*lat.*) 1. Betonungssilbe, Hebung im Vers; 2. plötzliches schwerwiegendes Erkrankungszeichen

Ilang-Ilang = Ylang-Ylang

Ileus *m.* (-le'us, *gr.*) Darmverschluss

Ilex *m.* (*lat.*) 1. Steineiche der Römer; 2. Stechpalmengewächs

Ilias *w.* (*gr.*) Epos Homers über den Kampf um Troja; **Ilion, Ilios, Ilium** *s.* antiker Name Trojas

illegal (*lat.*) ungesetzlich, gesetzwidrig; **illegalisieren** für ungesetzlich erklären; **Illegalität** *w.* Ungesetzlichkeit; **illegitim** unrechtmäßig; **Illegitimität** *w.* Unrechtmäßigkeit

illiberal (*lat.*) engherzig, nicht liberal; **Illiberalität** *w.* Engherzigkeit

illicite (*lat.*) verbotener-, unerlaubterweise

illimitiert (*lat.*) unbegrenzt

illiquid (*lat.*) zahlungsunfähig, in Zahlungsschwierigkeiten; **Illiquidität** *w.* Mangel an Barmitteln

illiterat *m.* (*lat.*) unbelehrt, (wissenschaftlich) ungebildet, Hptw. **Illiterat** *m.*

Illokution *w.* (*lat.*) Sprechhandlung, sprachliche Äußerung in ihrer kommunikativen Funktion (z. B. Frage, Bitte, Ausruf)

illoyal (*frz.*) 1. vertragsbrüchig; 2. nicht mehr treu zu jmdm. stehend, Hptw. **Illoyalität** *w.*

Illuminaten *Mz.* (*lat.*) Illuminatenorden, Freimaurerorden des 18. Jhs.; **Illumination** *w.* 1. Festbeleuchtung; 2. göttliche Erleuchtung; 3. Ausmalung von Handschriften; **Illuminator** *m.* 1. Buchmaler, Ausmaler von Büchern; 2. Beleuchtungseinrichtung an optischen Geräten; **illuminieren** 1. festlich beleuchten; 2. Buchmalereien herstellen

Illusion *w.* (*lat.*) 1. falsche Vorstellung, Selbsttäuschung; 2. Phantasievorstellung, Wunschbild; **illusionär** auf Illusion beruhend; **Illusionismus** *m.* 1. philosophische Anschauung, die alles Vorhandene als Schein erklärt; 2. täuschende Bildwirkung, Illusionsmalerei; **Illusionist** *m.* 1. Phantast; 2. Zauberkünstler, Gaukler; **illusionistisch** 1. illusionär; 2. durch Illusionsmalerei erzeugt; **Illusionsbühne** *w.* Form der Theaterbühne, die durch Requisiten, Bühnenbild, Kostüme u. a. m. einen Schauplatz als real vortäuscht, Gegensatz zur Stilbühne; **illusorisch** 1. trügerisch; 2. vergeblich

illuster (*lat.*) berühmt, glänzend, vornehm; **Illustration** *w.* 1. Abbildung; 2. Erläuterung, Veranschaulichung; **illustrativ** veranschaulichend; **Illustrator** *m.* Künstler, der Bücher bebildert; **illustrieren** 1. bebildern; 2. erläutern, veranschaulichen; **Illustrierte** *w.* Zeitschrift mit hohem Anteil an Bildberichten

Illyrismus *m.* Bewegung zur kulturellen Wiedererweckung der Kroaten in der 1. Hälfte des 19. Jhs. (nach der römischen Provinz Illyrien)

ILO (aus *engl. I*nternational *L*abour *O*rganization) Internationale Arbeitsorganisation, Sonderorganisation der Vereinten Nationen, gegr. 1919, neu gegr. 1946, Sitz in Genf

I. M. Abk. für Ihre Majestät

Image *s.* (immidsch, *engl.*) 1. Vorstellungsbild, das sich eine Person oder Gruppe von sich oder anderen macht; 2. das durch Public Relations produzierte Bild einer Person oder Organisation in der Öffentlichkeit; 3. Sicherung der auf einer Festplatte gespeicherten Daten auf einem externen Laufwerk, Sicherungskopie (EDV)

imaginabel (*lat.*) denkbar, vorstellbar; **imaginär** nicht wirklich, nur in der Vorstellung vorhanden; **Imagination** *w.* Einbildungskraft; **imaginativ** auf bildlich vorstellendem Denken beruhend; **imaginieren** sich vorstellen, ersinnen; **Imago** *w.* 1. das voll entwickelte Insekt; 2. unterbewusstes, in der Jugend erworbenes und weiterwirkendes inneres Leitbild; **Imagologie** *w.* Arbeitsgebiet der vergleichenden Literaturwissenschaft, das den Niederschlag wechselseitiger Vorstellungsbilder der Völker in der Literatur untersucht

Imam *m.* (*arab.*) Vorsteher einer Moschee und Vorbeter, Kultusdiener; **Iman** *s.* Gesamtheit der Glaubenssätze des Islam

imbezil, imbezill (*lat.*) mittelgradig schwachsinnig; **Imbezillität** *w.* mittelschwerer Schwachsinn

Imbroglio *s.* (imbrolljo, *itl.*) 1. Verwirrung, 2. die gleichzeitige Verwendung verschiedener Taktarten in den einzelnen Stimmen (z. B. im 1. Finale von Mozarts *Don Giovanni*)

IMF (aus *engl. I*nternational *M*onetary *F*und) Internationaler Währungsfonds (Abk. IWF) mit derzeit 182 Mitgliedsstaaten, gegr. 1944, Sitz in Washington (USA)

Imitat *s.*, **Imitation** *w.* (*lat.*) Nachahmung, Nachbildung; **Imitator** *m.* Nachahmer; **imitieren** nachahmen, nachmachen; **imitiert** unecht, nachgeahmt

Immaculata Conceptio *w.* (*lat.*) das 1854 verkündete Dogma der kath. Kirche, dass die Jungfrau Maria unbefleckt, d. h. frei von Erbsünde empfangen wurde

immanent (*lat.*) 1. innewohnend, enthaltend; 2. zur Welt gehörend, diesseitig; **Immanenz** *w.* das Enthaltensein in etwas, die Beschränktheit in etwas; **Immanenzphilosophie** *w.* philosophische Anschauung, die Seiendes nur insoweit für real hält, als es Inhalt des Bewusstseins ist

immateriell (*lat.*) nicht materiell, geistig; **Immaterialität** *w.* unkörperliche Beschaffenheit

Immatrikulation *w.* (*lat.*) Aufnahme in eine Universität; **sich immatrikulieren** sich als Studierender eintragen

immatur (*lat.*) nicht voll entwickelt, unreif (vom Fetus)

immediat (*lat.*) unmittelbar, nur der höchsten Behörde unterstellt; **immediatisieren** (reichs)unmittelbar machen (z. B. eine Stadt)

immens (*lat.*) unendlich, unermesslich, außerordentlich; **immensurabel** unmessbar; **Immensurabilität** *w.* Unmessbarkeit

Immersion *w.* (*lat.*) 1. Eintauchen, Untertauchen; 2. Eintritt eines Mondes in den Schatten eines Planeten; 3. Einbetten eines Körpers in Flüssigkeit, um sein optisches Verhalten zu beobachten; **Immersionstaufe** *w.* Taufe durch Untertauchen bei den Baptisten

Immigrant *m.* (*lat.*) Einwanderer; **Immigration** *w.* Einwanderung; **immigrieren** einwandern

imminent (*lat.*) bevorstehend, drohend; **Immission** *w.* (*lat.*) 1. Einführung, Amtseinsetzung; 2. Einwirkung schädlicher Umwelteinflüsse auf Lebewesen

immobil (*lat.*) unbeweglich; **Immobiliarkredit** *m.* Kredit auf Liegenschaften; **Immobilien** *Mz.* (-li'en) unbewegliches Vermögen, Liegenschaften; **Immobilienfonds** *m.* (-li'enfong) Vermögen einer Kapitalanlagegesellschaft, das aus Immobilien besteht; **immobilisieren** 1. bewegliche Güter rechtlich zu Immobilien machen; 2. ruhig stellen (z.B. ein Gelenk); **Immobilismus** *m.* unbewegliche geistige Haltung

Immoralität *w.* (*lat.*) Gleichgültigkeit gegen moralische Normen; **Immoralismus** *m.* Ablehnung verbindlicher Moralgesetze als philosophische Anschauung; **Immoralist** *m.* Anhänger des Immoralismus

Immortalismus *m.* (*lat.*) Glaube an die Unsterblichkeit; **Immortalität** *w.* Unsterblichkeit; **Immortelle** *w.* (*frz.*) Strohblume

immun (*lat.*) 1. gegen Krankheiten geschützt; 2. unempfindlich, nicht zu beeindrucken; 3. unverletzlich, im Besitz der Immunität; **Immundefekt** *m.* Immunstörung des Organismus; **Immunglobulin** *s.* Antikörpereigenschaft des Gammaglobulins; **immunisieren** immun machen, Hptw. **Immunisierung** *w.*; **Immunität** *w.* 1. Unempfänglichkeit für Krankheiten; 2. rechtliche Sonderstellung von Diplomaten (Exterritorialität); 3. Schutz der Parlamentarier vor strafrechtlicher Verfolgung; **Immunologe** *m.* Wissenschaftler auf dem Gebiet der Immunologie; **Immunologie** *w.* Wissenschaft von der Immunität der Organismen

imp. = imprimatur

Impact *m.* (-pekt, *engl.*) Wirkungsgrad einer (Werbe-)Maßnahme

impair (ängpär, *frz.*) ungerade (von Zahlen beim Roulette)

impar (*lat.*) ungleich, unpaarig (von Körperteilen); **imparabel** unvergleichlich; **Imparität** *w.* Ungleichheit

Impasse *m.* (*frz.*) 1. Sackgasse; 2. Stich mit einer niederen Karte beim Whist

impassabel (*frz.*) ungangbar, unzugänglich

Impasto *s.* (*itl.*) dicker Farbauftrag auf einem Gemälde, Ztw. **impastieren**

Impatiens *s.* (-ti'ens, *lat.*) Springkraut, Rührmichnichtan, als Zimmerpflanze Fleißiges Lieschen

Impeachment *s.* (-pihtschment, *engl.*) öffentliche Anklage, Klage auf Amtsenthebung wegen Amtsmissbrauch und schwerer Vergehen (in England und den USA)

Imperativ *m.* (*lat.*) 1. Sprachlehre: Befehlsform des Zeitworts; 2. Sollensvorschrift, Pflichtgebot; **imperativ** zwingend, bindend; **imperativisch** befehlend

Imperator *m.* (*lat.*) 1. Oberbefehlshaber im alten Rom; 2. Kaiser; **Imperator Rex** *m.* Kaiser und König (Abk. I. R., in der Unterschrift Wilhelms II.)

Imperfekt, Imperfectum *s.* (*lat.*) Sprachlehre: Zeitform der nicht abgeschlossenen Vergangenheit, Präteritum

imperforabel (*lat.*) nicht zu durchbohren, undurchdringlich; **Imperforation** *w.* angeborener Verschluss einer Körperöffnung

Imperial *s.* (*lat.*) 1. früher übliches Papierformat; 2. sergeähnliches Kammgarngewebe; **imperial** 1. zu einem Imperium gehörend; 2. kaiserlich, herrschaftlich; **Imperialismus** *m.* Streben eines Staates nach Großmachtstellung; **Imperialist** *m.* Anhänger des Imperialismus, Eigw. **imperialistisch**; **Imperium** *s.* 1. Kaiserreich, Weltreich; 2. sehr großer Einflussbereich eines Unternehmens

impermeabel (*lat.*) undurchlässig, undurchdringlich, Hptw. **Impermeabilität** *w.*

impertinent (*lat.*) frech, anmaßend, unverschämt; **Impertinenz** *w.* Frechheit, Unverschämtheit

imperzeptibel (*lat.*) nicht wahrnehmbar, unmerklich

impetiginös (*lat.*) schorfig, borkig; **Impetigo** *w.* Blasengrind, Eiterflechte

impetuoso, impetuosamente (*itl.*) Musik: stürmisch

Impetus *m.* (*lat.*) Schwung, Ungestüm, Antrieb

Implantat *s.* (*lat.*) in den Körper eingepflanztes Gewebestück; **Implantation** *w.* Einpflanzung von Gewebe und anderen Substanzen in den Körper; **implantieren** eine Implantation vornehmen

implementieren (*engl.*) 1. einsetzen, einführen, einbauen; 2. ein Computerprogramm an die bestehende Rechenanlage anpassen (EDV), Hptw. **Implementierung** *w.*

Implikation *w.* (*lat.*) das Einbezogensein, die Einbeziehung einer Sache in eine andere (z. B. eine logische Beziehung des *wenn ... dann*); **implizieren** 1. einbeziehen, einbegreifen; 2. nach sich ziehen; **implizit** einbegriffen, einschließlich, mitenthalten

implodieren (*lat.*) durch Implosion zerstört werden; **Implosion** *w.* Zerstörung eines Hohlkörpers durch äußeren Überdruck; **Implosivlaut** *m.* Verschlusslaut (z. B. *p*, *b*)

Impluvium *s.* (*lat.*) Becken im altrömischen Atrium zum Auffangen des Regenwassers

Imponderabilien *Mz.* (-li'en, *lat.*) Unwägbarkeiten, unbestimmbare, unberechenbare Einflüsse; **Imponderabilität** *w.* Unwägbarkeit, Unberechenbarkeit

imponieren (*lat.*) Eindruck machen, Achtung einflößen; **imponierend** eindrucksvoll; **Imponiergehabe** *s.* ein Verhalten, das beeindrucken soll

Import *m.* (*lat.*) Einfuhr; **Importe** *w.* eingeführte Zigarre aus ausländischen Tabaken; **Importeur** *m.* (-tör, *frz.*) jmd., der Waren einführt; **importieren** einführen

imposant (*lat.-frz.*) groß, eindrucksvoll, stattlich

impotent (*lat.*) 1. unvermögend, unfähig; 2. unfähig zum Geschlechtsverkehr; 3. zeugungsunfähig; **Impotenz** *w.* 1. Unvermögen, Schwäche; 2. Unfähigkeit des Mannes zum Geschlechtsverkehr; 3. Zeugungsunfähigkeit

impr. = imprimatur

Imprägnation *w.* (*lat.*) 1. Sättigung, Durchtränkung; 2. Befruchtung; **imprägnieren** durchtränken, sättigen, widerstandsfähig machen gegen Wasser, Feuer und Fäulnis, Hptw. **Imprägnierung** *w.*

Impresario *m.* (*itl.*) früher: Künstleragent

Impression *w.* (*lat.*) Sinneseindruck, Gefühlswahrnehmung; **impressionabel** empfänglich, aufgeschlossen, erregbar; **Impressionismus** *m.* Kunstrichtung am Ende des 19. Jhs., der es um die Darstellung des momenthaften Eindrucks, der flüchtigen Stimmung ging; **Impressionist** *m.* Vertreter des Impressionismus; **impressionistisch** im Stil des Impressionismus

Impressum *s.* (*lat.*) Angabe der verantwortlichen Herausgeber, Redakteure, Drucker u. a. in Druckwerken

Imprimatur *s.* (*lat.*) Druckerlaubnis; **imprimatur** es kann gedruckt werden, druckfertig (Abk. imp., impr.); **imprimieren** das Imprimatur erteilen, für druckreif erklären

Imprimé *s.* (ängprimeh, *frz.*) Bez. für bedruckte Stoffe

Impromptu *s.* (ängprongtüh, *frz.*) an keine feste Form gebundener musikalischer od. literarischer Einfall, Stegreif-Werk, bes. in der Musik

Improtheater *s.* Kurzwort für Improvisationstheater; **Improvisation** *w.* (*lat.*) 1. Stegreifspiel, freies Phantasieren; 2. unvorbereitete Handlung; **Improvisationstheater** *s.* Stegreiftheater mit nicht einstudierten Szenen, z. T. auf Zuruf des Publikums; **Improvisator** *m.* jmd., der improvisiert, Stegreifkünstler; **improvisieren** ohne Vorbereitung, aus dem Stegreif durchführen

Impuls *m.* (*lat.*) 1. Anstoß, Antrieb; 2. Produkt aus Masse und Geschwindigkeit eines Körpers, Bewegungsgröße; **impulsiv** ohne Überlegung, spontan; **Impulsivität** *w.* spontane Wesensart; **Impulstechnik** *w.* Erzeugung und Anwendung elektrischer Impulse (z. B. in der EDV)

In-, in- (*lat.*) als Vorsilbe: 1. hinein; 2. nicht, un-

in (*engl.*) modern, gefragt, begehrt (umg.)

in absentia (*lat.*) in Abwesenheit

in abstracto (*lat.*) unter allgemeinem Aspekt, an und für sich

Inacidität = Anacidität

inadäquat (*lat.*) unangemessen, nicht passend

in aeternum (– ät-, *lat.*) für immer, bis in alle Ewigkeit

inakkurat (*lat.*) ungenau, nicht sorgfältig

inaktiv (*lat.*) 1. untätig, tatenlos; 2. außer Dienst; 3. vorübergehend nicht aktiv; 4.

chemisch unwirksam; **inaktivieren** 1. in Ruhestand versetzen; 2. unwirksam machen; **Inaktivität** *w.* Untätigkeit, Ruhestand, Unwirksamkeit

inakzeptabel (*lat.*) unannehmbar

inan (*lat.*) leer, hohl, eitel, nichtig, Hptw. **Inanität** *w.*

Inappetenz *w.* (*lat.*) hochgradige Appetitlosigkeit

inartikuliert (*lat.*) undeutlich ausgesprochen

Inauguration *w.* (*lat.*) Einführung, Einweihung, Einweisung in ein hohes Amt; **Inauguraldissertation** *w.* Doktorarbeit; **inaugurieren** einweihen, ins Leben rufen

Inazidität = Anacidität

Inbetween *m.* (-bitwihn, *engl.*) halbdurchsichtiger (Vorhang-)Stoff

in bond (*engl.*) unter Zollverschluss

inbound (-baund, *engl.*) einkommend, nach innen, passiv (wenn z. B. ein Callcenter Anrufe entgegennimmt), im Ggs. zu outbound

in brevi (*lat.*) bald, in Kürze

inc. = incidit

Inc. = incorporated

incalzando (*itl.*) Musik: jagend, hastig

Inch *s.* oder *m.* (intsch, *engl.*) englisches Längenmaß, etwa 2,5 cm

incidit (*lat.*) auf Kupferstichen: hat gestochen

incipit (*lat.*) es beginnt, hier beginnt (Eröffnungsformel alter Handschriften)

incl. = inklusive

in concreto (*lat.*) in Wirklichkeit; im einzelnen Fall

in contumaciam (*lat.*) in selbst verschuldeter Abwesenheit

incorporated (inkorperehtid, *engl.*) engl. Bez. für: amtlich eingetragen (Abk. Inc.)

in corpore (*lat.*) alle zusammen, geschlossen; **Incorporation** = Inkorporation

incroyable (ängkroajabl, *frz.*) unglaublich; **Incroyable** *m.* 1. Stutzer um 1800; 2. zweispitziger Hut um 1800

Indanthren *s.* (*Wz.*) licht- und waschechter Farbstoff; **indanthren** licht- und farbecht

indefinibel (*lat.*) nicht durch Begriffe zu bestimmen; **indefinit** unbestimmt; **Indefinitivpronomen, Indefinitum** *s.* Sprachlehre: das unbestimmte Fürwort (z. B. *einige, niemand*)

indeklinabel (*lat.*) Sprachlehre: nicht veränderlich, nicht beugbar (z. B. *lila*)

Indemnität *w.* (*lat.*) 1. Straflosigkeit der Abgeordneten für ihre Äußerungen im Parlament; 2. nachträgliche Billigung von Regierungsmaßnahmen

indemonstrabel (*lat.*) nicht zu beweisen, nicht demonstrierbar

Independence Day *m.* (indipendenz deh, *engl.*) Tag der Unabhängigkeitserklärung der USA (4. Juli 1776)

Independenten *Mz.* (*lat.*) Kirchengemeinschaft in England und Nordamerika, die sich von der englischen Staatskirche unabhängig gemacht hat (auch: Kongregationalisten)

in deposito (*lat.*) zur Aufbewahrung

indeterminabel (*lat.*) unbestimmbar; **Indetermination** *w.* Unbestimmtheit; **indeterminiert** unbestimmt; **Indeterminismus** *m.* philosoph. Lehre von der Willensfreiheit des Menschen

Index *m.* (*lat.*) 1. Verzeichnis, Register; 2. Verzeichnis der von der kath. Kirche verbotenen Bücher; 3. Liste der jugendgefährdenden Medien (z. B. Computerspiele); 4. statistischer Messwert für Veränderungen (z. B. der Lebenshaltungskosten); 5. mathemat. Kennzeichen zur Unterscheidung zusammengehöriger Dinge; 6. der Zeigefinger (*Mz.* Indices, Indizes); **Indexfamilie** *w.* statistischer Modellfamilienhaushalt; **Indexklausel** *w.* Wertsicherungsklausel

indezent (*lat.*) unschicklich, ohne Takt; **Indezenz** *w.* Mangel an Takt, Unschicklichkeit

Indiaca *w.* (*Kunstwort*) dem Federball ähnelnder Flugball mit Federn; **Indiaca** *s.* indian. Mannschaftsspiel mit der Indiaca

Indian *m.* (*engl.*) Truthahn (Österreich)

Indianer *Mz.* (*span.*) Sammelbez. für die Ureinwohner Nord- und Südamerikas (auf Kolumbus' Missverständnis zurückgehend, er habe *Indien* entdeckt), Eigw. **indianisch**; **Indianistik** *w.* Wissenschaft(en) von den indianischen Sprachen und Kulturen

Indie *s.* (aus *engl. inde*pendent label) kleine unabhängige Produktionsfirma für Musiktitel und Filme

Indienne *m.* (ängdjenn, *frz.*) indisches Baumwollgewebe

indifferent (*lat.*) 1. gleichgültig, teilnahmslos, neutral, unentschieden; 2. keine chem. Verbindung eingehend; **Indifferenz** *w.*, **Indifferentismus** *m.* 1. Gleichgültigkeit, Teilnahmslosigkeit, Neutralität; 2. Neutralität von chem. Stoffen

indigen (*lat.*) einheimisch (von Pflanzen, Tieren); **Indigene** *Mz.* bodenständige, einheimische Tiere

Indigestion *w.* (*lat.*) Magenverstimmung, Verdauungsstörung

Indignation *w.* (*lat.*) Entrüstung, Empörung, Unwille; **indignieren** entrüstet sein oder werden; **indigniert** peinlich berührt, entrüstet, verärgert

Indigo *m.* (*gr.-span.*) blauer Farbstoff

Indikation *w.* (*lat.*) Feststellung der Notwendigkeit, ein bestimmtes medizin. Verfahren anzuwenden

Indikativ *m.* (*lat.*) Sprachlehre: Wirklichkeitsform des Zeitworts, Eigw. **indikativisch**

Indikator *m.* (*lat.*) 1. Verlaufs- oder Leistungsanzeiger; 2. Stoff, der eine chem. Reaktion anzeigt; 3. etwas, das auf den Stand einer Entwicklung hinweist

Indio *m.* (*span.*) südamerikanischer Indianer

indirekt (*lat.*) mittelbar, auf Umwegen; **indirekte Rede** die nur ihrem Inhalt nach, nicht wörtlich mitgeteilte Rede

indiskret (*lat.*) nicht verschwiegen, taktlos; **Indiskretion** *w.* Vertrauensbruch, Taktlosigkeit

indiskutabel (*lat.*) keiner Diskussion wert

indispensabel (*lat.*) unerlässlich

indisponibel (*lat.*) nicht verfügbar, festgelegt

indisponiert (*lat.*) 1. unpässlich, nicht aufgelegt; 2. nicht bei Stimme (vom Sänger); **Indisponiertheit, Indisposition** *w.* Unpässlichkeit

indisputabel (*lat.*) unbestreitbar; **indiszipliniert, undiszipliniert** disziplinlos, ohne Disziplin

Indium *s.* (*lat.*) chem. Element, ein Metall

individualisieren (*lat.*) auf den Einzelnen abstellen, Hptw. **Individualisierung** *w.*; **Individualismus** *m.* 1. Anschauung, die dem Individuum Vorrang vor der Allgemeinheit gibt; 2. Neigung eines Menschen zu individueller Lebensgestaltung, Eigw. **individualistisch**; **Individualist** *m.* Person mit ausgeprägt eigenständigem Lebensstil, Einzelgänger; **Individualität** *w.* persönliche Eigenart, Unverwechselbarkeit; **Individualstil** *m.* der persönlichkeitsgebundene Stil eines Künstlers; **Individualtourismus** *m.* Tourismus, Reiseveranstaltungen für individuell Reisende; **Individuation** *w.* Entwicklung zur Einzelpersönlichkeit, Entfaltung zu sich selbst; **individuell** (-du'e-) 1. aus der persönlichen Eigenart entspringend; 2. dem Individuum angemessen, auf es zugeschnitten; **Individuum** *s.* (-du'um) 1. der Mensch als Einzelwesen; 2. Pflanze und Tier als Einzelexemplar; 3. Person (abwert.)

indivisibel (*lat.*) unteilbar

Indiz, Indizium *s.* (*lat.*) Anzeichen, Hinweis (*Mz.* Indizien [-zi'en]); **Indizienbeweis** *m.* Rechtsbeweis, der sich nur auf Anzeichen und Verdachtsgründe stützt

indizieren (*lat.*) 1. anzeigen; 2. als angebracht erscheinen lassen; 3. auf einen Index setzen; **indiziert** ratsam, angezeigt

Indoktrination *w.* (*lat.*) massive, einseitige, gezielte Beeinflussung, Ztw. **indoktrinieren**

indolent (*lat.*) gleichgültig, interesselos, träge, unempfindlich; **Indolenz** *w.* Gleichgültigkeit, Interesselosigkeit, Unempfindlichkeit gegen Eindrücke und Schmerzen

Indologe *m.* (*gr.*) Indienforscher; **Indologie** *w.* Wissenschaft von den Kulturen und Sprachen Indiens

Indossament *s.* (*itl.*) Girovermerk, Übertragungsvermerk auf der Rückseite eines Wechsels; **indossabel** (*itl.*) durch Indossament übertragbar; **Indossant** *m.* jmd., der den Wechsel überträgt; **Indossatar** *m.* jmd., der den Wechsel übernimmt; **indossieren** Wechsel übertragen; **Indosso** = Indossament

in dubio (*lat.*) im Zweifelsfalle; **in dubio pro reo** im Zweifelsfalle zugunsten des Angeklagten (Rechtsgrundsatz)

Induktion *w.* (*lat.*) 1. wissenschaftl. Methode, aus Einzelfällen auf das Allgemeine zu schließen, im Ggs. zu Deduktion; 2. Stromerzeugung durch Bewegung in einem elektr. Kraftfeld (Induktionsstrom); **Induktionskrankheit** *w.* unechte Krankheit mit echten Symptomen, die durch psychische «Ansteckung» hervorgerufen wird; **Induktionsmotor** *m.* Drehstrommotor; **induktiv** durch Induktion, folgernd, schließend, hinführend; **Induktor, Induktionsapparat** *m.* Apparat zur Erzeugung hochgespannten Wechselstroms

indulgent (*lat.*) nachsichtig; **Indulgenz** *w.* Nachsicht, Schonung, Straferlass

Indult *m.* oder *s.* (*lat.*) Aufschub, Fristbewilligung, Stundung

Induration *w.* (*lat.*) Gewebe- und Organverhärtung; **induriert** verhärtet

Indusi *w.* Kurzw. für *indu*ktive Zug*si*cherung, elektromagnetische Vorrichtung an Fahrwerk od. Gleis zur Zugsicherung

Industrial Design *s.* (indastri'el disein, *engl.*) Formgestaltung von industriell erzeugten Gebrauchsgegenständen (z.B. Autos, technischen Geräten); **Industrial Engineering** *s.* (– indschenihring) Rationalisierung von Fertigungsprozessen nach betriebswirtschaftlichen und technischen Prinzipien; **Industrial Relations** *Mz.* (– rilehschns) die Beziehungen zwischen Arbeitnehmer und Arbeitgeber; **Industrial Relations Officer** *m.* leitender Angestellter für Arbeitgeber-Arbeitnehmer-Beziehungen

industrialisieren (*lat.*) 1. Industrie ansiedeln; 2. auf Industrie umstellen; **Industrialisierung** *w.* Schwerpunktverlagerung der wirtschaftl. Produktion von der Landwirtschaft auf die Industrie; **Industrie** 1. Massenfabrikation von Gebrauchs- und Produktionsgütern im Großbetrieb; 2. die Industriebetriebe eines Wirtschaftszweigs; **industriell** (-ri'e-) durch Industrie erzeugt; **Industrielle** *Mz.* Besitzer von Industriebetrieben

induzieren (*lat.*) vom Einzelnen auf das Allgemeine schließen, im Ggs. zu deduzieren

Ineditum *s.* (*lat.*) noch nicht veröffentlichte Schrift (*Mz.* Inedita)

ineffabil, ineffabile (*lat.*) unaussprechlich, unbeschreiblich; Hptw. **Ineffabilität** *w.*

ineffektiv (*lat.*) unwirksam, nicht lohnend, nicht effektiv, Hptw. **Ineffektivität** *w.*

in effigie (-gi'e, *lat.*) an einem Bild, stellvertretend für die Person (ein Urteil vollstrecken)

inegal (*lat.*) ungleich

inert (*lat.*) träge; **inerte Stoffe** *Mz.* reaktionsarme chemische Stoffe

inexakt (*lat.*) ungenau, nachlässig

inexistent (*lat.*) nicht vorhanden, nicht bestehend

in extenso (*lat.*) ausführlich, vollständig

in facto (*lat.*) wirklich, in der Tat, tatsächlich

infallibel (*lat.*) unfehlbar; **Infallibilismus** *m.* Lehre von der Unfehlbarkeit des Papstes in Glaubensdingen (Dogma der kath. Kirche seit 1870)

infam (*lat.*) niederträchtig, gemein; **Infamie** *w.* 1. Gemeinheit, Niedertracht; 2. unverschämte, bösartige Äußerung

Infant *m.*, **Infantin** *w.* (*lat.*) Titel der königlichen Prinzen und Prinzessinnen in Spanien und Portugal

Infanterie *w.* (*span.-frz.*) Fußtruppen; **Infanterist** *m.* Soldat der Infanterie

infantil (*lat.*) kindlich, kindisch; **Infantilismus** *m.* körperliches oder seelisches Stehenbleiben auf einer kindlichen Entwicklungsstufe; **Infantilität** *w.* unreifes, kindisches Wesen

Infarkt *m.* (*lat.*) Absterben eines Gewebeteils (z.B. im Herzen, in der Lunge) durch Gefäßverschluss

Infekt *m.*, **Infektion** *w.* (*lat.*) Ansteckung durch Krankheitserreger; **infektiös** ansteckend

Inferenz *w.* (*lat.*) Wissen aufgrund logischer Schlussfolgerung(en)

inferior (*lat.*) untergeordnet, abhängig; **Inferiorität** *w.* untergeordnete Stellung

infernalisch (*lat.*) höllisch, teuflisch, schrecklich, kaum auszuhalten; **Inferno** *s.* (*itl.*) 1. Hölle, höllische Qualen; 2. schreckliches, viele Menschen betreffendes Ereignis

infertil (*lat.*) unfruchtbar, Hptw. **Infertilität** *w.*

Infighting *s.* (infeiting, *engl.*) Nahkampf beim Boxen

Infiltrat *s.* (*lat.*) krankheitserregende Zellen oder Flüssigkeit als Fremdkörper in einem Gewebe; **Infiltration** *w.* 1. Eindringen, Einsickern (in Gewebe); 2. ideologische Unterwanderung; **infiltrieren** einsickern, einflößen

infinit (*lat.*) Sprachlehre: unbestimmt; **Infinitesimalrechnung** *w.* Rechnen mit unendlich kleinen Werten; **Infinitiv** *m.* Sprachlehre: Nennform des Zeitworts; **in infinitum, ad infinitum** endlos, immer weiter, bis ins Unendliche

Infirmität *w.* (*lat.*) Schwäche, Hinfälligkeit

Infix *s.* (*lat.*) in den Wortstamm eingefügter Buchstabe oder Silbe (z. B. out*ge*sourct)

infizieren (*lat.*) anstecken, Krankheit übertragen

in flagranti (*lat.*) auf frischer Tat

inflammabel (*lat.*) entzündbar; **inflammieren** 1. begeistern; 2. sich entzünden

Inflation *w.* (*lat.*) Geldentwertung; **inflationistisch, inflationär** 1. Geldentwertung bewirkend; 2. übermäßig verbreitet und deshalb entwertet; **Inflationismus** *m.* Wirtschaftspolitik eines Staates, die zugunsten von Vollbeschäftigung Inflation in Kauf nimmt

inflexibel (*lat.*) 1. Sprachlehre: nicht beugbar, unveränderlich; 2. nicht anpassungsfähig; **Inflexibilität** *w.* starre, unveränderliche Geisteshaltung

Infloreszenz *w.* (*lat.*) Blütenstand; **in floribus** in voller Blüte, im Wohlstand, im Überfluss

Influenz *w.* (-flu'e-, *lat.*) Erzeugung von Magnetismus durch ein magnetisches Feld, Erzeugung von Elektrizität durch Einwirkung eines elektr. Feldes auf einen Stromleiter; **Influenzmaschine** Maschine zur Erzeugung von hohen elektrischen Spannungen

Influenza *w.* (*lat.*) durch den Influenza-Virus ausgelöste sog. echte Grippe

Info *s.* Kurzwort für Information; **Infoline** *w.* (-lein, *engl.*) telefonischer Auskunftsdienst, Hotline; **Informand** *m.* (*lat.*) jmd., der informiert wird; **Informant** *m.* jmd., der einen anderen informiert, Gewährsmann

Informatik *w.* (*lat.*) 1. Wissenschaft vom Wesen, der Funktion und den Gesetzen der Übertragung von Information; 2. Wissenschaft und Technik von der elektronischen Informations- und Datenverarbeitung; **Informatiker** *m.* Wissenschaftler oder Techniker der Informatik; **Information** *w* 1. Mitteilung, Auskunft; 2. nutzbringendes zweckorientiertes Wissen, Nachricht; 3. Maß für die Wahrscheinlichkeit des Auftretens von Elementen in einem technischen System (Informationstheorie); **Informationsmanagement** *s.* 1. Auswertung, Verwaltung, Koordinierung und Effektivierung von Informationen (in einem Unternehmen); 2. die damit beauftragten Mitarbeiter (eines Unternehmens); **informativ, informatorisch** aufschlussreich, in Kenntnis setzend, belehrend

informell (*frz.*) ohne Formalitäten, nicht offiziell; ohne Auftrag; **informelle Kunst** *w.*, **Informel** *s.* Richtung der Malerei nach 1945, die jeglichen geordneten Bildaufbau ablehnte und Bildwerke von eigenwilliger Zeichengebung und Phantastik schuf

informieren (*lat.*) wissen lassen, in Kenntnis setzen, unterrichten; **sich informieren** sich unterrichten, Erkundigungen einziehen

Infotainment *s.* (-tehn-, aus *engl. infor*mation und enter*tainmant*) Fernsehsendung, die Bildinhalte und Wissensgebiete unterhaltsam, z. T. showmäßig darbietet

Infraktion *w.* (*lat.*) unvollständiger Knochenbruch

Infrarot *s.* (*lat.*) unsichtbare Wärmestrahlen; **Infraschall** *m.* Schallwellen unterhalb der menschlichen Hörgrenze

Infrastruktur *w.* (*lat.*) Gesamtheit der materiellen, institutionellen und personellen Voraussetzungen, die eine moderne Gesellschaft für ihr Funktionieren braucht

Inful *w.* (*lat.*) 1. Stirnbinde der römischen Priester; 2. Bischofsmütze, Mitra

infundieren (*lat.*) eingießen

Infus, Infusum *s.* (*lat.*) Aufguss (z. B. von Heilkräutern); **Infusion** *w.* Einfließenlassen, Einführen von Flüssigkeiten in den Organismus; **Infusionstierchen** *Mz.* Aufgusstierchen, Wimpertierchen

in genere (*lat.*) im Allgemeinen; **ingeneriert** angeboren
Ingenieur *m.* (-schenjör, *lat.-frz.*) wissenschaftlich ausgebildeter Techniker
ingeniös (*lat.-frz.*) erfinderisch, scharfsinnig, geistreich; **Ingeniosität** *w.* Erfindungsgabe, Scharfsinn; **Ingenium** *s.* (*lat.*) natürliche Begabung, Genie, Erfindungsgabe
Ingestion *w.* (*lat.*) Nahrungsaufnahme
in globo (*lat.*) insgesamt
Ingot *m.* (*engl.*) 1. Gussform für Metall; 2. Barren, Block (z. B. aus Metall, Gold)
Ingrainpapier *s.* (ingrehn-, *engl.*) rauflächiges, mit Wollfasern durchsetztes Zeichenpapier
Ingrediens *s.*, **Ingredienz** *w.* (-di'en-, *lat.*) Zutat, Bestandteil (*Mz.* Ingredienzien)
Ingrespapier *s.* (ängre-) getöntes oder linear strukturiertes Papier für Zeichnungen (nach dem franz. Maler J. A. D. Ingres, 1780–1867)
Ingression *w.* (*lat.*) Eindringen des Meeres in Festlandssenken; **ingressiv** einen Beginn ausdrückend, z. B. *er*bleiben, *er*röten (von Verben)
in grosso (*itl.*) im Großen
Ingroup *w.* (-gruhp, *engl.*) Wir-Gruppe, Gruppe, der man sich zugehörig fühlt
Ingwer *m.* (*gr.-ind.-pers.*) essbare, scharf schmeckende Wurzel einer südostasiatischen Gewürzpflanze
Inhalation *w.* (*lat.*) Einatmung von Dämpfen oder zerstäubten Heilflüssigkeiten, Ztw. **inhalieren**; **Inhalator** *m.* Gerät zum Inhalieren; **Inhalatorium** *s.* Raum zum Inhalieren
inhärent (*lat.*) einer Sache innewohnend, ihr anhaftend; **Inhärenz** *w.* Verhältnis der Eigenschaften zu den Dingen, denen sie anhaften; **inhärieren** innewohnen, anhaften
inhibieren (*lat.*) hemmen; **Inhibitor** *m.* chem. wirksamer Hemmstoff
in hoc salus = IHS
in hoc signo vinces (*lat.*) in diesem Zeichen wirst du siegen (nach der Legende von Kaiser Konstantin, dem 312 n. Chr. ein Kreuzzeichen am Himmel erschien)
inhomogen (*gr.-lat.*) ungleich(artig); Hptw. **Inhomogenität** *w.*
in honorem (*lat.*) zu Ehren
inhuman (*lat.*) 1. unmenschlich; 2. menschenunwürdig; **Inhumanität** *w.* Unmenschlichkeit, Härte
Ini *w.* Kurzwort für (Bürger-)Initiative (Jargon)
Initial *s.*, **Initiale** *w.* (*lat.*) großer Anfangsbuchstabe (*Mz.* Initiale, Initialen); **Initialwort** *s.* (*lat.*) Kurzbezeichnung, aus den Anfangslauten mehrerer Begriffe gebildet (z. B. UNO, HIV, PASCAL); **Initialstadium** *s.* Anfangsstadium (einer Krankheit); **Initialzündung** *w.* Auslösung einer großen Explosion durch eine kleine
Initiation *w.* (*lat.*) von bestimmten Riten begleitete Aufnahme in eine Gemeinschaft; **initiativ** den Anstoß gebend, die Initiative ergreifend; **Initiativantrag** *m.* Gesetzesvorlage; **Initiative** *w.* 1. Anfang, erster Schritt; 2. Entschlusskraft, Unternehmungsgeist; 3. Zusammenschluss von Personen, um Forderungen durchzusetzen (z. B. Bürgerinitiative); **Initiator** *m.* Urheber, Anreger; **initiatorisch** veranlassend, anstiftend; **initiieren** 1. jmdn. in sein Amt einführen; 2. den Anstoß geben, anregen
Injektion *w.* (*lat.*) 1. Einspritzung von Flüssigkeiten in den Körper; 2. Einpressen von Bindemitteln in den Baugrund; 3. Eindringen von Magma in Gesteinsfugen; 4. Einbringen von Elementarteilchen in einen Elektronenbeschleuniger; **injizieren** einspritzen
Injurie *w.* (-ri'e, *lat.*) Beleidigung
Inka *m.* (*Quechua*) 1. Angehöriger des altperuan. Stammes der Inka; 2. Angehöriger der adligen Kaste der Inka
inkalkulabel (*lat.*) unberechen-, unmess-, unzählbar
Inkantation *w.* (*lat.*) Beschwörung, Verzauberung (durch magische Handlungen)
inkapabel (*lat.*) unfähig, ungeschickt
inkardinieren (*lat.*) 1. zum Kardinal ernennen, 2. in eine Diözese eingliedern (kath. Kirche)
inkarnat (*lat.*) fleischfarben, fleischrot; **Inkarnation** *w.* 1. Fleischwerdung, Menschwerdung; 2. Verkörperung; **inkarniert** Fleisch geworden, verkörpert
Inkarnat *s.* (*lat.*) Behandlung der Fleischfarbe (des menschlichen Körpers) in der Malerei, Fleischdarstellung, Karnation

Inkarzeration *w.* (*lat.*) Einklemmung von Organteilen (z. B. Darmschlingen)
Inkasso *s.* (*itl.*) Einziehung von Geld, fälligen Wechseln usw.; **Inkassobüro** *s.* Büro, das das Einziehen von Forderungen übernimmt; **Inkasso-Indossament** *s.* Vermerk auf Wechsel, der den Inhaber zum Inkasso berechtigt
inkl. = inklusive
Inklination *w.* (*lat.*) 1. Neigung, Hang; 2. Neigungswinkel
inkludieren (*lat.*) einschließen
Inklusen *Mz.* (*lat.*) Einsiedler(innen), die sich zur Askese in ihrer Zelle einmauern ließen; **Inklusion** *w.* Einschluss von 1. Fremdsubstanzen in Kristallen; 2. einem Element in einem anderen (Mengenlehre); **inklusive** einschließlich
inkognito (*lat.*) unter fremdem Namen, unerkannt; **Inkognito** *s.* Verheimlichung des Namens
inkohärent (*lat.*) unzusammenhängend; **Inkohärenz** *w.* Zusammenhanglosigkeit
inkommensurabel (*lat.*) unvergleichbar (weil nicht messbar)
inkommod (*lat.*) unbequem; **inkommodieren** jmdm. Umstände machen, Mühe verursachen (heute nur noch scherzhaft)
inkomparabel (*lat.*) 1. unvergleichbar; 2. nicht steigerungsfähig (von bestimmten Eigenschaftswörtern, z. B. brüderlich)
inkompatibel (*lat.*) unvereinbar, unverträglich, nicht zusammenpassend; **Inkompatibilität** *w.* Unvereinbarkeit
inkompetent (*lat.*) nicht zuständig, nicht fähig, etwas zu tun; **Inkompetenz** *w.* Unzuständigkeit, mangelnder Sachverstand
inkomplett (*frz.*) unvollständig
inkomprehensibel (*lat.*) unbegreiflich
inkongruent (-ru'ent, *lat.*) nicht übereinstimmend, sich nicht deckend, Hptw. **Inkongruenz** *w.*
inkonsequent (*lat.*) 1. nicht folgerichtig; 2. widersprüchlich im Verhalten; **Inkonsequenz** *w.* innerer Widerspruch, Widersprüchlichkeit
inkonsistent (*lat.*) 1. unbeständig, nicht dauernd; 2. nicht überzeugend, Hptw. **Inkonsistenz** *w.*
inkonstant (*lat.*) unbeständig, veränderlich, Hptw. **Inkonstanz** *w.*
Inkontinenz *w.* (*lat.*) Unfähigkeit, Harn oder Stuhl zu halten, Eigw. **inkontinent**
inkonvenient (-ni'ent, *lat.*) unschicklich; unbequem
inkonvertibel (*lat.*) nicht austauschbar (von Währungen)
inkonziliant (*lat.*) nicht verbindlich
Inkorporation *w.* 1. Aufnahme in eine Körperschaft; 2. Einverleibung; **inkorporieren** 1. in eine Körperschaft aufnehmen, 2. dem Organismus einverleiben
inkorrekt (*lat.*) ungenau, fehlerhaft, unangemessen, Hptw. **Inkorrektheit** *w.*
Inkpad-Art *w.* (-päd, *engl.*) in der Pop-Art angewandte künstlerische Technik, mit der bildliche Darstellungen durch farbige Stempel erzeugt wurden
Inkrement *s.* (*lat.*) Zuwachs; **Inkrementalcompiler** *m.* (-compeiler, *lat.-engl.*) Compiler, der in der Lage ist, Befehle einzeln zu übersetzen und neu in ein Programm einzufügen (EDV); **inkrementieren** um einen Wert erhöhen (EDV)
Inkret *s.* (*lat.*) Drüsenabsonderung in den Körper, bes. von Hormonen; **Inkretion** *w.* innere Sekretion; **inkretorisch** die innere Sekretion betreffend
inkriminieren (*lat.*) anschuldigen, beschuldigen, zur Last legen, Hptw. **Inkriminierung** *w.*
Inkrustation *w.* (*lat.*) 1. Verkleidung von Mauern mit edlerem Material; 2. Anlagern, Überlagern, Sintern; 3. Schmuckeinlage; 4. in Kleidungsstücke eingearbeitete Schmuckformen; 5. Krustenbildung an Fossilien, Geröll (z. B. durch Kalk), Ztw. **inkrustieren**
Inkubation *w.* (*lat.*) 1. Zeit zwischen Ansteckung und Ausbruch einer Krankheit, Inkubationszeit; 2. Bebrütung von Vogeleiern; 3. Tempelschlaf in der griech. Antike (für göttliche Offenbarungen oder Heilung von Krankheiten); **Inkubator** *m.* Brutkasten
Inkubus *m.* (*lat.*) 1. Albdruck; 2. der Teufel, der beim Koitus mit einer Hexe oben liegt (nach mittelalterlicher Vorstellung)
inkulant (*frz.*) nicht entgegenkommend, ungefällig (im Geschäftsleben); **Inkulanz** *w.* Mangel an Entgegenkommen
Inkulturation *w.* (*lat.*) 1. das Eindringen

einer Kultur in eine andere; 2. das Bewusstsein von der kulturellen Bedingtheit von (religiösen) Vorstellungen und Ausdrucksformen

Inkunabel *w.* (*lat.*) Wiegendruck, Druckerzeugnis vor 1500

inkurabel (*lat.*) unheilbar

Inlay *s.* (-leh, *engl.*) Zahnfüllung

Inliner *m.* (-leiner), **Inlineskate** *m.* (-skeht, *engl.*) Rollschuh mit schmalen, in einer Achse hintereinander angeordneten Rädchen; **inlineskaten** sich auf Inlineskates fortbewegen; **Inlineskater** *m.* jmd., der sich auf Inlineskates fortbewegt

in loco (*lat.*) an Ort und Stelle

in medias res (*lat.*) mitten hinein, zur Sache

in memoriam (*lat.*) zur Erinnerung, zum Gedächtnis

in natura (*lat.*) 1. leibhaftig, wirklich; 2. in Waren (bezahlen)

Innervation *w.* (*lat.*) 1. Versorgung mit Nerven; 2. Übertragung von Reizen auf Organe durch Nerven, Ztw. **innervieren**

innocente (-tschente, *itl.*) Musik: ursprünglich, schlicht

in nomine (*lat.*) im Namen, im Auftrag; **in nomine Christi** im Namen Christi (Abk. I. N. C.); **in nomine Dei** (de'i) im Namen Gottes (Abk. I. N. D.); **in nomine Domini** im Namen des Herrn (Abk. I. N. D.)

Innovation *w.* (*lat.*) Erneuerung, Neuerung, technische Verbesserung; **innovativ** Innovationen bewirkend; **innovatorisch** Innovationen erwarten lassend

in nuce (*lat.*) im Kern; in Kürze, zusammengefasst

Innuendo *s.* (-nu'e-, *lat.*) versteckte Andeutung

innumerabel (*lat.*) unzählbar

inobligat (*lat.*) unverbindlich, freiwillig, nach Belieben

inoffiziell (-zi'ell, *frz.*) nicht amtlich, nicht amtlich bestätigt, nicht im offiziellen Rahmen

Inokulation *w.* (*lat.*) 1. Impfung; 2. unbeabsichtigte Übertragung von Krankheitserregern u. Ä.; 3. das Animpfen einer Zellkultur (in der Mikrobiologie), Ztw. **inokulieren**

inoperabel (*lat.*) 1. unoperierbar; 2. auch durch drastische Maßnahmen nicht behebbar

inopportun (*lat.*) unzweckmäßig, unangebracht, ungünstig, Hptw. **Inopportunität** *w.*

in originali (*lat.*) in der Urschrift

in perpetuum (-tu'um, *lat.*) auf immer

in persona (*lat.*) persönlich, selbst, in eigener Person

in petto (*itl.*) im Sinn, im Hintergrund

in pleno (*lat.*) vollzählig

in praesentia (prä-, *lat.*) in der Gegenwart; **in praesentia casu** im vorliegenden Fall

in praxi (*gr.-lat.*) in der Praxis, tatsächlich, im wirklichen Leben

in puncto (*lat.*) wegen, hinsichtlich; **in puncto puncti (sexti)** hinsichtlich des sechsten Gebots (d. h. des Keuschheitsgebots)

in puris naturalibus (*lat.*) schier, nackt, in ganzer Blöße, splitternackt

Input *s.* (*engl.*) 1. Gesamtheit der eingesetzten (Produktions-)Mittel; 2. Eingabe von Daten in einen Computer (EDV); **Input-Output-Analyse** *w.* (-aut-) volkswirtschaftliche Methode, mit der die Beziehungen zwischen wirtschaftlichen Teilbereichen untersucht wird

inquirieren (*lat.*) untersuchen, verhören, ausfragen; **Inquisition** *w.* Untersuchung; das geistliche Gericht der kath. Kirche zur Verfolgung und Bestrafung der Personen, die sie für Ketzer hielt; **Inquisitionsmaxime** *w.* Grundsatz der Inquisition, nach der Ankläger und Richter ein und dieselbe Person sind; **Inquisitor** *m.* 1. Ankläger und Richter der Inquisition; 2. scharfer Untersuchungsrichter; **inquisitorisch** scharf, peinlich genau

I.N.R.I. Abk. für die Kreuzesinschrift *J*esus *N*azarenus *R*ex *J*udaeorum, Jesus von Nazareth, König der Juden

in saldo (*lat.*) im Rückstand

Insania *w.* (*lat.*) Wahnsinn, Eigw. **insan**

inschallah (*arab.*) wenn Allah will, häufig gebrauchte moslem. Redeformel

Insekt *s.* (*lat.*) Kerbtier; **insektivor** Insekten fressend; **Insektizid** *s.* Insekten vernichtendes chem. Mittel

Inselhopping *s.* (*dt.-engl.*) die touristische Erkundung eines Archipels, indem man von Insel zu Insel reist

Insemination *w.* (*lat.*) 1. künstliche Befruchtung; 2. Eindringen der Samenfäden in das Ei

insensibel (*lat.*) unempfindlich, gefühllos, Hptw. **Insensibilität** *w.*

Inseparables *Mz.* (ängßeparabl, *frz.-lat.*) die Unzertrennlichen, kleine grünfarbige Papageien, die meist aneinandergeschmiegt (im Käfig) sitzen, Agaponiden

Inserat *s.* (*lat.*) Zeitungsanzeige; **Inserent** *m.* jmd., der eine Anzeige aufgibt; **inserieren** eine Anzeige aufgeben

Insert *s.* (*engl.*) 1. Einschub (z. B. eines Schaubildes oder eines Werbeteils in eine Fernsehsendung); 2. Werbebeilage mit Antwortabschnitt in Zeitschriften; **Insertion** *w.* (*lat.*) 1. Anzeigenveröffentlichung; 2. Ansatz eines Muskels am Knochen, Ansatzstelle eines Pflanzenteils an einem anderen; 3. Einbau eines Chromosomenabschnitts in ein anderes Chromosom

Insessor *m.* (*lat.*) Nesthocker (von Tieren)

Inside *m.* (inßeid, *engl.*) Innenstürmer beim Fußball; **Insider** *m.* Eingeweihter, jmd., der weiß, wie der Hase läuft; **Insiderhandel** *m.* illegale Nutzung bzw. Weitergabe von Insiderinformationen für Börsengeschäfte; **Insiderstory** *w.* Bericht eines Eingeweihten; **Insidertipp** *m.* Hinweis eines Eingeweihten

insidiös (*lat.*) heimlich, verstohlen, schleichend (von Krankheiten)

Insignien *Mz.* (-ni'en, *lat.*) Abzeichen, Symbole einer Würde

Insinuant *m.* (*lat.*) 1. jmd., der sich einschmeichelt; 2. jmd., der anderen etwas (Negatives über jmdn.) einflüstert; **Insinuation** *w.* Einflüsterung, Einschmeichelei, Unterstellung; **insinuieren** etwas einflüstern, sich einschmeicheln, etwas unterstellen

insistieren (*lat.*) beharren, zusetzen, drängen

in situ (*lat.*) in richtiger, originaler Lage

inskribieren (*lat.*) sich an einer Hochschule einschreiben; **Inskription** *w.* Einschreibung, Eintragung an einer Hochschule

Insolation *w.* (*lat.*) 1. Sonnenstrahlung; 2. Sonnenstich

insolent (*lat.*) unverschämt, anmaßend, Hptw. **Insolenz** *w.*

insolubel (*lat.*) chemisch unlöslich

insolvent (*lat.*) zahlungsunfähig; **Insolvenz** (auch: -venz) *w.* Zahlungsunfähigkeit

Insomnie *w.* (*lat.*) Schlaflosigkeit

in spe (*lat.*) künftig, später

in specie (-zi'e, *lat.*) im Besonderen

Inspekteur *m.* (-tör, *frz.*) Leiter einer Inspektion; **Inspektion** *w.* (*lat.*) 1. Prüfung, Kontrolle; 2. regelmäßige Wartung eines Kraftfahrzeugs; 3. Aufsichtsbehörde; **Inspektor** *m.* Aufsichtsbeamter

Inspiration *w.* (*lat.*) 1. Einatmung; 2. Eingebung, schöpferischer Einfall; **Inspirator** *m.* Anreger; **inspirieren** anregen, eingeben, begeistern

Inspizient *m.* (-zi'e-, *lat.*) Angestellter beim Fernsehen oder Theater, der für den reibungslosen Ablauf einer Produktion zuständig ist; **inspizieren** beaufsichtigen, kontrollieren, nachprüfen

instabil (*lat.*) unbeständig, nicht fest; **Instabilität** *w.* Unbeständigkeit

Installateur *m.* (-tör, *frz.*) Fachmann für Sanitär- und Heizungsanlagen; **Installation** *w.* 1. Einbau technischer Anlagen; 2. Einweisung in ein geistliches Amt; 3. Raumkunst, Kunst, die gestaltend und verändernd in einen Raum eingreift; 4. Einrichtung eines Programms auf der Festplatte eines Computers (EDV); **installieren** einbauen, einrichten, einweisen; **sich installieren** sich (auf einem Posten) niederlassen, sich einrichten

instant (instent, *engl.*) schnell, ohne lange Vorbereitung, sofort gebrauchsfertig (z. B. Instantkaffee); **instantan** unverzüglich, augenblicklich

Instanz *w.* (*lat.*) zuständige Amtsstelle; **Instanzenweg** *m.* Dienstweg; **Instanzenzug** *m.* Rechtsweg, die Möglichkeit eine gerichtliche Entscheidung von einem höheren Gericht überprüfen zu lassen

in statu nascendi (-zen-, *lat.*) im Werden, in der Entstehung; **in statu quo** im gegenwärtigen Zustand; **in statu quo ante** im früheren Zustand

Instillation *w.* (*lat.*) Einträufelung,

tropfenweise Einflößung, Ztw. **instillieren**

Instinkt *m.* (*lat.*) 1. angeborene Fähigkeit zu einem bestimmten Verhalten, vor allem bei Tieren; 2. sicheres Gefühl, Nase für etwas; **instinktiv** 1. instinktbedingt; 2. unwillkürlich

instituieren (*lat.*) einrichten, unterweisen; **Institut** *s.* 1. Einrichtung, Anstalt; 2. Forschungsstätte an der Universität; **Institution** *w.* 1. öffentliche Einrichtung; 2. soziales Gebilde mit normativen Richtlinien; **institutionell** im Sinne der Institution, im Hinblick auf die Institution; **institutionalisieren** zu einer festen Einrichtung machen oder werden

instruieren (*lat.*) unterweisen, ins Bild setzen; **Instrukteur** *m.* (-tör) jmd., der andere (in der Handhabung von Geräten oder Vorschriften) unterweist; **Instruktion** *w.* Anweisung, Vorschrift; **instruktiv** aufschlussreich, erhellend

Instrument *s.* (*lat.*) 1. Gerät, Werkzeug; 2. Musikwerkzeug; **instrumentalisieren** jmdn. für die eigenen Zwecke benutzen, Hptw. **Instrumentalisierung** *w.*; **Instrumentalmusik** *w.* Musik ohne Singstimmen; **Instrumentarium** *s.* 1. alle zur Durchführung einer Aufgabe notwendigen Mittel; 2. alle bei einer Aufführung eingesetzten Musikinstrumente; **instrumentell** mit Hilfe von Instrumenten; **instrumentieren** eine Komposition für die einzelnen Instrumente einrichten, Hptw. **Instrumentation, Instrumentierung** *w.*

Insubordination *w.* (*lat.*) Unbotmäßigkeit, Ungehorsam gegenüber Vorgesetzten

insuffizient (-zi'e-, *lat.*) unzulänglich; **Insuffizienz** *w.* Schwäche, Unzulänglichkeit, ungenügende Leistung (eines Organs)

Insulaner *m.* (*lat.*) Inselbewohner

Insulin *s.* (*lat.*) Hormon der Bauchspeicheldrüse, Mittel gegen Zuckerkrankheit

Insult *m.* (*lat.*) 1. Beleidigung, Beschimpfung, Ztw. **insultieren**; 2. Anfall (z.B. Schlaganfall); 3. seelisches Trauma

in summa (*lat.*) im Ganzen, alles in allem

Insurgent *m.* (*lat.*) Aufständischer; **insurgieren** Aufstand machen, aufstehen gegen; **Insurrektion** *w.* Aufstand, Erhebung

inszenieren (*lat.-frz.*) 1. in Szene setzen, künstlerisch gestalten, auf die Bühne bringen; 2. geschickt ins Werk setzen, einfädeln; **Inszenierung** 1. Gesamtheit der technischen und künstlerischen Arbeiten, um ein Stück in Szene zu setzen; 2. das inszenierte Stück

Intabulation *w.* (*lat.*) 1. Eintragung ins Grundbuch; 2. Vertäfelung, Ztw. **intabulieren**

Intaglio *s.* (intaljo, *itl.*) Gemme mit eingeschnittenem Bild

Intake *s.* (-tehk, *engl.*) das, was Menschen vom Sprachangebot um sich herum tatsächlich aufnehmen und anwenden

intakt (*lat.*) unversehrt, in Ordnung, unberührt, voll funktionsfähig

Intarseur, Intarsiator, Intarsienschneider *m.* (*itl.*) Kunsthandwerker, der Intarsien herstellt; **Intarsien** *Mz.* (-si'en, *arab.-itl.*) Verzierungselemente aus verschiedenfarbigen Furnieren sowie aus Horn, Perlmutt, Elfenbein u. a., die in ein Grundfurnier eingelegt werden

integer (*lat.*) 1. unbescholten, unbestechlich; 2. (*engl.*, intidscher) ganzzahlig (EDV); **Integrität** *w.* 1. Unbescholtenheit, Unbestechlichkeit; 2. Unverletzlichkeit des Staatsgebiets

integral (*lat.*) ein Ganzes bildend, für sich bestehend; **Integral** *s.* Summe unendlich vieler, unendlich kleiner Teile in der Mathematik; **Integralrechnung** *w.* Teilgebiet der Mathematik, die sich u. a. mit der Berechnung von Flächen beschäftigt, wobei als Fläche der Bereich zwischen dem Graph der Funktion und der x-Achse verstanden wird

Integration *w.* (*lat.*) 1. Herstellung einer Einheit, Einbeziehung, Eingliederung in ein größeres Ganzes; 2. Berechnung eines Integrals; 3. die Einbindung von Minderheiten in eine Gesellschaft; 4. die Einbindung von Immigranten in die Aufnahmegesellschaft; **integrativ** Integration bewirkend, auf sie hindeutend; **integrieren** 1. einfügen, einbeziehen; 2. ein Integral berechnen; **integrierend** wesentlich, unerlässlich für ein Ganzes; **integriert** eingefügt, einbezogen, zusammengefügt; **integrierte Schaltung** mikroelektronische Schaltung, bei der alle Bauelemente auf einem Chip enthalten sind (EDV)

Integrität = integer

Intellekt *m.* (*lat.*) Denk-, Erkenntnisvermögen, Verstand; **Intellektualismus** *m.* übermäßige Betonung des Verstandes; **intellektuell** (-tu'e-) verstandesmäßig, auf den Verstand ausgerichtet; **Intellektuelle** *m.* und *w.* jmd., der eine Fragestellung mit dem Instrumentarium wissenschaftlicher Kritik angeht

Intelligence Service *m.* (intellidschenß ßörwiss, *engl.*) britischer Geheimdienst

intelligent (*lat.*) 1. klug, gescheit, verständig, fähig, das Wesentliche zu erfassen; 2. der menschlichen Intelligenz gleichend (von Computern); **Intelligent Design** *s.* (intellidschent desein, *engl.*) von den Neokreationisten, bes. in den USA, verbreitete Lehre, nach der die Entstehung des (menschlichen) Lebens nur durch den Eingriff göttlicher Intelligenz zu erklären sei; **Intelligenz** (*lat.*) *w.* die Gesamtheit der geistigen Fähigkeiten; **Intelligenzquotient** *m.* Messzahl, die sich aus dem Verhältnis von Lebensalter und geistiger Fähigkeit ergibt (Abk. IQ); **intelligibel** nicht sinnlich, sondern nur durch den Intellekt fassbar

Intendant *m.* (*frz.*) Leiter eines Theaters oder Senders; **Intendanz** *w.* Amt und Büro des Intendanten

intendieren (*lat.*) anstreben, planen, auf etwas hinzielen

Intensimeter *s.* (*lat.*) Messgerät für Strahlungsstärke

Intension *w.* 1. Anspannung (innerer Kräfte), Eifer; 2. Gesamtheit der inneren Merkmale eines Begriffs, Begriffsinhalt; **intensional** 1. auf die Intension bezogen; 2. trotz äußerer Unterschiede inhaltsgleich; **Intensität** *w.* Stärke, Kraft, Wirksamkeit, Eindringlichkeit; **intensiv** 1. eindringlich, kräftig, nachdrücklich, stark; 2. gesteigert, aufwendig, alle Möglichkeiten nutzend; **intensivieren** verstärken, intensiver betreiben, steigern, Hptw. **Intensivierung** *w.*; **intensivo, intenso** (*itl.*) Musik: heftig, kräftig, eindringlich

Intention *w.* (*lat.*) Absicht, Plan, Ziel, Tendenz; **intentional** von einer Absicht getragen, zielgerichtet, Hptw. **Intentionalität** *w.*

Inter-, inter- (*lat.*) als Wortteil: zwischen

interagieren (*lat.*) aufeinander bezogen, sich beeinflussend handeln; **Interaktion** *w.* Wechselbeziehung, wechselseitige Beeinflussung; **interaktiv** Interaktion bewirkend

interalliiert (*lat.*) mehreren Verbündeten gemeinsam

Intercity *m.* (*engl.*, *Wz.*) Kurzform für Intercity-Zug, Zug, der zwischen Großstädten verkehrt (Abk. IC); **Intercity Night** *m.* (– neit, *Wz.*) nachts verkehrender, mit Schlafwagen ausgestatteter Intercity (Abk. ICN); **Intercityexpress** *m.* *Wz.* Kurzform für Intercity-Expresszug, besonders schneller Intercity-Zug (Abk. ICE)

interdependent (*lat.*) wechselseitig abhängig, Hptw: **Interdependenz** *w.*

Interdikt *s.* (*lat.*) Verbot kirchlicher Amtshandlungen

interdisziplinär (*lat.*) fachübergreifend, Hptw. **Interdisziplinarität** *w.*

interessant (*lat.-frz.*) fesselnd, spannend, anregend, bemerkenswert; **Interesse** *s.* 1. geistige Anteilnahme, Vorliebe, Neigung; 2. Nutzen, Vorteil; **Interessensphäre** *w.* wirtschaftliches oder politisches Einflussgebiet (eines Staates); **Interessent** *m.* jmd., der für etwas Interesse hat, sich um etwas bemüht; **interessieren** 1. Aufmerksamkeit, Anteilnahme erregen; 2. (sich) Anteilnahme, Interesse bekunden; **interessiert** aufgeschlossen für etwas, aufmerksam

Interface *s.* (interfehß, *engl.*) Schnittstelle zwischen Geräten, Programmen, Bauteilen (EDV)

Interfax *s.* (*Kunstwort*) 1989 gegr. russ. Nachrichtenagentur

Interferenz *w.* (*lat.*) 1. Zusammentreffen zweier Wellenzüge mit dem Ergebnis, dass sie einander auslöschen oder verstärken; 2. Einwirkung von (Merkmalen) einer Sprache auf eine andere; 3. bei zweifacher Infektion das Zurückdrängen einer Infektion; **interferieren** 1. sich überlagern, überschneiden; 2. sich gegenseitig beeinflussen

Interferon *s.* (*Kunstwort*) körpereigener, virusabwehrender Eiweißkörper
Interflow *m.* (-floh, *engl.*) unterirdischer Wasserabfluss, ohne das Grundwasser zu erreichen
interfraktionell (*lat.*) den Fraktionen mehrerer Parteien gemeinsam
intergalaktisch (*lat.-gr.*) zwischen den Galaxien befindlich
interglazial (*lat.*) zwischen zwei Eiszeiten; **Interglazialzeit** *w.* Zeit zwischen zwei Eiszeiten
Interhotel *s.* (*Kunstwort*) 1967 in der DDR gegr. Hotelkette der gehobenen Klasse, überwiegend für Gäste aus dem «nichtsozialistischen Ausland»
Interieur *s.* (ängteriör, *frz.*) 1. Innenraum, Innenausstattung; 2. Bild eines Innenraums, bes. in der Malerei der Niederlande im 17. Jh.
Interim *s.* (*lat.*) einstweilige Regelung; Zwischenzeit; **interimistisch** einstweilig, zwischenzeitlich, vorläufig
interiorisieren (*lat.*) verinnerlichen, Hptw: **Interiorisation** *w.*
Interjektion *w.* (*lat.*) Ausrufewort (z.B. oh!)
Interkalare *Mz.* (*lat.*) Zwischenknorpel im Fuß- und Handskelett
interkonfessionell (*lat.*) nicht auf ein einzelnes Glaubensbekenntnis beschränkt, konfessionsübergreifend, zwischenkirchlich
interkontinental (*lat.*) von einem Erdteil zum anderen reichend (von z. B. Meeren, Raketen)
interkostal (*lat.*) zwischen den Rippen
interkranial (*lat.*) im Schädelinneren
Interkulturalität *w.* (*lat.*) 1. Bez. für alle aus dem Kontakt unterschiedlicher Kulturen entstehenden Phänomene (z.B. der Sprach- und Kulturmischung); 2. (bewusst herbeigeführte) Prozesse zur kreativen Integration von Elementen unterschiedlicher Kulturen (z.B. im Management eines Unternehmens); **interkulturell** 1. mehrere Kulturen betreffend, mehrere Kulturen umfassend; 2. Interkulturalität betreffend, zu ihr gehörend
interlinear (*lat.*) zwischen den Zeilen; **Interlinearversion** *w.* zwischen den Zeilen eines fremdsprachigen (mittelalterlichen) Textes stehende wörtliche Übersetzung
Interlingua *w.* (aus *itl. inter*nazionale und *lingua*) Welthilfssprache, die auf Latein und romanischen Sprachen basiert; **interlingual** zwei oder mehr Sprachen betreffend; **Interlinguistik** *w.* Spezialgebiet der Linguistik, das sich mit Welthilfssprachen befasst
Interlockware *w.* (*engl.*) feinmaschige, beidseitig gleich aussehende, elastische Wirkware für Unterwäsche
Interludium *s.* (*lat.*) musikalisches Zwischenspiel
intermediär (*lat.*) zwischenliegend, vermittelnd; **Intermedium** *s.* unterhaltsames Zwischenspiel, bes. bei festlichen Veranstaltungen in der Barockzeit (*Mz.* Intermedien)
Intermezzo *s.* (*itl.*) Zwischenspiel, angenehmer Zwischenfall
intermittierend (*lat.*) aussetzend, wechselnd (von Krankheiten, elektrischen Strömen)
intermolekular (*lat.*) zwischen den Molekülen (bestehend)
Intermundien *Mz.* (-di'en, *lat.*) die leeren Räume zwischen den Himmelskörpern, in denen nach der Philosophie Epikurs die Götter ohne Sorge um die Menschen wohnen
intern (*lat.*) innerlich, im Innern, innerhalb; **Interna** *Mz.* vertrauliche Angelegenheiten (*Ez.* Internum *s.*); **internalisieren** sich Werte, Normen zu eigen machen, verinnerlichen; **Internat** *s.* Lehranstalt, in der die Schüler wohnen; **Interne** *m.* u. *w.* Schüler(in) eines Internats
international (*lat.*) zwischenstaatlich, überstaatlich; **Internationale** *w.* 1. die internationale Vereinigung sozialistischer Organisationen; 2. Kampflied der internationalen Arbeiterbewegung; **internationalisieren** unter internationales Recht stellen; **Internationalismus** *m.* 1. Streben nach zwischenstaatlichen Zusammenschlüssen; 2. ein in vielen Sprachen gebrauchtes Wort
Internet *s.* (aus *engl. inter*national *net*work) weltweit größtes Computernetzwerk, das dem Benutzer Dienste aller Art anbietet und die Kommunikation mit an-

deren Benutzern gestattet; **Internetcafé** *s.* Café, in dem Gäste Internetzugang gegen Bezahlung nutzen; **Internetprovider** = Provider; **Internetwerbung** *w.* Werbung im Internet (EDV)

Internetexplorer *m.* Webbrowser der US-amerik. Firma Microsoft für das Windows-Betriebssystem (EDV)

internieren (*lat.*) Personen aus politischen oder medizinischen Gründen absondern, Hptw. **Internierung** *w.*

Internist *m.* (*lat.*) Facharzt für innere Krankheiten

Internspeicher *m.* Datenspeicher, der zur Zentraleinheit eines Computers gehört (EDV)

Internum = intern

Interpellation *w.* (*lat.*) parlamentarische Anfrage an die Regierung; **interpellieren** eine Anfrage an die Regierung richten

interplanetar, interplanetarisch (*lat.*) 1. zwischen den Planeten befindlich; 2. eine Verbindung zwischen Planeten herstellend **Interplanetosen** *Mz.* Krankheiten, die durch Weltraumflüge und Aufenthalte im Weltall entstehen

Interpol *w.* (aus *Inter*nationale Kriminal*pol*izeiliche Organisation) Zentralstelle zur Koordination der internationalen Maßnahmen in der Verbrechensbekämpfung, gegr. 1956, Sitz in Paris

Interpolation *w.* (*lat.*) 1. die nachträgliche Einfügung von Wörtern oder Textpassagen in überlieferte Texte durch fremde Hand; 2. näherungsweise Bestimmung eines mathematischen Werts, wenn andere Werte bekannt sind, Ztw. **interpolieren**

Interpret *m.* (*lat.*) 1. jmd., der eine Interpretation vornimmt; 2. reproduzierender Künstler; **Interpretatio Graeca** *w.* Deutung und Übernahme nichtgriech. Götter in die Götterwelt Griechenlands (z. B. Osiris in Dionysos); **Interpretatio Romana** *w.* 1. Umdeutung und Umbenennung nichtrömischer Götter in Götter Roms (z. B. Donar in Jupiter), 2. Übernahme german. religiöser Bräuche in die Riten der kath. Kirche

Interpretation *w.* 1. erklärende Auslegung und Deutung eines Textes, einer Komposition, eines Sachverhalts u. a.; 2. künstlerische Wiedergabe, Ztw. **interpretieren**

Interpunktion *w.* (*lat.*) Sprachlehre: Zeichensetzung, Ztw. **interpunktieren**

Interregnum *s.* (*lat.*) Zwischenregierung, vorläufige Regierung, Zeit ohne Regierung (z. B. kaiserlose Zeit von 1254 bis 1273 in Deutschland)

interrogativ (*lat.*) fragend; **Interrogativpronomen** *s.* Sprachlehre: fragendes Fürwort (z. B. wer? was? wie viel?); **Interrogativsatz** *m.* Fragesatz

Interruption *w.* (*lat.*) 1. Unterbrechung; 2. herbeigeführte Unterbrechung, bes. einer Schwangerschaft

Intersex *s.* (*lat.*) Lebewesen mit männl. und weibl. Geschlechtsmerkmalen; **Intersexualität** *w.* Mischung männlicher und weiblicher Merkmale in einem Individuum

Intershop *m.* (aus *inter*national und *Shop, Wz.*) Geschäfte in der DDR, wo man ausländische Waren gegen Devisen kaufen konnte

interterritorial (*lat.*) zwischenstaatlich

Intertrigo *w.* (*lat.*) Hautwolf

intertropisch (*lat.*) zwischen den Wendekreisen

interurban (*lat.*) mehrere Städte betreffend

Intervall *s.* (*lat.*) 1. Zeitspanne, Frist, Pause; 2. Bereich zwischen zwei Zahlen einer Skala; 3. Abstand zwischen zwei Tönen auf der Grundlage der Stammtonreihe

intervenieren (*lat.*) sich einschalten, dazwischentreten, vermitteln; **Intervention** *w.* 1. Vermittlung, Einmischung; 2. Eingreifen an der Börse, um fallende Kurse zu stützen; 3. Eintreten eines Dritten für einen Not leidenden Wechselschuldner (Ehreneintritt) **Interventionskunst** *w.* Kunstrichtung, die in (beobachtete) Lebensmilieus eingreift und diese (dadurch) verändern will

Interview *s.* (interwjuh, *engl.*) 1. Befragung einer bekannten Person durch einen Reporter; 2. Befragung von Personen zu statistischen oder Forschungszwecken, Ztw. **interviewen** (-wjuen); **Interviewer** *m.* (-wjuer) jmd., der ein Interview durchführt

interzedieren (*lat.*) dazwischentreten, bürgen, für jmdn. eintreten
interzellular (*lat.*) zwischen den Zellen
Intestaterbe *m.* (*lat.*) der gesetzliche Erbe (wenn kein Testament vorliegt)
intestinal (*lat.*) zum Darm gehörig; **Intestinum** *s.* Darmkanal, Eingeweide
Inthronisation *w.* (*lat.*) feierliche Thronerhebung, Einsetzung, Ztw. **inthronisieren**
intim (*lat.*) 1. eng befreundet, vertraut, innig; 2. sexuell (von Beziehungen); **Intima** *w.* Vertraute, Freundin; **Intimität** *w.* 1. enges Freundschaftsverhältnis, Vertrautheit; 2. Vertraulichkeit; 3. sexuelle Handlung, Intimitäten; **Intimspäre** *w.* gegen die Öffentlichkeit abgeschirmter persönlicher Bereich, Privatissimum; **Intimus** *m.* enger Freund, Vertrauter
intolerabel (*lat.*) unerträglich; **intolerant** unduldsam; **Intoleranz** *w.* Unduldsamkeit
Intonation *w.* (*lat.*) 1. das Stimmen der Musikinstrumente, Art der Tongebung bei einer Singstimme; 2. Tongebung, Klang beim Sprechen, Ztw. **intonieren**
in toto, in totum (*lat.*) im Ganzen, ganz und gar
Intourist *o. A.* (*russ.*) staatliche Reiseagentur der Sowjetunion (und des heutigen Russland) für den Auslandsreiseverkehr
Intoxikation *w.* (*lat.*) Vergiftung
Intra-, intra- (*lat.*) als Wortteil: innen, innerhalb
intraabdominell (*lat.*) innerhalb des Bauchraums
Intrade *w.* (*lat.-itl.*) musikalisches Einleitungsstück, Vorspiel
intrakardial (*lat.-gr.*) im Herzen, in das Herz
intrakoronar (*lat.*) in einem Herzkranzgefäß, in ein Herzkranzgefäß
intrakutan (*lat.*) in der Haut, in die Haut
intralingual (*lat.*) innersprachlich
intramolekular (*lat.*) innerhalb der Moleküle
intramundan (*lat.*) innerweltlich
intra muros (*lat.*) innerhalb der vier Wände, nicht öffentlich
intramuskulär (*lat.*) in den Muskeln, in die Muskeln
Intranet *s.* (*engl.*) ein mit Hilfe des Internet aufgebautes internes Netzwerk in Unternehmen (EDV)
intransigent (*lat.*) unversöhnlich, starr, Hptw. **Intransigenz** *w.*
Intransitiv *s.* (*lat.*) Sprachlehre: Zeitwort ohne Akkusativ und persönliches Passiv (z. B. *fallen*, *schlafen*, *gehen*), Eigw. **intransitiv**
intraokular (*lat.*) innerhalb des Auges; **intratellurisch** innerhalb der Erdbahn; **intrathorakal** (*lat.-gr.*) innerhalb der Brusthöhle
intrauterin (-a'ut-, *lat.*) innerhalb der Gebärmutter; **Intrauterinpessar** *s.* in die Gebärmutter eingelegte Spirale zur Empfängnisverhütung
intravenös (*lat.*) in der Vene, in die Vene
intrazellular (*lat.*) in der Zelle
intrigant (*frz.*) ränkesüchtig, hinterhältig; **Intrigant** *m.* Ränkeschmied, Drahtzieher; **Intrige** *w.* Ränkespiel, Machination, Machenschaft; **intrigieren** Ränke spinnen
intrinsisch (*engl.*) von innen heraus (motiviert)
Intro-, intro- (*lat.*) als Wortteil: hinein
Introduktion *w.* (*lat.*) Einleitung, Vorspiel; **introduktiv, introduktorisch** einführend, einleitend; **introduzieren** einleiten
Introitus *m.* (*lat.*) 1. Eingang in ein Hohlorgan des Körpers; 2. Einleitungsteil der Messe
Introjektion *w.* (*lat.*) unbewusste Übernahmeform der Anschauungen und Haltungen ins eigene Ich, Zwt. **introjizieren**
Intron *s.* (*Kunstwort*) nichtcodierender Bereich eines Gens, im Ggs. zu Exon
Introspektion *w.* (*lat.*) Selbstbeobachtung, Selbstanalyse; **introspektiv** durch Selbstbeobachtung
introvertiert (*lat.*) nach innen gewandt
Intruder *m.* (*engl.*) Flugzeug zum Schutz (eines Flugzeugträgers) und zur Aufklärung
Intrusion *w.* (*lat.*) Eindringen, Einschieben; **Intrusivgestein** *s.* in die Erdkruste eingedrungenes und erstarrtes Gestein
Intubation *w.* (*lat.*) die Einführung eines Rohrs in den Kehlkopf (z. B. bei Erstickungsgefahr); **intubieren** eine Intubation vornehmen

Intuition *w.* (*lat.*) unmittelbare, nicht durch den Verstand vermittelte Erkenntnis, Eingebung; **intuitiv** auf Intuition beruhend

Intumeszenz, Inturgeszenz *w.* (*lat.*) Abschwellung, Ztw. **intumeszieren**

intus (*lat.*) innen, binnen; **intus haben** (umg.) 1. begriffen haben; 2. gegessen haben

Inundation *w.* (*lat.*) Überschwemmung, Ztw. **inundieren**

Inunktion *w.* (*lat.*) Einsalbung, Einreibung mit Arzneimitteln

in usum Delphini = ad usum Delphini

inv. = invenit

invadieren = Invasion

invalid (*lat.*) erwerbsunfähig; **Invalide** *m.* Erwerbsunfähiger; **Invalidität** *w.* Erwerbsunfähigkeit

invariabel, invariant (*lat.*) unveränderlich; **Invariante** *w.* unveränderliche Größe; **Invarianz** *w.* Unveränderlichkeit

Invasion *w.* (*lat.*) 1. feindlicher Truppeneinfall; 2. Eindringen von Krankheitserregern in das Blut; 3. überraschendes Eintreffen vieler Personen (umg.); **Invasor** *m.* Eroberer, Eindringling (*Mz.* Invasoren), **invadieren** in ein fremdes Gebiet einfallen

Invektive *w.* (*lat.*) 1. Schmährede, Schmähschrift; 2. Anwurf

invenit (*lat.*) auf Kupferstichen: er hat erfunden (Abk. inv.)

Inventar *s.* (*lat.*) 1. Besitzstand an Einrichtungsgegenständen u. Vermögenswerten z. B. eines Unternehmens; 2. Verzeichnis des Besitzstandes; **inventarisieren** ein Inventar aufnehmen; **Inventarisation, Inventur** *w.* Bestandsaufnahme der Vermögensteile, Ztw. **Inventur machen**;

Invention *w.* Erfindung

invers (*lat.*) umgekehrt; **Inversion** *w.* 1. Umwandlung, 2. Umkehrung der geläufigen Wortstellung im Satz (z. B. *mitten wir im Leben* sind von dem Tod umfangen); **Invertzucker** *m.* aus der Spaltung des Rohrzuckers entstandener Zucker, Gemisch aus Trauben- und Fruchtzucker; **invertieren** umkehren, umstellen

investieren (*lat.*) 1. Kapital in Sachgütern anlegen; 2. Mühe, Arbeit, Gefühle auf etwas oder jmdn. verwenden; **Investition** *w.* Anlage von Kapital in Sachgütern

Investigation *w.* (*lat.*) (gerichtliche) Nachforschung, Untersuchung; **investigativ** nachforschend, enthüllend (z. B. von journalistischer Arbeit)

Investitur *w.* (*lat.*) Einweisung in ein kirchliches Amt

Investivlohn *m.* (*lat.*) Teil des Lohnes, der zum Zweck der Vermögensbildung zwangsweise einbehalten und angelegt wird

Investment *s.* (*engl.*) engl. Bez. für Investition; **Investment Analyst** *m.* jmd., der Firmen im Hinblick auf Investitionsmöglichkeiten für Kunden analysiert; **Investmentfonds** *m.* (-fong) Sondervermögen einer Kapitalanlagegesellschaft an Wertpapieren oder Grundstücken

Investor *m.* (*lat.*) Kapitalanleger

in vino veritas (*lat.*) im Wein ist Wahrheit

invisibel (*lat.*) unsichtbar

in vitro (*lat.*) im Reagenzglas ausgeführt (von wissenschaftlichen Versuchen); **In-Vitro-Fertilisation** *w.* (*lat.*) «Befruchtung im Glas», Verschmelzung von Eizelle und Spermium außerhalb des weiblichen Körpers (Abk. IVF)

in vivo (*lat.*) am lebenden Versuchsobjekt durchgeführt oder beobachtet

Involution *w.* (*lat.*) Rückbildung von Organen

involvieren (*lat.*) 1. in sich schließen, enthalten; 2. zur Voraussetzung haben

Inzest *m.* (*lat.*) Geschlechtsverkehr zwischen engen Verwandten (z. B. Eltern und Kindern, Geschwistern untereinander); **inzestuös** 1. einen Inzest darstellend; 2. wie ein Inzest

inzidieren (*lat.*) einen Einschnitt vornehmen (z. B. in einen Abszess)

inzipient (-pi'e-, *lat.*) beginnend

Inzision *w.* (*lat.*) Einschnitt, Einschneiden; **Inzisivzahn** *m.* Schneidezahn; **Inzisur** *w.* Einschnitt, Einbuchtung, Einkerbung

Ion *s.* (*gr.*) elektrisch geladenes Teilchen, das entsteht, wenn neutralen Atomen oder Molekülen Elektronen zugeführt oder entzogen werden; **Ionisation** *w.* Erzeugung von Ionen, Ztw. **ionisieren**; **Ionosphäre** *w.* oberste Schicht der Erdatmosphäre

Iota = Jota

iPod *m.* (*Wz.*) 2001 auf dem Markt eingeführter, mit über 60 Mio. Exemplaren meistverkaufter, tragbarer Musikspieler, inzwischen mit Farbdisplay für Videos
Ippon *m.* (*jap.*) Wettkampfpunkt in japanischen Kampfsportarten
ipse fecit (*lat.*) er hat es (selbst) gemacht (auf Kunstwerken, Abk. i. f.)
I. R. = Imperator Rex
Iranistik *w.* Wissenschaft von den iran. Sprachen und Kulturen
irenisch (*gr.*) friedfertig; **Ireniker** *m.* Friedensstifter
Iris *w.* (*gr.*) 1. Regenbogenhaut des Auges; 2. Schwertlilie; 3. Botin der Götter in der griech. Mythologie; **Irisdiagnose, Iridologie** *w.* Augendiagnose; **irisieren** schillern; **Irisscanning** *s.* (-skä-, *engl.*) biometrisches Verfahren zur Identifikation einer Person anhand der individuellen Muster der Regenbogenhaut; **Iritis** *w.* Regenbogenhautentzündung
Irish Coffee *m.* (eirisch koffih, *engl.*) Kaffee mit einem Schuss Whiskey und Schlagsahne; **Irish Stew** *s.* (– stjuh) Eintopf aus Hammelfleisch mit Weißkohl und Kartoffeln
Ironie *w.* (*gr.*) 1. verdeckte spöttische Form der Kritik, z. B. dadurch, dass man das Gegenteil dessen äußert, was man meint; 2. das unbeeinflussbare Zusammenwirken von Umständen, das in paradoxer Weise Pläne, Ziele und Handlungen konterkariert (z. B. Ironie des Schicksals); **ironisch** voller Ironie; **ironisieren** mit Ironie behandeln; **Ironym** *s.* ironische Wendung anstelle des Autorennamens
Irradiation *w.* (*lat.*) Ausstrahlung, bes. von Schmerzen, Ztw. **irradiieren** (-di'ie-)
irrational (*lat.*) 1. für den Verstand nicht zugänglich, verstandesmäßig nicht fassbar; 2. jeglicher Vernunft widersprechend; **Irrationalismus** *m.* irrationales Denken, irrationales Geschehen; **Irrationalität** *w.* das Irrationalsein
irreal (*lat.*) unwirklich; **Irrealität** *w.* Unwirklichkeit
Irredenta *w.* (*itl.*) 1. politische Bewegung, die den Anschluss abgetrennter Gebiete an das Mutterland erstrebt; 2. polit. Unabhängigkeitsbewegung im Italien des 19. Jh.; **Irredentismus** *m.* Irredentagesinnung und -politik; **Irredentist** *m.* Anhänger des Irredentismus
irreduktibel, irreduzibel (*lat.*) nicht zurückführbar, nicht ableitbar
irregulär (*lat.*) unregelmäßig, regelwidrig; **Irregularität** *w.* Unregelmäßigkeit, Regelwidrigkeit
irrelevant (*lat.*) unerheblich, unbedeutend; **Irrelevanz** *w.* Geringfügigkeit, Bedeutungslosigkeit
irreligiös (*lat.*) nicht religiös
irreparabel (*lat.*) nicht wieder gutzumachen, nicht heilbar, unersetzlich, Hptw. **Irreparabilität** *w.*
irresistibel (*lat.*) unwiderstehlich, Hptw. **Irresistibilität** *w.*
irreversibel (*lat.*) nicht umkehrbar; **Irreversibilität** *w.* Unumkehrbarkeit
Irrigation (*lat.*) 1. Bewässerung; 2. Ausspülung; **Irrigator** *m.* Spülapparat, bes. für Darmspülungen
irritabel (*lat.*) reizbar, erregbar; **Irritabilität** *w.* Reizbarkeit; **irritieren** reizen, ärgern, beirren, unsicher machen, Hptw. **Irritation** *w.*
isabellfarben (*frz.*) graugelb
Isagogik *w.* (*gr.*) Einführungskunst, die pädagogisch geschickte Einführung in eine Wissenschaft oder Lehre
Isba *w.* (*russ.*) einfaches Holzhaus, Blockhütte in Russland
ISBN *o. A.* (aus *engl.* *i*nternational *s*tandard *b*ook *n*umber) die seit 1973 jedes Buch identifizierende internationale Standardbuchnummer
Ische *w.* (*hebr.*) junge Frau, junges Mädchen
Ischias *w.* (auch *m.* oder *s.*), **Ischialgie** *w.* (iß'chias, iß'chialgie, auch: ischias, ischial-, *gr.*) Hüftschmerz, Neuralgie des Hüftnervs, Eigw. **ischiadisch**
Islam *m.* (*arab.*) von Mohammed im 7. Jh. gestiftete und im Koran niedergelegte Religion; **islamisch** zum Islam gehörig; **islamisieren** zum Islam bekehren; **Islamismus** *m.* islamischer Fundamentalismus; **Islamist** *m.* Anhänger des Islamismus, Eigw. **islamistisch**; **Islamit** *m.* Anhänger des Islam
ISO *w.* (aus *engl.* *I*nternational *O*rganization for *S*tandardination) Internationale Or-

ganisation für Normung, bes. von Industrieprodukten, seit 1947 in Genf ansässig)

Iso-, iso- (*gr.*) als Vorsilbe: gleich

Isobare *w.* (*gr.*) Linien, die Orte mit gleichem Luftdruck verbinden; **Isochromasie** *w.* gleichmäßige Lichtempfindlichkeit fotografischen Materials; **isodynam, isodynamisch** bei der Verbrennung im Körper gleiche Wärmemengen erzeugend; **Isodyname** *w.* Verbindungslinie aller Orte gleicher Stärke des Erdmagnetismus; **isogen** (*gr.*) genetisch identisch; Hptw. **Isogenie** *w.*; **Isoglosse** *w.* (*gr.*) die Linie auf Sprachkarten, die Gebiete gleichen Wortgebrauchs begrenzt

Isogon *s.* (*gr.*) regelmäßiges Vieleck

Isokephalie *w.* (*gr.*) Kompositionsprinzip in der bildenden Kunst, dem entsprechend die Kopfhöhe aller Personen eines Bildes gleich ist, Gleichkopfhöhe, (z.B. auf dem Parthenonfries, um 440 v. Chr. entstanden); **Isokline** *w.* Verbindungslinie von Orten gleicher Neigung der Magnetnadel, Eigw. **isoklinisch**

Isolation *w.* (*lat.*) 1. Vereinsamung, Vereinzelung; 2. Verhinderung von Strömen durch Isoliermaterial; 3. Absonderung von Personen mit ansteckenden Krankheiten, von Häftlingen; **Isolationismus** *m.* politische Richtung, die die Abschließung des Staates vom Ausland anstrebt; **Isolator** *m.* Stoff von geringer Leitfähigkeit, der sich zum Isolieren eignet, Isoliermaterial; **isolieren** 1. absondern, einzeln halten; 2. vereinsamen; 3. abdichten, Körper vor Abfluss von Wärme oder Elektrizität schützen, Hptw. **Isolierung** *w.* **Isolinie** *w.* (-ni'e, *gr.-lat.*) Linie auf Erd- oder Wetterkarten, die Punkte gleicher Werte miteinander verbindet

Isomere *Mz.* (*gr.*) chem. Verbindungen, die bei gleicher Zusammensetzung chemisch und physikalisch verschieden reagieren, Eigw: **isomer**; **Isomerie** *w.* bei gleichen Eigenschaften verschiedenes Verhalten

isomorph (*gr.*) gleichgestaltig, Hptw. **Isomorphie** *w.*, **Isomorphismus** *m.*

Isoptera *Mz.* (*gr.*) Termiten

Isotherme *w.* (*gr.*) Linie, die Orte gleicher mittlerer Temperatur miteinander verbindet

Isotone *Mz.* (*gr.*) Atomkerne mit gleicher Anzahl von Neutronen, verschiedener Anzahl von Protonen; **Isotope** *Mz.* Atom(kern)e desselben chem. Elements mit gleicher Anzahl von Protonen, verschiedener Anzahl von Neutronen

isotrop (*gr.*) von physikalisch gleicher Beschaffenheit, Hptw. **Isotropie** *w.*

Isthmus *m.* (*gr.*) Landenge, Eigw. **isthmisch**

it. = item

Itala *w.* (*lat.*) Sammlung von ältesten lateinischen Bibelübersetzungen; **italisch** das antike Italien betreffend

item (*lat.*) ebenso, ferner; **Item** *s.* (eitem, *engl.*) 1. Posten, Bestandteil, Element, Kernpunkt; 2. einzelne Aufgabe (innerhalb eines Tests)

Iteration *w.* (*lat.*) 1. Wiederholung eines Wortes; 2. schrittweises Rechenverfahren, Folge von Näherungslösungen in Mathematik und EDV; **iterativ** wiederholend; **Iterativ, Iterativum** *s.* Wiederholungswort

Itinerar *s.* (*lat.*) Straßenkarte, Wegeverzeichnis der römischen Zeit und des Mittelalters

IVF = In-Vitro-Fertilisation

IWF (Internationaler Währungsfonds) = IMF

Iwnokultur *w.* Kulturgruppe im östl. Mitteleuropa zu Beginn der Bronzezeit ab ca. 1800 v. Chr. (nach dem polnischen Fundort Iwno)

Iwrit(h) *s.* (*hebr.*) Neuhebräisch, Amtssprache in Israel

Ixeutik *w.* (*gr.*) die Kunst des Vogelfangs

J

J = Joule

Jab *m.* (dschäb, *engl.*) Haken aus kürzester Entfernung im Boxsport

Jabot *s.* (schabo, *frz.*) Spitzenkrause, Hemdkrause, Brustkrause

j'accuse (schakühs, *frz.*) ich klage an! Eingangssatz des offenen Briefes von Emile Zola an den französ. Staatspräsidenten gegen die Verurteilung des jüd. französ. Hauptmanns Alfred Dreyfus (1898)

Jacht *w.* (*niederl.*) leichtes, schnelles Schiff mit Segel oder Motor, zu Sport- oder Vergnügungsfahrten

Jacketkrone *w.* (dschäcket-, *engl.*) Zahnmantelkrone aus Porzellan oder Kunstharz

Jackett *s.* (scha-, *frz.*) Jacke als Teil eines Herrenanzuges

Jackpot *m.* (dschäck-, *engl.*) besonders hohe Gewinnquote bei Glücksspielen, weil in den vorhergehenden Spielen keine Gewinne gemacht wurden

Jackstag *m.* (dschäckstäck, *engl.*) Eisenstange zum Befestigen des Segels an der Rahe

Jacquardweberei *w.* (schakar-) mechanische Weberei mit Lochkarten für große Muster und Bilder (nach dem franz. Seidenweber J. M. Jacquard, 1752–1834)

Jacquerie *w.* (schake-, *frz.*) Bauernaufstand im Frankreich des 14. Jh. (wahrscheinlich nach dem Spottnamen Jacques Bonhomme, den die Adligen den Bauern gaben)

Jacuzzi *m.* (*Wz.*) (auch) in der Hydrotherapie verwendeter Whirlpool (nach der US-amerik. Herstellerfirma)

jade (*span.*) blassgrün; **Jade** *w.* grünes bis blaugrünes Mineral, auch Nephrit; **Jadeit** *m.* (-de'it) Eisvogeljade, billigere Jadeart

j'adoube (schadub, *frz. ich rücke zurecht*) das erlaubte Zurechtrücken einer Schachfigur, ohne zu ziehen

Jaffaapfelsine *w.* große, kernlose Apfelsine aus Jaffa in Israel

Jaguar *m.* (*indian.*) südamerikanische Raubkatze

Jahve, Jahwe (*hebr.*) Name Gottes im Alten Testament

Jak *m.* (*tibet.*) langhaariges asiatisches Hochgebirgsrind

Jakaranda *w.* (*Tupi*) tropisches Gewächs, in Europa als Zierpflanze in Innenräumen einsetzbar; **Jakarandaholz** *s.* Palisanderholz aus Brasilien

Jakobiner *m.* Mitglied des radikalsten Klubs in der Franz. Revolution; **Jakobinermütze** *w.* rote Wollmütze der Jakobiner, phrygische Mütze

Jakusa = Yakusa

Jalon *m.* (schalong, *frz.*) Richtfähnchen, Absteckpfahl in der Vermessungstechnik

Jalousie *w.* (schalu-, *frz.*) Rollladen, Sichtschutz

Jam *s.* (dschäm, *engl.*) englische Bez. für Marmelade

Jamboree *s.* (dschämberih, *engl.*) 1. Pfadfindertreffen; 2. großes geselliges Treffen mit Unterhaltungsprogramm

Jambus *m.* (*gr.*) Versfuß mit einer Kürze und einer Länge: ∪ –

James Grieve *m.* (dschemhs grihf) Apfel mit heller rötlich gelber Schale (nach dem engl. Züchter James Grieve)

Jams *s.* (*port.-engl.*) essbare Wurzelknolle einer Kletterpflanze in den Tropen

Jam Session *w.* (dschäm ßeschen, *engl.*) Zusammenkunft von Jazzmusikern und Jazzfreunden zum Zweck freier Improvisation; **jammen** improvisieren (beim Jazz)

Janitscharen *Mz.* (*türk.*) ehemalige türkische Fußtruppe, bestehend aus islamisierten christlichen Kriegsgefangenen; **Janitscharenmusik** *w.* Feldmusik der Janitscharen mit Trommeln, Becken, Tamburin, Schellenbaum

Jan Maat, Janmaat *m.* (*niederl.*) scherzhafter Name für Seemann

Jansenismus *m.* kath.-theolog., gegen die Jesuiten gerichtete Reformbewegung innerhalb der kath. Kirche im Frankreich des 17. und 18. Jh., die sich auf die Lehren von Augustinus berief (nach dem Bischof von Yper, Cornelius Jansen, 1586–1638); **Jansenist** *m.* Anhänger des Jansenismus, Eigw. **jansenistisch**

Januskopf *m.* Bild eines zweigesichtigen Männerkopfes, Sinnbild des Zwiespalts (nach dem italischen Gott Janus)

Japonismus *m.* (*frz.*) Einfluss der japan. Kunst auf die Kunst in Europa (um 1900)

Jardiniere *w.* (schardinjähr, *frz.*) Schale, Korb für Pflanzen

Jargon *m.* (schargong, *frz.*) gruppenspezifische Umgangssprache; **Jargonismus** *m.* Ausdruck im Jargon

Jaschmak *m.* (*türk.*) Schleier der vornehmen Türkin

Jasmin *m.* (*pers.*) 1. stark duftende Blüte des Zierstrauchs gleichen Namens, für Parfüms und Tees verwendet, echter Jasmin; 2. falscher Jasmin, ein weitverbreiteter Zierstrauch mit weißen Blüten, Bauernjasmin

Jaspis *m.* (*gr.*) vielfarbiger Schmuckstein

Jause *w.* (*slowen.*) Zwischenmahlzeit; **jausen** eine Zwischenmahlzeit zu sich nehmen (Österreich)

Java *m.* 1. als Deckblatt oder Einlage bei der Herstellung von Zigarren verwendeter Tabak; 2. Baumwoll- od. Leinenstoff, Grundgewebe für Stickereiarbeiten; 3. Kaffeebohne von der Insel Java; 4. (*Wz.*) Programmiersprache; 5. (dschawa) Modetanz der 1920er Jahre, bes. in Frankreich verbreitet (nach der Sundainsel Java)

Jazz *m.* (dschäs, *engl.*) in Nordamerika zu Beginn des 20. Jh. entstandene, auf Improvisation beruhende Musikform, die Elemente afrikanischer und europäischer Musik zu einem völlig neuen Stil verband und sich in vielfältigen Stilarten weiterentwickelte; **jazzen** Jazzmusik spielen; **Jazzer** Musiker, der Jazzmusik spielt

Jean Potage *m.* (schang potahsch, *frz.* «Hans Suppe») französ. Bez. für den Hanswurst

Jeans *Mz.* (dschihns, *engl.*) Kurzform für Blue Jeans, Baumwollhosen

Jeep *m.* (dschihp, aus *engl.* general purpose [war truck]) geländegängiges Kraftfahrzeug mit Vierradantrieb

Jehova *o. A.* (*hebr.*) Jahwe (alte, unrichtige Lesart von JHW)

jemine (aus *lat. Je*sus do*mine*) Ausruf des Erschreckens, Bedauerns und des Mitleids: du lieber Himmel!

jenische Sprache Gaunersprache, Rotwelsch (Herk. ungekl., viell. aus dem Zigeunerischen)

Jeremiade *w.* (*hebr.*) Klagelied, Gejammer

Jerezwein *m.* (chereß-, *span.*) Sherry

Jericho-Rose *w.* Pflanze im östlichen Mittelmeerraum, die sich beim Vertrocknen einkugelt und entwurzelt davonrollt, sich aber bei Feuchtigkeit wieder entfaltet (Herk. unbek., viell. von Pilgern so benannt)

Jerk *m.* (dschörk, *engl.*) im Schwung gebremster Ball beim Golf

Jersey *m.* (dschörsi) gewirkter Wollstoff (nach der engl. Insel Jersey)

Jeschiwa *w.* (*hebr.*) religiöse Hochschule zur Ausbildung von Rabbinern und jüdischen Talmud-Lehrern

Jesuit *m.* Angehöriger des Jesuitenordens; **Jesuitendrama** *s.* von Lehrern an Jesuitenschulen verfasste religiös-propagandistische, meist Stoffe aus dem Alten Testament sowie Heiligenlegenden behandelnde Dramen, bes. in der Gegenreformation; **Jesuitenorden** *m.* von Ignatius von Loyala 1534 gegr. Orden zur Ausbreitung des kath. Glaubens durch Mission, Unterricht und wissenschaftliche Ausbildung (nach der Bez. Societas Jesu, Abk. SJ); **Jesuitenstil** *m.* bes. prächtiger Kirchenbarock (in Südamerika); **Jesus Hominem Salvator** (*lat.*) Deutungsversion des lat. Namens Christi: Jesus, der Menschen Heiland (Abk. JHS); **Jesus Nazarenus Rex Judaeorum** (*lat.*, Jesus von Nazareth, König der Juden) Inschrift am Kreuz nach Joh. 19, 19 (Abk. I.N.R.I.)

Jesus People *Mz.* (dschihses pihpl, *engl.*) Anfang der 1970er Jahre in den USA gegr. religiöse Erweckungsbewegung (von Jugendlichen)

Jet *m.* (dschett, *engl.*) Düsenflugzeug; **Jetlag** *m.* (-läg, *engl.*) Beschwerden, die aus der Zeitdifferenz bei Langstreckenflügen entstehen; **Jetliner** *m.* (-leiner, *engl.*) Düsenverkehrsflugzeug; **jetten** 1. (häufig) mit dem Jet fliegen; 2. sich sputen (umg.)

Jeton *m.* (schetong, *frz.*) Spielmarke

Jetset *m.* (dschettsett, *engl.*) entsprechend begüterte Personen, die zu ihren internationalen Vergnügungsterminen mit dem Jet fliegen; **Jetski** *m.* (*Wz.*) Jetboot, Wassermotorrad, meistens ohne Bordwand; **Jetstream** *m.* (-ßtrihm) sehr schnelle Luftbewegung in der oberen Atmosphäre

Jett *s.* (dschett, *engl.*) Pechkohle, Gagat, schwarzer Schmuckstein

Jettatore *m.* (dsche-, *itl.*) Person mit dem bösen Blick; **Jettatura** *w.* der böse Blick

Jeu *s.* (schöh, *frz.*) Glücksspiel; **Jeu de Paume** *s.* (– de pohm) Vorläufer des Tennis, mit den Handflächen gespieltes Ballspiel; **Jeu d'Esprit** *s.* (– desprih) geistreiche Wortspielerei

Jeunesse dorée *w.* (schöneß doreh, *frz.*) Bezeichnung für die modisch elegante, monarchistische Jugend von Paris nach dem Sturz Robespierres

Jeux floraux *Mz.* (schö floroh, *frz.*) seit dem 14. Jh. jährlich in Toulouse veranstaltete poetische Wettkämpfe, bei denen der Preis silberne und goldene Blumen sind

Jiddisch *s.* die aus verschiedenen Sprachen und Mundarten bestehende Sprache der aschkenasischen Juden, bes. in Osteuropa seit dem Mittelalter

Jig *m.* (dschig, *engl.*) engl. Volkstanz, Gigue

Jigger *m.* (dschi-, *engl.*) 1. *Wz.* Maschine für das Färben von Gewebe; 2. spezieller Golfschläger; 3. kleines Segel an einem Viermaster

Jimenes *m.* (chi-) span. Süßwein

Jingle *m.* (dschingl, *engl.*) kurze einprägsame Tonfolge, bes. für Werbezwecke

Jingo *m.* (dschingoh, *engl.*) engl. Bez. für Chauvinist, fanatischer Nationalist

Jitterbug *m.* (dschitterbag, *engl.*) akrobatisch anmutender Gesellschaftstanz

Jiu-Jitsu *s.* (dschiudschitsu, *jap.*) japanische Kunst der waffenlosen Selbstverteidigung

Jive *m.* (dscheiw, *engl.*) eine Art Swingmusik, gemäßigte Form des Boogie-Woogie

Job *m.* (dschob, *engl.*) Arbeit, Verdienstmöglichkeit, einträgliche Tätigkeit, Ztw. **jobben**; **Jobber** *m.* Börsenspekulant; **jobbern** sich als Börsenspekulant betätigen; **Jobcenter** *s.* 2005 gegr. Dienstleistungseinrichtung, bestehend aus ehemaligen Sozialämtern, Arbeitsagenturen und privaten Stellenbörsen; **Jobfloater** *m.* (-flohter, *engl.*) staatlich finanzierte Darlehen für kleine und mittelständische Betriebe mit dem Zweck, Ausbildungs- und Arbeitsplätze zu schaffen; **Jobhopping** *s.* häufiger Stellenwechsel, um beruflich aufzusteigen; **Jobkiller** *Mz.* alles, was dazu beiträgt, menschl. Arbeitskraft überflüssig zu machen; **Jobsharing** *s.* (-schäring) Aufteilung eines Vollarbeitsplatzes auf mehrere Kräfte; **Jobticket** *s.* von den Verkehrsbetrieben bewilligte Ermäßigung auf die Tarife von Fahrkarten für Fahrten zwischen Wohnstätte und Arbeitsplatz

Jockey *m.* (dschocki, *engl.*), **Jockei** *m.* berufsmäßiger Rennreiter

Jod *s.* (*gr.*) chem. Element, ein Nichtmetall aus der Gruppe der Halogene, in der Fotografie und Pharmazie genutzt

Jodhpurhose *w.* den Breeches ähnliche Reithose mit langen engen Beinen, in abgewandelter Form Teil der Haute Couture; **Jodhpurstiefel** *m.* über knöchelhoher Stiefel mit einem um den Knöchel geschlungenen Riemen (nach der ind. Stadt Jodhpur)

Joga = Yoga

Jogging *s.* (dschogging, *engl.*) sportliches Laufen im Trabtempo, Ztw. **joggen**

Joghurt, Jogurt *m.* oder *s.* (*türk.*) mit Hilfe von Bakterien erzeugte Dickmilch

Jogi = Yogi

Johannisbrot *s.* essbare getrocknete Schote des Johannisbrotbaumes im Mittelmeergebiet (nach der Legende, Johannes der Täufer habe sich in der Wüste von solchen Früchten ernährt)

Johanniterorden *m.* ältester, um 1100 gegr. geistlicher Ritterorden, ursprüngl. zur Pflege von Jerusalem-Pilgern, Malteserorden

John Bull *m.* (dschon bull, *engl.*) Spitzname des Engländers

Joint *m.* (dschoint, *engl.*) Marihuanazigarette; **Jointventure** *s.* (-ventscher) Projektzusammenschluss von Unternehmen

Jo-Jo *s.* (*philippin.*) Geschicklichkeitsspiel, bei dem durch Handbewegungen eine Spule über eine Schnur auf- und abrollt

Jojoba *w.* (*mexik.*) Buchsbaumgewächs, dessen aus den Samen gewonnenes Öl in der Kosmetikindustrie verwendet wird

Joke *m.* (dschohk, *engl.*) Witz

Joker *m.* (dschohker, *engl.*) Spielkarte, die für jede andere Karte eintreten kann

Jokus *m.* (*lat.*) Scherz, Spaß, Ulk

Jom Kippur (*hebr.*) höchstes jüdisches Fest am Versöhnungstag

Jonathan *m.* mittelgroßer dunkelroter gut zu lagernder Tafelapfel (nach dem Amerikaner Jonathan Hasbrouck)

Jongleur *m.* (schonglör, *frz.*) Artist, der bes. im Werfen und Auffangen von Gegenständen geübt ist, Geschicklichkeitskünstler; **jonglieren** 1. Gegenstände werfen und auffangen oder im Gleichgewicht halten; 2. Anstoß vermeiden, sich auf geschickte Weise zwischen verschiedenen Erwartungen und Anforderungen bewegen

Jonny *m.* (dschonni, *engl.*) Penis (umg.)

Josephinismus *m.* Politik des österr. Kaisers Joseph II. (1741–1790), der die staatliche Souveränität über die Kirche anstrebte, die Glaubensfreiheit gewährte und maßgebend die Haltung des österr. Berufsbeamtentums prägte

Jota (*gr.*) der neunte Buchstabe des griechischen Alphabets, Ι, ι; **kein Jota** nicht das Geringste

Jota *w.* (chota, *span.*) schneller span. Tanz mit Kastagnettenbegleitung

Joule *s.* (dschaul oder dschul, *engl.-frz.*) Maßeinheit der Arbeit, Energie und Wärme (Zeichen: J, seit 1978 anstelle der Kalorie gültig: 1 cal = 4,1868 J)

Jour fixe *m.* (schuhr fix, *frz.*) fest vereinbarter Tag für ein regelmäßiges Treffen

Journaille *w.* (schurnaj, *frz.*) abschätzige Bezeichnung für Journalismus; **Journal** *s.* (schurnal) 1. Tagebuch für geschäftliche Eintragungen; 2. Zeitschrift; **Journalismus** *m.*, **Journalistik** *w.* Pressewesen; **journalistisch** charakteristisch für den Schreibstil des Journalisten; **Journalist** *m.* jmd., der professionell für Presse, Rundfunk und Fernsehen schreibt

jovial (*lat.*) herablassend, wohlwollend, leutselig, Hptw. **Jovialität** *w.*

Joystick *m.* (dscheustick, *engl.*) Steuerhebel am Spielcomputer

JPEG *s.* (dschehpeg, aus *engl.* *J*oint *P*hotographic *E*xperts *G*roup) Kompressionsverfahren für grafische Dateien und Standarddateiformat für Fotografiken (EDV)

jr. = junior

Jubilar *m.* (*lat.*) Gefeierter, Jubelgreis, jmd., der ein Jubiläum begeht; **Jubiläum** *s.* (-lä'u-) Jahrestag eines Ereignisses, Ehrentag, Gedenktag; **Jubilatio** *w.* (*lat.*) in der Gregorianik eine auf einem Vokal gesungene Tonfolge; **Jubilee** *s.* (dschubilih, *engl.*) hymnischer Gesang der Farbigen in den religiösen Gemeinden der USA; **jubilieren** 1. singen (von Vögeln); 2. jubeln; 3. ein Jubiläum feiern

Juchten *s.* (*russ.*) mit Birkenteeröl getränktes Rind- oder Kalbleder, Eigw. **juchten**

Judaika *Mz.* (-da'i-, *hebr.-lat.*) jüdische Schriften, Bücher, Bilder

Judaismus *m.* (*hebr.-lat.*) 1. frühchristliche Strömung, die die Normen des jüdischen Glaubens in den christlichen Gemeinden verbindlich beibehalten wollte; 2. jüdische Religion; **Judaistik** *w.* Wissenschaft von der jüdischen Geschichte und Kultur

Judikative *w.* (*lat.*) richterliche Gewalt im Staat

Judo *s.* (*jap.*) sportliche Ausübung des Jiu-Jitsu; **Judogi** *w.* die Kleidung beim Judo; **Judoka** *m.* Sportler des Judo

Jug *m.* (dschag, *engl.*) als Blasinstrument verwendeter Tonkrug, Bestandteil der afroamerik. Musik; **Jug Blowing** *s.* (– blohing) früher Jazz mit einfachen Instrumenten wie Jug und Waschbrett

Juglon *s.* (*lat.*) der in unreifen Walnussschalen enthaltene braune Farbstoff

Jugulum *s.* (*lat.*) Einsenkung zwischen den Schlüsselbeinen, Drosselgrube

Juice *m.* od. *s.* (dschuhß, *engl.*) Saft aus Obst oder Gemüse

Juiverie *w.* (schuiwerih, *frz.*) jüd. Ghetto im Mittelalter, bes. in französ. Städten, heute meistens abwertend für Judentum gebraucht

Juju *m.* (*afrikan. Sprachen*) Bez. für

Fetische mit magischer Kraft (in Westafrika)

Ju-Jutsu *s.* (*jap.*) japan. Kampfkunst ohne Waffen, Vorläufer des Jiu-Jitsu

Jukebox *w.* (dschuhkbox, *engl.*) Musikautomat, der bei Geldeinwurf Musiktitel abspielt

Julfest *s.* (*schwed.*) Weihnachtsfest in Skandinavien; **Julklapp** *m.* Weihnachtsgeschenk

Julienne *w.* (schüljenn, *frz.*) fein geschnittene Gemüse als Suppeneinlage

Julklapp = Julfest

Jumbojet, Jumbo *m.* (*engl.*) Großraumjet

Jumelage *w.* (schümelahsch, *frz.*) Städtepartnerschaft zwischen verschiedenen Städten (z. B. Hamburg/Shanghai)

Jump *m.* (dschamp, *engl.*) 1. Jazz mit Sprungeffekten, Harlemjump; 2. der letzte Sprung beim Dreisprung in der Leichtathletik; **jumpen** springen (umg.); **Jumper** *m.* 1. Pullover; 2. Trägerkleid

jun. Abk. für **junior** (*lat.*) jünger, der Jüngere; **Junior** *m.* 1. der jüngere Teilhaber; 2. Mitglied einer Nachwuchsmannschaft; 3. Jugendlicher; 4. Sohn (scherzhaft)

Jungle *m.* (dschangl, *engl.*) Stilrichtung in der Technomusik

Juniperus *m.* (*lat.*) Wacholder

Junk-Art *w.* (dschank-, *engl.*) Abfallkunst, Objektkunst, die Abfallprodukte aller Art in ihre Materialbilder und Assemblagen einbaut; **Junk-Bond** *m.* Anleihen mit geringer Bonität, entsprechend hohem Risiko und hohem Zinsfuß; **Junkfood** *s.* (dschankfud, *engl.*) Essen ohne Nährwert mit hoher Kalorienzahl; **Junkie** *m.* (dschankih, *engl.*) 1. Rauschgiftabhängiger; 2. jmd., der süchtig nach etwas ist, Freak (z. B. Machtjunkie, Computerjunkie); **Junkmail** *w.* (-mehl) Flut von unerwünschter Werbung im realen od. elektronischen Briefkasten, Spam; **Junk-Science** *w.* (-ßeijenß) meist von den Interessen eines (privaten) Auftraggebers geleitete «Studie», die keinen wissenschaftl. Standards genügt, Pseudowissenschaft; **Junk-Sciencer** *w.* jmd., der sich pseudowissenschaftl. betätigt

Junktim *s.* (*lat.*) Koppelung von Gesetzesvorlagen oder Verträgen, sodass sie nur gemeinsam angenommen oder abgelehnt werden können

junonisch (*lat.*) von stattlicher weiblicher Schönheit, wie Juno (die bedeutendste Göttin des alten Rom)

Junta *w.* (chunta, *lat.-span.*) 1. Regierungsausschuss in Portugal, Spanien, Lateinamerika; 2. Militärjunta

Jupe *w.* (schüp, *arab.-frz.*) Damenrock

Jupiter *m.* (*lat.*) 1. der höchste Gott der Römer; 2. Planet; **Jupiterlampe** *w.* transportable, lichtstarke Lampe für Bühne und Film

Jupon *m.* (schüpong, *frz.*) Halbunterrock

Jura *m.* (*lat.*) erdgeschichtliche Formation, Eigw. **jurassisch**

Jura (*Mz.* von Jus, *lat.*) die Rechte; **juridisch, juristisch** rechtswissenschaftlich; **Jurisdiktion** *w.* Rechtsprechung; **Jurisprudenz** *w.* Rechtswissenschaft; **Jurist** *m.* Rechtsgelehrter mit Referendar- und Assessorprüfung; **juristische Person** *w.* rechtsfähige Körperschaft; **Juror** *m.* Preisrichter (*Mz.* Juroren)

Jurte (*russ.-türk.*) Wohnzelt aus Filz der asiatischen Nomaden

Jürük, Yürük *m.* langfloriger türk. Wollteppich (nach den Jürüken, einem Nomadenvolk in Kleinasien)

Jury *w.* (dschuri, *engl.*, schüri, *frz.*) 1. Preisrichter-Kollegium; 2. Schwurgericht in Großbritannien und den USA, das über Kapitalverbrechen zu urteilen hat

Jus *m.* oder *s.* (dschüh, *frz.*) eingedickter Bratensaft

Jus *s.* (*lat.*) Recht, Rechtswissenschaft; **Jus naturale** *s.* Naturrecht; **Jus Gentium** *s.* Völkerrecht; **Jus primae Noctis** *s.* (-mä –) feudales Recht des Grundherrn auf die erste Nacht mit der Braut eines Hörigen; **Jus Sanguinis** *s.* Recht, wonach die Staatsangehörigkeit durch Blutsverwandtschaft mit den Eltern oder einem Elternteil erworben wird

just, justament (*lat.*) eben, gerade, genau

Justemilieu *s.* (schüstmiljöh, *frz.*) politisches Schlagwort in Frankreich nach 1830, auf den ausgleichenden lauen Regierungsstil Louis-Philippes gemünzt

just for fun (dschast – fan, *engl.*) nur zum Spaß

justieren (*lat.*) 1. genau einstellen, eichen; 2. Druckstöcke auf Schrifthöhe bringen, Fahnensatz auf Seitenhöhe bringen, umbrechen, Hptw. **Justierung** *w.*

Justifikation *w.* (*lat.*) Rechtfertigung, Anerkennung der Richtigkeit; **Justifikatur** *w.* Genehmigung (einer Rechnung) nach Prüfung; **justifizieren** rechtfertigen, überprüfen

just in time (dschast – teim, *engl.*) 1. gerade noch rechtzeitig; 2. fertigungssynchron (von Lieferung, Lagerwirtschaft u. Ä.)

Justitia *w.* (*lat.*) 1. Frauengestalt als Sinnbild, Personifizierung der Gerechtigkeit; 2. altrömisch. Göttin der Gerechtigkeit, **Justitiar** *m.* Rechtsbeistand eines Betriebs oder einer Behörde

Justiz *w.* (*lat.*) staatliche Rechtspflege, Gerichtswesen; **justiziabel** einer gerichtlichen Klärung bedürfend

Jute *w.* (*ind.*) indischer Flachs

juvenil (*lat.*) jugendlich; 2. dem Erdinneren entstammend (z. B. von Wasser)

Juwel *s.* (*frz.*) geschliffener Edelstein, wertvolles Schmuckstück, Kostbarkeit; **Juwelier** *m.* Goldschmied, Schmuckwarenhändler

Jux *m.* (*lat.*) Spaß, Ulk

K

K = Kelvin

kA = Kiloampere

Kaaba *w.* (ka'a-, *arab.*) Hauptheiligtum des Islam in der großen Moschee in Mekka

Kabache, Kabacke *w.* (*russ.*) 1. einfache Hütte; 2. Spelunke

Kabale *w.* (*hebr.-frz.*) Machenschaft, Intrige

Kabanossi *w.* kräftig gewürzte, geräucherte Wurst (Herk. ungekl.)

Kabarett *s.* (*frz.*) 1. Kleinkunstbühne, Brettl; 2. Kleinkunst, die in pointierter, parodistischer Form politische Verhältnisse kritisiert; 3. Schüssel mit Glaseinsätzen für Vorspeisen u. Ä.; **Kabarettist** *m.* Künstler am Kabarett; **kabarettistisch** nach Art des Kabaretts

Kabbala *w.* (*hebr.*) 1. Sammlung von inoffiziellen mystisch-religionsphilosophischen Schriften des Judentums; 2. esoterische jüdische Geheimlehre, die auf Buchstaben- und Zahlensymbolik beruht; **Kabbalist** *m.* Kenner der Kabbala; **Kabbalistik** *w.* Erforschung der Kabbala, Eigw. **kabbalistisch**

Kabeljau *m.* (*niederl.*) Schellfisch, Dorsch

Kabine *w.* (*frz.*) 1. kleiner abgeteilter Raum (z. B. Umkleidekabine); 2. Wohn- und Schlafraum für Schiffspassagiere

Kabinett *s.* (*frz.*) 1. kleines Zimmer; 2. Kunstsammlung; 3. Regierung, Ministerrat; 4. eine Güteklasse des Weins, Prädikat der ersten Kategorie; **Kabinettsfrage** *w.* Vertrauensfrage; **Kabinettsjustiz** *w.* Eingriff des Herrschers in ein Rechtsverfahren; **Kabinettstück** *s.* erfolgreiches Unterfangen, das geschickt eingefädelt und durchgeführt wird

Kabotage *w.* (-tasch, *frz.*) Küstenschifffahrt; **kabotieren** befördern

Kabrio, Kabriolett *s.* (*frz.*) Auto mit zurückklappbarem Verdeck

Kabuki *s.* (*jap.*) japan. Volkstheater

Kachexie *w.* (*gr.*) krankheitsbedingter allgemeiner Kräfteverfall; **kachektisch** hinfällig

Kadaver *m.* (*lat.*) Tierleichnam; **Kadavergehorsam** *m.* blinder Gehorsam; **kadavern** sich übergeben, kotzen (Jj.)

Kaddisch *m.* (*hebr.*) jüdisches Totengebet

Kadenz *w.* (*lat.*) 1. Schlusswendung im Musikwerk; 2. virtuoser solistischer Einschub innerhalb eines klassischen Instrumentalkonzerts; 3. betonte od. unbetonte Silbe am Ende eines Verses (männliche od. weibliche Kadenz), Ztw. **kadenzieren**

Kader *m.* (*lat.-frz.*) 1. militärische Stamm- und Ausbildungstruppe; 2. (*russ.*) ideologisch geschultes Funktionärskorps aus Mitgliedern der kommunist. Parteien in den ehemaligen sozialistischen Staaten

Kadett *m.* (*frz.*) 1. Zögling in einer militärischen Ausbildungsanstalt für Offiziere; 2. gestreifter drellartiger Baumwollstoff, urspr. für die Berufskleidung der Kadetten und Matrosen

Kadett *m.* (*russ.*) Mitglied der russ. konstitutionell-demokratischen Partei (1905–1917), die sich für eine konstitutionelle Monarchie einsetzte

Kadi *m.* (*arab.*) 1. Richter in islamischen Ländern; 2. Gericht, Richter (umg.)

Kadmium *s.* (*lat.*) chem. Element, ein Metall; **kadmieren** Metalle mit einer Kadmiumschicht überziehen

Kaduzierung *w.* (*lat.*) Verfallserklärung von Aktien

Kaf *s.* (*arab.*) nach islam. Vorstellung das die Welt umringende Gebirge, hinter dem das «unendliche Nichts» beginnt, oft mit dem Kaukasus gleichgesetzt; **Kafila, Kaffilla** *w.* (*arab.*) Karawane, Reisegesellschaft in arab. Ländern

Kaffee *m.* (*arab.*) 1. Kaffeepflanze, Kaffeebohnen, Kaffeegetränk; 2. Zwischenmahlzeit am Nachmittag mit Kaffee

Kaffer *m.* (*jidd.*) Bauer, Hinterwäldler, Dummkopf (umg.)

Kafir *m.* (*arab.*) abwertende Bez. der Moslems für Ungläubigen, Nichtmohammedaner

kafkaesk 1. im Stil von Kafka; 2. undurchschaubar, bedrohlich, unheilvoll (nach Franz Kafka, 1883–1924)

Kaftan *m.* (*türk.-pers.*) orientalisches Obergewand, das zur Kleidung der orthodoxen Juden gehört

Kai *m.* (*frz.*) Hafenmauer, gemauerte Uferstraße

Kaiman *m.* (*span.-indian.*) Alligator, südamerikanische Krokodilart

Kainit *s.* (*gr.*) Mineral, Düngemittel

Kainsmal *s.* das Zeichen der Schuld an einem Täter (nach Kain, dem Mörder seines Bruders Abel, Genesis 4, 1–24)

Kairophobie *w.* (*gr.*) Situationsangst; **Kairos** *m.* der rechte (begnadete, entscheidende) Augenblick

Kajak *m.* oder *s.* (*eskim.*) 1. Paddelboot der Eskimos; 2. gedecktes Sportpaddelboot

Kajal *s.* (*sanskr.*) schwarze Farbe zum Schminken der Augen

Kajüte *w.* (*niederl.*) Wohnraum auf Schiffen

Kakadu *m.* (*malai.*) Papageienart in Indien und Australien

Kakao *m.* (*aztek.*) 1. Samen des Kakaobaumes; 2. aus dem Samen gewonnenes Pulver; 3. Getränk aus dem Pulver; **jmdn. durch den Kakao ziehen** jmdn. verspotten, lächerlich machen

Kakemono *s.* (*jap.*) ostasiat. Rollbild

Kakerlak *m.*, **Kakerlake** *w.* (*ind.-niederl.*) Küchenschabe

Kaki *w.* (*jap.*) große, der Tomate ähnelnde orange Frucht des Kakibaums, Kakipflaume; **Kakibaum** *m.* Ebenholzgewächs, bis zu 10 m hoch

Kakidrose *w.* (*gr.*) übler Schweißgeruch

Kaki-Stoff = Khaki

Kako-, kako- (*gr.*) als Wortteil: übel, schlecht; **Kakogeusie** *w.* schlechter Geschmack im Mund; **Kakographie** *w.* fehlerhafte Schreibweise; **Kakophemismus** *m.* die schlechten Eigenschaften (eines Umstands) betonende Ausdrucksweise, Gegensatz zu Euphemismus; **Kakophonie** *w.* (*gr.*) 1. Missklang (in der Musik); 2. missklingende Laut-, Silben- und Wortfolge (z. B. Angstschweiß); **Kakostomie** *w.* übler Mundgeruch

Kakoschnik *m.* (*russ.*) Kopfputz der russ., bes. der moskowitischen Frau, mit reichen Verzierungen und in Diademform

Kaktee *w.*, **Kaktus** *m.* (*gr.*) Pflanze mit dickfleischigem wasserspeicherndem Stamm (ohne Blätter), oft mit Stacheln (*Mz.* Kakteen [-te'en])

Kalabasse = Kalebasse

Kalabreser *m.* breitrandiger Filzhut (nach Kalabrien, der italien. Landschaft)

Kalam, Kalamus *m.* (*lat.*) Schilfpalme (im Altertum als Schreibrohr benutzt)

Kalamität *w.* (*lat.*) 1. Unannehmlichkeit, Klemme; 2. die Vernichtung von Pflanzenkulturen durch Schädlingsbefall

Kalander *m.* (*lat.-frz.*) Maschine zum Glätten von Stoffen oder Papier, Ztw. **kalandern**

Kalaschnikow *w.* Maschinengewehr (nach dem Konstrukteur M. T. Kalaschnikow, * 1919)

Kalauer *m.* fader Wortwitz, Ztw. **kalauern** (viell. in Anlehnung an *frz.* calembour = fader Wortwitz, dies viell. in Anlehnung an Kalau, eine Stadt in der Niederlausitz)

Kaldarium *s.* (*lat.*) warmes Gewächshaus

Kaldaunen *Mz.* (*lat.*) Kutteln

Kalebasse *w.* (*span.*) Gefäß aus Flaschenkürbis, kürbisförmiges Gefäß

Kaledonien *s.* (-ni'en) poetisch für Nordschottland

Kaleidoskop *s.* (*gr.*) 1. Spielzeug, Spiegelgerät zum Erzeugen ständig wechselnder farbiger Muster; 2. bunte Bilderfolge

Kalenden *Mz.* (*lat.*) der 1. Tag eines jeden Monats im römischen Kalender; **Kalendarium** *s.* Verzeichnis der Tage eines Jahres; Verzeichnis der kirchlichen Fest- und Heiligentage; **Kalender** *m.* 1. die Zeiteinteilung; 2. Verzeichnis der Tage, Wochen und Monate eines Jahres; **Kalendergeschichte** *w.* volkstümliche unterhaltende od. belehrende Erzählungen, die bes. seit dem 18. Jh. auf Kalendern zu lesen waren

Kalesche *w.* (*tschech.*) leichter vierrädriger Einspänner

Kalevala, Kalewala *w.* finnisches Nationalepos

Kalfakter, Kalfaktor *m.* (*lat.*) 1. jmd., der alle möglichen Dienste verrichtet; 2. Zwischenträger, Aushorcher; **kalfaktern** zutragen, klatschen, petzen
Kalfaterer *m.* (*itl.*) Schiffsausbesserer; **kalfatern** Schiffswände abdichten; **Kalfaterung** *w.* Abdichtung
Kali *s.* (*arab.*) Kaliumrohsalz, Düngemittel
Kalian, Kaliun *m.* od. *s.* (*pers.*) pers. Wasserpfeife
Kaliban *m.* halbtierischer Unhold (nach Shakespeares «Sturm»)
Kaliber *s.* (*span.-arab.*) 1. innerer Durchmesser von Rohren; 2. äußerer Durchmesser von Geschossen; 3. Messwerkzeug für Durchmesser, Eigw: **kalibrig**; 4. Schlag, Typ (umg.); **kalibrieren** genaues Maß geben, eichen
Kalif *m.* (*arab.*) Titel der Nachfolger Mohammeds, der weltlichen und geistlichen Oberhäupter des Islam
Kaliko *m.* (*frz.-niederl.*) stark appretierter Baumwollstoff, Buchbinderleinwand
Kaliun = Kalian
Kalixtiner *Mz.* (*lat.*) gemäßigte Hussiten, die den Laienkelch im Abendmahl forderten, Utraquisten
Kalkant *m.* (*lat.*) jmd., der früher an der Orgel den Blasebalg trat
Kalkül (*frz.*) 1. *s.* Berechnung, vorausdenkende Überlegung; 2. *m.* System von Regeln zur Lösung bestimmter mathemat. Probleme; **Kalkulation** *w.* Kostenvoranschlag; **Kalkulator** *m.* Fachmann für betriebliches Rechnungswesen; **kalkulatorisch** rechnerisch; **kalkulieren** veranschlagen, berechnen
Kalle *w.* (*jidd.*) 1. junge Frau, Braut, Geliebte; 2. Prostituierte
Kalligrafie, Kalligraphie *w.* (*gr.*) Kunst der Schönschrift, Eigw. **kalligrafisch, kalligraphisch**
Kalliope *w.* (*gr.*) Muse der erzählenden Dichtkunst
Kallipygos *w.* (*gr.*) Beiname der altgriechischen Liebesgöttin Aphrodite: die mit dem hübschen Hintern
Kallus *m.* (*lat.*) knorpelartige Neubildung des Knochens nach Brüchen, Knochenschwiele; **kallös** schwielig
Kalmar *m.* (*gr.*) zehnarmiger Tintenfisch
Kalme *w.* (*lat.*) Windstille; **Kalmengürtel** *m.* Zone der Windstille
Kalmücken *Mz.* westmongolisches Volk
Kalmus *m.* (*lat.*) Zierpflanze aus der Gattung der Aronstabgewächse, aus deren Wurzelstock von alters her ein Heilmittel gegen Magenbeschwerden gewonnen wird
Kalo *m.* (*itl.*) Gewichtsverlust von Waren, bes. beim Versand
Kalokagathie *w.* (*gr.*) griechisches Bildungsideal der körperlichen und geistigen Vollkommenheit
Kalomel *s.* (*gr.*) Quecksilberverbindung, altes Abführmittel
Kalong *m.* (*malai.*) Flughund
Kalorie *w.* (*lat.*) Maßeinheit für Wärme und den Energiewert der Nahrung (Zeichen cal, vgl. Joule); **Kalorik** *w.* Wärmelehre; **Kalorimeter** *s.* Messgerät für Wärmemengen; **Kalorimetrie** *w.* Ermittlung der Wärmemengen
Kalotte *w.* (*frz.*) 1. Schädeldach; 2. Kugelkäppchen der kath. Geistlichen; 3. flache Kuppel
Kalpak, Kolpak *m.* (*türk.*) Lammfellmütze und Tuchzipfel an der Husarenmütze
Kaltkaustik = Elektrokoagulation
Kalumet *s.* (kalümeh, *frz.*) Friedenspfeife der nordamerikanischen Indianer
Kalvarienberg *m.* (-wari'en-, *lat.*) 1. Hinrichtungsstätte Christi, Golgatha; 2. Pilgerweg mit den 14 Stationen der Leidensgeschichte Christi, oft auf einen Berg führend
Kalvinismus *m.* die von Calvin gegründete evangelisch-reformierte Richtung des Protestantismus; **Kalvinist** *m.* Anhänger des Kalvinismus, Eigw. **kalvinistisch**
Kalvus *m.* (*lat.*) Kahlkopf
Kalypso *w.* (*gr.*) Nymphe in der Odysseussage
Kalzeolarie *w.* (-ri'e, *lat.*) Pantoffelblume; **kalzifug** Kalkböden meidend; **kalzinieren** eine chem. Verbindung entwässern; **Kalzination** *w.* Entwässerung von chem. Elementen durch Erhitzen; **kalziphil** Kalkböden bevorzugend
Kalzium *s.* chem. Element, ein Metall (Zeichen Ca)
Kama = Moksha
Kamarilla *w.* (-rillja, *span.*) Hofpartei, (Hof-)Klüngel

Kambio *m.* (*itl.*) Wechsel

Kambium *s.* (*lat.*) teilungsfähig bleibendes Gewebe von Pflanzen und der Knochenhaut (des Menschen)

Kambrik *m.* feinfädiger Batist; **Kambrikpapier** *s.* feines, meist schwarzes Papier, bes. für den Bucheinband (nach der französ. Stadt Cambrai)

Kambrium *s.* (*lat.*) erdgeschichtliches Zeitalter, erste Stufe des Erdaltertums

Kamee *w.* (*frz.-pers.*) Stein mit erhaben geschnittenem Bild

Kamel *s.* (*arab.*) Schwielensohler, Paarhufer mit einem od. zwei Höckern, das als Last- und Reittier benutzt wird

Kamelott *m.* (*frz.*) 1. Kammgarngewebe; 2. frz. Straßenhändler und Zeitungsverkäufer

Kamera *w.* (*lat.*) 1. Fotoapparat; 2. Filmkamera

Kamerad *m.* (*frz.*) Freund, Gefährte, Genosse; **Kameraderie** *w.* übertriebene, verschworene Freundschaft, Kumpelei

Kameralien *Mz.* (-li'en, *lat.*) Staatswissenschaft, Volkswirtschafts- und Verwaltungslehre; **Kameralismus** *m.* Lehre von den Staatseinkünften; **Kameralistik** *w.* Rechnungsführungslehre für die Staatseinnahmen

Kamikaze *m.* (*jap.*) japanische Angriffstaktik im Zweiten Weltkrieg, bei der ein Pilot sein sprengstoffbeladenes Flugzeug direkt ins Ziel steuerte und dabei ums Leben kam

Kamille *w.* (*lat.*) vielfach in Heilkunde und Kosmetik verwendete Heilpflanze, ein Korbblütler

Kamin *m.* (*gr.*) 1. offene Feuerstelle; 2. schmaler steiler Felsspalt; **kaminieren** im Felsspalt klettern

Kamishibai *s.* (*jap.*) alte jap. Form des Geschichtenerzählens mit Bildkarten, die auf der Rückseite einen Text trugen

Kampagne *w.* (kangpanje, *frz.*) 1. groß angelegte medien- und öffentlichkeitswirksame Aktion für oder gegen etwas oder jmdn.; 2. Hauptbetriebszeit in saisonabhängigen Unternehmen

Kampanile *m.* (*ital.*) einzeln stehender Glockenturm, bes. in Italien

Kampescheholz *s.* Blauholz aus Mittelamerika (nach dem mexikan. Bundesstaat Campeche)

kampieren (*frz.*) im Freien lagern, zelten, schlecht und recht übernachten

Kanadier *m.* (-di'er) offenes Paddelboot, das einseitig mit Paddel fortbewegt wird (nach dem Boot kanadischer Indianer)

Kanaille *w.* (kanaij, kanalje, *frz.*) Schuft, Schurke; Pöbel, Pack

Kanake *m.* (*polynes.*) Bewohner Polynesiens; 2. rassistischer Begriff für Ausländer; **Kannaker** im 19. Jh. ehrenvolle Bez. für bes. gute Seeleute, die häufig aus Polynesien stammten; **Kanak Sprak** *w.* (*Kunstwort*) Bez. für einen in Deutschland bes. von Migranten gesprochenen Soziolekt mit vereinfachter Grammatik, neuen Wortbildungen und aus Einwanderersprachen übernommenen Vokabeln (nach dem Buchtitel: *Kanak Sprak* von Feridun Zaimoğlu [1995])

Kanal *m.* (*lat.*) 1. künstl. Wasserweg, Schifffahrtsweg; 2. Abwassergraben, meist unterirdisch; 3. Frequenzbereich eines Senders; 4. Rohr, Leitung; 5. nicht allg. zugänglicher Datenübertragungsweg (EDV); 6. geheime Verbindung(en) zwischen Personen; **Kanalisation** *w.* 1. (unterirdisches) Abwassersystem; 2. Ausbau von Wasserläufen zu Schifffahrtswegen; **kanalisieren** 1. schiffbar machen; 2. überschaubar, beherrschbar machen, befrieden

Kanapee *s.* (*frz.*) 1. Sofa; 2. belegte, geröstete Weißbrotschnitte

Kandare *w.* (*ungar.*) Gebissstange des Pferdes

Kandelaber *m.* (*lat.*) Standleuchter

Kandidat *m.* (*lat.*) 1. Bewerber um ein Amt oder Mandat; 2. Student vor der Abschlussprüfung; **Kandidatur** *w.* laufende Bewerbung; **kandidieren** sich bewerben, auf der Liste der Kandidaten stehen

Kandidose *w.* (*lat.-gr.*) durch Candida-Pilze hervorgerufene Erkrankung der Schleimhäute, Soor

kandieren (*frz.*) verzuckern

Kandis *m.* (*arab.*) aus heißer Lösung kristallisierter Zucker

Kaneel *m.* (*lat.*) Zimtsorte

Kanephore *w.* (*gr.*) 1. Jungfrau, die bei Prozessionen im alten Griechenland Gefäße mit Opfergeräten auf dem Kopf trug; 2. = Karyatide

Kanevas *m.* (*frz.*) 1. Stramin, Gitterstoff; 2. (äußeres) Handlungsschema in der Commedia dell'Arte

Kang *m.* od. *s.* (*chin.*) 1. Halsbrett für Verbrecher im alten China; 2. beheizbare Schlafbank in Häusern in Nordchina

Känguru *s.* (*austr.*) Springbeuteltier in Australien

Kaniden *Mz.* (*lat.*) Sammelbez. für Hunde und hundeartige Tiere (z. B. Wolf, Fuchs)

Kanister *m.* (*lat.*) Behälter zum Transportieren von Flüssigkeiten

kannelieren (*frz.*) riefen, auskehlen; **Kannelüre** *w.* senkrechte Hohlkehle an der Säule

Kannibale *m.* (*span.-karib.*) 1. Menschenfresser; 2. roher, brutaler Mensch; **kannibalisch** roh, unmenschlich, grausam; **Kannibalismus** *m.* Menschenfresserei

Kanon *m.* (*gr.*) 1. Richtschnur, Regel, Leitfaden; 2. Gesamtheit der festgelegten Regeln für ein Fachgebiet innerhalb der kath. Kirche: Gesamtheit der für echt erklärten Teile der Bibel, unveränderlicher Teil der Messe, Verzeichnis der Heiligen, kirchliche Rechtsbestimmung; 3. Lied für mehrere Stimmen, bei dem die Stimmen nacheinander mit derselben Liedstelle beginnen; 4. Tafel für die Bewegung der Himmelskörper; 5. Proportionslehre in der bildenden Kunst; **Kanoniker** *m.* Mitglied eines Kapitels (2.); **kanonisch** dem Kanon entsprechend, vorschriftsmäßig; **Kanonisation** *w.* Aufnahme in den Kanon (der kath. Heiligen); **kanonisieren** in den Kanon aufnehmen; **Kanonissin** *w.* Stiftsdame; **Kanonist** *m.* Lehrer des Kirchenrechts

Kanope *w.* altägyptische Urne für die Eingeweide der mumifizierten Toten (nach der altägypt. Stadt Kanobas)

Känozoikum = Neozoikum

kantabel (*lat.*) Musik: singbar, wie gesungen, gesanglich

Kantate *w.* (*lat.*) Musikwerk für Solostimmen, Chor und Instumente

Kanter *m.* (känter, *engl.*) kurzer, leichter Galopp, Ztw. **kantern**; **Kantersieg** *m.* mühelos gewonnener hoher Sieg im Sport

Kanthariden *Mz.* (*gr.*) Familie der Weichkäfer

Kantharos *m.* (*gr.*) altgriech. Becher mit beidseitigen Henkeln

Kantilene *w.* (*itl.*) liedartige Tonfolge

Kantine *w.* (*itl.*) Speiseraum in Betrieben, Theater u. Ä.

Kanton *m.* (*frz.*) 1. Verwaltungsbezirk in Frankreich und Belgien; 2. Einzelstaat in der Schweiz, Eigw. **kantonal**

Kantor *m.* (*lat.*) Leiter der Kirchenmusik; **Kantorat** *s.* Amt des Kantors; **Kantorei** *w.* Kirchenchor

Kantus = Cantus firmus

Kanu *s.* (*karib.*) 1. Einbaum; 2. Sportboot mit Paddel; **Kanute** *m.* Kanufahrer

Kanüle *w.* (*frz.*) 1. in den Körper eingesetztes Röhrchen (zu Abflusszwecken); 2. Hohlnadel an einer Injektionsspritze

kanzerogen (*lat.-gr.*) krebserzeugend; **kanzerös** voller Krebsgeschwüre, krebsartig

Kanzlei *w.* (*lat.*) Büro eines Rechtsanwalts, einer Behörde; **Kanzleisprache** *w.* die im Schriftverkehr der fürstlichen und kaiserlichen Kanzleien gepflegte deutsche Sprachform, die das Lateinische ablöste, Grundlage der neuhochdeutschen Schriftsprache; **Kanzleistil** *m.* schwerfälliges, formelhaftes Behördendeutsch

Kanzone *w.* (*lat.*) 1. provenzalische Gedichtform; 2. empfindungsvolles, leichtes Lied; 3. A-cappella-Chorgesang, bes. im 14./15. Jh.; 4. liedhaftes Instrumentalstück; **Kanzonette** *w.* (*itl.*) kurzstrophige Gedichtform

Kaolin *s.* (*chin.*) Porzellanerde

Kap *s.* (*lat.-frz.*) Landzunge, vorspringender Teil einer Küste

kapabel (*lat.*) fähig

Kapaun *m.* (*lat.-frz.*) kastrierter Masthahn

Kapazität *w.* (*lat.*) 1. Fassungsvermögen, Speicherfähigkeit, Leistungsvermögen technischer Anlagen; 2. Fachmann, Fachgröße, Könner

Kapeador = Capeador

Kapelan *m.* (*lat.*) kleiner Lachsfisch im Eismeer

Kapelle *w.* (*lat.*) 1. kleiner Kirchen- oder Andachtsraum; 2. Musikergemeinschaft, kleines Orchester; 3. Tiegel aus Knochenasche, in dem Silber nach dem Schmelzen des Bleis zurückbleibt; 4. geschlossener Raum mit Abzug zur Untersuchung gesundheitsgefährdender Stoffe; **Kapellmeister** *m.* Leiter eines Orchesters

Kaper *w.* (*gr.-lat.*) marinierte Knospe des Kaperstrauches

Kaper *m.* (*niederl.*) Freibeuter-, Seeräuberschiff; **Kaperbrief** *m.* staatliche Vollmacht, Schiffe zu kapern; **Kaperei** *w.* Erbeuten eines Schiffs; **kapern** 1. ein Schiff erbeuten; 2. etwas oder die Zustimmung von jmdm. erbeuten (umg.)

kapieren (*lat.*) begreifen, verstehen (umg.)

kapillar (*lat.*) haarfein; **Kapillare** *w.*, **Kapillargefäß** *s.* Haarröhrchen, Haargefäß, haarfeines Blutgefäß

Kapital-, kapital- (*lat.*) in Wortverbindungen: Haupt-, Spitzen-

kapital (*lat.*) groß, stark, entscheidend; **Kapital** *s.* 1. Vermögen in Geld; 2. der Warenproduktion dienende Geld- und Sachmittel aus überschüssigem Arbeitsertrag; 3. Gewinn, Nutzen; **Kapitale** *w.* Hauptstadt; **Kapitalflucht** *w.* Verbringung von Geldvermögen in steuerbegünstigte Länder; **Kapitalfonds** *m.* Summe der finanziellen Mittel eines Unternehmens; **kapitalisieren** in eine Geldsumme umwandeln, Hptw. **Kapitalisierung, Kapitalisation** *w.*; **Kapitalismus** *m.* Wirtschaftsform, bei der die Produktion durch das Interesse am Gewinn bestimmt ist, Eigw. **kapitalistisch**; **Kapitalist** *m.* jmd., der Einkommen aus Kapital bezieht; **Kapitalmarkt** *m.* Geldmarkt für Kapitalanlagen und langfristige Kredite; **Kapitalverbrechen** *s.* schweres Verbrechen

Kapitälchen *s.* (*lat*) Großbuchstabe in der Schrifthöhe eines Kleinbuchstabens

Kapitän *m.* (*lat.-frz.*) 1. Führer eines Schiffs; 2. Führer einer Mannschaft im Sport; 3. Chefpilot

Kapitel *s.* (*lat.*) 1. Abschnitt eines Buchs; 2. Kollegium und Versammlung der Priester einer Dom- oder Stiftskirche; 3. Versammlung eines geistlichen Ordens; **kapitelfest** 1. beschlagen; 2. von guter Gesundheit

Kapitell *s.* (*lat.*) Kopf eines Pfeilers, Pilasters od. einer Säule

Kapitol *s.* (*lat.*) 1. Stadtburg des antiken Rom; 2. Amtssitz des amerik. Senats

Kapitulation *w.* (*lat.*) Aufgeben, Übergabe, Waffenstreckung; **kapitulieren** sich für besiegt erklären, die Waffen strecken, aufgeben

Kaplan *m.* (*lat.*) kath. Hilfsgeistlicher

Kapnomantie *w.* (*gr.*) Weissagung aus dem Opferrauch (in griech. Tempeln)

Kapo *m.* (Kurzform von *frz.* caporal) 1. Unteroffizier (Japan); 2. Vorarbeiter; 3. Häftling in einem Lager, der die Aufsicht über andere Häftlinge führt

Kapodaster *m.* (*itl.*) Klammer zur Saitenverkürzung und Veränderung der Tonart (bei der Gitarre)

Kapok *m.* (*malai.*) Pflanzendaunen zum Polstern

kapores (*hebr.*) kaputt, hin

Kapotte *w.*, **Kapotthut** *m.* (*frz.*) früher üblicher kleiner Damenhut, der unter dem Kinn gebunden wurde

Kappa *s.* (*gr.*) zehnter Buchstabe des griechischen Alphabets, K, ϰ

Kappes *m.* (*lat.*) dummes Zeug, unsinniges Geschwätz

Kaprice *w.* (kapriß, *frz.*) Laune, Grille

Kapriole *w.* (*itl.*) Luftsprung, tolles Stück

kaprizieren (sich) (*frz.*) sich auf etwas versteifen; **kapriziös** voller wunderlicher Einfälle, launisch

Kapsikum *s.* (*lat.*) 1. span. Pfeffer; 2. Pfefferpulver, als Gewürz und Heilmittel (z. B. in Rheumapflastern) verwendet

Kaptation *w.* (*lat.*) das Gebundensein durch den Hypnotiseur während der Hypnose; **kaptativ** begierig auf etwas

kaputt (*hebr.*) 1. zerbrochen, hin; 2. erschöpft, erschlagen

Kapuze *w.* (*itl.*) an Mantel oder Jacke angearbeitete Kopfbedeckung; **Kapuziner** *m.* 1. Angehöriger des Kapuzinerordens, eines 1525 aus dem Franziskanerorden entstandenen Ordens; 2. Kaffeegetränk, bes. in Österreich; 3. Kapuzineraffe; 4. Birkenröhrling, ein Speisepilz; **Kapuzinade, Kapuzinerpredigt** *w.* Strafpredigt

Kara *w.* (*polynes.*) rauscherzeugendes polynes. Getränk

Karabiner *m.* (*frz.*) Gewehr mit kurzem Lauf; **Karabinerhaken** *m.* Haken mit Federverschluss; **Karabiniere** *m.* (-ni'e-, *itl.*) italien. Polizist

Karacho *s.* (*span.*) Schwung, tollkühne Geschwindigkeit

Karäer *Mz.* (*hebr.*) jüd. Sekte, die den Talmud ablehnt

Karaffe *w.* (*itl.*) geschliffene Glasflasche mit Glasstöpsel

Karagös, Karagöz *m.* (*türk.*) 1. der Narr im türk. Schattenspiel; 2. das nach ihm benannte Schauspiel

Karakal *m.* (*türk.*) Wüstenfuchs

Karakul *m.* (*türk.*) Fell der Karakullämmer, Persianer

Karambolage *w.* (karangbolasche, *frz.*) 1. Zusammenprall der Bälle beim Billard; 2. Zusammenstoß, Zusammenprall, Ztw. **karambolieren**

Karamell *m.* (*frz.*) gebräunter Zucker; **karamell** braungelb; **Karamelle** *w.* bonbonartige Süßigkeit aus Karamell

Karaoke *s.* (*jap.*) Veranstaltung, bei der Laien zur Instrumentalversion eines Hits (1) den Text mitsingen

Karat *s.* (*arab.*) 1. Gewichtseinheit für Juwelen; 2. Maß für den Goldgehalt einer Goldlegierung

Karate *s.* (*jap.*) dem Jiu-Jitsu verwandtes System der waffenlosen Selbstverteidigung

Karausche *w.* (*slaw.*) Bauernkarpfen

Karavelle *w.* (*port.*) Segelschiff des 15. und 16. Jh.

Karawane *w.* (*pers.*) Kaufmanns- oder Reisezug in Afrika oder Asien; **Karawanserei** *w.* Herberge für Karawanen

Karbatsche *w.* (*russ.-türk.*) Riemenpeitsche; **karbatschen** peitschen

Karbid *s.* (*lat.*) Verbindung aus Kohlenstoff und Metall

Karbo- (*lat.*) als Vorsilbe: Kohle; **Karbol** *s.*, **Karbolsäure** *w.* keimtötendes Mittel; **Karbolineum** *s.* (-ne'u-) Steinkohlenöl zum Haltbarmachen von Holz; **Karbon** *s.* erdgeschichtliche Formation, Steinkohlenzeit

Karbonade *w.* = Kotelett

Karbonari *Mz.* italienischer politischer Geheimbund zu Beginn des 19. Jh.; **Karbonaro** *m.* Mitglied des Bundes (wörtlich: Kohlenbrenner)

Karbowanez *m.* (*ukrain.*) Währungseinheit in der Ukraine (bis 1996)

Karbunkel *m.* (*lat.*) Gruppe von Furunkeln

Karcharias *m.* (*gr.*) Haifisch

Kardamom *s.* (*gr.*) Samen der Ingwerpflanze

Kardangelenk *s.* (*itl.*) Gelenk zur Kraftübertragung von einer Welle auf die andere; **Kardanwelle** *w.* Welle mit Kardangelenken, Gelenkwelle

Kardätsche *w.* (*itl.*) harte Pferdebürste, Striegel

Kardiakum *s.* (*gr.*) herzstärkendes Mittel; **kardial** das Herz betreffend; **Kardialgie** *w.* 1. Herzschmerz; 2. Magenkrampfschmerz

kardieren (*itl.*) aufrauen (Gewebe)

Kardinal- (*lat.*) als Vorsilbe: Haupt-; **Kardinal** *m.* höchster Würdenträger nach dem Papst; **Kardinalfehler** *m.* Hauptfehler; **Kardinalpunkt** *m.* Hauptpunkt; **Kardinaltugenden** *Mz.* Haupttugenden in der griechischen Philosophie (Weisheit, Besonnenheit, Gerechtigkeit, Tapferkeit); **Kardinalzahl** *w.* Grundzahl, ganze Zahl

Kardiogramm *s.* (*gr.*) graphische Aufzeichnung von elektrisch übertragenen Herzbewegungen; **Kardiograph** *m.* Apparat zur Aufzeichnung der Herzbewegung; **Kardiologie** *w.* (*gr.*) Herzmedizin; **Kardiomyopathie** *w.* chronisch verlaufende Herzerkrankung; **Kardiopathie** *w.* Herzleiden; **Kardioplegie** *w.* Herzlähmung; **Kardiospasmus** *m.* (*gr.*) Magenkrampf; **Karditis** *w.* Herzentzündung

Karenz *w.* 1. Enthaltsamkeit, Verzicht; 2. Wartezeit, Sperrfrist

karessieren (*frz.*) liebkosen, schmeicheln

Karfiol *m.* (*itl.*) Blumenkohl (Österreich)

Karfunkel *m.* (*lat.*) roter Edelstein, Granat und Rubin

Kargo *m.* (*span.*) Ladung, Fracht eines Schiffes; **Kargador** *m.*, **Kargadeur** (-dör) bevollmächtigter Begleiter einer Schiffsladung

Karibu *m.* od. *s.* (*Algonkin*) nordamerik. Rentier

karieren (*lat.*) mit Würfelzeichnung versehen, kästeln; **kariert** 1. gekästelt; 2. verwirrt, verständnislos (gucken; umg.)

Karies *w.* (-ri'es, *lat.*) Zahnfäule; **kario-**

gen Karies bewirkend; **kariös** von Karies befallen

Karikatur *w.* (*itl.*) künstlerisches Zerrbild, Spottbild, Eigw. **karikaturistisch**; **karikieren** lächerlich darstellen, verzerren

Karitas *w.* (*lat.*) Nächstenliebe, Wohltätigkeit, Eigw. **karitativ**

Karkasse *w.* (*frz.*) 1. Gerippe des Geflügels, nachdem das Fleisch abgelöst wurde; 2. Laufschicht des Gummireifens

Karma *s.* (*altind.-sanskr.*) nach buddhistischem Glauben das Gesetz von der Wirkung der menschlichen Taten, die einen unabänderlichen Vergeltungsprozess und deshalb Wiedergeburten hervorrufen

Karmeliter *m.* Angehöriger des seit 1247 bestehenden kath. Karmeliterordens (nach dem Berg Karmel in Palästina)

Karmen = Carmen

Karmesin, Karmin, Karmoisin (-moasin, *arab.-frz.*) aus der Koschenillelaus gewonnenes Rot; **karmoisieren** (-moa-) einen Edelstein mit kleinen Steinen rund od. oval fassen

Karnation *w.* = Inkarnat

Karneol *m.* (*lat.*) Schmuckstein, Abart des Chalzedon

Karneval *m.* (*itl.*) Fasching, Fastnacht; **karnevalesk** karnevalartig; **Karnevalist** *m.* aktiver Teilnehmer am Karneval; **karnevalistisch** den Karneval betreffend

karnivor (*lat.*) fleischfressend; **Karnivoren** *Mz.* fleischfressende Tiere und Pflanzen

Karo *s.* (*lat.*) 1. Raute, Viereck; 2. Spielkarte

Karoshi *m.* (*jap.*) plötzlicher Tod durch Herzschlag infolge von Überarbeitung; **Karoshi-Opfer** *s.* jmd., der an einem Karoshi stirbt, in Japan seit 1990 als eine Entschädigung begründende Todesursache anerkannt

Karosse *w.* (*frz.*) Galakutsche, Prachtwagen; **Karosserie** *w.* Oberbau des Kraftwagens; **karossieren** mit Karosserie versehen

Karotin *s.* (*gr.*) Farbstoff der Karotte

Karotis *w.* (*gr.*) Halsschlagader

Karotte *w.* (*frz.*) 1. Mohrrübe; 2. Rote Bete; 3. ausgerippte Tabakblätter für Schnupftabak; **Karottenhose** *w.* Hose mit betonter Hüftweite und enger Fußweite

karpal (*gr.*) zur Handwurzel gehörend; **Karpalgelenke** *Mz.* Gelenke zwischen den Handwurzeln

Karpenterbremse *w.* Eisenbahnbremse (nach J. F. Carpenter)

Karpologie *w.* (*gr.*) Teilgebiet der Botanik, das sich mit Pflanzenfrüchten befasst

Karrageen *Mz.* (-ge'en) Rotalgen, getrocknet als Irisches Moos als Heilmittel und in der Lebensmittelindustrie für Soßen verwendet (nach dem irischen Ort Carragheen)

Karree *s.* (*lat.-frz.*) 1. Viereck; 2. gebratenes Rippenstück; 3. eine Form des Schliffs bei Diamanten

Karri *s.* (*austral.*) zum Schiffbau verwendetes, sehr hartes Holz des Karribaumes

Karriere *w.* (-ri'e-, *frz.*) 1. schnellste Gangart des Pferdes; 2. erfolgreiche Laufbahn; **Karrierist** *m.* jmd., der für seine Karriere (fast) alles tut, Eigw. **karrieristisch**

Karst *m.* durch Höhlen, Einsturztrichter, unterirdische Wasserläufe geprägte Oberflächenform von Kalkgestein (nach der italien.-slowen. Landschaft oberhalb von Triest)

Kartätsche *w.* (*itl.*) 1. mit Bleikugeln gefülltes Artilleriegeschoss; 2. Brett mit Handgriff zum Glätten des Verputzes

Kartaune *w.* (*lat.*) schweres Geschütz des 16. und 17. Jh.

Kartause *w.* (*lat.*) Kartäuserkloster; **Kartäuser** 1. *m.* Angehöriger des von Bruno von Köln (ca. 1030–1131) gegr. halberemitischen Kärtauserordens mit Stammsitz in La Chartreuse bei Grenoble; 2. *w.* Kärtauserkatze, Rassekatze mit kräftigem Körper, blaugrauem, plüschigem Fell und gelben Augen

Kartell *s.* (*frz.-itl.*) Wirtschaftsverband in einer Branche zur Beschränkung des Wettbewerbs; **kartellieren** Kartell bilden, Hptw. **Kartellierung** *w.*; **Kartellträger** *m.* Überbringer einer Duellforderung

Kartesianismus *m.* philosophische Lehre des französischen Philosophen René Descartes, Eigw. **kartesianisch, kartesisch**

Kartograf, Kartograph *m.* (*gr.*) Kartenzeichner; **Kartografie, Kartographie** *w.* Wissenschaft und Technik der Herstellung von geographischen Karten, Eigw. **kartografisch, kartographisch**

Kartomantie *w.* (*gr.*) Kartenlegekunst

Karton *m.* (kartong, *frz.*) 1. dünne Pappe; 2. Entwurf zu einem Wandbild; 3. Pappschachtel; **Kartonagen** *Mz.* (-nahschen) Pappwaren; **kartonieren** in Pappe einbinden; **kartoniert** in Pappe gebunden (Abk. kart.)

Kartothek *w.* (*gr.*) Kartei, alphabetisch geordneter Zettelkasten

Kartusche *w.* (*frz.*) 1. gemalter Zierrahmen; 2. Hülse für Pulver

Karube *w.* (*arab.*) Johannisbrot

Karussell *s.* (*itl.-frz.*) Rundbahn auf Jahrmärkten

Karyatide *w.* (*gr.*) weibliche Figur als Gebälkträgerin eines Bauwerks

Karyologie *w.* (*gr.*) Wissenschaft vom Zellkern; **Karyon** *s.* Zellkern; **Karyotyp** *m.* Chromosomensatz einer Zelle

Karzer *m.* (*lat.*) früheres Arrestlokal in Schulen und Universitäten

karzinogen (*gr.*) krebserzeugend; **Karzinom** *s.* Krebsgeschwulst; **karzinomatös** krebsartig; **Karzinophobie** *w.* zwanghafte Angst, an Krebs zu leiden; **Karzonose** *w.* über den ganzen Körper verbreitete Krebsbildung; **Karzinostatikum** *s.* Mittel gegen das Wachstum von Krebszellen

Kasack *m.* (*frz.-türk.*) hüft- oder dreiviertellange Damenbluse

Kasba(h) *w.* (*arab.*) 1. Burg, Sultanschloss in Marokko; 2. arabisches Viertel in den Städten Nordafrikas

Kasch *w.* (*russ.*) Buchweizengrütze

Kasch *s.* (*frz.*) horizontale od. vertikale Leinwandabdeckung im Kino, für bestimmte Filmformate notwendig

Kaschemme *w.* (*zigeunerisch*) anrüchiges Lokal

Kascheur *m.* (-schör, *frz.*) Hersteller der Holz-, Gips- usw. Teile einer Bühnendekoration; **kaschieren** (*frz.*) verbergen, verdecken

Kaschmir *m.* (*ind.-frz.*) feines Gewebe in Köperbindung aus der glänzenden Wolle der Kaschmirziege

Kasein *s.* (-e'i-, *lat.*) Eiweißstoff der Milch, Käsestoff

Kasel *w.* (*lat.*) Übergewand des kath. Priesters bei der Messe

Kasematte *w.* (*itl.*) Schutzraum in Befestigungswerken, gepanzerter Geschützraum auf Kriegsschiffen

Kaserne *w.* (*lat.*) 1. Soldatenunterkunft; 2. uniformes, tristes Gebäude (z. B. Mietskaserne)

Kasino *s.* (*itl.*) 1. Glücksspielbetriebsstätte; 2. Speise- und Klubhaus; 3. Kantine für gehobene Ansprüche

Kaskade *w.* (*itl.-frz.*) 1. künstlicher Wasserfall in Stufen; 2. kühner artistischer Sprung; **Kaskadengenerator** *m.* Gerät zur Erzeugung hoher Gleichschaltung aufgrund einer Reihenschaltung; **Kaskadeur** *m.* (-dör) Artist, der Kaskaden (2.) vollführt

Kasko *m.* (*span.*) 1. Schiffsrumpf; 2. Fahrzeug, im Unterschied zur Ladung; **Kaskoversicherung** *w.* (*span.*) Versicherung eines Fahrzeugs

Kassa *w.* (*itl.*) Kasse, Bargeld; **Kassageschäft** *s.* Börsengeschäft, bei dem Zahlung und Lieferung unmittelbar nach Abschluss erfolgen; **Kassakurs** *m.* Kurs der per cassa gehandelten Wertpapiere

Kassandra *w.* jmd., der vor einem Unheil warnt (nach der trojanischen Seherin in der griech. Sage)

Kassation *w.* (*lat.*) Aufhebung eines Gerichtsurteils; **Kassationshof** *m.* oberster Gerichtshof, Berufungsgericht in einigen Ländern

Kassawa *w.* = Maniok

Kasserolle *w.* (*frz.*) flacher Brattopf oder Schmortiegel

Kassette *w.* (*frz.*) 1. verschließbares Kästchen für Geld oder Schmuck; 2. in Kunststoffgehäuse verschlossenes Magnetband als Bild- oder Tonträger, Tonband-, Videokassette; 3. Schuber um mehrere Bücher; **Kassettendeck** *s.* Kassettenrecorder ohne Lautsprecher und Verstärker; **Kassettendecke** *w.* in vertiefte Felder aufgeteilte Raumdecke; **Kassettenrecorder** *m.* (*frz.-engl.*) Aufnahme- und Wiedergabegerät für Tonbandkassetten; **kassettieren** täfeln

Kassiaöl *s.* (*gr.*) aus dem Zimtbaum gewonnenes Öl, als Gewürz und in der Seifenproduktion verwendet

Kassiber *m.* (*hebr.*) heimliches Schreiben an Gefangene oder von Gefangenen

Kasside *w.* (*arab.*) älteste vorislamische arabische Dichtform, Zweckgedicht in Form eines Gasels

kassieren (*lat.*) 1. Geld (an der Kasse) einnehmen; 2. für ungültig erklären, aufheben, einziehen, Hptw. **Kassierung** *w.*; **Kassierer** *m.* Kassenführer

Kassis = Cassis

Kassonade *w.* (*frz.*) Rohzucker

Kastagnette *w.* (kastanjette, *span.*) hölzerne Klapper zur Begleitung beim Tanz

Kastalische Quelle *w.* (*gr.*) Quelle am Parnass, dem Sitz der Musen, aus der die Dichter trinken

Kastanie *w.* (-ni'e, *gr.*) 1. Gattung der Buchengewächse; 2. Frucht der essbaren Edelkastanie, Marone; Frucht der Rosskastanie; 3. Hornschwiele am Bein von Pferd, Esel, Zebra; 4. Haarwulst an den Hinterläufen des Wildes

Kaste *w.* (*port.*) 1. Gesellschaftsstand in der hinduistischen sozialen Ordnung; 2. sich abschließende gehobene Gesellschaftsschicht; 3. Gruppe im Ameisen- oder Bienenstaat mit speziellen Aufgaben

kasteien (sich) (*lat.*) sich Entbehrungen auferlegen, Hptw. **Kasteiung** *w.*

Kastell *s.* (*lat.*) Befestigungsanlage, befestigtes Schloss; **Kastellan** *m.* Schlossverwalter, Hausmeister öffentl. Gebäude

Kastor und Pollux die unzertrennlichen Zwillingssöhne der Leda (in der griechischen Sage); ein Sternbild (Zwillinge); **Kastorhut** *m.* (*gr.*) Filzhut aus Biberhaaren; **Kastoröl** *s.* (*Wz.*, *engl.*) Rizinusöl

Kastrat *m.* (*lat.*) 1. kastrierter Mann; 2. Sänger des 17. u. 18. Jh. mit Knabenstimme, der vor dem Stimmbruch kastriert wurde; **Kastration** *w.* Ausschaltung der Hoden oder der Eierstöcke; **kastrieren** unfruchtbar machen, entmannen, verschneiden

Kasualien *Mz.* (-li'en, *lat.*) 1. Zufälligkeiten; 2. kirchliche Amtshandlungen, die sich aus dem täglichen Leben ergeben (z. B. Taufe); **Kasualismus** *m.* Zufallslehre, altgriech. philos. Lehre, nach der die Welt vom Zufall regiert wird; **Kasualist** *m.* Vertreter des Kasualismus

Kasuar *m.* (*malai.*) großer Laufvogel

Kasuarine *w.* (*malai.*) schachtelhalmartiger australischer Baum

Kasuist *m.* (*lat.*) Vertreter der Kasuistik; **Kasuistik** *w.* 1. altgriech., kath. und juristische Lehre, die durch die Umsetzung sittlicher Gebote oder Rechtsnormen in möglichst viele Einzelregelungen alle denkbaren Einzelfälle zu erfassen sucht; 2. Spitzfindigkeit, Haarspalterei; 3. Beschreibung von Krankheitsfällen; **kasuistisch** die Kasuistik betreffend; spitzfindig, tüftelig, pedantisch

Kasus *m.* (*lat.*) 1. Fall; 2. Sprachlehre: Beugungsfall (z. B. Nominativ, Akkusativ)

Kat *s.* (*arab.*) aus den Blättern des Kathstrauches gewonnenes Rauschgift

Kat(a)-, kat(a)- (*gr.*) als Vorsilbe: herab, herunter

Katabasis *w.* (*gr.*) 1. die nach dem Höhe- und Wendepunkt fallende Handlung im dramatischen Aufbau; 2. Fahrt des Helden in die Unterwelt, feststehender Topos in europäischen und vorderasiatischen Heldensagen

Katachrese *w.* (*gr.*) Vermischung von sprachlichen Bildern, Metaphernbruch (z. B. sie brachte ihn an den Rand des Bettelstabes); **katachrestisch** bildlich schief (und deshalb oft witzig)

Katafalk *m.* (*itl.*) schwarz verkleidetes Gerüst für feierliche Aufbahrung

Kataklysmus *m.* (*gr.*) katastrophales erdgeschichtliches Ereignis; **Kataklysmentheorie** *w.* Katastrophentheorie

Katakombe *w.* (*gr.-lat.*) unterirdische Grabanlage

katalektisch (*gr.*) unvollständig, verkürzt (vom Vers); **Katalekten** *Mz.* Bruchstücke, Fragmente

Katalepsie *w.* (*gr.*) Starrkrampf der Muskeln; **kataleptisch** im Starrkrampf

Katalog *m.* (*gr.*) systematisch geordnetes Verzeichnis von Büchern, Versandhausartikeln usw.

Katalysator *m.* (*gr.-lat.*) 1. Stoff, der einen chem. Vorgang hervorruft oder beschleunigt, ohne sich selbst zu verändern; 2. Vorrichtung zur Abgasreinigung an Kraftfahrzeugen; **Katalyse** *w.* (*gr.*) Hervorrufung oder Beschleunigung eines chemischen Vorgangs durch Anwesenheit eines Katalysators; **katalysieren** chem.

Vorgang auslösen oder beschleunigen, Eigw. **katalytisch**

Katamaran *m.* oder *s.* (*engl.*) nach polynesischen Vorbildern konstruiertes offenes Sportsegelboot mit Doppelrumpf

Katamnese *w.* (*gr.*) kritischer Bericht über den Verlauf einer Krankheit, Arztbericht

Katapher *w.* (*gr.*) sprachliche Vorausweisung im Text (z. B.: *Das* wusste Maria nicht, dass er sie liebte); **kataphorisch** vorausweisend

Kataplasie *w.* (*gr.*) Rückbildung, Rückentwicklung

Kataplasma *s.* (*gr.*) Breiumschlag

Kataplexie *w.* (*gr.*) Schrecklähmung; **kataplektisch** starr vor Schreck

Katapult *m.* (*gr.-lat.*) 1. Wurfmaschine; 2. Startvorrichtung für Flugzeuge; **katapultieren** mit Katapult starten lassen, abschleudern

Katarakt *m.* (*gr.*) Stromschnelle, flacher Wasserfall; **Katarakt** *w.* grauer Star

Katarr, Katarrh *m.* (*gr.*) Schleimhautentzündung, Eigw. **katarrhalisch**

Katastase *w.* (*gr.*) Höhepunkt der Verwicklung einer Handlung, bes. im Drama, Ruhe vor dem Sturm, der in Form der Katastrophe eintrifft

Kataster *m.* (*lat.*) amtliches Grundbuch; **katastrieren** ins Grundbuch eintragen

katastrophal (*gr.*) verhängnisvoll; **Katastrophe** *w.* 1. ein in Ausmaß und Folgen furchtbares Unglück; 2. die entscheidende Wendung zum Schlimmen im (antiken) Drama

Katatonie *w.* (*gr.*) eine Ausprägung der Schizophrenie mit Krampfzuständen und Bewegungsstörungen

Katechese *w.* (*gr.*) religiöse Unterweisung, meist in Form von Frage und Antwort, Religionsunterricht; **Katechet** *m.* Religionslehrer; **Katechetik** *w.* Lehre von der christl. Unterweisung; **katechisieren** Religionsunterricht erteilen; **Katechismus** *m.* Lehrbuch, Leitfaden in Frage und Antwort für den christl. Glaubensunterricht

Kategorie *w.* (*gr.*) 1. Grundbegriff, gedankliche Grundformen; 2. Begriffsklasse, Gruppe, Gattung, Eigw. **kategorial**; **kategorisch** unbedingt; **kategorischer Imperativ** *m.* absolute Forderung der Vernunft, ethisches Pflichtgebot für jeden Einzelnen (nach dem dt. Philosophen Immanuel Kant, 1724–1804)

katexochen (kat'e-, *gr.*) schlechthin, im eigentl. Sinne

Katfisch *m.* (*engl.*) Seewolf

Katgut *s.* (kättgatt, *engl.*) chirurgisches Nähmaterial aus Schaf- oder Ziegendarm, das sich im Körper auflöst

Katharer (*gr.*) Angehöriger einer mittelalterlichen asketischen, vielfach verzweigten Sekte in Südosteuropa, in Frankreich Albigenser (nach der südfranzös. Stadt Albi)

Katharsis *w.* (*gr.*) 1. seelische Läuterung durch Erschütterung (als Wirkung der antiken Tragödie); 2. Befreiung von seelischen Konflikten durch Abreaktion

Katheder *s.* (*gr.*) Lehrpult, Lehrstuhl; **Kathedersozialismus** *m.* theoretische Richtung der deutschen akademischen Volkswirtschaftslehre im 19. Jh. mit sozialreformerischen, nicht sozialistischen Zielen

Kathedrale *w.* (*gr.*) Münster, Dom, Hauptkirche eines Bischofssitzes

Kathete *w.* (*gr.*) eine der Seiten, die im rechtwinkligen Dreieck den rechten Winkel bilden

Katheter *m.* (*gr.*) röhrenförmiges Instrument zur Einführung in Blase oder Ohr; **katheterisieren, kathetern** Katheter einführen

Kathode *w.* (*gr.*) negative Elektrode, Austrittsstelle des elektr. Stroms; **Kathodenstrahlen** *Mz.* von der Kathode einer Entladungsröhre ausgehende Strahlen

Katholik *m.* (*gr.*) Angehöriger der röm.-kath. Kirche; **Katholikos** *m.* Oberhaupt der armenischen Kirche; **katholisch** 1. zur kath. Kirche gehörend; 2. die Erde umspannend (von der Kirche Christi); **katholisieren** katholisch machen; **Katholizismus** *m.* Lehre der katholischen Kirche; **Katholizität** *w.* Rechtgläubigkeit im Sinne der kath. Kirche

Kation *s.* (kattjohn, *gr.*) positiv geladenes Ion

katonisch (*lat.*) streng, unerbittlich (nach dem röm. Zensor Cato)

Katoxverfahren *s.* (Kurzwort für *kat*alytische *Ox*idation) Verfahren zur Reinigung von Industrieabwässern

Katta *m.* (*lat.*) Halbaffe, Lemurenart

Kattun *m.* (*arab.-niederl.*) Baumwollgewebe in Leinenbindung

kaudinisches Joch schimpfliche Demütigung (nach einer demütigenden Behandlung des besiegten röm. Heers in der altital. Stadt Caudium)

kauliflor (*lat.*) am Pflanzenstamm ansetzend (von Blüten)

Kauri *m.* (*Hindi*) Schneckenart, Gehäuse (Schmuck und frühgeschichtliches Zahlungsmittel)

kausal (*lat.*) ursächlich, verursacht durch; **Kausalität** *w.* Ursächlichkeit, Abhängigkeit der Wirkung von der Ursache; **Kausalnexus** *m.* Zusammenhang von Ursache und Wirkung; **Kausalitätsprinzip** *s.* Grundsatz, nach dem jedes Geschehen notwendig eine Ursache voraussetzt; **Kausalsatz** *m.* Sprachlehre: Nebensatz, der den Inhalt des Hauptsatzes begründet

Kaustik *w.* (*gr.*) 1. Verschorfung von Wundflächen mit glühendem Platinstift; 2. optische Brennfläche (statt Brennpunkt); **kaustisch** 1. ätzend; 2. spöttisch, beißend

Kautel *w.* (*lat.*) Vorbehalt, Sicherheitsklausel (*Mz.* Kautelen)

Kauter *m.* (*gr.*) chirurgisches Instrument für Kauterisation; **Kauterisation** *w.* Gewebezerstörung durch Brennen oder Ätzen; **kauterisieren** ätzen, mit dem elektr. Glüheisen brennen; **Kauterium** *s.* Ätzmittel

Kaution *w.* (*lat.*) Sicherheitsleistung, Bürgschaftsleistung, Hinterlegung

Kautschuk *m.* (*peruanisch*) Milchsaft tropischer Pflanzen, aus dem Gummi hergestellt wird; **kautschutieren** 1. aus Kautschuk herstellen; 2. mit Kautschuk überziehen

Kaval *m.* (*itl.*) Spielkarte im Tarock

Kaval *m.* (*türk.*) volkstümliche Flöte auf dem Balkan

Kavalier *m.* (kawalihr, *frz.*) 1. früher: Edelmann; 2. Damenheld; 3. Freund, Begleiter einer Frau (scherzh.); **Kavaliersdelikt** *s.* schwach regelwidriges Delikt; **Kavalierstour** *w.* Bildungsreise junger Adliger durch Europa, bes. im 17./18. Jh.

Kavalkade *w.* (*lat.*) Reiterzug

Kavallerie *w.* (*itl.*) 1. berittene Truppe; 2. vier Bilder derselben Farbe beim Tarock; **Kavallerist** *m.* Soldat einer berittenen Truppe

Kavatine *w.* (*itl.*) lyrisches Gesangs- oder Instrumentalstück

Kaveling *w.* (*niederl.*) Mindestmenge, die auf einer Auktion ersteigert werden muss

Kavent *m.* (*lat.*) alte Bez. für Gewährsmann, Bürge; **Kaventsmann** *m.* 1. bes. großes Exemplar von etwas od. jmdm.; 2. sehr hoher Wellenberg

Kaverne *w.* (*lat.*) 1. künstlicher Hohlraum unter der Erde zur Lagerung von militärischer Ausrüstung, Müll u.a.; 2. krankhafter Hohlraum in der Lunge; **kavernikol** höhlenbewohnend (von Tieren); **Kavernom** *s.* gutartige Blutgefäßgeschwulst, Eigw. **kavernös**

Kaviar *m.* (*türk.*) eingesalzener Rogen, besonders des russ. Störs

Kavität *w.* (*lat.*) Höhlung; **Kavitation** *w.* Hohlsog, Hohlraumbildung in Flüssigkeiten

Kâvya, Kawja *s.* (*sanskr.*) bilder- und figurenreiches Epos der klassischen Kunstdichtung Indiens, von 300 bis ca. 1300 n. Chr.

Kawa *w.* (*polynes.*) stark berauschendes, aus der Pfefferwurzel hergestelltes Getränk der Polynesier

Kawasakisyndrom *s.* erstmals in Japan beobachtetes Krankheitsbild mit hohem Fieber und Lymphknotenschwellung unbekannter Ätiologie, bes. bei Kindern (nach der jap. Stadt Kawasaki)

Kawass, Kawasse *m.* (*arab.*) Ehrenwache, Wächter einer Gesandtschaft

Kayseri *m.* kleinformatiger Teppich von mittlerer Qualität (nach der türk. Stadt Kayseri)

Kazike *m.* (*indian.*) Häuptling bei den Indianern Süd- und Mittelamerikas

kBit = Kilobit

kByte = Kilobyte

kcal = Kilokalorie

Kebab *m.* (*türk.*) Fleisch-, bes. Hammelfleischstückchen vom Spieß

Keeper *m.* (kihper, *engl.*) Torwart beim Fußball, Goalkeeper

Keepsmiling *s.* (kihpsmeiling, *engl.*) optimistische Lebensauffassung in schwieriger Lage: immer nur lächeln

Kefir (*türk.*) Getränk aus vergorener Kuhmilch

Keiretsu *o. A.* (*jap.*) Verbund von (bis zu einhundert) rechtlich und wirtschaftlich weitgehend selbständigen Unternehmen, die durch feste Mitgliedschaft vielfältig vernetzt sind, typisch japanische Form branchenübergreifender Kooperation

Keks *m.* oder *s.* (*engl.*) trockenes Kleingebäck

Kelim *m.* (*pers.*) 1. gobelinartig und zweiseitig gewebter Teppich; 2. Flachstickerei auf Stramin in spitzen Winkeln

Kelt *m.* (*gäl.*) schwarzer schottischer Wollstoff; **Keltologie** *w.* Wissenschaft von den keltischen Sprachen und Kulturen

Kelvin *s.* Maßeinheit auf der Kelvinskala, die als Skalennullpunkt den absoluten Nullpunkt der Temperatur (–273,15 °C) hat (Abk. K)

Kemalismus *m.* politische Richtung in der Türkei nach dem Ersten Weltkrieg mit dem Ziel der Trennung von Religion und Staat sowie der Europäisierung von Technik und Ökonomie (nach dem türk. Präsidenten *Kemal* Atatürk, 1881–1939)

Kemenate *w.* (*lat.*) heizbares Gemach auf der mittelalterlichen Burg (meist Frauengemach)

Kendo *s.* (*jap.*) japan. Selbstverteidigungskunst mit Bambusschlagstöcken

Kenning *w.* (*altnordisch*) Metapher in der altnord. Dichtung der Skalden (*Mz.* Kenninger)

Kenotaph *s.* (*gr.*) leeres Grab als Ehrengrabmal für einen in der Fremde Begrabenen

Kentaur = Zentaur

Kenzan *m.* (*jap.*) Blumenigel, Vorrichtung für Blumengestecke

Kephalopode = Zephalopode

Keramik *w.* (*gr.*) Erzeugnisse aus gebranntem Ton, Eigw. **keramisch**; **Keramiker** *m.* Hersteller künstlerischer Tonwaren

Keratin *s.* (*gr.*) Hornstoff (der Haut, der Nägel usw.); **Keratitis** *w.* Hornhautentzündung des Auges; **keratös** verhornt; **Keratoskop** *s.* optisches Gerät zur Feststellung der Hornhautkrümmung

Keren *Mz.* (*gr.*) Tod und Verderben bringende Dämonen in der griech. Mythologie

Kerman, Kirman *m.* wertvoller, handgeknüpfter Teppich mit Blumenmustern in Rautenform (nach der iran. Stadt Kerman)

Kernenergie *w.* (*dt.-gr.*) Energie, die durch Atomkernumwandlung gewonnen wird; **Kernphysik** *w.* Zweig der Physik, der den Aufbau des Atomkerns und seine Eigenschaften untersucht; **Kernreaktion** *w.* Umwandlung von Atomkernen; **Kernspin** *m.* Gesamtdrehimpuls eines Atomkerns; **Kernspintomographie** *w.* auf der Verwendung von Magnetfeldern und Radiowellen beruhende diagnostische Technik zur Darstellung innerer Organe und Gewebe in Schnittbildern

Kerographie *w.* (*gr.*) 1. Wachsmalerei; 2. altes Druckverfahren von Landkarten mit wachsüberzogenen Kupferplatten; **Kerolith** *m.* Wachsstein; **Keroplastik** = Zeroplastik

Kerosin *s.* (*gr.*) Treibstoff, bes. für Flugzeuge und Raketen

Kescher *m.* (*engl.*) Fangnetz mit Griff

Ketchup *s.* oder *m.* (-ap, *engl.*) stark gewürztes Tomatenmark als pikante Ergänzung zu Speisen

Ketschua = Quechua

Key-Account *m.* od. *s.* (kihäckaunt, *engl.*) Schlüsselkunde, wichtigster, größter Kunde (einer Firma); **Key-Account-Manager** *m.* od. *w.* (-mänädscher) Großkundenbetreuer (in einer Firma), der auch neue Produkte vorstellt

Keyboard *s.* (kihbohrd, *engl.*) Klaviatur, Tastatur, Griffbrett (z. B. an Orgel und Computer); **Keyboards** *Mz.* 1. Tasteninstrumente im Jazz und in der modernen Unterhaltungsmusik; 2. (kleiner) Synthesizer

Keycode *m.* (-kohd, *engl.*) elektronische Sicherung durch Zahlenkombination

Keynesianismus *m.* in der Nachkriegszeit nach dem Zweiten Weltkrieg einflussreiche Theorie über das wirtschaftliche Gleichgewicht (nach dem britischen Volkswirtschaftler John M. Keynes, 1883–1946)

Keynote *w.* (*engl.*) 1. Grundton einer Tonleiter, Tonika; 2. Hauptgedanke; 3.

Grundsatzrede; **Keypoint** *m.* Hauptpunkt, entscheidender Faktor; **Keyvisual** *s.* (-wischu'el, *engl.*) grafisches Element, das in allen Selbstdarstellungen eines Unternehmens auftaucht, Bestandteil des Corporate Designs

kg = Kilogramm

Khaki *m.* (*pers.-engl.*) erdfarbener, gelbbrauner Stoff (urspr. für Tropenuniformen)

Khan *m.* (*türk.-tatar.*) mittelasiatischer Herrschertitel; **Khanat** *s.* Amt eines Khans

Khedive *m.* (*pers.*) bis 1914 Titel des Vizekönigs von Ägypten

kHz = Kilohertz

Kibbuz *m.* (*hebr.*) landwirtschaftliches Kollektiv und Siedlungsgemeinschaft in Israel (*Mz.* Kibbuzim); **Kibbuznik** *m.* (*hebr.-russ.*) Bewohner eines Kibbuz

Kibitka *w.* (*russ.*) 1. Nomadenzelt aus Filz; 2. russischer Wagen

Kick *m.* (*engl.*) 1. Stoß, Anstoß, Anregung; 2. Hochstimmung durch Drogenkonsum; **Kickboxen** *s.* (*engl.*) Kampfsportart, bei der die Gegner sowohl boxen als auch mit bloßen Füßen treten; **kicken** Fußball spielen; **Kicker** *m.* Fußballspieler; **Kickstarter** *m.* Fußanlasser beim Motorrad

Kid *s.* (*engl.*) 1. Fell junger Ziegen; 2. = Kids; **kidnappen** (kidnäppen) einen Menschen entführen, um Forderungen zu erpressen; **Kidnapper** *m.* (kidnäpper, *engl.*) jmd., der kidnappt; **Kidnapping** *s.* Menschenentführung; **Kids** *Mz.* die Gruppe der Zehn- bis Dreizehnjährigen

Kif *m.* (*arab.-engl.*) Hanfmischung, Haschisch, Marihuana; **kiffen** (*engl.*) Haschisch, Marihuana rauchen; **Kiffer** *m.* jmd., der kifft

killen (*engl.*) töten; **Killer** *m.* Mörder, Totschläger; **Killing Fields** *Mz.* (*engl.*) 1. Bez. für eine Reihe von Stätten in Kambodscha, wo Massenmorde durch die Roten Khmer verübt wurde; 2. Synonym für (politisch motivierte) Massenmorde

kilo- (*gr.*) als Vorsilbe: tausend; **Kilo** *s.* Abk. für **Kilogramm** *s.* tausend Gramm (Abk. kg); **Kiloampere** *s.* (-angpähr, *gr.-frz.*) tausend Ampere (Abk. kA); **Kilobit** *s.* 1024 Bit (Abk. kBit); **Kilobyte** *s.* (-beit) 1024 Byte (Abk. kByte) (EDV); **Kilohertz** *s.* tausend Hertz (Abk. kHz); **Kilojoule** *s.* (-dschuhl) tausend Joule (Abk. kJ); **Kilokalorie** *w.* tausend Kalorien (Abk. kcal); **Kilopond** *s.* tausend Pond (Abk. kp); **Kilowatt** *s.* tausend Watt (Abk. kW); **Kilowattstunde** *w.* Elektrizitätsmenge, die ein Tausendwattgerät in einer Stunde verbraucht (Abk. kWh)

Kilt *m.* (*engl.*) der knielange Rock der Schotten

kimmerisch die ältesten Faltungsphasen der Alpen betreffend (nach dem Stamm der Kimmerer)

Kimono, Kimono *m.* (*jap.*) japanisches Kleidungsstück für beide Geschlechter mit weiten, angeschnittenen Ärmeln, von einem Obi zusammengehalten

Kin *s.* (*chin.*) Sammelbez. für chin. Saiteninstrumente mit 5 bis 25 Seiten

Kinädenpoesie *w.* (*gr.*) erotische bis deftig sexuelle Dichtung im antiken Griechenland

Kinästhesie *w.* (*gr.*) Bewegungsempfindung, Eigw. **kinästhetisch**

Kinem *s.* (*gr.*) 1. kleinste bedeutungstragende Einheit in der Taubstummensprache; 2. kleinste Einheit nichtverbaler Kommunikation (z. B. Stirnrunzeln)

Kinemathek *w.* (*gr.*) Filmarchiv; **Kinematograph** *m.* erstes Filmaufnahme- und Filmvorführungsgerät; **Kinematographie** *w.* frühere Bezeichnung für Filmherstellung, Filmkunst, Filmindustrie

Kinematik *w.* (*gr.*) Lehre von der Bewegung und ihren Gesetzen; **kinematisch** mitgetrieben, zwangsläufig mitlaufend (bei Maschinen)

Kinetik *w.* (*gr.*) Lehre von der Bewegung durch Kräfte; **kinetische Energie** *w.* Bewegungsenergie; **kinetische Kunst** *w.* Richtung der modernen Kunst, bei der das Kunstwerk durch Wind oder Motorkraft in Bewegung gebracht wird

Kinkerlitzchen *Mz.* (*frz.*) Nichtigkeiten, Albernheiten (Eindeutschung aus Quincaillerie *w.* = Haushaltswaren, Kurzwaren)

kinky (*engl.*) zickig, schrullig; exzentrisch, bizarr (Jj.)

Kino *s.* (*gr.*) Filmtheater, Lichtspielhaus

Kiosk *m.* (*türk.-pers.*) 1. orientalisches offenes Gartenhäuschen; 2. Verkaufshäuschen für Getränke, Tabakwaren, Zeitungen usw.; **Kiosktermінal** *m.* computergesteuerter Großbildschirm mit Informationen od. Werbung auf Bahnhöfen, Flugplätzen und an anderen öffentlichen Orten

Kipa, Kippa, Kippah *w.* (*hebr.*) kleines kreisrundes Stück Stoff, das jüdische Männer als Ausdruck des Respekts vor Gott an Orten des Gebets auf dem Hinterkopf tragen (müssen)

Kips *s.* (*engl.*) getrocknete Häute des Zebus (*Mz.* Kipse)

Kir *m.* Drink aus Johannisbeerlikör und trockenem Weißwein (nach dem Bürgermeister von Dijon, Felix Kir, 1876–1968); **Kir royal** *m.* (– roajal) Johannisbeerlikör mit Champagner

Kirke = Circe

Kismet *s.* (*arab.*) im Islam das dem Einzelnen von Allah zugeteilte Schicksal

Kissing Ulcers *Mz.* (– alsers, *engl.*) Doppelgeschwür an Vorder- und Rückwand des Magens

Kiswa *w.* (*arab.*) das die Kaaba in Mekka (während der Hadsch) bedeckende kostbare schwarze Tuch

Kit *s.* od. *m.* (*engl.*) ein Satz von zusammengehörigen Gegenständen (z. B. Euro-Kit bei seiner Einführung 2002)

Kitchenette *w.* (*engl.-frz.*) Kochnische, sehr kleine Küche

Kithara *w.* (*gr.*) altgriechisches Saiteninstrument (*Mz.* Kitharen); **Kitharöde** *m.* Sänger zur Kithara

Kitta *w.* (*gr.*) elsternartiger (Raub-)Vogel in Asien und Indien

Kiwi *m.* (*maorisch*) Laufvogel Neuseelands; **Kiwi** *w.* (*engl.*) eigroße Frucht mit behaarter Schale und grünem Fruchtfleisch

Klabberjasch, Klaberjass, Klabrias *m.* altes Kartenspiel mit einem Skatblatt (Herk. unges., viell. *jidd.-niederl.*)

Kladruber *m.* Wagenpferd, ein Warmblüter, eine der ältesten Pferderassen (nach dem böhmischen Gestüt Kladruby)

Klamotte *w.* (Herkunft unsicher) 1. abgetragenes Kleidungsstück, (*Mz.*) Gerümpel; 2. Theaterstück aus der Mottenkiste, Schwank

kJ = Kilojoule

Klan = Clan

klandestin (*lat.*) heimlich

Klarett *m.* (*frz.*) hellroter Jungwein; gewürzter Rotwein, Clairet

klarieren (*lat.*) Schiffsgüter verzollen; **Klarierer** *m.* Makler, der das Klarieren besorgt; **Klarierung** *w.* Verzollung

Klarinette *w.* (*itl.*) Holzblasinstrument; **Klarinettist** *m.* Klarinettenbläser

Klarisse, Klarissin *w.* Angehörige des 1212 gegr. Klarissenordens (nach der Ordensgründerin, der hl. Clara von Assisi)

Klassem *s.* (*lat.*, in Anlehnung an Lexem, Kinem usw.) semantisches Merkmal, das eine Klasse von Wörtern bildet (z. B. *Pflanze* für Pilze, Farne, Palmen u. a.)

Klassifikation, Klassifizierung *w.* (*lat.*) Einordnung in Klassen, durch Gemeinsamkeiten verbundene Gruppen; **klassifizieren** einordnen, zuordnen

Klassik *w.* (*lat.*) 1. Kunst und Kultur der Griechen und Römer; 2. an der griech.-röm. Antike orientierte Epoche in der europ. Kultur; 3. Epoche eigenständiger maßstabsetzender kultureller Leistungen in der Geschichte eines Landes; **Klassiker** *m.* 1. Vertreter der Klassik; 2. maßstabsetzender, anerkannt bleibender Künstler oder Wissenschaftler; 3. ein ebensolches Werk; **klassisch** 1. ausgewogen, maßvoll; 2. maßstabsetzend, zeitlos; 3. zur Klassik gehörend

Klassizismus *m.* (*lat.*) am Leitbild der griech.-röm. Antike orientierter Kunststil in der europ. Literatur im 16. und 17. Jh., im Baustil zwischen 1770 und 1830, Eigw. **klassizistisch**

klastisches Gestein (*gr.*) Trümmergestein

Klause *w.* (*lat.*) 1. Zelle, Einsiedelei, Studierstübchen; 2. Engpass, Schlucht; 3. Frucht der Lippenblütler; **Klausner** *m.* Einsiedler

Klausel *w.* (*lat.*) Vorbehalt, Einschränkung, Nebenbestimmung

Klausner = Klause

Klaustrophilie *w.* (*gr.-lat.*) krankhafte Sucht, sich abzusondern; **Klaustrophobie** *w.* Panikgefühl in geschlossenen Räumen

Klausur *w.* (*lat.*) 1. Klosterräume, die kein Fremder betreten darf; 2. Zurückgezogenheit; **Klausurarbeit** *w.* Prüfungsarbeit unter Aufsicht
Klaviatur *w.* (*lat.*) die Gesamtheit der Tasten eines Instruments
Klavichord *s.* (-kord, *gr.-lat.*) alte Form des Klaviers; **Klavier** *s.* Tasteninstrument, dessen Saiten durch Hämmer angeschlagen werden
Klavikel, Klavikula = Clavicula
Klaxon *s.* (klakßong, *frz.*) Hupe
Klematis *w.* (*gr.*) großblumige Kletterpflanze, Waldrebe
Klephte *m.* (*gr.*) griech. Freischärler gegen die türk. Besatzung
Kleptomane *m.* (*gr.*) an Kleptomanie Leidender; **Kleptomanie** *w.* krankhafter Drang zum Stehlen; **kleptomanisch** stehlsüchtig; **Kleptophobie** *w.* krankhafte Angst, bestohlen zu werden oder selbst zu stehlen
klerikal (*gr.*) 1. dem kath. Klerus angehörend; 2. kirchlich gesinnt; **Klerikalismus** *m.* Streben nach Einfluss der kath. Kirche auf Staat und Öffentlichkeit; **Kleriker** *m.* katholischer Geistlicher; **Klerisei** *w.*, **Klerus** *m.* die kath. Geistlichkeit
Klezmer *w.* od. *m.* (*jidd.*) traditionelle Volksmusik des Judentums in Osteuropa, die seit den 1970er Jahren wiederentdeckt und weiterentwickelt wird; **Klezmer** *m.* Klezmermusiker (*Mz.* Klezmorin)
Klient *m.* (kli'ent, *lat.*) Auftraggeber, Kunde, Mandant; **Klientel** *w.* Gesamtheit der Klienten
Klima *s.* (*gr.*) 1. Gesamtheit der Witterungsverhältnisse in einem bestimmten Gebiet (*Mz.* Klimate); 2. Atmosphäre zwischen Menschen; **klimatisch** das Klima betreffend; **Klimaanlage** *w.* Anlage, die Temperatur und Luftfeuchtigkeit im Raum selbsttätig regelt; **Klimakatastrophe** *w.* das Eintreffen der schlimmstmöglichen Folgen der Erderwärmung (z. B. das vollständige Abschmelzen der Polkappen); **Klimatologe** *m.* Klimakundiger; **Klimatologie** *w.* Klimakunde; **Klimawandel** *m.* 1. die natürliche Veränderung des Klimas über einen längeren Zeitraum, Klimageschichte; 2. die durch den Menschen verursachte Erderwärmung der letzten Jahrzehnte
Klimakterium *s.* (*gr.*) Wechseljahre, Eigw. **klimakterisch**
Klimax *w.* (*gr.*) 1. rhetorische Frage, die Aussageinhalt oder Aussagekraft stufenweise steigert; 2. Höhepunkt; 3. Endzustand einer Vegetation in einem bestimmten Gebiet
Klinik *w.* (*gr.*) Krankenhaus, bes. die zu Hochschulen gehörigen Krankenanstalten, Eigw. **klinisch**; **Kliniker** *m.* 1. Lehrer an einer Klinik; 2. Medizinstudent nach der Vorprüfung; **Klinikum** *s.* (*gr.-lat.*) 1. praktische Ausbildung der Medizinstudenten im Krankenhaus; 2. Krankenhausanlage;
Klinomobil *s.* (*gr.-lat.*) Notfallwagen mit Operationsausrüstung
Klio *w.* (*gr.-lat.*) Muse der Geschichte
Klipp = Clip
Klipper *m.* (*engl.*) 1. schnelles Segelschiff; 2. amerik. großes Passagierflugzeug
Klischee *s.* (*frz.*) 1. Druckstock; 2. unreflektiert übernommene Vorstellung; 3. nichtssagender, abgegriffener sprachlicher Ausdruck; **klischieren** 1. ein Klischee (1.) herstellen; 2. klischeehaft darstellen
Klistier *s.* (*gr.*) Einlauf in den Mastdarm
Klitoris *w.* (*gr.*) Kitzler, weibliches Geschlechtsorgan
Kloake *w.* (*lat.*) 1. Abzugskanal für Abwässer; 2. gemeinsamer Ausführungsgang für Geschlechtsorgane, Darm und Harnblase bei einigen Tierarten (z. B. Vögeln)
Klon *m.* (*gr.*) genetisch identische Kopie einer Zelle oder eines Organismus; **klonen** Klon(e) erzeugen; **Kloni** *m.* (zu) perfekte Person (Jj.)
Klonus *m.* (*gr.*) Schüttelkrampf; **klonisch** krampfhaft schüttelnd
Klosett *s.* (*engl.*) Abort mit Wasserspülung, WC
Klotho *w.* (*gr.*) eine der drei Parzen in der griech. Mythologie
Klub *m.* (*engl.*) 1. geschlossener Verein für politische, sportliche u. a. Ziele; 2. die Klubräume
Kluft *w.* (*hebr.*) Kleidung, Uniform
Kluniazenser *m.* Anhänger einer auf der Benediktusregel fußenden mittelalterlichen Reformbewegung (nach dem französ. Kloster Cluny)

Klüse *w.* (*niederl.*) Öffnung im Bug eines Schiffes für Ankerkette und Taue

Klüver *m.* (*niederl.*) dreieckiges Vorsegel am Klüverbaum

Knaus-Ogino-Methode *w.* Methode der Empfängnisverhütung, basierend auf der Bestimmung der (un)fruchtbaren Tage der Frau mittels Temperaturmessung (nach den Gynäkologen H. Knaus und K. Ogino)

Knesset, Knesseth *w.* (*hebr.*) Parlament in Israel

Knickerbocker *Mz.* (nick-, *engl.*) weite, halblange Pumphose

Knight *m.* (neit, *engl.*) nichterbliche unterste Stufe des engl. Adels

Knitwear *w.* (nitwär, *engl.*) Strickware(n)

knock-down (nockdaun, *engl.*) angeschlagen, aber kampffähig (von Boxern); **Knock-down** *m.* einfacher Niederschlag eines Boxers; **knock-out** (-aut) erledigt, kampfunfähig (Abk. k. o.); **Knock-out** *m.* der entscheidende Schlag beim Boxen, der zur Kampfunfähigkeit des Gegners führt (Abk. K. o.); **Knockouter** *m.* Boxer, der einen Kampf häufig durch K. o. entscheidet

Know-how *s.* (nohhau, *engl.*) das fachmännische Wissen davon, wie eine Aufgabe praktisch zu lösen ist, gewusst, wie; **Knowledge-based View of the Firm** *m.* (nolidschbehsd wjuh – förm, *engl.*) Denkansatz, demzufolge Wissen den entscheidenden Produktionsfaktor eines Unternehmens (im Wettbewerb) darstellt, wissensbasierte Unternehmenssicht (Abk. KBV); **Knowledge-Management** *s.* (-mänedschment) die optimale Organisation und Vernetzung des Wissens der Mitarbeiter eines Unternehmens

Ko-, ko-, Kon-, kon- (*lat.*) als Vorsilbe: zusammen, mit

Koadaptation *w.* (*lat.*) Anpassung an veränderte Umweltbedingungen (von Lebewesen)

Koagulat *s.* (*lat.*) Gerinnsel; **Koagulation** *w.* (*lat.*) Zusammenballung von Teilchen (z. B. bei der Gerinnung von Blut und Lymphe); **koagulieren** gerinnen lassen (bei der Blutstillung)

Koala *m.* (*engl.*) australischer Beutelbär

koalieren (*lat.*) ein Bündnis eingehen; **Koalition** *w.* Bündnis, Vereinigung

Koan *s.* (*jap.*) Ausspruch des Meisters im japan. Zen-Buddhismus, der der Vernunft nicht zugänglich ist

Koautor *m.* (*lat.*) Mitverfasser

koaxial (*lat.*) mit gemeinsamer, gleicher Achse; **Koaxialkabel** *s.* hin- und rückleitendes Kabel, das aus einem runden inneren und einem hierzu konzentrischen äußeren Leiter besteht

Kobalt *s.* (*lat.-dt.*) chem. Element, ein Metall

Kobra *w.* (*lat.-port.*) Brillenschlange

Koda = Coda

Kode = Code

Kodein *s.* (-de'in, *gr.*) aus Opium gewonnener Stoff, der als hustenstillendes Mittel verwendet wird

Kodex *m.* (*lat.*) 1. handgeschriebenes Buch im Mittelalter; 2. Gesetzessammlung, Gesetzbuch; 3. für eine Gruppe maßgebende, ungeschriebene Regeln (*Mz.* Kodizes); **Kodifikation** *w.* Sammlung und Ordnung von Gesetzen zu einem bestimmten Rechtsgebiet; **kodifizieren** systematisch erfassen, in ein Gesetzbuch einordnen, Hptw. **Kodifizierung** *w.*

Kodizill *s.* (*lat.*) Zusatz zum Testament

Koedukation *w.* (ko'e-, *lat.*) gemeinsame schulische Erziehung von Jungen und Mädchen

Koeffizient *m.* (ko'e-, *lat.*) 1. Zahl, mit der eine andere vervielfacht wird; 2. Bezeichnung für Stoff- oder Systemgröße (z. B. Kompressionskoeffizient)

Koexistenz *w.* (ko'e-, *lat.*) Nebeneinanderbestehen von unterschiedlichen gesellschaftlich-politischen Systemen

Koffein *s.* (-fe'i-, *arab.*) Wirkstoff in Kaffee und Tee

Kofferdam *m.* (*engl.*) Kautschuklamelle mit Loch für einen Zahn, zur vollständigen Trockenlegung während der Zahnbehandlung

Köfte *s.* od. *w.* (*türk.*) gebratenes Hackfleischklößchen

Kognak *m.* (konjack, *frz.*) französischer Weinbrand (umg.)

Kognat *m.* (*lat.*) Verwandter der mütterlichen Linie

Kognition *w.* (*lat.*) Kenntnis, Erkenntnis; **kognitiv** erkenntnismäßig

Kognomen *s.* (*lat.*) Beiname (*Mz.* Kognomina)

Kohabitation *w.* (*lat.*) 1. Beischlaf, Geschlechtsakt; 2. (*frz.*) Regierung und Präsident aus unterschiedlichen politischen Lagern (in Frankreich)

kohärent (*lat.*) zusammenhängend; **Kohärenz** *w.* 1. Eigenschaft von Lichtbündeln mit gleicher Wellenlänge; 2. Zusammenhang; **kohärieren** zusammenhängen; **Kohäsion** *w.* Bindekraft, die die Moleküle zusammenhält; **kohäsiv** zusammenhaltend

Kohinoor, Koh-i-Noor *m.* (*pers.*) Diamant mit über 100 Karat, im brit. Kronschatz verarbeitet

Kohlendioxid *s.* (*gr.*) farb- und geruchloses Gas, das bei der Atmung und der Verbrennung kohlenstoffhaltiger Stoffe (z. B. Erdöl) entsteht (Zeichen CO_2)

Kohle(n)hydrate *Mz.* (*dt.-gr.-lat.*) organisch-chem. Verbindungen des Kohlenstoffes mit Wasserstoff und Sauerstoff (z. B. Zucker, Stärke)

Kohlenmonoxid *s.* (*gr.*) farb- und geruchloses hochgiftiges Gas, das bei der vollständigen Verbrennung fossiler Brennstoffe entsteht (Zeichen CO)

Kohorte *w.* (*lat.*) 1. altrömische Heeresformation (600 Mann, zehnter Teil einer Legion); 2. nach bestimmten Kriterien ausgewählte Gruppe von Personen (für soziologische Untersuchungen)

Koine *w.* (*gr.*) 1. die griech. Sprache zwischen 300 v. Chr. und 660 n. Chr.; 2. ein Dialekt, der sich als überregionale Gemeinschaftssprache durchsetzen kann (z. B. das Niederdeutsche)

koinzident (ko'in-, *lat.*) zusammenfallend; **Koinzidenz** *w.* Zusammenfallen, Zusammentreffen von zwei Ereignissen, mehreren Signalen (EDV), von zwei Krankheiten u. Ä.

koitieren (ko'i-, *lat.*) Geschlechtsverkehr ausüben; **Koitus** *m.* Beischlaf, Geschlechtsverkehr

Koje *w.* (*lat.*) 1. Bettnische auf Schiffen; 2. Ausstellungsstand

Kojote *m.* (*mexik.*) Steppenwolf

Koka *w.* (*peruan.*) südamerikanischer Strauch; **Kokain** *s.* (-ka'in) Rauschgift aus den Blättern des Kokastrauchs

Kokarde *w.* (*frz.*) kleines Hoheitszeichen an Helm oder Mütze

koken (*engl.*) Koks (1.) erzeugen; **Koker** *m.* jmd., der Koks erzeugt; **Kokerei** *w.* Betrieb zur Kokserzeugung

kokett (*frz.*) darauf aus, zu gefallen, schäkernd; **Kokette** *w.* kokette Frau; **Koketterie** *w.* kokettes Benehmen, Tun, als ob; **kokettieren** flirten, liebäugeln, tändeln mit Personen, aber auch mit Plänen, Wünschen, Entscheidungen

Kokke, Kokkus *m.* (*gr.*) Kugelbakterie (*Mz.* Kokken)

Kökkenmöddinger *Mz.* (*dän.*) Abfallhaufen der Steinzeitmenschen im nördlichen Europa

Kokon *m.* (kokong, *frz.*) Schutzgespinst um die Puppe von Insekten

Kokos *w.* (*port.-span.*) 1. Kokospalme, bis zu 30 m hoch wachsende Fiederpalme mit hohem Nutzwert; 2. Kokosnuss, die Frucht der Kokospalme, mit harter behaarter Schale und weißem faserigem Fruchtfleisch

Kokotte *w.* (*frz.*) 1. früher: Halbweltdame gehobenen Niveaus; 2. irdene Auflaufform

Koks *m.* (*engl.*) 1. Steinkohle nach Entzug des Gases; 2. Kokain; **Kokser** *m.* jmd., der Kokain nimmt (Jargon)

Kolani *m.* warmes hüftlanges Marinejackett (Herk. unbek.)

Kolanuss *w.* (*afrik.*) Nuss vom Kolabaum, die wie Koffein wirkt

Kolatsche *w.* (*tschech.*) mit Rosinen und Obst gefüllter kleiner Kuchen

Kolchose *w.* (*russ.*) landwirtschaftliche Produktionsgenossenschaft in der ehemal. Sowjetunion

Koleoptere *Mz.* (*gr.*) Käfer; **Koleoptologie** *w.* Käferkunde

Kolibakterien *Mz.* (-ri'en, *gr.*) Darmbakterien

Kolibri *m.* (*karib.-span.*) winzig kleiner farbenprächtiger Schwirrvogel

Kolik *w.* (*gr.*) krampfartige Leibschmerzen; **Kolitis** *w.* Dickdarmentzündung

kollabieren (*lat.*) zusammenbrechen, in sich zusammenfallen

Kollaborateur *m.* (-tör), *frz.*) Angehöriger der Bevölkerung, der mit dem Feind zusammenarbeitet; **Kollaboration** *w.* Zusammenarbeit, bes. mit dem Feind; **kollaborieren** mit dem Feind, mit der Besatzungsmacht zusammenarbeiten

Kollagen *s.* (*gr.*) leimähnlicher Eiweißkörper in Bindegeweben (z. B. Knochen, Haut, Zähnen)

Kollaps *m.* (*lat.*) plötzlicher Schwächeanfall bei Kreislaufversagen, Zusammenbruch

kollar (*lat.*) den Hals betreffend, am Hals (befindlich)

kollateral (*lat.*) seitlich angeordnet, auf der gleichen Körperseite; **Kollateralschaden** *m.* Sachschaden oder Verlust an Menschen als unbeabsichtigte Folge von Kriegshandlungen

Kollation *w.* (*lat.*) 1. Vergleich einer Abschrift mit der Urschrift; 2. Zwischenmahlzeit, Imbiss, Erfrischung; 3. Übertragung, Verleihung eines kirchl. Amtes; **kollationieren** Abschrift mit Original vergleichen; **Kollatur** *w.* das Recht, ein Kirchenamt zu verleihen

Kolleg *s.* (*lat.*) 1. Vorlesung an der Universität; 2. Fernunterricht (z. B. Funkkolleg); 3. kath. Studienanstalt mit Internat, Jesuitenkolleg; **Kollegiat** *m.* Schüler eines Kollegs; **Kollegstufe** *w.* moderner Schulversuch, in dem die Kurse der Oberstufe fakultativ sind

Kollege *m.* (*lat.*) Mitarbeiter im selben Betrieb, jmd., der den gleichen Beruf ausübt; **kollegial** hilfsbereit, wohlwollend, Hptw. **Kollegialität** *w.*; **Kollegialgericht** *s.* Gericht mit mehreren Richtern; **Kollegium** *s.* Gesamtheit von Personen mit gleichem Beruf oder Amt, Ausschuss

Kollekte *w.* Spendensammlung; **Kollektion** *w.* 1. Mustersammlung, Auswahlsammlung; 2. Mode-Modelle der jeweiligen Saison (z. B. Herbstkollektion)

kollektiv (*lat.*) 1. gemeinschaftlich; 2. alle Beteiligten umfassend; **Kollektiv** *s.* 1. sozialistische Arbeits- und Produktionsgemeinschaft; 2. statistische Menge von signifikanten Einheiten; 3. Arbeitsgemeinschaft, Team; **Kollektivierung** *w.* Überführung privater Produktionsmittel in Gemeineigentum, Ztw. **kollektivieren**; **Kollektivismus** *m.* Streben nach einer Gesellschaftsordnung, in der der Einzelne dem Kollektiv untergeordnet ist; **Kollektivum** *s.* Sammelbezeichnung (z. B. Obst, Familie)

Kolli *Mz.* (*itl.*) Frachtstücke (*Ez.* Kollo *s.*)

kollidieren (*lat.*) 1. zusammenstoßen, zusammenprallen; 2. sich überschneiden, z. B. von Interessen; **Kollision** *w.* Zusammenstoß, Widerstreit

Kollier *s.* (kolljeh, *frz.*) Halsband, Halskette mit Anhänger

Kollinear *s.* (*lat.*) ein symmetrisches Objektiv (im Fotoapparat)

Kollision = kollidieren

Kollo = Kolli

Kolloid *s.* (*gr.*) in einer Flüssigkeit feinstverteilter Stoff, Eigw. **kolloidal**

Kolloquium *s.* (*lat.*) (wissenschaftliches) Gespräch zwischen Fachleuten

kolludieren (*lat.*) in geheimem Einverständnis stehen; **Kollusion** *w.* geheime (auch rechtswidrige) Abmachung

Kol Nidre *s.* (*hebr.*) Beginn des Gebets, das in der Synagoge am Vorabend von Jom Kippur gesprochen wird

Kolo *m.* (*slaw.*) 1. auf dem Balkan getanzter Kettenreigentanz; 2. serb. Nationaltanz

Kolombine *w.* (*itl.*) weibliche Hauptfigur der Commedia dell'Arte, Geliebte des Arlechino

Kolon *s.* (*gr.*) 1. Doppelpunkt; 2. Dickdarmteil; **Kolonoskopie** *w.* Darmspiegelung

Kolonat *s.* (*lat.*) Erbpachtgut im alten Rom; **Kolone** *m.* Erbpachtbauer

Kolonel *w.* (*frz.*) Schriftgrad von 7 Punkt

kolonial (*lat.*) 1. die Kolonien betreffend; 2. in Kolonien lebend; **kolonialisieren** jmdn., ein Gebiet in koloniale (1) Abhängigkeit bringen; **Kolonialismus** *m.* 1. Streben eines Staates nach Kolonien; 2. System der wirtschaftlichen Ausbeutung und politischen Unterdrückung in den kolonisierten Ländern; **Kolonie** *w.* 1. Vergesellschaftung von Einzelindividuen (z. B. Zellen, Pflanzen, Tiere); 2. ausländische, meist überseeische Besitzung eines Staates, die politisch und wirtschaftlich von ihm abhängig ist; **Kolonisation** *w.* Gründung und Ausbeutung von Kolonien (2)

Kolonnade *w.* (*frz.*) Säulengang

Kolonne *w.* (*frz.*) 1. geschlossene Marschgruppe, Fahrzeuggruppe; 2. Zahlensäule, Zahlenreihe

Kolophon *m.* (*gr.*) Angaben am Schluss alter Handschriften und früher Drucke über Verfasser, Schreiber, Drucker usw.

Kolophonium *s.* Harzprodukt zum Bestreichen von Geigenbögen (nach der antiken griech. Stadt Kolophon)

Koloradokäfer *m.* Kartoffelkäfer, ursprüngl. im US-Bundesstaat Colorado beheimatet

Koloratur *w.* (*lat.*) reich figurierte Gesangsmelodie; **kolorieren** ausmalen, bunt tönen; **Kolorismus** *m.* Maltechnik, die das Hauptgewicht auf die Farbe (nicht auf graphische Elemente) legt, Eigw. **koloristisch**; **Kolorist** *m.* 1. Maler, der koloristisch malt; 2. Maler, der Stiche und Drucke bunt ausmalt; **Kolorit** *s.* 1. Färbung, Farbgebung, Farbwirkung; 2. Atmosphäre (z. B. einer Landschaft)

Kolorimeter *s.* (*lat.*) Messgerät für Farbtöne; **Kolorimetrie** *w.* Farbmessung (z. B. einer Lösung zur Bestimmung ihrer Konzentration)

Koloss *m.* (*gr.*) Riesenbildwerk, Riese, Eigw. **kolossal**

Kolostrum *s.* (*lat.*) Sekret, das kurz vor und nach dem Gebären von den weiblichen Brustdrüsen abgesondert wird

Kolpak = Kalpak

Kolpohysterotomie *w.* (*gr.*) Kaiserschnitt von der Vagina aus

Kolportage *w.* (-tasche, *frz.*) 1. Hintertreppenliteratur; 2. Verbreitung von Gerüchten; **Kolporteur** *m.* (-tör) Gerüchtemacher; **kolportieren** Gerüchte verbreiten

Kolter *s.* (*lat.-frz.*) Messer am Pflug

Kolter *m.* od. *w.* (*lat.-fr.*) gesteppte Decke

Kolumbarium *s.* (*lat.*) Urnengewölbe, Urnenhalle

Kolumne *w.* (*lat.*) 1. Druckspalte, Druckseite; 2. kurzer Meinungsartikel unter gleichbleibender Überschrift, oft vom gleichen Verfasser an gleicher Stelle in Zeitungen und Zeitschriften; **Kolumnentitel** *m.* Überschrift eines Buchkapitels, die über den Seiten des Kapitels weitergeführt wird; **Kolumnist** *m.* Verfasser einer Kolumne

Koma *s.* (*gr.*) tiefe, oft lang andauernde Bewusstlosigkeit, Eigw. **komatös**; **Koma-Saufen, Komasaufen** *s.* exzessiver Konsum von hochprozentigen Alkoholika, bes. von Jugendlichen

Koma *w.* (*gr.*) leuchtende Gashülle um den Kometenkern

Kombattant *m.* (*frz.*) Soldat von (nach dem Völkerrecht legitimen) Kampftruppen

Kombi *m.* kombinierter Liefer- und Personenwagen, Kombiwagen

Kombi-, kombi- (*lat.*) als Wortteil: vielseitig verwendbar

Kombinat *s.* (*lat.*) Zusammenfassung mehrerer Betriebe (im Rahmen der Planwirtschaft)

Kombination *w.* (*lat.*) 1. Verknüpfung von Gedankengängen; 2. Anzug aus Jackett und Hose in verschiedenen zusammenpassenden Stoffen; 3. planvolles Zusammenspiel im Sport; 4. aus mehreren Disziplinen bestehender Wettkampf (im Sport); 5. Overall für Flieger oder Monteure; **Kombinationspräparate** *Mz.* Arzneimittel mit mehreren Wirkstoffen; **Kombinatorik** *w.* (die Lehre von den) Regeln zum Kombinieren; **kombinieren** 1. zusammenstellen, verknüpfen; 2. Schlüsse ziehen; **Kombizange** *w.* Zange, die Kneif-, Flach- und Rohrzange in einem ist

Komboloi *s.* (*gr.*) rosenkranzähnliche Kette aus Glasperlen, die bes. in Griechenland als Fingerspiel benutzt wird

Kombüse *w.* (*niederl.*) Schiffsküche

kombustibel (*lat.*) brennbar; **Kombustibilien** (-li'en) *Mz.* Brennstoffe

Komedo *m.* (*lat.*) Talganhäufung in der Haut, Mitesser (*Mz.* Komedoren)

Komet *m.* (*gr.-lat.*) 1. Schweifstern, Haarstern; 2. kometenhaft aufgestiegener Star; **Kometomantie** *w.* Wahrsagung aus dem Erscheinen von Kometen

Komfort *m.* (komfohr, *frz.*) Ausstattung z. B. einer Wohnung, an der nichts fehlt; **komfortabel** bequem, behaglich; **Komfortabel** *m.* Einspännerdroschke

Komik *w.* (*gr.*) alles, was – meistens durch Kontrastwirkungen – belustigend wirkt; **Komiker** *m.* 1. Spaßmacher, Mensch, der die belustigenden Seiten des Lebens herausstellt; 2. Darsteller komischer Rollen auf der Bühne; **komisch** 1. belustigend, erheiternd; 2. lächerlich; 3. merkwürdig

Komintern *w.* Kommunistische Internationale, Zusammenschluss aller nationalen kommunist. Parteien i. d. Zeit von 1919 bis 1943

Komitadschi *Mz.* (*türk.*) mazedonisch-bulgarische Freischärler gegen die Türkenherrschaft im 19. Jh.

Komitat *s.* (*lat.*) 1. ehemal. ungarischer Verwaltungsbezirk, Gespanschaft; 2. Ehrengeleit

Komitee *s.* (*lat.-frz.*) Ausschuss, Gruppe, die die Organisation einer Veranstaltung durchführt

Komitien *Mz.* (-zi'en, *lat.*) altrömische Bürgerversammlung

Komma *s.* (*gr.*) Beistrich (*Mz.* Kommata); **Kommabazillus** *m.* Erreger der Cholera

Kommandant *m.* (*lat.-frz.*) Befehlshaber einer militärischen Anlage oder eines Schiffes; **Kommandantur** *w.* Sitz der Dienststelle des Kommandanten; **Kommandeur** *m.* (-dör) Befehlshaber einer militärischen Einheit; **kommandieren** 1. die Befehlsgewalt innehaben; 2. Befehle geben; 3. Kommandoton anschlagen

Kommandite *w.* (*frz.*) Abzweigung vom Hauptgeschäft; **Kommanditgesellschaft** *w.* Handelsgesellschaft mit teils beschränkter, teils unbeschränkter Haftung (Abk. KG); **Kommanditisten** *Mz.* diejenigen Teilhaber an einer Kommanditgesellschaft, die nur mit ihrem Einsatz haften

Kommando *s.* (*itl.*) 1. Befehlsgewalt; 2. militärischer Befehl; 3. zu einem Sonderauftrag abgestellte militär. Mannschaft; **Kommandosprache** *w.* Sprache, in der Aufträge an den Computer gegeben werden (EDV)

Kommassation *w.* (*lat.*) Flurbereinigung, Zusammenlegung von Grundstücken, Ztw. **kommassieren**

Kommemoration *w.* (*lat.*) kirchliche Gedächtnisfeier

Kommende *w.* (*lat.*) 1. kirchliche Pfründe bis zur Säkularisation; 2. Komturei eines geistlichen Ritterordens

Kommensale *m.* (*lat.*) schmarotzender Organismus (Tier oder Pflanze), der seinem Wirt nicht schadet

kommensurabel (*lat.*) mit gleichem Maß messbar, vergleichbar, Hptw. **Kommensurabilität** *w.*

Komment *m.* (kommang, *frz.*) Brauch, Sitte, Regel in student. Verbindungen

Kommentar *m.* (*lat.*) Erläuterung, Anmerkung, Stellungnahme, Auslegung; **Kommentator** *m.* jmd., der Kommentare gibt; **kommentieren** erläutern, auslegen, anmerken, Stellung nehmen

Kommers *m.* (*lat.*) Kneiperei einer Studentenverbindung bei festlichen Anlässen

Kommerz *m.* (*lat.*) Handel, Wirtschaft; **kommerzialisieren** 1. öffentliche in privatwirtschaftliche Schulden überführen; 2. etwas (z.B. eine Idee) vermarkten; **kommerziell** (-zi'e-) 1. auf Wirtschaft und Handel beruhend; 2. dem Profitprinzip untergeordnet; **Kommerzienrat** *m.* (-zi'en-) früher an Industrielle und Kaufleute verliehener Titel

Kommilitone *m.* (*lat.*) Mitstudent

Kommiss *m.* (*lat.*) Militär, Militärdienst (umg.)

Kommissar *m.* (*lat.*) 1. vom Staat Beauftragter; 2. Polizeidienstgrad und sein Inhaber; **Kommissariat** *s.* Dienststelle eines Kommissars; **kommissarisch** stellvertretend, vorübergehend

Kommission *w.* (*lat.*) 1. Ausschuss; 2. Geschäftsauftrag (an einen Kommissionär); **Kommissionär** *m.* Zwischenhändler in eigenem Namen für fremde Rechnung; **Kommissionsbuchhandel** *m.* Zwischenbuchhandel; **Kommissionsgeschäft** *s.* Kauf und Verkauf von Waren auf fremde Rechnung; **kommissorisch** als, in Sonderauftrag; **Kommissur** *w.* 1. Querverbindung zwischen den beiden Hälften des Großhirns; 2. Verbindung zwischen Weichteilen von Organen; **Kommittent** *m.* Auftraggeber eines Kommissionärs; **kommittieren** beauftragen, bevollmächtigen; **Kommittiv** *s.* Vollmachtschreiben

kommod (*lat.*) angenehm, bequem; **Kommode** *w.* Truhe mit Schubladen; **Kommodität** *w.* Annehmlichkeit (früher: Abort)

Kommodore *m.* (*engl.-itl.*) 1. Titel für ältere Kapitäne in der Handelsmarine; 2. Geschwaderführer bei der Marine oder Luftwaffe; 3. Kapitän der Kriegsmarine in Admiralsstellung

Kommos *m.* (*gr.*) 1. rituelle Totenklage im antiken Griechenland; 2. in der attischen Tragödie Totenklage im Wechsel zwischen Chor und Schauspieler(n)

kommun (*lat.*) 1. gemeinschaftlich, gemeinsam; 2. gewöhnlich, gemein (z. B. von Pflanzengattungen); **kommunal** gemeindlich, die Gemeinde betreffend; **kommunalisieren** Privatunternehmen zu Gemeindeeigentum machen; **Kommunalpolitik** *w.* Gemeindepolitik; **Kommune** *w.* 1. Gemeinde; 2. Herrschaft des Pariser Gemeinderats 1871; 3. Wohn-, Wirtschafts- und Lebensgemeinschaft junger Leute (während der Studentenbewegung), die sich von bürgerlichen Moralvorstellungen befreien wollten; **Kommunarde** *m.* (*frz.*) Mitglied einer Kommune (2. und 3.)

Kommunikation *w.* 1. Zusammenhang, Verbindung; 2. Verständigung, Austausch, Vermittlung von Wissen und Informationen durch Zeichen aller Art; **Kommunikationsdesign** *s.* (-disein, *lat.-engl.*) Gestaltung, Formgebung von Informationen, z. B. auf einer Website; **kommunikativ** 1. mitteilungsfähig, mitteilsam; 2. die Kommunikation betreffend; **Kommunikator** *m.* jmd., der Informationen gibt; **Kommunion** *w.* Empfang des Altarsakraments; **kommunizieren** 1. sich verständigen; 2. in Verbindung stehen; 3. das Altarsakrament empfangen

Kommuniqué *s.* (kommünikeh, *frz.*) Denkschrift, amtliche Mitteilung

Kommunismus *m.* (*lat.*) 1. nach der Lehre von Karl Marx die von Klassengegensätzen freie Gesellschaftsform, die auf den Sozialismus folgt; 2. politische Bewegung, mit dem Ziel, eine sozialist. Revolution durchzuführen; **Kommunist** *m.* Anhänger des Kommunismus, Mitglied einer kommunist. Partei, Eigw. **kommunistisch**

kommunitär (*lat.*) gemeinschaftlich; **Kommunität** *w.* Gemeinschaft, Bruderschaft

kommunizieren = Kommunikation

kommutabel, kommutativ (*lat.*) veränderlich, vertauschbar; **Kommutation** *w.* 1. Vertauschbarkeit von Größen in der Mathematik; 2. der Winkel, den die Verbindungslinien zwischen Erde–Sonne und Sonne–Planet bilden; **Kommutator** *m.* Umschalter für elektr. Strom, Gleichrichter

Komödiant *m.* (*gr.*) Schauspieler, jmd., der etwas darstellt, was er nicht empfindet;

Komödie *w.* (-di'e) 1. Lustspiel, heiteres Schauspiel; 2. Verstellung, Heuchelei

Kompagnon *m.* (kompanjong, *frz.*) Geschäftspartner, Gesellschafter, Teilhaber

kompakt (*lat.*) fest, dicht, massig; **Kompaktanlage** *w.* Stereoanlage, in der Verstärker, Tuner, Plattenspieler und Kassettendeck ein Bauteil bilden

Kompander *m.* (*engl.*) elektronische Schaltung zur Rauschunterdrückung

Kompanie *w.* (*frz.*) 1. alte Bez. für Handelsgesellschaft; 2. militärische Einheit (100–250 Mann)

komparabel (*lat.*) vergleichbar; **Komparabilität** *w.* Vergleichbarkeit; **Komparation** *w.* Steigerung, das Vergleichen; **Komparatist** *m.* vergleichender Literaturwissenschaftler; **Komparatistik, Komparativistik** *w.* vergleichende Literaturwissenschaft; **Komparativ** *m.* Sprachlehre: Steigerungsstufe

Komparse *m.* (*frz.*) Statist, stummer Darsteller auf der Bühne oder im Film; **Komparserie** *w.* Gesamtheit der Komparsen

Kompass *m.* (*itl.*) im Gehäuse drehbar angebrachte Magnetnadel zur Bestimmung der Himmelsrichtung

kompatibel (*lat.*) vereinbar, passend; **Kompatibilität** *w.* Vereinbarkeit 1. von Medikamenten; 2. von Ämtern; 3. von verschiedenen Systemen in der EDV

kompensabel (*lat.*) ausgleichbar; **Kompensation** *w.* 1. Aufrechnung, Schuldaufwiegung; 2. Aufhebung von Wirkungen verschiedener Ursachen; 3. Ausgleich mangelhaft arbeitender Organe durch den Organismus selbst oder durch Medikamente; 4. Ersatzbefriedigung; **Kompensator** *m.* Ausgleichsvorrichtung; **kompensieren** ausgleichen, wettmachen

kompetent (*lat.*) 1. sachverständig; 2. zuständig, maßgebend, befugt; **Kompe-**

tenz *w.* Zuständigkeit, Befugnis, Sachverständnis

Kompilation *w.* (*lat.*) 1. Zusammenstellung; 2. Aneinanderreihung von Textstellen aus anderen Werken ohne eigene Idee; **kompilieren** 1. (nur) zusammenstellen, zusammentragen; 2. mit dem Compiler arbeiten (EDV)

Komplement *s.* (*lat.*) Ergänzung; **komplementär** ergänzend; **Komplementär** *m.* persönlich haftender Gesellschafter einer Kommanditgesellschaft; **Komplementärfarben** *Mz.* Ergänzungsfarben, sich im Farbkreis gegenüberliegende Farben: Rot / Grün, Blau / Orange, Gelb / Violett; **komplementieren** ergänzen; **Komplementarität** *w.* 1. gegenseitige gegensätzliche Ergänzung; 2. in der Quantenmechanik die Tatsache bezeichnend, dass Gebilde der Mikrophysik unter unterschiedlichen Beobachtungsbedingungen unterschiedlich erscheinen (z. B. ein Elektron einmal als Welle, ein andermal als Teilchen)

Komplet *s.* (kongpläh, *frz.*) Kleid mit Jacke oder Mantel, auch Rock mit Mantel

Komplet *w.* (*lat.*) Abendgebet als Schluss der kath. kirchl. Tageszeiten

komplett (*lat.-frz.*) vollständig; **komplettieren** vervollständigen

Komplex *m.* (*lat.*) 1. Gesamtheit (von Gebäuden), Gesamtanlage, vielschichtiges Ganzes; 2. chem. Verbindung, die durch den Zusammenschluss von Molekülen bewirkt wird; 3. unbewusst gewordener Vorstellungskreis, der sich in Fehlleistungen, Neurosen und Zwangshandlungen manifestiert; **komplex** vielschichtig, vielfältig, aus vielen Elementen bestehend und zusammengehörig; **Komplexion** *w.* zusammenfassende Bez. für die Farbe von Augen, Haar und Haut; **Komplexität** *w.* vielschichtige Gesamtheit aller Merkmale

Kompli (*Kunstwort*) 1. *m.* komplizierter Mensch; 2. *o. A.* Kompliment! (Jj.)

Komplikation *w.* (*lat.*) Verwicklung, Schwierigkeit, unvorhersehbare Erschwerung; **komplizieren** verwickeln, erschweren; **kompliziert** verwickelt, schwierig

Kompliment *s.* (*frz.*) liebenswürdige Redensart, Schmeichelei, Lob

Komplize *m.* (*lat.-frz.*) Helfershelfer, Mitschuldiger, Mittäter

Komplott *s.* (*frz.*) Verschwörung

Komponente *w.* (*lat.*) Bestandteil eines Ganzen, bestimmende Kraft innerhalb eines Ganzen

komponieren (*lat.*) 1. ein musikalisches Werk schaffen; 2. gegliedert, gestaltet zusammensetzen; **Komponist** *m.* Tondichter; **Komposition** *w.* 1. Musikstück, musikalisches Werk; 2. Aufbau eines Kunstwerks, eines Romans, eines Gemäldes usw.

Kompositum *s.* (*lat.*) Sprachlehre: zusammengesetztes Wort (z. B. Weinglas)

Kompost *m.* (*lat.*) Dünger aus natürlichen, zerfallenen Abfällen; **kompostieren** zu Kompost verarbeiten

Kompott *s.* (*frz.*) mit Zucker und Wasser gedünstete Früchte

Komprador *m.* (*port.*) einheimischer Repräsentant der Oberschicht, der mit der Kolonialmacht zusammenarbeitet, urspr. der chines. Vertrauensmann europäischer Handelshäuser in China

Komprehension *w.* (*lat.*) zusammenfassendes Begreifen von mannigfaltigen Erscheinungen zu einer Einheit

Kompresse *w.* (*lat.*) feuchter Umschlag; **kompressibel** verdichtbar, zusammendrückbar, Hptw. **Kompressibilität** *w.*; **Kompression** *w.* Zusammenpressung, Verdichtung; **Kompressor** *m.* 1. Verdichter von Dämpfen und Gasen; 2. Gerät zur Einstellung der Eingangssignale in Verstärkern, bei Tonaufnahmen; **Komprette** *w.* Tablette aus gepresster, pulverförmiger Arznei; **komprimieren** zusammenpressen, verdichten; **komprimiert** auf das Wesentliche beschränkt, verdichtet

Kompromiss *m.* oder *s.* (*lat.*) Übereinkunft auf der Basis von gegenseitigen Zugeständnissen; **Kompromissler** *m.* jmd., der aus Konfliktscheu (zu) schnell Kompromisse macht

kompromittieren (*lat.*) sich oder andere bloßstellen

Komptabilität *w.* (*frz.*) Verantwortlichkeit, Rechenschaftspflicht

Komsomol *m.* (*russ.*) kommunist. Jugendorganisation in der ehemal. Sowjetunion; **Komsomolze** *m.* Mitglied des Komsomol

Komtess, Komtesse *w.* (*frz.*) Anrede für eine unverheiratete Grafentochter

Komtur *m.* (*lat.*) 1. Verwalter einer Komturei oder Kommende eines Ritterordens; 2. Inhaber der mittleren Klasse eines Verdienstordens; **Komturei** *w.* Verwaltungsbezirk eines geistlichen Ritterordens (auch: Kommende); **Komturkreuz** *s.* Ordensklasse nach dem Großkreuz

Kon-, kon- (*lat.*) als Vorsilbe: zusammen, mit

Koncha, Konche *w.* (*gr.*) 1. Muschelgewölbe, Nischengewölbe in frühchristlichen Kirchen; 2. muschelförmiger Teil eines Organs; **konchiform** (*gr.-lat.*) muschelförmig

Konche *w.* (*frz.*) großer muschelförmiger Behälter für die Herstellung von Schokolade

Kondensat *s.* (*lat.*) durch Kondensation entstandene Flüssigkeit, verflüssigter Dampf; **Kondensation** *w.* 1. Verdichtung von Dampf oder Gas zu Flüssigkeit; 2. Vereinigung zweier Moleküle zu einem neuen Molekül; **Kondensationspunkt** *m.* Taupunkt, Temperatur, bei der Dämpfe flüssig werden; **Kondensator** *m.* 1. Verflüssiger; 2. Vorrichtung zur Speicherung elektrischer Ladungen; **kondensieren** 1. (sich) verflüssigen; 2. eindicken; **Kondensstreifen** *m.* durch Kondensation (1.) in den Abgasen eines Flugzeugs entstandener schmaler, wolkenartiger, weißer Streifen am Himmel

Kondeszendenz *w.* (*lat.*) 1. Nachgiebigkeit, Herablassung; 2. die in Christus inkarnierte gnädige Herablassung Gottes zu den Menschen

Kondition *w.* (*lat.*) 1. Bedingung, Geschäftsbedingung; 2. seelische und körperliche Verfassung; **konditional, konditionell** bedingungsweise, bedingt; **Konditional** *s.* Sprachlehre: Bedingungsform; **Konditionalsatz** *m.* Bedingungssatz (z.B. *Wenn die Sonne scheint,* dann …)

konditionieren (*lat.*) 1. Feuchtigkeitsgehalt ermitteln (z.B. bei Textilien); 2. Stoffe für die Weiterverteilung vorbehandeln; 3. bedingte Reflexe ausbilden, Hptw. **Konditionierung** *w.*

Konditor *m.* (*lat.*) Feinbäcker; **Konditorei** *w.* Feinbäckerei, der oft ein kleines Café angeschlossen ist; **konditern** 1. in eine Konditorei gehen; 2. das Konditorhandwerk ausüben (umg.)

Kondo *s.* (*jap.*) die zentrale Buddhahalle in buddhistischen Tempeln in Japan, mit frei stehenden Kultbildern und Statuen

Kondolenz *w.* (*lat.*) Äußerung der Anteilnahme bei einem Todesfall, Ztw. **kondolieren**

Kondom *m.* (*engl.*) Verhütungsmittel, Präservativ; **Kondomat** *m.* Automat für Kondome

Kondominat, Kondominium *s.* (*lat.*) Hoheit mehrerer Staaten über dasselbe Gebiet

Kondor *m.* (*peruan.*) der größte südamerikanische Geier

Kondottiere *m.* (-ti'ere, *itl.*) Söldnerführer im Italien der Renaissance

Kondukt *m.* (*lat.*) feierlicher Leichenzug

Kondukteur *m.* (-tör, *frz.*) Schaffner (in der Schweiz noch gebräuchlich)

Konduktivität *w.* (*lat.*) elektrische Leitfähigkeit (von Materialien); **Konduktor** *m.* 1. Elektrizitätssammler, elektrischer Leiter (*Mz.* Konduktoren); 2. jmd., der eine Erbkrankheit überträgt, ohne selbst daran zu erkranken

Konfekt *s.* (*lat.*) Kleingebäck, Pralinen, Zuckerwaren

Konfektion *w.* (*lat.*) 1. Bekleidungsindustrie; 2. serienmäßige Herstellung von Kleidungsstücken; **Konfektionär** *m.* Hersteller von Fertigkleidung; **Konfektionsgeschäft** *s.* Geschäft für den Verkauf von Fertigkleidung

Konferenz *w.* (*lat.*) Besprechung, Sitzung, Tagung, beratende Versammlung; **Konferenzschaltung** *w.* Zusammenschaltung von Gesprächsleitungen für zwei oder mehr Teilnehmer; **konferieren** Konferenz abhalten, verhandeln

Konfession *w.* (*lat.*) Glaubensbekenntnis, Glaubensrichtung; **Konfessionalismus** *m.* Betonung des Unterschiedes der Konfessionen; **Konfessionalität** *w.* Zugehörigkeit zu einer Glaubensgemeinschaft; **konfessionell** das Glaubensbekenntnis betreffend

Konfetti *Mz.* (*itl.*) bunte Papierblättchen oder Gipskügelchen

Konfident *m.* (*lat.-frz.*) Vertrauter, Freund

Konfiguration *w.* (*lat.*) 1. Zusammenstellung, Anordnung, geordnete Menge; 2. Verformung (z. B. des Schädels); 3. bestimmte Stellung der Planeten; 4. der (variable) Aufbau eines Computersystems aus seinen Komponenten (EDV); **Konfigurator** *m.* Website eines Herstellers, auf der sich der Kunde die Ausstattung (z. B. eines Autos) selbst zusammenstellen kann; **konfigurieren** 1. gestalten; 2. verformen (z. B. einen Schädel); 3. einen Rechner einrichten (EDV)

Konfirmand *m.* (*lat.*) jmd., der konfirmiert wird; **Konfirmation** *w.* Einsegnung, Aufnahme in die evang. Gemeinde; **konfirmieren** einsegnen, als mündiges Mitglied in die evang. Kirche aufnehmen

Konfiserie *w.* (*frz.*) 1. Konditoreibetrieb; 2. feines Backwerk, Pralinen

Konfiskat *s.* (*lat.*) Schlachtabfälle (die nach Vorschrift entsorgt werden müssen); **Konfiskation** *w.* Beschlagnahme, Einziehung von Eigentum durch den Staat, Ztw. **konfiszieren**

Konfitüre *w.* (*frz.*) mit Zucker dick eingekochtes Obst, Marmelade

konfligieren (*lat.*) mit etwas in Konflikt geraten; **Konflikt** *m.* 1. Gegensatz, Streit; 2. innerer Widerstreit, Zwiespalt

Konfluenz *w.*, **Konflux** *m.* (*lat.*) Zusammenfluss; **konfluieren** zusammenfließen, zusammenströmen

Konföderation *w.* (*lat.*) Staatenbund; **konföderiert** verbündet; **Konföderierte Staaten** *Mz.* oder **Konföderation** *w.* die elf verbündeten Südstaaten Amerikas im Sezessionskrieg (1861–1865)

konfokal (*lat.*) mit gleichen Brennpunkten

konform (*lat.*) übereinstimmend; **konform gehen** übereinstimmen; **Konformismus** *m.* Angepasstheit an die herrschende Meinung; **Konformist** *m.* 1. Mitglied der anglikanischen Kirche; 2. jmd., der nicht von der herrschenden Meinung abweicht; **Konformität** *w.* 1. Übereinstimmung, Anpassung; 2. Maßstabstreue

Konfrater *m.* (*lat.*) geistlicher Amtsbruder in der kath. Kirche

Konfrontation *w.* (*lat.*) Auseinandersetzung, Gegenüberstellung, das Vor-Augen-Führen, Ztw. **konfrontieren**; **Konfrontationskurs** *m.* Verhalten, das eine Konfrontation in Kauf nimmt bzw. sucht

konfus (*lat.*) verwirrt, verworren, geistig wirr; **Konfusion** *w.* Verwirrung, Durcheinander, Zerstreutheit; **Konfusionarius** *m.* scherzh. Bez. für Wirrkopf, zerstreuter Mensch

Konfuzianismus *m.* ethische, weltanschauliche Lehre des chinesischen Philosophen Konfuzius (551–478 v. Chr.), Eigw. **konfuzianisch**

kongenial (*lat.*) im Geiste ebenbürtig, geistesverwandt; **Kongenialität** *w.* geistige Ebenbürtigkeit, geistige Einfühlungsgabe

kongenital (*lat.*) angeboren, bei der Geburt vorhanden

Kongestion *w.* (*lat.*) Wallung, Blutandrang, Eigw. **kongestiv**

Konglomerat *s.* (*lat.*) 1. aus Geröll bestehende Gesteinsmasse; 2. Gemenge, Gemisch

Konglutination *w.* (*lat.*) Zusammenballung, Verklebung; **konglutinieren** zusammenballen, verkleben; **Konglutinin** *s.* Antikörper, der im Zusammenwirken mit einem Serumsanteil rote Blutkörperchen verklebt

Kongregation *w.* (*lat.*) 1. kath. Klostergemeinschaft mit einfachen Gelübden; 2. Verbindung von Klöstern derselben Regel

Kongress *m.* (*lat.*) 1. große Tagung; 2. gesetzgebende Versammlung in den USA (bestehend aus Senat und Repräsentantenhaus)

kongruent (-gru'e-, *lat.*) übereinstimmend, deckungsgleich; **Kongruenz** *w.* Übereinstimmung, Deckungsgleichheit, Ztw. **kongruieren**

Koniferen *Mz.* (*lat.*) Nadelhölzer

konisch (*gr.*) kegelförmig

Konjektaneen *Mz.* (-ne'en, *lat.*) Sammlung von Bemerkungen und Einfällen

Konjektur *w.* (*lat.*) vermutlich richtige Ergänzung einer Textlücke; **konjizieren** Konjekturen einfügen

Konjugation *w.* (*lat.*) Sprachlehre: Beugung des Zeitworts (z. B. *ich* geh*e*, *du* geh*st* usw.); **konjugieren** Zeitwort beugen

Konjunktion *w.* (*lat.*) 1. Sprachlehre:

Bindewort (z. B. *und, sowohl … als auch* u. Ä.); 2. Stand zweier Planeten auf demselben Längenkreis; 3. Verknüpfung von Aussagen, die nur dann wahr sind, wenn alle Aussagen wahr sind

Konjunktiv *m.* (*lat.*) Sprachlehre: Möglichkeitsform des Zeitworts (z. B. ich *hätte*, ich *wäre*); **konjunktivisch** der Möglichkeit nach

Konjunktivitis *w.* (*lat.*) Bindehautentzündung des Auges

Konjunktur *w.* (*lat.*) Wirtschaftslage, Wirtschaftsaufschwung; **konjunkturell** die Konjunktur betreffend

konkav (*lat.*) nach innen gewölbt (von Linsen)

Konklave *s.* (*lat.*) geheime und von der Außenwelt abgeschlossene Kardinalsversammlung zur Papstwahl

konkludent (*lat.*) schlüssig; **konkludieren** folgern, schließen; **Konklusion** *w.* Folgerung; **konklusiv** folgernd

konkomitant (*lat.*) belanglos, unerheblich

konkordant (*lat.*) übereinstimmend; **Konkordanz** *w.* 1. Übereinstimmung, übereinstimmendes Merkmal; 2. Verzeichnis aller in einem Schriftwerk oder bei einem Schriftsteller vorkommenden Wörter, Ausdrücke und Begriffe mit Belegstelle (z. B. Shakespeare-Konkordanz); 3. typographisches Maß; 4. gleichmäßige Lagerung von Gesteinsschichten

Konkordat *s.* (*lat.*) Vertrag zwischen dem Vatikan und einem Staat

Konkordia *w.* Eintracht, Einigkeit (nach Concordia, der röm. Göttin der Eintracht)

Konkordienbuch *s.* (-di'en-, *lat.*) Zusammenstellung der lutherischen Bekenntnisschriften

Konkrement *s.* (*lat.*) körniges, festes Gebilde in Hohlorganen (z. B. Gallenstein)

konkret (*lat.*) gegenständlich, sinnlich wahrnehmbar, anschaulich; **Konkrete Kunst** *w.* Richtung in der modernen Kunst, die durch mathematische Präzision, geometrisch abgegrenzte Farbfelder und gleichmäßigen Farbauftrag charakterisiert ist; **konkretisieren** veranschaulichen, im Einzelnen darlegen; **Konkretum** *s.* gegenständliches Hauptwort; **Konkretion** *w.* 1. Veranschaulichung, Vergegenständlichung; 2. Bildung von Konkrementen; 3. Knollen in Sedimentgesteinen

Konkubinat *s.* (*lat.*) 1. in der röm. Kaiserzeit eine erlaubte, aber nicht legitimierte eheähnliche Verbindung; 2. eheähnliche Gemeinschaft

Konkupiszenz *w.* (*lat.*) (sexuelle) Begierde, Begehrlichkeit

Konkurrent *m.* (*lat.*) Rivale, Gegner; **Konkurrenz** *w.* 1. Wettbewerb, Wettkampf; 2. Gesamtheit der wirtschaftlichen Gegner eines Unternehmens; **Konkurrenzklausel** *w.* Vertragsklausel, die den Wettbewerb zwischen Vertragspartnern verbietet; **konkurrieren** wetteifern, gegeneinander antreten

Konkurs *m.* (*lat.*) 1. geschäftl. Zusammenbruch, Zahlungsunfähigkeit; 2. Gerichtsverfahren zur Befriedigung der Gläubiger eines in Konkurs gegangenen Unternehmens

Konnaja *w.* (*russ.*) Pferdemarkt in Russland

konnatal (*lat.*) angeboren

Konnektivitis *w.* (*lat.*) Entzündung des Bindegewebes; **Konnektor** *m.* 1. Zeichen in grafischen Darstellungen (von Arbeitsabläufen), das angibt, wo ein Programm fortgesetzt werden soll (EDV); 2. textverbindendes Verknüpfungselement (z. B. *zuerst, dann, danach*)

Konnetabel *m.* (*frz.*) Oberfeldherr der französischen Könige

Konnex *m.* (*lat.*) Verbindung, Zusammenhang, Kontakt; **Konnexionen** *Mz.* einflussreiche vorteilhafte Beziehungen

Konnivenz *w.* (*lat.*) wissentliche Duldung eines Amtsdelikts oder Anstiftung zu einem solchen durch einen Vorgesetzten

Konnossement *s.* (konnoßmang, *lat.-itl.*) Seefrachtbrief

Konnotation *w.* (*lat.*) die gefühlsmäßige Nebenbedeutung, die ein Wort oder ein sprachlicher Ausdruck hat (z. B. *Frühling* und «Erwachen des Lebens, Aufbruch, jung»); **konnotativ** den gefühlsmäßigen Beiklang betreffend; **konnotiert** Konnotation beinhaltend

Konnubium *s.* (*lat.*) alter Begriff für Ehe

Konoid *m.* (*gr.*) kegelähnlicher Körper

Konquistadoren *Mz.* (-kista-, *span.*) die

spanischen Eroberer Südamerikas im 16. Jh.

Konrektor *m.* (*lat.*) stellvertretender Rektor

Konsekration *w.* (*lat.*) 1. Vergöttlichung der verstorbenen röm. Kaiser; 2. Weihe; 3. Wandlung in der kath. Messe

konsekutiv (*lat.*) sich ergebend, abgeleitet; **Konsekutivsatz** *m.* Folgesatz (z. B. *so ... dass*)

Konsens *m.* (*lat.*) Zustimmung, Einwilligung, Übereinstimmung; **Konsensualkontrakt** *m.* Vertragsart, bei der die Partner ihren Willen festlegen, den Vertrag rechtswirksam werden zu lassen; **konsensuell** (-su'e-) gleichsinnig, im selben Sinne wirkend, übereinstimmend; **konsentieren** erlauben, zustimmen

konsequent (*lat.*) 1. folgerichtig; 2. beharrlich, fest, unbeirrbar; **Konsequenz** *w.* 1. Folge, Wirkung; 2. Folgerichtigkeit; 3. Festigkeit, Grundsatztreue

konservativ (*lat.*) 1. auf die Erhaltung des Hergebrachten bedacht, staatserhaltend; 2. politisch dem Konservativismus zugehörig; **Konservativer** *m.* jmd., der das Hergebrachte erhalten will, Anhänger einer konservativen Partei; **Konservatismus, Konservativismus** *m.* beharrende Grundhaltung, politische Anschauung, die am Hergebrachten, an der bestehenden Ordnung festhält

Konservator *m.* (*lat.*) Fachmann für Pflege und Erhaltung von Kunstwerken

Konservatorium *s.* (*lat.*) Musikhochschule

Konserve *w.* (*lat.*) 1. haltbar gemachte Nahrungsmittel in Dosen; 2. gespeicherte Ton- oder Bildaufzeichnung; **konservieren** haltbar machen und aufbewahren; **Konservierung** *w.* 1. das Haltbarmachen; 2. Erhaltung eines Kunstwerks, Bauwerks o. Ä.

Konsideration *w.* (*lat.*) Erwägung, Betrachtung

konsignieren (*lat.*) 1. Waren zum Weiterverkauf übergeben (im Überseehandel); 2. mit besonderer Bestimmung absenden (von Schiffen); 3. beglaubigen, urkundlich niederlegen

konsiliarisch (*lat.*) beratend, ratgebend; **Konsilium** *s.* Besprechung, Beratung mehrerer Ärzte über einen Krankheitsfall

konsistent (*lat.*) 1. dicht, fest, kräftig; 2. widerspruchsfrei; **Konsistenz** *w.* 1. Dichtigkeit, Festigkeit; 2. logischer Aufbau

Konsistorium *s.* (*lat.*) 1. Kardinalsversammlung unter Vorsitz des Papstes; 2. oberste Verwaltungsbehörde einer Kirchenprovinz der evang. Kirche, Eigw. **konsistorial**

konskribieren (*lat.*) ausheben, zum Militär einziehen; **Konskription** *w.* Truppenaushebung (solange keine allg. Wehrpflicht bestand)

Konsole *w.* (*frz.*) 1. Tragstein, Wandbrett für die Aufstellung von Figuren, Vasen u. Ä.; 2. Steuerpult am Computer (EDV)

Konsolidation, Konsolidierung *w.* (*lat.*) 1. Festigung eines labilen Zustands; 2. Zusammenlegung von verschiedenen Staatsanleihen zu einer einheitlichen Anleihe; 3. Abheilung einer Krankheit; **konsolidieren** auf eine feste Grundlage stellen

Konsommee *w.* (kongsommeh, *frz.*) Kraftbrühe aus Rindfleisch

Konsonant *m.* (*lat.*) Mitlaut (z. B. *b, c, d* usw.), i. Ggs. zu Vokal; **konsonant** 1. harmonisch zusammenliegend; 2. mitschwingend; **konsonantisch** die Mitlaute betreffend; **Konsonanz** *w.* 1. Häufung von Mitlauten; 2. harmonischer Zusammenklang

Konsortialgeschäft *s.* (*lat.*) ein von mehreren Firmen durchgeführtes Geschäft mit hohem Risiko und Kapitaleinsatz; **Konsorten** *Mz.* Geschäftspartner, Spießgesellen, Mittäter; **Konsortium** *s.* Zusammenschluss von Unternehmen für Konsortialgeschäfte

Konsoziation *w.* (*lat.*) feststehende Wortverbindung (z. B. Geld und Gut, Kopf und Kragen)

Konspekt *m.* (*lat.*) Überblick, Übersicht, Aufzeichnung, Verzeichnis

Konspiration *w.* (*lat.*) Verschwörung; **konspirativ** heimlich, verschwörerisch; **konspirieren** sich verschwören

Konstabler *m.* (*lat.*) Polizist (in England und Amerika)

konstant (*lat.*) beständig, unveränderlich; **Konstante** *w.* fester Wert, unveränderliche Größe; **Konstanz** *w.* Unveränderlichkeit, Stetigkeit, Beständigkeit

konstatieren (*frz.*) feststellen, Hptw. **Konstatierung** *w.*

Konstellation *w.* (*lat.*) 1. die Stellung der Himmelskörper zueinander; 2. Sachlage, Lage der Dinge, Zusammentreffen von Umständen

konsternieren (*lat.*) verblüffen, bestürzen; **konsterniert** verblüfft, bestürzt, fassungslos, Hptw. **Konsternation** *w.*

konstituieren (*lat.*) 1. gründen, einsetzen; 2. begründen, grundlegend sein für etwas; 3. (sich) bilden, organisieren; **konstituierende Versammlung** *w.* Gründungsversammlung, verfassunggebende Versammlung; **Konstitution** *w.* 1. Verfassung eines Staates; 2. körperliche und seelische Verfassung und Veranlagung eines Menschen; 3. Anordnung der Moleküle im Atomkern; **Konstitutionstyp** *m.* Grundform des menschlichen Körperbaus; **Konstitutionalismus** *m.* 1. Staatsform mit Verfassung; 2. politische Richtung, die diese Staatsform anstrebt; **konstitutionell** 1. verfassungsmäßig; 2. in der Veranlagung begründet; **konstitutiv** grundlegend, begründend, bestimmend, unerlässlich, wesentlich

Konstriktor *m.* (*lat.*) Schließmuskel; **konstringieren** zusammenziehen (von Schließmuskeln)

konstruieren (*lat.*) 1. nach gegebenen Größen zeichnen, entwerfen; 2. Sprachelemente nach Regeln zusammenfügen; 3. sich etwas zwar logisch, aber rein gedanklich zurechtlegen; **Konstrukt** *s.* Arbeitshypothese, Gedankengebäude; **Konstrukteur** *m.* (-tör) 1. technischer Zeichner; 2. Entwerfer, Erbauer, Ingenieur; **Konstruktion** *w.* 1. Entwurf, Plan; 2. Zusammensetzung, Aufbau, Gefüge; 3. Bau eines Satzes nach grammat. Regeln; 4. wirklichkeitsfremdes Gedankengebäude; **konstruktiv** aufbauend, zur Problemlösung beitragend; **Konstruktivismus** *m.* Kunstrichtung um 1915, bes. in Russland, die ihre Formen in bildender Kunst, Ausstellungsarchitektur und Design an modernen Zweckkonstruktionen orientierte

Konsul *m.* (*lat.*) 1. Auslandsvertreter eines Staates zur Wahrung der (wirtschaftlichen) Interessen seiner Landsleute; 2. Titel der höchsten Beamten im alten Rom und in Frankreich 1799–1804; **Konsulat** *s.* Sitz und Amt des Konsuls; **konsularisch** durch den Konsul

Konsulent *m.* (*lat.*) Berater, Anwalt; **Konsultant** *m.* fachmännischer Berater, Gutachter; **Konsultation** *w.* 1. Untersuchung und Beratung durch den Arzt; 2. Beratung durch einen Wissenschaftler, mit einem Vertragspartner; **konsultativ** beratend; **Konsultativpakt** *m.* Vertrag zwischen Staaten, vor politischen Entscheidungen oder Handlungen einander zu informieren und zu konsultieren; **konsultieren** Rat einholen, sich beraten lassen

Konsum *m.* (*lat.*) Verbrauch von Bedarfsgütern; 2. (Verkaufsstelle einer) Verbrauchergenossenschaft; **Konsument** *m.* 1. Verbraucher; 2. jeder Organismus, der sich von organischen Stoffen ernährt; **konsumieren** verbrauchen, verzehren; **konsumierend** 1. verbrauchend; 2. verzehrend, auszehrend (von Krankheiten); **Konsumtion** *w.* Verbrauch, Verzehr; **konsumtiv** für den Konsum bestimmt

Kontagion *w.* (*lat.*) Ansteckung, Übertragung einer Krankheit; **kontagiös** ansteckend

Kontakt *m.* (*lat.*) 1. Fühlungnahme, Berührung, Verbindung; 2. Stromanschlussstelle; **Kontaktallergie** *w.* allergische Reaktion, Allergie durch Berührung mit einem Stoff; **kontakten** geschäftliche Kontakte anbahnen; **Kontakter** *m.* Angestellter, Werbefachmann, der für den Kontakt mit Auftraggebern und Öffentlichkeit zuständig ist; **kontaktieren** in Kontakt treten; **Kontaktmann** *m.* Verbindungsmann; **Kontaktinfektion** *w.* Ansteckung durch Berührung; **Kontaktinsektizid** *s.* Gift, das von Insekten durch Berührung aufgenommen wird; **Kontaktlinse** *w.* über der Pupille zu tragende dünne Linse zur Korrektur von Sehfehlern

Kontamination *w.* (*lat.*) 1. Verunreinigung, Verseuchung mit schädlichen, bes. radioaktiven Stoffen; 2. vermischende Neubildung von Wörtern (z. B. *Infotainment* aus *Inf*ormation und Enter*tainment*); 3. Verschmelzung mehrerer (literarischer) Quellen zu einem neuen Text;

kontaminieren 1. verunreinigen, verseuchen; 2. verschmelzen
kontant (*itl.*) gegen Barzahlung; **Kontanten** *Mz.* 1. bares Geld; 2. ausländische Münzen (als Sammlerobjekte)
Kontemplation *w.* (*lat.*) Betrachtung, mythisch-religiöse Versenkung; **kontemplativ** 1. auf Kontemplation gerichtet; 2. beschaulich untätig, mußevoll
kontemporär (*lat.*) zeitgenössisch
Kontenance = Contenance
Konter *m.* (*engl.*) Schlag aus einer Verteidigungsstellung beim Boxen; **kontern** schlagfertig abfangen, entgegnen, sich wehren
Konter-, konter- (*frz.*) als Wortteil: gegen, entgegen
Konteradmiral *m.* (*frz.*) Offizier bei der Marine im Rang eines Generalmajors
Konterbande *w.* (*lat.-frz.*) 1. Schmuggelware; 2. Kriegsmaterial, das illegal auf neutralen Schiffen in das kriegführende Land gebracht wird
Konterfei *s.* (*frz.*) Bildnis, Porträt; **konterfeien** abbilden, porträtieren
Kontergewicht *s.* (*lat.*) Gegengewicht
konterkarieren (*frz.*) jmdm. in die Quere kommen, eine Absicht, einen Plan durchkreuzen
konterminieren (*lat.*) auf fallende Börsenkurse spekulieren
kontern = Konter
Konterrevolution *w.* (*lat.*) Gegenrevolution, Eigw. **konterrevolutionär**
Kontestation *w.* (*lat.*) Anfechtung, Streit, Bezeugung; **kontestieren** bestreiten, anfechten, widerlegen
Kontext *m.* (*lat.*) umgebender Zusammenhang (z. B. einer Textstelle, einer Äußerung, eines Textes, einer Person); **kontextual, kontextuell** zum Kontext gehörend, den Kontext betreffend; **kontextualisieren** in einen Kontext stellen
kontieren (*itl.*) auf ein Konto verbuchen
Kontiguität *w.* (*lat.*) räumlich-zeitlicher Zusammenhang verschiedener Reize oder von Reiz und Reaktion
Kontinent *m.* (*lat.*) Erdteil, Festlandmasse; **kontinental** 1. festländisch, 2. auf einen Kontinent bezogen; **Kontinentalklima** *s.* Festlandklima, im Gegensatz zum Seeklima
Kontinenz *w.* (*lat.*) Fähigkeit, etwas zurückzuhalten (z. B. Harn, Stuhl)
Kontingent *s.* (*lat.*) begrenzte Menge, Anteil, vereinbarter Betrag; **kontingent** zufällig; wirklich, aber nicht notwendig; **Kontingenz** *w.* 1. Zufälligkeit, das Möglichsein; 2. Grad der Wahrscheinlichkeit des gemeinsamen Auftretens mehrerer Merkmale; **kontingentieren** einteilen, beschränkt zuteilen, Anteil bemessen, Hptw. **Kontingentierung** *w.*
kontinuierlich (*lat.*) stetig, fortlaufend, ununterbrochen; **Kontinuität** *w.* Stetigkeit, lückenloser Zusammenhang; **Kontinuum** *s.* (-nu'u-) etwas, was sich ohne Unterbrechung fortsetzt
Konto *s.* (*itl.*) laufende Gegenüberstellung von Gutschriften und Belastungen (*Mz.* Konti); **Kontokorrent** *s.* laufende Gegenüberstellung und zeitweilige Abrechnung der Gutschriften und Belastungen zweier Geschäftspartner
Kontor *s.* (*itl.*) Firmenniederlassung im Ausland; **Kontorist** *m.* in der kaufmännischen Verwaltung Beschäftigter
Kontorsion *w.* (*lat.*) Verdrehung, Verrenkung eines Glieds; **Kontorsionist** *m.* Schlangenmensch; **kontort** verdreht, verwickelt (von Pflanzenblättern)
kontra (*lat.*) gegen; **Kontra** *s.* im Kartenspiel die Gegenaussage; **Kontra geben** energisch widersprechen, Gegenposition vertreten
Kontrabass *m.* (*lat.*) Bassgeige, tiefstes und größtes Saiteninstrument
Kontradiktion *w.* (*lat.*) Widerspruch zwischen zwei Aussagen; **kontradiktorisch** sich widersprechend
Kontrafagott *s.* (*lat.*) tiefes Fagott
kontrafaktisch (*lat.*) der Wirklichkeit nicht entsprechend; **Kontrafaktur** *w.* Unterlegung eines geistlichen Textes unter die Melodie eines weltlichen Liedes und umgekehrt
Kontrahent *m.* (*frz.*) 1. Gegner in einer Auseinandersetzung, im Wettkampf; 2. Vertragspartner; **kontrahieren** 1. zusammenziehen (von Muskeln); 2. Vertrag schließen; 3. einen Gegenstoß abwehren und selbst angreifen (beim Fechten)
Kontraindikation *w.* (-tra'in-, *lat.*) Gegenanzeige, die es verbietet, ein Medika-

ment oder Heilverfahren anzuwenden oder fortzusetzen

Kontrakt *m.* (*lat.*) Vertrag, Vertragsurkunde; **kontraktil** fähig zum Zusammenziehen, Hptw. **Kontraktilität** *w.*; **Kontraktion** *w.* 1. Zusammenziehung, Schrumpfung (von Muskeln); 2. Zusammenziehung zweier Laute zu einem neuen Laut; 3. Schrumpfung von Gesteinen durch Auskühlung u. a.; 4. Verminderung der Kredit- und Geldmenge einer Volkswirtschaft; 5. Abwehr eines gegnerischen Stoßes bei gleichzeitigem eigenem Angriff; **kontraktiv** auf Kontraktion beruhend; **Kontraktur** *w.* Verkürzung von Muskeln, Versteifung

Kontraposition *w.* (*lat.*) Entgegenstellung, Umkehrung (von Aussagen in der Logik)

Kontrapost *m.* (*itl.*) der künstlerische Ausgleich bei der Darstellung des stehenden menschlichen Körpers in der Bildhauerei (z. B. durch Stand- und Spielbein)

kontraproduktiv (*lat.*) dem Gelingen einer Sache zuwiderlaufend, sich negativ auswirkend

Kontrapunkt *m.* (*lat.*) 1. Kompositionstechnik, in der mehrere Stimmen selbständig geführt werden und einen harmonischen Zusammenklang erreichen; 2. Gegenpol

konträr (*frz.*) entgegengesetzt, gegenteilig, gegensätzlich

Kontrasignatur *w.* (*lat.*) Gegenzeichnung; **kontrasignieren** gegenzeichnen

Kontrast *m.* (*frz.*) Gegensatz, deutlicher Unterschied; **kontrastieren** sich scharf unterscheiden, Gegensatz bilden, voneinander abstechen; **kontrastiv** vergleichend, gegenüberstellend; **Kontrastmittel** *s.* für Röntgenstrahlen undurchlässiger Stoff, der vor dem Röntgen in den Körper eingeführt wird

Kontrazeption *w.* (*lat.*) Empfängnisverhütung

Kontretanz = Contredanse

Kontribution *w.* (*lat.*) Geldsumme, die ein besiegter Staat an den Sieger zu zahlen hat

Kontrition *w.* (*lat.*) die vollkommene Reue als Voraussetzung für die Absolution (bei der kath. Beichte)

Kontrolle *w.* (*frz.*) 1. Überprüfung, Überwachung; 2. Beherrschung, Gewalt über etwas; **Kontrolleur** *m.* (-lör) Aufsichtführender, Nachprüfer; **kontrollieren** 1. nachprüfen, beaufsichtigen, überwachen; 2. Gewalt, Kontrolle über etwas haben

kontrovers (*lat.*) 1. strittig; 2. gegeneinandergerichtet; **Kontroverse** *w.* Meinungsverschiedenheit, Auseinandersetzung, Streitgespräch

Kontumaz *w.* (*lat.*) 1. das Nichterscheinen vor Gericht; 2. bis ins 19. Jh.: Quarantäne; **Kontumazialverfahren** *s.* Gerichtsverfahren, das in Abwesenheit einer Prozesspartei geführt wird

Kontur *w.* (*frz.*) Umrisslinie; **konturieren** die äußeren Umrisse verdeutlichen

Kontusion *w.* (*lat.*) Quetschung

Konubium *s.* (*lat.*) die Berechtigung zum Eingehen einer Ehe

Konus *m.* (*gr.*) Kegel, Eigw. **konisch**

Konvaleszent *m.* (*lat.*) jmd., der sich nach einer Krankheit auf dem Wege der Besserung befindet; **Konvaleszenz** *w.* 1. Genesung; 2. Gültigwerden von ungültigen Rechtsgeschäften (durch Wegfall des Hindernisses); **konvaleszieren** gesunden, genesen

Konvenienz *w.* (-ni'e-, *frz.*) das nach den herrschenden Regeln Schickliche; **konvenieren** zusagen, passen

Konvent (*lat.*) 1. Zusammenkunft, Versammlung; 2. kath. Kloster; 3. in der Französ. Revolution die Volksvertretung; **Konventikel** *s.* 1. geheime Zusammenkunft; 2. außerkirchliche Versammlung von Gläubigen

Konvention *w.* (*lat.*) 1. Übereinkunft, Abkommen; 2. Verhaltensregel, die auf Gewohnheit und unausgesprochener Übereinkunft beruht; **Konventionalstrafe** *w.* Geldstrafe bei Vertragsbruch; **konventionell** 1. herkömmlich; 2. förmlich, den Gepflogenheiten entsprechend

konvergent (*lat.*) 1. zusammenlaufend, sich einander nähernd (z. B. von Linien); 2. übereinstimmend, vereinbar; **Konvergenz** *w.* 1. Annäherung, Hinneigung; 2. Ausbildung gleicher Merkmale bei nicht verwandten Lebensweisen, die im gleichen Lebensraum vorkommen; 3. das Nach-innen-Schielen; 4. das Sichschneiden von

Lichtstrahlen; 5. Zusammenwirken von Anlage und Umwelt in der psychischen Entwicklung; **Konvergenztheorie** *w.* 1. Theorie, dass sich die Persönlichkeit eines Menschen durch Konvergenz (5.) ausbildet; 2. politische Theorie der 1970er Jahre, die von einem (aufgrund der industriellen Entwicklung beider Systeme) zwangsläufigen Ähnlichwerden sozialist. und kapitalist. Gesellschaftsordnungen ausging; **konvergieren** 1. aufeinander zulaufen, sich annähern; 2. übereinstimmen, dasselbe Ziel haben

Konversation *w.* (*lat.*) Unterhaltung, Gespräch, Geplauder; **Konversationslexikon** *s.* alphabetisch geordnetes, allgemein verständliches Handbuch des Wissens

Konversion *w.* (*lat.*) 1. Übergang, Umwandlung, Veränderung; 2. Übertritt zu einem anderen Glauben; **Konverter** *m.* (-wör-, *engl.*) Bez. für technische Geräte oder Systeme, die umwandeln oder umformen (z. B. UHF-Signale in VHF-Signale); **konvertibel** (*lat.*) frei austauschbar, umwechselbar, Hptw. **Konvertibilität, Konvertierbarkeit** *w.*; **konvertieren** 1. umtauschen, umwechseln (von Geld); 2. zu einem anderen Glauben übertreten; 3. gespeicherte Information auf einen anderen Datenträger übertragen (EDV); **Konvertit** *m.* jmd., der die Glaubensgemeinschaft wechselt

konvex (*lat.*) nach außen gekrümmt (von Linsen)

Konvikt *s.* (*lat.*) 1. kath. Internat in Österreich; 2. Wohnheim für Studenten der Theologie

Konviktion *w.* (*lat.*) Überzeugung

Konvoi *m.* (*engl.*) Geleitzug von Fahrzeugen oder Schiffen unter bewaffnetem Schutz, Kolonne

Konvokation *w.* (*lat.*) Einberufung von Körperschaften

Konvolut *s.* (*lat.*) 1. Bündel von Schriftsachen, Akten; 2. Sammelband, Sammelmappe; **Konvolute** *w.* Schneckenverzierung an der ionischen Säule

Konvulsion *w.* (*lat.*) Schüttelkrampf, Zuckung; **konvulsivisch, konvulsiv** krampfhaft zuckend

konzedieren (*lat.*) einräumen, bewilligen, zubilligen

Konzentrat *s.* (*lat.*) 1. hochprozentige, gesättigte Lösung; 2. Zusammenfassung des Wesentlichen; **Konzentration** *w.* 1. geistige Sammlung, Anspannung der Aufmerksamkeit; 2. Zusammenziehung, Zusammenballung; 3. Sättigung einer Lösung; **Konzentrationslager** *s.* (*engl.-dt.*) Internierungslager, im «Dritten Reich» Zwangsarbeitslager und Vernichtungslager; **konzentrieren** 1. zusammenziehen; 2. sättigen, anreichern; **sich konzentrieren** sich sammeln, seine Aufmerksamkeit auf etwas ausrichten; **konzentriert** 1. gehaltreich, gesättigt; 2. gesammelt, aufmerksam; **konzentrisch** um einen gemeinsamen Mittelpunkt angeordnet, Hptw. **Konzentrizität** *w.*

Konzept *s.* (*lat.*) Entwurf, erste Fassung, Plan; **Konzeptkunst** = Concept Art; **Konzeption** *w.* 1. Empfängnis; 2. gedanklicher Entwurf, Grundvorstellung; **Konzeptualismus** *m.* Lehre innerhalb der mittelalterlichen Philosophie, nach der das Allgemeine nicht bloßes Wort (wie im Nominalismus) und auch nicht allgemeine Realität (Realismus) ist, sondern ein Ordnungselement, ein Begriff (conceptus) ist; **konzeptuell** (-tu'ell) ein Konzept aufweisend; zu einem Konzept gehörend

Konzern *m.* (*engl.*) Vereinigung mehrerer selbständiger Unternehmen unter einer Leitung; **konzernieren** (*lat.*) Konzern bilden

Konzert *s.* (*itl.*) 1. Musikaufführung; 2. Musikwerk für eine oder mehrere Solostimmen mit Orchesterbegleitung; 3. Zusammenwirken politischer Kräfte; **konzertant** in Konzertform; **konzertieren** ein Konzert geben; **konzertiert** aufeinander abgestimmt, gemeinsam ein Ziel ansteuernd (z. B. die konzertierte Aktion von Bund, Ländern und Tarifparteien); **Konzertmeister** *m.* der führende Orchestermusiker in der Streichergruppe (z. B. der Erste Geiger)

Konzession *w.* (*lat.*) 1. Zugeständnis, Entgegenkommen; 2. behördliche Genehmigung, Zulassung (z. B. eines genehmigungspflichtigen Gewerbes); **Konzessionär** *m.* Inhaber einer Konzession; **konzessionieren** zulassen, bewilligen; **konzessiv** einräumend; **Konzessivsatz** *m.*

Sprachlehre: Nebensatz, der eine Einräumung enthält (z. B. *obwohl* es regnet, ...)
Konzetti *Mz.* (*itl.*) witzige Aphorismen in der Renaissanceliteratur
Konzil *s.* (*lat.*) 1. Bischofskonferenz der kath. Kirche; 2. Hochschulgremium
konziliant (*lat.*) umgänglich, entgegenkommend, vermittelnd, verbindlich; **Konzilianz** *w.* freundliche, verbindliche Haltung
konzinn (*lat.*) abgerundet (vom Stil)
Konzipient *m.* (*lat.*) Verfasser von Schriften
konzipieren (*lat.*) 1. entwerfen, ein Konzept, einen Plan machen; 2. empfangen, schwanger werden
konzis (*lat.*) gedrängt, bündig (vom Stil)
Kooperation *w.* (ko'o-, *lat.*) Zusammenarbeit, Mitwirkung; **kooperativ** zusammenarbeitend, gemeinsam, genossenschaftlich; **Kooperative** *w.* (ko'o-, *frz.*) Genossenschaft; **kooperieren** zusammenarbeiten
Kooptation, Kooption *w.* (ko'o-, *lat.*) Ergänzungswahl zu einer Körperschaft durch die Mitglieder der Körperschaft; **kooptieren** hinzuwählen
Koordinate *w.* (ko'o-, *lat.*) Zahl, die die Lage eines Punkts im Raum oder in der Ebene angibt; **Koordination** *w.* 1. Zuordnung, das Abstimmen verschiedener Handlungen, Arbeiten u. Ä. aufeinander; 2. harmonisches Zusammenwirken aller bei einer Bewegung tätigen Muskeln; 3. Beiordnung von Satzteilen; **koordinieren** zuordnen, aufeinander abstimmen
Kopal *s.* oder *m.* (*mexik.*) hartes, bernsteinartiges Harz aus tropischen oder subtropischen Bäumen
Kopeke *w.* (*russ.*) kleine russische Münze
Köper *m.* (*niederl.*) Gewebe mit ausgeprägter Diagonal- oder Fischgratwirkung (z. B. Serge, Croisette, Twill)
Kophta *m.* geheimnisvoller ägyptischer Magier, Eigw. **kophtisch** (Herk. ungew.)
Kopie *w.* (*lat.*) 1. Vervielfältigung, Abschrift, Fotokopie; 2. genaue Nachbildung eines Kunstwerks; 3. Nachahmung, Abklatsch; **kopieren** vervielfältigen, nachbilden, abschreiben; **Kopist** *m.* Abschreiber, Nachbildner
Kopilot *m.* zweiter Pilot im Flugzeug, zweiter Fahrer im Rennwagen
Kopiopie *w.* (*gr.*) Sehschwäche, Übermüdung des Auges
kopiös (*lat.*) reichlich, zahlreich
Kopra *w.* (*ind.*) getrocknetes Fleisch der Kokosnuss
Koproduktion *w.* (*engl.*) Gemeinschaftsproduktion bei Film und Fernsehen, Ztw: **koproduzieren**
Kopro-, kopro- (*gr.*) als Wortteil: Kot, Schmutz
koprogen (*gr.*) durch Kot verursacht; **Koprolalie** *w.* Neigung zur Fäkalsprache; **Koprolith** *m.* versteinerter Kot vorgeschichtlicher Tiere; **Koprom** *s.* Kotgeschwulst; **Koprophage** *m.* und *w.* Tier, das sich vom Kot anderer Tiere ernährt; **Koprophagie** *w.* krankhafte Neigung zum Kotessen; **Koprophilie** *w.* übermäßiges Interesse an Exkrementen; **Koprophobie** *w.* krankhafte Furcht vor der Berührung mit Exkrementen
Kops *m.* (*engl.*) Garnrolle, Spule
Kopte *m.* (*arab.-gr.*) christlicher Nachkomme der alten Ägypter; **koptisch** die Kultur und Sprache der Kopten betreffend; **Koptologie** *w.* Wissenschaft von der koptischen Sprache und Literatur
Kopulation *w.* (*lat.*) 1. Begattung, Befruchtung; 2. Veredelung von Pflanzen durch Pfropfmethode; **kopulieren** 1. begatten, befruchten; 2. Gewächse veredeln
Koralle *w.* (*gr.*) Schmuckstein aus dem Kalkgerüst der Korallentiere tropischer Meere, Eigw. **korallen**
Koran *m.* (*arab.*) das heilige Buch des Islam, die Offenbarung Mohammeds
Korat *w.* mittelschwere silbergraue, aus Thailand stammende Kurzhaarkatze, (nach der thailändischen Provinz Korat)
Kord = Cord
kordial (*frz.*) herzlich
Kordon *m.* (kordong, *frz.*) 1. Absperrkette, Postenkette; 2. Ordensband
Kordonettseide *w.* (*frz.*) Schnurseide, Knopflochseide
Kore *w.* (*gr.*) 1. bekleidete Mädchenstatue in der archaischen griech. Kunst; 2. Karyatide, Gebälkträgerin
Korektasie *w.* (*gr.*) Pupillenerweiterung; **Korestenose** *w.* Pupillenverengung

Koriander *m.* (*gr.*) Gewürzpflanze im Mittelmeerraum
Korinthe *w.* dunkle, kleine, getrocknete Weinbeere; **korinthisch** in korinthischem Stil (nach der griech. Stadt Korinth)
Kormoran *m.* (*frz.*) weltweit verbreiteter Schwimm- und Tauchvogel
Kormus *m.* (*gr.*) Pflanzenkörper, der sich in Wurzel, Stängel und Blättern gliedert
Kornak *m.* (*singhal.*) Elefantenführer
Kornealreflex *m.* (*lat.*) reflexhafte Schließung des Augenlids
Kornelkirsche *w.* (*lat.*) Strauch mit früh im Jahr blühenden gelben Dolden, Hartriegelgewächs
Korner = Corner
Kornett *s.* (*itl.-frz.*) trompetenähnliches Blasinstrument mit Pumpventilen
Kornett *m.* (*span.*) frühere Bez. für Fähnrich der Reiterei
Korolla, Korolle *w.* (*lat.*) Blumenkrone, Gesamtheit aller Blütenblätter, Corolla
Korona *w.* (*lat.*) 1. Glimmentladung an Hochspannungsanlagen; 2. Heiligenschein an Figuren in der bildenden Kunst; 3. bei Sonnenfinsternis sichtbarer Strahlenkranz der Sonne; 4. Freundeskreis, lustige Runde; **Koronargefäße** *Mz.* Kranzgefäße des Herzens, die das Herz mit Arterienblut versorgen; **Koronarinsuffizienz** *w.* mangelnde Durchblutung des Herzmuskels
Koronis *w.* (*gr.-lat.*) Verzierung, Schlussstein
Koros *m.* (*gr.*) nackte griechische Jünglingsplastik (*Mz.* Koroi)
Korporal *m.* (*frz.*) Unteroffiziersgrad in der Schweizer Armee
Korporale *s.* (*lat.*) Tuch für Kelch und Hostie bei der Messe
Korporation *w.* (*lat*) 1. Körperschaft, rechtsfähige Vereinigung; 2. studentische Verbindung; **korporativ** körperschaftlich, geschlossen; **korporiert** einer Studentenkorporation angehörend
Korps *s.* (kohr, *frz.*) 1. größere militärische Einheit; 2. studentische Verbindung
korpulent (*lat.*) wohlbeleibt; **Korpulenz** *w.* Beleibtheit
Korpus *m.* (*lat.*) 1. der Leib Christi am Kreuz (in Malerei und Plastik); 2. der massive Teil von Möbeln; **Korpus** *s.* 1. Textkörper; 2. Klangkörper eines Instruments (*Mz.* Korpora); **Korpus** *w.* Schriftgrad von 10 Punkt; **Korpuskel** *s.* kleinstes Teilchen der Materie, Elementarteilchen
Korral *m.* (*span.*) Pferch, Gehege
Korrasion *w.* (*lat.*) Abschabung, Abscheuern des Untergrunds durch Wind u. a.
Korreferat *s.* (*lat.*) Bericht (oder Vortrag) nach dem Hauptbericht, Ergänzungsbericht; **Korreferent** *m.* Mitberichterstatter, zweiter Vortragender; **korreferieren** Ausführungen ergänzen
Korregidor = Corregidor
korrekt (*lat.*) richtig, fehlerfrei, einwandfrei, Hptw. **Korrektheit** *w.*; **Korrektion** *w.* Verbesserung, Ausgleich (z. B. eines Sehfehlers); **Korrektiv** *s.* etwas, was berichtigt, ausgleicht; **Korrektor** *m.* Prüfer des Schriftsatzes auf Druckfehler; **Korrektur** *w.* Verbesserung, Berichtigung, Druckberichtigung
Korrelat *s.* (*lat.*) Ergänzung, Gegenstück; **Korrelation** *w.* Aufeinanderbezogensein, Wechselbeziehung; **korrelativ** wechselseitig, aufeinander bezogen, sich bedingend
korrepetieren (*lat.*) Gesangspartie am Klavier einstudieren; **Korrepetitor** *m.* Musiker, der mit den Sängern die Rollen am Klavier einstudiert
Korrespondent *m.* (*lat.*) 1. ständiger auswärtiger Berichterstatter (einer Zeitung); 2. Angestellter für den geschäftlichen Briefverkehr; 3. Teilnehmer an einem Briefwechsel; **Korrespondenz** *w.* Briefwechsel, Schriftwechsel; **Korrespondenzbüro** *s.* Pressebüro, das die Zeitungen mit Nachrichten, Bildern, Berichten versorgt; **korrespondieren** 1. Briefe wechseln; 2. entsprechen, passen; **korresponsiv** entsprechend, übereinstimmend
Korridor *m.* (*itl.*) 1. Hausgang, Flur innerhalb einer Wohnung; 2. schmaler Gebietsstreifen, der durch fremdes Staatsgebiet führt
Korrigenda *Mz.* (*lat.*) Druckfehler-, Fehlerverzeichnis; **Korrigens** *s.* ein den Geschmack von Arzneien verbessernder Zusatz; **korrigieren** berichtigen, verbessern
korrodieren (*lat.*) zernagen, zerfressen;

korrosiv ätzend, zerstörend; **Korrosion** *w.* 1. Verwitterung von Gesteinen; 2. Anätzung von Oberflächen durch chem. Einflüsse

korrumpieren (*lat.*) bestechen, moralisch verderben; **korrumpiert, korrupt, korruptibel** bestechlich, käuflich, verdorben; **Korruption** *w.* Bestechlichkeit, Bestechung

Korsage *w.* (korsasche, *frz.*) taillenlanges, versteiftes, die Figur betonendes Oberteil, bes. zu Braut- und Abendkleidern, weichere Form des Korsetts

Korsar *m.* (*itl.*) 1. Seeräuber, Freibeuter; 2. Seeräuberschiff; 3. Zweimannjolle

Korsett *s.* (*frz.*) stark taillen- und gesäßverstärkendes (geschnürtes) Mieder; **Korselett** *s.* weicheres Mieder mit eingearbeitetem Büstenhalter und Strumpfhaltern

Korso *m.* (*itl.*) 1. breite, prächtige Straße; 2. Festzug geschmückter Wagen; 3. Pferderennen ohne Jockeys

Kortex *m.* (*lat.*) Hirnrinde; **kortikal** (*lat.*) von der Gehirnrinde ausgehend; **Kortin** *s.* Sammelbezeichnung für die Hormone der Nebennierenrinde; **Kortison** *s.* Kortin enthaltendes Pharmazeutikum

Korund *m.* (*ind.*) Mineral; Edelstein mit roter Färbung: Rubin, mit blauer Färbung: Saphir

Korvette *w.* (*frz.*) leichtes Kriegsschiff; **Korvettenkapitän** *m.* Offiziersrang in der Kriegsmarine

Korybant *m.* (*gr.*) Priester der Kybele; **korybantisch** wild begeistert, rasend, außer sich

Koryphäe *m.* (*gr.*) Chorführer im antiken Drama; **Koryphäe** *w.* jmd., der auf seinem Gebiet aufsehenerregende Leistungen erbringt

Kosak *m.* (*russ.*) Angehöriger freier Reitverbände, die im zaristischen Russland zunächst im südlichen Grenzgebiet, später an allen Grenzen ansässig waren und Verbände für die leichte Kavallerie stellten

Koschenille *w.* (-nije, *span.-frz.*) 1. roter Farbstoff; 2. Scharlachschildlaus

koscher (*hebr.*) 1. nach den jüdischen Speisegesetzen erlaubt; 2. unbedenklich, sauber (umg.)

K.-o.-Schlag = knock-out

Kosinus *m.* (*lat.*) das Verhältnis der Ankathete zur Hypotenuse im rechtwinkligen Dreieck

Kosmetik *w.* (*gr.*) 1. Verfahren zur Verschönerung des Äußeren, Schönheitspflege; 2. die oberflächliche Verbesserung, Behandlung einer Sache, die keine grundlegende Änderung bewirkt, Eigw. **kosmetisch**; **Kosmetika** *Mz.* Schönheitsmittel, Mittel zur Schönheitspflege; **Kosmetikerin** *w.* berufsmäßige Schönheitspflegerin; **kosmetische Chirurgie** *w.* Schönheitsoperationen ausführende Chirurgie

Kosm(o)-, kosm(o)- (*gr.*) als Wortteil: Welt-, Weltall

kosmisch 1. das Weltall betreffend; 2. weltumspannend; **kosmische Meteorologie** *w.* Lehre von den Einwirkungen der Himmelskörper auf das Wetter; **Kosmobiologie** *w.* 1. Wissenschaft von den kosmischen Einflüssen auf das Leben der Erde; 2. Wissenschaft von der Erforschung außerirdischen Lebens; **Kosmogonie** *w.* 1. mythisch-dichterische Auffassung(en) von der Entstehung der Welt; 2. wissenschaftliche Theorie(n) von der Entstehung der Welt; **Kosmografie, Kosmographie** Beschreibung der Welt, bis ins 17. Jh. Geographie; **Kosmologie** *w.* Lehre vom Weltall als einem einheitlichen Ganzen, Eigw. **kosmologisch**; **Kosmonaut** *m.* Weltraumfahrer (vorwiegend im russ. Sprachgebrauch); **Kosmopolit** *m.* 1. Weltbürger; 2. auf der ganzen Welt anzutreffende Pflanzen oder Tiere; **Kosmopolitismus** *m.* Auffassung, die den Menschen nicht als Staats-, sondern als Weltbürger sieht, Eigw. **kosmopolitisch**; **Kosmos** *m.* 1. Weltall; 2. die Welt als geordnetes Ganzes, Universum; **Kosmotron** *s.* Teilchenbeschleuniger, mit dem die Energie der Teilchen auf die Größenordnung kosmischer Strahlung gebracht wird

kostal (*lat.*) die Rippen betreffend

Kostüm *s.* (*frz.-itl.*) 1. aus Jacke und Rock bestehendes Damenkleidungsstück; 2. Faschingsverkleidung; 3. Bühnenkleidung; **kostümieren** (sich) 1. sich verkleiden; 2. sich sonderbar anziehen

Kotangens *m.* (*lat.*) das Verhältnis der Ankathete zur Gegenkathete im rechtwinkligen Dreieck

Kotau *m.* (*chin.*) 1. Kniefall und Berühren des Bodens mit der Stirn, Ehrenbezeugung im alten China; 2. unterwürfige Geste (umg.)
Kote *m.* (*lat.*) Höhe eines Geländepunkts über der Bezugsfläche
Kote *w.* (*finn.*) Lappenzelt
Kotelett *s.* (*frz.*) Scheibe vom Rippenstück
Koteletten *Mz.* schmale Bartstreifen vor beiden Ohren
Koterie *w.* (*frz.*) Klüngel, Seilschaft
Kothurn *m.* (*gr.*) 1. hochsohliger Schuh, der den antiken Schauspieler größer erscheinen lassen sollte; 2. pathetischer Stil
Kotierung *w.* (*frz.*) Zulassung eines Wertpapiers an der Börse, Ztw. **kotieren**
Kotillon *m.* (kotijong, *frz.*) 1. Tanz des 19. Jh. mit Gesellschaftsspielen; 2. feste Leinenhose der Fischer; 3. kurzer Frauenunterrock in der ländlichen Tracht
Koto *s.* u. *w.* (*jap.*) japan. Saiteninstrument
Kotyledone *w.* (*gr.*) 1. pflanzliches Keimblatt; 2. Zotte der Tierplazenta
kovalente Bindung, Kovalenz *w.* (*lat.*) Atombindung
Kovarianz *w.* (*lat.*) 1. Unveränderlichkeit der Form bestimmter Gleichungen; 2. Abhängigkeit zweier Größen (der Statistik)
koxal (*gr.-lat.*) die Hüfte betreffend, von der Hüfte ausgehend; **Koxalgie** *w.* Hüftschmerz
Koyote, Kojote *m.* (*indian.*) Steppenwolf
kp = Kilopond
kracken (kräcken, *engl.*) Schweröle in Benzine chemisch umwandeln
Kracker = Cracker
Krake *m.* (*norw.*) Riesentintenfisch
Krakeel *m.* (*niederl.*) Lärm, Streit; **krakeelen** laut streiten; **Krakeeler** *m.* Streitsucher
Krakelee = Craquelé
Krakowiak *m.* (*poln.*) polnischer Tanz
Kral *m.* (*niederl.-span.*) afrikanisches Runddorf, der Viehhof in seiner Mitte
Krampus *m.* (*dt.-lat.*) 1. Muskelkrampf; 2. der Nikolaus in Österreich
kranial (*gr.-lat.*) zum Schädel gehörig; **Kraniologie** *w.* Lehre vom Schädelbau; **Kraniometrie** *w.* Schädelmessung; **Kranioneuralgie** *w.* Neuralgie der Kopfhautnerven; **Kraniosakrale Therapie** *w.* Form der Physiotherapie, die durch sanften Handdruck (im Kopfbereich) die Hirnflüssigkeit zwischen Schädel und Kreuzbein anregen will
Krase, Krasis *w.* (*gr.*) Verschmelzung zweier getrennter Vokale (z. B. *daz ist* zu *dêst* od. *deist* im Mittelhochdeutschen)
krass (*lat.*) grell, extrem, drastisch
Krater *m.* (*gr.*) 1. altgriech. Krug zum Mischen von Wein und Wasser; 2. Vulkanöffnung; 3. durch Meteorite entstandene Vertiefungen (z. B. auf dem Mond)
Kraul *s.* (*engl.*) Schwimmstil mit Hand-über-Hand-Bewegung der Arme, Ztw. **kraulen**
Krawall *m.* (*frz.*) Lärm, Krach, Aufruhr
Krawatte *w.* (*frz.*) 1. Schlips, Selbstbinder; 2. unerlaubter Griff beim Ringkampf
Krayon = Crayon
Kreatin *s.* (*gr.*) in der Muskelfaser enthaltenes Eiweißprodukt
Kreation *w.* (*lat.*) Modeschöpfung, Modellkleid; **kreativ** schöpferisch, erfindungsreich, gestalterisch; **Kreativität** *w.* geistige Schöpferkraft, Ideenreichtum
Kreatur *w.* (*lat.*) 1. Geschöpf, Lebewesen; 2. bedauernswerter Mensch; 3. Günstling, willenloses Werkzeug; **kreatürlich** typisch für ein Lebewesen
Kredenz *w.* (*itl.*) Anrichte; **kredenzen** anbieten, bes. Getränke
Kredit *m.* (*lat.*) 1. Überlassung einer Geldsumme gegen Verzinsung; 2. Ansehen einer Person oder eines Unternehmens in Bezug auf geschäftliche Verbindlichkeiten, Vertrauenswürdigkeit; **Kredit** *s.* Habenseite des Kontos, Guthaben; **kreditieren** 1. gutschreiben; 2. Kredit gewähren; **Kreditiv** *s.* Vollmacht; **Kreditor** *m.* Kreditgeber, Gläubiger (*Mz.* Kreditoren)
Kredo = Credo
kreieren (kre'ie-, *frz.*) schaffen, gestalten, einen neuen Stil (z. B. in der Mode) entwickeln
Kremation *w.* (*lat.*) Einäscherung, Verbrennung; **Krematorium** *s.* 1. Anlage zur Einäscherung; 2. Feuerbestattungshalle
Kreml *m.* (*russ.*) 1. Stadtteil in russ. Städten; 2. Sitz der russ. Regierung in Moskau

Kren *m.* (*slaw.*) Meerrettich (Österreich)
Krenobiont *m.* (*gr.*) im Quellbereich eines Flusses lebender Organismus
Kreole *m.* (*span.*) in Südamerika geborener Nachkomme weißer romanischer Einwanderer oder schwarzer Sklaven; **Kreolen** *Mz.* = Creolen
Kreosot *s.* (*gr.*) aus Buchenholzteer gewonnenes Öl, Desinfektionsmittel, Fäulnis verhindernd
krepieren (*lat.*) 1. verenden, sterben (umg.); 2. platzen, bersten (von Geschossen)
Krepis *w.* (*gr.*) Unterbau des antiken Tempels
Krepon *m.* (-pong, *frz.*) Borkenkrepp, Kreppgewebe; **Krepp** *m.* gekräuselter Stoff aus Wolle oder Seide; **kreppen** kräuseln (Stoffe, Papier); **Kreppsohlen** *Mz.* Sohlen aus körnigem, gerautem Kautschuk
Kreszenz *w.* (*lat.*) Wachstum, Herkunft, Gewächs (vom Wein)
kretazeisch (-ze'i-, *lat.*) aus der Kreidezeit
Krethi und Plethi *Mz.* (*hebr.*) jeder Dahergelaufene, jedermann (eigentlich Kreter und Philister in König Davids Leibwache im Buch Samuel des Alten Testaments)
Kretin *m.* (kretäng, *frz.*) Schwachsinniger; **Kretinismus** *m.* angeborene Idiotie
Kretonne = Cretonne
Krevette *w.* (*frz.*) Garnelenart
Kricket *s.* (*engl.*) englisches Schlagballspiel
Krill *m.* (*norw.*) Gesamtheit der Kleinlebewesen, bes. in Polarmeeren, tierisches Plankton
kriminal (*lat.*) strafrechtlich; **Krimi** *m.* Kurzform für Kriminalroman, Kriminalfilm, in denen ein Verbrechen und seine Aufklärung im Mittelpunkt stehen; **kriminalisieren** zum Verbrecher machen bzw. stempeln; **Kriminalist** *m.* 1. Strafrechtler; 2. Beamter der Kriminalpolizei; **Kriminalistik** *w.* Lehre von der Aufklärung (und Verhinderung) von Verbrechen; **kriminalistisch** die Mittel der Kriminalistik benutzend; **Kriminalität** *w.* Straffälligkeit, Gesamtheit der Straftaten in einem Gebiet in einem bestimmten Zeitraum; **Kriminalpsychologie** *w.* Erforschung der seelischen Ursachen des Verbrechens; **kriminell** 1. straffällig, verbrecherisch; 2. unzumutbar (umg.); **Kriminelle** *m.* und *w.* Verbrecher(in); **kriminogen** zu Verbrechen führend; **Kriminologie** *w.* Wissenschaft von Ursachen und Erscheinungsformen von Verbrechen und den Möglichkeiten, sie zu verhindern
Krimmer *m.* 1. Fell neugeborener Lämmer des Karakulschafs; 2. lockiger Plüsch als Imitation (nach der Halbinsel Krim, dem urspr. Züchtungsgebiet der Lämmer)
Krinoline *w.* (*frz.*) 1. Reifrock des 19. Jhs.; 2. Gewebe aus Baumwolle mit Rosshaar
Kris *m.* (*malai.*) gekrümmter malaiischer Dolch
Krise, Krisis *w.* (*gr.*) 1. Höhepunkt einer Krankheit, der die Wendung bringt; 2. angespannte Wirtschaftslage; 3. Entscheidungssituation, Wendepunkt; **kriseln** drohen, unsicher sein, gären
Kristall *m.* (*gr.-lat.*) von einer Vielzahl ebener Flächen begrenzter Körper von meist durchsichtiger Beschaffenheit; **Kristall** *s.* schweres, geschliffenes Glas (ohne Mz.); **kristallen** 1. aus Kristall; 2. klar wie Kristall; **kristallin, kristallinisch** aus Kristallen bestehend; **Kristallisation** *w.* Kristallbildung, Ztw. **kristallisieren; Kristallographie** *w.* Wissenschaft von den Kristallen; **Kristallomantie** *w.* Wahrsagung aus Kristallen oder anderen glänzenden Gegenständen
Kriterium *s.* (*gr.-lat.*) Prüfstein, Maßstab, entscheidendes Merkmal
Kritik *w.* (*gr.*) 1. Beurteilung, Bewertung, Besprechung, Begutachtung; 2. Beanstandung, Tadel; **Kritikaster** *m.* Pedant, Nörgler; **Kritiker** *m.* 1. jmd., der beruflich Kritiken über Bücher, kulturelle Ereignisse u. Ä. schreibt; 2. jmd., der kritisiert; **kritisch** 1. prüfend, abwägend, beurteilend nach Maßstäben, die für den Gegenstand als allgemeingültig gelten; 2. krisenhaft, entscheidend, gefährlich; 3. wissenschaftlich erläuternd; **kritisieren** 1. als Kritiker beurteilen; 2. bemängeln, tadeln; **Kritizismus** *m.* 1. philosophisches Verfahren nach I. Kant, die Grenzen menschlicher Erkenntnis zu bestimmen; 2. Neigung zur Kritik

Krocket *s.* (*engl.*) englisches Rasenspiel

Kroepoek *m.* (kruhpuhk, *indon.*) Brot aus gemahlenen Garnelen und Tapioka, Beilage zu indones. Speisen

Krokant *m.* (*frz.*) Süßigkeit aus gebranntem Zucker und Mandeln oder Nüssen

Kroketten *Mz.* (*frz.*) in Fett gebackene Röllchen aus Fleisch- oder Kartoffelmasse

Kroki *s.* (*frz.*) einfache Geländeskizze, Ztw. **krokieren**

Kroko *s.* Kurzbezeichnung für Krokodilleder; **Krokodil** *s.* (*gr.*) im Süßwasser lebende Familie der Panzerechsen

Krokus *m.* (*gr.-lat.*) Liliengewächs, im Frühjahr blühend

Kromlech *m.* (*kelt.*) druidischer Steinkreis als Grab- oder Kultstätte

Kronide *m.* (*gr.*) Beiname von Zeus, Sohn des Kronos; **Kronos** *m.* ein Titan, der seine Kinder verschlingt, Vater des Zeus, Gott der Zeit

Krösus *m.* sehr reicher Mann (nach dem letzten sagenhaft reichen König der Lydier)

krud (*lat.*) 1. grob, roh, ungehobelt; 2. schwer verdaulich; **Krudität** *w.* 1. rohes Verhalten, Grobheit; 2. roher Zustand, Unverdaulichkeit

Krupp *m.* (*engl.*) diphtherieartige Halsentzündung; **kruppös** kruppartig

Kruppade *w.* (*frz.*) Sprung, bei dem das Pferd die Beine dicht an den Körper zieht

Kruska *w.* (*schwed., Wz.*) Diätgrütze

Krustade *w.* (*frz.*) scharf gebackenes Pastetchen

Krustazeen *Mz.* (-ze'e-, *lat.*) Krebstiere

Kruzifere *w.* (*lat.*) Kreuzblütlergewächs

Kruzifix *s.* (*lat.*) plastische Darstellung Christi am Kreuz; **Kruzifixus** *m.* der gekreuzigte Christus

Kryo-, kryo- (*gr.*) als Vorsilbe: Kälte, Frost

Kryobiont *m.* (*gr.*) in Schnee oder Eis lebender Organismus; **Kryogenik** *w.* (*gr.*) Physik der tiefen Temperaturen; **Kryokauter** *m.* chirurgisches Instrument zur Kaltverschorfung; **Kryolith** *m.* (*gr.*) Mineral, das bei der Email- und Milchglasherstellung verwendet wird; **Kryometer** *s.* Thermometer für tiefe Temperaturen; **Kryonik, Kryostase** *w.* Konservierung von Organen, bes. des Gehirns, und Organismen bei sehr tiefen Temperaturen zum Zweck der Wiederbelebung zu einem späteren Zeitpunkt; **Kryotron** *s.* extrem schnell leitendes Schaltelement in Computern (EDV)

Krypt(o)-, krypt(o)- (*gr.*) als Vorsilbe: verborgen, geheim

Krypta *w.* Gruft unter dem Altarraum (*Mz.* Krypten); **kryptieren** verschlüsseln (von elektronischen Daten); **kryptisch** dunkel, schwer zu deuten; **Kryptogamen** *Mz.* blütenlose Pflanzen (z. B. Farne und Moose); **kryptogen, kryptogenetisch** von unbekanntem Ursprung; **Kryptogramm** *s.* 1. Geheimtext, verschlüsselter Text; 2. literarisches Versteckspiel; Text, aus dessen Wörtern einzelne Buchstaben zu einem neuen Text zusammengefunden werden müssen; **Kryptographie** *w.* 1. Kritzelei, die jmd. unbewusst ausführt; 2. Disziplin der Informatik, die sich mit Verfahren zum Schutz geheimer Daten beschäftigt; **kryptomer** mit bloßem Auge nicht erkennbar; **Krypton** *s.* chem. Element, ein Edelgas; **Kryptonym** *s.* Autorenname, der nur mit den Anfangsbuchstaben oder -silben angedeutet ist, oder ein im Text verborgener Autorenname (z. B. *ky* für Horst Bosetz*ky*)

Kryptophyt = Geophyt

Kubatur *w.* (*lat.*) 1. Berechnung des Rauminhalts; 2. Erhebung in die dritte Potenz

Kubba *w.* (*arab.*) Kuppel, Grabbau mit Kuppel in der islam. Baukunst

kubieren (*lat.*) 1. den Rauminhalt eines Körpers berechnen; 2. in die dritte Potenz erheben; **Kubik-** als Vorsilbe: Raum-, dritte Potenz; **Kubikmeter** *s.* oder *m.* Abk. m^3, Raummeter, Würfel von je ein Meter Kantenlänge; **Kubikwurzel** *w.* dritte Wurzel aus einer Zahl; **Kubikzahl** *w.* dritte Potenz einer Zahl; **kubisch** würfelförmig; **Kubismus** *m.* Kunstrichtung in den 1910er Jahren, die den Bildgegenstand in geometrische Segmente zerlegt, um ihn von mehreren Seiten dazustellen, Eigw. **kubistisch**; **Kubist** *m.* Vertreter des Kubismus, Eigw. **kubistisch**; **Kubus** *m.* 1. Würfel; 2. dritte Potenz

Kuguar *m.* (*indian.*) Puma

Kujawiak *m.* (*poln.*) polnischer Tanz

Kujon *m.* (*frz.*) Schuft, Quäler, Peiniger; **kujonieren** plagen, triezen, gemein behandeln, schikanieren

Ku-Klux-Klan *m.* (kjuklaxklän, *engl.*) 1865 in den Südstaaten von Nordamerika gegründeter terroristischer Geheimbund gegen Farbige und Minderheiten

Kukumer, Kukumber *w.* (*lat.*) Gurke

Kukuruz *m.* (*slaw.*) Mais

Kulak *m.* (*russ.*) Großbauer im zaristischen Russland

kulant (*frz.*) entgegenkommend, gefällig (im Geschäftsverkehr), Hptw. **Kulanz** *w.*

Kuli *m.* (*ind.*) 1. Tagelöhner in Ostasien; 2. jmd., der schlecht bezahlte, schwere Arbeit leistet

Kulierwaren (*frz.*) Webwaren mit waagerecht laufendem Faden

kulinarisch (*lat.*) feinschmeckerisch, auf die feine Kochkunst bezüglich

Kulisse *w.* (*frz.*) 1. Dekorationselement auf der Bühne; 2. Hintergrund; 3. Schein, etwas Vorgetäuschtes; 4. nichtamtlicher Börsenmarkt

Kulla, Kula *w.* (*türk.*) auf dem Balkan verbreiteter Fluchtturm, Wohnturm mit kleinen Fenstern

Kulmination *w.* (*lat.*) 1. Durchgang eines Gestirns durch den Meridian; 2. Durchgang einer Entwicklung, einer Laufbahn durch den **Kulminationspunkt**, den höchsten Punkt einer Bahn, Höhepunkt, Scheitelpunkt; **kulminieren** seinen Höhepunkt erreichen

Kult, Kultus *m.* (*lat.*) 1. Religionsausübung einer Gemeinschaft in bestimmten Formen, zu bestimmten Zeiten, an bestimmten Orten; 2. abgöttische Verehrung einer Person, eines Gegenstands (z. B. Kultregisseur, Kultfilm u. Ä.); **kultig** in Mode, im Trend; **kultisch** zum Kult gehörig, abgöttisch

Kultivator *m.* (*lat.*) Grubber, Gerät zur Bodenbearbeitung; **kultivieren** 1. urbar machen, 2. sorgsam pflegen, 3. veredeln, verfeinern; **kultiviert** gebildet, gepflegt, geschmackvoll, verfeinert

Kultur *w.* (*lat.*) 1. Gesamtheit der typischen Lebensformen größerer Gruppen; 2. Gesamtheit der geistigen und künstlerischen Lebensäußerungen; 3. Bebauung des Bodens, Anbau und Pflege von Nutzpflanzen; 4. Zucht von Bakterien u. a. auf Nährböden; 5. verfeinerte Lebensart; 6. Verhaltensnormen (z. B. Streitkultur, Sicherheitskultur u. a.); **kulturell** auf die Kultur bezüglich; **Kulturbanause** *m.* Person ohne Kunstverständnis; **Kulturclash** *m.* (-kläsch, *engl.*) das Aufeinanderprallen, der Zusammenprall verschiedener kultureller Muster; **Kulturschock** *m.* (*lat.-engl.*) das schockartige Erleben der Fremdheit einer anderen Kultur

Kumiss, Kumyss *m.* (*russ.*) Getränk aus vergorener Stutenmilch (in Innerasien)

Kummerbund *m.* (aus *Hindi* kamerband) seidene Schärpe, die statt einer Weste zu Frack und Smoking getragen wird

Kumpan *m.* (*lat.*) 1. Gefährte, Kamerad; 2. Spezi, Helfershelfer; **Kumpanei** *w.* Gemeinschaft(stat) von Kumpanen; **Kumpel** *m.* Bergmann, Kamerad

Kumquat *w.* (*chin.*) Zwergorange

Kumulation *w.* (*lat.*) Anhäufung, Sammlung, Speicherung; **kumulativ** anhäufend; **Kumulus** *m.* Haufenwolke; **kumulieren** anhäufen, steigern

Kumyss = Kumiss

Kund *s.* (*Hindi*) Wasserbecken zur (rituellen) Reinigung in ind. Tempelanlagen

kuneiform (-ne'i-, *lat.*) keilförmig

Kung-Fu *s.* (*chin.*) chines. Form der Selbstverteidigung

Kunkel *w.* (*lat.*) Spinnrocken; **Kunkellehen** *s.* in weibl. Linie vererbbares Lehen im Mittelalter

Küpe *w.* (*lat.*) 1. Färbebottich; 2. Lösung zum Färben; **Küpenfarbe** *w.* Farbstoff, der erst auf der Faser durch den Luftsauerstoff seine Farbe bekommt

Kupee = Coupé

Kupidität *w.* (*lat.*) Begierde, Lüsternheit

kupieren (*frz.*) 1. abschneiden, stutzen; 2. Krankheit unterbinden

Kupolofen *m.* (*frz.*) Schachtofen zum Schmelzen des Eisens

Kupon *m.* (kupong, *frz.*) 1. Abschnitt; 2. Zinsschein an Wertpapieren

Kuppa *w.* (*lat.*) Schale eines Kelchs (ohne den Fuß)

Kur *w.* (*lat.*) Heilverfahren unter ärztlicher Aufsicht; **kurabel** heilbar

kurant (*frz.*) gängig, gültig (von Münzen)

Kurare *s.* (*indian.*) südamerikanisches Pfeilgift, Nervengift

Kürass *m.* (*frz.*) Panzer, Brustharnisch; **Kürassier** *m.* Angehöriger der schweren Reiterei

Kuratel *w.* (*lat.*) strenge Aufsicht, Kontrolle; **Kurator** *m.* 1. Verwalter einer Stiftung; 2. Treuhänder, Aufsichtsbeamter; **Kuratorium** *s.* Aufsichtsbehörde

kurativ (*lat.*) heilend, heilwirksam

Kurbette *w.* (*frz.*) Bogensprung des Pferdes, Ztw. **kurbettieren**

Kürettage *w.* (-tasch, *frz.*) Ausschabung, Ztw. **kürettieren**; **Kürette** *w.* Gerät zum Ausschaben der Gebärmutter

Kuriale *w.* (*lat.*) Schreibschrift der Kurie; **Kurialen** *Mz.* Beamte der päpstlichen Kurie; **Kurialien** *Mz.* (-li'en) die überlieferten verschnörkelten Formeln für Briefe und Urkunden im Kurialstil; **Kurialstil** *m.* Kanzleistil, Amtsstil; **Kurie** *w.* (-ri'e) 1. Gliederungsform der Bürgerschaft im antiken Rom; 2. der päpstliche Hof und die Gesamtheit der päpstlichen Behörden

Kurier *m.* (*frz.*) Eilbote, Bote, Überbringer

kurieren (*lat.*) heilen

kurios (*lat.*) merkwürdig, sonderbar, wunderlich; **Kuriosum** *s.*, **Kuriosität** *w.* 1. Merkwürdigkeit, Seltsamkeit; 2. sonderbare, wunderliche Sache

Kurkuma *w.* (*arab.*) gelber Ingwer, als frische Knolle und getrocknetes Pulver in der ind. und südostasiatischen Heilkunde und Küche verwendet

Kurrende *w.* (*lat.*) aus bedürftigen Schülern gebildeter Chor, der gegen Spenden geistliche Lieder singt; Knabenchor

Kurrentschrift *w.* (*lat.*) Schreibschrift

Kurrikulum = Curriculum

Kuroschio *m.* (*jap.*) starker, warmer Strom im Pazifik

Kurs *m.* (*lat.*) 1. Lehrgang, Kursus; 2. Börsenpreis von Wertpapieren, Devisen u. a.; 3. Fahrtrichtung, Reiseroute; **kursieren** umlaufen, in Umlauf sein; **kursiv** schräg (von Druckschrift); **Kursive** *w.*, **Kursivschrift** *w.* schräglaufende Druckschrift

Kursor = Cursor

kursorisch (*lat.*) 1. fortlaufend, ununterbrochen; 2. flüchtig, obenhin

Kurtage = Courtage

Kurtane *w.* (*lat.*) das den engl. Königen bei der Krönung vorangetragene Schwert ohne Spitze

Kurtisan *m.* (*itl.-frz.*) Höfling; **Kurtisane** *w.* vornehme, bezahlte Geliebte eines Hofadligen

kurulischer Stuhl *m.* (*lat.*) Amtssessel hoher Staatsbeamter im alten Rom

Kurve *w.* (*lat.*) krumme Linie, Krümmung, Biegung; **kurven** eine Kurve nehmen, in Kurven fahren

Kusin, Kusine = Cousin, Cousine

Kuskus = Couscous

Kustode, Kustos *m.* (*lat.*) wissenschaftlicher Verwalter von Kunstsammlungen oder wissenschaftlichen Sammlungen (*Mz.* Kustoden)

kutan (*lat.*) die Haut betreffend

Kutter *m.* (*engl.*) 1. leichtes einmastiges Segelschiff; 2. Fischereifahrzeug

Kuvasz *m.* (-was, *ungar.*) ungar. Hirtenhund mit weißem Fell, eine Haushunderasse

Kuvert *s.* (-währ, *frz.*) 1. Gedeck für eine Person; 2. Briefumschlag; **kuvertieren** in einen Briefumschlag stecken

Kuvertüre *w.* (*frz.*) Kakaomasse zum Überziehen von Pralinen und Gebäck

Küvette *w.* (küwett, *frz.*) 1. flaches Schälchen mit Abflussrinne für Laborarbeiten; 2. Schutzdeckel der Taschenuhren

kuvrieren (*frz.*) bedecken, verbergen

Kux *m.* (*slaw.*) an der Börse gehandelter Anteil an einem Bergwerk oder einer Ölbohrung (*Mz.* Kuxe)

kW = Kilowatt

Kwas, Kwass *m.* (*russ.*) russisches Getränk aus gegorenem Brot, Malz und Mehl

kWh = Kilowattstunde

Kyanisation *w.* Veredelung von Holz durch Imprägnieren (nach dem engl. Erfinder J. H. Kyan, 1774–1850)

Kyathos *m.* (*gr.*) antiker Schöpfbecher, bes. für Wein

Kybele *w.* (*lat.*) aus Kleinasien stammende Mutter- und Vegetationsgöttin, deren Kult in die griech.-röm. Antike übernommen wurde

Kybernetik *w.* (*gr.*) übergreifende Wissenschaftsdisziplin, die sich mit dem Vergleich von Steuerungs- und Regelungsvorgängen in Technik, Biologie und Soziologie beschäftigt

Kyem *s.* (*gr.*) die befruchtete Eizelle in ihrer Gesamtentwicklung

Kyklas *w.* (*gr.*) Festkleid mit rundum verziertem Saum für die Frau im alten Griechenland

Kymation (*gr.*) Zierleiste mit stilisierten Blattformen, bes. an griech. Tempeln

Kymogramm *s.* (*gr.*) Röntgenbild eines bewegten Organs

Kyniker *m.* (*gr.*) Angehöriger einer griech. Philosophenschule zur Zeit Platons, die das Ideal der Bedürfnislosigkeit in provozierender Weise lebte; **kynisch** die (Philosophie der) Kyniker betreffend

Kynologe *m.* (*gr.*) Hundekenner, Hundezüchter; **Kynologie** *w.* Lehre von der Hundezucht und -dressur

Kyphose *w.* (*gr.*) Rückgratverkrümmung nach hinten, im Ggs. zu Lordose

Kyrie eleison (-ri'e –, *gr.*) Herr, erbarme dich unser, Bittruf in der Messe

kyrillische Schrift, Kyrilliza *w.* kirchenslawisches Alphabet, durch den Slawenapostel Kyrill im 9. Jh. normierte Schrift

L

l = Liter
L = large
La Bamba *m.* (*span.*) 1. Volkslied in Mexiko; 2. weltweiter Schlagerhit und Modetanz um 1960
Label *s.* (lehbel, *engl.*) 1. Etikett, Aufklebemarke; 2. Schallplattenfirma; 3. Markierung eines Programmbeginns (EDV); **Labeling** *s.* Warenauszeichnung
Laberdan *m.* (*lat.*) gepökelter Dorsch
Labferment *s.* (*dtsch.-lat.*) Ferment des Kälbermagens, das die Milch zum Gerinnen bringt
labial (*lat.*) zu den Lippen gehörig; **Labial, Labialis** *m.* Lippenlaut (z. B. b, p); **Labiaten** *Mz.* Lippenblütler, Pflanzenfamilie mit über 7000 Arten, darunter viele Gewürzpflanzen (z. B. Minze, Basilikum, Oregano)
labil (*lat.*) unsicher, schwankend; **Labilität** *w.* Unsicherheit, Beeinflussbarkeit, Schwanken
Labiodental *m.* (*lat.*) Lippenzahnlaut (z. B. *f*); **Labium** *s.* 1. Lippe, auch die der Labiaten; 2. Schamlippe; 3. schräger Teil am Luftaustrittschlitz der Blockflöte oder Orgelpfeife; 4. Lippe des Insektenmundes (*Mz.* Labia und Labien [-i'e-])
Labor, Laboratorium *s.* (*lat.*) Untersuchungsraum, Versuchsraum für chem., medizin. u. ä. Untersuchungen; **Laborant** *m.* Fachkraft für Laborarbeiten; **laborieren** 1. sich mit etwas abmühen; 2. eine Krankheit lange nicht überwinden
La Bostella *m.* (*span.*) aus Lateinamerika stammender Gemeinschaftstanz
Labour Party *w.* (lehber partih, *engl.*) englische Arbeiterpartei
Labrador *m.* aus dem arktischen Schlittenhund herausgezüchteter Apportierhund; **Labradorit** *m.* Abart des Feldspats, ein Schmuckstein (nach der Halbinsel Labrador in den USA)
Labskaus *s.* seemännisches Eintopfgericht (Herk. unges.)
Labyrinth *s.* (*gr.*) 1. Irrgarten, Gewirr unübersichtlicher Gänge; 2. Durcheinander; 3. Innenohr; 4. zusätzliches Atemorgan des Labyrinthfisches, Labyrinthorgan; **Labyrinthfisch** *m.* beliebter Aquariumsfisch, eine Barschart; **labyrinthisch** verschlungen, unübersichtlich
Lachesis *w.* (*gr.*) eine der drei Parzen
Lacis *s.* (*frz.*) netzartiges Gewebe; **lacieren** mit Band durchflechten
Lack *m.* (*arab.-itl.*) Harz- oder Kunstharzlösung zum Veredeln oder zum Schutz von Oberflächen; **lackieren** mit Lack überziehen
Lackmus *s.* (*niederl.*) aus Flechten gewonnener blauer Farbstoff, ein Katalysator
Lacrimae Christi *Mz.* (-mä –, *lat.*) ursprüngl. am Vesuv wachsender Wein
lacrimoso, lacrimando (*lat.*) Musik: traurig, klagend
lädieren (*lat.*) beschädigen, im Aussehen beeinträchtigen
Ladiner *Mz.* (*ladinisch*) (räto)romanische Ethnie in Oberitalien, Südtirol und im Belluno; **ladinische Sprache** Sprache der Ladiner, Ladino
Ladino *m.* (*span.*) Mischling aus Indianer und Weißem in Mexiko; **Ladino** *s.* (*span.*) die noch heute existierende romanische Sprache der 1492 aus Spanien vertriebenen sephardischen Juden, Judenspanisch
Lady *w.* (lehdi, *engl.*) 1. Dame; 2. engl. Adelstitel; **Ladykiller** *m.* Frauenheld (umg. scherzhaft); **ladylike** (-leik) damenhaft, vornehm; **Lady Mary Jane** *w.* (– märri dschehn) Marihuana (Jargon); **Lady's Man** *m.* (– män) Frauenliebling
Lafette *w.* (*frz.*) Gestell für ein Geschütz
La-France-Rose *w.* (-frangß-, *frz.*) Edelrose, Teehybride, als erste moderne Rose (ab 1867) geltend
Lag *m.* (läck, *engl.*) Lücke; die Verzögerung, mit der sich bereits veränderte (wirt-

schaftliche) Größen auf nachhinkende (wirtschaftliche) Größen auswirken

Lagune *w.* (*itl.*) dem Haff entsprechender, durch Sandbank abgetrennter Meeresteil

Lai *s.* (läh, *frz.*) provenz.-frz. lyrisches Gedicht, später Kurzerzählungen mit Motiven aus Märchen und Heldensage

Laie *m.* (*gr.-lat.*) 1. Nichtfachmann; 2. Nichtkleriker, Eigw. **laikal**; **Laizismus** *m.* (la'i-) Bestreben nach strikter Trennung von Kirche und Staat; **laizistisch** 1. die Trennung von Kirche und Staat befürwortend; 2. das Laientum in der kath. Kirche betonend

Laika *w.* (*russ.*) 1. sibirischer Jagd- und Hütehund; 2. Name der Hündin, die 1957 in Sputnik 2 als erstes Lebewesen die Erde umkreiste

Laisser-aller (lässehalleh), **Laisser-faire** (-fähr) *s.* (*frz.*) 1. Nichteinmischung (des Staats in die Wirtschaft); 2. Gehenlassen, Laufenlassen (z. B. in der Kindererziehung)

Lakai *m.* (*frz.*) 1. herrschaftlicher Diener; 2. serviler, unterwürfiger Mensch

lakonisch (*gr.*) wortkarg, kurz und bündig im Ausdruck; **Lakonik** *w.*, **Lakonismus** *m.* Kürze und Treffsicherheit des Ausdrucks

Lakritze *w.* (*lat.*) eingedickter Saft des Süßholzes

Laktalbumin *s.* (*lat.*) Milcheiweiß; **Laktation** *w.* Milchabsonderung der weiblichen Brustdrüsen; **laktieren** 1. Milch absondern; 2. stillen; **Laktobiose, Laktose** *w.* Milchzucker; **Laktoskop** *s.* Apparat zur Prüfung der Milchqualität; **Laktovegetarismus** *m.* Schonkost aus Milchprodukten, Obst und Gemüse

Lakuna, Lakune *w.* (*lat.*) 1. Textlücke; 2. Hohlraum, Ausbuchtung im Körpergewebe, Muskel- oder Gefäßlücke

Lalopathie *w.* (*gr.*) Sprachstörung

Lama *s.* (*peruan.*) 1. kleines Kamel ohne Höcker; 2. Stoff aus Wolle, oft mit Lamahaar

Lama *m.* (*tibet.*) buddhistischer Priester und Mönch; **Lamaismus** *m.* (-ma'is-) tibetanische Form des Buddhismus

Lamäng (aus *frz.* la main) **aus der Lamäng** ohne Vorbereitung, ohne Umstände (umg.)

Lamantin *m.* (*Araua*) Seekuh in Flüssen und Küstengewässern des tropischen Amerika

Lambada *m.* oder *w.* (*port.*) aus Brasilien stammender Modetanz

Lambda *s.* (*gr.*) elfter Buchstabe des griechischen Alphabets, Λ, λ; **Lambdanaht** *w.* dem Lambda ähnelnde Schädelnaht

Lambethwalk *m.* (lämbeswok, *engl.*) englischer Gesellschaftstanz um 1940

Lambrequin *m.* (lambrekäng, *frz.*) 1. früher üblicher Behang über Türen und Fenstern; 2. aus Stuck, Holz oder Stein nachgebildeter Vorhang an Gebäudeteilen in der Barockzeit

Lambrie *w.*, **Lambris** *m.* oder *w.* (langbri, *frz.*) Fußteil der Wandbekleidung, Fußleiste

Lambrusco *m.* (*lat.*) moussierender, süßlicher Rotwein aus Italien

Lambskin *s.* (lämskin, *engl.*) Lammfellimitation aus Plüsch; **Lambswool** *w.* (-wuhl) Lammwolle, Strickware aus Lammwolle

Lamé *m.* (*frz.*) mit Metallfäden durchwirkter Stoff

lamellar (*lat.*) geblättert, lamellenartig; **Lamelle** *w.* 1. die Blättchen an der Unterseite des Pilzes; 2. feines Blättchen (z. B. aus Blech); **Lamellenkupplung** *w.* Kupplung, bei der an den Verbindungsstellen Scheiben ineinandergreifen

lamentabel (*lat.*) beklagenswert; **Lamentation** *w.* 1. Klagelieder des Jeremias im Alten Testament; 2. Klagegesang im Gottesdienst der Karwoche; **lamentieren** jammern, beklagen; **Lamento** *s.* Klage, Wehklage; **lamentoso** (*itl.*) Musik: klagend, trauernd

Lametta *w.* (*itl.*) 1. dünn ausgewalzte Metallstreifen, bes. als Christbaumschmuck; 2. Ordensschmuck (ironisch umg.); **laminieren** 1. (Spinn-)Material strecken; 2. mit Glanzfolie überziehen (z. B. einen Bucheinband); 3. Glas färben, indem verschiedenfarbiges Glas zusammengeschmolzen wird, Hptw. **Laminierung** *w.*

Lampassen *Mz.* (*frz.*) breite Längsstreifen an Uniformhosen

Lamperie *w.* = Lambris

Lampion *s.* oder *m.* (lampjong, *frz.*) bunte Papierlaterne

Lamprete *w.* (*itl.*) Neunauge, aalartiger, beliebter essbarer Fisch

LAN *s.* (aus *engl. l*ocal *a*rea *n*etwork) lokales Netzwerk (EDV)

Lançade *w.* (langßad, *frz.*) Sprung des Pferdes aus der Levade; **Lancier** *m.* (-jeh) 1. Lanzenreiter; Ulan; 2. der Quadrille ähnlicher Gesellschaftstanz; **lancieren** (-ßihren) 1. eine Information geschickt in die Öffentlichkeit bringen; 2. jmdn. geschickt auf einen Posten bringen

Landart, Land-Art *w.* (länd-, *engl.*) moderne Kunstrichtung, deren Vertreter eine Landschaft künstlerisch verfremden; **Landrover** *m.* (*Wz.*) geländegängiger Pkw

Landes *Mz.* (langde, *frz.*) Landschaft mit Heide und Moor, Bestandteil französ. Landschaftsnamen

Langage *w.* (langasch, *frz.*) das Sprachvermögen des Menschen (als sprachwissenschaftl. Begriff)

Langette *w.* (langschett, *frz.*) Abschlussbogen am Stoffrand, Randbefestigung mit einem Schlingstich; **langettieren** mit Langetten versehen

Langue *w.* (long, *frz.*) die Sprache als grammatisches und lexikalisches System (im Ggs. zu Parole); **Langue d'Oc** *s.* Bez. für die provenzal. Sprache

languendo (-gu'en-, *itl.*) Musik: schmachtend

Languste *w.* (*frz.*) scherenloser Krebs

Lanital *s.* (*lat.*) wollartige Textilfaser aus Kasein

Lanolin *s.* (*lat.*) Wollfett, auch zu kosmetischen Zwecken verwendet

Lanzette *w.* (*frz.*) zweischneidiges, chirurgisches Messerchen; **Lanzettbogen** *m.* sehr schmaler, spitzer Bogen an gotischen Bauten

La Ola *w.* (*span.*) Begeisterungsbekundung des Publikums im Stadion, bei der sich Teile des Publikums nacheinander erheben und wieder setzen, sodass der Eindruck einer das Publikum durchlaufenden Welle entsteht

Laparoskop *s.* (*gr.*) Gerät zur Untersuchung der Bauchhöhle; **Laparoskopie** *w.* Untersuchung der Bauchhöhle; **Laparotomie** *w.* operative Öffnung der Bauchhöhle

Lapdance *m.* (läpdänß, *engl.*) Bauch- od. Hüfttanz, Teil von Tabledance oder Striptease

lapidar (*lat.*) 1. wuchtig, markig; 2. kurz und bündig; **Lapidarium** *s.* Sammlung steinerner Denkmäler; **Lapidarschrift** *w.* lateinische Druckschrift in Großbuchstaben

Lapis *m.* (*lat.*) Stein, bes. Höllenstein; **Lapislazuli** *m.* dunkelblauer Schmuckstein; **Lapis Philosophorum** *m.* Stein der Weisen

Lappalie *w.* (-li'e, *dt.-lat.*) Kleinigkeit, Belanglosigkeit

Lapsus *m.* (*lat.*) Irrtum, Versehen, Schnitzer, Fehlleistung; **Lapsus Calami** *m.* Schreibfehler; **Lapsus Linguae** *m.* (-guä) Versprecher

Laptop *m.* (läp-, *engl.*) kleiner, transportabler Personalcomputer, Notebook (EDV)

Laren *Mz.* (*lat.*) altröm. Schutzgeister, Hausgottheiten

large (lahdsch, *engl.*) groß (von Kleidergrößen, Abk. L)

larghetto (*itl.*) Musik: mäßig langsam; **largo** langsam, breit

Larifari *s.* (*itl.*) unsinniges Geschwätz

larmoyant (larmoajang, eingedeutscht larmoajant, *frz.*) weinerlich, rührselig, Hptw. **Larmoyanz** *w.*

L'art pour l'art (lar pur lar, *frz.*) die Kunst um der Kunst willen, Kunst, die keinen (außerkünstlerischen) Zweck haben will

Larve *w.* (-fe, *lat.*) 1. Gesichtsmaske; 2. Durchgangsstadium mancher Tiere; **larviert** verkappt, verdeckt

Laryngal *m.* (*gr.*) ein im Kehlkopf gebildeter Laut (z. B. h); **laryngeal** den Kehlkopf betreffend; **Laryngitis** *w.* Kehlkopfentzündung; **Laryngologie** *w.* Wissenschaft von den Kehlkopfkrankheiten; **Laryngoskop** *s.* Kehlkopfspiegel; **Laryngotomie** *w.* Kehlkopfschnitt; **Larynx** *m.* Kehlkopf

lasciate ogni speranza (laschate onji –, *itl.*) lasst alle Hoffnung fahren (vielzitiertes Wort aus Dantes «Göttlicher Komödie»)

Laser *m.* (lehser, aus *engl. l*ight *a*mplification by *s*timulated *e*mission of *r*adiation) Apparat zur Erzeugung sehr intensiver, stark gerichteter und kohärenter Lichtstrahlen; **laseraktiv** Licht verstärkend; **Laserdisc** *w.* Kompaktschallplatte, mit der auch Videoclips abgespielt werden können, Bildplatte; **Laserdrucker** *m.* Drucker für Computer, der das Druckbild mit Hilfe von Laserstrahlen erzeugt; **Laserkanone** *w.* Laserapparat in der Werkstoffverarbeitung; **lasern** mit Laserstrahlen behandeln; **Laserpointer** *m.* optischer Zeigestock, der punktförmig bestimmte Stellen in Text od. Bild markiert; **Lasershow** *w.* (-schoh) Einsatz von Laserstrahlen als Beleuchtungseffekt

lasieren (*lat.*) durchsichtige Farbe auftragen (sodass der Grund durchscheint)

Läsion *w.* (*lat.*) Verletzung

Lassafieber *w.* schwere Viruserkrankung mit hohem Fieber (nach dem nigerianischen Dorf Lassa)

Lasso *m.* oder *s.* (*span.*) Wurfschlinge zum Einfangen von Tieren

Lastex (*lat.*) runder Gummifaden zum Einweben in Stoffe

Lasting *m.* (*engl.*) dichtes Wollsatingewebe

last minute (– minitt, *engl.*) 1. (kommerzielles) Angebot, das jmd. auf die letzte Minute wahrnehmen kann (z. B. einen Flug); 2. letzter Termin (z. B. für eine Anmeldung)

last, (but) not least (lahst [bat] not lihst, *engl.*) zum Schluss, aber deshalb nicht unwichtig

Lasur *w.* (*lat.*) Überzug mit durchscheinender Farbe; **Lasurstein, Lasurit** = Lapislazuli

lasziv (*lat.*) lüstern, zweideutig; **Laszivität** *w.* laszives Wesen, laszive Äußerung

Lätare *m.* (*lat.*) 3. Sonntag vor Ostern

Lateinamerika *s.* die Länder Mittel- und Südamerikas, in denen eine romanische Sprache gesprochen wird

La-Tène-Zeit *w.* (latähn-, *frz.*) vorgeschichtlicher Zeitraum, Teil der Eisenzeit

late night *w.* (leht neit, *engl.*) Sendung, Veranstaltung, die spätabends beginnt (z. B. Late-Night-Show, Late-Night-Special)

latent (*lat.*) vorhanden, aber nicht in Erscheinung tretend; **Latenz** *w.* Verborgenbleiben von etwas Vorhandenem, Ruhezustand; **Latenzperiode, Latenzphase** *w.* die Jahre vor der Pubertät; **Latenzzeit** = Inkubationszeit

lateral (*lat.*) seitlich, seitwärts; **laterales Denken** *s.* ein Denken, das ein Problem von allen Seiten und mit ungewöhnlichen Herangehensweisen lösen will; **Lateralität** *w.* Dominanz einer Körperseite (z. B. bei Links- od. Rechtsseitigkeit)

Lateran *m.* (*lat.*) römischer Palast, frühere Residenz des Papstes

Laterna magica *w.* (*lat.*) 1. frühester Projektionsapparat, Zauberlaterne; 2. ein nach dem Zweiten Weltkrieg in der Tschechoslowakei erfundenes Diaprojektionsverfahren, das bei Bühnendarbietungen zum Einsatz kommt

Latex *m.* (*lat.*) Milchsaft der Kautschukpflanzen

Latifundium *s.* (*lat.*) Großgrundbesitz (*Mz.* Latifundien)

latinisieren (*lat.*) in lateinische Sprachform bringen, Hptw. **Latinisierung** *w.*; **Latinismus** *m.* in eine andere Sprache übernommene Spracheigentümlichkeit des Lateinischen; **Latinität** *w.* 1. das klassische lateinische Schrifttum; 2. Beschaffenheit der lateinischen Sprache je nach Zeit und Qualität (goldene Latinität); **Latin Lover** *m.* (lätin lawwer, *engl.*) der Inbegriff des feurigen südländischen Liebhabers mit starkem Hang zum Macho; **Latino** *m.* Lateinamerikaner (*Mz.* Latinos); **Latin Rock, Latinrock** *m.* (lätin-, *engl.*) Rockstil in den USA der 1970er Jahre mit starken Elementen lateinamerik. Musik; **Latinum** *s.* (*lat.*) Ergänzungsprüfung in der lateinischen Sprache

Latitüde *w.* (*lat.-frz.*) geographische Breite; **latitudinal** (*lat.*) auf den geographischen Breitengrad bezogen; **Latitudinarier** *m.* (-ri'er) Freidenker

Latrie *w.* (*gr.*) die Gott und Christus allein zustehende Anbetung, Grundsatz der kath. Kirche

Latrine *w.* (*lat.*) Abort; **Latrinenparole** *w.* Gerücht (umg., Soldatenjargon)

Latte *w.* Kurzwort für Latte macchiato (umg.); **Latte macchiato** *m.* od. *w.* (– mackja-, *itl.*) aufgeschäumte heiße Milch mit Espresso im Glas

Latwerge *w.* (*lat.*) 1. Gemisch von Medikamenten mit Fruchtmus; 2. dick eingekochtes Obstmus

laudabel (*lat.*) löblich

Laudanum *s.* (*gr.*) Opiumtinktur

Laudatio *w.* (*lat.*) Lobrede, ehrende Ansprache; **Laudator** *m.* Lobredner

Launch *m.* (lohntsch, *engl.*) Werbekampagne, Einführung eines Produkts auf dem Markt, Ztw. **launchen**; **Launcher** *m.* u. *s.* (lohntscher, *engl.*) Startvorrichtung, bes. für Raketen

Laura, Lawra *w.* (*gr.*) Kloster von in ständiger Gemeinschaft lebenden Mönchen (z. B. auf Berg Athos)

Lauret *m.* (*lat.*) 1. lorbeergekrönter Dichter in der Antike; 2. Preisträger; **laureatus** lorbeergekrönt; **Laurus** *m.* Lorbeerbaum

Lava *w.* (*itl.*) zähflüssige Gesteinsmasse bei Vulkanausbrüchen

Lavabel *m.* (*frz.*) rein- oder kunstseidenes waschbares Kreppgewebe

Lavabo *s.* (*lat.*) 1. priesterliche Handwaschung(skanne); 2. Waschbecken

Lavaldüse *w.* von dem schwedischen Ingenieur Laval erfundene Spezialdüse, die Druck am vollkommensten in Geschwindigkeit umsetzt (Lavalturbine)

lavendel (*itl.*) blassviolett; **Lavendel** *m.* 1. violett blühende, stark duftende Heil- und Gewürzpflanze, die für Parfüms verwendet wird; 2. der lavendelfarben eingefärbte Schichtträger eines Schwarzweißfilms, von dem Kopien gezogen werden

lavieren (*niederl.*) 1. gegen den Wind kreuzen; 2. vorsichtig und umsichtig vorgehen, sich durchwinden; **lavieren** (*lat.*) in der Malerei mit verlaufenden Farben arbeiten

Lavoir *s.* (lawoah, *lat.-frz.*) Waschbecken

Law and Order *o. A.* (loh änd –, *engl.*) 1. Gesetz und Ordnung, Schlagwort, das das Zusammenspiel von Polizei und Staatsanwaltschaft zu Garanten der Sicherheit in den USA erhebt; 2. Titel einer amerik. Fernsehserie, die seit 1990 ununterbrochen in den USA ausgestrahlt wird

Lawine *w.* (*ladinisch*) 1. stürzende Schnee- oder Gesteinsmassen; 2. große Menge von auf einmal eintreffenden Dingen (z. B. Briefe)

Lawntennis *s.* (lohntennis, *engl.*) Tennis auf Rasenplätzen

lax (*lat.*) nachlässig, nicht streng, Hptw. **Laxheit** *w.*

Laxans, Laxativ *s.* (*lat.*) Abführmittel; **laxieren** abführen

Layout *s.* (lehaut, *engl.*) Anordnungsskizze, weitgehend ausgeführter Entwurf für Text- und Bildgestaltung aller Art, Ztw. **layouten**; **Layouter** *m.* (*engl.*) Gestalter von Layouts

Lazarett *s.* (*itl.*) Militärkrankenhaus

Lazeration *w.* (*lat.*) Zerreißung (z. B. von Körpergeweben), Einriss; **lazerieren** einreißen

l. c. = loco citato

LCD *m.* (aus *engl.* *l*iquid *c*rystal *d*isplay) auf den Eigenschaften von Flüssigkristallen basierendes Display oder (Fernseh-)Bildschirm

Lead *s.* (lihd, *engl.*) 1. in der Jazzmusik die führende Stimme; 2. das Vorauseilen einzelner wirtschaftlicher Faktoren im Konjunkturverlauf; 3. der kurze Passus unter der Überschrift eines (Zeitungs-)Artikels; **Leader** *m.* 1. Leitartikel; 2. führender Kopf, jmd., der anderen gegenüber einen Vorsprung hat, Führer; **Leadership** *s.* (-schipp) Führungskraft, Führungsstärke

lean (lihn, *engl.*) vereinfacht, verschlankt, weniger schwerfällig (z. B. Lean Computing, Lean Production)

Learjet *m.* (lihrdschett, *Wz.*) zweistrahliges Flugzeug für Geschäftsreisende (nach dem Erbauer W. P. Lear, † 1978)

Learning by Doing *s.* (lörn- bei duhing, *engl.*) Erlernen einer Tätigkeit in der Praxis; **Learning off the Job** *s.* formal organisierte Weiterbildungsmaßnahmen, z. B. Lehrgänge und Schulungen, die räumlich getrennt vom Arbeitsplatz stattfinden; **Learning on the Job** *s.* Einarbeitung eines neuen Mitarbeiters durch erfahrene Kollegen in der Berufspraxis

leasen (lihsen, *engl.*) im Leasingverfahren mieten; **Leasing** *s.* Vermietung von Investitionsgütern, Fahrzeugen u. a., wobei die Miete im Falle des Kaufs auf den Kaufpreis angerechnet wird

Lecithin = Lezithin

Leckage *w.* (-kasche, *dt.-frz.*) Gewichtsverlust durch Verdunsten oder Austräufeln

Lecturer *m.* (lektscherer, *engl.*) Dozent, Vortragender, Juniorprofessor (an amerik. und engl. Hochschulen)

LED *w.* (aus *engl.* *l*ight *e*mitting *d*iode) Leuchtdiode; Kontrollanzeige an Geräten

Leda *w.* (*gr.*) Geliebte des Zeus, Mutter der Dioskuren

Lee *w.* (*niederl.*) dem Winde abgekehrte Seite des Schiffes, im Ggs. zu Luv

legal (*lat.*) gesetzmäßig; **Legalität** *w.* Gesetzmäßigkeit; **legalisieren** rechtsgültig machen, gesetzlich anerkennen, Hptw. **Legalisierung, Legalisation** *w.*

Legasthenie *w.* (*gr.*) Lese- und Rechtschreibschwäche; **Legastheniker** *m.* an Legasthenie Leidender

Legat *m.* (*lat.*) 1. Statthalter in der röm. Kaiserzeit; 2. päpstlicher Gesandter

Legat *s.* (*lat.*) Vermächtnis, Sonderbestimmung innerhalb eines Testaments

legato (*itl.*) Musik: gebunden

lege artis (*lat.*) nach den Regeln der (ärztlichen) Kunst

legendär (*lat.*) legendenhaft, nicht verbürgt; **Legendar** *s.* Sammlung von Heiligenlegenden; **Legende** *w.* 1. Erzählung über ein Geschehen oder eine Person, die nicht auf Faktentreue, sondern auf Vorbildlichkeit und Vereinfachung gerichtet ist (z. B. Heiligenlegende); 2. Text auf Münzen und Spruchbändern; 3. Zeichenerklärung (z. B. zu Abbildungen); 4. das Vortäuschen eines Sachverhalts in nachrichtendienstlicher Tätigkeit

leger (leschähr, *frz.*) 1. ungezwungen; 2. bequem

leggeramente (ledscheramente), **leggiero** (ledschehro, *itl.*) Musik: leicht

Leggings, Leggins *Mz.* 1. Kleidungsstück der Indianer aus Leder; 2. fußlose Strumpfhose, die unter einem Rock od. Kleid getragen wird

Leghorn *s.* (*itl.-engl.*) Haushuhnrasse mit hoher Legeleistung

legieren (*lat.*) 1. Metalle zusammenschmelzen; 2. Suppen oder Soßen binden; **Legierung** *w.* Metall, das aus der Verschmelzung von Metallen entstand

Legion *w.* (*lat.*) 1. altrömische Heereseinheit; 2. Freiwilligenverbände in fremden Heeren; 3. Fremdenlegion; 4. große Menge von etwas; **Legionär** *m.* Soldat einer Legion

legislativ (*lat.*) gesetzgebend; **Legislative** *w.* gesetzgebende Gewalt eines Staates; **Legislatur** *w.* 1. Gesetzgebung; 2. gesetzgebende Versammlung; **Legislaturperiode** *w.* Amtsdauer eines Parlaments zwischen zwei Wahlen

legitim (*lat.*) 1. rechtmäßig; 2. ehelich (von Kindern); 3. berechtigt, vertretbar; **Legitimation** *w.* 1. Beglaubigung; 2. Ehelichkeitserklärung (für ein nichtehelich geborenes Kind); 3. Berechtigung; **legitimieren** 1. beglaubigen; 2. für ehelich erklären (von Kindern); 3. jmdn. berechtigen; **sich legitimieren** sich ausweisen; **Legitimismus** *m.* Lehre von der Unabsetzbarkeit eines (von Gottes Gnaden eingesetzten) Herrscherhauses; **Legitimist** *m.* 1. Anhänger des Legitimismus; 2. Anhänger eines abgesetzten Herrscherhauses, Eigw. **legitimistisch**; **Legitimität** *w.* Rechtmäßigkeit, Gesetzmäßigkeit

Leguan *m.* (*hait.-span.*) tropische Eidechsenart

Leguminosen *Mz.* (*lat.*) Hülsenfrüchtler

Legwarmer *m.* (-worm-, *engl.*) den Unterschenkel wärmender Strumpf ohne Füßling, bes. für Balletttänzer

Leimoniade *w.* (*gr.*) Wiesennymphe

Leis *s.* (Abk. aus Kyrie *eleis*, *gr.*) geistliches Volkslied, Pilgerlied

Leitfossilien *Mz.* (-li'en, *dt.-lat.*) versteinerte Tiere oder Pflanzen, deren Vorkommen die Altersbestimmung des Gesteins ermöglicht

Leitmotiv *s.* (*dt.-lat.*) beherrschendes oder immer wiederkehrendes Motiv in Musik und Dichtung; **leitmotivisch** nach Art eines Leitmotivs

Lek *m.* (*alban.*) alban. Währung seit 1925 (*Mz.* Lekë)

Lektion *w.* (*lat.*) 1. Lern- und Übungseinheit in Lehrmaterialien; 2. strenge, einprägsame Belehrung

Lektor *m.* (*lat.*) 1. Lehrer für Fremdsprachen an Hochschulen; 2. Mitarbeiter eines Verlags, der Manuskripte prüft, Autoren betreut und verlagsinterne Projekte entwickelt; **Lektorat** *s.* 1. Lehrauftrag an einer Hochschule; 2. Verlagsabteilung der Lektoren; **Lektüre** *w.* (*frz.*) 1. Lesestoff; 2. das Lesen

Lemma *s.* (*gr.*) 1. Stichwort in einem Lexikon; 2. Hilfssatz für die Beweisführung in Mathematik und Logik; **lemmatisieren** 1. zum Stichwort machen; 2. nach Stichwörtern ordnen

Lemming *m.* (*dän.*) in nördlichen Regionen beheimatete Wühlmaus

Lemongrasöl *s.* (*engl.*) ätherisches, nach Zitrone riechendes Öl

Lemur, Lemure *m.* (*lat.*) 1. Gespenst; 2. Maki, Halbaffe; **lemurenhaft** gespenstisch

Leninismus *m.* Weiterführung der marxistischen Lehre durch Wladimir I. Lenin (1870–1924)

lental (*lat.*) die Augenlinse betreffend

lentando (*itl.*) Musik: nach und nach langsamer werdend; **lento, lentamente** langsam

lentikular (*lat.*) zur Augenlinse gehörig; linsenförmig; **Lentitis** *w.* Entzündung der Augenlinse

Leoniden *Mz.* (*lat.*) Sternschnuppenschwärme, die scheinbar aus dem Sternbild des Löwen kommen; **leoninischer Vertrag** *m.* Vertrag, bei dem der eine Partner den Löwenanteil erhält

Leopard *m.* (*gr.-lat.*) Panther, Großkatze mit gelbem Fell und braunschwarzen Punkten

Lepidologie *w.* (*gr.*) Schuppenkunde; **Lepidopteren** *Mz.* Sammelbez. für Schmetterlinge; **Lepidopterologie** *w.* Schmetterlingskunde; **Lepidose** *w.* schuppiger Hautausschlag

Leporello *s.* (*itl.*) Verzeichnis, Bilderbuch in Harmonikafaltung; **Leporelloliste** *w.* durch den Diener Leporello in Mozarts «Don Giovanni» verfasste lange Liste der Liebschaften seines Herrn

Lepra *w.* (*gr.*) ansteckender, stark entstellender Aussatz; **lepros, leprös** aussätzig; **Leprom** *s.* Hautknoten bei Lepraerkrankungen; **Leprosorium** *s.* Krankenhaus oder Siedlung für Leprakranke

Lepton *s.* (*gr.*) Elementarteilchen mit geringerem Gewicht als ein Proton

leptosom (*gr.*) schlankwüchsig, zartknochig; **Leptosome** *m.* oder *w.* Mensch mit schmalem Körperbau

Lesbe, Lesbierin *w.* (-bi'e-) homosexuelle Frau, Eigw. **lesbisch**

lesto (*itl.*) Musik: flink, behände

Let *s.* (*engl.*) Netzball nach einem Aufschlag, bes. im Tennis

letal (*lat.*) tödlich; **Letalität** *w.* Sterblichkeit, Prozentsatz der Sterbefälle im Verhältnis zur Zahl der Erkrankten

L'État c'est moi (leta ßä moa, *frz.*) der Staat bin ich, eine Ludwig XIV. von Frankreich zugesprochene Aussage, die den Anspruch des absolutistischen Herrschers auf unumschränkte Staatsgewalt ausdrückt

Lethargie *w.* (*gr.*) Teilnahmslosigkeit, Trägheit, Antriebslosigkeit, Eigw. **lethargisch**

Lethe *w.* (*gr.*) Fluss im Totenreich, aus dem die Toten Vergessen trinken

Letscho *m.* od. *s.* (*ung.*) Gemüsegericht aus Zwiebeln, Paprika und Tomaten

Letter *w.* (*lat.*) Druckbuchstabe

Lettner *m.* (*lat.*) halbhohe Wand zwischen Chor und Mittelschiff in (gotischen) Kirchen

Lettrisme, Lettrismus *m.* (*frz.*) französ. Form der avantgardistischen Poesie nach 1945, der es um sinnfreie Lautmalerei und rhythmische Effekte geht

Leukämie *w.* (*gr.*) krankhafte Vermehrung der weißen Blutkörperchen; **Leukomatose** *w.* Weißfleckigkeit der Haut; **Leukoplast** *m.* farbloser Bestandteil der Pflanzenzelle; **Leukoplast** *s.* (*Wz.*) Heftpflaster; **Leukoporese** *w.* Bildung weißer Blutkörperchen

Leukotomie = Lobotomie

Leukorrhöe *w.* (*gr.*) weiße entzündliche Ausscheidung der Gebärmutter; **Leukozyt** *m.* weißes Blutkörperchen

Leutnant *m.* (*frz.*) Offizier der untersten Rangstufe

Levade *w.* (*frz.*) Aufrichten des Pferdes auf die Hinterhand in der Reitkunst

Levante *w.* (*itl.*) die östlichen Mittelmeerländer; **Levantiner** *m.* Bewohner der Levante, Eigw. **levantinisch**

Levée en masse *w.* (leweh ang maß, *frz.*) Aushebung der männl. Bevölkerung, zuerst 1793 in Frankreich

Level *m.* od. *w.* (*engl.*) Stufe, Ebene, Niveau; **Leveller** *m.* 1. Gleichmacher, Nivellierer; 2. Angehöriger einer demokratischen Gruppe zur Zeit O. Cromwells im England des 17. Jh.

Lever *s.* (leweh, *frz.*) Empfang bei einem

Fürsten des 17. und 18. Jh. während der Morgentoilette

Leviathan *m.* (*hebr.*) 1. alttestamentarisches Ungeheuer in Schlangengestalt; 2. Symbol für den allmächtigen absolutistischen Staat (bei Thomas Hobbes); 3. Waschmaschine zur Reinigung von Rohwolle

Leviratsehe *w.* (*lat.*) Schwagerehe, Sitte, dass der Bruder eines kinderlos verstorbenen Mannes die Witwe heiratet

Levit *m.* (*lat.*) Angehöriger eines jüdischen Priesterstammes, später des Tempelpersonals; **jmdm. die Leviten lesen** Vorhaltungen machen, zur Rede stellen (nach dem 3. Buch Mose, dem Leviticus, das Gesetze für die Leviten enthielt)

Levitation *w.* (*lat.*) das freie Schweben eines Körpers im Raum (im Spiritismus)

Levkoie, Levkoje *w.* (*gr.*) nach Veilchen duftende Gartenpflanze mit großen Blüten, Kreuzblütler

Levurose *w.* (*frz.-gr.*) Erkrankung durch Hefepilze

Lex *w.* (*lat.*) Gesetz (*Mz.* Leges)

Lexem *s.* (*gr.*) sprachliche Bedeutungseinheit; **Lexik** *w.* Wortschatz einer Sprache; **lexikalisch** 1. nach Art eines Lexikons; 2. die Bedeutung eines Wortes betreffend, soweit sie vom Kontext unabhängig ist; **Lexikographie** *w.* Bereich der Sprachwissenschaft, der sich mit der Festlegung des Wortschatzes befasst (z. B. für Wörterbücher), Eigw. **lexikographisch**; **Lexikon** *s.* 1. alphabetisch geordnetes Nachschlagebuch, Wörterbuch (*Mz.* Lexika) 2. Gesamtheit der Lexeme einer Sprache; **Lexikonformat** *s.*, **Lexikonoktav** *s.* Buchformat (Abk. Lex.-8°)

Lezithin, Lecithin *s.* (*gr.*) ein in allen tierischen Zellen enthaltenes Lipoid

L'hombre = Lomber

Liaison *w.* (liäsong, *frz.*) Liebesverhältnis; 2. die durch Bindung zweier Wörter hörbare Endung eines Wortes (z. B. *dö* = deux, aber *dösami* = deux amis)

Libation *w.* (*lat.*) altröm. Trankopfer

Libell *s.* (*lat.*) kleine Schrift, meistens Schmähschrift; **Libellant** *m.* Verfasser einer Schmähschrift

Libelle *w.* (*lat.*) 1. Wasserjungfer, ein Raubinsekt; 2. Haarspange; 3. das Glasröhrchen an der Wasserwaage

liberal (*lat.*) freiheitlich, vorurteilslos; **Liberaler** *m.* Anhänger des politischen Liberalismus; **liberalisieren** freiheitlich gestalten, Einschränkungen beseitigen; **Liberalisierung** *w.* 1. Aufhebung von Einschränkungen im internationalen Handel; 2. Befreiung von die individuelle Handlungsfreiheit einschränkenden Bestimmungen; **Liberalismus** *m.* freiheitliche Gesinnung, Denkrichtung, die für ein hohes Maß an individueller Freiheit in allen Lebensbereichen eintritt; **Liberalist** *m.* Anhänger des Liberalismus, Eigw. **liberalistisch**; **Liberalität** *w.* Vorurteilslosigkeit, Großzügigkeit

Libero *m.* (*itl.*) Spieler, der beim Fußball sowohl im Angriff wie in der Verteidigung spielen kann

Libertas *w.* (*lat.*) römische Göttin der Freiheit; **Libertät** *w.* ständische Freiheit

Libertin *m.* (libertäng, *frz.*) 1. Freigeist; 2. ausschweifend lebender Mensch; **Libertinage** *w.* (-nahsch) Ausschweifung, Zügellosigkeit

liberty, stile liberty (*itl.-engl.*) italien. Bezeichnung für Jugendstil; **Liberty** *m.* Seidengewebe mit Atlasbindung (nach dem Namen der Londoner Herstellerfirma)

Libido *w.* (*lat.*) wollüstiges Verlangen, Liebesbegehren; **libidinös** die Libido betreffend

Libration *w.* (*lat.*) scheinbare Schwankung des Monds

Librettist *m.* (*itl.*) Verfasser eines Librettos; **Libretto** *s.* Text zu Oper oder Operette

Licentia docendi *w.* (liz- doz-, *lat.*) die päpstliche Lehrerlaubnis für kath. Theologen

licet (*lat.*) genehmigt, es ist gestattet

Lichen *m.* (*gr.*) 1. Flechte; 2. Knötchenflechte der Hand; **Lichenologie** *w.* Spezialgebiet der Botanik, Flechtenkunde; **Lichenologe** *m.* Botaniker, Flechtenkundler

Lido *m.* (*itl.*) Sandanschwemmung, Nehrung

Lifestream *m.* (leifstrihm, *engl.*) Direktübertragung einer Sendung im Internet;

Lifestyle *m.* (-steil) modeabhängiger und gruppenspezifischer Lebensstil

Lift *m.* (*engl.*) 1. Aufzug, Fahrstuhl; Sessellift, Skilift; 2. kosmetisch-operativer Eingriff, um die (Gesichts-)Haut zu straffen; 3. Mitfahrgelegenheit; **Liftboy** *m.* Fahrstuhlführer; **liften** 1. in die Höhe heben; 2. Haut straffen; **Lifter** *m.* 1. jmd., der am Lift (1.) arbeitet bzw. einen Sessellift betreibt; 2. Fluggerät; 3. Hubgerät für mobilitätseingeschränkte Patienten (z. B. für die Badewanne)

Liga *w.* (*lat.-span.*) 1. Bündnis; 2. Sport: Spitzenklasse der Mannschaften

Ligade *w.* (*frz.*) Beiseitedrücken der gegnerischen Klinge beim Fechten, Ztw. **ligieren**

Ligament *s.* (*lat.*) Band im Körper zur Verbindung des Knochensystems, bes. der Gelenke

Ligan = Lagan

Ligatur *w.* (*lat.*) 1. Bindung mehrerer Noten; 2. Abbinden von Gefäßen (bei Operationen); 3. Verbindung mehrerer Buchstaben zu einem Druckzeichen

light (leit, *engl.*) leicht, Bez. auf Nahrungs- und Genussmitteln, die angibt, dass z. B. weniger Fett, Zucker o. Ä. enthalten ist; **Lightpen** *m.* Lichtstift für die Dateneingabe am Computer (EDV); **Lightshow** (-schoh, *engl.*) die ein Popkonzert oder andere Großveranstaltungen begleitenden optischen, speziell Lichteffekte

ligieren = Ligade

Liguster *m.* (*lat.*) Heckenpflanze mit weißen Blütenrispen und schwarzen Beeren, ein Ölbaumgewächs

liieren (sich) (li'ie-, *frz.*) 1. ein Liebesverhältnis eingehen; 2. eng mit jmdm. geschäftlich zu tun haben

Likör *m.* (*frz.*) süßer, sämiger Branntwein

Liktor *m.* (*lat.*) Begleiter des höchsten römischen Beamten mit Beil und Rutenbündel

lila (*arab.*) violett, fliederfarben

Liliazeen *Mz.* (-ze'e-, *lat.*) Liliengewächse

Liliput *s.* (*engl.*) Zwergenland (nach J. Swifts «Gullivers Reisen»); **Liliputaner** *Mz.* Zwergmenschen

Lilith *w.* (*hebr.*) nach dem Talmud die erste Frau Adams

lim. = limited

Limba *s.* (*afrik.*) afrikan. Nutzholz

Limbus *m.* (*lat.*) 1. nach der kath. Dogmatik die Vorhölle; 2. Teilkreis an Geräten zur Winkelmessung (z. B. Sextant); 3. Rand der Kelchblätter einer Blüte; **Limbus Puerorum** *m.* (– pu'e-) nach Auffassung der kath. Kirche der Aufenthaltsort der ungetauft verstorbenen Kinder im Jenseits

Limer *m.* (aus *engl.* *l*ess *i*ncome *m*ore *e*xitement) jmd., der zugunsten von mehr Lebensqualität seine Karriere hintanstellt od. aufgibt

Limerick *m.* (*engl.*) komisches Gedicht mit fünf Reimzeilen, deren letzte eine ironisch-groteske Wendung erhält

Limes *m.* (*lat.*) 1. römischer Grenzwall vom Rhein zur Donau; 2. mathematischer Grenzwert

Limit *s.* (*engl.*) vorgeschriebene Grenze (z. B. für Preise, Geschwindigkeit); **limited** (-tid) engl. Bezeichnung für beschränkte Haftung (Abk. lim. oder ltd.); **limitieren** begrenzen, beschränken, Hptw. **Limitation** *w.*, **Limitierung** *w.*

Limnologie *w.* (*gr.*) Seen- und Süßwasserkunde

Limonade *w.* (*frz.*) Getränk aus Fruchtsaft mit Wasser und Zucker; **Limone** *w.* (*itl.*) kleine Zitronenart

limös (*lat.*) schlammig, sumpfig; **Limosität** *w.* schlammige Beschaffenheit des Bodens

Limousine *w.* (limusihne, *frz.*) geschlossener Personenwagen

limpid (*lat.*) klar, durchsichtig, Hptw. **Limpidität** *w.*

Lineal *s.* (*lat.*) Werkzeug zum Ziehen gerader Linien; **Lineament** *s.* 1. Linien in der Hand oder im Gesicht; 2. Erdnaht, Tiefenbruch der Erde

linear (*lat.*) 1. geradlinig; 2. linienförmig; 3. für jeden Betroffenen gleichmäßig; **Linearbeschleuniger** *m.* techn. Anlage zur Beschleunigung atomarer Teilchen auf gerader Bahn; **Linearornament** *s.* Schmuckform aus Linien (z. B. auf Vasen)

Line-Manager *m.* (leinmänädscher, *engl.*) direkter Vorgesetzter, Linienmanager; **Liner** *m.* 1. Linienschiff, Überseedampfer; 2.

Linien-, Passagierflugzeug; 3. Kurzwort für Eyeliner

Liner-Notes *Mz.* (leiner nohts, *engl.*) Erklärungen zu Musik und Musikern auf Plattenhüllen

Lingam *m.* (*sanskr.*) männliches Glied als Symbol der Schöpfungs- und Zeugungskraft, Sinnbild des indischen Gottes Shiva; **Lingamkult** *m.* Phalluskult

Lingerie *w.* (längscherih, *frz.*) 1. Wäschegeschäft, Wäschekammer; 2. (Damen-) Wäsche

Lingua franca *w.* (*itl.*) 1. Verkehrssprache im Mittelmeerraum, aus romanischen, griechischen und arabischen Elementen zusammengesetzt; 2. jede Verkehrssprache in gemischtsprachigen Gebieten oder Zusammenhängen

lingual (*lat.*) die Zunge betreffend; **Lingual** *m.* Zungenlaut (z. B. r); **Linguist** *m.* Sprachwissenschaftler; **Linguistik** *w.* moderne Sprachwissenschaft, Sammelbez. für alle Sprache in ihren verschiedenen Aspekten untersuchenden Wissenschaften; Eigw. **linguistisch**

Linie *w.* (-ni'e, *lat.*) 1. gerader oder gebogener Strich; 2. Markierungslinie (z. B. auf dem Spielfeld); 3. Strecke, auf der ein Verkehrsmittel regelmäßig fährt, und das Verkehrsmittel selbst; 4. aktive Truppe; 5. allgemeine Richtung, Kurs; 6. Verwandtschaftszweig; 7. Äquator; 8. das äußere Erscheinungsbild einer Person; **linieren** Linien ziehen, Hptw. **Linierung** *w.*; **Linienrichter** *m.* (-ni'e-) Gehilfe des Schiedsrichters beim Sport; **Linienmaschine** *w.* Flugzeug, das regelmäßig auf einer Verkehrslinie fliegt

Liniment *s.* (*lat.*) flüssige Salbe zum Einreiben

Link, Hyperlink *s.* (heiper-, *engl.*) Verweis auf einer Internetseite auf andere Dokumente, Texte oder Bilder, auf die der Benutzer per Mausklick wechseln kann; **linken** Einzelprogramme zu einem Gesamtprogramm zusammenfassen; **Linker** *m.* Programm, das Einzelprogramme zu einem Gesamtprogramm zusammenfasst (EDV)

Linkrusta *w.* (*Kunstwort*) linoleumartige abwaschbare Papiertapete

Linoleum *s.* (-le'um, *lat.*) Fußbodenbelag aus festem Gewebe mit ölhaltiger Auflage; **Linolschnitt** *m.* grafisches Verfahren, bei dem die Darstellung holzschnittartig in Linoleum geschnitten wird

Linon *m.* (linong, *frz.*) feinfädiger Baumwollstoff, auch Halbleinen

Linotype *w.* (leinoteip, *engl.*) die erste Setzmaschine, die ganze Zeilen setzte und goss

Linux *s.* (Kunstwort aus Linus Torwalds UNIX) im Internet frei verfügbares, kostenloses Betriebssystem (EDV)

Lipase *w.* (*gr.*) fettspaltendes Enzym in Pankreas, Leber und Darmwand

Lipgloss *s.* (*engl.*) farbloses od. farbiges Gel, das den Lippen Glanz verleiht

Lipizzaner *Mz.* Vollblutpferde (nach dem Gestüt Lipizza bei Triest)

Lipoide *Mz.* (*gr.*) den Fetten verwandte lebenswichtige Stoffe in Tier- und Pflanzenzellen; **Lipolyse** *w.* Fettspaltung, Fettverdauung; **Lipom** *s.* Fettgeschwulst

Liquefaktion *w.* (*lat.*) Verflüssigung, Umwandlung fester in flüssige Stoffe

liquid (*lat.*) 1. flüssig; 2. zahlungsfähig; **Liquidität** *w.* Zahlungsfähigkeit

Liquid *m.*, **Liquida** *w.* (*lat.*) Fließlaut, der Konsonant und Sonant sein kann (z. B. r, l)

Liquidation *w.* (*lat.*) 1. Auflösung einer Firma, Geschäftsaufgabe; 2. Rechnung für in Anspruch genommene Dienste (z. B. eines Arztes); 3. Tötung, Ermordung; **liquidieren** 1. Firma aufgeben; 2. abrechnen; 3. jmdn. töten

Liquidität = liquid

Liquor *m.* (*lat.*) 1. Flüssigkeit; 2. Gehirn- und Rückenmarksflüssigkeit; 3. flüssiges Arzneimittel (*Mz.* Liquoren)

Lira *w.* (*itl.*) italienische Währungseinheit vor Einführung des Euro 2002 (*Mz.* Lire); **Lira** *w.* (*türk.*) türk. Währungseinheit (Abk. TL)

Lira = Lyra

lirico (*itl.*) Musik: lyrisch

Lisene *w.* (*frz.*) flach vortretender Mauervorsprung, bes. an romanischen Bauwerken

Lisette *w.* (*frz.*) die Dienstmädchenrolle in der französ. Komödie

Lisiere *w.* (-siär, *frz.*) Saum, Waldrand, Rain

LISP *s.* (aus *engl. list* processing) Programmiersprache für die Verarbeitung beliebig langer Zeichenketten (EDV)

Lisseuse *w.* (-ßöse, *frz.*) Maschine zum Strecken, Waschen und Trocknen des Spinngutes; **lissieren** Spinngut mit der Lisseuse behandeln

Listeria *w.* grampositive, weltweit bei Haus- und Wildtieren verbreitete Bakterie; **Listeriose** *w.* Infektionskrankheit bei Mensch und Tier, durch Listerien hervorgerufen (nach dem engl. Chirurgen J. Lister, 1827–1912)

l'istesso tempo (*itl.*) Musik: dasselbe Zeitmaß

Litanei *w.* (*gr.*) 1. Gebet in Wechselrede zwischen Vorbeter oder Geistlichem und Gemeinde; 2. endlose langweilende Aufzählung (umg.)

Litchi = Litschi

Liter *m.* und *s.* (*gr.*) Hohlmaß (Abk. l)

Litera *w.* (*lat.*) Buchstabe; **Literacy** *w.* (littreßih, *engl.*) Lese- und Schreibkompetenz, Text- und Sinnverständnis, sprachliche Abstraktions- und schriftliche Ausdrucksfähigkeit; **literarisch** (*lat.*) 1. schriftstellerisch, schöngeistig; 2. die Sprache von Roman, Drama und Lyrik; **Literarizität** *w.* der literarische Anspruch eines Werks (der Literatur); **Literat** *m.* Schriftsteller; **Literatur** *w.* 1. Gesamtheit des Schrifttums; 2. dichterisches Schrifttum; 3. Schrifttum zu einem Fachgebiet

Lith(o)-, lith(o)- (*gr.*) als Wortteil: Stein

Lithiasis *w.* (*gr.*) Steinbildung in inneren Organen; **lithogen** steinbildend; **Lithograph** *m.* 1. Fachmann für den Steindruck; 2. Steinzeichner; **Lithographie** *w.* 1. Steindruckverfahren; 2. Steinzeichnung; **lithographisch** im Steindruckverfahren hergestellt; **Lithologie** *w.* Gesteinskunde; **Lithosphäre** *w.* der Gesteinsmantel der Erdoberfläche

litoral (*lat.*) zur Küste gehörig; **Litorale** *s.* Uferzone, Küstenstrich

Litotes *w.* (*gr.*) ironisch-untertreibende Stilfigur, die mit dem Mittel der Verneinung des Gegenteils arbeitet (z. B. *nicht schlecht* für *[sehr] gut*)

Litschi *w.* (*chin.*) aus China stammende pflaumengroße Frucht mit spröder Schale und glasig-weißem Fleisch

Lituanistik *w.* (*lat.*) Wissenschaft von der litauischen Sprache und Literatur

Liturgie *w.* (*gr.*) kirchliche Ordnung des Gottesdienstes; **Liturgik** *w.* Lehre von der Liturgie; **liturgisch** zur Liturgie gehörend, sie betreffend

live (leif, *engl.*) direkt, unmittelbar, original übertragen; **Liveaufnahme** *w.* direkt am Ort des Geschehens gemachte Aufnahme (z. B. eines Konzerts); **Livesendung** *w.* unmittelbare Übertragung durch Funk oder Fernsehen, Originalsendung, Direktausstrahlung

Living Wage, Livingwage *s.* (-wehdsch, *engl.*) Existenzminimum

Livores *Mz.* (*lat.*) Totenflecke

Livre *s.* (liwre, *frz.*) alte französische Münz- und Gewichtseinheit

Livree *w.* (liwreh, *frz.*) Dienerkleidung nach Art einer Uniform; **livriert** in Livree

Lizenz *w.* (*lat.*) Genehmigung, Befugnis; **lizenzieren** Lizenz erteilen

lizitieren (*lat.*) versteigern

lm = Lumen (2)

Loader *m.* (lohder, *engl.*) Startprogramm eines Computers (EDV)

Loafer *m.* (loh-, *engl.*) Schlupfhalbschuh mit Absatz, Slipper, Pennyloafer

Lob *m.* (lobb, *engl.*) Rückschlag des Balls über den Gegner hinweg (im Tennis), Ztw. **lobben**

Lobby *w.* (*engl.*) 1. Wandelhalle im amerik. und brit. Parlamentsgebäude; 2. Interessenverband; 3. Hotelhalle; **Lobbyist** *m.* jmd., der Abgeordnete im Sinne seiner Gruppe zu beeinflussen sucht

Lobotomie, Leukotomie *w.* (*gr.*) operative Durchtrennung bestimmter Nervenbahnen im Gehirn

Lobster *m.* (*engl.*) Hummer

Location *w.* (lokehschen, *engl.*) 1. Veranstaltungsort, Ort, wo etwas stattfindet (z. B. eine Party, ein Konzert); 2. Drehort beim Film; **Location-Scout** *m.* jmd., der (professionell) Filmdrehorte sucht und die vertraglichen Bedingungen der Nutzung aushandelt

Loch = Lough

loco (*lat.*) am Ort; **loco citato** an der genannten Stelle (im Buch); **loco sigilli** an Stelle des Siegels (bei Urkundenabschriften); **Locus amoenus** *m.* (-mö-) lieblicher, idyllischer Ort (als literarischer Topos); **Locus communis** *m.* Gemeinplatz

Loft *m.* (*engl.*) Fabrikräume als Wohnung

Log *s.* (*engl.*) Messgerät für die Fahrgeschwindigkeit eines Schiffes; **Logbuch** *s.* Schiffstagebuch; **loggen** die Fahrgeschwindigkeit messen

Logarithmentafel *w.* (*gr.*) Zusammenstellung der Logarithmen zur Erleichterung des Rechnens; **logarithmieren** mit Logarithmen rechnen; **Logarithmus** *m.* Zahl, mit der man eine andere potenzieren muss, um eine vorgegebene Zahl zu erhalten (*Mz.* Logarithmen)

Loge *w.* (lohsche, *frz.*) 1. Zuschauerlaube im Theater; 2. Pförtnerraum; 3. Bund und Versammlungshaus der Freimaurer

Loggia *w.* (lodscha, *itl.*) 1. offene, von Säulen getragene Bogenhalle; 2. in die Mauerflucht einbezogener, vorn offener Balkon

logieren (loschihren, *frz.*) wohnen, vorübergehend wohnen; **Logis** *s.* (loschih) 1. Wohnung, Unterkunft; 2. Mannschaftsraum auf Schiffen

Logik *w.* (*gr.*) 1. die Fähigkeit, folgerichtig zu denken; 2. Lehre von den Gesetzen und Formen des (folgerichtigen) Denkens; **Logiker** *m.* 1. klarer Denker; 2. Wissenschaftler auf dem Gebiet der Logik; **logisch** 1. folgerichtig, denkrichtig; 2. sich selbstverständlich ergebend; **Logismus** *m.* 1. Vernunftschluss; 2. philosophische Lehre, nach der die Welt logisch aufgebaut und deshalb erkennbar ist; **Logistik** *w.* 1. mathematische Logik; 2. Organisation des Nachschubwesens beim Militär; 3. Gesamtheit aller notwendigen Mittel und Schritte zur Durchführung eines Projekts; **Logizismus** *m.*, **Logizität** *w.* logische Folgerichtigkeit, logischer Charakter eines Arguments oder Sachverhalts

Logo *m.* oder *s.* (*engl.*) werbegraphisch gestaltetes Markenzeichen, Firmenzeichen mit hohem Wiedererkennungswert

LOGO *s.* (*Kunstwort*) einfache Programmiersprache, um das Arbeiten mit einem Computer zu erlernen (EDV)

Logogramm *s.* (*gr.*) Wortzeichen einer Bildersprache

Logogriph *m.* (*gr.*) Worträtsel, Buchstabenrätsel; **Logokratie** *w.* Herrschaft der Vernunft in einer Gesellschaft; **Logomachie** *w.* Streit um Worte, Haarspalterei

Logopäde *m.* (*gr.*) Therapeut bei Sprechstörungen; **Logopädie** *w.* Sprachheilkunde, Sprecherziehung bei Sprachstörungen; **Logorrhö(e)** *w.* krankhafte Geschwätzigkeit

Logos *m.* (*gr.*) 1. logisches Urteil, Begriff; 2. Vernunft, Sinn; 3. göttliche Vernunft

Log-out, Logout *m.* (-aut, *engl.*) das (Sich-)Ausloggen (aus einem Computerprogramm; EDV)

Loipe *w.* (leupe, *skand.*) Langlaufbahn im Schisport

lokal (*lat.*) örtlich; **Lokal** *s.*, **Lokalität** *w.* 1. Geschäftsraum, Räumlichkeit; 2. Gasthaus; **Lokalanästhesie** *w.* örtliche Betäubung; **Lokales** *s.* Zeitungsrubrik mit örtlichen Nachrichten; **lokalisieren** 1. auf einen Ort beschränken; 2. orten, Hptw. **Lokalisation, Lokalisierung** *w.*; **Lokalismus** *m.* eine nur örtlich verwendete sprachliche Besonderheit; **Lokalkolorit** *s.* die atmosphärische Färbung eines Ortes, einer Landschaft; **Lokalpatriotismus** *m.* übersteigerte Heimatliebe; **Lokaltermin** *m.* Gerichtstermin am Tatort

Loki *m.* Unhold, Todes- und Feuerdämon im altnordischen Mythos

Lokogeschäft *s.* (*lat.*) Sofortgeschäft, da sich die Waren am Ort befinden, Kassageschäft

Lokomotive *w.* (*engl.*) Zugmaschine für Eisenbahnwagen; **Lokomotion** *w.* (*lat.*) Fortbewegung von Organismen aus eigener Kraft, Eigw. **lokomotorisch**; **Lokution** *w.* (*lat.*) 1. Redeweise, Ausdrucksweise; 2. Redensart, Redewendung

Lokus *m.* (*lat.*) Toilette, Abort

Lolita *w.* verführerische Kindfrau (nach dem Titel des Romans von Vladimir Nabokov, 1899–1977)

Lombard *m.* od. *s.* (*itl.*) Darlehen, das durch Verpfändung leicht realisierbarer Waren oder Effekten gesichert ist; **lombardieren** Wertpapiere, Waren bankmäßig beleihen, Hptw. **Lombardierung** *w.*; **Lombardsatz** *m.* festgesetzter Zinssatz für Lombardgeschäfte

Lomber *s.* (*frz.*) Kartenspiel für drei Spieler

Longdrink *m.* (*engl.*) mit Soda oder Eiswasser verlängertes alkoholisches Getränk; **Longfiller** *m.* Zigarre mit einer Tabakeinlage aus ganzen Blättern, im Ggs. zu Shortfiller

Longe *w.* (longsch, *frz.*) Laufleine für Pferdedressur; **longieren** Pferd an der Laufleine gehen lassen

longitudinal (*lat.*) der Länge nach, längs gerichtet

Longseller *m.* (*engl.*) Buch, das sich über lange Zeit gut verkauft

Look *m.* (luck, *engl.*) (modisches) Aussehen, Äußeres; **Lookalike** *m.* (-leik) Doppelgänger einer berühmten Persönlichkeit

Loop *m.* (luhp, *engl.*) 1. ständig wiederholter Teil eines Musikstücks, Soundschleife; 2. Programmschleife (EDV); 3. Schlingenzwirn; **loopen** einen Looping ausführen; **Looping** *s.* Flug in senkrechter Schleife, Figur im Kunstflug, Überschlag

Loosi = Loser

Lorbass *m.* (*lett.*) Lümmel, Taugenichts

Lord *m.* (*engl.*) 1. englischer Adelstitel; 2. Titel der Oberhausmitglieder und einzelner hoher Beamter; **Lord Chancellor** *m.* (– tschahnzeler) höchster staatlicher Beamter in England, Lordkanzler; **Lord Mayor** *m.* (– mehjer) Oberbürgermeister englischer Großstädte; **Lordship** *w.* (-schip) Lordschaft, Anrede für einen Lord

Lordose *m.* (*gr.*) Rückgratverkrümmung nach vorn, im Ggs. zu Kyphose

Lore *w.* (*engl.*) offener kippbarer Güterwagen

Lorgnette *w.* (lornjett, *frz.*) Stielbrille; **Lorgnon** *s.* (-jong) Einglas mit Stiel und Stielbrille

Lori *m.* (*engl.*) Halbaffe mit kurzem od. ohne Schwanz

Lori *m.* (*malai.*) farbenfroher Papagei

Lorokonto *s.* (*itl.*) Bankkonto, das eine Bank bei einer anderen Bank führt

Loser *m.* (luhser, *engl.*) Verlierer, Versager, erfolglose Person; **Loosi** *m.* (luhsie) Loser (Jj.)

Lost Generation *w.* (– dschennerehschen, *engl.*) nach Gertrude Stein die «verlorene Generation», die durch den Ersten Weltkrieg geprägte Gruppe desillusionierter, pessimistischer Schriftsteller (in den USA) der 1920er Jahre

Lot *s.* (*engl.*) 1. Zusammenstellung von Briefmarken (für Sammler); 2. Zusammenstellung von Gegenständen für eine Auktion

Lotion *w.* (lohschen, *engl.*) mildes Gesichts- oder Haarwasser

Lotos *m.* (*gr.*) Wasserrose

Lotse *m.* (*engl.*) berufsmäßiger Steuermann in schwierigen Gewässern; **lotsen** ein Schiff als Lotse leiten, sicher ans Ziel bringen

Lotterie *w.* (*frz.*) 1. Glücksspiel durch Auslosung von Gewinnen oder Geld; 2. eine Handlungsweise, die Risikos in Kauf nimmt

Lotto *s.* (*itl.*) Zahlenlotterie, Gesellschaftsspiel

Lough, Loch *s.* (loch, *irisch*) 1. See; 2. tief einschneidende Meeresbucht

Louisdor *m.* (luidor, *frz.*) alte franz. Goldmünze

Louis-quatorze *s.* (luikattorß, *frz.*) französ. Barock, Stil zur Zeit Ludwigs XIV. (1638–1715); **Louis-quinze** *s.* (-kängß) französ. Rokoko, Stil zur Zeit Ludwigs XV. (1710–1774); **Louis-seize** *s.* (-ßäs) französ. Klassizismus, Stil zur Zeit Ludwigs XVI. (1754–1793); **Louis-treize** *s.* (-trähs) französ. Kunststil zur Zeit Ludwig XIII. (1601–1643)

Lounge *w.* (lohnsch, *engl.*) Hotelhalle

Loup de Mer *m.* (luh de mär, *frz.*) Seewolf, ein Speisefisch

Louvre *m.* oder *s.* (luhvre, *frz.*) ehemaliges Schloss der franz. Könige in Paris, jetzt Kunstsammlung

Love (law, *engl.*) engl. Bez. für null beim Tennis; **Love-in** *s.* Protestform während der Studentenbewegung mit sexuellen Handlungen in der Öffentlichkeit; **Loveparade** *w.* (-parehd) Umzug der Raver, oft am Christopher-Street-Day; **Lover** *m.* Freund(in) und Liebhaber(in)

Low Budget (loh badschett, *engl.*) kurz für Low-Budget-Filmproduktion, die im Vergleich zu teuren kommerziellen (Studio-)Produktionen mit einem geringfügigen Budget hergestellt wurde

Low-Carb-Diät = Atkins-Diät

loxogonal (*gr.*) schiefwinklig

Loya Jirga, – Djirga, – Dschirga *w.* (*Paschto*) große Versammlung in Afghanistan, ein in unregelmäßigen Abständen tagendes (Beratungs-)Gremium mit mehr als tausend Delegierten afghanischer Stämme, Rechtsgelehrter und internationaler Gäste zu wichtigen Fragen (z. B. eine neue afghan. Verfassung)
loyal (loajal, *frz.*) 1. gesetzestreu, regierungstreu, vertragstreu; 2. treu zu jmdm. oder etwas haltend; **Loyalität** *w.* loyales Verhalten
l. s. = loco sigilli
LSD *s.* (Abk. von: *L*yserg-*S*äure-*D*iäthylamid) aus dem Mutterkorn gewonnenes Rauschgift
ltd. = limited
Lues *w.* (-u'e-, *lat.*) Syphilis; **luetisch** syphilitisch
Luffa *w.* (*arab.*) getrocknetes Fasernetz eines tropischen Kürbisgewächses
lugubre (*itl.*) Musik: düster, traurig
Luisine *w.* (*frz.*) glänzendes, weiches Gewebe aus reiner Seide
Lukarne *w.* (*lat.*) Dacherker mit Verzierungen am Giebelfenster, bes. an spätgotischen Schlössern in Frankreich
lukrativ (*lat.*) gewinnbringend, einträglich
lukullisch (*lat.*) üppig, schwelgerisch; **Lukullus, Lukull** *m.* Genießer, Schlemmer
Lullaby *s.* (lallebei, *engl.*) engl. Bez. für Schlaf- und Wiegenlied
Lumbago *w.* (*lat.*) 1. Muskelrheumatismus der Lendengegend, Hexenschuss; 2. lebensgefährliche Muskelerkrankung bei Pferden; **lumbal** die Lenden betreffend; **Lumbalanästhesie** *w.* Betäubung durch Einspritzung in das Rückenmark; **Lumbalpunktion** *w.* Entnahme von Rückenmarksflüssigkeit
Lumberjack *m.* (lamberdschäck, *engl.*) auf Bund gearbeitete Jacke aus Cord, Wolle, Leder o. Ä.
Lumen *s.* (*lat.*) 1. Hohlraum in Organen; 2. Maßeinheit für Helligkeit von Licht (z. B. an Beamern, Abk. lm); 3. innerer Durchmesser einer Röhre; 4. schlauer Mensch, Licht, Leuchte (der Wissenschaft) (umg.)
Lumineszenz *w.* (*lat.*) Leuchtfähigkeit eines Stoffes, kaltes Leuchten; **lumineszieren** kalt leuchten; **luminös** lichtvoll, glänzend
Lumpazivagabundus *m.* Landstreicher, Herumtreiber (nach der Titelgestalt einer Komödie von J. N. Nestroy, 1801–1862)
Luna *w.* (*lat.*) 1. römische Mondgöttin; 2. poetische Bez. für Mond; **Lunapark** *m.* Vergnügungspark; **lunar, lunarisch** 1. den Mond betreffend; 2. zum Mond gehörend, von ihm ausgehend; **Lunation** *w.* Umlaufzeit des Mondes; **lunatisch** mondsüchtig
Lunch *s.* (lantsch, *engl.*) leichte Mittagsmahlzeit (zwischen Breakfast und Dinner), Ztw. **lunchen**
Lünette *w.* (*frz.*) 1. halbkreisförmiges verziertes Feld über Fenstern, Türen u. a.; 2. Vorrichtung an Maschinen, um lange Werkstücke abzustützen; 3. äußerer Metallring, in dessen Nut das Uhrglas eingelegt wird
Lupanar *s.* (*lat.*) Bordell im alten Rom
Lupine *w.* (*lat.*) Wolfsbohne, ein Schmetterlingsblütler, Futterpflanze und Gartenblume
lupös (*lat.*) an Lupus leidend; **Lupus** *m.* Hauttuberkulose, Hautwolf; **Lupus in fabula** wie der Wolf in der Fabel, Redensart, wenn jemand kommt, den man gerade erwähnt hat
Lure *w.* (*altisl.*) bronzenes, bis zu 3 m langes Blasinstrument der german. Vorzeit
lusingando (*itl.*) Musik: spielerisch, zärtlich
Lusitanien (-ni'e-, *lat.*) römische Provinz, etwa auf dem Gebiet des heutigen Portugal
Lüster *m.* (*frz.*) 1. stark glänzender Stoff aus Baumwolle, Zellwolle oder Kunstseide (auch Alpaka oder Mohair); 2. Kronleuchter; 3. schillernde Glasur auf Töpferwaren und Glas; 4. der samtige, irisierende Glanz auf Perlen oder Perlmutt; 5. Spezialappretur für Leder oder Pelze
Lustration *w.* (*lat.*) kultische Reinigung (z. B. von Äckern in altröm. Zeit)
Lustrum *s.* (*lat.*) Zeitraum von fünf Jahren
Lutein *s.* (-te'i-, *lat.*) gelber Farbstoff in Butter, im Eidotter und in Pflanzenblättern

Lutrin *s.* (lütreng, *frz.*) Stehpult
Luv *w.* (*niederl.*) die dem Wind zugewandte Seite des Schiffes, i. Ggs. zu Lee
Lux *s.* (*lat.*) 1. Licht; 2. Einheit der Lichtstärke (Abk. lx)
Luxation *w.* (*gr.*) Verschiebung zweier durch Gelenk verbundener Knochenenden, Ausrenkung; **luxieren** ausrenken, verrenken
luxurieren (*lat.*) 1. üppig wuchern; 2. schwelgen; **luxuriös** verschwenderisch, üppig; **Luxus** *m.* den normalen Standard weit übersteigender Aufwand
luzid (*lat.*) 1. hell, durchsichtig; 2. klar und verständlich, Hptw. **Luzidität** *w.*
Luzifer *m.* (*lat.*) 1. Name des Teufels; 2. Morgenstern; **luziferisch** teuflisch
lx = Lux
Lykorexie *w.* (*gr.*) krankhaft gesteigerter Hunger, Heißhunger
lymphatisch (*gr.*) die Lymphdrüsen betreffend; **Lymphe** *w.* 1. Körperflüssigkeit in einem eigenen Gefäßsystem; 2. Impfstoff gegen Pocken; **Lymphom** *s.* Lymphknotengeschwulst
lynchen (*engl.*) jmdn. ohne Gerichtsprozess töten, zu Tode prügeln; **Lynchjustiz** *w.* Misshandlung oder Tötung eines Menschen durch eine aufgebrachte Volksmenge, Pogrom
Lyra *w.* (*gr.*) 1. altgriechisches Zupfinstrument; 2. altes Streichinstrument; 3. Glockenspiel in Militärkapellen; 4. das Sternbild Leier
Lyric *s.* (lirik, *engl.*) Liedtext, bes. in der Unterhaltungsmusik
Lyrik *w.* (*gr.*) neben Dramatik und Epik die dritte Hauptgattung der Poesie, die mit besonderen Stilmitteln wie Metrum, Reim, Vers, Bildlichkeit Gefühle, Eindrücke, Stimmungen und Reflexionen ausdrückt; **Lyriker** *m.* Dichter, Autor von Gedichten; **lyrisch** 1. zur Lyrik gehörend; 2. gefühlsbetont, stimmungsvoll; **lyrisieren** etwas lyrisch gestalten und darbieten
Lysin *s.* (*gr.*) Antikörper, der Krankheitserreger und körperfremde Zellen auflösen kann; **Lysis** *w.* 1. Auflösung von Zellen; 2. Fieberrückgang, Eigw. **lytisch**; **Lysoform, Lysol** *s.* (*Wz.*) flüssiges Desinfektionsmittel
Lyssa *w.* (*gr.*) Tollwut
Lyzeum *s.* (-ze'u-, *gr.*) 1. frühere Bezeichnung für höhere Mädchenschule (*Mz.* Lyzeen); 2. Oberstufe des Gymnasiums (Schweiz)

M

m = Meter
m. = maskulin
M = Mille und medium
M. = Monsieur
mA = Milliampere
M. A. = Magister Artium
Mäander *m.* 1. in Windungen verlaufender Fluss; 2. in gewundenen Linien verlaufendes Ziermuster (nach dem gewundenen Lauf des Flusses Mäander); **mäandern, mäandrieren** in Form des Mäanders verlaufen, Eigw. **mäandrisch**
Maar *s.* (*lat.*) Vulkankrater, meist mit Wasser gefüllt (z. B. in der Eifel)
Maat *m.* (*niederländ.*) Unteroffizier bei der Marine, Schiffsmann; **Maatschapp** *w.* 1. Handelsgesellschaft; 2. Schiffsmannschaft
Mac (mäk, *ir.*) vor irischen und schottischen Eigennamen: Sohn des ...
Macchia *w.* (makja, *itl.*) unterholzartiger, immergrüner Buschwald der Mittelmeerregion
MacGuffin *m.* (mäckgaffin, *engl.*) ein beliebiges, für den Verlauf der Handlung eher unwichtiges Requisit in einem Film, das dazu dient, die Handlung voranzutreiben und Spannung zu erzeugen (z. B. der Inhalt der Weinflaschen in *Notorious* von A. Hitchcock)
Machete *w.* (matschete, *span.*) langes Buschmesser; **Machetero** *m.* mit der Machete arbeitender Zuckerrohrarbeiter, bes. in Kuba
Machiavellismus *m.* (makjawell-) amoralische Machtpolitik, bei der allein der Erfolg entscheidet (nach N. Machiavelli, 1469–1527); **machiavellistisch** skrupellos
Machinationen *Mz.* (*lat.*) Ränke, Intrigen, Machenschaften; **machinieren** Ränke schmieden
Machismo *m.* (matschismo, *span.*) männl. Leitbild, das von Männlichkeitswahn geprägt ist; **Macho** *m.* Mann mit betont männl. Imponiergehabe
Machorka (*russ.*) 1. *m.* russ. Tabak; 2. *w.* Zigarette mit russ. Tabak
machulle (*jidd.*) 1. bankrott, pleite; 2. müde, erschöpft; 3. verrückt
Macintosh *m.* (*Wz.*) Computer des US-amerik. Herstellers Apple (Abk. Mac)
Macis = Mazis
Mackintosh *m.* (mäckintosch) wasserdichter Regenmantel aus gummiertem Baumwollstoff (nach dem schott. Chemiker Ch. Mackintosh, † 1843)
Madam *w.* (mäddem, *engl.*) engl. Anrede an eine Frau (Abk. Mdm.); **Madame** (madam, *frz.*) französ. Anrede an eine Frau (Abk. Mme.), *Mz.* Mesdames (medam), Abk. Mmes.
Madapolam *m.* oder *s.* (*ind.*) batistartiger Baumwollstoff
made in ... (mehd –, *engl.*) hergestellt in ..., Aufdruck auf Waren für die Herkunftsbezeichnung; **made in Germany** (-dschörmänih) hergest. in Deutschland (im engl. Merchandise Marks Act von 1887 aus Konkurrenzgründen vorgeschriebene Bez. auf Waren aus Deutschland)
Madeira *m.* (madehra) ein Süßwein; **Madeirastickerei** Lochstickerei (nach der Insel Madeira)
Mademoiselle *w.* (madmoasell, *frz.*) französ. Anrede für Fräulein (Abk. Mlle.)
madeszent (*lat.*) nässend (von Geschwüren)
Madhab *m.* (*arab.*) die vier Rechtsschulen der Sunniten (*Mz.* Madhahib)
Madjar *m.* (*ung.*) Madyar, Ungar
Madonna *w.* (*itl.*) 1. die Gottesmutter Maria; 2. Darstellung der Gottesmutter mit dem Kind in der bildenden Kunst
Madras (*ind.*) durchsichtiges Baumwollgewebe, Gardinenstoff
Madrassa, Medrese, Medresse *w.* (*arab.-türk.*) 1. geistiges Zentrum des Islam; Bet-, Lehr- und Wohnkomplex für

Lehrer und Schüler, die im Koran und in islamischem Recht, Literatur und Sprache, Medizin und Mathematik unterwiesen werden; 2. der Moschee angegliederte Koranschule

Madrigal *s.* (*itl.*) 1. aus Italien stammende lyrische Versform; 2. mehrstimmig gesetzte Vertonung dichterischer Texte, meist ohne Begleitung von Instrumenten

maestoso (ma'e-, *itl.*) Musik: feierlich, majestätisch

Maestro *m.* (*itl.*) Meister, Anrede, bes. für berühmte Musiker (*Mz.* Maestri)

Mäeutik *w.* (*gr.*) die sokratische Kunst, durch geschicktes Fragen einem Schüler die in ihm schlummernden Einsichten bewusst zu machen, Eigw. **mäeutisch**

Maffia, Mafia *w.* (*itl.*) ehemaliger sizilianischer, heute internationaler terroristischer Geheimbund mit vielfältigen Einkommensquellen in Drogenhandel, Prostitution u. a.; **mafios** 1. die Mafia betreffend; 2. mit Methoden der Mafia; **Mafioso** *m.* Angehöriger der Mafia

Magazin *s.* (*frz.-arab.*) 1. Vorratshaus, Lager; 2. Unterhaltungszeitschrift; 3. Patronenkammer in Schusswaffen; **magazinieren** im Lager speichern, lagern

Magdalénien *s.* (-lehnjäng, *frz.*) Epoche der älteren Steinzeit

Magenta *s.* roter synthetischer Farbstoff (nach der italien. Stadt)

Maggiid *m.* (*hebr.*) 1. Prediger, bes. im Ostjudentum; 2. jüd. Ehrentitel

magic (mädschik, *engl.*) magisch

maggiore (madschore, *itl.*) italien. Bez. für Dur

Magie *w.* (*gr.*) 1. Zauberkunst, Geheimkunst; 2. Zauberei im Varieté; 3. magische Ausstrahlung; **Magier** *m.* (-gi'er) 1. Zauberer, Zauberkünstler; 2. Mensch, der andere in seinen Bann zieht; **magisch** geheimnisvoll, unergründlich, zaubrisch, bannend; **magischer Realismus** *m.* gegenständliche Strömung innerhalb der Malerei der 1920er Jahre mit realistischer Malweise, aber geheimnisvollem Hintersinn

Magister *m.* (*lat.*) Hochschulgrad an engl., dt. und amerik. Universitäten, Magister Artium (Abk. M. A.)

magistral (*lat.*) nach Vorschrift des Arztes hergestellt (von Arzneien); **Magistrale** *w.* 1. Hauptverkehrslinie; 2. Hauptstraße in einer Großstadt

Magistrat *m.* (*lat.*) Behörde, Stadtverwaltung

Magma *s.* (*gr.*) 1. die glutflüssige Gesteinsmasse des Erdinnern; 2. Teig, Brei (in der Medizin), Eigw. **magmatisch**

Magna Charta *w.* (– karta, *lat.*) englische Urkunde von 1215, in der der König dem Adel grundlegende Freiheitsrechte einräumte

magna cum laude (*lat.*) mit großem Lob, zweitbeste Zensur bei Doktorprüfungen, **Magna Mater** *w.* Große Mutter, Beiname der Kybele

Magnat *m.* (*lat.*) 1. Angehöriger des früheren Hochadels in Polen und Ungarn; 2. Großgrundbesitzer; 3. branchenbeherrschender, mächtiger Großindustrieller

Magnesia *w.* (*gr.*) Magnesiumoxid

Magnet *m.* (*gr.*) 1. Eisen, das Eisen anzieht; 2. Elektromagnet; 3. Anziehungspunkt, anziehender Mensch, anziehender Gegenstand; **Magnetband** *s.* Speichermedium bei magnetischer Aufzeichnung; **Magnetbandspeicher** *m.* externer Speicher für große Datenmengen, die sequenziell abgerufen werden können (EDV); **Magnetfeld** *s.* = Magnetismus; **magnetisch** 1. Eisen anziehend; 2. anziehend, unwiderstehlich; **magnetische Aufzeichnung** Verfahren zur Aufzeichnung von Schall, Bild und Daten durch die Magnetisierung eines entsprech. Trägers; **Magnetiseur** *m.* (-sör, *frz.*), **Magnetopath** *m.* (*gr.*) jmd., der durch Magnetismus zu heilen versucht; **magnetisieren** 1. magnetisch machen, Hptw. **Magnetisierung** *w.*; 2. mit Magnetismus behandeln; **Magnetismus** *m.* 1. die Lehre vom magnetischen Feld und vom Verhalten der Materie in ihm; die Kraft, Metalle anzuziehen; 2. die Heilkraft des Magnetismus; 3. vom Menschen ausströmende stark anziehende Kraft; **Magnetkarte** *w.* magnetische Karte zur Speicherung von elektronischen Daten (EDV); **Magnetograph, Magnetograf** *m.* Gerät zum Aufzeichnen erdmagnetischer Schwankungen; **Magneton** *s.* Maßeinheit für die magnetische Kraft von Elementarteilchen; **Magnetophon, Magnetofon** *s.* (*Wz.*) magnetisches Gerät zum Aufzeichnen von Schallwellen, Aufnahmeapparat für Bandaufnahmen; **Magnetron** *s.* Gerät zur Erzeugung hochfrequenter Schwingungen

magnifik (manjifik, *frz.*) prächtig

Magnifikat *s.* (*lat.*) Lobgesang der Jungfrau Maria (aus dem Lukasevangelium), Teil der kath. Vesper

Magnifizenz *w.* (*lat.*) Titel und Anrede des Rektors einer Universität

Magnitude *w.* (*lat.*) Maß für die Stärke von Erdbeben

Magnolie *w.* (-li'e, *frz.*) Zierbaum mit rosaweißen tulpenförmigen Blüten

Magnum *w.* (*lat.*) Wein- oder Champagnerflasche mit doppeltem Inhalt

Magnus *m.* (*lat.*) der Große (Zusatz zu Namen, z. B. Carolus Magnus, Karl der Große)

Magyar = Madjar

Mahagoni *s.* (*indian.*) Name verschiedener Edelhölzer

Maharadscha *m.* (*sanskr.*) ind. Fürstentitel; **Maharani** *w.* (*sanskr.*) ind. Fürstin, Frau des Maharadscha

Mahatma *m.* (*sanskr.*) ind. Ehrentitel für geistig hochstehende Männer

Mahaut, Mahut *m.* (*sanskr.*) Elefantenführer, Elefantentreiber

Mahdi *m.* (machdi, *arab.*) der von den Sunniten erwartete Erlöser

Mah-Jongg *s.* (mah-dschong, *Wz.*) chinesisches Gesellschaftsspiel mit Spielsteinen

Maiden *s.* (mehden, *engl.*) junges, noch siegloses Rennpferd

Mail *m.* (mehl, *engl.*) Brief; Kurzwort für E-Mail; **Mail-Art** *w.* internationaler Austausch von künstlerisch gestalteten E-Mails, Postkunst; **Mailbombing** *s.* eine die Mailbox eines Benutzers überflutende und somit lahmlegende Menge von E-Mails; **Mailbox** *w.* elektron. Briefkasten, Speicher im Datenendgerät, in dem Nachrichten hinterlegt werden können; **mailen** E-Mails verschicken und bekommen, elektron. korrespondieren; **Mailing** *s.* das Verschicken von Werbematerial per (elektron.) Post; **Mailorder** *w.* Versandhandel

Maiestas Domini *w.* (-je-, *lat.*) Darstellung des thronenden Christus in der bildenden Kunst

Maine Coon *w.* (mehn kuhn, *engl.*) große robuste Wald- bzw. Rassekatze (nach dem US-Bundesstaat Maine)

Mainlight *s.* (mehnleit, *engl.*) Führungslicht bei Filmaufnahmen; **Mainliner** *m.* (-leiner) intravenös spritzender Rauschgiftabhängiger; **Mainstream** *m.* (-strihm) 1. die gleichbleibenden, gängigen Tendenzen im Jazz zwischen 1940 und den 1960er Jahren; 2. eine nach kommerziellen Gesichtspunkten arbeitende konventionelle Ausrichtung von Literatur, Filmen, Musikproduktionen u. Ä.

Maire *m.* (mähr, *frz.*) Bürgermeister in Frankreich; **Mairie** *w.* Bürgermeisterei, Gemeindeamt in Frankreich

Mais *m.* (*Taino*) aus Amerika stammende Getreidepflanze

Maisonette *w.* (mäsonett, *frz.*) zweistöckige Wohnung

Maitotoxin *s.* (*tahit.*) in einigen Algen und im Maito-Fisch natürlich vorkommendes Gift, das als stärkstes Gift überhaupt gilt (nach dem bei Tahiti vorkommenden Maito-Fisch)

Maître de Plaisir *m.* (mähtre de pläsihr, *frz.*) jmd., der ein unterhaltendes Festprogramm arrangiert

Maitresse = Mätresse

Majestät *w.* (*lat.*) 1. Anrede an Kaiser und Könige; 2. Erhabenheit, hohe Würde; **majestätisch** erhaben, hoheitsvoll

majeur (maschör, *frz.*) Musik: Dur (Tonart), im Ggs. zu mineur

Majolika *w.* (*lat.*) bunt bemalte Töpferware, Fayence

Majonäse = Mayonnaise

Major *m.* (*lat.*) militärischer Rang zwischen Hauptmann und Oberstleutnant, Stabsoffizier; **Majorat** *s.* 1. Erbgut; 2. Ältestenrecht in der Erbfolge bei Grundbesitz; **Majordomus** *m.* Hausmeier, Hofbeamter der Merowinger

Majoran *m.* (*gr.*) Gewürz- und Heilpflanze, ein Lippenblütler

majorenn (*lat.*) volljährig, mündig, im Ggs. zu minorenn; Hptw. **Majorennität** *w.*

majorisieren (*lat.*) durch Stimmenmehrheit zwingen, überstimmen; **Majorität** *w.* Mehrheit, Stimmenmehrheit

Majuskel *w.* (*lat.*) großer Buchstabe

makaber (*frz.*) 1. an den Tod erinnernd; 2. mit dem Grauen, mit dem Tod Scherz treibend
Makadam *m.* oder *s.* früherer Straßenbelag aus Schotter und Teer; **makadamisieren** mit Makadam bedecken (nach dem schott. Straßenbauingenieur McAdam, 1756–1836)
Makak *m.* (*afrik.*) Affe aus der Gattung der Meerkatzen
Makame *w.* (*arab.*) altarab. Stegreifdichtung in kunstvoller Reimprosa
Make-up *s.* (mehkap, *engl.*) Aufmachung des Gesichts mit kosmetischen Mitteln, die kosmetischen Mittel selbst
Makimono *s.* (*jap.*) Rollwandbild im Querformat in der ostasiat. Kunst
Making-of *s.* (mehk-, *engl.*) (Filmbericht über) Entstehung, Herstellung einer künstlerischen Produktion (z. B. eines Films)
Makkabi *m.* (*hebr.*) Name jüd. Sportvereine; **Makkabiade** *w.* großes, alle vier Jahre stattfindendes Sportfest in Israel
Makkaroni *Mz.* (*itl.*) röhrenförmige Nudeln aus Hartweizengrieß
Mako *w.* 1. ägyptische Baumwollsorte; 2. Gewebe aus Mako (nach Mako Bey, dem Förderer des Baumwollanbaus im Ägypten des 19. Jh.)
Makramee *s.* (*arab.*) Knüpfarbeit aus festgedrehten Fäden
Makrele *w.* (*niederl.*) Speisefisch in Atlantik und Mittelmeer
Makro-, makro- (*gr.*) als Vorsilbe: groß
Makrobiose *w.* (*gr.*) Langlebigkeit eines Organismus; **Makrobiotik** *w.* 1. die Kunst, das Leben zu verlängern; 2. spezielle Ernährungsweise auf der Basis von Gemüse und Getreide
Makrokosmos *m.* (*gr.*) Weltall, Universum, Eigw. **makrokosmisch**
Makromelie *w.* (*gr.*) Riesenwuchs
Makromolekül *s.* (*gr.*) Molekül, das aus tausend und mehr Atomen aufgebaut ist
Makrone *w.* (*itl.*) Gebäck aus Mandeln, Nüssen od. Kokos, Eiweiß und Zucker
Makrophysik *w.* (*gr.*) die klassische Physik
makroskopisch (*gr.*) mit bloßem Auge sichtbar
Makrostruktur *w.* (*gr.*) die mit bloßem Auge sichtbare Struktur der Materie
Makuba *m.* feiner Schnupftabak (nach der Region Macuba auf Martinique)
Makulatur *w.* (*lat.*) 1. unbrauchbar gewordenes bedrucktes Papier, Altpapier; 2. Unsinn, Schein; **makulieren** altes Papier einstampfen
mal (*frz.*) schlecht, schlimm
Mala *w.* (*sanskr.*) Perlenkette, Gebetskranz in buddhist. und hinduist. Gebetsritualen
Malachit *m.* (*gr.*) grüner Schmuckstein
malad (*frz.*) kränkelnd, nicht wohl, lustlos, abgeschlafft
mala fide (*lat.*) wider besseres Wissen
Malaga *m.* (*span.*) spanischer Süßwein
Malagassi *s.* (*indon.*) Sprache der Madegassen, Eigw. **malagassisch**
Malagueña *w.* (-genja, *span.*) span. Tanz
Malaise *m.* (malähs, *frz.*) *w.* 1. Unbehagen, Unlust; 2. Ungemach, missliche Lage
Malakologie *w.* (*gr.*) Weichtierkunde
Malamut *m.* Schlittenhundrasse aus Alaska (nach den Mahlemut, einem Eingeborenenvolk in Alaska)
Malaria *w.* (*itl.*) Wechselfieber, Sumpffieber, dessen Erreger durch die Anophelesmücke übertragen werden
Malazie *w.* (*gr.*) Knochenerweichung
Malediktion *w.* (*lat.*) Verwünschung, Verleumdung
Malefikus *m.* (*lat.*) Unheilbringer (bes. von Sternen in der Astrologie); **Malefizkerl** *m.* Teufelskerl
Malepartus *m.* (*lat.*) Fuchshöhle in der Tierfabel
Malesche *w.* (aus *frz.* malaise) Unannehmlichkeit
Malheur *s.* (malöhr, *frz.*) Unglück, Pech, peinliches Missgeschick
Malice *w.* (malihß, *frz.*) Bosheit, boshafte Anspielung; **maliziös** boshaft, hämisch
maligne (*lat.*) bösartig (von Krankheiten), Hptw. **Malignität** *w.*; **Malignom** *s.* bösartiger Tumor
mall (*niederl.*) 1. gedreht (vom Wind); 2. verrückt; **Mall** *s.* Schablone für Schiffsteile; **mallen** umspringen (vom Wind)
Mall *w.* (mohl, *engl.*) amerikan. Einkaufszentrum
malleolar (*lat.*) zum Knöchel gehörig
Malocchio *m.* (mallockio, *itl.*) böser Blick

Maloche *w.* (*hebr.*) schwere Arbeit, Ztw. **malochen**
Malossol *m.* (*russ.*) mild gesalzener Kaviar
Malteserorden *m.* der von 1530–1798 auf Malta ansässige Johanniterorden
Malthusianismus *m.* die bevölkerungspolitische Lehre des engl. Nationalökonomen Th. R. Malthus (1766–1844)
Maltose *w.* (*lat.*) Malzzucker
malträtieren (*frz.*) misshandeln, quälen
Malum *s.* (*lat.*) Krankheit, Übel, das Böse;
Malus *m.* 1. Prämienaufschlag einer Versicherung bei gehäuften Schadensfällen; 2. Punktabzug
Malvasier *m.* (-si'e-, *frz.*) Süßwein aus den Mittelmeerländern
Malve *w.* (*lat.-itl.*) Käsepappel, Zier- und Heilpflanze mit rosa oder violetten Blüten
Mamaliga, Mamaliguta *w.* (*rumän.*) Brei aus Maisgrieß, Nationalgericht in Rumänien
Mamba *w.* (*afrik.*) afrikan. Giftschlange
Mambo *m.* (*kreol.*) Gesellschaftstanz
Mamelucken *Mz.* (*arab.*) 1. türkische Sklaven am pers. und ägypt. Hof; 2. ägyptische Truppen aus türkischen Sklaven, die vom 13. bis zum 16. Jh. zur Herrscherschicht wurden
Mamey, Mammei *m.* (*indian.*) Baum im trop. Amerika mit aprikosenartigen Früchten
Mamilla *w.* (*lat.*) Brustwarze; **Mamillaria** *w.* Warzenkaktus; **Mamma** *w.* weibliche Brust, Brustdrüse (*Mz.* Mammae [-mä]); **Mammalia, Mammalien** *Mz.* (-li'en) Säugetiere; **Mammographie** *w.* Röntgenuntersuchung der weibl. Brust
Mammon *m.* (*gr.-hebr.*) Geld, Geld als Götze
Mammut *s.* (*russ.*) ausgestorbener Riesenelefant; **Mammut-** in Wortzusammensetzungen: Riesen-
Mamsell *w.* (*frz.*) Fräulein (heute noch scherzhaft)
Mana, Manitu *s.* (*polynesisch*) Bez. für eine magische übernatürliche Macht in der Natur und auserwählten Menschen, bei den Algonkin *Manitu*
Mänade *w.* (*gr.*) Rasende aus dem Gefolge des Dionysos
Management *s.* (mänedschment, *engl.*) Leitung, Betriebsführung eines Wirtschaftsunternehmens; **Management-Buy-in** *s.* (-bei-) Übernahme eines Unternehmens durch externe Manager (Abk. MBI); **Management-Buy-out** *s.* (-aut) Übernahme eines Unternehmens durch die eigene Geschäftsleitung (Abk. MBO); **managen** (mänedschen) organisieren, durchführen, hinkriegen; **Manager** *m.* (mänedscher) 1. Führungskraft eines Wirtschaftsunternehmens; 2. Betreuer von Künstlern und Sportlern; **Managing Director** *m.* (-dei-) Hauptgeschäftsführer
Manas *s.* (*ind.*) Denksubstanz in der ind. Philosophie
Manatee *s.* = Lamantin
mancando (*itl.*) Musik: schwindend
Manchester *m.* (mänschester) gerippter Samt; **Manchestertum** *s.* Richtung eines extremen wirtschaftspolitischen Liberalismus (nach der engl. Stadt)
Mandala *s.* (*sanskr.*) 1. mystisches Diagramm in den ind. Religionen, das den ihm entsprechenden Gott (bei der Meditation) gegenwärtig setzen soll; 2. Symbol der Selbstfindung in der Psychologie C. G. Jungs
Mandant *m.* (*lat.*) Auftraggeber; **Mandat** *s.* Vollmacht, Auftrag; **Mandatar** *m.* Beauftragter, Bevollmächtigter
Mandarin *m.* (*sanskr.*) europäische Bez. für hohe chinesische Beamte; **Mandarine** *w.* Apfelsinenart; **Mandarinente** *w.* bunte ostasiat. Ente
Mandat = Mandant
Mandibula *w.* (*lat.*) Unterkiefer
Mandoline *w.* (*itl.*) kleines, bauchiges Lauteninstrument
Mandorla *w.* (*itl.*) ovaler Heiligenschein um die ganze Gestalt in der bildenden Kunst
Mandragora *w.* (*gr.*) Alraunwurzel
Mandrill *m.* (*afrik.*) Pavianart aus Westafrika
Mandrit *m.* (*gr.*) Mönch der Ostkirche
Manege *w.* (manäsche, *frz.*) Reitbahn, runde Fläche für Darbietungen im Zirkus
Manen *Mz.* (*lat.*) die Seelen der Vorfahren im altröm. Glauben
Manga *s.* (*jap.*) actionreicher effektvoller Comic in Japan
Mangal *s.* (*türk.*) glühende Kohlen im Me-

tallkasten, Heizvorrichtung in Vorderasien

Mangala *s.* (*sanskr.*) günstige Vorzeichen

Mangan *s.* (*lat.*) chem. Element, ein Metall

Mango *w.* (*malai.*) Frucht des Mangobaums, eines tropischen Obstbaums

Mangrove *w.* (*malai.-engl.*) tropischer Sumpfbaum mit Luftwurzeln

Maniac *m.* (mäniäk, *engl.*) Fanatiker, Besessener

Manichäer *Mz.* Anhänger des Manichäismus; **Manichäismus** *m.* Lehre des persischen Religionsstifters Mani, gnostische, radikal dualistische Weltreligion der Spätantike und des frühen Mittelalters

Manichino *m.* (manikino, *itl.*) Gliederpuppe aus Holz, die Bildhauern zu Bewegungsstudien dient

Manie *w.* (*gr.*) 1. Besessenheit, leidenschaftliche Liebhaberei, Sucht; 2. die manische Phase in der manisch-depressiven Erkrankung mit übersteigerter Hochstimmung, Betätigungsdrang und Selbstüberschätzung; **manisch** 1. zur Manie gehörend; 2. besessen, leidenschaftlich ein Ziel verfolgend, süchtig; **manisch-depressiv** abwechselnd übersteigert heiter und schwermütig

Manier *w.* (*frz.*) 1. Art und Weise; 2. künstlerische Art; 3. erstarrte Form; **Manieren** *Mz.* Benehmen entspr. den Regeln des gesellschaftl. Anstands; **manierlich** 1. wohlerzogen, den guten Manieren entsprechend; 2. akzeptabel

manieriert (*frz.*) gekünstelt, übersteigert, Hptw. **Manieriertheit** *w.*; **Manierismus** *m.* (-ni'e-) 1. manieriertes Verhalten; 2. Stilrichtung in der Kunst zwischen Renaissance und Barock, Eigw. **manieristisch**

manierlich = Manier

manifest (*lat.*) deutlich erkennbar, offenbar, handgreiflich; **Manifest** *s.* Grundsatzerklärung; **Manifestation** *w.* 1. Offenlegung, das Offenbarwerden; 2. Kundgebung; **manifestieren** kundgeben, offenbaren, sichtbar machen

Maniküre *w.* (*frz.*) 1. Hand- und Nagelpflege; 2. Handpflegerin; **maniküren** Hände und Nägel pflegen

Manilahanf *m.* Hartfaser der Faserbanane für Taue u. a. Erzeugnisse (nach der philippin. Stadt Manila)

Maniok *m.* (*indian.*) Wolfsmilchgewächs, dessen Wurzel die Tapioka liefert

Manipel (*lat.*) 1. *m.* Teil einer römischen Legion; 2. *w.* Band, das der katholische Priester bei der Messe über dem linken Unterarm trägt

Manipulation *w.* (*lat.*) 1. techn. Handhabung, Verfahren; 2. Kniff, Machenschaft; 3. bewusste Beeinflussung, deren sich die Betroffenen nicht bewusst werden; **manipulieren** 1. handhaben, mit etwas hantieren; 2. bewusst beeinflussen, täuschen

Manis *w.* (*lat.*) nachtaktives chines. Schuppentier

manisch = Manie

Manitu = Mana

Manko *s.* (*lat.-itl.*) Mangel, Fehler, Fehlbetrag

Manna *s.* oder *w.* (*arab.-hebr.*) 1. von Gott den Juden während der Wüstenwanderung gespendete Nahrung nach dem Auszug aus Ägypten (Altes Testament); 2. getrockneter Saft der Manna-Esche; 3. Honigtau von Schildläusen

Mannequin *s.* (mannekäng, *niederl.-frz.*) 1. (lebensechte) Puppe für Dekorationen; 2. weibl. Modell für Damenbekleidung

mano destra (*itl.*) Musik: mit der rechten Hand zu spielen (Abk. m. d., d. m.)

Manometer *s.* (*gr.*) Druckmesser

ma non troppo oder **ma non tanto** (*itl.*) Musik: nicht zu sehr

mano sinistra (*itl.*) Musik: mit der linken Hand zu spielen (Abk. m. s., s. m.)

Manöver *s.* (*frz.*) 1. Truppenübung; 2. Scheinbewegung von Truppen; 3. Kunstgriff, Verfahren, um abzulenken und zu täuschen; **manövrieren** 1. taktische Bewegungen ausführen; 2. geschickt verfahren

Manpower *w.* (mänpaur, *engl.*) Leistungs-, Arbeitskräftepotenzial (eines Unternehmens, einer Organisation u. Ä.)

manque (mangk, *frz.*) Roulette: Gewinnmöglichkeit bei den Zahlen 1 – 18

Mansarde *w.* (*frz.*) Dachgeschoss, Dachstube

Manschette *w.* (*frz.*) 1. Ärmelbündchen, Ärmelstulpe, besonders am Herrenhemd; 2. Papierhülle für Blumentöpfe usw.; 3.

Dichtungsring; **Manschetten haben** Angst haben
Mansion *s.* (mänschen, *engl.*) Wohnung; **Mansion House** *s.* (-haus) Amtswohnung des Londoner Oberbürgermeisters
Mantik *w.* (*gr.*) Wahrsagekunst; Eigw. **mantisch**
Mantille *w.* (mantilje, *span.*) 1. Kopf- und Schulterschleier der Frauenfesttracht in Spanien; 2. kurzer capeartiger Umhang über der Frauenkleidung im 19. Jh.
Mantisse *w.* (*lat.*) Dezimalstellen hinter dem Komma des Logarithmus
Mantra *s.* (*sanskr.*) Spruch, Ritualformel in der hinduistischen Tradition
Manu *m.* (*sanskr.*) nach der ind. Mythologie der Stammvater der Menschheit
Manual, Manuale *s.* (*lat.*) 1. Handklaviatur (im Ggs. zum Pedal); 2. frühere Bez. für Tagebuch; **manuell** mit der Hand; **Manufaktur** *w.* vorindustrieller Gewerbebetrieb, in dem Handarbeit vorherrscht; **Manufakturwaren** *Mz.* Meterwaren, Textilien, Web-, Wirkwaren
Manuldruck *m.* fotochemisches Vervielfältigungsverfahren für Drucke (nach dem umgeformten Namen seines Erfinders Ullmann)
manu propria (*lat.*) mit eigener Hand, eigenhändig
Manuskript *s.* (*lat.*) handschriftlicher oder mit Maschine geschriebener Text eines noch ungedruckten Werks, Satzvorlage (Abk. Mskr. und Ms.)
manus lavat manum (*lat.*) eine Hand wäscht die andere
Manx *w.* 1. muskulöse schwanzlose, auf der Insel Man beheimatete Katze mit hoppelndem Gang; 2. ausgestorbene gälische Sprache auf der Insel Man (nach der engl. Insel Man)
Manzanilla *m.* (manzanilja, *span.*) span. Weißwein
Maoismus *m.* chin. Ausprägung der kommunistischen Ideologie; **Maoist** *m.* Anhänger des Maoismus (nach Mao Tse-tung, 1893–1976, Staatsmann und Vorsitzender der Kommunistischen Partei Chinas)
Maori (*polynes.*) 1. *Mz.* polynes. Volk auf Neuseeland; 2. *s.* Sprache der Maori
Mapam *w.* (*hebr.*) Vereinigte Arbeiterpartei Israels
Maqam *m.* (*arab.*) 17-stufiges Tonsystem in der arab. Musik
Maquereau *m.* (-keroh, *frz.*) Zuhälter (Jargon)
Maquillage *w.* (makijasch, *frz.*) 1. Kennzeichnung der Spielkarten (beim Falschspielen); 2. französ. Ausdruck für das Schminken
Maquis *s.* (maki, *frz.*) (süd)französische Widerstandsbewegung im Zweiten Weltkrieg; **Maquisards** *Mz.* (makisar) Widerstandskämpfer
Marabu *m.* (*arab.*) in Afrika und Indien lebender Storchvogel mit Kropfsack, Kropfstorch
Marabut *m.* (*arab.-frz.*) islam. Einsiedler, Asket, Heiliger
Maracas *Mz.* (*span.*) Rasselinstrument, Rumbakugeln
Maracuja *w.* (*indian.-port.*) Frucht der Passionsblume
Marane = Marrane
Maraschino *m.* (maraskino, *itl.*) Kirschlikör aus der dalmatinischen Maraskakirsche
Marasmus *m.* (*gr.*) körperlich-geistiger Kräfteschwund, Eigw. **marantisch, marastisch**
Marathon *m.* (*gr.*) etwas, was langes Durchhaltevermögen verlangt (z. B. Marathonsitzung); **Marathonlauf** *m.* Langstreckenlauf über 42,2 km, nach der Entfernung zwischen Marathon und Athen
Marblewood *s.* (mahblwud, *engl.*) Handelsbez. für Ebenholz
Marc *m.* (mahr, *frz.*) französ. Grappa
marcando, marcato (*itl.*) Musik: betont, mit Nachdruck
Marchesa *w.* (markesa, *itl.*) Gattin eines Marchese; **Marchese** *m.* (markese) italien. Adelstitel
Marcia *w.* (martscha, *itl.*) italien. Bez. für Marsch; **Marcia funebre** *w.* Trauermarsch
Mare *s.* (*lat.*) große Ebene auf Mond und Mars
Marelle = Morelle
Marengo *m.* melierter Kammgarnstoff
Marfil *m.* (*arab.*) unverarbeitetes Ebenholz
Marge *w.* (marsche, *frz.*) Preisspanne, Spielraum

marginal (*lat.*) 1. am Rande, randständig; 2. unwichtig, geringfügig; **Marginalien** *Mz.* (-li'e-) Randbemerkungen (*Ez.* Marginalie *w.*); **marginalisieren** 1. mit Marginalien versehen; 2. politisch, gesellschaftlich ins Abseits drängen; **Marginalität** *w.* (*engl.*) Marginalexistenz, Existenz am Rande einer sozialen Gruppe

Mariachi *Mz.* (-tschi) Ensemble von Musikern, typisch mexikanische, aus unterschiedlichen regionalen Stilen zusammengesetzte Musikformation, wobei Trompete und Geige stets dazugehören

Mariage *w.* (mariahsch, *frz.*) 1. Kartenspiel; 2. beim Kartenspiel Dame und König gleicher Farbe in einer Hand

marianisch auf die Jungfrau Maria bezogen

Marianne *w.* (marjann) Frauengestalt als Allegorie des republikan. Frankreich, oft mit der Mütze der Jakobiner dargestellt (nach der republikanischen Geheimgesellschaft *Marianne* während der Zeit der Restauration 1815–1848)

Marihuana *s.* (*span.*) Rauschgift aus indischem Hanf, Cannabis, Haschisch

Marille *w.* (*itl.*) Aprikose

Marimba *w.* (*afrikan.-span.*) afrikanisches Xylophon, mittelamerikanisches Volksinstrument

marin (*lat.*) zum Meer gehörig; marineblau, dunkelblau; **Marine** *w.* Flotte, Kriegsflotte; **Marinismus** *m.* schwülstiger Stil in der Dichtung (nach G. Marini, 1569–1625)

Marinade *w.* (*frz.*) Beize, würzige Essigsoße zum Einlegen von Fisch, Fleisch usw.; **marinieren** in eine Marinade einlegen

Mariolatrie *w.* (*lat.-gr.*) Marienverehrung; **Mariologie** *w.* (*gr.*) Marienlehre der kath. Kirche

Marionette *w.* (*frz.*) 1. an Drähten bewegte Gliederpuppe; 2. willenloser Mensch

maritim (*lat.*) das Meer und die Seefahrt betreffend

Maritus *m.* (*lat.*) Ehemann, Gatte

Marjell *w.* **Marjellchen** *s.* (*lit.*) 1. Mädchen, Dienstmädchen; 2. in der Literatur Symbolfigur für das vom Lande kommende, in Berlin als Dienstmädchen arbeitende junge Mädchen

markant (*frz.*) 1. einprägsam, ausgeprägt; 2. scharf geschnitten (vom Gesicht)

Marketender *m.*, **Marketenderin** *w.* (*itl.*) frühere Händler oder Händlerin bei der Feldtruppe

Marketerie *w.* (*frz.*) Einlegearbeit in Holz, Marmor u. a.

Marketing *s.* (*engl.*) die absatzfördernden Maßnahmen eines Unternehmens; **Marketing Manager** *m.* (-mänedscher) Marketingleiter

Marker *m.* (*engl.*) 1. Stift zum Markieren; 2. genetisches Merkmal; 3. Merkmal eines sprachlichen Elements (i. d. Sprachwissenschaft)

markieren (*frz.*) 1. kennzeichnen; 2. vortäuschen, so tun, als ob; 3. eine Theaterrolle nur andeuten; **Markierung** *w.* Kennzeichnung; **Markör** *m.* 1. Punktezähler beim Billard; 2. Gerät zum Furchenziehen

Markise *w.* (*frz.*) aufrollbarer Sonnenschutz

Markör = markieren

Marmelade *w.* (*port.*) mit Zucker eingekochte Früchte als Brotaufstrich

Marmor *m.* (*lat.*) kristallinischer Kalkstein; **marmorieren** marmorartig bemalen oder bedrucken; **marmoriert** nach Art des Marmors geädert

Marmotte *w.* (*frz.*) Murmeltier

Marocain = Crêpe marocain

marode (*frz.*) müde, matt, erschöpft; **Marodeur** *m.* (-döhr) plündernder Soldat; **marodieren** plündern

Marone *w.* (*itl.*) 1. Frucht der Edelkastanie; 2. Speisepilz

Maronit *m.* (*arab.*) Mitglied einer im 5. Jh. gegründeten, mit Rom unierten Kirche im Libanon

Maroquin *m.* (marockäng, *frz.*) nordafrikanisches Ziegenleder

Marotte *w.* (*frz.*) Schrulle, verschrobene Angewohnheit

Marquess *m.* (markwis, *engl.*) englischer Adelstitel zwischen Earl und Duke

Marqueur *m.* (-kör, *frz.*) Zahlkellner

Marquis *m.* (marki), **Marquise** *w.* (markis, *frz.*) französ. Adelstitel

Marquisette *w.* (markisett, *frz.*) zarter Gitterstoff, bes. für Gardinen

Marrane *m.* (*hebr.-span.*) span. Schimpfname für die spanischen Juden, die im 15. Jh. zur Taufe gezwungen wurden, ihrem alten Glauben jedoch oft heimlich treu blieben

Mars *m.* (*lat.*) 1. Kriegsgott der Römer; 2. erster Planet außerhalb der Erdbahn

Marsala *m.* (*itl.*) Süßwein aus Sizilien

Marseillaise *w.* (marßäjäs) französ. Nationalhymne, 1792 entstanden (nach der französ. Stadt)

Marshallplan *m.* (marschel-, *engl.*) der von dem amerikan. Außenminister G. C. Marshall entworfene Plan zum Wiederaufbau der im Zweiten Weltkrieg zerstörten europäischen Wirtschaft

Marshmallow *s.* (mahschmelloh, *engl.*) Süßigkeit aus Zucker, Eiweiß und Gelatine, bes. in den USA (nach dem in Sümpfen wachsenden Eibischkraut, aus dessen Wurzel die Süßigkeit ursprüngl. gewonnen wurde)

Marsupialier *m.* (-li'er, *gr.*) Sammelbez. für Beuteltiere

martialisch (*lat.*) kriegerisch, bedrohlich, grimmig

Märtyrer *m.* (*gr.*) 1. jmd., der wegen seines Glaubens oder seiner Überzeugung Verfolgungen und Tod erduldet; 2. Blutzeuge nach der christl. Auffassung; **Martyrium** *s.* Opfertod um des Glaubens oder der Überzeugung willen; **Martyrolog, Martyrologium** *s.* Verzeichnis (und Lebensbeschreibung) der (kath.) Heiligen und Märtyrer sowie ihrer Feste

Marxismus *m.* die von Marx und Engels begründete, den Kapitalismus kritisierende Wirtschafts- und Gesellschaftstheorie, Eigw. **marxistisch**; **Marxismus-Leninismus** *m.* der durch Wladimir I. Lenin weiterentwickelte Marxismus, bes. in der Sowjetunion; **Marxist** *m.* Anhänger des Marxismus

Mary Jane *w.* (märri dschehn, *engl.*) Bez. für Marihuana

Marzipan *s.* (*itl.*) süße weiche Masse aus Mandeln und Zucker

Marzolano *m.* (*itl.*) italien. Strohhut aus dem im März geernteten Sommerweizen

Masar *m.* od. *w.* (*arab.*) Grabmal eines islam. Heiligen

Mascara *w.* (*itl.*) Wimperntusche (die urspr. mit Wasser zu einer Paste verrührt wurde)

Mascarpone *m.* (*itl.*) vollfetter Weißkäse

maschallah! (*arab.*) was Gott will, bestätigende Aussage der Moslems

Maschine *w.* (*frz.*) mechanisches Gerät, das Arbeitsgänge ausführt oder Kraft überträgt; **maschinell** mit der Maschine; **maschinenlesbar** durch Maschinen, bes. Computer, erkennbar (von Zeichen; EDV); **Maschinensprache** *w.* Programmiersprache eines Computers (EDV); **Maschinentheorie** *w.* von René Descartes begründete Auffassung, dass die Körperlichkeit des Menschen einer Maschine entspreche; **Maschinerie** *w.* 1. Gesamtheit von zusammenarbeitenden Maschinen; 2. die technischen Hilfsmittel hinter der Bühne eines Theaters; 3. Vorgänge, in die man nicht eingreifen kann; **Maschinist** *m.* Facharbeiter, der Maschinen bedient und wartet

Maser *m.* (mehser, aus *engl. m*icrowave *a*mplification by *s*timulated *e*mission of *r*adiation) Gerät zur Erzeugung von Mikrowellen

Masette *w.* (*itl.*) Kartenabreißblock mit Perforation (Österreich)

Maskaron *m.* (maskarong, *frz.-itl.*) Gesicht oder Maske als Ornament an Bauten

Maske *w.* (*frz.-arab.*) 1. Schminkraum und Geschminktwerden bei Bühne und Film; 2. Larve, Verhüllung des Gesichts; 3. Schutzvorrichtung für das Gesicht (z. B. beim Fechten und Eishockey); 4. Schablone zur Abdeckung bestimmter Teile während der fotografischen Belichtung; 5. Schablone, die auf dem Computerbildschirm erscheint, um Daten einzutragen (EDV); 6. Täuschung, Verstellung; **Maskerade** *w.* 1. Verkleidung; 2. Maskenfest, Mummenschanz; 3. Heuchelei; **maskieren** verdecken, verkleiden; **sich maskieren** sich unkenntlich machen; **Maskierung** *w.* 1. das Maskieren; 2. Tarnung von Tieren; 3. Farb- und Tonwertkorrektur bei der Reproduktion von Fotos

Maskotte *w.*, **Maskottchen** *s.* (*frz.*) Talisman, Glück bringender Gegenstand

maskulin (*lat.*) männlich; **Maskulinum** *s.* Sprachlehre: männliches Hauptwort (*Mz.* Maskulina)

Masochismus *m.* 1. süßes Leiden; 2. sexuelle Lust durch vom Partner zugefügte körperliche Schmerzen; **Masochist** *m.* jmd., der (sexuelle) Lust im Leiden findet, Eigw. **masochistisch** (nach dem österreich. Schriftsteller L. v. Sacher-Masoch, 1836–1895)

Massa *m.* (aus *engl.* master) Bez. für Herr durch schwarze Sklaven in den USA

Mass-Action *w.* (mahßäkschen, *engl.*) unspezifische Reaktion auf äußere Reize (bei Tieren und Säuglingen)

Massage *w.* (massasche, *frz.*) 1. Heilbehandlung des Körpers oder einzelner Muskelpartien durch fachgerechtes Reiben, Kneten usw.; 2. heftige Abreibung, Schlägerei (Jj.); **Massagesalon** *m.* 1. frühere Bez. für den Arbeitsplatz eines Masseurs; 2. als Massagepraxis getarntes Bordell; **Masseur** *m.*, **Masseurin** *w.* (-söhr) jmd., der berufsmäßig das Massieren ausübt; **Masseuse** *w.* Prostituierte in einem Massagesalon (2.)

Massaker *s.* (*frz.*) Gemetzel, Blutbad; **massakrieren** niedermetzeln, ein Blutbad anrichten

Masse *w.* (*lat.*) 1. Vielzahl von Menschen; 2. Grundgröße der Mechanik

Massel *m.* (*hebr.*) Glück, Dusel

massieren (*frz.*) 1. mit Massagen behandeln; 2. anhäufen, zusammendrängen

massiv (*frz.*) 1. dicht, fest; 2. durch und durch aus einem Material (z. B. Holz, Gold); 3. bedrohlich, bedrängend; **Massiv** *s.* Gebirgsstock; **Massivität** *w.* Nachdruck, Wucht, Derbheit

Mass-Reaction = Mass-Action

Master *m.* (*engl.*) 1. akadem. Grad an deutschen, engl. und amerik. Hochschulen; 2. engl. Anrede für jungen Herrn; 3. Leiter einer Parforcejagd; 4. Leiter einer Unterhaltungssendung, Showmaster; **Masterplan** *m.* 1. Strategie, Vision; 2. durch einzelne Schritte und Meilensteine markierter Plan zur Umsetzung einer Strategie; **Master-Slave-System** *s.* (-slehf-) Computernetz, bei dem ein Rechner alle anderen steuert, heute weitgehend durch Client-Server-Systeme ersetzt (EDV); **Masterslice-Technik** (-sleiß-) Herstellungstechnik für Mikrochips mit mehreren Schaltkreisen (EDV)

Mastiff *m.* (*engl.*) englische Dogge

Mastigophoren *Mz.* (*gr.*) Geißeltierchen

Mastik *m.* (*frz.*) Kittart; **Mastikator** *m.* Knetmaschine

Masto-, masto- (*gr.*) als Wortteil: Brust, Brustwarze

Mastitis *w.* (*gr.*) Brustdrüsenentzündung

Mastix *m.* (*gr.*) Harz des Mastixbaums, das für Lacke, Pflaster u. a. verwendet wird

Mastodon *s.* (*gr.*) urzeitlicher Riesenelefant; **Mastodynie** *w.* Spannungsschmerz und Schwellung der weiblichen Brust (vor der Regel); **mastoid** einer Brustwarze ähnlich

Masturbation *w.* (*lat.*) Onanie, sexuelle Selbstbefriedigung, Ztw. **masturbieren**

Masurka = Mazurka

Masut *s.* (*russ.*) bei der Eröldestillation entstehender Rückstand, der als Heizmaterial verwendet wird

Matador *m.* (*span.*) 1. Stierkämpfer, der dem Stier den Todesstoß gibt; 2. höchster Trumpf im Kartenspiel; 3. Hauptperson, treibende Kraft

Match *s.* (mätsch, *engl.*) Wettspiel; **Matchball** *m.* Aufschlagball im Tennis, der das Spiel entscheidet; **Matched Group** *w.* (– gruhp) in bestimmten Merkmalen übereinstimmende Gruppe (z. B. für psychol. Tests); **Matched Samples** *Mz.* (– sämpls), **Matching** *s.* Verfahren in der empirischen (Sozial-)Forschung, wo Simultanmessungen an einer Kontroll- und einer Experimentalgruppe vorgenommen werden

Mate *m.* (*indian.*) südamerikanischer Tee aus getrockneten Blättern des Matebaums

Matelassé *m.* (matlasseh, *frz.*) zweiseitiges reliefartiges Seidengewebe

Matelot *m.* (matlo, *frz.*) runder Hut mit aufgerollter Krempe; **Matelote** *w.* 1. Fischragout; 2. Matrosentanz

Mater *w.* (*lat.*) Matrize

Mater dolorosa *w.* (*lat.*) Schmerzensmutter, Pietà in der bildenden Kunst; **Materfamilias** *w.* Hausherrin, Gattin des Paterfamilias im antiken Rom

Material *s.* (*lat.*) Stoff, Rohstoff, Hilfsmittel, Unterlagen, Belege

Materialisation *w.* (*lat.*) Verstofflichung, Verkörperung; **materialisieren** 1. verstofflichen; 2. in Materie umwandeln (von Strahlungsenergie); 3. zu einer körperlichen Erscheinung werden (in der Parapsychologie); **Materialismus** *m.* philosoph. Lehre, die die Gesamtheit des Wirklichen als Erscheinungsform oder Auswirkung der Materie versteht; **Materialist** *m.* 1. Anhänger des Materialismus; 2. jmd., der den Besitz materieller Güter über alles stellt, Eigw. **materialistisch**; **Materialität** *w.* Stofflichkeit, Körperlichkeit

Materie *w.* (-ri'e, *lat.*) 1. Stoff, Substanz; 2. Gegenstand einer Abhandlung, Thema; 3. die vom menschlichen Bewusstsein unabhängig vorhandene Wirklichkeit; **materiell** 1. stofflich, körperlich; 2. auf Besitz bedacht; 3. finanziell, wirtschaftlich

matern (*lat.*) mütterlich; **Maternal Distress** *s.* (mätornel, *engl.*) Sammelbez. für Gefährdungen einer Mutter während und nach der Geburt; **Maternität** *w.* (*lat.*) Mutterschaft

Mathematik *w.* (*gr.*) Wissenschaft von den Zahlen- und Raumgrößen, Eigw. **mathematisch**; **Mathematiker** *m.* Wissenschaftler auf dem Gebiet der Mathematik; **mathematisieren** etwas mathematisch formulieren

Matinee *w.* (*frz.*) künstlerische Veranstaltung am Vormittag

Matjeshering *m.* (*niederl.*) junger gesalzener Hering

Matratze *w.* (*arab.-itl.*) Bettpolster

Mätresse *w.* (*frz.*) Geliebte, deren Unterhalt der Liebhaber trägt

Matriarchat *s.* (*gr.-lat.*) mutterrechtlich organisierte Gesellschaftsform, Erbfolge durch die Mutter, Eigw. **matriarchal, matriarchalisch**

Matrikel *w.* (*lat.*) 1. Studentenverzeichnis an Hochschulen; 2. Personenstandsregister in Österreich

matrilineal, matrilinear (*lat.*) in mütterlicher Erbfolge, mutterrechtlich; **matrilokal** am Wohnsitz der Familie der Frau; **Matrilokalität** *w.* die Übersiedlung des Bräutigams an den Wohnsitz der Brautfamilie; **matriomonial, matriomoniell** ehelich, die Ehe betreffend; **Matriomonium** *s.* Ehe

Matrix *w.* (*lat.*) 1. Keimschicht (z. B. Haarmatrix in der Haarzwiebel), Hülle der Chromosomen, Krallenbett der Wirbeltiere; 2. Zahlenschema in Rechteckform; 3. Grundmasse in Ergussgesteinen; 4. Raster, Muster von in Zeilen und Spalten angeordneten Bildpunkten, Punktmatrix (EDV)

Matrize *w.* (*frz.*) Grußform für Druckbuchstaben, Negativform, Hohlform, im Ggs. zu Patrize

Matrone *w.* (*lat.*) ältere, gesetzte, füllige Frau von mütterlichem Aussehen

Matroschka *w.* bauchige bemalte Holzpuppe, in deren Inneren weitere Püppchen ineinandergesetzt sind; Puppe(n) in der Puppe

Matrose *m.* (*niederl.*) Mitglied einer Schiffsbesatzung

matsch (*itl.*) 1. mürbe, schlapp, besiegt; 2. ohne Stich (im Kartenspiel); **Matt** *s.* (*arab.*) Niederlage beim Schach, weil man den König nicht verteidigen kann; **Mattsche** *w.* Aussetzer, Blackout (Jj.)

Matter of Fact *s.* (mätter of fäkt, *engl.*) selbstverständliche Tatsache

mattieren (*frz.*) glanzlos machen (z. B. Holz)

Matura *w.* (*lat.*) Reifeprüfung, Abitur; **Maturant** *m.* jmd., der die Reifeprüfung gerade gemacht hat

Matze *w.* (*hebr.*) das ungesäuerte Osterbrot der Juden

Maureske *w.* (*frz.-itl.*) arabisches Flächenornament in Form streng stilisierter Pflanzenformen und Linien, das in die europ. Kunst übernommen wurde

mauscheln (*Rotwelsch-hebr.*) 1. beim Kartenspiel betrügen, schummeln; 2. geheime Vorteile aushandeln; 3. jiddisch sprechen; 4. nuscheln

Mausklick *m.* (*engl.*) schnelles Anklicken und Wiederloslassen der Maustaste zur Auslösung von Programmfunktionen (EDV)

Mausoleum *s.* (-le'um, *gr.*) monumentaler Grabbau

Mauspad *s.* (-päd, *engl.*) spezielle Unterlage, auf der man die Maus bewegt (EDV)

mauve (mohw, *frz.*) malvenfarbig, grauviolett

maxi (*lat.*) knöchellang (von der Rocklänge); **maximal** höchst; **Maxime** *w.* (*lat.-frz.*) Prinzip, Grundsatz, Lebensregel; **Maximum** *s.* Höchstmaß, Höchstwert; **maximieren** das Maximum anstreben, Hptw. **Maximierung** *w.*; **Maxisingle** *w.* (-singl, *engl.*) Single-Schallplatte in Langspielplattenlänge

Maya *w.* (*altind.-sanskr.*) in der indischen Philosophie die Erscheinungswelt als Trugbild, das die Wahrheit verbirgt; **Maya** *Mz.* indianisches Volk Mittelamerikas und dessen Sprache

Mayday (mehdeh, *engl.*) internationaler Notruf (vermutlich von m'aidez [mähdeh, *frz.*] = helft mir)

Mayonnaise *w.* (majonnäse, *frz.*) kalte gewürzte Soße aus Eigelb und Öl

Mayor *m.* (mehjer, *engl.*) englischer Bürgermeister

Mäzen *m.* Kunstfreund, freigebiger Förderer der Künstler (nach Maecenas, dem Förderer des röm. Dichters Horaz, 65 v. Chr. – 8 n. Chr.)

Mazerat *s.* (*lat.*) Kaltwasserauszug, bes. aus Pflanzen; **Mazeration** *w.* Auslaugung durch Wasser von pflanzlichem, tierischem und menschlichem Gewebe, Ztw. **mazerieren**

Mazis *m.* (*frz.*) Muskatblüte

Mazurka, Masurka *w.* polnischer Tanz

mb, mbar = Millibar

Mb, Mbit = Megabit

MB, MByte = Megabyte

MBI, MBO = Management

Mc-Job *m.* (*Kunstwort, engl.*) schlecht bezahlter Job mit wenig Ansehen

Mdm. = Madam

mea culpa (*lat.*) durch meine Schuld

mea res agitur (*lat.*) es geht um meine Sache

Mechanik *w.* (*gr.*) 1. Wissenschaft vom Gleichgewicht und von der Bewegung der Körper unter dem Einfluss von Kräften; 2. Maschinenkunde; 3. Mechanismus, Triebwerk, Getriebe; **Mechaniker** *m.* Facharbeiter für Maschinen, Feinschlosser; **Mechanikus** *m.* geschickt mit mechanischen Dingen umgehend (scherzh.); **mechanisch** 1. auf die Mechanik bezogen, den Gesetzmäßigkeiten der Mechanik entsprechend; 2. gewohnheitsmäßig, zwangsläufig, unbewusst; 3. durch äußere Kräfte bedingt; **mechanisieren** auf Maschinenarbeit umstellen, Hptw. **Mechanisierung** *w.*; **Mechanismus** *m.* 1. Triebwerk, Getriebe; 2. unwillkürlich verlaufende Reaktion, selbsttätiger Vorgang; **mechanistisch** alles Geschehen auf mechanische Abläufe zurückführend; **Mechatronik** *w.* (aus *engl. mecha*nics und elec*tronic*) interdisziplinäres Gebiet der Feinmechanik, das sich mit einer Mischung aus Mechanik, Elektronik und Elektrik beschäftigt

Medaille *w.* (medalje, *frz.*) Gedenkmünze, Siegespreis in Form einer Geldmünze; **Medailleur** *m.* (-jör) Medaillendesigner und -hersteller; **Medaillon** *s.* (-jong) 1. Schmuckkapsel zum Umhängen; 2. rundes Bildnis; 3. Scheibe vom Filet

Media *Mz.* (*lat.*) 1. stimmhafte Verschlusslaute (z. B. *b, d, g*); 2. Teil der Gefäßwand (z. B. von Arterien und Venen)

medial (*lat.*) 1. nach der Körpermitte hin gelegen; 2. sich zum Medium eignend; 3. die (Massen-)Medien betreffend

Mediaman *m.* (*engl.*) Werbefachmann der für Auswahl und Einsatz von Werbemitteln zuständig ist

median (*lat.*) in der Mitte liegend; **Medianebene** *w.* Ebene, die den menschlichen Körper in zwei gleiche Hälften teilt

Mediation *w.* (*lat.*) Vermittlung zwischen Staaten; **mediatisieren** 1. eine Herrschaft aus der Reichsunmittelbarkeit in Landeshoheit überführen (z. B. die früheren Reichsstädte); 2. durch den Einsatz von modernen Medien verändern (z. B. eine Sängerstimme); **Mediator** *m.* 1. Schlichter, Vermittler; 2. hormonähnlicher Wirkstoff

mediäval (*lat.*) mittelalterlich; **Mediäval** *w.* Antiquaschriftart; **Mediävist** *m.* Kenner des Mittelalters; **Mediävistik** Wissenschaft vom europäischen Mittelalter

media in vita in morte sumus (*lat.*) mitten wir im Leben sind von dem Tod umfangen, von Martin Luther übersetzte Antiphon

medias in res (*lat.*) mitten hinein, ohne Umschweife zur Sache

Medien *Mz.* (-di'e-, *lat.*) 1. Mz. von Medium; 2. Massenkommunikationsmittel zur Verbreitung von Nachrichten, Meinung,

Unterhaltung durch Zeichen und Bilder, in engerem Sinne: die Massenmedien Presse, Film, Funk, Fernsehen; **Medienbartering** *s.* (*lat.-engl.*) Produktion von Fernsehprogrammen durch Industriekonzerne als Kompensationsgeschäft; **Medienkonzern** *m.* Konzern multimedialer Unternehmen; **Medienkritik** *w.* kritische Auseinandersetzung mit Produkten, Einsatz und Wirkung von Massenmedien; **Medienverbund** *m.* Kombination und Einsatz verschiedener Kommunikationsmittel

Medikament *s.* (*lat.*) Heilmittel, Arzneimittel; **medikamentös** mit Hilfe von Arzneimitteln; **Medikation** *w.* Arzneiverordnung; **Medikus** *m.* Arzt (scherzh.)

medio (*lat.*) in der Mitte; **Mediowechsel** *m.* in der Monatsmitte zahlbarer Wechsel

Medina *w.* (*arab.*) 1. Altstadt nordafrik. Städte; 2. (*jidd.*) Stadt

medioker (*lat.*) mittelmäßig; **Mediokrität** *w.* Mittelmäßigkeit

Mediothek, Mediathek *w.* (*lat.-gr.*) Sammlung audiovisueller Medien

Medisance *w.* (medisangß, *frz.*) üble Nachrede, boshafter Klatsch

Meditation *w.* (*lat.*) 1. Betrachtung, innere Versenkung; 2. geistig-religiöse Übung im Buddhismus; **meditieren** 1. nachsinnen, sich versenken; 2. Meditation ausüben

mediterran (*lat.*) mittelmeerländisch; **Mediterranflora** *w.* Pflanzenwelt des Mittelmeerraums

medium (mih-, *engl.*) 1. mittelgroß (von Kleidergrößen, Abk. M); 2. halb durchgebraten (von Fleisch)

Medium *s.* (*lat.*) 1. Stoff, in dem sich ein physikalischer oder chemischer Vorgang abspielt; 2. Person mit vermittelnden Kräften zum Übersinnlichen (Parapsychologie); 3. Unterrichtshilfsmittel; 4. ein Massenmedium

Medius *w.* (*lat.*) Mittelfinger

Medizin *w.* (*lat.*) 1. Wissenschaft von den Krankheiten, Heilkunde; 2. Heilmittel; **medizinal** die Medizin betreffend, zu ihr gehörend; **Medizinball** *m.* schwerer Lederball für medizinisch angesagte Übungen; **Mediziner** *m.* 1. Arzt; 2. Medizinstudent; **medizinisch** heilkundlich; **Medizinmann** *m.* Zauberer und Priester bei Naturvölkern, Schamane

Medley *s.* (meddli, *engl.*) Zusammenstellung, Potpourri, bes. von beliebten Titeln der Unterhaltungsmusik

Medoc *m.* französ. Rotwein (nach der französ. Landschaft Médoc)

Medrese, Medresse = Madrassa

Medulla *m.* (*lat.*) Mark, Rückenmark

Medusa, Meduse *w.* (*gr.*) weibliches Ungeheuer der griech. Sage, dessen Blick in Stein verwandelt; **Medusen** *Mz.* Quallenart

meeten (mihten, *engl.*) einen Geschäftstermin wahrnehmen, sich treffen; **Meeting** *s.* Zusammenkunft, öffentliches geschäftliches oder sportliches Treffen; **Meetinghouse** *s.* (-haus) Gebetshaus der Quäker; **Meetingpoint** *m.* öffentlich eingerichteter Treffpunkt auf Flughäfen und Bahnhöfen

mefitisch (*lat.-itl.*) schweflig stinkend, verpestend

Mega(lo)-, mega(lo)- (*gr.*) als Wortteil: sehr groß; vor Maßeinheiten: das Millionenfache

Megabit *s.* (*gr.-engl.*) ca. eine Million Bit (Abk. Mb, Mbit); **Megabyte** *s.* 1024 Kilobyte (Abk. MB, MByte; EDV); **Megachip** *s.* Chip mit einer Speicherkapazität von ca. 1 Mio. Bit; **Megadeal** *m.* (-dihl) Riesengeschäft, das ganz große Ding (umg.); **mega-in** (mega'in) absolut modern, modisch, gefragt; **Megalenzephalie, Megaloenzephalie,** *w.* abnorme Vergrößerung des Gehirns

Megalith *m.* (*gr.*) vorgeschichtlicher Riesensteinblock; **Megalithgrab** *s.* Hünengrab; **megalithisch** aus der Jungsteinzeit stammend

Megalomanie *w.* (*gr.*) Größenwahn, Eigw. **megalomanisch, megaloman**; **Megalopole, Megalopolis** *w.* Riesenstadt; **Megalozyt** *m.* **Megalozyte** *w.* abnorm großes rotes Blutkörperchen

Megaohm *s.* (*gr.-dt.*) eine Million Ohm

mega-out (-aut, *gr.-engl.*) absolut unmodern (umg.)

Megaphon, Megafon *s.* (*gr.*) mobiler Lautsprecher

Megäre *w.* (*gr.*) die Neidische der drei

Erinnyen in der griech. Mythologie, rachsüchtige, unversöhnliche Frau

Megaron *s.* (*gr.*) altgriechisches Haus mit großem Raum und Vorhalle

Megastar *m.* (*gr.-engl.*) weltweit berühmter und gefeierter Star

megatherm (*gr.*) wärmebedürftig (von Pflanzen)

Megavolt *s.* (*gr.*) eine Million Volt (Abk. MV); **Megawatt** *s.* eine Million Watt (Abk. MW)

Mehndi *s.* (*Hindi*) ornamentale, hennafarbene Hautmalerei (z. B. auf den Händen der Frau), die mit feinem Pinsel aufgetragen wird

Mekka *s.* (*arab.*) 1. heilige Stadt des Islam; 2. für eine bestimmte Leidenschaft oder Tätigkeit attraktiver Ort (z. B. ein Mekka der feinen Küche)

Melan-, melan- (*gr.*) als Wortteil: schwarz

Melancholie *w.* (*gr.*) Schwermut, Trübsinn; **Melancholiker** *m.* jmd., der zu Schwermut neigt; **melancholisch** schwermütig, traurig, trübsinnig

Melange *w.* (melangsch, *frz.*) 1. Mischung; 2. Milchkaffee in Österreich

Melanin *s.* (*gr.*) dunkler Farbstoff in Haut, Haaren, Federn, Schuppen; **Melanit** *m.* dunkelgrüner bis schwarzer Granat; **Melano** *m.* Tier mit starker Schwarzpigmentierung, im Ggs. zu Albino

Melanom *s.* (*gr.*) bösartige dunkle Pigmentgeschwulst

Melanzane, Melanzani *Mz.* (*itl.*) Auberginen (Österreich)

Melasma *s.* (*gr.*) Hautkrankheit, bei der sich schwärzliche Flecken bilden

Melasse *w.* (*span.-frz.*) Rückstand bei der Zuckergewinnung

melieren (*frz.*) sprenkeln, (aus verschiedenen Farben) mischen; **meliert** gesprenkelt, mischfarben, von Haaren: angegraut

Melioration *w.* (*lat.*) Verbesserung des Bodens, Ztw. **meliorieren**

melisch (*gr.*) liedhaft; **Melisma** *s.* melodische Verzierung in der Musik, Koloratur (*Mz.* Melismen); **melismatisch** in verzierter Melodieführung; **Melismatik** *w.* verzierter Melodiestil

Melisse *w.* (*gr.*) Bienenkraut, Heilpflanze

Mellah *s.* (viell. *arab.*) Bez. für das jüdische Viertel in arabischen Städten

mellow (melloh, *engl.*) locker, cool (Jj.)

Melodie *w.* (*gr.*) liedhafte Tonfolge; **Melodik** *w.* 1. Wohlklang; 2. Lehre von Bildung und Bau einer Melodie; **melodisch, melodiös** sangbar, wohlklingend; **Melodrama** *s.* 1. Mischgattung aus Schauspiel und (untermalender) Musik, seit dem 18. Jh.; 2. Rührstück, Eigw. **melodramatisch**

Melograph, Melograf *m.* (*gr.*) Notenschreibmaschine, Tonhöhenschreiber; **Melomanie** *w.* Musikbesessenheit

Melone *w.* (*gr.-lat.*) 1. kürbisartige Frucht; 2. runder steifer Hut (Bowler); 3. Kopf (umg.)

Melophon *s.* (*gr.*) sehr großes Akkordeon; **Melopöie** *w.* Lehre von der Melodiebildung; 2. die Kunst, ein Melos (1.) zu verfertigen (im antiken Griechenland); **Melos** *s.* 1. Melodie, Gesang, Lied; 2. Sprachmelodie

Melpomene *w.* (*gr.*) griech. Muse des Trauerspiels

Melton *s.* (melten) dunkler, tuchartiger Herrenanzugsstoff für Gesellschaftskleidung (nach der engl. Stadt Melton Mowbray)

Member of Parliament *s.* (– pahle-, *engl.*) Mitglied des engl. Unterhauses (Abk. M. P.)

Membran, Membrane *w.* (*lat.*) 1. dünnes Häutchen; 2. schwingungsfähiges Plättchen (z. B. im Lautsprecher)

Membrum *s.* (*lat.*) Körperglied

Memento *s.* (*lat.*) Erinnerung, Mahnung; **Memento mori** gedenke des Todes, Gegenstand oder Ereignis, das an den Tod gemahnt

Memo = Memorandum

Memoire *s.* (memoahr, *frz.*) Eingabe, Denkschrift; **Memoiren** *Mz.* Erinnerungen, Lebenserinnerungen; **Memorabilien** *Mz.* (-li'en) Denkwürdigkeiten, Erinnerungen; **Memorandum** *s.* 1. Merkzettel; 2. Denkschrift, Stellungnahme; **Memorial** *s.* (mimohri'el, *engl.*) 1. Denkmal; 2. Veranstaltung zum Gedenken an einen Toten; **memorieren** (*lat.*) auswendig lernen, wiederholen

Memory *s.* (*Wz., engl.*) 1. Kinder- und

Gesellschaftsspiel; 2. Speicher im Computer; **Memory Stick** *m.* Speichermedium mit mehr als 10 Gigabyte, das an die USB-Schnittstelle angeschlossen wird (EDV)

Memphis 1. *m.* Gesellschaftstanz der 1960er Jahre, bes. in den USA (nach der US-amerik. Stadt Memphis); 2. *o. A.* Name einer 1980 in Mailand gegr. Gruppe von Designern

Menage *w.* (menahsch, *frz.*) 1. kleines Tischgestell für Essig, Öl, Pfeffer, Salz; 2. Truppenverpflegung (Österreich); **Menage-à-trois** *w.* (-troa) Dreiecksverhältnis

Menagerie *w.* (menahscherih, *frz.*) Tierschau, Tiergehege

Menarche *w.* (*gr.*) erste Menstruation

Mendelismus *m.* die Vererbungsregeln Gregor Mendels, 1822–1884

Mendikant *m.* (*lat.*) Bettelmönch

Menestrel *m.* (*frz.*) altprovenzal. Spielmann

Menetekel *s.* (*aram.*) Warnzeichen, Ankündigung drohenden Unheils (nach der im Alten Testament erwähnten Geisterschrift, die dem babylonischen König Belsazar seinen Sturz weissagte)

Menhir *m.* (*breton.*) aufrecht stehender, unbehauener langer Stein, Hünenstein

Menin *m.* (meneng, *frz.*) mit dem Dauphin zusammen erzogener Sohn eines Adligen; **Menine** *w.* Gesellschaftsdame einer Prinzessin

Meningiom *m.* (*gr.*) Hirnhautgeschwulst; **Meningitis** *w.* Gehirnhautentzündung; **Meningokokke** *w.* bakterieller Erreger der epidemischen Hirnhautentzündung

Meniskus *m.* (*gr.*) scheibenförmiger Zwischenknorpel im Kniegelenk

Menjoubärtchen *s.* (mengdschuh-) gestutzter Oberlippenbart (nach dem US-amerik. Schauspieler Adolphe Menjou, 1890–1963)

Mennig *m.*, **Mennige** *w.* (*lat.*) rotes Bleioxid, Schutzfarbe gegen Rost

Mennonit *m.* Anhänger einer freikirchlichen evang. Glaubensgemeinschaft, bes. in den USA (nach Menno Simons, einem Führer der Wiedertäufer im 16. Jh.)

meno (*itl.*) Musik: weniger, nachlassend

Menopause *w.* (*gr.-lat.*) Ende der weiblichen Periode in den Wechseljahren; **Menorrhöe** *w.* Monatsblutung

Menora *w.* (*hebr.*) Leuchter des jüdischen Kults mit 7 oder 8 Armen

Mensa *w.* (*lat.*) 1. steinerne Platte des kath. Altars; 2. Hochschulkantine

Menschewik *m.* (*russ.*) Mitglied der russ. sozialdemokratischen Partei, Anhänger des Menschewismus; **Menschewismus** *m.* gemäßigte Richtung des russischen Sozialismus

Menses *Mz.* (*lat.*) Monatsblutung

mens sana in corpore sano (*lat.*) gesunder Geist im gesunden Körper (aus den Satiren des altröm. Dichters Juvenal)

Menstruation *w.* (*lat.*) Monatsblutung, Ztw. **menstruieren**

Mensur *w.* (*lat.*) 1. der Abstand, den die beiden Partner beim Fechten einhalten müssen; 2. verschiedene Maßverhältnisse an Musikinstrumenten; 3. studentischer Zweikampf mit scharfen Waffen; 4. Messglas, Messzylinder; **mensurabel** messbar, Hptw. **Mensurabilität** *w.*; **mensural** dem Messen dienend; **Mensuralnotation** *w.* im 13. Jh. entwickelte Notenschrift, die zum ersten Mal Ton- und Pausendauer angab

mental (*lat.*) 1. geistig, im Geiste; 2. Verstand, Denkvermögen und Psyche betreffend; **Mentalität** *w.* geistige Einstellung; **Mentalsuggestion** *w.* Gedankenübertragung

Mentee *m.* (-tih, *engl.*) Schützling, Betreuter, jmd., der einen Mentor hat

Mentha *w.* (*lat.*) Minze; **Menthol** *s.* aromatischer Bestandteil des Pfefferminzöls

Mentizid *m.* od. *s.* (*lat.-engl.*) Gehirnwäsche, seelisch-mentale Folter

Mentor *m.* (*gr.*) 1. Ratgeber, Anreger, väterlicher Freund; 2. Pädagoge, der Studenten und Referendare im Schulpraktikum betreut

Mentum *s.* (*lat.*) 1. menschl. Kinn; 2. Teil der Unterlippe von Insekten

Menü *s.* (*frz.*) 1. Speisenfolge; 2. auf dem Bildschirm erscheinende Übersicht eines Computerprogramms (EDV); **Menüladen** *m.* Verkaufsstelle für Fertiggerichte in der DDR

Menuett *s.* (-nu'e-, *frz.*) alter französischer Hoftanz

Mephisto, Mephistopheles *m.* der Teufel im Sinne des geistig überlegenen, zynischen Verführers; **mephistophelisch** teuflisch

Merchandising *s.* (mörtschendeising, *engl.*) alle Werbemaßnahmen und Artikel, die der Verkaufsförderung eines Produkts dienen (z. B. T-Shirt, Taschen, Kugelschreiber, Spiele u. a.)

merci! (merßi, *frz.*) danke!

merde! (*frz.*) Scheiße!

Meridian *m.* (*lat.*) Mittagskreis, Längenkreis (gedachter Kreis auf der Erdkugel und am Himmel, der durch beide Pole läuft); **meridional** auf den Meridian bezüglich

Meringe, Meringel, Meringue *w.* (*frz.*) Gebäck aus Eischnee und Zucker, Schaumgebäck

Merino *m.* (*span.*) 1. Schaf mit feiner Wolle; 2. glänzender, geköperter Stoff aus Merinowolle

Meriten *Mz.* (*lat.*) Verdienste; **Meritum** *s.* das Verdienst

merkantil (*lat.*) kaufmännisch, den Handel betreffend; **Merkantilismus** *m.*, **Merkantilsystem** *s.* Wirtschaftspolitik zur Zeit des Absolutismus mit dem Ziel, Industrie und Außenhandel zu fördern und dadurch die Macht des Staates zu stärken; **Merkantilist** *m.* Anhänger des Merkantilismus; **merkantilistisch** auf dem Merkantilismus beruhend

Merkur *m.* (*lat.*) 1. römischer Gott des Handels, Götterbote; 2. der kleinste und sonnennächste Planet; **Merkur** *s.* alchimistische Bezeichnung für Quecksilber; **Merkurialismus** *m.* Quecksilbervergiftung

Merlan *m.* (*frz.*) Schellfischart, Wittling

Merlette *w.* (*lat.-frz.*) die Darstellung eines kleinen Vogels ohne Füße und Schnabel auf Wappen

Merlin *m.* (*engl.*) Zwergfalkenart, Wintergast in Mitteleuropa

Merlin *m.* (*frz.*) Zauberer (nach der Gestalt des Merlin in der Artussage)

Merlot (-loh, *frz.*) 1. *w.* hochwertige Traubensorte; 2. *m.* tiefroter Rotwein aus der Merlottraube

Merogamie *w.* (*gr.*) Form der geschlechtlichen Vereinigung von Gameten, wobei die aus Zwei- und Vierteilung hervorgegangenen Gameten verschmelzen; **Merogonie** *w.* im Experiment erfolgte Besamung kernloser Teilstücke des Eis; **Merozele** *w.* Schenkelbruch

Merveilleux *m.* (merwäijöh, *frz.*) atlasartige Futterseide

Merzerisation *w.* Verfahren, Baumwolle Seidenglanz zu geben, Ztw. **merzerisieren** (nach John Mercer, 1791–1866)

Mesalliance *w.* (mäsaljangß, *frz.*) nicht standesgemäße Beziehung oder Heirat

meschant (*frz.*) böse, boshaft

meschugge (*hebr.*) verrückt, überspannt

Mesencephalon *s.* (*gr.*) Mittelhirn

Mesh *s.* (*engl.*) Netzstoff, grobmaschiges Gewebe, bes. für Damenoberbekleidung

Meskal *m.* (*mexik.*) aus Agavenblättern bereiteter Branntwein; **Meskalin** *s.* Gift eines mexikanischen Kaktus, Rauschmittel

Mesmerismus *m.* Lehre Franz Mesmers (1734–1815) von der heilenden Wirkung des Magnetismus

Mesner = Messner

Meso-, meso- (*gr.*) als Wortteil: mittlere, in der Mitte

Mesoblast, Mesoderm *s.* (*gr.*) mittleres Keimblatt des Embryos von Wirbeltieren und Menschen, Eigw. **mesodermal**

Mesogastrium *s.* Mittelbauchgegend; 2. Magengekröse

Mesolithikum *s.* (*gr.*) die mittlere Steinzeit, Eigw. **mesolithisch**

Mesomerie *w.* Resonanz, liegt vor, wenn eine einzige Strukturformel ein Molekül mit Doppelbindung nicht befriedigend darstellen kann (z. B. das Benzolmolekül), Eigw. **mesomer**

Mesonen *Mz.* (*gr.*) instabile Elementarteilchen

Mesophyt *m.* (*gr.*) mäßig feuchte Böden bevorzugende Pflanzen; **Mesosphäre** *w.* Schicht der Erdatmosphäre in ca. 50–80 km Höhe; **Mesotes** *w.* nach Aristoteles die richtige Mitte zwischen einem Zuwenig und einem Zuviel (z. B. Tapferkeit als Mitte zwischen Feigheit und Verwegenheit); **Mesozephalie** *w.* mittelhohe Kopfform, Eigw. **mesozephal**; **Mesozene** *w.* mittlere Zone der Erdkruste; **Mesozoikum** *s.* (-zo'i-) mittleres Erdzeitalter, Eigw. **mesozoisch**; **Mesozoon** *s.* (-zo'on) Tier zwischen Ein- und Vielzeller

Message *w.* (messidsch, *engl.*) Botschaft, Mitteilung, Meldung, Nachricht

Messe *w.* (*lat.*) 1. Liturgie der kath. Kirche, Gottesdienst mit Eucharistie; 2. Vertonung der liturgischen Teile der kath. Messe; 3. große Verkaufsausstellung von Waren

Messe *w.* (*engl.*) Aufenthalts- und Speiseraum von Schiffsbesatzungen

Messie *m.* (*engl.*) jmd., der zwanghaft seine Wohnung in einen chaotischen Zustand versetzt

Messias *m.* (*hebr.*) 1. der im Alten Testament verheißene Erlöser; 2. im Neuen Testament Beiname für Jesus Christus; **messianisch** auf den / einen Messias bezogen; **Messianismus** *m.* Glaube an das Kommen eines Messias

Messidor *m.* (*frz.*) der zehnte Monat im Kalender der Französischen Revolution (19. Juni bis 18. Juli)

Messner, Mesner, Mesmer *m.* (*lat.*) Kirchendiener, Messdiener

Mestize *m.* (*span.*) Nachkomme eines weißen und eines indianischen Elternteils

mesto (*itl.*) Musik: traurig, ernst

Meta-, meta- (*gr.*) als Wortteil: zwischen, jenseits, hinter, nach, ver-

Metaästhetik *w.* philos. Reflexion der ästhetischen Theorie, ihrer Begriffe und Methoden; **Metabasis** *w.* im logischen Beweis unzulässiger Übergang in einen anderen Bereich, Gedankensprung; **Metabiont** *m.* Lebewesen, das durch seinen Stoffwechsel anderen Lebewesen die Voraussetzungen schafft; **Metabiose** *w.* Zusammenleben zweier Lebewesen, bei dem nur ein Teil Vorteile daraus zieht; **Metabole** *w.* unerwarteter Wechsel in Satzbau, Wortwahl und Stil (eines Textes); **metabolisch** veränderlich, zum Stoffwechsel gehörig; **Metabolismus** *m.* Stoffwechsel; **Metabolit** *m.* eine für den Stoffwechsel unabdingbare Substanz (z. B. Enzym, Hormon u. a.); **Metachronismus** *m.* irrtümliche Einordnung in eine spätere Zeit; **Metadaten** *Mz.* Daten(angaben) über Daten (z. B. Dateiname, Zugriffsrecht, Datum der Änderung u. Ä. zu einer Datei; EDV); **Metafile** *w.* Metadatei, eine Datei, die andere Dateien enthält (EDV); **Metagalaxis** *w.* hypothetisches Sternsystem, dem viele Galaxien angehören sollen; **Metagenese** *w.* Generationswechsel zwischen geschlechtlicher und ungeschlechtlicher Fortpflanzung; **Metageschäft** *s.* (*itl.*) Geschäft mit gleichem Gewinn und Verlust für die beteiligten Partner, die Metisten; **Metagnomie, Metagnostik** *w.* (*gr.*) parapsychologisch begründetes Erkenntnisvermögen, das über die rational erklärbaren Formen des Erkennens hinausgeht (z. B. Gedankenlesen); **Metakommunikation** *w.* (*gr.-lat.*) 1. nichtsprachliche Signale der Verständigung (z. B. Mimik und Gestik); 2. das Sprechen über Sprache und sprachliche Mittel; **Metakritik** *w.* (*gr.*) Gegenkritik, Kritik der Kritik; **Metalinguistik** *w.* 1. Zweig der Linguistik, der sich mit den Wechselbeziehungen zwischen Kultur und Sprache beschäftigt; 2. Wissenschaft von den Metasprachen

Metall *s.* (*gr.*) Bez. für chem. Elemente, die hinsichtlich ihrer Fähigkeit, Wärme und Elektrizität zu leiten, ihrer Legierbarkeit und Undurchsichtigkeit gleiche Eigenschaften aufweisen; **metallen** aus Metall bestehend; **metallic** (mitälik, *engl.*) metallisch (stumpf) glänzend; **metallisch** (*gr.*) 1. aus Metall bestehend; 2. metallartig aussehend; 3. hart, durchdringend klingend (von Musik); **Metallogie** *w.* Lehre vom Bau und den Eigenschaften der Metalle; **Metallografie, Metallographie** *w.* Lehre von den Untersuchungstechniken der Metallstruktur; **Metallurgie** *w.* Lehre von der Gewinnung der Metalle, Hüttenkunde

metamer (*gr.*) in gleiche, hintereinanderliegende Abschnitte gegliedert (z. B. von Tierkörpern)

metamorph, metamorphisch (*gr.*) die Gestalt wandelnd, Ztw. **metamorphisieren**; **Metamorphose** *w.* Verwandlung, Umwandlung, Gestaltwandel; **metamorphotisch** umgestaltend

Metapher *w.* (*gr.*) Verbildlichung, Übertragung eines abstrakten Sachverhalts in einen bildhaften Ausdruck (z. B. *Weinlese* für *Lebensbilanz*); **metaphorisch** bildlich, übertragen; **Metaphrase** *w.* Übertragung einer Versdichtung in Prosa; **metaphrastisch** 1. die Metaphrase betreffend; 2. mit Synonymen arbeitend

Metaphysik *w.* (*gr.*) philosophische Lehre von (den Gesetzmäßigkeiten) der Wirklichkeit hinter den erfahrbaren Dingen; **Metaphysiker** *m.* Philosoph, der sich mit dem Überempirischen beschäftigt; **metaphysisch** überempirisch; **Metapsychologie** *w.* 1. die Lehre vom Okkulten; 2. Parapsychologie

Metasprache *w.* (*gr.-dt.*) 1. Sprache, die die Beschreibung einer natürlichen Sprache ermöglicht; 2. übergeordnete Sprache zur Beschreibung von künstlichen Sprachen (z. B. Programmiersprachen)

metastabil (*gr.-engl.*) in einem Übergangszustand befindlich (z. B. von Atomen, Molekülen)

Metastase *w.* (*gr.*) Tochtergeschwulst, Transport von Geschwulstkeimen an andere Körperstellen, Eigw. **metastatisch**

Metatarsus *m.* (*gr.-lat.*) Mittelfuß

Metatropismus *m.* (*gr.*) von Magnus Hirschfeld (1868–1935) geprägter Begriff, mit dem er das Abweichen von einem als normal geltenden sexuellen Empfinden des Mannes (= aktiv) und der Frau (= passiv) definieren wollte

Metaxa *m.* (*Wz.*) milder griech. Branntwein

Metempsychose *w.* (*gr.*) Seelenwanderung

Meteor *s.* (*gr.*) kurzzeitige Lichterscheinung am Nachthimmel, die durch kosmische Partikel hervorgerufen wird, wenn sie beim Eintritt in die Erdatmosphäre verglühen; **Meteorit** *m.* kosmischer Festkörper, der entweder Meteore bildet oder als Restkörper auf die Erdoberfläche fällt; **Meteorologe** *m.* Wissenschaftler auf dem Gebiet der Meteorologie; **Meteorologie** *w.* Teilgebiet der Geophysik, das sich mit Klima und Wetter beschäftigt; **meteorologisch** wetterkundlich; **Meteoropathologie** *w.* Grenzfach zwischen Medizin und Meteorologie, das den Einfluss des Wetters auf den Menschen erforscht; **Meteorotropie** *w.* Wetterfühligkeit

Meter *m.* und *s.* (*gr.*) internationale Einheit der Länge (Abk. m)

Methadon *s.* (*Wz.*) Schmerzmittel und zugelassene Ersatzdroge für Heroinabhängige

Methan *s.* (*gr.*) Kohlenwasserstoff, farb- und geruchsloses, brennbares Gas; **Methanbakterie** *w.* Bakterie, die nur ohne Sauerstoff leben kann

Methanol = Methylalkohol

Methode *w.* (*gr.*) planmäßiges Verfahren zur Erlangung von Erkenntnissen oder zur Erreichung eines praktischen Ziels; **Methodik, Methodologie** *w.* Lehre von den Methoden, von den Verfahren (z. B. Unterrichtsverfahren); **Methodiker** *m.* jmd., der planmäßig nach einer Methode verfährt; **methodisch** planmäßig, mit Methode

Methomanie *w.* (*gr.*) Säuferwahnsinn, Delirium tremens

Methodismus *m.* (*gr.*) aus der anglikan. Kirche entstandene Erweckungsbewegung, in den USA die zweitstärkste kirchlich verfasste Konfession; **Methodist** *m.* Anhänger des Methodismus

Methusalem *m.* (*hebr.*) 1. im Alten Testament erwähnter Urvater, der 969 Jahre alt wurde; 2. sehr alter Mann

Methylalkohol *m.*, **Methanol** *s.* (*gr.*) stark giftiger Alkohol, der bei der Herstellung von Formaldehyd Verwendung findet

Metier *s.* (metjeh, *frz.*) Handwerk, Beruf, etwas, was jmd. gut kann

Métis *m.* (metih, *frz.*) Mestize

Metist *m.* (*itl.*) Geschäftspartner bei einem Metageschäft

Metöke *m.* (*gr.*) ortsansässiger Fremder ohne Bürgerrechte in den griech. Städten der Antike

Metonomasie *w.* (*gr.*) Namensveränderung, Übertragung des Eigennamens in eine fremde Sprache (z. B. *Weber* in *Textor*)

Metonymie *w.* (*gr.*) auf Ideenverbindung beruhender Wortaustausch (z. B. im *Goethe* lesen für in *Goethes Werken* lesen); **Metronymikon** *s.* vom Namen der Mutter abgeleiteter Name, im Ggs. zu Patronymikon, Eigw. **metonymisch**

Metope *w.* (*gr.*) Schmuckfeld im Kranzgesims griechischer Tempel

Metra, Métrage *w.* (-trasch, *frz.*) Länge eines Films in Metern od. Minuten (z. B. *court métrage* für Kurzfilm)

Metrik *w.* (*gr.*) 1. Lehre von Versmaß und Versbau; 2. Lehre vom Takt in der Musik;

metrisch 1. auf das Versmaß, den Takt bezogen; 2. in Versen; 3. auf den Meter bezogen; **Metrologie** *w.*, Lehre von den Maßsystemen

Metro *w.* (*frz.*) Untergrundbahn, u.a. in Paris und Moskau

Metromanie *w.* (*gr.*) alte Bez. für Nymphomanie

metromorph (*gr.*) von ausgeglichener körperlicher Konstitution

Metronom *s.* (*gr.*) Taktmesser, mechanischer Taktschläger

Metronymikon *s.* (*gr.*) vom Namen der Mutter abgeleiteter Name (z.B. Apolls Beiname *Letoide*, d.i. Sohn der Leto)

Metropole, Metropolis *w.* (*gr.*) Hauptstadt, Weltstadt, Mittelpunkt; **Metropolit, Metropolitan** *m.* 1. röm.-kath. Erzbischof, 2. Oberhaupt der orthodoxen Kirche eines Landes

Metroptose *w.* (*gr.*) Gebärmuttervorfall

Metrum *s.* (*gr.*) Versmaß, Taktmaß

Mettage *w.* (mettasche, *frz.*) Umbruch, Anordnung des Drucksatzes zu Seiten; **Metteur** *m.* (-tör) Schriftsetzer, der den gesetzten Satz zu Seiten umbricht

Mette *w.* (*lat.*) Früh- und Nachtgottesdienst (z.B. Christ*mette* in der Nacht vom 24. auf den 25. Dezember)

Meublement *s.* (möblemang, *frz.*) Wohnungseinrichtung, Möbel

Mezzanin *s.* (*itl.*) Zwischengeschoss

mezza voce (-wohtsche, *itl.*) Musik: mit halber Stimme

mezzoforte (*itl.*) Musik: halblaut

Mezzogiorno *m.* (-dschorno, *itl.*) der südlich von Rom gelegene Teil Italiens

mezzopiano (*ital.*) Musik: halbleise; **Mezzosopran** *m.* Stimme zwischen Sopran und Alt

Mezzotinto *s.* (*itl.*) Schabkunst, Technik des Kupferstichs (*Mz.* -tinti)

mg = Milligramm

Miasma *s.* (*gr.*) Bodenausdünstung, Gifthauch als Krankheitserreger (überholte medizinische Anschauung)

Mickey Mouse *w.* (micki maus, *engl.*) oder **Mickymaus** *w.* von Walt Disney geschaffene komisch-groteske Trickfilmgestalt

Microburst *m.* (meikroböhrst, *engl.*) plötzliche, tornadoähnliche Fallbö, bes. gefährlich für Start und Landung von Flugzeugen

Microfaser *w.* (*Wz.*) sehr leichte, moderne Faser aus Polyester und Polyamid

Microfinish *s.* (-nisch, *engl.*) Arbeitsvorgang beim Feinschleifen

Microsoft *o.A.* (mei-, *Wz.*) US-amerik. weltweit erfolgreichster Softwarehersteller, u.a. des Betriebssystem MS-DOS und zahlreicher Nachfolger

Midasohren *Mz.* Eselsohren (nach den Eselsohren, die dem griech. Sagenkönig Midas wuchsen, weil er beim Sängerwettstreit Pan dem Gott Apollo vorzog)

midi (*frz.*) halblang (von Kleidung)

Midi *m.* (*frz.*) 1. Mittag; 2. der Süden (Frankreichs)

Midinette *w.* (-nett, *frz.*) Pariser Putzmacherin im 19. Jh.

Midlands *Mz.* (midländs, *engl.*) Mittelengland

Midlifecrisis *w.* (midleifkreißis, *engl.*) seelische Krise, Existenzkrise in der Lebensmitte (des Mannes), ein um 1970 entstandener Begriff

Midrasch *m.* (*hebr.*) Sammlung rabbinischer Literatur zur Auslegung der Bibel

Midshipman *m.* (midschippmähn, *engl.*) Seeoffiziersanwärter in den USA und England

Mies (*engl.*) schlechtes Ergebnis beim Bowling

Mignon (minjong, *frz.*) 1. nach Goethes Mädchengestalt Sinnbild der sehnsüchtig Liebenden; 2. Liebling; **Mignonne** *w.* (minjonn) Liebchen, Liebling

Migräne *w.* (*lat.-gr.*) (halbseitiger) Kopfschmerzanfall mit Sehstörungen, Schwindel und Übelkeit

Migrant *m.* (*lat.*) jmd., der ein- oder auswandert; **Migrantenliteratur** *w.* literarische Werke von Einwanderern; **Migration** *w.* Wanderungsbewegung von Tieren, Pflanzen, Menschen; **Migrationshintergrund** *m.* seit 2005 verwendete Kennzeichnung für in Deutschland lebende Menschen, die selbst od. deren Eltern im Ausland geboren wurden

Mijnheer (minehr, *niederl.*) niederl. Anrede für Herr

Mikado (*jap.*) 1. *m.* umschreibende Bez.

für den japanischen Kaiser; 2. *s.* Geschicklichkeitsspiel mit Stäbchen

Mikr(o)-, mikr(o)- (*gr.*) als Wortteil: klein, gering, fein

Mikrat *s.* (*Kunstwort*) Wiedergabe eines Schriftstücks etwa im Verhältnis 1:200; **Mikrenzephalie** = Mikrozephalie; **Mikroben** = Mikroorganismen; **Mikrobiologie** *w.* (*gr.*) Wissenschaft von den Mikroorganismen; **mikrobizid** Mikroorganismen abtötend; **Mikrochip** = Chip (3.); **Mikrochirurgie** *w.* Spezialgebiet der Chirurgie, das sich mit chirurgischen Eingriffen unter dem Mikroskop befasst; **Mikrodiskette** *w.* Diskette mit einem Durchmesser von 3,5 Zoll (EDV); **Mikroelektronik** *w.* Spezialgebiet der Elektronik, das sich mit Herstellung und Verwendung kleinster elektron. Bauteile befasst; **Mikrofaser** = Microfaser; **Mikrofiche** *m.* u. *s.* (*gr.-frz.*) Mikrofilm mit zeilenmäßig angeordneten Mikrokopien, die in einem speziellen Lesegerät gelesen werden; **Mikrofilm** *m.* Film zur wesentlich verkleinerten Speicherung von Schrift- und Bildmaterial, bes. für die platzsparende Archivierung geeignet; **Mikrofon, Mikrophon** *s.* Gerät, das akustische Signale über Lautsprecher od. auf Tonträger überträgt; **Mikrofotografie** *w.* das Fotografieren mit Hilfe eines Mikroskops; **Mikrogramm** *s.* ein Millionstel Gramm; **Mikrokopie** *w.* (*gr.*) stark verkleinerte fotografische Reproduktion von Schrift- und Bildmaterial

Mikrokosmos *m.* (*gr.*) 1. die Welt der Kleinstlebewesen; 2. die im Vergleich zum Weltall kleine Welt des Menschen

Mikromanie *w.* (*gr.*) Kleinheitswahn, übertriebenes Minderwertigkeitsgefühl

Mikrometer *s.* (*gr.*) 1. Messinstrument für kleine Längen; 2. ein Millionstel Meter, frühere Bez.: Mikron

Mikroorganismen *Mz.* (*gr.*) kleinste, meist einzellige Lebewesen, darunter auch die Bakterien und Viren

Mikrophon = Mikrofon

Mikrophysik *w.* (*gr.*) Physik der Atome und Moleküle

Mikroprozessor *m.* (*gr.-lat.*) hochintegrierter Speicherbaustein (Chip), der das vollständige Rechen- und Steuerwerk eines Computers umfasst (EDV)

Mikroskop *s.* (*gr.*) Instrument zum Sichtbarmachen kleinster Gegenstände; **Mikroskopie** *w.* Untersuchung am Mikroskop, Ztw. **mikroskopieren**; **mikroskopisch** 1. nur unter dem Mikroskop sichtbar; 2. winzig klein (umg.)

Mikrosomie *w.* (*gr.*) Zwergwuchs

Mikrostruktur *w.* 1. Feinstruktur (eines Materials); 2. Struktur, die sich nur mit optischen Hilfsmitteln, bes. dem Mikroskop, erkennen lässt

Mikrotom *s.* (*gr.*) Schneidegerät zum Anfertigen dünnster Schnitte für mikroskopische Untersuchungen

Mikrotron *s.* ringförmiger Beschleuniger für Elektronen

Mikrowelle *w.* (*gr.-dt.*) 1. elektromagnetische Welle im Zentimeterbereich; 2. Kurzwort für **Mikrowellenherd**, *m.* ein Gerät, das Speisen mit Hilfe von Mikrowellen in kurzer Zeit erwärmt oder gart

Mikrozensus *m.* (*gr.-lat.*) Repräsentativerhebung (für bestimmte Daten) der Bevölkerung

Mikrozephalie *w.* (*gr.*) krankhafte Kleinheit des Schädels, Eigw. **mikrozephal**

Mikrozirkulation *w.* Blutkreislauf in den Kapillaren

Mikrozyt *m.* abnorm kleines rotes Blutkörperchen

Miktion *w.* (*lat.*) das Harnlassen

Mikwe *w.* (*hebr.*) rituelles jüd. Tauchbad

Milan *m.* (*frz.*) Greifvogelart mit gegabeltem Schwanz

Milanese *m.* feine, maschenfeste Wirkware (nach der italien. Stadt Mailand)

Miles-and-more *o. A.* (meils änd mohr, *engl.*) Vielfliegerprogramm der großen Fluggesellschaften, das häufiges Fliegen (mit einer Gesellschaft) in Form von Rabatten, Freiflügen od. Prämien belohnt

miliar (*lat.*) hirsekorngroß; **Miliaria** *Mz.* durch starkes Schwitzen bei hohem Fieber hervorgerufener Frieselausschlag; **Miliartuberkulose** *w.* Form der Tuberkulose mit hirsekorngroßen Tuberkeln

Milieu *s.* (miljöh, *frz.*) 1. Umfeld, Umgebung, Lebensraum; 2. Bezirk, in dem Prostituierte arbeiten, Rotlichtmilieu; **Milieutheorie** *w.* Lehre von der Bedeutung des sozialen Umfelds für die Entwicklung des Menschen

militant (*lat.*) kämpferisch, streitbar, Hptw. **Militanz** *w.*
Militär *s.* (*lat.-frz.*) Gesamtheit der Streitkräfte; **Militär** *m.* hoher Offizier; **Militärattaché** *m.* einer Botschaft zugeteilter Offizier; **Militärdiktatur** *w.* Diktatur, in der Militärs die Macht innehaben; **Militaria** *Mz.* militärische Gegenstände als Sammelobjekte; **militärisch** zum Militär gehörig, in der Art des Militärs; **militarisieren** 1. mit militärischen Mitteln ausstatten; 2. militärische Prinzipien und Organisationsformen auf andere gesellschaftliche Bereiche übertragen; **Militarismus** *m.* Vorherrschaft des Militärs und militärischer Prinzipien im Staat, Eigw. **militaristisch**
Military *s.* (militäri, *engl.*) Reitsport: Vielseitigkeitsprüfung in Geländeritt, Dressurreiten und Jagdspringen; **Military Police** *w.* (*engl.*) Militärpolizei in England und den USA (Abk. MP); **Military Style** *m.* (-steil) Mode im Militärstil
Milium *s.* (*lat.*) Hautgrieß
Miliz *w.* (*lat.*) Bürgerwehr, kurz ausgebildete Truppe, die im Kriegsfall einberufen wird; **Milizionär** *m.* Angehöriger der Miliz
Milkshake *m.* (-schehk, *engl.*) Milchmixgetränk
Mille *s.* (*lat.*) das Tausend (Abk. M)
Millefleurs *Mz.* (millflöhr, *frz.*) 1. Musterungsart mit kleinen Blümchen; 2. Duftwässer aus mehreren Blumendüften
Mille Miglia *w.* (-milja, *itl.*) 1000-Meilen-Rennen für Sportwagen in Italien (bis 1957)
Millennium *s.* (*lat.*) Jahrtausend, Zeitraum von tausend Jahren
Milli- (*lat.*) Vorsatz vor Maßeinheiten: der tausendste Teil
Milliampere *s.* (-angpähr, *lat.-frz.*) ein tausendstel Ampere, Maßeinheit kleiner Stromstärken
Milliardär *m.* (*lat.*) Besitzer von Milliarden; **Milliarde** *w.* tausend Millionen; **Millibar** *s.* ein tausendstel Bar, Einheit des Luftdrucks (Abk. mb); **Milligramm** *s.* ein tausendstel Gramm (Abk. mg); **Millimikron** *s.* ein Millionstel Millimeter
Million *w.* (*lat.*) tausend mal tausend; **Millionär** *m.* Besitzer von Millionen
Milonga *w.* (*span.*) Volkstanz in Argentinien
Milreis *s.* (-re'is, *port.*) frühere Währungseinheit in Portugal und Brasilien
Mime *m.* (*gr.*) (berühmter großer) Schauspieler; **mimen** eine Rolle spielen, sich verstellen; **Mimik** *w.* 1. Ausdrucksbewegungen im menschlichen Gesicht, Mienenspiel; 2. Mienen- und Körpersprache auf der Bühne; **mimisch** zur Mimik gehörend, durch Gebärden ausgedrückt
Mimesis *w.* (*gr.*) 1. die kreative Wirklichkeitsverarbeitung mit ästhetischen Mitteln in den Künsten; 2. (spottende) Nachahmung; **mimetisch** nachahmend, nachäffend
Mimikry *w.* (*gr.*) Fähigkeit von Pflanzen und Tieren, die eigene Farbe der jeweiligen Umgebung anzupassen
Mimose *w.* (*gr.*) 1. Hülsenfrüchtler, zieht bei Berührung und Erschütterung Blätter und Blüten zusammen; 2. überempfindliche Person; **mimosenhaft** überempfindlich, zart besaitet
Mimus *m.* (*gr.*) 1. volkstümliche Form des antiken Lustspiels; 2. Schauspieler, der darin auftritt
Minarett *s.* (*arab.*) Turm der Moschee
Mindmap *w.* (meindmäp, *engl.*) Diagramm, das die verschiedenen Aspekte eines Themas zur Darstellung bringt; **Mindmapping** *s.* 1. die Herstellung eines Mindmaps; 2. Methode, Wissen über ein Thema in eine strukturierte grafische Darstellung zu bringen
Mine *w.* (*frz.*) 1. Sprengkörper, der durch Zündschnur oder Berührung gezündet wird; 2. Stollen, unterirdischer Gang, unterirdisches Metallvorkommen; 3. Einlage in Schreibgeräten
Mineralien *Mz.* (-li'en) chemisch und physikalisch einheitliche anorganische Bestandteile der Erdrinde, einschließlich des durch Zersetzung anorganisch Gewordenen (Kohle), *Ez.* Mineral; **Mineraloge** *m.* Fachmann für Mineralien; **Mineralogie** *w.* Wissenschaft von den Mineralien, Eigw. **mineralogisch**; **Mineralöl** *s.* aus Erdöl erzeugter Kohlenwasserstoff (z. B. Benzin, Heizöl); **Mineralwasser** *s.* Wasser mit Mineralsalz

Minerva *w.* (*lat.*) röm. Göttin der Weisheit und des Kunsthandwerks

Minestrone *w.* (*itl.*) italien. Gemüsesuppe

mineur (-nör, *frz.*) Musik: Moll(-Tonart), im Ggs. zu majeur

Mineur *m.* (-nör, *frz.*) 1. Spekulant, der an der Börse die Kurse hochtreibt; 2. Pionier, Fachmann für das Legen von Minen; 3. Arbeiter im Minenstollen

mini (aus *engl.* miniature) sehr kurz (von Kleidern, Röcken, Hosen in der Damenmode)

Miniatur *w.* (*lat.*) 1. Bild in Kleinformat; 2. kleine Bilder zur Illustrierung alter Handschriften; **miniaturisieren** verkleinern; **Miniaturisierung** *w.* 1. Verkleinerung; 2. extreme Verkleinerung der elektronischen Bauelemente und Unterbringung auf kleinstem Raum (Mikrominiaturisierung); **Miniaturist** *m.* jmd., der Miniaturen malt

Minicar *m.*(*engl.*) 1. Kleintaxi; 2. Seifenkiste, selbstgebautes, motorloses Fahrzeug

minieren (*frz.*) unterhöhlen, unterirdische Gänge anlegen

Minigolf *m.* (*engl.*) Kleingolf auf Betonbahnen

Minijob *m.* (-dschob, *engl.*) geringfügige Beschäftigung, meistens Nebenbeschäftigung

Minima *w.* (*lat.*) kleiner Notenwert, der halben Taktnote in der Mensuralnotation entsprechend

minimal (*lat.*) geringfügig, sehr wenig, wenigst; **Minimal Art** *w.* (minimel, *engl.*) Richtung der modernen Kunst, die auf strikte Reduktion der formalen und farblichen Mittel abstellt; **minimalinvasiv** mit geringst möglichem Aufwand eingreifend (z. B. von chirurgischen Maßnahmen); **Minimalkonsens** *m.* kleinster Nenner, geringste Übereinstimmung zwischen Uneinigen; **minimalisieren** 1. sehr stark reduzieren, vereinfachen; 2. gering schätzen; **Minimal Music** *w.* (-mjusik, *engl.*) moderne Musik mit einfachen Klangfiguren, deren Wiederholung, allmählicher Verschiebung und Überlagerung; **Minimalpaar** *s.* sich nur durch ein Phonem unterscheidendes Wortpaar (z. B. *s*att und *m*att); **Minimax** *m.* ein Feuerlöscher; **Minimaxtheorem** *s.* Lehrsatz der Spieltheorie, nach dem ein Spieler seinen Anteil am Gesamtergebnis maximiert, wenn er den des Gegners minimiert; **minimieren** auf den kleinsten Wert bringen, Hptw. **Minimierung** *w.*; **Minimum** *s.* (*lat.*) 1. kleinstes Maß, niedrigster Wert; 2. Kern eines Tiefdruckgebiets (*Mz.* Minima)

Minister *m.* (*lat.*) Mitglied der Regierung; **Ministerialbeamter** *m.* Beamter in einem Ministerium; **Ministerialbürokratie** *w.* die Beamtenschaft eines Ministeriums; **Ministerialdirektor** *m.* Abteilungsleiter in einem Ministerium; **ministeriell** (-ri'e-) von einem Ministerium ausgehend; **Ministerium** *s.* Amtsbereich eines Ministers, oberste Verwaltungsbehörde eines Staates; **Ministerpräsident** *m.* Chef des Kabinetts

Ministrant *m.* (*lat.*) kath. Messdiener

minoisch die Kultur Kretas (3000–1200 v. Chr.) betreffend (nach dem Sagenkönig Minos)

Minorat *s.* (*lat.*) Erbrecht des jüngsten Sohnes; **minore** (*itl.*) italien. Bez. für Moll; **minorenn** minderjährig, im Ggs. zu majorenn, Hptw. **Minorennität** *w.*; **Minorit** *m.* Franziskaner; **Minorität** *w.* Minderheit, Minderzahl

Minotaurus *m.* (*gr.*) sagenhaftes kretisches Ungeheuer aus Stier und Mensch

Minstrel *m.* (*engl.*) 1. mittelalterlicher Spielmann in England; 2. fahrender Sänger des 18. und 19. Jhs. in den USA

Mintsoße *w.* (*engl.*) Sauce aus grüner Minze, bes. in England

minus (*lat.*) 1. weniger; 2. unter dem Gefrierpunkt; **Minus** *s.* 1. Fehlbetrag, Verlust; 2. Mangel, Nachteil

Minuskel *w.* (*lat.*) Kleinbuchstabe; **Minustyp** *m.* Person mit vorherrschend negativen Eigenschaften; **Minusvariante** *w.* genetische Variante, die nachteilig vom Mittelwert abweicht (von Pflanzen und Tieren)

Minute *w.* (*lat.*) 1. der sechzigste Teil einer Stunde; 2. der sechzigste Teil eines Winkelgrads

minutiös, minuziös sehr genau, in allen Einzelheiten

Miohippus *m.* (*gr.*) ausgestorbener Einhufer Nordamerikas

Miosis *w.* (*gr.*) Pupillenverengung; **miotisch** pupillenverengend

Miozän *s.* (*gr.*) Zeitalter der Erdgeschichte, älteres Tertiär

Mi-parti *s.* (*frz.*) geteilte Tracht, Männertracht im 14. und 15. Jh. von verschiedener Farbe und verschiedenem Schnitt für beide Körperhälften

MIPS *o. A.* (aus *engl. m*illion *i*nstructions *p*er *s*econd) Maßeinheit für die Rechengeschwindigkeit eines Prozessors, Befehlsausführungszeit (EDV)

Mir *m.* (*russ.*) russ. Form der dörflichen Landaufteilung im Zarismus; **Mir** *w.* «Frieden», erste Raumstation im Weltall, die im März 2001 planmäßig zum Absturz gebracht wurde

mirabile dictu (*lat.*) kaum zu glauben

Miradsch *w.* (*arab.*) im Koran geschilderte Himmelfahrt Mohammeds auf dem Pferd Burck

Mirabelle *w.* (*frz.*) gelbe Pflaumenart

Mirage *w.* (-rahsch, *frz.*) 1. Luftspiegelung; 2. französ. Kampfflugzeug

Mirakel *s.* (*lat.*) Wunder, Wundertat; **Mirakelspiel** mittelalterliches Legendendrama; **mirakulös** wundersam, absonderlich

Mire *w.* (*frz.*) Markierung des Meridians an astronomischen Instrumenten (z. B. Fernrohr)

Miri *s.* (*pers.*) Teppichmuster mit geknickten Palmblättern

Mirza *m.* (*pers.*) pers. Ehrentitel: Herr od. Prinz

Misandrie *w.* (*gr.*) Männerhass (von Frauen)

Misanthrop *m.* (*gr.*) Menschenfeind; **Misanthropie** *w.* Menschenhass, Eigw. **misanthropisch**

misce (misze, *lat.*) mische! (Anweisung auf Rezepten)

Mischna *w.* (*hebr.*) aus dem 2. Jh. stammende Aufzeichnung des jüd. Religionsgesetzes, Grundlage des Talmud

Mischpoche, Mischpoke *w.* (*hebr.*) Familie, Sippschaft, üble Leute (ironisch, abwertend)

Mise *w.* (*frz.*) 1. Einsatz beim Spiel; 2. Zahlung der Lebensversicherungsprämie auf einmal; **Mise en Scène** *s.* (mihs ang ßähn) Inszenierung, In-Szene-Setzen

miserabel (*lat.*) 1. nichtswürdig, erbärmlich; 2. in schlechter Verfassung; **Misere** *w.* (*frz.*) Not, Elend

Miserere *s.* (*lat.*) 1. Erbarme dich, Anfangsworte des 51. Psalms, Bußpsalm; 2. Koterbrechen bei Darmverschluss

Miserikordien *Mz.* (-di'en, *lat.*) Gesäßstützen an den Klappsitzen des Chorgestühl; **Miserikordienbild** *s.* Darstellung Christi als Schmerzensmann in der bildenden Kunst

Misnefet *m.* (*hebr.*) turbanartige Kopfbedeckung des jüd. Hohepriesters

Miso *s.* (*jap.*) Sojabohnenpaste

Mis(o)-, mis(o) (*gr.*) als Wortteil: Feindschaft, Hass

Misogam *m.* Ehefeind; **Misogyn** *m.* Frauenfeind; **Misogynie** *w.* Frauenhass, Frauenfeindlichkeit; **Misologie** *w.* Hass gegen die Vernunft, Abneigung gegen rationale Auseinandersetzung; **Misopädie** *w.* krankhafter Hass gegen Kinder

Miss *w.* (*engl.*) engl. Anrede für Fräulein (*Mz.* Misses [-sis])

Missale *s.* (*lat.*) Messbuch, das den Text der kath. Messe enthält; **Missa solemnis** *w.* feierliche Messe, Hochamt

Missile *s.* (misseil, *engl.*) ferngesteuerter Flugkörper, Cruise Missile

Missing Link *s.* (*engl.*) Bez. für die fehlende Stufe zwischen Mensch und Menschenaffe

Mission *w.* (*lat.*) 1. Sendung, Auftrag; 2. Verbreitung des Christentums unter Andersgläubigen; 3. Staatsdelegation mit besonderem Auftrag im Ausland; **Missionar** *m.* Geistlicher in der Mission; **missionarisch** 1. die Mission betreffend; 2. impertinent, bekehrerisch; **missionieren** eine Glaubenslehre verbreiten

Missiv *s.* (*lat.*) verschließbare Mappe für Schriften

Mist *m.* (*engl.*) leichter Nebel (Seemannsspr.), Eigw. **mistig**

Mister *m.* (*engl.*) 1. engl. Anrede für Herr in Verbindung mit dem Namen (Abk. Mr.); 2. männl. Sieger im Schönheitswettbewerb

misterioso (*itl.*) Musik: geheimnisvoll

Mistral *m.* (*frz.*) kalter Nordwestwind in Südfrankreich

Mistress *w.* (mistriss, *engl.*) engl. Anrede für Frau in Verbindung mit dem Namen (Abk. Mrs.)

misurato (*itl.*) Musik: wieder streng im Takt, gemessen

Miszellaneen *Mz.* (-ne'en), **Miszellen** *Mz.* (*lat.*) kleine Beiträge verschiedenen Inhalts (Sparte in Zeitungen und Zeitschriften), Vermischtes

Mitella *w.* (*lat.*) um den Hals geschlungenes Dreieckstuch zur Ruhigstellung eines verletzten Arms

Mitigans *s.* (*lat.*) Linderungsmittel; **mitis** mild verlaufend (von Krankheiten)

Mitose *w.* (*gr.*) indirekte Zellkernteilung, im Ggs. zu Amitose

Mitra *w.* (*gr.*) 1. griechische Stirnbinde der Frauen; 2. kath. Bischofsmütze, Inful

Mitrailleuse *w.* (mitrajös, *frz.*) Schnellfeuerwaffe mit Gewehrkaliber

Mixed Drinks *Mz.* (mixd-, *engl.*) Cocktails, Mischgetränke; **Mixed Grill** *s.* Mischgericht aus gegrilltem Fleisch und Gemüsen; **Mixed Media** = Multi Media; **Mixed Pickles** *Mz.* (– pickls) in scharf gewürztem Essig eingelegte Gemüsesorten

mixen (*engl.*) 1. Getränke mischen; 2. Töne mischen (für Film, Rundfunk); **Mixer** *m.* 1. berufsmäßiger Getränkemischer in einer Bar, Barmixer; 2. Gerät zum Mischen bzw. Zerkleinern von Gemüse, Obst u. Ä.; 3. Tontechniker, der getrennt aufgenommenes akustisches Material auf eine Tonspule bringt; **Mixtape** *s.* selbst zusammengestellte Hörkassette mit Lieblingssongs

Mixtum compositum *s.* (*lat.*) Gemisch, Durcheinander

Mixtur *w.* (*lat.*) Mischung flüssiger Arzneien

Mlle. = Mademoiselle

mm Abk. für Millimeter

Mme. = Madame

Mmes. = Mesdames

MMS *w.* (aus *engl.* *m*ultimedia *m*essage *s*ervice) Nachfolger der SMS-Kurznachrichten, auf der sich Grafiken, Fotos, Töne, Videos und unbegrenzt viele Schriftzeichen zu einer multimedialen Nachricht kombinieren lassen

MMORPG *s.* (aus *engl.* *m*assively *m*ultiplyer *o*nline *r*ole *p*laying *g*ames) ausschließlich über das Internet ausführbare Rollenspiele mit mehreren tausend Teilnehmern

Mneme *w.* (*gr.*) Gedächtnis, Fähigkeit lebender Materie, Eindrücke zu bewahren; **Mnemotechnik** *w.* Technik, sich etwas leichter einzuprägen (z. B. durch Merkverse)

Mob *m.* (*lat.*) Pöbel, Pack; **Mobbing** *s.* (*engl.*) Untergrabung der persönlichen Integrität am Arbeitsplatz, Ztw. **mobben**

mobil (*lat.*) 1. beweglich; 2. einsatzbereit; **mobile** (*itl.*) Musik: lebhaft; **Mobile** *s.* bewegliche Schwebeplastik mit leichten Teilen an Fäden und Drähten; **Mobile** *s.* (mobeil, *engl.*) engl.-amerik. Bez. für Handy; **Mobilfunk** *m.* Gesamtheit aller kabelunabhängigen Funkdienste

Mobiliar *s.* (*lat.*) Möbel, Wohnungseinrichtung; **Mobilien** *Mz.* (-li'en) bewegliche Besitz

mobilisieren (*lat.*) 1. Truppen mobil machen; 2. zum Handeln, in Bewegung bringen, Hptw. **Mobilisation, Mobilisierung** *w.*; **Mobilität** *w.* 1. Beweglichkeit; 2. statistische Häufigkeit des Wohnsitzwechsels; **Mobilmachung** *w.* alle Maßnahmen eines Staates zur Vorbereitung auf einen bevorstehenden Krieg; **Mobilstation** *w.* 1. Freisprechanlage im Auto; 2. Station beim Funktelefonverkehr; **Mobiltelefon** = Handy

möblieren (*frz.*) mit Möbeln ausstatten, einrichten

Mockturtlesuppe *w.* (-törtl-, *engl.*) falsche Schildkrötensuppe: Kalbskopfsuppe mit Rotwein

Mod *m.* (*engl.*) Jugendlicher, der sich in seinem Geschmack an der Mode der 1960er Jahre orientiert

modal (*lat.*) die Art und Weise betreffend, durch die Umstände bedingt; **Modalität** *w.* Art und Weise (des Denkens, eines Umstands usw.); **Modallogik** *w.* Zweig der formalen Logik, der auch den Grad der Bestimmtheit einer Aussage einbezieht; **Modalnotation** *w.* der Mensuralnotation vorausgehende Notenschrift des 12. und 13. Jhs., die unterschiedliche Rhythmen notierte; **Modalverb** *s.* (Hilfs-)Verb, das

die Art und Weise eines anderen Verbs näher bestimmt (z. B. Paul *will* tanzen)
Mode *w.* (*lat.*) Zeitgeschmack in Bezug auf Kleidung, Musik usw.; **Modedesigner** *m.* (-diseiner, *lat.-engl.*) ausgebildete Fachkraft auf dem Gebiet der Mode
mode (*engl.*) bräunlich
Model *m.* (*lat.*) 1. Hohlform für Guss oder zum Ausformen weicher Massen (Ton oder Teig); 2. erhabene Druckform für Stoff- oder Tapetendruck
Model *s.* (*engl.*) Fotomodell, attraktive junge Person, die in der Mode- oder Kosmetikbranche als Werbefigur fungiert; **modeln** als Model arbeiten
Modell *s.* (*lat.*) 1. Vorbild, Muster; 2. Entwurf z. B. eines Gebäudes in verkleinertem Maßstab; 3. nur einmal angefertigtes Kleid(ungsstück); 4. Person, die als Vorbild für eine Plastik oder ein Gemälde dient; 5. Mannequin; 6. Gussform; 7. vereinfachte, schematische Ausführung eines schwierigen Zusammenhangs (z. B. Denkmodell); **modellieren, modeln** 1. ein Modell herstellen; 2. künstlerisch formen
Modem *m.* oder *s.* (*engl.*) Gerät zur Datenübertragung über Fernsprechleitung, das *Mo*dulator und *Dem*odulator enthält (EDV)
moderat (*lat.*) maßvoll, gemäßigt; **Moderation** *w.* (*lat.*) Redaktion und Leitung einer Sendung in Rundfunk und Fernsehen
moderato (*itl.*) Musik: mäßig schnell
Moderator *m.* (*lat.*) 1. Leiter einer Diskussionsrunde; 2. jmd., der durch Sendungen in Radio und Fernsehen führt (*Mz.* Moderatoren); 3. Bremssubstanz zur Verminderung der Neutronengeschwindigkeit im Kernreaktor; **moderieren** Sendungen leiten oder kommentieren
modern (*lat.*) zeitgemäß, im Zeitgeschmack, neuzeitlich, Hptw. **Modernität** *w.*; **Modern Dance** *m.* (moddern dänß, *engl.*) amerik. Form des Ausdruckstanzes; **Moderne** *w.* (*lat.*)1. die jetzige Zeit; 2. moderne Richtung in Kunst und Literatur; **modernisieren** erneuern, umarbeiten, der Mode anpassen; **Modernismo** *m.* (*span.*) 1. span.-port. Bez. für Jugendstil; 2. Strömung in der span. und lat.-amerik. Literatur am Ende des 19. Jh., die mit literarischen Konventionen brach und neue sprachliche Ausdrucksmittel und metrische Formen fand; **Modernismus** *m.* 1. theolog. Reformbewegung innerhalb der kath. Kirche, von Pius X. und seinen Nachfolgern verurteilt; 2. Vorliebe für das jeweils Moderne; 3. modernes Stilelement; **Modernist** *m.* Anhänger des Modernismus; **Modern Style** *m.* (moddern steil, *engl.*) engl. Bezeichnung für den Jugendstil; **modisch** nach der neuesten Mode
Modifikation, Modifizierung *w.* (*lat.*) 1. Abänderung, Abwandlung; etwas, das abgewandelt ist; 2. nichterbliche Veränderung durch äußere Einflüsse; 3. Zustandsform von Elementen, die in ihrer chem. Zusammensetzung gleich sind, physikalisch aber unterschiedliche Eigenschaften besitzen; **modifizierbar** abwandelbar; **modifizieren** einschränken, abwandeln, abändern
modisch = modern
Modistin *w.* (*lat.*) Putzmacherin
Modul *m.* (*lat.*) 1. Maßeinheit in der (antiken) Baukunst, mit deren Hilfe Dimensionen und Proportionen bestimmt wurden; 2. Verhältniszahl; 3. Materialkonstante; 4. Berechnungsgrundlage für die Zähnezahl eines Zahnrads
Modul *s.* (*engl.*) 1. austauschbares Element eines flexiblen Systems; 2. Bauteil, das als mechanische Einheit leicht austauschbar ist; 3. Teil der Software, der Programmabläufe bausteinartig unterteilt (EDV)
Modulation *w.* (*lat.*) 1. Übergang in eine andere Tonart; 2. Abwandlung, Veränderung von Schwingungen (durch gegenseitige Beeinflussung); 3. das Anpassen von Tonstärke und Klangfarbe aneinander; **Modulator** *m.* Gerät zur Abwandlung von Schwingungen; **modulieren** 1. abwandeln; 2. in eine andere Tonart übergehen
Modus *m.* (*lat.*) 1. Art und Weise; 2. Sprachlehre: Aussageweise des Zeitworts (z. B. Indikativ (*Mz.* Modi); **Modus Operandi** *m.* Art und Weise des Handelns; **Modus Procedendi** *m.* (-ze) Verfahrensweise; **Modus Vivendi** *m.* Möglichkeit eines erträglichen Zusammenlebens
Mof *m.* (*niederl.*) Schimpfwort für die Deutschen (Soldaten), bes. während der

Besetzung im Zweiten Weltkrieg (*Mz.* Moffen)

Mofa *s.* (Kurzwort für *Mo*tor*fa*hrrad) Kleinkraftrad; **mofeln** mit dem Mofa fahren (umg.)

Mogigraphie, Mogigrafie *w.* (*gr.*) Schreibkrampf; **Mogiphonie** *w.* Stimmversagen durch Überanstrengung

Mogul *m.* (*pers.*) Mitglied eines islam. Herrschergeschlechts mongolischer Abstammung in Indien vom 16. bis 19. Jh. (*Mz.* Moguln)

Mohair *m.* (-hähr, *arab.-engl.*) Wolle der Angoraziege und Gewebe daraus

Mohammedaner *m.* alte Bez. für Moslem; **mohammedanisch** zu Mohammed und seiner Lehre gehörend; **Mohammedanismus** *m.* alte Bez. für Islam (nach Mohammed, dem Begründer des Islam, 570–623 n. Chr.)

Moira *w.* (*gr.*) das Schicksal, das nach griech. Glauben dem Menschen zugeteilt ist; **Moiren** *Mz.* die drei griech. Schicksalsgöttinnen Klotho, Lachesis und Atropos

Moiré *s.* (moareh, *frz.*) 1. Gewebe, dessen Oberfläche durch Wässerung lebendig schillert; 2. fehlerhafte Musterung auf Reproduktionen, die durch zweimaliges Rastern entsteht; **Moiré-Effekt** *m.* durch Überlagerung von Rastern entstehende unruhige Bildmusterung, die sich beispielsweise die Op-Art zunutze machte; **moiriert** schillernd

Moisturizer *m.* (moistschereiser, *engl.*) feuchtigkeitsspendende kosmetische Flüssigkeit

Mojito *m.* (-chi-, *span.*) kuban. Mixgetränk aus weißem Rum, Limonensaft und zerstampfter frischer Minze

mokant *m.*(*frz.*) spöttisch; **sich mokieren** sich lustig machen, spotten

Mokassins *Mz.* (*indian.*) weiche, absatzlose Wildlederschuhe mit buntem Vorderblatt

Mokka *m.* (*arab.*) 1. arabische Kaffeesorte; 2. doppeltstarker Kaffee

Moksha *o. A.* (*sankr.*) das Streben nach Erlösung, neben Artha (= Wohlstand), Dharma (= Religion) und Karma (= Lust, Leidenschaft) das vierte abschließende Lebensziel in Buddhismus und Hinduismus

Mol *s.* Abk. für Grammmolekül: so viel Gramm eines Stoffes wie sein Molekulargewicht; **molar** auf ein Mol bezogen

Molar *m.* (*lat.*) Mahlzahn, hinterer Backenzahn (*Mz.* Molaren)

Molasse *w.* (*frz.*) tertiärzeitliche Ablagerungen aus Sandstein

Mole *w.* (*gr.*) abgestorbene, entartete Leibesfrucht, Windei

Mole *w.* (*lat.*) Wellenbrecher, Damm

Molekül *s.* (*frz.*) kleinste, aus Atomen bestehende Einheit einer chem. Verbindung; Eigw. **molekular; Molekularbiologie** *w.* (*gr.-lat.-frz.*) Zweig der Biologie, der sich mit den chemischen und physikalischen Eigenschaften molekularer Verbindungen im lebenden Organismus befasst; **Molekularelektronik** *w.* Gebiet der Elektronik, das sich mit Halbleitern kleinster Größe beschäftigt; **Molekulargenetik** *w.* interdisziplinäres Forschungsgebiet, das sich mit der Chemie der Gene und deren Rolle bei der Vererbung beschäftigt; **Molekulargewicht** *s.* Gewicht eines Moleküls (verstanden als Summe der Gewichte seiner Atome)

Moleskin *m.* od. *s.* (molskin, *engl.*) schwerer, robuster Baumwollstoff in Atlasbindung, sog. Englischleder; **Moleskine** *s.* (*frz.*) mit (schwarzem) gewachsten Moleskin bezogenes Notizbuch, das bis 1986 in Frankreich hergestellt wurde und in Künstler- und Literaturkreisen bes. beliebt war

Molesten *Mz.* (*lat.*) Beschwerlichkeiten, Ärgernisse; **molestieren** belästigen

Moll *s.* (*lat.*) Tonart mit kleiner Terz im Grundakkord, im Ggs. zu Dur

Molluske *w.* (*lat.*) Weichtier (z. B. Schnecke, Tintenfisch)

Moloch *m.* (*hebr.-gr.*) verschlingende Macht, z. B. Moloch Großstadt (nach einer semitischen Gottheit, der Menschen geopfert wurden)

Molosser *m.* Oberbegriff für viele große, massige Hundetypen (z. B. Boxer und Mastiff); **Molossos** *m.* seltener antiker Versfuß mit drei Längen: – – – (nach dem Königsgeschlecht der Molosser in Epirus)

Molotowcocktail *m.* selbstgebastelter Sprengkörper aus Benzin und Phosphor (nach dem russ. Politiker W. M. Molotow, 1890–1986)

molto (*itl.*) Musik: sehr
Molton *m.* (moltong, *frz.*) dicker, gerauter Baumwollstoff
Molybdän *s.* (*gr.*) chem. Element, ein Metall
Moment *m.* (*lat.*) 1. Augenblick; 2. Zeitpunkt; **Moment** *s.* 1. entscheidender Umstand; 2. Gesichtspunkt, Merkmal; 3. eine physikalische Menge, die mit einem Abstand multipliziert wird (z. B. Kraft x Hebelarm); **momentan** augenblicklich, vorübergehend
Mon(o)-, mon(o)- (*gr.*) als Wortteil: allein, einzig
Monade *w.* (*gr.*) unteilbare Einheit, Element des Weltaufbaus, Begriff aus der **Monadologie** *w.*, der Monadenlehre von G. W. Leibniz (1646–1716)
Monarch *m.* (*gr.*) Alleinherrscher (z. B. König, Fürst); **Monarchie** *w.* Staatsform mit einem Monarchen als Staatsoberhaupt, Eigw. **monarchisch**; **Monarchismus** *m.* Staatsgesinnung, die die Monarchie für die beste Staatsform hält; **Monarchist** *m.* Anhänger der Monarchie, Eigw. **monarchistisch**
Monasterium *s.* (*gr.-lat.*) Kloster; **monastisch** klösterlich, mönchisch
Monazit *m.* (*gr.*) ein Mineral
mondän (*frz.*) nach Art der großen Welt, von betont moderner Eleganz
mondial (*frz.*) weltweit, weltumspannend; **Mondial** *s.* künstliche Weltsprache, Plansprache; **Mondialisation** *w.* (-saßiong) französ. Bez. für Globalisierung
mon Dieu! (mong diöh, *frz.*) mein Gott!
monetär (*lat.*) das Geld betreffend; **Monetarismus** *m.* volkswirtschaftliche Lehrmeinung, nach der die Wirtschaft eines Landes über die Menge des umlaufenden Geldes zu steuern ist; **Moneten** *Mz.* Geld (umg.)
Moneymaker *m.* (mannimehker, *engl.*) jmd., der aus allem Geld herausschlägt, gerissener Geschäftsmann
Mongolismus = Down-Syndrom; **Mongolistik** *w.* wissenschaftliche Erforschung der mongolischen Sprachen und Kulturen; **mongoloid** 1. Mongolen ähnlich; 2. am Down-Syndrom leidend (nach der Völkergruppe der Mongolen)
monieren (*lat.*) beanstanden, bemängeln
Monismus *m.* (*gr.*) philosophische Systeme, die die Vielheit der Welt auf ein einziges Prinzip zurückführen; **Monist** *m.* Anhänger des Monismus, Eigw. **monistisch**
Moniteur *m.* (-tör, *frz.*) Anzeiger, Ratgeber, Name französischsprachiger Zeitungen
Monitor *m.* (*lat.*) 1. Kontrollbildschirm in einer Fernsehanstalt, Bildschirm; 2. histor. Panzerschiffstyp; 3. Fernsehgerät zur Kontrolle und Überwachung (z. B. von technischen Anlagen, Gebäuden u. Ä.); 4. Gerät zur Feststellung radioaktiver Strahlung; **Monitoring** *s.* (*engl.*) permanente Beobachtung (eines Systems); **Monitorium** *s.* (*lat.*) Mahnschreiben
Monitum *s.* (*lat.*) Rüge, Beanstandung, Mahnung
Monkstrap (-sträp), **Monk** *m.* (*engl.*) klassischer Herrenhalbschuh, der seitwärts mit Riemen und Schnalle geschlossen wird
Monobrand-Store *m.* (-brändstohr, *engl.*) Boutique, die exklusiv nur ein od. zwei Qualitätsmarken vertreibt, deren Corporate Design das Erscheinungsbild des Geschäfts bestimmt
Monobrachie *w.* angeborene Einarmigkeit
Monochord *s.* (*gr.*) Instrument mit einer Saite zur Messung von Ton und Intervall
Monochrom *s.* (*gr.*) Gemälde in einer einzigen Farbe; **monochrom, monochromatisch** einfarbig; **Monochromasie** *w.* Einfarbigsehen, Farbenblindheit; **Monochromie** *w.* 1. Einfarbigkeit; 2. Malerei in Tonwerten einer einzigen Farbe, im Ggs. zur Polychromie; **Monodie** *w.* Einstimmigkeit in Gesang und Melodieführung
Monodrama *s.* (*gr.*) Einpersonendrama
monogam (*gr.*) in Einehe lebend, zur Einehe neigend; **Monogamie** *w.* Ehe mit nur einem Partner
Monogenese *w.* (*gr.*) 1. ungeschlechtliche Fortpflanzung; 2. Theorie in der Biologie, dass sich jede Spezies aus einer einzigen Stammform entwickelte, Eigw. **monogenetisch**
Monografie, Monographie *s.* (*gr.*) wissenschaftliche Abhandlung über einen einzelnen Gegenstand, Einzeldarstellung
Monogramm *s.* (*gr.*) Namenszeichen aus

einem oder mehreren Anfangsbuchstaben des Namens; **Monogrammist** *m.* Künstler, von dem man nur das Monogramm, nicht den vollen Namen kennt, meist Künstler aus der Frühzeit von Holz- und Kupferstich (z. B. Meister *ES*)

monokausal (*gr.-lat.*) auf nur eine Ursache zurückgehend, sich auf nur einen Faktor beziehend

Monokel *s.* (*gr.-frz.*) Einglas; **monokular** mit einem Auge, für ein Auge

Monokratie *w.* (*gr.*) Alleinherrschaft

Monokultur *w.* (*gr.-lat.*) Bodennutzung mit der immer gleichen Pflanzenart

monolateral (*lat.*) einseitig; **Monolatrie** *w.* Verehrung eines einzigen Gottes (bei Anerkennung anderer)

Monolith *m.* (*gr.*) 1. Denkmal aus einem einzigen Steinblock; 2. festgefügter Machtblock, bes. von Staaten; **monolithisch** aus einem Stück, unzerlegbar, untrennbar

Monolog *m.* (*gr.*) Selbstgespräch; **monologisch** in der Form eines Monologs, nicht auf Kommunikation zielend; **monologisieren** allein und lang andauernd reden

Monologue intérieur *m.* (monolog ängteriör, *frz.*) inneres Selbstgespräch als literarisches Mittel, innerer Monolog

Monomane *m.* (*gr.*) jmd., der an Monomanie leidet, Eigw. **monoman, monomanisch**; **Monomanie** *w.* krankhafte Besessenheit von einer einzigen Vorstellung, einer fixen Idee

monomer (*gr.*) aus einzelnen, getrennten Molekülen bestehend; **Monomere** *s.* Stoff aus monomeren Molekülen

Monophage *m.* (*gr.*) Tier- oder Pflanzenart, die auf eine einzige Nahrungssubstanz angewiesen ist

Monophobie *w.* (*gr.*) starke Furcht vor dem Alleinsein

Monophysiten *Mz.* (*gr.*) Anhänger der frühchristlichen (verbotenen) Lehre, die Jesus Christus nur eine einzige (neue) gottmenschliche Natur zusprach, Eigw. **monophysitisch**

Monopol *s.* (*gr.*) Vorrecht, alleiniger Anspruch (z. B. auf Herstellung oder Vertrieb einer Ware); **monopolisieren** ein Monopol aufbauen, etwas allein für sich in Anspruch nehmen; **Monopolist** *m.* Inhaber eines Monopols; **monopolistisch** ein Monopol innehabend oder anstrebend

Monopoly *s.* (*Wz.*) Gesellschaftsspiel mit dem Ziel, so viele Grundstücke und Häuser wie möglich zu kaufen

Monopteros *m.* (*gr.*) von einer Säulenreihe getragener Rundtempel

Monorail *w.* (-rehl, *engl.*) Einspurbahn

Monorchie *w.* (*gr.*) Vorhandensein nur eines Hodens

Monosemantikon *s.* (*gr.*) Wort für eine nur ein einziges Mal existierende Sache

Monosubstanz *w.* Arzneimittel mit nur einem einzigen Wirkstoff

Monosyllabum *s.* (*gr.*) einsilbiges Wort

Monotheismus *m.* (-te'is-, *gr.*) Glaube an einen einzigen Gott, Eigw. **monotheistisch; Monotheist** *m.* Anhänger des Monotheismus

monoton (*gr.*) eintönig, gleichförmig; **Monotonie** *w.* Eintönigkeit, Gleichförmigkeit

Monotype *w.* (-teip, *Wz.*) Setzmaschine mit Einzelbuchstaben; **Monotypie** *w.* (*gr.*) grafisches Verfahren, mit dem nur ein Abdruck hergestellt wird

Monoxid *s.* (*gr.*) Sauerstoffverbindung, die nur ein Sauerstoffatom enthält (z. B. Kohlenmonoxid)

Monseigneur (mongßenjöhr, *frz.*) Anrede für weltliche und geistliche Würdenträger (Abk. Msgr.)

Monsieur (müssjöh, *frz.*) französ. Anrede für Herr (Abk. M.)

Monsignore (-sinjohre, *itl.*) Titel und Anrede kath. Prälaten (Abk. Msgr.)

Monstranz *w.* (*lat.*) Hostiengefäß der kath. Kirche

Monster = Monstrum

monströs (*lat.*) 1. ungeheuerlich; 2. missgestaltet; **Monstrosität** *w.* 1. Ungeheuerlichkeit; 2. Missbildung, Missgeburt; **Monstrum** *s.*, **Monster** *s.* 1. Ungeheuer, Scheusal, Ungetüm; 2. Missbildung (*Mz.* Monstren)

Monsun *m.* (*arab.*) halbjährlich die Richtung wechselnder Wind (besonders im Indischen Ozean)

Mont *m.* (mong, *frz.*) Berg

Montage *w.* (montasche, *frz.*) 1. Zusammenbau von Maschinenteilen; 2. künstlerisches Schnitt- und Kompilationsverfahren beim Film; 3. Kunstwerk aus zusammengefügten Bild- und Materialteilen, Collage, Fotomontage

Montagnard *m.* (mongtanjahr, *frz.*) Angehöriger der Bergpartei in der Französ. Revolution (benannt nach den höhergelegenen Sitzen in der französ. Nationalversammlung)

montan (*lat.*) zum Bergbau und Hüttenwesen gehörend; **Montanindustrie** *w.* Gesamtheit der Bergbaugesellschaften

Monte Verità *m.* (*itl.*) Hügel über Ascona (Tessin), in den ersten Jahrzehnten des 20. Jhs. Sitz einer lebensreformerischen Künstlerkolonie, die heute als Vorläuferin vieler Alternativbewegungen gilt

Monteur *m.* (mongtör, *frz.*) Facharbeiter für Maschinenmontage

Montgolfiere *w.* (mongolfjähr, *frz.*) Heißluftballon (nach den Brüdern Montgolfier, 18. Jh.)

montieren (*frz.*) zusammensetzen, zusammenbauen, installieren

Montur *w.* (*frz.*) 1. Kleidungsausrüstung für einen bestimmten Zweck; 2. Fassung für Edelsteine; 3. Unterbau für Perücken

Monument *s.* (*lat.*) großes Denkmal, Erinnerungsmal, Kulturdenkmal; **monumental** gewaltig, wuchtig, ins Übergroße gesteigert; **Monumentalität** *w.* Großartigkeit, Wuchtigkeit, eindrucksvolle Größe

Moonboots *Mz.* (muhnbuhts, *Wz.*) dickwattierte Winterstiefel aus Kunststoff, deren Design an die Stiefel der US-amerik. Astronauten bei der Mondlandung erinnern

Mop = Mopp

Moped *s.* (Kurzw. aus *Mo*torvelozi*ped*) Kleinkraftrad

Mopp *m.* (*engl.*) Staubbesen (mit Baumwollfransen statt Borsten)

Moral *w.* (*lat.*) 1. traditions-, kultur- und religionsabhängiges System von Grundsätzen und Normen; 2. das daraus resultierende Verhalten des Einzelnen; 3. lehrreiche Nutzanwendung; 4. Kampfgeist, Stimmung; **Moralin** *s.* spießbürgerliches Moralisieren (nach F. W. Nietzsche); **moralisch** 1. der Moral entsprechend; 2. sittenstreng; **moralisieren** 1. moralische Betrachtungen anstellen; 2. Tugend predigen, Moral einklagen; **Moralismus** *m.* 1. Anerkennung der Moralgesetze; 2. Absolutsetzen der Moral als Maßstab aller Dinge; **Moralist** *m.* 1. Sittenprediger; 2. Betrachter und Kritiker der zeitgenössischen Moral, Moralphilosoph, bes. im Frankreich des 16. und 17. Jh. (z. B. Montaigne od. Rochefoucauld); **Moralität** *w.* moralische Haltung, moralisches Bewusstsein; **Moralitäten** *Mz.* erbauliche mittelalterliche Bühnenspiele; **Moralphilosophie** *w.* philosophische Lehre von den Grundlagen der Sittlichkeit

Moral Sense *m.* (morel –, *engl.*) Annahme eines dem Menschen angeborenen Sittlichkeitsbewusstseins, eines Gefühls für das Gute und Schlechte; **Moral Suasion** *w.* (– swehschen, *engl.*) (versuchte) Beeinflussung von Wirtschaftssubjekten durch moralische Appelle (z. B. die Maßhalteappelle von L. Erhard)

Moräne *w.* (*frz.*) Gletscherschutt

Morast *m.* (*niederl.-frz.*) 1. Sumpfland; 2. aufgeweichter Boden, Eigw. **morastig**

Moratorium *s.* (*lat.*) Zahlungsaufschub

morbid (*lat.*) kränklich, morsch, angekränkelt; **Morbidität** *w.* Kränklichkeit, Morschheit; **Morbus Crohn** in Schüben verlaufende Entzündung des Dünndarms; (nach dem US-amerik. Magen- und Darmspezialisten B. B. Crohn, 1884–1983); **Morbus Gaucher** *m.*, **Gaucher-Syndrom** *s.* (gosche) angeborene Fettstoffwechsel-Krankheit (nach dem französ. Dermatologen Ph. Gaucher, 1854–1918)

Mordent *m.* (*itl.*) Kurztriller, einmaliger Wechsel zwischen einem Ton und seiner unteren Sekunde

Morelle, Marelle *w.* (*frz.*) Sauerkirsche

morendo (*itl.*) Musik: hinsterbend, erlöschend

Mores *Mz.* (*lat.*) Anstand; **Mores lehren**, jmdn. entschieden zurechtweisen

Moresca, Morisca, Moreske = Maureske

morganatisch (*lat.*) frühere Bez. für eine nicht standesgemäße Ehe, Ehe zur linken Hand

Morgue *w.* (morg, *frz.*) Leichenschauhaus (in Paris)

moribund (*lat.*) sterbend, im Sterben liegend, todgeweiht

Morio-Muskat *m.* Rebsorte aus der Kreuzung von weißem Burgunder und Silvaner, als Wein mit Muskat-Bukett (nach dem dt. Züchter P. Morio, 1887–1960)
Morisca *w.* (*span.*) maurischer Tanz; **Moriske** *m.* (*span.*) christlich gewordener und in Spanien verbliebener Maure
Moritat *w.* zur Drehorgel vorgetragenes Lied, in dem schaurige Ereignisse berichtet werden (Herk. ungekl.)
Morituri te salutant (*lat.*) die Todgeweihten grüßen dich, Gladiatorengruß im antiken Rom
Mormone *m.* Angehöriger der 1830 gegründeten amerikanischen Sekte (nach dem Buch Mormon ihres Begründers J. Smith, 1805–1844)
moros (*lat.*) verdrießlich, mürrisch, Hptw. **Morosität** *w.*
Morph-, morph- (*gr.*) als Wortsilbe die Gestalt betreffend
Morphem *s.* (*gr.*) kleinstes bedeutungtragendes Sprachelement
Morpheus *m.* (*gr.*) Gott des Schlafes, des Traumes bei Ovid
Morphing *s.* (*engl.*) die vom Computer erzeugte übergangslose Verwandlung eines Bildes (einer Person) in ein anderes
Morphin, Morphium *s.* (*gr.*) Betäubungsmittel, Rauschgift; **Morphinismus** *m.* Morphiumsucht; **Morphinist** *m.* Morphiumsüchtiger, Eigw. **morphinistisch**
Morphogenese *w.* (*gr.*) Gestaltbildung während der Entwicklung eines Lebewesens; **Morphologie** *w.* 1. Wissenschaft von den Gestalten und Formen; 2. Wissenschaft von der Gestalt und ihrer Entwicklung bei Lebewesen; 3. die Formenlehre als Teil der Sprachwissenschaft; **morphologisch** die Form betreffend
morsen mit Hilfe des Morsealphabets Nachrichten übermitteln (nach dem US-amerik. Erfinder S. Morse, 1791–1872)
Mortadella *w.* (*itl.*) italien. Zervelatwurst aus Schweine- und Kalbfleisch mit Speckwürfeln
Mortalität *w.* (*lat.*) Sterblichkeitsziffer
Mortifikation *w.* (*lat.*) Absterben von Organen und Geweben; **Mortuarium** *s.* (*lat.*) 1. im Mittelalter ein zu entrichtender Betrag der Erben eines Hörigen; 2. Bestattungsort
Mosaik *s.* (-a'ik, *gr.-lat.*) aus zahlreichen bunten Steinchen zusammengesetztes Bild oder Muster, Eigw. **musivisch**
mosaisch (-a'i-) jüdisch, israelitisch (nach Moses, dem Stifter der israelit. Religion)
Moschee *w.* (*arab.*) islam. Gotteshaus
Moschus *m.* (*ind.-lat.*) Drüsenausscheidung des Moschustiers, Duftstoff
Moses *m.* 1. Schiffsjunge, jüngstes Besatzungsmitglied (scherzh.); 2. kleines Beiboot einer Jacht (nach Moses, der laut Altem Testament in einem Körbchen auf dem Nil ausgesetzt wurde)
Moskito *m.* (*span.*) tropische Stechmücke
Moslem, Muslim *m.* (*arab.*) Anhänger des Islam; **moslemisch, muslimisch** die Moslems, ihren Glauben betreffend; **Moslime, Muslime** *w.* weiblicher Moslem
mosso (*itl.*) Musik: bewegt
Motel *s.* (aus *engl. mo*tor und hot*el*) Hotel mit Garagen für die Autos der Gäste
Motette *w.* (*lat.*) mehrstimmiges Gesangsstück ohne Begleitung, textmäßig auf einen Bibelvers aufbauend
Motherboard *s.* (maserbohrd, *engl.*) Hauptplatine eines Computers mit allen wesentlichen Baugruppen (EDV); **Motherese** *w.* Ammensprache, Varietät einer Sprache, die mit Babys gesprochen wird
Motilität *w.* (*lat.*) Gesamtheit der durch Reflexe ausgelösten Muskelbewegungen
Motion *w.* (*lat.*) 1. Abwandlung der Eigenschaftswörter nach dem Geschlecht; 2. Antrag im Parlament, bes. in Großbritannien und der Schweiz
Motion Capture *s.* (mohschen käptscher, *engl.*) computergestütztes Verfahren, das eine realistische Figurenzeichnung im Animationsfilm ermöglicht; **Motion Picture** *s.* (– piktscher) Spielfilm, Kinofilm
Motiv *s.* (*lat.*) 1. Anlass, Beweggrund, Antrieb, Zweck; 2. Stoffelement, inhaltliche Einheit in Dichtung und bildender Kunst; 3. charakteristische Tonfolge in einem musikalischen Thema; **Motivation** *w.* (*lat.*) Summe der Beweggründe, die eine Entscheidung, eine Handlung begründen; **motivieren** 1. begründen; 2. jmdn. durch eine Begründung veranlassen, Hptw. **Mo-**

tivierung *w.*; **Motivik** *w.* Kunst der Behandlung musikalischer Motive

Motocross *s.* (*engl.*) Gelände- und Vielseitigkeitsprüfung für Motorradsportler; **Motodrom** *s.* (*frz.*) um die Zuschauer herumführende Rennstrecke für Motorsportler

Motologie *w.* (*lat.-gr.*) Lehre von der menschl. Motorik und ihrer Bedeutung in Erziehung und Therapie; **Motopädagogik** *w.* Bewegungstherapie hirngeschädigter Kinder

Motor *m.* (*lat.*) 1. Antrieb, treibende Kraft; 2. Antriebsmaschine; **Motorik** *w.* 1. Lehre von den Bewegungen des menschlichen Körpers; 2. Gesamtheit gleichmäßiger Bewegungsabläufe; 3. Gesamtheit der willkürlichen Körperbewegungen; 4. gleichmäßig-hämmernder Rhythmus in der Musik; **Motoriker** *m.* Mensch, der in Bewegungsvorstellungen denkt; **motorisch** 1. bewegend, der Bewegung dienend; 2. von einem Motor angetrieben; 3. treibend-rhythmisch (von Musik); 4. gleichförmig ablaufend; **motorisieren** mit einem Motor versehen, Hptw. **Motorisierung** *w.*

Motronic *w.* (Kurzwort aus *Mo*tor und Elec*tronic*) elektron. gesteuerte Benzineinspritzung bei Verbrennungsmotoren

Motto *s.* (*lat.*) Wahlspruch, Leitspruch, Kennwort

Mouchard *m.* (muschar, *frz.*) Spitzel; **Mouche** *w.* 1. Schönheitspflästerchen; 2. Mittelpunkttreffer beim Schießen

mouillieren (mujihren, *frz.*) Erweichen meist von Konsonanten (z. B. *n* in Señor)

Moulage *m.* u. *w.* (mulahsch, *frz.*) (anatomisches) Wachsmodell

Mount (maunt, *engl.*) engl. Bez. für Berg (Abk. Mt.); **Mountainbike** *s.* (-tenbeik, *engl.*) gebirgsgängiges Fahrrad

Mouse *w.* (maus, *engl.*) Maus, mit dem Computer verbundenes Gerät, das die schnelle Positionierung des Cursors erlaubt; **Mouseklick** = Mausklick; **Mousepad** = Mauspad

Mousse *w.* (muß, *frz.*) gestockte Speise mit Sahne aus Wild, Fisch u. Ä. oder als Süßspeise (z. B. Mousse au Chocolat)

Mousseux *m.* (mussöh, *frz.*) Schaumwein; **moussieren** perlen, schäumen (von Wein oder Sekt)

Moustérien *s.* (musterjäng, *frz.*) Stufe der Altsteinzeit

Movens *s.* (*lat.*) Beweggrund, Antriebskraft

Movie *s.* (muhwi, *engl.*) amerik. Bez. für Kino, Unterhaltungsfilm

Moxa *w.* (*jap.*) 1. als Brennkraut verwendeter Beifuß; 2. = Moxibustion; **Moxibustion** *w.* der traditionellen chin. Medizin entstammende Therapie bei Rheuma und Gicht, bei der keine Brennkegel aus Heilkräutern über Akupunkturpunkten abgebrannt werden

Mozaraber *Mz.* (*arab.-span.*) die im maurischen Herrschaftsgebiet Spaniens lebenden spanischen Christen zwischen dem 8. und 15. Jh., Eigw. **mozarabisch**

MP = Military Police

MP3 *s.* (eig. MPEG Layer 3) vom Fraunhofer Institut entwickeltes Standardformat für digitale Musik

MPEG *s.* (aus *engl. M*otion *P*ictures *E*xperts *G*roup) Standarddateiformat für Videodaten (EDV)

Mr. = Mister

Mrs. = Mistress

MS-DOS (aus *engl. M*icrosoft *d*isc *o*perating *s*ystem) das vor Windows gebräuchlichste Betriebssystem für Personalcomputer (EDV)

Msgr. = Monseigneur, Monsignore

Muckraker *m.* (mackrehker, *engl.*) amerikan. Journalist (bes. zu Beginn des 20. Jhs.), der politische Missstände aufdeckt und reißerisch veröffentlicht; **Muckraking** *s.* Sensationsmache(rei)

Mucor *m.* (*lat.*) ein Schimmelpilz

Mudschahed *m.* (*arab.*) islamischer Freischärler

Muezzin *m.* (mu'e-, *arab.*) Gebetsrufer der Moslems

Muffins *Mz.* (maffins, *engl.*) heiße runde flache Kuchen aus Hefe- oder Backpulverteig

Mufflon *m.* (*itl.*) braunes Wildschaf mit stark gebogenem Gehörn

Mufti *m.* (*arab.*) islamischer Rechtsgelehrter, Gesetzesausleger

Mukoide *Mz.* (*lat.*) Schleimstoff; **Mukolytikum** *s.* schleimlösendes Arzneimittel;

mukupurulent schleimig-eitrig; **mukös** schleimig, schleimabsondernd; **Mukosa** *w.* Schleimhaut

Mulatte *m.* (*span.*) Nachkomme eines weißen und eines schwarzen Elternteils

Muleta *w.* (*span.*) das rote Tuch des Stierkämpfers

Muli *s.* (*itl.*) Maultier, Kreuzung zwischen Pferd und Esel

mulier taceat in ecclesia (muli'er tazeat in eklesia, *lat.*) die Frau schweige in der Gemeinde, Stelle aus dem 1. Korintherbrief, die zur Begründung dient, Frauen von kirchlichen Ämtern der kath. Kirche auszuschließen

Mullah *m.* (*arab.*) schiitischer Geistlicher

Multi-, multi- (*lat.*) als Wortteil: viel (-fach), mehrfach

multidimensional vielschichtig; **multifaktoriell** durch viele Faktoren bestimmt; **multifil** aus vielen Fasern bestehend; **multifunktionell** viele Funktionen erfüllend; **multikulti, multikulturell** (*lat.*) viele Kulturen beinhaltend; **multikulturelle Gesellschaft** Gesellschaft, in der mehrere Kulturen und Lebensformen anerkannt nebeneinander bestehen

multilateral (*lat.*) mehrseitig, mehrere Partner betreffend; **multilingual** mehrsprachig; **Multimedia** *Mz.* (*engl.*) 1. Funktionsverbund verschiedener Medien oder Kommunikationsmittel (z. B. Fernsehen, Telefon, Computer); 2. Verknüpfung mehrerer Kunstdisziplinen zu einer neuen Einheit; **Multimediashow** *w.* Show, bes. bei Großveranstaltungen, bei der unterschiedliche Ton- und Bildmedien gleichzeitig zum Einsatz kommen

multinational (*lat.*) 1. mehrere Nationen betreffend; 2. in mehreren Staaten vertreten (z. B. multinationales Unternehmen); **Multipara** *w.* = Pluripara

multipel (*lat.*) 1. vielfältig; 2. vielfach; **multiple Sklerose** *w.* schwere Erkrankung des Gehirns und des Rückenmarks; **Multiple** *s.* (maltipl, *engl.*) modernes, in Massenproduktion hergestelltes Kunstobjekt, das als wiederholbares Original den gängigen Anspruch auf Einmaligkeit eines Kunstwerks durchkreuzt; **Multiple-Choice-Verfahren** (-tscheuß-, *engl.*) Prüfungs- oder Befragungsmethode, bei der der Befragte eine oder mehrere Antworten ankreuzen muss

multiplex (*lat.-engl.*) (mit mehreren Geräten) vernetzt (EDV); **Multiplex-Kino** *s.* mit perfekter Abspieltechnik ausgestattetes Kinocenter mit mindestens acht Sälen und weit über tausend Sitzen, das außerdem diverse Freizeitangebote bereithält

Multiplikand *m.* (*lat.*) Zahl, die vervielfacht wird; **Multiplikation** *w.* Vervielfachung, Malnehmen; **Multiplikator** *m.* Zahl, die vervielfacht; **multiplizieren** vervielfachen, malnehmen

Multiprocessing *s.* (*engl.*) gleichzeitige Bearbeitung eines Programms durch mehrere Rechner (EDV); **Multiprogramming** *s.* (-grämm-) das gleichzeitige Abarbeiten mehrerer Programme innerhalb eines Rechners, Mehrfachprogrammierung (EDV)

Multiprozessor *m.* (*engl.*) System von mehreren Computern, die im Verbund ein gemeinsames Programm bearbeiten (EDV)

Multis *Mz.* (*lat.*) Abk. für **multinationale Konzerne**, Wirtschaftsunternehmen, die Tochterfirmen in mehreren Ländern besitzen und sich dadurch einer nationalen Kontrolle entziehen

Multitasking *s.* (*engl.*) 1. das gleichzeitige Abarbeiten mehrerer Aufgaben durch einen Computer (EDV); 2. Fähigkeit eines Menschen, mehrere Tätigkeiten, Aufgaben und Funktionen gleichzeitig auszuführen

Multivalenz *w.* (*lat.*) Mehrwertigkeit, Vielwertigkeit von psychischen Eigenschaften, Tests, Schriftmerkmalen, Eigw. **multivalent**

multum, non multa (*lat.*) viel, nicht vieles (Qualität, nicht Quantität)

Mumie *w.* (-mi'e, *arab.*) einbalsamierter Leichnam; **mumifizieren** 1. einbalsamieren, 2. vertrocknen (von Geweben), Hptw. **Mumifizierung** *w.*; **Mumifikation** *w.* 1. Austrocknung abgestorbener Gewebeteile an der Luft; 2. Mumifizierung; **Mumifizierung** *w.* das Mumifizieren

Mummy *m.* (mammi, *engl.*) Auftraggeber eines Ghostwriters

Mumps *m.* (*engl.*) Ziegenpeter

Mundus *m.* (*lat.*) Welt, Weltordnung,

Weltall; **Mundus intelligibilis** die mit der Vernunft fassbare Welt (der Ideen); **Mundus sensibilis** die mit den Sinnen fassbare Welt, bes. in der Philosophie der Antike und des Mittelalters diskutiert; **mundus vult decipi** (-dezipi) die Welt will betrogen werden (nach Sebastian Brant, 1457–1521)

Mungo (*tamil.*) Katzenart in Afrika und Asien

Munition *w.* (*lat.*) Schießmaterial für Feuerwaffen; **munitionieren** 1. mit Munition ausrüsten; 2. mit (schlagenden) Argumenten für einen Disput ausrüsten

Munizipium *s.* (*lat.*) altröm. Landstadt

Muräne *w.* (*gr.-lat.*) aalartiger Fisch in tropischen Meeren

Muranoglas *s.* hochwertiges, künstlerisch gestaltetes Glas (nach der Insel Murano bei Venedig)

Muschik *m.* (*russ.*) Bauer im zaristischen Russland

Muse *w.* (*gr.*) 1. eine der neun griechischen Göttinnen der Künste und Wissenschaften; 2. Frau, die einen Künstler beflügelt und unterstützt; **museal** (*gr.-lat.*) 1. zum Museum gehörig, ins Museum gehörig; 2. überaltert, verstaubt; **Museum** *s.* (-se'um) Gebäude zum Ausstellen von Sammlungen aus Kunst, Wissenschaft, Geschichte, Technik

Musette *w.* (müsett, *frz.*) 1. französ. Art des Dudelsacks; 2. französ. Tanz, bei dem der Bass den Dudelsack nachahmt; 3. kleines Tanzorchester mit dominierendem Akkordeon

Museum = museal

Musical *s.* (mjusikel, *engl.*) in Amerika entstandene Mischform aus Schauspiel, Operette, Revue und Ballett, Musiktheater

Musik *w.* (*gr.*) 1. Tonkunst, Tonkunstwerk; 2. Gesamtheit der Tonkunstwerke, z. B. eines Stils, einer Epoche; **Musikalien** *Mz.* (-li'en) gedruckte Musikwerke; **musikalisch** 1. zur Musik gehörig; 2. für Musik begabt und interessiert, 3. klangschön, wie Musik, Hptw. **Musikalität** *w.*; **Musikant** *m.* Spielmann; **Musikbox** *w.* (*engl.*) Automat (in Gaststätten), der nach Geldeinwurf Musiktitel spielt; **Musikclip, Musikvideo** *s.* Werbevideo für Musiktitel, Musiker und Musikgruppen; **Musiker** *m.* ausübender Tonkünstler; **Musikologie** *m.* (*gr.*) Musikwissenschaft; **Musiktherapie** *w.* Heilung von (psychisch) Kranken mit Hilfe musikalischer Ausdrucksmöglichkeiten; **Musikus** *m.* scherzhaft für Musiker (*Mz.* Musizi)

Musique concrète *w.* (müsik kongkräht, *frz.*) elektronisch erzeugte Klangmontage, die Tonbandaufnahmen mit Alltagsgeräuschen verarbeitet

musisch (*gr.*) künstlerisch begabt, kunstliebend, empfänglich für alles Künstlerische

musivisch (*lat.*) nach Art eines Mosaiks zusammengefügt (von Glasstückchen, Steinen u. a.)

Muskat *m.* (*lat.*) Frucht des tropischen Muskatnussbaumes; **Muskateller** *m.* Wein aus der Muskatellertraube

Muskel *m.* (*lat.*) Bewegungsorgan bei Tieren und Menschen; **Muskelatrophie** *w.* (*lat.-gr.*) Muskelschwund; **muskulär** zum Muskel gehörig; **Muskulatur** *w.* Gesamtheit der Muskeln; **muskulös** mit starken Muskeln ausgestattet

Muskete *w.* (*frz.*) altes schweres Gewehr; **Musketier** *m.* früherer Fußsoldat mit Muskete

Muskologie *w.* (*lat.*) Mooskunde

Muslim = Moslem

Musselin *m.* (*frz.*) feinfädiges Gewebe aus Wolle oder Baumwolle in Leinenbindung

Must *s.* (mast, *engl.*) ein Muss, etwas Unerlässliches, wo man gewesen, wo man teilgenommen haben muss; **Must-Have** *s.* (-häf) eine Sache, die im Trend liegt und die man deshalb haben muss

Mustang *m.* (*span.*) amerikan. Steppenpferd

mutabel (*lat.*) veränderlich; **Mutabilität** *w.* Veränderlichkeit; **mutagen** Mutation auslösend; **Mutagenese** *w.* Entstehung von Mutationen; **Mutant** *m.* durch Mutation in seiner Erbanlage verändertes Individuum; **Mutation** *w.* 1. Stimmbruch; 2. erzeugte oder spontan auftretende erbliche Veränderung; **mutatis mutandis** nach den nötigen Veränderungen; **mutieren** 1. sich im Stimmwechsel befinden; 2. sich spontan im genetischen Material ändern

Mutazismus = Mutismus

Mutilation *w.* (*lat.*) Verstümmelung
Muting *s.* (mjuting, *engl.*) 1. Rauschsperre, bes. in der Hi-Fi-Technik; 2. Stummschaltung an elektronischen Geräten
Mutismus *m.* (*lat.*) Stummheit ohne organische Ursache; **Mutität** *w.* Stummheit
Muton *s.* (*lat.*) der kleinste Chromosomenabschnitt, der durch Mutation veränderbar ist
Mutsu *m.* (*jap.*) süßer großer Apfel aus Japan
mutual, mutuell (*lat.*) gegenseitig, wechselseitig; **Mutualismus** *w.* 1. Grundsatz der Gegenseitigkeit; 2. Lebensform bei Pflanzen oder Tieren, die sich gegenseitig nützen, partnerschaftliches Parasitentum
My *s.* (*gr.*) zwölfter Buchstabe des griechischen Alphabets, M, μ
Myalgie *w.* (*gr.*) Muskelschmerz; **Myasthenie** *w.* krankhafte Muskelschwäche; **Myatropie** *w.* Muskelschwund; **Myelitis** *w.* (*gr.*) Rückenmarkentzündung
Mykoine *Mz.* (*gr.*) aus Pilzen gewonnene Antibiotika (z. B. Penicillin); **Mykologie** *w.* 1. Pilzkunde; 2. Wissenschaft von den Mykosen; **Mykose** *w.* Pilzerkrankung
Mylady *w.* (milehdi, *engl.*) engl. Anrede für die Frau eines Lords
Mylord *m.* (milord, *engl.*) engl. Anrede für einen Lord, für einen Richter
Myodynie *w.* (*gr.*) Muskelschmerz; **myogen** vom Muskel ausgehend; **Myokard** *s.* Herzmuskulatur; **Myokarditis** *w.* Herzmuskelentzündung; **Myologie** *w.* Wissenschaft von den Muskeln; **Myom** *s.* gutartige Muskelfasergeschwulst; **myomorph** muskelfaserig
myop, myopisch (*gr.*) kurzsichtig; **Myopie** *w.* Kurzsichtigkeit
Myospasmus *m.* (*gr.*) Muskelkrampf
Myriade *w.* (*gr.*) 1. Einheit von zehntausend; 2. Unzahl, unzählbar große Menge
Myringitis *w.* (*gr.*) Trommelfellentzündung
Myrmekologie (*w.* (*gr.*) Ameisenkunde, Teilgebiet der Zoologie
Myrrhe, Myrre *w.* (*arab.*) Räucherharz; **Myrrhentinktur, Myrrentinktur** *w.* Myrrhenauszug zur Wundbehandlung im Mund
Myrte *w.* (*gr.*) mittelmeerischer Strauch, Immergrün mit weißen Blütchen
MySpace *o. A.* (meispehs, *Wz.*) soziales Netzwerk in Form einer mehrsprachigen Website, bes. für private Kontakte und Freizeitinteressen
Mystagoge *m.* (*gr.*) antiker Priester, der in die Geheimkulte einführte; **Myste** *m.* Eingeweihter
Mysterien *Mz.* (-ri'en, *gr.*) 1. Geheimkulte der griech. und röm. Antike; 2. geistliche Spiele im Mittelalter; **mysteriös** geheimnisvoll, rätselhaft; **Mysterium** *s.* (göttliches) Geheimnis
Mystery *s.* (*engl.*) **Mysteryfilm, Mysteryserie**, dem Horrorgenre nahestehende Gattung des Thrillers, bei dem Untaten und Verbrechen von geheimnisvollen, unerklärlichen Mächten verursacht werden
Mystifikation *w.* (*gr.*) Täuschung, Irreführung; **mystifizieren** irreführen, vorspiegeln
Mystik *w.* (*gr.*) in allen Religionen auftretende Form der Religiosität, bei der der Gläubige durch meditative oder ekstatische Praktiken die persönliche Vereinigung mit Gott sucht; **Mystiker** *m.* Vertreter der Mystik; **mystisch** 1. zur Mystik gehörend; 2. geheimnisvoll, dunkel; **Mystizismus** *m.* Wunderglaube, (Glaubens-)Schwärmerei
mythisch (*gr.*) dem Mythos angehörend, sagenhaft, erdichtet; **Mythologie** *w.* 1. Wissenschaft von den Mythen und Sagen; 2. die Mythenüberlieferung eines Volkes, Eigw. **mythologisch**
Mythisierung, Mythologisierung *w.* (*gr.*) Erhebung eines Begriffs (z. B. Volk, Vaterland) zu mythischer Bedeutung; **mythologisieren** Legenden bilden
Mythologie = mythisch
Mythe, Mythos, Mythus *m.* (*gr.*) 1. überlieferte Sage, Dichtung o. Ä. aus der Vor- und Frühzeit eines Volkes, häufig über die Entstehung des Volkes; 2. Legendenbildung um eine Person, ein Ereignis, eine Sache
Myxödem *s.* (*gr.*) körperliche und geistige Erkrankung mit starkem Anschwellen des Körpergewebes, durch Unterfunktion der Schilddrüse bedingt; **Myxom** *s.* gutartige Geschwulst aus Schleimgewebe
Myzel *s.* (*gr.*) Pilzgeflecht (*Mz.* Myzelien, [-li'en])

N

9/11 = nine-eleven

n. = neutrum

Nabob *m.* (*ind.-arab.*) 1. indischer Gouverneur; 2. sehr reicher Mann

Nadir, Nadir *m.* (*arab.*) Gegenpol des Zenits

Nagaika *w.* (*russ.*) Lederpeitsche der Kosaken

naiv (*frz.*) 1. arglos, einfältig, unbedarft, kindlich; 2. natürlich, ursprünglich (z. B. von Malerei); **Naive** *w.* Darstellerin junger naiver Mädchen, Rollenfach beim Theater; **Naive Malerei** *w.* Malerei von Laien, meist mit detailreichen gegenständlichen und fantastischen Bilderwelten; **Naivität** *w.* Unbefangenheit, Arglosigkeit, Unbekümmertheit, Unbedarftheit

Najade *w.* (*gr.*) 1. Quellnymphe der griech. Sage; 2. Flussmuschel

Name-Dropping *s.* (nehm-, *engl.*) das gesprächsweise Fallenlassen bekannter Namen, sodass der Anschein entsteht, man kenne die berühmten Namensträger persönlich

Nan(o)-, nan(o)- (*gr.*) als Vorsilbe: 1. winzig, zwergenhaft; 2. ein Milliardstel

Nandu *m.* (*Tupi.*) südamerik. straußenähnlicher Laufvogel

Nänie, Nenie *w.* (-ni'e, *lat.*) altrömische Totenklage

Nanismus *m.*, **Nanosomie** *w.* (*gr.*) Zwergenwuchs

Nanny *w.* (nänni, *engl.*) Kindermädchen, Kinderfrau, bes. in den USA

Nano *m.* (*gr.*) Zwerg; **Nanometer** *m.* oder *s.* ein Milliardstel Meter (= 10^{9}, Abk. nm); **Nanowissenschaften** *Mz.* Forschungsfeld in Chemie, Medizin, Physik, Biologie über Strukturen der Materie im Nanometerbereich sowie anwendungsbezogene Zukunftstechnologien (z. B. synthetische Nanopartikel in der Krebstherapie)

Nansenpass *m.* Pass für Staatenlose oder Emigranten bis 1946 (nach dem norweg. Forscher und Politiker Fridjof Nansen, 1861 – 1930)

Napalm *s.* (Kunstwort aus *Na*phten- und *Palm*itinsäure) Benzinbrandbombenfüllung, die beim Aufschlag selbsttätig zündet, mehr als 2000 °C entwickelt und nicht löschbar ist

Naphtha *s.* (*gr.*) frühere Bez. für Erdöl, Rohpetroleum; **Naphthalin** *s.* fester Kohlenwasserstoff aus Steinkohlenteer, Desinfektionsmittel und Ausgangsstoff für Lösungsmittel, Farben und Kunststoff

Napoli (*itl.*) italien. Name von Neapel; **Napolitain** *s.* (-täng, *frz.*) kleines Schokoladentäfelchen; **Napolitaine** *w.* flanellähnliches Wollgewebe (nach der italien. Stadt Neapel)

Nappaleder *s.* (*russ.*) tuchweiches, waschbares Leder aus Schaf-, Lamm- oder Ziegenfell

Narde (*sanskr.-gr.*) Sammelbez. für wohlriechende Pflanzen, z. B. Lavendel- und Baldrianarten, die seit dem Altertum für Salben, Öle und Arznei verwendet werden

Nargileh *s.* oder *w.* (*pers.-türk.*) orientalische Wasserpfeife

Narkoanalyse *w.* (*gr.*) nach seelischen Traumen angewandte Methode der Befragung in Halbnarkose; **Narkolepsie** *w.* krankhafter Zwang, kurzfristig einzuschlafen; **Narkomanie** *w.* Betäubungsmittelsucht; **Narkophage** *m.* jmd., der regelmäßig Schlaf- und Beruhigungsmittel nimmt

Narkose *w.* (*gr.*) künstl. herbeigeführte Betäubung; **Narkostaat** *m.* Staat, dessen Wirtschaft zu großen Teilen auf Anbau, Verarbeitung und Verkauf von Drogen beruht; **Narkotikum** *s.* Betäubungsmittel, Rauschmittel; **narkotisch** betäubend, berauschend; **Narkotiseur** *m.* (-sör, *frz.*) Narkosearzt; **narkotisieren** betäuben, unter Narkose setzen

Narodniki *Mz.* (*russ.*) Anhänger einer politischen und literarischen Bewegung in

Russland (ca. 1865–1900), die eine neue Gesellschaftsordnung auf agrarsozialistischer Basis propagierte

narrativ (*lat.*) erzählend, in erzählendem Stil darstellend (von Literatur und bildender Kunst)

Narwal *m.* (*dän.*) Zahnwal

Narziss, Narzisst *m.* (*gr.*) in sich selbst verliebter Mensch (nach dem Jüngling Narziss der griech. Sage, der in sein Spiegelbild verliebt war); **narzisstisch** in sich selbst verliebt; **Narzisse** *w.* in vielen Arten vorkommende Frühlingsblume; **Narzissmus** *m.* Selbstverliebtheit, Selbstbezogenheit, Selbstbewunderung

NASA *w.* (aus *engl. N*ational *A*eronautics and *S*pace *A*dministration) Nationale Luft- und Raumfahrtbehörde der USA, gegr. 1958

nasal (*lat.*) 1. zur Nase gehörig; 2. näselnd; **Nasal** *m.* Nasenlaut (z. B. *ng*); **nasalieren** nasal aussprechen

NASDAQ *w.* (aus *engl. N*ational *A*ssociation of *S*ecurity *D*ealers *A*utomated *Q*uotation) US-amerik. Börse für die Aktien von wachstumsorientierten Unternehmen, bes. der Informationstechnologie

Nashi *w.* (*jap.*) aus China stammende große birnen- und apfelförmige Frucht mit saftigem Fruchtfleisch und süßsaurem Geschmack, Nashi-Birne, Chines. Birne

Nasigoreng *s.* (*indones.*) Reisgericht

Nasobēm *s.* ein auf seinen Nasen schreitendes Fabeltier (in Christian Morgensterns *Galgenliedern*)

nasolabial (*lat.*) zwischen Nasenflügel und Mundwinkel liegend; **Nasolabialfalte** *w.* Nase-Mund-Falte

naszierend (*lat.*) im Entstehen, im Werden begriffen

Natalität *w.* (*lat.*) Geburtenhäufigkeit

Nation *w.* (*lat.*) Gemeinschaft von Menschen, deren Identitätsvorstellung darauf beruht, politisch und kulturell eine von anderen Nationen (staatlich) abgrenzbare Einheit zu bilden; **national** 1. die Nation betreffend, charakteristisch für eine Nation; 2. auf die Interessen der Nation bedacht, vaterländisch; **Nationalelf** *w.* aus elf Spielern bestehende Fußballmannschaft eines Landes für internationale sportliche Begegnungen, bes. bei Europa- und Weltmeisterschaften; **Nationalepos** *s.* Heldenepos eines Volkes, das als charakteristisch für seine (Kultur-)Geschichte gilt; **nationalisieren** 1. zu Staatseigentum machen, verstaatlichen; 2. jmdm. die Staatszugehörigkeit verleihen, einbürgern; Hptw. **Nationalisierung** *w.*; **Nationalismus** *m.* Ideologie, die Bedeutung und Interessen der eigenen Nation zum höchsten Wert erklärt; **Nationalist** *m.* Verfechter des Nationalismus, Eigw. **nationalistisch**; **Nationalität** *w.* 1. Staatszugehörigkeit; 2. nationale Minderheit in einem Staat; **Nationalitätenstaat** *m.* Staat, in dem mehrere Nationalitäten leben, Vielvölkerstaat; **Nationalitätsprinzip** *s.* politische Forderung nach Eigenstaatlichkeit jeder Nation; **Nationalkirche** *w.* auf eine Nation begrenzte Kirche; **Nationalmannschaft** *w.* vom Bundestrainer bestimmte Auswahl der besten Spieler einer Sportart für internationale Wettkämpfe; **Nationalökonomie** *w.* Volkswirtschaftslehre; **Nationalsozialismus** *m.* die in Deutschland im Anschluss an den Ersten Weltkrieg entstandene extrem völkisch-nationalistische, antisemitisch-rassistische Bewegung und das auf ihr beruhende Herrschaftssystem zwischen 1933 und 1945; **Nationalstaat** *m.* Staat, in dem staatliches Territorium und Nation übereinstimmen; **Nationaltheater** *s.* im 18. Jh. entstandene Bühnen, die der Pflege der nationalen Dichtung und der einheimischen Schauspielkunst dienen wollten

Natis *w.* (*lat.*) Gesäßbacke (*Mz.* Nates)

nativ (*lat.*) 1. angeboren; 2. natürlich, im natürlichen Zustand befindlich; **Natives** *Mz.* (nehtivs, *engl.*) Eingeborene (einer britischen Kolonie); **Nativespeaker** *m.* (nehtiv spihker) Muttersprachler; **Nativismus** *m.* (*lat.*) 1. psycholog. Theorie, nach der dem Menschen bestimmte Vorstellungen, z. B. Raum- und Zeitvorstellungen, angeboren seien; 2. Bez. für die kollektiven Einstellungen von Gruppen, die sich auf Werte berufen, die sie für angeboren und ursprünglich halten; **Nativität** *w.* 1. Geburt, Geburtsstunde; 2. Stand der Gestirne bei der Geburt (Astrologie)

NATO (aus *engl. N*orth *A*tlantic *T*reaty *O*rganization) Organisation des Nordatlantik-Vertrags mit derzeit 26 Mitgliedsstaaten, gegr. 1949, Sitz in Brüssel (Belgien)

Natrium *s.* (*arab.-ägypt.*) chem. Element, Alkalimetall (Abk. Na); **Natron** *s.* Natriumbikarbonat, doppeltkohlensaures Natron

Natté = Panama

Natur *w.* (*lat.*) 1. der Kosmos, alles, was nicht vom Menschen geschaffen oder verändert wurde; 2. Tier- und Pflanzenwelt, Landschaft in einem bestimmten Gebiet; 3. Veranlagung, Eigentümlichkeit eines Tiers oder Menschen; **natura non facit saltus** philos. Ansicht, nach der die Natur keine Sprünge macht, sondern sich stetig entwickelt

Naturalien *Mz.* (-li'en, *lat.*) Bodenerzeugnisse, Lebensmittel, Naturprodukte; **Naturalienkabinett** *s.* naturwissenschaftliche Sammlung; **Naturalisation** *w.* (*lat.*) 1. Einbürgerung; 2. Anpassung von Pflanzen und Tieren an eine fremde Umgebung; 3. das Ausstopfen, Präparieren von Tierbälgen, Ztw. **naturalisieren**

Naturalismus *m.* (*lat.*) 1. Wirklichkeitsnähe, Wirklichkeitstreue, bes. in der Kunst; 2. Kunstrichtung, bes. in der Literatur des ausgehenden 19. Jh., die sich um möglichst illusionsfreie, unbeschönigte Wiedergabe der Wirklichkeit bemühte; **Naturalist** *m.* Vertreter des Naturalismus, Eigw. **naturalistisch**

Naturallohn *m.* (*lat.*) Entlohnung in Naturalien; **Naturalwirtschaft** *w.* Wirtschaftsform, die auf Gütertausch beruht

Naturell *s.* (*lat.*) die Eigenart eines Menschen, sein Temperament; **naturell** naturrein, unverfälscht; **naturidentisch** synthetisch hergestellt, aber in seiner chem. Struktur mit dem natürlichen Aromastoff identisch

Nature morte *w.* (natür-, *frz.*) Stillleben

Naturphilosophie *w.* (*gr.-lat.*) alle philosophischen Versuche seit der Antike, die Natur zu deuten; **Naturrecht** *s.* (*lat.*) Auffassung, dass das Recht in der vernunftbegabten Natur des Menschen begründet sei

Naumachie *w.* (*gr.*) Seeschlacht im antiken Griechenland

Nausea *w.* (*gr.*) Seekrankheit

Nautik *w.* (*gr.*) Schifffahrtskunde, Steuermannskunst, **Nautiker** *m.* Schifffahrtskundiger, Seemann; **nautisch** zur Seefahrt gehörend

Navel, Navelorange *w.* (*engl.*) kernlose Orangenart

Navicert *s.* (nehwisert, aus *engl. navi*gation *cert*ificate) Geleitschein für Handelsschiffe im Krieg

Navigation *w.* (*lat.*) 1. die Einhaltung des Kurses bei Flugzeugen, Schiffen u. a. Fahrzeugen; 2. in komplexen Systemen (z. B. Internet) systematisch auf ein Ziel zugeführt werden und dabei Steuerungsanweisungen befolgen (EDV); **Navigator, Navigateur** *m.* (-tör, *frz.*) jmd., der die Navigation beherrscht; **navigieren** 1. Schiff, Flugzeug od. anderes Fahrzeug auf Kurs halten; 2. jmdn. durch ein komplexes System führen (EDV)

Navy *w.* (nehwi, *engl.*) Kriegsmarine, Flotte

Nazarener *m.* 1. Beiname Jesu; 2. *Mz.* Bez. für die ersten Christen; 3. dt. Malergruppe im 19. Jh., die auf die religiöse Malerei des Mittelalters zurückgriff

Nazi *m.* kurz für Nationalsozialist; **Nazismus** *m.* kurz für Nationalsozialismus; **nazistisch** 1. kurz für nationalsozialistisch; 2. dem Nationalsozialismus entlehnt

NB = notabene

n. Chr. Abk. für: nach Christus

Nearktis *w.* (*gr.*) biogeografische Erdregion, Nordamerika, Grönland und das mexikanische Hochland umfassend

nebbich! (*jidd.*) was macht das schon! (umg.); **Nebbich** *m.* unbedeutender Mensch

nebis in idem (*lat.*) Grundsatz des Strafrechts, nach dem kein neues Verfahren eröffnet werden darf, wenn in einer Strafsache rechtswirksam geurteilt wurde

nebulos, nebulös (*lat.*) dunkel, geheimnisvoll, unklar

Necessaire, Nessessär *s.* (nessessähr, *frz.*) Behälter für Gebrauchsgegenstände im Alltag (z. B. Nähzeug, Nagelschere u. Ä.)

Neckholder *m.* (*engl.*) um den Nacken geschlungener Träger, bes. an BH, T-Shirt und anderen Damenbekleidungsstücken; **Necking** *s.* Zärtlichkeiten zwischen Jugendlichen

Negation *w.* (*lat.*) 1. Verneinung einer Aussage, Ablehnung; 2. Antithese; **negativ** 1. verneinend, ablehnend; 2. kleiner als null (von mathemat. Größen); 3. ohne Befund (von Krankheitserregern); **Negativ** *s.* fotografiertes Bild nach dem Entwickeln, auf dem die Helligkeitswerte umgekehrt und beim Farbfoto die Komplementärfarben erscheinen; **Negativismus** *m.* Verneinungssucht; **negieren** verneinen, ablehnen, Hptw. **Negierung, Negation** *w.*

Negligé, Negligee *s.* (neglischeh, *frz.*) Morgenkleid, eleganter Morgenrock

negoziabel (*lat.*) handelsfähig (von Waren); **Negoziant** *m.* (*frz.*) Geschäftsmann, Kaufmann; **negoziieren** (-zi'i-) Handel treiben, Wechsel ausgeben

Negride *m.* (*lat.*) rassenkundliche Bez.: Neger; **Négritude** *w.* (-tüd, *frz.*) Rückbezug auf afrikanische (Kultur-)Traditionen (nach dem afrokarib. Schriftsteller Aimé Césaire, * 1913); **Negrospirituals** *s.* (nihgrospiritjuels, *engl.*) der geistliche Gesang der Afroamerikaner in den USA

Negus *m.* (*abess.*) Titel äthiopischer Könige; **Negus Negesti** *m.* der Titel des äthiop. Kaisers

Nekro-, nekro- (*gr.*) als Wortteil: tot, Toten-

Nekrobiose *w.* (*gr.*) Absterben von Zellen und Gewebe

Nekrolog *m.* (*gr.*) Nachruf auf einen Toten; **Nekrologie** *w.* Wissenschaft von den Sterblichkeitsursachen

Nekromant *m.* (*gr.*) Geisterbeschwörer; **Nekromantie** *w.* Geisterbeschwörung; **Nekrophage** *m.* Tier, das sich von toten Organismen ernährt; **Nekrophilie** *w.* (*gr.*) sexuelles Verlangen, das sich auf Tote richtet; **Nekrophobie** *w.* krankhafte Angst vor Tod und Toten

Nekropole *w.* (*gr.*) Gräberstadt, (antike) Begräbnisstätte

Nekropsie, Nekroskopie *w.* (*gr.*) Leichenschau zur Feststellung der Todesursache

Nekrose *w.* (*gr.*) Brand, Absterben des Gewebes; **nekrotisch** brandig

Nektar *m.* (*gr.*) 1. Getränk der Götter in der griechischen Sage; 2. Zuckersaft der Blüten; **Nektarien** *Mz.* (-ri'en) die Honigdrüsen der Pflanzen, die den Nektar absondern; **Nektarine** *w.* Pfirsichart; **Nektarinien** *Mz.* (-ni'en) tropische bunte Singvögel, die ihre Zunge als Saugorgan verwenden

Nekton *s.* (*gr.*) im Gegensatz zum passiv treibenden Plankton die gesamte sich aktiv im Wasser bewegende Tierwelt

Nelson *m.* (nelsen, *engl.*) Nackengriff beim Ringkampf

Nemesis *w.* (*gr.*) griech. Göttin der Rache, der strafenden, vergeltenden Gerechtigkeit

Nenie = Nänie

Neo-, neo- (*gr.*) als Wortteil: Neu-

Neodym *s.* (*gr.*) chem. Element, Erdmetall

Neofaschismus *m.* Bewegungen und Gruppierungen nach dem Zweiten Weltkrieg, die ideologisch an den Nationalsozialismus anknüpfen

Neogen *s.* (*gr.*) Jungtertiär, Eigw. **neogen**

Neoimpressionismus = Pointillismus

Neokreationismus *m.* (*lat.*) polit.-religiöse Bewegung bes. in den USA, die mit dem Begriff des Intelligent Design gegen Atheismus und Evolutionstheorie kämpft

Neolithikum *s.* (*gr.*) Jungsteinzeit, Eigw. **neolithisch**

Neologismus *m.* (*gr.*) 1. Wortschöpfung, Worterfindung (z.B. *Klein*vater); 2. sprachliche Neubildung (z.B. *Handy*)

Neomycin *s.* (*Wz.*) antibiot. Heilmittel

Neon *s.* (*gr.*) chem. Element, Edelgas; **Neonfisch** *m.* weitverbreiteter, winziger Aquariumsfisch mit zwei schillernden Streifen; **Neonlicht** *s.* Licht einer **Neonröhre**, die mit einem Gemisch aus Neon und Helium gefüllt ist

Neophyt *m.* (*gr.*) 1. Neubekehrter, Neugetaufter; 2. Pflanze, die auf ein ihr ursprüngl. fremdes Gebiet wandert oder angesiedelt wird, Adventivpflanze

Neoplasma *s.* (*gr.*) Neubildung von Gewebe, oft bösartige Geschwulst

Neoplatonismus, Neuplatonismus *m.* wichtige Strömung der griech. Philosophie zw. 200 und 500 n. Chr., die die Lehren Platos durch die Aufnahme jüd., christlichen u. a. Gedankenguts weiterentwickelte (nach dem Athener Philosophen Plato, 427–347 v. Chr.)

Neopren *s. Wz.* synthetischer Kautschuk
Neopositivismus *m.* Wissenschaftslehre einer Gruppe bes. Wiener Philosophen (Wiener Kreis), die die Aufgabe der Philosophie in der Formulierung von Regeln sahen, mit denen Sinnesdaten in einem logischen Kalkül geordnet werden können;
Neorealismus, Neoverismus *m.* (*itl.*) Stilrichtung in Literatur und Film Italiens nach dem Zweiten Weltkrieg, die die soziale Wirklichkeit ohne Verbrämungen sachlich darstellen wollte
Neozoikum, Känozoikum *s.* (*gr.*) jüngstes Erdzeitalter, Eigw. **neozoisch**
Neozoon *s.* (-zo'on, *gr.*) Tierart, die direkt od. indirekt durch den Mensch in ein ihr ursprüngl. fremdes Gebiet verbracht wurde und sich dort etabliert hat
Nephometer *m.* (*gr.*) meteorolog. Gerät zur Messung der Dichte und Geschwindigkeit von Wolken
Nephralgie *w.* (*gr.*) Nierenschmerz
Nephrit *m.* (*gr.*) grüner Edelstein, im Handel als Jade bezeichnet; **Nephritis** *w.* Nierenentzündung; **Nephrologie** *w.* Wissenschaft von den Nierenkrankheiten; **Nephrose** *w.* Nierenschädigung
Nepote *m.* (*lat.*) Verwandter, Neffe; **Nepotismus** *m.* Vetternwirtschaft
Neptun *m.* (*lat.*) 1. römischer Gott des Meeres; 2. Planet des Sonnensystems; **Neptunium** *s.* (*lat.*) chem. Element aus der Gruppe der Transurane, ein Metall
Nereiden *Mz.* (-re'i-, *gr.*) 1. Töchter des griechischen Meergottes Nereus, 2. Borstenwürmer
Neroliöl *s.* Blütenöl, das für Liköre, Backwaren und Parfüms verwendet wird (nach der Frau des Fürsten von Nerola bei Rom, die dieses Öl im 17. Jh. zuerst benutzt haben soll)
Nerv *m.* (*lat.*) 1. Reizleitungsfaser zwischen Gehirn, Rückenmark und Körperteilen; 2. Kernpunkt einer Sache; **Nervatur** *w.* Äderung des Blattes; **nerven** jmdn. belästigen, jmdm. auf die Nerven gehen; **nervig** 1. sehnig; 2. störend, belästigend, anstrengend (umg.); **nervös** unruhig, fahrig, reizbar; **Nervosität** *w.* Reizbarkeit, nervöser Zustand
Nervus Rerum *m.* 1. Hauptsache, Triebfeder; 2. Umschreibung für Geld
Nerz *m.* (*russ.*) Marderart, Sumpfotter
Nessessär = Necessaire
Nessusgewand *s.* ein Geschenk, das dem Empfänger Unglück bringt (nach dem Hemd des Herakles, das mit dem Blut des Zentauren Nessus vergiftet war)
Nestor *m.* ältester und erfahrenster Vertreter auf einem Fachgebiet (nach Nestor, König von Pylos, dem Ratgeber der Griechen im Trojanischen Krieg)
Net *s.* (*engl.*) Kurzw. für Internet; **Netball** *m.* ein dem Basketball verwandtes Mannschaftsspiel mit je 7 Spielern; **Netiquette** *w.* (aus *net* und *etiquette*) Verhaltensregeln für die Kommunikation(-sformen) im Internet; **Netizens** (-tisns), **Netcitizens** *Mz.* (aus *net* und *citizens*) Gesamtheit aller Internetnutzer
netto (*itl.*) rein, nach allen Abzügen (Abk. nto.); **Nettogewicht** *s.* Gewicht der Ware ohne Verpackung; **Nettogewinn** *m.* Reingewinn; **Nettopreis** *m.* Preis, der keinen Abzug mehr zulässt; **Nettoregistertonne** *w.* Maß für den Nutzraum eines Schiffes (Abk. NRT)
netsurfen (-sör-, *engl.*) im Internet surfen, Hptw. **Netsurfing** *s.*
Network *s.* (-wörk, *engl.*) 1. Rundfunk- und Medienverbundsystem; 2. Datenverbundsystem zum Austausch von Daten zwischen voneinander unabhängigen Geräten (EDV); **Networker** *m.* jmd., der Networking betreibt; **Networking** *s.* die Herstellung informeller Kontaktnetze zwischen Personen mit gleichen Interessen (bes. an einer beruflichen Karriere), sowohl in Form persönlicher Treffen als auch bes. in Internetforen
Neumen *Mz.* (*gr.-lat.*) Notenzeichen des frühen Mittelalters
Neur-, neur- (*gr.*) als Wortteil: die Nerven betreffend
neural (*gr.*) nervlich; **Neuralgie** *w.* Nervenschmerz; **neuralgisch** 1. auf Nervenschmerz beruhend; 2. heikel, kritisch; **Neurasthenie** *w.* Nervenschwäche, nervöse Erschöpfung; **Neurastheniker** *m.* jmd., der an Neurasthenie leidet oder zur Neurasthenie neigt, Eigw. **neurasthenisch**
Neurin *s.* (*gr.*) ein der Reizleitung dienender, langgestreckter Fortsatz einer Nerven-

zelle; **Neuritis** *w.* (*gr.*) Nervenentzündung

Neurochip *m.* (*gr.-engl.*) in der Entwicklung befindlicher Biochip, der wie eine Nervenzelle des menschlichen Gehirns arbeiten soll; **Neurochirurgie** *w.* (*gr.*) Chirurgie des Zentralnervensystems

Neurodermitis *w.* (*gr.*) durch unterschiedliche Faktoren bedingte entzündliche chronische Hauterkrankung

neurogen (*gr.*) von den Nerven ausgehend

Neuroleptikum *s.* (*gr.-lat.*) ein die Symptome von Psychosen beeinflussendes Arzneimittel; **neuroleptisch** erregungshemmend

Neurologe *m.* (*gr.*) Nervenarzt; **Neurologie** *w.* 1. Wissenschaft von Aufbau und Funktionsweise des Nervensystems; 2. Nervenheilkunde, Eigw. **neurologisch**

Neuron *s.* (*gr.*) Nervenzelle mit Fortsätzen; **Neuropath** *m.* Nervenkranker; **Neuropathie** *w.* Nervenleiden; **Neuropathologie** *w.* Lehre von den Erkrankungen des Nervensystems und den Nervenkrankheiten; **Neuroprothese** *w.* Implantat im Gehirn, das krankheitsbedingte Funktionsausfälle ausgleichen soll, Hirnschrittmacher

Neurose *w.* (*gr.*) auf unverarbeiteten Konflikten basierende seelische Störung mit meist körperlichen Symptomen; **Neurotiker** *m.* jmd., der an einer Neurose leidet, Eigw. **neurotisch**; **Neurotransmitter** *Mz.* (*gr.-lat.*) biochem. Stoffe, die (über die Synapsen) die Information von einer Nervenzelle zur anderen weitergeben; **Neurozyt** *m.* Nervenzelle, strukturelles Grundelement des Nervensystems

neutral (*lat.*) 1. unparteiisch, nicht festgelegt, uninteressiert; 2. sächlichen Geschlechts (von Hauptwörtern) 3. weder sauer noch basisch (von Lösungen); 4. weder positiv noch negativ reagierend (von Elementarteilchen); 5. elektrisch ungeladen; **neutralisieren** 1. unwirksam machen, Spannung aufheben; 2. (ein Gebiet) für neutral erklären, Hptw. **Neutralisierung, Neutralisation** *w.*; **Neutralität** *w.* Unbeteiligtsein, Nichteinmischung; **Neutralismus** *m.* politische Haltung, die im Konflikt zwischen Mächtegruppen Parteinahme vermeidet, Blockfreiheit

Neutrino *s.* (*itl.*) ungeladenes Elementarteilchen ohne Masse; **Neutron** *s.* (*lat.*) ungeladenes Elementarteilchen mit ähnlich großer Masse wie ein Proton; **Neutronenbombe, Neutronenwaffe** *w.* Kernwaffe mit geringer Sprengwirkung, aber mit für Lebewesen tödlicher Neutronenstrahlung; **Neutrum** *s.* (*lat.*) sächliches Hauptwort (z. B. *das* Kind; *Mz.* Neutra)

new (nju, *engl.*) neu; **New Age** *s.* (– ehdsch) Begriff aus der esoterischen Literatur der 1970er Jahre für ein neues, die Menschheitsprobleme lösendes Zeitalter; **Newcomer** *m.* (-kammer) von sich reden machender Neuling; **New Deal** *m.* (– dihl) Reformprogramm der 1930er Jahre des amerikanischen Präsidenten F. D. Roosevelt zur Überwindung der Wirtschafts- und Staatskrise; **New Economy** *w.* (– ikonomi) das wirtschaftliche Handeln der sog. Zukunftsbranchen der Kommunikations- und Biotechnologie sowie Multimediabranchen, denen in den 1990er Jahren eine weltweite Aufschwungsdynamik zugeschrieben wurde; **New Look** *m.* (– luck) neue Modelinie, neues Aussehen; **New-Orleans-Jazz** *m.* (– orlihns dschäs) ursprüngliche, improvisierende Form des schwarzen Jazz in New Orleans um 1900; **News** *Mz.* Neuigkeiten, Nachrichten; **Newsgroup** *w.* (gruhp) Diskussionsforum im Internet, an dem sich jeder Webbenutzer beteiligen bzw. das er selbst einrichten kann; **Newsletter** *m.* im Internet veröffentlichtes, jeweils aktualisiertes Rundschreiben von Firmen, Institutionen oder Personen, das der Webbenutzer abonnieren kann (EDV); **Newsmaker** *m.* (njuhsmehker) jmd., der od. etwas, was Schlagzeilen macht

Newton *s.* (njuten) Maßeinheit der Kraft (nach dem engl. Physiker und Mathematiker Isaak Newton, 1643–1727)

New York School *w.* (– skuhl, *engl.*) Sammelbez. für alle von New York ausgehenden innovativen Kunstströmungen der 1940er und 1950er Jahren

Nexus *m.* (*lat.*) Zusammenhang, Verbindung

NGO *w.* (aus *engl.* *n*on-governmental *or*-

ganization) nichtstaatliche, unabhängige, nicht auf Gewinn gerichtete Organisation, Nichtregierungsorganisation

Nidation *w.* (*lat.*) Einnistung des befruchteten Eies in die Schleimhaut der Gebärmutter

Niello *s.* (ni'e-, *itl.*) Verzierung von Metallgegenständen, bes. aus Silber, durch eine schwärzliche Legierung aus Blei u. a., die in eine gravierte Zeichnung eingeschmolzen wird; **niellieren** ein Niello anfertigen; 2. mit einem Niello verzieren

Nightclub *m.* (neit-, *engl.*) Nachtclub; **Nightlife** *s.* (-leif) Nachtleben, nächtliche Vergnügungen (in einer Großstadt); **Night-for-Night** *o. A.* nächtliche Außenaufnahmen an Originalschauplätzen, im Ggs. zu Day-for-Night

Nigromant *m.* (*gr.*) Schwarzkünstler, Magier; **Nigromantie** *w.* schwarze Kunst, Zauberei, Magie

Nihilismus *m.* (*lat.*) philosophisches Denken, das von der Sinnlosigkeit alles Bestehenden ausgeht und eine radikale Verneinung von Normen und Werten beinhaltet; **Nihilist** *m.* Anhänger des Nihilismus; **nihilistisch** verneinend

Nike *w.* (*gr.*) griech. Siegesgöttin

Nikkei-Index *m.* preisgewichteter Aktienindex der Tokioter Börse, der sich aus 225 notierten Aktien zusammensetzt (Herk. ungekl.)

Nikotin *s.* das Alkaloid des Tabaks (nach dem französ. Gelehrten J. Nicot, 1530–1600)

Niktation *w.* (*lat.*) Augenzucken, Blinzelkrampf

Nimbostratus *m.* (*lat.*) dunkle Regenwolke

Nimbus *m.* (*lat.*) 1. Heiligenschein; 2. großes Ansehen

Nimrod *m.* (*hebr.*) leidenschaftlicher Jäger (nach der alttestament. Gestalt)

nine-eleven, 9/11 *o. A.* (neinilewen, *engl.*) in den USA verwendetes Kürzel für den 11. September 2001, an dem eine Reihe von islamistischen Terroranschlägen auf Gebäude in den USA, bes. auf das World Trade Center in New York, verübt wurden

Ninja *m.* (*jap.*) in Geheimbünden organisierter paramilitärischer Kämpfer, Spion und Meuchelmörder im feudalen Japan

Ninoflex *s.* (*Wz.*) wasserdichtes, luftdurchlässiges Gewebe

Niob *s.* (*gr.*) chem. Element, ein Metall

Nippes *Mz.* (*frz.*) Zierrat, oft kitschige kleine Gegenstände zur Wohnungsausschmückung

Nippon japan. Name für Japan

Nirvana, Nirwana *s.* (*altind.-sanskr.*) nach buddhistischer Vorstellung der Ort, wo der Mensch nach Überwindung aller Leidenschaften dem Zugriff des Karmagesetzes entronnen ist: Erlöschen des Wahns, Reich der Unsterblichkeit, Zustand der Unerschaffenheit

Nische *w.* (*frz.*) 1. Vertiefung in der Mauer; 2. kleine Erweiterung eines Raums

nisi bene (*lat.*) nur Gutes über die Toten (sprechen)

Nissenhütte *w.* halbrunde Wellblechbaracke (nach dem britischen Offizier P. N. Nissen)

Nisus *m.* (*lat.*) Trieb; **Nisus sexualis** *m.* Geschlechtstrieb

Nitrate *Mz.* (*lat.*) Salze der Salpetersäure; **nitrieren** mit Salpetersäure behandeln; **Nitrit** *s.* Natriumnitrit, das Fleisch- und Wurstwaren eine rote Farbe gibt

Nitrogen *s.* (*gr.*) Stickstoff; **Nitroglyzerin** *s.* hochsensibler Sprengstoff, bei Angina Pectoris zur Erweiterung der Herzkranzgefäße verwendet; **nitrophil** auf nitratreichem Boden gedeihend (von Pflanzen); **Nitrophosphat** *s.* Kunstdüngergemisch; **Nitrozellulose** *w.* Schießbaumwolle; **Nitrum** *s.* Salpeter

nitschewo (*russ.*) nichts, macht nichts! (umg.)

nival (*lat.*) den Schnee betreffend; **nivales Klima** *s.* Klima in Polargebieten; **Nivalorganismus** *m.* Pflanze od. Tier in Schnee- und Eisregionen

Niveau *s.* (niwoh, *frz.*) 1. waagerechte ebene Fläche; 2. Rang, Stufe, Höhe, Differenziertheit; 3. feine Wasserwaage; **nivellieren** einebnen, gleichmachen, Hptw. **Nivellierung** *w.*

Nivose *m.* (*frz.*) der vierte Monat des französ. Revolutionskalenders (21. Dezember bis 19. Januar)

njet (*russ.*) nein

NLP *s.* Abk. für *N*euro*l*inguistisches *P*rogrammieren, eine in der psychologischen Beratung und anderen kommunikativen Situationen angewendete Methode, die kontrollierte Erfolge und rasche Verhaltensänderungen für eine effiziente, von Missverständnissen freie, konstruktive Kommunikation bewirken will

nm = Nanometer

N. N. (aus *lat. n*omen *n*escio oder *n*omen *n*ominandum) Abk., die einen noch unbekannten Namen ersetzt (z. B. auf einer Rednerliste)

No *s.* (*jap.*) eine aus dem 14. Jh. stammende Form des japan. Theaters

nobel (*lat.-frz.*) 1. vornehm; 2. großzügig, freigebig; **Nobelgarde** *w.* (*lat.*) Leibwache des Papstes aus italien. Edelleuten bis 1969

Nobelpreis *m.* von dem schwedischen Chemiker A. Nobel (1833–1896) gestifteter Preis für hervorragende Leistungen in Wissenschaft, Literatur und Friedensförderung

Nobilität *w.* (*lat.*) Amtsadel im antiken Rom; **Nobility** *w.* (*engl.*) der englische Hochadel; **nobilitieren** (*lat.*) adeln

Noblesse *w.* (nobleß, *frz.*) vornehme Gesinnung; **noblesse oblige** (– oblihsch) Adel verpflichtet

Nobody *m.* (noboddi, *engl.*) ein Niemand, unbeschriebenes Blatt

no budget (– badschet, *engl.*) kurz für No-Budget-Filmproduktion, die mit einem gegen null gehenden Etat hergestellt wurde

Noctiluca *w.* (*lat.*) im Oberflächenwasser der Meere lebende Geißeltierchenart, die das Meeresleuchten verursacht

Nocturne *s.* (noktürn, *frz.*) einsätziges träumerisches Musikstück für Klavier, Nachtstück

Nodus *m.* (*lat.*) 1. Knoten (z. B. bei Gichterkrankung); 2. Ansatzstelle eines Blattes; 3. Knauf (z. B. an einem Trinkglas)

Noël *m.* (noel, *frz.*) Weihnachtslied, -spiel in Frankreich

Noesis *w.* (no'e-, *gr.*) Denken, Erkennen, geistiges Wahrnehmen; **Noetik** *w.* Erkenntnislehre, Eigw. **noetisch**

no future (– fjutscher, *engl.*) Schlagwort der Jugendgeneration um 1980, die angesichts der wirtschaftlichen, sozialen und ökologischen Krisenerscheinungen der Industriegesellschaften pessimistisch eingestellt war; **No-Future-Generation** *w.* junge Generation ohne Zukunftshoffnungen

No-Go *s.* (*engl.*) völliger Stillstand, kein Vorankommen; **No-Go-Area** *w.* (-äria) 1. Sperrgebiet; 2. Örtlichkeit, Stadtviertel, in dem Sicherheit und öffentliche Ordnung staatlicherseits nicht mehr garantiert sind

no iron (– eiren, *engl.*) bügelfrei

Noktambulismus = Somnambulismus

Nokturn *w.* (*lat.*) Nachtgebet im kath. Brevier

nolens volens (*lat.*) ob man will oder nicht, wohl oder übel

noli me tangere (*lat.*) rühre mich nicht an; **Nolimetangere** *s.* 1. bildliche Darstellung des auferstandenen Christus; 2. Name für verschiedene Pflanzen (z. B. Mimose, Springkraut)

Nomade *m.* (*gr.*) 1. Angehöriger eines Hirtenvolks ohne festen Wohnsitz; 2. unstet lebender Mensch (scherzh.); **nomadisch** nicht sesshaft; **nomadisieren** umherziehen; **Nomadismus** *m.* das Nomadentum als Kulturstufe

No-Maske *w.* (*jap.*) Maske des Schauspielers beim No-Spiel

Nom de Guerre *m.* (nong de gähr, *frz.*) französ. Bez. für Deckname, Pseudonym; **Nom de Plume** *m.* (– plüm) französ. Bez. für den Decknamen eines Schriftstellers

Nomen *s.* (*lat.*) 1. Name; 2. Sprachlehre: Nennwort (*Mz.* Nomina), bes. das Hauptwort; **nomen est omen** im Namen liegt Bedeutung (nach Plautus); **nomen proprium** *s.* Eigenname; **nomina sunt odiosa** Namen erregen Ärgernis, keine Namen nennen!

Nomenklatur *w.* (*lat.*) Gesamtheit der Fachausdrücke eines Gebiets

Nomenklatura *w.* (*russ.*) Führungsschicht der ehemal. Sowjetunion

nominal, nominell (*lat.*) 1. dem Namen nach; 2. mit einem Nomen gebildet; 3. zum Nennwert; **Nominalbetrag, Nominalwert** *m.* der auf Banknoten, Wertpapieren angegebene Wert, Nennwert

Nominalismus *m.* (*lat.*) im Gegensatz zum philosophischen Realismus die Lehre, nach der den allgemeinen Begriffen außerhalb des Denkens keine Wirklichkeit zukommt, sie also nur als Namen gültig sind; **Nominalist** *m.* Vertreter dieser Denkrichtung; **Nominalstil** *m.* Nomen, Hauptwörter bevorzugender Sprachstil, im Ggs. zum Verbalstil

Nominativ *m.* (*lat.*) Sprachlehre: der 1. Fall, antwortet auf die Frage: wer oder was?

nominell = nominal

nominieren (*lat.*) jmdn. zur Wahl vorschlagen, ernennen; **Nominierung** *w.* Nennung, Ernennung

Nomogramm *s.* (*gr.*) Netztafel als Schaubild zum zeichnerischen Rechnen

Nomos *m.* (*gr.*) Gesetz, Rechtsordnung (*Mz.* Nomoi); **nomothetisch** wissenschaftl. Gesetze aufstellend, nach Gesetzmäßigkeiten forschend

Non, None *w.* (*lat.*) 1. Gebetsstunde des kath. Breviers um drei Uhr nachmittags; 2. neunte Stufe der Tonleiter

Nonagon *s.* (*gr.-lat.*) Neuneck, Eigw. **nonagonal**

Nonalignment *s.* (-äleinment, *engl.*) Blockfreiheit, Bündnisfreiheit

No-Name-Produkt (-nehm, *engl.-lat.*) Ware ohne Herstellerangabe

Nonbanks *Mz.* (-bänks, *engl.*) Unternehmen, die neben ihrem gängigen Warenangebot auch Dienstleistungen von Banken anbieten (z. B. Warenhausketten)

Non-Book-Artikel *m.* (*engl.-lat.*) Artikel, der kein Buch ist, aber in Buchhandlungen verkauft wird (z. B. CDs, Spiele u. Ä.)

Nonchalance *w.* (nongschalangß, *frz.*) Ungezwungenheit, Lässigkeit; **nonchalant** (-schalang) ungezwungen, lässig

Non-Compliance *w.* (-kompleijens, *engl.*) Nichtbeachtung ärztlicher Ratschläge durch den Patienten

Non-Cooperation *w.* (non-ko'operehschen, *engl.*) Boykott, gewaltloser Widerstand

None = Non

Non-Essentials *Mz.* (-ihßentschels, *engl.*) nicht lebensnotwendige Wirtschaftsgüter

Nonett *s.* (*itl.*) Komposition für neun Instrumente od. Stimmen

Non-Fiction *w.* (nonfikschen, *engl.*) Sachbuch, Sachliteratur

Nonkonformismus *m.* (*lat.*) geistige Unabhängigkeit, vom Mehrheitsdenken unabhängiges Handeln; **Nonkonformist** *m.* jmd., der sich nonkonformistisch verhält; **nonkonformistisch** geistig unabhängig, nicht an der herrschenden Meinung orientiert

non liquet (*lat.*) es ist nicht klar, nicht zu entscheiden (von juristischen Sachverhalten)

non multa, sed multum = multum, non multa

Nonne *w.* (*lat.*) 1. Ordensfrau; 2. Schmetterling, Baumschädling; 3. Dachziegel

non olet (*lat.*) es stinkt nicht (das Geld)

Nonpareille *w.* (nongpareij, *frz.*) Schriftgrad von 6 Punkt

Nonplusultra *s.* (*lat.*) etwas Unübertreffliches, Unüberbietbares

non possumus (*lat.*) wir können nicht, die Weigerungsformel der kath. Kirche gegenüber der weltlichen Macht

Nonproliferation *w.* (-rehschen, *engl.*) Nichtweiterverbreitung von Kernwaffen und atomarem Waffenmaterial

Nonresponder *m.* (-rispon-, *engl.*) Patient, der auf ein Medikament nicht (genügend) anspricht (z. B. auf einen Impfstoff)

non scholae, sed vitae discimus (*lat.*) nicht für die Schule, sondern für das Leben lernen wir (nach dem röm. Schriftsteller Seneca)

Nonsens *m.* (*lat.-engl.*) Unsinn, dummes Zeug; **Nonsense-Verse** *Mz.* auf Absurdität, Paradoxien und Klangspielen beruhende Unsinnsverse

nonstop (*engl.*) ohne Halt; **Nonstopflug** *m.* Flug ohne Zwischenlandung

Nonvalenz *w.* (*lat.*) Zahlungsunfähigkeit; **Nonvaleur** *m.* (-walör, *frz.*) 1. entwertetes Wertpapier; 2. unrentable Investition; 3. unverkäufliche Ware

nonverbal (*lat.*) nicht durch Worte (mitgeteilt)

Nonwoven *s.* (*engl.*) Sammelbez. für alle nichtgewebten Textilien

Noologie *w.* (no'o-, *gr.*) Lehre vom Eigenleben des Geistes; **noologisch** auf den Geist bezogen; **Noopsyche** *w.* Geistseele, die intellektuelle Seite des Seelenlebens

Nordic Walking *s.* (– wohk-, *engl.*) Walking mit Langlaufstöcken

Nordistik *w.* Wissenschaft von den nordischen, bes. skandinavischen Sprachen und Literaturen

Noor *s.* (*dän.*) Haff

Norge norwegischer Name für Norwegen

norisch (*lat.*) ostalpin

Norito, Norigoto *Mz.* (*jap.*) Gebete aus dem Ritual des Shinto-Glaubens in Japan

Norm *w.* (*lat.*) 1. Maßstab, Regel, Richtschnur; 2. Vorschrift (z. B. für Qualität u. Ä.); 3. gekürzter Buchtitel am Fuß jeder ersten Bogenseite; **normal** der Norm entsprechend, üblich; **Normalien** *Mz.* (-li'en, *lat.*) Regeln, Vorschriften, Grundformen; **normalisieren** 1. normal machen; 2. sich normalisieren: wieder in Normalzustand finden, Hptw. **Normalisierung** *w.*; **Normalität** *w.* der Norm entsprechende, übliche Beschaffenheit

Normalnull *w.* (*lat.*) festgelegte Höhe, auf die sich alle Höhenmessungen beziehen (Abk. N. N. od. NN)

normativ (*lat.*) normsetzend, maßgebend; **Normativismus** *m.* philosoph. Lehre vom Vorrang des Sollens vor dem Sein

normen, normieren (*lat.*) nach einem Schema regeln, vereinheitlichen, Hptw. **Normierung, Normung** *w.*

Normenkontrolle *w.* (*lat.*) Überprüfung von Rechtsnormen im Hinblick auf ihre Allgemeingültigkeit oder auf Vereinbarkeit mit übergeordneten Rechtsnormen

normosom (*gr.*) von normalem Körperwuchs; **Normotonie** *w.* normaler Blutdruck; **Normozyt** *m.* normales rotes Blutkörperchen

Nornen *Mz.* (*isl.*) die drei nordischen Schicksalsgöttinnen Urd, Verdandi, Skuld

Norovirus *w.* (*Kunstwort*) weltweit verbreitetes hochinfektiöses, stark resistentes RNA-Virus, das (bisher nicht ursächlich zu behandelnden) Brechdurchfall auslöst, meldepflichtige Infektionskrankheit, früher Norvalle-Like-Virus

nosce te ipsum (nosze, *lat.*) erkenne dich selbst

Noseller *m.* (*engl.*) Ladenhüter; im Ggs. zum Bestseller

Nosografie *w.* (*gr.*) Krankheitsbeschreibung; **Nosologie** *w.* Systematik der Krankheiten aufgrund ihrer Beschreibungen; **Nosophobie** *w.* krankhafte Furcht vor Krankheiten

No-Spiel = No

Nostalgie *w.* (*gr.*) Heimweh nach vergangenen Zeiten; **Nostalgielook** *m.* (-luk, *engl.*) nostalgische Mode; **nostalgisch** (*gr.*) die Vergangenheit verklärend, sich nach der Vergangenheit sehnend

Nostrifikation *w.* (*lat.*) 1. Aufnahme, Einbürgerung; 2. Anerkennung ausländischer Diplome; **nostrifizieren** einbürgern, anerkennen

Nostrokonto *s.* (*itl.*) Konto einer Bank bei einer anderen

Notabeln *Mz.* (*frz.*) Angehörige der Oberschicht einer Stadt

notabene (*lat.*) nicht zu vergessen, übrigens (Abk. NB); **Notabene** *s.* Merkzeichen

Notabilität *w.* (*lat.*) angesehene Persönlichkeit

Notalgie *w.* (*gr.*) Rückenschmerz

not amused (– ämjuhst, *engl.*) Ausdruck des Missfallens, der brit. Königin Viktoria (1837–1901) zugeschrieben

Notar *m.* (*lat.*) Volljurist, der insbesondere Schriftstücke und Vereinbarungen beurkundet und beglaubigt; **Notariat** *s.* Büro eines Notars; **notariell** durch Notar; **Notat** *s.* Aufzeichnung, Notiz

Notation *w.* (*lat.*) 1. Aufzeichnung in Zeichen (z. B. von Musik in Noten, von Lauten im phonetischen Alphabet); 2. die die Mensuralnotation im 17. Jh. ablösende moderne Notenschrift mit Taktschema; 3. Bestimmung der Abfolge von Rechenoperationen (EDV)

Note *w.* (*lat.*) 1. Papiergeld, Banknote; 2. Zensur, Bewertung, Punktzahl; 3. förmliche diplomatische Mitteilung; 4. Zeichen für die Wiedergabe von musikalischen Tönen, Musiknote

Notebook *s.* (-buck, *engl.*) Personalcomputer in Buchgröße, Laptop; **Notepad** *s.* (-päd) Computer im Format und mit der Funktion eines Notizbuches (EDV)

Note sensible *w.* (not sangßible, *frz.*) Leitton in der Musik

notieren (*lat.*) 1. aufschreiben, aufzeichnen, vormerken; 2. Börsenkurs festsetzen; **Notierung** *w.* Kursfestsetzung an der Börse

notifizieren (*lat.*) offiziell übermitteln (z. B. eine diplomatische Note)

Notiz *w.* (*lat.*) Vermerk, Ztw. **notieren**

notorisch (*lat.*) offenkundig, bekanntermaßen, gewohnheitsmäßig

Notturno *s.* = Nocturne

Nougat *m.* (nugat, *frz.*) 1. französ. Süßigkeit aus zäher Zuckermasse mit kandierten Früchten, Nüssen, Mandeln; 2. weiche Schokoladenmasse mit fein gehackten Nüssen oder Mandeln

Nounou *w.* (nunu, *frz.*) französ. Bez. für Nanny, Kindermädchen

Nouroz (naurus, *pers.*), **Nevroz** (*türk.*), **Newroz** (*kurd.*), *o. A.* altiranisches, auf die vorislamische Zeit zurückgehendes Neujahrs- und Frühlingsfest, das (am 21. März) bis heute gefeiert wird

Nous, Nus *m.* (nuhs, *gr.*) 1. das Gedankliche, Geistige im Menschen; 2. denkende Seele, Weltseele in der griech. Philosophie

Nouveau Roman *m.* (novoh romang, *frz.*) nach 1945 in Frankreich entstandene Romanform, die sich von Form und Inhalt der traditionellen Erzählweise lossagte, Dingroman, objektive Literatur

Nouveauté *w.* (nuwoteh, *frz.*) (modische) Neuheit, Neuigkeit

Nouvelle Vague *w.* (nuwäll wahg, *frz.*) Bez. für einen um 1960 entwickelten Filmstil französ. Regisseure (z. B. Godard, Truffaut, Chabrol)

Nova *w.* (*lat.*) neu auftauchender Stern; **Novation** *w.* Schuldumwandlung

Novecento *s.* (nowetschento, *itl.*) italien. Bez. für das 20. Jh.

Novelfood, Novel Food *s.* (nowelfuhd, *engl.*) Lebensmittel, deren Substanzen, Zutaten oder Bearbeitungsverfahren gentechnologisch beeinflusst sind

Novelle *w.* (*itl.*) 1. Erzählung, die sich auf eine unerhörte Begebenheit konzentriert; 2. Abänderungs-, Nachtragsgesetz; **novellieren** Gesetz abändern; **Novellist** *m.* Novellenschreiber; **novellistisch** nach Art der Novelle

Novene *w.* (*lat.*) neuntägige kath. Andacht

Novität *w.* (*lat.*) Neuerscheinung, Neuheit bes. auf dem Büchermarkt

Novize *m.* oder *w.* (*lat.*) Mönch oder Nonne im Probejahr; **Noviziat** *s.* Probezeit im Kloster

Novokain *s.* (-ka'in, *Wz.*) Mittel für örtliche Betäubung

Novum *s.* (*lat.*) Neuheit, neuer Tatbestand, etwas Erstmaliges

Noxe *w.* (*lat.*) Schädlichkeit, krank machende Ursache

NRT = Nettoregistertonne

nto. = netto

Nuance *w.* (nüangß, *frz.*) 1. Schattierung, Abstufung, Abtönung; 2. Spur, Kleinigkeit; **nuancieren** (nüangßihren) abschattieren, feine Unterschiede machen; **nuanciert** fein abgetönt, differenziert

Nubuk *s.* (*engl.*) künstlich gerautes Leder

nudis verbis (*lat.*) in nackten, dürren Worten, unbeschönigt

Nudismus *m.* (*lat.*) Freikörperkultur; **Nudist** *m.* Anhänger des Nudismus; **Nudität** *w.* Nacktheit, Darstellung des nackten Körpers

Nugat = Nougat

nuklear (*lat.*) den Atomkern betreffend; **Nuklearmedizin** *w.* Gebiet der Medizin, das zur Diagnose und Heilung radioaktive Substanzen verwendet; **Nukleation** *w.* Veränderung lebenden Gewebes durch Einfrieren; **Nukleinsäure** *w.* (-kle'in-) molekulare Verbindung im Zellkern, Grundsubstanz der Vererbung; **Nukleonen** *Mz.* Bausteine des Atomkerns; **Nukleonik** *w.* Wissenschaft von den Atomkernen; **Nukleus** *m.* (-kle'us) Nervenkern, Zellkern (*Mz.* Nuklei); **Nukleine, Nukleoproteide** *Mz.* (-te'i-, *lat.-gr.*) Eiweißverbindungen im pflanzlichen und tierischen Zellkern; **Nuklid** *s.* Atomart, Kernsorte

Null *w.* (*lat.*) 1. die Zahl 0; 2. Nullpunkt; 3. jmd., der nichts leistet, Versager (umg.); **Nullchecker** *m.* (-tsche-) jmd., der nichts kapiert (Jj.)

nulla poena sine lege (-pöna-, *lat.*) ohne Gesetz keine Strafe, keine Strafe ohne rechtmäßiges Urteil; **Nuller** *m.* 1. Nullfehlerritt beim Springreiten; 2. Fehlschuss im Schießsport; 3. Fehlsprung in der Leichtathletik

Nullifikation *w.* (*lat.*) Ungültigkeitserklärung, Nichtigkeitserklärung; **nullifizieren** für ungültig, für nichtig erklären; **Nullipara** *w.* medizin. Bez. für eine Frau, die noch nicht geboren hat; **Nullität** *w.* Nichtigkeit; **Nulloperation** *w.* Computerbefehl, der keinen Rechenvorgang auslöst (EDV); **Null ouvert** (-uwähr, *frz.*) Spielweise beim Skat, bei der der Spieler seine Karten aufdecken muss; **Nullserie** *w.* Probeserie eines technischen Erzeugnisses; **Nullum** *s.* etwas (rechtlich) Gegenstandsloses; **nullum crime sine lege** keine Strafe ohne Gesetz, d. h., nur wenn zum Zeitpunkt einer Tat ein Gesetz sie als Straftat definierte, kann sie bestraft werden

Numen *s.* (*gr.*) Gottheit, göttliches Wesen; **numinos** göttlich; **Numinose** *s.* das Göttliche in seiner zugleich anziehenden und erschreckenden Wirkung

Numerale *s.* (*lat.*) Zahlwort (*Mz.* Numeralia, Numeralien [-li'en]); **Numeri** *Mz.* 1. Mehrzahl von Numerus; 2. Name des vierten Buches Mose; **Numerik** *w.* 1. Teilgebiet der Mathematik, das sich mit der zahlenmäßigen Behandlung mathematischer Probleme beschäftigt; 2. numerische Steuerung; **numerisch** zahlenmäßig, in Ziffern dargestellt; **numerische Steuerung** Steuerung bes. von Werkzeugmaschinen, bei der die Steuerbefehle durch Zahlen ausgedrückt sind; **Numerus** *m.* Zahl, Ziffer (*Mz.* Numeri); **Numerus clausus** *m.* Zulassungsbeschränkung für bestimmte Fächer an der Universität

numinos, Numinose = Numen

Numismatik *w.* (*gr.*) Münzkunde; **Numismatiker** *m.* Münzforscher, Münzsammler; **numismatisch** die Münzkunde betreffend

Nummer *w.* (*lat.*) 1. kennzeichnende Zahl (z. B. Kennnummer); 2. Witzbold, ulkiger Mensch (umg.); 3. künstlerische Einzeldarbietung (z. B. im Varieté); 4. Geschlechtsakt (umg.); **nummerieren, nummern** beziffern; **Nummernkonto** *s.* Konto, das nicht auf den Namen des Inhabers geführt wird, sondern durch eine Zahl gekennzeichnet ist

Nunatak *m.* (*eskim.*) aus dem Inlandeis herausragender Felsen

Nuntius *m.* (*lat.*) päpstlicher Gesandter bei ausländischen Regierungen; **Nuntiatur** *w.* Amt und Sitz des Nuntius

nuptial (*lat.*) ehelich, hochzeitlich

Nuragen, Nuraghen *Mz.* (*itl.*) vorgeschichtliche Wohntürme, bes. auf Sardinien

Nurse *w.* (nöhrß, *engl.*) 1. Kinderfrau; 2. Krankenpflegerin

Nus = Nous

Nutation *w.* (*lat.*) 1. Schwankung der Erdachse; 2. Krümmungsbewegung im Wachstum (von Pflanzen)

Nutria *s.* (*span.*) südamerik. Biberratte

Nutriment *s.* (*lat.*) Nahrungsmittel; **Nutrition** *w.* Ernährung; **nutritiv** nährend, nahrhaft

Ny *s.* (*gr.*) der dreizehnte Buchstabe des griechischen Alphabets, Ν, ν

Nyktalopie *w.* (*gr.*) Tagblindheit; **Nyktinastie** *w.* die Schlafbewegung der Pflanzen (z. B. das Zusammenfalten von Blättern); **Nyktophobie** *w.* krankhafte Angst vor der Dunkelheit

Nylon *s.* (neilon, *engl.*) vollsynthetische Kunstfaser von hoher Elastizität; **Nylons** *Mz.* Damenstrümpfe aus Nylon

Nymphäa, Nymphäe *w.* (*gr.*) Seerose; **Nymphchen** *s.* verführerische Kindfrau; **Nymphe** *w.* 1. Naturgottheit der griechischen Sage; 2. Libellenlarve; **Nymphomanie** *w.* krankhaft gesteigerter Geschlechtstrieb bei Frauen, Mannstollheit, Eigw. **nymphoman, nymphomanisch**

Nyonporzellan *s.* reichbemaltes Tafelgeschirr im Louis-seize-Stil (nach der von 1788 bis 1813 bestehenden Porzellanmanufaktur im schweizerischen Nyon)

O

O’ Sohn von (vor irischen Namen)
Oase *w.* (*gr.*) 1. Wasserstelle und Ort fruchtbarer Vegetation in der Wüste; 2. Ort der Ruhe, der Erholung in unruhiger Umgebung
Obduktion *w.* (*lat.*) Leichenöffnung; **Obduzent** *m.* Arzt, der eine Obduktion ausführt; **obduzieren** eine Obduktion vornehmen
Obedienz *w.* (-di’e-, *lat.*) 1. kanonischer und klösterlicher Gehorsam im kath. Kirchenrecht; 2. Anhängerschaft eines Papstwahlkandidaten
Obelisk *m.* (*gr.*) vierkantiger sich verjüngender Steinpfeiler mit pyramidenförmiger Spitze, ursprüngl. in Ägypten vor Sonnentempeln
Obesität *w.* (*lat.*) Fettleibigkeit
Obi *s.* (*jap.*) breiter Seidengürtel, der den japanischen Kimono zusammenhält
Objekt *s.* (*lat.*) 1. Gegenstand, Sache, mit der etwas geschieht; 2. Gegenstand des Erkennens; 3. Ergänzung zum Zeitwort, Satzergänzung; 4. aus verschiedenen Gegenständen zusammengestelltes Werk der modernen Kunst; 5. durch einen Datensatz abbildbare Größe (EDV); **Objektion** *w.* Übertragung von Empfindungen auf einen Gegenstand (z. B. *drohende* Wolken); **objektiv** 1. sachlich, unvoreingenommen; 2. vom subjektiven Bewusstsein unabhängig existierend; **Objektiv** *s.* dem Objekt zugewandte Linse eines optischen Instruments; **Objektivation** *w.* Vergegenständlichung; **objektivieren** 1. zum Objekt machen, vergegenständlichen; 2. etwas sachlich, unvoreingenommen darstellen, Hptw. **Objektivierung** *w.*; **Objektivität** *w.* möglichst große Sachlichkeit, von subjektiven Einflüssen freie Darstellung; **Objektkunst** *w.* entscheidende Neuerung der modernen Kunst, die anstelle des ab- od. nachgebildeten Gegenstands das (unveränderte od. künstlerisch verwandelte) Objekt selbst stellt; **Objektsprache** *w.* Sprache als Gegenstand von Metasprache; **Objektträger** *m.* dünnes Glasplättchen, das die mikroskopisch zu untersuchenden Objekte trägt
Objet trouvé *s.* (obschä truveh, *frz.*) vom Künstler aus seinem Alltagszusammenhang herausgelöster Gegenstand, der ohne weitere Bearbeitung ausgestellt wird (z. B. Fetzen von Plakatwänden)
Oblate *w.* (*lat.*) 1. hauchdünnes Gebäck aus ungesäuertem Mehl als Unterlage für Backwerk; 2. noch nicht geweihte Hostie;
Oblaten *Mz.* Laienbrüder, Laienschwestern in geistlichen Orden, durch Gelübde gebundene Angehörige einer religiösen Gemeinschaft; **Oblation** *w.* 1. Brot und Wein in der kath. Messe und ihre Darbringung; 2. Gabe, Geschenk der Gläubigen, heute durch die Kollekte abgelöst
obligat (*lat.*) 1. unerlässlich, erforderlich; 2. allgemein üblich; 3. Musik: verbindlich (Stimme muss geführt werden); **Obligation** *w.* 1. Verbindlichkeit, Verpflichtung; 2. Schuldverschreibung, Wertpapier; **Obligationsrecht** *s.* Schuldrecht; **obligatorisch** vorgeschrieben, pflichtmäßig, verbindlich; **Obligo** *s.* (*itl.*) Verbindlichkeit, Haftung (besonders bei Wechseln); **ohne Obligo** ohne Gewähr (Abk. o. O.); **Obligobuch** *s.* von Kreditinstituten geführtes Buch über alle eingereichten Wechsel
Obliteration *w.* (*lat.*) 1. Tilgung, Auslöschung; 2. Verstopfung von Körpergefäßen, Verödung, Verwachsung; **obliterieren** 1. tilgen; 2. verstopfen (von Körperhohlräumen)
Oblivion *w.* (*lat.*) das Vergessen
Oblomowerei *w.* mangelnde Tatkraft, Indolenz (nach der Romanfigur Oblomow des russ. Schriftstellers I. A. Gontscharow, 1812–1891)
Obödienz = Obedienz
Oboe *w.* (-bo’e, *frz.*) ein Holzblasinstrument; **Oboe d’Amore** *w.* (*itl.*) eine Terz

tiefer gestimmte Oboe; **Oboist** *m.* Oboebläser

Obolus *m.* (*gr.*) 1. kleine Spende, Scherflein; 2. kleine altgriechische Münze

oboval (*lat.*) verkehrt eiförmig

Obrok *m.* (*russ.*) Abgaben der russ. Leibeigenen an den Gutsherrn

Obschtschina *w.* (*russ.*) Dorfgenossenschaft im zaristischen Russland

Obsequien *Mz.* = Exequien

Observant *m.*, **Oberservanten** *Mz.* (*lat.*) Befolger der strengeren Ordensregel, bes. bei den Franziskanern; **Observanz** *w.* 1. Befolgung der Ordensregel; 2. Gewohnheitsrecht; **Observation** *w.* 1. wissenschaftliche Beobachtung; 2. polizeiliche Überwachung, Observierung; **Observator** *m.* wissenschaftlicher Beobachter; **Observatorium** *s.* Sternwarte, Wetterwarte; **observieren** 1. wissenschaftlich beobachten; 2. einen Verdächtigen polizeilich überwachen

Obsession *w.* (*lat.*) Besessenheit, Zwangsvorstellung; **obsessiv** besessen, von einer Zwangsvorstellung beherrscht

Obsidian *m.* (*lat.*) glasiges Ergussgestein

Obsignation *w.* (*lat.*) Genehmigung, Bestätigung

obskur (*lat.*) dunkel, unklar, undurchschaubar und deshalb verdächtig, Hptw. **Obskurität** *w.*; **Obskurantismus** *m.* Feindschaft gegen die Aufklärung

obsolet (*lat.*) veraltet, außer Gebrauch, überholt

Obstetrik *w.* (*lat.*) Hebammenkunst, Entbindungskunst, Geburtshilfe

obstinat (*lat.*) widerspenstig, halsstarrig, unbelehrbar

Obstipans *s.* (*lat.*) stopfendes Mittel gegen Durchfall; **Obstipation** *w.* Verstopfung, Darmträgheit

obstruieren (*lat.*) 1. entgegenarbeiten, Widerstand leisten; 2. verstopfen; **Obstruktion** *w.* 1. Widerstand, Verhinderung, Verschleppung; 2. Verstopfung (in der Medizin); **obstruktiv** 1. hemmend; 2. verstopfend

obszön (*lat.*) unanständig, anstößig; **Obszönität** *w.* 1. Unanständigkeit, Anstößigkeit; 2. obszöne Äußerung od. Darstellung

Obturation *w.* (*lat.*) Schließung, Verstopfung (einer Öffnung)

Occasion = Okkasion

Occhi = Okki

Ocean Dumping *s.* (ohschendamp-, *engl.*) Meeresverunreinigung (durch toxischen und radioaktiven Müll)

Ochlokratie *w.* (*gr.*) Pöbelherrschaft, Eigw. **ochlokratisch**; **Ochlophobie** *w.* krankhafte Furcht vor Menschenmengen

Ochrana *w.* (*russ.*) zaristische Geheimpolizei

Ocicat *w.* (oßikät, aus *engl. oci*lot und *cat*) aus Siam- und Abessinierkatze gezüchtete Rassekatze mit einem Fell in Ozelotoptik

Ocker *m.* (*gr.*) gelbes Mineral, Farbstoff

Ockhamismus *m.* einflussreiche philosophische Strömung im Spätmittelalter, der zufolge die universalen Begriffe (nur) Zeichen, Namen sind, während den Einzeldingen reales Sein zukommt (nach dem engl. Philosophen William von Ockham, 1285–1349)

OCR *w.* (aus *engl. o*ptical *c*haracter *r*ecognition) optische Zeichenerkennung, Gruppe von maschinenlesbaren Schriften (EDV)

Odaliske *w.* (*türk.*) europäische Sklavin in einem türkischen Harem

Oddfellows *Mz.* (-felloh, *engl.*) in England und den USA verbreitete ordensähnliche, den Freimaurern ähnelnde Gemeinschaft; **Odds** *Mz.* (*engl.*) Wette mit vom Buchmacher festgelegten Einsätzen bei Pferderennen, Gewinnchancen; **Odds and Ends** *Mz.* Krimskrams, Siebensachen, Reste

Ode *w.* (*gr.-lat.*) feierlich-erhabene Dichtung in Strophenform

Ödem *s.* (*gr.*) Schwellung des Gewebes durch Ansammlung von Wasser oder seröser Flüssigkeit, Eigw. **ödematisch**

Odeon, Odeum *s.* (*gr.*) Name für größere Veranstaltungsgebäude (z. B. Konzertsäle, Filmsäle)

oderint dum metuant (*lat.*) sollen sie mich hassen, wenn sie mich nur fürchten (nach dem röm. Kaiser Caligula)

Odeur *s.* (odör, *frz.*) Duft, Wohlgeruch

odios, odiös (*frz.*) 1. unausstehlich, lästig; 2. gehässig

Odium *s.* (*lat.*) übler Beigeschmack, unangenehme Begleiterscheinung

Ödipuskomplex *m.* (*gr.*) psychoanalyt. Bez. für einen Komplex, der durch unbewusste libidinöse Gefühle des Kleinkinds gegenüber dem gegengeschlechtlichen Elternteil entsteht, Eigw. **ödipal** (nach Ödipus, dem König von Theben, der unwissentlich seine Mutter heiratete)

Odontalgie *w.* (*gr.*) Zahnschmerz; **Odontitis** *w.* Zahn- oder Zahnfleischentzündung; **Odontologie** *w.* Zahnheilkunde

Odyssee *w.* (*gr.*) Irrfahrt, von unvorhersehbaren Ereignissen und Widrigkeiten begleitetes Unterfangen (nach Homers gleichnamigem Epos)

OECD (aus *engl. O*rganization for *E*conomic *C*ooperation and *D*evelopment) Organisation für wirtschaftliche Zusammenarbeit und Entwicklung, derzeit 29 Mitgliedsstaaten, gegr. 1961, Sitz in Paris (Frankreich)

Œil-de-Bœuf *s.* (öje deböff, *frz.*) rundes od. ovales Fenster im Dachgeschoss

Œuvre *s.* (öwre, *frz.*) Gesamtwerk eines Künstlers, Opus

off (*engl.*) 1. Anzeige für die Aus-Stellung an technischen Geräten; 2. hinter der Szene; **Off** *s.* Bereich außerhalb der Szene, aus der man z. B. die Stimme eines Erzählers hört, im Ggs. zu On; **Offbeat** *s.* (-biht) (im Jazz) das Einfügen der melodischen Akzente zwischen die metrischen; **Offbrands** *Mz.* (-bränds) Produkte ohne Herstellerbez., No-Name-Produkte; **Off Broadway** (-brohdweh) experimentelles Kunsttheater abseits des traditionellen und kommerziellen Theaterlebens, das in New York am Broadway stattfindet

offensiv (*lat.*) angreiferisch; **Offensive** *w.* 1. offensive Haltung; 2. Angriff, Vorstoß; **Offensivspieler** *m.* für den Angriff geeigneter Spieler

offerieren (*lat.*) anbieten; **Offerte** *w.* Angebot, Preisangebot; **Offertorium** *s.* Vorbereitungsteil für die Eucharistie in der kath. Messe

Office *s.* (offiß, *engl.*) 1. Amt, Büro; 2. Anrichteraum in Gaststätten; 3. Standardprogramm für typische Büroaufgaben (EDV); **Officer** *m.* 1. (diensthabender) Offizier, Polizeibeamter; 2. leitender Angestellter, Handlungsbevollmächtigter

Officium *s.* = Offizium

Offizial *m.* (*lat.*) bischöflicher Beamter (Priester) als Vorsteher des Offizialats; **Offizialat** *s.* kirchl. Gerichtsbehörde; **Offizialverteidiger** *m.* vom Staat bestellter Pflichtverteidiger im Strafprozess

offiziell (-zi'e-, *lat.-frz.*) 1. amtlich, verbürgt; 2. feierlich, förmlich; **Offizieller** *m.* Spielleiter, Spielaufsicht im Sport

Offizier *m.* (*lat.*) Soldat im Rang vom Leutnant bis zum General

offizinell (*lat.*) im Arzneibuch, dem amtlichen Arzneiverzeichnis, aufgeführt

offiziös (*lat.-frz.*) halbamtlich, nicht verbürgt

Offizium *s.* (*lat.*) 1. kath. Kirchenamt; 2. Stundengebet im kath. Gottesdienst

off limits! (*engl.*) Zutritt verboten!; **offline** (-lein) nur indirekt mit der zentralen Datenverarbeitungsanlage gekoppelt (EDV); **Offroader** *m.* (-rohder) 1. Geländefahrzeug, 2. jmd., der gern Geländefahrzeuge fährt; **off season** (– ßihsen) außerhalb der (Theater-)Saison

Offsetdruck *m.* (*engl.*) Flachdruckverfahren, indirekter Druck: nicht von der Druckplatte, sondern über ein Gummituch auf das Papier

offshore (-schor, *engl.*) küstennah; **Offshoretechnik** *w.* Technik(en), die der Erschließung und Förderung von Erdöl, Erdgas und anderen Bodenschätzen im Meeresboden dienen; **Offshore-Unternehmen** *w.* Auslandsunternehmen (mit Anonymität und Steuerfreiheit); **offside** (-seid) abseits; **Offside** *s.* das Abseits im Sport; **Offstimme** *w.* (*engl.-dt.*) Stimme aus dem Off; **Offszene** *w.* alternative Szene (3.); **offwhite** (-weit) weiß mit Grau- od. Gelbstich

Oger *m.* (*frz.*) menschenfressender Dämon im Märchen

Ogi *s.* (*jap.*) japanischer Klappfächer

ogival (auch: oschiwal, *frz.*) spitzbogig; **Ogivalstil** *m.* Baustil der Gotik, bes. in Frankreich

ogygisch uralt, sehr alt (nach dem sagenhaften thebanischen König Ogygos)

Ohm *s.* 1. Maßeinheit des elektrischen Widerstands; 2. altes Flüssigkeitsmaß (je nach Gegend 135–160 l) (nach dem dt. Physiker G. S. Ohm, 1789–1854)

Oikos *m.* (*gr.*) 1. Hausgemeinschaft im antiken Griechenland, Familie, Gehöft, Land und Sklaven umfassend; 2. Halle (mit Herd) des Gehöfts, privater Lebensmittelpunkt der Hausgemeinschaft, im Ggs. zu Andron

o. k. (okeh, *engl.*) okay, in Ordnung, gut, recht; **O. K.** *s.* das Okay, Zustimmung

Okapi *s.* (*afrikan.*) zentralafrikanische Giraffenart

Okarina *w.* (*itl.*) kleines tönernes, wie ein Gänseei geformtes Blasinstrument

Okeanide *w.* (*gr.*) Nereide; **Okeanos** *m.* göttlicher Repräsentant des Weltstroms in der griechischen Sage

okidoki alles klar, okay (Herk. ungekl.)

Okkasion *w.* (*lat.*) Gelegenheitskauf; **okkasionell** gelegentlich, zufällig

Okki, Occhi *Mz.* (*itl.*) Kurzform von **Okkispitze** *w.* Knüpfspitze, Schiffchenarbeit

okkludieren (*lat.*) verschließen; **Okklusion** *w.* 1. Verschluss, Sperre; 2. Zusammentreffen von Warm- und Kaltluftströmen; 3. Bissstellung der Zähne; **okklusiv** die Okklusion betreffend; **Okklusiv** *m.* Verschlusslaut (z. B. *p*); **Okklusivpessar** *s.* Pessar zur Empfängnisverhütung, das den Muttermund verschließt

okkult (*lat.*) verborgen, geheim; **Okkultismus** *m.* 1. Sammelbegriff für Geheimwissenschaften; 2. Glaube an verborgene übersinnliche Kräfte, mit denen der Mensch durch bestimmte Praktiken in Verbindung treten kann, Eigw. **okkultistisch**; **Okkultist** *m.* Anhänger des Okkultismus; **Okkultologe** *m.* Forscher auf dem Gebiet des Okkultismus; **Okkulttäter** *m.* jmd., der als Exorzist, Hexenbanner, Hellseher u. a. Straftaten begeht

Okkupation *w.* (*lat.*) Besetzung, Besitzergreifung; **okkupieren** 1. einnehmen, besetzen, aneignen; 2. in Beschlag nehmen

Oklad *s.* (*russ.*) reichverzierte Edelmetalleinfassung russ. Ikonen, teilweise nur Gesicht und Hände der abgebildeten Figur freilassend

Öko-, öko- als Vorsilbe: 1. Umwelt, Lebensraum; 2. Haushalt; 3. unbedenklich für Natur und Umwelt

Ökoarchitektur *w.* ökolog. Bauen; **Ökaudit** (-odit) freiwillige, von unabhängigen Gutachtern durchgeführte Umweltprüfung eines Unternehmens; **Ökobilanz** *w.* Bilanz aller Folgen, die ein Verfahren, ein Produkt u. Ä. für die Umwelt hat; **Ökodesign** *s.* (-disein) 1. ein an Bauformen der Natur angelehntes Design von Produkten; 2. Design, das die Umweltverträglichkeit seiner Produkte (Herstellungsverfahren, Materialien, Recycling) berücksichtigt; **Ökochonder** *m.* (aus *gr. Öko*logie und Hypo*chonder*) abwert. Bez. für jmdn., der ökologisch bedenkliche Techniken und Versuche ablehnt (z. B. Stammzellenforschung); **Ökofreak** *m.* (-frihk) Freak (2.) in Sachen Umwelt; **Ökogenetik** *w.* interdisziplinäres Forschungsgebiet, das sich mit genetisch relevanten Umweltfaktoren beschäftigt (z. B. Veränderung des Erbguts durch den Einsatz von Herbiziden); **Ökolabel** *s.* (-lehbel) Aufkleber auf Produkten, der ihre Umweltverträglichkeit (in Herstellung, Anwendung, Entsorgung) garantiert; **Ökoladen** *m.* Geschäft, das nur ökologisch unbedenkliche Produkte verkauft (z. B. Kleidung, Spielzeug u. a.); **Ökologe** *m.* (*gr.*) Wissenschaftler auf dem Gebiet der Ökologie; **Ökologie** *w.* Wissenschaft von den Wechselbeziehungen zwischen Lebewesen und ihrer Umwelt; **ökologisch** 1. die Ökologie betreffend; 2. für die Umwelt und ihren Schutz bedeutsam; 3. für die Umwelt unbedenklich

Ökonom *m.* (*gr.*) Wirtschaftswissenschaftler; **Ökonomie** *w.* 1. Wirtschaftlichkeit, sparsamer Einsatz und rationelle Verwendung von Mitteln; 2. Wirtschaftswissenschaft; **ökonomisch** wirtschaftlich, sparsam; wirtschaftswissenschaftlich; **Ökonomismus** *m.* Betrachtung gesellschaftlicher Prozesse allein unter ökonomischen Gesichtspunkten

Ökopaxbewegung *w.* Bewegung zur Bewahrung des Friedens und zur Erhaltung der Umwelt; **Ökosystem** *s.* natürliche Einheit von Lebewesen und ihrer Umgebung; **Ökotop** *s.* Ökosystem auf kleinstem Raum; **Ökotourismus** *m.* Tourismus mit möglichst geringer Umweltbelastung; **Ökotrophologie** *w.* Haushalts- und Ernährungswissenschaft; **Ökotypus** *m.* an das biologische Milieu eines bestimmten Standorts angepasste Kleingruppe von Pflanzen und Tieren; **Ökozid** *m.* od. *s.* 1. schwere Störung eines Ökosystems durch Umweltzerstörung; 2. die starke Dezimierung bzw. Ausrottung eines Volkes durch Zerstörung seiner Lebensgrundlage

Oktaeder *s.* (-ta'e-, *gr.*) von acht gleichseitigen Dreiecken begrenzter Körper

Oktan *s.* (*lat.*) Kohlenwasserstoff (mit acht Kohlenstoffatomen) in Benzin und Erdöl; **Oktant** *m.* (*gr.*) Achtelkreis; **Oktanzahl** *w.* Maßzahl für das Verhalten der Kraftstoffe im Motor

Oktav *s.* (*lat.*) Buchformat; **Oktave** *w.* 1. achte Stufe der Tonleiter und Intervall zum Grundton; 2. achttägiges kath. Kirchenfest; **oktavieren** einen Ton in die Oktave überblasen (bei Blasinstrumenten)

Oktett *s.* (*lat.-itl.*) Musikstück für acht Instrumente und Gruppe von acht Musikern

Oktogon *s.* (*gr.*) Achteck; **oktogonal** achteckig; **Oktopode** *m.* Achtfüßler, Tintenfisch

oktroyieren (oktroajihren, *frz.*) aufnötigen, aufzwingen

Okular *s.* (*lat.*) die dem Auge zugekehrte Linse eines optischen Instruments; **okular** mit dem Auge, zum Auge gehörig; **Okulation, Okulierung** *w.* Einsetzen einer Knospe in das Gewächs, das veredelt werden soll, Ztw. **okulieren**

Ökumene *w.* (*gr.*) 1. die gesamte bewohnte Erde; 2. die ökumenische Bewegung; **ökumenisch** allgemein, die ganze Erde betreffend; **ökumenische Bewegung** *w.* im 19. Jh. einsetzende Bewegung zur Einigung der christlichen Kirchen

Okzident *m.* (*lat.*) Abendland; **okzidental** abendländisch

okzipital (*lat.*) zum Hinterkopf gehörig

Ola = La Ola

Oldie *s.* (*engl.*) 1. in seiner Beliebtheit unverwüstlicher Schlager oder Film; 2. liebevoll-spöttische Bez. für jmdn., der altmodisch ist

Oldtimer *m.* (ohldteimer, *engl.*) altes Automobilmodell mit Liebhaberwert

olé (*span.*) los! hurra!

Oleander *m.* (*gr.*) mediterraner Zierstrauch

Olecranon *s.* (*gr.*) Ellbogen, Ellbogenhöcker

Olefin *s.* (*lat.*) ungesättigter Kohlenwasserstoff; **Olein** *s.* (-le'in) Hauptbestandteil der Öle; **Oleum** *s.* (-le'um) Öl

olfaktorisch (*lat.*) den Geruchssinn betreffend; **Olfaktorius** *m.* Riechnerv; **Olfaktus** *m.* Geruchssinn

Olifant *m.* Rolands Hifthorn (aus der Rolandsage), mittelalterliches Jagdhorn

Olig(o)-, olig(o)- (*gr.*) als Vorsilbe: wenig, gering

Oligämie *w.* (*gr.*) Blutarmut

Oligarchie *w.* (*gr.*) Herrschaft einer kleinen Gruppe, Eigw. **oligarchisch**

oligodynamisch (*gr.*) in kleinsten Mengen wirksam

Oligokardie *w.* (*gr.*) verminderte, zu langsame Herztätigkeit

oligophag (*gr.*) sich nur von wenigen Tieren oder Pflanzen ernährend (von Tieren)

Oligophrenie *w.* (*gr.*) angeborener oder früh erworbener Schwachsinn

Oligopol *s.* (*gr.*) Beherrschung des Marktes durch einige wenige Anbieter

oligotroph (*gr.*) nährstoffarm

Oligozän *s.* (*gr.*) Schicht des Tertiärs, Abschnitt der Erdgeschichte

olim (*lat.*) einst, ehemals; **seit Olims Zeiten** seit Urzeiten, seit jeher

oliv (*lat.*) graugrün; **Olive** *w.* Frucht des Ölbaums; **Olivette** *w.* Koralle, Glasperle, die in Afrika zum Tauschhandel verwendet wurde; **Olivin** *s.* olivfarbenes Mineral

Olla podrida *w.* (oja-, *span.*) spanischer Eintopf mit Wurst und Gemüsen

Olymp *m.* (*gr.*) 1. Sitz der Götter in der griech. Mythologie; 2. oberster Rang im Theater (umg.); **Olympiade** *w.* 1. Olympische Spiele, die (wie die griechischen Spiele in Olympia) alle vier Jahre stattfinden; 2. griechische Bezeichnung für die vier Jahre zwischen zwei olympischen Festen; **Olympier** (-pi'er) 1. *m.* Zeus; 2. *Mz.* die Götter des Olymp; 3. Mann von göttergleicher Überlegenheit (auf seinem Gebiet); **Olympionike** *m.* Teilnehmer, Sieger bei den Olympischen Spielen; **olympisch** 1. auf Olympia bezüglich; 2. erhaben, göttergleich

om *o. A.* (*sanskr.*) während der Meditation gesprochene (heilige) Silbe, die das umfassendste Symbol der hinduistischen Metaphysik darstellt

Omagra *w.* (*gr.*) Schultergicht; **Omalgie** *w.* Schulterschmerz; **Omarthritis** *w.* Entzündung des Schultergelenks

Ombré *m.* (*frz.*) Gewebe mit abschattierten Farben; **ombriert** abschattiert, verschieden getönt

Ombrograf, Ombrograph *m.* (*gr.*) Gerät, das die Niederschlagsmenge aufzeichnet; **Ombrometer** *s.* Regenmesser; **ombrophil** Regen liebend (von Tieren und Pflanzen); **ombrophob** Trockenheit bevorzugend (von Tieren und Pflanzen)

Ombudsman *m.* (*schwed.*) beauftragte Person, die die Rechte des Bürgers gegenüber staatlichen Behörden vertritt

Omega *s.* (*gr.*) 1. letzter Buchstabe des griechischen Alphabets, Ω, ω; 2. Zeichen für Ohm; **Omeganebel** *m.* omegaförmiger Nebel im Sternbild Schütze

Omelett *s.*; **Omelette** *w.* (*frz.*) in der Pfanne gebackener Eierkuchen ohne Mehl; **Omelette soufflée** (– suffleh) im Backofen aufgezogener Eierkuchen

Omen *s.* (*lat.*) Vorzeichen (*Mz.* Omina); **ominös** 1. von schlimmer Vorbedeutung; 2. bedenklich, verdächtig, zweifelhaft

Omertà *w.* (*itl.*) Gesetz des Schweigens (in der Mafia)

Omikron *s.* (*gr.*) fünfzehnter Buchstabe des griechischen Alphabets, O, o

Omissivdelikt *s.* (*lat.*) Unterlassungsdelikt

omnia vincit amor (*lat.*) die Liebe überwindet alles (nach Vergil)

Omnibus *m.* (*lat.*) großer Kraftwagen für viele Personen

omnipotent (*lat.*) allmächtig; **Omnipotenz** *w.* Allmacht; **omnipräsent** allgegenwärtig; **Omnipräsenz** *w.* Allgegenwart; **Omniszienz** *w.* (zi'enz) Allwissenheit (Gottes)

Omnium *s.* (*lat.*) 1. Rennen, bei dem alle Pferde zugelassen sind; 2. Radrennen in beliebiger Form; **Omniumversicherung** *w.* Versicherung gegen alle Risiken mit einer Prämie

omnivor (*lat.*) alles fressend; **Omnivoren** *Mz.* Allesfresser (von Tieren)

Omnizid *m.* od. *s.* (*lat.*) Selbstvernichtung der Menschheit (z. B. durch Atomwaffen od. Umweltzerstörung)

Omphalitis *w.* (*gr.*) Nabelentzündung des Neugeborenen; **Omphaloskopie** *w.* Nabelschau

on (*engl.*) 1. Anzeige für das Eingeschaltetsein von technischen Geräten; 2. auf dem Bildschirm sichtbar; **On** *s.* das Sichtbarsein des Sprechers auf der Szene, im Ggs. zu Off; **on air** (– ähr) auf Sendung

Onanie *w.* sexuelle Selbstbefriedigung, Masturbation; **onanieren** sich sexuell selbst befriedigen, masturbieren (nach der biblischen Gestalt Onan im 1. Buch Mose)

Onboarding *s.* (-bohrd, *engl.*) alle Maßnahmen, die einem neuen Mitarbeiter Einarbeitung und Eingliederung in das neue Unternehmen erleichtern

on call (on kohl, *engl.*) auf Abruf

on demand (– dimahnd, *engl.*) nach Bedarf, auf Bestellung; **On-Demand-Publishing** *s.* (-pablisching) Veröffentlichung von Manuskripten, Dissertationen u. Ä. auf Bestellung

Ondes Martenot *Mz.* (ond martenoh) elektronisches Tasteninstrument (nach dem französ. Erfinder M. Martenot, 1898–1980)

Ondit (ongdih, *frz.*) Gerücht

Ondulation *w.* (*lat.-frz.*) Wellen der Haare mit dem Brenneisen; **ondulieren** Haare wellen

Oneirologie *w.* (*gr.*) psychoanalytisch geprägte Traumdeutung

Oneiromantie *w.* (*gr.*) Weissagung durch Traumdeutung

On-Job-Training *s.* (-dschobtrehning, *engl.*) Ausbildung und Lernen am Arbeitsplatz, nicht in davon getrennten Institutionen; **One-Man-Show** *w.* (wanmänschoh) von einem Unterhaltungskünstler allein bestrittene Show; **One-Night-Stand** *m.* (-neitständ) sexuelles Abenteuer einer Nacht; **Onestepp** *m.* (-stepp) schneller amerik. Gesellschaftstanz

ongarese (*itl.*) Musik: in ungarischer Manier

Oniomanie *w.* (*gr.*) krankhafter Kauftrieb, Kaufzwang

onkogen (*gr.*) krebserzeugend; **Onkologie** *w.* Wissenschaft von den Geschwülsten

online (-lein, *engl.*) direkt mit der zentralen Datenverarbeitungsanlage verbunden (von Geräten in der EDV); **Onlinebanking** *s.* (-bänk-) Bankgeschäfte über Internet; **Onlinebroker** *m.* Börsenmakler per Internet; **Onlinedienst** *s.* Dienstleistungsangebot im Internet; **Onlinepublishing** *s.* (-pab-) Veröffentlichung von Texten (ausschließlich) im Internet; **Onlineshopping** *s.* (-schop-) Einkauf über Bestellung im Internet

Önologe *m.* (*gr.*) Fachmann für Wein und Weinbau; **Önologie** *w.* Weinkunde, Weinbaukunde, Eigw. **önologisch**; **Önometer** *s.* Messgerät für den Alkoholgehalt des Weins

Onomastik, Onomatologie *w.* (*gr.*) Wissenschaft von den Eigennamen, Namenkunde

Onomatomanie *w.* (*gr.*) 1. zwanghaftes Erinnern an bestimmte Wörter; 2. krankhafter Zwang zum Aussprechen bestimmter Wörter; **Onomatopoese** (-po'e-), **Onomatopöie** *w.* Lautmalerei, Klangmalerei (z. B.: da pisperts und knisterts und flisterts und schwirrts [Goethe]); **onomatopoetisch** lautmalend

Önometer = Önologe

Önorm *w.* Österreichische Industrienorm, der DIN entsprechend

on parle français (ong parl frangßäh, *frz.*) hier wird Französisch gesprochen

on the road (– se rohd, *engl.*) unterwegs; **on the rocks** (*engl.*) mit Eiswürfeln serviert (von Getränken)

Ontogenese, Ontogenie *w.* (*gr.*) Entwicklung des Einzelwesens von der Zelle bis zur Geschlechtsreife, Eigw. **ontogenetisch**

Ontologie *w.* (*gr.*) philosophische Lehre vom Sein und den Grundstrukturen des Seienden, Eigw. **ontologisch**

Onychie *w.* (*gr.*) Nagelbettentzündung; **Onychomantie** *w.* Wahrsagerei aus Farbe und Form der Fingernägel; **Onychomykose** *w.* Pilzbefall der Nägel; **Onychophagie** *w.* das Nägelkauen; **Onychose** *w.* Nagelkrankheit, Nageldeformation

Onyx *m.* (*gr.*) 1. achatähnl. Schmuckstein; 2. Hornhautabszess (in Form eines Nagels)

o. O. = ohne Obligo

Oogenese *w.* (o'o-, *gr.*) Bildung und Entwicklung der Eizelle; **Oologie** *w.* Lehre von den Vogeleiern, Gebiet der Vogelkunde; **Omantie** *w.* Wahrsagen aus Eiern

Önomantie *w.* (*gr.*) Weissagung aus dem Vogelflug

op. = Opus

opak (*lat.*) undurchsichtig, lichtundurchlässig, Hptw. **Opazität** *w.*

Opal *m.* (*gr.-lat.*) 1. milchiger, in verschiedenen Farben schillernder Schmuckstein, ein Mineral; 2. Baumwollgewebe, Glasbattist, Eigw. **opalen**; **Opaleszenz** *w.* buntes Schillern, Ztw. **opalisieren**; **Opalglas** *s.* milchiges, schimmerndes Glas

Opanke *w.* (*serb.*) sandalettenartiger, oft geflochtener und buntfarbiger Schuh

Op-Art *w.* (*engl.*) um 1950 entstandene Kunstrichtung, die mit optischen Täuschungen, Flimmereffekten und intensiv farbigen geometrischen Mustern illusionistische Wirkungen erzielte und Mode und Gebrauchsdesign stark beeinflusste

Opazität = opak

OPEC (aus *engl. O*rganization of *P*etroleum *E*xporting *C*ountries) Organisation Erdöl exportierender Länder, derzeit 11 Mitgliedsstaaten, gegr. 1960, Sitz in Wien (Österreich)

open air (ohpen ähr, *engl.*) Wortbildungselement in der Bedeutung: im Freien stattfindend; **Open-Air-Festival** *s.* kulturelles Event im Freien; **Open-Air-Kino** *s.* Freiluftkino; **Open-Air-Konzert** *s.* Konzert, das unter freiem Himmel stattfindet

open end (*engl.*) ohne zeitliche Begrenzung stattfindend; **Open-End-Diskussion** *w.* Diskussion ohne vorher festgesetzte Schlusszeit; **Opening** *s.* 1. Eröffnung, Beginn (z. B. einer Rede, einer Veranstaltung); 2. erste Szene (eines Theaterstücks), in der Charaktere, Ort, Zeit und Handlung eingeführt werden; **Open Source** *w.* (– sohrß) freier Quellcode (EDV); **Open Shop** *m.* 1. EDV-Anlage, bes. Rechenzentrum, zu der jeder (kompetente) Nutzer Zugang hat; 2. engl. und US-amerik. Unternehmen ohne Gewerkschaftszwang, im Ggs. zu Closed Shop

Oper *w.* (*itl.*) 1. musikalisches Drama; 2. Opernhaus und Ensemble; **Opera buffa** *w.* komische Oper; **Opéra comique** *w.*

(– komick, *frz.*) 1. im 17. Jh. in Frankreich entstandene Gattung der komischen Oper mit gesprochenen Dialogen; 2. Haus und Ensemble der Opéra comique; **Opera seria** *w.* (*itl.*) große, ernste dramatische Oper; **Operette** *w.* heitere, singspielartige Oper

Opera = Opus

operabel (*lat.*) 1. operierbar (z. B. von Herzfehler); 2. so geartet, dass damit operiert (2.) werden kann, gangbar

Operateur *m.* (-tör, *frz.*) 1. Chirurg, der eine Operation durchführt; 2. Toningenieur; Kameramann

Operating *s.* (operehting, *engl.*) das Bedienen von Maschinen u. Ä.

Operation *w.* (*lat.*) 1. chirurgischer Eingriff; 2. größeres militärisches Unternehmen; 3. mathematisches Lösungsverfahren; 4. Arbeitsvorgang, Prozedur nach festgelegtem Ablaufschema, auch von Computern; **operational, operationell** auf Arbeitsschritten beruhend, verfahrensbedingt; **operationalisieren** einen (Denk-)Vorgang in überprüfbare Einzelschritte zerlegen; **Operations-Research** *w.* (opperehschens rissörtsch, *engl.*) Unternehmensforschung, Methodensystem zur rationalen Lösung von unternehmerischen Entscheidungsproblemen auf mathematischer Grundlage; **operativ** 1. durch einen Eingriff; 2. strategisch; **Operator** *m.* (*engl.*) 1. Bedienungsfachkraft in der EDV; 2. Transformationsregel in der Mathematik; 3. Telefonvermittler in den USA; **operieren** 1. Eingriff vornehmen; 2. verfahren, vorgehen; **Operon** *s.* Genom-Organisationseinheit aus mehreren hintereinanderliegenden Genen mit einem gemeinsamen Promotor

Ophiolatrie *w.* (*gr.*) Schlangenverehrung, religiöser Schlangenkult; **Ophiten** *Mz.* Gnostiker des 2. Jh., Schlangenanbeter

Ophir (*hebr.*) das im Alten Testament erwähnte Land, aus dem Salomo seine Schätze holt

Ophthalmie *w.* (*gr.*) Augenentzündung; **Ophthalmologe** *m.* Augenarzt; **Ophthalmologie** *w.* Augenheilkunde; **Ophthalmoskop** *s.* Augenspiegel

Ophtiole *w.* (*Wz.*) Augentropfer ohne Pipette

Opiat *s.* (*gr.*) opiumhaltiges Heilmittel

Opinio *w.* (*lat.*) Meinung, Ansicht; **Opinio communis** *w.* die allgemeine Meinung; **Opinion-Leader** *m.* (opinjen lihder, *engl.*) jmd., der maßgebend die öffentliche Meinung beeinflusst, Meinungsführer

Opisthograf *s.* (*gr.*) beidseitig beschriebene Papyrusrolle od. Handschrift

Opium *s.* (*gr.*) Betäubungsmittel und Rauschgift aus dem Saft des Mohns

Opodeldok *m.* oder *s.* von Paracelsus so benanntes Einreibemittel aus Kampfer, Seifenspiritus, Salmiakgeist u. a. gegen Rheumatismus

Opopanax, Opoponax *m.* (*gr.*) Gummiharz, Volksheilmittel

Opossum *s.* (*indian.*) amerikanische Beutelratte

Opponent *m.* (*lat.*) jmd. mit gegenteiliger Meinung (z. B. in einer Diskussion); **opponieren** widersprechen, sich widersetzen

opportun (*lat.*) günstig, momentan zweckmäßig, vorteilhaft, Hptw. **Opportunität** *w.*; **Opportunismus** *m.* Anpassung an das jeweils Vorteilhafte; **Opportunist** *m.* Konjunkturritter, Wetterfahne; **opportunistisch** wetterwendisch, jeweils nach dem eigenen Vorteil handelnd

Opposition *w.* (*lat.*) 1. Widerstand, Widerspruch; 2. die nicht an der Regierung beteiligten parlamentarischen Fraktionen und die außerparlamentarischen Gruppen; 3. Gegenschein zwischen Sonne und Gestirn; 4. Stellung gegenüber; **oppositionell** gegnerisch, gegensätzlich; **oppositiv, oppositär** gegensätzlich, einen Gegensatz bildend

op. posth. = opus postumum

Oppression *w.* (*lat.*) 1. Unterdrückung; 2. Beklemmung; **oppressiv** unterdrückend, bedrückend; **opprimieren** bedrücken

Optant *m.* (*lat.*) jmd., der eine Option hat; **Optativ** *m.* Wunschform des Zeitworts, im Deutschen durch den Konjunktiv ausgedrückt (z. B.: Ich *hätte* gern …)

Optik *w.* (*gr.*) 1. Wissenschaft vom Licht; 2. Linsensystem; 3. optische Wirkung, optischer Eindruck (z. B.: ein Regal in *Ahorn-Optik*); 4. Standpunkt, Betrachtungsweise; **Optiker** *m.* Fachmann für Produktion und Verkauf optischer Geräte; **Optikus** *m.* Sehnerv

optima fide (*lat.*) im besten Glauben; **optima forma** in bester Form

optimal (*lat.*) bestmöglich; **Optimat** *m.* Angehöriger der herrschenden Familien im Alten Rom; **optime** vorzüglich; **optimieren** optimal gestalten, das Bestmögliche herausholen

Optimismus *m.* (*lat.*) 1. lebenszuversichtliche Einstellung, Lebens- und Weltbejahung; 2. philosoph. Lehre, die die Welt für die bestmögliche und für vernünftig geordnet hält; 3. Fortschrittsglaube; **Optimist** 1. Mensch von zuversichtlicher Grundstimmung, positiv denkender Mensch; 2. Anhänger des philosoph. Optimismus; Eigw. **optimistisch**

Optimum *s.* (*lat.*) Höchstmaß, Bestwert, der beste Fall

Option *w.* (*lat.*) 1. Wahlmöglichkeit zwischen Dingen; 2. Anwartschaft (z. B. auf den Kauf von Waren); **Optionsgeschäft** *s.* Börsentermingeschäft; **optieren** eine Option in Anspruch nehmen

Optional *s.* (optschenl, *engl.*) freies Ausgleichsrennen für die Pferde eines Jahrgangs

optisch (*gr.*) 1. die Augen, das Sehen betreffend; 2. vom äußeren Eindruck her; **optische Täuschung** *w.* Wahrnehmungstäuschung; **Optometrie** *w.* Messung der Sehschärfe

Opt-out-Recht *s.* (-aut, *engl.*) Recht auf Aussetzung gemeinsamer Beschlüsse (für eine begrenzte Zeit); **Opt-out-Verfahren** *s.* eine in Deutschland seit 2005 für illegal erklärte Verfahrensweise nach dem Prinzip: wer nicht ausdrücklich Einspruch erhebt, gilt als einverstanden (z. B. mit der unaufgeforderten Zusendung von E-Mails u. Ä.)

opulent (*lat.*) üppig, reichlich, ausgiebig; **Opulenz** *w.* Fülle, Üppigkeit, Überfluss

Opuntie *w.* (-ti'e, *gr.*) Feigenkaktus mit essbaren Früchten

Opus *s.* (*lat.*) Werk eines Künstlers, bes. eines Komponisten (Abk. op., *Mz.* Opera); **Opus Dei** *s.* (– de'i) 1928 gegr., weitverbreitete Laienorganisation unter einem Prälaten der röm-kath. Kirche mit dem Ziel der «Heiligung des Alltagslebens von Laien»; **Opusculum** *s.*, **Opuskulum** *s.* kleines Werk (*Mz.* Opuscula, Opuskula); **Opus postumum** (auch: posthumum) *s.* nachgelassenes Werk (Abk. op. post., op. posth.)

Ora *w.* (*itl.*) Südwind auf der Nordseite des Gardasees

ora et labora (*lat.*) bete und arbeite, Leitspruch des Benediktinerordens

Orakel *s.* (*lat.*) 1. Rätselwort, rätselhafter Spruch; 2. Weissagung in rätselhafter Form; 3. Ort der Weissagung im Altertum (z. B. Delphi); 4. Weissagender; **orakelhaft** dunkel, unverständlich; **orakeln** in Rätseln, Andeutungen sprechen, unbestimmte Prophezeiungen äußern

oral (*lat.*) 1. mündlich; 2. zu Mund und Mundgegend gehörig; 3. durch den Mund, mit dem Mund; **Oralerotik** *w.* Lustempfindung im Bereich der Mundzone, bes. im frühkindlichem Alter; **Oral History** *w.* (orel –, *engl.*) Zeitzeugenbefragung; **Oralverkehr** (*lat.*) Sexualpraktiken, bei denen die Genitalien des Partners mit dem Mund stimuliert werden

Orange *w.* (orangsch, *frz.*) Apfelsine; **orange** apfelsinenfarbig; **Orangeade** (orangschad) Apfelsinensirup für Limonade; **Orangeat** *s.* (orangschat) kandierte Orangenschale; **Orange Pekoe** *m.* (orensch pikoh, *engl.*) feine indische Teesorte aus zarten Teeblättern; **Orangerie** *w.* (orangscherih, *frz.*) Gewächshaus in Parkanlagen

Orang-Utan *m.* (*malai.*) Menschenaffe

Orans, Orant *m.*, **Orante** *w.* (*lat.*) die in der christlichen Kunst betend dargestellte Person, mit ausgestreckten Armen und nach oben weisenden Händen, Symbol für Frömmigkeit

ora pro nobis! (*lat.*) bitte für uns! Anrufung der kath. Heiligen

Oratio obliqua *w.* (*lat.*) Sprachlehre: indirekte Rede; **Oratio recta** *w.* direkte Rede; **Oration** *w.* kurzes Gebet in der kath. Messe und im Brevier; **Orator** *m.* antiker Redner; **oratorisch** rednerisch, redegewaltig; **Oratorium** *s.* 1. Chorwerk mit Solostimmen und Instrumenten über episch-dramatische, meist geistliche Texte; 2. Hauskapelle

orbikular (*lat.*) kreisförmig

Orbis pictus *m.* (*lat.*) von Comenius erstelltes Lehrbilderbuch des 17. u. 18. Jh.; **Orbis terrarum** *m.* Weltkreis, Erdkreis

Orbit *m.* (*lat.*) Umlaufbahn eines Satelliten um Erde und Mond, Eigw. **orbital**; **Orbital** *s.* Umlaufbahn eines Elektrons um den Atomkern; **Orbitalstation** Raumstation in einem Orbit; **Orbiter** *m.* der Teil eines Raumfahrtsystems, der in einem Orbit gebracht wird

Orchester *s.* (orkester, *gr.*) 1. große Musikkapelle; 2. Raum für die Musiker zwischen Bühne und Zuschauerraum; **Orchestik** *w.* Lehre vom pantomimischen Tanz; **Orchestra** *w.* Platz für den Chor im antiken Theater; **orchestral** für Orchester, vieltönig; **orchestrieren** Komposition für Orchester einrichten, instrumentieren; **Orchestrion** *s.* Musikautomat, Drehorgel

Orchidee *w.* (*gr.*) in vielen Arten vorkommendes Knabenkrautgewächs; **Orchis** *w.* Knabenkraut; **Orchis** *m.* Hoden; **Orchitis** *w.* Hodenentzündung

Ordal *s.* (*lat.*) Gottesurteil im mittelalterlichen Recht

Order *w.* (*frz.*) Befehl, Auftrag; **Order parieren** einem Befehl gehorchen; **Orderklausel** *w.* Vermerk auf Wertpapieren, der den berechtigten Empfänger nennt; **Orderpapiere** *Mz.* Wertpapiere, die durch Indossament der berechtigten Person übertragen werden können; **ordern** Auftrag erteilen, bestellen

Ordinalzahl *w.* (*lat.*) Ordnungszahl (z. B. zweit*e*, sieb*te*)

ordinär (*lat.*) gewöhnlich, unfein, vulgär

Ordinariat *s.* (*lat.*) 1. ordentlicher Lehrstuhl an einer Universität; 2. oberste Verwaltungsbehörde des kath. Bistums; **Ordinarius** *m.* 1. ordentlicher Professor; 2. kath. Bischof; **Ordinärpreis** *m.* Ladenpreis; **Ordinate** *w.* die (senkrechte) y-Achse im Koordinatensystem, im Ggs. zur Abszisse

Ordination *w.* 1. kath. Priesterweihe; 2. Amtseinsetzung in ein evangel. Pfarramt; 3. ärztliche Verordnung; 4. Sprechstunde des Arztes; **ordinieren** 1. in ein kirchliches Amt einsetzen; 2. ärztlich verordnen; 3. Sprechstunde halten

Ordo *m.* (*lat.*) 1. Körperschaft im antiken Rom; 2. Ausrichtung alles Irdischen auf Gott (im Mittelalter); 3. Stand des Priesters, Weihegrad: **Ordines maiores** Subdiakon, Diakon, Presbyter; **Ordines minores** Ostiarius, Lektor, Exorzist, Akoluth; 4. formale Ordnung der Messe; 5. systematische Einheit in der Biologie; **Ordoliberalismus** *m.* durch staatliche Gesetzgebung gezügelter Liberalismus

Ordonanz, **Ordonnanz** *w.* (*lat.*) Melder oder zu besonderen Diensten abkommandierter Soldat

Or doublé *s.* (orduble, *frz.*) mit Gold plattierte Kupferlegierung (für Modeschmuck)

Ordre public *m.* (– püblick, *frz.*) der Vorrang innerstaatlicher Rechtsnormen bei einer gerichtlichen Entscheidung nach internat. Recht

Öre *s.* (*skand.*) Währungseinheit in Skandinavien

Oreade *w.* (*gr.*) Bergnymphe der griech. Sagenwelt

Oregano = Origano

Organ *s.* (*lat.*) 1. Teil des Körpers bei Pflanze, Tier und Mensch mit einer bestimmten Funktion; 2. Institution; 3. Stimme (umg.); 4. Sinn, Empfänglichkeit; 5. Zeitung, Zeitschrift als Sprachrohr einer Gruppenmeinung; **Organbank** *w.* Einrichtung, die Organe oder Organteile für Transplantationen aufbewahrt; **ein Organ haben für** für etwas empfänglich sein

Organdy *m.* (*frz.*) gazeartiger, gesteifter Stoff

Organelle *w.* (*gr.*) organartiger Zellteil bei Einzellern

Organigramm *s.* (*gr.*) Schaubild über den Aufbau einer Organisation

Organisation *w.* (*gr.*) 1. Gliederung, Aufbau, arbeitsteiliges Zusammenwirken; 2. zweckmäßige Anordnung eines (Arbeits-) Vorgangs; 3. Zusammenschluss, Vereinigung; **Organisator** *m.* jmd., der organisiert, der organisieren kann; **organisatorisch** die Organisation betreffend; **organisch** 1. ein Organ, den Organismus betreffend; 2. der belebten Natur zugehörig; 3. sinnvoll, gewachsen; **organisieren** 1. planmäßig, systematisch vorbereiten und durchführen; 2. etwas auf nicht ganz legale

Weise beschaffen (umg.); **sich organisieren** 1. sich zu einem Zweck zusammenschließen; 2. in eine Organisation eintreten; **organisiert** 1. einer Organisation angehörend; 2. geplant, geordnet, gegliedert

Organismus *m.* (*gr.*) 1. Organsystem; 2. gegliedertes Ganzes, Eigw. **organismisch**

Organist *m.* (*gr.*) Orgelspieler

Organizer *m.* (orgeneiser, *engl.*) Terminplaner als Büchlein oder Taschencomputer

Organogene *Mz.* (*gr.*) die Elemente, die den menschlichen, tierischen und pflanzlichen Körper aufbauen; **Organogramm** *s.* Schaubild zur Darstellung der Informationsverarbeitung in Organismen; **Organographie** *w.* 1. Beschreibung der Organe; 2. Lehre vom Bau der Musikinstrumente; **Organologie** *w.* Lehre von den Organen und ihrer Entstehung

Organon *s.* 1. die logischen Schriften des Aristoteles; 2. das logische Instrumentarium der Wissenschaft (in der klassischen Philosophie)

Organotherapie *w.* ärztliche Behandlung mit aus Organen gewonnenen Mitteln (z. B. Hormonen); **Organozoon** *s.* (-zo'on) ein im Innern eines Organs lebender Parasit; **Organtransplantation** *w.* Übertragung eines Spenderorgans auf einen Empfänger

Orgasmus *m.* (*gr.*) Höhepunkt der sexuellen Erregung, Eigw. **orgastisch**

Orgel *w.* (*lat.*) 1. größtes Tasteninstrument mit Register, Manual, Pedal, Pfeifen- und Windwerk; 2. tolles Auto (Jj.); **Orgelprospekt** *m.* Schauseite der Orgel; **Orgelpunkt** *m.* Basston auf der Orgel

Orgiasmus *m.* (*gr.*) ekstatisch-ausschweifende Feier in den antiken Mysterienkulten; **orgiastisch** zügellos, hemmungslos; **Orgie** *w.* (-gi'e) 1. ekstatische Feier; 2. wildes Gelage, Ausschweifung; 3. das Schwelgen in etwas

Orient *m.* (-ri'ent, *lat.*) Morgenland (Vorder- und Mittelasien); **Orientale** *m.* Bewohner des Orients; **orientalisch** morgenländisch; **Orientalistik** *w.* Wissenschaft von den orientalischen Sprachen und Kulturen, Eigw. **orientalistisch**; **Orientbeule** *w.* tropische, hochinfektiöse Beulenkrankheit (der Haut)

orientieren (*lat.*) 1. Standort, Lage feststellen, sich zurechtfinden; 2. ins Bild setzen, unterrichten, Kenntnis geben, Kenntnis nehmen, Hptw. **Orientierung** *w.*

Oriflamme *w.* (*lat.-frz.*) ehem. Kriegsfahne der französ. Könige, Goldwimpel

Origami *s.* (*jap.*) japan. Kunst des Papierfaltens

Origano, Oregano *m.* (*itl.*) Gewürzstreu des wilden Majorans

Original *s.* (*lat.*) 1. Urschrift, Urbild, Urfassung; 2. urwüchsiger, leicht schrulliger Mensch; **original** 1. echt, ursprünglich; 2. unmittelbar, live, direkt (von Fernsehsendungen); 3. urwüchsig, originell; **Originalität** *w.* Ursprünglichkeit, Echtheit, schöpferische, persönliche Eigenart; **Originalton, O-Ton** *m.* Ton einer Direktaufnahme (in Audio- und Video-Aufzeichnungen); **Originalversion** *w.* Version, in der ein Musiktitel, ein Film zuerst veröffentlicht od. bekannt wurde; **originär, originell** 1. eigenartig, ursprünglich, urwüchsig; 2. persönlich, schöpferisch

Orkan *m.* (*indian.*) Sturm der höchsten Windstärke

Orkus *m.* (*lat.*) Unterwelt, Totenreich in der röm. Mythologie

Orlog *m.* (*niederl.*) Krieg

Orlon *s.* (*Wz.*) vollsynthetische Faser

Orlowtraber *Mz.* Pferderasse (nach dem russ. Züchter Graf Orlow)

Ornament *s.* (*lat.*) Verzierung, Schmuckform, Muster; **ornamental** schmückend, in der Art eines Ornaments; **ornamentieren** schmücken, mit Schmuckwerk versehen; **Ornamentik** *w.* 1. Gesamtheit und stilistische Einheit der Ornamente an einem Gebäude oder Kunstgegenstand; 2. die Kunst des Verzierens

Ornat *s.* (*lat.*) feierliche Amtstracht

Ornithogamie *w.* (*gr.*) Befruchtung von Blüten durch Vögel; **Ornithologe** *m.* Spezialist für Vogelkunde, Eigw. **ornithologisch**; **Ornithologie** *w.* Vogelkunde

Orogen *s.* (*gr.*) Gebirge mit Falten- od. Deckenschichtung; **Orogenie** *w.* Lehre von der Entstehung der Gebirge; **Orogenese** *w.* Entstehung von Gebirgen; **Oro-**

gnosie *w.* Gebirgsforschung und -beschreibung

Orpheus *m.* (*gr.*) zaubermächtiger Sänger und Leierspieler der griechischen Mythologie; **Orphik** *w.* religiös-philosoph. Geheimlehre in der Antike; **Orphiker** *Mz.* Anhänger der Orphik; **orphisch** 1. zur Orphik gehörend; 2. geheimnisvoll, tief

Orpington 1. *w.* Mastente; 2. *s.* Haushuhn mit bauschigem Gefieder (nach der engl. Stadt Orpington bei London)

Orplid *s.* Name des von E. Mörike und seinem Kreis erfundenen Traum- und Wunschlandes auf einer Insel

Orseille *s.* (orseij, *frz.*) aus der Färberflechte gewonnener purpurroter Farbstoff, mit dem früher Seide und Wolle gefärbt wurden

Orth(o)-, orth(o)- (*gr.*) als Vorsilbe: recht-, richtig

Orthese *w.* (*gr.*) Prothese mit Stützfunktion (z. B. für die Wirbelsäule)

Orthochromasie *w.* (*gr.*) Farbtonrichtigkeit, Fähigkeit der fotografischen Platte, die Farben in richtigen Helligkeitsstufen wiederzugeben, Eigw. **orthochromatisch**

orthodox (*gr.*) 1. rechtgläubig, dogmengläubig; 2. starr, intransigent; **Orthodoxie** *w.* Rechtgläubigkeit, Übereinstimmung mit, (starres) Festhalten an den Dogmen; **orthodoxe Kirche** *w.* die seit 1054 von Rom getrennte Ostkirche mit griechisch- oder russisch-orthodoxem Ritus

Orthoepie *w.* (orto'epih, *gr.*) Lehre von der korrekten Aussprache der Wörter

Orthognatie *w.* (*gr.*) gerade Kieferstellung

Orthogon *s.* (*gr.*) Rechteck; **orthogonal** rechteckig, rechtwinklig

Orthografie, Orthographie *w.* (*gr.*) Rechtschreibung; **orthografisch, orthographisch** der Rechtschreibung entsprechend

Orthopäde *w.* (*gr.*) Facharzt für Orthopädie; **Orthopädie** *w.* Lehre und Therapie von Fehlern und Erkrankungen des Bewegungsapparats, Eigw. **orthopädisch**

Orthopnoe *w.* (-no'e, *gr.*) Zustand höchster Atemnot

Orthopraxie *w.* (*gr.*) das rechte Handeln als Maß für die Zulänglichkeit des Glaubens (in der christl. Theologie)

Orthoskop *s.* (*gr.*) optisches Gerät zur Untersuchung von Kristallen

Orthos Logos *m.* (*gr.*) nach der stoischen Philosophie ein allgemeines, den Göttern und Menschen gemeinsames Weltgesetz

Orthozephale *m.* (*gr.*) Mensch mit mittelhoher Kopfform

Ortolan *m.* (*itl.*) Gartenammer, ein Singvogel

Os *s.* (*lat.*) 1. Knochen; 2. Mund; 3. Organöffnung

Oscar *m.* (*engl.*) volkstümlicher Name für die goldene Statuette des Academy Award, des begehrtesten US-amerikan. Filmpreises

Osiris *m.* altägyptischer Gott der Toten

Oskulation *w.* (*lat.*) Berührung zweier mathematischer Kurven, Ztw. **oskulieren**

Osmanen *Mz.* die Türken im früheren Osmanischen Reich bis 1922

Osmologie = Osphresiologie

osmophor (*gr.*) Geruchseindrücke hervorrufend

Osmose *w.* (*gr.*) Austausch flüssiger Stoffe durch eine dünne Scheidewand (z. B. Zellwände des Körpers), Eigw. **osmotisch**; **osmotischer Druck** *m.* der bei der Osmose auf die Zellwände ausgeübte Druck

Ösophagus *m.* (*gr.*) Speiseröhre

Osphresiologie *w.* (*gr.*) Lehre vom Geruchssinn

ossal, ossär (*lat.*) die Knochen betreffend; **Ossarium, Ossuarium** *s.* Beinhaus (auf Friedhöfen); **Ossifikation** *w.* Knochenbildung, Verknöcherung, Ztw. **ossifizieren**

Ossobuco *m.* (*itl.*) Kalbshaxe (nach Mailänder Rezept)

Ostalgie *w.* (aus *Ost*en und Nost*algie*) sehnsuchtsvolle Rückbesinnung auf Dinge des Alltags in der DDR (z. B. Lebensmittel, Haushaltsgegenstände u. v. a. m.)

Ostealgie *w.* (*gr.*) Knochenschmerz

Ostensorium *s.* (*lat.*) Monstranz; **ostentativ** 1. herausgestellt, betont; 2. herausfordernd, provozierend

Osteoblast *m.* (*lat.-gr.*) knochenbildende Zelle; **osteogen** (*gr.*) Knochen bildend; **Osteogenese** *w.* Knochenbildung; **os-**

teoid knochenähnlich; **Osteologie** *w.* Knochenkunde, Teil der Anatomie; **Osteopathie** *w.* Knochenleiden; **Osteoplastik** *w.* Knochenersatz; **Osteoporose** *w.* Schwund des Knochengewebes
Osteria *w.* (*itl.*) Wirtshaus, Gasthaus
ostinato (*itl.*) Musik: beharrlich, immer wiederkehrend
Ostitis *w.* (*gr.*) Knochenentzündung
Ostrakon *s.* (*gr.*) Tonscherbe, Schreibgerät in der Antike; **Ostrazismus** *m.* (*gr.*) Volksgericht im antiken Athen, bei dem der Name des Verurteilten in Einzelabstimmung auf ein Ostrakon geschrieben wurde
Östrogen *s.* (*gr.*) weibliches Geschlechtshormon; **Östrus** *m.* Brunst bei Tieren
Oszillation *w.* (*lat.*) Schwankung, (rasche) Schwingung; **Oszillator** *m.* Gerät zur Erzeugung elektrischer Schwingungen; **oszillieren** schwingen, pendeln, schwanken; **Oszillograph** *m.* Gerät zur Aufzeichnung von Schwingungen
Otagra, Otalgie, Otodynie *w.* (*gr.*) Ohrenschmerz; **Otiater, Otologe** *m.* Ohrenarzt; **Otiatrie, Otologie** *w.* Ohrenheilkunde; **Otitis** *w.* Ohrenentzündung; **otogen** vom Ohr ausgehend; **Otosklerose** *w.* Verknöcherung des Mittelohrs mit Schwerhörigkeit im Gefolge; **Otoskop** *s.* Ohrenspiegel; **Otoskopie** *w.* Untersuchung mit dem Ohrenspiegel
o tempora, o mores was für Zeiten, was für Sitten (aus Ciceros Schriften)
Otium *s.* (*lat.*) Muße
O-Ton = Originalton
Ottoman *m.* (*türk.-frz.*) quergeripptes Gewebe aus Wolle oder Seide; **Ottomane** *w.* niedriges Ruhebett; **Ottomane** *m.* Türke; **ottomanisch** türkisch
Oubliette *w.* (ubli'ette, *frz.*) Verlies für lebenslänglich und deshalb vergessene Eingekerkerte, meist *Mz.*: Oublietten
Out *s.* (aut, *engl.*) Aus, außerhalb des Spielfelds (*österr.*); **out** nicht mehr gefragt, unmodern
Outback *s.* (-bäck) dünn besiedeltes Landesinnere Australiens; **Outboard** *m.* (-bord) Außenborder; **outbound** (-baund) ausgehend, nach außen gerichtet, aktiv (z.B. Telefonmarketing, -akquise), im Ggs. zu inbound; **Outburst** *m.* od. *s.* (-börst) 1. Vulkanausbruch; 2. Explosion eines Atomreaktors; **Outcast** *m.* 1. ein außerhalb der indischen Kasten Stehender, Paria; 2. ein sozial Ausgestoßener; **outdoor** draußen, im Freien; **Outdoorbekleidung** *w.* Freizeitkleidung für Aktivitäten im Freien wie Wandern, Radfahren usw.
outen (sich) 1. sich öffentlich (zu seiner Homosexualität) bekennen; 2. etwas bisher Verborgenes über jmdn. öffentlich machen, Hptw. **Outing** *s.*
Outerspace-Forschung *w.* (-spehß) Weltraumforschung; **Outfit** *s.* äußere Aufmachung, Styling; **Outfitter** *m.* Ausstatter; **Outgroup** *w.* (-gruhp) Gruppe, von der man sich distanziert, Fremdgruppe, im Ggs. zu Ingroup; **Outlaw** *m.* (-loh) mit der Rechtsordnung auf Kriegsfuß stehender Außenseiter; **Outlet** = Factory-Outlet; **Outline** *w.* (-lein) Entwurf, Umriss (einer literarischen Arbeit; **out of area** (– ärija) außerhalb des eigenen Zuständigkeitsbereichs, bes. von militärischen Einsätzen; **Outplacement** *s.* (-plehß-) Entlassung eines Mitarbeiters bei gleichzeitiger Vermittlung in ein anderes Unternehmen, Veränderungsberatung; **Output** *s.* 1. Ausgangsleistung, Antennenleistung eines Senders; 2. Gesamtheit der erzeugten Güter eines Unternehmens, Ertragsleistung; 3. Datenausgabe (EDV)
outrieren (utrihren, *frz.*) übertreiben; **outriert** übertrieben, künstlich, gesucht
Outrightgeschäft *s.* (-reit-, *engl.*) Termingeschäft, bei dem nicht gleichzeitig ein Gegengeschäft abgeschlossen wird; **outside** (-seid) außerhalb des Spielfeldes; **Outsider** *m.* Außenseiter; **Outsider-Art** *w.* Kunst von Outsidern (z.B. psychisch Kranken, Sonderlingen, Tüftlern u.a.); **Outsourcing** *s.* (-sorßing, aus *engl. out*side und re*source*) Inanspruchnahme außerbetrieblicher Dienstleistungen durch ein Unternehmen, Ztw. **outsourcen**; **Out-Takes** *Mz.* (-tehks) lustige, aus der offiziellen Version eines Films herausgenommene Szenen, die oft im Abspann gezeigt werden
Ouvertüre *w.* (uwer-, *frz.*) 1. Vorspiel einer Oper; 2. Einleitung, Auftakt
Ouzo *m.* (uhßo, *gr.*) Anisbranntwein

oval (*lat.*) eirund, länglich-rund; **Oval** *s.* Eirund, ovale Form; **Ovar, Ovarium** *s.* Eierstock (*Mz.* Ovarien [-ri'en]); **ovarial** zum Eierstock gehörig; **Ovarialgravidität** *w.* Eierstockschwangerschaft; **Ovarium** *s.* Eierstock

Ovation *w.* (*lat.*) Huldigung, stürmischer Beifall

over (ower, *engl.*) 1. zu viel, unangemessen, überzogen; 2. vorbei, aus, zu Ende (umg.); **Overall** *m.* (owerol) einteiliger, an einen Strampelanzug erinnernder Anzug, bes. in der Damenmode; **overdressed** (-dreßd) für einen Anlass zu festlich gekleidet, im Ggs. zu underdressed; **Overdrive** *m.* (-dreif) Gang bei der Kraftübertragung, der bei herabgesetzter Umdrehungszahl des Motors gleich bleibende Leistung ermöglicht (Treibstoffersparnis); **Overflow** *m.* (-floh) Überschreitung der Speicherkapazität eines Computers (EDV); **Overheadprojektor** *m.* (-hedd-) Projektionsapparat für Folien; **Overheads** *Mz.* Gemeinkosten; **Overkill** *m.* (-kill) die Fähigkeit von Nuklearstaaten, bei Anwendung ihres Atomwaffenpotenzials sich gegenseitig mehrfach zu vernichten; **Overprotection** *w.* (-protekschen) übermäßige, seelisch schädigende Beschützung von Kindern durch eine Erziehungsperson; **oversized** (-seist) aus modischen Gründen größer als tatsächlich nötig (von Kleidungsstücken); **Overstatement** *s.* (-ßtehtment) Übertreibung; **overstyled** (-steilt) übermäßig, zu perfekt zurechtgemacht; **Over-the-Counter-Market** *m.* (-kaunter-) 1. in den USA Wertpapierhandel der Banken untereinander mit nicht offiziell zugelassenen Wertpapieren; 2. in England Wertpapiergeschäft am Bankschalter

Ovidukt *m.* (*lat.*) Eileiter; **ovipar** eierlegend; **ovoid** eiförmig; **Ovulation** *w.* (owu-) Eisprung, Ausstoßung eines reifen Eis aus dem Eierstock

Owner *m.* (ohner, *engl.*) Inhaber, Geschäftsführer

Oxalis *w.* (*gr.*) Sauerklee; **Oxalsäure** *w.* (*gr.*) Kleesäure, giftige organische Säure

Oxer *s.* (*engl.*) Hindernis zwischen Viehweiden, künstliches Hindernis auf Rennbahnen

Oxid, Oxyd *s.* (*gr.*) Verbindung eines chem. Elements mit Sauerstoff; **Oxidation** *w.* Vereinigung eines Stoffs mit Sauerstoff, Ztw. **oxidieren**; **Oxigen, Oxigenium** *s.* Sauerstoff, chem. Element (Zeichen: O)

Oxymoron *s.* (*gr.*) Widerspruch in sich selbst (z. B. *alter Knabe*)

Ozäna *w.* (*gr.*) Stinknase, chronische Erkrankung der Nasenschleimhaut

Ozean *m.* (*gr.*) Weltmeer; **Ozeanarium** *s.* (*gr.-lat.*) großes Meerwasseraquarium; **Ozeanide** = Okeanide; **ozeanisch** auf den Ozean bezüglich; **Ozeanographie, Ozeanografie** *w.* Meereskunde, Eigw. **ozeanographisch, ozeanografisch**

Ozellen *Mz.* (*lat.*) die Augen der Kerbtiere, Punktaugen

Ozelot *m.* (*indian.*) 1. Pantherkatze; 2. Pelzwerk aus dem Fell des Ozelot

Ozokerit *s.* (*gr.*) natürliches mineralisches Wachs, Erdwachs

Ozon *s.* (*gr.*) dreiatomiges, besonders stark oxidierendes Sauerstoffmolekül; **ozonisieren** mit Ozon behandeln; **Ozonkiller** *Mz.* chem. Verbindungen, die die Ozonschicht besonders stark schädigen (z. B. bestimmte Treibgase); **Ozonloch** *s.* Zerstörung der Ozonschicht; **Ozonschicht** *w.* Schicht der Erdatmosphäre mit starkem Ozongehalt

P

PA = Personal Assistant
p. a. = pro anno
Paan *m.* (pa'an, *gr.*) altgriech. Preislied, Siegeslied
Pace *w.* (pehß, *engl.*) Geschwindigkeit, in der ein (Pferde-)Rennen verläuft; **Pacecar** *m.* Leitfahrzeug beim Autorennen; **Pacemaker** *m.* (mehker) 1. Pferd das bei einem Rennen das Tempo bestimmt; 2. Herzschrittmacher; 3. Schrittmacher bei Laufwettbewerben, der dafür sorgt, dass eine bestimmte Zeit gelaufen wird; **Pacer** *m.* Pferd, das beide Beine einer Seite gleichzeitig aufsetzt (z. B. im Dressurreiten)
Pachulke *m.* (*poln.*) grober Kerl
Pachy-, pachy (*gr.*) als Wortteil: dick, verdickt
Pachyakrie *w.* (*gr.*) Verdickung von Zehen und Fingern; **Pachydermie** = Elephantiasis; **Pachyzephalie** *w.* verkürzte, dicke Schädelform
Pack *s.* (päck, *engl.*) engl. Gewicht für Wolle und Leinen; **Packagetour** *w.* von einem Reisebüro in allen Einzelheiten geplante Reise im eigenen Auto
Packfong *s.* (*chin.*) Legierung aus Kupfer, Nickel und Zink, bes. für Besteckwaren und Schmuck, Neusilber
pacta sunt servanda (*lat.*) Grundsatz der Vertragstreue zwischen Partnern: Verträge sind einzuhalten
Pad (päd, *engl.*) 1. kurz für Mauspad; 2. kleines Wattekissen in der Kosmetik
Pädagoge *m.* (*gr.-lat.*) 1. Erzieher, Lehrer; 2. Erziehungswissenschaftler; **Pädagogik** *w.* (*gr.*) Erziehungswissenschaft; **pädagogisch** erzieherisch, erziehungswissenschaftlich; **pädagogisieren** etwas unter pädagog. Aspekten betrachten
Paddle = Gamepad
Paddock *m.* (päd-, *engl.*) 1. holzgezäunte Pferdeweide; 2. vorn offener kleiner Stand auf dem Sattelplatz
Päderast *m.* (*gr.*) Mann mit homosexueller Vorliebe für Jungen; **Päderastie** *w.* homosexuelle Vorlieben und Beziehungen von Männern zu Jungen, Knabenliebe; **Pädophilie** *w.* sexuelle Neigung Erwachsener zu Kindern
Pädiater *m.* (*gr.*) Kinderarzt; **Pädiatrie** *w.* Kinderheilkunde
Padischah *m.* (*pers.*) islamischer Fürstentitel
Padma *m.* (*sanskr.*) ind. Lotos, häufiges Symbol in Buddhismus und Hinduismus; **Padmasana** *m.* Lotossitz, bes. während der Meditation
Padre *m.* (*itl.*) Titel und Anrede für Ordenspriester in Italien
Padrone *m.* (*itl.*) 1. italien. Bez. für Herr, Besitzer; 2. Schutzheiliger; **Padrona** *w.* Hauswirtin, Gebieterin
Paella *w.* (paelja, *span.*) spanisches Pfannengericht mit Reis, Fleisch, Fisch u. a.
Pafesen *Mz.* (*itl.*) Semmelschnitten, Arme Ritter (Österreich)
pag. = Pagina
pagan (*lat.*) heidnisch; **Paganalien** *Mz.* (-li'en) ländliche Feste der Römer, bes. das Fest am Ende der Ernte; **Paganismus** *m.* 1. Heidentum; 2. heidnischer Anteil in christlichen Bräuchen
Pagat *m.* (*itl.*) Haupttrumpf im Tarock
Page *m.* (pasche, *frz.*) 1. junger Adliger als Diener bei Hofe; 2. junger Bote, Hoteldiener
Page *w.* (pehdsch, *engl.*) 1. Speicherseite in der virtuellen Speicherverwaltung; 2. Kurzwort für Homepage, Webseite (EDV); **Pager** *m.* Piepser, Funkrufempfänger; **Paging** *s.* virtuelle Speicherverwaltung durch das Betriebssystem eines Rechners, Kachelverwaltung (EDV)
Pagina *w.* (*lat.*) Buchseite; **paginieren** mit Seitenzahlen versehen
Paging = Page
Pagode *w.* (*port.*) 1. ostasiatischer Tempelturm; 2. *m.* ostasiatisches Götterbild
Pagus *m.* (*lat.*) älteste ländliche Sied-

lungsform in Altitalien mit Zentralheiligtum

paille (paj, *frz.*) strohfarben; **Pailletten** *Mz.* (pajetten) glitzernde Flitterplättchen zum Aufnähen

Paint *m.* (pehnt, *engl.*) in den USA gezüchtetes Rennpferd, Quarterhorse

Pair *m.* (pähr, *frz.*) Mitglied des hohen französ. Adels; **Pairie** *w.* Pairswürde

Pairing *s.* (pehr-, *engl.*) partnerschaftliches Verhalten

Paisley *s.* (pehsli) Stoffmuster mit kleinen Blumen oder tropfenförmigen Ornamenten (nach der schottischen Stadt Paisley)

Paket *s.* (*frz.*) 1. Postsendung im Karton; 2. abgepackte größere Menge (z. B. von Waschpulver); 3. mehrere Dinge gleicher Art (z. B. Aktienpaket, ein Paket von Forderungen u. Ä.)

Pakotille *w.* (pakotij, *frz.*) frachtfreies Gepäck der Schiffsmannschaft

Pakt *m.* (*lat.*) Vertrag, Bündnis zwischen Staaten

PAL = PAL-System

Pal(ä)-, pal(ä)-, Paläo-, paläo- (*gr.*) als Vorsilbe: alt, ur-

Paläanthropologe *m.* (*gr.*) Wissenschaftler auf dem Gebiet der Paläanthropologie; **Paläanthropologie** *w.* Wissenschaft vom vorgeschichtlichen Menschen; Eigw. **paläanthropologisch**; **Paläobotanik** *w.* Wissenschaft von den fossilen Pflanzen; **Paläogeografie** *w.* Erforschung der Urzeitlandschaft; **Paläografie** *w.* Wissenschaft von der Schrift, ihren Formen und Mitteln im Altertum, Handschriftenkunde; **Paläolithen** *Mz.* Werkzeuge aus der Altsteinzeit; **Paläolithikum** *s.* Altsteinzeit; **paläolithisch** altsteinzeitlich; **Paläontologie** *w.* Wissenschaft von den Lebewesen vergangener Erdzeitalter, Eigw. **paläontologisch**; **Paläozän** *s.* älteste Phase der Erdneuzeit, Eigw. **paläozän**; **Paläozoikum** *s.* erdgeschichtliches Altertum, Eigw. **paläozoisch**

Paladin *m.* (*itl.-frz.*) 1. ritterlicher Gefolgsmann am Hofe Karls des Großen; 2. Getreuer, treuer Anhänger

Palais *s.* (paläh, *frz.*) Palast, Schloss

Palas *m.* (*lat.*) Wohnbau der mittelalterlichen Burg; **Palast** *m.* Prachtbau, schlossartiges Gebäude

Palästra *w.* (*gr.*) Ringerschule im alten Griechenland

Palatal *m.* (*lat.*) Gaumenlaut (z. B. *g, k*); **palatal** zum Gaumen gehörig, mit dem Gaumen

Palatin *m.* (*lat.*) 1. Pfalzgraf im Mittelalter; 2. Stellvertreter des ehemaligen Königs von Ungarn; 3. einer der sieben Berge Roms, Mons Palatinus; **Palatina** *w.* kurpfälzische Bibliothek in Heidelberg, 1623 in die Vatikanische Bibliothek in Rom überführt

Palatschinken *Mz.* (*ung.*) dünne gerollte Pfannkuchen mit Füllung

Palatum *s.* (*lat.*) Gaumen

Palaver *s.* (*port.*) 1. Bez. der portug. Händler des 18. Jhs. für die Verhandlungen mit den einheimischen Afrikanern; 2. langes Hinundhergerede; **palavern** beraten, hin und her reden, ohne ein Ende zu finden

Palazzo *m.* (*itl.*) italien. Bez. für Palast (*Mz.* Palazzi)

Pale Ale *s.* (pehl ehl, *engl.*) helles Bier in England

Paleozän = Paläozän

Paletot *m.* (paletoh, *frz.*) 1. leicht taillierter, meist zweireihiger Herrenmantel mit Samtkragen; 2. gerade geschnittener dreiviertellanger Damen- oder Herrenmantel

Palette *w.* (*frz.*) 1. Scheibe zum Farbenmischen; 2. große Auswahl, Sortiment; 3. genormte Stapelplatte, die vom Gabelstapler transportiert wird; **paletti** alles paletti, alles in Ordnung (Herk. ungekl.)

Pali *s.* (*sanskr.*) Sprache der heiligen Schriften des Buddhismus, bis ins 12. Jh.

Palim-, palim-, Palin-, palin- (*gr.*) als Wortteil: wieder, zurück

Palimnese *w.* (*gr.*) Wiedererinnerung; **Palimpsest** *s.* oder *m.* Handschrift auf Pergament, das vorher schon einmal beschrieben war

Palindrom *s.* (*gr.*) Wort, das auch rückwärts gelesen einen Sinn ergibt (z. B. *Annasusanna)*; **Palingenese** *w.* 1. Wiedergeburt durch Seelenwanderung (im Buddhismus); 2. Wiederholung der Stammesentwicklung in der embryonalen Entwicklung; 3. Gesteinsneubildung durch Aufschmelzung alten Gesteins

Palisade *w.* (*frz.*) Zaun (oder Hindernis)

aus zugespitzten, in den Boden gerammten Pfählen

Palisander *s.* (*indian.*) südamerikanisches Edelholz; **palisandern** aus Palisanderholz

Palla *w.* (*lat.*) 1. Decke für den Messkelch; 2. altrömisches Frauengewand

Palladium *s.* (*gr.-lat.*) 1. Schutzbild der griech. Göttin Pallas Athene; 2. Schutzheiligtum; 3. chem. Element, ein Edelmetall

Pallas (*gr.*) 1. Beiname der Göttin Athene; 2. *m.* kleiner Planet

Pallasch *m.* (*ung.-türk.*) schwerer Reitersäbel

Pallawatsch *m.* (*itl.*) Durcheinander, Tohuwabohu (umg. in Österreich)

palliativ (*lat.*) lindernd, nicht heilend; **Palliativ** *s.* Linderungsmittel i. Ggs. zum Verum; **Palliativmedizin** *m.* Behandlung von unheilbar Kranken mit begrenzter Lebenserwartung, Linderungsmedizin

Pallium *s.* (*lat.*) 1. weißer wollener Umhang der Römer; 2. mittelalterlicher Krönungsmantel; 3. weißer Schulterschmuck des Papstes und der kath. Erzbischöfe; 4. Großhirnrinde; **Palliengelder** *Mz.* (-li'en-) Abgabe der kath. Bischöfe an den Papst bei Übertragung des Erzbischofsamtes

palmar (*lat.*) die Handfläche betreffend

Palmarum (*lat.*) Palmsonntag, Sonntag vor Ostern

Palme *w.* (*lat.*) tropische und subtropische Baumgattung

palmen (*lat.*) Tau über Hand einholen (Seemannssprache)

Palmette *w.* (*frz.*) 1. palmblattartiges Ziermotiv; 2. fächerförmig gezogener Obstbaum, Spalierbaum; **palmieren** etwas in der Zauberkunst hinter der Hand verschwinden lassen; **Palmin** *s.* (*Wz.*) Speisefett aus Kokosöl

palpabel (*lat.*) fühlbar, tastbar; **palpieren** betasten, abtasten, erfühlen; **Palpation** *w.* Untersuchung durch Abtasten; **Palpe** *w.* Taster, Fühler (bei Gliederfüßlern)

Palpitation *w.* (*lat.*) Herzklopfen, verstärkter Pulsschlag; **palpitieren** klopfen, pulsieren

PAL-System *s.* (aus *engl.* *P*hase *A*lternating *L*ine) System des Farbfernsehens, das störende Übertragungseinflüsse kompensiert

Pampa *w.* (*indian.*) Grassteppe Südamerikas (*Mz.* Pampas)

Pampelmuse *w.* (*tamil.-niederl.*) Grapefruit, apfelsinenartige Frucht mit bittersüßem Geschmack

pampern (päm-, *engl.*) verwöhnen, verhätscheln (z. B. von wichtigen Kunden od. Verhandlungspartnern)

Pamphlet *s.* (*engl.-frz.*) Streit- und Schmähschrift, Eigw. **pamphletistisch**; **Pamphletist** *m.* Verfasser von Pamphleten

Pan *m.* (*gr.*) altgriechischer Hirtengott

Pan *m.* (*poln.*) 1. poln. Gutsbesitzer; 2. poln. Anrede für Herr

Pan-, pan- (*gr.*) als Vorsilbe: ganz, gesamt

Panaché, Panaschee *s.* (-scheh, *frz.*) 1. gemischtes Kompott; 2. Gefrorenes in bunten Streifen; 3. gemischtes Getränk, bes. Limonade und Bier

Panade *w.* (*frz.*) 1. Semmelbrösel und Ei zum Panieren; 2. Brei aus Brot, Mehl, Eiern und Fett für eine Farce (2.)

Panama *s.* Gewebe mit geflochten wirkender Struktur (Panama-Bindung); **Panamahut** aus den Blattfasern der Panamapalme hergestellter elastischer Strohhut (nach der Stadt Panama in Mittelamerika)

Panaritium *s.* (*lat.-gr.*) eitrige Entzündung am Nagel, Umlauf

Panaschee = Panaché

panaschieren (*frz.*) Kandidaten von verschiedenen Wahllisten zusammenstellen; **Panaschierung** *w.* 1. das Panaschieren; 2. weiße Musterung auf Pflanzenblättern durch Mangel an Blattgrün

Panax *m.* (*gr.*) Araliengewächs, dessen Wurzel als Ginseng bekannt ist

Panazee *w.* (-ze'e, *gr.*) Allheilmittel, Wundermittel

panchromatisch (*gr.*) lichtempfindlich für alle Farbtöne (von Filmmaterial)

Panda *m.* 1. im Himalaya lebender Katzenbär; 2. scheuer Kleinbär, Bambusbär (Herk. ungekl.)

Pandämonium *s.* (*gr.*) Reich und Gesamtheit der bösen Geister

Pandekten *Mz.* (*gr.*) Gesetzessammlung,

Hauptteil des römischen Corpus iuris civilis

Pandemie *w.* (*gr.*) sich weit verbreitende Seuche; **pandemisch** weit verbreitet

Pandero *m.* (*span.*) baskischer Tamburin

Pandit *m.* (*sanskr.*) Titel brahmanischer Gelehrter

Pandora *w.* (*gr.*) verführerische Frau in der griech. Mythologie, die alles Unheil aus einem Gefäß in die Welt entließ; **Büchse der Pandora** Füllhorn des Unheils

Panduren *Mz.* (*ung.*) die aus Südungarn stammenden Truppen der alten österreichischen Armee

Paneel *s.* (panehl, *niederl.*) 1. Wandtäfelung; 2. vertieftes Feld einer Wandtäfelung; **paneeliert** getäfelt

Panegyrikus *m.* (*gr.*) Festrede, Lobgedicht, Lobeshymne in der Antike

Paneltechnik *w.* (pännel-, *engl.*) Methode in der Meinungsforschung, bei der dieselbe Gruppe in Zeitabständen wiederholt befragt wird

panem et circenses (*lat.*) Brot und Spiele, Forderung des röm. Volkes an den Kaiser (nach einem Zitat aus Juvenals Satiren)

Panettone *m.* (*itl.*) lockerer Hefekuchen mit kandierten Früchten, der in Italien insbes. in der Vorweihnachtszeit gegessen wird

Panflöte *w.* (*gr.*) antike Hirtenflöte aus mehreren aneinandergefügten Flöten verschiedener Länge

Panhellenismus *m.* (*gr.*) Bestrebungen, alle griech. Länder in einem großgriech. Reich zusammenzufassen

Pani *w.* (*poln.*) poln. Bez. für Frau, Herrin

Panier *s.* (*frz.*) Feldzeichen, Banner

panieren (*frz.*) Fleisch, Fisch u. a. vor dem Braten in Mehl oder Semmelbröseln mit Eigelb wälzen

Panik *w.* (*gr.*) plötzliche, kopflose, angstvolle Erregung des Einzelnen oder von Menschenmassen, Eigw. **panisch**

Panje *m.* (*poln.*) poln. od. russ. Bauer, Anredeform (nur noch scherzh.); **Panjepferd** *s.* ein in der Landwirtschaft in Osteuropa verwendeter, anspruchsloser, robuster Pferdetyp

Pankration *s.* (*gr.*) Verbindung von Faust- und Ringkampf im alten Griechenland

Pankreas *w.* (*gr.*) Bauchspeicheldrüse; **Pankreatitis** *w.* Entzündung der Bauchspeicheldrüse

Panlogismus *m.* (*gr.*) philosophische Lehre, nach der das All vernunftgemäß geordnet ist

Panmixie *w.* (*gr.*) Möglichkeit der Kreuzung aller zu einer Population gehörenden Pflanzen od. Tiere

Pannacotta *w.* (*itl.*) italien. Dessert aus mit Gelatine, Vanille und Zucker geköchelter Sahne

Panne *m.* (pann, *frz.*) Seidensamt

Panne *w.* (*frz.*) 1. Unfall, Schaden, bes. bei Fahrzeugen; 2. Missgeschick

Panneau *s.* (panoh, *frz.*) 1. Holztafel zum Bemalen; 2. Sattelkissen (für Kunstreiterei); 3. Store, Vorhang

Pannikulitis *w.* (*lat.*) Entzündung des Unterhautfettgewebes

Panoptikum *s.* (*gr.*) 1. Wachsfigurenkabinett; 2. Kuriositätensammlung; **panoptisch** von allen Seiten einsehbar

Panorama *s.* (*gr.*) 1. Rundblick; 2. plastisches Rundgemälde; **Panoramakopf** *m.* drehbarer Stativkopf für Rundaufnahmen; **Panoramaspiegel** *m.* Rückspiegel, z. B. an Autos, der durch eine leichte Wölbung ein breites Blickfeld eröffnet

Panpsychismus *m.* (*gr.*) philosophische Lehre, nach der alle Dinge und die Welt als Ganzes beseelt sind

Pantalone *m.* (*itl.*) Figur des komischen Alten in der Commedia dell'Arte

panta rhei (– reh, *gr.*) alles fließt, alles ist in Bewegung (fälschlich Heraklit zugeschrieben)

Panter = Leopard

Pantheismus *m.* (-te'i-, *gr.*) Lehre, dass Gott und Welt eins sind, Eigw. **pantheistisch**; **Pantheist** Vertreter des Pantheismus

Pantheon *s.* (*gr.*) 1. alle Götter einer Religion; 2. römisches, allen Göttern geweihtes Heiligtum; 3. Ehrentempel (bes. in Paris)

Panther = Leopard

Pantine *w.* (*frz.*) Holzpantoffel

Pantoffel *m.* leichter Hausschuh (Herk. unges.)

Pantokrator *m.* (*gr.*) 1. Ehrentitel für den höchsten Gott, auch für den auferstandenen Christus; 2. Darstellung des thronenden Christus, bes. in der Apsis byzantinischer Kirchen

Pantolette *w.* (Kunstwort aus *Panto*ffel und Sanda*lette*) leichter Sommerschuh ohne Fersenteil

Pantomime *w.* (*gr.*) 1. szenische Darstellung mit Gebärden, Tanz und anderen Ausdrucksmitteln außer Worten; 2. *m.* Darsteller einer Pantomime; **Pantomimik** *w.* 1. Kunst der Pantomime; 2. Gebärdenspiel, Körpersprache, Eigw. **pantomimisch**

Pantophage *m.* (*gr.*) Allesfresser (von Tieren)

Pantry *w.* (päntri, *engl.*) Vorrats- und Anrichteraum auf Schiffen

Pantschen-Lama = Taschi Lama

Panty *w.* (pänti, *engl.*) 1. Miederhöschen; 2. Strumpfhose

Päonie *w.* (-i'e, *gr.*) Pfingstrose

Papa *m.* (*gr.*) 1. kirchl. Titel des Papstes; 2. Titel höherer Geistlicher in der orthodox. Kirche; **papal** päpstlich; **Papabiles** *Mz.* Kardinäle, die Aussicht haben, Papst zu werden; **Papat** *s.* Papstwürde, Papsttum

Papagallo *m.* (*itl.*) auf Touristinnen spezialisierter Latin Lover (*Mz.* Papagalli)

Papagei *m.* (*frz.*) buntgefiederte tropische Vogelart mit stark gekrümmtem Schnabel und der Fähigkeit, Laute nachzusprechen

Paparazzo *m.* (*itl.*) dreister Pressefotograf (*Mz.* Paparazzi)

Papaya *w.* (*karib.*) Baummelone

Paper *s.* (pehper, *engl.*) Schriftstück, Unterlage; **Paperback** *s.* oder *m.* (-bäck) klebegebundenes Buch mit leichter Kartondecke; **Paperweight** *s.* (-weht) kunsthandwerklich gestalteter, oft kugelförmiger Briefbeschwerer (aus Glas)

Papier *s.* (*gr.*) 1. aus Fasern hergestelltes Material für vielfältige Zwecke; 2. Schriftstück, schriftliche Unterlage; 3. Wertpapier, Aktie; 4. *Mz.* Papiere: Ausweis

Papier collé *s.* (papjeh kolleh, *frz.*) mit Papierstücken, Tapetenresten u. a. künstlerisch gestaltetes Bild, Vorläufer und Ausgangspunkt der Collage

Papiermaché *s.* (-scheh, *gr.-frz.*) Papierbrei mit Zusätzen für die Herstellung von Spielzeug und anderen Gegenständen

Papilionazeen *Mz.* (-ze'en, *lat.*) Schmetterlingsblütler

papillar (*lat.*) warzenförmig; **Papille** *w.* 1. Sehnervenkopf; 2. Pflanzenhaar; 3. Wärzchen auf der Hautoberfläche

Papillon *m.* (papijong, *frz.*) 1. franz. Bez. für Schmetterling; 2. ripsähnliches Gewebe

Papillote *w.* (papijot, *frz.*) Lockenwickel

Papirossa *w.* (*russ.*) russ. Zigarette mit Hohlmundstück

Papismus *m.* (*lat.*) unbedingte Anhängerschaft an Papst und Papsttum; **Papist** *m.* Papstanhänger, Eigw. **papistisch**

Paprika *m.* (*serb.*) Gewürz- und Gemüsepflanze, ein Nachtschattengewächs

Papyrus *m.* (*gr.*) 1. Schreibmaterial der Antike aus dem Mark der Papyrusstaude; 2. Handschrift auf Papyrus (*Mz.* Papyri);

Papyrologie *w.* Papyruskunde

Par *s.* (*lat.*) vorgegebene Anzahl von Schlägen, mit denen ein Golfloch erreicht werden soll

Para *m.* (*frz.*) Abk. von parachutiste, Fallschirmjäger (*Mz.* Paras)

Para-, para- (*gr.*) als Vorsilbe: bei, neben, entgegen

Parabase *w.* (*gr.*) unverblümte Ansprache des Chors an das Publikum i. d. attischen Komödie

Parabel *w.* (*gr.*) 1. lehrhaftes Gleichnis; 2. Kegelschnitt; **parabolisch** 1. wie eine Parabel; 2. gleichnishaft

Parabellum *w.* (*lat.*) Selbstladepistole

Parachutist *m.* (paraschütist, *frz.*) franz. Bez. für Fallschirmjäger

Parade *w.* (*frz.*) 1. Truppenschau, Vorbeimarsch der Truppen; 2. Abwehr eines Angriffs im Sport; 3. Anhalten des Pferdes, Lektion im Dressurreiten; **Paradebeispiel** *s.* schlagendes Beispiel; **paradieren** 1. vorbeimarschieren, übertragen: prunken; 2. Stoß oder Schlag abwehren; 3. Pferd anhalten

Paradeis(er) *m.* (*gr.*) Tomate (österr.)

Paradies *s.* (*gr.*) 1. Garten Eden im Alten Testament; 2. Vorhalle romanischer Kirchen, Atrium; 3. Ort der Seligen, Himmel; 4. Himmel auf Erden; **paradiesisch** himmlisch, ohne jeglichen Mangel

Paradigma *s.* (*gr.*) Beispiel, Musterbeispiel, Denkmuster (*Mz.* Paradigmen, Paradigmata); **paradigmatisch** als Muster maßgebend, beispielhaft; **Paradigmenwechsel** *m.* Denkmusterwechsel, Wechsel eines bisher gültigen (wissenschaftl.) Weltbildes

paradox (*gr.*) widersinnig, einen unlösbaren Widerspruch enthaltend; **Paradox, Paradoxon** *s.* Scheinwiderspruch, Stilform der bewussten Verrätselung (z. B. das Leben ist der Tod und der Tod ist das Leben, *Mz.* Paradoxa); **Paradoxie** *w.* Widerspruch in sich, Widersinnigkeit (*Mz.* Paradoxien)

Paraffin *s.* (*lat.*) Gemisch fester Kohlenwasserstoffe, wachsartige Masse; **paraffinieren** mit Paraffin behandeln

Paraglider *m.* (-glei-, *engl.*) Segeldrachen; **Paragliding** *s.* mit dem Segeldrachen durch die Luft gleiten

Paragramm *s.* (*gr.*) Auswechslung eines Buchstabens in einem Wort, sodass das Wort einen scherzhaften Sinn bekommt z. B. *C*aldius *B*iberius *M*ero (etwa: vom Weine erhitzter Trunkenbold) anstelle von *C*laudius *T*iberius *N*ero, röm. Kaiser im 1. Jh. n. Chr.)

Paragraf, Paragraph *m.* (*gr.*) 1. Abschnitt eines Buches; 2. Abschnitt im Gesetzbuch; 3. das Zeichen § für Paragraf; **paragrafieren, paragraphieren** in Abschnitte einteilen

Paragummi *m.* Parakautschuk, wilder Kautschuk (nach Pará in Brasilien)

parakardial (*gr.*) neben dem Herzen liegend

Paraklet *m.* (*gr.*) Tröster, Helfer, Fürsprecher

Parakope *w.* (*gr.*) das Irrereden im Fieber

Parakusie *w.* (*gr.*) akustische Wahrnehmungsstörung, Falschhören

Paralinguistik *w.* (*lat.*) Teilgebiet der Linguistik, das sprachbegleitende Phänomene wie Mimik, Gestik u. Ä. untersucht

Paralipomena *Mz.* (*gr.*) Ergänzungen, Nachträge, Zusätze, Splitter (*Ez.* Paralipomenon)

Paralipse *w.* (*gr.*) rhetorische Figur, mit der ein Redner etwas betont, indem er behauptet, nicht davon reden zu wollen (z. B.: Ganz zu schweigen von …)

Parallaxe *w.* (*gr.*) 1. der Winkel zu einem Punkt, den die Sehstrahlen von zwei verschiedenen Punkten (auf einer Geraden) bilden; 2. die durch Winkelmessung bestimmte Entfernung eines Gestirns; 3. Abweichung zwischen Sucherausschnitt einer Kamera und aufgenommenem Bild, Eigw. **parallaktisch**

parallel (*gr.*) gleichlaufend, in gleichbleibendem Abstand nebeneinander laufend; **Parallele** *w.* 1. eine zu einer andern parallel laufende Linie; 2. Vergleich zweier ähnlicher Tatbestände; 3. ähnlicher Tatbestand, ähnlicher Fall; **Parallelismus** *m.* 1. Übereinstimmung von Dingen od. Vorgängen; 2. Wiederholung gleicher syntaktischer Fügungen als literarisches Stilmittel, bes. in der Lyrik (z. B. meine Ruh ist hin, mein Herz ist schwer [Goethe]); **Parallelität** *w.* 1. Gleichläufigkeit; 2. Vergleichbarkeit, Ähnlichkeit; **Parallelogramm** *s.* schiefwinkliges Viereck mit parallel laufenden Seitenpaaren; **Parallelrechner** *m.* Rechner mit mindestens zwei Prozessoren und der Fähigkeit, mindestens zwei Programme parallel verarbeiten zu können (EDV); **Parallelwelt** *w.* 1. eine hypothetische, in der Science-Fiction-Literatur dargestellte, gleichzeitig und parallel zur gewohnten Welt existierende Welt, auf Basis der Quantenmechanik auch i. d. Naturwissenschaft ernsthaft diskutiert; 2. eskapistische Ersatzwirklichkeit, Traumwelt, Fluchtwelt

Paralogismus *m.* (*gr.*) Fehlschluss, Trugschluss (*Mz.* Paralogismen)

Paralympics *Mz.* (aus *para* und *engl. Olympics*) seit 1960 stattfindende Olympiade für Behindertensportler

Paralyse *w.* (*gr.*) vollständige Bewegungslähmung; **paralysieren** 1. lähmen; 2. hemmen, lahm legen; **Paralytiker** *m.* 1. Gelähmter; 2. Kranker mit Gehirnerweichung; **paralytisch** gelähmt

Paramente *Mz.* (*lat.*) gottesdienstliche Gewänder, kirchliche Behänge, Fahnen; **Paramentik** *w.* Paramentenkunde, Paramentenanfertigung

Parameter *m.* (*gr.*) 1. konstante oder unbestimmte Hilfsgröße bei mathemat. Berechnungen; 2. charakteristische Zahlenwerte einer statistischen Verteilung (z. B.

Mittelwerte); 3. wirtschaftsrelevante veränderliche Größen (z. B. Lohnkosten); **parametrisieren** mit einem Parameter versehen

paramilitärisch halbmilitärisch

Paramnesie *w.* (*gr.*) Gedächtnistäuschung, bes. unter Drogeneinfluss, bei der jmd. sich an etwas zu erinnern glaubt, was nicht stattgefunden hat

Parang *m.* (*malai.*) dolchartige Waffe

Paranoia *w.* (*gr.*) Geistesgestörtheit, die sich in Wahnideen, z. B. Verfolgungswahn, Größenwahn, äußert, Eigw. **paranoisch**; **paranoid** der Paranoia ähnlich

Paranuss *w.* dickschalige Nuss des Paranussbaumes (nach Pará in Brasilien)

Paraphage *m.* (*gr.*) Tier, das auf einem anderen lebt, ohne diesem zu schaden od. zu nützen

Paraphasie *w.* (*gr.*) Sprechstörung mit Vertauschung und Verstümmelung von Wörtern, Form der Aphasie

Paraphe, Paraph *w.* (*gr.*) Namenszeichen, Namenszug, Stempel mit Namenszug

Paraphernalien *Mz.* (-li'en, *gr.*) Zubehör, das Drum und Dran

Paraphierung *w.* (*gr.*) Vorunterzeichnung eines Abkommens durch die Verhandlungsführer, Ztw. **paraphieren**

Paraphrase *w.* (*gr.*) 1. Umschreibung, Ausschmückung; 2. freie Übertragung in eine andere Sprache; 3. freie Phantasie über ein musikalisches Thema; **paraphrasieren** umschreiben, ausschmücken

Paraphrenie *w.* (*gr.*) leichte Form der Schizophrenie

Paraplegie *w.* (*gr.*) doppelseitige Lähmung

Parapluie *m.* (-plüh, *frz.*) Regenschirm (umg. noch scherzhaft)

Parapsis *w.* (*gr.*) Tastsinnstörung, Unvermögen, Gegenstände durch Betasten zu identifizieren

Parapsychologie *w.* (*gr.*) Lehre von den übersinnlichen, naturwissenschaftlich nicht erklärbaren Kräften und Erscheinungen

Parasailing *s.* (*gr.-engl.*) das Fliegen mit einem steuerbaren Fallschirm, der von einem Boot über eine Wasserfläche hochgezogen wird

Parasemon *s.* (*gr.*) Zeichen, Wappen, Abzeichen

Parasit *m.* (*gr.*) Lebewesen, das auf Kosten eines Wirts lebt und diesen dadurch schädigt, Schmarotzer; **parasitär, parasitisch** schmarotzerhaft; **Parasitismus** *m.* Schmarotzertum

Paraski *m.* (aus *para* und *Ski*) Disziplin beim Wintersport: Zielspringen mit dem Fallschirm und Riesenslalom

Parasol *m.* (*itl.*) essbarer Blätterpilz

Parasympathikus *m.* (*gr.*) Teil des vegetativen Nervensystems, der dem Sympathikus entgegengesetzt wirkt

parat (*lat.*) bereit, zur Verfügung

parataktisch (*gr.*) Sprachlehre: nebenordnend; **Parataxe** *w.* Nebenordnung von Satzgliedern; **Parataxie** *w.* 1. Störung der sozialen Beziehungen durch Projektion (3.) und falsche Wertung eines Partners; 2. Fehlen der Perspektive in Zeichnungen von Kindern

Parathymie *w.* (*gr.*) Gefühlsverkehrung (z. B. Lachen bei traurigen Anlässen)

Paratyphus *m.* (*gr.*) typhusähnliche, aber leichter verlaufende Infektionskrankheit

paratypisch (*gr.*) nicht erblich

Paravent *m.* (parawang, *frz.*) Wandschirm, spanische Wand

par avion (– aviong, *frz.*) per Luftpost

parbleu! (parblö, *frz.*) bei Gott!

parboiled (-beuld, *engl.*) in der Weise vorbehandelt, dass die Vitamine erhalten bleiben (von Reis)

Parcours *m.* (-kuhr, *frz.*) Pferderennbahn für Hindernisrennen

par distance (– distangß, *frz.*) aus der Entfernung, mit Abstand

Pardon! (pardong, *frz.*) Verzeihung!

Pardun *s.*, **Pardune** *w.* (*niederl.*) Stahltau, das den Mast eines Schiffes hält

Pareidolie *w.* (*gr.*) Hineinsehen von Gestalten in Wahrgenommenes (z. B. Figuren in Wolken) und die Umdeutung von Geräuschen, Sinnestäuschung

Parenchym *s.* (*gr.*) das für ein Organ kennzeichnende Zellgewebe, Eigw. **parenchymatös**

Parentel *w.* (*lat.*) gesamte Nachkommenschaft eines Stammvaters

Parenthese *w.* (*gr.*) 1. Einschub in einen

Satz; 2. Klammern, Gedankenstriche als Zeichen, die den Einschub kennzeichnen; **parenthetisch** 1. eingeklammert; 2. beiläufig

Parergon *s.* (*gr.*) 1. Nebensache, Nebenfigur; 2. kleine Schrift, Anhang (*Mz.* Parerga)

Pareo *m.* (*polynes.*) um die Hüften geschlungenes Tuch, Teil der Bademode

Parese *w.* (*gr.*) unvollständige Lähmung, Erschlaffung eines Muskels, Eigw. **paretisch**

par excellence (par ekßelangß, *frz.*) schlechthin, in typischer Weise

par exemple (par eksampl, *frz.*) zum Beispiel (*Abk.* p. e.)

Parforcejagd *w.* (parforß-, *frz.*) Hetzjagd; **Parforceritt** *m.* Gewaltritt

Parfüm, Parfum *s.* (parfõng, *frz.*) 1. Duft, Wohlgeruch; 2. Flüssigkeit mit intensivem Duft; **Parfümerie** *w.* 1. Betrieb, in dem Parfüms hergestellt werden; 2. Geschäft, das Parfüm und andere Kosmetika verkauft; **Parfumeur** *m.* (-mör) Fachkraft für die Herstellung von Parfüms; **parfümieren** mit Duftstoff versetzen oder besprengen

pari (*itl.*) zum Nennwert; **Pari** *s.*, **Parikurs** *m.* Kurs zum Nennwert eines Wertpapiers

Paria *m.* (*ind.*) 1. Angehöriger der niedersten Kaste Indiens; 2. sozial Ausgestoßener, Outcast; **Pariahund** *m.* von Osteuropa bis Südostasien verbreitete verwilderte Hunderasse

parieren (*itl.*) 1. Hieb oder Stich abwehren beim Fechten; 2. Pferd zum Stehen bringen; 3. (*lat.*) ohne jeden Widerstand gehorchen

Pariser *m.* Kondom (umg.); **Parisienne** *w.* (-si'enn) 1. Seidengewebe mit Metallfäden; 2. französ. Protestlied von 1830 (nach der Stadt Paris)

Parität *w.* (*lat.*) 1. Gleichstellung, Gleichberechtigung, Gleichwertigkeit; 2. feststehender Vergleichswert für den Austausch von Währungen; **paritätisch** gleichberechtigt, gleichgestellt, gleichwertig

Parka *m.* (*engl.-eskim.*) wattierter, oft gesteppter Anorak mit Kapuze (mit Fellstreifen)

Park-and-rail-System *s.* (– änd rehl, *engl.*) Angebot an Kunden der Deutschen Bahn, ihren PKW während einer Reise kostengünstig in Nähe des Bahnhofs zu parken; **Park-and-ride-System** *s.* (-reid-) verkehrspolitische Entlastungsmaßnahme für die Innenstädte, bei der die Autofahrer ihre Autos am Stadtrand parken und verbilligt oder unentgeltlich mit öffentlichen Verkehrsmitteln in das Stadtzentrum fahren

Parkett *s.* (*frz.*) 1. getäfelter Fußboden; 2. Theatersitzreihen zu ebener Erde, besonders die vorderen Reihen; 3. Raum an der Börse für die Kursmakler; **parkettieren** mit Parkettfußboden belegen

Parkinsonismus *m.* Parkinsonkrankheit, Schüttellähmung (nach dem engl. Arzt J. Parkinson, 1755–1824)

Parkometer *s.* oder *m.* Parkuhr

Parlament *s.* (*frz.*) Volksvertretung, gesetzgebende Körperschaft, Abgeordnetenhaus; **Parlamentär** *m.* Unterhändler zwischen feindlichen Heeren; **Parlamentarier** *m.* (-ri'er) Mitglied des Parlaments, Abgeordneter; **parlamentarisch** vom Parlament ausgehend, das Parlament betreffend; **Parlamentarismus** *m.* Regierungsform, in der die Regierung dem Parlament verantwortlich ist

parlando (*itl.*) Musik: dem Sprechen ähnlich (von Arien); **Parlando** *s.* Sprechgesang

parlieren (*frz.*) plaudern, angeregt Konversation machen

Parmäne *w.* (*frz.*) zu den Renetten gehörende Apfelsorte

Parmelia *w.* (*lat.*) dunkelgraue Flechte auf Steinen und Rinde, Schüsselflechte

Parmesan *m.* (*itl.*) halbfetter Hartkäse zum Reiben

Parnass *m.* (*gr.*) 1. Gebirge in Griechenland, in der griech. Mythologie Sitz Apollos und der Musen; 2. Reich der Dichtkunst

Parochie *w.* (*gr.*) Pfarrbezirk, Eigw. **parochial**

Parodie *w.* (*gr.*) 1. komisch-satirische Darstellung oder Nachahmung eines Werks, eines Stils; 2. Unterlegung eines anderen Textes unter eine Melodie; 3. Vertauschung weltlicher und geistlicher Texte oder Tonwerke; 4. Einarbeitung eigener oder fremder Kompositionen in eine andere Komposition, Ztw. **parodieren**; **parodistisch** in der Art einer Parodie

Parole *w.* (paroll, *frz.*) die gesprochene Sprache im Ggs. zur Langue, dem grammat. System einer Sprache

Parole *w.* (*frz.*) 1. Losung, Kennwort; 2. Leitspruch, Wahlspruch einer Gruppe; **Parole d'Honneur** *s.* (paroll donnöhr) Ehrenwort

Paroli (*itl.*) Verdoppelung des Einsatzes beim Pharaospiel; **Paroli bieten** Widerstand leisten, die Zähne zeigen

Parodontose *w.* (*lat.*) Erkrankung des Zahnfleischs; **Parodontitis** *w.* Entzündung des Zahnfleischrandes

Parökie *w.* (*gr.*) Zusammenleben zweier Organismen mit wechselseitigem Nutzen (z. B. ein Reiher und ein Rind)

Paronomasie *w.* (*gr.*) Wortspiel durch Zusammenstellung gleicher od. ähnlicher Wörter (z. B. betrogene Betrüger)

Paronymie *w.* (*gr.*) Ableitung vom Stammwort; **paronymisch** stammverwandt (von Wörtern)

par ordre (*frz.*) auf Befehl; **par ordre du moufti** (– dü mufti) notgedrungen

Parorexie *w.* (*gr.*) Heißhunger auf ungewöhnliche Speisen, bes. bei Schwangeren

Parotis *w.* (*gr.*) Ohrspeicheldrüse; **Parotitis** *w.* Entzündung der Ohrspeicheldrüse, Ziegenpeter, Mumps

Paroxysmus *m.* (*gr.*) 1. Höhepunkt eines Erregungszustands oder einer Krankheit, Anfall; 2. gesteigerte vulkanische Tätigkeit

par pistolet *m.* (– pistole, *frz.*) spielen, ohne die Hand aufzustützen (beim Billard)

Parrizida *m.* (*lat.*) Vatermörder, Verwandtenmörder

parsen (parßen, *engl.*) analysieren und zergliedern (von Daten), Hptw. **Parsing** *s.*; **Parser** *m.* Übersetzungsprogramm, das Kommandos eines Quellprogramms syntaktisch analysiert und zergliedert (EDV)

Parsen *Mz.* Anhänger des Parsismus; **Parsismus** *m.* Lehre des persischen Religionsstifters Zarathustra

Pars pro Toto (*lat.*) Redefigur, die durch Nennung eines Teils das Ganze ausdrückt (z. B. *viele Hände* statt *viele Menschen*)

Part *m.* (*lat.*) 1. Anteil; 2. Stimme eines Instrumental- oder Gesangstücks; 3. Rolle in einem Bühnenstück; **Parte** *w.* (*itl.*) Todesanzeige, Partezettel (Österreich)

Partei *w.* (*lat.*) 1. politische Organisation mit dem Zweck, ihre Ziele zu verwirklichen; 2. Partner eines Vertrages; 3. Mieter, Wohnungsinhaber; **parteiintern** die Mitglieder betreffend; **parteiisch** voreingenommen; rechthaberisch; **parteilich** auf Seiten einer Partei stehend, eine Partei vertretend

Parterre *s.* (*frz.*) 1. Erdgeschoss; 2. die hinteren Reihen des Theaterparketts; **parterre** zu ebener Erde; **Parterreakrobatik** *w.* Bodenakrobatik

Parthenogenese, Parthenogenesis *w.* (*gr.*) Entstehung von Nachwuchs aus unbefruchteten Eiern (z. B. bei Blattläusen), Jungfernzeugung, Eigw. **parthenogenetisch**

partial, partiell (-zi'e-, *lat.*) teilweise; **Partialobligation** *w.* Teilschuldverschreibung; **Partie** *w.* 1. Posten von Waren; 2. Gesangsrolle, Part; 3. Ausflug, kleine Reise; 4. vorteilhafte Heirat; 5. einzelner Wettkampf, (z. B. Billardpartie); 6. Teil, Ausschnitt; **Partieführer** *m.* Vorarbeiter (Österreich)

Partikel *w.* (*lat.*) 1. Teilchen, Elementarteilchen; 2. Sprachlehre: unbeugbares Wort (z. B. eine Präposition); 3. Modalpartikel, Füllwort, zumeist in gesprochener Sprache (z. B. *mal, halt*)

partikular, partikulär (*lat.*) einzeln, einen Teil betreffend, besonders; **Partikularismus** *m.* Überbetonung einzelstaatlicher Interessen; **Partikularist** *m.* Anhänger des Partikularismus, Eigw. **partikularistisch**; **Partikulierschiffer** *m.* Schiffer, der auch Eigentümer seines Fahrzeugs ist; **Partikülier** *m.* (-tiküljeh, *frz.*) Rentner, Privatier

Partisan, Partisane *m.* (*itl.-frz.*) hinter der feindlichen Front kämpfender Widerstandskämpfer einer paramilitärischen Einheit; **Partisane** *w.* Spieß mit Doppelschneide und Zacken, hellebardenartige Stoßwaffe, bis zum 18. Jh. gebräuchlich

Partita = Suite

partitiv (*lat.*) teilend; **Partitur** *w.* (*lat.-itl.*) in Stimmen, Takt für Takt aufgeteilte Niederschrift einer Komposition; **Parti-**

zip, **Partizipium** *s.* (*lat.*) Sprachlehre: Mittelwort (z. B. lach*end* [= Partizip Präsens], *ge*lach*t* [= Partizip Perfekt]); **Partizipation** *w.* Teilnahme, Beteiligung; **Partizipationsgeschäft** *s.* Handelsgeschäft, zu dem sich mehrere Kaufleute zusammentun; **partizipieren** teilhaben, sich beteiligen

Partner *m.* (*lat.-frz.-engl.*) 1. Teilhaber, jmd., der mit anderen etwas unternimmt; 2. Gefährte, Lebensgefährte; 3. Mitspieler, Gegenspieler (z. B. im Sport, im Theater); **Partnerlook** *m.* (-luk, *engl.*) gleiche Kleidung für Paare

partout (partu, *frz.*) durchaus, unter allen Umständen

parts per million (*engl.*) Angabe über die Konzentration einer Substanz in einer Grundsubstanz (z. B. von Schadstoffen in der Luft; Abk. ppm.)

Partus *m.* (*lat.*) Geburt, Entbindung

Party *w.* (*engl.*) geselliges, zwangloses Fest; **Partyservice** *m.* (-ßörwiß) Catering

Parusie *w.* (*gr.*) 1. Theologie: Wiederkehr Christi zum Jüngsten Gericht; 2. Philosophie: Anwesenheit der Ideen in den Dingen

Parvenu *m.* (parwenü, *frz.*) Emporkömmling, Neureicher

Parvisemie *w.* (*lat.*) krankhafte Verminderung von Samenflüssigkeit; **Parvovirus** *m.* od. *s.* bes. bei Katzen eine schwere Erkrankung hervorrufendes Virus, das auf Menschen übertragen werden kann

Parzelle *w.* (*frz.*) vermessener Teil eines Geländes; **parzellieren** in Parzellen aufteilen

Parzen *Mz.* (*lat.*) die drei römischen Schicksalsgöttinnen Nana, Decima, Morta

Pas *m.* (pa, *frz.*) Tanzschritt; **Pas de deux** (-dedö) Balletttanz für zwei Solotänzer

PASCAL *s.* (aus *engl. p*rimary *a*lgorithmic *s*cientific *c*ommercial *a*pplication *l*anguage) Programmiersprache, beeinflusst von ALGOL (EDV)

Pasch *m.* (*frz.*) Wurf mit derselben Punktzahl auf allen Würfeln

Pascha *m.* (*türk.*) 1. hoher Titel für frühere Beamte und Offiziere in der Türkei und Ägypten; 2. selbstherrlicher Mann, der sich von Frauen umwerben und bedienen lässt

paschen 1. (*frz.*) würfeln, Pasch würfeln; 2. (*hebr.*) schmuggeln; **Pascher** *m.* Schmuggler, Schleichhändler

Paschmina, Pashmina *m.* (*pers.*) kaschmirähnliches leichtes Wollkammgarngewebe

pascholl! (*russ.*) vorwärts!

Paschto, Paschtu *s.* (*pers.*) Amtssprache in Afghanistan

Paseo *m.* (*span.*) Promenade, Boulevard

Paso doble *m.* (*span.*) moderner schneller Gesellschaftstanz

Paspel *w.* (*frz.*) Zierstreifen an Nähten von Kleidungsstücken

Pasquill *s.* (*itl.*) anonyme Schmähschrift

passabel (*frz.*) angängig, leidlich, annehmbar

Passacaglia (passakalja, *itl.*), **Passacaille** (-caje, *frz.*) *w.* langsames Instrumentalstück in der Art eines alten span. Tanzliedes

Passade *w.* (*frz.*) kurzer Galopp mit Pirouette, rascher Kreisschwung in der Reitkunst

Passage *w.* (passasch, *frz.*) 1. Durchgang, Durchfahrt; 2. Ladenstraße durch einen Häuserblock; 3. schnelle Tonfolge; 4. Reiten im spanischen Tritt; 5. Durchgang eines Gestirns durch den Meridian; 6. inhaltlich zusammenhängender Teil eines Textes, einer Rede; **Passagier** *m.* (-schihr) Reisender, Fahrgast

Passah *s.* (*hebr.*) jüdisches Fest zur Erinnerung an den Auszug aus Ägypten, am Tag des ersten Frühlingsvollmonds gefeiert

Passant *m.* (*frz.*) 1. Durchreisender; 2. Vorübergehender

Passat *m.* (*niederl.*) tropischer, in Äquatorrichtung wehender Ostwind

passé (*frz.*) vorbei, vorüber, veraltet

passen (*frz.*) 1. ein Spiel lang aussetzen; 2. nicht mithalten können, aufgeben

Passepartout *s.* (paßpartu, *frz.*) 1. Wechselrahmen aus Karton für Bilder; 2. Schlüssel, der überall passt, Hauptschlüssel

Passerelle *w.* (*frz.*) Fußgängerüberweg

Passgänger *m.* (*frz.*) Tier, das jeweils die

(beiden) Beine einer Seite gleichzeitig vorwärts setzt (z. B. Kamel)
passieren (*frz.*) 1. überschreiten, überqueren; 2. vorbeigehen, vorbeikommen; 3. geschehen, sich ereignen; 4. durchdrücken, durchsieben
Passiflora *w.* (*lat.*) Passionsblume
passim (*lat.*) da und dort, allenthalben, Abk. pass. (von Belegstellen in Texten)
Passion *w.* (*lat.*) 1. Leidenschaft, Vorliebe, Liebhaberei; 2. der Leidensweg Christi, dessen Darstellung in Musik und bildender Kunst; **passionato** (*itl.*) Musik: leidenschaftlich; **passioniert** (*lat.*) leidenschaftlich (für etwas begeistert); **Passionsspiel** *s.* volkstümliche Spiele der Leiden Christi
passiv (*lat.*) unbeteiligt, untätig, nicht aktiv; **Passiv**, **Passivum** *s.* Sprachlehre: Leideform des Zeitworts, im Ggs. zu Aktiv; **Passiva** *Mz.* Verbindlichkeiten, Schulden, Sollseite des Kontos; **passive Handelsbilanz** *w.* Überwiegen der Einfuhren gegenüber den Ausfuhren eines Landes; **passive Resistenz** *w.* gewaltloser Widerstand; **Passivität** *w.* Unbeteiligtsein, Teilnahmslosigkeit, Untätigkeit; **Passivsaldo** *m.* Abschluss mit Verlust; **Passometer** *m.* Schrittzähler; **Passus** *m.* (*lat.*) Stelle in einer Schrift, Absatz, Passage
Pasta *w.*, **Paste** *w.* (*lat.-itl.*) streich- und knetbare Masse; **Pastasciutta** *w.* (-schutta) italien. Gericht aus Nudeln und Hackfleisch mit Käse und Tomatensoße
Pastell *s.* (*itl.*) 1. Maltechnik des Pastells; 2. mit Pastellfarben gemaltes Bild oder Zeichnung; **Pastellfarbe** *w.* Mischung aus Kreide, Farbstoff, Ton und Bindemittel, meistens in Stiftform
Pastete *w.* (*lat.*) in feinem Teig gebackene oder schnittfähige Masse aus Fleisch, Fisch, Wild, Gemüse u. a.
pasteurisieren (pastö-) keimfrei und haltbar machen, Hptw. **Pasteurisation** *w.* (nach dem franz. Chemiker L. Pasteur, 1822–1895)
Pasticcio *s.* (pastitscho, *itl.*), **Pastiche** *m.* (paßtihsch, *frz.*) 1. Zusammenfügung von im Stil nicht homogenen Elementen in der Malerei u. Plastik; 2. in der Manier eines Meisters gemaltes Gemälde; 3. aus anderen Opern oder Opernteilen zusammengesetzte Oper, Flickoper, bes. im 18. und 19. Jh.
Pastille *w.* (*lat.*) Arzneizubereitung in Plätzchenform
Pastinak *m.*, **Pastinake** *w.* (*lat.*) Doldenblütler, möhrenähnliches Gemüse
Pastis *m.* (*frz.*) französ. Kräuterlikör mit hohem Anisölanteil, ein Aperitif
Pastor *m.* (*lat.*) Pfarrer, Geistlicher; **pastoral** 1. ländlich-idyllisch; 2. feierlich, würdig, salbungsvoll; **Pastorale** *w.* Hirtenidyll, Schäferstück in bildender Kunst und Musik; **Pastorat** *s.* Pfarramt und Pfarrhaus
pastos (*itl.*) dick aufgetragen (von Farbe); **pastös** aufgeschwemmt, gedunsen, teigig
Patagium *s.* (*lat.*) die Flughaut der Fledertiere (Fledermaus und Flughund)
Patchwork *s.* (pätschwörk, *engl.*) 1. Zusammensetzung von Stoffflicken, Lederstücken u. a. zu einem Wandbehang, Teppich oder einer Decke; 2. Stoffstück o. Ä., das in dieser Technik zusammengenäht wurde; **Patchworkfamilie** *w.* von der trad. Kernfamilie (Vater – Mutter – Kind) abweichende familiäre Form(en), sog. Flickenteppich-Gemeinschaften, moderne Form der Stieffamilie
Patella *w.* (*lat.*) Kniescheibe; **Patellarreflex** *m.* die durch einen Schlag unterhalb der Kniescheibe ausgelöste Streckung des Unterschenkels
Patene *w.* (*lat.*) Hostienteller
Patent *s.* (*lat.*) 1. Bescheinigung des staatlichen Urheber- oder Erfindungsschutzes; 2. Bestallungsurkunde für (Schiffs-)Offiziere; **patent** geschickt, findig, anpassungsfähig und gewandt; **patentieren** urheberrechtlich schützen; **Patentlösung** *w.* für alle und alles gültige (unmögliche) Lösung
Pater *m.* (*lat.*) Ordensgeistlicher (*Mz.* Patres); **Paterfamilias** *m.* Hausherr, Familienoberhaupt; **Paternoster** *s.* 1. Vaterunser, Gebet der christlichen Konfessionen; 2. Aufzug am Endlosband; **Pater Patriae** *m.* (-ä) Vater des Vaterlandes, Ehrentitel röm. Kaiser; **paternalistisch** väterlich in bevormundender Weise; **Pater peccavi** (*lat.*) Vater, ich habe gesündigt (nach dem Lukasevangelium 15, 18)

patetico (*itl.*), **pathetique** (-tik, *frz.*) Musik: ausdrucksvoll, feierlich, pathetisch

Pathetik *w.* (*gr.*) übertriebene Feierlichkeit, verlogenes Pathos; **pathetisch** 1. feierlich, gehoben; 2. salbungsvoll, verlogen feierlich

Patho-, patho- (*gr.*) als Vorsilbe: Krankheit, Leiden

pathogen (*gr.*) krankheitserregend; **Pathogenese** *w.* Krankheitsentstehung; **pathognomisch**, **pathognostisch** kennzeichnend für eine Krankheit, ein Krankheitsbild; **Pathologe** *m.* Spezialist für Pathologie; **Pathologie** *w.* 1. Wissenschaft von den Ursachen und den körperlichen Auswirkungen der Krankheiten; 2. Institut für Pathologie; **pathologisch** 1. krankhaft; 2. zur Pathologie gehörig; **Pathophobie** *w.* Krankheitsfurcht

Pathos *s.* (*gr.*) Ausdruck der Ergriffenheit, leidenschaftlich-bewegter Ausdruck, hoher Ton

Patience *w.* (paßjangß, *frz.*) 1. Kartengeduldsspiel für eine oder zwei Personen; 2. feines, nach Karamell schmeckendes Gebäck in Figurenform

Patient *m.* (-zi'e-, *lat.*) von einem Arzt, einer medizin. Institution behandelter Kranker

Patina *w.* (*itl.*) 1. Edelrost, Edelgrünspan auf Kupfer; 2. das besondere Flair, den nicht mehr neue Gegenstände haben; **patinieren** mit Patina überziehen, künstlich alt erscheinen lassen

Patio *m.* (*span.*) Innenhof eines Wohnhauses in Spanien und Lateinamerika

Patisserie *w.* (*frz.*) 1. feines Gebäck; 2. Feinbäckerei, Konditorei

Patnareis *m.* langkörniger Reis (nach der ind. Stadt Patna)

Patois *s.* (patoa, *frz.*) Dialekt, Mundart der franz. Landbevölkerung

Patriarch *m.* (*gr.*) 1. Stammvater, Erzvater; 2. Titel kath. und ostkirchl. Bischöfe; 3. würdiger Greis; **patriarchalisch** 1. altehrwürdig, altväterlich; 2. männlich-autoritär; 3. zum Patriarchat gehörig; **Patriarchat** *s.* 1. vaterrechtlich organisierte, die Dominanz des Mannes sichernde Gesellschaftsform; 2. Würde und Amtsbereich eines Patriarchen; **patrilineal, partrilinear** vaterrechtlich, in der Erbfolge der väterlichen Linie folgend

Patrimonium *s.* (*lat.*) Vatererbe im röm. Recht; **Patrimonium Petri** *s.* Besitztum der röm. Kirche in Italien, späterer Kirchenstaat

Patriot *m.* (*gr.*) jmd., der seinem Lande patriotisch verbunden ist; **patriotisch** Liebe zum Vaterland, gefühlsbetonte, verteidigungsbereite Bindung an das eigene Land; **Patriotismus** *m.* vaterländische, patriotische Gesinnung

Patristik *w.* (*lat.*) Wissenschaft von Lehre und Schriften der Kirchenväter

Patrize *w.* (*lat.*) erhabene Gegendruckform, im Ggs. zu Matrize

Patriziat *s.* Bürgeradel, Stadtadel, Eigw. **patrizisch**; **Patrizier** *Mz.* (-zi'er, *lat.*) 1. die vornehmen Geschlechter im alten Rom; 2. wohlhabende, einflussreiche Bürger, bes. im Mittelalter

Patrologie *w.* = Patristik

Patron *m.* (*lat.*) 1. Schutzherr im alten Rom; 2. Schutzheiliger; 3. Schiffs-, Handelsherr; 4. übler Bursche (umg.); **Patron** *m.* (patrong, *frz.*) Hausherr, Meister, Chef; **Patronage** *w.* (-nahsch, *frz.*) Bevorzugung, Günstlingswirtschaft; **Patronat** *s.* Schirmherrschaft

Patrone *w.* (*lat.*) 1. Munition der Handfeuerwaffen; 2. Schablone, Musterform; 3. kleiner Nachfüllbehälter (z.B. für Druckerfarbe)

Patronymikon *s.* (*gr.*) nach dem Vaternamen gebildeter Name (z.B. *Petersen*, d.i. Peters Sohn), im Ggs. zum Matronymikon

Patrouille *w.* (patrulje, *frz.*) Spähtrupp, Streife; **patrouillieren** eine bestimmte Strecke zur Kontrolle abgehen

Patrozinium *s.* (*lat.*) 1. Gerichtsvertretung durch einen röm. Patron; 2. Schutz des mittelalterlichen Gutsherrn; 3. Fest des Schutzheiligen einer Kirche

Patschuli *s.* (*tamil.*) Duftstoff der Patschulipflanze, der in der Parfümherstellung verwendet wird

Patt *s.* (*itl.*) Situation, in der keine Partei gewinnen kann (z. B. beim Schach)

Pattern *s.* (pättern, *engl.*) 1. Denk-, Verhaltensmuster, Schema; 2. Sprach- od. Satzstrukturmuster, nach dem sprachliche Einheiten generiert werden können, **Pat-**

terndrill *m.*, **Patternpraxis** *w.* Methode der Fremdsprachendidaktik, die den Erwerb von sprachlichen Pattern trainiert

pattieren (*frz.*) 1. mit Notenlinien versehen; 2. rastern

paulinisch der Lehre des Paulus entsprechend; **Paulinismus** *m.* die theologische Lehre des Apostel Paulus, wie sie in den Paulusbriefen des Neuen Testaments niedergelegt ist

Paulownia *w.* aus Asien stammender Zierbaum, Blauglockenbaum (nach der Zarentochter Anna Paulowna, 1795–1865)

Paumespiel *s.* (pohm, *frz.*) französ. Ballspiel, das anfangs mit der flachen Hand, seit dem 15. Jh. mit Schläger gespielt wurde, Vorläufer des Tennis

pauperieren (*lat.*) kümmerlich wachsen (von Pflanzenkreuzungen); **Pauperismus** *m.* Massenverarmung, Massenverelendung

pauschal (*dt.-lat.*) in Bausch und Bogen, insgesamt, undifferenziert; **Pauschale** *w.* Gesamtzahlung für mehrere Leistungen, Ztw. **pauschalieren**; **Pauschalreise** *w.* Reise, bei der vom Veranstalter ein Leistungspaket zu einem Pauschalpreis angeboten wird

Pavane *w.* (*span.*) würdevoll geschrittener Hoftanz im 16. Jh., eine Komposition in dieser Art

Pavian *m.* (*frz.-niederl.*) afrikanische Affengattung

Pavie *m.* (-wi'e) rot blühende Rosskastanie (nach dem niederländ. Botaniker P. Paaw, † 1617)

Pavillon *m.* (-jong, *frz.*) 1. Gartenhäuschen; 2. Rundbau für Musikkapelle; 3. kleinerer Einzelbau bei Krankenhäusern; 4. Behelfsbau auf Ausstellungen

Pavor nocturnus *m.* (*lat.*) Nachtangst, nächtliches Aufschrecken (von Kindern)

Pax *w.* (*lat.*) Friede; **Pax Christi** *w.* (*lat.*) 1944 in Frankreich gegr., kath. Friedensbewegung; **Pax Romana** *w.* 1. das befriedete Römische Reich, etwa vom letzten Drittel des 1. Jh. v. Chr. bis zur Völkerwanderung; 2. 1921 gegr. internationale kath. Studentenbewegung; **Paxvobiscum** Friede sei mit euch! Gruß des Priesters an die Gläubigen in der Messe

Pay-back, Pay-out *s.* (peh bäck, – aut, *engl.*) Rückgewinnung von investiertem Kapital; **Paycard** *w.* aufladbare Chipkarte für den bargeldlosen Zahlungsverkehr; **Pay-off-Periode** *w.* Amortisationsdauer von Investitionen; **Pay per View** *s.* (– pöwju) Sendeart, bei der man nur für die gesehene Sendung bezahlt; **Pay-roll-System** *s.* Form des Fundraising, bei der die Beschäftigten eines Betriebes von ihrem Monatsgehalt die Stellen hinter dem Komma für wohltätige Zwecke spenden

Paysage *w.* (pehßahsch, *frz.*) stimmungsvolles Landschaftsbild (im Stil der franz. Landschaftsmalerei des 19. Jhs.)

Pay-TV *s.* (pehtihwih, *engl.*) Bezahlung für die Nutzung eines einzelnen Fernsehsenders

Pazifismus *m.* (*lat.*) Friedensbewegung, die den Krieg grundsätzlich verneint; **Pazifist** *m.* Kriegsgegner, Anhänger des Pazifismus, Eigw. **pazifistisch**

PC Abk. für Personalcomputer

PCB *Mz.* (aus *p*oly*c*hlorierte *B*iphenyle) hochgiftige, früher häufig verwendete chem. Verbindungen, in Deutschland inzwischen verboten

p. Chr., p. Chr. n. = post Christum, post Christum natum

PCI-Bus *m.* (aus *engl.* *p*eripheral *c*omponent *i*nterconnect) Standard für hochfrequente Übertragungsleitungen innerhalb eines PCs und zu Peripheriegeräten (EDV)

PDF *w.* (aus *engl.* *p*ortable *d*ocument *f*ormat) Dokumenten-Dateiformat des US-amerikan. Softwareherstellers Adobe (EDV)

p.e. = par exemple

Peak *m.* (pihk, *engl.*) Bergspitze

Peanut *w.* (pihnat, *engl.*) Erdnuss; **Peanuts** *Mz.* Kleinigkeit, unbedeutende Sache bzw. Summe (umg.)

Pearl-Index *m.* Maßzahl für die Zuverlässigkeit eines empfängnisverhütenden Mittels (nach dem US-amerik. Biologen R. Pearl, 1879–1940)

Peau d'Ange *w.* (poh dangsch, *frz.*) weicher Satinkrepp

Pecan = Pekan

Pectus *s.* (*lat.*) Brust, Brustkorb

Pedal *s.* (*lat.*) 1. Fußhebel; 2. Fußtastenhebel an der Orgel

Pedant *m.* (*itl.*) Kleinigkeitskrämer, Haarspalter, Krittler; **Pedanterie** *w.* übertriebene Genauigkeit; **pedantisch** übergenau, kleinlich, haarspalterisch, übertrieben ordentlich

Peddigrohr *s.* (*niederl.*) Mark der Rohrpalme

Pedell *m.* (*lat.*) Hausmeister einer Hochschule

Pedigree *s.* (pedigri, *engl.*) Stammbaum für Tiere, bes. für Hunde und Pferde

Pediküre *w.* (*frz.*) 1. Fußpflege; 2. Fußpflegerin, Ztw. **pediküren**

Pedologie *w.* (*lat.-gr.*) Bodenkunde

Pedometer *s.* (*lat.*) Schrittzähler

Peeling *s.* (pihling, *engl.*) kosmetische Hautschälung

Peepshow *w.* (pihpschoh, *engl.*) Kabinenstriptease; **Peeptoes** *Mz.* (-tohs, *engl.*) zehenfreie Damenschuhe

Peer *m.* (pihr, *engl.*) Angehöriger des englischen Adels vom Duke bis zum Baron, mit Recht auf Sitz im Oberhaus; **Peeress** *w.* (-riss, *engl.*) Adlige, die ihren Titel von Geburt oder nach der Eheschließung mit einem Peer erhalten hat; **Peergroup** *w.* (-gruhp) die einen Heranwachsenden stark beeinflussende Gruppe der Gleichaltrigen (mit ähnlicher sozialer Herkunft)

Pegasus *m.* (*gr.*) 1. das geflügelte Pferd des Perseus in der griech. Sage, Sinnbild dichterischer Phantasie; 2. Sternbild

Peies *Mz.* (*hebr.*) Schläfenlocken orthodoxer Juden

Pejoration *w.* (*lat.*) Bedeutungswandel eines Wortes zum Schlechteren; **pejorativ** bedeutungsverschlechternd; **Pejorativum** *s.* in abwertendem Sinn verwendetes Wort; **Pejus** *s.* ungünstige ökologische Bedingungen für ein Lebewesen

Pekannuss *w.* (*Algonkin*) nordamerik. Walnussart

Pekinese *m.* kleine chinesische Haushunderasse; **Pekingente** *w.* 1. häufigste Form der Hausente; 2. eins der berühmtesten Gerichte aus der chin. Küche; **Pekingoper** *w.* eine Vielzahl von darstellenden Künsten vereinende, seit dem 18. Jh. in ganz China verbreitete Oper, die auf populären Mythen und Märchen basiert

Pekoe *m.* (pikoh, *engl.*) hochwertige indische Teesorte

Pektin *s.* (*gr.*) in Früchten enthaltener Gallertstoff, der das Dickwerden der Säfte bewirkt (*Mz.* Pektine)

pektoral (*lat.*) die Brust betreffend; **Pektorale** *s.* 1. Brustkreuz hoher Geistlicher; 2. mittelalterlicher Brustschmuck

pekuniär (*lat.*) geldlich, finanziell, das Geld betreffend

pelagial, pelagisch (*gr.*) 1. im freien Meer lebend (von Tieren); 2. zum tieferen Meer gehörig; **Pelagial** *s.* Hochseetierwelt

Pêlemêle (pälmäl, *frz.*) 1. Durcheinander, Mischmasch; 2. Süßspeise aus verschiedenen Cremes

Pelerine *w.* (*frz.*) Umhang

Pelikan *m.* (*gr.*) Schwimmvogel mit Kropfschnabel, Sinnbild aufopfernder Liebe

Pellagra (*gr.*) *s.* Vitaminmangelkrankheit

pelletieren (*lat.*) eine pulverförmige Masse durch Zusatz von Binde- od. Lösemitteln zu kleinen Kugeln verarbeiten (z. B. Trockenfutter); **Pellets** *Mz.* kleine Kugeln aus pelletiertem Material

Peltast *m.* (*gr.*) Leichtbewaffneter in der altgriechischen Armee

Pelvis *w.* (*lat.*) 1. Knochenbecken aus Hüftbeinen und Kreuzbein; 2. beckenförmiges Organ (z. B. Nierenbecken)

Pemmikan *s.* (*indian.*) konserviertes Nahrungsmittel aus zerstoßenem Dörrfleisch

Penalty *m.* (pännlti, *engl.*) Strafstoß, bes. beim Eishockey

Penaten *Mz.* (*lat.*) altrömische Schutzgötter der Familie und des Hauses

PEN-Club *m.* (aus *engl.* *p*oets, *e*ssayists, *n*ovelists) internationale Schriftstellervereinigung seit 1921

Pendant *s.* (pangdang, *frz.*) Gegenstück, Entsprechung

Pendüle *w.* (pangdüle, *frz.*) Pendeluhr

Penelope (*gr.*) Frau des Odysseus, Sinnbild standhafter Frauentreue

penetrant (*lat.*) durchdringend, aufdringlich; **Penetranz** *w.* 1. Aufdringlichkeit; 2. die prozentuale Häufigkeit, mit der sich ein Erbfaktor bei genetisch gleichen

Lebewesen vererben kann; **Penetration** *w.* 1. Eindringen in etwas, Durchdringung; 2. Durchbruch eines Geschwürs in benachbarte Gewebe; 3. Eindringtiefe eines Prüfkörpers bei der Werkstoffprüfung, Ztw. **penetrieren**

Pengö *m.* (*ung.*) ungarische Münzeinheit bis 1946

penibel (*frz.*) peinlich genau, heikel

Penicillin = Penizillin

Peninsula *w.* (*lat.*) Halbinsel

Penis *m.* (*lat.*) männliches Glied (*Mz.* Penes)

Penizillin *s.* (*engl.*) aus einem Schimmelpilz gewonnenes, häufig verwendetes Antibiotikum

Pennäler *m.* (*lat.*) Schüler einer höheren Lehranstalt (umg.); **Penne** *w.* Schule (umg.)

Penne *Mz.* (*itl.*) Nudeln i. d. Form schräg abgeschnittener Röhren

Penny *m.* (*engl.*) kleine englische Münze, *Mz.* Pennys (für einzelne Pennystücke), Pence (bei Wertangaben); **Pennyweight** *s.* (-iweht) engl. Feingewicht

Pensee *s.* (*lat.-frz.*) Stiefmütterchen

pensieroso (-si'e-, *itl.*) Musik: nachdenklich, tiefsinnig

Pension *w.* (pangsiohn, *frz.*) 1. Ruhegehalt; 2. Unterkunft und Verpflegung, kleines familiäres Hotel; **Pensionär** *m.* Beamter im Ruhestand, Ruhegehaltsempfänger; **pensionieren** in den Ruhestand versetzen

Pensum *s.* (*lat.*) Arbeitsmenge für eine bestimmte Zeit (*Mz.* Pensa)

Pent(a)-, pent(a)- (*gr.*) als Vorsilbe: fünf

Pentachord *s.* fünfsaitiges Streich- und Zupfinstrument; **Pentaeder** *m.* (-ta'e-) von fünf Flächen begrenzter Körper, Fünfflächner; **Pentagon** *s.* 1. Fünfeck; 2. Bez. für das amerik. Verteidigungsministerium, dessen Grundriss fünfeckig ist; **Pentagramm** *s.* fünfzackiger Stern, Drudenfuß; **Pentameron** *s.* neapolitanische Märchensammlung, die an fünf Tagen erzählt wurde; **Pentameter** *m.* fünffüßiger, im Deutschen sechsfüßiger Vers; **pentapetalisch** fünfblättrig, mit fünf Blütenblättern (von Pflanzen); **Pentarchie** *w.* (*gr.*) Herrschaft der fünf europäischen Großmächte England, Frankreich, Österreich, Preußen und Russland (1815–1860); **Pentateuch** *m.* die fünf Bücher Mose im Alten Testament; **Pentathlon** *s.* Fünfkampf, olympische Disziplin im antiken Griechenland;

Pentatonik *w.* (*gr.*) Fünftonmusik

Pentekoste *w.* (*gr.*) Pfingsten (am 50. Tag nach Ostern)

Penthesilea (*gr.*) Amazonenkönigin der griech. Mythologie

Penthouse *s.* (penthauß, *engl.*) Apartment auf dem flachen Dach eines (Hoch-)Hauses

Pentimenti *Mz.* (*lat.*) vom Künstler vorgezeichnete, später geänderte, aber noch sichtbare Linien auf Gemälden und Zeichnungen

Pentium *m.* (*Wz.*) schneller, leistungsfähiger Prozessor (EDV)

Pentode *w.* (*gr.*) Fünfpolröhre, eine Elektronenröhre

Penunze *w.* (*poln.*) Geld (umg.)

Peon *m.* (*span.*) südamerik. Tagelöhner; **Peonage** *w.* (-nasche, *frz.*) auf Vorschüssen und Sachleistungen beruhendes Lohnsystem, das zur Verschuldung führt

People(s) *Mz.* (pihpel, *engl.*) Leute, Menschenmenge (Jj.)

Pep *m.* (pepp, *engl.*) mitreißender Elan, Schwung, Unternehmungsgeist, Eigw. **peppig**

Peperoni *Mz.* (*itl.*) in Essig eingelegte Pfefferschoten

Pepita *s.* (*span.*) feiner Wollstoff mit Kleinkaromuster in zwei Farben

Peplon, Peplos *m.* (*gr.*) altgriechisches, ärmelloses Gewand für Frauen

Pepmittel *s.*, **Peppille** *w.* (*engl.*) Aufputschmittel; **peppen** = aufpeppen

Pepsin *s.* (*gr.*) wichtigstes Eiweiß spaltendes Enzym des Magens; **peptisch** die Verdauung fördernd

Per-, per- (*lat.*) als Vorsilbe; 1. mit, mittels, durch; 2. je, pro; 3. bis zum

per acclamationem (*lat.*) durch Zuruf; **per Adresse** wohnhaft bei (*Abk.* p.a.); **per anum** durch den After; **per aspera ad astra** nach vielen Anstrengungen zum Erfolg, durch Nacht zum Licht, freie Übertragung eines Verses von Hesiod (im 8. Jh. v. Chr.)

per cassa (*itl.*) gegen Barzahlung; **per conto** auf Rechnung

Perche *w.* (persch, *frz.*) die elastische Stange, an der Akrobaten Balanceakte ausführen

Percheron *m.* (perscherong) robustes franz. Kaltblutpferd (nach der ehemal. Grafschaft Perche in Frankreich)

per conto (*lat.*) auf Rechnung;

Percussion *w.* (pörkaschen, *engl.*) die Gruppe der Rhythmusinstrumente in Musikgruppen; **Percussionist** *m.* Schlagzeuger

per dato am heutigen Tag fällig;

per definitionem erklärtermaßen

perdendo (*itl.*) Musik: immer leiser

perdu (perdü, *frz.*) verloren, dahin

peremptorisch (*lat.*) aufhebend

perennierend (*lat.*) überwinternd, mehrjährig (von Pflanzen); ausdauernd

Perestroika *w.* (*russ.*) Umbildung, Umgestaltung (ursprüngl. des erstarrten sowjetischen Systems in den 1980er Jahren)

per exemplum (*lat.*) zum Beispiel

per fas et nefas (*lat.*) auf jede erdenkliche Weise

perfekt (*lat.*) 1. vollkommen, vollendet, fertig ausgebildet; 2. abgemacht, gültig; **Perfekt, Perfektum** *s.* Sprachlehre: vollendete Gegenwart (z. B. ich *habe gegessen*); **perfektibel** entwicklungsfähig, vervollkommnungsfähig, Hptw. **Perfektibilität** *w.*; **Perfektion** *w.* Vollkommenheit, Vollendung; **perfektionieren** vervollkommnen, vollenden; **Perfektionismus** *m.* 1. philosoph. Auffassung, die in der Vervollkommnung des Menschen das Ziel der Geschichte sieht; 2. übertriebenes Vollkommenheitsstreben; **Perfektionist** *m.* jmd., dem nichts perfekt genug ist; **Perfektionisten** *Mz.* amerikan.-methodistische Sekte, die von der Wiedergeburt vollkommene Sündlosigkeit erhofft

perfid, perfide (*lat.*) hinterhältig, niederträchtig; **Perfidie, Perfidität** *w.* Heimtücke, Niedertracht

perforieren (*lat.*) durchlöchern, lochen; **Perforation** *w.* 1. Durchbohrung; 2. Durchbruch eines Geschwürs; 3. unbeabsichtigte Durchstoßung einer Organwand bei einem medizinischen Eingriff; 4. gelochte Reißlinie, Transportlinie am Filmmaterial

Performance *w.* (-menß, *engl.*) 1. happeningähnliche künstlerische Einzeldarstellung; 2. Leistung, Leistungsbild (einer Person, einer Währung, eines Computers)

Performanz *w.* (*lat.*) die situationsabhängige Sprachverwendung (im Ggs. zum Sprachvermögen) eines Individuums

Pergament *s.* 1. zubereitete Tierhaut als Schreibmaterial, für Bucheinbände, Trommeln; 2. alte Handschrift auf Pergament;

Pergamentpapier Papier, das durch Chemikalien fettdicht, koch- und nassfest gemacht wurde (nach der Stadt Pergamon)

perge, perge (*lat.*) und so weiter (*Abk.* pp.)

Pergola *w.* (*itl.*) offener Laubengang mit Kletterbepflanzung

perhorreszieren (*lat.*) verabscheuen, zurückschrecken vor

Peri-, peri- (*gr.*) als Vorsilbe: um, herum

periculum in mora (*lat.*) Gefahr (ist) im Verzug

Peridrom *m.* (*gr.*) Gang zwischen Säulen und Mauer (im antiken Tempel)

Periegese *w.* (*gr.*) Orts- und Länderbeschreibung (i. d. Antike)

perifokal (*gr.-lat.*) um einen Krankheitsherd herum

Perigäum *s.* (*gr.*) erdnächster Punkt, den ein Körper auf seiner Erdumlaufbahn durchmisst

Perigon, Perigonium *s.* (*gr.*) Blütenhülle, die nicht in Kelch und Blütenkrone getrennt ist (z. B. bei Tulpe und Lilie)

Perigramm *s.* (*gr.*) graphische Darstellung statistischer Größenverhältnisse durch Kreise und Kreissegmente

Perihel *s.* (*gr.*) sonnennächster Punkt einer Planetenbahn

Perikard *s.* (*gr.*) Herzbeutel; **Perikarditis** *w.* Herzbeutelentzündung

perikleisch (-kle'i-, *gr.*) zum Zeitalter des Perikles (490–429 v. Chr.) gehörig

Perikopen *Mz.* (*gr.*) 1. die nach der Gottesdienstordnung vorgeschriebenen Bibelabschnitte; 2. Strophengruppe in der Metrik

perikulös (*lat.*) gefährlich

Perilla *w.* in Ost- und Südostasien heimisches Lippenblütengewächs, das als Gewürz- und Heilpflanze verwendet wird; **Perillaöl** *s.* aus dem Samen der Perillapflanze gewonnenes Öl mit einem

hohen Prozentsatz an Omega-3-Fettsäuren (Herk. unges.)
Perimeter *s.* (*gr.*) Gerät zur Bestimmung der Größe des Gesichtsfeldes
perinatal (*gr.-lat.*) um die Geburt herum
Periode *w.* (*gr.*) 1. Umlaufzeit eines Sterns; 2. Zeitabschnitt einer erdgeschichtlichen Formation; 3. ein durch ein charakteristisches Merkmal abgrenzbarer Zeitabschnitt; 4. Schwingungsdauer; 5. Regelblutung, Menstruation; 6. Satzgefüge, Satzgebilde 7. sich unendlich wiederholende Zahl hinter dem Komma eines Dezimalbruchs; **periodisch** regelmäßig wiederkehrend, Hptw. **Periodik, Periodizität** *w.*; **Periodikum** *s.* periodisch erscheinende Zeitschrift
Periöke *m.* (*gr.*) freier, aber politisch rechtloser Bewohner des antiken Sparta
Periost *s.* (*gr.*) Knochenhaut; **Periostitis** *w.* Knochenhautentzündung
Peripatetiker *m.* (*gr.*) Anhänger und Schüler des Aristoteles; **peripatetisch** umherwandelnd, auf und ab gehend
Peripetie *w.* (*gr.*) Umschwung, entscheidende Wende (z. B. im Drama)
peripher (*gr.*) 1. am Rande gelegen; 2. nebensächlich, unwichtig; 3. an einen Rechner anschließbar od. angeschlossen (EDV); **Peripherie** *w.* 1. Umfangslinie; 2. Randgebiet (z. B. einer Stadt)
Peripheriegerät *s.* ein über eine Schnittstelle mit einem Computer verbundenes Zusatzgerät (z. B. Drucker; EDV)
Periphrase *w.* (*gr.*) ausschmückende Umschreibung eines Begriffs, Gegenstands, Sachverhalts durch charakteristische Eigenschaften, Wirkungen u. a. (z. B. Auge des Gesetzes für die Justiz), Eigw. **periphrastisch**, Ztw. **periphrasieren**
Periskop *s.* (*gr.*) Fernrohr, Sehrohr in U-Booten
Peristaltik *w.* (*gr.*) die rhythmischen Zusammenziehungen von Hohlorganen (z. B. des Darms), Eigw. **peristaltisch**
Peristase *w.* (*gr.*) Gesamtheit der auf den Organismus einwirkenden Umweltbedingungen; **peristatisch** durch Umwelteinfluss bedingt
Peristyl *s.* (*gr.*) antike Säulenringhalle um Tempel oder offene Innenhöfe
Peritonitis *w.* (*gr.*) Bauchfellentzündung
Perkal *m.* (*pers.*) feinfädiger, meist bedruckter Baumwollstoff in Leinenbindung; **Perkalin** *s.* appretiertes Baumwollgewebe für Bucheinbände
Perkussion *w.* (*lat.*) Untersuchung durch Beklopfen der Körperoberfläche; Ztw. **perkutieren**; **perkutan** durch die Haut hindurch
Perlèche *w.* (perläsch, *frz.*) Faulecke, entzündeter Mundwinkel
perlingual (*lat.*) durch die Zungenschleimhaut hindurch wirkend (von Medikamenten)
Perlokution (*lat.*) Sprechhandlung, die eine Wirkung, eine Verhaltensänderung beim Hörer erreichen will (z. B. Imperativ: komm!)
Perlon *s.* (*Wz.*) Kunstfaser, Polyamidfaser
Perm *s.* jüngster Abschnitt des Paläozoikums, Eigw. **permisch** (nach dem ehemal. Gouvernement Perm in Russland)
permanent (*lat.*) ständig, ununterbrochen anhaltend; **Permanenz** *w.* Dauer, Fortdauer; **permanent press** (*engl.*) knitter- und bügelfrei; **in Permanenz** ständig; **Permanenztheorie** *w.* Annahme, dass die Verteilung von Ozeanen und Kontinenten in der gesamten Erdgeschichte annähernd gleich geblieben ist
permeabel (*lat.*) durchlässig; **Permeabilität** *w.* Durchlässigkeit
Permess = Permiss
per mille = pro mille
Permiss, Permess *m.*, **Permission** *w.* (*lat.*) Erlaubnis, Gewährung; **permissiv** nachsichtig, Freiheit lassend, nicht autoritär, Hptw. **Permissivität** *w.*; **Permit** *s.* (pör-, *engl.*) Erlaubnis, Erlaubnisschein
permutabel (*lat.*) vertauschbar; **Permutation** *w.* Umstellung der Reihenfolge, Vertauschung; **permutieren** austauschen, vertauschen
Pernambukholz *s.* Farbholz, Brasilienholz (nach Pernambuco in Brasilien)
Perniose, Perniosis *w.* (*gr.*) durch Kälte entstandene Hautschäden, Frostbeule
perniziös (*lat.*) gefährlich, bösartig, unheilbar; **perniziöse Anämie** bösartige Form der Blutkrankheit
Pernod *m.* (-noh, *Wz.*) Anislikör, ein Aperitif, 1805 erstmals von H. L. Pernod hergestellt

peroral, per os (*lat.*) durch den Mund (einzunehmen); **Peroration** *w.* Schlussteil einer Rede

per pedes (*lat.*) zu Fuß (umg. scherzhaft)

Perpendikel *s.* oder *m.* (*lat.*) Uhrpendel; **perpendikular** senkrecht; **Perpendikularstil** *m.* englische Spätgotik, Tudorstil

Perpetuals *Mz.* (pörpetschuels, *engl.*) Schuldverschreibungen ohne Begrenzung der Laufzeit

perpetuieren (*lat.*) ständig fortfahren; **Perpetuum mobile** *s.* (-tu'u-) (physikalisch unmögliche) Maschine, die ohne Energiezufuhr dauernd Energie erzeugt

perplex (*lat.*) starr, bestürzt, verblüfft

per procura (*itl.*) bevollmächtigt, in Vollmacht (*Abk.* ppa.)

per rectum (*lat.*) durch den Darm (einzuführen)

Perron *m.* (perong, *frz.*) 1. Bahnsteig; 2. frühere Plattform auf einer Straßenbahn

per saldo (*itl.*) 1. Bezeichnung für den Kontostand, 2. alles in allem, wie der Saldo zeigt

per se (*lat.*) von selbst, an sich, aus sich heraus

Perseiden *Mz.* (-se'id-, *gr.*) Meteorstrom der ersten Augusthälfte, der aus der Richtung des Sternbilds Perseus kommt

Persenning *w.* (*frz.-niederl.*) wasserdichtes Gewebe für Zelte, Segel

Persephone (*gr.*) in der griech. Mythologie Zeus' und Demeters Tochter, die, von Pluton geraubt, fortan vier Monate des Jahres in der Unterwelt und acht Monate auf der Erde lebte

Perserkatze *w.* gedrungene Rassekatze mit kurzem Schwanz und dichtem Fell sowie dem charakteristischen Kindsgesicht (nach Persien, dem historischen Namen für den Iran)

Perseus *m.* Held der griech. Mythologie, der Medusa tötete

Perseveranz *w.* (*lat.*) Beharrlichkeit, Ausdauer; **Perseveration** *w.* Nachwirken und beharrliches Wiederkehren von Gedanken und Erlebnissen; **perseverieren** bei etwas beharren

Pershing *w.* (pörsching) US-amerik. Mittelstreckenrakete mit atomarem Sprengkopf (nach dem amerik. General J. J. Pershing, 1860–1948)

Persianer *m.* Fell der Karakullämmer für die Pelzverarbeitung (nach Persien)

Persiflage *w.* (-flasch, *frz.*) geistreicher Spott, ironisierende Nachahmung; **persiflieren** geistvoll-spöttisch nachahmen

Persiko *m.* (*lat.*) Pfirsichlikör

Persimone *w.* (*Algonkin*) Dattelpflaume

persistent (*lat.*) anhaltend, beharrlich; **Persistenz** *w.* Beharrlichkeit, Bestehen eines Zustands über längere Zeit; **persistieren** andauern (von Krankheiten)

Person *w.* (*lat.*) 1. Mensch als Einzelwesen, Mensch in seiner Besonderheit; 2. Figur, Gestalt im Theatergeschehen; 3. Bez. für Frau in bestimmtem Kontext (z. B. *dumme Person*); 4. grammatische Person, *ich, du* usw.; **Persona grata** *w.* beliebte, akzeptierte Person; **Persona non grata** *w.* (im diplomatischen Verkehr) unerwünschte Person; **natürliche Person** *w.* Einzelmensch als juristische Person; **juristische Person** *w.* Kollektiv als juristische Person

Personal *s.* (*lat.*) Gesamtheit der betrieblichen Angestellten, Belegschaft; **personal** als Einzelwesen; **Personal Assistant** *m.* Chefsekretär, persönlicher Assistent (*Abk.* PA); **Personal Computer** *m.* Einzelplatzcomputer (*Abk.* PC); **Personalien** *Mz.* (-li'en) Angaben zur Person; **personalintensiv** (*lat.*) mit viel Personal arbeitend (von Betrieben); **personalisieren** auf die Person beziehen, an einer Person festmachen; **Personalität** *w.* Persönlichkeit; **personaliter** selbst, in eigener Person; **Personalkredit** *m.* auf Grund des persönlichen Ansehens ohne Sicherheit gewährter Kredit; **Personal Manager** *m.* (–mänedscher, *engl.*) Personalchef, Leiter der Personalabteilung; **Personalpronomen** *s.* (*lat.*) Sprachlehre: persönliches Fürwort (z. B. *ich, du*); **Personalstatut** *s.* für alle Rechtsverhältnisse einer Person maßgebende Rechtsordnung; **Personalunion** *w.* Vereinigung mehrerer Ämter in einer Hand; **personell** persönlich; **Personenkult** *m.* starke Überbewertung, übermäßige Verehrung einer (politischen) Person

Personifikation, Personifizierung *w.*

(*lat.*) 1. Vermenschlichung von Dingen, indem ihnen menschliche Eigenschaften zugeschrieben werden (z. B.: verlassen *sonnt sich* die Terrasse ([Georg Trakl]); 2. Verkörperung, Inbegriff; **personifizieren** 1. vermenschlichen; 2. verkörpern; **personifiziert** leibhaftig, der Inbegriff von etwas

Perspektiv *s.* (*lat.*) kleines Fernrohr, Zugfernrohr; **Perspektive** *w.* 1. standortabhängige Betrachtungsweise, Blickwinkel; 2. Zukunftsaussicht, Zukunftserwartung; 3. Darstellung des Raumes auf der Fläche; 4. scheinbare Verkürzung und Annäherung paralleler Linien in der Raumtiefe, Eigw. **perspektivisch**

Perspiration *w.* (*lat.*) Hautatmung

persuasiv, persuasorisch (*lat.*) überredend, überzeugend

Perte *w.* (pert, *frz.*) geschäftliche Einbuße, geschäftlicher Verlust

Perturbation *w.* (*lat.*) Störung, Abweichung (von Himmelskörpern)

Pertussis *m.* (*lat.*) Keuchhusten

Perücke *w.* (*frz.*) 1. zu einer Frisur gearbeiteter Haarersatz, Zweitfrisur; 2. krankhafte Gehörn- od. Geweihmissbildung

per ultimo (*lat.*) zum Monatsletzten

pervers (*lat.*) 1. lustvoll menschenentwürdigend; 2. sexuell normabweichend, Hptw. **Perversion** *w.*; **pervertieren** ins Abnorme kehren

Pervigilium *s.* (*lat.*) Schlaflosigkeit

perzeptibel (*lat.*) wahrnehmbar, fassbar, Hptw. **Perzeptibilität** *w.*; **Perzeption** *w.* sinnliche Wahrnehmung; **Perzeptionalismus** *m.* philosophische Lehre, nach der die sinnliche Wahrnehmung Grundlage des Denkens ist; **perzeptiv, perzeptorisch** die Wahrnehmung betreffend; **Perzipient** *m.* (-pi'e-) Empfänger; **perzipieren** sinnlich wahrnehmen, aufnehmen

Pesade *w.* (*frz.*) = Levade

pesante (*itl.*) Musik: wuchtig, gewichtig, schwerfällig

Peseta *w.* (*span.*) span. Währungseinheit vor Einführung des Euro (2002); **Peso** *m.* Währungseinheit in mehreren südamerikan. Ländern

Pessar *s.* (*lat.*) Stütz- und Schließring für die Gebärmutter

Pessimismus *m.* (*lat.*) 1. negative Lebensanschauung, die alles im ungünstigen Licht sieht, Schwarzseherei; 2. philosoph. Anschauung, nach der die Welt schlecht und ohne Sinn ist; **Pessimist** *m.* jmd., der an allem nur die Schattenseiten sieht; **pessimistisch** schwarzseherisch, lebensunfroh; **Pessimum** *s.* schlechteste Umweltbedingung für Tier und Pflanze

Pest *w.* (*lat.*) 1. infektiöse Seuche; 2. etwas ganz und gar Unerträgliches, Hassenswertes; **Pestilenz** *w.* Pest, Seuche (scherzhaft); **pestilenzialisch** pestartig stinkend; **Pestizid** s. hochgiftiges chem. Schädlingsbekämpfungsmittel

Pesto *m.* od. *s.* (*itl.*) dickflüssige Soße aus Öl, gehackten Kräutern, bes. Basilikum und Pinienkernen, auch mit passierten Tomaten

PET = Positronenemissionstomografie

Pétanque *s.* (petangk, *provenz.*) dem Boccia ähnliches Spiel

Petarde *w.* (*frz.*) 1. ehemaliger Sprengmörser; 2. knallender Feuerwerkskörper

Petechien *Mz.* (-chi'en, *lat.*) punktförmige Hautblutungen

Petent *m.* (*lat.*) Bittsteller

Petersil *m.*, **Petersilie** *w.* (-li'e, *lat.*) zweijähriger Doldenblütler, Küchenkraut mit hohem Vitamingehalt

Petit *w.* (pti, *frz.*) Schriftgrad von 8 Punkt

Petit-Crevé *m.* (ptikreweh, *frz.*) Modenarr, eleganter Taugenichts; **Petitesse** *w.* (*frz.*) Kleinigkeit, Bagatelle; **Petit Four** *s.* (ptifuhr) sehr kleines mit Glasur überzogenes Törtchen; **Petitgrainöl** *s.* (-gräng-) ätherisches Öl aus Zitrusfrüchten

Petition *w.* (*lat.*) Bittschrift, Gesuch; **petitionieren** Bittgesuch einreichen

Petit-Maitre *m.* (pti mätr, *frz.*) Geck, Stutzer; **Petit Mal** *s.* kleiner epileptischer Anfall; **Petit-Point** *w.* (-poäng) Nadelarbeit mit winzigem halbem Kreuzstich

Petr(o)-, petr(o)- (*gr.*) als Vorsilbe: Gestein, Stein

Petrefakt *s.* (*gr.-lat.*) Versteinerung, Fossil; **petrifizieren** versteinern

Petrochemie *w.* (*gr.*) Wissenschaft von der chem. Zusammensetzung der Gesteine; **Petrogenese** *w.* Entstehungsgeschichte der Steine; **Petrografie, Petrographie, Petrologie** *w.* beschreibende

Gesteinskunde; **Petroleum** *s.* (-le'um, *gr.-lat.*) Steinöl, destilliertes Erdöl; **petrophil** steinigen Untergrund bevorzugend (von Pflanzen)

Petruschka *m.* (*russ.*) Possenreißer im volkstümlichen russ. Puppenspiel

Petschaft *s.* (*tschech.*) Siegelstempel; **petschieren** mit Petschaft siegeln

Petticoat *m.* (-koht, *engl.*) versteifter Halbunterrock

Petting *s.* (*engl.*) sexueller Kontakt, bes. zwischen Jugendlichen, ohne Geschlechtsverkehr

petto = in petto

Petum *s.* (*indian.-port.*) alte europäische Bezeichnung für Tabak

peu à peu (pö a pö, *frz.*) nach und nach

Peyote, Peyotl *m.* (*Nahuatl*) aus einer Kakteenart gewonnenes Rauschmittel

Pfund Sterling *s.* (– stör-) Währungseinheit in Großbritannien, Zeichen £ (*Abk.* L.St, Lstr., Pfst.)

pH (aus *lat.* *p*otentia *h*ydrogenii); **pH-Wert** Messwert für die Wasserstoffionenkonzentration, die den Säure- oder Laugengehalt von Lösungen bestimmt

Phäake *m.* (fä-) sorgloser Genießer (nach dem sagenhaften Volk der Phäaken, deren Insel Kerkyra ein Schlaraffenland ist)

Phagozyten *Mz.* (*gr.*) weiße Blutkörperchen, die Krankheitserreger unschädlich machen können, Fresszellen; **Phagozytose** *w.* Tätigkeit der Phagozyten

Phalanx *w.* (*gr.*) 1. geschlossene Schlachtordnung der Griechen; 2. geschlossene, einmütige Abwehr; 3. Fingerglied, Zehenglied

phallisch (*gr.*) 1. den Phallus betreffend; 2. in Form eines Phallus; **Phallokratie** *w.* kritischer polemischer Begriff zur Bez. einer Überbewertung des männlichen und Abwertung des weiblichen Geschlechts; **Phalloplastik** *w.* operative Nach- oder Neubildung des Penis; **Phallus** *m.* das erigierte männliche Glied; **Phalluskult** *m.* in vielen Religionen praktizierte kultische Verehrung des Phallus als Symbol männlicher (Zeugungs-)Kraft

Phänologie *w.* (*gr.*) Lehre von den jahreszeitlich bedingten Erscheinungsformen im Pflanzen- und Tierreich; Eigw. **phänologisch**

Phänomen *s.* (*gr.*) 1. das sich den Sinnen, der empirischen Wahrnehmung Zeigende; 2. Bewusstseinsinhalt; 3. erstaunliche Erscheinung, außergewöhnlicher Vorgang; 4. Mensch mit verblüffenden Fähigkeiten; **phänomenal** 1. das Phänomen betreffend; 2. außerordentlich, verblüffend

Phänomenologie *w.* (*gr.*) Lehre von den Erscheinungen der Dinge, Eigw. **phänomenologisch**; **Phänotyp, Phänotypus** *m.* Erscheinungsbild eines Individuums, im Ggs. zu Genotyp, Eigw. **phänotypisch**

Phantasie = Fantasie; **Phantasie** *w.* (*gr.*) 1. Vorstellungskraft, Einbildungskraft, Erfindungsgabe, Einfallsreichtum; 2. Luftschloss, Wunschvorstellung, Traumbild; 3. Musikwerk in freier Form; **phantasieren** 1. träumen, sich ausmalen; 2. irrereden; 3. musikalisch improvisieren; **Phantast** *m.* Schwärmer, Träumer; **Phantasterei** *w.* Schwärmerei, wirklichkeitsfremdes Gedankenspiel; **Phantastik** *w.* Märchenhaftigkeit, Phantasterei; **phantastisch** 1. wirklichkeitsfern; 2. großartig, märchenhaft, unglaublich

Phantasma *s.* (*gr.*) Trugbild; (*Mz.* Phantasmata); **Phantasmagorie** *w.* 1. Wahngebilde, Truggebilde; 2. Gespenstererscheinung auf der Bühne

Phantom *s.* (*gr.*) 1. Geistererscheinung; 2. künstlicher Körper oder Körperteile zu Lehrzwecken; **Phantombild** *s.* zu kriminalistischen Zwecken hergestelltes (Computer-)Bild eines Verdächtigen; **Phantomschmerz** *m.* Schmerz in einem amputierten Körperteil; **Phantosmie** *w.* Geruchshalluzination

Phäoderm *s.* (*gr.*) grünlich schwarze Verfärbung der Haut durch Austrocknung

Pharao *m.* (*ägypt.*) Titel der altägypt. Könige (*Mz.* -onen), Eigw. **pharaonisch**; **Pharao, Faro** *s.* Kartenglücksspiel

Pharisäer *m.* (*aram.*) 1. Angehöriger einer strenggläubigen jüdischen Partei mit politischen Zielen, im Neuen Testament als heuchlerisch bezeichnet; 2. selbstgerechter, heuchlerischer Mensch; 3. Kaffee mit Rum und Schlagsahne; **pharisäisch** selbstgerecht, heuchlerisch, Hptw. **Pharisäismus** *m.*, **Pharisäertum** *s.*

Pharmakologe *m.* (*gr.*) Wissenschaftler

auf dem Gebiet der Pharmakologie; **Pharmakologie** *w.* Wissenschaft von den Arzneimitteln, Eigw. **pharmakologisch; Pharmakon** *s.* Arzneimittel (*Mz.* Pharmaka); **Pharmakopöe** *w.* (-pö) amtliches Arzneibuch; **Pharmazeut** *m.* Fachmann auf dem Gebiet der Pharmazie, Apotheker, Arzneimittelhersteller; **Pharmazeutik, Pharmazie** *w.* Wissenschaft von der Zusammensetzung und Herstellung der Arzneimittel, Eigw. **pharmazeutisch**

Pharo = Pharao

Pharus *m.* (*gr.*) Leuchtturm (nach der gleichnamigen Insel bei Alexandria, auf der bis zum 14. Jh. ein zu den sieben Weltwundern zählender Leuchtturm stand)

Pharyngitis *w.* (*gr.*) Rachenentzündung; **Pharyngoskop** *s.* Rachenspiegel; **Pharyngoskopie** *w.* Untersuchung mit dem Pharyngoskop; **Pharynx** *w.* Rachen, Schlund

Phase *w.* (*gr.*) 1. Stufe, Entwicklungsabschnitt; 2. Erscheinungsform der nicht selbst leuchtenden Gestirne; 3. Schwingungszustand einer Welle; 4. Aggregatzustand eines Stoffes; **Phaser** *m.* (fehser, *engl.*) Gerät, das einen Modulationseffekt in der elektronischen Musik bewirkt, bes. i. d. Rockmusik eingesetzt; **phasisch** (*gr.*) in Phasen verlaufend, in Wellen wiederkehrend

Phenol *s.* (*gr.*) Karbolsäure, Desinfektionsmittel; **Phenyl** *s.*, **Phenylgruppe** *w.* vom Benzol abgeleitete Kohlenwasserstoffgruppe

Pheromone *Mz.* (*gr.*) Sexuallockstoffe (z. B. von Insekten)

Phi *s.* (*gr.*) der 21. Buchstabe des griechischen Alphabets, Φ, φ

Phiale *w.* (*gr.*) altgriech. flache Opferschale

Phil(o)-, phil(o)- (*gr.*) als Vorsilbe: Freund, freundlich

Philanthrop *m.* (*gr.*) Menschenfreund; **Philanthropie** *w.* Menschenliebe; **philanthropisch** menschenfreundlich, menschlich gesinnt; **Philanthropismus** *m.* Ende des 18. Jh. einsetzende pädagogische Reformbewegung, die sich an den Idealen der Aufklärung orientierte

Philatelie *w.* (*gr.*) Briefmarkenkunde; **Philatelist** *m.* Briefmarkensammler

Philemon und Baucis (bauzis, *gr.*) bejahrtes Ehepaar der griech. Sage, Sinnbild unzertrennlicher Liebe und Altersgüte

Philharmonie *w.* (*gr.*) 1. Gesellschaft zur Pflege der Musik; 2. Name von Orchestern, Musikvereinen und Konzertsälen; **Philharmoniker** *m.* Mitglied eines philharmonischen Orchesters; **philharmonisch** Musik liebend, Musik pflegend

Philhellenen *Mz.* (*gr.*) Griechenfreunde, Eigw. **philhellenisch**; **Philhellenismus** *m.* europäische Sympathiebewegung für den griech. Befreiungskampf gegen die Türkei im 19. Jh.

Philippika *w.* Strafrede, Anklagerede (nach den Streitreden des Demosthenes gegen König Philipp von Makedonien)

Philister *m.* (*hebr.*) 1. Nachbarvolk der Israeliten in Palästina um 1000 v. Chr.; 2. Spießer, Spießbürger; **philiströs** spießig, engstirnig

Philogyn *m.* (*gr.*) Frauenfreund; **philogyn** frauenfreundlich

Philologe *m.* (*gr.*) Sprach- und Literaturwissenschaftler; **Philologie** *w.* Sprach- und Literaturwissenschaft, Eigw. **philologisch**

Philomele *w.* (*gr.*) poetische Bez. für Nachtigall (nach der gleichnamigen Königstochter von Athen, die in der Sage in eine Nachtigall verwandelt wurde)

Philosemit *m.* (*gr.*) Freund der Juden, Gegner des Antisemitismus, Eigw. **philosemitisch**; **Philosemitismus** *m.* (*gr.*) Bewegung des 17. und 18. Jh. für Toleranz gegenüber der jüdischen Bevölkerung

Philosoph *m.* (*gr.*) 1. Denker, jmd. der nach der Erkenntnis des Wesens und Zusammenhangs aller Dinge strebt; 2. Fachvertreter der philosophischen Disziplinen; **Philosophem** *s.* philosoph. Behauptung oder Lehrsatz; **Philosophie** *w.* 1. Denken, das auf die Ergründung der Zusammenhänge hinter den Erscheinungen gerichtet ist; 2. Gesamtheit der philosophischen Disziplinen und Schulen; **Philosophikum** *s.* (*gr.-lat.*) Teil der Staatsprüfung für Lehramtskandidaten; **philosophieren** Philosophie betreiben, nachdenken; **philosophisch** 1. denkerisch, die Philosophie betreffend; 2. nachdenklich, grüblerisch

Philosophy *w.* (filosofi, *engl.*) Weltanschauung, persönliches Bekenntnis (z. B. die *philosophy* von Bill Gates)

Phimose *w.* (*gr.*) Vorhautverengung des Penis

Phiole *w.* (*gr.-lat.*) kugelige Flasche mit langem Hals

Phishing *s.* (fishing, *engl.*) meistens per E-Mail durchgeführtes Täuschungsmanöver zur Herausgabe von sicherheitsrelevanten Zugangsdaten eines Internetbenutzers (EDV)

Phlebitis *w.* (*gr.*) Venenentzündung

Phlegma *s.* (*gr.*) Trägheit, Leidenschaftslosigkeit, Gleichgültigkeit; **Phlegmatiker** *m.* Mensch von geistig trägem, schwer erregbarem Temperament; **phlegmatisch** träge, schwerfällig, unerschütterlich

Phlegmone *w.* (*gr.*) Zellgewebsentzündung

Phlogose, Phlogitis *w.* (*gr.*) Entzündung

Phlox *m.* (*gr.*) prächtig flammende Zierpflanze, Gattung der Sperrkrautgewächse

Phobie *w.* (*gr.*) zwanghafte Angst, krankhafte Befürchtung, Erwartungs- und Situationsangst, Eigw. **phobisch**

Phon, Fon *s.* (*gr.*) alte Maßeinheit für Lautstärke; **Phon-, phon-,** als Wortteil: Ton, Stimme; **Phonasthenie** *w.* Stimmschwäche, Stimmversagen

Phonem *s.* (*gr.*) die kleinste bedeutungsscheidende sprachliche Einheit

Phonetik *w.* (*gr.*) Teilgebiet der Sprachwissenschaft, das die Vorgänge in der mündlichen Kommunikation untersucht, im engeren Sinne: Lautlehre; **phonetisch** die Phonetik betreffend, lautmäßig

Phönix *m.* (*gr.*) 1. mytholog. Vogel, der sich selbst verbrennt und aus der Asche zu neuem Leben ersteht, von der frühchristlichen Theologie zum Sinnbild der Auferstehung Christi umgedeutet; 2. Sternbild des südlichen Himmels

phonogen (*gr.*) zum Vortrag geeignet, bühnenwirksam (von einer Stimme); **Phonograph** *m.* historisches Tonaufnahmegerät, Vorläufer des Grammophons; **Phonola** *s.* mechanisches Klavier; **Phonologie** *w.* Wissenschaft von der Bedeutung der Laute für die Wörter; **Phonometer** *s.* Messapparat zur Prüfung der Lautstärke und des Hörvermögens; **Phonon** *s.* hypothetisches Elementarteilchen, Gitterschwingungsquant; **Phonophobie** *w.* krankhafte Angst zu sprechen; 2. Überempfindlichkeit gegen einzelne Geräusche; **Phonotaxie, Phonotaxis** *w.* Ausrichtung der Bewegung bestimmter Tiere nach Schallwellen; **Phonothek** *w.* Archiv von Tonträgern

Phoresie *w.* (*gr.*) durch ein Tier erfolgende Nutzung eines anderen Tieres als Transportmittel ohne Schädigung des Transportwirts

Phosgen *s.* (*gr.*) Giftgas aus Chlor und Kohlenoxyd, Grünkreuz

Phosphat *s.* (*gr.*) Salz der Phosphorsäure

Phosphor *m.* (*gr.*) chem. Element, ein Nichtmetall; **Phosphoreszenz** *w.* Nachleuchten (nach vorheriger Lichtbestrahlung), Ztw. **phosphoreszieren**

Phot *s.* (*gr.*) Maßeinheit für Lichtausstrahlung

Photo = Foto

Photo-, photo- (*gr.*) als Vorsilbe: Licht

Photoallergie *w.* (*gr.*) Lichtallergie der Haut; **Photobiologie** *w.* Teilgebiet der Biologie, das sich mit der Wirkung des Lichts auf Organismen befasst; **Photochemie** *w.* Lehre von den chemischen Reaktionen des Lichtes, Eigw. **photochemisch; Photoelektrizität** *w.* durch Licht erzeugte Elektrizität; **Photogramm** *s.* direkte Abbildung von Gegenständen auf lichtempfindlichem Material

Photograph = Fotograf

Photogravüre = Heliogravüre

Photokinese *w.* (*gr.*) durch Licht hervorgerufene Bewegung (von Organismen); **Photokoagulation** *w.* Blutstillung mit Hilfe von (Laser-)Strahlen

Photomaton *s.* (*Wz.*) selbsttätiger Lichtbildapparat, der entwickelte Bilder, vor allem Passbilder, liefert

Photometer *s.* (*gr.*) Gerät, das durch den Vergleich zweier Lichtquellen die Lichtstärke misst; **Photometrie** *w.* Lichtmessung, Lichtstärkemessung; **photophil** Licht bevorzugend (von Pflanzen und Tieren); **photophob** 1. lichtempfindlich (z. B. bei Migräne); 2. das Licht scheuend (von Pflanzen und Tieren)

Photon *s.* (*gr.*) Lichtteilchen, Lichtquant
photostabil (*gr.-lat.*) lichtbeständig, lichtecht
Photosynthese *w.* (*gr.*) Umwandlung der Luftkohlensäure in Stärke und Zucker durch das Blattgrün der Pflanze mit Hilfe des Lichtes; **Phototaxis** *w.* durch Licht ausgelöste Taxis
Phototherapie *w.* (*gr.*) Heilbehandlung mit Licht
Phototypie *w.* (*gr.*) Lichtbilddruck
Photozelle *w.* (*gr.*) Gerät zur Umwandlung von Licht in elektrische Energie
Phrase *w.* (*gr.*) 1. Redewendung, Syntagma; 2. bloße Redensart, abgegriffene, inhaltsleere sprachliche Wendung; 3. kleine musikalische Einheit, Tonfigur; **Phraseologie** *w.* 1. Sammlung der einer Sprache eigentümlichen Redewendungen; 2. die Redewendungen einer Fachsprache; **phraseologisch** spracheigentümlich; **Phraseologismus** *m.* feste Wortverbindung, Redewendung; **Phraseonym** *s.* Deckname, der eine Redewendung benutzt (z. B. *von einem Großdeutschen*); **Phraseur** *m.* (-sör) Phrasendrescher; **phrasieren** ein Tonstück durch Phrasierungszeichen gliedern; **Phrasierung** *w.* melodisch-rhythmische Gliederung eines Tonstücks
Phrenesie *w.* (*gr.-lat.*) Wahnsinn, Eigw. **phrenetisch**; **Phrenonym** *s.* Deckname, der eine Charaktereigenschaft benutzt (z. B. von einem *Liebhaber* der langen Weile [Hamann])
phrygische Mütze Jakobinermütze, Freiheitssymbol der Französischen Revolution; **phrygische Tonart** eine mittelalterliche Kirchentonleiter (nach der kleinasiatischen Landschaft Phrygien)
Phthise, Phthisis *w.* (*gr.*) Lungentuberkulose; **phthisisch, phthitisch** schwindsüchtig
Phyllis *w.* (*gr.*) Schäferin der griechischen Sage
Phyllobiologie *w.* (*gr.*) Lehre von den Blättern; **Phyllokaktus** *m.* Blätterkaktus
Phylophagen *Mz.* (*gr.*) Pflanzenfresser
Phylogenese *w.* (*gr.*) Stammesentwicklung (einer Art), Eigw. **phylogenetisch**
Phyma *s.* (*gr.*) knolliger Auswuchs, bes. der Nase
Physik *w.* (*gr.*) Zweig der Naturwissenschaft, der sich mit den Vorgängen in der unbelebten Natur, der Strahlung und den Kraftfeldern befasst, Eigw. **physikalisch**; **Physiker** *m.* Wissenschaftler auf dem Gebiet der Physik; **Physikum** *s.* medizinische Vorprüfung; **Physikus** *m.* alte Bezeichnung für Kreisarzt
Physiognomie *w.* (*gr.*) Erscheinungsbild, speziell der Gesichtsausdruck bei Menschen und Tieren, Eigw. **physiognomisch**
Physiokraten *Mz.* (*gr.*) Anhänger der Physiokratie; **Physiokratie** *w.* Volkswirtschaftslehre des 18. Jh., die den Boden als einzige Quelle des nationalen Reichtums ansah, Eigw. **physiokratisch**
Physiologe *m.* (*gr.*) Wissenschaftler auf dem Gebiet der Physiologie; **Physiologie** *w.* Wissenschaft von den normalen Lebensvorgängen und Funktionen des menschlichen Körpers; **physiologisch** die Physiologie betreffend
Physis *w.* (*gr.*) 1. Körperlichkeit, körperliche Beschaffenheit eines Lebewesens; 2. Natur, das Erfahrbare (im Ggs. zum Unerfahrbaren der Metaphysik); **physisch** 1. körperlich; 2. in der Natur begründet
Phyt(o)-, phyt(o)- (*gr.*) als Wortteil: Pflanze; **Phytal** *s.* (*gr.*) Lebensraum im Meer bis ca. 200 m Tiefe, wo noch Photosynthese stattfindet; **Phytobiologie** *w.* Teilbereich der Biologie, der sich mit den Lebensabläufen der Pflanzen beschäftigt; **Phytochemie** *w.* Teilbereich der Chemie, der sich mit der chem. Zusammensetzung von Pflanzenstoffen beschäftigt; **Phytohormon** *s.* pflanzliches Hormon; **Phytologie** *w.* Pflanzenkunde; **Phytopathologie** *w.* (*gr.*) Wissenschaft von den Pflanzenkrankheiten; **phytophag** pflanzenfressend; **Phytoplankton** *s.* Gesamtheit des pflanzlichen Planktons; **Phytotherapie** *w.* Lehre von der Heilbehandlung mit pflanzlichen Stoffen; **Phytotomie** *w.* Anatomie der Pflanzen
Pi (*gr.*) 1. der sechzehnte Buchstabe des griechischen Alphabets, Π, π; 2. Zahl für das Verhältnis von Kreisumfang zu Kreisdurchmesser
piacevole (pjatschewole, *itl.*) Musik: lieblich, leicht

Piaffe *w.* (*frz.*) Trab auf der Stelle im Dressurreiten
Pia Mater Encephali *w.* (-tsef-, *lat.*) die weiche Haut des Gehirns
Pia Mater spinalis *w.* die weiche Haut des Rückenmarks
piangendo (pjandschendo, *itl.*) Musik: klagend
Pianist *m.* (*itl.*) Klavierspieler; **pianissimo** Musik: sehr leise; **piano** leise; **Piano** *s.* Klavier; **Pianola** *s.* mechanisches Klavier
Piassava, Piassave *w.* (*Tupi*) als Besen und Bürste verwendeter Palmwedel
Piaster *m.* (*türk.*) Währungseinheit in Ägypten, Syrien, im Libanon und im Sudan
Piazza *w.* (*itl.*) Platz, Marktplatz; **Piazzetta** *w.* kleiner Platz
Picadores *Mz.* (*span.*) berittene Stierkämpfer mit Lanze
Picaro *m.* (*span.*) span. Bez. für Schelm; Held des Schelmenromans
Picciolini *Mz.* (pitscholini, *itl.*) eingemachte Oliven
Piccolo = Pikkolo
Pichet *m.* (pischeh, *frz.*) Krug, in dem (in Frankreich) offene Weine serviert werden
Pichwai *s.* (*sanskr.*) auf Stoff gemaltes großes Krishna-Bild, Kultbild in Indien
Pickles = Mixed Pickles
Picknick *s.* (*engl.-frz.*) Mahlzeit im Freien, Ztw. **picknicken**
Pick-up *m.* (-app, *engl.*) 1. Tonabnehmer für Schallplatten; 2. kleiner Lieferwagen mit offener Ladefläche; 3. Greifer an (landwirtschaftlichen) Maschinen
Pick-up-Shop *m.* reiner Mitnahme- oder Selbstabholer-Laden ohne Lieferservice
picobello (*itl.*) piekfein, wie aus dem Ei gepellt, ohne Fehler
Picot *s.* (piko, *frz.*) 1. Zäckchen zum Abschluss von Häkel- und anderen Spitzen; 2. Keil
PID = Präimplantationsdiagnostik
Pidgin *s.* (pidschin, *engl.*) Mischsprache aus Elementen der Ausgangssprache und der Zielsprache (des Aufnahmelandes); **Pidgin-Englisch** (pidschin-, *engl.*) Mischsprache aus vereinfachtem Englisch und anderen, bes. ostasiatischen Sprachen
Pie *m.* (pei, *engl.*) Pastete
Piece *w.* (pjäß, *frz.*) Tonstück, musikal. Zwischenstück; **pièce touchée, pièce jouée** (pjeßtuscheh, -schu'eh) Figur berührt, Figur gespielt, Prinzip beim Schachspiel, die berührte Figur auch ziehen zu müssen
Piedestal *s.* (pi'e-, *frz.*) 1. Sockel für Statuen, Kunstgegenstände; 2. Gestell für Zirkusnummern mit Tieren
pieno (pjeno, *itl.*) Musik: stark, voll
Pier *m.* (*engl.*) Landungsstelle, Mole
Piercing *s.* (*engl.*) das Durchbohren od. Durchstechen von Lippen, Nase, Zunge u. a., um Schmuck zu befestigen
Pierrette *w.* (pjerett, *frz.*) weibliche Lustspielfigur in der französ. Komödie; **Pierrot** *m.* (pjero) komische Figur des französ. Theaters, Hanswurst
Pieta *w.* (pi'eta, *itl.*) bildliche Darstellung Marias mit dem toten Christus im Schoß;
Pietät *w.* (pi'e-, *lat.*) Ehrfurcht vor den Toten, rücksichtsvolle Anteilnahme gegenüber Hinterbliebenen; **Pietismus** *m.* religiöse Bewegung im Protestantismus des 17. Jhs. zur Erneuerung von Frömmigkeit und Glauben, Eigw. **pietistisch**; **Pietist** *m.* Anhänger des Pietismus
pietoso (pjetoso, *itl.*), **con pietà** Musik: gefühlvoll
Pietra dura *w.* (pi'e-, *itl.*) glatt geschliffenes, fugenloses Mosaik aus zu Plättchen geschnittenen Steinen, Florentiner Mosaik
Piezoelektrizität (pi'ezo-, *gr.*) Elektrizitätserzeugung durch Druck bei manchen Kristallen; **Piezometer** *m.* Messgerät für die Zusammendrückbarkeit von Flüssigkeiten
Pigeon-Englisch = Pidgin-Englisch
Pigment *s.* (*lat.*) 1. in den Zellen abgelagerter Farbstoff der Haut; 2. feinstverteilter Farbstoff in Bindemitteln; **Pigmentation, Pigmentierung** *w.* Bildung und Einlagerung von Hautfarbstoff; 2. das Färben mit Pigmenten; **pigmentieren** mit Pigment färben
Pik *m.* (*frz.*) 1. Bergspitze; 2. Abneigung, Groll; **Pik** *s.* Schippe (Spielkarte); **Pikade** *w.* (*span.*) in das südamerik. Urwalddickicht gehauener Pfad; **pikant** 1. kräftig gewürzt; 2. anzüglich, zweideutig; **Pikanterie** *w.* Zweideutigkeit, pikante Bemerkung

Pikador = Picadores
pikaresk, pikarisch (*span.*) nach Art des Picaro, spitzbübisch
Pike *w.* (*frz.*) Stoßwaffe des Landknechts; **von der Pike auf** von Grund auf
Pikee *m.* (*frz.*) gerippter oder gepresst wirkender Baumwollstoff; **Pikett** *s.* 1. Kartenspiel für zwei Personen; 2. kleine Truppenabteilung, Feldwache
pikieren (*frz.*) 1. junge Samenpflanzen vertopfen, auspflanzen; 2. Stoffe zusammennähen, ohne dass der Stich zu sehen ist; **pikiert** gekränkt, verärgert, verschnupft
Pikkolo *m.* (*itl.*) 1. Kellnerlehrling; 2. (*Wz.*) kleine Sektflasche; **Pikkoloflöte** *w.* kleine, schrille Querflöte
Pikör *m.* (*frz.*) Vorreiter bei der Parforcejagd, der die Hundemeute führt
Pikot = Picot
pikotieren (*frz.*) einen Grubenschacht mit Picots (2.) ausbauen
Piktogramm *s.* (*lat.-gr.*) international verständliches Bildsymbol (z. B. Totenkopf für Gift); **Piktographie** *w.* Bilderschrift
Pilau, Pilaw *s.* (*türk.*) orientalisches Gericht aus Reis mit Hammel- oder Hühnerfleisch
Pilaster *m.* (*itl.*) Wandpfeiler
Pile *s.* (peil, *engl.*) 1. Atombrenner, Reaktor; 2. Stapel, Haufen; **Piling** *s.* unerwünschte Bildung von Knötchen an der Oberfläche von Textilien
Pilose *w.* (*lat.*) übermäßiger Haarwuchs
Pilot *m.* (*frz.*) 1. Flugzeugführer; 2. Fahrer eines Rennwagens; 3. Lotsenfisch; **Pilotballon** *m.* unbemannter kleiner Versuchsballon; **Pilotcharts** *Mz.* (peil-, *engl.*) von Seeleuten benutzte Karten mit wichtigen geografischen und meteorologischen Angaben; **Pilotfilm** *m.* (*frz.*) einer Fernsehserie vorausgehender Film, der das Zuschauerinteresse testet; **Pilotprojekt** *s.* Versuchsobjekt als Test für ein geplantes Projekt; **Pilotstudie** *w.* vorbereitende, abklärende Untersuchung; **Pilotton** *m.* zusätzlicher Ton, der am Empfangsort die Decodierung der Gesamtheit der Signale bewirkt (Nachrichtentechnik)
Piment *s.* (*lat.*) Nelkenpfeffer (Gewürz)
Pimpernell = Bibernelle
Pin *m.* (*engl.*) 1. Stecknadel; 2. Stift, der ein elektronisches Bauelement mit der Leiterplatte verbindet
PIN (aus *engl.* *p*ersonal *i*dentification *n*umber) Geheimnummer des Benutzers bei Geldautomaten u. a.
Pinakothek *w.* (*gr.*) Gemäldesammlung
Pinasse *w.* (*lat.*) Beiboot auf Kriegsschiffen
Pinax *m.* (*gr.*) Holz- oder Steintafel in der Antike
Pinboard *s.* = Pinnwand
Pincenez *s.* (pängßneh, *frz.*) Sehhilfe als Klemmer, Kneifer
Pineapple (peinäppel, *engl.*) engl. Bez. für Ananas
Pinen *s.* (*lat.*) der dem Terpentinöl seinen charakterist. Geruch gebende natürliche Kohlenwasserstoff
Pingpong *s.* (*engl.*) Tischtennis
Pinguin *m.* (*walis.*) flugunfähiger Tauchvogel der südlichen Halbkugel
Pinie *w.* (-ni'e, *lat.*) Kiefer der Mittelmeerländer mit wohlschmeckendem Samen
pink (*engl.*) kräftig rosa
Pinna *w.* (*lat.*) 1. Ohrmuschel; 2. Gattung der (Meeres-)Steckmuschel
Pinnwand *w.* (*engl.-dt.*) Kork- oder Plastiktafel, auf der man Zettel u. a. befestigen kann
Pint *s.* (peint, *engl.*) engl. und amerikan. Flüssigkeitsmaß, etwa ein halber Liter
Pin-up-Girl *s.* (pinapgörl, *engl.*) 1. Foto einer attraktiven jungen Frau auf der Titelseite von Magazinen, das sich die amerikan. Soldaten im Zweiten Weltkrieg an ihre Spindwand hefteten; 2. Frauentypus, der diesen Bildern entspricht
pinx. Abk. von **pinxit** (*lat.*) auf Bildern neben dem Namen des Malers: hat gemalt
Pinyin *s.* (*chin.*) das seit 1979 in China verwendete Transkriptionssystem in lateinische Buchstaben
Pinzette *w.* (*frz.*) kleine Greifzange, Federzange
PIO *s.* (aus *engl.*, *p*rogrammable *i*nput – *o*utput) programmierbare Schaltung zur parallelen Ein- und Ausgabe von Daten, was die Verarbeitungszeit eines Rechners verkürzt (EDV)
Piombi *Mz.* (pjombi, *itl.*) Bleikammern, die Kerker im Dogenpalast von Venedig

Pionen *Mz.* (*gr.*) Elementarteilchen, zu den Mesonen gehörig

Pionier *m.* (*frz.*) 1. Soldat der technischen Heeresgruppe; 2. Bahnbrecher, Wegbereiter, Vorkämpfer; 3. Mitglied der Kinderorganisation der Freien Deutschen Jugend in der ehemal. DDR

Pioskop *s.* (*gr.*) Gerät zur Bestimmung des Fettgehalts der Milch

Pipa *w.* (*chin.*) einer Laute ähnelndes Zupfinstrument aus China

Pipe *w.* (peip, *engl.*) 1. Tubus, Röhre; 2. engl. und amerik. Maß für Wein und Branntwein; **Pipeline** *w.* (-lein) Rohrleitung für Erdöl, Gas u. a.

Pipette *w.* (*frz.*) Ansaugröhrchen aus Glas

Piqué *m.* (*frz.*) 1. Pikee; 2. Billardstoß mit schnellem Rückwärtseffet

Piqué *s.* (*frz.*) Maßeinheit für Einschüsse in Diamanten

Piranha *m.* (piranja, *Tupí*) gefährlicher, in karibischen Flüssen lebender Fisch aus der Familie der Fleisch fressenden Sägesalmler

Pirat *m.* (*gr.-lat.*) Seeräuber, Freibeuter; **Piraterie** *w.* Seeräuberei

Pirogen, Piroggen *Mz.* (*russ.*) Pasteten mit Füllung von Kohl, Fleisch u. a.

Pirouette *w.* (piruette, *frz.*) rasche, wirbelnde Drehung um die eigene Körperachse, Ztw. **pirouettieren**

PISA *o. Art.* (aus *engl. P*rogram for *I*nternational *S*tudent *A*ssessment) i. J. 2000 erstmals durchgeführte internationale Schulleistungsstudie der OECD mit dem Schwerpunkt «Lesekompetenz»

Pisang *m.* (*malai.*) malai. Bez. für Banane; **Pisangfresser** *m.* blau schimmernder tropischer Waldvogel, Bananenfresser

Piscina *w.* (-zina, *lat.*) 1. Wasserbecken in röm. Gärten; 2. Taufbrunnen in frühchristl. Kirchen; 3. Handwaschbecken für den Priester in mittelalterl. Kirchen

Pissoir *s.* (pissoah, *frz.*) Bedürfnisanstalt für Männer

Pistazie *w.* (-zi'e, *pers.-gr.*) mittelmeerländischer Strauch mit nussartigen Früchten

Piste *w.* (*frz.*) 1. erhöhter Rand der Manege im Zirkus; 2. Rennbahn, Rollbahn, Abfahrtsbahn; 3. Wüstenweg; 4. Vergnügungsmeile (umg.)

Pistill *s.* (*lat.*) 1. Mörserkeule; 2. Stempel der Blüte

Pistole *w.* (*frz.*) 1. kleine Handfeuerwaffe; 2. alte spanische Goldmünze; **Pistolero** *m.* (*span.*) Revolverheld

Piston *s.* (pistong, *frz.*) 1. Pumpenkolben; 2. Ventil an Blasinstrumenten

Pita *w.* (*span.*) Agavenfaser, Nutzfaser

Pita *w.* (*neugr.*) griechisches Fladenbrot

Pitaval *m.* Sammlung berühmter Rechtsfälle (nach der ersten Sammlung des französ. Rechtsgelehrten Pitaval im 18. Jh.)

Pitbull *m.* (*engl.*) mit Dogge und Terrier verwandte Hunderasse, häufig zum Kampfhund ausgebildet

Pitchpine *s.* (pitschpein, *engl.*) amerikanische Pechkiefer, Nutzholz

Pithekanthropus *m.* (*gr.*) Urmensch, Affenmensch (in China und auf Java gefunden); **pithekoid** affenähnlich

pitoyabel (pitoajabl, *frz.*) beklagenswert, erbärmlich

pittoresk (*itl.*) malerisch

Pittura metafisica *w.* (*itl.*) um 1920 begründete Richtung der modernen italien. Malerei mit rätselhaften symbolisch-magischen Bildelementen, die den Surrealismus beeinflusste

Pityriasis *w.* (*gr.*) mit Schuppenbildung einhergehende Hautkrankheit

più (pju, *itl.*) Musik: mehr; **più forte** stärker

Pivot *m.* (piwoh, *frz.*) Schwenkvorrichtung an Drehkränen

Pix *m.* (*lat.*) Teer, Pech, Arzneimittel gegen Hautkrankheiten auf Teerbasis

Pixel (aus *engl. pi*cture *el*ement) kleinstes Rasterelement bei der digitalen Bilddarstellung (EDV)

Piz *m.* (*ladin.*) Berggipfel (z. B. *Piz* Buin)

Pizza *w.* (*itl.*) meist runde Hefeteigscheibe, die mit Käse und beliebigen anderen Zutaten belegt und im Ofen gebacken wird; **Pizzeria** *w.* Gaststätte für italien. Speisen

pizzicato (*itl.*) mit den Fingern gezupft (Anweisung für Streichinstrumente)

Placebo *s.* (*lat.*) Scheinmedizin, die für vergleichende Testzwecke einer Gruppe von Testpersonen verabreicht wird

Placement *s.* (plehß-, *engl.*) 1. Anlage

von Kapitalien; 2. Absatz von Waren; 3. Stellenvermittlung, Stellenbesetzung
placet (*lat.*) es gefällt; **placido** (-tschi-, *itl.*) Musik: ruhig, gemessen
Placenta = Plazenta
Placet = Plazet
placieren = platzieren
plädieren (*frz.*) ein Plädoyer halten, für etwas oder jmdn. eintreten; **Plädoyer** *s.* (plädoajeh) 1. Anklage- bzw. Verteidigungsrede im Strafprozess; 2. engagiertes Eintreten für jmdn. oder etwas
Plafond *m.* (plafong, *frz.*) 1. Zimmerdecke; 2. oberste Kreditgrenze
Plagiat *s.* (*lat.-frz.*) unrechtmäßige Nachahmung, geistiger Diebstahl; **Plagiator** *m.* jmd., der plagiiert; **plagiieren** ein Plagiat herstellen
Plagioklas *s.* (*gr.*) häufigstes gesteinsbildendes Mineral, Kalknatronfeldspat
Plaid *s.* (plehd, *schott.*) karierte Wolldecke, Reisedecke
Plainte *w.* (plängt, *frz.*) Musikstück mit klagendem Charakter, bes. im 17./18. Jh.
Plakat *s.* (*frz.*) Werbebild zum Anschlagen oder Aushängen; **plakatieren** öffentlich anschlagen, Hptw. **Plakatierung** *w.*; **plakativ** 1. in der Art eines Plakats, effektvoll, poppig; 2. vereinfachend
Plakette *w.* (*frz.*) 1. Gedenkmünze, Gedenkplatte; 2. Ansteckplättchen mit Bild oder Text
Plan(i)-, plan(i)- (*lat.*) als Vorsilbe: eben, flach
plan (*lat.*) eben, flach; **Planche** *w.* (plangsch, *frz.*) Fechtbahn; **planieren** (*lat.*) einebnen, glätten, Hptw. **Planierung** *w.*; **plankonkav** mit einer ebenen und einer hohlen Seite; **plankonvex** mit einer ebenen und einer gewölbten Seite (von Linsen)
Planet *m.* (*gr.*) Himmelskörper, der sich auf einer elliptischen Bahn um die ihn beleuchtende Sonne bewegt, Wandelstern, Eigw. **planetarisch**; **Planetarium** *s.* Gebäude und Konstruktionsvorrichtung für die Darstellung des Sternenhimmels; **Planetoid** *m.* kleiner Planet
planieren = plan
Planimeter *s.* (*lat.-gr.*) Gerät zum Messen des Flächeninhalts ebener Körper; **Planimetrie** *w.* Geometrie der Ebene; **Planisphäre** *w.* Karte, die die gesamte Oberfläche der Erde darstellt
plankonkav, plankonvex = plan
Plankton *s.* (*gr.*) Gesamtheit der im Wasser treibenden Kleinlebewelt ohne Eigenbewegung; **Planktont, Plankter** *m.* das einzelne Lebewesen im Plankton
Planning Manager *m.* (plän- mänedscher, *engl.*) Planungsleiter
plano (*lat.*) glatt, ungefalzt
planparallel (*lat.-gr.*) in parallelen Ebenen angeordnet
Planquadrat *s.* (*lat.*) durch parallele Längs- und Querlinien gebildetes Quadrat (z. B. auf Landkarten)
Plantage *w.* (-tasche, *frz.*) große landwirtschaftliche Pflanzung, bes. in tropischen Gebieten
plantar (*lat.*) zur Fußsohle gehörend, die Fußsohle betreffend
Plaque *w.* (plack, *frz.*) Zahnbelag
Pläsier *s.* (*frz.*) Vergnügen
Plasma *s.* (*gr.*) 1. Blutflüssigkeit ohne Blutkörperchen, Blutplasma; 2. Protoplasma; 3. Chalzedonart, grüner Schmuckstein; 4. ionisiertes heißes Gas (z. B. interstellares Gas); **Plasma-Bildschirm, Plasmabildschirm** *m.* auf Plasmaphysik beruhender hochauflösender Bildschirm, bes. für Fernseher und Displays; **Plasmapherese** *w.* apparative Trennung von Plasma und Blutzellen; **Plasmaphysik** *w.* Teilgebiet der Physik, das sich mit Eigenschaften und Anwendungen des Plasmas beschäftigt
Plasmochin *s.* (*Wz.*) Malariapharmazeutikum; **Plasmodium** (*gr.-lat.*) 1. Protoplast; 2. einzelliger Blutschmarotzer, Malariaerreger; **Plasmon** *s.* Gesamtheit des im Zytoplasma vorhandenen Erbguts
Plastics *Mz.* (pläßtiks, *engl.*) engl. Bez. für Kunststoffe; **Plastik** *s.* (*gr.-lat.-frz.*) Kunststoff
Plastik *w.* 1. Bildhauerkunst und einzelnes Kunstwerk; 2. operative Ersetzung von Gewebe oder Organen, plastische Chirurgie; **Plastiker** *m.* Bildhauer; **Plastilin** *s.* Knetmasse zum Modellieren; **Plastinaut** *m.* (*Kunstwort*) Nachbildung eines Menschen für Versuchszwecke in der Weltraumfahrt; **plastisch** 1. die Bildhauerei betreffend; 2. körperhaft, räumlich hervor-

tretend; 3. anschaulich; 4. knetbar, formbar; **Plastizität** *w.* 1. Anschaulichkeit, Bildhaftigkeit, Körperhaftigkeit; 2. Formbarkeit (von Material)

Plastron *s.* (plastrong, *frz.*) 1. Schutzpolster des Fechters; 2. Stoßkissen zum Üben der Treffsicherheit; 3. Bauchpanzer der Schildkröte

Platane *w.* (*lat.*) Laubbaum mit geflecktem Stamm

Plateau *s.* (plato, *frz.*) Hochebene; **Plateausohle** *w.* extrem dicke Kunststoffsohle an Schuhen

plateresker Stil *m.* (*span.*) reich verzierte Fassadengestaltung in der Gotik, bes. in Spanien

Platin, Platin *s.* (*span.*) chem. Element, ein Edelmetall; **platinieren** mit Platin überziehen

Platine *w.* (*frz.*) 1. Hakengerät an Wirk- und Webmaschinen; 2. Walzerzeugnis, aus dem Bleche hergestellt werden; 3. Leiterplatte in der Elektronik

Platoniker *m.* (*gr.*) Vertreter der Lehre des griech. Philosophen Plato; **platonisch** 1. zur Philosophie Platons gehörend; 2. rein geistig, nicht sinnlich; **Platonismus** Weiterentwicklung der Lehre Platons durch verschiedene philosophische Richtungen (nach dem antiken Philosophen Plato, 427–347 v. Chr. in Athen)

plattieren (*frz.*) 1. unedles Metall mit edlem überziehen; 2. Fasern umspinnen (z. B. Baumwolle mit Seide), Hptw. **Plattierung**

Plattitüde *w.* (*frz.*) Plattheit, Binsenwahrheit

platzieren (*lat.*) 1. an den rechten Platz anweisen; 2. einen Wurf oder Schlag gut gezielt anbringen; 3. Kapitalien unterbringen; **sich platzieren** einen guten Platz erringen; **platziert** 1. gut gezielt; 2. auf der Siegerliste; **Platzierung** *w.* 1. das Platzieren; 2. Platz in einer Rangfolge

plausibel (*lat.*) einleuchtend, klar, verständlich

Playback *s.* (plehbäck, *engl.*) 1. nachträgliche Abstimmung des Bildstreifens mit der Tonaufnahme bei Filmen und Fernsehen; 2. das Einspielen bereits vorher aufgenommener Musik- oder Sprechstücke

Playboy *m.* (plehbeu, *engl.*) ansehnlicher junger Mann, der reich genug ist, um sorgenfrei seinen Vergnügungen nachzugehen; **Playgirl** *s.* (-görl) das weibliche Pendant zum Playboy; **Playmate** *s.* (-meht) Vergnügungsgefährtin von Playboys; **Play-off** *s.* System von Ausscheidungsspielen im Sport; **Playstation** *w.* (-stehschen) Spielkonsole mit CD-ROM-Laufwerk (EDV)

Plaza *w.* (plaßa, *span.*) Platz, Marktplatz

Plazenta *w.* (*lat.*) Mutterkuchen, Nachgeburt bei Menschen und Tieren

Plazet *s.* (*lat.*) Zustimmung, Erlaubnis

plazieren = platzieren

Plebejer *m.* (*lat.*) 1. Volksteil mit geringen Rechten im alten Rom; 2. ungehobelter Mensch, Eigw. **plebejisch**; **Plebiszit** *s.* Volksentscheid; **Plebs** *w.* Pöbel, Gesindel

Pledge *s.* (pledsch, *engl.*) Handgeld, Unterpfand

Plegie *w.* (*gr.*) Lähmung (von Muskeln oder Körperteilen)

Pléiade *w.* (plejahd, *frz.*) einflussreiche, aus jeweils sieben Personen bestehende Dichterschule im Frankreich des 16. Jh., die eine volkssprachliche französ. Dichtung anstrebte

Pleinair *s.* (plänähr, *frz.*) Freiluftmalerei und -bildhauerei; **Pleinairist** *m.* Vertreter des Pleinair

Pleinpouvoir *s.* (plängpuvoar, *frz.*) unbeschränkte Vollmacht

Pleistozän *s.* (*gr.*) Diluvium, erdgeschichtliche Epoche vor der Jetztzeit, von vor ca. 1,8 Mio. Jahren bis vor 11 500 Jahren

pleite (*hebr.*) zahlungsunfähig, bankrott; **Pleite** *w.* Bankrott

Plejaden *Mz.* Siebengestirn, ein Sternbild (nach den sieben Töchtern des Atlas und der Pleïone, die Zeus an den Himmel versetzte)

Plektron *s.*, **Plektrum** *s.* (*gr.*) Plättchen zum Schlagen von Zupfinstrumenten

Plenilunium *s.* (*lat.*) Vollmond; **pleno iure** mit vollem Recht; **pleno organo** mit allen Registern (der Orgel)

Plenum *s.* (*lat.*) Vollversammlung eines Gremiums, bes. des Parlaments

Pleonasmus *m.* (*gr.*) redundante Doppelbezeichnung (z. B. *alter Greis*), Eigw.

pleonastisch; **Pleonexie** *w.* 1. Unersättlichkeit, Habsucht; 2. Geltungssucht

Pleura *w.* (*gr.*) Rippenfell, Brustfell; **Pleuritis** *w.* Rippenfellentzündung; **Pleuropneumonie** *w.* Lungen- und Rippenfellentzündung

Pleureuse *w.* (plörös, *frz.*) 1. Straußenfedern als Hutschmuck; 2. Trauerbesatz, Trauerrand

Plexiglas *s.* (*Wz.*) splittersicheres Glas aus Kunstharz; **Plexus** *m.* (*lat.*) Nerven- und Gefäßsystem

Pli *m.* (*frz.*) Schliff, feines Benehmen, Gewandtheit

Plikation *w.* (*lat.*) operative Aneinanderheftung (z. B. einzelner Darmschlingen)

Plinse *w.* (*russ.*) Eierkuchen

Plinthe *w.* (*gr.*) 1. rechteckiger Sockel unter Säulen; 2. Säulenmauer

Pliozän *s.* (*gr.*) letzte Stufe des Tertiärs

Plissee *s.* (*frz.*) Pressfalten, Pressfaltengewebe; **plissieren** Plissee legen, fälteln

PLO *w.* (aus *engl.* Palestine Liberation Organization) 1964 gegr., aus mehreren Einzelorganisationen bestehende Palästinensische Befreiungsorganisation, die die Gründung eines unabhängigen Staates Palästina anstrebt

Plombe *w.* (*lat.*) 1. Zahnfüllung, Hohlraumfüllung; 2. Bleisiegel; **plombieren** 1. Zahn füllen; 2. mit Plombe versiegeln

Plot *m.* oder *s.* (*engl.*) 1. Handlungsschema eines Romans, Films o. Ä.; 2. mit einem Plotter hergestellte grafische Darstellung; **plotten** mit dem Plotter zeichnen; **Plotter** *m.* automatisches Zeichengerät, heute fast ausschließl. als Zusatzgerät zu Computern

Plug-in *s.* (plag-, *engl.*) leistungssteigerndes Zusatzprogramm, das in eine größere Anwendung integriert wird (EDV)

Plumbum *s.* (*lat.*) Blei, chem. Element, ein Schwermetall (Zeichen: Pb)

Plumeau *s.* (plümoh, *frz.*) Federbett

Plumpudding *m.* (plam-, *engl.*) englischer Weihnachtspudding

Plunger, Plunscher *m.* (plandscher, *engl.*) langer Kolbenkörper ohne Kolbenringe

Plural *m.* (*lat.*) Sprachlehre: Mehrzahl, Eigw. **pluralisch**; **Pluraletantum** *s.* nur als Mehrzahl existierendes Hauptwort (z. B. Leute); **Pluralis Maiestatis** *m.* Plural, mit dem sich ein Würdenträger selbst bezeichnet: *Wir, Benedictus X im ersten Jahr unseres Pontifikates* ...; **Pluralis Modestiae** *m.* (– destijä) Plural, mit dem sich eine einzelne Person, bes. ein Redner, aus Gründen der Bescheidenheit bezeichnet: *Wir kommen damit zu einem Problem* ...;

Pluralismus *m.* 1. philos. Auffassung, nach der die Wirklichkeit aus einer Vielheit von Bereichen besteht, die sich nicht aufeinander zurückführen lassen; 2. das Nebeneinanderbestehen verschiedener gesellschaftlicher Gruppen mit unterschiedlichen Normen und (politischen) Anschauungen, Eigw. **pluralistisch**; **Pluralist** *m.* Vertreter des Pluralismus; **Pluralität** *w.* Vielheit; **plurienn** (-ri'en) mehrjährig (von Pflanzen, die erst nach mehreren Jahren zu ihrer ersten und einzigen Blüte bzw. Fruchtreife kommen); **Pluripara** *w.* Frau, die mehrfach geboren hat

plus (*lat.*) 1. zuzüglich; 2. über dem Gefrierpunkt; **Plus** *s.* 1. Überschuss, Gewinn; 2. Vorzug, Vorteil

Plüsch *m.* (*frz.*) hochfloriger, samtähnlicher Stoff

Plusquamperfekt *s.* (*lat.*) Sprachlehre: Vorvergangenheit, vollendete Vergangenheit (z. B. ich *hatte gegessen*)

Pluto, Pluton *m.* (*gr.*) 1. Gott des Reichtums, später der Unterwelt; 2. Tiefengestein (z. B. Granit); 3. der erd- und sonnenfernste Planet unseres Sonnensystems; **plutonisch** unterweltlich, aus dem Erdinnern

Plutokrat *m.* (*gr.*) jmd., der durch sein Vermögen politisch mächtig ist; **Plutokratie** *w.* Herrschaftsform, in der Besitz und Vermögen die politische Vormachtstellung begründen, Eigw. **plutokratisch**

Plutonium *s.* (*gr.-lat.*) chem. Element, ein Transuran (Zeichen: Pu); **Plutoniumbombe** *w.* Atombombe, die auf Kernspaltung basiert

Pluviale *s.* (*lat.*) 1. Krönungsmantel von Königen oder Kaisern; 2. Teil des Priesterornats; **Pluvialzeit** *w.* der Eiszeit entsprechende Zeit in heute subtropischen Ländern; **Pluviograf, Pluviograph** *m.* Niederschlagsregistriergerät; **Pluviometer** *s.*

Niederschlagsmessgerät; **Pluviose** *m.* (plüwios, *frz.*) der fünfte Monat im Kalender der Französischen Revolution (20. Januar bis 18. Februar)

p. m. = 1. pro mille; 2. post meridiem; 3. pro memoria

Pneu *m.* 1. (pnöh, *frz.*) Luftreifen; 2. = Pneumothorax

Pneuma *s.* (*gr.*) 1. Hauch, Atem, Lebenskraft (in der stoischen Philosophie); 2. göttlicher Geist (in verschiedenen religionsphilosoph. Auslegungen); **Pneumatik** *w.* 1. philosoph. Lehre vom Pneuma; 2. Teilgebiet der Mechanik, das sich mit den Wirkungsmöglichkeiten der Gase befasst; **pneumatisch** 1. geistig, vom Geist Gottes durchdrungen; 2. mit Luft gefüllt; 3. die Luft, das Atmen betreffend; **Pneumatochord** *s.* Windharfe, Äolsharfe; **Pneumatologie** *w.* Geistlehre; 2. Lehre von den Dämonen und Engeln; **Pneumatometer** *s.* Messgerät für den Luftdruck bei der Atmung; **Pneumatose** *w.* abnorme Luftansammlung in Organen od. Geweben; **Pneumokokken** *Mz.* Erreger der Lungenentzündung; **Pneumonie** *w.* Lungenentzündung, Eigw. **pneumonisch**; **Pneumoperitoneum** *s.* (-ne'um) Ansammlung von Luft in der Bauchhöhle als Folge von Magen- oder Darmwandbruch; **Pneumothorax** *m.* Luftansammlung im Brustfellraum

pochieren (posch-, *frz.*) Eier in siedendes Wasser aufschlagen

Pochoir *s.* (poschoar, *frz.*) meist kleines Graffito an Hauswänden, für das eine Schablone verwendet wurde

Pocketbook *s.* (pockitbuck, *engl.*) Taschenbuch; **Pocketkamera** *w.* kleiner handlicher Fotoapparat mit einfacher Bedienung

poco (*itl.*) Musik: wenig; **poco a poco** nach und nach, allmählich

Podagra *s.* (*gr.*) Fußgicht, Eigw. **podagrisch**

Podcast *m.* (aus *engl.* i*Pod* und broad*cast*) Audio- od. Videodatei im Internet, wird zunehmend von Personen des öffentlichen Lebens zur Selbstdarstellung genutzt; **podcasten** einen Podcast herstellen

Podenco *m.* (*span.*) Laufhund, Jagdhund, regional entstandene, auf der Iberischen Halbinsel beheimatete Hunderasse

Podest *s.* (*lat.*) 1. Treppenansatz, Tritt; 2. niedriges Podium

Podestà *m.* (*itl.*) italien. Bez. für Bürgermeister

Podex *m.* (*lat.*) Hintern, Gesäß (scherzhaft)

Podium *s.* (*gr.-lat.*) bühnenartige Erhöhung in Sälen, Rednertribüne

Pododermatitis *w.* (*gr.*) Erkrankung der Haut an Füßen od. Hufen von Haustieren; **Podometer** *m.* Schrittzähler; **Podoskop** *s.* früher in Schuhgeschäften benutztes Gerät zur Durchleuchtung der Füße, um die Passform von Schuhen zu kontrollieren

Poem *s.* (po'em, *gr.*) Gedicht; **Poesie** *w.* 1. Dichtkunst, Dichtung; 2. Stimmungszauber; **Poesie engagée** *w.* (– engascheh, *frz.*) Tendenzdichtung, Dichtung, die engagiert Anschauungen und Ideen ihres Autors transportiert; **Poesie fugitive** *w.* (– füschitif) tändelnd-leichte französ. Rokokodichtung; **Poesie pure** *w.* (– pür) reine, tendenz- und ideologiefreie Dichtung, bes. der französ. Literatur des 19. Jh.; **Poet** *m.* (*lat.*) Dichter (scherzh., ironisch); **Poeta doctus** *m.* (– doktus) gelehrter Dichter, Dichtergelehrter; **Poeta laureatus** *m.* lorbeergekrönter Dichter; **Poetaster** *m.* Dichterling; **Poète maudit** *m.* (– mohdih, *frz.*) der verfemte Dichter, Schlagwort für die Außenseitersituation des genialen, aber verkannten Dichters (nach einem Gedichtband gleichen Titels von Paul Verlaine i. J. 1884); **Poetik** *w.* 1. Theorie der Dichtung; 2. Lehrbuch für Dichtung; **poetisch** dichterisch, bilderreich, stimmungsvoll; **poetologisch** die Poetik betreffend

Pofel = Bafel

Pogrom *s.* (*russ.*) mit Gewalttaten verbundene, staatlicherseits gebilligte Ausschreitungen gegen Juden und andere Minderheiten

Poikilodermie *w.* (*gr.*) buntscheckig fleckige Haut aufgrund ungleichmäßiger Ablagerung von Pigmenten in der Haut; **poikilotherm** wechselwarm (von Tieren, Wechselwarmblütern)

Point *m.* (poäng, *frz.*) 1. Stich im Kartenspiel; 2. Auge, Punkt auf dem Würfel;

Point d'Honneur *m.* (– donnör) Ehrenstandpunkt; **Pointe** *w.* die literarische Spitze, der Knalleffekt einer Erzählung oder Darstellung; **Pointer** *m.* (peunter, *engl.*) 1. Vorstehhund, Hühnerhund; 2. Schrifttyp, Schriftart; **pointieren** (*frz.*) betonen, hervorheben; **pointiert** zugespitzt, herausgestellt, hervorgehoben

Pointillismus *m.* (*frz.*) aus dem Impressionismus entwickelte Maltechnik, bei der die Farbe rasterartig in Strichen und Punkten aufgetragen wird, Neoimpressionismus

Point of no Return *m.* (peunt of no ritörn, *engl.*) Punkt, an dem es kein Zurück mehr gibt, Punkt ohne Umkehr

Pojaz *m.* (*jidd.*) Possenreißer, Bajazzo, Spaßmacher

Pokal *m.* (*itl.*) 1. prunkvoller Becher mit Fuß und Verzierungen; 2. Siegerpokal; 3. Wettbewerb um einen Pokal; **Pokalsystem** *s.* Wettkampfordnung im Sport: Ermittlung der Endsieger aus den Kämpfen der Rundensieger

Pokémon *s.* (*Wz.*) Phantasiewesen aus einem japan., 1996 erstmals veröffentlichten Videospiel

Poker *s.* (*engl.*) amerik. Kartenglücksspiel; **Pokerface** (-fehß, *engl.*) undurchdringliche Miene; **pokern** 1. Poker spielen; 2. Risiken eingehen, bluffen

pokulieren (*lat.*) zechen, stark trinken

Pol *m.* (*lat.*) 1. Drehpunkt, Zielpunkt; 2. Endpunkt der Erdachse, Nord- und Südpol; 3. Anschlussstelle einer elektrischen Stromquelle; 4. Bezugspunkt; **polar** 1. auf die Erdpole bezogen; 2. entgegengesetzt, im Spannungsverhältnis zueinander; **Polarfront** *w.* 1. Grenzbereich zwischen der polaren Kaltluft und der subtropischen Warmluft; 2. Grenzbereich zwischen polaren kalten und subtropischen warmen Wassermassen des Meeres; **Polarisation** *w.* (*gr.*) 1. Herausbildung von Gegensätzen; 2. gegensätzliches Verhalten (z.B. von chemischen Stoffen); 3. Herstellung von nur einer Schwingungsrichtung (vom Licht); **Polarisator** *m.* Gerät zur Erzeugung polarisierten Lichtes; **polarisieren** 1. Gegensätze, Pole herausbilden; 2. Licht in eine Schwingungsrichtung versetzen; **Polarität** *w.* 1. Vorhandensein zweier Pole; 2. Spannungsverhältnis zwischen zwei einander zugeordneten Gegensätzen; **Polarium** *s.* Abteilung eines Zoos, der für die Haltung von Tieren aus den Polargebieten ausgestattet ist; **Polarkreis** *m.* Breitenkreis von etwa 66,5° nördlicher bzw. südlicher Breite; **Polaroidkamera** *w.* (*Wz.*) Sofortbildkamera, die in Sekunden fertige Fotos liefert

Polder *m.* (*niederl.*) 1. Weideflächen hinter Deichen, Koog; 2. Überschwemmungsland

Polemik *w.* (*gr.*) 1. literarischer oder wissenschaftlicher Meinungsstreit, Federkrieg; 2. Affront; **polemisch** 1. in der Art einer Polemik, kritisch, streitbar; 2. unsachlich; **polemisieren** 1. einen Meinungsstreit führen; 2. unsachlich werden;

Polemologie *w.* Konflikt- und Kriegsforschung

polen (*lat.*) 1. etwas verstehen; 2. Sex haben (Jj.)

Polenta *w.* (*itl.*) italien. Gericht aus Maisgrieß

Polente *w.* (*jidd.*) Polizei (umg.)

Poleposition *m.* (pohlposischen, *engl.*) die beste Startposition beim Autorennen

Police *w.* (polißc, *frz.*) Versicherungsurkunde

Polier *m.* (*frz.*) Vorarbeiter im Baugewerbe, Werkmeister bei Maurern und Zimmerleuten; **polieren** 1. reiben, blank machen, 2. glätten, schleifen

Poliklinik *w.* (*gr.*) ambulante Abteilung eines Krankenhauses

Polio *w.* Kurzwort für **Poliomyelitis** *w.* (*gr.*) Kinderlähmung

Polis *w.* (*gr.*) altgriechischer Stadtstaat

Politbüro *s.* (*russ.*) Zentralausschuss einer kommunistischen Partei

Politesse *w.* (-teß, *frz.*) Höflichkeit; **Politesse** *w.* (aus *Poliz*ei und Hos*tess*) Hilfspolizistin, die den ruhenden Verkehr kontrolliert

Political Correctness *w.* (-kel –, *engl.*) politische Korrektheit, ein in den USA der 1980er Jahre entstandener Begriff, der die Vermeidung jeglicher Diskriminierung (von Minderheiten) einfordert, Verhalten, Sprache und Gesinnung entsprechend normiert und abweichendes Verhalten sanktioniert

Politik *w.* (*gr.-frz.*) 1. Handeln von Personen, Gruppen und Institutionen, das auf die Durchsetzung bestimmter Ziele in Staat und Gesellschaft gerichtet ist; 2. geschicktes, berechnendes Vorgehen; **Politiker** *m.* in der Politik Tätiger; **Politikum** *s.* Angelegenheit von öffentlichem Interesse; **politisch** 1. die Politik betreffend; 2. staatsmännisch; **politisieren** 1. über Politik sprechen, politische Angelegenheiten erörtern; 2. etwas unter politischen Vorzeichen betrachten; 3. jmdn. politisch bewusst machen; **Politologie** *w.* Politikwissenschaft, Wissenschaft der politischen Ideen, Prozesse und Strukturen

Politur *w.* (*lat.*) 1. Glätte, glänzende Oberfläche; 2. Poliermittel

Polizei *w.* (*gr.*) Polizeigewalt und Polizeibehörden; **Polizist** *m.* Angehöriger der Polizei

Polka *w.* (*tschech.*) lebhafter Gesellschaftstanz aus Böhmen

Poll *m.* (pohl, *engl.*) 1. Umfrage in der Meinungsforschung; 2. Wählerverzeichnis (i. d. USA); 3. Wahl, Abstimmung

pollakanth (*gr.*) mehrjährig und immer wieder blühend (von Pflanzen)

Pollen *m.* (*lat.*) Blütenstaub

Poller *m.* (*niederl.*) Holz- oder Metallpfosten zum Befestigen von Schiffstauen

Pollution *w.* (*lat.*) unwillkürlicher Samenerguss

Pollux *m.* (*lat.*) Daumen

Pollux *m.* = Kastor und Pollux

Polo *s.* (*tibet.*) Treibballspiel zu Pferd mit hammerartigen Schlägern; **Polohemd** *s.* kurzärmeliges Trikothemd

Polonaise *w.* (polonäse, *frz.*) festlicher Schreittanz im Dreivierteltakt

Poly-, poly- (*gr.*) als Vorsilbe: viel, oft

Polyacryl *s.* leichte, weiche Kunststofffaser; **Polyamid** *s.* (*Wz.*) Kunststoff (z. B. Perlon, Nylon)

Polyandrie *w.* (*gr.*) Ehegemeinschaft einer Frau mit mehreren Männern, Eigw. **polyandrisch**

Polyantha *w.* (*gr.*) Gartenrose von buschigem Wuchs

polychrom (*gr.*) vielfarbig, Hptw. **Polychromie** *w.*

Polyeder *s.* (*gr.*) Vielflächner, durch mehrere Flächen begrenzter Körper; **polyedrisch** vielflächig

Polyester *m.* (*Kunstwort*) chem. Verbindung aus Säuren und Alkoholen, wichtiger Rohstoff für die Herstellung von Kunstfasern und -harzen

Polyfonie = Polyphonie

polygam (*gr.*) 1. zur Mehrehe veranlagt; 2. in Mehrehe lebend; **Polygamie** *w.* Vielehe, Mehrehe

polygen (*gr.*) 1. durch mehrere Erbfaktoren hervorgerufen; 2. aus mehreren Stammformen resultierend; 3. mehrfachen Ursprungs, Hptw. **Polygenese, Polygenesis** *w.*

polyglott (*gr.*) vielsprachig; **Polyglotte** *m.* oder *w.* jmd., der mehrere Sprachen spricht; **Polyglotte** *w.* Buch mit mehrsprachigem Text, bes. die Bibel

Polygon *s.* (*gr.*) Vieleck; **polygonal** vieleckig

Polygraph, Polygraf *m.* Gerät, das gleichzeitig mehrere medizinische o. psychologische Vorgänge aufzeichnet (z. B. Lügendetektor)

Polygynie *w.* (*gr.*) Ehegemeinschaft eines Mannes mit mehreren Frauen, Vielweiberei

polymer (*gr.*) vielteilig; **Polymere** *Mz.* Verbindungen aus Großmolekülen; **Polymerie** *w.* 1. Zusammenwirken mehrerer gleichartiger Erbfaktoren; 2. Verbindung aus Molekülketten; **Polymerisation** *w.* chem., auf der Verbindung von Molekülen beruhendes Verfahren zur Erzeugung von Kunststoffen, Ztw. **polymerisieren**

Polymetrie *w.* Verwendung verschiedener Versmaße (in einem Gedicht)

polymorph (*gr.*) vielgestaltig; **Polymorphie** (*w.*), **Polymorphismus** *m.* Vielgestaltigkeit, Verschiedengestaltigkeit; **polymorph-pervers** prägenital (von der infantilen Sexualität, nach Sigmund Freud, 1856–1939)

Polyp *m.* (*gr.*) 1. Tintenfisch, achtarmiger Kopffüßler; 2. gutartige kleine Wucherung auf Schleimhäuten; 3. Polizist (umg.)

Polyphage *m.* (*gr.*) Allesfresser (von Tieren)

Polyphonie, Polyfonie *w.* (*gr.*) Mehrstimmigkeit, Vielstimmigkeit (bei selbständiger Stimmführung); Eigw. **polyphon(isch), polyfonisch**

Polyptoton *s.* (*gr.*) Wiederholung desselben Wortes innerhalb desselben Satzes in verschiedenen Flexionsformen (z. B. *König* der *Könige*, *Kritik* der *Kritik*)

Polyptychon *s.* (*gr.*) Flügelaltar mit mehr als drei Flügeln

Polysem *s.* (*gr.*) Wort mit mehreren Bedeutungen (z. B. *Bank* = Sitzgelegenheit, *Bank* = Geldinstitut)

Polytechnik *w.* (*gr.*) interdisziplinäres Gebiet (und Unterrichtsfach) mit naturwiss.-technischen, gesellschaftskundlichen und vorbereitenden Anteilen, in der DDR als Unterrichtsfach verbindlich; **Polytechnikum** *s.* 1. technische Hochschule; 2. höhere technische Fachschule, Technikum

Polytheismus *m.* (-te'i-, *gr.*) Verehrung vieler, persönlich gedachter Götter, Eigw. **polytheistisch**

Polytonalität *w.* (*gr.-lat.*) Vieltonart, das Durchführen mehrerer Stimmen in verschiedenen Tonarten

polytrop (*gr.*) sehr anpassungsfähig (von Organismen)

polyvalent (*gr.-lat.*) in mehrerlei Hinsicht wirksam

Polyvinylchlorid *s.* in großen Mengen hergestellter Kunststoff aus polymerisiertem Vinylchlorid (*Abk.* PVC)

Polyzentrismus *m.* (*gr.-lat.*) 1. Verteilung politischer Herrschaft auf mehrere Machtzentren; 2. Stadt mit mehreren Zentren

Pomade *w.* (*itl.-frz.*) parfümierte Creme zum Frisieren; **pomadisieren** mit Pomade behandeln; **pomadig** 1. langsam, träge, schläfrig; 2. dünkelhaft, blasiert

Pomeranze *w.* (*itl.*) bittere apfelsinenartige Südfrucht, aus der z. B. Orangeat hergestellt wird

Pommes Dauphine *Mz.* (pom dofihn, *frz.*) Kartoffelkroketten; **Pomme de Terre** *w.* (– de tär) Kartoffel; **Pommes frites** *Mz.* (– frit) in schwimmendem Fett gebackene Kartoffelstifte

Pomologe *m.* (*lat.*) Fachmann für Obstanbau; **Pomologie** *w.* Obstbaukunde, Eigw. **pomologisch**; **Pomona** *w.* römische Göttin des Obstes, der Obstbäume und Obstgärten

Pomp *m.* (*frz.*) Prunk, Prachtentfaltung; **pompös** prunkhaft, stattlich; **pomposo** (*itl.*) Musik: feierlich

Pompadour *m.* (pongpadur) beutelförmige Damenhandtasche (nach der Marquise de Pompadour, 1721 – 1764)

Pompon *m.* (pongpong, *frz.*) bauschige Quaste, Bommel

pönal (*lat.*) die Strafe, das Strafrecht betreffend

ponceau (pongßo, *frz.*) scharlachrot

Poncho *m.* (pontscho, *span.*) 1. von den süd- und mittelamerikanischen Indianern als Umhang getragene Decke mit Kopfschlitz; 2. ärmelloser Umhang, bes. für Damen

Pond *s.* (*lat.*) ältere Maßeinheit für die Gewichtskraft (eines Gramms), Zeichen: p

Ponderabilien *Mz.* (-li'e-, *lat.*) kalkulierbare, wägbare, greifbare Dinge

Pongé *m.* (pongscheh, *frz.*) sehr dünnes, naturseidenes Gewebe

Pönitenz *w.* (*lat.*) kirchliche Buße

Ponte *w.* (*lat.*) an einem Drahtseil befestigte breite Fähre

Pontifex *m.* (*lat.*) altrömischer Oberpriester; **Pontifex maximus** 1. oberster Priester im alten Rom; 2. Titel der römischen Kaiser; 3. Titel des Papstes; **Pontifikalamt** *s.* vom Papst oder Bischof zelebrierte Messe; **Pontifikat** *s.* Amtszeit eines Papstes oder Bischofs

Ponton *m.* (pongtong, *frz.*) Brückenboot, Tragteil für Schiffsbrücke

Pony *s.* (*engl.*) kleine Pferderasse; **Pony** *m.* Stirnfransen

Pool *m.* (puhl, *engl.*) 1. Geschäftsgemeinschaft, Gewinnverteilungskartell, Ztw. **poolen**, 2. Swimmingpool; **Poolbillard** *s.* (-billjard) Billard, bei dem die Kugeln in sechs Löcher am Rand des Spieltisches gespielt werden müssen

Pop-, pop- (Abk. von *engl. pop*ular), als Vorsilbe: populär, modisch

Pop *m.* (*engl.*) 1. Sammelbez. für Pop-Art, Popkultur, Popmusik u. Ä.; 2. poppiges Aussehen, poppige Art

Popanz *m.* (*tschech.*) 1. Schreckgespenst, Vogelscheuche; 2. vom Willen anderer abhängiger Mensch

Pop-Art *w.* (poppaht, *engl.*) Richtung in der modernen Kunst nach 1945, die die Banalität von Konsumgegenständen in plakativen, seriellen Formen zur Darstellung brachte

Popcorn *s.* (*engl.*) Puffmais

Pope *m.* (*russ.-gr.*) Priester der Ostkirche

Popeline *w.* (*frz.*) feiner, ripsartiger Stoff in Leinenbindung

Pop-Ikone, Popikone *w.* (*engl.-gr.*) Kultfigur der Popmusik und Popkunst; **Popmusik** *w.* von Beat und Rock beeinflusste Unterhaltungsmusik

poppen (*engl.*) 1. begeistern, gute Laune machen; 2. Sex haben (Jj.)

Popper *m.* gestylter Jugendlicher, der sich bewusst vom Punkstil absetzt; **Poppers** *s.* Rauschmittel, das seine Wirkung durch einzuatmende Dämpfe entfaltet; **poppig** farbenfroh, auffallend, modern

populär (*lat.*) gemeinverständlich, allgemein bekannt, beliebt; **popularisieren** populär machen, gemeinverständlich darstellen; **Popularität** *w.* Volkstümlichkeit, Beliebtheit; **Population** *w.* 1. Bevölkerung; 2. Artbestand an Tieren und Pflanzen in einem engeren Bereich; 3. Gruppe von Sternen mit gleichen Merkmalen; 4. statistische Untersuchungsklasse

Populismus *m.* (*lat.-frz.*) 1. literarische Bewegung in den 1920er Jahren, bes. in Frankreich, mit dem Ziel, das Leben des einfachen Volkes literarisch so darzustellen, dass die Werke im Volk gelesen werden; 2. demagogische, an Ressentiments anknüpfende und diese bewusst für die eigenen Zwecke einsetzende Form der Politik, Eigw. **populistisch**

Pop-up *s.* (popp ap, *engl.*) Kurzwort für Pop-up-Fenster (EDV); **Pop-up-Blocker** *m.* Programm, das ein unerwünschtes Aufklappen von Pop-up-Fenstern verhindert (EDV); **Pop-up-Buch** *s.* Buch, in dem sich beim Aufschlagen dreidimensionale Bildteile aufstellen; **Pop-up-Fenster** *s.* beim Anklicken aufspringendes Fenster, das Informationen enthält (EDV); **Pop-up-Menü** *s.* beim Anklicken aufspringendes EDV-Menü, das weitere Funktionen anzeigt (EDV)

Pore *w.* (*gr.*) 1. kleine Öffnung; 2. Mündung der Schweißdrüsen in der Haut

Porno (*gr.*) Kurzbez. für Pornoheft, Pornofilm usw.; **porno** jugendsprachl. Superlativ, ersetzt *geil* (Jj.); **Pornographie, Pornografie** *w.* (*gr.*) hüllenlose bildliche, literarische oder filmische Darstellung sexueller Vorgänge, Eigw. **pornographisch, pornografisch**

porös (*frz.*) schwammartig, durchlässig, Hptw. **Porosität** *w.*

Porphyr *m.* (*gr.*) vulkanisches Gestein

Porree *m.* (*lat.-frz.*) Lauch

Porridge *s.* (porridsch, *engl.*) dicker Hafergrützbrei

Port *m.* (*lat.*) 1. Hafen; 2. sicherer Ort, Zufluchtsstätte

Port *m.* (*engl.*) Schnittstelle zwischen Computer und Peripheriegeräten (EDV)

Porta *w.* (*lat.*) Pforte, Tor; **Portal** *s.* 1. Haupteingang, breite Türöffnung, Prachttor; 2. Eingangsseite einer Website (EDV)

portabel (*lat.*) tragbar; **Portable** *s.* (portebl, *engl.*) tragbarer Fernsehapparat; **portamento** (*itl.*) Musik: gebunden; **portato** getragen, breit

Portefeuille *s.* (portföj, *frz.*) 1. Geschäftsbereich eines Ministers; 2. Wertpapierbestand einer Bank

Portemonnaie *s.* (portmonneh, *frz.*) Geldbörse

Portepée *s.* (*frz.*) Faustriemen mit Quaste an der Seitenwaffe; **am Portepée fassen** bei der Ehre packen

Porter *s.* (*engl.*) dunkles englisches Bier; **Porterhousesteak** *s.* (-haustehk) dicke Scheibe aus dem Rippenstück des Rinds, ähnlich dem T-Bone-Steak

Portfolio *s.* (*itl.*) 1. Bildband; 2. Mappe mit Fotografien oder Grafiken eines oder mehrerer Künstler; 3. schematische Abbildung sich beeinflussender Faktoren (in der strategischen Unternehmensplanung); 4. alle Angebote eines Unternehmens; 5. Bündel von Investitionen im Besitz eines Unternehmens od. Individuums, Wertpapierbestand, Portefeuille; **Portfoliomanagement** *s.* Analyse, Planung, Realisation und Kontrolle des Bestandes an Investitionen (eines Unternehmens)

Portier *m.* (portjeh, *frz.*) Pförtner; **Portière** *w.* (portjäre) Türvorhang

Portikus *m.* (*lat.*) Säulenhalle

Portion *w.* (*lat.*) Anteil, zubemessene Menge
Portlandzement *m.* genormter, üblicherweise zum Bauen verwendeter Zement (nach der engl. Halbinsel Portland, *Abk.* PZ)
Porto *s.* (*itl.*) Postgebühr (*Mz.* Porti)
Portrait, Porträt *s.* (porträh, *frz.*) Bildnis; **porträtieren** das Bildnis eines Menschen malen; **Porträtist** *m.* Porträtmaler
Port Royal des Champs *o. A.* (po roajal dä schamg, *frz.*) Frauenkloster der Zisterzienser in der Nähe von Versailles, im 17./18. Jh. eine Hochburg der Jansenisten, 1710 durch Ludwig XIV. zerstört
Portulak *m.* (*lat.*) Pflanzenart in der Gattung der Portulakgewächse, in Vergessenheit geratenes Wildgemüse und Heilpflanze, das bereits in babylonischen Schriften aus dem 8. Jh. v. Chr. erwähnt wird
Portwein *m.* (*port.*) portugiesischer Süßwein
Porzellan *s.* (*lat.-itl.*) 1. feinste Tonware; 2. Geschirr aus Porzellan, Eigw. **porzellanen**; **Porzellanerde** *w.* Kaolin
Posamenten *Mz.* (*frz.*) Besatzartikel (z. B. Borten, Litzen, Schnüre usw.); **Posamenter, Posamentierer** *m.* Posamentenhersteller
poschieren = pochieren
Pose *w.* (*frz.*) (gekünstelte) Haltung; **Poseur** *m.* (-sör) Wichtigtuer, jmd., der auf Wirkung bedacht ist; **posieren** eine Pose einnehmen, sich auf Wirkung bedacht benehmen
Poseidon *m.* (*gr.*) Meeresgott der Griechen; **Posidonia** *w.* 1. Meeresgrundpflanze; 2. eine Muschelart
Position *w.* (*lat.*) 1. Stellung, Platz, Lage; 2. Grundstellung der Füße beim Ballett; 3. Stellung eines Gestirns; 4. Standort eines Flugzeugs, eines Schiffs; 5. Einstellung, Standpunkt, Ausgangspunkt des Denkens, These; 6. Einzelposten in einer Aufstellung; **positionell** stellungsmäßig; **positionieren** in eine Position bringen, einordnen; **Positionslicht** *s.* grünrotweiße Nachtbeleuchtung der Schiffe und Flugzeuge, die die Fahrtrichtung und Lage angibt; **Positionssystem** *s.* Stellenwertsystem (für Zahlen)
positiv (*lat.*) 1. bejahend, zustimmend, günstig, vorteilhaft; 2. wirklich vorhanden, beweisbar; 3. mehr Protonen als Elektronen aufweisend; 4. größer als null; 5. einen krankhaften Befund anzeigend (im Test); **Positiv** 1. *s.* der fotografische Abzug; 2. *m.* Sprachlehre: die Grundform des Eigenschaftsworts; **Positivismus** *m.* 1. philosophische Richtung, die nur beweisbare, erfahrbare Tatsachen als wirklich vorhanden gelten lässt; 2. Gesetzestreue; **Positivist** *m.* Anhänger des Positivismus; **positivistisch** 1. zum Positivismus gehörend; 2. wissenschaftlich flach; **Positron** *s.* (*lat.-gr.*) Elementarteilchen mit elektrisch positiver Ladung (*Mz.* Positronen); **Positronenemissionstomografie** *w.* nuklearmedizinische Untersuchung, um Stoffwechsel und Durchblutung von Organen (z. B. Gehirn) od. Tumoren darzustellen (*Abk.* PET); **Positur** *w.* auf eine bestimmte Situation und Wirkung abgestellte Stellung, Haltung
Possession *w.* (*lat.*) Besitz; **possessorisch** zum Besitz gehörig; **possessiv** 1. besitzanzeigend; 2. besitzergreifend; **Possessivpronomen** *s.* Sprachlehre: besitzanzeigendes Fürwort
possibel (*frz.*) möglich
Post-, post- (*lat.*) als Vorsilbe: nach, hinter
Postament *s.* (*lat.*) Sockel, Unterbau
post Christum (natum) (*lat.*) nach Christus, nach Christi Geburt (*Abk.* p. Chr., p. Chr. n.)
Postdebit *m.* Vertrieb von Zeitungen durch die Post
Postdoc *m.* (aus *engl.* postdoctoral) Wissenschaftler, der nach der Promotion wissenschaftlich weiter auf seinem Gebiet forscht; **Postdormitium** *s.* traumintensive Übergangsphase zwischen Schlaf und Wachzustand
Poster *s.* (pohster, *engl.*) dekoratives, plakatartiges Bild
poste restante (post restangt, *frz.*) postlagernd
post factum (*lat.*) hinterher, danach
Postfading *s.* (-fehding, *engl.*) weiches Ausblenden von Geräuschen, Text od. Musik (aufgrund einer Vorrichtung an Magnetbandgeräten)

post festum (*lat.*) hinterher, zu spät; **postfloral** nach dem Abblühen; **postglazial** nacheiszeitlich; **postgraduell** (-du'e-) nach Abschluss eines Studiums

post hominum memoriam (*lat.*) seit Menschengedenken

posthum = postum

Postiche *w.* (postisch, *frz.*) Haarteil, **Posticheur** *m.* (-schör) Perückenmacher

postieren (*frz.*) aufstellen, aufbauen; **sich postieren** sich zur Beobachtung aufstellen

Postille *w.* (*lat.*) Andachtsbuch, volkstümliche Predigtsammlung für den häuslichen Gebrauch

Postillion, Postillion *m.* (*frz.*) 1. Postkutscher; 2. Schmetterlingsart; **Postillon d'Amour** *m.* (postijong damur) Überbringer von Liebesbriefen (scherzhaft)

postindustriell (-tri'ell) nicht mehr durch Industrialisierung und Industrie (sondern durch Dienstleistungen, Wissen und Informationstechnologie) charakterisiert (von Gesellschaften)

Post-it *s.* (*engl.*) kleiner selbstklebender Notizzettel, Haftnotiz

Postmaterialismus *m.* (*lat.*) innere Einstellung, die immaterielle Werte, z. B. ein ökologisch und sozial intaktes Umfeld, höher bewertet als materielle Güter

post meridiem (– -di'em, *lat.*) nach Mittag, nach 12 Uhr

Postmoderne 1. Architekturstil, der sich in Abkehrung vom Funktionalismus aller architektonischen Stilelemente zitathaft bedient; 2. der durch einen Paradigmenwechsel in Politik, Kultur, Kunst, Wissenschaft und Philosophie gekennzeichnete Zeitabschnitt nach der Moderne

postmortal, post mortem nach dem Tode; **postnatal** nach der Geburt; **postnumerando** hinterher, nach der Leistung (zahlbar)

postoperativ (*lat.*) nach der Operation

Postskript, Postskriptum *s.* (*lat.*) Nachschrift (*Abk.* PS)

Postulant *m.* (*lat.*) Bewerber (um Aufnahme ins Kloster); **Postulat** *s.* 1. sittliche Forderung; 2. Denkforderung, einsichtige, aber unbewiesene Annahme; 3. Probezeit im Kloster; **postulieren** 1. fordern; 2. als notwendig voraussetzen

postum nach jmds. Tod, nachgeboren, nachgelassen; **Postumus** *m.* Nachgeborener

post urbem conditam (*lat.*) nach Gründung der Stadt Rom (*Abk.* p. u. c.)

Pot *s.* (*engl.*) Haschisch, Marihuana (umg.); **Pot** *m.* Summe aller Spieleinsätze, der Topf; **Potage** *w.* (potahsch, *frz.*) Suppe

Potator *m.* (*lat.*) starker Trinker

Pot au Feu, Potaufeu *m.* (pott o fö, *frz.*) 1. Fleisch- und Gemüseeintopf, zu dem Weißbrot gereicht wird; 2. großer Suppentopf

Potemkin'sche, potemkinsche Dörfer *Mz.* (patjom-, eingedeutscht potem-, *russ.*) Attrappen, Blendwerk, Vorspiegelung (nach dem russ. Fürsten G. A. Potjemkin [1739–1791], der Attrappen bauen ließ, um gepflegte Dörfer vorzutäuschen)

potent (*lat.*) 1. fähig, leistungsfähig; 2. einflussreich, mächtig; 3. zahlungskräftig; 4. fähig zum Geschlechtsverkehr (von Männern); **Potentat** *m.* Machthaber, Herrscher; **Potenz** *w.* 1. Leistungsfähigkeit; 2. Fähigkeit zum Geschlechtsverkehr (von Männern); **potenzial** = potenziell; **Potenzial** *s.* 1. Leistungsvermögen; 2. Gesamtheit aller Mittel; **Potenzialis** *m.* Sprachlehre: Möglichkeitsform des Zeitworts; **potenziell, potentiell** (-ti'e-) der Möglichkeit nach vorhanden, denkbar; **potenzieren** 1. steigern, erhöhen, verstärken; 2. in die Potenz erheben (von Zahlen)

Potpourri *s.* (-purri, *frz.*) 1. Zusammenstellung verschiedener Melodien; 2. Allerlei, Gemisch, Vielerlei

Poudreuse *w.* (pudröhs, *frz.*) Toilettentisch mit aufklappbarem Spiegel und zahlreichen Seitenfächern, bes. im 19. Jh.

Poularde *w.* (pularde, *frz.*) kastriertes, gemästetes Huhn

Poule *w.* (puhl, *frz.*) 1. Spieleinsatz; 2. Art des Billardspiels

Poulet *s.* (pulāh, *frz.*) Masthähnchen

Pound *s.* (paund, *engl.*) engl. Gewichtseinheit (rund 450 g)

Pour le Mérite *m.* (pur le mehrit, *frz.*) von Friedrich dem Großen gestifteter preußischer Kriegsorden, heute nur noch die Friedensklasse der Orden, für künstlerische und wissenschaftliche Leistungen verliehen

Poussage *w.* (pussasch, *frz.*) alte Bez. für Liebelei; **poussieren** anbändeln; **Poussierstängel** *m.* (junger) Mann, der gern poussiert

Pouvoir *s.* (puwoar, *frz.*) Handlungs-, Verhandlungsvollmacht

powdern (paudern, *engl.*) mit Snowboard od. Skiern im Tiefschnee fahren

power (*frz.*) ärmlich, mickrig

Power *w.* (pauer, *engl.*) Kraft, Durchsetzungsvermögen, Stärke; **powern** etwas engagiert, durchsetzungsfähig betreiben (umg.); **Powerplay** *s.* (-pleh) Sturm aller Feldspieler auf das Tor des Gegners (im Eishockey); **Powerslide** *s.* (-ßlaid) Technik beim Autorennen, den Wagen mit hoher Geschwindigkeit durch die Kurve zu schwenken

Powidel *s.* (*tschech.*) Pflaumenmus (Österreich)

pp = pianissimo

pp. = perge, perge

ppa. = per procura

PR = Public Relations

Prä *s.* (*lat.*) Vorzug, Vorrang, Vorteil

Prä-, prä- (*lat.*) als Vorsilbe: vor, voraus

Präambel *w.* (*lat.*) 1. feierliche Einleitungsformel zu Gesetzen, Verträgen usw.; 2. Vorspiel in der alten Lauten- und Orgelmusik

Präbende *w.* (*lat.*) kirchl. Pfründe

Prädestination *w.* (*lat.*) 1. nach theologischer Auffassung, bes. des Calvinismus, die göttliche Vorherbestimmung; 2. Geeignetsein für etwas aufgrund bestimmter Fähigkeiten und Voraussetzungen; **prädestinieren** vorherbestimmen; **prädestiniert** ideal geeignet, wie geschaffen

Prädikat *s.* (*lat.*) 1. Sprachlehre: Satzaussage; 2. Beurteilung, Note; 3. Titel, Adelstitel; 4. der die Aussage enthaltende Teil eines logischen Urteils; **prädikativ** aussagend, zum Prädikat gehörend

prädisponieren (*lat.*) vorbereiten, im Voraus festlegen; **Prädisposition** *w.* Anlage, Empfänglichkeit (für Krankheiten)

prädominieren (*lat.*) vorherrschen, überwiegen, Hptw. **Prädomination** *w.*

Praeceptor Germaniae *m.* (prä-, -niä, *lat.*) Lehrmeister Deutschlands, Beiname für Hrabanus Maurus und Ph. Melanchthon

Präfekt *m.* (*lat.*) 1. hoher Beamter im antiken Rom; 2. oberster Verwaltungsbeamter eines französ. Departements; 3. kath. Geistlicher mit besonderen Aufgaben; **Präfektur** *w.* Amt, Amtssitz des Präfekten

Präferendum *s.* (*lat.*) Behaglichkeitszone, liebster Aufenthaltsort eines Tiers; **Präferenz** *w.* (*lat.*) Vorrang, Vorrecht, Vergünstigung

präfigieren (*lat.*) mit einer Vorsilbe versehen; **Präfix** *s.* Vorsilbe (z. B. *weg-*, *ver-*), im Ggs. zu Suffix

Präfiguration *w.* (*lat.*) 1. Urbild; 2. die (unausgesprochene) Vorausdeutung eines späteren Geschehens (z. B. durch Symbole), die Zukunft andeutende Darstellung; **präfigurieren** vorausweisen

präformieren (*lat.*) im Keim vorbilden, Hptw. **Präformation** *w.*

prägenital (*lat.*) psycho-sexuelle Entwicklungsphase des Kindes, in der Lustgewinn noch nicht auf den genitalen Bereich konzentriert ist, sondern sich im oralen und analen Bereich abspielt

präglazial (*lat.*) voreiszeitlich; **Präglazial** *s.* Erdperiode vor der Eiszeit

Pragmatik *w.* (*gr.*) 1. Sinn für das Praktische, Orientierung auf das Nützliche; 2. Gebiet der Sprachwissenschaft, das sich mit dem Sprachverhalten der Menschen beschäftigt; **Pragmatiker** *m.* 1. Vertreter pragmatischer Auffassungen; 2. jmd., der sich am praktischen Nutzen orientiert; **pragmatisch** 1. sach-, praxis-, anwendungsbezogen, nüchtern-sachlich; 2. das Sprachverhalten betreffend; **pragmatische Erbfolge** *w.* weibliche Erbfolge (wenn kein Sohn da ist); **Pragmatismus** *m.* 1. pragmatische Denkweise; 2. philos. Richtung, die den Wert der Erkenntnis nach ihrer Anwendbarkeit auf das praktische Leben bemisst

Prägnanz *w.* (*lat.*) Schärfe, Knappheit, Genauigkeit des Ausdrucks, Eigw. **prägnant**

Prähistorie *w.* (-ri'e, *lat.*) Vorgeschichte; **prähistorisch** vorgeschichtlich

Prahm *m.* (*tschech.*) breiter Lastkahn mit Verdeck
Prähominiden *Mz.* (*lat.*) Vormenschenformen
Präimplantationsdiagnostik *w.* (*lat.-gr.*) genetisches Testprogramm am (durch künstliche Befruchtung entstandenen) menschlichen Keim, um bei Feststellung von Gendefekten von der Implantation des Embryos in die Gebärmutter abzusehen; in Deutschland (noch) verboten (*Abk.* PID)
Prairial *m.* (prä-, *frz.*) der neunte Monat im Kalender der Franz. Revolution (20. Mai bis 18. Juni)
Präjudiz *w.* (*lat.*) 1. gerichtliche Vorentscheidung; 2. Vorurteil, vorgefasste Meinung; **präjudizieren** der Entscheidung vorgreifen
Präklusivfrist *w.* (*lat.*) gerichtlich festgelegte Frist, nach deren Ablauf ein Recht nicht mehr geltend gemacht werden kann
präkolumbisch vor der Entdeckung Amerikas (1492) durch Kolumbus
Praktik *w.* (*gr.*) 1. Verfahren, Handhabung; 2. Kniff, Trick; **praktikabel** 1. anwendbar, ausführbar; 2. begehbar, benutzbar (von Bühnendekorationselementen), Hptw. **Praktikabilität** *w.*; **Praktikant** *m.* Teilnehmer an einem Praktikum; **Praktiker** *m.* Mann der praktischen Erfahrung; **Praktikum** *s.* praktischer Ausbildungsabschnitt im Studium; **Praktikus** *m.* jmd., der sich immer zu helfen weiß; **praktisch** 1. die Praxis, das Tun, Handeln betreffend; 2. erfahren, geschickt, pfiffig; 3. zweckmäßig, brauchbar; **praktizieren** 1. seinen Beruf aktiv ausüben; 2. Methoden, Techniken, Verfahrensweisen anwenden
Prälat *m.* (*lat.*) höherer Amtsträger der kath. und evang. Kirche; **Prälatur** *w.* Amt und Amtssitz eines Prälaten
präliminar, präliminär (*lat.*) vorläufig, einleitend; **Präliminarien** (-ri'en) Vorverhandlungen, Einleitung, Vorspiel
Praline *w.* (*frz.*) Schokoladenkonfekt
prälogisch (*lat.*) vorlogisch, noch ohne Mitwirken des Verstandes
präludieren (*lat.*) Musik: einleitend oder frei gestaltend spielen; **Präludium** *s.* Vorspiel
prämatur (*lat.*) vorzeitig einsetzend (von der Geschlechtsreife); **Prämaturität** *w.* Frühreife, vorzeitige Pubertät
prämenstruell (-stru'ell, *lat.*) einige Tage vor der Menstruation auftretend
Prämie *w.* (-mi'e, *lat.*) 1. Preis, Belohnung; 2. Versicherungsbeitrag; 3. Sondervergütung; 4. Geldbetrag, den Banken bei bestimmten Anlagen ausschütten; **Prämienfonds** *m.* Fonds, aus dem Prämien (4.) gezahlt werden; **prämieren, prämiieren** preiskrönen, belohnen
Prämisse *w.* (*lat.*) Voraussetzung, Vorausannahme
Prämolaren *Mz.* (*lat.*) die vorderen Backenzähne
Prämonstratenser *m.* Angehöriger eines 1120 vom hl. Norbert gegr. Ordens, der von Deutschland aus bes. in der Christianisierung des Ostens tätig war (nach dem französ. Kloster Prémontré)
prämortal (*lat.*) vor dem Tod
prämundan (*lat.*) vor Entstehung der Welt, vorweltlich
pränatal vorgeburtlich; der Geburt vorausgehend; **Pränataldiagnostik** *w.* (*lat.-gr.*) Testprogramm zur Früherkennung von genetischen Defekten und Entwicklungsstörungen beim Embryo (um ggf. die Schwangerschaft zu unterbrechen)
Pränomen *s.* (*lat.*) Vorname (*Mz.* Pränomina)
pränumerando (*lat.*) im Voraus zahlbar; **Pränumeration** *w.* Vorauszahlung; **pränumerieren** vorauszahlen
Präokkupation *w.* (*lat.*) 1. Vorwegnahme; 2. Voreingenommenheit, Befangenheit; **präokkupieren** befangen machen; **präokkupiert** voreingenommen, Hptw. **Präokkupiertkeit** *w.*
präoperativ (*lat.*) vor der Operation
Präparat *s.* (*lat.*) 1. etwas kunstgerecht Zubereitetes oder Konserviertes (z. B. Arzneimittel, Tierkörper); 2. Gewebsschnitt für eine mikroskopische Untersuchung; **Präparation** *w.* Zubereitung, Herstellung von Präparaten; **Präparator** *m.* Hersteller von Präparaten (z. B. Tierbälge); **präparieren** 1. vorbereiten (z. B. auf eine Prüfung); 2. Präparate anfertigen, konservieren
Präponderanz *w.* (*lat.*) Übergewicht,

Vorherrschaft; **präponderieren** vorherrschen, überwiegen

Präposition *w.* (*lat.*) Sprachlehre: Verhältniswort, Eigw. **präpositional**

präpotent (*lat.*) aufdringlich, dreist, Hptw. **Präpotenz** *w.*

präprandial (*lat.*) vor dem Essen auftretend (von Schmerzen)

Präputium *s.* (*lat.*) Vorhaut des Penis

Präraffaeliten *Mz.* engl. Malergruppe im 19. Jh., die sich inhaltlich und stilistisch an den Vorläufern des Renaissancemalers Raffael orientierte

Prärie *w.* (*frz.*) Grassteppe in Nordamerika; **Prärieauster** *w.* (*engl.*) Cocktail aus Eigelb, Gewürzen und Weinbrand

Prärogativ *s.*, **Prärogative** *w.* (*lat.*) Vorrecht eines Herrschers

Prasada *m.* (*sanskr.*) das Allerheiligste in ind. Tempeln

Präsens *s.* (*lat.*) Sprachlehre: Gegenwartsform des Zeitworts; **präsent** 1. anwesend; 2. verfügbar, gegenwärtig

Präsent *s.* (*frz.*) Geschenk; **präsentabel** ansehnlich, vorzeigbar; **Präsentant** *m.* Vorzeiger (z. B. eines fälligen Wechsels); **Präsentation** *w.* 1. Vorzeigung, Vorführung; Vorlegung eines Wechsels; 2. Werbeveranstaltung für neue Produkte; **präsentieren** 1. vorweisen, vorzeigen, vorlegen; 2. sich präsentieren: sich zeigen, vorstellen; 3. mit dem Gewehr eine Ehrenbezeigung ausführen; **auf dem Präsentierteller** für jeden deutlich sichtbar

Präsenz *w.* (*frz.*) Anwesenheit, Gegenwärtigkeit; **Präsenzbibliothek** *w.* Bibliothek, aus der nicht entliehen werden kann

Präser *m.* saloppes Kurzw. für **Präservativ** *s.* (*lat.*) hauchdünner Gummi, der über den Penis gestreift wird, Verhütungsmittel, Kondom

Präses *m.* (*lat.*) 1. altröm. Provinzstatthalter; 2. geistlicher Vorstand eines Vereins der kath. Kirche; 3. Vorsitzender einer evang. Synode

Präsident *m.* (*lat.*) 1. Vorsitzender einer Körperschaft, Versammlungsleiter; 2. Staatsoberhaupt einer Republik, Eigw. **präsidial**; **Präsidialsystem** *s.* demokratische Regierungsform mit einem direkt gewählten, mit großen Vollmachten ausgestatteten Präsidenten (z. B. in den USA); **präsidieren** den Vorsitz führen; **Präsidium** *s.* 1. Vorstand, Gesamtheit der Vorsitzenden; 2. Vorsitz, Leitung; 3. Amtsgebäude des Polizeipräsidenten

prästabilieren (*lat.*) vorher festsetzen; **prästabilierte Harmonie** *w.* nach Leibniz die höchst sinnreiche, in der Schöpfung festgelegte Harmonie zwischen Individualität und dem nach Naturgesetzen aufgebauten Weltganzen

Präsumtion, Präsumption *w.* (*lat.*) Annahme, Vermutung; **präsumtiv, präsumptiv** mutmaßlich

Prätendent *m.* (*lat.*) Anwärter, jmd., der Ansprüche, bes. auf einen Thron, erhebt; **prätendieren** 1. beanspruchen; 2. vorgeben, behaupten; **Prätension, Prätention** *w.* 1. Anspruch 2. Anmaßung; **prätentiös** anspruchsvoll, anmaßend

Präteritum *s.* (*lat.*) Sprachlehre: Vergangenheitsform des Zeitworts, Imperfekt (z. B. er *ging*, er *lachte*)

präterpropter (*lat.*) so ungefähr, etwa

Prätor *m.* (*lat.*) höchster Beamter im alten Rom; **Prätorianer** *Mz.* Leibwache des römischen Kaisers; **Prätur** *w.* Amt des Prätors

Prau *w.* (*malai.*) langes Auslegerboot der Malaien

prävalent (*lat.*) überwiegend, vorherrschend; **Prävalenz** *w.* Übergewicht, Vorrang; **prävalieren** vorherrschen, überwiegen

prävenieren (*lat.*) zuvorkommen; **Prävention** *w.* Vorbeugung, Vorbeugemaßnahmen; **präventiv** vorbeugend

Praxeologie *w.* (*gr.*) Entscheidungslogik;

Praxis *w.* 1. Anwendung von etwas in der Wirklichkeit, Ausübung; 2. praktische Erfahrung; 3. Handhabung, Praktik; 4. Tätigkeit und gewerbliche Räume für die Tätigkeit (z. B. eines Anwalts)

Präzedens *s.* (*lat.*) früheres Beispiel (*Mz.* Präzedenzien [-zi'en]); **Präzedenzfall** *m.* Musterbeispiel, Musterfall

Präzeptor *m.* (*lat.*) Lehrmeister

Präzession *w.* (*lat.*) Lageveränderung der Achse eines rotierenden Kreisels durch äußere Einwirkung, bes. Verlagerung der Rotationsachse der Erde

Präzipitation *w.* (*lat.*) 1. Bildung eines chem. Niederschlags, Fällung; 2. Ausfällung aus einer chem. Lösung (in der Immunologie)

präzis, präzise (*lat.*) genau, treffend, haarscharf; **präzisieren** genau ausdrücken; **Präzision** *w.* Genauigkeit

precipitando (pretschi-, *itl.*) Musik: schneller, stark beschleunigend

Predella *w.* (*itl.*) Sockel des Altaraufsatzes

prekär (*frz.*) misslich, heikel, schwierig; **Prekariat** *s.* (*frz.*) 1. Gesamtheit der Phänomene dauerhafter Ausgrenzung aus der Arbeitswelt und tendenziell der Gesellschaft durch mangelnde Berufseinstiegschancen, befristete Arbeitsverträge, hohe Selbstausbeutung bei Selbständigen u. Ä.; 2. Gesamtheit der davon Betroffenen Personen (in Anlehnung an den Begriff *Proletariat*); **Prekarium** *s.* (*lat.*) auf Bitten gewährtes Recht, das keinen Rechtsanspruch begründet

Prelaunch-Marketing *s.* (prihlohntsch-, *engl.*) Gesamtheit der Werbemaßnahmen für ein Produkt vor seiner Einführung auf dem Markt

Prélude *s.* (prelüd, *frz.*) 1. Vorspiel, Präludium; 2. fantasieartiges Musikstück, bes. für Klavier

Premier, Premierminister *m.* (premjeh-, *frz.*) der erste Minister, Ministerpräsident; **Premiere** *w.* (premjähre) Erstaufführung, Uraufführung

premium (*engl.*) von bester Qualität

Prenonym *s.* (*lat.-gr.*) Deckname aus Vornamen (*Jean Paul* für Johann Paul Friedrich Richter)

Pre-Opening *s.* (prih-, *engl.*) die letzte Planungs- und Vorbereitungsphase vor Eröffnung eines Unternehmens (z.B. eines Hotels, eines Restaurants u. Ä.); **prepaid** vorausbezahlt (z. B. von Telefonkarte, Porto, Fracht usw.); **Preprint** *s.* Vorausdruck, Vorabdruck (einer Rede o. Ä.)

Presbyter *m.* (*gr.*) 1. Vorsteher der jüdischen und urchristlichen Gemeinden; 2. vom Gemeinderat der evang. Kirche gewählter Vertreter, Kirchenältester; 3. kath. Priester; **Presbyterianer** *m.* Angehöriger engl. und amerik. reformierter Kirchen; **Presbyterium** *s.* 1. Gemeindekirchenrat der evang. Kirche; 2. Gesamtheit der kath. Priester einer Diözese; 3. Kollegium der Presbyter; 4. der Hochaltarraum in der Apsis

pressant (*frz.*) eilig, dringlich; **pressieren** eilig sein, keine Zeit haben; **Pression** *w.* Druck, Zwang, Nötigung

Pressing *s.* (*engl.*) offensives Bedrängen der gegnerischen Mannschaft in ihrer Spielfeldhälfte, um sie an einem systematischen Spielaufbau und Gegenangriff zu hindern

Pressuregroup *w.* (preschergrup, *engl.*) Interessenverband, Lobby

Prestidigitateur *m.* (prestidischitatör, *frz.*) Taschenspieler, Zauberkünstler

Prestige *s.* (prestisch, *frz.*) öffentliche Geltung, Ansehen, Wertschätzung; **Prestigeobjekt** *s.* Objekt, das das Prestige von jmdm. oder etwas steigert

prestissimo (*itl.*) Musik: sehr schnell; **presto** schnell

Prêt-à-porter *s.* (prätaporteh, *frz.*) von einem Modeschöpfer entworfene, dann für die Serienherstellung abgewandelte Kleidung

Pretest *m.* (prih-, *engl.*) Vortest (z.B. eines Fragebogens vor der eigentlichen Befragung)

Pretiosen, Preziosen *Mz.* (*lat.*) Kostbarkeiten, wertvoller Schmuck

Preview *s.* (prihwjuh, *engl.*) Vorpremiere, Vorbesichtigung, Vorschau

Preware *w.* (prihwär, *engl.*) Programme, die kostenlos im Internet angeboten werden (EDV)

priapeisch (-pe'i-), **priapisch** (*lat.*) obszön (nach dem röm. Fruchtbarkeitsgott Priapus)

Prim *w.* (*lat.*) 1. = Prime; 2. Morgengebet des Breviers; 3. Fechthieb

prima (*lat.*) erstklassig, sehr gut, ausgezeichnet; **Prima** *w.* die beiden obersten Klassen des Gymnasiums

Primaballerina *w.* (*itl.*) Solotänzerin eines Balletts; **Primadonna** *w.* 1. erste Sängerin einer Opernbühne; 2. anspruchsvoller, verwöhnter Mensch

Primanota *w.* (*itl.*) Grundbuch in der Bankbuchhaltung

primär (*lat.*) 1. anfänglich, ursprünglich; 2. an erster Stelle, grundlegend; **Primäraffekt** *m.* erstes Stadium einer Infektionskrankheit, bes. bei Lungentuberkulose und

Syphilis; **Primärenergie** *w.* unverarbeitete Energieträger, bes. Kohle, Rohöl, Erdgas; **Primärliteratur** *w.* (*lat.*) die Werke der Dichter, die Quellen selbst, im Ggs. zur Sekundärliteratur; 3. **Primarstufe** *w.* Grundschule, 1.–4. Schuljahr; **Primärtumor** *m.* Tumor, von dem Metastasen ausgehen

Primary *w.* (preimeri, *engl.*) Vorwahl im Wahlsystem der USA

Primas *m.* (*lat.*) 1. der erste Bischof des Landes; 2. Vorgeiger einer Zigeunerkapelle

Primat *m.* oder *s.* (*lat.*) 1. Vorrecht, Vorrang 2. Vorrangstellung des Papstes in der kath. Kirche

Primaten *Mz.* (*lat.*) die Affen und Menschen umfassende Klasse der Säugetiere

prima vista (*itl.*) 1. Musik: vom Blatt (zu spielen oder zu singen); 2. bei Sicht (zu zahlen, z. B. von Wechseln)

Primawechsel *m.* (*lat.*) erste Ausfertigung eines Wechsels

Prime *w.* (*lat.*) 1. erste Stufe der diatonischen Tonleiter; 2. erste Seite eines Druckbogens

Primel *w.* (*lat.*) Pflanzenfamilie mit zahlreichen Arten (z. B. Schlüsselblume); **Primelkopf** *m.* kleinwüchsige und nicht sehr intelligente Person (umg.)

Primer *m.* (prei-, *engl.*) Grundierung, Grundanstrich; **Primerate** *w.* (preimreht, *engl.*) Diskontsatz mit Leitzinsfunktion (für Großbanken); **Primetime** *w.* (-teim) beste Sendezeit im Fernsehen

Primeur *m.* (primör, *frz.*) der erste abgefüllte franz. Rotwein des jeweiligen Jahres

Primgeiger *m.* (*lat.-dt.*) erster Geiger in Streichquartetten

Primipara *w.* (*lat.*) Frau, die ihr erstes Kind zur Welt bringt

primitiv (*lat.*) 1. urzuständlich, einfach, unentwickelt; 2. roh, unfein; 3. behelfsmäßig, Hptw. **Primitivität** *w.* (-wi-); **Primitive Kunst** *w.* ehemals abwertende Bez. für die Kunst von prähistorischen Naturvölkern in Afrika, Australien und Ozeanien sowie von Indianerkulturen in Amerika, die auf die klassische Moderne der Malerei großen Einfluss hatte

Primogenitur *w.* (*lat.*) Erbfolge des Erstgeborenen (in Fürstenhäusern)

primordial (*lat.*) ursprünglich, anfänglich

Primus *m.* (*lat.*) Klassenerster; **Primus inter Pares** der Erste unter Gleichgestellten

Primzahl *w.* (*lat.*) ganze Zahl, die nur durch die Zahl eins und sich selbst teilbar ist

Prince of Wales *m.* (prinz of wehls, *engl.*) Titel des englischen Thronfolgers

Principal Executive *m.* (-ßipel eksekjutiv, *engl.*) oberste Hauptführungskraft

principiis obsta (*lat.*) wehre den Anfängen!

Printed in (-tit-, *engl.*) gedruckt in, Vermerk auf Druckerzeugnissen

Printen *Mz.* (*niederl.*) Weihnachtsgebäck aus u. a. Mehl, Sirup, kandierten Früchten und Aromen

Printmedien *Mz.* Gesamtheit der Medien, die Gedrucktes herausbringen

Prinzeps *m.* (*lat.*) Titel röm. Kaiser

Prinzip *s.* (*lat.*) 1. Gesetzmäßigkeit, Schema, nach dem etwas wirkt; 2. Grundsatz, feste Regel, Norm; **Prinzipal** *m.* 1. Geschäftsinhaber; 2. Leiter eines Theaters; **prinzipaliter** hauptsächlich, grundsätzlich, in erster Linie; **prinzipiell** (-pi'e-) grundsätzlich, im Prinzip; **Prinzregent** *m.* stellvertretend regierender Monarch

Prior *m.* (*lat.*) Stellvertreter eines Abts; **priorisieren** etwas vorrangig behandeln; **Priorität** *w.* 1. Vorrang, Vorrangigkeit, Vorrecht; 2. *Mz.* Aktien, Obligationen mit bestimmten Vorrechten; 3. Rangfolge bei Multitasking (1., EDV)

Prise *w.* (*frz.*) 1. Beute im Seekrieg (Schiff, Ladung); 2. kleine Menge, zwei oder drei Fingerspitzen (z. B. von Schnupftabak)

Prisma *s.* (*gr.*) 1. keilförmiger, durchsichtiger, lichtbrechender Körper; 2. Körper, der von zwei parallelen kongruenten Vielecken begrenzt ist; **prismatisch** nach Art eines Prismas; **Prismenbrille** *w.* Brille, die das Schielen mit Hilfe von in bes. Weise angeordneten Prismen verhindert

privat (*lat.*) persönlich, nicht öffentlich, nicht offiziell, nicht staatlich, außeramtlich; **Privataudienz** *w.* (-di'enz) persönliche Audienz ohne dienstlichen Anlass; **Privatdozent** *m.* nicht fest angestellter Hochschullehrer; **Privatier** *m.* (-tje, *frz.*) Rentner; **privatim** vertraulich, nicht amtlich; **privatisieren** 1. staatliches in privates Eigentum verwandeln; 2. als Rentner leben; 3. sich in die Privatsphäre zurückziehen; **privatissime** streng vertraulich, im engsten Kreise; **Privatissimum** *s.* Vorlesung vor kleinem Hörerkreis, Sondervorlesung; **privatistisch** nur (noch) am eigenen Privatleben interessiert; **Privativ** *s.* Verb, das ein Entnehmen, Wegnehmen ausdrückt (z. B. *ent*eignen, *ab*räumen)

Privileg, Privilegium *s.* (*lat.*) Sonderrecht, Vorrecht; **privilegieren** mit Vorrechten versehen, bevorzugen; **privilegiert** mit Sonderrechten ausgestattet

Prix *m.* (prih, *frz.*) Preis; **Prix Goncourt** *m.* (– gongkuhr) wichtigster, seit 1903 jährl. ohne Preisgeld verliehener Buchpreis für ein literarisches Werk in französ. Sprache (nach den Brüdern Jules und Edmond Goncourt, von denen Letzterer 1900 die Académie Goncourt gründete und den Preis stiftete)

pro (*lat.*) für, je; **proaktiv** vorausschauend, Trends vorwegnehmend; **pro anno** jährlich (*Abk.* p. a.); **Pro und Contra** *s.* Für und Wider

probabel (*lat.*) wahrscheinlich; **Probabilität** *w.* Wahrscheinlichkeit; **Proband** *m.* Versuchsperson, Testperson; **probat** erprobt, bewährt, tauglich; **Probation** *w.* Bewährung, Nachweis; **probieren** versuchen, ausprobieren, kosten

Probiont *m.* (*lat.*) primitiver Vorläufer höherer Lebensformen; **Probiose** *w.* Zusammenleben von Organismen zum gegenseitigen Nutzen, Parökie; **Probiotika** *Mz.* speziell gezüchtete, als gesundheitsfördernd geltende Bakterienstämme; **probiotisch** Probiotika enthaltend (von Lebensmitteln)

Problem *s.* (*gr.-frz.*) schwierige Fragestellung, Schwierigkeit, ungelöste Aufgabe; **Problematik** *w.* schwieriger Sachverhalt, Gesamtheit von Problemen; **problematisch** 1. voller Probleme; 2. fraglich, ungewiss; **problematisieren** ein Problem diskutieren; **problemorientiert** 1. auf ein Problem ausgerichtet; 2. prozedural (von Programmiersprachen, z. B. PASCAL; EDV)

Procedere = Prozedere

pro centum (*lat.*) für hundert, für das Hundert (*Abk.* p.c.)

pro copia (*lat.*) die Richtigkeit der Abschrift wird bestätigt

Prodekan *m.* (*gr.*) stellvertretender Dekan

pro die (-di'e, *lat.*) pro Tag, täglich

Prodigium *s.* (*lat.*) Wunderzeichen im altröm. Glauben

pro domo (*lat.*) für sich selbst, zum eigenen Nutzen

Prodrom *s.* (*gr.*) erstes Anzeichen einer Krankheit

Producer *m.* (prodjußer, *engl.*) Hersteller, Produzent in der Unterhaltungsindustrie (z. B. Filmproduzent, Musikproduzent); **Production Controller, Production Manager** *m.* Produktionsleiter; **Production Values** *Mz.* (– wäljus) der zur Schau gestellte technische Aufwand für einen Spielfilm (z. B. Massenszenen oder aufwendige Animationen)

Productplacement *s.* (-plehßment) unauffällige, beiläufige Werbung für ein Erzeugnis, z. B. in einem Film; Schleichwerbung, Produktplatzierung

Produkt *s.* (*lat.*) Erzeugnis, Ergebnis; **Produktgestaltung** *w.* die äußere Aufmachung eines Produkts, heute zunehmend als Teil des Corporate Design verstanden; **Produktenbörse** *w.* Warenbörse; **Produktion** *w.* 1. Herstellung von Waren und Gütern; 2. Herstellung eines Films, Musiktitels u. Ä.; **produktiv** ergiebig, leistungsstark, schöpferisch; **Produktivität** *w.* Ergiebigkeit, Leistungsfähigkeit, schöpferische Leistung; **Produktlinie** *w.* Markensortiment eines Herstellers, das als Serie angeboten wird; **Produktmanagement** *s.* Betreuung eines Produkts, bes. der Konsumgüterindustrie, von der Entwicklung bis zur Einführung auf dem Markt; **Produktpiraterie** *w.* das Geschäft mit Nachahmerwaren, von der klassischen Form der falschen Ware in der Originalverpackung, über Plagiate bis zu den Raub- od. Schwarzkopien bes. der Medienbranche, Markenpiraterie; **Produzent** *m.*

Hersteller, Erzeuger, Producer; **produzieren** herstellen, hervorbringen, anfertigen; **sich produzieren** die Aufmerksamkeit auf sich lenken, sich großtun

profan (*lat.*) 1. für weltliche Zwecke; 2. alltäglich, gewöhnlich; **Profanbau** *m.* nichtkirchlicher Bau; **Profanität** *w.* Weltlichkeit, Alltäglichkeit

Profess *w.* (*lat.*) Ablegung des Ordensgelübdes

Profession *w.* (*lat.*) Beruf, Gewerbe

Professional *m.* (profeschenel, *engl.*) 1. Berufssportler; 2. jmd., der etwas souverän beherrscht; **professionalisieren** zum Beruf machen; **Professionalität** *w.* selbstverständliche Beherrschung einer Tätigkeit; **professionell** (*lat.*) berufsmäßig, von Berufs wegen, fachmännisch, souverän; **Professor** *m.* Hochschullehrer; **Professur** *w.* Lehrstuhl an der Hochschule

Profi *m.* Kurzwort für Professional (z. B. Profikiller)

Profil *s.* (*frz.-ital.*) 1. Seitenansicht; 2. Längs- oder Querschnitt; 3. Riffelung bei Reifen oder Sohlen; 4. ausgeprägte persönliche Eigenart, für jmdn. oder etwas typische Eigenschaft; **Profiler** *m.* (-eil-, *engl.*) jmd., der ein Profiling erstellt; **profilieren** (*lat.*) 1. im Profil, im Querschnitt darstellen; 2. herausarbeiten, betonen; **sich profilieren** seine Fähigkeiten zur Geltung bringen; **profiliert** klar umrissen; geriffelt; markant, charakteristisch; **Profilierung** *w.* 1. Umrisse eines Gebäudeteils; 2. das Sichprofilieren; **Profiling** *s.* (-feil-, *engl.*) Erstellung eines Persönlichkeitsbildes aus vielen einzelnen Daten (z. B. eines Mörders durch einen Polizeipsychologen); **Profilneurose** *w.* (*lat.*) zwanghaftes Sichprofilieren

Profit *m.* (*frz.*) Nutzen, materieller Gewinn; **profitabel** Gewinn bringend, einträglich; **Profitcenter** *s.* (*engl.*) Bereich innerhalb eines Unternehmens mit eigener Verantwortung für den Erfolg; **Profiteroles** *Mz.* (-terol, *frz.*) mit Eis gefülltes Brandteiggebäck; **profitieren** Gewinn aus etwas ziehen; **profitorientiert** auf Profit aus

pro forma (*lat.*) nur der Form wegen, zum Schein

Profos, Profoss *m.* (*frz.-niederl.*) Gerichts- und Polizeimeister in den Heeren früherer Jahrhunderte

Profugium *s.* (*lat.*) Zufluchtsort, Rückzugsort

profund (*lat.*) 1. gründlich, tiefschürfend; 2. tiefliegend, in tieferen Körperregionen liegend; **Profundal** *s.* lichtarme Tiefenregion in Seen und die dort lebenden Organismen; **profus** sehr stark, übermäßig

Progenitur *w.* (*gr.*) Nachkommenschaft

Progesteron *s.* (*gr.*) Gelbkörperhormon

Prognose *w.* (*gr.*) Voraussage, Vorhersage; **Prognostik** *w.* Wissenschaft von der Prognose; **Prognostiker** *m.* jmd., der auf wissenschaftlicher Basis Entwicklungen im Voraus einschätzt; **prognostisch** vorhersagend; **prognostizieren** vorhersagen, vorhererkennen

Programm *s.* (*gr.*) 1. Plan, Arbeitsplan; 2. Folge von Darbietungen, Veranstaltungen (z. B. im Fernsehen, Theater); 3. Programmheft; 4. Folge von Arbeitsgängen einer Maschine; 5. Arbeitsanweisung für einen Computer (EDV); **Programmatik** *w.* Ziel, Zielsetzung; **programmatisch** richtungweisend, zielsetzend, grundsätzlich, planmäßig; **programmieren** 1. ein Programm für einen Computer aufstellen (EDV); 2. jmdn. auf etwas festlegen; **Programmierer** jmd., der Computerprogramme entwickelt; **Programmiersprache** *w.* Maschinensprache (EDV); **Programmkino** *s.* Kino, das Filme und Filmreihen zeigt, die nicht in kommerziellen Kinos gezeigt werden; **Programmmusik** *w.* Kompositionen, die (Natur-)Stimmungen musikalisch illustrieren; **Programmsteuerung** *w.* 1. Programmsteuerwerk, Programmprozessor; 2. Prinzip, eine Maschine durch ein integriertes Programm automatisch zu steuern; 3. Steuerungsvorgänge im Computer, die durch das Steuerprogramm des Betriebssystems realisiert werden (EDV)

progredient (-di'e-, *lat.*) fortschreitend; **Progress** *m.* Fortschritt; **Progression** *w.* Fortschreiten, Staffelung, Stufenfolge; **Progressist** *m.* Fortschrittler; **progressiv** 1. stufenweise fortschreitend; 2. fortschrittlich; **Progressivsteuer** *w.* Steuer mit steigenden Belastungssätzen

Prohibition *w.* (*lat.*, prohibischen, *engl.*) Verbot, speziell Alkoholverbot; **prohibitiv** verhindernd, vorbeugend

Project Director *m.* (-dschekt deir-, *engl.*) Projektleiter

Projekt *s.* (*lat.*) Plan, Vorhaben, Unternehmung; **projektieren** planen, entwerfen, vorhaben, Hptw. **Projektierung** *w.*; **Projektil** *s.* Geschoss; **Projektion** *w.* 1. Wiedergabe eines Bildes durch den Bildwerfer; 2. Abbildung der Erdoberfläche auf einer Ebene; 3. Übertragung eines eigenen Gefühls auf andere, Unterstellung eigener Gefühle, Wünsche u. Ä. bei anderen; **Projektionsapparat, Projektor** *m.* Bildwerfer; **Projektionsfläche** *w.* Filmleinwand; **projizieren** 1. abbilden; 2. Gefühle, Vorstellungen auf eine andere Person übertragen

Proklamation *w.* (*lat.*) Bekanntmachung, Aufruf; **proklamieren** bekannt machen, aufrufen, kundgeben

Proklise *w.* (*lat.-gr.*) Anlehnung eines unbetonten an ein betontes Wort (z. B. a*m* *A*bend)

Prokonsul *m.* (*lat.*) altröm. Statthalter einer Provinz

Prokrustesbett *w.* Schema, in das jmd. oder etwas hineingezwängt werden soll (nach dem Folterbett des sagenhaften griech. Räubers)

Proktologe *m.* (*gr.*) Facharzt der Proktologie; **Proktologie** *w.* Spezialgebiet der Medizin, das sich mit den Krankheiten des Mastdarms beschäftigt

Prokura *w.* (*lat.*) (rechtsverbindliche) Handlungsvollmacht; **Prokurator** *m.* 1. Verwalter; 2. Provinzstatthalter im alten Rom; **Prokurist** *m.* Geschäftsführer mit Vollmacht

Prolaps, Prolapsus *m.* (*lat.*) Vorfall (eines inneren Organs)

Prolegomenon *s.* (*gr.*) Vorbemerkung, Einleitung (*Mz.* Prolegomena)

Prolepse *w.* (*gr.*) Vorwegnahme eines Satzteils (z. B. hörst du *den Regen*, wie er rauscht, statt *hörst du, wie* der Regen rauscht), beliebtes Stil- und Redemittel; **proleptisch** vorgreifend

Prolet, Prolo *m.* (*lat.*) roher, ungehobelter Kerl; **Proletariat** *s.* seit Karl Marx die Arbeiterklasse, die keine Produktionsmittel besitzt; **Proletarier** *m.* (-ri'er) Mitglied des Proletariats; **proletarisch** dem Proletariat angehörig; **proletarisieren** zu Proletariern machen; **Proll** *m.* abwertende Bez. für jmdn., den man für einen Proleten hält (Jj.)

Proliferation *w.* (*lat.*) 1. entzündliche Gewebswucherung; 2. Weitergabe (von Mitteln zur Herstellung) von Atomwaffen an Länder, die selbst keine besitzen

Prolog *m.* (*gr.*) 1. Vorspruch, Einleitung, bes. zum Drama; 2. Auftaktrennen eines Radrennens, das über mehrere Etappen geht

Prolongation *w.* (*lat.*) Fristverlängerung für einen Kredit; **prolongieren** Frist verlängern, Aufschub bewilligen, stunden

PROM (aus *engl.* *p*rogrammable *r*ead-*o*nly *m*emory) fest programmierter, nicht mehr veränderbarer Nur-Lese-Speicher in einem Computer (EDV)

pro memoria (*lat.*) zur Erinnerung

Promenade *w.* (*frz.*) breiter Spazierweg; **promenieren** spazieren gehen

Promesse *w.* (*frz.*) Schuldschein, Urkunde, in der eine Leistung versprochen wird

prometheisch (-te'i-, *gr.*) himmelstürmend, trotzig (nach Prometheus, dem Helden der griech. Sage, der den Göttern das Feuer entriss); **Promethium** *s.* chem. Element, ein Metall

Promi *m.* und *w.* Kurzform für Prominente(r) (*Mz.* Promis)

pro mille (*lat.*) je tausend; **Promille** *s.* 1. ein Tausendstel; 2. in Tausendstel gemessener Alkoholanteil im Blut; **Promillologe** *m.* jmd., der häufig Alkohol trinkt; 2. Polizist, der einen Alkoholtest durchführt (Jj.)

prominent (*lat.*) 1. maßgebend, tonangebend; 2. allseits bekannt, berühmt; **Prominente** *m.* und *w.* prominente Persönlichkeit; **Prominenz** *w.* 1. Gesamtheit der Prominenten; 2. das Prominentsein

Promiskuität *w.* (*lat.*) Geschlechtsverkehr mit häufig wechselnden Partnern, Eigw. **promiskuitiv**

Promission *w.* (*lat.*) Versprechen, Zusage

Promoter *m.* (*engl.*) Manager, Organisator, Veranstalter (z. B. von Boxkämpfen); **Promotion** *w.* (promohschen, *engl.*) Absatzförderung, Verkaufsförderung; **promoten** (*engl.*) für eine Sache od. Person Werbung machen; **Promoter** *m.* 1. jmd., der kurzfristig ein Produkt od. eine Veranstaltung bewirbt, bes. im Berufssport; 2. Nukleotidsequenz in der DNA, Promotersequenz eines Gens; **Promotion** *w.* (promohschen) Verkaufsförderung von Waren; **Promotion** *w.* (*lat.*) Verleihung der Doktorwürde; Doktorprüfung; **promovieren** den Doktorgrad erlangen oder verleihen

prompt (*lat.*) sofort, umgehend, wie erwartet

Promulgation *w.* (*lat.*) Bekanntgabe

Pronaos *m.* (*gr.*) 1. Vorhalle des Tempels im antiken Griechenland; 2. Vorraum in der orthodoxen Kirche

Pronomen *s.* (*lat.*) Sprachlehre: Fürwort (*Mz.* Pronomina); **pronominal** als Fürwort; **prononciert** betont, hervorgehoben, deutlich

pronunciato (-tschato, *itl.*) Musik: betont, hervorgehoben

Pronuntius *m.* (*lat.*) Nuntius im Kardinalsrang

Proof *s.* (pruhf, *engl.*) 1. Probe, Probeabzug; 2. Maß für den Alkoholgehalt (in Großbritannien u. den USA)

Proömium *s.* (*gr.*) Vorspiel, Vorrede

Prop *s.* (*engl.*) Kurzwort für properties: Requisite, alles, was an Sachausstattung auf einem (Film-)Set vorhanden ist, inklusive Tiere

Propädeutik *w.* (*gr.*) Einführung in Grundkenntnisse und Methoden einer Wissenschaft, Eigw. **propädeutisch**

Propaganda *w.* (*lat.*) mit hohem publizistischem Aufwand betriebene, massive Werbung für politische Zwecke; **Propagandist** *m.* jmd., der Propaganda betreibt, Werbefachmann; **propagandistisch** in der Art von Propaganda werbend; **propagieren** für etwas Propaganda machen

Propan *s.* (*gr.*) aus Kohle gewonnenes Brenngas

Propeller *m.* (*lat.*) Antriebsschraube für Flugzeuge

proper (*frz.*) 1. sauber, adrett, nett; 2. sauber ausgeführt; **Propergeschäft** *s.* Geschäft auf eigenes Risiko, Eigengeschäft

Prophet *m.* (*gr.*) Künder, Seher, Mahner; **Prophetie** *w.* Weissagung; **prophetisch** seherisch, voraussagend; **prophezeien**, weissagen, voraussagen, Hptw. **Prophezeiung** *w.*

Prophylaktikum *s.* (*gr.*) vorbeugendes Mittel; **prophylaktisch** vorbeugend; **Prophylaxe** *w.* Verhütung von Krankheiten, Gesundheitsvorsorge

Proportion *w.* (*lat.*) 1. Größenverhältnis; 2. Verhältnisgleichung in der Mathematik; 3. ästhetisches Ebenmaß; **proportional** verhältnismäßig; **Proportionalität** *w.* Verhältnismäßigkeit; **Proportionalwahl** *w.* Verhältniswahl; **proportioniert** ebenmäßig, gut abgestimmt; **Proporz** *m.* Verteilung von Ämtern oder Sitzen nach der zahlenmäßigen Stärke derer, die darüber befinden

Proposition *w.* (*lat.*) 1. Ankündigung eines Themas (in der Rhetorik); 2. der Satz in seiner inhaltlichen Bedeutung

Proprietär *m.* (-ri'e-) 1. Eigentümer; 2. herstellerspezifisches Betriebssystem, das nur auf dem Gerät des Herstellers bearbeitet werden kann, heute veraltet (EDV); **Proprietät** *w.* Eigentum

Propst *m.* (*lat.*) 1. Vorsteher eines Dom- oder Stiftkapitels; 2. Hauptpfarrer, Superintendent in der evang. Kirche

Propyläen *Mz.* (*gr.*) Säulenhalle vor griech. Tempeln

Propylen *s.* (*gr.*) gasförmiger, ungesättigter Kohlenwasserstoff, Ausgangsstoff für Benzin u. a.

pro rata (*lat.*) anteilmäßig

Prorektor *m.* (*lat.*) Stellvertreter eines Universitätsrektors

Prorogation *w.* (*lat.*) Aufschub, Vertagung; **prorogativ** aufschiebend, Ztw. **prorogieren**

Prosa *w.* (*lat.*) erzählende Dichtung, Rede und Schrift in ungebundener Form; **Prosaiker** *m.* (-sa'i-) 1. Prosaschriftsteller; 2. nüchterner Mensch; **prosaisch** 1. in Prosa, in ungebundener Form; 2. nüchtern, trocken; **Prosaist** *m.* Prosa schreibender Schriftsteller

Prosecco *m.* (*itl.*) italien. Schaumwein

Prosektor *m.* (*lat.*) Anatom, Leiter der Prosektur; **Prosektur** *w.* Krankenhausabteilung für Sektionen

Prosekution *w.* (*lat.*) Strafverfolgung;

Prosekutor *m.* öffentlicher Ankläger, Staatsanwalt

Proselyt *m.* (*gr.*) Neubekehrter, jmd., der von einer Religion oder Partei zu einer anderen übertritt; **Proselytenmacherei** *w.* Bekehrung durch Propaganda, nicht durch Überzeugungsarbeit

Proseminar *s.* (*lat.*) einführendes Seminar für Studenten der ersten Semester

Proserpina = Persephone

prosit, prost! (*lat.*) zum Wohl! (wörtl. es möge nützen); **Prosit** *s.* Zutrunk, Trinkspruch, Toast

Prosodie, Prosodik *w.* (*gr.*) Lehre von Rhythmus und Metrik der Sprache und des Vortrags, Eigw. **prosodisch**

Prosopolepsie *w.* (*gr.*) Charakterdeutung aus den Gesichtszügen

Prospekt *m.* (*lat.*) 1. Werbebroschüre, meist mit Bildern; 2. malerische Wiedergabe einer Landschaft oder Stadt; 3. Bühnenhintergrund, Rundhorizont; 4. Schauseite der Orgel; **prospektiv** vorausschauend, voraussichtlich

prosperieren (*lat.*) gedeihen, sich gut entwickeln, vorankommen; **Prosperität** *w.* Gedeihen, gute Geschäftslage, Konjunktur

Prostata *w.* (*gr.*) Drüse am Anfang der Harnröhre, in der die Samenflüssigkeit gebildet wird, Vorsteherdrüse (beim Mann und männlichen Säugetier); **Prostatektomie** *w.* operative Entfernung der Prostata od. von Wucherungen daran

prostituieren (*lat.*) preisgeben, herabwürdigen; **sich prostituieren** 1. als Prostituierte(r) arbeiten; 2. sich bloßstellen (z. B. durch Bestechlichkeit); **Prostituierte** *m.* und *w.* Person, die sexuellen Wünschen gegen Bezahlung nachkommt; **Prostitution** *w.* 1. gewerbsmäßige Ausübung sexueller Handlungen; 2. Bloßstellung

Prostration *w.* (*lat.*) 1. das Sichniederwerfen bei der Erteilung kath. Weihen; 2. hochgradige Erschöpfung

Proszenium *s.* (*gr.*) Vorbühne, Raum zwischen Vorhang und Rampe

Protagonist *m.* (*gr.*) Hauptdarsteller, Wortführer, Vorkämpfer

Protegé *m.* (protehscheh, *frz.*) Günstling, Schützling; **protegieren** (-schihren) fördern, begünstigen

Proteide *Mz.* (-te'i-, *gr.*) mit einem Nichteiweißanteil zusammengesetzte Eiweißkörper; **Proteine** *Mz.* einfache, nur aus Aminosäuren bestehende Eiweißkörper

proteisch = Proteus

Protektion *w.* (*lat.*) Förderung, Bevorzugung, Begünstigung; **Protektionismus** *m.* staatliche Schutzzollpolitik, Eigw. **protektionistisch**; **Protektor** *m.* jmd., der jmdn. protegiert, Gönner; **Protektorat** *s.* 1. Schutzgebiet; 2. Schutzherrschaft

pro tempore (*lat.*) vorläufig, für jetzt (*Abk.* p. t.)

Proteom *s.* (*lat.*) Gesamtheit der Eiweiße eines Organismus (zu einem bestimmten Zeitpunkt); **Proteomik** *w.* (*gr.-lat.*) biomedizinische Forschungsrichtung, die die Funktionszusammenhänge eines Organismus analysiert und darauf zielt, alle biochemischen Lebensvorgänge simulierbar zu machen

Protest *m.* (*lat.*) 1. Missfallensbekundung, Einspruch; 2. öffentlicher Widerspruch gegen politische Maßnahmen, Protestaktion; 3. Beurkundung über die Zahlungsverweigerung bei Schecks oder Wechseln; **Protestant** *m.* 1. jmd., der protestiert; 2. Angehöriger der protestantischen Kirchen oder Gemeinschaften, Eigw. **protestantisch**; **Protestantismus** *m.* die aus der Reformation hervorgegangenen christlichen Gemeinschaften und Kirchen; **protestieren** 1. widersprechen, Protest laut werden lassen, Einspruch erheben; 2. einen Wechsel verweigern; **Protestnote** *w.* offizieller Einspruch einer Regierung gegen das Verhalten einer anderen; **Protestsong** *m.* gegen politische Verhältnisse protestierendes Lied

Proteus *m.* (*gr.*) 1. vielgestaltiger, weissagender Meeresgreis der griech. Mythologie; 2. Mensch von schillerndem Charakter; 3. Gattung der Olme; **Proteusbakterien** *Mz.* (vielgestaltige) Fäulnisbakterien; **proteisch** (-te'isch) veränderlich, verwandlungsfähig

Proterozoikum = Archäozoikum

Prothese *w.* (*gr.*) 1. künstlicher Ersatz für Glieder oder Zähne; 2. Voransetzen eines Lautes vor ein Wort (z. B. span. *e*structura aus lat. structura); **prothetisch** als Ersatz dienend

Protobiont *m.* (*gr.*) im Laufe der Evolution entstandene Zelle, die sich selbst vermehren kann

Protokoll *s.* (*gr.-lat.*) 1. Niederschrift einer Verhandlung, einer Aussage, eines wissenschaftlichen Versuchs; 2. Gesamtheit der international üblichen diplomatischen Formen; 3. Aufzeichnung von Vorgängen in der Datenübertragung (EDV); **Protokollant** *m.* Schriftführer; **protokollarisch** dem Protokoll entsprechend, durch Protokoll festgehalten; **protokollieren** schriftlich festhalten

Proton *s.* (*gr.*) positiv geladenes Elementarteilchen, das den Wasserstoff-Atomkern bildet und zusammen mit dem Neutron Baustein der Atomkerne ist

Protophyt, Protophyton *s.* (*gr.*) einzellige Pflanze; **Protoplasma** *s.* lebende Substanz der menschlichen, tierischen und pflanzlichen Zellen; **Protoplast** *m.* Zellleib der Pflanzenzelle; **Protoplasten** *Mz.* Adam und Eva als die zuerst geschaffenen Menschen

Prototyp *m.* (*gr.*) 1. Urbild, Musterbild, Urtyp; 2. Probemodell (z. B. eines Flugzeugs, Autos); 3. Unikat eines Rennwagens

Protozoon *s.*, **Protozoe** *w.* (-zo'o-, *gr.*) einzelliges Lebewesen, Urtierchen (*Mz.* Protozoen)

Protreptik *w.* (*gr.*) Aufforderung zum philosophischen Denken (in den antiken didaktischen Schriften)

Protrusion *w.* (*lat.*) das Hervortreten eines Organs nach außen (z. B. der Bandscheibe)

Protuberanz *w.* (*lat.*) 1. Vorsprung an Knochen und Organen; 2. Gasausbruch der Sonne, der bei Sonnenfinsternis sichtbar wird

Provenienz *w.* (-ni'e-, *lat.*) Herkunft

Proverb, Proverbium *s.* (*lat.*) Sprichwort; **proverbial**, **proverbiell** sprichwörtlich

Proviant *m.* (*itl.*) Mundvorrat, Ration, Lebensmittelvorrat

Providenz *w.* (*lat.*) Vorsehung; **providentiell** (-ti'e-) vorbestimmt

Provider *m.* (-wei-, *engl.*) Anbieter von Internetdienstleistungen (EDV)

Provinz *w.* (*lat.*) 1. Landesteil, größerer Verwaltungsbezirk; 2. kulturell unattraktive, rückständige Gegend; **Provinzial** *m.* Vorsteher einer Ordensprovinz; **Provinzialismus** *m.* 1. landschaftlich oder mundartlich geprägte Spracheigentümlichkeit; 2. spießige, engstirnige Einstellung; **provinziell** (-zi'e-) 1. zur Provinz gehörend, typisch für die Provinz, engstirnig, hinterwäldlerisch; 2. mundartlich, landschaftlich

Provision *w.* (*lat.*) Vermittlungsgebühr, Gewinnanteil; **provisorisch** vorläufig, behelfsmäßig; **Provisorium** *s.* einstweilige Regelung, behelfsmäßiger Zustand

Provitamin *s.* (*gr.-lat.*) Vorstufe eines Vitamins

Provo *m.* (*niederl.*) 1. Anhänger der niederländischen Protestbewegung der 1960er Jahre; 2. Kurzform für Provokateur; **Provokalo** *m.* Provozierer (Jj.); **provokant** (*frz.*) herausfordernd, provozierend; **Provokateur** *m.* (-tör, *frz.*) Herausforderer, Anstifter; **Provokation** *w.* 1. bewusste Herausforderung; 2. künstliche Erzeugung von Krankheitssymptomen; **provokatorisch, provokativ** eine Provokation bezweckend; **provozieren** 1. herausfordern, aufreizen, zur Reaktion zwingen; 2. Krankheiten künstlich hervorbringen

proximal (*lat.*) der Körpermitte am nächsten gelegen

Proxyserver *m.* (-sör-, *engl.*) 1. Computersystem, das als Firewall fungiert; 2. Pufferspeicher, der Webseiten für den schnelleren erneuten Zugriff speichert (EDV)

Prozedere *s.* (*lat.*) Vorgehensweise

Prozedur *w.* (*lat.*) Vorgehensweise, langwieriges Verfahren, Behandlungsweise

Prozent *s.* (*lat.*) Hundertstel; **Prozente** *Mz.* Gewinnanteile, Ermäßigung, Preisnachlass; **prozentual** anteilig, anteilmäßig

Prozess *m.* (*lat.*) 1. Vorgang, Ablauf, Fortgang; 2. gerichtliches Verfahren, Rechtsstreit; **Prozesskunst** *w.* (*engl.*) Sammelbez. für künstlerische Richtungen bes. der 1960er Jahre, die den Entstehungs- und Veränderungsprozess von häufig aus Naturstoffen bestehenden Kunstwerken thematisieren; **prozessual** (*lat.*) einen Prozess betreffend, zu ihm gehörig;

prozessieren mit einem Streitfall vor Gericht gehen

Prozession *w.* (*lat.*) kirchlicher Umzug, Bittgang

Prozessor *m.* (*engl.*) aus Rechen- und Steuerwerk bestehende Funktionseinheit des Computers (EDV)

Prschewalski-Pferd, Przewalski-Pferd *s.* einziges noch lebendes Wildpferd (nach dem russ. Forscher N. M. Przewalski, 1839–1888)

prüde (*frz.*) zimperlich, im Hinblick auf alles Sexuelle verklemmt, Hptw. **Prüderie** *w.*

Prünelle *w.* (*frz.*) Dörrpflaume ohne Schale und Kern

Pruritus *m.* (*lat.*) Juckreiz, Hautjucken

PS = Postskriptum

Psaligraphie, Psaligrafie *w.* (*gr.*) Kunst des Scherenschnitts

Psalmen *Mz.* (*gr.*) die im Psalter gesammelten Lob-, Bitt- oder Bußgesänge; **Psalmist** *m.* Psalmensänger; **Psalmodie** *w.* Psalmengesang; **psalmodieren** halb singend lesen; **Psalter** *m.* 1. Buch der Psalmen im Alten Testament; 2. Saiteninstrument; 3. Blättermagen des Wiederkäuers

psammophil (*gr.*) Sand liebend (von Tieren und Pflanzen)

Pseud(o)-, pseud(o)- (*gr.*) als Vorsilbe: falsch, an Stelle von

Pseudandronym *s.* (*gr.*) männlicher Deckname einer Frau (z. B. *Emil Marriot* für Emilie Mataja); **Pseudogynym** *s.* weiblicher Deckname eines Mannes (z. B. *Clara Gazul* für Prosper Mérimée); **Pseudokrupp** *m.* Kinderkrankheit, die in ihren Symptomen dem Krupp gleicht; **Pseudologie** *w.* krankhafte Sucht zu lügen; **Pseudolyssa** *w.* Juckseuche (bei Haustieren); **pseudonym** unter einem Decknamen; **Pseudonym** *s.* Künstlername, Deckname

Psi *s.* (*gr.*) 1. der 23. Buchstabe des griechischen Alphabets, Ψ, ψ; 2. eine Erscheinung der außersinnlichen, parapsychologischen Wahrnehmung; 3. Elementarteilchen, schweres Meson

Psittakose *w.* (*gr.*) Papageienkrankheit, schwere Infektionskrankheit der Lunge

Psoriasis *w.* (*gr.*) Schuppenflechte

Psych(o)-, psych(o)- (*gr.*) als Wortteil: Seele, Seelenleben, seelisch

Psychagogik *w.* (*gr.*) Heilpädagogik, Behandlung von Verhaltensstörungen

Psychalgie *w.* (*gr.*) psychisch bedingter Nervenschmerz

Psyche *w.* (*gr.*) 1. Seele, Seelenleben; 2. dreiteiliger Frisierspiegel (Österreich); **psychisch** seelisch, das Seelenleben betreffend, auf ihm beruhend

psychedelisch (*gr.-engl.*) 1. gesteigert wahrnehmungs- und erlebnisfähig; 2. rauschhaft inspiriert, tranceartig (von Gemütszuständen, Musik, Kunst u. a.)

Psychiater *m.* (*gr.*) Facharzt für Psychiatrie; **Psychiatrie** *w.* Gebiet der Medizin, das sich mit (der Therapie von) Geisteskrankheiten und Gemütsleiden befasst, Eigw. **psychiatrisch**

psychoaktive Substanzen Gesamtheit der natürlichen od. synthetischen Stoffe, die die Psyche des Menschen beeinflussen (z. B. Drogen)

Psychoanalyse *w.* (*gr.*) von Sigmund Freud (1856–1939) begründete Theorie zur Erklärung und Behandlung seelischer Störungen, bes. von Neurosen; **Psychoanalytiker** *m.* Arzt oder Psychologe, der die Psychoanalyse ausübt; **psychoanalytisch** auf Basis von, mit Hilfe der Psychoanalyse; **Psychodrama** *s.* auf Rollenspielen beruhendes Verfahren in der Gruppentherapie

psychogen (*gr.*) seelisch bedingt; **Psychogenese** *w.* 1. seelische Entwicklung; 2. seelische Bedingtheit einer Krankheit

Psychographie, Psychografie *w.* psychologische Beschreibung einer Person aufgrund ihrer Äußerungen sowie der Verhaltensbeobachtungen durch andere

Psychogramm *s.* Erstellung eines Persönlichkeitsprofils

Psychokinese *w.* physikalisch nicht erklärbare Einflüsse eines Menschen auf Gegenstände seiner Umgebung (z. B. das Bewegen von Gegenständen)

Psycholeptika *Mz.* (*gr.*) Arzneimittel, die das psychische Geschehen beeinflussen (*Ez.* Psycholeptikum *s.*)

Psychologe *m.* (*gr.*) 1. ausgebildeter Fachmann auf dem Gebiet der Psychologie; 2. Menschenkenner; **Psychologie** *w.* Wissenschaft, die sich mit dem Verhalten und seelisch gesteuerten Erleben des Men-

schen befasst; **psychologisch** 1. auf Psychologie beruhend; 2. einfühlend
Psychometrie *w.* (*gr.*) 1. quantitative Messung psychischer Fähigkeiten und Funktionen; 2. parapsycholog. Kontaktaufnahme über einen Gegenstand des früheren Besitzers
Psychomotorik *w.* (*gr.*) Gesamtheit der psychisch beeinflussten, aber vom Willen abhängigen Bewegungen (z. B. Gang, Mimik, Körperhaltung u. Ä.)
Psychopath *m.* (*gr.*) psychopathischer Mensch; **Psychopathie** *w.* seelisch-charakterlich abnorme Persönlichkeitsstruktur; **psychopathisch** abnorm in der Persönlichkeitsstruktur; **Psychopathologie** *w.* Teilbereich der Psychiatrie, der sich mit den Formen eines krankhaft veränderten Gefühls- und Seelenlebens beschäftigt
Psychopharmakon *s.* auf die Psyche einwirkendes Medikament (*Mz.* -pharmaka)
Psychose *w.* (*gr.*) eine Gemütskrankheit, Eigw. **psychotisch**
Psychosomatik *w.* (*gr.*) ganzheitliche, in der Behandlung die Beziehungen zwischen Körper und Seele berücksichtigende Betrachtungsweise, Eigw. **psychosomatisch**; **Psychoterror** *m.* bedrohliche Einschüchterung einer Person mit psycholog. Mitteln
Psychotherapeut *m.* (*gr.*) Facharzt für Psychotherapie; **Psychotherapie** *w.* Behandlung seelischer Störungen mit den Methoden der Tiefenpsychologie; Eigw. **psychotherapeutisch**
Psychrometer *s.* (*gr.*) Feuchtigkeitsmesser, Verdunstungsmesser; **psychrophil** Kälte liebend (von Mikroorganismen); **psychrophob** kältescheu
p. t. = pro tempore
ptolemäisches System *s.* das nach Ptolemäus (100–160 n. Chr.) benannte Weltbild mit der Erde im Mittelpunkt
Ptomain *s.* (*gr.*) Leichengift
Pub *m.* od. *s.* (pab, *engl.*) kleine engl. Gaststätte, Bierlokal
pubertär (*lat.*) 1. zur Pubertät gehörig; 2. unreif, kindisch; **Pubertät** *w.* (*lat.*) Zeit der Entwicklung der Geschlechtsreife beim Menschen
Publicity *w.* (pablißity, *engl.*) 1. Bekanntsein in der Öffentlichkeit; 2. Reklame, Werbung; **Public Relations** *Mz.* (pablik rilehschens, *engl.*) Öffentlichkeitsarbeit, Kontaktpflege eines Unternehmens, eines Politikers usw. zur Öffentlichkeit (*Abk.* PR); **Public-Relations-Manager** *m.* (– mänedscher) Manager für Öffentlichkeitsarbeit eines Unternehmens; **Public School** *w.* (– skuhl) Privatschule mit Internat (in Großbritannien); **Public Viewing** *s.* (– wjuh-) Übertragung einer Großveranstaltung auf Großbildleinwand im öffentlichem Raum; **publik** (*lat.*) öffentlich, bekannt; **Publikation** *w.* Veröffentlichung, veröffentlichtes Werk; **Publikum** *s.* Gesamtheit der Zuhörer und Zuschauer einer Veranstaltung; **Publishing-on-Demand** *s.* (pablisch- – dimand) Veröffentlichung im Bedarfsfall, bes. von Dissertationen; **Publizist** *m.* 1. Tagesschriftsteller, Journalist; 2. Zeitungswissenschaftler; **Publizistik** *w.* Zeitungswissenschaft, Eigw. **publizistisch**; **publizieren** veröffentlichen; **Publizität** *w.* Bekanntheit in der Öffentlichkeit
Puck *m.* (*engl.*) 1. Kobold; 2. Spielscheibe beim Eishockey
Pud *s.* (*russ.*) altes russ. Gewicht von rund 16 kg
puddeln (*engl.*) aus Roheisen Schweißstahl gewinnen
Pudding *m.* (*engl.*) 1. kalte breiige Süßspeise; 2. im Wasserbad gegartes Mehl-, Fleisch- oder Gemüsegericht
Pueblo *m.* (pu'e-, *span.*) Siedlung der Puebloindianer, eines im Südwesten der USA lebenden Indianervolks
pueril (pu'e-, *lat.*) kindlich, kindisch; **Puerilität** *w.* Unreife, kindliches Verhalten
Puerperalfieber *s.* (*lat.*) Kindbettfieber
Pulcinell *m.*, **Pulcinella** *w.* (pultschinell-, *itl.*) komische Dienergestalt in der Commedia dell'Arte
Pulitzer-Preis *m.* seit 1917 jährlich in den USA vergebene Preise für journalistische Reportagen, Fotos und Belletristik (nach dem Zeitungsverleger Joseph Pulitzer [1847–1911], der den Preis stiftete)
Pulk *m.* (*russ.*) 1. Heeresabteilung; 2. Haufen, Ansammlung, Schar
Pull-down-Menü *s.* (-daun-, *engl.*) Menü, das sich durch Anklicken nach unten öff-

net (EDV); **pullen** (*engl.*) 1. rudern; 2. einen Golfschlag mit Linksdrall ausführen

Pullover *m.* (*engl.*) über den Kopf zu ziehendes gestricktes oder gewirktes taillenlanges Kleidungsstück; **Pullunder** *m.* ärmelloser Pullover, der wie eine Weste getragen wird

pulmonal (*lat.*) die Lunge betreffend; **Pulmonie** *w.* Lungenentzündung

Pulp *m.* (*frz.*) Tintenfisch, Polyp

Pulp *m.*, **Pülpe** *w.* (*lat.*) 1. Fruchtmark, Mark der Zuckerrübe; 2. Papierbrei i. d. Papierherstellung, Pulpe

Pulp *s.* (palp); **Pulpfiction** *w.* (-fiktschen, *engl.*) 1. Schundliteratur, Groschenheft, Trivialliteratur; 2. Schundfilm, Trivialfilm

Pulpa *w.* (*lat.*) Zahnmark, Nervenmasse im Zahn; **Pulpitis** *w.* Entzündung des Zahnmarks; **pulpös** weich, breiig

Pulque *m.* (-ke, *span.*) mexikanisches Getränk aus gegorenem Agavensaft

Puls *m.* (*lat.*) 1. fühlbarer Herzschlag; 2. Folge von Impulsen (in der Elektrotechnik); **Pulsar** *m.* Stern(rest), der Röntgenstrahlung abgibt; **Pulsfrequenz** *w.* Zahl der Pulsschläge beim Menschen pro Minute

Pulver *s.* (*lat.*) 1. fester Stoff, der in feinste Teilchen zerrieben wurde; 2. Medikament in Pulverform; 3. Schießpulver; 4. Geld (umg.)

Puma *m.* (*peruan.*) Silberlöwe, amerik. Raubkatze

Pumps *Mz.* (pömps, *engl.*) Damenhalbschuhe mit Absätzen

Punch *m.* (pantsch, *engl.*) Hanswurst in der engl. Komödie

Punch *m.* (pantsch, *engl.*) 1. harter Faustschlag, Boxhieb; 2. Training am Punchingball; **Puncher** *m.* 1. Boxer mit kräftigem Schlag; 2. Boxer am Punchingball; **Punchingball** *m.* (-bohl) 1. birnenförmiger Trainingsball im Boxsport; 2. Sündenbock, jmd., der für alles herhalten muss

Punk *m.* (pank, *engl.*) 1. subkulturelle Jugend- und Protestbewegung, deren Anhänger ihre antibürgerliche Einstellung durch grelle, oft provozierende Aufmachung zum Ausdruck bringen; 2. Anhänger der Bewegung, Punker; 3. (kurz für) Punkrock, Stilart der Rockmusik mit einfacher Harmonik, hartem Beat, in bewusst unkünstlerisch präsentierter Form; **punkig** für den Punk charakteristisch

Punkt *m.* (*lat.*) 1. geometrische Größe ohne Ausdehnung, Schnittstelle; 2. Satzzeichen; 3. Stelle, Ort; 4. Gegenstand einer Erörterung (z. B. Diskussionspunkt); 5. Bewertungsmaß im Sport; 6. Maßeinheit im Schriftsatz (z. B. eine Schrift von 10 Punkt); 7. genaue Zeitangabe

Punktation *w.* Vorvertrag, Gliederung und Vorbesprechung eines Vertrags; **punkten** nach Punkten bewerten; **punktieren** 1. tüpfeln; 2. wichtige Punkte vom Modell auf einen Steinblock übertragen (Bildhauerei); 3. Flüssigkeiten aus Körperhöhlen entnehmen; **Punktion** *w.* Entnahme von Flüssigkeit aus Körperhöhlen; **punktuell** (nur) einen oder wenige Punkte betreffend; **Punktum** *o. A.* genug! Schluss!; **Punktur** *w.* 1. Punktion; 2. Heilbehandlung mit in den Körper eingestochenen Spezialnadeln

Punsch *m.* (*sanskr.*) heißes oder kaltes alkoholisches Mischgetränk, Grogart

Punze *w.*, **Punzen** *m.* (*itl.*) 1. Stahlstift für Treibarbeiten in Metall und Leder; 2. Prüfungsstempel für Gold und Silber; **punzen**, **punzieren** 1. treiben, mit der Punze bearbeiten; 2. Gold- und Silbersachen mit Feingehaltsstempel versehen, Hptw. **Punzierung** *w.*

Pupille *w.* (*lat.*) Sehloch des Auges

pur (*lat.*) rein, ungemischt

Purchasing Manager *m.* (pörtschehsing mänedscher, *engl.*) Einkaufsleiter

Püree *s.* (*frz.*) Brei aus durchgedrückten Kartoffeln, Hülsenfrüchten u. a.

Purga *w.* (*russ.*) Schneesturm in Sibirien

purgativ (*lat.*) abführend; **Purgativ** *s.* Abführmittel; **Purgatorium** *s.* Fegefeuer; **purgieren** reinigen, abführen; **Purifikation** *w.* Reinigung, Läuterung; **Purifikatorium** *s.* Tuch zum Reinigen des Abendmahlkelchs

Purim, **Purim** *s.* (*hebr.*) jüdisches Freudenfest (zur Erinnerung an die im alttestamentarischen Buch Esther beschriebene Errettung der persischen Juden)

Purismus *m.* (*lat.*) 1. Kampf gegen Fremdwörter in der Sprache; 2. Kampf gegen sog. stilfremde Elemente in der Denkmalpflege; **Purist** *m.* Vertreter des Purismus, Eigw. **puristisch**

Puritaner *m.* (*lat.*) 1. Anhänger des Puritanismus; 2. sittenstrenger Mensch; **Puritanismus** *m.* 1. streng kalvinistische Bewegung im England des 16. und 17. Jhs.; 2. Sittenstrenge, Eigw. **puritanisch**

Purpur *m.* (*gr.-lat.*) 1. lilaroter Farbstoff; 2. purpurfarbenes Gewand, seit Alexander d. Gr. Sinnbild herrscherlicher Privilegien

purulent (*lat.*) eitrig; **Purulenz** *w.* Eiterung

puschen, pushen (*engl.*) 1. antreiben, vorantreiben; 2. mit Rauschgift handeln; **Pusher** *m.* (puscher) Händler mit harten Drogen; **Push-up** *m.* (-ap) BH mit gepolsterten Körbchen, Push-up-BH, Wonderbra

Pustel *w.* (*lat.*) Eiterbläschen

Puszta *w.* (*ungar.*) ungarische Grassteppe

Put *m.* (*engl.*) Verkaufsoption

putativ (*lat.*) vermeintlich, irrig; **Putativehe** *w.* ungültige Ehe, die jedoch von einem Partner für gültig gehalten wird

putreszieren (*lat.*) verwesen; **putrid** faulig, stinkend; **Putrifikation, Putrefaktion** *w.* Fäulnis, Verwesung

Putt *m.* oder *s.* (*engl.*) Schlag mit dem Putter; **putten** einlochen beim Golf; **Putter** *m.* der Schläger zum Einlochen

Putte *w.* = Putto

Putto *m.* (*itl.*) Kindergestalt in der Kunst, meist nackt und oft geflügelt, Amorette (*Mz.* Putti)

Puzzle *s.* (pasl, *engl.*) aus vielen Einzelteilen bestehendes Zusammensetzspiel; **puzzeln** ein Puzzle, etwas (mühselig) zusammensetzen

PVC = Polyvinylchlorid

Pyelitis *w.* (*gr.*) Nierenbeckenentzündung

Pygmäe *m.* (*gr.*) Angehöriger eines zwergwüchsigen Menschentypus

Pygmalion *m.* Bildhauer der griech. Mythologie, der sich in die von ihm selbst geschaffene Statue verliebt; **Pygmalioneffekt** *m.* Effekt, dass die Meinung eines Lehrers über einen Schüler dessen Leistungen in der vom Lehrer erwarteten Richtung beeinflusst

Pyjama *m.* (pidschama, *engl.*) Schlafanzug

Pykniker *m.* (*gr.*) Mensch von gedrungenem, stämmigem Körperbau; **pyknisch** untersetzt, gedrungen

Pylades *m.* (*gr.*) Freund des Orest, Sinnbild der Freundestreue

Pylon *m.*, **Pylone** *w.* (*gr.*) 1. Turmtor an ägyptischen Tempeln oder Palästen; 2. sich verjüngender, frei stehender, meist vierkantiger Pfeiler oder Säule; 3. Pfeiler zur Absperrung von Straßen

Pyodermie *w.* (*gr.*) Eiterausschlag; **Pyokokke** *w.* Eiterungen verursachende Bakterie

pyramidal (*gr.*) 1. pyramidenförmig; 2. gewaltig, riesenhaft; **Pyramide** *w.* 1. spitz zulaufender Körper mit Vieleck als Grundfläche und Dreiecken als Seitenflächen; 2. monumentales Grabdenkmal ägypt. Pharaonen; 3. Figur in der Sportakrobatik

pyretisch (*gr.*) Fieber erzeugend (von Medikamenten); **Pyrexie** *w.* Fieber

Pyrit *m.* (*gr.*) Eisenkies, ein Mineral

Pyroklastika *Mz.* (*gr.*) feste Bestandteile, die bei einem Vulkanausbruch aus dem Erdinnern an die Erdoberfläche befördert werden; **pyroklastischer Strom** *m.* heißer und extrem schneller Strom aus Gesteinsbrocken, Magma und Asche, der nach einem Ausbruch den Hang eines Vulkans hinunterrast

Pyrolyse *w.* (*gr.*) Zersetzung von Stoffen durch Hitze

Pyromane *m.* (*gr.*) jmd., der an Pyromanie leidet; **Pyromanie** *w.* krankhafter Brandstiftungstrieb; **Pyrometer** *s.* Messinstrument für hohe Temperaturen; **pyrophor** sich an der Luft entzündend; **Pyrophobie** *w.* krankhafte Angst vor Feuer

Pyrosis *w.* Sodbrennen

Pyrotechnik *w.* Herstellung und Gebrauch von Feuerwerkskörpern und Sprengstoffen; **Pyrotechniker** *m.* Fachmann für Pyrotechnik (z. B. beim Film)

Pyrrhussieg *m.* Sieg unter großen Verlusten, Scheinsieg (nach König Pyrrhus, 3. Jh. v. Chr.)

Pythagoras *m.* = pythagoreischer Lehrsatz; **Pythagoreer** *m.* (-re'er) Anhänger der Lehre von Pythagoras; **pythagorei-**

scher Lehrsatz Lehrsatz der Geometrie, nach dem im rechtwinkligen Dreieck das Quadrat über der Hypotenuse c flächengleich mit der Summe der Quadrate über den Katheten a, b ist: $a^2 + b^2 = c^2$ (nach dem griech. Philosophen Pythagoras, 570–497 v. Chr.)

Pythia *w.* weissagende Priesterin des Orakels von Delphi; **pythisch** orakelhaft, dunkel

Python *m.*, **Pythonschlange** *w.* (*gr.*) eierlegende Riesenschlange (nach der von Apollo erlegten Schlange in der griech. Mythologie)

Pyxis *w.* (*gr.*) Behälter zur Aufbewahrung von Hostien

Q

Qat = Kat
Q-Fieber *s.* (Abk. von *engl.* query) meldepflichtige Infektionskrankheit
Qi *s.* (tschi, *chin.*) Lebensenergie, zentraler Begriff für das chines. Weltbild; **Qigong** *s.* chines. Heilmethode, bei der mit Hilfe von Atmung, Bewegung und Vorstellungskraft Herz, Kreislauf und Nervensystem positiv beeinflusst werden; **Qigongkugel** *w.* Hohlkugel mit einer inneren Kugel, die im Qigong zur Anwendung kommt
Qindar *m.* (*alban.*) kleine albanische Münze, 0,01 Lek
QM = Qualitätsmanagement
qua (*lat.*) mittels, durch, in der Eigenschaft als
Quadragesima *w.* (*lat.*) die vierzigtägige christl. Fastenzeit vor Ostern
Quadrant *m.* (*lat.*) 1. Viertelkreis; 2. älteres Gerät zum Winkelmessen; **Quadrantenelektrometer** *s.* Spannungsmesser
Quadrat *s.* (*lat.*) 1. gleichseitiges Viereck; 2. die zweite Potenz einer Zahl; **Quadratur** *w.* 1. Verwandlung einer Figur in ein Quadrat gleichen Flächeninhalts; 2. Inhaltsberechnung einer Fläche durch Integralrechnung; **Quadratur des Kreises** *w.* die unlösbare Aufgabe, mit Zirkel und Lineal einen gegebenen Kreis in ein flächengleiches Quadrat überzuführen; **quadrieren** eine Zahl mit sich selbst malnehmen, Hptw. **Quadrierung** *w.*; **Quadriga** *w.* (*lat.*) Viergespann, mit vier Pferden bespannter Streit-, Renn- oder Triumphwagen der Antike
Quadrille *w.* (kadrilje, *frz.*) Gesellschaftstanz des 18. Jhs. in Gruppen zu je vier Paaren
Quadrillion *w.* (*lat.*) eine Million Trillionen, 10^{24}
Quadrivium *s.* (*lat.*) die vier höheren Wissenschaften Arithmetik, Geometrie, Astronomie und Musik im mittelalterlichen System der sieben freien Künste
Quadrophonie *w.* (*lat.-gr.*) Vierkanalton; **Quadrosound** *m.* (-saund, *lat.-engl.*) durch Quadrophonie erzeugte Klangwirkung, bes. bei Filmvorführungen
quadrupel (*lat.*) vierfach; **Quadrupel** *s.* vier zusammengehörige mathem. Größen; **Quadrupelallianz** *w.* Vierbund, Bündnis zwischen vier Staaten
Quai *m.* (keh, *frz.*) Hafenanlage, Uferstraße; **Quai d'Orsay** *m.* (– dorßeh) Straße in Paris, Sitz des französ. Außenministeriums
Quäker *Mz.* (*engl.*) im 17. Jh. in England gegr. sittenstrenge religiöse Gemeinschaft
Qualifier *m.* (kwolifeijer, *engl.*) Sportler, der sich bei einem Wettkampf für die Teilnahme am nächsten Wettkampf qualifiziert
Qualifikation *w.* (*lat.*) 1. Ausbildung, Befähigung, Eignung; 2. Befähigungsnachweis; **qualifizieren** 1. ausbilden, befähigen; 2. beurteilen, einstufen; **sich qualifizieren** sich ausbilden oder weiterbilden; **qualifiziert** 1. fähig, geeignet; 2. Kenntnisse erfordernd (z. B. eine qualifizierte Tätigkeit); **qualifizierte Mehrheit** vorgeschriebene, über der einfachen Mehrheit liegende Stimmenzahl, meist Zweidrittelmehrheit
Qualität *w.* (*lat.*) 1. Beschaffenheit; 2. Wert, Güte; **qualitativ** hinsichtlich der Qualität; **Qualitätsmanagement** *s.* Gesamtheit der Maßnahmen, die der Effektivierung von Arbeitsabläufen, Dienstleistungen und Produkten sowie von Geschäftsprozessen dienen (*Abk.* QM)
quand même (kang mähm, *frz.*) trotzdem
Quant *s.* (*lat.*) kleinste unteilbare physikal. Größe, kleinste Energiemenge (*Mz.* Quanten); **quanteln** in Quanten darstellen; **Quantenmechanik** *w.* physikal. Theorie, die eine widerspruchsfreie Beschreibung von Vorgängen in der Mikrophysik ermöglicht; **Quantensprung** *m.* durch Absorption oder Emission eines Quants bewirkter, unstetiger Übergang

eines mikrophysikal. Systems von einem Energiezustand in einen anderen; **Quantentheorie** *w.* Theorie des (sprunghaften) mikrophysikal. Geschehens; **quantifizieren** in Mengenbegriffen darstellen

Quanter *m.* (*lat.*) Wort, das zur Bestimmung von Mengen dient (z. B. *alle, viele* u. Ä.)

Quantität *w.* (*lat.*) 1. Menge, Anzahl; 2. Sprachlehre: Länge oder Kürze eines Vokals; **quantitativ** mengenmäßig

Quantité négligeable *w.* (kangtiteh nehglischabl, *frz.*) Belanglosigkeit

Quantum *s.* (*lat.*) abgemessene Menge (*Mz.* Quanten)

Quarantäne *w.* (*frz.*) räumliche Absonderung von Infizierten oder infektionsverdächtigen Personen

Quark *s.* zunächst als hypothetisch geltendes Elementarteilchen, das Ende der 1990er Jahre bei Experimenten in Teilchenbeschleunigern nachgewiesen wurde (nach dem schemenhaften Wesen in J. Joyce' Roman «Finnegans Wake»); **Quark-Gluon-Plasma** *s.* gemäß physikalischen Forschungen u. Experimenten der Zustand, in dem sich die Materie ca. eine Millionstelsekunde nach dem Urknall vor rd. 14 Mio. Jahren befunden hat, d. h. ohne Protonen od. Neutronen

Quart *w.* (*lat.*) 1. Fechthieb (Hochquart, Tiefquart), Handhaltung beim Florettfechten; 2. = Quarte; **Quart** *s.* (*lat.*) 1. Buchformat 2. engl. Hohlmaß (rd. 1,2 l), amerik. Hohlmaß (rd. 1 l), altes Flüssigkeitsmaß in Bayern und Preußen

Quarta *w.* (*lat.*) dritte Gymnasialklasse; **Quartaner** *m.* Schüler der Quarta

Quartal *s.* (*lat.*) Vierteljahr

Quartär *s.* (*lat.*) Neuzeit der Erdgeschichte, zu der auch die Gegenwart gehört, Eigw. **quartär**

Quarte, Quart *w.* (*lat.*) 1. vierter Ton einer diatonischen Tonleiter; 2. Intervall von vier Stufen

Quarter *m.* (kwoter, *engl.*) 1. engl. Gewicht (rd. 13 kg), engl. Hohlmaß (rd. 290 l); 2. Bez. für einen Vierteldollar (umg.)

Quarterback *m.* (-bäck, *engl.*) Spielemacher im amerik. Football; **Quarterdeck** *s.* Hinterdeck eines Schiffes; **Quarterhorse** *s.* (-horß) leistungsfähige, aus den USA stammende Pferderasse

Quartett *s.* (*lat.*) 1. Musikstück für vier Stimmen oder vier Instrumente; 2. Gruppe von vier Personen, bes. von Musikern; 3. Kartenspiel mit Bilderkarten, von denen jeweils vier eine Gruppe bilden

Quartier *s.* (*lat.*) Unterkunft, Nachtlager; **Quartier latin** *s.* (kartjeh latäng, *frz.*) Universitätsviertel von Paris

Quasar *m.* (*lat.*) sternähnliches kosmisches Objekt mit extrem starker Radiofrequenzstrahlung

quasi (*lat.*) gleichsam, sozusagen, gewissermaßen

Quassie *w.* amerik. Baum, aus dessen Bitterstoff ein Magenmittel gewonnen wurde (nach dem surinames. Medizinmann G. Quassy, 18. Jh.)

Quästion *w.* (*lat.*) wissenschaftliche Streitfrage in der Scholastik, die im Gespräch gelöst wurde; **Quästor** *m.* 1. hoher Finanzbeamter im alten Rom; 2. Leiter einer Universitätskasse; **Quästur** *w.* 1. Amt und Amtsbereich eines Quästors; 2. Universitätskasse

Quatember *m.* (*lat.*) vierteljährlicher Fasttag der kath. Kirche

Quattrocento *s.* (-tschento, *itl.*) das 15. Jh. als italien. Stilepoche

Quechua *s.* (ketschua, *span.*) südamerik. Indianersprache, zweite Amtssprache in Peru

Queen *w.* (kwihn, *engl.*) 1. Königin von England; 2. weibliche Person, die auf Partys u. Ä. beliebter Mittelpunkt ist; 3. femininer Homosexueller, der für maskuline Homosexuelle besonders anziehend ist

Queer Studies *Mz.* (kwihr sta-, *engl.*) interdisziplinäres Teilgebiet der Frauen- und Geschlechterforschung, das sexuelle und Geschlechtsidentitäten (außerhalb der Heteronormativität) erforscht

Quellcode *m.* (*engl.*) in einer Programmiersprache geschriebenes Programm, das (durch Assembler od. Compiler) in ein Objektprogramm verwandelt wird, Primärprogramm (EDV)

Quent *s.* (*lat.*) altes deutsches, sehr kleines Gewicht

Querele *w.* (*lat.*) Klage, Streit, meist *Mz.* **Querelen**

Querulant *m.* (*lat.*) Nörgler, jmd., der sich grundsätzlich benachteiligt fühlt, Eigw. **querulatorisch**

Quetzal, Quesal *m.* (*Nahuatl.*) 1. farbenprächtiger Nebelwaldvogel Mittelamerikas, der von den Azteken als Gottheit verehrt wurde; 2. Wappentier von Guatemala; 3. Landeswährung von Guatemala

Queue *s.* (köh, *frz.*) Billardstock; **Queue** *w.* lange Reihe, Schlange

Quibble *s.* (kwibbl, *engl.*) Wortspiel

Quiche *w.* (kisch, *frz.*) franz. Speckkuchen; **Quiche Lorraine** *w.* (– lorähn) lothringischer Speckkuchen, mit einer Ei-Sahne-Soße überbacken

Quickie *s.* (*engl.*) 1. schnelles Quizspiel; 2. Geschlechtsverkehr ohne Umschweife (Jargon); 3. etwas, was jmd. schnell und ohne Umstände tut; **Quicksort** *o. A.* computerinternes Sortierverfahren (z. B. von Dateien nach dem Alphabet, EDV); **Quickstepp** *m.* dem Foxtrott ähnlicher schneller Gesellschaftstanz

Quidproquo *s.* (*lat.*) Missverständnis, Verwechslung

Quietismus *m.* (qui'e-, *lat.*) Erstrebung des Seelenfriedens durch tatenlose Lebenshaltung, im relig. Quietismus durch Ergebung in Gottes Willen, **Quietist** *m.* Anhänger des Quietismus, Eigw. **quietistisch**; **quieto** (*itl.*) Musik: ruhig

quinkelieren, quinquelieren (*lat.*) 1. zwitschern; 2. Ausflüchte machen

Quilt *m.* (*engl.*) gesteppte Bettdecke mit Applikationen; **quilten** einen Quilt anfertigen

Quint, Quinte *w.* (*lat.*) 1. der 5. Ton der diatonischen Tonleiter und Intervall zum Grundton; 2. Fechthieb; **Quinta** *w.* zweite Gymnasialklasse; **Quintaner** *m.* Schüler der Quinta

Quintessenz *w.* (*lat.*) 1. das Wesentliche, der Kern, die Summe, der Inbegriff; 2. im Alchimismus eine die vier Elemente ergänzende spirituelle, ätherartige Essenz

Quintett *s.* (*itl.*) 1. Musikstück für fünf Stimmen oder Instrumente; 2. Gruppe von fünf Personen, bes. von Musikern

Quiproquo *s.* (*lat.*) Verwechslung einer Person mit einer anderen

Quirinal *m.* einer der sieben Hügel Roms mit dem ehemaligen Königspalast, heute Sitz des italien. Staatspräsidenten

Quirite *w.* (*lat.*) römischer Vollbürger in der Antike

Quisling *m.* Kollaborateur, Verräter (nach Vidkun Quisling [1887 – 1945], der als Faschistenführer während der Okkupation Norwegens mit den Nazis zusammenarbeitete)

Quisquilien *Mz.* (-li'en, *lat.*) Kleinkram, Läppereien

quitt (*frz.*) ausgeglichen, wett; **quittieren** 1. Empfang bestätigen; 2. Dienst aufgeben; 3. etwas vergelten; **Quittung** *w.* 1. Empfangsbestätigung; 2. Vergeltung

Qui vive? (ki wiv, *frz.*) Wer (lebt) da?; **auf dem Quivive sein** auf der Hut sein, wachsam sein; **quivivra, verra** wer (noch) lebt, wird sehen: die Zukunft wird es zeigen

Quiz *s.* (kwis, *engl.*) Frage- und Antwort-Spiel, Denksportaufgabe bes. in Fernsehsendungen; **Quizmaster** *m.* Spielleiter eines Quiz; **quizzen** Quiz spielen

quod erat demonstrandum (*lat.*) was zu beweisen war (*Abk.* q. e. d.)

Quodlibet *s.* (*lat.*) mehrstimmige gesellige Musizierform, bei der verschiedene Lieder gleichzeitig gesungen od. gespielt werden

quod licet Jovi, non licet bovi (*lat.* was Jupiter erlaubt ist, steht dem Ochsen nicht zu) was der Höhergestellte darf, ist dem Niedrigerstehenden nicht erlaubt

Quorum *s.* (*lat.*) die beschlussfähige Anzahl von Mitgliedern eines Gremiums

Quotation *w.* (*lat.*) Kursnotierung an der Börse; **Quote** *w.* verhältnismäßiger Anteil, Teilbetrag; **Quotenfrau** *w.* Frau, die ihre Arbeitsstelle aufgrund der Quotenregelung bekommen hat; **Quotenregelung** *w.* Festschreibung einer bestimmten Anzahl von Arbeitsplätzen, Funktionen oder Positionen für einen bestimmten Personenkreis, bes. für Frauen; **Quotient** *w.* (-zi'e-) Zähler und Nenner eines Bruchs; Ergebnis einer rechnerischen Teilung; **quotieren** den Preis, Kurs angeben; **quotisieren** anteilmäßig verteilen, Hptw. **Quotisierung** *w.*

quo vadis? (*lat.*) wohin gehst du? (Frage des Apostels Petrus an Jesus im Johannesevangelium 13, 36)

R

R = Reaumur
Ra = Radium
Ra = Re
Rabatt *m. Rabatt* (*itl.*) Preisnachlass, Ztw. **rabattieren**; **Rabatte** *w.* (*frz.*) schmales Beet, Randbeet
Rabatz *m.* Krach, Krawall, lauter Protest, Krakeel (Herk. unges., viell. poln. ṛabać)
Rabauke *m.* (*niederl.*) sich wüst aufführender Jugendlicher
Rabbi *m.* (*hebr.*) Ehrentitel für jüdische Schriftgelehrte zur Zeit Christi; **Rabbinat** *s.* Amt eines Rabbiners; **Rabbiner** *m.* von der jüdischen Gemeinde berufener Religionslehrer und Seelsorger
rabiat (*lat.*) 1. wütend; 2. rücksichtslos; **Rabies** *w.* (-bi'es) Tollwut
Rabulist *m.* (*lat.*) Wortverdreher, Haarspalter, Rechtsverdreher; **Rabulistik** *w.* Gerede, Argumentationsweise eines Rabulisten, Eigw. **rabulistisch**
Rachitis *w.* (*gr.*) Englische Krankheit, Vitamin-D-Mangel-Krankheit mit Knochenfehlentwicklung, Eigw. **rachitisch**
Racing *s.* (rehßing, *engl.*) Rennen
Rack *s.* (räck, *engl.*) 1. Gestell für Stereoanlagen; 2. Transportkiste für Profi-Musikinstrumente
Racket *s.* (räckit, *engl.*) Tennisschläger; **Racketeer** *m.* (-tihr) Gangster, Erpresser
Rackjobber *m.* (räckdschobber, *engl.*) Hersteller od. Händler, der eigene Produkte in Einzelhandelsgeschäften auf angemieteten Flächen verkauft; **Rackjobbing** *s.* Vertriebsform, die ein Rackjobber betreibt
Raclette *m.* (*frz.*) schweizerische Käsesorte; **Raclette** *s.* Käsefondue aus Raclettekäse
Radar *m.* oder *s.* (aus *engl. ra*dio *d*etecting *a*nd *r*anging) Funkverfahren zur Ortung, Dichte-, Entfernungs- und Geschwindigkeitsmessung von Objekten
radial, radiär (*lat.*) strahlenförmig; **Radiation** *w.* Strahlung; **Radiator** *m.* Wärmestrahler, Heizofen
Radical Chic *m.* (*frz.*) eine auf den US-amerik. Schriftsteller Tom Wolfe zurückgehende abwertende Bez. der 1970er Jahre für die modisch-unverbindliche Unterstützung radikaler schwarzer Bewegungen durch weiße Künstler und Intellektuelle
Radicchio *m.* (-dikjo, *itl.*) Zichorienart, leicht bittere Salatsorte mit rotweißen Blättern
radieren (*lat.*) 1. eine Radierung herstellen; 2. etwas Geschriebenes mit dem Radiergummi entfernen; **Radierer** *m.* Künstler, der Radierungen macht; **Radierung** *w.* 1. in wachsüberzogene Kupferplatte eingeritzte Zeichnung; 2. Abzug von der Platte, graphisches Blatt
radikal (*lat.*) 1. unbedingt, kompromisslos, ohne Zugeständnisse; 2. restlos, ganz und gar, vollständig, Hptw. **Radikalität** *w.*; **Radikal** *s.* 1. Atom, Molekül od. Ion mit einem ungepaarten Elektron, unter der Bez. **freie Radikale** (*Mz.*) ursächlich für Zellschäden und Alterungsprozesse angenommen; 2. mathemat. Ausdruck, den man durch Wurzelziehen erhält; **radikalisieren** (sich) radikal machen, radikal werden; **Radikalismus** *m.* kompromissloser Einsatz für ein Ziel, kompromissloses Vorgehen; **Radikalkur** *w.* Rosskur; **Radikand** *m.* Zahl, aus der die Wurzel gezogen wird
Radio *s.* (*lat.*) 1. Rundfunk; 2. Rundfunkgerät; **radioaktiv** Radioaktivität aufweisend; **Radioaktivität** *w.* Eigenschaft mancher Atomkerne, sich spontan in andere Atomkerne zu verwandeln, wobei Strahlungsenergie frei wird; **Radiochronologie** *w.* Bestimmung des Alters eines Objekts mit Hilfe des radioaktiven Zerfalls; **Radiodatensystem** *s.* Empfangs- und Wiedergabesystem, das ein (Auto-)Radio auf den besten Empfang einstellt (*Abk.* RDS); **Radiolarie** *w.* (-ri'e) Strahlentierchen, Wurzelfüßer in Meerwasser; **Radiologie** *w.* (*lat.*) Lehre von den radio-

aktiven und Röntgenstrahlen; **Radiometer** *s.* Strahlungsmessgerät; **Radioskopie** *w.* Durchleuchtung mit Röntgenstrahlen, Röntgenoskopie; **Radiosonde** *w.* mit Sender ausgerüstetes Gerät, das während eines Ballonflugs die Erdatmosphäre erforscht und die Ergebnisse zur Bodenstation sendet; **Radiotherapie** *w.* medizin. Behandlung mit Strahlen; **Radium** *s.* radioaktives chem. Element, ein Metall (Zeichen: Ra)

Radius *m.* (*lat.*) 1. Halbmesser des Kreises und der Kugel; 2. Unterarmknochen, Speiche

Radix *w.* (*lat.*) Wurzel (von Pflanzen, Nerven, Organen u. a.); **radizieren** aus einer Zahl die Wurzel ziehen

Radon *s.* (*lat.*) radioaktives chem. Element, Edelgas

Radscha *m.* (*sanskr.*) indischer Fürstentitel

Radula *w.* (*lat.*) Zunge von Schnecken u. a. Weichtieren

Raffinade *w.* (*frz.*) geläuterter Zucker; **Raffinage** *w.* (-nasch) Verfeinerung, Veredelung; **Raffinement** *s.* (-mang) ausgeklügelte, artistisch verfeinerte, dem Zweck einer Sache perfekt entsprechende Beschaffenheit oder Form; **Raffinerie** *w.* Veredelungsbetrieb; **Raffinesse** *w.* 1. Raffinement; 2. berechnendes, durchtriebenes und taktisch geschicktes Vorgehen; **raffinieren** Zucker, Öl und andere Naturprodukte reinigen; **raffiniert** 1. geläutert, geklärt, gereinigt; 2. durchtrieben, gerissen, taktisch meisterhaft 3. mit Raffinement, Raffinesse (ins Werk gesetzt)

Rafter *m.* (*engl.*) jmd., der Rafting betreibt; **Rafting** *s.* Wildwasserfahren (einer Gruppe), Ztw. **raften**

Raga *m.* (*sanskr.*) indisches Tonleitermodell, das aus vielen tausend Melodieweisen besteht

Ragdoll *w.* (räg-, *engl.*) 1960 in den USA erzüchtete große Rassekatze mit angoraähnlichem Fell in mehreren Farbtönen

Rage *w.* (rahsche, *frz.*) Übereifer, unbeherrschte Aufregung, leidenschaftlicher Zorn

Raglan *m.* (räglen, *engl.*) Mantel, dessen Ärmel angeschnittene Schulterteile haben

Ragnarök *w.* (*altisländ.*) Weltuntergang i.d. nordischen Mythologie

Ragout *s.* (raguh, *frz.*) klein geschnittenes Fleisch in pikanter Soße; **Ragout fin** *s.* (– fäng) Ragout aus hellem Fleisch, überbacken oder als Pastetenfüllung

Ragtime *m.* (rägteim, *engl.*) Klavierspielweise schwarzamerik. Musiker um 1900 mit stark synkopierter Melodiestimme und akzentuiertem Beat

rainproof (rehnpruhf, *engl.*) gegen Wasser imprägniert (von Geweben)

Raison d'Etre *w.* (rähsong dähtre, *frz.*) Daseinsberechtigung

rajolen = rigolen

Rakete *w.* (*itl.*) 1. Feuerwerkskörper; 2. militärischer oder ziviler Flugkörper mit Treibsatzantrieb

Raki *m.* (*arab.*) türkischer Anisschnaps

rallentando (*itl.*) Musik: langsamer, verlangsamend

Rally *w.* (rälli, *engl.*) kurzer, kräftiger Kursanstieg an der Börse

Rallye *w.* (rälli, *frz., engl.*) Sternfahrt (besonders als Autorennen)

RAM *s.* (aus *engl.* *r*andom *a*ccess *m*emory) Lese- und Schreibspeicher im Computer (EDV)

Ramadan, Ramasan *m.* (*arab.*) islam. Fastenmonat (9. Monat des muslim. Mondjahres)

Ramajana *s.* (*sanskr.*) indisches religiöses Nationalepos um den Helden Rama

Rambla *w.* (*span.*) 1. ausgetrocknetes Flussbett; 2. Promenade, breite Straße

Rambo *s.* (rämbo, *engl.*) auf nichts und niemanden Rücksicht nehmender Kraftprotz

Rambur *m.* säuerliche Apfelsorte (nach der französ. Stadt Rambures)

Rambutan (*malai.*) 1. *m.* in Südostasien verbreiteter großer Baum; 2. *f.* der Litschi ähnelnde Frucht des Rambutanbaumes

Ramé *m.* (*frz.*) Weißware aus Makobaumwolle

Ramie *w.* (*malai.*) Chinagras

Ramifikation *w.* (*lat.*) Verzweigung bei Pflanzen, Ztw. **ramifizieren**

Ramming *s.* (räm-, *engl.*) Kollision, Zusammenstoß (von Schiffen)

ramponieren (*frz.*) beschädigen; **ramponiert** beschädigt, mitgenommen

Ranch *w.* (räntsch, *engl.-span.*) nordamerikanische Viehfarm, **Rancher** *m.* Viehzüchter

Rand *m.* (ränd, *engl.*) Währungseinheit in Südafrika

Randale *w.* (Herkunft ungeklärt) das Randalieren; **randalieren** umherziehen, Leute belästigen und Dinge zerstören (umg.)

Ranger *m.* (rehndscher, *engl.*) Mitglied einer Spezialeinheit für Kommandoaufgaben, besonders ausgebildet für Sondereinsätze in feindlichem Gebiet

rangieren (rangschihren, *frz.*) 1. ordnen, einrichten; 2. Eisenbahnzüge umkoppeln; 3. einen Rangplatz (vor oder hinter jmdm.) einnehmen

Ranking *s.* (ränk-, *engl.*) (das Einordnen auf der) Rangtabelle, Rangordnung, Skala

Ranküne *w.* (*frz.*) Hinterlist, Machenschaft, Rachsucht, heimliche Feindschaft

Ranunkel *w.* (*lat.*) Gartenblume, ein Hahnenfußgewächs

Ranz des Vaches *w.* (rangz de wasch, *frz.*) Kuhreigen, Lied der Greyerzer Almhirten

Rap *m.* (räp, *engl.*) rhythmisch-schnelles Sprechen zu Musikhintergrund, entstanden in den schwarzen Ghettos der USA; **rappen** Rapmusik machen; **Rapper** *m.* jmd., der rappt

Rapé *m.* (*frz.*) durch Zerreiben hergestellter Schnupftabak

Raphe *w.* (*gr.*) Verwachsungsnaht (z. B. am Hodensack)

rapid (*frz.*) schnell, reißend; **Rapidität** *w.* Heftigkeit, Ungestüm; **rapido, rapidamente** (*itl.*) Musik: schnell, flüchtig

Rapier *s.* (*frz.*) Fechtdegen (Übungswaffe mit stumpfer Klinge)

Rapport *m.* (*frz.*) 1. Bericht, Berichterstattung; 2. Wiederkehr des Musters auf Stoffen, Teppichen o. Ä., Ztw. **rapportieren; Rapporteur** *m.* (-tör) 1. Berichterstatter; 2. Winkelmesser

Rapprochement *s.* (-proschmang, *frz.*) Versöhnung, Wiederannäherung

Raptus *m.* (*lat.*) Zornanfall, verrückte Anwandlung, Koller

Rapunzel, Rapunze *w.* (*lat.*) Feldsalat, Ackersalat

Rapusche, Rapuse *w.* 1. Plünderung, Raub, Verlust; 2. Wirrwarr; 3. Kartenspiel (Herk. ungekl., viell. von *tschech.* rabuše)

rar (*lat.*) selten, aber gefragt; **Rarität** *w.* Seltenheit, Kostbarkeit

Ras *m.* (*arab.*) 1. abessinischer Fürstentitel, Statthalter; 2. arab. Bez. für Gipfel, Kap

rasant (*frz.*) 1. stürmisch, schwungvoll; 2. flach verlaufend (von der Flugbahn eines Geschosses), Hptw. **Rasanz** *w.*

Rash *m.* (*engl.*) dem Scharlach ähnelnder Hautausschlag

rasieren (*frz.*) 1. Bart- od. Körperhaare mit dem Rasiermesser od. -apparat entfernen; 2. jmdn. betrügen (umg.); **Rasur** *w.* 1. das Rasieren; 2. das Radieren bzw. die ausradierte Stelle, Schrifttilgung

Räson *w.* (räsong, *frz.*) Einsicht; **zur Räson bringen** jmdn. unsanft zur Einsicht bringen; **Räsoneur** *m.* (-nör) Nörgler; **räsonieren** 1. hin und her überlegen, erwägen; 2. nörgeln; **Räsonnement** *s.* (-mang) 1. unfruchtbares Erwägen; 2. Nörgelei

Rassismus *m.* (*dt.-lat.*) Haltung, die die eigene Rasse od. ethnische Gruppe als (von Natur aus) überlegen darstellt und andere Gruppen diskriminiert und bei gegebener Macht unterjocht bzw. ausrottet; **Rassist** *m.* Anhänger des Rassismus, Eigw. **rassistisch**

Rasta, Rastafari *m.* eine in der schwarzen Bevölkerung auf Jamaika entstandene religiöse Bewegung, die an die Göttlichkeit Haile Selassies I. glaubt und ihre Anhänger auffordert, ohne tierische Produkte, Alkohol und Tabak sowie ohne Rasur und Haareschneiden zu leben (nach dem Geburtsnamen des äthiopischen Kaisers *Ras Tafari* Makonnen)

Raster *m.* (*lat.*) 1. Liniennetz mit quadratischen Feldern für Bauzeichnungen; 2. Folien mit Linien oder Punkten, mit denen sich die Tonwerte eines Fotos in druckfähige Elemente zerlegen lassen;

Rasterscan *m.* (-skän, *lat.-engl.*) zeilenweises Abtasten eines Bildes (auf dem Bildschirm) mit dem Elektronenstrahl

Rastral *s.* (*lat.*) Gerät mit fünf Zinken zum Ziehen von Notenlinien; **rastrieren** Notenlinien ziehen

Rasur = rasieren

Ratatouille *w.* (-tuj, *frz.*) Gemüse aus Auberginen, Zucchini u. a.
Ratifikation *w.* (*lat.*) Bestätigung eines Vertrages; **ratifizieren** anerkennen, in Kraft setzen
Rating *s.* (rehting, *engl.*) 1. psychologisches Verfahren zur Beurteilung von Personen oder Situationen mit Hilfe einer Skala; 2. Verfahren, mit dem die Einschaltquote bei Fernsehsendungen ermittelt werden kann; 3. Einstufung der Bonität von Unternehmen, Banken, Staaten u. Ä. auf einer Skala; **Ratingagentur** *w.* Agentur, die die Bonität bewertet; **Ratingskala** *w.* Skala zur Bewertung eines Merkmals (z. B. nach den Werten *schwach, mittel, stark*)
Ratio *w.* (*lat.*) Vernunft, logischer Verstand; **rational** vernünftig, verstandesgemäß, verstandesmäßig erfassbar; **Rationalisierung** *w.* 1. zweckmäßige Vereinfachung (von Produktionsvorgängen); 2. nachträgliche, bewusste Begründung unbewusster Motive, Ztw. **rationalisieren**; **Rationalismus** *m.* 1. philosophische Überzeugung, dass die Welt vernünftig organisiert und verstandesmäßig erkennbar ist; 2. Verstandes-, Vernunftglaube; **Rationalist** *m.* Vertreter des Rationalismus, Verstandesmensch; **rationalistisch** verstandesbetont, vernunftbestimmt; **Rationalität** *w.* rationale Beschaffenheit, vernunftbestimmte Denkweise; **rationell** zweckmäßig, sparsam, durchdacht
Ration *w.* (*lat.*) zugeteiltes Maß, Portion, Bedarf für eine bestimmte Zeit; **rationieren** einteilen, planmäßig aufteilen
Rat Pack *s.* (rätpack, *engl.*) verschworene reine Männergruppe, die sich bes. durch Trinkfestigkeit auszeichnet, im Hollywood der frühen 1960er Jahre eine Gruppe von Schauspielern und Entertainern, u. a. Frank Sinatra und Dean Martin
Rattan *s.* (*malai.*) aus Palmstängeln gewonnenes Rohr, bes. für Korbmöbel
Rave *m.* (rehf, *engl.*) z. T. mehrtägige Tanzparty, auf der zu (Techno-)Musik durchgetanzt wird, Ztw. **raven**; **Raver** *m.* jmd., der am Rave teilnimmt, **Raving** *s.* das Raven
Ravioli *Mz.* (*itl.*) Nudeltäschchen mit feiner Fleisch- oder Käsefüllung
Rayon *m.* (rehjong, *frz.*) 1. Abteilung im Warenhaus; 2. Vorgelände einer Festung; 3. (rehjen, *engl.*) engl. Bez. für Viskosegarne; **Rayonchef** *m.* Abteilungsleiter
Razzia *w.* (*arab.-frz.*) überraschende Fahndungsaktion der Polizei
RDS = Radiodatensystem
Re, Ra *o. A.* (*altägypt.*) ägypt. Sonnengott
Re-, re- (*lat.*) als Vorsilbe: wieder, zurück
Readymade *s.* (räddimehd, *engl.*) 1. zum Kunstwerk verfremdeter Alltagsgegenstand; 2. (künstlerisches) Produkt, das wie ein nach Schablone hergestelltes Fertigprodukt wirkt
Reagenzien *Mz.* (-zi'e-, *lat.*) chem. Stoffe zum Nachweis von Substanzen; **reagieren** auf etwas ansprechen, sich verhalten, auf etwas eingehen
Reaktion *w.* 1. Rückwirkung, Gegenwirkung, Antwort; 2. chemische Wirkung; 3. Festhalten an überholten Einstellungen und Einrichtungen, Fortschrittsfeindlichkeit; 4. Gesamtheit aller reaktionären Kräfte; **Reaktionär** *m.* politischer Rückschrittler; **reaktionär** rückschrittlich
reaktiv (*lat.*) 1. als Reaktion auf einen Reiz oder ein Problem auftretend (von Krankheiten); 2. zurückwirkend, Hptw. **Reaktivität** *w.*; **reaktivieren** wieder einsetzen, wieder wirksam machen, Hptw. **Reaktivierung** *w.*
Reaktor *m.* (*lat.*) 1. Apparat, in dem chem. Reaktionen ablaufen; 2. Anlage zur kontrollierten Kernspaltung, Kernreaktor
real (*lat.*) 1. wirklich, tatsächlich; 2. dinglich, stofflich, sachlich; **Realgymnasium** *s.* Schultyp mit neueren Sprachen und Naturwissenschaften neben Latein; **Realien** *Mz.* (-li'en) 1. wirkliche Dinge, Tatsachen; 2. Sachkenntnisse; **realisieren** 1. verwirklichen, in die Tat umsetzen; 2. zu Geld machen; 3. eine Sache begreifen, indem man sie sich bewusst macht, Hptw. **Realisierung** *w.*; **Realismus** *m.* 1. realistische Einstellung, Wirklichkeitssinn; 2. wirklichkeitsnahe Darstellung in der Kunst; 3. philosophische Auffassung, dass die Dinge unabhängig vom menschlichen Bewusstsein existieren und durch Wahrnehmung und Denken erkannt werden können; **Realist** *m.* 1. Anhänger des Realismus; 2. Tat-

sachenmensch; **realistisch** wirklichkeitsnah, nüchtern, illusionsfrei; **Realität** *w.* Wirklichkeit, Tatsache, Gegebenheit; **realiter** tatsächlich, in Wirklichkeit; **Realityshow** *w.* (rijälitischoh, *engl.*) Fernsehsendung, in der z. B. ein Mordfall am Tatort nachgespielt wird; **Reality-Soap** = Dokusoap; **Reality-TV** *s.* (-tihwih) 1. Sparte des Fernsehens, das Realityshows produziert; 2. Berichterstattung vom Ort des Geschehens (z. B. aus einem Kriegsgebiet; **Realkapital** *s.* Gesamtheit der im Produktionsprozess eingesetzten Sachgüter; **Realkatalog** *m.* (*lat.-gr.*) Sachregister; **Realkonkurrenz** *w.* Zusammentreffen mehrerer strafbarer Handlungen; **Realkredit** *m.* Kredit gegen Sicherheiten in Form von Besitz; **Reallexikon** *s.* Sachlexikon; **Reallife** *s.* (rihlleif, *engl.*) das wirkliche Leben, von Surfern und Chattern gebrauchte Bez. für das Leben außerhalb der virtuellen Welt, oft abgekürzt als RL; **Reallohn** *m.* (*lat.*) der Lohn nach allen Abzügen; **Realobligation** *w.* Pfandbrief; **Realpolitik** *w.* Politik des Möglichen; **Realschule** *w.* Mittelschule; **Realtime** *w.* (rihlteim, *engl.*) die Zeit, die ein Computer für die Durchführung eines Befehls braucht, Echtzeit; **Realunion** *w.* Vereinigung von Staaten, die völkerrechtlich als Einheit auftreten

Reanimation *w.* (*lat.*) Wiederbelebung, Ztw. **reanimieren**

Reassekuranz *w.* (*lat.*) Rückversicherung

Reassembler *m.* (-äßem-, *engl.*) Programm, das ein Programm in Maschinencode in das Quellprogramm rückübersetzt (EDV)

Reaumur (rehomür) Thermometerskala, die den Abstand zwischen Gefrier- und Siedepunkt in 80 Grad einteilt (nach dem franz. Physiker Réaumur, 1683–1757, *Abk.* R)

Rebbe *m.* (*jidd.*) Lehrer, Meister, Mentor im osteuropäischen Chassidismus

Rebell *m.* (*lat.*) Empörer, Aufständischer; **rebellieren** sich empören, sich auflehnen; **Rebellion** *w.* Aufstand, Auflehnung; **rebellisch** 1. aufbegehrend, widersetzlich; 2. aufständisch

Rebirthing *s.* (rihbörth-, *engl.*) von den USA ausgehende Therapieform, die Traumata durch ein Wiedererleben der eigenen Geburt bewältigen will

Rebound *m.*, **Rebounding** *s.* (rihbaund-, *engl.*) von Brett od. Korb abprallender Ball im Basketball

Rebreak *m.* od. *s.* (rihbrehk, *engl.*) Gewinn eines Breaks (4.) nach einem gegnerischen Break

Rebus *m.* oder *s.* (*lat.*) Bilderrätsel; **rebus sic stantibus** bei dieser Sachlage, wenn die Dinge so liegen

Recall *m.* (rihkohl, *engl.*) 1. Vollständigkeit eines Suchergebnisses in einer Internetrecherche (EDV): 2. Rückruf von fehlerhaften Produkten; 3. Mahnung, Erinnerung (z. B. die Wiederbestellung eines Patienten zu Kontrolluntersuchungen); 4. die Abberufung eines Amtsinhabers; **Recalltest** *m.* Test über die Einprägsamkeit von Werbebotschaften

Récamière *w.* (rehkamjähre, *frz.*) Liegebank mit zwei hohen geschwungenen Seitenlehnen (nach Madame Récamier, 1777–1849)

Receiver *m.* (rißihver, *engl.*) 1. Kombination von Empfänger (Radio) und Verstärker; 2. Dampfaufnehmer an Verbundmaschinen; 3. Spieler, der den Ball ins gegnerische Feld zurückschlägt

Rechaud *m.* (rescho, *frz.*) Wärmeplatte oder -ofen (für Speisen)

Recherche *w.* (reschersch, *frz.*) Nachforschung, Untersuchung, Ermittlung (*Mz.* Recherchen); **Rechercheur** *m.* (-schör) jmd., der recherchiert; **recherchieren** nachforschen, erkunden, ermitteln, untersuchen

recipe (*lat.*) nimm! (Anweisung auf Rezepten, *Abk.* Rec. und Rp)

Recital (rihßeitl, *engl.*), **Récital** (reßital, *frz.*), **Rezital** *s.* Solistenkonzert

recitando (retschitando, *itl.*) Musik: erzählend, im Sprechgesang

recommandé (-mangde, *frz.*) intern. übliche Bez. für eingeschrieben (im Postwesen)

Reconquista *w.* (rekonkißta, *span.*) Kampf der christlichen Kräfte um die Zurückdrängung der arabischen Herrschaft auf der Iberischen Halbinsel (8.–15. Jh.)

Recorder = Rekorder

recte (*lat.*) richtig, zu Recht

Rector magnificus *m.* (*lat.*) Titel des Universitätsrektors, Anrede: Magnifizenz

Recruiting *s.* **Recruitment** *s.* (rihkruht-, *engl.*) Anwerbung neuer Mitarbeiter

Recycling *s.* (rißeikling, *engl.*) Wiederverwertung, Abfallnutzung, Rückgewinnung gebrauchter Materialien, Ztw. **recyceln**

Redakteur *m.* (-tör, *frz.*) Angestellter bei Verlagen, Rundfunk- oder Fernsehanstalten, der Beiträge auswählt und bearbeitet oder selbst erstellt; **Redaktion** *w.* 1. Gesamtheit der Redakteure; 2. Bearbeitung für die Veröffentlichung; **redaktionell** durch die Redaktion; **Redaktor** *m.* 1. Herausgeber wissenschaftlicher Werke; 2. schweizerisch: Redakteur; **redigieren** für die Veröffentlichung bearbeiten

Redhibition *w.* (*lat.*) Warenrückgabe gegen Kaufpreiserstattung bei nachträglicher Feststellung von Mängeln an der Ware

Redingote *m.* (redängot, *engl.-frz.*) stark taillierter Mantel mit Reverskragen

Rediskontierung *w.* (*itl.*) Annahme und Weitergabe schon diskontierter Wechsel, Ztw. **rediskontieren**

Redistribution *w.* Umverteilung des Einkommens in einem Land durch finanzwirtschaftliche Steuerung (z. B. veränderte Besteuerung)

redivivus (*lat.*) wieder erstanden, erneuert

Redneck *m.* (*engl.*) Prolet, weißer reaktionärer Hinterwäldler

Redoute *w.* (redutt, *frz.*) 1. Befestigungswerk; 2. Maskenball (österr.); 3. alte Bezeichnung für Tanzsaal

Redoxsystem *m.* (aus *engl. red*uction und *ox*idation) System, wo gleichzeitig ein chemischer Stoff oxidiert und ein anderer reduziert wird

Red Power *w.* (– pauer, *engl.*) Protestbewegung der Indianer Nordamerikas gegen Überfremdung und für kulturelle Autonomie

redresssieren (*frz.*) orthopädisch korrigieren, gerade richten (von Knochen)

Reduit *s.* oder *m.* (redüih, *frz.*) sicherer Rückzugsbunker in einer Festung

Reduktion *w.* (*lat.*) 1. Verringerung, Herabsetzung, Verminderung; 2. Entzug von Sauerstoff aus einer chem. Verbindung

redundant (*lat.*) überflüssig; **Redundanz** *w.* 1. Überladenheit einer Aussage mit überflüssigen Ausdrücken; 2. überflüssiger, wegzulassender Teil einer Nachricht, der keine Information enthält und bei der Nachrichtenübermittlung entbehrlich ist

Reduplikation *w.* (*lat.*) Verdoppelung (z. B. von Silben); **reduplizieren** verdoppeln

Reduzent *m.* (*lat.*) Mikroorganismus, der organische Stoffe in anorganische umwandelt; **reduzibel** rückführbar; **reduzieren** 1. auf das Wesentliche, auf einen bestimmten Stand zurückführen, verringern, herabsetzen; 2. Sauerstoff entziehen

Redwood *s.* (-wud, *engl.*) rotes Holz des Mammutbaums, bes. an der Küste Kaliforniens

Reede *w.* (*niederl.*) Ankerplatz vor dem Hafen; **Reeder** *m.* Schiffseigentümer; **Reederei** *w.* Schifffahrtsunternehmen

Reeducation *w.* (rih'edjukehschn, *engl.*) Umerziehung

reell (re'ell, *lat.*) 1. begründet, zuverlässig, wirklich; 2. anständig, gediegen

Reengineering *s.* (rihindschenihring, *engl.*) grundlegende Um- bzw. Neugestaltung von Geschäftsprozessen eines Unternehmens

Reentry *m.* od. *s.* (rih-, *engl.*) 1. der Wiedereintritt eines Satelliten in die Erdatmosphäre; 2. Wiedereingliederung eines Mitarbeiters in ein Unternehmen, (z. B. nach längerem Auslandsaufenthalt)

Refaktie *w.* (-zi'e, *niederl.*) Preisabzug, Nachlass, Rückvergütung (wegen fehlerhafter Ware), Ztw. **refaktieren**

Refektorium *s.* (*lat.*) Speisesaal eines Klosters

Referat *s.* (*lat.*) 1. Fachabteilung, Sachgebiet; 2. Vortrag, Berichterstattung über ein (Sach-)Thema; **Referent** *m.* 1. jmd., der ein Referat hält; 2. Sachbearbeiter; **referieren** berichten, ein Referat halten

Referee *m.* (rifihrih, *engl.*) Schiedsrichter

Referendar *m.* (*lat.*) in praktischer Berufsausbildung stehender Beamtenanwärter mit akademischem Abschluss

Referendum *s.* (*lat.*) Volksentscheid

Referenz *w.* (*lat.*) 1. Empfehlung; 2. Person, die positive Auskünfte über jmdn. gibt; 3. die Beziehung zwischen sprachlichen Zeichen und ihren Bezugsobjekten in der außersprachlichen Wirklichkeit (Sprachtheorie), Eigw. **referenziell**

Refinanzierung *w.* (*lat.*) Kreditaufnahme, um Kredite geben zu können

Refiner *m.* (rifein-, *engl.*) Maschine zur Aufarbeitung von Faserstoffen, bes. in der Papierherstellung

Reflation *w.* (*engl.*) Erhöhung des Geldumlaufs, um einer Depression entgegenzuwirken

Reflektant *m.* (*lat.*) Bewerber, Interessent, Bieter; **reflektieren** 1. an etwas Interesse haben, etwas haben wollen; 2. Strahlen zurückwerfen, spiegeln; 3. nachdenken; **reflektiert** 1. durchdacht, gründlich erwogen; 2. intelligent, gründlich durchdenkend

Reflektor *m.* (*frz.-lat.*) 1. Rückstrahler; 2. Gerät zum Bündeln von Licht oder elektromagnetischen Wellen; **reflektorisch** reflexbedingt, unwillkürlich; **Reflex** *m.* (*frz.*) 1. Widerschein, Widerspiegelung; 2. unwillkürliche Reaktion auf einen Reiz; **Reflexion** *w.* 1. Zurückwerfen von Licht, elektromagnetischen oder anderen Wellen; 2. Nachdenken, prüfendes Denken, Betrachtung; **reflexiv** Sprachlehre: rückbezüglich (von einem Wort); **Reflexivpronomen** *s.* Sprachlehre: rückbezügliches Fürwort (z. B. *sich*); **Reflexzone** *w.* Zone auf der Körperoberfläche, die einem der inneren Organe entspricht; **Reflux** *m.* Rückfluss (z. B. von Harn in das Nierenbecken)

Reform *w.* (*lat.*) Umgestaltung, Neugestaltung, Verbesserung; **Reformation** *w.* 1. Erneuerung, Umgestaltung; 2. Glaubensbewegung des 16. Jahrhunderts, die zur Entstehung des Protestantismus führte; **Reformator** *m.* 1. Erneuerer, Umgestalter; 2. einer der Begründer der historischen Reformation; **reformatorisch** umgestaltend, erneuernd; **reformieren** umgestalten, erneuern; **reformiert** 1. evang.-reformiert; 2. umgestaltet; **reformierte Kirche** die von Calvin und Zwingli geschaffene Form des Protestantismus; **Reformismus** *m.* Bewegung zur Verbesserung gesellschaftlicher Verhältnisse durch Reformen, nicht durch Revolution

Refrain *m.* (refrä, *frz.*) Kehrreim

refraktär (*lat.*) medizinisch unempfänglich; **Refraktion** *w.* Lichtbrechung, Strahlenbrechung; **Refraktiometer** *s.* Apparat zur Berechnung der Lichtbrechung; **Refraktor** *m.* astronomisches Fernrohr; **Refrakturierung** *w.* erneute Brechung eines schlecht verheilten Knochenbruchs

Refugié *m.* (refüschjeh, *frz.*) Glaubensflüchtling, bes. Protestant in Frankreich im 17. und 18. Jh.; **Refugium** *s.* (*lat.*) Zufluchtsort

Regal *s.* Gestell mit Fächern (Herk. unges.)

Regal *s.* (*frz.*) kleine, tragbare Orgel

Regal *s.* (*lat.*) wirtschaftlich nutzbares, oft königliches Hoheitsrecht, bes. das Münzrecht (*Mz.* Regalien [-li'en])

regalieren (*lat.*) aufwarten, bewirten, freihalten

Regatta *w.* (*itl.*) Bootswettfahrt

Regeldetri *w.* (*lat.*) Dreisatzrechnung

Régence *s.* (reschangß, *frz.*) französischer Kunststil zur Zeit der Regentschaft Philipps von Orléans (1715–1723), Übergang zum Rokoko; **Regency** *w.* (rihdschenßi, *engl.*) engl. Kunststil z. Z. Georges IV. (1811–1830), geprägt durch das Nebeneinander von verschiedenen Stilrichtungen

Regeneration *w.* (*lat.*) 1. Neubildung (von Geweben, Zellen); 2. Rückgewinnung chem. Stoffe; 3. Wiederauffrischung, Erneuerung; **regenerieren** erneuern, auffrischen, wiedergewinnen

Regent *m.* (*lat.*) 1. Herrscher; 2. Regierungsstatthalter, Landesverweser; **Regentschaft** *w.* Regierungszeit eines Herrschers

Regesten *Mz.* (*lat.*) Sammlung von (mittelalterlichen) Urkunden in Auszügen oder Inhaltsangaben

Reggae *m.* (reggih, *engl.*) von der Volksmusik auf Jamaika beeinflusste Stilrichtung in der Popmusik

Regie *w.* (reschih, *frz.*) 1. künstlerische Leitung bei Theater oder Film; 2. (staatliche) Verwaltung eines Vorhabens

regieren (*lat.*) 1. herrschen, die Politik

leiten; 2. Sprachlehre: einen bestimmten Fall fordern; **Regierung** *w.* oberstes Organ, Gesamtheit der Personen, die regieren

Regime *s.* (reschihm, *frz.*) 1. Regierungsform, Herrschaftsform; 2. Diätvorschrift

Regiment *s.* (*lat.*) 1. Truppeneinheit; 2. Herrschaft, Leitung

Region *w.* (*lat.*) 1. Bereich, Bezirk, Gegend; 2. Körperbezirk, Organabschnitt; **regional** auf eine bestimmte Region beschränkt, gebietsmäßig, gebietsweise; **Regionalismus** *m.* 1. Besonderheit einer Landschaft; 2. landschaftsgebundenes Sonderinteresse; 3. Heimatkunst um 1900; **Regionalist** *m.* Vertreter des Regionalismus

Regisseur *m.* (-schissör, *frz.*) Spielleiter, jmd., der professionell Regie führt

Register *s.* (*lat.*) 1. alphabetisches Stichwortverzeichnis in Büchern; 2. amtliches Verzeichnis von Urkunden; 3. Einlage in Briefordner, in Geschäftsbücher, eingeschnittenes Alphabet; 4. Orgelpfeifengruppe aus einem Klangbereich; 5. spezieller Computerspeicher für vorübergehende Speicherung von Daten (EDV); 6. sprachliche Ebene, Sprachregister (z. B. Umgangs-, Behördensprache u. Ä.)

registered (redschisterd, *engl.*) eingetragen, patentiert, gesetzlich geschützt; eingeschrieben (von Postsendungen)

Registertonne *w.* (*lat.*) Maß für den Laderaum eines Schiffs (*Abk.* RT)

Registratur *w.* (*lat.*) 1. Ablage, Aufbewahrungsort für Akten o. Ä.; 2. die Registerzüge einer Orgel; **registrieren** 1. aufzeichnen, verzeichnen; 2. kommentarlos wahrnehmen; 3. Register an der Orgel ziehen, Hptw. **Registrierung** *w.*

Reglement *s.* (reglemang, *frz.*) Gesamtheit der Regeln für einen Bereich; **reglementieren** durch Vorschriften regeln, einschränken; **Reglementierung** *w.* 1. das Reglementieren; 2. Beaufsichtigung durch eine Behörde, Polizeiaufsicht

Regletten *Mz.* (*frz.*) Metallplättchen für den Zeilendurchschuss im Handdruckverfahren; **Regleur** *m.* (-lör) Feinsteller an Uhren

Regnum *s.* (*lat.*) Herrschaft, Reich

regredieren 1. Regress in Anspruch nehmen; 2. in eine entwicklungsmäßig frühere Erlebnis- und Handlungsweise zurückfallen

Regress *m.* (*lat.*) Ersatzanspruch, Erstattungsanspruch; **Regression** *w.* 1. Zurückweichen des Meeres; 2. rückläufige Tendenz, bes. in der wirtschaftlichen Entwicklung; 3. das Zurückfallen in kindliche Handlungs- und Erlebnisweisen; **regressiv** 1. sich zurückbildend (von Krankheiten); 2. psychologisch zurückfallend; 3. einen Regress betreffend; **Regresspflicht** *w.* Ersatzpflicht

Regular *m.* (*lat.*) Ordensgeistlicher

regulär (*lat.*) vorschriftsmäßig, üblich; **Regularität** *w.* Regelmäßigkeit; **Regulation** *w.* Regelung, Ausgleich; **Regulativ** *s.* regelnde Bestimmung, regelndes Element; **regulativ** regulierend; **Regulator** *m.* 1. Regler, regulierende Kraft; 2. Uhr mit Ausgleichspendel; **regulatorisch** steuernd, regelnd; **regulieren** regeln, ordnen, in Ordnung bringen, einstellen, Hptw. **Regulierung** *w.*

Reha *w.* Kurzform von **Rehabilitation** *w.* (Wieder-)Eingliederung eines Patienten in sein altes oder neues berufliches und gesellschaftliches Umfeld; **rehabilitieren** 1. jmds. Ansehen wiederherstellen; 2. wiedereingliedern; **Rehabilitierung** *w.* Wiederherstellung des sozialen Ansehens

Rehydratation *w.* (*lat.-gr.*) Ausgleich eines Flüssigkeitsverlustes (z. B. nach Durchfall)

Reibach *m.* (*jidd.*) Gewinn, Vorteil

Reiki *s.* (rehki, *jap.*) Handauflegen als Heilmethode

Reineclaude *w.* (rähneklohde, *frz.*) Pflaumenart mit grünen Früchten

Reinkarnation *w.* (re'in-, *lat.*) Wiederverkörperung, Übergang der Seele in einen anderen Körper (nach der buddhistischen Lehre von der Seelenwanderung); **reinkarnieren** sich wieder verkörpern

Reintegration *w.* (re'in-, *lat.*) Wiedereingliederung, Ztw. **reintegrieren**

Reiteration *w.* (re'i-, *lat.*) Wiederholung; **reiteretur** es werde erneuert! (auf Rezepten)

Rekapitulation *w.* (*lat.*) Wiederholung, Zusammenfassung, Ztw. **rekapitulieren**

Reketiry *Mz.* (*russ.*, aus *engl.* racketeer)

mit Methoden der Mafia vorgehende russ. Erpresserbanden

Reklamation *w.* (*lat.*) Beanstandung

Reklame *w.* (*frz.*) Werbung; **reklamieren** (*lat.*) 1. Beschwerde führen, Einspruch erheben, beanstanden; 2. für sich beanspruchen, Anspruch erheben

Rekluse = Inkluse

rekognoszieren (*lat.*) wieder erkennen, Identität beglaubigen

Rekombination *w.* (*lat.*) Neuzusammensetzung (z. B. von Genen)

Rekompensation *w.* (*lat.*) Entschädigung; **rekompensieren** entschädigen

rekonstruieren (*lat.*) 1. den früheren Zustand wiederherstellen, nachbilden (z. B. von Gebäuden); 2. einen (Tat-)Hergang detailliert in Erinnerung rufen, Hptw. **Rekonstruktion** *w.*

Rekonvaleszent *m.* (*lat.*) Genesender; **rekonvaleszent** auf dem Wege zur Gesundung; **Rekonvaleszenz** *w.* Genesung

Rekonziliation *w.* (*lat.*) Wiederaufnahme in die kath. Kirche

Rekord *m.* (*engl.*) Höchstleistung, Höchstmaß

Rekorder *m.* Gerät zur magnetischen Aufzeichnung von Ton- und Bildmaterial

Rekreation *w.* (*lat.*) Erholung

Rekreditiv *s.* (*lat.*) offizielles Antwortschreiben auf die Abberufung eines Diplomaten

Rekrut *m.* (*frz.*) Soldat in der ersten Ausbildungszeit; **rekrutieren** Soldaten ausheben; **sich rekrutieren** sich zusammensetzen aus, sich ergänzen aus, Hptw. **Rekrutierung** *w.*

Rektaindossament *s.* (*lat.-itl.*) Wechsel mit **Rektaklausel** *w.*, die die Weitergabe des Wechsels untersagt; **Rektapapier** *s.* Wertpapier auf den Namen des Besitzers

rektal (*lat.*) durch den Mastdarm, den Mastdarm betreffend

Rektawechsel = Rektaindossament

Rektifikation *w.* (*lat.*) 1. Bestimmung der Länge einer mathematischen Kurve; 2. wiederholte Destillation von Flüssigkeiten, Ztw. **rektifizieren**

Rektion *w.* (*lat.*) Eigenschaft eines Wortes, den grammat. Fall eines abhängigen Wortes zu regieren (z. B. die Präposition *für* regiert immer den Akkusativ)

Rektor *m.* (*lat.*) Leiter einer Volks- oder Hochschule; **Rektorat** *s.* Amtsraum und Amt des Rektors

Rektoskop *s.* (*lat.*) Mastdarmspiegel; **Rektum** *s.* Mastdarm

rekurrieren (*lat.*) Bezug nehmen, zurückgreifen auf etwas; **Rekurs** *m.* Rückgriff, Bezugnahme; **rekursiv** bis auf bekannte mathemat. Werte, schrittweise zurückgehend

Relais *s.* (reläh, *frz.*) 1. früher Station zum Auswechseln der Pferde; 2. Schaltvorrichtung zum Ein- oder Ausschalten des Arbeitsstromkreises; **Relaisstation** *w.* Funkstation als Zwischenstation zur Weiterleitung von UKW- und Fernsehsendungen vom Sender zum Empfänger, Zwischensender

Relaps *m.* (*lat.*) Rückfall, Wiederausbrechen einer Krankheit

Relation *w.* (*lat.*) Beziehung, Verhältnis; **relativ** 1. vergleichsweise, verhältnismäßig, entsprechend; 2. bedingungs-, standpunktabhängig, bedingt; 3. bezüglich; **Relativismus** *m.* 1. erkenntnistheoretische Auffassung, nach der nur die Relation zwischen Dingen, nicht diese selbst erkennbar sind; 2. Ansicht, nach der Erkenntnisse und Werte nicht absolut, sondern nur in Abhängigkeit von bestimmten Bedingungen gültig sind, Eigw. **relativistisch**; **relativieren** eine Sache in ihrer Bedingtheit sehen, einschränken; **Relativität** *w.* Bedingtheit; **Relativitätstheorie** *w.* physikalische Theorie, nach der die physikalischen Größen Raum, Zeit und Masse als relativ angesehen werden müssen, weil sie vom Bewegungszustand des Beobachters abhängig sind; **Relativpronomen, Relativum** *s.* Sprachlehre: bezügliches Fürwort

Relaunch *s.* (relohnsch, *engl.*) Werbekampagne für ein Produkt, das Marktanteile zu verlieren droht, Eigw. **relaunchen**

Relaxation *w.* (*lat.*) 1. Entspannung, Erschlaffung der Muskulatur; 2. Wiederherstellung eines chem. oder physikal. Gleichgewichts; **relaxed**, **relaxt** (rihläkst, *engl.*) entspannt, gelöst; **relaxen** sich entspannen, sich erholen, Hptw. **Relaxing** *s.*

Release *s.* od. *w.* (rilihs, *engl.*) neue Version einer CD, eines Computerprogramms, eines Films; **Releaseparty** *w.* Party anlässlich der Veröffentlichung einer medialen Neuerscheinung; **Releasezentrum** *s.* Einrichtung zur Heilung Rauschgiftsüchtiger

Relegation *w.* (*lat.*) Verweisung von Schule oder Hochschule, Ztw. **relegieren**

relevant (*frz.*) erheblich, wesentlich; **Relevanz** *w.* Gewichtigkeit, Bedeutung

Reliabilität *w.* (*engl.*) Zuverlässigkeit, Verlässlichkeit (von Tests)

Relief *s.* (reljeff, *frz.*) 1. aus der Fläche herausgearbeitete plastische Form; 2. Geländeoberfläche; 3. plastisch wirkende Landkarte

Religion *w.* (*lat.*) 1. Glaube an eine übersinnliche Instanz; 2. religiöses Bekenntnis; **religiös** fromm, gläubig; **Religiose** *m.* und *w.* Mitglied einer kath. religiösen Vereinigung; **Religiosität** *w.* religiöse Einstellung, Frömmigkeit, Gläubigkeit; **religioso** (relidschoso, *itl.*) Musik: andächtig

Relikt *s.* (*lat.*) Überbleibsel, Restbestand

Reling *w.* (*niederl.*) Schiffsgeländer, der das Oberdeck überragende Teil der Bordwand

Reliquiar *s.* (*lat.*) Reliquienbehälter; **Reliquie** *w.* (-qui'e) Rest, Überrest eines Heiligen oder der mit ihm zusammenhängenden Gegenstände

Relish *s.* (relisch, *engl.*) gewürzte Soße aus zerkleinertem Gemüse, Chutney

Reluktanz *w.* (*lat.*) magnetischer Widerstand

Rem *s.* (aus *engl.* *r*adiation *e*quivalent *m*en) frühere Einheit der Röntgenstrahlung: 1 rem = 0,01 J/kg (*Abk.* rem)

Remake *s.* (rihmehk, *engl.*) Neuverfilmung, Neufassung

remanent (*lat.*) zurückbleibend, verbleibend; **Remanenz** *w.* Restmagnetismus

Remarquedruck *m.* (remark-, *frz.*) Probedruck von Graphiken

remastered (rihmastert, *engl.*) in digitale Fassung gebracht, digitalisiert (von CDs, Filmen o. Ä.)

Rembours *m.* (rangbur, *frz.*) Deckung von Auslagen (im Überseehandel)

Remedium *s.* Heilmittel; **Remedur** *w.* Abhilfe, Behebung eines Missstands

Remigration *w.* (*lat.*) Rückwanderung, Rückkehr eines Auswanderers in sein Herkunftsland, Ztw. **remigrieren**

remilitarisieren (*lat.*) wieder bewaffnen; **Remilitarisierung** *w.* Wiederbewaffnung

Reminder *m.* (rihmeind-, *engl.*) verkürzter Zusammenschnitt eines Werbespots, der nach Ausstrahlung des längeren Spots noch einmal zur besseren Haftung im Gedächtnis gezeigt wird

Reminiszenz *w.* (*lat.*) Erinnerung, Anklang, Wiedererinnerung

remis (remi, *frz.*) unentschieden (im Schach); **Remis** *s.* unentschiedenes (Schach-)Spiel

Remise *w.* (*frz.*) 1. Wagenschuppen; 2. Schutzpflanzung für Wild

Remisier *m.* (remisjeh, *frz.*) Vertreter an der Börse

Remission *w.* (*lat.*) 1. Bez. für die Reflexion von Leuchtdichten; 2. vorübergehendes Nachlassen von Krankheitssymptomen; 3. Rücksendung; **Remittenden** *Mz.* unverkaufte Bücher oder Druckschriften, die an den Verlag zurückgehen; **Remittent** *m.* Wechselnehmer; **remittieren** 1. zurücksenden; 2. Zahlung zukommen lassen; 3. nachlassen (von Krankheitserscheinungen)

remixed *m.* (rihmixt, *engl.*) neu eingespielt (von Musiktiteln)

Remonetisierung *w.* (*lat.*) Wiedereinführung einer außer Kurs gesetzten Währung

Remonte *w.* (remongt, eingedeutscht remonte, *frz.*) junges Militärpferd; **remontieren** 1. früher: den militärischen Pferdebestand ergänzen; 2. nach der Hauptblüte noch einmal blühen, bes. bei bestimmten Rosenarten

Remote Sensing *s.* (rihmoht –, *engl.*) Gesamtheit der Verfahren zur berührungsfreien Erkundung von Objekten aus großer Entfernung, bes. mit Hilfe von Flugzeugen und Satelliten, Fernerkennung

Remoulade *w.* (remulade, *frz.*) Mayonnaise mit Kräutern

REM-Phase *w.* (aus *engl.* *r*apid *e*ye *m*ovement-) die durch schnelle Augenbewegungen gekennzeichnete Traumphase während des Schlafs, ca. ein Viertel des nächtlichen Schlafs einnehmend

Ren *s.* (*skandin.*) Rentier (Hirschart); **Ren** *m.* (*lat.*) die Niere; **renal** die Nieren betreffend

ren. = renovavit

Renaissance *w.* (renässangß, *frz.*) 1. Epoche vom 14. bis 16. Jh. mit neuen, an der Antike orientierten Kunst- und Kulturformen; 2. Wiederaufleben, Wiederbelebung, neue Blüte

Rencontre = Renkontre

Rendering *s.* (*engl.*) computererzeugte dreidimensionale Grafikbearbeitung (z. B. eines Gebäudekomplexes), Ztw. **rendern**

Rendezvous *s.* (rangdehwu, *frz.*) 1. Stelldichein, Verabredung; 2. Annäherung oder Koppelung von zwei Raumfahrzeugen im Weltraum

Rendite *w.* (*itl.*) Zinsertrag von angelegtem Kapital

Renegat *m.* (*lat.*) Abtrünniger, jmd., der seinen Glauben oder seine politische Überzeugung wechselt

Reneklode = Reineclaude

Renette *w.* (*frz.*) süße, saftige Apfelsorte

renitent (*lat.*) widersetzlich; **Renitenz** *w.* Widersetzlichkeit

Renkontre *s.* (rangkongtre, *frz.*) 1. Begegnung, Zusammentreffen; 2. Zusammenstoß, Reiberei

Renminbi *m.* (*chin.*) Währungseinheit in China

Renographie, Renografie *w.* (*lat.*) Röntgendarstellung der Nieren

Renommee *s.* (*frz.*) guter Ruf eines Menschen; **renommieren** prahlen, angeben; **renommiert** angesehen, namhaft; **Renommist** *m.* Aufschneider, Prahler

Renovation, Renovierung *w.* (*lat.*) Erneuerung, Instandsetzung; **renovavit** hat instand gesetzt (neben dem Namen auf Bildern und Gebäuden); **renovieren** instand setzen, herrichten

rentabel (*lat.-frz.*) einträglich, Gewinn bringend; **Rentabilität** *w.* Verhältnis zwischen eingesetztem Kapital und Ertrag, Wirtschaftlichkeit; **Rente** *w.* regelmäßiges Einkommen aus Versicherung od. Vermögen; **Rentier** *m.* (rentjeh) Rentner; **rentieren** Gewinn einbringen, sich lohnen

Reorganisation *w.* (*lat.*) Neugestaltung, Umorganisation; **Reorganisator** *m.* Neugestalter; **reorganisieren** umorganisieren, neu gestalten, wiedereinrichten

rep. = 1. repartiert; 2. repetatur

Reparation *w.* (*lat.*) Kriegsentschädigung, Ersatzleistung; **Reparatur** *w.* Ausbesserung, Instandsetzung; **reparieren** ausbessern, wiederherstellen

repartieren (*frz.*) umlegen, anteilmäßig verteilen (von Wertpapieren); **repartiert** zugeteilt; **Repartition** *w.* anteilmäßige Zuteilung

repassieren (*frz.*) Laufmaschen aufnehmen

repatriieren (-tri'i-, *lat.*) 1. wiedereinbürgern; 2. Kriegsgefangene in die Heimat entlassen, Hptw. **Repatriierung** *w.*

Repertoire *s.* (repertoar, *frz.*) Gesamtheit der von einem Theater gespielten Stücke, von einem reproduzierenden Künstler beherrschten Rollen, Nummern u. Ä.; **Repertoirestück** Theaterstück, das immer wieder gespielt wird

Repertorium *s.* (*lat.*) Nachschlagewerk

repetatur (*lat.*) auf Rezepten: soll wiederholt werden; **repetieren** wiederholen, einüben, Hptw. **Repetition** *w.*; **Repetitor** *m.* Einüber für eine Prüfung; **Repetitorium** *s.* Wiederholungskurs oder -buch

Replik *w.* (*frz.*) 1. Erwiderung, Gegenrede; 2. Kopie eines Werkes durch den Künstler selbst; 3. Wiederholung eines musikalischen Themas; **Replikat** *s.* originalgetreue Kopie eines Kunstwerks; **Replikation** *w.* Reproduktion, Vervielfältigung (von Genen); **replizieren** 1. erwidern, entgegnen; 2. eine Künstlerkopie herstellen

Réponse payée (repongß päjeh, *frz.*) auf Telegrammen: Antwort bezahlt (*Abk.* RP)

Report *m.* (*frz.*) 1. Untersuchungsbericht; 2. Aufschlag bei Prolongationsgeschäften

Reportage *w.* (reportasche, *frz.*) Bericht, Berichterstattung; **Reporter** *m.* Berichterstatter über Tagesereignisse für Zeitung, Funk, Fernsehen

Repoussoir *s.* (repussoar, *frz.*) Gegenstand oder Person im Vordergrund (eines Bildes), um die Tiefenwirkung zu steigern

repräsentabel (*lat.*) ansehnlich, wirkungsvoll; **Repräsentant** *m.* Vertreter, Abgeordneter; **Repräsentantenhaus** *s.*

zweite Kammer, Volksvertretung; **Repräsentanz** *w.* 1. Vertretung eines Unternehmens, Geschäftsvertretung; 2. das Repräsentativsein; **Repräsentation** *w.* 1. Vertretung einer Gruppe oder Gesamtheit; 2. Aufwand, Auftreten, Zurschaustellung; 3. Vergegenwärtigung von etwas im Bewusstsein; **repräsentativ** 1. typisch, das Wesentliche ausdrückend; 2. durch das Prinzip der Vertretung gekennzeichnet (z. B. repräsentative Demokratie); 3. status- oder imagegerecht ausgestattet, repräsentabel; **repräsentieren** 1. eine Gruppe oder Gesamtheit vertreten; 2. typisch für etwas sein, ausmachen, darstellen; 3. repräsentabel vertreten

Repressalie *w.* (*Mz.*, -li'en, *lat.*) Druckmittel, Vergeltungsmaßnahme, bes. eines Staates; **Repression** *w.* 1. Unterdrückung von Triebregungen; 2. politische Unterdrückung; **repressiv** hemmend, unterdrückend

Reprint *m.* (riprint, *engl.*) (fotomechanischer) Neudruck eines vergriffenen Werkes

Reprise *w.* (*frz.*) 1. Wiederaufnahme eines Theaterstücks oder Films, Neuauflage einer Schallplatte; 2. Wiederholung eines Musikabschnitts, z. B. eines Sonatensatzes; 3. Erholung der Kurse an der Börse; **Reprisenclown** *m.* (-claun) Clown, der die Pausen füllt

Reprivatisierung *w.* (*lat.*) Zurückführung verstaatlichter Unternehmen in Privatbesitz, Ztw. **reprivatisieren**

Repro *w.* Kurzwort für Reproduktion (1.)

Reprocessing *s.* (rihproße-, *engl.*) Wiederaufbereitung (von Kernbrennstoffen)

Reproduktion *w.* (*lat.*) 1. Vervielfältigung, druckmäßige Wiedergabe eines Bildes; 2. Fortpflanzung, Vermehrung; 3. Wiederhervorbringung von Bewusstseinsinhalten; 4. Wiederholung, Wiederherstellung der individuellen Arbeitskraft und des gesellschaftlichen Produktionsprozesses; **reproduktiv** nachschaffend; **reproduzieren** vervielfältigen, nachschaffen, wiederherstellen

Reptil *s.* (*lat.*) Kriechtier (*Mz.* Reptilien [-li'en]); **Reptilienfonds** *m.* geheimer Dispositionsfonds, bes. einer Regierung, über den sie keine Rechenschaft abzulegen hat

Republik *w.* (*lat.*) Staat, der nicht von einem Fürsten, Monarchen o. Ä. regiert wird; **Republikaner** *m.* Anhänger der republikanischen Staatsform, Eigw. **republikanisch**

Repugnanz *w.* (*lat.*) Gegensatz, Widerstreit

repulsiv (*lat.*) abweisend, abschlägig, Hptw. **Repulsion** *w.*

Repunze *w.* (*itl.*) Feingehaltsstempel auf Edelmetallwaren; **repunzieren** den Stempel aufdrücken

Reputation *w.* (*lat.*) Ansehen; **reputierlich** achtbar, ehrbar (heute eher scherzhaft)

Requête *w.* (rekäht, *frz.*) Bittschrift; **Requêtenmeister** *m.* Bittschriften-, Eingabenbesorger

Requiem *s.* (rehkwi'em, *lat.*) 1. kath. Seelenmesse; 2. Requiemkomposition(en)

requiescat in pace (-kwi'es-, *lat.*) er (sie) ruhe in Frieden, Schlussformel einer Totenmesse; Grabinschrift (*Abk.* R. I. P.)

requirieren (*lat.*) 1. beschlagnahmen; 2. nachforschen; **Requisit** *s.* 1. Ausstattungsstück im Theater oder Film; 2. Zubehörteil; **Requisite** *w.* Raum für Requisiten; **Requisiteur** *m.* (-tör) Verwalter der Bühnenausstattung; **Requisition** *w.* 1. Beschlagnahme; 2. Nachforschung; 3. Ersuchen einer Behörde um Rechtshilfe

Res cogitans *w.* (*lat.*) das denkende Wesen, Seele, Bewusstsein, Geist; **Res extensa** *w.* das räumlich Ausgedehnte, Materie, Leib (Grundbegriffe in der Philosophie von René Descartes [1596–1650])

Research *s.* oder *w.* (rihßörtsch, *engl.*) Forschung, Untersuchung, bes. Marktuntersuchung durch Meinungsforschung

Resektion *w.* (*lat.*) operative Entfernung eines Organteils, Ztw. **resezieren**

Reservat *s.* (*lat.*) 1. Sonderrecht; 2. Schutzgebiet für Tiere und Pflanzen; **Reservatio mentalis** *w.* unausgesprochener innerer Vorbehalt; **Reservation** *w.* 1. den Indianern in Nordamerika zugewiesenes (Schutz-)Gebiet; 2. Vorbehalt

Reserve *w.* (*frz.*) 1. Vorrat, Rücklage; 2. Zurückhaltung; 3. Ersatzheer, Ersatztruppe, Gesamtheit der Ersatzspieler im Sport;

reservieren aufbewahren, vorbehalten, zurücklegen; **reserviert** zurückhaltend, kühl; **Reservist** *m.* Soldat des Ersatzheers; **Reservoir** *s.* (-voar) Sammelbecken, Sammelbehälter

Reset *m.* od. *s.* (rih-, *engl.*) Neustart eines Geräts (z. B. eines Computers, eines Druckers u. Ä.)

resezieren (*lat.*) operativ entfernen

resident (*engl.*) ständig im Computerspeicher vorhanden (EDV), **Residenz** *w.* (*lat.*) Sitz eines Staatsoberhaupts oder Bischofs; **residieren** seinen Wohnsitz haben, Hof halten; **residual** zurückbleibend; **Residuum** *s.* (-du'u-) Rückstand

Resignation *w.* (*lat.*) das Resignieren; **resignieren** sich abfinden, den Mut verlieren, sich in das Schicksal ergeben, Eigw. **resigniert, resignativ**

Resina *w.* (*gr.*) Harz; **resinieren** harzen

Résistance *w.* (rehsißtangß, *frz.*) die französische Widerstandsbewegung gegen die deutsche Besatzungsmacht im Zweiten Weltkrieg

resistent 1. widerstandsfähig gegen Krankheitserreger; 2. auf Antibiotika nicht mehr reagierend (von Krankheitserregern); 3. unempfänglich, unbeeinflussbar (umg.); **Resistenz** *w.* (*lat.*) 1. Gegenwehr, Widerstand; 2. Widerstandskraft gegen Krankheiten; 3. Tastwiderstand, wenn ein Organ verhärtet ist, Ztw. **resistieren**

resolut (*lat.*) entschlossen, forsch; **Resolution** *w.* Entschließung, schriftliche Erklärung von Forderungen

Resonanz *w.* (*lat.*) 1. Mitschwingen, Mittönen eines Körpers mit gleicher Frequenz; 2. Reaktion auf etwas, Widerhall

Resopal *s.* (*Wz.*) widerstandsfähiger Kunststoff

resorbieren (*lat.*) aufsaugen, einsaugen; **Resorption** *w.* Aufnahme von Stoffen in das Körperinnere

Resozialisierung *w.* (*lat.*) Wiedereingliederung von entlassenen Strafgefangenen in die Gesellschaft, Teil des Strafvollzugs

resp. = respektive

Respekt *m.* (*lat.*) 1. Achtung, Ehrerbietung; 2. Scheu; **respektabel** achtbar, angesehen, Achtung gebietend; **respektieren** 1. achten, anerkennen; 2. Wechsel anerkennen; **respektive** beziehungsweise

Respiration *w.* (*lat.*) Atmung; **respiratorisch** die Atmung betreffend; **respirieren** atmen

Responder *m.* (*engl.*) Patient, bei dem eine Substanz wirksam ist; **respondieren** (*lat.*) entsprechen; **Response** *w.* (rißponß, *engl.*) Antwort, Reaktion auf einen Reiz; **Responsorium** *s.* (*lat.*) kirchlicher Wechselgesang

Ressentiment *s.* (ressangtimang, *frz.*) 1. Nacherleben einer früheren Kränkung, 2. Neid gegen bevorzugt Erscheinende, aus Vorurteilen gespeiste Abneigung

Ressort *s.* (reßor, *frz.*) Amtsbereich, Arbeitsgebiet, Aufgabengebiet

Ressource *w.* (reßurß, *frz.*) 1. Hilfsquelle, Geldmittel, Reserve; 2. Gesamtheit der Produktionsfaktoren

Restant *m.* (*lat.*) 1. Rückstand; 2. Ladenhüter; 3. zahlungsrückständiger Schuldner

Restaurant *s.* (restorang, *frz.*) Gasthaus, Speisehaus

Restauration *w.* (*lat.*) 1. Wiederherstellung eines Kunstwerks; 2. Wiederherstellung der vorrevolutionären politischen Zustände; 3. politisch rückwärts gewandte Kräfte; **Restaurator** *m.* Fachmann für die Restauration von Kunstwerken; **restaurieren**, wiederherstellen, Hptw. **Restaurierung** *w.*

restieren (*frz.*) schulden, im Rückstand sein

restituieren (*lat.*) 1. ersetzen, zurückerstatten; 2. wiederherstellen; **Restitution** *w.* 1. Rückerstattung, Wiedergutmachung, Schadenersatzleistung; 2. Wiederherstellung

Restless Legs *Mz.* aus ungeklärter Ursache im Ruhezustand auftretendes Kribbeln, Ziehen und Spannen in den Beinen, das bei Muskeldehnung od -anspannung verschwindet (*Abk.* RLS)

Restriktion *w.* (*lat.*) Einschränkung, Beschränkung; **restriktiv** einschränkend; **restringieren** 1. einschränken; 2. zusammenziehen

Resultante, Resultierende *w.* (*lat.*) eine aus mehreren Kräften sich ergebende Gesamtkraft; **resultieren** 1. sich (aus etwas) ergeben, aus etwas folgen; 2. zur Folge haben; **Resultat** *s.* Ergebnis

Resümee *s.* (*frz.*) Übersicht, Zusammen-

fassung, Überblick; **resümieren** zusammenfassen, ein Resümee ziehen
Resurrektion *w.* (*lat.*) Auferstehung
Retabel *s.* (*lat.*) Altaraufsatz, bemalte Rückwand des Altars
Retake *s.* (rihtehk, *engl.*) Wiederholung einer nicht gelungenen Filmszene
Retardation *w.* (*lat.*) Verzögerung, Verlangsamung eines Vorgangs; **retardieren** verzögern, hemmen, verlangsamen; **retardierendes Moment** hemmender Umstand, bes. in der Handlungsentwicklung des Dramas; **retardiert** zurückgeblieben in der körperlichen oder geistigen Entwicklung
Retention *w.* (*lat.*) 1. Verhaltung, Stau von Körperflüssigkeiten (z. B. Harn); 2. Gedächtnisleistung hinsichtlich des Wiedererkennens und Lernens
retikulär (*lat.*) netzförmig; **Retina** *w.* Netzhaut des Auges; **Retinitis** *w.* Netzhautentzündung; **Retinopathie** *w.* Bez. für die Gesamtheit nichtentzündlicher Netzhauterkrankungen
Retorsion *w.* (*lat.*) Vergeltungsmaßregel eines Staates einem anderen Staat gegenüber; **Retorte** *w.* Kugelgefäß mit langem Hals für chem. Untersuchungen; **aus der Retorte** auf künstlichem Wege hergestellt; unorganisch erscheinend; **Retortenbaby** *s.* Kind, das durch künstliche, außerhalb des Mutterleibs stattfindende Befruchtung und Austragung im Mutterleib entstand
retour (retur, *frz.*) zurück; **retournieren** 1. zurückschicken; 2. den gegnerischen Tennisball zurückschlagen; **Retourkutsche** *w.* eine Revanche mit Worten, wenn sich die Gelegenheit dazu bietet
Retraite *w.* (reträt, *frz.*) Zapfenstreich der Kavallerie, Rückzug
Retraktion *w.* (*lat.*) Verkürzung, Schrumpfung von Gewebe, Organen; **Retraktor** *m.* Rückziehmuskel, durch den sich z. B. die Schnecke ins Gehäuse zurückzieht
Retribution *w.* (*lat.*) Wiedererstattung
Retrieval *s.* (rihtrihwel, *engl.*) Suchen und Auffinden gespeicherter Daten (EDV); **Retriever** *m.* (ritrihwer, *engl.*) Apportierhund
Retro-, retro- (*lat.*) als Vorsilbe: zurück, rückwärts, wieder
retrograd (*lat.*) rückwirkend, sich auf Zurückliegendes beziehend
Retrolook *m.* (-luck, *engl.*) Stil, bes. von Kleidung und Accessoires, der an einen früheren Modestil erinnert
Retrospektion *w.* (*lat.*) Rückschau; **retrospektiv** rückblickend, rückschauend; **Retrospektive** *w.* Ausstellung oder Filmreihe, die das Gesamtwerk eines Künstlers im Rückblick vorstellt
Retroviren *Mz.* (Kunstwort aus *engl.-lat. re*verse *Tr*anskriptase und *Viren*) Viren aus der Gruppe der Ribonukleinsäure-Viren (z. B. Leukämie- und Aidsvirus)
Retrozession *w.* (*lat.*) Rückversicherung
Retsina *m.* (*gr.*) geharzter griech. Weißwein
Return *m.* (ritörn, *engl.*) 1. Returntaste; 2. zurückgeschlagener Ball, bes. im Tennis; **Return on Investment** *m.* Kennziffer für die Rendite des gesamten in einem Unternehmen investierten Kapitals (*Abk.* ROI); **Returntaste** *m.* Taste auf der Tastatur eines PCs zur Bestätigung oder Beendigung eines Vorgangs (EDV)
Retusche *w.* (*frz.*) Überarbeitung, Korrektur von Fotos, Druckvorlagen, Filmen; **Retuscheur** *m.* (-schör) jmd., der berufsmäßig retuschiert; **retuschieren** 1. korrigieren, überarbeiten; 2. schönfärben, einen Sachverhalt beschönigen oder verklären
reüssieren (*frz.*) Erfolg haben, gelingen, glücken
Revalvation *w.* (*lat.*) Währungsaufwertung
Revanche *w.* (rewangsch, *frz.*) 1. Rache; 2. Gegenleistung; 3. Möglichkeit, eine sportliche Niederlage wettzumachen; **sich revanchieren** 1. vergelten, heimzahlen; 2. sich erkenntlich zeigen, wettmachen
Revanchismus *m.* (*frz.-russ.*) Vergeltungspolitik, Eigw. **revanchistisch**
Reveille *w.* (rewehj, *frz.*) Wecksignal, militärischer Weckruf
Revelation *w.* (*lat.*) Enthüllung, Offenbarung
Revenant *m.* (rewenang, *frz.*) Gespenst, Wiedergänger

Revenuen *Mz.* (-nühn, *frz.*) Einkünfte aus Vermögen

Reverend *m.* (*engl.-lat.*) Titel der Geistlichen in England und Amerika (*Abk.* Rev.); **Reverenz** *w.* Ehrenbezeigung, Verbeugung

Reverie *w.* (*frz.*) Träumerei, Titel romantischer Musikstücke

Revers *m.* (rewähr, *frz.*) Rückseite einer Münze; **Revers** *m.* (*lat.*) Erklärung, Verpflichtungsschein; **Revers** *s.* (rewähr, *frz.*) Jackenaufschlag; **Reversale** *s.* (*lat.*) Verpflichtungserklärung eines Staates, internationale Verträge einzuhalten und den Status quo nicht einseitig zu ändern; **reversibel** 1. umkehrbar; 2. heilbar; **Reversible** *m.* (-bel) zweiseitig verwendbarer Stoff; **reversieren** umsteuern, Gang umschalten (bei Maschinen); **Reversing** *s.* (riwörsing, *engl.*) das Zurückspulen eines Ton- oder Videobands; **Reversion** *w.* (*lat.*) Umkehrung, Umdrehung

revidieren (*lat.*) 1. nachprüfen, überprüfen, kontrollieren; 2. korrigieren, bes. von Meinungen, Urteilen, Standpunkten; **Revision** *w.* 1. Kontrolle, Nachprüfung; 2. Korrektur; **Revisionismus** *m.* 1. auf Abänderung bestehender völkerrechtlicher Zustände ausgehende Bestrebungen; 2. Richtung in der dt. Sozialdemokratie (bis 1914), die das revolutionäre Programm der Partei durch ein sozialreformerisches ersetzen wollte (was von ihren Gegnern als Revisionismus bezeichnet wurde), Eigw. **revisionistisch**; **Revisor** *m.* Rechnungsprüfer, Wirtschaftsprüfer

Revier *s.* (*frz.*) 1. Polizeidienststelle; 2. Jagdgebiet; 3. Abbaugebiet im Bergwerk; 4. Sanitätsbereich; 5. Tätigkeitsbereich, Gebiet, Bezirk; **revieren** nach Wildspuren suchen (vom Hund)

Review *w.* (riwju, *engl.*) 1. Überblick, Rundschau, oftmals Titel von englischsprachigen Zeitschriften; 2. Rezension, Kritik eines künstlerischen Objekts

Revirement *s.* (rewirmang, *frz.*) 1. Umschwung; 2. Umbesetzung im diplomatischen Dienst

Revision = revidieren

revitalisieren (*lat.*) wiederbeleben, wieder in ein Gleichgewicht bringen

Revival *s.* (riwaiwel, *engl.*) Wiederbelebung, Wiederaufnahme; Wiederaufleben

Revokation *w.* (*lat.*) Widerruf

Revolte *w.* (*frz.*) Aufruhr, Aufstand kleiner Gruppen; **revoltieren** sich auflehnen, sich empören, eine Revolte veranstalten

Revolution *w.* (*lat.*) 1. Umwälzung, Umsturz der politisch-sozialen und kulturellen Ordnung; 2. eine die bisherigen Wissensbestände umwälzende Erkenntnis oder Erfindung; 3. Zeiten gesteigerter geologischer Tätigkeit; **revolutionär** umwälzend, umstürzlerisch; **Revolutionär** *m.* jmd., der das Bestehende revolutioniert; **revolutionieren** umwälzen, umstürzen, grundlegend verändern; **Revoluzzer** *m.* (*itl.*) Möchtegernrevolutionär

Revolver *m.* (*lat.*) 1. Drehpistole, Handfeuerwaffe mit Trommelmagazin; 2. Vorrichtung zum Einspannen von Werkzeugen an Werkzeugmaschinen; **Revolverpresse** *w.* Sensationspresse; **revolvieren** zurückdrehen

revozieren (*lat.*) widerrufen

Revue *w.* (rewü, *frz.*) 1. Rundschau, Überblick, oftmals Titel von Zeitschriften; 2. Bühnenstück mit großer Ausstattung in losen Szenen

Rewriter *m.* (rihreiter, *engl.*) jmd., der Nachrichten, Reden, Berichte u. a. für eine Publikation bearbeitet

Rex *m.* (*lat.*) Titel des römischen Königs

Reyon = Rayon (3.)

Rez-de-Chaussée *s.* (rehdeschosse, *frz.*) Erdgeschoss, Parterre

Rezensent *m.* (*lat.*) jmd., der Rezensionen verfasst, Kritiker; **rezensieren** Bücher, kulturelle Ereignisse, Filme u. a. in der Presse besprechen; **Rezension** *w.* Kritik, Besprechung; **Rezensionsexemplar** *s.* vom Verlag für eine Rezension zur Verfügung gestelltes Buch

rezent (*lat.*) noch lebend vorhanden im Gegensatz zu ausgestorbenen und fossilen Arten (von Pflanzen und Tieren)

Rezept *s.* (*lat.*) 1. Arztanweisung für Apotheker; 2. Kochanleitung; **rezeptieren** verschreiben, verordnen; **Rezeption** *w.* 1. Übernahme, Aufnahme von Eindrücken; 2. Empfangstelle, Aufnahmeraum; **rezeptiv** (passiv) aufnehmend, empfänglich; **Rezeptivität** *w.* Aufnahmefähigkeit,

Empfänglichkeit für Eindrücke; **Rezeptor** *m.* das reizempfindliche Ende von Nervenfasern; **Rezeptur** *w.* Anfertigung verordneter Arzneien in der Apotheke

Rezession *w.* (*lat.*) Konjunkturrückgang; **rezessiv** 1. zurückgehend, abnehmend (von Konjunktur); 2. zurücktretend, nicht dominant (von Erbmerkmalen)

rezidiv (*lat.*) rückfällig, wiederkehrend (von Krankheiten); **Rezidiv** *s.* Rückfall, Ztw. **rezidivieren**

Rezipient *m.* (pi'ent-, *lat.*) 1. jmd., der rezipiert, Hörer, Leser, Betrachter; 2. Vakuumbehälter; **rezipieren** aufnehmen, übernehmen, sich zu Eigen machen, gedanklich verarbeiten

reziprok (*lat.*) wechselbezüglich; **Reziprozität** *w.* Wechselbezüglichkeit, Wechselseitigkeit

Rezitation *w.* (*lat.*) künstlerischer Vortrag; **Rezitativ** *s.* solistischer Sprechgesang; **Rezitator** *m.* Sprechkünstler, Vortragskünstler; **rezitieren** künstlerisch vortragen

rf., rfz. = rinforzando

Rhabarber *m.* (*gr.-lat.*) Knöterichgewächs mit essbaren Stielen

Rhagade *w.* (*gr.*) Schrunde, Hautriss, Eigw. **rhagadiform**

Rhapsode *m.* (*gr.*) fahrender Sänger im antiken Griechenland; **Rhapsodie** *w.* 1. Dichtung in freien Rhythmen; 2. Musikstück, häufig über Volksweisen; **rhapsodisch** 1. nach Art einer Rhapsodie oder eines Rhapsoden; 2. bruchstückhaft

Rhea *w.* 1. Gattin des Kronos, Mutter des Zeus in der griech. Mythologie; 2. Mond des Saturn

rhenanisch (*kelt.-engl.*) rheinisch, zum Rhein gehörig

Rhenium *s.* (*lat.*) chem. Element, ein Schwermetall; **Rheologie** *w.* Fließkunde, Physik der verformbaren Körper

Rhesusfaktor *m.* erbliches Blutkörperchenmerkmal, das zu Antikörperbildung bei Bluttransfusionen und Schwangerschaft führen kann (nach einem König in der griech. Mythologie benannt)

Rhetor *m.* (*gr.*) Beredsamkeitslehrer in der Antike; **Rhetorik** *w.* Technik des wirkungsvollen Redens, Redekunst; **Rhetoriker** *m.* wirkungsvoller Redner; **rhetorisch** 1. den Regeln der Rhetorik entsprechend; 2. die Rhetorik betreffend, rednerisch; 3. schönrednerisch, phrasenhaft; **rhetorische Frage** Scheinfrage, die keine Antwort erfordert (z. B. Wer ist schon perfekt?)

Rheuma *s.*, **Rheumatismus** *m.* (*gr.*) schmerzhafte Erkrankung der Gelenke, Nerven, Muskeln und Sehnen, Eigw. **rheumatisch**; **Rheumarthritis** *w.* Gelenkrheumatismus

Rhinologie *w.* (*gr.*) Nasenheilkunde; **Rhinoskop** *s.* Nasenspiegel; **Rhinozeros** *s.* Nashorn

Rho *s.* (*gr.*) der siebzehnte Buchstabe des griechischen Alphabets, Ρ, ρ

Rhododendron *m.* (*gr.*) Alpenrose, Strauch oder Bäumchen der Heidekrautgewächse

rhombisch (*gr.*) rautenförmig; **Rhomboeder** *m.* (-bo'e-) von sechs Rhomben begrenzter Körper; **Rhombus** *m.* gleichseitiges, schiefwinkliges Viereck, Raute (*Mz.* Rhomben)

Rhythm and Blues *m.* (rithm änd bluhs, *engl.*) um 1930 entstandene Richtung in der afroamerikanischen Musik, die den Blues mit Beatrhythmen kombinierte

Rhythmik *w.* (*gr.*) 1. der rhythmische Charakter eines Tonstücks, Gedichts u. Ä.; 2. Lehre vom Rhythmus; 3. rhythmische Erziehung; **rhythmisieren** in einen bestimmten Rhythmus bringen; **Rhythmus** *m.* 1. periodischer Wechsel (z. B. Ebbe und Flut); 2. Gliederung in lange und kurze Tondauer sowie Bestimmung der Tonstärke (in der Musik); 3. Gliederung durch wiederkehrende Elemente (z. B. im Baustil), Eigw. **rhythmisch**; **Rhythmusgruppe** *w.* Gruppe der den Rhythmus betonenden Instrumente, Schlagzeugergruppe

Rial *m.* (*pers.-engl.*) Währungseinheit im Iran, Jemen und Oman

Ribattuta *w.* (*itl.*) immer schneller werdender Triller (auf einem Instrument)

Ribisel *w.* oder *s.* (*lat.-arab.*) Johannisbeere (Österreich)

Ribonucleinsäure *w.* (-kle'in-, *Kunstwort*) chem. Verbindung in den Zellen jedes Lebewesens, die die Erbinformation von Zellkern zu Zellplasma überträgt (*Abk.* RNS, *engl.* RNA)

Ricercar(e) *s.* (ritscherkar, *itl.*) fugenartiges Musikstück; **ricercare** Musik: frei spielen, phantasieren

Rideau *m.* (-doh, *frz.*) Gardine, Vorhang

ridikül (*frz.*) lächerlich

rien ne va plus (rieng ne wa plüh, *frz.*) Ansage beim Roulettespiel, «nichts geht mehr», es dürfen keine Einsätze mehr gemacht werden

Ries *s.* (*lat.-arab.*) Zählmaß für Papier(bögen)

Riff *s.* (*engl.*) ständig wiederholte kurze melodische Phrase, bes. im Jazz

Rififi *s.* (*frz.*) 1. Keilerei, Schlägerei; 2. ein raffiniert ausgedachtes Verbrechen (nach dem französ. Thriller *Rififi* (1955) von Jules Dassin)

Rigatoni *Mz.* (*itl.*) kurze Nudeln in Röhrenform

Rigaudon *m.* (-godong, *frz.*) 1. altfranzös. Volks- und Gesellschaftstanz; 2. Satz einer Suite

Rigg *s.* (*engl.*) das Takelwerk eines Schiffes

right or wrong, my country (reitorong, mei kantri, *engl.*) egal, wie die Politik des Landes aussieht, mein Land hat meine Loyalität (Ausspruch des amerik. Admirals Decatur, 1779–1820)

rigid, rigide (*lat.*) 1. starr, fest; 2. unnachgiebig, streng, Hptw. **Rigidität** *w.*

rigolen (*frz.*) den Boden tief umgraben

Rigorismus *m.* (*lat.*) starres Festhalten an (moralischen) Grundsätzen; **Rigorist** *m.* jmd., der starr an seinen Grundsätzen festhält, Eigw. **rigoristisch**; **rigoros** streng, rücksichtslos, unbeugsam; **Rigorosität** *w.* Strenge, Schärfe, Unerbittlichkeit; **Rigorosum** *s.* mündl. Doktorprüfung

Rigweda *m.* (*altind.*) ältester Teil des Weda, Götterhymnen, früheste Quelle indischer Religion

Rikscha *w.* (*jap.*) leichter zweirädriger Beförderungswagen, der von einem Menschen gezogen wird (in Südostasien)

Rimesse *w.* (*itl.*) 1. Bezahlung einer Forderung mit Wechsel; 2. Name des Wechsels

Rinascimento *s.* (rinaschimento, *itl.*) italien. Bez. für Renaissance

rinforzando (*itl.*) Musik: verstärkend (*Abk.* rf., rfz.)

rip. Abk. für **ripieno** (-pi'e-, *itl.*) Musik: der ganze Chor, das ganze Orchester

Riposte *w.* (*frz.*) sofortiges Nachstoßen (nach erfolgter Abwehr) beim Fechten

Ripper *m.* (*engl.*) Mörder, der seine Opfer aufschlitzt (wie Jack the Ripper, der nie identifizierte Londoner Mörder von Prostituierten i. J. 1888)

Rips *m.* (*engl.*) Sammelbez. für Gewebe mit Quer- und Längsrippen

Risalit *m.* (*itl.*) aus der Fluchtlinie vorspringender Gebäudeteil

Risiko *s.* (*itl.*) Wagnis, Verlustgefahr; **Risikokapital** *s.* Kapital, das in kapitalschwache und deshalb mit größerem Risiko behaftete Unternehmen investiert wird, Venturekapital; **riskant** gefährlich, gewagt; **riskieren** wagen, aufs Spiel setzen

Risipisi, Risibisi *s.* (*itl.*) Gericht aus Reis und Erbsen

risoluto (*itl.*) Musik: energisch

Risorgimento *s.* (risordschimento, *itl.*) italien. Einigungsbewegung und Einigung im 19. Jh.

Risotto *m.* (*itl.*) in Fett gedünsteter, meist mit Fleischbrühe und Käse bereiteter Reis

ristornieren (*itl.*) eine falsche Buchung rückgängig machen

rit. Abk. für **ritardando** (*itl.*) Musik: langsamer werdend

rite (*lat.*) 1. richtig, ordnungsgemäß; 2. genügend (von Zensuren)

Riten *Mz.* = Ritus

ritenuto (*itl.*) Musik: verhalten

ritornare al segno (-ßenjo, *itl.*) Musik: wiederholen vom Zeichen an; **ritornando al tempo** Musik: wieder im Hauptzeitmaß

Ritornell *s.* (*itl.*) 1. dreizeilige Strophe; 2. Kehrreim; 3. Vor-, Zwischen- und Nachspiel des Orchesters in der Arie

Ritual *s.* (*lat.*) 1. durch bestimmte Regeln festgelegte Form einer kultischen Feier; 2. schematische soziale Verhaltensweise bei bestimmten Anlässen (z. B. Begrüßungsritual); **ritualisieren** zum Ritual machen; **Ritualisierung** *w.* (*lat.*) Handlungsablauf, der sich zu einem feststehenden Ritual ausgebildet hat; **rituell** (-tu'e-) 1. nach religiösem Brauch; 2. zeremoniell; **Ritus** *m.* (*Mz.* Riten) Ritual, Zeremoniell

Rivale *m.* (*frz.*) Nebenbuhler, Mitbewerber, Konkurrent; **rivalisieren** um den Vorrang kämpfen; **Rivalität** *w.* Nebenbuhlerschaft, Gegnerschaft

Rizinus *s.* (*lat.*) Wolfsmilchgewächs, aus dessen Samen das Rizinusöl gewonnen wird

RL = Reallife

RLS = Restless Legs Syndrom

RNA, RNS = Ribonucleinsäure

Roadblocking *s.* (rohd-, *engl.*) beliebtes Verfahren eines Fernsehsenders, einen Werbeblock auf dieselbe Sendezeit des Werbeblocks eines konkurrierenden Senders zu legen, um ein Umschalten für den Zuschauer unattraktiv zu machen; **Roadie** *m.* Begleiter einer Rockgruppe, der für den technischen Ablauf einer Tournee zuständig ist

Roadmovie *s.* (-muwih, *engl.*) Spielfilm, dessen Handlung sich auf einer langen Fahrt, bes. durch die USA, abspielt

Roadster *m.* (rohdster, *engl.*) offener zweisitziger Sportwagen

Roaming *s.* (ruhm-, *engl.*) Nutzung eines Mobiltelefons in einem anderen, zumeist ausländischen Netz

Roastbeef *s.* (rohstbihf, *engl.*) Rostbraten auf engl. Art

Robe *w.* (*frz.*) 1. festliches langes Abendkleid; 2. Amtstracht der Richter und Anwälte

Robinsonade *w.* Abenteuer oder Erlebnis in der Art des Robinson, des Helden aus Daniel Defoes Roman «The life and strange adventures of Robinson Crusoe» (1719)

Roboter *m.* (*tschech.*) 1. Maschinenmensch (umg.); 2. programmgesteuerte Apparatur mit Sensoren und beweglichen Arbeitswerkzeugen, die komplexe (industrielle) Arbeitsgänge ausführt

robust (*lat.*) kräftig, stämmig, widerstandsfähig

Rocaille *w.* (rokaj, *frz.*) Muschelornament des Rokoko

Rochade *w.* (auch: roschad, *frz.-pers.*) 1. Platzwechsel von König und Turm beim Schachspiel; 2. Positionswechsel eines Spielers im Sport; **rochieren** 1. eine Rochade ausführen; 2. Positionswechsel vornehmen

Rocher de Bronze (roscheh de brongs, *frz.*) Mensch, den nichts umwirft

Rock = Rockmusik

Rock and Roll *m.* (*engl.*) amerik. Rockmusik der 1950er Jahre

Rocker *m.* (*engl.*) Mitglied einer Gruppe oder Bande von Jugendlichen der 1960er Jahre, deren Merkmal schwarze Lederkleidung und schwere Motorräder waren

Rockmusik *w.* (*engl.*) Sammelbegriff für die populäre Musik seit den 1950er Jahren mit Gesang, Gitarre, Schlagzeug und elektroakust. Verstärkung, die Elemente des Blues, des amerik. Folksongs und der Western Music verband

Rodeo *m.* oder *s.* (*span.*) Show-Wettkämpfe urspr. amerikanischer Cowboys

ROI = Return on Investment

Rokoko *s.* (*frz.*) europäischer Kunststil in der Mitte des 18. Jhs., der durch heiter verspielte, dekorative Elemente, vor allem in der Ausstattung von Innenräumen, gekennzeichnet ist

Rollerblades *Mz.* (-blehds, *engl.*) schnelle, leise einspurige Rollschuhe mit hintereinander gelagerten Rädern

ROM *s.* (aus *engl.* *r*ead-*o*nly *m*emory) Nur-Lese-Speicher im Computer (EDV)

Roma *Mz.* (*sanskr.*) Selbstbez. einer ethnischen Minderheit indischer Herkunft, die umg. und abwert. als *Zigeuner* bezeichnet wurde

Romadour, Romadur *m.* (*frz.*) würziger Weichkäse

Roman *m.* (*frz.*) große Prosaerzählung, eine literarische Gattung; **Romane** *m.* Angehöriger eines Volkes mit romanischen Sprachen; **Romancier** *m.* (romangßjeh) Romanschriftsteller; **romanesk** 1. in der Art eines Romans; 2. fabulös; **Romanik** *w.* Kunststil des 11. bis 13. Jahrhunderts, Eigw. **romanisch**; **Romanistik** *w.* 1. Wissenschaft von den romanischen Sprachen und Literaturen; 2. Wissenschaft vom römischen Recht

Romantik *w.* (*lat.*) 1. phantasie- und gefühlsbetonte geistes- und stilgeschichtliche Epoche in Europa um 1800; 2. romantische Stimmung; **Romantiker** *m.* 1. Vertreter der Romantik; 2. Schwärmer; **romantisch** 1. der Romantik zugehörig oder ihr ähnelnd; 2. schwärmerisch, versponnen, weltfern; 3. phantastisch, märchenhaft, wunderbar; **romantisieren** 1.

die Romantik nachempfinden, nachahmen; 2. verklären, schwärmerisch darstellen; **Romantizismus** *m.* 1. Romantik-Schwärmerei; 2. romantisches Stilelement

Romanze *w.* (*itl.*) Balladenart von leichtem, lyrischem Ton

Rommé *s.* (*frz.*) Kartenspiel

Rondeau = Rondo

Rondell *s.* (*frz.*) Rundbeet, Rundbau

Rondo *s.* (*itl.*) 1. Tanzlied mit Kehrreim; 2. musikalischer Satztypus, dessen Hauptthema nach Zwischenteilen stets wiederkehrt

röntgen mit Röntgenstrahlen durchleuchten; **Röntgenologe** *m.* Facharzt für Röntgenuntersuchungen; **Röntgenologie** Lehre von den Röntgenstrahlen (nach dem Physiker W. C. Röntgen, 1845–1923); **Röntgenoskopie** *w.* Radioskopie

Rooibos *m.* (reu-, *afrik.*) Rotbusch, dessen Tee heilende Wirkungen zugeschrieben werden

Roomboy *m.* (ruhm-, *engl.*) das männliche Gegenstück zum Zimmermädchen; **Roomclerk** *m.* (-klark) Empfangschef, Empfangsdame

Rooming-in *s.* gemeinsame Unterbringung von Mutter und Kind im Krankenhaus

Roquefort *m.* (rockfor, *frz.*) französ. Edelpilzkäse aus Schafsmilch

Rosarium *s.* (*lat.*) 1. Rosengarten; 2. kath. Rosenkranz

Rosazea *Mz.* Kupferfinnen, Rotfinnen, Hautkrankheit im Gesicht; **Rosazeen** *Mz.* (-ze'en) Rosengewächse; **Rosette** *w.* 1. rundes Ornament aus einem stilisierten Blütenkern; 2. Schleife mit zahlreichen Schlaufen; 3. rundes Kirchenfenster; 4. Edelsteinschliff

Rosch ha-Schana *m.* (*hebr.*) das jüdische Neujahrsfest

Rosé *m.* (*frz.*) hellrötlicher Wein

Rosmarin *m.* (*lat.*) immergrüner Strauch der Mittelmeerländer, Gewürz- und Heilpflanze

Rostra *Mz.* (*lat.*) römische Rednertribüne, die mit Schiffsschnäbeln verziert war

Rostral, rostrieren = Rastral

Rotang *m.* (*malai.*) Mark der Rohrpalme, Peddigrohr

Rotary Club *m.* (roteri klap, *engl.*) internationale Vereinigung von Wirtschaftlern, Politikern, Künstlern, Ärzten, Geschäftsleuten; **Rotarier** *m.* (-ri'er) Mitglied der Vereinigung

Rotation *w.* (*lat.*) Umdrehung um eine Mittelachse; **Rotationsmaschine** *w.* Schnellpresse mit Drehzylinder; **Rotationsdruck** auf Rotationsmaschine angefertigter Druck; **rotieren** sich um die eigene Achse drehen; **Rotor** *m.* 1. sich drehender Maschinenteil; 2. Hubschrauberpropeller

Rotunde *w.* (*lat.*) Rundbau, runder Kuppelbau

Roué *m.* (rueh, *frz.*) Lebemann

Rouge *s.* (ruhsch, *frz.*) 1. rote Schminke; 2. Rot als Farbe beim Roulette; **Rouge et Noir** (– eh noar) Rot und Schwarz, Glücksspiel

Roulade *w.* (rulade, *frz.*) gefüllte Fleischrolle; **Rouleau** *s.* (rulo) Rollvorhang aus Stoff oder aus Holzstäben; **Roulett, Roulette** *s.* Glücksspiel mit Kugel

Round-Table-Konferenz *w.* (raund tehbl-, *engl.*) Konferenz am runden Tisch als Symbol der Gleichberechtigung aller Teilnehmer

Route *w.* (rute, *frz.*) Reiseweg

Router *m.* (ruht-, *engl.*) Gerät, das die Verbindung unterschiedlicher Netze zu einem Verbundnetz herstellt (EDV)

Routine *w.* (rutine, *frz.*) Gewandtheit, perfektes Können; **Routinier** *m.* (-tinjeh) routinierte (Fach-)Kraft, Könner; **routiniert** 1. gewandt, erfahren, perfekt; 2. gewohnheitsmäßig

Rowdy *m.* (raudi, *engl.*) Lümmel, Raufbold

Royalismus *m.* (roaja-, *frz.*) Königstreue; **Royalist** *m.* Anhänger des Königtums, Eigw. **royalistisch**

RP = recipe

RP = Réponse payée

RSS *o. A.* (*Abk.* aus *engl.* *R*eally *S*imple *S*yndication) abonnierbares elektronisches Nachrichtenformat, das aktuelle, für den Nutzer wichtige Informationen automatisch auf seine PCs, Mobiltelefone u. Ä. lädt (z. B. Börsendaten)

RT = Registertonne

rubato (*itl.*) Musik: frei im Zeitmaß

Rubel *m.* (*russ.*) russische Währung
Rubin *m.* (*itl.-lat.*) Edelstein, roter Korund
Rubrik *w.* (*lat.*) 1. Kategorie, in die man jmdn. oder etwas einordnet; 2. Spalte, in die etwas eingetragen wird
rubrizieren einordnen; **Rubrum** *s.* kurze Inhaltsangabe
Rudiment *s.* (*lat.*) verkümmerter Rest; **rudimentär** 1. verkümmert, 2. nur in Ansätzen vorhanden
Ruga *w.* (*lat.*) Runzel, Hautfalte
Rugby *s.* (ragbi) Ballkampfspiel mit ovalem Ball (nach der engl. Stadt Rugby, in der das Spiel 1823 entwickelt wurde)
Ruin *m.* (*lat.*) 1. Zerrüttung, Untergang, Verfall; 2. Bankrott; **Ruine** *w.* zerstörtes oder verfallenes Gebäude; **ruinieren** zerstören, zugrunde richten, bankrott richten; **ruinös** zerstörerisch
Rum *m.* (*malai.-engl.*) Branntwein aus Zuckerrohrsaft
Rumba *m.* und *w.* (*span.*) aus Kuba stammender Gesellschaftstanz
Rumen *s.* (*lat.*) Pansen, Teil des Wiederkäuermagens
rumoren (*lat.*) poltern, rumpeln
Rumpsteak *s.* (rampstehk, *engl.*, einged.rump-) kurz gebratene Rindslendenscheibe
Run *m.* (ran, *engl.*) 1. Ansturm; 2. Programmlauf im Computer (EDV)
Rupie *w.* (-pi'e, *Hindi*) Währungseinheit u. a. in Indien
Ruptur *w.* (*lat.*) Zerreißung (von Gewebe)
rural (*lat.*) ländlich, bäuerlich
Rush *m.* (rasch, *engl.*) Ansturm, plötzliches Vorpreschen, Endspurt; **Rushhour** *w.* (-auer) Hauptverkehrszeit
Russistik *w.* Wissenschaft von der russ. Sprache und Literatur
Rustika *w.* (*lat.*) Mauerwerk aus roh behauenen Quadern; **rustikal** bäuerlich, derb; **Rustizität** *w.* Bäurischkeit, ungehobeltes Wesen
Ruthenium *s.* chem. Element, ein Edelmetall
Rye *m.* (rei, *engl.*) Roggenwhisky

S

S = small
S. = San, Santa, Santo, São
Sa = Summe
s. a. = sine anno
Sabbat *m.* (*hebr.*) der jüdische Ruhetag; **Sabbatical** *s.* (sebätikel, *hebr.-engl.*) selbstgewählte (einjährige) Auszeit aus dem Beruf; **Sabbatianer, Sabbatist** *m.* Angehöriger einer christlichen Sekte, die den Sabbat feiert; **Sabbatjahr** *s.* 1. Sabbatical; 2. jedes siebte Jahr des jüdischen Kalenders, in dem die Äcker brachliegen und die Schulden erlassen werden (sollten)
Sabotage *w.* (-tasch, *frz.*) bewusste, politisch motivierte Beschädigung oder Zerstörung von (kriegs)wichtigem Material; **Saboteur** *m.* (-tör) jmd., der Sabotage betreibt; **sabotieren** 1. etwas durch Sabotageakte zerstören; 2. etwas offen oder heimlich hintertreiben
Sabres *Mz.* (*Iwrith*) Bezeichnung für in Israel geborene Kinder jüdischer Einwanderer
Saccharin, Sacharin *s.* (*gr.*) Süßstoff, Benzolsäuresulfonamid
Sacco di Roma (*itl.*) Plünderung Roms durch die Truppen Karls V.
SACD *w.* (aus *engl.* *s*uper *a*udio *c*ompact *d*isk) Super-Audio-CD, die auf fünf Stereokanälen speichert, auf einer Multikanal-Musikanlage abgespielt wird und das akustische Erlebnis eines Konzertsaals verspricht
Sachet *s.* (sascheh, *frz.*) kleines Duftkissen
sackerlot!, sackerment! (*frz.*) sapperlot! Ausruf des Ärgers und Staunens
Sacrum = Sakrum
Sadduzäer *m.* (*hebr.*) Anhänger einer altjüdischen konservativen Religionspartei unter Gebildeten und Priestern, im Ggs. zu den Pharisäern
Sadhu *m.* (*altind.-sanskr.*) hinduistischer Heiliger; wandernder Asket
Sadismus *m.* (nach dem französ. Schriftsteller Marquis de Sade, 1740–1814) 1. sexueller Lustgewinn durch grausame Behandlung des Partners; 2. Lust an Grausamkeiten; **Sadist** *m.* jmd., der Lust aus Grausamkeiten an anderen gewinnt, Eigw. **sadistisch**; **Sadomaso** *m.* Kurzwort für Sadomasochismus und Sadomasochist; **Sadomasochismus** *m.* sexueller Lustgewinn durch Grausamkeitstechniken an sich und anderen; **Sadomasochist** *m.* jmd., der Sadomasochismus betreibt; **sadomasochistisch** aus Grausamkeiten an sich und anderen (sexuelle) Lust gewinnend
Safari *w.* (*Suaheli-arab.*) Gesellschaftsreise mit Trägern und landeskundiger Führung in Süd- und Ostafrika
Safe *m.* und *s.* (sehf, *engl.*) gesichertes Stahlfach für Wertsachen
Safer Sex *m.* (ßehfer –, *engl.*) das Risiko einer Ansteckung mit Aids vermeidende Sexualpraktiken, bes. die Benutzung von Kondomen
Saffian *s.* (*russ.-pers.*) feines, oft farbiges Ziegen- oder Schafleder
Safran *m.* (*frz.-arab.*) 1. Krokuspflanze; 2. daraus gewonnener gelber Farbstoff
Saga *w.* (*altisländ.*) 1. altnordische Erzählung; 2. literarisch bearbeitete Familienchronik
sagittal (*lat.*) parallel zur Mittelachse (des Schädels)
Sago *m.* (*malai.*) gekörntes Stärkemehl aus dem Mark der indischen Sagopalme
Sahib *m.* (*arab.*) ind. oder pakistan. Bez. für Europäer, Herr
Saint (säng) Sankt; **Sainte** (sängt, *frz.*) weibliche Form von Saint
Saint-Simonismus *m.* (säng-, *frz.*) Frühform des theoretischen Sozialismus in Frankreich (nach C. H. de Saint-Simon, 1760–1825)
Saison *w.* (ßäsong, *frz.*) Zeit des Hochbetriebs in Tourismus, Mode, Kultur, Geschäftsleben; **saisonal** saisonbedingt

Sake *m.* (*jap.*) japanischer Reiswein
Sakko *m.* oder *s.* (*itl.*) Herrenjackett
sakral (*lat.*) 1. geweiht, dem Gottesdienst zugehörig; 2. der Kirche dienend (von Kunst); 3. zum Kreuzbein gehörig; **Sakrament** *s.* Gnadenmittel der evang. und kath. Kirche; **sakramental** zum Sakrament gehörig; **Sakrifizium** *s.* (*lat.*) Opfer, kath. Messopfer; **Sakrileg** Vergehen gegen religiös verehrte Orte, Gegenstände oder Personen; **Sakristan** *m.* Mesner, Küster; **Sakristei** *w.* Nebenraum in der Kirche für den Priester und kirchliche Gegenstände; **sakrosankt** unantastbar; **Sakrum** *s.* Teil der Wirbelsäule, Kreuzbein
säkular (*lat.*) 1. alle hundert Jahre; 2. außergewöhnlich; 3. weltlich; **Säkularfeier** *w.* Jahrhundertfeier; **Säkularisation** *w.* Einziehung kirchlichen Besitzes durch den Staat; **Säkularisierung** *w.* Lösung des Denkens aus religiösen Zusammenhängen, Verweltlichung; Ztw. **säkularisieren**; **Säkulum** *s.* Jahrhundert, Zeitalter (*Mz.* Säkula)
Salam, Salem (*arab.*) Friede! (arab. und muslim. Grußformel); **Salem aleikum** Friede sei mit euch!
Salamander *m.* (*gr.*) Schwanzlurch mit vielen Unterarten
Salami *m.* (*itl.*) italien. Hartwurst; **Salamitaktik** *w.* Taktik, politische Zugeständnisse in kleinen Schritten, scheibchenweise zu erreichen
Salär *s.* (*frz.*) Gehalt, Lohn (Schweiz)
Salbader *m.* salbungsvoller Schwätzer; **salbadern** langatmig und salbungsvoll daherreden; Hptw. **Salbaderei** *w.* (Herk. ungekl.)
saldieren (*itl.*) 1. den Saldo feststellen; 2. bezahlen; **Saldo** *m.* Unterschiedsbetrag zwischen Soll- und Habenseite eines Kontos
Salem = Salam
Salesmanager *m.* (ßehlsmänädscher, *engl.*) Verkaufsleiter; **Salesmanship** *s.* oder *w.* (-schipp) wissenschaftlich fundierte amerik. Methode des erfolgreichen Verkaufens; **Salespromoter** *m.* Berater und Ausbilder in der Verkaufsförderung; **Salespromotion** *w.* (-mohschen) Verkaufsförderung, Werbung
Salette *w.* (*itl.*) Gartenhaus
Saline *w.* (*lat.*) Salzwerk
Salm *m.* (*lat.*) ausgewachsener Lachs
Salmiak *m.* (*lat.*) Ammoniakverbindung; **Salmiakgeist** *m.* Ammoniaklösung, Mittel zum Fettlösen
Salmonellen *Mz.* gramnegative, auf Menschen und Affen spezialisierte Bakterien (nach dem US-amerik. Bakteriologen D. E. Salmon, 1850–1914)
salomonisch weise (wie der biblische König Salomo)
Salon *m.* (salong, *frz.*) 1. Gesellschafts-, Empfangszimmer; 2. Treffpunkt literarisch-künstlerischer Kreise (19. Jh.); 3. elegant ausgestatteter Geschäftsraum; 4. Kunstausstellung; **Salonmusik** *w.* leichte Unterhaltungsmusik, Kaffeehausmusik; **Saloon** *m.* (-luhn, *engl.*) aus dem US-amerik. Western bekanntes Lokal für trinkfeste Haudegen und leichte Mädchen, Mittelpunkt der sich in den Westen Nordamerikas vorschiebenden (Be-)Siedlungen im 19. Jh.
salopp (*frz.*) ungezwungen
Salpeter *m.* (*lat.*) Salze der Salpetersäure, Düngemittel
Salpingitis *w.* (*gr.*) Eileiterentzündung; **Salpinx** *w.* 1. altgriech. trompetenartiges Instrument; 2. Ohrtrompete; 3. Eileiter
Salsa *m.* (*span.*) 1. moderner lateinamerik. Gesellschaftstanz mit vielen musikalischen Einflüssen; 2. kalte dickflüssige, mit Chilipfeffer gewürzte Tomatensoße
Salse *w.* (*lat.*) Schlammsprudel in Erdölgebieten
Salta *s.* (*lat.-itl.*) Brettspiel für zwei Personen; **Saltarello** *m.* alter italienischer Springtanz; **saltato** Musik: mit springendem Bogen zu spielen; **Saltimbocca** *w.* mit Salbei und rohem Schinken gefülltes Kalbsschnitzel; **Salto** *m.* Überschlag in der Luft; **Salto mortale** *m.* Salto mit mehrfachem Überschlag in großer Höhe
saluber (*lat.*) heilsam, gesund, Hptw. **Salubrität** *w.*
Salut *m.* (*frz.*) militärischer Ehrengruß; **salutieren** militärisch grüßen; **Salutismus** *m.* Lehre der Heilsarmee; **Salutist** *m.* Anhänger der Heilsarmee
Salvation Army *m.* (sälvehschen –, *engl.*) engl. Bez. für Heilsarmee, eine 1878 gegr., militärisch aufgebauten, seelsorgerisch

und karikativ tätigen christlichen Organisation

Salvator *m.* (*lat.*) Erlöser, Retter

salve (*lat.*) sei gegrüßt!; **Salve** *w.* gleichzeitiges Abschießen mehrerer Gewehre oder Geschütze

salvo errore (*lat.*) Irrtum vorbehalten (*Abk.* s. e.)

Samariter *m.* (*lat.*) 1. freiwilliger Krankenpfleger; 2. barmherziger Helfer

Samba *m.* und *w.* (*afrik.-port.*) brasilianische Lied- und Tanzform, Gesellschaftstanz

Sambal *m.* od. *s.* (*malai.*) scharfe, mit Chili u. a. gewürzte Soße aus Indonesien; **Sambal Oelek** *s.* scharfes Sambal aus rohen roten, zerstoßenen Chilischoten

Sambuca *m.* (*itl.*) italien. Anislikör

Samiel *m.* (*aram.*) böser Geist in der jüdischen Legende

sämisch mit Fett gegerbt (von Leder; Herk. ungekl.)

Samisdat (*russ.*) im «Selbstverlag» publizierte Untergrundliteratur in der ehemal. Sowjetunion und in anderen osteuropäischen Ländern

Samisen *w.* (*jap.*) jap. Gitarre mit 3 Saiten aus Seide

Samos *m.* griech. Süßwein (nach Insel Samos)

Samowar *m.* (*russ.*) russische Teemaschine

Sampan *m.* (*chines.*) ostasiatisches Wohnboot

Sample *s.* (ßähmpel, *engl.*) 1. Warenprobe, Muster; 2. repräsentative Gruppe in der Meinungsforschung; **samplen** einen Sampler herstellen; **Sampler** *m.* 1. CD mit Hits der Unterhaltungsmusik; 2. elektronisch gespeicherte Schall- und Klangspektren (z. B. Geräusche, Sprache und Musik)

Samsara *m.* (*altind.-sanskr.*) die indische Lehre von der Seelenwanderung

Samschu *s.* (*chin.*) Reiswein

Samum *m.* (*arab.*) heißer Wüstenwind in Nordafrika und Vorderasien

Samurai *m.* (*jap.*) Angehöriger einer altjapanischen Adelsklasse mit strengem Ehrenkodex

San (*itl., span.*) Sankt (Abk. S.)

sanabel (*lat.*) heilbar; **Sanation** *w.* Heilung; **Sanatorium** *s.* (*lat.*) Heilstätte mit Heilanwendungen, Kurheim

Sancho Pansa *m.* gutmütiger, mit beiden Beinen auf der Erde stehender, gewitzter Mann (nach dem Schildknappen von Don Quixote)

Sancta Sedes *w.* (*lat.*) Heiliger Stuhl

sancta simplicitas (*lat.*) heilige Einfalt!

Sanctus *s.* (*lat.*) Gebet der kath. Messe

Sandale *w.* (*gr.*) Riemenschuh; **Sandalette** *w.* (*gr.-frz.*) sandalenartiger Schuh

Sandinismus *m.* lateinamerik. Befreiungsbewegung im Nicaragua der 1970er und 1980er Jahre (nach dem Leitbild A. C. Sandino, 1845–1934)

Sandwich *s.* (ßändwitsch, *engl.*) 1. belegtes Brot; 2. Belag des Tennisschlägers; 3. doppeltes Plakat für Brust und Rücken; **Sandwichman** *m.* (-män) jmd., der Werbeplakate auf Rücken und Brust trägt

Sangria *w.* (*span.*) kaltes Rotweingetränk mit Früchten

Sanguiniker *m.* (*lat.*) Mensch mit lebhaftem, heiterem Temperament; **sanguinisch** lebhaft, temperamentvoll, impulsiv

sanieren (*lat.*) wieder in einen intakten Zustand versetzen; Hptw. **Sanierung** *w.*

sanitär (*lat.*) der Gesundheit dienlich, hygienisch; **Sanitäter** *m.* Helfer in der Krankenpflege; **Sanitätswesen** *s.* Gesundheitsdienst bei den Streitkräften; **Sanka** *m.* Sanitätskraftwagen (Soldatensprache)

Sankt (*lat.*) heilig, vor Heiligennamen und Ortsnamen, die auf solche zurückgehen; **sanktifizieren** heilig sprechen (in der kath. Kirche)

Sanktion *w.* (*lat.*) 1. Zustimmung, Billigung, Anerkennung; 2. Zwangsmaßnahme (gegenüber einem Staat); **sanktionieren** 1. bestätigen, anerkennen, gutheißen; 2. Sanktionen (2.) verhängen, Hptw. (auch) **Sanktionierung** *w.*

Sanktissimum *s.* (*lat.*) Allerheiligstes; **Sanktuarium** *s.* 1. Altarraum; 2. Reliquienbehälter

Sannyasin *m.* (*sanskr.*) 1. im Hinduismus ein Mensch, der der Welt entsagt hat; 2. Angehöriger einer Sekte, die sich auf hinduistische Lehren beruft

Sansculotte (sangskülott, *frz.*) urspr.

Spottname für einen radikalen Republikaner in der Französischen Revolution, der im Gegensatz zum Adel keine Kniehosen (culottes) trug

sans doute (sang dutt, *frz.*) ohne Zweifel; **sans façon** (– faßong) ohne Umstände; **sans gêne** (– schän) ungezwungen

Sans-Papiers *Mz.* (-pajeh, *frz.*) illegal, ohne gültigen Aufenthaltsstatus im Aufnahmeland lebende Migranten

Sanskrit *s.* (*altind.*) altindische Schriftsprache, heute Literatur- und Gelehrtensprache

Santa, Santo (*itl., span., port.*) **São** (*port.*) Sankt (Abk. S.)

Sapere aude (*lat.*) wage zu wissen! von Immanuel Kant (1724–1804) in aufklärerischer Absicht (um)formulierter Imperativ: habe Mut, dich deines eigenen Verstandes zu bedienen!

Saphir *m.* (*gr.*) 1. Edelstein, blauer Korund; 2. Plattenspielernadel aus synthetischem Saphir

Saponine *Mz.* (*lat.*) seifenähnliche Stoffe in Pflanzen

Sappe *w.* (*frz.*) Laufgraben

sapperlot!, sapperment! = sackerlot!, sackerment!

sapphisch nach Art der altgriech. Dichterin Sappho, lesbisch; **Sapphismus** *m.* lesbische Liebe

Saprobie *w.* (-bi'e-), **Saprobiont** *m.* (*gr.*) Lebewesen, das sich von faulenden Stoffen ernährt; **saprogen** Fäulnis erregend; **Saprophyten** *Mz.* Moderpflanzen

Sarabande *w.* (*span.*) 1. altspanisches Tanzlied, später feierlicher französischer Hoftanz; 2. Suitensatz

Sarafan *m.* (*russ.-pers.*) ärmelloses Oberkleid der russ. Frauentracht (bis ins 19. Jh.)

Sarai, Saraj, Saray *m.* 1. (*pers.*) Haus, Hof; 2. (*türk.*) Serail; Palast des Sultans im Osmanischen Reich, heute öffentliches Gebäude, Rathaus

Sarazene *m.* (*arab.*) mittelalterliche Bezeichnung für Araber

Sardana *w.* (*katal.*) katalanischer Reigentanz

Sardelle *w.* (*itl.*) 1. kleiner essbarer Fisch aus der Familie der Heringe, meist eingesalzen; 2. Haarsträhne, die, quer über die Glatze gelegt, diese kaschieren soll (scherzh.); **Sardine** *w.* kleiner Hering

sardonisch (*gr.*) hämisch, höhnisch; bitter, krampfhaft

Sardonyx *m.* (*gr.*) Achat

Sari *m.* (*ind.*) indisches Frauengewand aus einem Stück, das kunstvoll geschlungen wird

Sarkasmus *m.* (*gr.*) beißender Spott; **sarkastisch** beißend, höhnisch

Sarkom *s.* (*gr.*) bösartige Bindegewebsgeschwulst

Sarkophag *m.* (*gr.*) Steinsarg mit Bildhauerarbeit

Sarong *m.* (*malai.*) um die Hüften geschlungener Rock der malaiischen Frauen

SARS *s.* (aus *engl.* *s*evere *a*cute *r*espiratory *s*yndrome) seit 2002 bekannte hochgradig ansteckende Viruserkrankung

Sassafras *m.* (*frz.*) nordamerik. Lorbeergewächs, dessen Öl für Seifen und als Heilmittel verwendet wird

Sassaniden *Mz.* altpersische Königsdynastie

Satan *m.* (*hebr.*) 1. Teufel; 2. teuflischer Mensch, Eigw. **satanisch**

Satellit *m.* (*lat.*) 1. Himmelskörper, der einen Planeten umläuft; 2. Raumflugkörper, Erdsatellit; **Satellitenstaat** ein formal selbständiger, politisch von einer Großmacht abhängiger Staat

Sati *w.* (*sanskr.*) Witwenverbrennung in Indien

Satin *m.* (satäng, *frz.*) Sammelbez. für alle Gewebe in Atlasbindung mit glänzender Vorderseite; **Satinage** *w.* (satinasch) das Glätten von Papier, Ztw. **satinieren**

Satire *w.* (*lat.*) zeitkritische spöttisch-ironische Darstellung in Wort oder Bild; **Satiriker** *m.* Verfasser von Satiren; Mensch mit satirischer Veranlagung; **satirisch** ironisch, spöttisch, beißend in der Kritik

Satisfaktion *w.* (*lat.*) Genugtuung, Ehrenerklärung

sativivus (*lat.*) nur angebaut, nicht wildwachsend (von Pflanzen)

Satrap *m.* (*gr.-pers.*) altpersischer Provinzstatthalter; **Satrapie** *w.* Provinz des Satrapen

Satsuma *w.* 1. feine Töpferware aus Japan; 2. Mandarinenart ohne Kerne (nach der ehem. jap. Provinz Satsuma)

saturieren (*lat.*) sättigen, zufriedenstellen; **saturiert** 1. zufriedengestellt, wunschlos; 2. selbstzufrieden, satt, Hptw. **Saturiertheit** *w.*

Saturn *m.* 1. römischer Gott, dem griech. Kronos entsprechend; 2. zweitgrößter Planet des Sonnensystems; **Saturnalien** *Mz.* (-li'en) altrömisches Volksfest; **Saturnismus** *m.* Bleivergiftung

Satyr *m.* (*gr.*) Waldgeist in Bocksgestalt, Fruchtbarkeitsdämon in der griech. Mythologie; **Satyrspiel** *s.* als Nachspiel zur antiken Tragödie aufgeführte Burleske, die das Tragische parodierte

Sauce *w.* (sohß, *frz.*) Soße; **Sauce béarnaise** *w.* (– be'arnäs) dickflüssige Soße aus Weißwein, Butter, Eigelb, Estragon und Kerbel (nach der frz. Landschaft Béarn); **Sauce hollandaise** *w.* (– ollangdäs) dickflüssige Soße aus Weißwein, Eigelb, Butter und Zitronensaft; **Saucier** *m.* (-ßie) auf die Zubereitung von Soßen spezialisierter Restaurantkoch; **Saucière** *w.* (-ßjär,) Soßengießer; **saucieren** Tabak soßen bzw. beizen

Saudade *w.* (sa'udadsch, *port.*) Weltschmerz, Lebensüberdruss, eine als typisch portugiesisch geltende Form der Melancholie

Sauna *w.* (*finn.*) finnisches Schwitzbad

Saurier *m.* (-ri'er, *gr.*) ausgestorbenes Riesenreptil

sautieren (ßo-, *frz.*) kurz braten oder in heißem Fett schwenken

sauve qui peut! (sohw ki pöh, *frz.*) rette sich, wer kann!

Savanne *w.* (*span.*) 1. Graslandschaft mit vereinzelten Bäumen und Gebüschen in subtropischen und tropischen Gebieten; 2. abgelegener Ort, plattes Land, Pampa (Jj.)

Savoir-vivre *s.* (ßawoar wihvre, *frz.*) das Wissen, wie man (angenehm) lebt

Saxifraga *w.* (*lat.*) Steinbrech, Gebirgspflanze

Saxophon *s.* Blasinstrument mit Klarinettenschnabel (nach A. Sax)

Saz *w.* (*türk.*) Laute mit sehr langem Hals

sazerdotal (*lat.*) priesterlich; **Sazerdotium** *s.* 1. Priesteramt; 2. geistliche Gewalt des Papstes im Mittelalter

Scabies *w.* (-bi'es, *lat.*) Krätze (bei Menschen), Räude (bei Tieren)

Scagliola *w.* (skaljola, *itl.*) Stuck in Marmoroptik, Stuckmarmor

Scalalogie *w.* (*itl.*) Lehre von der Kunst des Treppenbaus, Treppenkunde

Scaling *s.* (skehling, *engl.*) das Verkleinern oder Vergrößern von Bildvorlagen für Werbematerial

Scalping Operations *Mz.* (skälp- operehschens, *engl.*) Börsengeschäfte auf Basis geringer Kursschwankungen

Scampi *Mz.* (ska-, *itl.*) italien. Bez. für Garnelen

scannen (skännen, *engl.*) 1. mit dem Scanner abtasten; 2. eine Situation blitzschnell begreifen, etwas checken (umg.), Hptw. **Scanning** *s.*; **Scanner** *m.* Gerät, das ein Objekt punkt- oder zeilenweise abtastet und die ermittelten Daten im Computer speichert (EDV)

Scaramouche (-musch, *frz.*), **Scaramuz, Scaramuzza** (*itl.*) *m.* Typenfigur der Commedia dell'Arte, prahlerischer Angeber

Scart *m.* (*engl.*) vielpoliger Kabelstecker zur Koppelung von Audio- und Videogeräten

Scat *m.* (skät, *engl.*) Jazzgesang auf einzelne Silben ohne Wortsinn

Scene = Szene

Scenonym *s.* (*lat.-gr.*) Pseudonym, das auf einem Begriff od. Namen aus der Welt des Theaters beruht (z. B. dem Namen eines Schauspielers od. einer Theaterfigur)

Schabbes *m.* = Sabbat

Schablone *w.* (*frz.*) 1. ausgeschnittene Vorlage, Muster aus Pappe u. a. Materialien; 2. eingefahrenes Denk- und Handlungsmuster, Schema; **schablonisieren** 1. etwas mit Hilfe einer Schablone ausführen; 2. über einen Kamm scheren, undifferenziert verfahren

Schabracke *w.* (*türk.*) 1. Satteldecke; 2. überhängende Stoffe (z. B. an Sesseln)

schächten (*hebr.*) nach jüdischer ritueller Vorschrift schlachten

Schadchen *m.* und *w.* (*hebr.*) jüdische(r) Heiratsvermittler(in)

Schador = Tschador

Schafott *s.* (*frz.*) Gerüst für Hinrichtungen, Blutgerüst

Schah *m.* (*pers.*) persischer Herrschertitel; **Schah-in-Schah** *m.* Titel des iranischen Kaisers (bis 1979)

Schaitan *m.* (*arab.*) Teufel, Dämon

Schakal *m.* (*sanskr.*) afrikan.-asiatischer Wildhund

Schakti, Shakti *w.* (*sanskr.*) die weiblichen Verkörperungen hinduistischer Gottheiten

Schalmei *w.* (*gr.-frz.*) Sammelbez. für Rohrblattinstrumente

Schalom, Shalom (*hebr.*) Frieden! hebr. Grußwort

Schalotte *w.* (*frz.*) kleine Zwiebel

Schaluppe *w.* (*frz.*) größeres, einmastiges Boot zum Rudern und Segeln

Schamane *m.* (*tungus.*) Zauberpriester und Medizinmann bei vielen Naturvölkern; **Schamanismus** *m.* Religion, bei der das Kulthandeln des Schamanen im Mittelpunkt steht, Eigw. **schamanistisch**

Schamotte *w.* feuerfester Ton (Herk. ungekl.)

Schampon, Schampun = Shampoon

schanghaien (*engl.*) Matrosen gewaltsam anheuern (Seemannssprache; nach der chin. Hafenstadt Schanghai)

Schantungseide *w.* chin. Rohseide in Taftbindung (nach der chin. Provinz Schantung)

Scharade *w.* (*frz.*) Silbenrätsel, Worträtsel

Schäre *w.* (*schwed.*) Felsklippe im Meer, kleine Insel vor der skandinavischen Küste

Scharia, Scheria *w.* (*arab.*) das auf den Koran zurückgehende islam. Gesetz, das als religiöses und staatliches Recht alle Lebensbereiche regelt; **schariatisch** zur Scharia gehörig, im Sinne der Scharia

Scharlach *m.* (*pers.*) 1. roter Pflanzenstoff; 2. Himbeerrot, leuchtendes Rot; 3. von rotem Hautausschlag begleitete Infektionskrankheit

Scharlatan *m.* (*frz.-itl.*) Schwindler, Aufschneider, Kurpfuscher; **Scharlatanerie** *w.* Prahlerei, Kurpfuscherei

Scharmützel *s.* (*itl.*) Geplänkel, kleines Gefecht; **scharmutzieren** plänkeln, flirten

Scharnier *s.* (*lat.-frz.*) Drehgelenk

Scharpie *w.* (*frz.*) zu Fäden gezupfte Leinwand als Watteersatz

Scharpie *s.* (*engl.*) leichtes Segelboot

Scharteke *w.* (*frz.-itl.*) 1. Schmöker, wertloses altes Buch; 2. unsympathische alte Frau (abwert. umg.)

scharwenzeln (*tschech.*) liebedienern, den Hof machen; kriechen

Schaschlik *m.* (*russ.*) am Spieß gebratene Fleisch-, Speck- und Zwiebelstücke

schassen (*frz.*) hinauswerfen, unsanft entlassen (umg.)

Schatulle *w.* (*lat.*) Kästchen für Geld und Schmuck

Scheck *m.* (*engl.*) 1. Zahlungsanweisung an eine Bank; 2. Gutschein; 3. Check; **schecken** = checken

Scheduling *s.* (schedjuh-, *engl.*) 1. Zeitverwaltung (z. B. Terminkalender); 2. Programm zur Zeitverwaltung beim Mehrprogrammbetrieb (EDV)

Scheherazade *w.* (*pers.*) Märchenerzählerin aus 1001 Nacht

Scheich *m.* (*arab.*) arabischer Ehrentitel für weltliche und geistliche Oberhäupter

Schekel *m.* (*hebr.*) israelische Währungseinheit

Schellack *m.* (*niederl.*) Gummilack, eine Mischung aus Baumharz und Ausscheidungen der Lacklaus

Schema *s.* (*gr.*) Grundform, Muster, Aufriss (*Mz.* Schemata); **schematisch** 1. mit Hilfe eines Schemas; 2. schablonenhaft, gleichförmig; **schematisieren** in ein Schema bringen, stark vereinfachen; **Schematismus** *m.* unterschiedslose Behandlung

Scheria = Scharia

Scherif *m.* (*arab.*) arabischer Titel für die Nachkommen Mohammeds

Scherpa, Sherpa *m.* (*tibet.*) 1. Angehöriger eines Himalayavolkes, bes. in Tibet; 2. südtibetische Sprache; 3. Träger und Führer bei Bergbesteigungen, bes. im Himalaya; 4. Chefunterhändler einer Regierung

scherzando (skerzando, *itl.*) Musik: scherzhaft; **Scherzo** *s.* (skerzo) heiterer Tonsatz

Schi = Ski

Schia *w.* (*arab.*) eine Hauptrichtung innerhalb des Islam, Staatsreligion im Iran, Eigw. **schiitisch**

Schibboleth *s.* (*hebr.*) Erkennungszeichen, Losungswort

schick (*frz.*) 1. elegant, geschmackvoll; 2. der Mode folgend, modisch; **Schick** *m.* 1. modische Eleganz, elegantes Auftreten; 2. vorteilhafter Handel (Schweiz); 3. der Sitte entsprechend; **Schickeria** *w.* ironisch-spöttische Bez. für das begüterte, in der Boulevardpresse erwähnte Szenepublikum, das sich auf allen Events trifft; **Schickimicki** *m.* 1. jmd., der zur Schickeria gehört; 2. unnützer modischer Kleinkram, oft Gadgets

Schickse *w.* (*jidd.*) 1. Flittchen; 2. jüd. Bez. für Nichtjüdin (abwert.)

Schikane *w.* (*frz.*) 1. böswillig bereitete Schwierigkeit; 2. schwieriger Abschnitt auf einer Rennstrecke; **Schikaneur** *m.* (-nör) jmd., der schikaniert; **schikanieren** plagen, triezen; **schikanös** böswillig, kleinlich

Schikoree = Chicorée

Schimäre *w.* (*gr.*) Trugbild, Hirngespinst; **schimärisch** gespenstisch, trügerisch

Schimpanse *m.* (einheim. Name am Kongo) afrikanischer Menschenaffe

Schinakel *s.* (*ungar.*) 1. kleines Ruderboot; 2. bequeme Latschen (Österreich)

Schintoismus, Shintoismus *m.* (*jap.*) altjap. Religion mit Natur- und Ahnengottheiten, bis heute in best. Emblemen, bes. Spiegel und Schwert, verehrt; **Schintoist, Shintoist** *m.* Anhänger des Schintoismus

Schiras 1. blau- od. rotgrundiger Teppich; 2. graues od. schwarzes Lammfell (nach der iran. Stadt Schiraz)

Schirokko *m.* (*arab.-itl.*) schwülwarmer Mittelmeerwind

Schirting *m.* (*engl.*) Baumwollstoff

Schisma *s.* (*gr.*) Kirchenspaltung (*Mz.* Schismen); **Schismatiker** *m.* Verursacher einer Kirchenspaltung; Eigw. **schismatisch**

Schiwa *m.* (*sanskr.*) als Gott der Zerstörung und als Heilbringer verehrte Gottheit im Hinduismus

schizogen (*gr.*) durch Spaltung entstanden (von Gewebslücken); **schizoid** seelisch zerrissen, leicht schizophren; **schizophren** 1. an Schizophrenie leidend; 2. widersprüchlich, verrückt; **Schizophrenie** *w.* Persönlichkeitsspaltung, Spaltungsirresein; **Schizophyten** *Mz.* Sammelbez. für Bakterien und Blaualgen; **schizothym** latent schizophren

Schlachta *w.* (*poln.*) der niedere polnische Adel

Schlamassel *m.* (*jidd.*) missliche, verfahrene Lage, Unglück

Schlawiner *m.* Tunichtgut, gerissener Kleingauner (nach Slowenien od. Slawonien)

Schlemihl *m.* (*hebr.*) 1. Pechvogel; 2. Schlitzohr

Schma *s.* (*hebr.*) das jüd. Bekenntnisgebet (nach dem 5. Buch Mose im Alten Testament)

Schmalte, Smalte *w.* (*itl.*) kobaltblauer, für Glasuren verwendeter Farbstoff

Schmock *m.* gesinnungsloser Journalist od. Schriftsteller (Herk. unges., viell. slowen.)

Schmonzes *m.* (*jidd.*) Geschwätz, Gefasel; **Schmonzette** *w.* rührseliges Machwerk

Schmu *m.* (*jidd.*) nicht ganz astreines Geschäft; **Schmus** *m.* Schönrednerei; **schmusen** 1. liebkosen, kosen; 2. schmeicheln

Schoah *w.* (*hebr.*) hebr. Bez. für die Vernichtung der Juden während des Nationalsozialismus

Schock *m.* (*frz.*) 1. akutes Kreislaufversagen; 2. schwere seelische Erschütterung; **schocken** entsetzen, einen Schock versetzen; **Schocker** *m.* Schauerroman, Schauerfilm mit schockierenden Inhalten; **schockieren** Anstoß erregen, empören; **schockiert** moralisch entrüstet

Schocktherapie *w.* 1. Behandlung mit elektrischen Schocks; 2. plötzliche Konfrontation mit einer unangenehmen Wahrheit

Schodschi, Schoji *w.* (*jap.*) durchscheinende Wand im Innern des japanischen Hauses

Schofar *m.* (*hebr.*) im jüd. Kult, bes. am Neujahrstag verwendetes Blashorn vom Widdergehörn, Widderhorn

schofel, schof(e)lig (*hebr.*) schäbig, knauserig; **Schofel** *m.* 1. schlechte Ware, Schund; 2. schlechter Mensch

Schogun *m.* (*jap.*) Titel eines kaiserlichen Feldherrn in Japan

Schokolade *w.* (*mexik.*) 1. Kakaomasse; 2. Getränk aus Schokoladenmasse

Scholar, Scholast *m.* (*lat.*) fahrender Student im Mittelalter

Scholastik *w.* (*lat.*) die philosophierende Theologie des Mittelalters, die sich um eine Vereinbarung zwischen Theologie und antiker Philosophie bemühte; **Scholastiker** *m.* Vertreter der Scholastik; **scholastisch** 1. zur Scholastik gehörend, den Regeln der Scholastik entsprechend; 2. abgehoben, spitzfindig

Scholiast *m.* (*gr.*) Verfasser von Scholien; **Scholien** *Mz.* (-li'en) gelehrte Randbemerkungen auf griech. und röm. Handschriften

Schoner *m.* (*engl.*) Zweimastsegler

schraffieren (*itl.*) mit feinen, parallelen Strichen bedecken, linieren; **Schraffur** *w.* 1. Strichelung; 2. schraffierte Fläche

Schrapnell *s.* mit Kugeln gefülltes Artilleriegeschoss (nach dem britischen Erfinder H. Shrapnell, 1761–1842)

Schredder, Shredder *m.* (schre-, *engl.*) Zerkleinerungsmaschine für Metall- und Blechteile (z. B. Autowracks); **schreddern, shreddern** mit dem Schredder arbeiten

Schrimps = Shrimps

schrinken, shrinken (*engl.*) Gewebe durch Anfeuchten so bearbeiten, dass es weich und krumpfecht wird

Schtschi *m.* (*russ.*) in Osteuropa verbreitete Sauerkraut- od. Kohlsuppe (mit Fleisch)

Schubiack *m.* (*niederl.*) Lump

Schwadron *w.* (*itl.*) kleinste Truppeneinheit der Kavallerie; **Schwadronade** *w.* wortreiche, aufdringliche Prahlerei; **Schwadroneur** *m.* (-nör) Schwätzer, Angeber; **schwadronieren** prahlen, großmäulig reden

Science-Fiction, Sciencefiction *w.* (ßeienß fikschen, *engl.*) literarisch oder filmisch umgesetzte, auf wissenschaftlich-technischen Tendenzen basierende Zukunftsprojektion (Abk. Sci-Fi, Scifi); **Scientology** *w.* (ßeientolodschih) Religionsgemeinschaft mit dem Anspruch, geistige und seelische Gesundheit auf wissenschaftlich begründetem Wege erreichen zu können

Scoop *m.* (skuhp, *engl.*) Sensationsmeldung, die ein Blatt als Exklusivmeldung präsentieren kann

Scooter *m.* (skuht-, *engl.*) 1. Segelboot mit Stahlkufen zum Eissegeln; 2. Skooter

Scoping *s.* (*engl.*) Ermittlung und Einschätzung der Erfolgsaussichten für die Realisierung eines Großprojekts, das die Umwelt betrifft (z. B. Bau einer Landebahn u. Ä.)

Score *m.* (skohr, *engl.*) 1. Spielstand, Punktergebnis; 2. ein in Zahlen ausgedrücktes Ergebnis; **Scorer** *m.* jmd., der die Punkte im Spiel zählt; **Scoringmodell** *s.* jedes Verfahren, das ein Ergebnis in einem Zahlenwert ausdrückt

Scotch *m.* (skotsch, *engl.*) schottischer Whisky

Scotchterrier *m.* (skotschterrijer, *engl.*) schottischer Terrier

Scotismus *m.* mittelalterliche philosoph. Richtung, die den freien Willen höher bewertet als Einsicht und Vernunft (nach dem Theologen und Philosophen J. Duns Scotus, 1266–1308)

Scottish Fold *m.* (*engl.*) in den 1960er Jahren in Schottland aus einer Spontanmutation entstandene Katzenrasse mit kleinen, nach vorn und unten gefalteten Ohren und einem für die Rasse typischen Puppengesicht

Scout *m.* (skaut, *engl.*) 1. Pfadfinder; 2. Talentsucher, (Aus-)Kundschafter; 3. Vordenker, Wegbereiter

Scrabble *s.* (skräbbl, *engl. Wz.*) Spiel, bei dem man aus Buchstabenkärtchen Wörter legt, die auf waage- und senkrechten Feldern zusammenpassen müssen

Scratching *s.* (skrätsching, *engl.*) das Hervorbringen rhythmisierender Effekte durch schnelles Hinundherdrehen einer laufenden Schallplatte

Screen *m.* (skrihn, *engl.*) Bildschirm; **screenen** ein Screening durchführen; **Screening** *s.* 1. Vorführung, Sendung (eines Fernsehfilms); 2. systematische genetische Überprüfung des menschlichen Keims (außerhalb der Gebärmutter); **Screeningtest** *m.* Siebtest, Reihenuntersuchung (z. B. auf eine Krankheit); **Screeningsaver** *m.* (-sehwer) Bildschirmschoner; **Screenshot** *m.* (-schott) Abbildung einer Bildschirmmaske (EDV)

Screwballkomödie *w.* (skrubohl-, *engl.*) rasante Filmkomödie mit respektlosem Humor und exzentrischen Charakteren

Scrip *m.* (skr-, *engl.*) 1. Gutschein, Ersatzschein (für Wertpapiere); 2. Besatzungsgeld

Script *s.* (*engl.*) Manuskript; Drehbuch; **Scriptgirl** *s.* Mitglied des Produktionsteams, das die Aufzeichnungen über jedes Detail einer Filmeinstellung führt; **Scriptorium** *s.* (*lat.*) Schreibraum in Klöstern

scrollen (*engl.*) mit dem Cursor vor- und zurückrollen, Hptw. **Scrolling** *s.* (EDV)

Scruple *s.* (skruhpel, *engl.*) Apothekergewicht (z. B. für Drogen)

SCSI *s.* (aus *engl. s*mall *c*omputer *s*ystems *i*nterface) genormte Schnittstelle für kleine Computersysteme (EDV)

sculpsit (sku-, *lat.*) auf Kupferstichen vor dem Namen des Stechers: hat gestochen

SDI *o. A.* (aus *engl. s*trategic *d*efense *i*nitiative) US-amerik. Forschungsprojekt zur Stationierung von Waffen im Weltraum

s. e. = salvo errore

Seal *m.* (ßihl, *engl.*) Fell der Pelzrobbe oder des Seebären; **Sealskin** *m.* oder *s.* 1. Seal; 2. Robbenpelzimitation; **Sealyham** *m.* (ßili'em, *engl.*) kurzbeiniger, zottiger Drahthaarterrier

Séance *w.* (ßeangß, *frz.*) spiritistische Sitzung

Season *w.* (ßihsen, *engl.*) engl. Bez. für Saison

Seborrhöe *w.* (*gr.*) gesteigerte Absonderung der Hauttalgdrüsen

sec (ßek, *frz.*) trocken (von Schaumwein)

Seccomalerei *w.* (sekko-, *itl.*) Malerei auf trockener Wandfläche

Secento *s.* (setschento, *itl.*) das 17. Jahrhundert als italienische Stilepoche; **Secentist** *m.* Künstler dieser Epoche

Second Hand (ßeckend hähnd, *engl.*) gebraucht, aus zweiter Hand; **Second Life** *s.* (– leif) Bez. für das von den Nutzern online hergestellte, virtuelle «zweite» Leben (z. B. in Chatrooms, Blogs und Online-Spielen)

Second Unit *w.* (– junit) zweites Aufnahmeteam (bei Dreharbeiten für einen Film)

Secret Service *m.* (ßihkret sörviß, *engl.*) der britische Geheimdienst

Sectio *w.* (*lat.*) Schnitteröffnung bei Operationen; **Sectio aurea** *w.* der Goldene Schnitt, ein bestimmtes Verhältnis zweier Größen, gilt als ideale Proportion in Architektur und Kunst; **Sectio caesarea** *w.* (– zä-) Kaiserschnitt

Security *w.* (ßikju-, *engl.*) Sicherheit; **Securitycheck** *m.* Sicherheitskontrolle auf Flughäfen o. Ä.; **Security Service** *m.* (– ßörwiß) Sicherheitsdienst

sedativ (*lat.*) beruhigend; **Sedativ, Sedativum** *s.* Beruhigungsmittel; **sedieren** beruhigen, dämpfen

Sediment *s.* (*lat.*) Bodensatz, Ablagerung; **sedimentär** durch Ablagerung entstanden (von Gesteinen); **Sedimentation** *w.* Ablagerung, Ztw. **sedimentieren**; **Sedimentgestein** *s.* Ablagerungsgestein

Sedisvakanz *w.* (*lat.*) die Zeit des unbesetzten Papststuhls

Sedum *s.* (*lat.*) Gattung der Dickblattgewächse, Fetthenne

Seersucker *m.* od. *s.* (sihrsackr, *engl.*) Baumwolle oder Baumwollmischgewebe mit Kreppeffekt

Segment *s.* (*lat.*) 1. Abschnitt, Teilstück von einem Ganzen; 2. Kreis- oder Kugelabschnitt; 3. Abschnitt eines Organs; **segmental** segmentförmig; **segmentär** aus Segmenten gebildet; **Segmentation** *w.* Aufteilung in Segmente

Segregation *w.* (*lat.*) räumliche Absonderung von Minderheiten in einer Gesellschaft, bes. der schwarzen Bevölkerung in den amerikan. Südstaaten; **segregieren** absondern, aufspalten

Seguidilla *w.* (segidillja, *span.*) spanischer Tanz mit Kastagnetten

Seicento = Secento

Seigneur *m.* (ßenjöhr, *frz.*) 1. Lehnsherr im mittelalterlichen Frankreich; 2. = Grandseigneur

Seismik, Seismologie *w.* (*gr.*) Erdbebenkunde; **seismisch** 1. zur Seismik gehörig; 2. durch ein Erdbeben veranlasst, Erdbeben betreffend; **Seismogramm** *s.* Aufzeichnung eines Erdbebenmessers;

Seismograph, Seismograf *m.*, **Seismometer** *s.* Erdbebenmesser; **Seismologe** *m.* Erdbebenforscher

Sejm *m.* (*poln.*) polnisches Parlament

Sekans *m.* (*lat.*) Verhältnis der Hypotenuse zur Ankathete im rechtwinkligen Dreieck; **Sekante** *w.* Gerade, die eine Kurve schneidet

sekkant (*lat.*) lästig; **sekkieren** belästigen, schikanieren (Österreich)

Sekkomalerei = Seccomalerei

Sekret *s.* (*lat.*) Ausscheidung, Absonderung einer Drüse; **sekret** geheim; **Sekretär** *m.* 1. Geschäftsführer, Schriftführer einer Behörde oder einer Organisation; 2. mit allen Angelegenheiten vertrauter privater Mitarbeiter einer Persönlichkeit; 3. afrikanischer hochbeiniger Vogel; 4. Schreibschrank; **Sekretariat** *s.* Dienststelle einer Organisation, Zimmer des Sekretärs oder der Sekretärin; **sekretieren** 1. ausscheiden, absondern; 2. geheim halten; **Sekretion** *w.* 1. die Tätigkeit der Drüsen; 2. Absonderung von Lösungen in Gesteinshohlräume

Sekt *m.* (*itl.-frz.*) Schaumwein

Sekte *w.* (*lat.*) religiöse, weltanschauliche oder politische verschworene Sondergemeinschaft; **Sektierer** *m.* Mitglied einer Sekte; **sektiererisch** 1. einer Sekte angehörend; 2. sich auserwählt fühlend, verschworen

Sektion *w.* (*lat.*) 1. Bereich, Unterabteilung, Gruppe; 2. Leichenöffnung; **Sektionschef** *m.* Abteilungsleiter, bes. in Österreich; **Sektor** *m.* 1. Kreisausschnitt, Kugelausschnitt; 2. Teilgebiet, Gebietsteil

Sekunda *w.* (*lat.*) zehnte und elfte Klasse einer höheren Schule; **Sekundaner** *m.* Schüler der Sekunda; **Sekundant** *m.* 1. Kampfgehilfe, Betreuer bei Zweikämpfen (z. B. beim Boxen); 2. früher: Zeuge beim Duell; **sekundär** an zweiter Stelle, zweitrangig; **Sekundärinfektion** *w.* die nochmalige Infektion eines Krankheitsherdes; **Sekundärliteratur** *w.* (*lat.*) wissenschaftliche Literatur über Primärliteratur; **Sekundawechsel** *m.* zweite Ausfertigung eines Wechsels; **Sekunde** *w.* 1. der sechzigste Teil einer Minute; 2. zweite Stufe der diatonischen Tonleiter; **sekundieren** 1. beipflichten; 2. im Zweikampf beistehen; **sekündlich** in jeder Sekunde

Sekundogenitur *w.* (*lat.*) Erbrecht des Zweitgeborenen in Fürstenhäusern

Sekurität *w.* (*lat.*) Sicherheit; **Sekuritglas** *s.* (*Wz.*) nicht splitterndes Glas

Sela (*hebr.*) 1. ein Musikzeichen in den Psalmen; 2. Schluss, Ende (umg.)

Seladon *m.* (-dong, *frz.*) schmachtender Liebhaber (nach der Schäfergestalt in einem französ. Roman des 17. Jhs.); **Seladon** *s.* chin. Porzellan in zarter blaugrüner Glasur, nach der Gewandfarbe der Romangestalt Seladon; **Seladonit** *m.* Grünerde, ein lichtechter Farbstoff für Aquarell- und Temperamalerei

Selam = Salam

Seldschuken *Mz.* (*arab.*) früheres türkisches Herrschergeschlecht in Kleinasien

selegieren (*lat.*) auswählen; **Selektion** *w.* 1. Auswahl, Aussonderung; 2. natürliche Auslese bestimmter Arten von Lebewesen; **selektieren** 1. aussuchen, auswählen (bes. i. d. Pflanzen- und Tierzucht); 2. für die Gaskammer bestimmen (von KZ-Häftlingen im Nationalsozialismus); **selektiv** 1. auf Auswahl beruhend, auswählend; 2. trennscharf (Nachrichtentechnik), Hptw. **Selektivität** *w.*

Selen *s.* (*gr.*) chem. Element, ein Halbmetall; **Selene** *w.* griechische Mondgöttin; **Seleniasis** *w.* Mondsucht, Nachtwandeln; **Selenographie, Selenografie** *w.* Beschreibung und Darstellung der Physik des Mondes

Selfaktor *m.* (ßelf-, *engl.*) Spinnmaschine; **Selfappeal** *s.* (-äpihl) Anziehungskraft einer Ware durch ihr Erscheinungsbild; **Selffulfilling Prophecy** *w.* (-feßih) Phänomen, dass das Bekanntwerden einer Voraussage den Eintritt des Vorausgesagten wahrscheinlicher macht; **Selfgovernment** *s.* (-gavernment) Selbstverwaltung; **Selfmademan** *m.* (-mehdmän) jmd., der aus eigener Kraft zu Wohlstand und (beruflichem) Erfolg gekommen ist; **Selfservice** *m.* (-sörwiß) Selbstbedienung

Seller *m.* (*engl.*) 1. Kurzwort für Bestseller, Longseller; 2. Verkäufer; **Sell-out** *s.* (-aut, *engl.*) panischer Ausverkauf von Wertpapieren an der Börse

Semantik *w.* (*gr.*) 1. Lehre von der Bedeutung der sprachlichen Zeichen und Wörter; 2. Bedeutung eines Wortes, Satzes od. Textes; **semantisch** die Bedeutung eines Wortes betreffend; **Semaphor** *m.* Signalmast für optische Zeichen; **Semem** *s.* Bedeutungsmerkmal des sprachlichen Zeichens

Semen *s.* (*lat.*) 1. Sperma; 2. Pflanzensamen

Semester *s.* (*lat.*) Studienhalbjahr

Semi-, semi- (*lat.*) als Wortteil: halb

Semifinale *s.* (*lat.*) Vorschlussrunde bei Ausscheidungskämpfen, Halbfinale; **semihumid** den größten Teil des Jahres feucht (vom Klima); **Semikolon** *s.* Strichpunkt; **semilateral** halbseitig; **semilunar** in der Form des Halbmonds

Seminar *s.* (*lat.*) Bildungsstätte; Lehrveranstaltung, Arbeitsgemeinschaft an der Hochschule; **Seminarist** *m.* Seminarteilnehmer, Eigw. **seminaristisch**

Semiologie, Semiotik *w.* (*gr.*) fachübergreifende Disziplin der Linguistik, die sich beschäftigt 1. mit den sprachlichen und nichtsprachlichen Zeichen menschlicher Kommunikation; 2. mit der Analyse der Zeichencodes und -systeme, mit Semantik, Syntax und Pragmatik (als ihren Teildisziplinen); **semiotisch** 1. die Semiotik betreffend; 2. das sprachliche Zeichen betreffend

semipermeabel (*lat.*) halb durchlässig

Semit *m.* Angehöriger einer Sprach- und Völkergruppe in Vorderasien und Nordafrika, Eigw. **semitisch** (nach Sem, dem ältesten Sohn Noahs im Alten Testament); **Semitistik** *w.* Wissenschaft von den semitischen Sprachen und Literaturen

semplice (ßemplitsche, *itl.*) Musik: schlicht

sempre (*itl.*) immer

sen. = senior

Senat *m.* (*lat.*) 1. höchste Regierungsbehörde im alten Rom; 2. Regierungsbehörde mancher Städte (z. B. Hansestädte); 3. Selbstverwaltungskörperschaft der Universitäten; 4. erste Kammer mancher Staaten (z. B. der USA); 5. Richterschaft eines höheren Gerichts; **Senator** *m.* Mitglied eines Senats

Seneszenz *w.* (*lat.*) das Altern, Altwerden

Senhor *m.* (ßenjor, *port.*) Herr; **Senhora** *w.* (ßenjora) Frau (als portugies. Anreden)

senil (*lat.*) 1. greisenhaft, altersschwach; 2. vergreist, wunderlich; **Senilität** *w.* Greisenhaftigkeit, Verschrobenheit

Senior *m.* (*lat.*) 1. der Ältere oder Älteste in einer Versammlung, Familie, Sportart; 2. nur *Mz.* **Senioren**: ältere, alte Menschen; **senior** zum Namen: der Ältere (*Abk.* sen.)

se non è vero, è ben trovato (*itl.*) wenn es nicht wahr ist, ist es doch gut erfunden

Señor *m.* (ßenjor, *span.*) Herr; **Señora** *w.* Frau; **Senõrita** *w.* Fräulein (als spanische Anreden)

Sensal *m.* (*itl.*) Handelsmakler (Österreich)

Sensation *w.* (*lat.*) 1. Sinnesempfindung; 2. Aufsehen erregendes Ereignis; **sensationell** Aufsehen erregend, verblüffend, in aller Munde

sensibel (*lat.*) 1. empfindsam, empfindlich, feinfühlig; 2. reizempfindlich; **Sensibelchen** *s.* ironische Bez. für einen mimosenhaft empfindlichen Menschen; **sensibilisieren** 1. empfindlich machen, die Wahrnehmungsfähigkeit verfeinern; 2. fotografische Schichten lichtempfindlich machen; 3. den Organismus gegen einen Stoff empfindlich machen, Hptw. **Sensibilisierung** *w.*; **Sensibilität** *w.* 1. Empfindsamkeit, Feinfühligkeit, Einfühlsamkeit; 2. Reizempfindlichkeit (des Organismus)

sensitiv (*lat.-frz.*) feinnervig, überempfindlich, reizbar, Hptw. **Sensitivität** *w.*; **Sensitivity Training** *s.* (-tiwi- –, *engl.*) gruppendynamisches Training zur Verbesserung der gegenseitigen Wahrnehmung und des Kooperationsvermögens

Sensomotorik *m.* (*lat.*) Zusammenwirken von Sinneswahrnehmungen und Bewegung, Eigw. **sensomotorisch**; **Sensor** *m.* (*lat.*) Messfühler; **Sensorien** *Mz.* (-ri'en) Gebiete der Großhirnrinde, wo Sinnesreize bewusst werden; **sensorisch** die Sinnesorgane betreffend; **Sensorium** *s.* Gespür

Sensualismus *m.* (*lat.*) Lehre, die die Erkenntnis auf Sinneswahrnehmungen zurückführt; **Sensualist** *m.* Vertreter des Sensualismus; **Sensualität** *w.* Empfindungsvermögen der Sinnesorgane; **sensuell** (-su'e-) sinnlich wahrnehmbar; **sensu malo** im schlechten Sinn; **sensu stricto** im strengen Sinn

Sentenz *w.* (*lat.*) Denkspruch, Sinnspruch, Aphorismus; **sentenziös** als Sentenz gefasst

Sentiment *s.* (sangtimang, *frz.*) Gefühl, Empfindung; **sentimental** 1. gefühlsschwärmerisch; 2. rührselig, Hptw. **Sentimentalität** *w*; **Sentimentale** *w.* weibliches Rollenfach, Darstellerin junger, gefühlvoller Frauengestalten

senza (*itl.*) ohne

separabel (*lat.*) trennbar; **Separabilität** *w.* Trennbarkeit; **Separandum** *s.* getrennt aufzubewahrendes Arzneimittel; **separat** gesondert, einzeln, für sich liegend; **Separates** *Mz.* (ßepperehts, *engl.*) Einzelteile (Röcke, Blusen, Jacken), die man allein od. kombiniert tragen kann; **Separation** (*lat.*) 1. Absonderung; 2. Gebietsabtrennung, Verselbständigung eines Landesteils, einer Region; 3. Flurbereinigung im (Agrarsektor des 19. Jh. in Deutschland); **Separatismus** *m.* Loslösungsbestrebung aus einem (Staats-)Verband; **Separatist** *m.* Anhänger des Separatismus, Eigw. **separatistisch**; **Separator** *m.* Zentrifuge, Trennschleuder; **Séparée** *s.* (*lat.-frz.*) Nebenzimmer, abgetrennter Raum; **separieren** trennen, loslösen, absondern

Sephardim *Mz.*, die westeuropäischen Juden, im Ggs. zu den Aschkenasim

Sepia *w.* (*gr.*) 1. Tintenfisch, ein Kopffüßler, 2. schwarzbraune Farbe aus dem Tintenbeutel des Tintenfisches

Sepsis *w.* (*gr.*) Blutvergiftung

Septem Artes liberales = Artes liberales

septentrional (*lat.*) nördlich

Septett *s.* (*itl.*) 1. Komposition für sieben Stimmen oder Instrumente; 2. Gruppe von sieben Musikern

Septime *w.* (*lat.*) siebter Ton der diatonischen Tonleiter und Intervall zwischen Grundton und siebtem Ton

septisch (*lat.*) 1. mit Sepsis verbunden; 2. nicht keimfrei

Septuaginta *w.* (*lat.*) die älteste griech. Übersetzung des Alten Testaments

sepulkral (*lat.*) die Bestattung, die Bestattungszeremonien betreffend

Sequel *s.* (ßihkwel, *engl.*) Fortsetzungsfilm, Nachfolgefilm zu einem Erfolgsfilm

Sequenz *w.* (*lat.*) 1. Reihe, Aufeinanderfolge, Folge; 2. Wiederholung eines musikalischen Motivs auf einer anderen Tonstufe; 3. hymnusähnlicher Gesang in der mittelalterlichen Liturgie; 4. aus mehreren Einstellungen bestehende filmische Handlungseinheit; 5. Spielkartenfolge der gleichen Farbe; 6. Befehlsfolge (EDV); **Sequenzer** *m.* (ßi-, *engl.*) Teil des Synthesizers, der Tonfolgen speichert; **sequenziell** *m.* (-zi'ell, *lat.*) in räumlicher Folge angeordnet (von Datenmengen i. d. EDV)

Sequester *m.* (*lat.*) 1. abgestorbenes Knochenstück; 2. Zwangsverwalter; **Sequestration** *w.* Zwangsverwaltung, Ztw. **sequestrieren**

Sequoia, Sequoie *w.* (-kweuje) Mammutbaum

Serail = Sarai

Seraph *m.* (*hebr.*) Engel des Alten Testaments mit sechs Flügeln (*Mz.* Seraphim); **seraphisch** engelhaft

seren (*lat.*) heiter

Serenade *w.* (*itl.*) 1. Abendmusik; 2. mehrsätziges unterhaltendes Instrumentalstück

Serenissa *o. A.* (*lat.*) 1. ehem. Anrede für eine Fürstin: Durchlaucht; 2. Beiname Venedigs; **Serenissimus** 1. ehem. Anrede für einen Fürsten: Durchlaucht; 2. Durchlauchtigster, scherzhafte Bez. für einen Kleinstaatenfürsten

sereno (*itl.*) Musik: heiter, klar

Serge *w.* (ßersch, *frz.*) Gewebe in Körperbindung, meist Futterstoff

Sergeant *m.* (ßerschant, *frz.*, ßahdschent, *engl.*) Unteroffizier

Serial (ßihrijel, *engl.*) Folge einer Fernsehserie od. eines Fortsetzungsromans

Serie *w.* (-ri'e, *lat.*) 1. Reihe, Folge, Aufeinanderfolge (z. B. von Fernsehsendungen); 2. Aufeinanderfolge gleicher Ereignisse (umg.); **seriell** (ri'ell) 1. in Serie gefertigt, veröffentlicht; 2. nacheinander abarbeitend (von Programmschritten in der EDV); **serielle Musik** *w.* eine Abart der nach dem Reihenprinzip verfahrenden Zwölftonmusik

Serife *w.* (*niederl.*) winziger (bei bestimmten Schrifttypen) einen Buchstaben oben und unten abschließender Querstrich

Serigraphie, Serigrafie *w.* (*gr.-lat.*) Siebdruckverfahren, Siebdruck

seriös (*frz.*) vertrauenswürdig, ernst zu nehmen, ernsthaft, Hptw. **Seriosität** *w.*

Sermon *m.* (*lat.*) langatmiges (ermahnendes) Gerede

Serologie *w.* (*gr.-lat.*) Lehre vom Blutserum; **Serom** *s.* sich in Wunden und Narben ansammelnde seröse Flüssigkeit; **seropulent** aus Serum u. Eiter bestehend (von Körperausscheidungen); **serös** 1. aus Serum bestehend; 2. Serum absondernd; **Serosa** *w.* Haut, die die inneren Organe überzieht

Serpentine *w.* (*lat.*) Schlangenlinie, Zickzackkurve

Sertão *m.* (*port.*) tropisches Trockengebiet im Nordosten Brasiliens

Serum *s.* (*lat.*) 1. der flüssige Teil des Blutes; 2. Blutserum, das Abwehrstoffe enthält (*Mz.* Sera, Seren)

Serval *m.* (*port.*) afrikanische Wildkatze mit hohen Beinen und großen Ohren

Serve-and-Volley (ßörfändwolli, *engl.*) Technik im Tennisspiel, bei der der Spieler nach dem eigenen Aufschlag ans Netz läuft, um den Return des Gegners in einen Volley zu verwandeln

Servelatwurst = Zervelatwurst

Server *m.* (ßörwer, *engl.*) 1. aufschlagender Spieler im Ballsport; 2. Programm, das Dienstleistungen od. Daten zur Verfügung stellt, bes. Empfang und Senden von E-Mails, Up- und Downloads u. Ä. (EDV)

Service *s.* (serwihs, *frz.*) ein Satz von zusammengehörigem Tafelgeschirr; **Service** *m.* (ßörwiss, *engl.*) 1. Kundendienst, Bedienung, Dienstleistung; 2. Aufschlag im Tennis; **Servicepoint** *m.* Informationsschalter auf Bahnhöfen, Flughäfen u. Ä.; **servieren** (*frz.*) auftragen, bedienen; **Serviette** *w.* (-wi'e-) Mundtuch

servil (*lat.*) unterwürfig, kriecherisch; **Servilität** *w.* Unterwürfigkeit

Servitut *s.* (*lat.*) Nutzungsrecht an fremdem Eigentum

Servo- (*lat.*) als Wortteil: zusätzlich verstärkend

Servobremse *w.* Bremse mit Bremskraftverstärker; **Servolenkung** *w.* hydraulisch unterstützte Lenkung (eines Kraftfahrzeugs)

Servus (*lat.*) Ihr Diener, als bayr.-österr. Grußformel: hallo!, tschüs!

Sesam *m.* tropisches Gewächs mit essbaren Samen

sessil (*lat.*) festsitzend (von der Lebensweise vieler Wassertiere, z. B. Korallen)

Session *w.* (ßeschen, *engl.*) freies Zusammenspiel von Jazzmusikern

Sesterz *m.* (*lat.*) altrömische Münze

Seston *s.* (*gr.*) Gesamtheit der im Wasser schwebenden leblosen und lebenden Teilchen

Set *s.* (ßet, *engl.*) 1. Satz zusammengehöriger Dinge; 2. Platzdeckchen; 3. Szenenaufbau bei Filmen, Ort, wo Filmaufnahmen stattfinden; **Setdesigner** *m.* (-dißein-) jmd., der für Planung, Konstruktion und Ausstattung eines Drehorts zuständig ist; **Setdresser** *m.* jmd., der für die Requisiten zuständig ist, die der Schauspieler in die Hand nimmt

Settecento *s.* (-tschento, *itl.*) das 18. Jh. als italien. Stilepoche

Setter *m.* (*engl.*) langhaariger engl. Hühnerhund, Vorstehhund

Setting *s.* (*engl.*) eine durch bestimmte Merkmale einheitlich gestaltete Umgebung, Rahmen, Milieu

Settlement *s.* (ßettlment, *engl.*) Niederlassung; **sich setteln** sich einrichten, niederlassen

Seven Summits *Mz.* (sewn ßammits, *engl.*) Sieben Gipfel, die sieben höchsten Gipfel der sieben Kontinente

Sèvres *s.* (ßävre, *frz.*) Porzellan aus der Manufaktur in Sèvres bei Paris

Sex *m.* (ßex, *engl.*) 1. Sexualität; 2. Geschlechtsverkehr

Sexagon *s.* (*lat.-gr.*) Sechseck;

Sex-and-Crime *o. A.* (– kraim, *engl.*) (Film-) Genre, das durch ausgeprägte Darstellung von Sexualität und Kriminalität geprägt ist; **Sexappeal** *m.* (-epihl) sexuelle Anziehungskraft einer Person; **Sexbombe** *w.* Frau, bes. Filmschauspielerin, die durch ihren Sexappeal bezirzt; **Sexidol** *s.* jmd., der aufgrund seines Sexappeals zum Idol wurde; **Sexismus** *m.* Diskriminierung einer Person aufgrund ihres Geschlechts (meist der Frau); **Sexist** jmd., der sich sexistisch verhält; **sexistisch** eine Person wegen ihres Geschlechts diskriminierend; **Sexlekt** *m.* geschlechtsspezifische Ausdrucksweise; **Sexmagazin** *s.* Zeitschrift mit sexuell stimulierendem Inhalt; **Sexologie** *w.* Sexualwissenschaft; **Sexorgie** *w.* (-gi'e) Gelage mit sexuellen Ausschweifungen wechselnder Sexualpartner; **Sexperte** *m.* (aus *Sex* und Ex*perte*) jmd., der in die Sexualität betreffenden Fragen Experte ist; **Sexpol** *w.* (Kurzwort für Sexualpolitik) die Befreiung der Sexualität anstrebende Bewegung zu Beginn des 20. Jh.; **Sexshop** *m.* (-schopp) Laden mit Produkten zur sexuellen Stimulation; **Sextourismus** *m.* Tourismus mit dem Ziel, sexuelle Kontakte herzustellen

Sext, Sexte *w.* (*lat.*) der sechste Ton der diatonischen Tonleiter und Intervall zwischen Grundton und sechstem Ton

Sexta *w.* (*lat.*) erste Klasse einer höheren Schule; **Sextaner** *m.* Schüler der Sexta

Sextant *m.* (*lat.*) Winkelmessgerät zum Feststellen der Gestirnshöhe

Sextett *s.* (*itl.*) 1. Komposition für sechs Stimmen oder Instrumente; 2. Gruppe von sechs Musikern

Sexual-, sexual- (*lat.*) als Wortteil: geschlechtlich, auf Sexualität bezogen; **Sexualakt** *m.* Geschlechtsakt; **Sexualdelikt** *s.* Straftat auf sexuellem Gebiet (z. B. Vergewaltigung); **Sexualdimorphismus** *m.* äußerliche Verschiedenheit männlicher und weiblicher Exemplare einer biologischen Art; **Sexualethik** *w.* das Geschlechtsleben des Menschen betreffende Ethik; **Sexualhormon** *s.* Geschlechtshormon; **Sexualhygiene** *w.* (gi'e-) Gesundheitslehre für den Bereich der Sexualität; **Sexualität** *w.* (*lat.*) Geschlechtlichkeit und daraus resultierende Verhaltensweisen bei Mensch und Tier; **Sexualneurose** *w.* frühere Bez. für seelische Konflikte, die aus Störungen des Geschlechtslebens entstehen; **Sexualobjekt** *s.* Lustobjekt; **Sexualorgan** *s.* Geschlechtsorgan; **Sexualpädagogik** *w.* Teilgebiet der Pädagogik, das sich mit sexueller Aufklärung, bes. von Kindern u. Jugendlichen, beschäftigt; **Sexualpartner** *m.* Geschlechtspartner; **Sexualpathologie** *w.* Wissenschaft von den krankhaften Störungen des Geschlechtslebens; **Sexualpheromon** *s.* sexueller Lockstoff; **Sexualpsychologie** *w.* Teil der Psychologie, der sich mit sexuellem Verhalten des Menschen beschäftigt; **Sexualsoziologie** *w.* Zweig der Soziologie, der sich mit der gesellschaftlichen Bedingtheit aller das Sexualleben betreffenden Vorgänge beschäftigt; **Sexualtherapie** *w.* psychologische Therapie sexueller Störungen; **Sexualzentrum** *s.* Zentrum im Hypothalamus, das die Sexualfunktionen steuert; **Sexualzyklus, Sexualrhythmus** *m.* durch Sexualhormone gesteuerter periodischer Vorgang der Paarung und Fortpflanzung bei höheren Arten; **sexuell** (-u'e-) geschlechtlich, auf das Geschlechtsleben bezogen; **Sexus** *m.* Geschlecht; **sexy** (*engl.*) sexuell anziehend

sezernieren (*lat.*) ein Sekret absondern; **Sezession** *w.* 1. Absonderung, Trennung, Loslösung; 2. Künstlergruppe, die sich aus einem Verband gelöst hat; 3. der österreichische Jugendstil; **Sezessionist** *m.* Angehöriger einer Sezession, Eigw. **sezessionistisch**

sezieren (*lat.*) Leiche öffnen und anatomisch zerlegen

SFOR (aus *engl.* *S*tabilization *For*ce) internationale, unter dem Oberbefehl der NATO stehende Friedenstruppe für Bosnien-Herzegowina

sforzato (*itl.*) Musik: stark betont

sfumato (*itl.*) duftig, mit verschwimmenden Umrissen gemalt

Sgrafitto *s.* (*itl.*) Wandmalerei, bei der das Bild oder Muster durch Wegkratzen einer Putzschicht entsteht, Kratzputz

sh. = Shilling

Shader *m.* (schehd-, *engl.*) Schattierer, Programm, das Beleuchtungs- und Struktureffekte in Computergrafiken bewirkt (EDV)

Shag *m.* (schäg, *engl.*) Pfeifentabak in Feinschnitt

Shake *m.* (schehk, *engl.*) 1. Mixgetränk; 2. Modetanz der 1960er Jahre; **Shakehands** *s.* (-händs) das Händeschütteln; **Shaker** *m.* Schüttelbecher für Cocktails

Shakti = Schakti

Shalom = Schalom

Shampoo, Shampoon *s.* (schampuh[n], *engl.*) flüssiges Haarwaschmittel; **shampoonieren** Haare mit Shampoon waschen

Shamrock *s.* (schämrock, *engl.*) das Kleeblatt als irisches Nationalabzeichen

Shanties *Mz.* (schäntihs, *frz.-engl.*) Seemannslieder

Shantungseide = Schantungseide

Share *m.* (schär, *engl.*) Anteil, Aktie; **Shareholder** *m.* Aktionär; **Shareholdervalue** *m.* (-welju) auf die Aktionäre verteilter Kapitalanteil; **Shareholdervalue-Politik** *w.* Unternehmenspolitik, die in erster Linie eine Erhöhung der Rendite für die Anteilseigner anstrebt und den Wert der Aktie zur Leitlinie von Unternehmenspolitik macht; **Shareware** *w.* (-wär, *engl.*) Programme, die man eine Zeit lang kostenfrei testen kann (EDV); **Sharing** *s.* gemeinsame Nutzung, Beteiligung an etwas (z. B. Carsharing, Filesharing, Jobsharing u. Ä.)

Sheabutter *w.* (schibatter, *engl.*) aus den Früchten des afrik. Karitébaumes gewonnenes Hautpflege- und Speisefett

Sheriff *m.* (sche-, *engl.*) höchster Gerichtsbeamter einer engl. Grafschaft; gewählter Vollzugsbeamter eines amerik. Verwaltungsbezirks

Sherpa = Scherpa

Sherry *m.* (sche-, *engl.*) spanischer Süßwein

Shetland *m.* (schetländ) rauhaariger Wollstoff; **Shetlandpony** *s.* kleines Pferd (nach den Shetlandinseln in Schottland)

Shiatsu *s.* (*jap.*) Variante der Akupressur

Shift *m.* od. *s.* (schi-, *engl.*) 1. Verschiebung, Wechsel, Verlagerung; 2. Umschalttaste auf der Tastatur (EDV); 3. Antigenveränderung bei Viren, durch die neue Subtypen des Virus entstehen (z. B. bei Influenzavirus A); **Shiftdress, Shiftkleid** *s.* schmal geschnittenes schlichtes Kleid, oft ohne Ärmel

Shiitake *m.* (*jap.*) Blätterpilz mit braunem Hut, weißlichem festem Fleisch und würzigem Pilzgeschmack, in Japan und China wildwachsend, inzwischen weltweit in großen Mengen angebaut

Shilling *m.* (schi-, *engl.*) englische Münze (Abk. sh)

Shimmy *m.* (schi-, *engl.*) Gesellschaftstanz der 1920er Jahre mit Schüttelbewegungen der Schultern

Shintoismus = Schintoismus

Shirt *s.* (schört, *engl.*) gestricktes od. gewirktes Hemd aus Baumwolle

Shit *m.* (schitt, *engl.*) Haschisch (Jargon)

shocking (scho-, *engl.*) aufregend, schockierend, anstößig

Shooting *s.* (schu-, *engl.*) Fototermin, Dreharbeiten beim Film; **Shootingstar** *m.* jmd., der schnelle Karriere macht, Senkrechtstarter

Shop *m.* (schopp, *engl.*) Geschäft, Laden; **Shopaholic** *m.* Kaufsüchtiger; **Shop-in-Shop-System** *s.* Zusammenschluss von Gewerbetreibenden, die ihre Produkte unabhängig voneinander, aber bewusst kombiniert unter einem Dach anbieten; **shoppen** (ein-) kaufen gehen, Einkaufsbummel machen; **Shopper** *m.* jmd., der shoppt; **Shopping** *s.* das Einkaufen, das Kaufen; Einkaufsbummel; **Shopping-Center** *s.* (-ßen-) Einkaufszentrum; **Shopping-Mall** *w.* (-mohl) Einkaufspassage

Shortdrink *m.* (scho-, *engl.*) hochprozentiges alkoholisches Getränk, das schnell getrunken werden kann, im Ggs. zu Longdrink; **Shortening** *s.* meistens industriell verwendete, halbflüssige Pflanzenfette zum Backen und Braten; **Shortfiller** *m.* Zigarre mit gerissenen od. geschnittenen Blättern als Tabakeinlage, im Ggs. zum Longfiller; **Shortgeschäfte** *Mz.* risikoreiche (umstrittene) Börsengeschäfte mit geliehenen Aktien; **Shorthornrind** *s.* aus England stammende alte mastfähige Rinderzuchtrasse; **Shorts** *Mz.* (schorts, *engl.*) kurze Hose; **Short Story, Shortstory** *w.* Kurzgeschichte; **Shorttrack** *m.* (-träck) Eisschnelllauf auf kurzer Bahn; **Shorty** *m.* od. *s.* Schlafanzug mit kurzen Ärmeln und Beinen

Show *w.* (schoh, *engl.*) Unterhaltungsschau; **Showbiz** *s.* Kurzwort für Showbusiness; **Showblock** *m.* kurze Programmeinlage mit unterhaltenden Showelementen, bes. in politischen Fernsehsendungen; **Showboat** *s.* Vergnügungsdampfer mit Showprogramm während der Fahrt; **Showbusiness** *s.* (-bisniß, *engl.*) Showgeschäft, Unterhaltungsbranche;

Showdown *m.* (-daun) Entscheidungskampf, dramatischer Höhepunkt im Western; **Showgirl** *s.* (-görl) Sängerin und/od. Tänzerin in einer Show; **Showman** *m.* (-män) Künstler in einer Show; geschickter Werbemann; **Showmaster** *m.* jmd., der durch eine Unterhaltungsshow führt; **Showroom** *m.* (-ruhm) Ausstellungsraum (z. B. für Möbel, Autos, Teppiche); **Showview** *s.* (-wijuh, *Wz.*) Programm, das durch Eingabe einer Ziffernfolge die einfache Videoprogrammierung ermöglicht

Shredder = Schredder

Shrimps, Schrimps *Mz.* (*engl.*) kleine Nordseegarnele

shrinken = schrinken

Shuffle *m.* (schaffel, *engl.*) 1. afroamerik. Tanz mit Schlurfbewegungen der Beine; 2. binärer Rhythmus im Blues und Jazz; **Shuffleboard** *s.* (-bohrd) Geschicklichkeitsspiel, bei dem runde Scheiben mit einem Holzstab ins Zieldreieck gehoben werden müssen, bes. in Freizeitanlagen

Shuttle *m.* (schattel, *engl.*) 1. Raumfähre, Spaceshuttle; 2. Pendelverkehr bes. mit Bus und Flugzeug; 3. Vor- und Rücklaufknopf an Videorecordern; **Shuttleservice** *m.* (ßörwis) Zubringerdienst

Shylock *m.* (scheilock, *engl.*) hartherziger Wucherer (nach einer Shakespearegestalt)

Sial *s.* Name der obersten Gesteinsschicht der Erde

Siam alter Name für Thailand; **siamesische Zwillinge** miteinander verwachsene Zwillinge; **Siamkatze** *w.* schlanke hochbeinige Rassekatze mit blauen Augen; **Siamosen** *Mz.* gestreifte oder karierte Baumwollgewebe

Sibilant *m.* (*lat.*) Zischlaut

Sibylle *w.* (*gr.*) Seherin; **sibyllinisch** dunkel, rätselhaft

sic (*lat.*) so! wirklich so! (d. h. falsch, weil es in einer Quelle falsch steht); **sic transit gloria mundi** so vergeht die Herrlichkeit der Welt (Zuruf an den neuen Papst beim Krönungsgang)

Siciliano *m.* (ßitschi-, *itl.*) alter sizilianischer Volkstanz mit getragenem Rhythmus

Sick-out *s.* (-aut, *engl.*) (massenhafte) Krankmeldung anstelle eines Streiks (bei Streikverbot)

Sideboard *s.* (ßeidbohrd, *engl.*) Anrichtetisch, Büfett; **Sidekick** der dem Filmhelden zur Seite gestellte enge Freund, die tragende Nebenrolle

sideral, siderisch (*lat.*) auf die Gestirne bezogen

Siderit *m.* Eisenspat; **Siderologie** *w.* Wissenschaft vom Eisen und der Eisengewinnung; **Sideronym** *s.* von dem Namen eines Sterns od. von einem astronomischen Begriff abgeleitetes Pseudonym; **Sideropenie** *w.* Eisenmangel (in Körpergeweben); **siderophil** Eisen an sich bindend (z. B. von chem. Elementen); **sideropriv** eisenarm (von roten Blutkörperchen); **Siderose** *w.* Ablagerung von Eisen in Körpergewebe; **Siderurgie** *w.* Technik der Eisen- und Stahlgewinnung, Eigw. **siderurgisch**

siena (ßi'e-, *itl.*) rotbraun; **Sienaerde** *w.* tonartige Erde zur Gewinnung der rotbraunen Malerfarbe

Sierra (ßi'e-, *span.*) Gebirgskette

Siesta *w.* (ßi'e, *span.*) Mittagsruhe

Sifflöte *w.* (*frz.*) hohe Orgelstimme

Sigel *s.* (*lat.*) Kürzel

Sightseeing *s.* (ßeitßih'ing, *engl.*) Besichtigung von Sehenswürdigkeiten; **Sightseeingtour** *w.* Ausflugsfahrt zu den Sehenswürdigkeiten (einer Stadt)

Sigill, Sigillum *s.* (*lat.*) Siegel

Siglo d'Oro *s.* (– dohro, *span.*) das Goldene Zeitalter

Sigma *s.* (*gr.*) der achtzehnte Buchstabe des griechischen Alphabets: Σ, σ, ς

sign. = signatum

Sign-Design *s.* (ßein disein, *engl.*) Ersetzung von ganzen Wörtern durch Buchstaben, Ziffern oder Symbole (z. B. U2 = you too = du auch)

Signal *s.* (*lat.-frz.*) 1. Zeichen mit vereinbarter Bedeutung; 2. artspezifisches Merkmal oder Verhalten; 3. materieller Bestandteil des sprachlichen Zeichens, bes. das Lautbild (eines Wortes); **signalisieren** 1. Signal, Zeichen geben; 2. etwas ankündigen, anzeigen (z. B. Bereitschaft); **Signatar** *m.* Unterzeichner; **Signatarmacht** *w.* vertragschließender Staat; **signatum** unterzeichnet (*Abk.* sig.); **Signatur** *w.* 1. vereinbartes Ordnungszeichen (z. B. auf Buchrücken); 2. Namenszug, Unterschrift, Namenszeichen; 3. Kartenzeichen (auf Landkarten); 4. digitale Signatur, eine durch die Zertifizierungsstelle zugewiesene Geheimverschlüsselung, bes. bei digitalen Vertragsabschlüssen, Bankgeschäften u. Ä.; **Signet** *s.* 1. Buchdrucker-, Verlegerzeichen; 2. Marken-, Firmenzeichen; **signieren** unterzeichnen, abzeichnen, kennzeichnen; **signifikant** bezeichnend, bedeutsam; **Signifikant** *m.* Ausdrucksseite eines sprachlichen Zeichens, im Ggs. zum Signifikat; **Signifikanz** *w.* Bedeutsamkeit, Wichtigkeit; **Signifikanztest** *m.* Hypothesentest in der Stochastik; **Signifikat** *s.* Inhaltsseite eines sprachlichen Zeichens; **signifikativ** bedeutungsunterscheidend (von sprachlichen Zeichen)

Signora *w.* (ßinjora, *itl.*) Frau; **Signore** *m.* Herr; **Signorina** *w.* Fräulein

Signum *s.* (*lat.*) Zeichen, Signatur

Sikh *m.* (*Hindi*) Angehöriger einer militärisch organisierten hinduistisch-islamischen Religionsgemeinschaft im Pandschab

Sikkativ *s.* (*lat.*) Trockenmittel als Farbzusatz

Sild *m.* (*dän.*) kleiner eingelegter Hering

Silen *m.* (*gr.-lat.*) Mischwesen aus Pferd und Mensch, ein Satyr aus dem Gefolge des Dionysos

Silentium *s.* (*lat.*) Ruhe!

Silent Meeting *s.* (sei- miht-, *engl.*) Stillgottesdienst der Quäker

Silhouette *w.* (siluätte, *frz.*) Schattenriss

Silicon Valley *s.* (– wälli, *engl.*) Bez. für ein Gebiet in Kalifornien mit hoher Konzentration von Halbleiter und Computer herstellenden Unternehmen

Silifikation *w.* (*lat.*) Verkieselung; **silifizieren** verkieseln; **Silikat** *s.* Salz der Kieselsäure; **Silikon** *s.* siliziumhaltiger Kunststoff; **Silikose** *w.* (*lat., gr.*) Staublunge; **Silizium** *s.* chem. Element, Nichtmetall, wichtigstes Material in der Halbleitertechnik und Mikroelektronik

Silk *m.* (*engl.*) glänzender Kleiderstoff; **Silkscreen** *s.* (-skrihn) Siebdruck; **Silkworm** *s.* chirurgische Nähfaser, die aus der Spinnflüssigkeit der Seidenraupe gewonnen wird

Silo *m.* (*span.*) 1. Schachtbehälter zum Speichern von Schüttgütern (Getreide, Kohle, Erze, Zement usw.); 2. als Wortteil in der Bedeutung: unpersönlich, wie ein Silo (z. B. Wohnsilo, Büchersilo u. Ä.)

Silur *s.* zweitälteste Schicht des Erdaltertums, Eigw. **silurisch** (nach dem kelt. Stamm der Silurer in Wales)

Silvester letzter Tag des Jahres (31. Dezember) nach dem gregorianischen Kalender (nach Silvester I., Papst von 314–335)

s'il vous plait (ßil wu plä, *frz.*) wenn's beliebt, bitte

simile (*itl.*) Musik: ebenso weiter

similis (*lat.*) ähnlich; **Similistein** *m.* aus Bleiglas imitierter Edelstein

SIM-Card, SIM-Karte *w.* (aus *engl. S*ubscriber *I*dentity *M*odule) Chipkarte, die den Nutzer eines Mobiltelefons identifiziert

Simonie *w.* (*lat.*) Kauf und Verkauf geistlicher Ämter (nach Simon Magus)

simpel (*lat.*) 1. sehr einfach, unkompliziert; 2. einfältig, beschränkt, Hptw. **Simplizität** *w.*; **Simpel** *m.* Einfaltspinsel (umg.); **Simplex** *s.* unzusammengesetztes, einfaches Wort (*Mz.* Simplizia); **Simplexbetrieb** *m.* Datenübertragung in nur eine Richtung eines Nachrichtenkanals; **Simplexware** *w.* Wirkware für die Herstellung von Handschuhen; **Simplifikation, Simplifizierung** *w.* Vereinfachung, vereinfachende Darstellung; **simplifizieren** unzulässig vereinfachen; **Simpliziade** *w.* Schelmen- und Abenteuerroman um einen einfältigen Menschen (wie Simplicissimus); **Simplizität** *w.* 1. Einfalt; 2. Einfachheit

Simplicissimus, Simplizissimus *m.* (*lat.*) der Einfachste, Einfältigste, Titel und Titelheld des Romans von H. J. Chr. Grimmelshausen; Titel einer politisch-satirischen Wochenschrift; **Simplum** *s.* einfacher Steuersatz

Simsalabim *s.* ein Zauberwort (Herk. ungekl.)

simsen eine SMS verschicken

Simulant *m.* (*lat.*) jmd., der sich verstellt, der etwas vortäuscht, bes. Krankheiten; **Simulation** *w.* 1. Verstellung, Vortäuschung; 2. computererzeugte Nachbildung von Vorgängen oder Verhältnissen (z. B. in der Luft- und Raumfahrttechnik); **Simulator** *m.* Programm, das am Bildschirm Situationen simuliert, für die Menschen trainiert werden sollen (z. B. Autofahren, Fliegen); **simulieren** 1. tun als ob, vortäuschen; 2. realistisch nachbilden

simultan (*lat.*) 1. gemeinsam; 2. gleichzeitig; **Simultanbetrieb** *w.* das gleichzeitige Abarbeiten einzelner Komponenten der Hardware eines Computers, Vorform des Multitasking (1.) (EDV); **Simultanbühne** *w.* Bühnenform, bei der alle Schauplätze eines Stücks gleichzeitig für die gesamte Spieldauer sichtbar sind (z. B. bei Passionsspielen); **Simultandolmetscher** *m.* Dolmetscher, der einen Text redegleich übersetzt; **Simultaneität** (-ne'i-), **Simultanität** *w.* 1. Gemeinsamkeit; 2. Gleichzeitigkeit; **Simultaneous Engeneering** *s.* (-tehnes endschenih-, *engl.*) auf Gleichzeitigkeit basierendes Phasenmodell der Produktion; **Simultaneum** *s.* (-ne'um) gemeinsame Nutzung kirchlicher Einrichtungen durch verschiedene Konfessionen (z. B. Friedhöfe u. Ä.); **Simultankirche** *w.* gemeinsame Nutzung von Kirchenräumen durch verschiedene Konfessionen; **Simultankontrast** *w.* Phänomen, dass bei der Betrachtung einer Komplementärfarbe, beispielsweise Rot, die Komplementärfarbe Grün als immaterielle Farbempfindung entsteht; **Simultanschule** *w.* Gemeinschaftsschule verschiedener Konfessionen; **Simultanspiel** *s.* gleichzeitiges Spiel eines Schachspielers gegen mehrere Gegner; **Simultantechnik** *w.* literarische Technik zur Erfassung der Gleichzeitigkeit räumlich getrennter Ereignisse, bes. im modernen (Großstadt-) Roman

sin. = sinus

Sindaco *m.* (*itl.*) Bürgermeister in Italien

sine (*lat.*) ohne; **sine anno** ohne Jahreszahl (bei Büchern); **sine loco** ohne Angabe des Druckortes; **sine ira et studio** ohne Zorn und Eifer, d. h. sachlich und objektiv; **sine obligo** ohne Obligo; **sine tempore** ohne akademisches Viertel, also pünktlich (Abk. s. t.)

Sinekure *w.* (*lat.*) einträglicher Posten ohne viel Arbeit, Pfründe

Sinfonie, Symphonie *w.* (*gr.*) großes Orchesterwerk in mehreren Sätzen; **Sinfoniker, Symphoniker** *m.* 1. Komponist von Symphonien; 2. Mitglied eines Symphonieorchesters; **symphonisch** in der Art einer Symphonie; zur Sinfonie gehörend

Single *s.* (ßingel, *engl.*) Einzelspiel im Sport; **Single** *w.* Schallplatte od. CD, die (auf jeder Seite) nur einen Musiktitel enthält; **Single** *m.* (bewusst) Alleinlebende(r); **Singleton** *m.* Trumpfkarte im Kartenspiel

Sing-out *s.* (– aut, *engl.*) gemeinsames lautes Singen von Protestliedern

Singular *m.* (*lat.*) Sprachlehre: Einzahl; **singulär** 1. vereinzelt; 2. einzigartig, einmalig, Hptw. **Singularität** *w.*; **Singularetantum** *s.* Sprachlehre: Wort ohne Mehrzahl (z. B. Obst); **singularisch** Sprachlehre: in der Einzahl

Sing-Sing *s.* Gefängnis (nach dem New Yorker Staatsgefängnis, umg.)

Singultus *m.* (*lat.*) Schluckauf

Sinika *Mz.* (*gr.-lat.*) Werke aus und über China

sinister (*lat.*) unglücklich, unheilvoll, finster

Sinn Fein *w.* (schin fän, *gäl.*) 1905 gegr. nationalistische Bewegung in Irland mit dem Ziel nationaler Unabhängigkeit und der Wiederbelebung der irischen Sprache

Sinologe *m.* (*gr.*) Wissenschaftler der Sinologie; **Sinologie** *w.* Wissenschaft von den Sprachen, der Kultur und Geschichte Chinas

Sinti *Mz.* Selbstbez. einer ethnischen Minderheit indischer Herkunft, die umg. und abwert. als *Zigeuner* bezeichnet wurde; **Sintiza** *w.* weibl. Angehörige der Sinti (Herk. ungekl.)

Sinus *m.* (*lat.*) 1. Verhältnis der Gegenkathete zur Hypotenuse im rechtwinkligen Dreieck; 2. Ausbuchtung, Hohlraum (z. B. Kieferhöhle); **Sinuskurve** *w.* zeichnerische Darstellung der Winkelfunktion im Koordinatensystem

Sinusitis *w.* (*lat.-gr.*) Entzündung der Nasennebenhöhlen

Siphon *m.* (sifong, *gr.-frz.*) 1. Behälter mit Druckverschluss für Sprudel; 2. Geruchsverschluss bei sanitären Anlagen; 3. Führung von Leitungen unter Straßen oder Wasserläufen; **siphonal** schlauchförmig, ohne Zellgrenzen (z. B. von Pilzen)

Sir (ßöhr, *engl.*) 1. englischer Adelstitel; 2. Anrede (ohne Namen) für Herr

Sire (ßihr, *frz.*) französische Anrede für Majestät

Sirene *w.* (*gr.*) 1. dämonische Verführerin (nach den Sirenen der griech. Mythologie, die Männer durch ihren Gesang anlockten und töteten); 2. Seekuh, ein Säugetier; 3. Alarmvorrichtung, die Heulsignale erzeugt

Sirius *m.* (*gr.-lat.*) Stern im Sternbild Großer Hund

Sirtaki *m.* (*gr.*) griech., in Kreisform getanzter Volkstanz für Männer

Sirup *m.* (*arab.-lat.*) 1. dickflüssiger Zuckerrübensaft; 2. mit Zucker eingedickter Obstsaft

Sirventes *s.* (*provenz.*) Spott- und Scheltlied, eine Art politischer Protestsong der provenz. Troubadoure

Sisal *m.* (*span.-indian.*) Agavenfaser

sistieren (*lat.*) 1. unterbrechen (von Rechtsverfahren); 2. festnehmen, Hptw. **Sistierung** *w.*

Sistrum *s.*, **Sisthre** *w.* (*gr.-lat.*) altägyptisches Rasselinstrument

Sisyphusarbeit *w.* (*gr.*) nutzlose Anstrengung (nach der Arbeit des Sisyphus in der griech. Mythologie)

Sitar *w.* (*pers.-Hindi*) Zupfinstrument im Iran und in Indien

Sitcom *w.* (ßit-, aus *engl. sit*uation *comedy*) Situationskomödie, komische Fernsehsendung bzw. -serie, wo die Witze/Gags aus der Situation entstehen

Site *m.* (seit, *engl.*) Kurzwort für Website; **Sitemap** *w.* (-mäpp) (Darstellung der) Struktur einer Website, ähnlich einem Inhaltsverzeichnis (EDV)

Sit-in *s.* (*engl.*) Sitzstreik als Demonstrationstaktik; **Sit-up** *s.* (-ap) schnelles Sichaufsetzen aus der Rückenlage, sportl. Übung zur Trainierung der Bauchmuskulatur, Klappmesser-Übung

Situation *w.* (*frz.-lat.*) Lage, Sachlage, Konstellation, Umstände; **Situationsethik** *w.* ethische Auffassung, nach der nicht unveränderliche ethische Normen, sondern die besondere Situation das (sittliche) Handeln bestimmen soll; **Situationskomik** *w.* durch die Verkettung von Umständen entstehende Komik; **Situationskomödie** *w.* Komödie, deren belustigende Wirkung darauf beruht, dass der Zuschauer in die Hintergründe einer Situation eingeweiht ist (z. B. Intrige, Zwillingsverwechslung u. a.); **situativ** durch die Situation bedingt; **situiert** 1. in einer bestimmten (Lebens-)Lage; 2. begütert; **Situs** *m.* Lage der Organe im Körper

sit venia verbo (*lat.*) wenn die Ausdrucksweise erlaubt ist

Sivas *m.* rotgrundiger Teppich mit Mustern in vielen Farben (nach der türk. Stadt Sivas)

Sixdays *Mz.* (*engl.*) Sechstagerennen, bes. im Radsport; **Sixpack** *s.* 1. Sechserpack, bes. Bier in Dosen; 2. in handlicher Form (umg.); 3. Waschbrettbauch (weil eine trainierte Bauchmuskulatur sechsfach gewölbt ist); **Sixpence** *m.* engl. Silbermünze im Wert von einem halben Shilling, bis 1971 im Umlauf; **Sixt** *w.* bes. Klingenlage beim Fechten; **Sixtynine** *s.* (-nein) simultan ausgeführter Oralverkehr von zwei Partnern, Neunundsechzig

Ska *m.* auf Jamaika entstandene Tanzmusik, Vorläufer des Reggae (Herk. ungekl.)

Skabies *w.* (*lat.*) durch die Krätzmilbe hervorgerufene Hautkrankheit, Krätze; **skabiös** krätzig; **Skabiose** *w.* wildwachsendes Grindkraut, krautige Pflanze mit rundem, helllila Köpfchen

Skai *s.* (*Wz.*) ein Kunstleder

Skål (*schwed.*) Prost! Zum Wohl!

Skala *w.* (*itl.*) 1. Tonleiter; 2. Stufenleiter (z. B. Farbskala); 3. Maßeinteilung; **skalar** durch Zahlenwert charakterisiert; **Skalar** *m.* 1. mathematische Größe, die allein durch einen Zahlenwert charakterisiert ist; 2. ein Süßwasserfisch, Segelflosser

Skalde *m.* (*altisl.*) altnordischer Dichter

skalenisch (*itl.*) ungleichseitig, ungleich; **Skaleoneder** *s.* (*gr.*) Vielflächner; **skalieren** (*itl.*) 1. auf einer Skala einordnen, bes. von Leistungen od. Verhaltensweisen; 2. die Größe von Schrift od. Bildern verändern (EDV), Hptw. **Skalierung** *w.*

Skalp *m.* (*engl.*) Kopfhautstück mit Haaren, Siegestrophäe der Indianer; **skalpieren** Skalp abziehen

Skalpell *s.* (*lat.*) kleines chirurgisches Messer
Skandal *m.* (*gr.*) Aufsehen erregendes Ärgernis; **skandalisieren** zu einem Skandal aufbauschen; **Skandalon** *s.* (*gr.*) Stein des Anstoßes, Ärgernis; **skandalös** unerhört, anstößig
skandieren (*lat.*) 1. Verse im Rhythmus der Versfüße aufsagen; 2. abgehackt sprechen
Skandinavistik = Nordistik
Skapulier *s.* (*lat.*) gerader Überwurf bei kath. Mönchstrachten
Skarabäus *m.* (-bä'us, *gr.-lat.*) 1. Mistkäfer, Pillendreher; 2. käferähnlicher Stein oder versteinerter Skarabäus als Talisman
Skaramuz *m.* (*itl.*) Charakterfigur der Commedia dell'Arte und des französ. Lustspiels: der prahlerische Soldat
Skat *m.* (*itl.*) 1. deutsches Kartenspiel für drei Spieler; 2. die zwei verdeckt liegenden Karten; **skaten** Skat spielen
Skateboard *s.* (skehtbord, *engl.*) kurzes Rollbrett, auf dem man steht und fährt; **skateboarden** mit dem Skateboard fahren; **Skateboarder** *m.* jmd., der mit dem Skateboard fährt; **skaten** (skehten) Inlineskates, Rollschuh, Schlittschuh laufen; **Skater** *m.* Inlineskate-, Rollschuh-, Schlittschuhläufer; **Skates** *Mz.* Kurzwort für Inlineskates; **Skating** *s.* 1. das Skaten; 2. freie Lauftechnik im Langlauf; **Skatingkraft** *w.* die Kraft, die ein Tonabnehmer auf die innere Seite einer Plattenrille ausübt; **Skating-Rink** *m.* Rollschuhbahn, Eislaufbahn
Skatol *s.* (*gr.*) übelriechende organische Verbindung, die bei der Zersetzung von Eiweißverbindungen entsteht; **Skatologie** *w.* 1. Untersuchung des Kots zu medizinischen Zwecken; 2. Fäkalsprache; **skatologisch** 1. zur medizinischen Untersuchung von Kot gehörend; 2. Ausdrücke der Fäkalsprache benutzend
Skeetschießen *s.* (skiht-, *engl.*) Wettbewerb im Wurf- bzw. Tontaubenschießen
Skeleton *m.* (skeletn, *engl.*) Sport-Rennschlitten
Skelett *s.* (*gr.*) 1. Knochengerüst, Gerippe; 2. Traggerüst für Bauten; **skelettieren** alle Weichteile entfernen, Knochengerüst freilegen
Skene *w.* (*gr.*) die Spielfläche im altgriech. Theater; **Skenographie, Skenografie** *w.* Kulissenmalerei, bes. im griech. Theater
Skepsis *w.* (*gr.*) 1. Zweifel; 2. Zurückhaltung, Bedenken; **Skeptiker** *m.* jmd., der von Skepsis geprägt ist; **skeptisch** bedenklich, zur Skepsis neigend; **Skeptizismus** *m.* 1. skeptische Haltung; 2. philosophische Richtung, die die Skepsis zum Prinzip des Denkens erhebt
Sketch *m.* (sketsch, *engl.*) Kurzszene mit witzig-ironischen Pointen
Ski, Schi *m.* (schi, *norw.*) 1. Schneeschuh; 2. Skilaufen, Skisport; **Skibob** = Snowbike
Skiaskopie *w.* (*gr.*) Augenuntersuchung zur Bestimmung des Brechungsvermögens des Auges, Schattenprobe
Skiff *s.* (*engl.*) schmales Ruderboot für einen Ruderer
Skiffle *m.* (*engl.*) jazzähnliche Musik mit Banjo, selbst gebauten Instrumenten und Waschbrett
Skifuni, *m.* großer Schlitten am Drahtseil, der im Pendelverkehr Skiläufer bergaufwärts befördert; **Skikjöring** *s.* (*norw.*) Skilauf, bei dem der Skifahrer von einem Schlitten od. Motorfahrzeug gezogen wird; **Skilift** *m.* Seilbahn zur Beförderung von Skifahrern
Skill *s.* (*engl.*) 1. Fähigkeit, Fertigkeit, fachliches Wissen, Können; 2. Qualifizierung und Weiterbildung im Publishing und Media; **Skillz** *s.* schlechte Musik (Jj.)
Skin, Skinhead *m.* (-hedd, *engl.*) gewalttätiger Jugendlicher mit Kahlkopf
Skinnerbox *w.* (*engl.*) Käfig für ein Testtier bei Lernverhaltensexperimenten
Skip *m.* (*engl.*) 1. Kurzwort für Skipper; 2. Mannschaftsführer beim Curling
Skipetare *m.* (Vorfahr der) Albaner, Bergillyrer
Skipper *m.* (*niederl.-engl.*) Jachtkapitän
Skippie *m.* (aus *engl.* *S*chool *k*id with *i*ncome and *p*urchaising *p*ower) Schüler mit (Eltern mit) Einkommen und Kaufkraft, eine von der Werbung stark umworbene Käufergruppe
Skizirkus *m.* über ein Skigebiet verteiltes,

untereinander verbundenes System von Skiliften

Skizze *w.* (*itl.*) Entwurf, kurze Schilderung oder rasch hingeworfene Zeichnung; **skizzieren** eine Skizze machen, anreißen

Sklave *m.* (*gr.-lat.*) 1. Leibeigener, Höriger; 2. jmd., der jmdm. oder einer Sache hörig ist; **Sklaverei** *w.* Hörigkeit; **sklavisch** unterwürfig, blind ergeben, willenlos

Sklera *w.* (*gr.*) die harte Haut des Auges; **skleral** zur Sklera gehörig; **Skleritis** *w.* Entzündung der Sklera; **Sklerodermie** *w.* Erkrankung des Bindegewebes, die zur Verhärtung der Haut führt, Darrsucht; **Sklerophyllen** *Mz.* immergrüne Gehölze (z. B. Eukalyptus); **Sklerose** *w.* krankhafte Verhärtung von Gewebe oder Organen; **sklerotisch** verhärtet

Skolex *m.* (*gr.*) vorderer Teil des Bandwurms, der sich mit Hilfe von Haftorganen in der Darmwand des Wirts verankert

Skolion *s.* (*gr.*) altgriech. Trinklied (*Mz.* Skolien [-li'en])

Skoliose *w.* (*gr.*) seitliche Rückgratverkrümmung

Skolopender *m.* (*gr.*) Tausendfüßer

Skonto *m.* oder *s.* (*itl.*) Preisnachlass bei Barzahlung oder Vorauszahlung (*Mz.* Skonti); **skontieren** Skonto gewähren

Skontration *w.* (*itl.*) Abrechnung, Bestandsermittlung, Ztw. **skontrieren**; **Skontro** *s.* Hilfsbuch in der Buchhaltung zur Bestandsermittlung von Warenbeständen

Skooter *m.* (skuht-, *engl.*) 1. elektrisches Kleinauto auf Jahrmärkten; 2. Motorroller

Skopolamin *s.* starkes, aus dem Tollkraut gewonnenes Betäubungsmittel (nach dem italien. Botaniker G. A. Scopoli, 1723–1788)

Skopophilie *w.* (*gr.*) Schaulust, Voyeurismus; **Skoptophobie** *w.* krankhafte Angst beobachtet zu werden

Skorbut *m.* (*lat.*) Krankheit durch Mangel an Vitamin C

Skorpion *m.* (*gr.-lat.*) 1. Spinnentier mit Scheren und Giftstachel; 2. Sternbild, Tierkreiszeichen

Skotom *s.* (*gr.*) dunkler Fleck im Gesichtsfeld, blinder Fleck; **skotomisieren** (eine Tatsache) verdrängen, negieren, ausblenden

Skribent, Skribifax *m.* (*lat.*) schlechter Schreiber, Schreiberling, Vielschreiber

Skript, Skriptum *s.* (*lat.*) Schriftstück, schriftliche Aufzeichnung oder Ausarbeitung; **Skriptgirl** = Scriptgirl; **Skriptor** *m.* (*lat.*) Buchschreiber und Bibliotheksdiener in Antike und Mittelalter; **Skriptorium** = Scriptorium; **skriptural** die Schrift betreffend; **skripturale Malerei** *w.* abstrakte Malerei, in der Schriftzeichen eine große Rolle spielen

skrofulös (*lat.*) an Skrofulose leidend; **Skrofulose** *w.* Erkrankung der Haut und Lymphknoten

skrotal (*lat.*) das Skrotum betreffend; **Skrotalhernie** *w.* (-ni'e) Leistenbruch, Hodenbruch; **Skrotum** *s.* Hodensack

Skrubber *m.* (skrab-, *engl.*) technische Anlage zur Reinigung von Gasen

Skrubs *Mz.* (skrabs, *engl.*) minderwertige Tabakblätter

Skrupel *Mz.* (*lat.*) 1. Bedenken, Gewissenszweifel, Gewissensbisse; 2. (*s.*) altes Apothekergewicht; **skrupulös** übergenau, selbstquälerisch

Skrutinium *s.* (*lat.*) 1. Sammlung und Prüfung der Wahlstimmen, bes. bei kirchlichen Wahlen; 2. Prüfung der Bewerber um das Priesteramt durch den Bischof

Skull *s.* (*engl.*) Ruder; **Skullboot** *s.* Sportboot mit Skulls; **skullen** mit Skulls rudern; **Skuller** *m.* 1. Skullboot; 2. jmd., der skullt

Skulpteur *m.* (-tör) Bildhauer; **skulptieren, skulpturieren** (*lat.*) eine Skulptur anfertigen, meißeln; **Skulptur** *w.* 1. Bildhauerkunst; 2. Plastik, Werk der Bildhauerkunst; **skulptural** in der Art, Form einer Skulptur

Skunk *m.* (*indian.*) amerik. Stinktier, eine Marderart; **Skunks** *Mz.* Pelz des Stinktiers

skurril (*lat.*) 1. schrullig, kauzig, verschroben; 2. befremdlich, grotesk, Hptw. **Skurrilität** *w.*

Skybeamer *m.* (skeibihm-, *engl.*) zu Werbezwecken (z. B. für Diskos) nachts in den Himmel projizierte Lichtbündel; **Skye, Skyeterrier** *m.* (-terrjer) Abart des schottischen Terriers; **Skyjacker** *m.*

(-dschäck-) Flugzeugentführer; **Skylab** *s.* (-läb) Weltraumlaboratorium; **Skyline** *w.* (-lein) sich gegen den Himmel abzeichnende Silhouette von Hochhäusern; **Skyrunning** *s.* (-rann-) Solobergsteigen in großer Höhe, ohne Sauerstoff und Versorgungsstation, eine Extremsportart; **Skysegel** *s.* das oberste Rahsegel an großen Segelschiffen; **Skysurfing** = Airsurfing

Skylla = Szylla

s. l. = sine loco

Slalom *m.* (*norw.*) Skiabfahrtslauf um Hindernisse

Slam *m.* (släm, *engl.*) Schlemm, Gewinn aller Stiche bei Bridge und Whist

Slang *m.* (släng, *engl.*) gruppenspezifische Umgangssprache, Jargon

Slapstick *m.* (släp-, *engl.*) raue, tollpatschige Komik im (Stumm-) Film

Slash *m.* (släsch, *engl.*) Schrägstrich von rechts oben nach links unten, im Ggs. zum Backslash

Slave *m.* (slehf, *engl.*) Computer, der von einem Hauptrechner gesteuert wird (EDV)

Slawa (*russ.*) Ruhm! Heil!; **Slawismus** *m.* in eine andere Sprache übernommenes slawisches Sprachelement; **Slawist** *m.* Wissenschaftler auf dem Gebiet der Slawistik; **Slawistik** *w.* Wissenschaft von den slawischen Sprachen und Kulturen; Eigw. **slawistisch**; **Slawophilie** *w.* Vorliebe für alles Slawische

Sleeper *m.* (slihp-, *engl.*) 1. Schlafsessel in der 1. Klasse eines Flugzeugs; 2. Agent, Spion, der als unauffälliger Mitbürger getarnt auf seinen Einsatz wartet

Slibowitz, Sliwowitz *m.* (*serb.*) Pflaumenschnaps

Slice *m.* (sleiß, *engl.*) Schlag mit (Rechts-) Drall im Golf, Tennis, Ztw. **slicen**

Slicks *Mz.* (*engl.*) 1. profillose Rennreifen; 2. Ölfilme auf der Meeresoberfläche

Sliding Tackling *s.* (sleid täck-, *engl.*) das Grätschen des Abwehrspielers zwischen die Beine des Angreifers, bes. beim Fußball

Sling *m.* (*engl.*) alkoholfreies Kaltgetränk; **Slingpumps** *Mz.* (-pömps) fersenfreier Pumps mit Riemchen

Slip *m.* (*engl.*) 1. knappe Damen- oder Herrenunterhose; 2. Seitenbewegung eines Flugzeugs (beim Landemanöver); 3. schiefe Ebene für den Stapellauf eines Schiffes; 4. Abrechnungs-, Belegzettel (für Bankaufträge); **Slipon** *m.* Hänger, loser Mantel; **slippen** *s.* Änderung der Richtung beim Fallschirmspringen; **Slipper** *m.* Schlüpfschuh

Slobby *m.* (*engl.*) jmd., der langsam, aber gründlich arbeitet (Jj.)

Slogan *m.* (ßlogen, *engl.*) Schlagwort, Werbeschlagwort, Parole

Slot *m.* (*engl.*) 1. Schlitz, Geldschlitz; 2. Steckplatz auf der Grundplatine eines Computers (zur Erweiterung der Grundausstattung, EDV); **Slotmachine** *w.* (-mäschin) Spielautomat (mit Geldschlitz); **Slotracing** *s.* (-rehcing) Modellautorennen auf speziellen Bahnen

Slow (sloh, *engl.*) Tempobez. im Jazz: langsam; **Slowfood** *s.* (-fud) gesund zubereitetes Essen, das man gesundheitsbewusst langsam isst (und genießt), i. Ggs. zu Fastfood; **Slowfox** *m.* langsamer Foxtrott; **Slowmotion** *w.* (-mohschen, *engl.*) Zeitlupe im Film; **Slow-Scanning-Verfahren** *s.* (-skän-) Verfahren, durch das bewegte Bilder (eines Films) wie eine Abfolge von Momentaufnahmen wirken

Slum *m.* (slam, *engl.*) Elendsviertel

Slump *m.* (slamp, *engl.*) unerwarteter Preis-, Kurssturz

Slurb *s.* (slörb, aus *engl. Sl*um und Sub*urb*) Begriff aus der US-amerik. Stadtsoziologie, dem zufolge durch schlechte Planung, mangelnde Infrastruktur u. a. das Absinken moderner Stadtrandgebiete zu Elendsvierteln vorprogrammiert ist

Slup *w.* (*engl.*) Segelboot mit Groß- und Vorsegel

SM = (Abk. für) Sadomasochismus

small (smohl, *engl.*) klein (von Kleidergrößen, Abk. S)

Smalltalk *s.* oder *m.* (smohltohk, *engl.*) unverbindliches Partygeplauder

Smalte = Schmalte

Smaragd *m.* (*gr.*) grüner Edelstein, Abart des Beryll

smart (smaht, *engl.*) 1. auf Draht, schlau; 2. durchtrieben, gerissen; 3. schick, apart; 4. mit eigenem Mikroprozessor ausgestattet (von Geräten, EDV); **Smartcard** =

Chipkarte; **smarten** 1. flirten; 2. verletzen, wehtun (Jj.)
Smash *m.* (smäsch, *engl.*) Schmetterball oder -schlag bei Rückschlagspielen
Smiley, Smilie *s.* (smei-, *engl.*) Emoticon für Zustimmung, Fröhlichkeit, gute Laune, Zeichen ☺
Smog *m.* (aus *engl. sm*oke und *f*og) Dunstglocke aus Abgasen über Großstädten
Smokarbeit (*engl.*) Zierarbeit, bei der schmale Stofffalten mit farbigem Garn gebündelt werden, Ztw. **smoken**
Smoking *m.* (*engl.*) dunkler Gesellschaftsanzug mit Seidenrevers
Smoothie *s.* (ßmuhsi, *engl.*) dickflüssiges (Jogurt-) Fruchtgetränk mit zerstoßenem Eis
Smörrebröd *s.* (*schwed.*) reich belegtes Brot
smorzando (*itl.*) Musik: allmählich schwächer werdend, erlöschend
SMS *w.* (aus *engl. S*hort *M*essage *S*ervice) (Übertragung von) kurze(n) Nachrichtentexte(n) durch Mobiltelefone; **simsen** SMS verschicken
Smyrna *m.* (*Wz.*) Art langfloriger Teppiche mit großen Mustern (nach dem griech. Namen Smyrna des heutigen Izmir)
Snack *m.* (snäck, *engl.*) Imbiss, Zwischenmahlzeit; **snacken** Snacks essen
Snailmail *w.* (snehlmehl, *engl.*) Briefpost, die gegenüber der E-Mail wie eine Schneckenpost wirkt
Sneakers *Mz.* (snihk-, *engl.*) (modernisierte) Turnschuhe; **Sneakpreview** *s.* (-prihwjuh) Überraschungsfilm (vor dem offiziellen Kinostart)
Sniffing *s.* (*engl.*) das Sichberauschen an Klebstoffdämpfen
Snob *m.* (*engl.*) jmd., der derartig exklusive Ansprüche an den Lebensstil stellt, dass er nur noch mit Snobs verkehren kann; **Snobiety** *w.* (-beijiti, aus *snob* und *society*) Gesellschaft der Snobs; **Snobismus** *m.* Lebensstil eines Snobs, Eigw. **snobistisch**
Snuff, Snufffilm *m.* (snaff, *engl.*) Filmgenre mit extrem sadistischen Mord-, Sex- und Horrorszenen (für die anfangs mit der Zusicherung geworben wurde, es handele sich um reale Ereignisse vor laufender Kamera)
Soap Opera *w.* (ßohp opera, *engl.*) früher amerik. Rundfunk-, heute Fernsehserien mit trivialen Stoffen, Charakteren und Handlungen, Seifenoper
soave, soavemente, suave (*itl.*) Musik: sanft, zärtlich
Soave *m.* trockener italien. Wein (nach dem italien. Ort Soave)
Soca *m.* (viell. *Hindi*) karibische Karnevalsmusik aus Calypso und indischen Rhythmen
Socca *w.* (*langue d'oc*) Fladenbrot aus Kichererbsen mit Olivenöl, Vesperbrot in Nizza und Ligurien
Soccer *m.* (ßocker, *engl.*) amerik. Bez. für europäischen Fußball
Social Costs *Mz.* (ßohschel-, *engl.*) von der Gesellschaft getragene, aus der industriellen Produktion entstehende Kosten, bes. für Umweltschäden; **Social Engeneering** *s.* (– indschenihr-) 1. Human Engeneering; 2. soziale Manipulation; **Social Hacking** *s.* (– hack-) manipulative Beeinflussung einer Person zum Zweck des unerlaubten Eindringens in fremde Computersysteme (z. B. durch fingierte Telefonanrufe u. Ä.); **Social Marketing** *s.* mit den Methoden kommerzieller Werbung arbeitendes Marketing für ideelle Zwecke und pro-soziales Verhalten (z. B. Antirauch-Kampagnen); **Social Perception** *w.* (– pörßepschen) soziale Wahrnehmung; **Social Sponsoring** *s.* Sponsoring für soziale Einrichtungen und Zwecke
Societas Jesu (-zi'e-, *lat.*) der Jesuitenorden (Abk. SJ); **Société anonyme** *w.* (ßoßjete anonim, *frz.*) französ. Bez. für Aktiengesellschaft; **Society** *w.* (ßoßeijeti, *engl.*) Kurzwort für High Society
Soda *w.* od. *n.* (*itl.*) 1. kohlensaures Natrium; 2. *s.* Sodawasser; **Sode** *w.* Schmalzmelde, am Salzwasserufer wachsende Pflanze, aus der früher durch Verbrennen oder Trocknen Soda gewonnen wurde; **Sodium** *s.* engl. und französ. Bez. für Natrium
Sodoku *s.* (*jap.*) Rattenbissfieber, schwere Infektionskrankheit mit Fieberattacken, Hautausschlag und Kopfschmerzen; **Sodom** *s.* Sündenpfuhl, Inbegriff von Lasterhaftigkeit und Verworfenheit; **Sodomie**

w. Geschlechtsverkehr mit Tieren; **Sodomit** *m.* jmd., der Sodomie treibt, Eigw. **sodomitisch** (nach der biblischen Stadt Sodom, die mit der Nachbarstadt Gomorrha von Gott zerstört wurde)

Sofa *s.* (*arab.*) gepolstertes Sitzmöbel für mehrere Personen

Soffite *w.* (*itl.*) 1. oberer Abschluss des Bühnenbildes, Deckendekorationsstück; 2. Unteransicht eines Bogens, Laibung; 3. röhrenförmige Glühlampe, Soffitenlampe

soft (*engl.*) als Wortteil: weich; **Soft Art** *w.* moderne Bildhauerei, die statt der herkömmlichen harten Werkstoffe weiche Materialien wie Filz, Gummi u. Ä. verwendet; **Softball** *m.* (-bohl) abgewandeltes Baseballspiel mit weicherem Ball auf kleinerem Feld (i. d. Halle); **Softcopy** *w.* Bildschirminhalt, der (nur) angeschaut und gelesen, aber mit den nächsten Bild gelöscht wird, im Ggs. zur Hardcopy; **Softdrink** *m.* leicht- od. nichtalkoholischer Drink; **Soft Drug** *w.* (– drag) leichte Droge, im Ggs. zur Hard Drug; **Softeis** *s.* sahnige Speiseeiscreme; **soften** mit optischen Methoden Fotografie weichzeichnen; **Softener** *m.* Weichmacher (in der Textilverarbeitung); **Softie** *m.* Mann, der sich in seinem eigenen Verhalten am Bild der empfindsamen, gefühlvollen, zärtlichen Frau orientiert; **Softpornographie** *w.* (filmische) Darstellung sexueller Vorgänge, die alles, nur nicht den Geschlechtsakt selbst zeigt; **Soft Sculpture** = Soft Art; **Soft Skills** *Mz.* fachliche Qualifikationen ergänzende Fähigkeiten wie Kreativität, Flexibilität, Belastungsfähigkeit u. Ä.; **Software** *w.* (-wär) System- und Anwendungsprogramme eines Computers, im Ggs. zur Hardware (EDV); **Softwareengeneering** *s.* (-indschenihr-) Teilbereich der Ingenieurwissenschaften, der sich mit der Gesamtheit aller Verfahren zur Entwicklung und Einsatz von Software befasst; **Softwareergonomie** *w.* Teilgebiet der Ergonomie, das sich bes. mit der Benutzertauglichkeit von Software befasst (EDV)

Soggetto cavato *s.* (sodsche- kawato, *itl.*) Thema in der Musik, das einen Namen musikalisch umsetzt (z. B. B-A-C-H, für J. S. *Bach*)

Sohar *m.* (*hebr.*) Hauptwerk der jüd. Kabbala

soigniert (ßoanjihrt, *frz.*) gepflegt

Soirée *w.* (ßoareh, *frz.*) Abendgesellschaft, Abendveranstaltung

Soixante-neuf *s.* (soasangtnöf) = Sixtynine

Soja, Sojabohne *w.* (*jap.*) eiweißreiche, ölhaltige asiatische Hülsenfrucht

Sokol *w.* (*slaw.*) national(istisch) geprägte Turnbewegung in Mittel- und Südosteuropa im 19. Jh.

sokratische Methode = Mäeutik

Sol *m.* (*lat.*) 1. der römische Sonnengott; 2. Währungseinheit in Peru

Sol *s.* (*lat.*) kolloide Lösung

sola fide (*lat.*) allein durch den Glauben, Satz aus der Rechtfertigungslehre der Reformation; **sola gratia** allein durch die Gnade, Grundsatz der reformatorischen Heilslehre

Solanin *s.* (*lat.*) organisches Gift in einigen Nachtschattengewächsen; **Solanum** *s.* Gattung der Nachtschattengewächse (z. B. Tomate, Kartoffel)

solar (*lat.*) die Sonne betreffend; **Solaranlage** *w.* mit Sonnenenergie betriebenes Heizungssystem, Sonnenkraftwerk; **Solarenergie** *w.* Sonnenenergie; **Solarium** *s.* Anlage zum Körperbräunen durch künstliche Lichtquellen, die der natürlichen Sonnenstrahlung entsprechen; **Solarkonstante** *w.* Messeinheit für die Sonnenbestrahlung der Erde; **Solaröl** *s.* Öl aus Braunkohle; **Solarplexus** *m.* Nervengeflecht in der Magengrube; **Solarzelle** *w.* Halbleiter, der Sonnen- in elektrische Energie umwandelt

Solawechsel *m.* (*itl.*) Eigenwechsel, in Wechselform gekleidetes Zahlungsversprechen

Soldat *m.* (*itl.*) 1. Angehöriger der Streitkräfte eines Staates im untersten Dienstgrad; 2. fortpflanzungsunfähiges Insekt, das den Stock verteidigt; 3. Feuerwanze, Familie der Wanzen mit rd. 400 Arten; **Soldateska** *w.* (*itl.*) marodierender Soldatenhaufen

solenn (*lat.*) feierlich, festlich, Hptw. **Solennität** *w.*

Solfeggio *s.* (solfedscho, *itl.*) Gesangsübung auf Vokalen, Ztw. **solfeggieren**

solid, solide (*lat.*) 1. haltbar, gediegen; 2. maßvoll, zuverlässig, Hptw. **Solidität** *w.*; **solidarisch** 1. übereinstimmend, gleich gesinnt; 2. gemeinsam, füreinander einstehend; **sich solidarisieren** sich aktiv auf jmds. Seite stellen; **Solidarismus** *m.* kath. geprägte Soziallehre, die von einem natürlichen wechselseitigen Verbundensein des Menschen ausgeht, das Rücksicht auf das Gemeinwohl begründet; **Solidarität** *w.* Zusammengehörigkeitsgefühl; das Eintreten füreinander; **Solidarpakt** *m.* Gesamtheit der Unterstützungsleistungen zugunsten der neuen Länder der Bundesrepublik Deutschland, bes. durch den Bund (bis 2019); **Solidus** *m.* altrömische Goldmünze

Solipsismus *m.* (*lat.*) erkenntnistheoretischer Standpunkt, für den allein das Ich einen sicheren Ausgangspunkt des Denkens darstellt; Eigw. **solipsistisch**

Solist *m.* (*itl.*) Künstler, der etwas allein vorträgt

solitär (*frz.*) einzeln lebend (von Tieren); **Solitär** *m.* einzeln gefasster Edelstein, bes. ein Brillant

Solitude *w.* (-tüd, *frz.*) Einsamkeit, Name vieler Schlösser

Soljanka *w.* (*russ.*) säuerlich-würziger Eintopf mit Fisch od. Fleisch sowie Pilzen, Gurken und saurer Sahne, das verbreitetste Eintopfgericht in der DDR

Solmisation *w.* Silbenfolge, mit der die Töne der Tonleiter bezeichnet werden (do, re, mi, fa, sol, la, si)

solo (*itl.*) allein, unbegleitet; **Solo** *s.* 1. Darbietung eines Solisten; 2. Einzelspiel, Alleingang (z. B. im Fußball)

so long (*engl.*) auf Wiedersehen!

Solözismus *m.* (*gr.*) Sprachschnitzer, grober Verstoß gegen Morphologie und Syntax (angeblich nach dem fehlerhaften Griechisch der antiken Stadt Soloi in Kilikien)

Solstitium *s.* (*lat.*) Sonnenwende (*Mz.* Solstitien [-zi'en])

solubel (*lat.*) löslich; **Solution** *w.* Lösung, Arzneilösung

Solvens *s.* (*lat.*) (schleim-)lösendes Mittel (*Mz.* Solvenzien [-zi'en]); **solvent** zahlungskräftig; **Solvenz** *w.* Zahlungsfähigkeit; **solvieren** 1. lösen, auflösen; 2. abzahlen

Soma *s.* (*gr.*) der Körper (im Ggs. zum Geist); **somatisch** körperlich, den Körper betreffend; **Somato-, somato** als Wortteil: Körper; **somatogen** 1. körperlich bedingt; 2. erworben, nicht vererbt; **Somatogramm** *s.* Diagramm zur Darstellung der körperlichen Entwicklung, bes. von Säuglingen und Kleinkindern; **Somatologie** *w.* Wissenschaft vom menschlichen Körper; **Somatotherapie** *w.* körperliche Behandlung psychischer Erkrankungen; **Somatotropin** *s.* Wachstumshormon im Vorderlappen der Hypophyse; **Somazellen** *Mz.* mit dem doppelten Chromosomensatz ausgestattete Körperzellen (alle außer den Keimzellen)

Sombrero *m.* (*span.*) breitkrempiger mexikanischer Hut

Sommelier *m.* (-jeh, *frz.*) für den Wein zuständiger Kellner

somnambul (*lat.*) schlafwandlerisch, mondsüchtig; **Somnambule** *m.* und *w.* Schlafwandler(in); **Somnambulismus** *m.* Schlafwandeln, Mondsüchtigkeit; **somnolent** schlaftrunken; schlafsüchtig; Hptw. **Somnolenz** *w.*

Sonant *m.* (*lat.*) Sprachlehre: Vokal (*a, e, i, o, u*)

Sonar *s.* (aus *engl. s*ound *n*avigation *a*nd *r*anging) Verfahren zur Ortung von Gegenständen unter Wasser; **Sonargerät** *s.* Gerät, mit dem Gegenstände unter Wasser geortet werden können

Sonate *w.* (*itl.*) mehrsätziges Instrumentalstück in fester Form (Exposition, Durchführung, Reprise, Coda); **Sonatine** *w.* kleine Sonate

Sonde *w.* (*frz.*) 1. röhren- oder stabförmiges Abtast-, Prüf- oder Untersuchungsgerät; 2. unbemanntes Raumfahrzeug zu Forschungszwecken, Raumsonde; **sondieren** 1. mit einer Sonde untersuchen; 2. vorfühlen, vorsichtig erkunden

Sonett *s.* (*itl.*) aus zwei Vier- und zwei Dreizeilern bestehende Gedichtform

Song *m.* (*engl.*) 1. Lied der Unterhaltungsmusik; 2. Lied sozialkritischen Inhalts (z. B. im Kabarett); **Songbook** *s.* (-buck) Schlager-, Liederbuch (eines Sängers); **Songwriter** *m.* (-reiter) jmd., der Musik und / od. Texte für Songs schreibt

Sonnyboy *m.* (ßanniboi, *engl.*) junger

Mann mit optimistischer Ausstrahlung, Strahlemann

Sono-, sono (*lat.*) als Wortteil: Schall, Ultraschall; **Sonograph, Sonograf** *m.* Gerät zur Durchführung einer Ultraschalluntersuchung; **Sonographie, Sonografie** *w.* (*lat.-gr.*) Ultraschalluntersuchung; **Sonolumineszenz** *w.* durch Ultraschall hervorgerufene Lumineszenz (von Gasblasen) in Flüssigkeiten; **Sonometer** *m.* Schallstärkemesser

sonor (*lat.*) 1. klangvoll, volltönend; 2. Sprachlehre: stimmhaft; **Sonar** *m.* = Sonant

Soor *m.* durch einen Hefepilz hervorgerufene Pilzerkrankung beim Menschen (Herk. unbek.)

Sophia *w.* (*gr.*) die personifizierte Weisheit (Gottes)

Sophismus *m.* (*gr.*) Scheinbeweis, Trugschluss; **Sophist** *m.* 1. antiker Wanderlehrer, der die jungen Männer in Redekunst, Wissenschaft und Philosophie unterrichtete; 2. Wortverdreher; **sophisticated** (ßofistiketid, *engl.*) welt- und wortgewandt, anspruchsvoll-intellektuell; **Sophistik, Sophisterei** *w.* (*gr.*) spitzfindige Beweisführung, betrügerische Wortverdreherei; **sophistisch** spitzfindig

Sopor *m.* (*lat.*) Benommenheit mit Bewusstseinstrübung, Eigw. **soporös**

sopra (*lat.*) Musik: oben, über (der anderen Hand zu spielen); **Sopran** *m.* 1. höchste Stimmlage von Knaben und Frauen; 2. Sopransängerin, Sopranistin

Sopraporte *w.* (*itl.*) verzierte Fläche oberhalb einer Tür, bes. im Rokoko

Sorabistik *w.* (*lat.*) Wissenschaft von der sorbischen Sprache und Kultur

Sorbet *m.* od. *s.* (-beh, *frz.-arab.*) Halbgefrorenes

Sorbonne *w.* (ßorbonn, *frz.*) die Pariser Universität, die älteste in Frankreich (nach dem Hofkaplan Ludwig des Heiligen und vermeintlichen Gründers Robert de Sorbon, 1201–1274)

Sordine *w.* (*itl.*) Dämpfer für Musikinstrumente; **sordo** Musik: gedämpft; **con sordino** mit Dämpfer

Sore, Schore *w.* (*jidd.*) *Diebesgut*

Sorgho, Sorghum *m.* (*lat.*) tropische und subtropische Gräsergattung, darunter afrikanische und indische Getreidearten

Soroban *m.* (*jap.*) dem Abakus ähnliches jap. Rechenbrett

sororal *s.* (*lat.*) schwesterlich; **Sororat** *s.* Sitte, dass ein verwitweter Mann die jüngere Schwester seiner verstorbenen Frau heiratet

Sorption *w.* (*lat.*) Aufnahme eines Stoffes, bes. Gas, in einen anderen durch Ab- und Adsorption

sorry (*engl.*) es tut mir leid! Entschuldigung!

Sorter *m.* (*engl.*) Sortiermaschine

Sortes *Mz.* (*lat.*) zur Befragung des Orakels verwendete Holz- und Bronzeplättchen, beschriftete Losorakel

sortieren (*itl.*) 1. auslesen und zusammenstellen; 2. nach alphabetischer o. a. Ordnung ordnen; **Sortierer** *m.* 1. Arbeiter an der Sortiermaschine; 2. Sortiermaschine, Sorter; **sortiert** 1. geordnet; 2. reichhaltig, ein großes Angebot aufweisend (z. B. von Fachgeschäften); 3. hochwertig, erlesen; **Sortilegium** *s.* Weissagung durch Lose (in der Antike); **Sortiment** *s.* 1. Warenangebot, Warenauswahl in einem Geschäft; 2. Buchhandlung mit Lager; **Sortimenter** *m.* Buchhändler

SOS (aus *engl.* *s*afe *o*ur *s*hip [oder souls]) internationales Seenotzeichen

sospirando (*itl.*) Musik: seufzend

Soße *w.* (*frz.*) 1. Sauce; 2. Beize für Tabak; 3. schmutzige Brühe

sostenuto (*itl.*) Musik: gehalten, getragen

Soter *m.* (*gr.*) 1. Retter, Beiname griech. Götter und Herrscher; 2. Beiname Christi; **Soteriologie** *w.* theolog. Erlösungslehre

Sottise *w.* (*frz.*) freche Bemerkung, Stichelei

sotto (*itl.*) Musik: unten, unter (der anderen Hand zu spielen); **sotto voce** (– wotsche) mit gedämpfter Stimme, halblaut

Sou *m.* (ßuh, *frz.*) 1. früheres Fünf-Centime-Stück; 2. Kleingeld

Soubrette *w.* (ßu-, *frz.*) weibliches Rollenfach in Oper und Operette: jugendlichmuntere Liebhaberin

Souchong *m.* (ßuschong, *chin.-frz.*) chinesische Teesorte

Soufflé *s.* (ßuffleh, *frz.*) auflaufartige, lockere Eierspeise; **Souffleur** *m.* (-flör) Einsager am Theater; **Souffleuse** *w.* (-flös) Einsagerin, Ztw. **soufflieren**

Souflaki *m.* (*gr.*) kleiner Fleischspieß, ein griech. Gericht

Souk *m.* = Suk

Soul *m.* (ßohl, *engl.*) rhythmisch vielgestaltige, vitale, meistens vokal vorgetragene Bluesmusik; **soulig** in der Art des Soul

Sound *m.* (ßaund, *engl.*) 1. identifizierbarer typischer Klang eines Instruments, einer Stimme oder einer Musikgruppe; 2. unverwechselbarer Charakter von etwas (z. B. der Sound von Berlin); **Soundcheck** *m.* (-tschek) Kontrolle von Akustik und Klang, bes. vor Konzerten; **Soundfile** *w.* (-feil) Klangdatei (EDV); **Soundkarte** *w.* für PC-Anwendungen mit Ton od. Musik notwendige Hardware (EDV); **Soundlogo** *s.* rechtlich geschütztes akustisches Markenzeichen einer Firma, o. Ä., Hörmarke; **Soundtrack** *m.* (-träck) auf Platte veröffentlichte Originalmusik eines Films, einer Fernsehaufzeichnung oder einer Oper

Souper *s.* (ßupeh, *frz.*) festliches Abendessen; **soupieren** festlich zu Abend essen

Sour *m.* (saur, *engl.*) alkoholisches Mischgetränk mit Zitronen- oder Orangensaft; **Sourcream** *w.* (-krihm) Sauerrahm

Sousaphon *s.* (suhsafohn) tiefes Blechblasinstrument (nach dem amerik. Komponisten J. Ph. Sousa, 1854–1932)

Souschef *m.* (ßuh-, *frz.*) 1. Stellvertreter des Küchenchefs; 2. Stellvertreter des Bahnhofsvorstands (Schweiz); **Soussol** *m.* Untergeschoss

Soutache *w.* (ßutasch, *frz.*) Besatzstickerei, Besatzlitze; **soutachieren** mit Soutache verzieren

Soutane (ßu-, *lat.-frz.*), **Sutane** *w.* langes schwarzes Gewand des kath. Geistlichen; **Soutanelle** *w.* kurze Sutane

Souterrain *s.* (ßuterräng, *frz.*) Kellergeschoss

Souvenir *s.* (ßu-, *frz.*) Erinnerungsstück, Andenken

souverän (su-, *frz.*) 1. im Besitz der staatlichen Hoheitsrechte, unabhängig; 2. eine Sache überlegen beherrschend; **Souverän** *m.* Herrscher; **Souveränität** *w.* 1. Oberhoheit des Staates, höchste Staatsgewalt, (staatsrechtliche) Unabhängigkeit; 2. Überlegenheit, sichere Beherrschung

Sovereign *m.* (ßowrin, *engl.*) frühere englische Goldmünze im Wert von 1 Pfund

so what (– wott, *engl.*) ja und? na und?

Sowjet *m.* (*russ.*) 1. Rat der Arbeiter, Bauern und Soldaten in den russ. Revolutionen 1905 und 1917; 2. Selbstverwaltungsorgan in der ehem. Sowjetunion, Eigw. **sowjetisch**

soziabel (*lat.*) umgänglich, gesellig, gemeinschaftsfähig, Hptw. **Soziabilität** *w.*; **sozial** 1. gesellschaftlich, die menschliche Gesellschaft, die gesellschaftliche Position betreffend; 2. gemeinnützig, hilfsbereit; 3. gesellig lebend (von Tieren); **Sozialbilanz** *w.* (freiwillige) Rechenschaftslegung eines Unternehmens im Hinblick auf seine der Gesellschaft nachhaltig nutzbringenden Aktivitäten und Leistungen; **Sozialbudget** *s.* (-büdscheh) Gesamtheit der staatlich erbrachten Sozialleistungen in einem bestimmten Zeitraum; **Sozialdarwinismus** *m.* sozialwissenschaftliche Lehre in Anlehnung an Ch. Darwin (1809–1882), die das Gesetz des Stärkeren zum Gesellschaftsmodell erhebt; **Sozialethik** *w.* Ethik des menschlichen Zusammenlebens; **Sozialenzyklika** *w.* päpstliches Rundschreiben zu sozialen Fragen; **Sozialdemokratie** *w.* 1. sozialreformerische Partei; 2. Gesamtheit der sozialdemokratischen Parteien; **Sozialhygiene** *w.* (-gi'ene) Teilgebiet der Hygiene, das sich mit dem Zusammenhang zwischen dem Gesundheitszustand von Menschen und ihrem sozialen Umfeld beschäftigt; **Sozialisation** *w.* Prozess der Einordnung des Einzelnen in die Gesellschaft; **sozialisieren** 1. vergesellschaften, in Staatsbesitz überführen; 2. die Sozialisation durchlaufen, Hptw. **Sozialisierung** *w.*; **Sozialismus** *m.* politische Theorien und Bewegungen, die den Kapitalismus ablehnen und eine sozial gerechte Gesellschaftsordnung anstreben; **Sozialist** *m.* Anhänger des Sozialismus; Eigw. **sozialistisch**; **Sozialistischer Realismus** *m.* Kunstauffassung im Anschluss an die Russische Revolution von 1917, nach der die Kunst der moralischen und politischen Erziehung des sozialistischen Arbeiters zu dienen habe; **Sozialkompetenz** *w.* Gesamtheit der Fähigkeiten einer Person, individuelle Handlungsziele mit der sozialen Umwelt in Einklang zu bringen; **Sozialmedizin** *w.* Disziplin innerhalb der Medizin, die sich mit den sozialen Ursachen von Gesundheit, Krankheit und Tod befasst; **Sozialökologie** *w.* (*lat.-gr.*) Teilgebiet der Sozialwissenschaften, das sich mit der Wechselwirkung zwischen sozialen Gruppen und der von ihnen in Anspruch genommenen Umwelt beschäftigt; **Sozialökonomie** *w.* Volkswirtschaftslehre; **Sozialpolitik** *w.* staatliche Maßnahmen zur Verbesserung der sozialen Verhältnisse; **Sozialprestige** *s.* (-tihsch) Ansehen einer Person aufgrund seiner gesellschaftlichen Position; **Sozialquote** *w.* Anteil am Bruttosozialprodukt, der für soziale Zwecke verwendet wird; **Sozialstruktur** *w.* Gliederung der Gesellschaft nach sozialen Merkmalen; **Sozialtourismus** *m.* 1. preiswerte, staatlich geförderte Urlaubsmöglichkeiten für einkommensschwache Bevölkerungsschichten; 2. zum Zweck der Erschleichung von Sozialleistungen vorgenommener Ortswechsel (umg.); **Sozialwaise** *w.* Kind, um das sich keine Blutsverwandten kümmern

Sozietät *w.* (-zi'e-, *lat.*) 1. Verband, Gesellschaft, Genossenschaft; 2. Vereinigung freiberuflich Tätiger zu wirtschaftlichen Zwecken; 3. Verband, Gemeinschaft bei Tieren; **Sozio-, sozio-** (*lat.*) als Wortteil: gesellschaftlich, auf eine Gruppe bezogen; **Soziogenese** *w.* Entstehung und Verlauf aufgrund gesellschaftlicher Faktoren, bes. von Krankheiten; **Soziogramm** *s.* graphische Darstellung des Beziehungsgefüges einer Gruppe; **Soziolekt** *m.* (*lat.-gr.*) Gruppen- oder Fachjargon; **Soziologie** *w.* Wissenschaft von der Gesellschaft, Eigw. **soziologisch**; **Soziometrie** *w.* Verfahren zur Erfassung von Gruppenbeziehungen (z. B. im Hinblick auf Sympathie/Antipathie); **Soziopath** *m.* Person mit von Soziopathie geprägtem Verhalten; **Soziopathie** *w.* Unfähigkeit zu emotionalen und zwischenmenschlichen Bindungen; **Soziotomie** *w.* Bildung einer Insektenkolonie durch Abtrennung vom Stock; **Soziotop** *s.* u. *m.* (*lat.-gr.*) Charakter, Eigenart eines Standorts unter sozial(ökonomisch)en Gesichtspunkten; **Sozius** *m.* (*lat.*) 1. Mitgesellschafter, Geschäftsteilhaber; 2. Beifahrer auf dem Motorrad

Spa *s.* (aus *lat.* *s*anus *p*er *a*quam) Thermalbad, Wellnessbad

Space (ßpehs, *engl.*) 1. *m.* (Welt-) Raum; 2. *w.* Leerstelle; **Spacelab** *s.* (-läp, aus *engl. space lab*oratory) wieder verwendbares Weltraumlabor für wissenschaftl. Untersuchungen; **Spaceshuttle** *m.* (-schattel) bemannter Raumtransporter, der Lasten auf eine Umlaufbahn transportiert, zur Erde zurückkehrt und wieder verwendbar ist; **spacig** abgehoben, abgefahren

Spagat *m.* (*itl.*) 1. Bindfaden; 2. akrobatische Übung, bei der die Beine so weit gespreizt werden, dass das Gesäß den Boden berührt

Spalier *s.* (*itl.*) 1. Gitterwerk zum Hochziehen von Bäumen; 2. Ehrenformation an beiden Seiten einer Straße

Spam *m.* od. *s.* (späm, aus *engl. sp*iced h*am*) unerwünschte Werbung per E-Mail; **spammen** Spams verschicken; **Spamming** *s.* das massenhafte Verschicken von Spams (nach dem US-amerik. Büchsenfleisch der Marke *SPAM*)

Spaniel *m.* (-ni'el, *engl.*) kleiner, langhaariger Jagdhund

Spaniole *m.* (*span.*) Nachkommen der aus Spanien vertriebenen spanischen Juden

Spanish Moss *s.* = Tillandsia

Spanking *s.* (spänk-, *engl.*) das Schlagen auf das Gesäß als (einvernehmliche) Sexualpraktik

Spareribs *Mz.* (spär-, *engl.*) Schälrippchen

Sparring *m.* (ßpär-, *engl.*) 1. Boxtraining; 2. Übungsball beim Boxen

Spartakiade *w.* sportlicher Wettbewerb in mehreren Disziplinen, bes. in den früheren kommunistischen Ländern

Spartakist *m.* Mitglied des Spartakusbundes, der kommunistischen Bewegung in Deutschland von 1918–1919 (nach Spartakus, dem röm. Sklaven, der den Sklavenaufstand von 73 bis 71 v. Chr. anführte)

spartanisch einfach, anspruchslos, entsagungsvoll (nach dem altgriech. Stadtstaat Sparta)

Sparte *w.* (*itl.*) Fachgebiet, Abteilung

Sparterie *w.* (*frz.*) Flechtwerk (besonders aus Sparto, spanischem Ginster)

spasmatisch, spasmisch, spasmodisch, spastisch (*gr.*) krampfartig, durch Krampf bedingt; **Spasmolytikum** *s.* krampflösendes Mittel; **spasmophil** zu Krämpfen neigend; **Spasmus** *m.* Krampf (*Mz.* Spasmen); **Spastiker** *m.* 1. jmd., der an Krämpfen leidet; 2. aus der Mode gekommenes Schimpfwort für jmdn., der für dumm gehalten wird (abwert. umg.)

Spatialismus *m.* (spaz-, *lat.*) Form der visuellen Poesie, die die typografische Anordnung von Lettern und Zwischenräumen als künstlerisch-experimentelles Ausdrucksmittel nützt; **spatiieren, spationieren** (*lat.*) sperren, gesperrt drucken; **Spationaut** *m.* (*frz.*) aus dem Französ. abgeleitete Bez. für Astronaut; **spatiös** weit, geräumig, licht (vom Druck); **Spatium** *s.* Abstand, Zwischenraum zwischen Druckzeilen; **spazieren** 1. alte Bez. für spazieren gehen; 2. schlendern, ohne Eile gehen

Speakeasy *s.* (spihkihsi, *engl.*) als Club getarnter, illegaler Alkoholausschank während der Prohibitionszeit (1919–1932) i. d. USA; **Speaker** *m.* (spihker) Vorsitzender des Unterhauses in England, des Repräsentantenhauses in Amerika

Special *s.* (speschel, *engl.*) Sondersendung im Fernsehen (z. B. zu aktuellen Ereignissen, über einen Künstler, eine bekannte Persönlichkeit); **Special Agent** *m.* (– edschent) Sonderbevollmächtigter, Agent, Spion; **Special Effects** *Mz.* (– ifekts) vom Computer erzeugte Spezialeffekte, bes. in Science-Fiction-Filmen; **Special Offer** *s.* Sonderangebot

spedieren (*itl.*) versenden, befördern; **Spediteur** *m.* (-tör) gewerbsmäßiger Beförderer von Gütern; **Spedition** *w.* Güterversandunternehmen, Versandabteilung in großen Firmen

Speech *m.* (spihtsch, *engl.*) Rede, Ansprache, Gespräch

Speed *m.* (spihd, *engl.*) 1. Spurt, Temposteigerung (eines Pferdes, eines Läufers); 2. Geschwindigkeit; **Speed** *s.* Aufputschmittel (Jargon); **Speedball** *m.* Mischung aus Kokain und Heroin; **Speeddate** *s.* (-deht) von einer Agentur arrangiertes Treffen mehrerer Personen, die sich gegenübersitzen und nach einigen Minuten Partnerwechsel vornehmen, sodass man in kurzer Zeit möglichst viele Partner kennenlernt, in Abwandlung auch für Geschäftsleute üblich; **speeden** Rauschgift nehmen; **Speedtest** *m.* Test, bei dem es auf die möglichst schnelle Bewältigung von Aufgaben ankommt; **Speedway** *m.* (-weh) 1. Rennstrecke für Autos, Motorräder; 2. Motorradrennen

Spektakel *m.* (*lat.*) Lärm, Gepolter; **Spektakel** *s.* Ereignis, das von sich reden macht, Schauspiel; **spektakeln** lärmen; **spektakulär** Aufsehen erregend

spektral (*lat.*) zum Spektrum gehörig, durch das Spektrum entstanden; **Spektralanalyse** *w.* chem. oder physikal. Untersuchung mit Hilfe des Spektrums; **Spektralfarben** *Mz.* = Spektrum (1); **Spektographie, Spektrografie** *w.* Aufnahme und Auswertung von Spektren; **Spektrometer, Spektroskop** *s.* Gerät zur spektralen Zerlegung von Strahlung und zum Messen von Spektren; **Spektroskopie** *w.* Lehre von der Erzeugung, Beobachtung und Auswertung von Spektren; **Spektrum** *s.* 1. die bei der Lichtbrechung entstehende Farbenfolge von Blauviolett bis Gelblichrot; 2. die Verteilung der Intensität einer elektromagnetischen Strahlung in Abhängigkeit von der Wellenlänge; 3. Buntheit, Vielfalt

Spekulant *m.* (*lat.*) jmd., der spekuliert, der Spekulationen anstellt; **Spekulation** *w.* 1. Geschäft mit Kursschwankungen; 2. Bemühung um Erkenntnis jenseits der Erfahrung; 3. Gedankengebäude, Grübelei; **Spekulatius** *m.* (*niederl.*) würziges dunkelbraunes Mürbteiggebäck in Figurenform; **spekulativ** (*lat.*) 1. berechnend, riskant; 2. rein gedanklich; **spekulieren** 1. auf Kursschwankungen hin Geschäfte machen; 2. auf etwas rechnen, seinen Vorteil berechnen

Spekulum *s.* (*lat.*) medizin. Spiegelinstrument zur Untersuchung von Körperhohlräumen

Speläologie *w.* (*gr.*) Höhlenforschung

Spelunke *w.* (*lat.*) 1. verrufenes Wirtshaus; 2. verkommene Wohnung

spendabel (*lat.*) freigebig; **spendieren** jmdn. zu etwas einladen (umg.)

Spenser, Spenzer *m.* (*engl.*) eng anliegendes Jäckchen, Trachtenjäckchen

Sperenzchen, Sperenzien *Mz.* (-zi'en, *lat.*) Umschweife, Ausflüchte

Sperma *s.* (*gr.*) männliche Samenflüssigkeit; **spermatisch** Samen enthaltend, befruchtend; **Spermato-, spermato-** als Wortteil: Samen; **spermatogen** Samenzellen bildend; **Spermatogenese** Samenbildung in den Hoden; **Spermatophyten** *Mz.* Sammelbez. für Blüten- bzw. Samenpflanzen; **Spermatozoon** *s.* (-zo'on), **Spermazet, Spermazeti** *s.* die im Kopf des Pottwals befindliche wachsähnliche Substanz (von mehreren Tonnen), die man früher für die Samenflüssigkeit des Tieres hielt, Walrat; **Spermin** *s.* Bestandteil des männlichen Samens, der den charakteristischen Geruch verursacht; **Spermium** *s.* Samenfaden **Spermizid** *s.* samenabtötendes Mittel zur Empfängnisverhütung; **Spermöl** *s.* das aus Spermazet gewonnene Öl, das früher für Kosmetika, Arzneimittel, Kerzen sowie als Schmiermittel begehrt war

Spes *w.* (*lat.*) Personifikation der Hoffnung bei den Römern

Spesen *Mz.* (*itl.*) Geschäftsunkosten, Aufwand, Auslagen

Spezereien *Mz.* (*lat.*) alte Bez. für Gewürze, Kolonialwaren

Spezi *m.* (Abk. von Spezial, *lat.*) Busenfreund (umg.)

Spezial-, spezial- (*lat.*) als Wortteil: Sonderfall, Einzelfall; **spezialisieren** sich auf ein besonderes Gebiet konzentrieren, für ein besonderes Fach ausbilden, Hptw. **Spezialisierung** *w.*; **Spezialist** *m.* Fachmann, Facharzt; **Spezialität** *w.* 1. Besonderheit; 2. besonderes (Interessen-)Gebiet; 3. landes-, ortsübliches (Feinschmecker-)Gericht; **speziell** (-zi'e-) eigens, besonders, eigentümlich, vor allem; **Spezies** *w.* (-zi'es) 1. Gattung, Art bei Pflanze und Tier; 2. Grundrechenart (*Mz.* Spezies); **Spezifik** *w.* das Eigentümliche, Charakteristische (an etwas); **Spezifikation** *w.* Einteilung, Aufgliederung, Einzelaufzählung; **Spezifikum** *s.* 1. Besonderheit, Eigentümlichkeit; 2. gegen eine bestimmte Krankheit wirkendes Heilmittel; **spezifisch** arteigen, auf eine bestimmte Eigenschaft bezogen, kennzeichnend; **spezifisches Gewicht** Gewicht eines Stoffes im Verhältnis zum Volumen; **spezifizieren** einzeln aufführen, genauer bezeichnen; **Spezimen** *s.* Probe, Probestück

Sphäre *w.* (*gr.*) 1. in der antiken Vorstellung die Himmelskugel; 2. Wirkungskreis, Wirkungsbereich, Umfeld; **Sphärenharmonie** *w.*, **Sphärenmusik** *w.* (*gr.*) die unhörbaren Töne, die die Himmelskörper durch ihre Bewegungen hervorbringen (nach der Lehre des Pythagoras); **sphärisch** 1. die Himmelskugel betreffend; 2. auf die Kugel (als geometrischen Körper) bezogen; 3. aus dem Weltraum herrührend (von Klängen)

sphärische Trigonometrie *w.* Geometrie der Kugeldreiecke; **Sphäroid** *s.* abgeplattete Kugel (z. B. die Erdkugel); **Sphärologie** *w.* Teilbereich der Geometrie, der sich mit der Kugel beschäftigt

sphenoid (*gr.*) keilförmig

Sphinx *w.* (*gr.*) 1. Fabelwesen mit Menschenkopf und Löwenkörper, Sinnbild des Rätselhaften; 2. haarlose Rassekatze mit Lederhaut und sehr großen Ohren

Sphragistik *w.* (*gr.*) Siegelkunde

sphygmisch (*gr.*) den Puls betreffend

Spider *m.* (speider, *engl.*) 1. offener Sportwagen für Autorennen; 2. spez. Webseitensuchprogramm (EDV)

Spikes *Mz.* (ßpeiks, *engl.*) 1. Laufschuhe mit Metallstiften in der Sohle; 2. Reifen mit eingelassenen Spezialstiften, die die Rutschgefahr bei Glätte mindern

Spillage *w.* (spillasch, *frz.*) Warenverlust durch schlechte Verpackung

Spill-over-Effekt (*engl.*) Übersprungeffekt von z. B. einer wirtschaftspolitischen Maßnahme auf andere Bereiche

Spin *m.* (*engl.*) 1. Eigendrehimpuls des Elektrons; 2. = Spinnaker

Spina *w.* (*lat.*) 1. Dorn, Stachel; 2. Rückgrat; **spinal** zur Wirbelsäule, zum Rückenmark gehörend; **spinale Kinderlähmung** durch Polioviren übertragene Infektionskrankheit, die zu unheilbaren Lähmungen führen kann, Poliomyelitis; **Spi-**

nalanästhesie *w.* Rückenmarksanästhesie; **Spinalpunktion** *w.* Punktion des Rückenmarks

Spinat *m.* (*pers.-arab.*) Blattgemüse, eine Gänsefußgewächsart

Spindoctor *m.* (*engl.*) 1. politischer Berater; 2. Wahlkampfleiter einer Partei i. d. USA

Spinell *m.* (*lat.*) Mineral, in der roten Abart ein Schmuckstein

Spinett *s.* (*itl.*) alte Klavierform mit Rabenfederkielen

Spinnaker *m.* (*engl.*) großes, bauchig geschnittenes Vorsegel zur Vergrößerung der Segelfläche

Spinning *s.* (*Wz. engl.*) Gruppentrainingsprogramm auf stationären Fahrrädern zu Musik mit Anleitung

Spin-off *s.* Übernahme, Übersprung von technischen Neuerungen aus einem in einen anderen Bereich

Spinor *m.* (*engl.*) mathemat. Größe zur Beschreibung des Spins von Elementarteilchen

spintisieren (viell. *frz.*) sich etwas ausspinnen, faseln (umg.)

Spion *m.* (*frz.*) 1. jmd., der im Auftrag einer gegnerischen Staatsmacht Staatsgeheimnisse auskundschaftet, Agent; 2. Guckloch an Türen; 3. Spiegelgerät zum Beobachten der Straße; **Spionage** *w.* (-nasche) Tätigkeit eines Spions; **spionieren** Spionage treiben, auskundschaften, aushorchen

Spiräe *w.* (*lat.*) Spierstrauch, zu den Rosengewächsen gehörend

Spirale *w.* (*lat.*) 1. Schneckenwindung, Schraubenwindung; 2. Gegenstand mit Schnecken- oder Schraubenwindung; 3. Intrauterinpessar (umg.); **spiralig, spiral** in der Form einer Spirale; **Spiralnebel** *m.* spiralförmiges Sternsystem

Spirant *m.* (*lat.*) Sprachlehre: Reibelaut (z. B. f, *Mz.* Spiranten), Eigw. **spirantisch**

Spirillen *Mz.* (*lat.*) Schraubenbakterien; **Spirillose** *w.* eine durch Schraubenbakterien hervorgerufene Krankheit (z. B. Cholera)

Spiritismus *m.* (*lat.*) Geisterlehre, Glaube an die Möglichkeit, mit den Seelen der Verstorbenen Kontakt aufnehmen zu können; **Spiritist** *m.* Anhänger des Spiritismus, Eigw. **spiritistisch**; **spiritual** (*lat.*) 1. übersinnlich, geistig; 2. geistlich; **Spiritual** *m.* geistlicher Berater in Klöstern und Priesterseminaren; **Spiritual** (spiritjel, *engl.*) = Negrospiritual; **Spiritualien** *Mz.* (-i'en, *lat.*) geistliche Angelegenheiten der (kath.) Kirche; **spiritualisieren** vergeistigen; **Spiritualismus** *m.* 1. philosophische Anschauung, nach der die Wirklichkeit insgesamt auf ein geistiges Prinzip zurückzuführen sei; 2. Ergriffenheitsfrömmigkeit (z. B. der Pietisten); **Spiritualist** *m.* Anhänger des Spiritualismus, Eigw. **spiritualistisch**; **Spiritualität** *w.* geistiges Wesen, Geistigkeit; **spirituell** (-tu'e-, *lat.*) geistig; **spirituos, -ös** alkoholisch; **Spirituosen** *Mz.* alkoholhaltige Getränke

spirituoso, con spirito (*itl.*) Musik: geistvoll, feurig

Spiritus *m.* (*lat.*) 1. Luft, Atem, Lebenshauch; Geist, Seele; 2. Weingeist, ein Äthanol-Wasser-Gemisch; **Spiritus Rector** *m.* treibende Kraft, unternehmender Geist, Seele eines Unternehmens; **Spiritus sanctus** *m.* der Heilige Geist

Spirochäten *Mz.* (*gr.*) schraubenzieherförmige Bakterien, Krankheitserreger; **Spirochätose** *w.* durch Spirochäten hervorgerufene Krankheit (z. B. Syphilis)

Spirometer *s.* (*gr.*) Atmungsmesser; **Spirometrie** *w.* Grundumsatzbestimmung der Atmung

Spital, Spittel *s.* (*lat.*) Krankenhaus; **spittelig** schmächtig, dünn, kränklich

Splanchnologie *w.* (*gr.*) Teilgebiet der Medizin, das sich mit den Eingeweiden beschäftigt

Splatterfilm *m.* (splät-, *engl.*) Filmgenre, dessen vordergründige Handlung dazu dient, blutrünstige Gewaltszenen zu präsentieren

Spleen *m.* (splihn, *engl.*) Tick, Schrulle, Marotte, Verschrobenheit, Eigw. **spleenig**

Splen *m.* (*gr.*) Milz

splendid (*lat.*) glanzvoll; **Splendid Isolation** *w.* (-eißolehschen, *engl.*) bewusste Bündnislosigkeit eines Staates (z. B. Englands im 19. Jh.)

Splitscreen *m.* (-skrihn, *engl.*) in zwei od. mehr Einzelbilder aufgeteilte Leinwand, um gleichzeitig, aber an verschiedenen Orten stattfindende Handlungen zu zeigen

Splitting *s.* (*engl.*) 1. steuerliche Veranlagung von Ehepartnern, bei der jeder das halbierte Gesamteinkommen versteuert; 2. Verteilung der Erst- und Zweitstimme auf verschiedene Parteien (bei Wahlen), Ztw. **splitten**

Spoiler *m.* (*engl.*) 1. Klappe an Flugzeugtragflächen; 2. Luftleitblech an Rennautos; 3. Spannung und Genuss verderbende unliebsame Information beispielsweise über den Ausgang eines Films, den Täter eines Kriminalromans u. Ä.

Spolium *s.* (*lat.*) Beutestück (im antiken Rom); **Spolien** *Mz.* (-li'e) Bruchstücke antiker Bauten, die in einen Kirchenbau eingefügt wurden

Spondeus *m.* (-de'us, *gr.*) Versfuß aus zwei langen Silben: – –, Eigw. **spondeisch**

Spongien *Mz.* (-gi'e-, *gr.*) Schwämme; **spongiös** schwammartig

Sponsa *w.* (*lat.*) Bez. für Braut in Kirchenbüchern

Sponsor *m.* (*lat.-engl.*) Geldgeber, Förderer, Mitfinanzierer; **Sponsoring** *s.* finanzielle Förderung von Personen oder Projekten durch Unternehmen (mit Werbeeffekt für den Sponsor), Ztw. **sponsern**

Sponsus *m.* (*lat.*) Bez. für Bräutigam in Kirchenbüchern

spontan (*lat.*) aus eigenem Antrieb, von selbst, einer Eingebung folgend, Hptw. **Spontaneität** *w.* (-ne'i-), **Spontanität** *w.*; **Spontanfraktur** *w.* Knochenbruch ohne äußere Einwirkung; **Sponti** *m.* politischer Aktivist der außerparlamentarischen Opposition (APO) der 1970er Jahre

Spooler *m.* (spuhl-, *engl.*) Zwischenspeicher für Druckausgaben (EDV)

sporadisch (*gr.*) 1. vereinzelt, verstreut; 2. ab und zu, gelegentlich

sporco (*itl.*) mit Verpackung; **Sporko** *s.* Bruttogewicht, Rohgewicht

Spore *w.* (*gr.*) 1. ungeschlechtliche Fortpflanzungszelle; 2. resistente Dauerform bestimmter Bakterien; **Sporozoon** *s.* (-zo'on) Sporentierchen, Einzeller

spot (*engl.*) sofortige Lieferung (gegen Kasse); **Spot** *m.* kurzer Werbefilm, kurze Werbeansage in Film, Fernsehen, Rundfunk, Werbespot; **Spotgeschäft** *s.* Geschäft gegen Barzahlung u. sofortige Lieferung; **Spotlight** *s.* (-leit) gebündeltes Scheinwerferlicht, Punktlicht; **Spotmarkt** *m.* Markt für Spotgeschäfte

Spray *m.* (spreh, *engl.*) 1. Flüssigkeit, die durch Druck zerstäubt wird; 2. Zerstäuber, Spraydose; **Spraybild** = Graffiti; **sprayen** mit Spray besprühen

Sprinkler *m.* (*engl.*) Berieselungsgerät, Berieselungsanlage, bes. als Feuerlöschanlage

Sprint *m.* (*engl.*) kurzer schneller Lauf; **sprinten** eine kurze Strecke schnellstmöglich laufen; **Sprinter** *m.* Kurzstreckenläufer

Sprit *m.* (*lat.*) 1. Spiritus, Brennspiritus, Weingeist; 2. Benzin (umg.)

Spumante *m.* (*itl.*) italienischer Schaumwein

Spurt *m.* (*engl.*) Beschleunigung des Tempos vor dem Ziel; **spurten** Tempo beschleunigen, anziehen

Sputnik *m.* (*russ.*) Name des ersten Typs von russ. Erdsatelliten, deren Erster 1957 und deren Letzter 1961 in seine Umlaufbahn gebracht wurde

Sputum *s.* (*lat.*) Auswurf von Atemwegsekreten

Spyware *w.* (speiwähr, *engl.*) schädliche Software, die persönliche Daten und Passworte eines Benutzers ausspioniert (EDV)

Square *s.* (squär, *engl.*) engl. Bez. für Viereck, Quadrat; **Squaredance** *m.* (-dähnß) Kontertanz, bei dem die Paare in Form eines Quadrats angeordnet sind

Squash *s.* (squosch, *engl.*) dem Tennis ähnliches Spiel mit weichem Ball, der gegen eine hohe Wand geschlagen wird und beim Rückprall in ein bestimmtes Spielfeld treffen muss

Squama *w.* (*lat.*) Schuppe

Squatter *m.* (squotter, *engl.*) 1. amerikan. Siedler ohne Rechtstitel; 2. engl. Bez. für Besetzer leer stehender Häuser

Squaw *w.* (squoh, *indian.*) nordamerikanische Indianerfrau

Squire *m.* (squeir, *engl.*) 1. Gutsbesitzer, Landedelmann (England); 2. Friedensrichter in Amerika

St. = Saint, Sankt
Sta. = Santa
Stabat Mater *s.* (*lat.*) 1. Anfangsworte eines mittelalterlichen Mariengedichts; 2. Komposition zu diesem Gedicht
stabil (*lat.*) 1. beständig, dauerhaft, fest; 2. widerstandsfähig, robust; **Stabilisator** *m.* technisches Gerät oder chem. Stoff, der Stabilität verleiht; **stabilisieren** festigen, dauerhaft, standfest machen, Hptw. **Stabilisierung** *w.*; **Stabilität** *w.* das Stabilsein
staccato (stack-, *itl.*) Musik: gestoßen, abgehackt (Abb. stacc.)
Stack *s.* (stäck, *engl.*) Kellerungsverfahren, bei der Daten seriell in einen Speicher eingegeben und bei Bedarf wieder ausgekellert werden, Stapelspeicher (EDV)
Stadion *s.* (*gr.*) ovales Sportfeld mit Zuschauerrängen, Kampfbahn
Stadium *s.* (*lat.*) Entwicklungsstufe, Entwicklungsphase, Zeitraum aus einer Gesamtentwicklung
Stafette *w.* (*itl.*) 1. Staffellauf; 2. früher: Eilbote; 3. begleitende Gruppe (z. B. von Fahrzeugen)
Staffage *w.* (staffasche, *frz.*) 1. Menschen oder Tiere auf Gemälden zur Belebung eines Landschaftsbilds; 2. Zubehör, Beiwerk; trügerischer Schein
Stage *w.* (stehdsch, *engl.*) Konzert-, Veranstaltungsbühne, bes. bei Popkonzerten; **Stagediving** *s.* (-deiw-) das Springen eines Stars, bes. eines Musikers, von der Bühne ins Publikum
Stagflation *w.* (aus *engl. stag*nation und in*flation*) Stagnation des Wirtschaftswachstums bei gleichzeitiger Geldentwertung
Stagiaire *m.* (stadschär, *frz.*) Probant, Probekandidat
Stagnation *w.* (*lat.*) 1. Stockung, Stillstand, Stauung; 2. kalte Wasserschicht in Seen, die sich nicht mit der oberen warmen Schicht mischt; **stagnieren** 1. stocken, still stehen, sich stauen; 2. stehen (von Gewässern)
Stainless Steel *s.* (stehn- stihl, *engl.*) rostfreier Stahl
Stakes *Mz.* (stehks, *engl.*) Wetteinsätze bei Pferderennen
Staket, Stakete *s.* (*niederl.*) Lattenzaun
stakkato = staccato
Stalagmit *m.* (*gr.*) vom Boden zur Decke wachsender Tropfstein, Auftropfstein
Stalaktit *m.* (*gr.*) von der Decke zum Boden wachsender Tropfstein, Abtropfstein
Stalinismus *m.* der durch J. W. Stalin (1879–1953) weiterentwickelte Marxismus-Leninismus, Eigw. **stalinistisch**;
Stalinorgel *w.* mehrgeschossiger Raketenwerfer der sowjetischen Truppen im Zweiten Weltkrieg
Stalker *m.* (stohk-, *engl.*) jmd., der Stalking betreibt; **Stalking** *s.* 1. krankhafte, besessene Verfolgung und Terrorisierung einer Person, bes. aus verschmähter Liebe; 2. Versuch eines Gesprächspartners in Internetforen, die Daten, bes. Adresse, Telefonnummer u. Ä., seines Gesprächspartners herauszufinden
Stamokap *m.* (Abk. aus *Sta*ats*mo*nopolistischer *Kap*italismus) marxistisch-leninistischer Begriff, dem zufolge der Staat im Spätkapitalismus keinerlei Handlungsfreiheit ohne die Zustimmung wirtschaftlicher Monopole hat
Stampede *w.* (*span.-engl.*) durch Panik ausgelöste wilde Flucht einer (Rinder-) Herde
Standard *m.* (*engl.*) vereinbartes Durchschnittsmaß, Richtschnur, Normalausführung; **standardisieren** normen, vereinheitlichen, Hptw. **Standardisierung** *w.*; **Standardmodell** *s.* 1. technisches Erzeugnis mit Grundausstattung; 2. momentan gültiges Denkmodell, von dem aus weiter gedacht werden kann; **Standardsprache** *w.* Schriftsprache, Hochsprache; **Standardwerk** *s.* maßgebliches Werk; **Standardwerte** *Mz.* Aktien von großen, bekannten Unternehmen
Standarte *w.* (*germ.-frz.*) 1. Feldzeichen, Flagge eines Staatsoberhaupts; 2. Einheit von SA und SS; 3. Fuchsschwanz (Jägersprache)
Stand-by *s.* (ständ bei, *engl.*) 1. Form der Flugreise ohne feste Platzbuchung, Flug auf Abruf; 2. Bereitschaftsschaltung an elektronischen Geräten
Standing *s.* (ßtänding, *engl.*) Stellung, Ansehen, Ruf (von Personen oder Unter-

nehmen); **Standing Ovations** *Mz.* (– owehschens) Begeisterungsstürme des Publikums

Stang *m.* (*Thai*) Münzeinheit in Thailand

Stanniol *s.* (*itl.*) dünne Zinnfolie, Silberpapier; **Stannum** *s.* (*lat.*) Zinn

stante pede (*lat.*) stehenden Fußes, sofort (umg.)

Stanze *w.* (*itl.*) achtzeilige Strophenform

Staphylodermie *w.* (*gr.*) durch Staphylokokken verursachte Hauteiterung, bes. Furunkel

Staphylokokken *Mz.* traubenförmig zusammenliegende Bazillen, Eitererreger

Star *m.* (*engl.*) 1. erfolgreiche, gefeierte Persönlichkeit, bes. in der Unterhaltungsbranche; 2. als Wortteil: herausragend, erfolgreich, berühmt (z. B. Starfotograf, Starjournalist u. Ä.)

Starez *m.* (*russ.*) asketischer Mönch der Ostkirche

Starfighter *m.* (-feiter, *engl.*) US-amerik. Kampfflugzeug; **Starlet** *s.* ehrgeiziger weiblicher Nachwuchsfilmstar

Starost *m.* (*poln.*) Gemeindevorstand, Landrat (in Polen bis 1939, im zaristischen Russland)

Stars and Stripes *Mz.* (– änd streips, *engl.*) Sternenbanner, Nationalflagge der USA mit 13 Streifen für die Gründerstaaten und 50 Sternen für die Gesamtheit der Bundesstaaten

Start *m.* (*engl.*) Beginn, Ausgangspunkt; **starten** 1. beginnen, anfangen; 2. anlassen, in Bewegung setzen; **Start-up** *m.* Neugründung (einer Firma)

Stase, Stasis *w.* (*gr.*) Stauung, Stockung, bes. des Blutes; **Stasimorphie** *w.* Stockung der Entwicklung einer Pflanze

State Department *s.* (steht dipartment, *engl.*) Außenministerium der USA

Statement *s.* (stehtment, *engl.*) 1. Aussage, Erklärung; 2. Computeranweisung, Befehl (EDV)

Statik *w.* (*gr.*) 1. statischer Zustand; 2. Lehre vom Gleichgewicht der Kräfte; 3. die Kräfteverhältnisse in Bauwerken; **Statiker** *m.* Fachmann auf dem Gebiet der (Bau-)Statik; **statisch** 1. ohne Entwicklung der Bewegung; 2. die Statik betreffend

Station *w.* (*lat.*) 1. Haltestelle, Aufenthalt, Bahnhof; 2. Abteilung im Krankenhaus; 3. Sendestelle, Ort einer technischen Anlage; **stationär** 1. ortsfest, unverändert; 2. mit einem Krankenhausaufenthalt verbunden, nicht ambulant; **stationieren** einen Standort anweisen, Hptw. **Stationierung** *w.*

statisch = Statik

Statist *m.* (*lat.*) 1. Darsteller stummer Rollen; 2. Randfigur, nebensächliche Person; **Statisterie** *w.* Gesamtheit der Statisten

Statistik *w.* (*lat.*) zahlenmäßige Erfassung und Untersuchung von Massenerscheinungen und die darüber gemachten Aufzeichnungen; **Statistiker** *m.* jmd., der Statistiken aufstellt oder auswertet; **statistisch** auf Ergebnissen der Statistik basierend

Stativ *s.* (*lat.*) dreibeiniger Geräteständer (z. B. für Fotokameras)

Stator *m.* (*lat.*) feststehender Teil bei Maschinen

Statozyste *w.* (*gr.*) Gleichgewichtssinnesorgan bei vielen wirbellosen Tieren

statuarisch (*lat.*) standbildhaft; **Statue** *w.* (-tu'e) Standbild; **Statuette** *w.* kleines Standbild; **statuieren** festsetzen, bestimmen; **Exempel statuieren** ein warnendes Beispiel geben, eine abschreckende Bestrafung durchführen

Statur *w.* (*lat.*) Wuchs, Körperbau, körperliches Erscheinungsbild eines Menschen

Status *m.* (*lat.*) 1. Situation, Zustand, Lage; 2. Stellung, Rang (in der Gesellschaft); **Status quo** *m.* der gegenwärtige Zustand; **Status quo ante** *m.* der vorherige Zustand; **Statussymbol** *s.* etwas, was den gehobenen gesellschaftlichen Status einer Person anzeigen soll

Statut *s.* (*lat.*) Satzung (*Mz.* Statuten)

Steadycam *w.* (städdikäm, *engl.*) frei bewegliche Filmkamera, die am Körper des Kameramanns befestigt wird; **Steadyseller** *m.* Ware, die sich beständig gut verkauft, bes. Bücher; **Steady State** *m.* (-steht) 1. Fließgleichgewicht in der Enzymkinetik und Biotechnologie; 2. Zustand einer Volkswirtschaft mit gleicher

Konstanz od. gleichem Wachstum aller Faktoren; 3. Theorie des stationären Weltalls (mit gleicher Massedichte)

Steak *s.* (stehk, *engl.*) kurzgebratene Lendenschnitte; **Steaklet** *s.* Hacksteak

Steamer *m.* (stihmer, *engl.*) 1. Dampfer; 2. jmd., der dauernd unter Volldampf steht (Jj.)

Stearin *s.* (*gr.*) Hauptbestandteil von Kerzen

Steatit *m.* (*gr.*) Speckstein

Steatopygie *w.* (*gr.*) Fettsteiß; **Steatose** *w.* Fettsucht

Steelband *w.* (stihlbänd, *engl.*) Band mit Ölfässern als Schlaginstrumenten, bes. i. d. Karibik; **Steeldrum** *w.* (-dramm), **Steelpan** *w.* (-pän) aus Stahlfässern hergestelltes, mit Schlägeln zu spielendes Schlaginstrument mit weichem Klang; **Steelguitar** *w.* = E-Gitarre

Steeplechase *s.* (stihpltschehs, *engl.*) Hindernisrennen; **Steepler** *m.* (stihpler) Rennpferd für Hindernisrennen

Stegodon *m.* (*gr.*) ausgestorbener Vorläufer des Elefanten; **Stegosaurier** *m.* (-ri'er) Gattung ausgestorbener Dinosaurier mit zwei Reihen von Knochenzacken auf dem Rücken

Stele *w.* (*gr.*) frei stehende Säule oder Platte, bes. als Grabdenkmal

Stellage *w.* (-lasche, *frz.*) Ablagegestell, Regal; **Stellagegeschäft** *s.* Börsentermingeschäft

stellar (*lat.*) die Fixsterne betreffend; **Stellarie** *w.* (-ri'e) Sternmiere, Sternkraut

Stemma *w.* (*gr.*) stammbaumartige grafische Darstellung der (Chronologie der) Handschriften eines literarischen Werkes

Steno, Stenogramm *s.* (*gr.*) Niederschrift in Kurzschrift; **Stenograf** *m.* jmd., der Kurzschrift schreibt; **Stenographie, Stenografie** *w.* Kurzschrift; **stenographieren, stenografieren** Kurzschrift schreiben

Stenokardie *w.* (*gr.*) Herzangst, Angina Pectoris

stenophag (*gr.*) auf bestimmte Nahrung angewiesen (von Tieren); **stenophot** auf bestimmte Lichtverhältnisse angewiesen (von Pflanzen); **stenotherm** empfindlich gegenüber Temperaturschwankungen (von Lebewesen)

Stenose *w.* (*gr.*) Verengung eines Körperkanals

Stenotypistin *w.* (*gr.*) Büroangestellte, die Stenographie und Maschineschreiben beherrscht, ehemal. Berufsbild

stentando (*itl.*) Musik: zögernd, schleppend

Stentor *m.* Trompetentierchen, Wimpertierchen in Süßwasser; **Stentorstimme** *w.* durchdringende, gewaltige Stimme (nach dem stimmgewaltigen trojanischen Helden *Stentor*)

Stepp *m.* (*engl.*) Showtanz mit eisenbeschlagenen Schuhen, charakterisiert durch den raschen Wechsel von Fersen- und Spitzenschlägen; **steppen** 1. Stepp tanzen; 2. Schritt für Schritt vorwärts gehen (z. B. beim Lernen, Jj.)

Ster *m.* (*lat.-frz.*) altes Raummaß für Holz

Stereo-, stereo- (*gr.*) als Wortteil 1. fest, unbeweglich; 2. räumlich, körperlich; **Stereoakustik** *w.* Wissenschaft vom räumlichen Hören; **Stereobild** *s.* Bild, das dem Betrachter dreidimensional erscheint; **Stereochemie** *w.* Lehre von der räumlichen Anordnung der Atome im Molekül; **Stereoeffekt** *m.* räumlicher Klang- bzw. Bildeindruck; **stereophon, stereofon** räumlich klingend; **Stereophonie, Stereofonie** *w.* Übertragung von Sprache oder Musik über mehr als einen Kanal, wodurch ein räumlicher Klangeffekt entsteht; **Stereofotografie** *w.* 1. fotografisches Raumbild; 2. Verfahren, um Raumbilder herzustellen; **Stereognosie** *w.* Fähigkeit, Gegenstände allein durch Tasten zu erkennen; **Stereokamera** *w.* Kamera mit zwei in Augenabstand angeordneten Objektiven für Raumbildaufnahmen; **Stereom** *s.* Festigungsgewebe der Pflanzen; **Stereometrie** *w.* Geometrie der räumlichen Gebilde, Eigw. **stereometrisch**; **Stereoskop** *s.* optisches Gerät zum Betrachten von Stereobildern; **Stereotyp** *s.* Vorurteil, Klischee; **stereotyp** starr, formelhaft, feststehend, ständig wiederkehrend; **Stereotypie** *w.* 1. Ausgießen von Druckplatten; 2. krankhafte ständige Wiederholung von Bewegungen oder Wörtern

steril (*lat.*) 1. unfruchtbar; 2. keimfrei, aseptisch; 3. geistlos, ohne Ausstrahlung;

Sterilisation, Sterilisierung *w.* das Sterilisieren; **Sterilisator** *m.* Apparat zum Entkeimen; **sterilisieren** 1. keimfrei und haltbar machen; 2. unfruchtbar machen; **Sterilität** *w.* 1. Keimfreiheit, Unfruchtbarkeit; 2. geistige Austrocknung

Sterin *s.* (*gr.*) Kohlenwasserstoffverbindung in jeder pflanzlichen oder tierischen Zelle

Sterkus *m.* (*lat.*) Kot, Mist, Faezes

Sterlet *m.* (*russ.*) störartiger Fisch

Sterling *m.* (stör-, *engl.*) Währungseinheit in Großbritannien (bis zur evtl. Übernahme des Euro)

Sternum *s.* (*gr.*) Brustbein

Steroide *Mz.* (*gr.*) organische, biologisch wichtige Verbindungen (z. B. Cholesterin, Vitamin D, Testosteron und Östrogen)

Stertor *m.* (*lat.*) röchelndes Atmen

Stethoskop *s.* (*gr.*) ärztliches Hörrohr

Stetson *m.* Cowboyhut aus weichem Filz (nach dem US-amerik. Hersteller J. B. Stetson, 1830–1906)

Steward *m.* (stjuart); **Stewardess** *w.* (*engl.*) Betreuer, Betreuerin der Passagiere auf Schiffs- und Flugreisen

Sthenie *w.* (-nie, *gr.*) Körperkraft, Körperfülle; **sthenisch** kraftvoll

Stichomantie *w.* (*gr.*) Wahrsagen aus einer zufällig aufgeschlagenen Buchstelle; **Stichomythie** *w.* Wechsel von Rede und Gegenrede mit jedem Vers im antiken Drama

Stick *m.* (*engl.*) 1. dünne Salzstange; 2. Kosmetikstift; 3. Speicherstick, kurz für USB-Stick (EDV); **Sticker** *m.* selbstklebender od. anzusteckender Aufkleber

stiekum (*jidd.*) leise, unbemerkt

Stiff-Man-Syndrom *s.* (-män-, *engl.-gr.*) Versteifung der Rumpfmuskulatur, eine neurologische Erkrankung

Stigma *s.* (*gr.*) 1. Wundmal, Mal, Zeichen; 2. Narbe des Fruchtknotens; 3. Tracheenöffnung (*Mz.* Stigmata); **stigmatisieren** zeichnen, brandmarken, diskriminieren, Hptw. **Stigmatisierung** *w.*; **stigmatisiert** mit Christi Wundmal gezeichnet; **Stigmonym** *s.* durch Punkte od. Sternchen ersetzter Eigenname: ***

Stil *m.* (*lat.*) 1. typische künstlerische Ausdrucksweise einer Person oder einer Epoche; 2. Eigenart einer Technik (z. B. Schwimmstil); 3. Lebensweise, Lebensstil; **Stilblüte** *w.* = Katachrese; **Stilbruch** *w.* Durchbrechung einer (künstlerischen) Stilebene, Mischung von Stilen, in Parodie und Satire bewusst eingesetzt; **Stilbühne** *w.* Bühnenaufbau, Bühnenbild, das keine Realität vortäuschen will, sondern einen Schauplatz nur andeutet; **Stilikone** *w.* Persönlichkeit, Star, der durch sein Outfit und seinen Gestus einen Stil begründet hat (z. B. Marlene Dietrich, Humphrey Bogart u. v. a. m.); **stilisieren** auf die Grundformen vereinfachen, Hptw. **Stilisierung** *w.*; **Stilist** *m.* jmd., der den Stil beherrscht; **Stilistik** *w.* Stilkunde, Ausdruckskunde

Stilett *s.* (*itl.*) kurzer Dolch

stilisieren = Stil

Stilton *m.* (stilten, *engl.*) englischer Schimmelkäse

Stimulans *s.* (*lat.*) Reizmittel, Anregungsmittel (*Mz.* Stimulanzien [-zi'e-]); **Stimulanz** *w.* Antrieb, Anreiz; **Stimulation** *w.* das Stimulieren; **stimulieren** anregen, anreizen; **Stimulus** *m.* Reiz, Antrieb (*Mz.* Stimuli)

Stipendiat *m.* (*lat.*) Inhaber eines Stipendiums; **Stipendium** *s.* Unterstützung, Beihilfe für angehende Wissenschaftler

stipulieren (*lat.*) vertraglich abmachen, festsetzen, verabreden, Hptw. **Stipulation** *w.*

Stoa *w.* (*gr.*) 1. altgriech. Säulenhalle; 2. altgriechische Philosophenschule (300 v. bis 300 n. Chr.)

Stochastik *w.* (*gr.*) Teilgebiet der Statistik, das sich mit Wahrscheinlichkeiten beschäftigt, **stochastisch** den Zufall betreffend, zufallsabhängig

Stock *m.* (*engl.*) 1. Warenlager; 2. Grundkapital; **Stockbroker** *m.* Börsenmakler; **Stockexchange** *w.* (-ixtschehnsch) Effektenbörse; **Stockholder** *m.* Aktionär, Effektenbesitzer; **Stockjobber** *m.* Börsenmakler, Effektenhändler; Börsenspekulant

stoi (*russ.*) stopp! halt!

Stoiker *m.* (*gr.*) 1. Angehöriger der Stoa, Vertreter des Stoizismus; 2. gleichmütiger, gelassener, unerschütterlicher Mensch; **stoisch** 1. die Stoa betreffend; 2. gelassen, gleichmütig, unerschütterlich; **Stoi-**

zismus *m.* 1. Lehre der Stoa, nach der menschliche Freiheit in der Unabhängigkeit von äußeren Dingen besteht; 2. Lebensauffassung und -art eines Stoikers

Stokes *s.* Maßeinheit der Viskosität eines Stoffes, Zeichen: St (nach dem engl. Physiker Sir G. Stokes, 1819–1903)

Stola *w.* (*lat.*) 1. breiter Schal, der um die Schultern gelegt wird; 2. schmaler Umhang des kath. Priesters; **Stolgebühren** *Mz.* Gebühren für bestimmte Amtshandlungen eines Geistlichen (z. B. Taufe, Beerdigung)

Stolnik *m.* (*russ.*) Haushofmeister des russ. Zaren

Stoma *s.* (*gr.*) 1. natürliche oder künstliche Hohlorganöffnung; 2. Spaltöffnung bei Pflanzen; **Stomatologie** *w.* Lehre von den Krankheiten der Mundhöhle

Stomp *m.* (*engl.*) Stilform des Jazz, gekennzeichnet durch selbständige, markante Bassführung

stoned (stohnd, *engl.*) im Rauschzustand (Jargon)

stonewashed (-woscht, *engl.*) mit Steinen vorgewaschen, sodass eine Marmorierung entsteht (von Blue Jeans)

stop (*engl.*) 1. auf Verkehrschildern: halt! stopp!; 2. Punkt im Telegramm; **stop-and-go** (– änd –) Bez. für etwas, was in Bewegung gebracht und wieder gestoppt wird (z. B. Verkehr, Geldpolitik); **Stopover** *m.* Zwischenlandung, Reiseunterbrechung; **stopp!** (*engl.*) halt!; **Stopp** *m.* Halt, Unterbrechung; **stoppen** 1. zum Stehen bringen, anhalten; 2. mit der Stoppuhr messen; **Stopping** *s.* Verabreichung von Trägheit erzeugenden, leistungsmindernden Mitteln bei Rennpferden

Store *m.* (stohr, *frz.*) über die ganze Fensterbreite glatt herunterhängende Gardine; **Store** *m.* (stohr, *engl.*) Warenlager und -verkauf; **Storekeeper** *m.* (-kihper) Lagerverwalter (auf Schiffen)

stornieren (*itl.*) rückgängig machen, rückbuchen; **Storno** *s.* Rückbuchung

Storting *s.* (stur-, *norw.*) das norwegische Parlament

Story *w.* (ßtori, *engl.*) 1. ungewöhnliche, nicht ganz glaubhafte Geschichte, Histörchen; 2. Handlung eines Films; **Storyboard** *s.* (-bohrd) zeichnerisch dargestellter Szenenablauf; **Storyteller** *m.* Geschichtenerzähler

Stout *s.* (ßtaut, *engl.*) dunkles Starkbier

Strabismus *m.* (*gr.*) das Schielen; **Strabotomie** *w.* Operation zur Korrektur des Schielens

Stracciatella *s.* (stratscha-, *itl.*) Speiseeis mit Schokoladenstückchen; **Stracciatella** *w.* Einlaufsuppe mit Ei

Stradivari *w.* Geige aus der Werkstatt Stradivaris (nach dem italien. Begründer der Werkstatt A. Stradivari, 1644–1737)

Stragula *s.* (*Wz.*) glatter Fußbodenbelag

straight (streht, *engl.*) 1. aufrecht, geradlinig, zuverlässig; 2. notengetreu, ohne Variationen (im Jazz); 3. heterosexuell (Jargon); 4. unvermischt (von alkoholischen Getränken); **Straight, Straightflush** *m.* (-flasch) Sequenz von fünf Karten der gleichen Farbe (beim Poker)

Stramin *m.* (*lat.*) gitterartiger, steifer Stoff als Stickgrund

strange (strehnsch, *engl.*) seltsam, merkwürdig; **Strangeness** *w.* Quantenzahl für die Seltsamkeit des Verhaltens od. des Zustands eines Elementarteilchens

Strange Particles *Mz.* (– partikls) stets paarweise erzeugte Elementarteilchen

Strangulation, Strangulierung *w.* (*lat.*) 1. das Strangulieren; 2. Abschnürung eines inneren Organs, bes. des Darms; **strangulieren** (*gr.-lat.*) abschnüren; erwürgen, erdrosseln, erhängen;

Strangurie *w.* (schmerzhafter) Harnzwang

Strapaze *w.* (*itl.*) Mühe, Anstrengung; **strapazieren** anstrengen, stark beanspruchen, abnutzen; **strapaziös** anstrengend, beschwerlich

Strappatura *w.* (*itl.*) Werg aus italien. Hanf

Straps *m.* (*engl.*) Strumpfhalter und -gürtel in Dessousqualität

strascinando (straschi-, *itl.*) Musik: schleppend, schleifend

Strass *m.* Nachbildung von Edelsteinen aus stark glitzerndem Bleiglas (nach dem französ. Juwelier G. F. Stras, 1700–1773)

Stratege *m.* (*gr.*) jmd., der nach Strategien handelt; **Strategem** *s.* 1. Kunstgriff, Trick; 2. Kriegslist; **Strategie** *w.* genau durchdachter Handlungsplan, der Risiken und Vorteile sowie die Strategie des Gegners einbezieht, Eigw. **strategisch**

Stratifikation *w.* (*lat.*) 1. Schichtung von Gesteinen; 2. Schichtung von Pflanzensamen in feuchtem Untergrund zur Vorkeimung, Ztw. **stratifizieren**; **Stratigraphie, Stratigrafie** *w.* (*lat.-gr.*) 1. Schichtenkunde (in Geologie und Anthropologie); 2. Röntgenschichtaufnahmen

Stratokumulus *m.* (*lat.*) Haufenschichtwolke; **Stratum** *s.* 1. Lebensraumschicht eines Biotops; 2. Schicht besonderer Zellen; 3. soziale Schicht; **Stratus** *m.* gleichförmige Schichtwolke, Hochnebel

Stratosphäre *w.* (*gr.-lat.*) die Atmosphäre in einer Höhe von 12 bis 50 km

Strazze *w.* (*itl.*) buchhalterische Kladde

streaken (strik-, *engl.*) blitzschnell nackt über die (belebte) Straße laufen; **Streaker** *m.* jmd., der streakt; Blitzer

Streamer *m.* (strihm-, *engl.*) Zusatzgerät für die Erstellung umfangreicher Sicherungskopien; **Streaming** *s.* schritthaltende Datenverarbeitung ohne Start- und Stoplücken (EDV); **Stream of Consciousness** *m.* (-schesnes) moderne Erzähltechnik, die eine assoziative Folge von Bildern und Gedanken des literarischen Ichs setzt

Streetball *m.* (strihtbohl, *engl.*) dem Basketball verwandtes (amerik.) Ballspiel; **Streetfighter** *m.* (-feit-) jugendlicher Straßenkämpfer, der einer Konfrontation mit anderen Jugendlichen und der Polizei nicht ausweicht; **Streetgang** *w.* (-gäng) Bande jugendlicher Krimineller; **Streetsoccer** *m.* Fußball auf Straßen und Plätzen, bes. von Jugendlichen; **Streatwear** *w.* (-währ) (lockere) Straßenkleidung, Alltagskleidung; **Streetworker** *m.* (-wörker) Sozialarbeiter, der Obdachlose und Drogenabhängige in ihrem Milieu betreut

Strept(o)-, strept(o)- (*gr.*) als Wortteil: 1. kettenförmig; 2. Streptokokken betreffend; **Streptodermie** *w.* Streptokokkenerkrankung der Haut; **Streptokokken** *Mz.* (*gr.*) Kettenbazillen, Erreger zahlreicher Krankheiten; **Streptomycin, Streptomyzin** *s.* (*Wz.*) antibiotisches Heilmittel, besonders gegen Tuberkulose; **Streptotrichose** *w.* Pilzerkrankung der Lunge

Stress *m.* (*engl.*) starker seelischer Druck, starke Belastung; **stressen** Stress auslösen, Eigw. **stressig**; **Stressor** *m.* Stressfaktor, etwas, was Stress auslöst

Stretch *m.* (ßtretsch, *engl.*) 1. stark dehnbares Gewebe aus synthetischem Kräuselgarn; 2. Kleidungsstücke aus oder mit Stretch; **stretchen** 1. auseinanderziehen, dehnen; 2. Dehnübungen ausführen; **Stretching** *s.* Dehnübung(en) als Gymnastik; **Stretchlimousine** *w.* geschlossene Limousine mit stark verlängertem Mittelteil und luxuriöser Ausstattung

Stretta *w.* (*itl.*) Schlusssteigerung eines Musikstücks, bes. in der italienischen Arie; **stretto** Musik: drängend, beschleunigt

Stria *w.* (*lat.*) Streifen (z. B. Schwangerschaftsstreifen)

Stridor *m.* (*lat.*) pfeifendes Atemgeräusch; **Stridulation** *w.* die Erzeugung von Zirptönen bei Insekten (z. B. der Grille), Ztw. **stridulieren**

Strike *m.* (streik, *engl.*) 1. Abräumerwurf beim Bowling; 2. verfehlter Schlag im Baseball; 3. Treffer, Glückswurf

strikt (*lat.*) streng, genau; **Striktion** *w.* Zusammenziehung; **Striktur** *w.* Verengung eines Körperkanals

String *s.* (*engl.*) 1. Zeichenkette (EDV); 2. theoretisches Objekt in der Stringtheorie; **Stringtheorie** *w.* hypothetisches physikalisches Modell, in dem die fundamentalen Bausteine vibrierende, ein- od. mehrdimensionale Objekte, Strings, sind

stringendo (strindschendo, *itl.*) Musik: schneller werdend

stringent (*lat.*) beweiskräftig, bündig, zwingend, Hptw. **Stringenz** *w.*

Stringtanga *m.* = G-String

Strip *m.* (*engl.*) 1. Striptease; 2. Wundpflasterstreifen; **strippen** 1. Striptease vorführen; 2. Filmmaterial zusammenmontieren; 3. in der Kernphysik Ionen abtrennen; **Stripper** *m.* 1. Stripteasetänzer; 2. medizinisches Instrument zum Entfernen eines Blutpfropfs; 3. Spezialkran im Hüttenwesen; **Stripperin** *w.* Stripteasetänzerin; **Stripping** *s.* 1. operative Beseitigung von Krampfadern; 2. Entfernung eines Blutpfropfs; 3. das Abstreifen eines Nukleons (i. d. Kernphysik); **Striptease** *s.* (-tihs) von einem Stripper oder einer

Stripperin vorgeführte Entkleidungsszene

strisciando (strischando, *itl.*) Musik: schleifend

Strizzi *m.* (*itl.*) Strolch, Zuhälter (umg.)

Stroboskop *s.* (*gr.-lat.*) Gerät zum Sichtbarmachen und Messen schnell ablaufender Bewegung mit Hilfe von Lichtimpulsen

Stromatik *w.* (*gr.*) Teppichwebkunst

Strontium *s.* (*engl.*) chem. Element, ein Metall

Strophantin *s.* (*gr.*) Herzmittel aus dem Samen des Strophantus, eines Hundsgiftgewächses

Strophe *w.* (*gr.*) Gruppe von Verszeilen, Abschnitt eines Gedichts oder Liedes; **strophisch** 1. in Strophen geteilt; 2. mit gleicher Melodie zu singen

Struktur *w.* (*lat.*) 1. Gefüge, Aufbau, Anordnung der Teile eines Ganzen; 2. erhabene Musterung (z. B. auf Textilien, Tapeten u. Ä.); 3. geologische Beschaffenheit (z. B. Falte); **Strukturalismus** *m.* verschiedenen Humanwissenschaften, bes. der Linguistik und Anthropologie, gemeinsame Denkweise, Sprache(n) und Kultur(en) als geschlossene, tendenziell geschichtslose (Zeichen-)Systeme zu verstehen, wobei es Aufgabe der Wissenschaft(en) ist, die Beziehungen zwischen den Teilen des Systems bzw. der Struktur zu erforschen; **Strukturformel** *w.* chemische Zeichensprache; **strukturell** sich aus der Struktur ergebend, die Struktur betreffend; **strukturieren** eine Struktur geben

Struma *w.* (*lat.*) Kropf, krankhafte Vergrößerung der Schilddrüse; **Strumektomie** *w.* operative Entfernung des Kropfs

Strychnin *s.* (*gr.*) hochgiftiges Alkaloid der Brechnuss; **Strychnismus** *m.* Vergiftung mit Strychnin

Stuck *m.* (*itl.*) Gipsmasse für Wand- und Deckenbewurf; **Stuckateur** *m.* (-tör) Stuckarbeiter; **Stuckator** *m.* Stuckkünstler; **Stuckatur** *w.* Stuckarbeit

stud. Abk. für studiosus (*lat.*): Student

Student *m.* (*lat.*) Hochschüler; **studentisch** 1. wie ein Student; 2. den Studenten betreffend

Studie *w.* (-di'e, *lat.*) 1. Vorarbeit; 2. wissenschaftliche Untersuchung und Abhandlung (*Mz.* Studien); **Studienassessor** *m.* amtliche Bez. für den Lehramtsanwärter nach dem 2. Staatsexamen; **Studienkolleg** *s.* Vorbereitungskurs für ein Hochschulstudium, bes. für ausländische Studierende; **Studienrat** *m.* amtliche Bez. für den verbeamteten Gymnasiallehrer; **Studienreferendar** *m.* amtliche Bez. für den Lehramtsanwärter nach dem 1. Staatsexamen; **studieren** 1. eine Hochschule besuchen, sich Kenntnisse an einer Hochschule erwerben; 2. genau beobachten, durchlesen, erforschen

Studio *s.* (*lat.*) 1. Künstlerwerkstatt; 2. Aufnahmeraum für Sendungen; 3. Versuchsbühne; **Studiosus** *m.* Student (scherzh.)

Studium *s.* (*lat.*) 1. Besuch der Hochschule; 2. wissenschaftliche Erforschung eines Gebietes; **Studium generale** *s.* Allgemeinstudium, Vorlesungen allgemein bildenden Charakters

Stunt, Stuntman *m.* (ßtantmän, *engl.*), **Stuntwoman** *w.* (-wumän) Double, das in gefährlichen Filmszenen den Schauspieler vertritt (*Mz.* Stuntmen)

Stupa *m.* (*sanskr.*) buddhistischer Sakralbau, zugleich Grab- und Erinnerungsmal, bes. in Indien

stupend (*lat.*) erstaunlich, verblüffend

stupid (*lat.*) blöde, stumpfsinnig, Hptw. **Stupidität** *w.*

Stupor *m.* (*lat.*) krankhafte körperliche und geistige Reglosigkeit, Eigw. **stuporös**

Stuprum *s.* (*lat.*) Vergewaltigung, Ztw. **stuprieren**

stygisch = Styx

Style Concierge *m.* (stil konßjärsch, *frz.*) französ. Bez. für die Naive Malerei im ausgehenden 19. Jh. (z. B. eines Henri Rousseau)

Styling *s.* (ßteiling, *engl.*) 1. äußere Formgebung, Entwurf, Design; 2. modische Aufmachung einer Person, Ztw. **stylen**; **Stylist** *m.* 1. Formgestalter; 2. jmd., der Mode, modische Aufmachung inszeniert (z. B. für Fototermine)

Stylit *m.* (*gr.*) Säulenheiliger, Asket im frühen Christentum

Stylus *m.* (*lat.*) 1. Arzneimittel in Stiftform (z. B. Ätzstift); 2. Griffel am Frucht-

knoten einer Pflanze, 3. Beinreste bei Gliederfüßern (z. B. Skorpionen)
Stypsis *w.* (*gr.*) Blutstillung
Styrax *w.* (*lat.*) tropischer und subtropischer kleiner Baum mit weißen Blüten, Gattung der Storaxbaumgewächse
Styropor *s.* (*Wz.*) Kunststoff aus zusammengepressten Kügelchen, Verpackungs- und Wärmedämmungsmaterial
Styx *m.* (*gr.*) Fluss in der Unterwelt der griech. Mythologie; **stygisch** schauerlich, düster
Suada *w.* (*lat.*) 1. Überredungskunst, Redegabe; 2. Redefluss; **suasorisch** überredend
Suaheli *s.* (*arab.*) eine Bantusprache, die als Handels- und Amtssprache in Ostafrika weit verbreitet ist
Suanpan *m.* od. *s.* (*chin.*) chines. Rechenbrett
suave = soave
Sub-, sub- (*lat.*) als Vorsilbe: unter
subaltern (*lat.*) untergeordnet, untertänig; **Subalternation** *w.* logische Unterordnung eines Begriffs unter einen anderen; **Subalternität** *w.* 1. Abhängigkeit; 2. Unterwürfigkeit
subatomar (*lat.-gr.*) kleiner als ein Atom
subfebril (*lat.*) leicht erhöht, aber noch nicht fieberhaft (von Körpertemperatur)
Subbotnik *m.* (*russ.*) zusätzlicher freiwilliger und unbezahlter Arbeitseinsatz in ehemals sozialist. Ländern
subfossil (*lat.*) erst in historischer Zeit ausgestorben
subito (*itl.-lat.*) plötzlich, sofort
Subjekt *s.* (*lat.*) 1. Sprachlehre: Satzgegenstand; 2. das erkennende Ich; 3. gemeiner Kerl (umg.); 4. Thema der Fuge in der Musik; **subjektiv** 1. auf ein Subjekt bezogen, persönlich; 2. befangen, einseitig, unsachlich, Hptw. **Subjektivität** *w.*; **Subjektivismus** *m.* 1. Lehre, dass die Wirklichkeit eine Bewusstseinsschöpfung des erkennenden Ichs ist; 2. Ichbezogenheit; **Subjektivist** *m.* Anhänger des Subjektivismus, Eigw. **subjektivistisch**
Subkategorie *w.* (*lat.-gr.*) Unterkategorie
Subkontinent *m.* (*lat.*) Teil eines Kontinents mit besonderem Charakter (z. B. Indien)
Subkultur *w.* (*lat.*) Sonderkultur, Gegenkultur
subkutan (*lat.*) unter der Haut, unter die Haut
sublim (*lat.*) erhaben, verfeinert, feinsinnig, vergeistigt, Hptw. **Sublimität** *w.*; **Sublimat** *s.* festes Destillat; **Sublimation** *w.* 1. Überführung eines Feststoffes in den gasförmigen Zustand; 2. das Sublimieren; **sublimieren** 1. ins Erhabene, Sublime steigern, verfeinern; 2. unbewusste (sexuelle) Triebimpulse in geistige Tätigkeiten umsetzen; 3. vom festen in den gasförmigen, vom gasförmigen in den festen Zustand übergehen, Hptw. **Sublimierung** *w.*
sublunar(isch) (*lat.*) unter dem Mond, irdisch
submarin (*lat.*) unterseeisch
submediterran (*lat.*) in der nördlichen Mittelmeerregion wachsend (von Pflanzen)
submental (*lat.*) unter dem Kinn gelegen
submers (*lat.*) unter dem Wasser lebend (von Pflanzen und Tieren)
submikroskopisch (*gr.-lat.*) im Mikroskop nicht mehr sichtbar
submiss (*lat.*) ergeben, unterwürfig; **Submission** *w.* Vergebung öffentlicher Arbeiten; **Submittent** *m.* Bewerber um einen Auftrag; **submittieren** sich um einen Auftrag bewerben
subnival (*lat.*) unter dem Schnee, unter der Schneegrenze liegend, durch Schnee entstanden
suborbital (*engl.*) nicht in eine Umlaufbahn gelangend
Subordination *w.* (*lat.*) 1. Unterordnung; 2. Sprachlehre: Unterordnung von Sätzen, Satzgliedern; **subordinieren** unterordnen
sub rosa (*lat.*) unter dem Siegel der Verschwiegenheit
subsidiär, subsidiarisch (*lat.*) behelfsweise, unterstützend, aushilfsweise, ersatzweise; **Subsidiarismus** *m.*, **Subsidiarität** *w.* von der kath. Soziallehre geprägter Grundsatz, dem zufolge der Staat nur die Aufgaben kleinerer Gemeinschaften zu übernehmen habe, die von diesen nicht erfüllt werden können; **Subsidien** *Mz.* (-di'en) Hilfsgelder

sub sigillo (*lat.*) unter dem Siegel der Verschwiegenheit

Subsistenz *w.* (*lat.*) das Bestehen durch sich selbst; **Subsistenzwirtschaft** *w.* Wirtschaftsform, in der ein Land überwiegend für den eigenen Bedarf produziert; **subsistieren** für sich bestehen

Subskribent *m.* (*lat.*) jmd., der sich zur Abnahme eines noch nicht erschienenen Werkes verpflichtet; **subskribieren** vorausbestellen; **Subskription** *w.* Vorausbestellung

sub specie aeternitatis *m.* (-zi'e äter-, *lat.*) im Licht, unter dem Blickwinkel der Ewigkeit; **Subspezies** *w.* (-zi'es) Unterart (in der Biologie), die nur geringfügig von der Ausgangsform abweicht (*Mz.* Subspezies)

Substantiv, Substantivum *s.* (*lat.*) Sprachlehre: Hauptwort, Dingwort; **substantivieren** zum Substantiv machen; **substantivisch** wie ein Substantiv

Substanz *w.* (*lat.*) 1. Stoff, Materie; 2. das Unveränderliche, Bestandhabende; 3. das Wesentliche, Wichtige einer Sache; **substanziell** (-zi'e-, *lat.*) 1. stofflich, materiell, dinghaft; 2. wichtig, wesentlich, Hptw. **Substanzialität** *w.*

substituieren (*lat.*) ersetzen, austauschen, Hptw. **Substituierung** *w.*; **Substitut** *m.* Vertreter des Verkaufsleiters; **Substitution** *w.* 1. Ersetzung, Austausch; 2. Ersetzbarkeit, Austauschbarkeit

Substrat *s.* (*lat.*) 1. Unterlage, Grundlage; 2. Nährboden; 3. Sprache einer Vorbevölkerung, die noch weiter wirkt (z. B. in Ortsnamen u. Ä.)

subsumieren (*lat.*) 1. unter einem Begriff zusammenfassen; 2. eine Rechtsnorm auf einen Sachverhalt anwenden; **Subsumierung** *w.* das Subsumieren; **Subsumption, Subsumtion** *w.* 1. Unterordnung unter einen Begriff; 2. Anwendung einer Rechtsnorm auf einen Sachverhalt; **subsumptiv, subsumtiv** unterordnend, einbeziehend

subterran (*lat.*) unterirdisch

subtil (*lat.*) 1. fein strukturiert oder ausgeführt; 2. verwickelt, schwer zu durchschauen, unterschwellig; 3. scharfsinnig, spitzfindig, Hptw. **Subtilität** *w.*

Subtrahend *m.* (*lat.*) die Zahl, die von einer anderen abgezogen wird; **subtrahieren** abziehen; **Subtraktion** *w.* das Substrahieren

Subtropen *Mz.* (*gr.-lat.*) Gebiet zwischen Tropen und gemäßigter Zone; Eigw. **subtropisch**

Suburb *w.* (ßabbörb, *engl.*) Vorstadt, Trabantenstadt; **Suburbanisation, Suburbanisierung** *w.* Ausdehnung der Großstädte durch Eingliederung von Vorstädten und Umland; **Suburbia** *w.* (saborbija) Gesamtheit der eine Großstadt umgebenden Vor- und Schlafstädte sowie die dort entstandenen typischen Lebens- und Verhaltensweisen ihrer Bewohner

Subvention *w.* (*lat.*) Unterstützung durch staatliche Gelder, Ztw. **subventionieren**

Subversion *w.* (*lat.*) subversive Tätigkeit; **subversiv** umstürzlerisch, zerstörerisch

sub voce (– -tsche, *lat.*) unter dem Stichwort (Abk. s. v.)

Subway *w.* (sabweh, *engl.*) Untergrundbahn; Straßenunterführung

Subwoofer *m.* (sabwuhwer, *engl.*) großer Lautsprecher zur Bassverstärkung

subzellulär (*lat.*) kleiner als eine Zelle

Sucre *m.* Währungseinheit in Bolivien (nach dem südamerik. General A. J. de Sucre y de Alcalá, 1795–1830)

Sucus *m.* (*lat.*) Pflanzensaft

Sudden Death *m.* = Golden Goal

Sudoku *s.* (*jap.*) Zahlenrätsel mit 81 Feldern und bestimmten Regeln für die Anordnung der Ziffern von eins bis neun

Sudor *m.* (*lat.*) Schweiß; **Sudoration, Sudation** *w.* das Schwitzen; **sudorifer** 1. Schweiß absondernd; 2. schweißtreibend; **Sudoriferum** *s.* schweißtreibendes Mittel

Suffimentum *s.* (*lat.*) medizin. Räuchermittel

süffisant (*frz.*) spöttisch überheblich, seine Überlegenheit genüsslich demonstrierend, Hptw. **Süffisanz** *w.*

Suffix *s.* (*lat.*) Nachsilbe (z. B. -keit, -ung), im Ggs. zu Präfix; **suffigieren** mit einer Nachsilbe versehen (von Wörtern)

suffizient (-zi'e-, *lat.*) genügend, ausreichend; **Suffizienz** *w.* ausreichendes Funktionsvermögen (von Organen)

Suffragan *m.* (*lat.*) einem Erzbischof unterstellter Bischof in der kath. Kirche

Suffragette *w.* (*engl.*) Kämpferin für das Frauenstimmrecht

Sufi *m.* (*arab.*) Vertreter des Sufismus (z. B. Derwisch); **Sufismus** *m.* islamische Mystik; **Sufist** *m.* Anhänger des Sufismus

suggerieren (*lat.*) 1. jmdm. etwas einreden, beeinflussen; 2. einen bestimmten Eindruck erzeugen; **suggestibel** leicht beeinflussbar, Hptw. **Suggestibilität** *w.*; **Suggestion** *w.* suggestive Beeinflussung, Willensbeeinflussung; **suggestiv** bestimmte Gedanken, Empfindungen, Verhaltensweisen hervorrufend; **Suggestivfrage** *w.* Frage, die eine bestimmte (erwünschte) Antwort nahelegt

sui generis (*lat.*) besonders, von eigener Art, einzig

Suitcase *s.* (sjutkehs, *engl.*) Handkoffer

Suite *w.* (swiht, *frz.*) 1. charakteristische Folge von Instrumentalstücken, meist Tänzen; 2. Zimmerflucht

Suitier *m.* (suitje) jmd., der liederliche Kontakte pflegt

Suizid *m.* (*lat.*) Selbstmord, Freitod; **suizidal** selbstmordgefährdet; **Suizidologie** *w.* Teilgebiet der Psychiatrie, das sich mit der Erforschung und Prophylaxe von Selbstmord befasst

Sujet *s.* (ßüsche, *frz.*) Thema, Gegenstand (eines künstlerischen Werkes)

Suk *m.* (*arab.*) Verkaufsstand; Geschäftsviertel, Markt in einer arab. Stadt

Sukkade *w.* (*frz.*) kandierte Schale von Zitrusfrüchten

Sukkubus *m.*, **Sukkuba** *w.* (*lat.*) 1. Alptraum; 2. der Teufel in Gestalt einer Frau, die beim Geschlechtsverkehr unten liegt (nach mittelalterlicher Vorstellung)

Sukkulenten *Mz.* (*lat.*) Pflanzen mit Wasser speichernden Blättern

Sukkurs *m.* (*lat.*) Verstärkungs-, Unterstützungseinheit

Suktorien *Mz.* (-ri'en, *lat.*) 1. Flöhe; 2. Saugtierchen

Sukzession *w.* Nachfolge, Aufeinanderfolge; Rechtsnachfolge, Thronfolge; **sukzessiv** aufeinander folgend, nach und nach, allmählich eintretend

sul (*lat.*) Musik: auf (einer bestimmten Saite) zu spielen

Sula *w.* (*lat.*) die Vogelgattung der Tölpel

Sulfat *s.* (*lat.*) Salz der Schwefelsäure; **Sulfid** *s.* Salz der Schwefelwasserstoffsäure; **Sulfonamide** *Mz.* Gruppe chemotherapeutischer Heilmittel gegen Infektionskrankheiten; **Sulfur** *s.* Schwefel (Zeichen S)

Sulky *s.* (auch: ßalki, *engl.*) leichter, zweirädriger Wagen für Trabrennen

Sultan *m.* (*arab.*) islamischer Herrschertitel; **Sultanat** *s.* Herrschaft und Herrschaftsgebiet eines Sultans; **Sultanine** *w.* große Rosine ohne Kerne

summa cum laude (*lat.*) mit höchstem Lob (beste Examenszensur); **summarisch** zusammengefasst; in Bausch und Bogen; **summa summarum** alles in allem; **Summary** *s.* (ßammerih, *engl.*) kurze Zusammenfassung eines Buches, Artikels o. Ä.; **Summe** *w.* (*lat.*) 1. Endergebnis einer Zusammenzählung; 2. Gesamtbild, Gesamtheit, Gesamtbetrag; **summieren** zusammenzählen; **sich summieren** auflaufen, anwachsen, Hptw. **Summierung, Summation** *w.*

Sumo *s.* (*jap.*) traditioneller japanischer Ringkampf

Sunblocker *m.* (sann-, *engl.*) (populäre Bez. für ein) Sonnenschutzmittel mit sehr hohem Lichtschutzfaktor

Sunn *m.* (sann, *engl.*) hanfähnliche Pflanzenfaser

Sunna *w.* (*arab.*) im Hadith gesammelte Überlieferung über das Leben und Wirken sowie die Aussprüche Mohammeds; **Sunnismus** *m.* eine Hauptrichtung des Islam; **Sunnit** *m.* Anhänger der orthodoxen Sunna, Ggs. zu den Schiiten

Sunset Law *s.* (san- loh, *engl.*) Gesetz, das nur für bestimmte Bedingungen gültig verabschiedet u. wieder aufgehoben wird, wenn die Bedingungen nicht mehr zutreffen

Suomi (*finn.*) finnischer Name für Finnland

Super *s.* Kurzwort für Superbenzin (Oktanzahl über 96)

Super-, super- (*lat.*) als Wortteil: über, ober-, groß(artig)

super (*lat.*) toll! Klasse!

Superacidität *w.* (*lat.*) Übersäuerung des Magens

Superbowl *m.* (-bohl, *engl.*) Meister-

schaft im American Football; **Supercomputer** *m.* hochleistungsfähiger Großrechner (EDV); **Supercup** *m.* (-kapp) 1. Pokalwettbewerb der Europapokalgewinner; 2. Pokalsieger; 3. Siegestrophäe
superb (süp-, *frz.*) köstlich, erlesen
Superdividende *w.* (*lat.*) Zuschlag zur Dividende
superfiziell (-zi'e-, *lat.*) oberflächlich
Super-G *m.* (aus *engl.* giant slalom) Skiwettbewerb zwischen Riesenslalom und Abfahrtslauf
Super-Gau *m.* eine Katastrophe in unvorstellbaren Dimensionen (größer als der GAU, der größte anzunehmende [Atom-] Unfall)
Superinfektion *w.* = Sekundärinfektion
Superintendent *m.* (*lat.*) einem Kirchenkreis vorstehender evangelischer Geistlicher (in Norddeutschland)
Superior *m.* (*lat.*) Ordens-, Klostervorsteher; **Superiorität** *w.* Überlegenheit, Übergewicht
Superkargo *m.* (*lat.-span.*) bevollmächtigter Begleiter einer Schiffsfracht
Superlativ *m.* (*lat.*) Sprachlehre: höchste Steigerungsform des Eigenschaftsworts; **superlativisch** übersteigert, übertrieben
Superlearning *s.* (-lörning, *engl.*) Methode, eine Fremdsprache begleitet durch Entspannungsübungen zu erlernen
Supermarkt *m.* (*engl.*) großes Geschäft mit Selbstbedienung
Supernova *w.* (*lat.*) neuer Stern mit sehr hellem Aufleuchten
Superporte = Sopraporte
Supervision *w.* (*engl.*) (Leistungs-)Kontrolle, Beobachtung; **Supervisor** *m.* jmd., der eine Supervision durchführt
Superzilium *s.* (*lat.*) Augenbraue
supi toll! Klasse! (Jj.)
Supper *s.* (sapp-, *engl.*) engl. Bez. für Abendessen
Supplement *s.* (*lat.*) Ergänzung, Nachtrag; **supplementär** ergänzend, nachträglich
Supply *m.* (ßeplai, *engl.*) Vorrat, Bestand, Warenbestand
supponieren (*lat.*) unterstellen, voraussetzen
Support *m.* (*lat.-frz.*) Werkzeugträger an Drehbänken
supporten (*engl.*) helfen, unterstützen, finanziell unter die Arme greifen; **Supporter** *m.* jmd., der einen Jugendlichen finanziert: Elternteil, Verwandter u. Ä. (Jj.)
Supposition *w.* (*lat.*) Annahme, Voraussetzung; **Suppositorium** *s.* Arzneimittel enthaltendes Zäpfchen; **Suppositum** *s.* Annahme
Suppression *w.* (*lat.*) Unterdrückung, Hemmung (von Blutungen); **supprimieren** unterdrücken, zurückdrängen
Suppuration *m.* (*lat.*) Eiterung; **suppurativ** eiternd, eitrig; **suppurieren** eitern
Supra-, supra- (*lat.*) als Wortteil: oberhalb, über
Supramid *s.* (*Wz.*) eiweißähnlicher Kunststoff als Knochenersatz
supranational (*lat.*) übernational, überstaatlich
supranatural (*lat.*) übernatürlich; **Supranaturalismus** *m.* theologische Glaubensrichtung, die die der Vernunft übergeordnete Offenbarung Gottes betonte, ca. 1780–1830
supraorbital (*lat.*) über der Augenhöhle
Supremat *m.* oder *s.*, **Suprematie** *w.* (*lat.*) Vorrang, Überordnung; **Suprematismus** *m.* von K. Malewitsch (1878–1935) entwickelte, streng gegenstandslose Stilrichtung, eine Spielart des Kubismus; **Suprematseid** *m.* der seit 1534 vom engl. Geistlichen und Beamten zu leistende Eid, mit dem er die kirchliche Oberherrschaft des engl. Königs anerkennt
Supreme Court *m.* (sapprihm kohrt, *engl.*) oberste Instanz im engl. Rechtswesen
Sura *w.* (*lat.*) Wade
Surdomutitas *w.* (*lat.*) Taubstummheit
Sure *w.* (*arab.*) Kapitel des Korans
Surfboard *s.* (sörfbohrd, *engl.*) Spezialbrett mit oder ohne Segel zum Surfen; **surfen** 1. mit dem Surfbrett segeln oder auf den Brandungswellen reiten; 2. sich als Benutzer ohne Einschränkungen nach den eigenen Bedürfnissen im Internet bewegen (EDV); **Surfer** *m.* jmd., der surft; **Surfing** *s.* das Surfen
Surimono *s.* (*jap.*) kostbarer, mit Texten,

bes. Gedichten, versehener jap. Farbholzschnitt für besondere Anlässe
Surplus *s.* (sürplü, *frz.*) Überschuss, Gewinn
Surprise *w.* (ßürpris, *frz.*) Überraschung, Überrumpelung; **Surpriseparty** *w.* (sörpreis-, *engl.*) Überraschungsparty; spontaner Überraschungsbesuch
Surrealismus *m.* (sür-, *frz.*) Richtung in der modernen Kunst und Literatur nach dem Ersten Weltkrieg, die das Unbewusste, Traum- und Rauschhafte in realistischer Darstellungsweise künstlerisch ausdrückte, Eigw. **surrealistisch**; **Surrealist** *m.* Vertreter des Surrealismus
Surrogat *s.* (*lat.*) Ersatzmittel, Behelf
Survey *m.* (ßörweh, *engl.*) Ermittlung, Erhebung, Meinungsbefragung; Expertengutachten
Survivals *Mz.* (ßörweiwels, *lat.-frz.-engl.*) Reste untergegangener kultureller Formen, die sich in gegenwärtigen Volksbräuchen und Glaubensvorstellungen fortsetzen; **Survivaltraining** *s.* (-trehning) Überlebenstraining
Sushi *s.* (-schi, *jap.*) (meist) aus rohem Fisch auf einer Unterlage aus Reis bestehendes Gericht
suspekt (*lat.*) verdächtig
suspendieren (*lat.*) 1. aufschieben, unentschieden lassen; 2. von einer Verpflichtung befreien; 3. hochlagern, schwebend aufhängen (von Gliedern); 4. unlösliche Teilchen in einer Flüssigkeit fein verteilen; Hptw. **Suspension, Suspendierung** *w.*; **suspensiv** aufhebend, aufschiebend
Suspense *m.* (ßaspens, *engl.*) Spannung, bes. in Kriminalfilmen, die bes. dadurch entsteht, dass der Zuschauer mehr weiß als der Filmheld
Suspensorium *s.* (*lat.*) Trageverband zum Schutz für Penis und Hoden oder die weibliche Brust, bes. im Sport
Sutache = Soutache
Sutane = Soutane
Sutur *w.* (*lat.*) Knochennaht
suum cuique (-ku-, *lat.*) jedem das Seine (Inschrift des Schwarzen Adlerordens, des höchsten preußischen Ordens)
s. v. = sub voce
Suzeränität *w.* (*lat.*) Oberherrschaft eines Staates über andere Staaten
svegliato (ßwelja-, *itl.*) Musik: frisch, kühn
Swamps *Mz.* (swomps, *engl.*) Sumpfwälder an der südöstlichen Atlantikküste der USA
Swanskin *m.* (swän-, *engl.*) feiner geköperter Flanell
Swapgeschäft *s.* (swop-, *engl.*) Devisenaustauschgeschäft
Swastika *w.* (*altind.-sanskr.*) altind. Bez. für Hakenkreuz, Sonnensymbol
Swatch *w.* (*Wz.*) modische Schweizer Markenuhr
Sweater *m.* (swätter, *engl.*) Pullover; **Sweatshirt** *s.* (-schört) weites T-Shirt mit langen Ärmeln
Sweetheart *s.* (ßwihthart, *engl.*) Liebling, Schatz; **Sweet Jazz** *m.* gefälliger Unterhaltungsjazz
Swell *m.* (*engl.*) Stutzer, aufgeblasener Mensch
Swimmingpool *m.* (-puhl, *engl.*) Schwimmbecken in Haus od. Garten
Swing *m.* (*engl.*) 1. locker schwingende, rhythmische Qualität des Jazz; 2. der Jazz der 1930er Jahre, Big-Band-Jazz; 3. dem Foxtrott ähnelnder Tanz; 4. Kreditlinie bei Handelsverträgen; **swingen** 1. im Stil des Swing spielen oder tanzen; 2. häufiger den Sexualpartner wechseln; **Swinger** *m.* 1. nach unten ausgestellter, locker schwingender Kurzmantel; 2. jmd., der seinen Sexualpartner des Öfteren wechselt
switchen (*engl.*) 1. wechseln, umschalten; 2. ein Switchgeschäft abschließen; **Switchgeschäft** *s.* Außenhandelsgeschäft, das zwecks Ausnutzung von Kursdifferenzen über ein drittes Land getätigt wird
Sybarit *m.* (*gr.*) Schlemmer, Genüssling; **sybaritisch** schlemmerhaft, verweichlicht
Sykomore *w.* (*gr.*) Maulbeerfeige
Sykophant *m.* (*gr.*) Verleumder, Eigw. **sykophantisch**
Syllabus *m.* (*gr.-lat.*) päpstliches Verzeichnis der Irrlehren; **syllabisch** silbenweise; **Syllabarium** *s.* Buchstabierbuch, Abc-Buch
Syllogismus *m.* (*gr.*) Schluss vom Allgemeinen auf das Besondere; **Syllogistik** *w.* Lehre von den folgerichtigen Schlüssen, Eigw. **syllogistisch**

Sylphe *m.*, **Sylphide** *w.* (*gr.*) männlicher oder weiblicher Luftgeist
Sylvester = Silvester
Sym-, sym- (*gr.*) als Vorsilbe: zusammen, mit, gleichartig
Symbiont *m.* (*gr.*) Organismus, der mit einem anderen in Symbiose lebt, Eigw. **symbiontisch**; **Symbiose** *w.* Zusammenleben zweier Organismen zu beiderseitigem Vorteil, Eigw. **symbiotisch**
Symbol *s.* (*gr.*) 1. etwas (Vorgang, Gegenstand, Handlung), das für einen vorgestellten, nicht sichtbaren Sachverhalt steht, Sinnbild; 2. Formelzeichen; **Symbolik** *w.* 1. Lehre von den Symbolen; 2. Sinnbildlichkeit, Zeichenhaftigkeit; **symbolisch** zeichenhaft, durch Symbole dargestellt, sinnbildlich; **symbolisieren** sinnbildlich darstellen, Hptw. **Symbolisierung** *w.*; **Symbolismus** *m.* Kunstrichtung am Ende des 19. Jhs., in der symbolische Darstellungsweisen überwogen; **Symbolist** *m.* Vertreter des Symbolismus, Eigw. **symbolistisch**; **Symbolsprache** *w.* aus Formelzeichen und Abkürzungen bestehende Sprache für die Programmierung (EDV)
Symmachie *w.* (*gr.*) Bundesgenossenschaft der antiken Stadtstaaten
Symmetrie *w.* (*gr.*) 1. Spiegelbildlichkeit; 2. Ebenmaß, harmonische Anordnung von Teilen zueinander, Eigw. **symmetrisch**
Sympathie *w.* (*gr.*) Verbundenheit, Zuneigung aufgrund innerer Verwandtschaft, Seelenverwandtheit; **Sympathikus** *m.* der Teil des vegetativen Nervensystems, der bes. die Eingeweide versorgt; **Sympathisant** *m.* jmd., der mit einer politischen Richtung oder Gruppe sympathisiert, ohne Mitglied zu sein; **sympathisch** 1. seelenverwandt, angenehm, zusagend; 2. zum vegetativen Nervensystem gehörend; **sympathisieren** übereinstimmen, innerlich billigen, sich innerlich verbunden fühlen
Symphonie = Sinfonie
Symposion, Symposium *s.* (*gr.*) 1. Gastmahl im antiken Griechenland; 2. wissenschaftl. Tagung
symreal (aus *gr.* sym- und *lat.* real) voll stark, Superklasse (Jj.)
Symptom *s.* (*gr.*) 1. Anzeichen, Merkmal, Vorbote, Kennzeichen; 2. Krankheitszeichen; **Symptomatik** *w.* 1. Gesamtheit der Symptome; 2. Art der Symptome; **symptomatisch** 1. anzeigend, bezeichnend; 2. die Symptome, nicht die Krankheitsursachen behandelnd (von Arzneimitteln); **Symptomatologie** *w.* Lehre von den Krankheitszeichen
Syn-, syn- (*gr.*) als Wortteil: zusammen, gemeinsam, gleichzeitig; **Synagoge** *w.* (*gr.*) 1. Gebetshaus der jüdischen Gemeinde; 2. in der bildenden Kunst eine weibliche Gestalt mit verbundenen Augen, fallenden Gesetztafeln und zerbrochenem Stab als Sinnbild der durch das Christentum besiegten jüdischen Religion
Synapse *w.* (*gr.*) Kontaktstelle für die Reizübertragung im Nervensystem
Synästhesie *w.* (*gr.*) Mitschwingen eines Sinnesorgans bei Reizung eines anderen (z. B. Farbempfindung bei Tönen), Eigw. **synästhetisch**
Synchorologie *w.* (*gr.*) Untersuchung der geografischen Verbreitung von Pflanzengesellschaften
synchron (*gr.*) 1. gleichzeitig erfolgend; 2. gleichlaufend; **synchronisieren** 1. zwischen zwei Vorgängen oder Geräten Gleichlauf herstellen; 2. Bild und Ton eines Films zur zeitlichen Übereinstimmung bringen; 3. von der Sprache eines Tonfilms eine Fassung in anderer Sprache herstellen, Hptw. **Synchronisierung** *w.*, **Synchronisation** *w.*; **Synchronismus** *m.* 1. Gleichzeitigkeit verschiedener Ereignisse oder Vorgänge; 2. Gleichlauf des Elektronenstrahls der Bildröhre mit dem Elektronenstrahl der Aufnahmekamera (Fernsehen); 3. zeitliches Übereinstimmen von Bild, Sprache und Musik im Film; **Synchrotron** *s.* Gerät zum Beschleunigen von Elementarteilchen
Syndikalismus *m.* (*gr.*) revolutionäre Gewerkschaftsbewegungen in den romanischen Ländern vor dem Ersten Weltkrieg; **Syndikalist** *m.* Anhänger des Syndikalismus, Eigw. **syndikalistisch**; **Syndikat** *s.* 1. Absatzkartell von Unternehmen; 2. als Geschäftsunternehmen verbrämte Verbrecherorganisation; **Syndikus** *m.* Rechtsbeistand und Bevollmächtigter größerer Körperschaften; **syndiziert** in einem Syndikat zusammengeschlossen

Syndrom *s.* (*gr.*) Gruppe von Krankheitssymptomen, Symptomkomplex
Synergie *w.* (*gr.*) sich gegenseitig förderndes Zusammenwirken verschiedener Kräfte oder Substanzen (z. B. verschiedener Medikamente); **synergetisch** zusammenwirkend
Synesis *w.* (*gr.*) sinngemäß richtige Wortfügung, die von den grammatischen Regeln abweicht (z. B. eine *Menge* Menschen stand*en* vor der Tür)
Synkope *w.* (*gr.*) 1. Betonung eines unbetonten Taktteils; 2. Weglassen eines Selbstlauts im Innern eines Wortes; 3. kurzzeitige Störung der Gehirndurchblutung mit plötzlichem Bewusstseinsverlust
Synkretismus *m.* (*gr.*) Vermischung unterschiedlicher Kulte, Religionen, philosophischer Lehren (z. B. in der Spätantike), Eigw. **synkretistisch**
Synod *m.* (*gr.*) oberste Kirchenbehörde im zaristischen Russland; **synodal** zur Synode gehörig; **Synodale** *m.* Mitglied einer Synode; **Synode** *w.* 1. evang. Kirchenversammlung; 2. Konzil
Synökie = Synözie
synonym, synonymisch (*gr.*) bedeutungsgleich, bedeutungsverwandt; **Synonym** *s.* bedeutungsgleiches Wort (z. B. *Tischler* und *Schreiner*), bedeutungsverwandtes Wort (z. B. *Angst* statt *Furcht*); **Synonymik** *w.* Lehre von den Synonymen
Synopse, Synopsis *w.* (*gr.*) 1. vergleichende Gegenüberstellung von Texten oder Textstellen; 2. knappe Übersicht; **Synoptik** *w.* Teilgebiet der Meteorologie, das sich mit den Wettererscheinungen und ihrer Entwicklung befasst; **Synoptiker** *Mz.* die Evangelisten Matthäus, Markus und Lukas; **synoptisch** übersichtlich zusammengestellt
Synözie *w.* (*gr.*) auf gegenseitiger Duldung beruhendes Zusammenleben verschiedener Arten
Syntagma *s.* (*gr.*) 1. zusammengehörige Wortgruppe, die kein Satz ist (z. B. *auf Abruf*); 2. Sammlung von Schriften ähnlichen Inhalts; **Syntax** *w.* 1. Lehre vom Satzbau; 2. der Satzbau; 3. Gesamtheit der Regeln einer Programmiersprache (EDV), Eigw. **syntaktisch**
Synthese *w.* (*gr.*) 1. Verknüpfung einzelner Teile zu einer höheren Einheit; 2. Aufbau einer chem. Verbindung aus einfacheren Ausgangsstoffen oder Verbindungen; **Synthesizer** *m.* (-ßeiser, *engl.*) Apparatur zur Erzeugung von Tönen, Klängen, Geräuschen und speziellen Effekten auf elektronischem Wege; **Synthetics** *Mz.* (-tiks, *engl.*) Gewebe aus synthetischen Fasern; **synthetisch** 1. zusammengesetzt; 2. chemisch hergestellt, künstlich; **synthetisieren** aus einfacheren Stoffen chemisch herstellen
Synurie *w.* (*gr.*) das Ausscheiden von Fremdstoffen mit dem Harn
Syphilis *w.* (*lat.*) gefährliche Geschlechtskrankheit; **Syphilitiker** *m.* jmd., der an Syphilis erkrankt ist; **syphilitisch** die Syphilis betreffend
Syrinx *w.* (*gr.*) 1. Hirtenflöte, Panflöte; 2. das Stimmorgan der Vögel
systaltisch (*gr.*) zusammenziehend
System (*gr.*) 1. Ordnungsprinzip, nach dem etwas definiert, eingeordnet oder organisiert wird; 2. planvoll gegliedertes, einheitlich geordnetes Ganzes; 3. Lehrgebäude, philosophisches Gedankengebäude; 4. Herrschafts-, Regierungsform; **Systemanalyse** *w.* Untersuchung betrieblicher Abläufe im Hinblick auf Rationalisierungsmöglichkeiten; **Systematik** *w.* 1. Gliederung eines Sachgebiets nach bestimmten Gesichtspunkten; 2. planmäßige Ordnung; **systematisch** 1. planmäßig; 2. als Teil eines Systems, durch ein System bedingt; **systematisieren** in ein System bringen; **Systemausfall** *m.* Programmabbruch (EDV); **systemimmanent** zu einem System gehörend, in einem System wirksam; **systemisch** das ganze (Organ-)System betreffend; **Systemtheorie** *w.* von der Kybernetik ausgehendes, interdisziplinäres Denkmodell, das Einzelphänomene in ihrer Vernetzung beschreibt und erklärt
Systole *w.* (*gr.*) 1. rhythmische Zusammenziehung des Herzens; 2. Kürzung von Silben aus Verszwang
Szenario *s.* (*gr.-lat.*) 1. nach Szenenfolgen gegliederter Filmentwurf, Rohdrehbuch; 2. Planspiel für mögliche zukünftige Konstellationen (z. B. in einer Krisensituati-

on); **Szenarium** *s.* 1. Übersicht (für Regie und Technik) über Spielverlauf und materielle Ausstattung einer Theateraufführung; 2. Schauplatz; **Szene** *w.* 1. Auftritt im Drama; kleinste Einheit im Film; 2. Bühne, Schauplatz des Auftritts; 3. charakteristisches Umfeld, Milieu (z.B. Musikszene, Drogenszene); 4. als Wortteil: zur Szene gehörend, typisch für die Szene (z.B. Szenekneipe, Szenelokal, Szenesänger u.v.a.m.); 5. private Auseinandersetzung mit heftigen Vorwürfen; **Szenerie** *w.* 1. Bühnenbild; 2. Rahmen von etwas; **szenisch** als Szene; bühnenmäßig; **Szenograf, Szenograph** *m.* jmd., der für das Szenarium beim Film zuständig ist; **Szenotest** *m.* tiefenpsychologisches Testverfahren, bei dem die Versuchsperson mit kleinen Figuren eine Szene darstellt

Szepter = Zepter

szientifisch (szi'e-, *lat.*) wissenschaftlich; **Szientismus** *m.* 1. wissenschaftlich begründete Weltanschauung; 2. Lehre der Christian Science, nach der alle Übel durch Gebet überwunden werden können; **Szientist** *m.* Anhänger des Szientismus, Eigw. **szientistisch**

Szilla *w.* (*lat.*) blau blühende duftende Frühjahrsblume, ein Liliengewächs

Szintigraphie, Szintigrafie *w.* (*lat.*) mit Hilfe von radioaktiven Stoffen durchgeführte nuklearmedizinische Untersuchung zur Darstellung der inneren Organe

Szintillation *w.* (*lat.*) 1. Funkeln der Sterne; 2. das Auftreten von Lichtblitzen, wenn radioaktive Strahlung auf fluoreszierende Stoffe trifft; **szintillieren** funkeln, flimmern

Szirrhus *m.* (*gr.*) harte Krebsgeschwulst

Szylla und Charybdis (*gr.*) Felsenriff und Meeresstrudel in der Straße von Messina, in der griech. Mythologie zwei Seeungeheuer, die vorbeifahrende Schiffe unweigerlich ins Verderben stürzten

T

Tab *m.* (täb, *engl.*) 1. der vorspringende Teil einer Karteikarte; 2. kurz für Tabulator

Tabak *m.* (*span.*) 1. nikotinhaltiges Kraut, ein Nachtschattengewächs; 2. die daraus gefertigten Tabakprodukte; **Tabakmonopol** *s.* das Monopol des Staates auf Herstellung und Vertrieb von Tabakwaren

Tabasco *m.*, **Tabascosoße** *w.* (*Wz.*) scharfe Chilisoße (nach dem mexikan. Bundesstaat Tabasco)

Tabatiere *w.* (tabatjär, *frz.*) Schnupftabakdose

tabellarisch (*lat.*) listenförmig; **tabellarisieren** in eine Tabelle einordnen, übersichtlich zusammenstellen; **Tabelle** *w.* 1. Übersicht, übersichtliche Zusammenstellung, Liste; 2. Rangtabelle; **tabellieren** in Tabelle(n) darstellen

Tabernakel *s.* (*lat.*) 1. reich verziertes Schutzdach für Figuren, bes. in der Gotik; 2. Gehäuse für die geweihten Hostien kath. Kirchen

Tabes *w.* (*lat.*) Rückenmarkschwindsucht; **tabetisch, tabisch** an Tabes erkrankt; **Tabetiker** *m.* jmd., der an Tabes leidet

Tabi *Mz.* (*jap.*) Socken mit abgeteiltem großem Zeh

Tabis *m.* (tabih, *frz.*) als Bucheinband verwendeter Seidenstoff

Tabla *m.* (*Hindi*) aus zwei unterschiedlichen großen Trommeln bestehendes Schlaginstrument, bes. i. d. südasiatischen Musik

Tableau *s.* (tablo, *frz.*) 1. wirkungsvoll zusammengestelltes (Bühnen-)Bild; 2. Signaltafel, Befehlstafel zur Bedienung von Maschinen; **Tableaux vivants** *Mz.* (– wang) lebende Bilder, die Nachstellung bekannter Szenen, z. B. aus der biblischen Geschichte, durch lebende, aber stumm verharrende Personen

Table d'Hôte *w.* (tabl doht, *frz.*) Speisetafel in Gasthöfen

Tabledance *m.* (tehbldäns, *engl.*) nah am Zuschauer auf Bühne, Tisch oder Tresen eines Nachtklubs ausgeführter erotischer Tanz in spärlicher Bekleidung

Tabletop *s.* (tehbl-, *engl.*) Anordnung verschiedener Gegenstände, traditionell auf einer Tischplatte, speziell für die Produktfotografie (i. d. Werbung)

Tablett *s.* (*frz.*) Servierbrett; **Tablette** *w.* in meistens runde Täfelchen gepresstes Medikament; **Tablewater** *s.* (tehblwoter, *engl.*) engl. Bez. für Mineralwasser

Taboriten *Mz.* radikale Hussiten (nach der tschech. Stadt Tabor)

Täbris *m.* Knüpfteppich mit Medaillenmuster (nach der iranischen Stadt Täbris)

Tabstopp *m.* (täb-, *engl.*) Zeichen für die Ausrichtung im Tabellenfeld (EDV)

Tabu *s.* (*polynes.*) 1. religiös begründetes Verbot oder Meidungsgebot; 2. etwas, worüber man nicht spricht; **tabu** einem Tabu unterliegend; **tabuieren, tabuisieren** etwas für tabu erklären; **Tabuwort** *s.* eine, einen tabuisierten Gegenstand oder Sachverhalt verhüllende Bezeichnung (z. B. *die Unaussprechlichen* für Damenunterhosen)

Tabula rasa (*lat.*) 1. antike Wachstafel, auf der die Schrift vollständig gelöscht werden konnte; 2. (die Vorstellung von der) Unbeschriebenheit der Seele bei der Geburt; 3. unbeschriebenes Blatt; **Tabula rasa machen** reinen Tisch machen, etwas aus der Welt schaffen

Tabulator *m.* (*lat.*) Vorrichtung an Büromaschinen, bes. am PC, zum Tabellenschreiben

Tabulatur *w.* (*lat.*) 1. alte Notenschrift für Instrumentalmusik in Ziffern und Buchstaben; 2. musikalische und poetische Regeln im Meistergesang

tacet (tazet, *lat.*) Musik: schweigt, Angabe, dass ein Instrument oder eine Stimme Pause macht

Tacheles reden (*jidd.*) Klartext reden
Tachismus *m.* (tasch-, *frz.*) nichtgeometrische abstrakte Malerei nach dem Zweiten Weltkrieg, die sich unter Ausschluss einer rationalen Kontrolle von Farbe und Material leiten ließ, Eigw. **tachistisch**
Tacho, Tachometer *s.* oder *m.* (*engl.*) Geschwindigkeitsmesser
Tachykardie *w.* (*gr.*) starke Beschleunigung der Herzfrequenz, Herzjagen; **Tachymeter** *s.* 1. geodätisches Vermessungsgerät; 2. Geschwindigkeitsmesser
Tacker *m.* (*engl.*) Heftgerät zum Befestigen von Metallklammern; **tackern** mittels Tacker befestigen
Tackling *s.* (täck-, *engl.*) heftige körperliche Attacke in Fußball oder Eishockey
Tactus *m.* (*lat.*) Tastsinn
Taekwondo *s.* (täk-, *korean.*) in Korea entwickeltes karateähnliches Selbstverteidigungssystem
taff = tough
Taft *m.* (*pers.-itl.*) leicht steifes Gewebe aus Seide oder Kunstseide, Eigw. **taften**
Tag *s.* (täck, *engl.*) Merkmal, an dem Daten in einer Programmiersprache (z. B. HTML) eindeutig wiederzuerkennen sind; **taggen** mit einem Tag versehen; **Tagging** *s.* das Taggen
Tagetes *w.* (*lat.*) Studentenblume, ein Korbblütler
Tagliatelle *Mz.* (taljatelle, *itl.*) italien. Bandnudeln
Tai-Chi *s.* (-tschi, *chin.*) chines. Schattenboxen
Taifun *m.* (*chin.*) Wirbelsturm im Nordwestpazifik mit Windstärken bis zu 300 km/h
Taiga *w.* (*russ.*) nördliche Nadelwaldzone
Taille *w.* (talje, *frz.*) 1. Umfang in der Leibesmitte, Gürtelweite; 2. Aufdecken der Kartenblätter für Gewinn oder Verlust; **Tailleur** *m.* (tajör) Bankhalter beim Kartenglücksspiel; **taillieren** (tajihren) auf Taille arbeiten
Tailor *m.* (tehler, *engl.*) engl. Bez. für Schneider; **tailormade** (-mehd) vom Schneider angefertigt; **Tailormade** *s.* Schneiderkostüm, Schneiderkleid
Taipan *m.* (*austral.*) hochgiftige Natter in Australien
Taipan *m.* (*chin.*) Chef eines ausländischen Unternehmens in China
Take *s.* (tehk, *engl.*) Teil einer Filmszene oder Musikeinspielung, der ohne Unterbrechung aufgenommen wird
take it easy = easy
Takelage *w.* (-lasche, *niederl.*) Takelung, Tauwerk des Schiffes
Take-off *m.* (tehk-, *engl.*) 1. Start, Abheben eines Flugkörpers; 2. Durchbruch;
Take-over *s.* (-ohwer) Übernahme, Kauf eines Unternehmens durch ein anderes
Takt *m.* (*lat.*) 1. regelmäßige, zählbare Gliederung einer Tonfolge; 2. Bewegungsabschnitt (z. B. Maschinentakt); 3. Feingefühl, Gefühl für das, was im Augenblick richtig ist; **Taktell** *s.* mechanischer Taktgeber (für Musiker); **taktieren** den musikalischen Takt angeben
Taktik *w.* (*gr.*) 1. Truppenführung im Gefecht; 2. planvolles Ausnützen der Gegebenheiten zur Erreichung eines bestimmten Zieles, Ztw. **taktieren**; **Taktiker** *m.* Beherrscher der Taktik; **taktisch** 1. die Taktik betreffend; 2. planvoll und geschickt
taktil (*lat.*) den Tastsinn betreffend; **Taktion** *w.* Berührung
Talar *m.* (*lat.*) langer, weiter Mantel, Amtstracht der Richter und Anwälte
Talent *s.* (*gr.-lat.*) 1. überdurchschnittliche Begabung auf einem bestimmten Gebiet; 2. alte griechische und römische Geldeinheit; **talentiert** begabt
Taliban *Mz.* (*arab.*) 1. Koranschüler, Student des Korans; 2. paschtunische Muslime, die zwischen 1995 und 2001 eine fundamentalistische islamische Diktatur in Afghanistan errichteten (*Ez.* Talib *m.*)
Talion *w.* (*lat.*) Vergeltung durch ein der Tat gleichartiges Übel (mittelalterlicher Strafrechtsgrundsatz)
Talisman *m.* (*gr.-arab.*) Glück bringender Gegenstand, den man bei sich trägt
Talje *w.* (*itl.-niederl.*) Flaschenzug; **taljen** hochwinden (Seemannssprache)
Talk, Talkum *s.* oder *m.* (*span.-arab.*) fetthaltiges Mineral, das einen gut haftenden Streupuder ergibt
Talk *m.* (tohk, *engl.*) Unterhaltung, Gespräch; **Talker, Talkmaster** Gesprächsleiter einer Talkshow; **Talkshow** *w.*

(-schoh) lockeres, unterhaltsames Rundgespräch im Fernsehen

Tallit, Tallith *m.* (*hebr.*) jüdischer Gebetsmantel

Tallyman *m.* (tällimän, *engl.*) Stückzahlkontrolleur beim Ein- und Ausladen von Schiffen

Talmi *s.* (*viell. frz.*) 1. goldfarbene Kupfer-Zink-Legierung für Schmucksachen; 2. etwas Wertloses, Unechtes

Talmud *m.* (*hebr.*) das nachbiblische, die Rechtssammlung und Kommentierung enthaltende Hauptwerk des Judentums; **talmudisch** den Talmud betreffend, in seinem Sinne; **Talmudist** *m.* Talmudkenner, Talmuderklärer

Talon *m.* (talong, *frz.*) 1. Erneuerungsschein an Wertpapieren; 2. Kartenrest, Kartenstock; 3. Griffende des Bogens der Streichinstrumente, Frosch

Talus *m.* (*lat.*) Sprungbein, oberster Fußwurzelknochen

Tamagotchi *s.* (*jap.*) kleines elektronisches Plastikei, das wie ein Lebewesen umsorgt werden muss

Tamarinde *w.* (*arab.-lat.*) tropischer Baum mit essbaren Früchten, ein Hülsenfruchter

Tamariske *w.* (*lat.*) Rispelstrauch, Pionierpflanze auf Schotterflächen

Tambour *m.* (-bur, *arab.-frz.*) 1. Trommler; 2. Trommel an Krempeln in der Spinnerei; 3. Unterbau einer Kuppel; **Tambourmajor** *m.* Leiter eines Spielmannszugs; **Tamburin** *s.* 1. kleine Schellentrommel; 2. Stickrahmen

Tampon *m.* (*frz.*) 1. festgerollte Gaze oder Watte zum Aufnehmen von Blut; 2. Ballen zum Färben von Druckplatten; **Tamponade** *w.* Schließen einer Wunde mit Tampons, Ztw. **tamponieren**

Tamtam *s.* (*Hindi*) 1. asiatischer Gong; 2. marktschreierischer Lärm, Reklameschrei

TAN *w.* Abk. für *T*rans*a*ktions*n*ummer, die beim Onlinebanking zusätzlich zur PIN einzugebende Codenummer für einen Zahlungsauftrag

Tanagrafiguren *Mz.* kleine, bei Ausgrabungen in der antiken Stadt Tanagra gefundene bemalte Mädchenfiguren aus Ton

Tandem *s.* (*lat.-engl.*) 1. Fahrrad, auf dem zwei Fahrer hintereinander sitzen; 2. Wagen mit zwei hintereinander gespannten Pferden; 3. zwei hintereinander geschaltete Antriebe

Tanduri, Tandoori *w.* (*ind.*) 1. ostindisches Fleischgericht, das über Holzkohle gegart wird; 2. indische Gewürzmischung, bestehend aus Joghurt und ca. acht Gewürzen, darunter Kreuzkümmel und Koriander sowie roter Speisefarbe; Tanduri Masala

Tanga *m.* (*Tupi*) sehr knapper Slip für Damen und Herren

Tangens *m.* (*lat.*) Verhältnis von Gegenkathete zur Ankathete im rechtwinkligen Dreieck; **Tangente** *w.* Gerade, die eine Kurve oder Fläche in einem Punkt berührt; **tangieren** berühren, angehen, betreffen

Tango *m.* (*span.*) langsamer Gesellschaftstanz aus Argentinien

Tangram *s.* (*engl.*) Geschicklichkeitsspiel mit geometrischen Formen

Tank *m.* (*engl.*) 1. Flüssigkeitsbehälter; 2. Panzerkampfwagen; **tanken** 1. mit Benzin füllen; 2. sich betrinken (umg.); **Tanker** *m.* Tankschiff

Tanka *s.* (*jap.*) jap. Kurzgedichtform

Tanktop *s.* (tänk-, *engl.*) ärmelloses, westenähnliches Hemd

Tannin *s.* (*frz.*) Gerbsäure

Tantalusqualen *Mz.* Qualen, die jmd. aussteht, wenn etwas heiß Begehrtes handgreiflich nahe, aber unerreichbar ist (nach König Tantalus aus der griech. Mythologie)

Tantieme *w.* (-ti'e-, *frz.*) Gewinnanteil, Umsatzbeteiligung

tant mieux (tang mjö, *frz.*) umso besser

Tantra *s.* (*sanskr.*) Schrifttum der ind. Religion

Tao *s.* (*chin.*) Urgrund des Daseins in der chines. Philosophie; **Taoismus** *m.* 1. philosophische Lehre; 2. alte Volksreligion in China, Eigw. **taoistisch**

Tapa *m.* od. *s.* (*span.*) Appetithappen, bes. zu alkoholischen Getränken

Tape *w.* (tehp, *engl.*) Tonband, Magnetband; **Tapedeck** *s.* Kassettendeck

Tapet *s.* (*lat.*) Bespannung, Decke (auf dem Konferenztisch); **aufs Tapet bringen** zur Sprache bringen; **Tapete** *w.* Wandverkleidung

Tapeverband *m.* (tehp-, *engl.*) selbstklebender Druckverband, **tapen** einen Tapeverband anlegen

tapezieren (*lat.*) mit Tapete bekleben; **Tapezierer** *m.* Handwerker, der tapeziert

Tapioka *s.* (*indian.*) Sago aus der Maniokwurzel

Tapir *m.* (*Yupi*) tropisches Huftier mit kurzem Rüssel

Tapisserie *w.* (*frz.*) 1. gewirkter Wandteppich; 2. teppichartige Kreuzstichstickerei

Tar *s.* (*pers.*) Laute aus dem Orient mit langem Hals

Tara *w.* (*itl.-arab.*) Verpackungsgewicht

Tarantel *w.* (*itl.*) Wolfsspinne, in Südeuropa heimisch, giftig; **Tarantella** *w.* rascher süditalienischer Tanz; **Tarantismus** *m.* Tanzwut (durch den Biss der Tarantel)

tardando (*itl.*) Musik: zögernd; **tardo** Musik: langsam

Targeting *s.* (*engl.*) auf bestimmte Zielgruppen ausgerichtete Werbung (im Internet)

tarieren (*itl.*) 1. Gewicht der Tara bestimmen; 2. auswägen

Tarif *m.* (*arab.-frz.*) 1. festgelegte Preisordnung für Arbeits- und Verkehrsleistungen; 2. ausgehandelter Lohnsatz für Arbeiter und Angestellte, Eigw. **tariflich**; **Tarifautonomie** *w.* Recht von Arbeitgeber- und Arbeitnehmer(vertretungen), ohne staatliche Einmischung die arbeitsrechtlichen Beziehungen zu regeln

Tarlatan *m.* (*frz.*) stark appretierter, gazeartiger Baumwollstoff für Faschingskostüme

Taro *m.* (*Maori*) Knolle einer essbaren Pflanze, wichtiges Nahrungsmittel der Südseebewohner

Tarock *s.* (*arab.-itl.*) Kartenspiel für drei Personen, Ztw. **tarocken**; **Tarot** *s.* (-roh) dem Tarock verwandtes Kartenspiel, das zum Wahrsagen verwendet wird

Tarragona *m.* spanischer Süßwein (nach der span. Stadt)

Tarsus *m.* (*lat.*) 1. Lidknorpel; 2. Fuß(teil) des Beins von Insekten; 3. Fußwurzel

Tartan *m.* (tartn, *engl.*) 1. buntkarierter Wollstoff, Schottenstoff; 2. Überwurf der Bergschotten

Tartaros, Tartarus *m.* (*gr.*) Unterwelt

Tarte *w.* (*frz.*) flacher, dicht belegter Obstkuchen mit Glasur

Tartüff *m.* (*frz.*) Heuchler (nach dem Lustspiel von J. B. Molière, 1622–1673)

Tartufo (*itl.*) Trüffel

Taschi Lama *m.* mit dem Dalai Lama geistlicher Herrscher Tibets

Task *m.* (*engl.*) 1. Auftrag im Programm (EDV); 2. zu bewältigende Aufgabe; **Taskforce** *w.* (-forß) Spezialeinheit für begrenzte Aufgaben (z. B. Katastropheneinsatz); **Taskleiste** *w.* am unteren Rand der Bildmaske befindliche bewegliche Leiste mit Symbolen; **Task-Manager** *m.* Systemprogramm, das alle laufenden Programme anzeigt (EDV)

Tastatur *w.* (*itl.*) Tastenwerk (z. B. am Klavier, Computer)

Tatami *w.* (*jap.*) (dünne) Bodenmatte aus gepresstem Reisstroh

Tatar, Tatarbeefsteak *s.* (-bihfstehk, *engl.*) gehacktes, mit Gewürzen zubereitetes rohes Rindfleisch

tätowieren (*tahitisch*) farbige Muster in die Haut ritzen, Hptw. **Tätowierung** *w.*

Tattersall *m.* Reitbahn, Reithalle, gewerbliche Reitschule (nach dem engl. Begründer Richard Tattersaal, 1724–1795)

Tattoo *s.* (-tuh, *engl.*) 1. Tätowierung, das Tätowieren; 2. Zapfenstreich (in England)

Tau *s.* (*gr.*) der neunzehnte Buchstabe des griechischen Alphabets: Τ, τ

taupe (tohp, *frz.*) braungrau

Taurobolium *s.* (*gr.-lat.*) Stieropfer; **Tauromachie** *w.* (*gr.*) Stierkampf

tauschieren (*arab.-itl.*) Verzieren von Metallgegenständen durch Einlegen von Gold- und Silberdraht, Hptw. **Tauschierung** *w.*

Taut(o)-, taut(o)- (*gr.*) als Wortteil: dasselbe, das Gleiche; **Tautogramm** *s.* Gedicht, das in allen Versen od. Strophen mit demselben Buchstaben beginnt; **Tautologie** *w.* (*gr.*) Bezeichnung einer Sache durch mehrere, dasselbe bedeutende Wörter, Eigw. **tautologisch**; **Tautophonie** *w.* die Wiederholung desselben Tons über viele Takte, bes. im Jazz

Taverne *w.* (*itl.*) italien. Weinschenke

Taxameter *m.* (*gr.*) Fahrpreisanzeiger im Taxi; **Taxation, Taxierung** *w.* Schätzung eines Wertes, Wertermittlung; **Taxator** *m.* Wertsachverständiger; **Taxe** *w.* 1. Gebühr; 2. Taxi; **Taxi** *s.* Mietauto; **Taxidermie** *w.* Haltbarmachung von Tierkörpern; **taxen, taxieren** schätzen

Taxis *w.* (*gr.*) durch äußeren Reiz bewirkte, gerichtete Bewegung von Lebewesen (z. B. Algen)

Taxonomie *w.* (*gr.*) Einordnung von Phänomenen oder Begriffen in ein Ordnungsschema (z. B. in der Biologie, in der Linguistik)

Taxus *m.* (*lat.*) Eibe

Taylorismus *m.* (tehler-) wissenschaftliche Betriebsführung (nach dem US-amerik. Ingenieur F. W. Taylor, 1856–1915)

Tb, Tbc, Tbk = Tuberkulose

T-Bone-Steak *s.* (tihbohnstehk, *engl.*) dünne Scheibe aus dem Rippenstück des Rinds, dem Porterhousesteak ähnlich

T-Car *s.* (aus *engl. t*raining*car*) Rennwagen der Formel 1

Tea *m.* od. *s.* (tih, *engl.*) Haschisch (Jargon)

Teach-in *s.* (tihtsch inn, *engl.*) studentische Diskussionsveranstaltung als Protestdemonstration

Teak *s.* (tihk, *Malai.-engl.*) Holz des tropischen Teakbaums, Eigw. **teaken**

Team *s.* (tihm, *engl.*) 1. Sportmannschaft; 2. Arbeitsgruppe; **Teamster** *m.* (*engl.* Bez. für) Lastkraftwagenfahrer; **Teamteaching** *s.* (-tihtsch-) von mehreren Lehrkräften gemeinsam durchgeführter Unterricht; **Teamwork** *s.* (-wörk) Gemeinschaftsarbeit einer gut eingespielten Gruppe

Tearoom *m.* (tihruhm, *engl.*) Teestube

Teaser *m.* (tih-, *engl.*) 1. Werbemittel, das besondere Aufmerksamkeit erregt (z. B. akustische od. optische Hinweise, bes. auch im Internet); 2. Warenprobe

Technicolor *s.* (*Wz.*) Entwicklungsverfahren für Farbfilme

Technik *w.* (*gr.*) 1. die Anwendung von naturwissenschaftlichen Erkenntnissen und alle dazugehörigen Mittel und Methoden auf verschiedenen Gebieten (z. B. Rundfunktechnik); 2. die zur Ausübung einer Tätigkeit gehörenden (Kunst-)Fertigkeiten, die Anwendung der dabei üblichen Verfahren (z. B. die Technik des Komponierens); 3. technische Ausstattung (z. B. einer Fabrik), technische Beschaffenheit (z. B. eines Kühlschranks); **Techniker** *m.* Spezialist auf einem Gebiet der Technik; jmd., der eine Fertigkeit (und die dazugehörigen Methoden) beherrscht; **Technikum** *s.* Ingenieurfachschule; **technisch** (*gr.*) zur Technik, zu einer speziellen Fertigkeit gehörend; **technisieren** auf technische Einrichtungen umstellen, Hptw. **Technisierung** *w.*; **Technizismus** *m.* technischer Fachausdruck; **Techno** *o. A.* (teckno, *engl.*) synthetisch erzeugte (Disko-)Musik mit einem Beat von mindestens 165 bpm; **Technokrat** *m.* jmd., für den der technische Fortschritt höchsten Wert besitzt; **Technokratie** *w.* Organisation von Wirtschaft und Gesellschaft nach den Maßstäben eines Technokraten, Eigw. **technokratisch**; **Technologie** *w.* Wissenschaft und Forschung zur Entwicklung technischer Produkte und Verfahrensweisen; **Technoskop** *s.* Gerät, das Hohlräume in technischen Anlagen kontrolliert

Techtelmechtel *s.* Liebelei (Herkunft ungekl.)

TED *m.* Kurzwort für Teledialog, Computer, der die Stimmauszählung bei Fernsehsendungen vornimmt

Teddy *m.* (*engl.*) Stoffbär

Tedeum *s.* (-de'um, *lat.*) kath. Lobgesang

Tee *m.* (*chin.*) 1. ostasiatischer Teestrauch; 2. Getränke aus den Blättern des Teestrauchs; 3. Absud von getrockneten Heilpflanzen

Tee *s.* (tih, *engl.*) Abschlagfläche und -stift beim Golf

Teen *m.* (tihn, *engl.*) Kurzform von Teenager; **Teenager** (-ehdscher), **Teenie** *m.* Jugendlicher zwischen dreizehn und neunzehn

Tefila *w.* (*hebr.*) jüdisches Gebet(buch); **Tefillin** *w.* Gebetsriemen

Teflon *s.* (*Wz.*) bes. hitzebeständiger Kunststoff

Tein (te'i-) = Thein

Teint *m.* (täng, *frz.*) Farbe und Beschaffenheit der Gesichtshaut

Tektonik *w.* (*gr.*) 1. Wissenschaft von

Aufbau und Schichtung der Erdkruste; 2. Konstruktionslehre; 3. geschlossener Aufbau eines Kunstwerks, Eigw. **tektonisch**

Tektur *w.* Aufklebezettel zur Korrektur einer fehlerhaften Textstelle

Tela *w.* (*lat.*) Gewebe, Bindegewebe (*Mz.* Telen)

Telamon *m.* (*gr.*) kräftige steinerne (Männer-)Figur als Träger von Gebäudeteilen (z. B. Atlas)

Tele-, tele- (*gr.*) als Vorsilbe: 1. fern, weit; 2. Ziel, Zweck

Tele *s.* Kurzwort für Teleobjektiv; **Telebanking** *s.* Erledigung von Bankgeschäften mittels Telekommunikation; **Telebox** *w.* = Mailbox; **Telefax** *s.* 1. Fernkopiergerät; 2. Fernkopie, Fax; **telefaxen** fernkopieren, faxen; **Telefon** *s.* Fernsprecher; **Telefonat** *s.* Anruf, Ferngespräch; **telefonieren** jmdn. anrufen; **telefonisch** fernmündlich, mit Hilfe des Telefons; **Telefonitis** *w.* Vieltelefonierererei (scherzh.); **Telefonist** *m.* jmd., der Telefongespräche vermittelt, Operator; **Telefonkarte** *w.* Guthabenkarte zur Benutzung von Kartentelefonen; **Telefonkontakter** *m.* jmd., der Marketing am Telefon ausführt; **Telefonmarketing** *s.* Kundengewinnung und -betreuung am Telefon; **Telefonsex** *m.* sexuelle Stimulation mittels Telefonkontakt; **telegen** im Fernsehen gut zur Geltung kommend; **Telegraf** *m.* Fernschreiber, Apparat zur Nachrichtenübermittlung; **Telegrafie** *w.* elektrische Nachrichtenübermittlung; **telegrafieren** Nachrichten per Fernschreiber übermitteln; **telegrafisch** auf drahtlosem Wege; **Telegramm** telegrafisch übermittelte Nachricht

Telekinese *w.* (*gr.*) Bewegung eines Gegenstands ohne Berührung (in der Parapsychologie)

Telekommunikation *w.* (*gr.-lat.*) Sammelbegriff für alle Formen des Informationsaustauschs mit den Mitteln der traditionellen Nachrichtenübertragung, der elektronischen Medien und einer Kombination aus beiden

Telemeter *s.* (*gr.*) Entfernungsmesser

Telenovela *w.* (*span.*) Unterhaltungsserie im lateinamerik. Fernsehen, Soap

Teleobjektiv *s.* (*gr.*) fotografisches Objektiv für Fernaufnahmen; **Teleprompter** *m.* technische Vorrichtung zum Ablesen langer Texte im Fernsehen (z. B. für Nachrichtensprecher)

Teleologie *w.* (*gr.*) Lehre von der Zielgerichtetheit und Zielstrebigkeit des organischen Lebens und der Seele, Eigw. **teleologisch**

Telepathie *w.* (*gr.*) Gedankenübertragung, Fernfühlen, Gedankenlesen (in der Parapsychologie), Eigw. **telepathisch**

Telephon = Telefon

Teleshopping *s.* (*gr.-engl.*) Einkaufen mittels Bildschirm(information) und telefonischer Bestellung

Teleskop *s.* (*gr.*) Fernrohr; Radioteleskop; **Teleskopie** *w.* Verfahren zur Ermittlung der Einschaltquoten im Fernsehen; **teleskopisch** durch das Fernrohr sichtbar

Television *w.* (*gr.-lat.*) Fernsehen (Abk. TV)

Telex *s.* (aus *engl. tele*printer *ex*change) Fernschreibernetz; Fernschreiben

Tellur *s.* (*lat.*) chem. Element, ein Halbmetall; **tellurisch** die Erde betreffend, zur Erde gehörig

Telophase *w.* (*gr.*) Endphase der Kernteilung; **Telos** *s.* Ziel, Endzweck

Tempel *m.* (*lat.*) nichtchristlicher religiöser Kultbau

Tempera, Temperamalerei *w.* (*itl.*) Malerei mit deckenden wasserlöslichen Farben

Temperament *s.* (*lat.*) 1. Gefühlsveranlagung des Menschen; 2. Schwung, Lebhaftigkeit

Temperatur *w.* (*lat.*) 1. Wärmegrad; 2. (erhöhte) Körperwärme; **temperieren** 1. leicht erwärmen; 2. mäßigen; **tempern** wärmebehandeln

tempestoso (*itl.*) Musik: stürmisch, ungestüm

Tempi passati *Mz.* (*itl.*) vergangene Zeiten

Templer *Mz.* (*frz.*) mittelalterlicher geistlicher Ritterorden

Tempo *s.* (*itl.*) 1. Geschwindigkeitsmaß in der Musik; 2. Geschwindigkeit, Schnelligkeit; **Tempolimit** *s.* Geschwindigkeitsbegrenzung; **Tempomat** *m.* (*Kunstwort*) Gerät zur Begrenzung der Fahrgeschwindigkeit, bes. in LKWs; **temporal** (*lat.*) 1.

zeitlich; 2. das Tempus betreffend; 3. die Schläfe betreffend; **Temporalien** (-li'en) *Mz.* Einkünfte und Rechte aus geistlichem Amt; **Temporalsatz** *m.* Umstandssatz der Zeit (z. B. *als* Klaus ein Kind war ...); **temporär** zeitweilig, vorübergehend

Tempus *s.* (*lat.*) 1. Sprachlehre: Zeitform des Zeitworts; 2. die Schläfe (*Mz.* Tempora)

Tenakel *s.* (*lat.*) Blatthalter am Setzkasten in der Druckerei

Tenalgie *w.* (*gr.*) Sehnenschmerz

Tenazität *w.* (*lat.*) Zähigkeit, Reißfestigkeit

Tendenz *w.* (*lat.*) 1. Neigung, Hang; 2. Richtung, Zug der Zeit, Absicht; **tendenziell** (-zi'e-) der Tendenz nach; **tendenziös** weltanschaulich gefärbt

Tender *m.* (*engl.*) 1. Anhänger der Lokomotive für Kohle und Wasser; 2. Hilfsschiff

Tenderizer *m.* (-reiser, *engl.*) Fleischweichmacher

tendieren (*lat.*) eine Tendenz haben, zu etwas neigen

Tendopathie *w.* (*gr.*) Sammelbez. für Sehnenerkrankungen

teneramente (*itl.*) Musik: zärtlich, zart

Tennis *s.* (*engl.*) Netzballspiel auf Sand- oder Rasenplatz

Tenno *m.* (*jap.*) Titel des japanischen Kaisers

Tenor *m.* (*lat.*) Sinn, Grundhaltung eines Textes oder einer Äußerung; **Tenor** *m.* (*itl.*) 1. hohe Männerstimmlage; 2. Sänger mit Tenorstimme, auch: **Tenorist** *m.*

Tenside *Mz.* (*lat.*) Weichmacher für Wasser; **Tension** *w.* Spannung, Druck von Gasen

Tentakeln *Mz.* (*lat.*) 1. Verdauungsdrüsen des Sonnentaus, einer Fleisch fressenden Pflanze; 2. Fangarme (z. B. bei Kopffüßern, Hohltieren); **Tentakuliten** *Mz.* ausgestorbene Kopffüßer

tentativ (*lat.*) versuchs-, probeweise

Tenuis *w.* (*lat.*) Sprachlehre: stimmloser Verschlusslaut (z. B. *k*)

tenuto (*itl.*) Musik: gehalten

Tenzone *w.* (*altprovenz.*) Streitgedicht der provenzalischen Troubadoure

Tequila *m.* (tekihla, *mexik.*) mexikan. Branntwein aus Pulque

teratogen (*gr.*) Missbildung verursachend (z. B. von Medikamenten); **Teratologie** *w.* Zweig der Medizin, der sich mit Missbildungen des Menschen befasst

Terebinthe *w.* (*gr.*) harzreiche Pistazie

Tergum *s.* (*lat.*) Rückenschild bei Insekten

Term *m.* (*frz.*) 1. Ausdruck, Zeichen in einer formalisierten Theorie; 2. Bez. für den Energieeigenwert eines Atoms (Mz. Terme)

Termin *m.* (*lat.*) festgelegter Zeitpunkt; **Terminal** *m.* (törminel, *engl.*) 1. Abfertigungshalle auf Flughäfen; 2. Spezialbahnhof für den Containerverkehr; 3. Ein- und Ausgabegerät eines Computers (EDV); **terminal** das Ende betreffend; **Terminalstadium** *s.* letzte Lebensphase; **Termination** *w.* Begrenzung, Beendigung; **Terminator** *m.* (*lat.*) 1. Grenzlinie zwischen dem beleuchteten und dem unbeleuchteten Teil eines Planeten; 2. (*engl.*) Science-Fiction-Figur, die aus der Zukunft in die Gegenwart eingreift; **Terminer** *m.* 1. Terminüberwacher in Unternehmen; 2. Terminbuch für den privaten Gebrauch; **Termingeschäft** *s.* Zeitgeschäft zu einem fest vereinbarten Preis; **Terminologie** *w.* die zu einem Gebiet gehörenden Fachausdrücke, Eigw. **terminologisch; Terminus** *m.* 1. Begriff; 2. Fachausdruck (*Mz.* Termini); **Terminus technicus** *m.* Fachwort

Termiten *Mz.* (*lat.*) Staaten bildende Insektenart der Tropen

Terms of Payment *Mz.* (törms of peh-, *engl.*) Zahlungsregeln im internationalen Handel; **Terms of Trade** *Mz.* (– trehd, *engl.*) Position eines Landes im internationalen Handel (nach dem Verhältnis zwischen Ein- und Ausfuhrgütern)

ternär (*frz.*) aus drei Stoffen bestehend (z. B. von chem. Verbindungen)

Terpentin *s.* (*lat.*) Harz aus Nadelbäumen, aus dem durch Destillation das Terpentinöl gewonnen wird

Terpsichore *w.* (-ko-, *gr.*) Muse der Tanzkunst

Terra di Siena *w.* (-ßi'e-, *lat.*) rotbraune Farbe

Terrain *s.* (terräng, *frz.*) Gelände

Terra incognita *w.* (*lat.*) unerforschtes (Wissens-)Gebiet, Neuland

Terrakotta *w.* (*itl.*) 1. gebrannte Tonerde; 2. künstlerische Gegenstände aus gebranntem, unglasiertem Ton

Terramycin, Terramyzin *s.* (*Wz.*) antibiotisches Heilmittel

Terranullius *w.* (*lat.*) Niemandsland

Terrarianer *m.* (*lat.*) Terrarienliebhaber; **Terraristik** *w.* Terrarienkunde; **Terrarium** *s.* (*lat.*) Behälter oder Gebäude, in dem Kriechtiere ihren Lebensbedingungen entsprechend gehalten werden

Terrarossa *w.* (*lat.*) durch Kalksteinverwitterung in warmen Gegenden entstandener roter Tonboden; **Terra sigilla** *w.* mit dem Herstellerstempel versehenes altrömisches Geschirr

Terrasse *w.* (*frz.*) 1. Geländestufe, Absatz im abfallenden Gelände; 2. gepflasterte Fläche an oder auf Gebäuden; **terrassieren** terrassenförmig anlegen

Terrazzo *m.* (*itl.*) Zementfußboden mit bunten (Marmor-) Steinchen

terrestrisch (*lat.*) 1. festländisch, auf dem Festland entstanden; 2. zur Erde gehörig, auf dem Erdboden lebend; 3. nicht über Satellit (gesendet)

terribel (*frz.*) schrecklich

Terrier *m.* (-ri'er, *engl.*) englische Jagdhundrasse

terrigen (*lat.*) vom Festland stammend; **terrikol** im Erdboden lebend (von Tieren)

Terrine *w.* (*frz.*) Suppenschüssel mit Deckel

Territion *w.* (*lat.*) Androhen der Folter im mittelalterlichen Strafrecht

territorial (*lat.*) zu einem Gebiet gehörend, gebietsmäßig; **Territorialität** *w.* Zugehörigkeit zu einem Staatsgebiet; **Territorium** *s.* Gebiet, Staatsgebiet, Hoheitsgebiet

Terror *m.* (*lat.*) 1. Schreckensregiment; 2. Zwang, Angst einflößender Druck; 3. (lautstarke) unangemessene Reaktion auf ein Ärgernis; **terrorisieren** 1. Terror ausüben; 2. jmd. stark unter Druck setzen, Hptw. **Terrorisierung** *w.*; **Terrorismus** *m.* Herrschaft, Politik mit terroristischen Mitteln; **Terrorist** *m.* jmd., der sich in den Dienst des Terrorismus stellt; **terroristisch** durch Gewalt Angst und Schrecken verbreitend

Tertia *w.* (*lat.*) 1. vierte und fünfte Klasse des Gymnasiums; 2. Schriftgrad von 16 Punkt; **Tertiär** *s.* früheste Stufe der Erdneuzeit; **tertiär** 1. an dritter Stelle; 2. zum Tertiär gehörig

Tertium comparationis *s.* (*lat.*) übereinstimmender Aspekt an zwei verschiedenen Gegenständen, Vergleichspunkt

Terz *w.* (*lat.*) 1. der dritte Ton der diatonischen Tonleiter und Intervall zwischen Grundton und drittem Ton; 2. Fechthieb

Terzerol *s.* (*itl.*) kleine Taschenpistole

Terzett *s.* (*itl.*) 1. Komposition für drei Gesangsstimmen; 2. Gruppe von drei Personen, insbes. Musikern

Terzine *w.* (*itl.*) dreizeilige Strophe mit Reim der ersten und dritten Zeile

Tesafilm *m.* (*Wz.*) durchsichtiges Klebeband

Tesla *s.* Maßeinheit der magnetischen Induktion (Zeichen T)

tessellarisch (*lat.*) gewürfelt (von Mosaiken)

Test *m.* (*lat.-engl.*) Probe, Versuch, Prüfung aufgrund festgelegter Verfahrensvorschriften; **Testbild** *s.* (Fernseh-)Bild, an dem Helligkeit, Kontrast, Schärfe und Farbe kontrolliert werden

Testament *s.* (*lat.*) 1. letztwillige Verfügung; 2. geistiges Vermächtnis; 3. Altes und Neues Testament als Zeichen von Gottes Bund mit dem Menschen; **testamentarisch** letztwillig verfügt

Testat *s.* (*lat.*) Bescheinigung, Beglaubigung, Bestätigung; Erblasser; **testen** einem Test unterziehen; **Tester** *m.* 1. jmd., der einen Test durchführt; 2. Testprodukt (z. B. von Kosmetikprodukten); **testieren** 1. bescheinigen; 2. Testament machen

Testikel *Mz.* (*lat.*) Hoden; **Testikelhormon** *s.* männliches Sexualhormon; **testikulär** zu den Hoden gehörig

Tetanie *w.* (*gr.*) eine mit Muskelkrämpfen einhergehende Krankheit(engruppe); **Tetanus** *m.* Wundstarrkrampf

tête-à-tête (tätatät, *frz.*) vertraulich, unter vier Augen; **Tête-à-tête** *s.* Gespräch unter vier Augen; Schäferstündchen

Tetr(a)-, tetr(a)- (*gr.*) als Wortteil: vier-; **Tetrachord** *m.* (*gr.*) Gruppe aus vier Tönen; **Tetraeder** *m.* (-tra'e-) von vier gleichseitigen Dreiecken begrenzter Körper; **Tetragon** *s.* Viereck; **Tetralogie** *w.* Werk aus vier Einzelwerken; **tetramer** vierzählig; **Tetrameter** *m.* Versmaß aus vier Versfüßen; **Tetrode** *w.* Vierpolröhre

TEU *w.* (aus *engl.* *T*wenty feet *E*quivalent *U*nit) Maßeinheit (von 20 Fuß Länge) für die Transportkapazität von Großcontainern (= ca. 21 t Ladung)

Teutonismus *m.* (*lat.*) kritische Bez. für das als kriegerisch geltende deutsche Wesen, Eigw. **teutonisch**

Tex *s.* (*lat.*) in der Textilindustrie gebräuchliche Maßeinheit für das Gewicht von Garn auf 1000 Meter

Texmex *s.* (Kurzwort aus *Tex*as und *Mex*iko) 1. das typische Essen der Grenzregion; 2. die typische Popmusik der Grenzregion von Texas und Mexiko

Text *m.* (*lat.*) 1. Wortlaut; 2. Folge von sich aufeinander beziehenden Aussagen; 3. die zu einem Bild oder Musikstück gehörenden Bilder; 4. Schriftgrad von 20 Punkt; **texten** 1. (berufsmäßig) Texte verfassen; 2. labern, viel reden (Jj.); **Texter** *m.* Verfasser von (Werbe-)Texten; **textieren** mit Text versehen (z. B. Bilder)

textil (*lat.*) 1. zur Textilindustrie gehörig; 2. gewebt, gewirkt; **Textilien** *Mz.* (-li'en) textile Faserstoffe und die Erzeugnisse daraus; **Textilindustrie** *w.* die Faserstoffe verarbeitende Industrie

Textur *w.* (*lat.*) 1. Gefüge, Struktur; 2. Zeichnung, Maserung; **Textura** *w.* eine Form der gotischen Schrift, Prunkschrift

Textverarbeitung *w.* computergestützte Erfassung, Verarbeitung, Speicherung und Ausgabe von Texten (EDV)

TGV *m.* (teschegweh, aus *frz.* *t*rain à grand *v*itesse) französ. Hochgeschwindigkeitszug

Thalamus *m.* (*gr.*) Teile des Stammhirns, Sehhügel

Thalass(o)-, thalass(o)- (*gr.*) als Wortteil: Meer; **thalassogen** durch das Meer entstanden; **Thalassographie, Thalassografie** *w.* Meereskunde; **Thalassokratie** *w.* erdgeschichtliche Periode, in der der Großteil der Erde durch das Meer überflutet war; **Thalassotherapie** *w.* Meerwassertherapie; **Thalatta Thalatta** das Meer! das Meer! Freudenruf der griech. Kriegsheimkehrer (nach der Schlacht von Kunaxa i. J. 401 v. Chr.)

Thalia *w.* (*gr.*) Muse der Schauspielkunst

Thallium *s.* (*gr.*) chem. Element, ein bleiähnliches, weiches Metall

Thallophyten *Mz.* (*gr.*) Sporenpflanzen (z. B. Algen, Flechten), Lagerpflanzen

Thanatologie *w.* (*gr.*) Tod und Sterben als interdisziplinäres Forschungsthema;

Thanatos *m.* 1. in der griech. Mythologie der Tod, dargestellt als schöner Jüngling mit Flügeln und gesenkter Fackel; 2. Todestrieb (Psychoanalyse); **Thanatose** *w.* Schreckstellung bei Insekten

Thanksgiving Day *m.* (ßänksgiwing deh, *engl.*) US-amerik. und kanadisches Erntedankfest (am vierten Donnerstag im November)

Thaumaturg *m.* (*gr.*) Wundertäter, Beiname von griech. Heiligen

Theater *s.* (*gr.*) 1. Gesamtheit und Gesamtbetrieb der darstellenden Künste; 2. Vorstellung, Aufführung; 3. Getue; **Theatralik** *w.* Gespreiztheit, Schwülstigkeit; **theatralisch** 1. das Theater betreffend; 2. gespreizt; **Theatrum mundi** *s.* Welttheater

Thein *s.* (te'in, *chin.*) das im Tee enthaltene Koffein

Theismus *m.* (te'i-, *gr.*) Glaube an eine persönliche schöpferische, außerweltliche Gottheit; **Theist** *m.* Anhänger des Theismus, Eigw. **theistisch**

Theke *w.* (*gr.*) Ladentisch, Schanktisch

Thema *s.* (*gr.*) 1. Gegenstand einer Abhandlung, eines Gesprächs; 2. Grundgedanke, Leitgedanke eines künstlerischen Werks; **Thematik** *w.* 1. Themenstellung, Forschungsthema; 2. Kunst der Themenführung in der Kompositionstechnik; **thematisieren** zum Thema machen, diskutieren; **thematisch** das Thema betreffend

Thenar *s.* (*gr.*) Daumenballen

Theobromin *s.* (*gr.*) ein anregendes Alkaloid im Kakao

Theodizee *w.* (*gr.*) philosoph. Versuch, die Allmacht und Güte Gottes mit den Übeln der Welt in Einklang zu bringen

Theodolit *m.* (*gr.*) Gerät zur Winkelmessung in der Vermessungstechnik

Theognosie *w.* (*gr.*) die Gotteserkenntnis; **Theogonie** *w.* Mythos vom Ursprung der Götter; **Theokrat** *m.* Anhänger der Theokratie, Eigw. **theokratisch; Theokratie** *w.* 1. Herrschaftsform, die sich göttlich legitimiert; 2. Priesterherrschaft

Theologe *m.* (*gr.*) Wissenschaftler in der Theologie; **Theologem** *s.* theologischer Lehrsatz; **Theologie** *w.* wissenschaftliche Lehre vom Glaubensgehalt einer Religion, bes. der christlichen, Eigw. **theologisch**; **theologisieren** theologische Studien treiben; **Theomanie** *w.* religiöser Wahnsinn; **Theophanie** *w.* Gotteserscheinung; **Theopneustie** *w.* Eingebung Gottes

Theorbe *w.* (*itl.*) doppelchörige Basslaute

Theorem *s.* (*gr.*) Lehrsatz; **Theoretiker** *m.* 1. jmd., der sich theoretisch mit wissenschaftlichen Problemen auseinander setzt; 2. jmd., der sich nur gedanklich-abstrakt mit den Dingen beschäftigt; **theoretisch** 1. gedanklich, begrifflich; 2. (aus) einer Theorie folgend, in der Theorie; **theoretisieren** 1. theoretisch durchdenken, eine Theorie aufstellen; 2. wirklichkeitsfremd denken; **Theorie** *w.* (*gr.*) 1. System begründeter Aussagen zur Erklärung eines Phänomenbereichs; 2. wirklichkeitsfremde Vorstellung

Theosoph *m.* (*gr.*) Anhänger der Theosophie; **Theosophie** *w.* religiöse Anschauung, die die Welt und ihre Entwicklung als Entfaltung Gottes versteht, Eigw. **theosophisch**

Therapeut *m.* (*gr.*) jmd., der eine Therapie durchführt; **Therapeutik** *w.* Lehre von der Krankheitenbehandlung; **Therapeutikum** *s.* Heilmittel; **therapeutisch** 1. zur Therapie gehörend; 2. vom Therapeuten angewendet; **Therapie** *w.* Behandlung des Kranken und seiner Krankheit

Theriak *m.* (*gr.*) mittelalterliches Allheilmittel, Latwerge aus zahlreichen Drogen

Therm(o)-, therm(o)- (*gr.*) als Vorsilbe: warm, Wärme

thermal auf Wärme bezogen; **Thermalquelle** *w.* (*gr.*) natürliche warme Heilquelle; **Thermen** *w.* Badeanlage mit warmen Quellen, bes. im antiken Rom

Thermidor *m.* (*gr.*) Hitzemonat, der elfte Monat des französischen Revolutionskalenders (19. Juli bis 17. August)

Thermik *w.* (*gr.*) durch Erwärmung des Erdbodens hervorgerufene Aufwärtsbewegung der Luft; **thermisch** auf Wärme bezüglich; **Thermit** *s.* (*Wz.*) Hitze erzeugendes Metallgemisch zum Schweißen

Thermochemie *w.* (*gr.*) Lehre von den Wärmeeffekten chem. Vorgänge; **Thermodynamik** *w.* Theorien vom Verhalten physikalischer Systeme bei Energieänderungen; **Thermoelektrizität** *w.* Entstehung von Strom durch Temperaturunterschiede in Leitersystemen; **Thermoelement** *s.* Leiterkreis, der bei unterschiedlicher Temperatur der Kontaktstellen Strom erzeugt, Thermozelle; **thermogen** Wärme erzeugend; **Thermokaustik** *w.* Verschorfen mit Brennstift, dem **Thermokauter** *m.*; **Thermometer** *s.* Wärmemesser; **thermonuklear** durch hohe Temperaturen ausgelöst (von Kernreaktionen); **thermophil** wärmeliebend (von Mikroorganismen); **Thermosäule** *w.* hintereinander geschaltete Thermoelemente; **Thermosflasche** *w.* (*Wz.*) Gefäß zum Warmhalten von Getränken; **Thermosphäre** *w.* oberste Schicht der Atmosphäre; **thermostabil** wärmebeständig; **Thermostat** *m.* Wärmeregler, Gerät zum Konstanthalten einer bestimmten Temperatur; **Thermotherapie** *w.* Heilbehandlung mit Wärme

Therophyt *m.* (*gr.*) einjährige Pflanze

thesaurieren (*gr.*) aufspeichern, horten, Hptw. **Thesaurierung** *w.*; **Thesaurus** *m.* 1. Titel wissenschaftlicher Sammelwerke, bes. von Wörterbüchern der lateinischen und altgriechischen Sprache; 2. Sammlung von Stichwörtern eines bestimmten Bereichs; 3. Wörterbuch der Synonyme im Textverarbeitungsprogramm Word (EDV)

These *w.* (*gr.*) aufgestellter Lehrsatz, Ausgangsbehauptung; **Thesis** *w.* 1. betonter Taktteil in der altgriechischen Verslehre; 2. unbetonter Taktteil in der modernen Verslehre; 3. Niederschlag des Taktstocks; **Theta** *s.* (*gr.*) der achte Buchstabe des griechischen Alphabets, Θ, θ; **Thetik** *w.* Lehre von den Thesen und dogmatischen Lehrsätzen; **thetisch** behauptend, feststellend

Thespiskarren *m.* (*gr.*) scherzhaft für Wanderbühne (nach Thespis, dem sagenhaften ersten griech. Schauspieler und Dichter)

Theurg *m.* (te'u-, *gr.*) Wundertäter; **Theurgie** *w.* magische Art der Götterbeschwörung, Zauberei

Thinktank, Think-Tank *m.* (ßink tänk, *engl.*) gewichtige Expertenrunde für gewichtige Probleme, Denkfabrik

Thomaner *m.* Mitglied im Knabenchor der Thomaskirche in Leipzig

Thomismus *m.* Philosophie des Scholastikers Thomas von Aquin (1225–1274) und seiner Anhänger; **Thomisten** Anhänger des Thomas von Aquin

Thon *m.* (*frz.*) Tunfisch

Thora, auch **Thora** *w.* (*hebr.*) die fünf Bücher Mose, der Pentateuch

thorakal (*gr.*) den Brustkorb betreffend; **Thorax** *m.* 1. Brustkorb; 2. Bruststück bei Insekten

Thrill *m.* (ßrill, engl.) Erregung, Spannung; **Thriller** *m.* Schauer- und Kriminalroman, Horror- und Kriminalfilm

Thrombose *w.* (*gr.*) Blutpfropfenbildung innerhalb der Gefäße; **Thrombozyt** *m.* Blutplättchen; **Thrombus** *m.* Blutpfropf

Thuja *w.* (*gr.*) Lebensbaum, ein Zypressengewächs

Thunfisch *m.* (*gr.*) großer torpedoförmiger Fisch, Speisefisch

Thymian *m.* (*gr.*) Quendel, ein Lippenblütler

Thym(o)-, thym(o)- (*gr.*) als Wortteil 1. die Brustdrüse betreffend; 2. Gemüt; **thymogen** 1. von der Thymusdrüse ausgehend; 2. vom Gemüt ausgehend; **Thymoleptikum** *s.* Antidepressionsmittel; **Thymopathie** *w.* Gemütskrankheit; **Thymose** *w.* pubertäre Gereiztheit; **Thymus** *m.*; **Thymusdrüse** *w.* (*gr.*) innere Brustdrüse, die sich nach der Geschlechtsreife zurückbildet

thyreogen (*gr.*) durch die Schilddrüse veranlasst; **Thyreoidea** *w.* Schilddrüse; **Thyreotoxikose** *w.* krankhafte Überfunktion der Schilddrüse

Thyrsus *m.* (*gr.*) mit Efeu umkränzter und mit einem Pinienzapfen abschließender Stab des Bacchus und der Bacchantinnen

Tiara *w.* (*gr.-pers.*) 1. altorientalische Kopfbedeckung der Könige; 2. dreifache Papstkrone

Tic *m.* (*frz.*) medizin. Bez. für nervöse Muskelstörung; **Tick** *m.* 1. Grille, Absonderlichkeit, Schrulle; 2. Gesichtszucken

Ticker *m.* (*engl.*) 1. Fernschreiber (umg.); 2. elektronischer Kursanzeiger an der Börse

Ticket *s.* (*engl.*) Fahrkarte, Flugschein; Einlasskarte

Tie-Break *m.* (teibrehk, *engl.*) Spielzählweise für Satzverkürzung (und Satzgewinn) beim Tennis; **Tie-in** *s.* = Give-away

Tilaka *m.* (*sanskr.*) auf die Stirn gemaltes od. geklebtes Segenszeichen der Hindus, das «dritte Auge»

Tilbury *m.* (tilberi, *engl.*) leichter zweirädriger Wagen mit Klappverdeck

Tilde *w.* (*span.*) 1. Schleife als Aussprachezeichen im Spanischen und Portugiesischen (z.B. sueño); 2. Wiederholungszeichen im Druck

Tillandsia *w.* (*lat.*) tropischer, in langen Strähnen von Bäumen herabwachsender, silbergrauer Epiphyt, Gattung der Ananasgewächse

Timbre *s.* (tängbr, *frz.*) Klangfarbe der Stimme

timen (tei-, *engl.*) 1. Vorgänge zeitlich aufeinander abstimmen; 2. mit der Stoppuhr messen; **Timing** *s.* 1. Wahl des günstigsten Zeitpunkts für den Beginn einer Handlung; 2. zeitliche Abstimmung verschiedener Handlungen; **Timelag** *m.* od. *s.* (-läck) 1. Unterschied in der (wirtschaftlichen, kulturellen, technischen) Entwicklung zwischen verschiedenen Gesellschaften; 2. zeitliche Differenz zwischen der Änderung einer volkswirtschaftlich relevanten Größe (z.B. Einführung des Euro) und deren Auswirkung auf andere (z.B. Aktienkurse, Kapitalanlage, Sparverhalten u.a.); 3. Zeitverschiebung, Zeitdifferenz zwischen verschiedenen Zeitzonen (was von vielen Flugreisenden als empfindliche Störung ihres Wohlbefindens erlebt wird); **Timesharing** *s.* (-schäring) zeitweise Nutzung einer Anlage, einer Wohnung o.a. durch mehrere Benutzer

timid (*lat.*) zaghaft, ängstlich

Timokratie *w.* (*gr.*) Staatsverfassung, in der die politischen Rechte der Bürger nach Vermögen gestaffelt sind (z.B. Dreiklassenwahlrecht in Preußen bis 1918)

Tinea *w.* (*lat.*) Hautflechte

tingieren (*lat.*) färben, eintauchen; **tingiert** dünn versilbert; **Tinktion** *w.* Färbung

Tinktur *w.* (*lat.*) Auszug aus pflanzlichen oder tierischen Stoffen als Medizin oder Schönheitsmittel

Tinnef *m.* (*jidd.*) 1. Schundware; 2. Unsinn

Tinnitus *m.* (*lat.*) Pfeifen, Klingeln, Geräusche im Ohr ohne äußere Ursache

Tiorbe = Theorbe

Tipi *s.* (*Dakota*) kegelförmiges Indianerzelt aus Leder od. Leinwand

Tipp *m.* (*engl.*) Wink, Hinweis (meist auf Gewinnaussichten); **tippen** 1. wetten; 2. Maschine schreiben; 3. vermuten; **Tipster** *m.* gewerbsmäßiger Tippgeber

Tirade *w.* (*frz.-itl.*) 1. Wortschwall; 2. schneller Lauf von Melodietönen

Tirailleur *m.* (tirajör, *frz.*) Scharfschütze

Tiramisu *s.* (*itl.*) itl. Süßspeise aus Biskuitteig, Mascarpone, Alkohol, Kaffee und einer Kakaoschicht

Tirolienne *w.* (-i'enn, *frz.*) gemeinschaftlicher Rundtanz i. d. Art eines Ländlers

Tirs *m.* (*arab.*) dunkler, fruchtbarer Boden

Titan *s.* (*gr.*) chem. Element, ein Hartmetall

Titanen *Mz.* (*gr.*) Riesen, gestürztes Geschlecht der griech. Götter; **titanisch** riesenhaft, gewaltig, übermenschlich

Titel *m.* (*lat.*) 1. Bezeichnung, Benennung, Überschrift, Name; 2. Amts- oder Ehrenbezeichnung; 3. vollstreckbares Gerichtsurteil, Rechtstitel; 4. Ausgaben für einen bestimmten Zweck im Haushaltsplan; **Titelei** *w.* die dem Textbeginn eines Buches voranstehenden Seiten; **Titelpart** *m.* Rolle, die dem Stück den Titel gab (z. B. *Hamlet*)

Titer, Titre *m.* (*frz.*) 1. Maß für die Feinheit von Kunstseiden- oder Seidenfäden; 2. Feingehalt der Münzen; 3. Gehalt einer Lösung an wirksamer Substanz; **titrieren** den Titer bestimmen

Titoismus *m.* Nationalkommunismus im früheren Jugoslawien (nach dem Staatspräsidenten J. B. Tito, 1892–1980)

Titular *m.* (*lat.*) jmd., der ein Amt nur dem Titel nach ausübt; **Titulatur** *w.* Betitelung, Eigw. **titulieren**; **Titulus** *m.* Bildunterschrift unter mittelalterlichen Bildern

Tivoli *s.* (*itl.*) 1. italien. Kugelspiel; 2. Name von Vergnügungsplätzen, bes. des Vergnügungsparks in Kopenhagen

tizianblond rotblond, von Tizian häufig gemalte Haarfarbe

Tjalk *w.* (*niederl.*) einmastiges Küstenfahrzeug

Tjost *w.* (*altfrz.*) Turnierzweikampf der Ritterzeit

Toast *m.* (tohst, *engl.*) 1. geröstete Weißbrotschnitte; 2. Trinkspruch; **toasten** 1. Brot rösten; 2. Trinkspruch ausbringen; **Toaster** *m.* Gerät zum Rösten von Brotscheiben

Toboggan *m.* (*indian.-engl.*) Bretterschlitten kanadischer Indianer

Toccata *w.* (-ka-, *itl.*) Stück in freier Form für Orgel oder Klavier

tocharische Sprache ausgestorbene indogermanische Sprache, die im 1. Jahrtausend n. Chr. im äußersten Nordwesten Chinas gesprochen wurde (nach dem indogermanischen od. skythischen Volk der Tocharer)

Toddy *m.* (*engl.*) 1. Palmwein; 2. Punschart

Toeloop *m.* (tuhluhp, *engl.*) Drehsprung beim Eiskunstlauf

toff (*hebr.*) gut gekleidet (umg.)

Toffee *s.* (toffi, *engl.*) Sahnebonbon

Tofu *m.* (*jap.*) Sojabohnenquark

Toga *w.* (*lat.*) altrömisches Obergewand

... to go (tu –, *engl.*) Hinweis darauf, dass man Getränke und Speisen (auch) mitnehmen kann

Tohuwabohu *s.* (*hebr.*) 1. chaotischer Zustand der Welt vor der Schöpfung (im Alten Testament); 2. wüstes Durcheinander, Chaos

Toile de soie *w.* (toal de ßoa, *frz.*) feinfädige Wäscheseide

Toilette *w.* (toalette, *frz.*) 1. das Sichzurechtmachen; 2. Gesellschaftskleidung für Damen; 3. Spiegeltisch mit Zubehör, Toilettentisch; 4. Abort und Waschraum

Tokaier, Tokajer *m.* süßer ungar. Wein (nach der ungar. Stadt Tokaj)

Token *s.* (*engl.*) 1. Zeichenfolge; 2. Wertmarke

Toko-, toko- (*gr.*) als Wortteil: Geburt, Wehen; **Tokodynamometer** *m.* Wehenmesser; **Tokologie** *w.* (Lehre von der) Geburtshilfe

Tokkata = Toccata

Tokus *m.* (*lat.*) Hintern

tolerabel (*lat.*) erträglich; **tolerant** großzügig, weitherzig, duldsam; **Toleranz** *w.* 1. Duldung (z. B. andere Überzeugungen), Duldsamkeit; 2. zulässige Abweichung vom vorgeschriebenen Maß; 3. Empfindlichkeit eines Individuums gegenüber Arzneimitteln; **tolerieren** dulden, zulassen, akzeptieren

Tom. = Tomus

Tomahawk *m.* (-hahk, *indian.*) Streitaxt der nordamerik. Indianer

Tomate *w.* (*aztek.*) Gemüsepflanze und ihre Frucht, ein Nachtschattengewächs

Tombak *m.* (*malai.-niederl.*) goldfarbene Kupfer-Zink-Legierung

Tombola *w.* (*itl.*) Verlosung

Tommy *m.* (*engl.*) Spitzname für den britischen Soldaten

Thomographie, Tomografie *w.* (*gr.*) Schichtaufnahmeverfahren in der Röntgentechnik

Tomtom *s.* (*Hindi*) ostasiatische Trommel

Tomus *m.* (*lat.*) Einzelband einer Buchreihe (Abk. Tom.)

tonal (*gr.*) tonartlich gebunden; **Tonalität** *w.*, Bezogenheit aller Töne eines musikalischen Geschehens auf einen Grundton

Tondo *s.* (*itl.*) Rundbild, Rundrelief

Toner *m.* (*engl.*) Druckfarbe

Tonic *s.* (-ik, *engl.*) 1. bittersüßer Sprudel; 2. Gesichtswasser

Tonika *w.* (*itl.*) Grundton der diatonischen Tonleiter und Dreiklang auf der ersten Stufe (*Mz.* Toniken)

Tonikum *s.* (*gr.*) stärkendes Mittel; **tonisch** kräftigend; **tonisieren** stärken, kräftigen

Tonkabaum *m.* (*indian.*) tropischer Schmetterlingsblütler; **Tonkabohne** *w.* Frucht des Tonkabaumes, Duftstoff für Tabak, Waldmeisterersatz

Tonnage *w.* (-nahsch, *frz.*) Laderaum eines Schiffes

Tonsille *w.* (*lat.*) Gaumenmandel; **Tonsillektomie** *w.* Herausschneiden der Mandeln; **Tonsillitis** *w.* Mandelentzündung

Tonsur *w.* (*lat.*) kreisförmig geschorene Kopfstelle der kath. Geistlichen, Ztw. **tonsurieren**

Tonus *m.* (*gr.*) normaler Spannungszustand der Muskeln

Top (*engl.*) 1. *s.* Oberteil mit Trägern, dem T-Shirt ähnlich; 2. *m.* Schlag auf den oberen Teil des Golfballs; **top** 1. sehr gut; 2. als Vorsilbe: sehr, außergewöhnlich gut (z. B. Topschule, Topfilm, Topserie u. Ä.)

Topas *m.* (*gr.*) ein Mineral, Schmuckstein

Top-down *s.* (-daun, *engl.*) Problemlösungsverfahren, das dem Grundsatz *von oben nach unten* folgt, im Ggs. zu Bottom-up

topfit (*engl.*) auf der Höhe, in bester Verfassung

Topik *w.* (*gr.*) 1. Lehre von den Topoi (*vgl.* Topos); 2. Lehre von den Argumenten, die für eine Erörterung geeignet sind (Rhetorik); **topisch** 1. örtlich, äußerlich; 2. einen Topos behandelnd

Topinambur *w.* (*indian.*) essbare Knolle einer der Sonnenblume verwandten Korbblütlerart

Toplader *m.* (*engl.*) Gerät, das von oben gefüllt wird (z. B. Waschmaschine); **topless** busenfrei; **Topmanagement** *s.* (-mennedschment) oberste Leitung eines Wirtschaftsunternehmens; **Topmanager** *m.* Spitzenmanager; **Topmodel** *s.* (-moddel) Model der Spitzenklasse

Topo-, topo- (*gr.*) als Wortteil: Ort, Gelände; **Topografie** *w.* (*gr.*) 1. Beschreibung der geographischen Lage von Örtlichkeiten, Geländebeschreibung; 2. Beschreibung der anatomischen Lage von Organen; **topografisch** zur Topografie gehörend; **Topologie** *w.* (*gr.*) 1. Teilgebiet der Mathematik, das sich mit der räumlichen Lage und Anordnung geometrischer Gebilde beschäftigt; 2. Lehre von der Stellung der Wörter im Satz; 3. Vernetzung der Geräte in einem Datenverbund (EDV)

Toponomastik *w.* (*gr.*) Ortsnamenkunde; **Topophobie** *w.* unerklärliche Angst vor bestimmten Orten, Platzangst

Topos *m.* (*gr.*) 1. wiederkehrende Redewendung; 2. Denk- und Ausdrucksschema (*Mz.* Topoi)

toppen (*engl.*) 1. übertrumpfen, ausstechen; 2. Leichtbenzin gewinnen; **topsecret** (-ßihkrit) streng geheim; **Topstar** *m.*

Star der Spitzenklasse; **Top Ten** *Mz.* die zehn Besten auf einer Rangliste (z. B. von Schlagern)
Toque *w.* (tok, *frz.*) kleiner, kappenartiger Damenhut
Toreador, Torero *m.* (*span.*) berufsmäßiger Stierkämpfer
Toreutik *w.* (*gr.*) Kunst der Metallbearbeitung
Tories *Mz.* (torrihs, *engl.*) englische Konservative (*Ez.* Tory *m.*)
Torii *s.* (*jap.*) freistehendes Holzportal mit überstehendem Querbalken, bes. an Shinto-Heiligtümern
torisch (*lat.*) wulstförmig
Torkel *m.* (*lat.*) alte Weinkelter, Obstpresse
Tormina *Mz.* (*lat.*) Bauchschmerzen, Bauchgrimmen
Törn *m.* (*engl.*) Segelbootfahrt
Tornado *m.* (*span.*) Wirbelsturm
Tornister *m.* (*tschech.*) Ranzen, Soldatenranzen, Schulranzen
Toro *m.* (*span.*) span. Bez. für Stier
Toross *m.* (*russ.*) Packeis
torpedieren (*lat.*) 1. mit Torpedo beschießen, durch Torpedo versenken; 2. durchkreuzen; **Torpedo** *s.* 1. Unterwassergeschoss; 2. Zitterrochen
Torselet, Torselett, Torselette *s.* (*frz.*) der Korsage ähnliches Damenoberteil mit eingearbeiteten Stäben ohne Schnürung, oft mit Strumpfhaltern
Torsion *w.* (*lat.*) Drehung, Drillung
Torso *m.* (*itl.*) 1. Rumpfstück einer Statue; 2. unvollendetes Werk
Tort *m.* (*frz.*) Kränkung, Unrecht; **jmdm. einen Tort antun** jmdn. kränken
Tortellini *Mz.* (*itl.*) kleine gefüllte Teigringe
Tortilla *w.* (tortija, *span.*) 1. Omelett mit Füllung (in Spanien); 2. Maisfladenbrot (in Mittelamerika)
Tortur *w.* (*lat.*) Qual, Folter, Quälerei
Torulose *m.* (*lat.*) Pilzinfektion von Haut, Gehirn und Lunge; **Torus** *m.* (*lat.*) 1. Wulst auf der Knochenoberfläche (z.B. Hinterhauptwulst bei Affen); 2. halbrundes Polster an Säulenbasen; 3. Ringfläche (Mathematik)
Tory = Tories
tosto (*itl.*) Musik: eilig, flink
total (*lat.*) gänzlich, völlig; **Totale** *w.* Gesamtaufnahme der Szene beim Film
Totalisator *m.* (*lat.*) 1. Wettannahmestelle; 2. Sammelgefäß für Niederschläge
totalitär (*lat.*) auf das Ganze ausgehend, das Ganze umfassend; **Totalitarismus** *m.* Staatsform mit Allmachtsanspruch des Staates; **Totalität** *w.* Ganzheit, Vollständigkeit; **totaliter** ganz und gar
Totem *s.* (*Algonkin*) Wesen, Ding, Tier, zu dem sich eine Gruppe, ein Stamm in Beziehung sieht und das deshalb verehrt und tabuisiert wird; **Totemismus** *m.* Totemglaube und -verehrung, Eigw. **totemistisch**
Toto *m.* Abk. für Totalisator (1. und 2.)
Touch *m.* (tatsch, *engl.*) Anflug, Hauch, Beigeschmack, Note
touchieren (tuschihren, *frz.*) berühren
Touchscreen *s.* oder *m.* (tatschskrien, *engl.*) Bildschirm, der auf Berührung (mit den Fingerspitzen) reagiert und so die Benutzung eines Computers ohne Tastatur oder Maus ermöglicht (EDV)
tough (taff, *engl.*) hart, zäh, hartgesotten
Toupet *s.* (tupeh, *frz.*) Haarersatzteil; **toupieren** das Haar gegen den Strich kämmen und dadurch Fülle erzeugen
Tour *w.* (tuhr, *frz.*) 1. Ausflug, Fahrt, Wegstrecke; 2. Umdrehung eines rotierenden Körpers; 3. die alte Leier, in der jmd. sich verhält; **Tour de Force** *w.* (tuhr de forß) gewaltige Anstrengung; **Tour de France** *w.* (– frangß) französisches Straßenrennen; **Tour d'Horizon** *w.* (– dorrisong) Erarbeitung eines Gesamtüberblicks, Besprechung und Analyse der Gesamtsituation
Tourismus *m.* (*frz.*) Fremdenverkehr; **Tourist** *m.* Urlauber, Vergnügungsreisender; **Touristik** *w.* die Tourismusbranche
Tournedos *m.* (turnedo, *frz.-span.*) gebeizte und rasch gebratene Lendenschnitte
Tournee *w.* (turneh, *frz.*) Gastspielreise von Künstlern
Tournüre = Turnüre
tout à fait (tu a fä, *frz.*) ganz und gar; **tout de suite** (– swit) augenblicklich; **tout le monde** (tu le mong, *frz.*) jedermann, jeder
Towarischtsch *m.* (*russ.*) Genosse (als Anrede)

Tower *m.* (tauer, *engl.*) 1. frühere Königsburg von London, im 16. und 17. Jh. Staatsgefängnis; 2. Kontrollturm auf dem Flughafen; **Townhall** *w.* (-holl) Rathaus; **Township** *w.* 1. Verwaltungseinheit i. d. USA; 2. Farbigensiedlung in Südafrika

Toxikologie *w.* (*gr.*) Lehre von den Giften und Vergiftungen; **Toxikose** *w.* Vergiftungskrankheit; **Toxikum** *s.* Gift; **Toxin** *s.* giftiges Stoffwechselprodukt der Bakterien; **toxisch** giftig; **Toxizität** *w.* Giftigkeit

Toy *s.* (*engl.*) sexuell stimulierendes Hilfsmittel

Trabant *m.* (*tschech.*) 1. ständiger Begleiter einer Standesperson; 2. Satellit; **Trabantenstadt** *w.* = Satellitenstadt

Tracer *m.* (trehßer, *engl.*) 1. radioaktiver Indikator, der biochemische Vorgänge, z. B. im Organismus, anzeigt; 2. Ablaufverfolger eines Programms (EDV)

Trachea *w.* (*gr.*) Luftröhre; **tracheal** zur Luftröhre gehörig; **Trachee** *w.* 1. Atmungsorgan der Insekten; 2. Wasserleitungsbahn bei Samenpflanzen; **Tracheoskopie** *w.* Luftröhrenspiegelung; **Tracheotomie** *w.* Luftröhrenschnitt

Trachom *s.* (*gr.*) Augenkrankheit, schwere Virusinfektion

Track *m.* (träck, *engl.*) 1. Spur für die Speicherung von Informationen (z. B. Soundtrack); 2. Weg (z. B. der übliche Seeweg eines Schiffes); **Trackball** *m.* (-bohl) Maus als Rollkugel (EDV)

Trademark *w.* (trehd-, *engl.*) engl. Bez. für Warenzeichen; **Trading** *s.* das Ausnutzen von Kursschwankungen durch schnellen Kauf und Verkauf von Wertpapieren

tradieren (*lat.*) überliefern, weitergeben; **Tradition** *w.* Überlieferung, Herkommen, Brauch; **Traditional** *s.* (tredischenel, *engl.*) Volkslied, volkstümliches Lied; **Traditionalismus** *m.* (*lat.*) 1. Festhalten am Überlieferten; 2. Überbewertung des Überlieferten; **Traditionalist** *m.* Anhänger des Traditionalismus, jmd., der traditionelle Positionen vertritt; **traditionell** herkömmlich

Traduktionym *s.* (*lat.-gr.*) Deckname, der aus der Übersetzung eines Eigennamens in eine fremde Sprache besteht (z. B. *Textor* für *Weber*)

Trafik *m.* oder *w.* (*itl.*) Tabakladen (in Österreich); **Trafikant** *m.* Inhaber einer Trafik

Trafo *m.* Kurzwort für Transformator

Tragant *m.* (*lat.*) 1. Gattung der Schmetterlingsblütler; 2. Pflanzengummi, ein Bindemittel

tragieren (*gr.*) eine Bühnenrolle tragisch spielen; **Tragik** *w.* verhängnisvoller Zusammenhang von Umständen oder Ereignissen, der zu erschütterndem Leid oder Untergang führt; **tragisch** 1. zur Tragödie gehörig; 2. erschütternd, schicksalhaft; **Tragikomik** *w.* Komik mit tragischem Hinter- oder Untergrund; **Tragikomödie** *w.* Lustspiel mit tragischem Hinter- oder Untergrund, Eigw. **tragikomisch**; **Tragöde** *m.* tragische Rollen spielender Schauspieler; **Tragödie** *w.* (-di'e) 1. Trauerspiel; 2. schwerer Schicksalsschlag, tragisches Ereignis

Trailer *m.* (trehler, *engl.*) drei bis vier Minuten kurzer Film, der für einen erst anlaufenden Film wirbt, meist eine Montage aus Höhepunkten des Films

Train *m.* (treng, *frz.*) für den Nachschub sorgende Truppe

Trainee *m.* (trehni, *engl.*) (meist) Hochschulabsolvent, der von einem Unternehmen als Nachwuchskraft ausgebildet wird; **Trainer** *m.* jmd., der Sportler trainiert; **trainieren** 1. für besondere Leistungen schulen; 2. systematisch einüben, trimmen; **Training** *s.* Durchführung eines Schulungsprogramms zur Erhaltung oder Steigerung der Leistung

Traiteur *m.* (trätör, *frz.*) Leiter einer Großküche

Trajekt *s.* (*lat.*) Fährboot, besonders Eisenbahnfähre

Trakt *m.* (*lat.*) 1. Gebäudeteil, Flügel; 2. gesamte Länge (z. B. Verdauungstrakt); **Traktat** *s.* 1. Abhandlung; 2. (religiöse) Erbauungsschrift; **traktieren** jmdm. zusetzen, jmdn. misshandeln, quälen

Traktor *m.* (*lat.*) Zugmaschine, Ackerschlepper

Tralje *w.* (*lat.*) Geländerstab

Tram, Trambahn *w.* (*engl.*) Straßenbahn

Tramelogödie *w.* (-di'e, *gr.*) Mischung zwischen Oper und Tragödie

Tramontana *w.* (*itl.*) Nordwind in Oberitalien

Tramp *m.* (trämp, *engl.*) 1. jmd., der umherzieht, Vagabund; 2. Schiff für Gelegenheitsfahrten; **trampen** per Anhalter reisen

Trampolin *s.* (*itl.*) in Artistik und Sport verwendetes Sprunggerät

Trance *w.* (trangß, *frz.*) Entrückungszustand, hypnotischer Zustand

Tranche *w.* (trangsch, *frz.*) 1. Schnitte, Scheibe; 2. Teil einer Wertpapieranleihe; **Trancheur** *m.* (-schör) Vorschneider; **tranchieren** (-schihren) aufschneiden, Fleisch zerlegen

Tranquilizer *m.* (tränkileiser, *engl.*) Dämpfungs-, Beruhigungsdroge

tranquillamente, tranquillo (-ki-, *itl.*) Musik: ruhig, gelassen; **Tranquillität** *w.* (-kwi-, *lat.*) Gelassenheit

Trans-, trans- (*lat.*) als Vorsilbe: jenseits, hinüber, hindurch

Transaktion *w.* (*lat.*) größere geschäftliche Unternehmung

transalpin (*lat.*) jenseits (= nördlich) der Alpen; **transatlantisch** jenseits des Ozeans, überseeisch

Transept *s.* (*lat.*) Querschiff einer Kirche

Transfer *m.* (*lat.-engl.*) 1. Auslandszahlung in fremden Währungen; 2. Überführung Reisender (z. B. vom Flughafen ins Hotel); 3. Wechsel eines Profisportlers zu einem anderen Verein gegen Bezahlung; 4. Übertragung erlernter Verhaltensweisen auf neue Situationen; **transferieren** einen Transfer vornehmen

Transfiguration *w.* (*lat.*) Verklärung Christi

Transformation *w.* (*lat.*) Übertragung, Umformung, Umwandlung, Umgestaltung; **Transformator** *m.* Stromumformer; **transformieren** umformen, umwandeln; **Transformismus** *m.* Abstammungslehre

transfundieren (*lat.*) eine Transfusion vornehmen; **Transfusion** *w.* 1. Blutübertragung; 2. Vermischung von Gasen

transgredient (-di'ent, *lat.*) über etwas hinausgehend; **Transgression** *w.* das Vordringen des Meeres auf das Land (z. B. durch Ansteigen des Meeresspiegels)

Transhumanz *w.* (*frz.*) 1. Almen-Schäferei (im Sommer); 2. Wanderschäferei

Transi *m.* Kurzwort für Transvestit (Jargon)

Transistor *m.* (*lat.*) elektronisches Verstärkerelement aus Halbleitermaterial (z. B. Silizium)

Transit *m.* (*lat.-itl.*) Durchreise, Durchfuhr; **Transithandel** *m.* Warenverkehr durch ein Drittland; **transitieren** durchgehen, durchfahren

transitiv (*lat.*) Sprachlehre: zielend (vom Zeitwort); **Transitiv** *s.* Zeitwort, das eine Ergänzung im vierten Fall fordert (z. B. sie liebt *ihn*)

transitorisch (*lat.*) vorübergehend, später wegfallend

transkribieren (*lat.*) umschreiben, umsetzen; **Transkript** *s.* das Resultat einer Transkription; **Transkription** *w.* 1. schriftliche Fixierung von Sprache durch phonetische Zeichen, Lautschrift; 2. Umsetzung von Worten einer fremden Schrift in lautlich entsprechende Zeichen einer anderen Sprache; 3. Bearbeitung eines Musikstücks für eine andere Besetzung; 4. Umschreibung einer genetischen Information von DNS in RNS

Translation *w.* (*lat.*)1. Übersetzung in eine andere Sprache; 2. geradlinige Bewegung eines Körpers (in der Physik); 3. Übertragung von Heiligenreliquien an einen anderen Ort (im Mittelalter)

Transliteration *w.* (*lat.*) buchstabengetreue Umschrift eines Schriftsystems in ein anderes (z. B. Transliteration zwischen kyrillischen und lateinischen Schriftsystemen)

Translokation *w.* (*lat.*) Lageveränderung eines Chromosomenabschnitts, Ztw. **translozieren**

Transmission *w.* (*lat.*) 1. Anlage zur Kraftübertragung; 2. Durchgang von Strahlen ohne Änderung der Frequenz; **Transmitter** *m.* 1. Umformer; 2. Überträgersubstanz, Neurotransmitter

transmontan (*lat.*) jenseits der Berge

transparent (*lat.*) durchscheinend, durchsichtig; **Transparent** *s.* Leuchtbild; **Transparenz** *w.* Lichtdurchlässigkeit, Durchsichtigkeit, Durchschaubarkeit

Transpiration *w.* (*lat.*) Ausdünstung, Schweißabsonderung; **transpirieren** schwitzen, ausdünsten

Transplantat *s.* (*lat.*) Gewebe oder Organ, das transplantiert wird; **Transplantation** *w.* (*lat.*) 1. operative Einsetzung von lebendem Gewebe oder Organen; 2. Pfropfung, Okulation zur Veredelung (z.B. von Obst); **transplantieren** Gewebe oder Organe einsetzen, überpflanzen

transponieren (*lat.*) 1. in eine andere Tonart übertragen; 2. verschieben, in einen anderen Bereich übertragen

Transport *m.*, **Transportation** *w.* (*lat.-frz.*) Beförderung, Versendung; **transportabel** beweglich, tragbar; **Transporter** *m.* Kleinlastwagen, Schiff oder Flugzeug für Lasten; **Transporteur** *m.* (-tör) 1. jmd., der etwas transportiert; 2. Zubringer an der Nähmaschine; **transportieren** versenden, befördern, weiterrücken

Transposition *w.* (*lat.*) 1. Umstellung, Überführung in eine andere Wortart; 2. Übertragung in eine andere Tonart; 3. angeborene Verlagerung von Organen auf die falsche Körperseite

Transrapid *m.* (*Wz.*) Magnetschwebebahn

Transsexualismus *m.*, **Transsexualität** *w.* (*lat.*) Überzeugung, im Körper des falschen Geschlechts gefangen zu sein mit dem Wunsch nach Geschlechtsumwandlung; **Transsexuelle** *m.* und *w.* Person, die sich dem anderen Geschlecht angehörig fühlt

Transsubstantiation *w.* (*lat.*) nach der kath. Glaubenslehre die Verwandlung von Brot und Wein in Leib und Blut Christi

Transurane *Mz.* (*lat.*) künstlich erzeugte chem. Elemente mit höherer Ordnungszahl als Uran

transversal (*lat.*) quer laufend; **Transversale** *w.* Gerade, die eine geometrische Figur schneidet

Transverter *m.* (aus *Trans*istor und Kon*verter*) Gleichspannungswandler

Transvestismus *m.* (*lat.*) Neigung, Kleidung und Verhalten des anderen Geschlechts anzunehmen; **Transvestit** *m.* jmd., der einen Hang zum Transvestismus hat

transzendent (*lat.*) 1. den Bereich der Erfahrung überschreitend, übersinnlich; 2. nicht algebraisch (von Zahlen und mathemat. Funktionen); **Transzendenz** *w.* 1. das jenseits der Erfahrung Liegende; 2. das Überschreiten der Erfahrungsgrenzen; **transzendental** 1. übersinnlich; 2. die Erkenntnisart betreffend, die von Erfahrung und Wahrnehmung unabhängig ist (in der Philosophie I. Kants); **transzendieren** 1. die Grenze zwischen zwei Bereichen überschreiten; 2. die Erkenntnisgrenzen des Menschen überschreiten

Trapez *s.* (*gr.*) 1. Viereck mit zwei parallelen, aber ungleich langen Seiten; 2. Schaukelreck an Seilen für Artisten

Trapper *m.* (*engl.*) nordamerikanischer Pelztierjäger

Trappist *m.* Angehöriger des 1664 gegr. Trappistenordens (nach der Abtei La Trappe in Frankreich)

Trapschießen *s.* = Skeetschießen

Trash *m.* (träsch, *engl.*) Schund, Ramsch; **Trashfilm** *m.* Filmgenre, das durch die demonstrative Darstellung ekelerregender Dinge den schlechten Geschmack kultiviert

Trass *m.* (*itl.*) vulkanischer Tuffstein, Bimstuff

Trassant *m.* (*itl.*) Aussteller eines Wechsels; **Trassat** *m.* der Bezogene eines Wechsels

Trasse *w.* (*frz.*) abgesteckte Wegspur bei Anlage einer Straße oder Eisenbahnlinie; **trassieren** 1. eine Trasse anlegen; 2. (*itl.*) einen Wechsel ziehen; **Tratte** *w.* gezogener Wechsel

Trattoria *w.* (*itl.*) einfaches Gasthaus

Trauma *s.* (*gr.*) 1. Verletzung durch äußere Einwirkung; 2. seelischer Schock, seelische Erschütterung (*Mz.* Traumata, Traumen); **traumatisch** 1. durch Trauma entstanden; 2. wie ein Trauma; **traumatisieren** ein Trauma verursachen; **Traumatologie** *w.* Unfallmedizin

Trautonium *s.* (*Wz.*) elektrisches Musikgerät (nach dem Erfinder F. Trautwein, 1889–1956)

Travellerscheck *m.* (träweler-, *engl.*) Reisescheck

travers (*frz.-lat.*) quer gestreift; **Travers** *s.* (trawär) Seitgang des Pferdes; **Traverse** *w.* 1. Querdamm zur Flussregulierung; 2. Querträger, Querbalken, Querstück; **Traversflöte** *w.* (*lat.-frz.*) Querflöte; **traversieren** 1. in der Diagonale reiten (beim

Dressurreiten); 2. seitwärts ausfallen (im Fechtsport)

Travertin *m.* (*itl.*) Kalktuff

Travestie *w.* (*lat.-itl.*) komische, den Inhalt beibehaltende Form einer ernsten Dichtung; **Travestieshow** *w.* Show, in der männliche Darsteller in weiblicher Kleidung Stars imitieren; **travestieren** 1. in der Form einer Travestie darbieten; 2. ins Lächerliche ziehen

Trawl *s.* (trol, *engl.*) Schleppnetz; **Trawler** *m.* Fischdampfer mit Schleppnetz

Treasury *s.* (träscheri, *engl.*) das britische Finanzministerium

Treatment *s.* (triht-, *engl.*) ausführliches Exposé über Handlungsverlauf, Schauplätze und Charaktere eines geplanten Films, Vorform des Drehbuchs

Trecento *s.* (-tschen-, *itl.*) das 14. Jh. als italien. Stilepoche

Treck *m.* (*niederl.*) Zug von (flüchtenden) Menschen (mit Fuhrwerken); **trecken** in Wagenkolonnen ziehen; **Trecker** *m.* Zugmaschine

treife (*hebr.*) nach den jüdischen Speisegesetzen unrein und verboten

Trekking *s.* (*engl.*) längere Wanderung (oder Radtour), bes. im Gebirge

trem. = tremolo

Trema *s.* (*gr.*) 1. zwei Punkte über einem Selbstlaut als Zeichen, dass dieser von einem nebenstehenden Selbstlaut getrennt gesprochen wird (z.B. äi); 2. Lücke zwischen den vorderen Schneidezähnen

Tremolo *s.* (*itl.*) Beben des Tones in der Musik, Ztw. **tremolieren, tremulieren; Tremor** *m.* Muskelzittern

Trenchcoat *m.* (-nschkoht, *engl.*) Wettermantel aus wasserdichtem Stoff

Trend *m.* (*engl.*) Richtung, Tendenz, Entwicklungstendenz; **Trendsetter** *m.* jmd. oder etwas, das einen (Mode-) Trend auslöst; **trendy** im Trend (liegend)

Trense *w.* (*span.*) Pferdezaum

Trente-et-quarante *s.* (trangt eh karangt); **Trente-et-un** *s.* (trangt eh öng, *frz.*) Glücksspiele

Trepan *m.* (*gr.*) Schädelbohrer; **Trepanation** *w.* das Öffnen der Schädelkapsel, Ztw. **trepanieren**

Tresor *m.* (*frz.*) Geldschrank, Panzerschrank, Stahlkammer (in Banken)

tressieren (*frz.*) Haare mit Zwirn verknoten (für Perücken)

Tri-, tri- (*gr.-lat.*) als Vorsilbe: drei, dreiteilig

Triade *w.* (*gr.*) 1. Dreiheit; 2. von Chinesen im Ausland unterhaltene mafiose Geheimorganisation

Triage *w.* (triasch, *frz.*) 1. Ausschuss bei Kaffeebohnen; 2. Einteilung der bei einer Katastrophe Verletzten nach dem Schweregrad

Trial *s.* (treijel, *engl.*) Geschicklichkeitsübung im Gelände (im Motorradsport);

Trial-and-Error *o. A.* (-ändärror) Lernen durch Irrtümer (die bei der Lösung von Problemen unvermeidlich sind)

Trialismus *m.* (*lat.*) philosophische Lehre, nach der das Prinzip der Dreiteilung herrscht (z.B. Leib – Geist – Seele)

Triangel *m.* (*lat.*) dreieckig gebogener Stahlstab mit Aufhängung, Musikinstrument; **triangulär** dreieckig; **Triangulation** *w.* 1. Verfahren der Erdvermessung durch Dreiecknetze; 2. ein spezielles Veredlungsverfahren bei Gehölzen; **Triangulum** *s.* Dreieck

Triarier *m.* (-ri'er, *lat.*) schwerbewaffneter Veteran in der dritten Schlachtenreihe des altröm. Heeres

Trias *w.* (*gr.*) 1. Dreizahl, Dreiheit; 2. ältester Teil des Mesozoikums; **triassisch** zur Trias gehörig

Triathlon *s.* (*gr.*) Mehrkampfsportart, bei der Schwimmen, Radfahren und Laufen bzw. Skilanglauf, Schießen und Riesenslalom an einem Tag absolviert werden müssen

Tribadie *w.*, **Tribadismus** *m.* (*lat.*) alte Bez. für lesbische Liebe

Tribalismus *m.* (*lat.*) 1. stammesgebundene Politik in afrik. Staaten; 2. Tendenz einer Gesellschaft, in partikulare Gruppen zu zerfallen

Tribologie *w.* (*gr.*) Wissenschaft, die sich mit Reibung, Verschleiß und Schmierung beschäftigt; **Tribotechnik** *w.* technische Anwendung von Erkenntnissen der Tribologie

Tribun *m.* (*lat.*) 1. altrömischer Beamter oder höherer Offizier; 2. altrömischer Volksführer; **Tribunal** *s.* 1. Gerichtshof; 2. politisches Forum, das Missstände,

z. B. Menschenrechtsverletzungen, anklagt

Tribüne *w.* (*frz.*) 1. erhöhte Zuschauerbühne; Rednerbühne; 2. Zuhörerschaft auf der Tribüne

Tribus *w.* (*lat.*) 1. Untergruppe der Bürgerschaft im alten Rom; 2. zwischen Gattung und Familie stehende biologische Einheit

Tribut *m.* (*lat.*) 1. direkte Steuer im alten Rom; 2. Schuldigkeit

Tribute *s.* (-bjut, *engl.*) Veranstaltung zu Ehren, zum Gedenken an eine Person, oft Benefizveranstaltung

Trich(o)-, trich(o)- (*gr.*) als Wortteil: Haar; **Trichalgie** *w.* Berührungsschmerz im Kopfhaarbereich; **Trichine** *w.* Fadenwurm, ein Schmarotzer; **Trichinose** *w.* Trichinenkrankheit; **trichogen** an der Bildung von Haaren beteiligt; **Trichom** *s.* 1. Verfilzung der Kopfhaare durch Läuse; 2. Pflanzenhaar; **Trichophytie** *w.* Pilzerkrankung von Haaren, Haut, Nägeln; **Trichose** *w.* anormale Behaarung

Trichotomie *w.* (*gr.*) 1. Einteilung von Straftaten nach dem Schweregrad (Übertretung, Vergehen, Verbrechen); 2. Überzeugung von der Dreigeteiltheit der Menschen in Leib, Seele, Geist

Trick *m.* (*engl.*) Kniff, Kunstgriff; **Trickfilm** *m.* Film, der aus einer Serie von gezeichneten und einzeln aufgenommenen Phasenbildern besteht, wodurch Bewegung vorgetäuscht wird; **tricksen** Tricks anwenden, etwas hinbiegen; **Trickster** *m.* in afrik. Mythen eine listige Figur, die Gutes und Böses bringen kann; **tricky** trickreich

Trident *m.* (*lat.*) Dreizack

triennal (tri'e-, *lat.*) dreijährlich; **Triennale** *w.* Veranstaltung, die alle drei Jahre stattfindet; **Triennium** *s.* Zeitraum von drei Jahren

Triere *w.* (tri'e-, *gr.*) antikes Schiff mit drei Reihen von Ruderern

Trifolium *s.* (*lat.*) Klee, ein Schmetterlingsblütler

Triforium *s.* (*lat.*) schmaler Laufgang mit Bogen unter den Fenstern eines Kirchenchors

Triga *w.* (*lat.*) Dreigespann

Trigeminus *m.* (*lat.*) Hirnnerv mit drei Ästen, Drillingsnerv

Trigger *m.* (*engl.*) eine Schaltung auslösender Impuls

Triglotte *w.* (*gr.*) Werk in drei Sprachen

Triglyph *m.*; **Triglyphe** *w.* (*gr.*) dreifach gekerbter Block im dorischen Tempelfries

Trigon *s.* (*gr.*) Dreieck; **trigonal** dreieckig; **Trigonometrie** *w.* Dreiecksberechnung; **Trigonometer** *m.* Ausführer von Triangulationen, Eigw. **trigonometrisch**

Trigueno *m.* (-gu'e-, *span.*) Abkömmling von Indianern, Negroiden und Weißen

Triklinium *s.* (*lat.*) altröm. Esstisch mit drei Liegen (für je drei Personen)

Trikoline *w.* (*frz.*) feinfädige, baumwollene Hemdenpopeline

trikolor (*frz.*) dreifarbig; **Trikolore** *w.* dreifarbige Fahne, bes. die französ. Nationalfahne

Trikot *s.* (tricko, *frz.*) 1. maschinengewirktes Gewebe, Wirkware; 2. eng anliegender Anzug aus Wirkstoff; **Trikotage** *w.* (-tasch) Wirkware

trilateral (*lat.*) dreiseitig

Trilliarde *w.* (*frz.*) tausend Trillionen, 10^{21}

Trillion *w.* (*frz.*) eine Million Billionen, 10^{18}

Trilogie *w.* (*gr.*) aus drei selbständigen Teilen bestehendes Dicht- oder Musikwerk

Trimaran *m.* (*Kunstwort* aus: *Tri* und Ka*tamaran*) 1. Segelboot mit drei Rümpfen; 2. Rennboot mit drei Rümpfen

trimer (*gr.*) dreiteilig; **Trimester** *s.* Zeitraum von drei Monaten

Trimm *m.* (*engl.*) Schwimmlage eines Schiffes; **trimmen** 1. jmdn. auf eine Leistung trainieren; 2. etwas in ein gewünschtes Aussehen bringen

trimorph (*gr.*) dreigestaltig; **Trimorphismus** *m.* Dreigestaltigkeit

Trinitarier *m.* (-ri'er, *lat.*) Anhänger der Trinitätslehre; **Trinität** *w.* christl. Glaubenslehre von der Dreieinigkeit Gottes (Gottvater, Sohn und Heiliger Geist), Eigw. **trinitarisch**

Trio *s.* (*itl.*) 1. Musikstück für drei Instrumente; 2. Gruppe von drei Personen, insbes. Musiker

Triode *w.* (*gr.*) Dreipolröhre, Eingitterröhre

Triole *w.* (*itl.*) dreiteilige Untergliederung einer Note

Trionfo *m.* (*lat.*) 1. Festzug, festlicher Umzug an den Fürstenhöfen der italien. Renaissance; 2. Dichtung, Gedicht über od. für einen Triumphzug

Trip *m.* (*engl.*) 1. kurze (spontane) Reise; 2. Rauschzustand nach Drogengenuss; 3. die dafür notwendige Dosis Rauschgift

Tripelallianz *w.* (*frz.*) Dreibund; **Tripelkonzert** *s.* Konzert für drei Soloinstrumente und Orchester; **Triplizität** *w.* dreifaches Vorkommen, Zusammentreffen

Triptychon *s.* (*gr.*) dreiteiliges Bild

Triptyk *s.* (*frz.-gr.*) Grenzübertrittsschein für Fahrzeuge

Tripus *m.* (*gr.*) Dreifuß (*Mz.* Tripoden)

trist (*frz.-lat.*) 1. traurig, trübselig; 2. trostlos, öde; **Tristesse** *w.* (-teß) Traurigkeit, Schwermut, Melancholie

Tritium *s.* (*gr.*) radioaktives Wasserstoffisotop; **Trition** *s.* Atomkern des Tritiums

Triton *m.* (*gr.*) Meergottheit; **Tritonen** *Mz.* muschelblasende Begleiter der Nereiden in der griech. Mythologie

Tritonus *m.* (*lat.*) Intervall aus drei ganzen Tönen, übermäßige Quarte

Triumph *m.* (*lat.*) gefeierter Sieg; **triumphal** ruhmvoll, glänzend, großartig (infolge eines Sieges); **Triumphator** *m.* (feierlich einziehender) siegreicher Feldherr; **triumphieren** frohlocken, obsiegen

Triumvir *m.* (*lat.*) Mitglied eines Triumvirats; **Triumvirat** *s.* Herrschaft dreier Männer (im antiken Rom)

trivalent (*lat.*) dreiwertig

Trivia *Mz.* (-wia, *lat.*) Nippes, triviales Zeug; **trivial** alltäglich, abgedroschen, platt; **trivialisieren** etwas trivial machen; **Trivialität** *w.* Plattheit, Alltäglichkeit; **Trivialliteratur** *w.* einfache Unterhaltungsliteratur ohne künstlerischen Anspruch, in der Handlung und Menschenschilderung festen Klischees folgen; **Trivium** *s.* die drei «niederen» Fächer Grammatik, Rhetorik, Dialektik des universitären Unterrichts (im Mittelalter)

Trochäus *m.* (-ä'us, *gr.*) Versfuß mit einer Länge und einer Kürze: – ◡

Troglodyt *m.* (*gr.*) Höhlenbewohner

Troika *w.* (*russ.*) 1. Dreigespann, bes. vor Pferdeschlitten; 2. Führungsgruppe aus drei Männern

Trojaner *m.* 1. Bewohner der antiken Stadt Troja; 2. Computervirus, der die Software zerstört (EDV); **trojanisches Pferd** 1. listiges Verhalten, bes. im Krieg, Täuschungsmanöver; 2. Falle, in die jmd. durch Leichtsinn, Neugier und Überheblichkeit geht und dadurch seinen eigenen Untergang herbeiführt (nach dem hölzernen Pferd, das die Trojaner mitsamt den darin verborgenen griech. Feinden in ihre Stadt holten)

Trolley *s.* (trolli, *engl.*) Kontaktrolle (an der Oberleitung); **Trolleybus** *m.* Oberleitungsbus

Trombe *w.* (*itl.*) Windhose, Wasserhose, Sandhose

Trompe l'Œil *s.* (tromp läu, *frz.*) illusionistische Malerei, bei der der Betrachter den gemalten Gegenstand nicht von einem echten unterscheiden kann

Trope *w.*; **Tropus** *m.* (*gr.*) bildlicher Ausdruck (*Mz.* Tropen); **Tropen** *Mz.* heiße Zone zwischen den Wendekreisen (rund 24° nördlicher und südlicher Breite); **tropisch** 1. bildlich; 2. zu den Tropen gehörig, für die Tropen charakteristisch

Trophäe *w.* (*gr.*) 1. Siegesbeute, Jagdbeute; 2. Preis für den Gewinner eines Wettbewerbs

trophisch (*gr.*) auf die Ernährung bezüglich; **Trophologie** *w.* Ernährungswissenschaft

Tropical *m.* (*engl.*) Tropenstoff, sehr dünner, feinfädiger Wollstoff

Tropismus *m.* (*gr.*) Bewegung der Pflanzen oder festsitzenden Tiere nach dem Licht oder anderen Reizen

Troposphäre *w.* (*gr.*) unterste Schicht der Atmosphäre, Wetterschicht

troppo (*itl.*) Musik: zu sehr; **non troppo** nicht zu sehr

Tropus *m.* (*gr.*) 1. Trope; 2. Kirchentonart

Trotteur *m.* (-tör, *frz.*) eleganter Damenschuh in bequemer Ausführung, Straßenschuh; **Trottoir** *s.* (-toar) Gehsteig

Troubadour *m.* (trubadur, *frz.*) provenzalischer Minnesänger des Mittelalters

Trouble *m.* (trabbel, *engl.*) Unannehmlichkeiten, Ärgernis, missliche Lage, Kummer; **Troubleshooter** *m.* (-schuter) Vermittler, jmd., der sich bemüht, Probleme aus der Welt zu schaffen, Krisenmanager

Trouvaille *w.* (truwaj, *frz.*) glücklicher Fund

Trouvère *m.* (truwähr, *frz.*) nordfranzös. Minnesänger des Mittelalters

Troygewicht *s.* (treu-, *engl.*) britisches und amerik. Feingewicht für Edelmetalle und Edelsteine

Truck *m.* (track, *engl.*) schwerer Lastwagen; **Trucker** *m.* Fahrer eines Trucks; **Trucksystem** *s.* Bezahlung der Arbeiter mit Waren

Truismus *m.* (*engl.*) Binsenwahrheit, Gemeinplatz

Trullo *m.* (*itl.*) rundes, ohne Mörtel errichtetes Steinhäuschen mit zipfelmützenartigem Dach, das in Apulien urspr. als Lagerhaus für Feldgeräte benutzt wurde

Trumeau *m.* (trümoh, *frz.*) 1. hoher, schmaler Pfeiler zwischen Fenstern; 2. Wandspiegel an einem solchen Pfeiler

Trust *m.* (trast, *engl.*) Zusammenschluss von Unternehmen zum Zweck der Marktbeherrschung; **Trustee** *m.* (-tih, *engl.*) Treuhänder

Trypanosomen *Mz.* (*gr.*) Krankheitserreger (z. B. der Schlafkrankheit)

Tschador *m.* (*pers.*) langes weites Tuch, das von muslimischen Frauen über der Kleidung getragen wird, bes. im Iran

Tschako *m.* (*ungar.*) Kopfbedeckung aus schwarzlackiertem Leder, der in der französ. Armee, im preußischen Heer und nach 1918 noch von Polizeieinheiten getragen wurde

Tschapka *w.* (*poln.*) Ulanenhelm

Tscheka *w.* (*russ.*) russische Geheimpolizei bis 1922; **Tschekist** *m.* Mitglied der Tscheka

Tscherkesska *w.* (*russ.*) Nationaltracht kaukasischer Völker

Tscherwonez *m.* (*russ.*) altruss. Zehnrubelstück (*Mz.* Tscherwonzen)

Tschibuk *m.* (*türk.*) lange türkische Tabakspfeife

Tschinelle *w.* (*itl.*) Becken, Schlaginstrument

Tsetsefliege *w.* (*Bantuwort*) afrik. Stechfliege, Überträgerin des Erregers der Schlafkrankheit

T-Shirt *s.* (tihschört, *engl.*) T-förmig geschnittenes kragenloses Trikothemd

Tsunami *m.* (*jap.*) durch ein Seebeben ausgelöste Riesenwelle, Hafenwelle

tua res agitur (*lat.*) es geht um deine Sache

Tuba, Tube *w.* (*lat.*) 1. Blechblasinstrument, Bass der Bläser; 2. Ohrtrompete; 3. Eileiter; 4. röhrenförmiger Behälter für Salben

Tube *w.* (tjuhb, *engl.*) Name der Londoner Untergrundbahn

Tuberkel *m.* oder *w.* (*lat.*) Knötchen, Tumor der Tuberkelbakterie; **Tuberkelbazillus** *m.* Erreger der Tuberkulose, der Schwindsucht; **Tuberkulin** *s.* Gift des Tuberkelbazillus; **tuberkulös** schwindsüchtig; **Tuberkulose** *w.* durch Tuberkelbakterien hervorgerufene Infektionskrankheit (Abk. Tb, Tbc, Tbk)

Tubus *m.* (*lat.*) Röhre(nteil), z. B. an Fernrohren; **tubulär, tubulös** röhrenförmig

Tudorstil *m.* (tjuder-) Stil der engl. Spätgotik (nach dem engl. Königshaus der Tudors, 1485–1603)

Tuff *m.* (*itl.-lat.*) 1. poröser Kalkstein; 2. fest gewordenes Auswurfgestein

Tuilerien *Mz.* (tüileri'en, *frz.*) ehemalige Residenz der französ. Könige in Paris

Tulipan *w.* (*türk.-itl.*) poetischer Name für Tulpe

Tumba *w.* (*lat.*) Steingrabmal

Tumba *w.* (*span.*) große südamerik. Trommel

Tumbler *m.* (*engl.*) elektr. Wäschetrockner, Eigw. **tumbeln**

Tumor *m.* (*lat.*) Geschwulst, Gewebswucherung

Tumult *m.* (*lat.*) Lärm, Aufruhr; **tumultuarisch** aufgeregt, lärmend, unruhig

tumultuoso (*itl.*) Musik: wild bewegt

Tundra *w.* (*russ.-finn.*) Steppe der Polarzone

tunen (tjunen, *engl.*) 1. abstimmen, einstellen; 2. einen Motor nachträglich auf höhere Leistung bringen; **Tuner** *m.* Vorrichtung in Funk- und Fernsehgeräten zum Einstellen der Wellenlängen

Tunika *w.* (*lat.*) 1. altrömisches, gegürtetes Gewand; 2. lange, leicht taillierte Damenbluse

Tunnel *m.* (*frz.*) unterirdischer Gang; **Tunnelblick** *m.* krankheitsbedingte Einschränkung des Gesichtsfeldes; **Tunneleffekt** *m.* 1. spezieller quantenmechanischer Effekt bei Teilchen; 2. Phänomen, dass die Wahrnehmung eines Objekts vom Wissen um seine Beschaffenheit abhängt

Tupi *s.* eine südamerik. Indianersprache

Turbine *w.* (*lat.*) Kraftmaschine zur Energieumwandlung

Turbo (*lat.*) kurz für Turbomotor, Auto mit Turbolader; **Turbolader** *m.* Vorrichtung zur Aufladung eines Verbrennungsmotors, bei dem Abgasturbine und Aufladegebläse auf einer Welle sitzen; **Turbomotor** *m.* Motor mit Turbolader

turbulent (*lat.*) stürmisch; **Turbulenz** *w.* 1. Wirbelbildung bei Luftströmungen; 2. stürmische Bewegung

turca = alla turca

Turf *m.* (törf, *engl.*) 1. Pferderennbahn; 2. Pferdesport

Turgeszenz *w.* (*lat.*) Schwellung, Blutfülle; **turgeszieren** anschwellen; **Turgor** *m.* Spannungszustand des Gewebes

Turkey *m.* (törkih, *engl.*) schwere Entzugserscheinungen bei Drogenentzug (Jargon)

Türkis *m.* (*itl.*) ein Mineral, blaugrüner Schmuckstein; **türkis** blaugrün

Türkisch Van *w.* natürliche robuste Katzenrasse mit überwiegend weißem, langem Fell und einer Vorliebe für Baden und Schwimmen (nach dem Van-See in Anatolien)

Turmalin *m.* (*frz.-singhal.*) ein Mineral, Edelstein in vielen Farben

Turn *m.* (törn, *engl.*) 1. Wendung beim Kunstflug; 2. Drogenrausch, bes. durch leichte Drogen; 3. miese Stimmung, ohne Antrieb (Jj.); **Turnpike** *w.* (-peik) gebührenpflichtige Autobahn i. d. USA

Turnier *s.* (*frz.*) 1. ritterliches Kampfspiel im Mittelalter; 2. sportlicher Wettkampf

Turnüre *w.* (*frz.*) Gesäßpolster in der Damenmode des 19. Jhs.

Turnus *m.* (*lat.*) feste Reihenfolge, regelmäßiger Wechsel

Tutor *m.* 1. Leiter einer seminarbegleitenden Arbeitsgruppe an der Hochschule; 2. Vormund, Erzieher

tutti (*itl.*) alle; Musik: das ganze Orchester, Chor und Solisten

Tuttifrutti *s.* (*itl.*) Dessert aus verschiedenen Früchten

tutti quanti (*itl.*) alle miteinander

Tutu *s.* (tütü, *frz.*) Ballettröckchen aus Tüll

TV = Television

Tweed *m.* (twihd, *engl.*) kräftiger Wollstoff

Twen *m.* (*engl.*) junger Mann in den Zwanzigern

Twill *m.* (*engl.*) geköpertes Seiden- oder Baumwollgewebe

Twinset *m.* (*engl.*) Kombination von Strickjacke und Pullover

Twist *m.* (*engl.*) 1. mehrfädiges Stopf- oder Stickgarn; 2. Modetanz zu Beginn der 1960er Jahre; 3. Drall eines geschlagenen Balles

Tyche *w.* (*gr.*) griech. Göttin des Zufalls; **Tychismus** *m.* Anschauung, dass der Zufall das Weltgeschehen beherrscht

Tycoon *m.* (teikuhn, *jap.-engl.*) Großkapitalist, Industriemagnat, Bonze

Tympanon, Tympanum *s.* (*gr.*) 1. Giebelfeld des griech. Tempels; 2. Bogenfeld über einem Kirchenportal; 3. antike Trommel; 4. Paukenhöhle im mittleren Ohr

Typ, Typus *m.* (*gr.-lat.*) 1. Musterform, Bauart; 2. Menschenschlag; 3. Grundform, Urbild

Type *w.* (*frz.*) 1. Druckbuchstabe, Letter; 2. sonderbarer Kauz; **typen** nur in bestimmten Größen herstellen; **typisch** unverkennbar, charakteristisch, kennzeichnend; **typisieren** 1. nach Typen einteilen, zuordnen; 2. typen; Hptw. **Typisierung** *w.*; **Typograf** *m.* (*gr.*) 1. Schriftsetzer/Buchdrucker; 2. Zeilensetzmaschine; **Typografie** *w.* 1. Buchdruckerkunst, Buchgestaltungskunst, Eigw. **typografisch**; **typografischer Punkt** Maßeinheit der Schriftgröße; **Typologie** *w.* 1. Typenlehre, 2. Typendarstellung, Eigw. **typologisch**

Typhus *m.* (*gr.*) schwere Infektionskrankheit des Magen-Darm-Kanals; **typhös** typhuskrank; typhusartig

Typus = Typ

Tyrann *m.* (*gr.*) 1. Gewaltherrscher; 2. herrschsüchtiger Mensch; Unterdrücker; **Tyrannei** *w.* Herrschaft eines Tyrannen;

tyrannisch herrschsüchtig, gewaltsam, diktatorisch; **tyrannisieren** unterdrücken, knechten, seinen Willen aufzwingen;

Tyrannosaurus *m.* fleischfressender Dinosaurus

Tyrom *s.* (*gr.*) Lymphknotengeschwulst

U

Uakari *m.* (*Tupi*) Scharlachgesicht, kleiner Kurzschwanzaffe in den Wäldern Südamerikas

ubi bene, ibi patria (*lat.*) wo es mir gut geht, ist mein Vaterland (nach Cicero)

Ubiquist *m.* (*lat.*) Lebewesen, das an verschiedenen Standorten vorkommt (z. B. Algen); **ubiquitär** überall verbreitet, Hptw. **Ubiquität** *w.*

Ucha *w.* (*russ.*) russ. Fischgericht aus verschiedenen Fischen in klarer Brühe

Ud *m.* od. *w.* (*arab.*) Laute mit kurzem Hals

Uditore *m.* (*itl.*) 1. Richter am päpstlichen Gerichtshof; 2. Geistlicher im diplomatischen Dienst

Udometer *s.* (*lat.*) Regenmesser

UEFA *w.* (aus *frz.* *U*nion *E*uropeénne de *F*ootball-*A*ssociation) 1954 in der Schweiz gegr. Europäischer Fußballverband

Uffizien *Mz.* (zi'en, *itl.*) Gemäldesammlung im ehemaligen Regierungspalast in Florenz

Ufo, UFO *s.* (aus *engl.* *u*nidentified *f*lying *o*bject) unbekanntes Flugobjekt, meistens als außerirdisches Raumschiff gedeutet

UHF (Abk. aus *engl.* *u*ltra-*h*igh *f*requency) Bez. für den Frequenzbereich von 300 bis 3000 MHz

Ukas *m.* (*russ.*) Zarenerlass; Verordnung, Erlass

Ukelei *m.* (*slaw.*) mitteleuropäischer kleiner Karpfenfisch, aus dessen Schuppen Perlmuttlack gewonnen wird

Ukulele *w.* (*hawai.*) vierseitige kleine Gitarre

Ulan *m.* (*poln.-türk.*) früher: Lanzenreiter; **Ulanka** *w.* Waffenrock der Ulanen

Ule *w.* (*gr.*) Narbe

Ulema *Mz.* (*arab.*) islamische Rechts- und Religionsgelehrte, die Gesamtheit der Imame, Muftis und Kadis (*Ez.* Alim *m.*)

Ulitis *w.* (*gr.*) Zahnfleischentzündung

Ulkus *s.* (*lat.*) Geschwür (*Mz.* Ulzera)

Ulster *m.* 1. Schnitt für schwere Herrenmäntel mit breitem Revers, aufgesetzten Taschen und abgesteppten Nähten; 2. schwerer Stoff (nach der historischen Provinz Ulster)

Ultima *w.* (*lat.*) die letzte Silbe eines Wortes; **Ultima Ratio** *w.* das letzte, äußerste Mittel

ultimativ (*lat.*) 1. in Form eines Ultimatums; 2. nachdrücklich; **Ultimatum** *s.* befristete letzte Aufforderung, etwas zu regeln, ehe der Ernstfall eintritt; **ultimo** am letzten Tag des Monats; **Ultimo** *m.* letzter Geschäftstag, bes. bei Börsengeschäften

Ultra-, ultra- (*lat.*) als Wortteil: jenseits von, hinausgehend über, übertrieben, extrem

Ultra *m.* 1. (*frz.*) Anhänger eines extremen Flügels einer (rechten) politischen Richtung (nach den Ultraroyalisten in Frankreich nach 1789); 2. (*itl.*) Anhänger einer europaweit organisierten Bewegung fanatischer, nicht gewalttätiger (Fußball-)Fans, die in den Stadien für massive akustische und optische Unterstützung ihres Vereins sorgen

Ultrafiche *s.* (-fisch, *frz.*) Mikrofilm mit sehr starker Verkleinerung

ultramarin (*lat.*) kornblumenblau

Ultramikroskop *s.* (*lat.*) Mikroskop zur Beobachtung von Teilchen, die kleiner als die Wellenlänge des Lichts sind

ultramontan (*lat.*) streng päpstlich gesinnt, streng katholisch; **Ultramontaner** *m.* strenger Katholik; **Ultramontanismus** *m.* streng päpstliche Gesinnung (bes. im Katholizismus des 19. Jhs.)

ultramundan (*lat.*) jenseits, über die Welt hinausgehend

ultrarot = infrarot

Ultraschall *m.* (*lat.*) Schallwellen mit Frequenzen oberhalb der menschlichen Hörgrenze (= 20 kHz); **Ultrasonografie** *w.* durch Ultraschall gewonnene Diagnose; **Ultrastrahlung** *w.* (*lat.*) kosmische Höhenstrahlung

ultraviolett (*lat.*) im Spektrum an Violett anschließend; **Ultraviolett** *s.* natürliche oder künstlich hergestellte unsichtbare Strahlung mit kurzer Wellenlänge

Ulzera *Mz.* Geschwüre (Ez. Ulkus *s.*); **Ulzeration** *w.* (*lat.*) Geschwürbildung; **ulzerogen** geschwürerzeugend; **ulzerös** geschwürig

Umami *s.* (*jap.*) durch die natürliche Anwesenheit von Glutamat entstehende, über die Zunge wahrnehmbare Geschmacksqualität, bes. in Shiitake-Pilzen, die als eigenständiger Geschmack anerkannt ist (neben süß, sauer, bitter und salzig)

Umbelliferen *Mz.* (*lat.*) Doldenblütler

Umber *m.* (*lat.*) Speisefisch im Atlantik und Mittelmeer, Familie der Barsche

Umbilicus *m.* (*lat.*) Nabel; **umbilikal** zum Nabel gehörig

Umbra *w.* (*lat.*) 1. dunkler Kern der Sonnenflecke; 2. natürlich vorkommendes Pigment, Erdbraun für Malerfarbe

Umma, Ummah *w.* (*arab.*) Gemeinschaft aller Muslime, die gesamte arabische Welt

Umpire *m.* (ampeir, *engl.*) international anerkannter Schiedsrichter, Unparteiischer bei Baseball, Cricket und Segeln

UMTS *o. A.* (aus *engl.* *U*niversal *M*obile *T*elecommunication *S*ystem) Übertragungssystem für Handys, Nachfolger von GSM

unanim (*lat.*) einmütig, einstimmig, Hptw. **Unanimität** *w.*

Una Sancta *w.* (*lat.*) die eine heilige katholische Kirche, Selbstbez. der röm.-kath. Kirche

Unau *s.* (-na'u, *Tupi*) südamerik. Faultier mit zwei Fingern

Uncle Sam (ankl säm, *engl.*) volkstümliche Bez. für die USA und die amerikanische Regierung

uncool (unkuhl, *engl.*) 1. verkrampft, nicht lässig; 2. völlig aus der Mode, out (umg.)

UNCTAD (aus *engl.* *U*nited *N*ations *C*onference on *T*rade and *D*evelopment) die Welthandelskonferenz der Vereinten Nationen, gegr. 1964, Sitz in Genf (Schweiz)

Undation *w.* (*lat.*) Großfaltung der Erdrinde

Underachievement *s.* (anderätschihf-, *engl.*) das wider Erwarten schlechte Abschneiden einer Leistung; **Underachiever** *m.* jmd., der schlechtere Leistungen bringt, als man erwarten konnte

Undercoverage *w.* (anderkaweridsch, *engl.*) Unterdeckung von versicherten Gegenständen; **Undercoveragent** *m.* (anderkawerehdschent, *engl.*) verdeckter Ermittler

Underdog *m.* (anderdock, *engl.*) jmd., der unterlegen, auf der Verliererseite ist

underdone (-dann, *engl.*) nicht gar, nicht durchgebraten, blutig (von Fleisch)

underdressed (-dresst, *engl.*) für einen Anlass zu nachlässig gekleidet, im Ggs. zu overdressed

Underground *m.* (andergraund, *engl.*) 1. Subkultur(en); 2. avantgardistische Künstlergruppen außerhalb des kommerziellen Kunstbetriebs

Underlying *s.* (-leijing, *engl.*) Basiswert in Options- od. Futures-Geschäften (an der Börse)

Understatement *s.* (anderßtehtment, *engl.*) bewusste Untertreibung, bewusstes Herunterspielen (der eigenen Vorzüge)

Underwear *w.* (anderwär, *engl.*) Unterwäsche

Underwriter *m.* (andereiter, *engl.*) 1. Versicherer (in Großbritannien); 2. Bank oder Makler, der von einer Anleihe einen Teil übernimmt

Undezime *w.* (*lat.*) Intervall aus Oktave und Quarte

Undine *w.* (*lat.*) weiblicher Wassergeist

undiszipliniert = indiszipliniert

Undograf *m.* (*lat.-gr.*) Gerät zum Aufzeichnen von Schallwellen; **Undulationstheorie** *w.* Erklärung des Lichts als Wellenbewegung; **undulatorisch** wellenförmig; **undulieren** auf- und absteigen

UNESCO (aus *engl.* *U*nited *N*ations *E*ducational *S*cientific and *C*ultural *O*rganization) Sonderorganisation der Vereinten Nationen zur Förderung der Zusammenarbeit ihrer Mitglieder in Erziehung, Wissenschaft und Kultur, gegr. 1945, Sitz in Paris (Frankreich)

Unguentum *s.* (-gu'en-, *lat.*) Salbe (Abk. Ungt.)

UNHCR (aus *engl.* *U*nited *N*ations *H*igh *C*ommissioner for *R*efugees) Hoher Flüchtlingskommissar der Vereinten Nationen, Unterorganisation der UNO zur Hilfe für politisch, religiös oder rassisch verfolgte Flüchtlinge und Vertriebene, gegr. 1950, Sitz in Genf (Schweiz)

uni (üni, *frz.*) einfarbig

Uni-, uni- (*lat.*) als Vorsilbe: einzig, nur einmal, einheitlich

Uni *w.* Kurzwort für Universität

UNICEF (aus *engl. U*nited *N*ations *I*nternational *C*hildren's *F*und) Internationales Kinderhilfswerk der Vereinten Nationen zur weltweiten Versorgung von Kindern (und Müttern) mit Medikamenten, Kleidung und Nahrungsmitteln, gegr. 1946, Sitz in New York (USA)

Unicode *m.* (*engl.*) universeller Code, mit dem (fast) sämtliche Zeichen aller lebenden Sprachen als Bitmuster festlegbar sind (EDV)

unieren (*lat.*) vereinigen (in Bezug auf Religionsgemeinschaften); **uniert** vereinigt (von Kirchen, z. B. die orientalische Kirche); **Unifikation, Unifizierung** *w.* Vereinigung, Vereinheitlichung; **unifizieren** vereinheitlichen

Uniform *w.* (*lat.*) einheitliche Dienstkleidung; **uniform** einförmig, eintönig, gleichförmig; **uniformieren** in Uniform stecken, gleich machen; **Uniformität** *w.* Gleichförmigkeit, Einförmigkeit; **Uniformstil** *m.* sich an militärische Bekleidung anlehnender Modestil

Unikat *s.* (*lat.*) 1. das einzige Exemplar eines Schriftstücks; 2. etwas, was in seiner Art einmalig ist, bes. ein Kunstwerk; **Unikum** *s.* 1. etwas, was es nur noch einmal gibt, bes. ein graphisches Werk; 2. Sonderling (*Mz.* Unika)

unilateral (*lat.*) einseitig, nur eine Seite betreffend

Unio mystica *w.* (*lat.*) Vereinigung der Seele mit Gott als Ziel mystischer Bestrebungen

Union *w.* (*lat.*) Vereinigung, Verbindung, Bündnis; **Unionist** *m.* Anhänger einer Union; **Union Jack** *m.* (juhnjen dschäck, *engl.*) die britische Nationalflagge

Unisex *m.* (*engl.*) Einheitlichkeit, weitgehende Entsprechung beider Geschlechter, bes. im Äußeren, sodass die geschlechtlichen Unterschiede im Stil von Mann und Frau entfallen

unisono (*itl.*) 1. Musik: an dieser Stelle einstimmig (von erster und zweiter Stimme in einem Instrumentalstück); 2. einmütig, einstimmig

Unit *w.* (junit, *engl.*) 1. Gruppe, Team; 2. Lerneinheit in Unterrichtsprogrammen; 3. Einheit an technischen Geräten; **Unität** *w.* (*lat.*) Einheit, Einzigartigkeit; **univalent** einwertig

Unitarier *Mz.* (-ri'er, *lat.*) protestantische Richtung, die die Dreieinigkeit Gottes nicht anerkennt; **Unitarismus** *m.* 1. Streben nach Stärkung des Gesamtstaates zuungunsten der Gliedstaaten; 2. Lehre der Unitarier; **unitarisch** 1. um Einheit bemüht; 2. die Lehre der Unitarier betreffend

universal, universell (*lat.*) 1. allgemein, allgemein gültig; 2. (all-)umfassend, allseitig, weltweit; **Universalerbe** *m.* Alleinerbe; **Universalgenie** *s.* jmd., der auf vielen Gebieten geniale Leistungen hervorbringt, Alleskönner; **Universalgeschichte** *w.* Weltgeschichte; **Universalien** *Mz.* (-li'en) 1. Gemeinsamkeiten in den Sprachen der Erde; 2. Gattungsbegriffe, Allgemeinbegriffe; **Universalienstreit** *m.* philosophischer Streit zwischen Nominalisten und Realisten der mittelalterlichen Scholastik um die Frage, ob (universale) Begriffe real, also vor den Einzeldingen oder nur als Worte, als Nomen gedanklich in den Köpfen der Menschen existieren; **Universalismus** *m.* 1. Auffassung, die den Staat als organisches Ganzes versteht, das Vorrang gegenüber Individuen und Kollektiven besitzt (nach Othmar Spaun, 1878–1950); 2. die Erklärung des Mannigfaltigen aus universalen Prinzipien; 3. theologische Auffassung, dass Gottes Heilswille sich auf die ganze Menschheit erstreckt, Eigw. **universalistisch**

Universalität *w.* 1. Allseitigkeit, Gesamtheit; 2. das Ideal einer umfassenden, allseitigen Bildung; **universitär** die Universität betreffend; **Universität** *w.* 1. Hochschule aller Wissenschaften; 2. Gesamtheit des Lehrkörpers, der Studenten und der Verwaltung; 3. Gebäudekomplex, Campus einer Universität; **Universum** *s.* 1. Weltall; 2. geschlossenes Ganzes, Kosmos

univok (*lat.*) eindeutig; **Univozität** *w.* Eindeutigkeit

UNIX *s.* (juh-, aus *engl.* uniplexed information and computing system, UNICS) 1969 zuerst entwickeltes einheitliches Informations- und Rechnersystem (EDV)
UNO (aus *engl. U*nited *N*ations *O*rganization) (Organisation der) Vereinte(n) Nationen, gegr. 1945, Sitz in New York (USA), zurzeit 190 Mitgliedsstaaten
unplugged (anplagd, *engl.*) ohne elektronische Verstärkung (gespielt oder aufgenommen)
un poco (*itl.*) Musik: ein wenig
unus pro multis (*lat.*) einer für alle
Unze *w.* (*lat.*) alte Gewichtseinheit (rd. 28 g)
Unziale *w.* (*lat.*) Großbuchstabe in der mittelalterlichen Buchschrift
Upanischaden *Mz.* (*sanskr.*) Sammlung altindischer Schriften theologischen und philosophischen Inhalts
upscale (apskehl, *engl.*) hochwertig, hochpreisig (z. B. von Wohngegenden einer Stadt);
Update *s.* (apdeht, *engl.*) aktualisierte Fassung eines Computerprogramms; **updaten** ein Update vornehmen (EDV); **Upgrade** *s.* (-grehd) verbessertes Produkt, verbesserte Leistung; **Upgrading** *s.* 1. Verbesserung, Aufrüstung eines Produkts; 2. Höherqualifizierung im Beruf; 3. Aufstockung eines Tickets
UPI (jupihei, aus *engl. U*nited *P*ress *I*nternational) größte US-amerik. Nachrichtenagentur mit Sitz in Washington, D. C. (seit 2007 im Besitz der «Vereinigungskirche» unter Mun-Sung Myung)
Upperclass *w.* (apperklahs, *engl.*) soziale Oberschicht; **Uppercut** *m.* (-kat) Aufwärtshaken, Kinnschlag beim Boxen; **Upper Ten** *Mz.* (-tenn) die oberen Zehntausend, die Reichen; **up to date** (ap tu deht) auf der Höhe der Zeit, auf dem neuesten Stand
Urämie *w.* (*gr.-lat.*) Harnvergiftung
Uran *s.* (nach Uranus) in großen Mengen erzeugtes radioaktives chem. Element, ein Metall, wichtiger Kernbrennstoff, Zeichen U; **Urania** *w.* (*gr.*) Muse der Sternkunde; **Uranografie** *w.* Himmelsbeschreibung; **Uranpechblende** *w.* **Uranpecherz, Uraninit** *s.* pechschwarzes radiumhaltiges Mineral, Hauptrohstoff für die Gewinnung von Uran; **Uranus** *m.* großer Planet der Sonne
Uräusschlange *w.* afrikan. Hutschlange, eine Kobra (nach dem ägyptischen Sonnensymbol am Diadem der Könige)
urban (*lat.*) 1. städtisch, zur Stadt gehörig; 2. kultiviert, weltläufig; **Urbanisation** *w.* 1. städtebauliche Erschließung; 2. Zunahme des Anteils der in Städten lebenden Bevölkerung; 3. Ausbreitung städtischen Lebens und Verhaltens; **Urbanist** *m.* Städteplaner; **urbanisieren** verstädtern, städtebaulich erschließen; **Urbanisierung** *w.* das Urbanisieren; **Urbanistik** *w.* Wissenschaft von Städtebau und Stadtplanung; **Urbanität** *w.* 1. urbanes Verhalten; 2. die Atmosphäre einer Stadt
urbi et orbi (*lat.*) «der Stadt (Rom) und dem Erdkreis», Formel des vom Papst an alle Katholiken erteilten Segens; **Urbs aeterna** *w.* (– ät-) die Ewige Stadt (Rom)
Urdu *s.* (*hindi-türk.*) die Amtssprache in Pakistan
Urea *w.* (*gr.*) Harnstoff, erste synthetisch hergestellte organische Verbindung, in der Düngemittel-, Kosmetik- und pharmazeutischen Industrie vielfach verwendet
Ureter *m.* (*gr.*) Harnleiter; **Urethra** *w.* Harnröhre; **urethral** zur Harnröhre gehörig; **Urethritis** *w.* Harnröhrenentzündung; **Urethroskop** *s.* Vorrichtung zur Untersuchung der Harnröhre; **uretisch** harntreibend
Urf *s.* (*arab.*) das Rechtsprinzip der Gewohnheit in schiitischen Glaubensgemeinschaften
urgent (*lat.*) dringend, eilig, Hptw. **Urgenz** *w.*; **urgieren** drängen, betreiben
Urian *m.* der Teufel (Herk. ungekl.)
Urikolyse *w.* (*gr.*) Abbau der Harnsäure im Körper; **Urikopathie** *w.* krankhafte Vermehrung von Harnsäure
Urin *m.* (*lat.*) Harn; **urinieren** harnen
Uroboros *m.* (*gr.*) die sich selbst in den Schwanz beißende Schlange, Symbol der Ewigkeit
Urogenitalsystem *s.* (*gr.*) Gesamtheit der Harn- und Geschlechtsorgane; **Urografie** *w.* röntgenografische Untersuchung und Darstellung des Urogenitalsystems; **Urolith** *m.* Harnstein;
Urologe *m.* (*gr.*) Facharzt für Krankheiten

der Harnorgane; **Urologie** *w.* Wissenschaft von den Erkrankungen der Harnorgane; **Uroskopie** *w.* Harnuntersuchung

Ursulinen, Ursulinerinnen *Mz.* Angehörige eines kath. Nonnenordens mit dem Schwerpunkt auf Unterricht und Erziehung (nach der heiligen Ursula)

Urtika *w.* (*lat.*) Quaddel; **Urtikaria** *w.* Nesselausschlag

USA (aus *engl. U*nited *S*tates of *A*merika) Vereinigte Staaten von Amerika (Abk. US, USA), Hauptstadt: Washington, D. C.

usable (jusibl, *engl.*) benutzerfreundlich, bes. von Software

Usance *w.* (üsangß, *frz.*) Brauch, Gepflogenheit, bes. im Geschäftsleben

USB *m.* (aus *engl. U*niversal *S*erial *B*us) standardisierte Leitung, an die alle peripheren Geräte eines Computers angeschlossen werden können; **USB-Stick** = Memory Stick

Uschanka *w.* (*russ.*) Pelzmütze mit Ohrenklappen

Uschnischa *m.* od. *s.* (*sanskr.*) halbkugelförmiger Lockenwuchs auf dem Scheitel Buddhas als Symbol der Weisheit und Erleuchtung

Usenet *s.* (juhs-, *engl.*) weltweites elektronisches Netzwerk, das Diskussionsforen aller Art bereitstellt, das Schwarze Brett im Internet (EDV); **User** *m.* 1. (Computer-) Benutzer; 2. Rauschgiftabhängiger (Jj.)

Ustascha *w.* (*kroat.*) nationalistische antiserbische Bewegung in Kroatien, bes. von 1941 bis 1945

usuell (*lat.*) üblich, gebräuchlich

Usurpation *w.* (*lat.*) rechtswidrige Aneignung; **Usurpator** *m.* jmd., der sich unrechtmäßig die Macht (in einem Staate) aneignet; Thronräuber; **usurpieren** sich rechtswidrig aneignen, mit Gewalt an sich reißen

Usus *m.* (*lat.*) Brauch, Herkommen, Gewohnheit, Sitte; **Ususfruktus** *m.* Nießbrauch

Utensilien *Mz.* (-li'en, *lat.*) Gerätschaften, Zubehör

uterin (*lat.*) zur Gebärmutter gehörig; **Uterus** *m.* Gebärmutter

Utilitarismus *m.* (*lat.*) Nützlichkeitsstandpunkt, Nützlichkeitsdenken; 2. philosophische Anschauung, die die Nützlichkeit zum Prinzip des Lebens und der Lebensführung erhebt; **utilitaristisch** auf den Nutzen bedacht

Utility *w.* (ju-, *engl.*) Programm für Wartungsaufgaben (EDV)

Utopia *w.* (*gr.*) Traumland, Nirgendsland, Zukunftsstaat (nach dem gleichnamigen Roman v. Th. More im 16. Jh.); **Utopie** *w.* (*gr.*) 1. romanhafte Schilderung eines erdachten Zukunftszustands; 2. Zukunftsphilosophie auf der Basis gesellschaftlicher Kritik; **utopisch** 1. wie eine Utopie; 2. unausführbar, mit der Wirklichkeit nicht vereinbar, zukunftsträumerisch; **Utopismus** *m.* Neigung zu Utopien; **Utopist** *m.* jmd., der utopische Vorstellungen hat

Utraquist *m.* (*lat.*) Anhänger einer hussitischen Glaubensgemeinschaft, die das Abendmahl in beiderlei Gestalt, also in Brot und Wein, auch für Laien forderten

UV = Ultraviolett

Uvea *w.* (*lat.*) mittlere Augenhaut, bestehend aus Aderhaut, Regenbogenhaut und Strahlenkörper; **Uveitis** *w.* (uwe'it-) Entzündung der Uvea

Uviolglas *s.* (*Wz.*) Glas, das ultraviolette Strahlen durchlässt

Uvula *w.* (*lat.*) Gaumenzäpfchen; **Uvular** *m.* Zäpfchenlaut (z. B. *g*); **uvular** mit dem Halszäpfchen gebildet (von Lauten)

V

V = Volt und Volumen (1)
va banque spielen (wa bangk –, *frz.*) alles auf eine Karte setzen; **Vabanquespiel** *s.* Spiel um den gesamten (Bank-) Einsatz, Unternehmung mit hohem Risiko
vacat (-kat, *lat.*) leer, nicht bedruckt (von Buchseiten
Vademekum *s.* (*lat.*) Leitfaden, kleiner Ratgeber (in Buchform)
vae victis (wä-, *lat.*) wehe den Besiegten! (angeblich der Ausspruch eines gallischen Heerführers nach seinem Sieg über die Römer 390 v. Chr.)
vag, vage (*lat.*) unbestimmt, unklar
Vagabondage *w.* (-dasch, *frz.*) Landstreicherei; **Vagabund** *m.* (*lat.*) jmd., der herumzieht, Herumtreiber; **vagabundieren** umherziehen, sich herumtreiben; **Vagant** *m.* fahrender Schüler im Mittelalter, Spielmann
Vagina *w.* (*lat.*) weibliche Scheide; **vaginal** die weibliche Scheide betreffend; **Vaginismus** *m.* Scheidenkrampf
Vagotonie *w.* (*lat.-gr.*) erhöhte Erregbarkeit des parasymphatischen Nervensystems; **Vagus** *m.* (*lat.*) der zehnte Gehirnnerv, der das Atmungs- und Verdauungssystem beeinflusst
vakant (*lat.*) frei, unbesetzt; **Vakanz** *w.* unbesetzte, offene Stelle; **Vakat** *s.* leere Seite in einem Buch
Vakuum *s.* (-ku'um, *lat.*) 1. luftleerer Raum; 2. Leere, leere Stelle
Vakzin *s.*; **Vakzine** *w.* (*lat.*) Impfstoff aus abgetöteten Krankheitserregern; **Vakzination** *w.* Schutzimpfung zur Bildung von Abwehrstoffen im Blut, Ztw. **vakzinieren**
vale (*lat.*) lebe wohl! **Valet** *s.* Abschied, Lebewohl
Valenciennesspitze (walangßjenn-, *frz.*) besonders zarte Klöppelspitze (nach der französ. Stadt Valenciennes)
Valenz *w.* (*lat.*) 1. chemische Bindung, Elektronenpaarbindung; 2. Wertigkeit eines Verbs, d. h. die Anzahl der möglichen od. notwendigen Ergänzungen (z. B. Die Frau schenkt *ihrer Tochter ein Fahrrad* = zwei Valenzen)
Valeriana *w.* (*lat.*) Baldrian
Valet *m.* (*frz.*) Bube im franz. Kartenspiel
Valeurs *Mz.* (-lör, *frz.*) Tonwerte der Farben in der Malerei
valid (*lat.*) rechtskräftig; **validieren** den Wert, die Aussagekraft von etwas bestimmen, Hptw. **Validierung** *w.*; **Validität** *w.* 1. Rechtsgültigkeit; 2. Gültigkeit, Aussagekraft eines Tests
Valoren *Mz.* (*lat.*) Wertpapiere, Wertsachen; **Valorisation** *w.*; **Valorisierung** wirtschaftspolitische Maßnahmen, um den Erzeugerpreis zu stützen, Ztw. **valorisieren**
Valpolicella *m.* (-tsche-) trockener italien. Rotwein (nach dem Anbaugebiet Valpolicella in Venetien)
Valuta *w.* (*itl.*) 1. ausländische Währung, ausländisches Zahlungsmittel; 2. Gegenwert; 3. Fälligkeitstag, Zahlungstermin; **Valutaklausel** *w.* Vereinbarung, dass der Preis einer Ware vom jeweiligen Stand der betreffenden Valuta abhängt; **Valuten** *Mz.* Effekten, die in ausländischer Währung ausgestellt, verzinst und getilgt werden; **valutieren** eine Wertstellung festsetzen; **Valutakredit** *m.* Kredit in ausländischer Währung
Valvation *w.* (*lat.*) Schätzung eines Werts, bes. von Münzen
Vamp *m.* (wämp, *engl.*) Femme fatale, bes. des US-amerik. Films
Vampir *m.* (*serb.*) 1. Blut saugende Fledermausart in den amerik. Tropen; 2. lebender Toter, der nachts sein Grab verlässt, um Lebenden das Blut auszusaugen; 3. jmd., der andere hemmungslos ausbeutet, Blutsauger; **vampirisch** blutsaugerisch
Van *m.* (wän, *engl.*) Auto für mehr als vier Personen, Großraumlimousine

Vandale *m.* sinnlos zerstörender Mensch, Eigw. **vandalisch**; **Vandalismus** *m.* blinde Zerstörungswut

Vanille *w.* (*span.*) tropische Gewürzpflanze; **vanille** blassgelb; **Vanillin** *s.* synthetisch hergestellter Stoff mit Vanilleduft oder -geschmack

Vanitas *w.* (*lat.*) Vergänglichkeit, Nichtigkeit alles Irdischen (als Thema in der Kunst); **vanitas vanitatum** (*lat.*) alles ist eitel

Vapor *m.* (*lat.*) Dampf; **Vaporetto** *m.* italien. Dampfboot; **Vaporimeter** *s.* Gerät zur Messung des Alkoholgehalts; **vaporisieren** 1. verdampfen; 2. den Alkoholgehalt bestimmen, Hptw. **Vaporisierung** *w.*

Vaquero *m.* (wake-, *span.*) Viehtreiber, Cowboy

Varia *Mz.* (*lat.*) Verschiedenes, Allerlei; **variabel** abwandelbar, veränderlich, Hptw. **Variabilität** *w.*; **Variable** *w.* veränderliche Größe; **Variante** *w.* Abart, Lesart, Spielart; **Variation** *w.* 1. Abänderung, Abwechslung; 2. sprachliche Variante; 3. Abwandlung des Themas in der Musik; **Varietät** *w.* (-ri'e-, *lat.*) 1. abweichende Form (bei Tier und Pflanze); 2. Unterart, Spielart einer Sprache (z.B. Dialekt, Jugendsprache u.a.); **variieren** verändern, abwechseln, abwandeln, abweichen

Varieté, Varietee *s.* (-ri'e-, *frz.*) Theater mit artistischem Programm

Varikose *w.* (*lat.*) Krampfaderleiden; **varikös** krampfadrig; **Varikosität** *w.* Krampfaderbildung; **Varix, Varize** *w.* Krampfader

Variometer *s.* (*lat.*) 1. Messgerät für Schwankungen; 2. Instrument zur Bestimmung der Vertikalgeschwindigkeit eines Flugzeugs; 3. Spule mit veränderbarer Induktivität

Varityper *m.* (wäriteiper, *Wz.*) Setzmaschine mit zahlreichen Auswechselmöglichkeiten

Varize = Varikose

Vas(o)-, vas(o)- (*lat.*) als Wortteil: die (Blut-)Gefäße betreffend

vasal (*lat.*) die Blutgefäße betreffend

Vasall *m.* (*lat.-kelt.*) 1. Lehnsmann im Mittelalter; 2. Gefolgsmann

Vasektomie *w.* (*lat.-gr.*) operative Entfernung eines Samenleiterstücks zur Sterilisation des Mannes

Vaselin *s.*; **Vaseline** *w.* (*Kunstwort*) weiches Gemisch, Fett aus Erdölkohlenwasserstoff

vaskulär (*lat.*) Blutgefäße enthaltend, zu den Blutgefäßen gehörend; **vaskulös** (*lat.*) gefäßreich; **Vasodilatation** *w.* Erweiterung von Blutgefäßen

Vasomotoren *Mz.* (*lat.*) Gefäßnerven, die das Dehnen und Zusammenziehen der Gefäße regeln, Eigw. **vasomotorisch**

Vatikan *m.* (*lat.*) 1. Wohnsitz des Papstes (auf dem Monte Vaticano) in Rom; 2. päpstliche Regierung, Eigw. **vatikanisch**; **Vatikanum** *s.* Bez. für das erste (1869/70) und zweite (1962–1965) im Vatikan abgehaltene Konzil

Vaudeville *s.* (wodwill, *frz.*) 1. burleskes Singspiel; 2. franz. Gassenhauer, Spottlied; 3. unterhaltendes Musiktheater mit Tanz, Akrobatik u. Ä. (für die Music-Halls in den USA typisch)

Veda *m.* (*altind.-sankr.*) große Sammlung von Texten der indischen Volksreligion; **Vedanta** *m.* auf dem Upanischaden beruhende philosophische und religiöse Lehre Indiens

Vedette *w.* (wedett, *frz.*) weiblicher Filmstar

Vedute *w.* (*itl.*) sachgetreue und perspektivisch genaue Wiedergabe einer Landschaft, bes. im 17. und 18. Jh.

Veganer (*lat.-engl.*) strenger Vegetarier, der auf Tierprodukte in jeder Form verzichtet; **Veganismus** *m.* auf alle Tierprodukte verzichtender Vegetarismus

Vegetabilien *Mz.* (-l'ien, *lat.*) pflanzliche Nahrungsmittel; **vegetabilisch** pflanzlich; **Vegetarier** *m.* (ri'er) jmd., der sich fleischlos ernährt; **vegetarisch** pflanzlich, fleischlos; **Vegetarismus** *m.* fleischlose Ernährung; **Vegetation** *w.* 1. Pflanzenwelt; 2. Pflanzenwachstum; **Vegetationsformation** *w.* Vegetationseinheit; **Vegetationsorgan** *s.* nicht der Fortpflanzung, sondern der Erhaltung des Organismus dienendes Pflanzenorgan (z.B. Blatt, Wurzel); **Vegetationsperiode** *w.* Teil des Jahres, in dem eine Pflanze aktiv wächst; **Vegetationsruhe** *w.* Ruheperiode, in der eine Pflanze nicht wächst; **ve-**

getativ 1. ungeschlechtlich (von der Fortpflanzung); 2. nicht durch den Willen steuerbar; **vegetatives Nervensystem** *s.* die dem Einfluss des Willens entzogenen Nervengruppen; **vegetieren** kümmerlich das Leben fristen

vehement (*lat.*) heftig, stürmisch; **Vehemenz** *w.* Heftigkeit, Ungestüm, Elan

Vehikel *s.* (*lat.*) 1. Hilfsmittel; 2. klappriges Gefährt

Vektor *m.* (*lat.*) 1. durch Pfeil dargestellte, gerichtete physikal. oder mathem. Größe; 2. Krankheitsüberträger

Velar *m.* (*lat.*) Gaumensegellaut, Hintergaumenlaut (z.B. *ng* in *Wange*); **Velin** *s.* (auch: weläng, *frz.*) feines, glattes Pergament

Velo *s.* (Kurzwort für *Velo*ziped, *frz.*) Fahrrad (Schweiz); **veloce** (-lotsche, *itl.*) Musik: schnell; **velocissimo** sehr schnell; **Velodrom** *s.* Radrennbahn

Velours *m.* (-lur, *frz.*) Sammelbez. für Samte und samtartige Gewebe mit vielen Unterarten nach Rohstoff- od. Herstellungsart; **Veloursleder** *s.* Leder von samtartigem Aussehen

Velum *s.* (*lat.*) 1. Gaumensegel, weicher Gaumen; 2. Randsaum der Quallen; 3. Hülle an jungen Blätterpilzen, die am Stiel erhalten bleibt; 4. Seidentuch in der christl. Liturgie (z.B. zum Verhüllen liturgischer Gefäße)

Velvet *m.* (*engl.*) Baumwollsamt

Ven(o)-, ven(o) (*lat.*) die Vene betreffend

Vendemiaire *m.* (wangdemiär, *frz.*) der erste Monat im Kalender der Franz. Revolution (22. Sept. bis 21. Okt.)

Vendetta *w.* (*itl.*) italien. Bez. für Blutrache

Vene *w.* (*lat.*) Blutader, in der das Blut zum Herzen fließt

venenös (*lat.*) giftig; **Venenum** *s.* Gift

venerabel (*lat.*) ehrwürdig, verehrungswürdig; **venerabilis** ehr-, hochwürdig (im Titel kath. Priester, Abk. ven.)

venerisch (*lat.*) geschlechtskrank; **venerische Krankheiten** *Mz.* Geschlechtskrankheiten (nach Venus, der röm. Liebesgöttin)

Venia Legendi *w.* (*lat.*) Lehrbefugnis an der Hochschule

veni, vidi, vici (-wiz-, *lat.*) ich kam, sah (*und*) siegte (Ausspruch Cäsars, mit dem er auf die Mühelosigkeit des Sieges bei Zela hinwies)

Venndiagramm *s.* Diagramm in der Informatik, das Mengen und Verknüpfungen darstellt (nach dem engl. Logiker J. Venn, 1834–1923)

Venodilatation *w.* (*lat.*) Erweiterung einer Vene; **Venole, Venula** *w.* kleine Vene; **venös** (*lat.*) zu den Venen gehörig, die Venen betreffend

Ventil *s.* (*lat.*) 1. Vorrichtung, mit der der Durchlass von Luft gesteuert werden kann; 2. Möglichkeit, sich abzureagieren; **Ventilation** *w.* 1. Lüftung; 2. Belüftung der Lungen; **Ventilator** *m.* Propellergerät zum Erneuern der Luft; **ventilieren** 1. lüften; 2. sorgfältig prüfen, erwägen, erörtern, Hptw. **Ventilierung** *w.*

Ventose *m.* (wangtos, *frz.*) der sechste Monat im Kalender der Franz. Revolution (19. Februar bis 20. März)

ventral (*lat.*) zum Bauch gehörig, bauchwärts gelegen; **Ventrikel** *s.* (wen-, *lat.*) 1. Herzkammer, Hirnkammer; 2. Ausstülpung eines Organs (z.B. Magen); **ventrikulär** zu einem Ventrikel gehörig; **Ventriloquist** *m.* Bauchredner

Venturekapital *s.* = Risikokapital

Venus *w.* (*lat.*) 1. römische Göttin der sinnlichen Liebe und Schönheit; 2. zweiter Planet des Sonnensystems

verabsolutieren (*lat.*) als absolut (gültig) hinstellen

Veranda *w.* (*port.*) überdachter (Glas-) Anbau an einem Haus

Verb, Verbum *s.* (*lat.*) Sprachlehre: Zeitwort; **verbal** 1. als Zeitwort (gebraucht); 2. mit Worten, mündlich; **Verbale** *s.* von einem Verb abgeleitetes Wort; **Verbalinjurie** *w.* (-juri'e) beleidigende Äußerung, Beleidigung durch Worte; **verbalisieren** 1. etwas mit Worten ausdrücken; 2. aus einem anderen Wort ein Verb bilden (z.B. *tanzen* aus *Tanz*); **verbaliter** wörtlich; **Verbalkonkordanz** *w.* alphabetisches Verzeichnis gleicher Wörter oder Wortverbindungen eines literarischen Werkes; **Verbalnote** *w.* vertrauliche diplomatische Mitteilung auf mündlichem Wege; **Verbalstil** *m.* das Verb bevorzugender Sprachstil, im Ggs. zu Nominalstil

verballhornen verschlimmbessern, entstellen (auf den Namen des Buchdruckers J. Ballhorn zurückgehend, † 1603)
Verbaskum *s.* (*lat.*) Königskerze
Verbene *w.* (*lat.*) Eisenkraut
Verbum = Verb
Verdikt *s.* (*lat.*) vernichtendes Urteil
Verifikation *w.* (*lat.*) Beglaubigung; **verifizieren** 1. beglaubigen; 2. die Richtigkeit beweisen, Hptw. **Verifizierung**; **verifizierbar** nachweisbar, prüfbar
Verismus *m.* (*lat.*) 1. betont realistische Darstellungsweise in der Kunst; 2. italien. Form des Naturalismus nach 1850; **Verist** *m.* Vertreter des Verismus, Eigw. **veristisch**; **veritabel** wirklich, echt, ausgewachsen (umg.)
verklausulieren (*lat.*) 1. einen Vertrag mit Klauseln versehen; 2. etwas verunklaren
vermaledeien (*lat.*) verfluchen, verwünschen
Vermeil *s.* (wermej, *frz.*) feuervergoldetes Silber; **vermeil** hellrot
Vermicelli *Mz.* (-tschelli, *itl.*) Fadennudeln; **vermiform** (*lat.*) wurmförmig; **verminosus** durch Eingeweidewürmer hervorgerufen; **vermizid** wurmtötend; **Vermizid** *s.* wurmtötendes Arzneimittel
Vernakularsprache *w.* (*lat.*) Sprache von Ureinwohnern
vernal (*lat.*) zum Frühling gehörend; **Vernation** *w.* Lage der einzelnen Knospenblätter
Vernissage *w.* (-ßahsch, *frz.*) Eröffnung einer Kunstausstellung für geladene Gäste
Verrillon *s.* (werijong, *frz.*) Glasharmonika; **Verroterien** *Mz.* (-ri'en) kleine Glaswaren (z. B. Tiere, Kugeln u. Ä.)
Verruca *w.* (*lat.*) Warze; **verrukös** warzenförmig, warzig; **verruziform** warzenähnlich
Vers *m.* (fe-, *lat.*) 1. metrisch gegliederte, rhythmisch geschlossene Einheit, Gedichtzeile; 2. Lied-, Gedichtstrophe
Ver sacrum *s.* (*lat.*) altitalisches Frühlingsopfer in Zeiten der Not, bei dem Mars und Jupiter das im Frühling geborene Vieh geopfert wurde
Versal *m.* (*lat.*) großer Anfangsbuchstabe
versatil (*lat.*) wendig, beweglich, Hptw. **Versatilität** *w.*
Vers blanc *m.* (wärblang, *frz.*) reimloser Vers, Blankvers
versiert (*lat.*) bewandert, geübt, erfahren
versifizieren (*lat.*) in Verse bringen, Hptw. **Versifikation** *w.*
Version *w.* (*lat.*) 1. andere Lesart, Variante; 2. andere sprachliche Formulierung eines Sachverhalts, andere Fassung eines Werkes; 3. andere Ausführung eines ursprünglichen Modells; **Verso** *s.* (*itl.*) Rückseite (eines Blattes); **verso** (folio) auf der Rückseite
versnobt (*engl.*) zum Snob geworden, snobistisch
versus *w.* (*lat.*) gegen, im Gegensatz zu (Abk. vs.)
vert. Abk. von **vertatur** (*lat.*) man wende! (Korrekturanweisung bei auf dem Kopf stehenden Buchstaben); **verte!** Musik: umwenden! (das Notenblatt)
Vertebra *w.* (*lat.*) Wirbel; **vertebral** zu den Wirbeln gehörig; **Vertebraten** *Mz.* Wirbeltiere; **Vertex** *m.* Scheitel
vertiginös (*lat.*) schwindlig; **Vertigo** *m.* Schwindel
vertikal (*lat.*) senkrecht, lotrecht; **Vertikale** *w.* Senkrechte
Vertiko *s.* kleiner Schrank mit Aufsatz (viell. nach dem Tischler Vertikow in Berlin)
Verum *s.* (*lat.*) Arzneimittel, das Wirkstoffe enthält, im Ggs. zum Palliativum
Verve *w.* (wärw, *frz.*) Schwung, Begeisterung
Vesica *w.* (*lat.*) Blase; Harnblase; **vesikal** zur Harnblase gehörend; **Vesikans, Vesikatorium** *s.* Zugpflaster; **Vesiko-, vesiko-** als Wortteil: Harnblase; **vesikorenal** Harnblase und Nieren betreffend; **vesikoureteral** Harnblase und Harnleiter betreffend; **vesikulär** bläschenartig; **Vesikulitis** *w.* Entzündung der Samenbläschen; **vesikulös** bläschenreich
Vesper *w.* (*lat.*) 1. Zwischenmahlzeit (meist am späteren Nachmittag); 2. Abendandacht; **vespern** Zwischenmahlzeit halten
Vestalin *w.* (*lat.*) eine der sechs Priesterin-

nen der Vesta, der römischen Göttin des Herdfeuers

Vestibül *s.* (*lat.-frz.*) Eingangshalle

Vestitur *w.* = Investitur

Veteran *m.* (*lat.*) 1. Teilnehmer eines früheren Krieges; 2. Altgedienter, Ausgedienter

Veterinär *m.* (*lat.*) Tierarzt; **Veterinärmedizin** *w.* Tierheilkunde

Veto *s.* (*lat.*) rechtswirksamer Einspruch bei Abstimmungen

Vexierbild *s.* (*lat.*) Suchbild, das nach genauerem Betrachten ein anderes Bild offenbart; **vexieren** an der Nase herumführen, foppen

Vexillum *s.* (*lat.*) altröm. Fahne

VHS (aus engl. *v*ideo *h*ome *s*ystem) weltweit verbreitetes Videoaufzeichnungssystem

via (*lat.*) durch, über, mittels; **Via** *w.* 1. Weg; 2. Methode, Vorgehensweise; **Via dolorosa** *w.* 1. Straße durch die Altstadt von Jerusalem, gilt i. d. christlichen Überlieferung als Kreuzweg Christi; 2. Leidensweg; **Via naturalis** *w.* der natürliche Weg (durch den Körper); **per vias naturalis** auf natürlichem Weg (z. B. durch den Darm) abgehend (von Fremdkörpern); **Viadukt** *s.* Überführung, Talbrücke; **Viatikum** *s.* Sterbesakrament der kath. Kirche

Viagra *s.* (*Wz.*) auf dem Wirkstoff Sildenafil basierendes Medikament gegen Potenzstörungen

Vibrant *m.* (*lat.*) Schwinglaut (z. B. *r*)

Vibraphon *s.* (*lat.*) Musikinstrument, Glockenspiel mit hammergeschlagenen Metallplatten, unter denen Schallbecher elektrisch geöffnet und geschlossen werden, wodurch ein Vibrato entsteht

Vibration *w.* (*lat.*) Schwingung; **Vibrato** *s.* (*itl.*) willkürlich erzeugtes Beben des Tones bei Gesang und Saiteninstrumenten; **Vibrator** *m.* 1. mechan. Schwingungserzeuger; 2. elektrisch betriebener Massagestab; **vibrieren** (*lat.*) beben, schwingen, zittern; **Vibrograph, Vibrograf** *m.* (*lat.-gr.*) Schwingungsmesser in der Bautechnik

vice versa (-ze –, *lat.*) umgekehrt

Vichy *m.* (wischih) klein karierter Baumwollstoff (nach der französ. Stadt Vichy)

Vicomte *m.* (wikongt, *frz.*) französ. Adelstitel zwischen Baron und Graf; **Vicomtesse** *w.* (-teß) weibliche Form des Adelstitels

Video *s.* (*engl.*) Kurzform für Videoband, -clip, -film; **Videoband** *s.* Magnetband zum Aufnehmen eines Films o. Ä. und dessen Wiedergabe auf einem Bildschirm; **Videoclip** *m.* kurzer Film zu einem Hit aus der Musikbranche; **Videofilm** *m.* mit einer Videokamera aufgenommener Film; **Videokamera** *w.* Kamera zur Aufnahme von Filmen, die auf dem Bildschirm wiedergegeben werden; **Videokunst** *w.* Verwendung der Videotechnik i. d. modernen Kunst; **Video-on-Demand** *s.* Abrufvideo, gegen Gebühr online anzusehen od. aus dem Internet herunterladbarer Videofilm, ersetzt die Ausleihe in der Videothek; **Videorecorder** *m.* Gerät zum Aufzeichnen und Abspielen von Videofilmen; **Videotext** *m.* Textinformationen zu Fernsehsendungen, die mittels Zusatzgerät abgerufen werden können; **Videotechnik** *w.* Gesamtheit der Anlagen und Vorgänge, Verfahrensweisen, mit denen Videofilme hergestellt und wiedergegeben werden

Vidimus *m.* (*lat.*) Beglaubigung einer Urkunde

Vieux Saxe *s.* (wjö ßax, *frz.*) Altmeißner Porzellan

vif (wif, *frz.*) rege, gewitzt, aufgeweckt

vigil (*lat.*) wach, schlaflos; **Vigilien** *Mz.* (li'en) nächtliche Gebete der Mönche; **vigilant** schlau, geweckt, findig; **Vigilanz** *w.* Wachheit, Bewusstseinshelle

Vigne *w.* (winje, *frz.*) kleines Haus auf dem Lande; **Vignette** *w.* (winjett) 1. Titelbildchen oder Randverzierung in Büchern; 2. Gebührenmarke

vigoroso (*itl.*) Musik: kraftvoll

Vikar *m.* (*lat.*) Hilfsgeistlicher, Pfarrstellenanwärter; **Vikariat** *s.* Amt des Vikars; **vikariieren** als Vikar tätig sein; stellvertreten; **vikariierend** stellvertretend; ausgleichend (von Organfunktionen)

Viktomologie *w.* (*lat.*) Teilgebiet der Kriminologie, das sich mit der Beziehung zwischen Opfer, Verbrechen und Täter befasst, Eigw. **viktomologisch**

Viktoria (*lat.*) Siegesgöttin, in der Dar-

stellung einer geflügelten Frauengestalt; **viktorianisch** im Stil der Zeit der Königin Viktoria von England (1837–1901)
Viktualien *Mz.* (-li'en, *lat.*) frühere Bez. für Lebensmittel
Vikunja *s.* (*Ketschua*) wild lebendes Alpaka
Villa *w.* (*lat.*) Landhaus, parkumgebenes Wohnhaus
villös (*lat.*) zottenreich (von Darm und Magen); **Villus** *m.* Zotte
Vinaigrette *w.* (winägrett, *frz.*) Salatsoße aus Öl, Essig und Senf
Vindikation *w.* (*lat.*) Anspruch auf Herausgabe von Eigentum an den Eigentümer, Ztw. **vindizieren**
Vingt-et-un *s.* (wängtehöng, *frz.*) Kartenglücksspiel
Vinifikateur *m.* (-tör) Winzer; **Vinifikation** *w.* (*lat.*) Weinzubereitung einschließlich Lese; **vinifizieren** zu Wein verarbeiten
Vinkulation *w.* (*lat.*) Verpflichtung; **Vinkulationsgeschäft** *s.* Kreditgeschäft, bei dem auf dem Transport befindliche Ware die Sicherheit darstellt; **vinkulieren** verpflichten, festlegen; **Vinkulierung** *w.* Festlegung von Wertpapieren, sodass sie nur mit Zustimmung der ausgebenden Gesellschaft verkauft werden können
Vinothek *w.* (*lat.-gr.*) Weinausschank mit Weinverkauf
Vintage *s.* (wintidsch, *engl.*) 1. ausgesuchte Jahrgänge von Wein, Rotwein, (Havanna-)Zigarren u. Ä.; 2. der erste Abzug einer Fotografie, Vintageprint; 3. echte alte Modellkleider von Modeschöpfern; 4. alte hochwertige Instrumente, bes. E-Gitarren
Vinyl *s.* (*lat.-gr.*) 1. ungesättigte Kohlenwasserstoffgruppe; 2. Schallplatte (umg.)
Viola *w.* (*itl.*) Bratsche; **Viola d'Amore** *w.* Saiteninstrument der Barockzeit; **Viola da Gamba** *w.* Kniegeige, Gambe
Viola *w.* (*lat.*) Veilchen; **Viola tricolor** *s.* Stiefmütterchen; **violett** veilchenfarbig
violento (*itl.*) Musik: heftig, gewaltsam
Violine *w.* (*itl.*) Geige; **Violoncello** *s.* (-tschello) Kniegeige, Cello
VIP *m.* (wip, aus *engl. very important person*) jmd., der prominent ist; **Vip-Lounge** *w.* (-laundsch) Prominentensuite
Viper *w.* (wi-, *lat.*) Otter, Giftschlange
Virement *s.* (wirmang, *frz.*) Übertragung bzw. Umschreibung eines Rechnungspostens (im Staatshaushalt)
Viraginität *w.* (*lat.*) männliches sexuelles Empfinden einer Frau
viral (*lat.*) durch ein Virus entstanden
Viren = Virus
Virgel *w.* (*lat.*) Schrägstrich zwischen zwei Wörtern (z. B. Frankfurt / Main)
Virginal *s.* (*lat.*) Spinettart
Virginia *w.* (wördschinja) Zigarren-, Zigarettensorte (nach dem US-amerik. Bundesstaat Virginia)
Virginität *w.* (*lat.*) Jungfräulichkeit
viribus unitis (*lat.*) mit vereinten Kräften
viril (*lat.*) männlich; **Virilität** *w.* Männlichkeit
Virologe *m.* (*lat.-gr.*) Virusforscher; **Virologie** *w.* Wissenschaft von den Viren; **virös** virusbedingt; **Virose** *w.* Viruskrankheit
virtual = virtuell; **Virtualität** *w.* (*frz.*) innewohnende, der Möglichkeit nach vorhandene Kraft; **Virtual Reality, Virtuality** *w.* (wörtjual rijäliti, *engl.*) computererzeugte Bild(schirm)realität, an der sich der Benutzer interaktiv (z. B. durch Joystick) beteiligt; **virtualiter** der Möglichkeit nach; **virtuell** 1. der Möglichkeit nach (vorhanden); 2. computererzeugt, computersimuliert (von Bildern)
virtuos (*lat.*) technisch vollendet, meisterhaft, Hptw. **Virtuosität** *w.*; **Virtuose** *m.* Meister seines Fachs, bes. ein Musiker
virulent (*lat.*) 1. krankheitserregend, ansteckend; 2. drängend, umtreibend; **Virulenz** *w.* 1. Ansteckungsfähigkeit; 2. drängendes Wirksamsein; **Virus** *m.* auf lebende Wirtszellen angewiesener Krankheitserreger, Mikroorganismus (*Mz.* Viren)
Visae patentes *Mz.* (*lat.*) vorzuweisende Zertifikate
Visage *w.* (wisasch, *frz.*) Gesicht (umg. abwertend); **Visagist** *m.* Fachmann für dekorative Kosmetik
vis-à-vis (wisawih, *frz.*) gegenüber; **Visavis** *s.* das Gegenüber
Viscount *m.* (waikaunt, *engl.*) englischer Adelstitel zwischen Earl und Baron; **Vis-**

countess *w.* dem Viscount entsprechender weiblicher Adelstitel

Visements *Mz.* (wihsmang, *frz.*), überflüssiger Zierrat auf einem Wappen

visibel (*lat.*) sichtbar

Visier *s.* (*frz.*) 1. Zielvorrichtung am Gewehr; 2. Gesichtsklappe am Helm; **visieren** 1. aufs Korn nehmen, ins Auge fassen; 2. eichen; 3. mit Visum versehen

Vision *w.* (*lat.*) 1. Erscheinung, inneres Gesicht, (künstlerisches) Wunschbild; 2. optische Halluzination; **Visionär** *m.* jmd., der Visionen hat; **visionär** seherisch; traumhaft, wie eine Vision

Visitatio *w.* (*lat.*) bildliche Darstellung des Besuchs von Maria bei Elisabeth, Heimsuchung Mariä

Visitation *w.* (*lat.*) Untersuchung, Kontrolle, Durchsuchung; **Visite** *w.* 1. täglicher Arztbesuch bei den Kranken einer Krankenhausstation; 2. Besuch (scherzhaft); **Visitenkarte** *w.* 1. Kärtchen mit Personenangaben; 2. etwas für den Charakter einer Person Typisches; **visitieren** durchsuchen, eine Visitation vornehmen

viskos (*lat.*) leimartig, zähflüssig, Hptw. **Viskosität** *w.*; **Viskose** *w.* Zellulosefaser

Vis major *w.* (*lat.*) höhere Gewalt

Vista *w.* (*itl.*) Vorzeigen eines Wechsels

visualisieren (*lat.*) 1. optisch verdeutlichen, sichtbar machen; 2. optisch wirksam machen

Visualizer *m.* (wischu'eleiser, *engl.*) Fachmann, der Werbeideen optisch gestaltet

visuell (-su'e-, *frz.*) 1. das Sehen betreffend; 2. optisch wirksam; **visuelle Kommunikation** *w.* Informationsübermittlung durch optische Zeichen und bildhafte Darstellungen

Visum *s.* (*lat.*) im Pass vermerkte Ein- und Ausreiseberechtigung; **Visus** *m.* 1. der Gesichtssinn; 2. Sehschärfe

Vita *w.* (*lat.*) Lebenslauf, Lebensbeschreibung; **vital** 1. lebenskräftig, lebensvoll; 2. lebenswichtig; **Vitalismus** *m.* Lehre, dass das organische Leben nicht allein auf chemische und physikalische Vorgänge, sondern auf ein Prinzip der Lebenskraft zurückzuführen ist; **Vitalist** *m.* Anhänger des Vitalismus, Eigw. **vitalistisch; Vitalität** *w.* Lebensfülle, Lebensschwung

Vitamin *s.* (*lat.*) lebensnotwendiger Wirkstoff; **Vitamin B** *s.* Beziehungen (scherzh. umg.); **vitaminieren, vitaminisieren** mit Vitaminen anreichern; **Vitaminose** *w.* Sammelbez. für Krankheiten, die aus einer Störung des Vitaminhaushalts entstehen

vite (*frz.*) Musik: schnell, rasch

Vitiligo *s.* (*lat.*) Weißfleckenkrankheit, Scheckhaut, chronische Pigmentstörung in Form von weißen pigmentfreien Flecken

Vitrine *w.* (*frz.*) Glasschrank, verglaster Schaukasten

Vitriol *s.* (*lat.*) Bez. für wasserlösliche Sulfate zweiwertiger Metalle (z. B. Kupfervitriol)

Vitzliputzli *m.* 1. Kinderschreck; 2. kaschierende Bez. für Teufel (aus dem Namen des aztek. Gottes Huitzlopochtli)

viv = vif

vivace (-tsche, *itl.*) Musik: lebhaft

Vivarium *s.* (*lat.*) Kombination von Aquarium und Terrarium

Vivat *s.* (*lat.*) Hochruf

vivipar (*lat.*) lebend gebärend, Hptw. **Viviparie** *w.*; **Vivisektion** *w.* operativer Eingriff am lebenden Tier zu wissenschaftlichen Zwecken

Vize *m.* (fi-, *lat.*) Stellvertreter, jmd. an zweiter Stelle

voilà (woala, *frz.*) na also, sieh da!

Voile *m.* (woal, *frz.*) Schleierstoff

Vokabel *w.* (*lat.*) 1. Wort, bes. fremdsprachl. Wort; 2. Bezeichnung, Begriff; **Vokabularium** *s.* 1. Wörterverzeichnis, Wörterbuch; 2. Wortschatz

Vokal *m.* (*lat.*) Sprachlehre: Selbstlaut (z. B. *a*, *e*, *i* usw.), im Ggs. zu Konsonant; **vokal** stimmlich; **Vokalharmonie** *w.* Anpassung eines Vokals an andere in seiner Umgebung (z. B. im Türkischen); **Vokalise** *w.* (*frz.*) auf Vokale gesungene Tonfolge; **vokalisieren** 1. als Vokal aussprechen; 2. vokallose Schriften mit Vokalzeichen versehen, Hptw. **Vokalisierung** *w.*; **Vokalist** *m.* Sänger (im Ggs. zum Instrumentalisten); **Vokalmusik** *w.* Gesangsmusik; **Vokation** *w.* Berufung in ein geistliches Amt; **Vokativ** *m.* Anredefall (der lateinischen Sprache)

vol. = Volumen (2)

Volant *m.* oder *s.* (wolang, *frz.*) 1. Besatzkrause; 2. Steuerrad des Kraftwagens

Volapük *s.* (*Kunstwort*) heute nicht mehr gebräuchliche künstliche Weltsprache

volatil (*lat.*) flüchtig, verdunstend

Voliere *w.* (woljär, *frz.*) Vogelhaus, großer Vogelkäfig

Volley (wolli, *engl.*) aus der Luft angenommener und weitergespielter Ball (z. B. beim Tennis), Flugball; **Volleyball** *m.* und *s.* 1. Mannschaftsspiel; 2. der Ball für 1.

Volontär *m.* (*frz.*) jmd., der in einem kaufmännischen oder journalistischen Beruf eine praktische Einarbeitungszeit absolviert; **Volontariat** *s.* Stelle des Volontärs; **volontieren** als Volontär arbeiten

Volt *s.* Maßeinheit der elektrischen Spannung; **Voltameter** *s.* Stromstärkemesser; **Voltampere** *s.* Maßeinheit der elektrischen Leistung; **Voltmeter** *s.* Messgerät für die elektrische Spannung (nach dem italien. Physiker Alessandro Volta, 1745–1827)

Volte *w.* (*frz.*) 1. Kreisfigur beim Reiten; 2. Kreiswendung beim Fechten; 3. Kartenmischtrick, Ztw. **voltigieren, voltieren**; **Voltigeur** (-schör), **Voltigiere** *m.* (-schiär) Kunstreiter, Kunstspringer

Volumen *s.* (*lat.*) 1. Rauminhalt (Abk. V); 2. Band eines Werkes (Abk. vol.); 3. Umfang, Fülle (*Mz.* Volumina); **voluminös** umfänglich

Voluntarismus *m.* (*lat.*) philosophische Richtung, die den Willen für die tragende Kraft des Seelenlebens und allen Seins hält; **Voluntarist** *m.* Vertreter des Voluntarismus, Eigw. **voluntaristisch**; **voluntativ** fähig zu wollen, willensmäßig

voluptuös (*lat.*) wollüstig

Volute *w.* (*frz.*) spiralförmig eingerollte Verzierung an Kapitell oder Giebel

volvieren (*lat.*) 1. drehen, rollen, wälzen; 2. durchdenken

vomieren (*lat.*) sich übergeben; **Vomitiv** *s.* Brechmittel

Voodoo *m.* (wuhdu, *kreol.*) magisch-religiöser, mit kath. Einflüssen vermischter Geheimkult in Westafrika und auf Haiti

Vorazität *w.* (*lat.*) Gefräßigkeit; Heißhunger

votieren (*frz.*) abstimmen, für oder gegen etwas oder jmdn. stimmen; **Votum** *s.* Stimmabgabe, Meinungsäußerung

Votivgabe *w.* (*lat.*) von Gläubigen auf Grund eines Gelübdes gestiftetes Weihegeschenk

Voucher *s.* (wautscher, *engl.*) Gutschein, Belegschein für Leistungen, die im Voraus bezahlt wurden

Vox *w.* (*lat.*) Stimme; **Vox nihili** *w.* (*lat.*) = Ghostword; **Vox populi vox Dei** (-de'i) Volkes Stimme (ist) Gottes Stimme, ist eine Meinung, auf die man hören muss

Voyeur *m.* (woajör, *frz.*) jmd., der sexuelle Befriedigung bei der Beobachtung von sexuellen Handlungen anderer erfährt; **Voyeurismus** *m.* Neigung und Verhaltensweise eines Voyeurs, Eigw. **voyeuristisch**

vozieren (*lat.*) 1. vorladen; 2. berufen (meist in ein geistliches Amt)

vulgär (*lat.*) 1. gewöhnlich, gemein, ordinär; 2. unwissenschaftlich, unzulässig vereinfachend, Hptw. **Vulgarität** *w.*; **Vulgärlatein** *s.* aus dem Latein entstandene Umgangssprache, die zur Grundlage der romanischen Sprachen wurde; **Vulgata** *w.* die von Hieronymus im 4. Jh. begonnene Bibelübersetzung ins Lateinische, die im 16. Jh. durch ein Konzil der kath. Kirche für authentisch erklärt wurde; **vulgo** gemeinhin, gewöhnlich

Vulkan *m.* (*lat.*) 1. jede Stelle der Erdoberfläche, an der Magma austritt; 2. Feuer speiender Berg, Eigw. **vulkanisch** (nach Vulcanus, dem röm. Gott des Feuers und der Schmiedekunst); **Vulkanfiber** *s.* Kunststoff; **vulkanisieren** Kautschuk in Gummi umwandeln; **Vulkanismus** *m.* Gesamtheit der vulkanischen Erscheinungen

Vulva *w.* (*lat.*) die äußeren weiblichen Geschlechtsorgane

W

W = Watt
Wadi *m.* (*arab.*) Talform der Wüsten, Trockental, das nur nach Regen Wasser führt
Wafer *m.* (wehfer, *engl.*) Siliziumscheibe mit integrierten Schaltungen, aus der Computerchips hergestellt werden (EDV)
Waggon, Wagon *m.* (-gong, *frz.*) Eisenbahnwagen, Güterwagen
Wakeboard *s.* (wekbohrd, *engl.*) Brett für Wasserski und Wellenreiten; **wakeborden** mit dem Wakeboard Sport treiben; **Wakeboarding** *s.* das Wakeboarden
Walkie-Talkie *s.* (wohki-tohki, *engl.*) tragbares Funksprechgerät; **Walkman** *m.* (*Wz.*) CD-Player mit Kopfhörern im Taschenformat
Walking *s.* (woh-, *engl.*) flottes Gehen, das stärker als Joggen die Gelenke schont, Trendsportart; Ztw. **walken**
Walküre *w.* große stattliche dominante Frau mit blonden Haaren (nach den Walküren des altnordischen Mythos, die als Odins Dienerinnen in Kämpfe eingreifen und die toten Helden nach Walhall bringen)
Wallaby *s.* (wollebih, *austral.*) kleinere Känguruart
Wallstreet *w.* (wohlstriht) Finanzzentrum der USA (nach der Straße in Manhattan, New York)
Walrat = Spermaceti
Wandale = Vandale
WAP *s.* (aus: *engl. w*ireless *a*pplication *p*rotocol) elektronischer Standard für den Zugriff auf Internetseiten und Onlinedienste vom Handy aus
Wapiti *m.* (*indian.*) großer nordamerikanischer Hirsch
Waran *m.* (*arab.*) tropische räuberische Riesenechse
Warlord *m.* (wohr-, *engl.*) Kriegsherr, Kriegsabenteurer
Warming-up *s.* (worm- ap, *engl.*) Aufwärmphase 1. für Sportler; 2. für Motoren im Motorsport; 3. für Arbeitsgruppen, Teams u. Ä, um sich kennenzulernen; 3. für das Publikum in Live-Sendungen; 4. für einen Werbespot, dessen Eingangssequenz das Publikum in seinen Bann ziehen soll
Warp *s.* (*engl.*) Schürzenstoff aus Abfällen der Baumwolle
Warrant *m.* (worrent, *engl.*) Lagerschein, übertragbares Wertpapier
Wasabi *m.* (*jap.*) Meerrettichart, aus deren Wurzel ein scharfes, hellgrünes Gewürz gewonnen wird
wash and wear (wosch änd währ, *engl.*) Käuferhinweis an Kleidungsstücken: waschbar und bügelfrei
Wasei-eigo *s.* (*jap.*) Sammelbez. für Anglizismen im Japanischen, die stark japanisiert werden (z. B. *makketo* für *market*)
Washprimer *m.* (woschpreim-, *engl.*) Rost verhindernder Haftgrund vor einer Metalllackierung
Wat *m.* (*sanskr.*) buddhistische Klosteranlage
Waterboarding *s.* (wohterbohrd-, *engl.*) Foltermethode, bei der die Atmung des Opfers durch ein das Gesicht bedeckendes feuchtes Tuch stark erschwert und das Gefühl des Ertrinkens erzeugt wird
Watergate *s.*, **Watergate-Affäre** *w.* (wohtergeht) 1. Abhörskandal in den USA, der 1972 zum Rücktritt von Präsident R. Nixon führte; 2. politischer Skandal, der zu Rücktritt o. Ä. führt (vgl. … gate; nach dem Watergate-Hotel, in dem der politische Gegner abgehört wurde)
Waterloo *s.* Inbegriff für totale Niederlage (nach der Schlacht bei Waterloo i. J. 1815, in der Napoleons Armee aufgerieben wurde)
waterproof (woterpruhf, *engl.*) wasserdicht (von Textilien)
Watt *s.* Maßeinheit der Stromleistung (nach dem schottischen Erfinder James Watt, 1736–1819)
Watussi *s.* ostafrikan. Hausrindrasse mit

ausladenden langen Hörnern (nach dem Volk der Watussi)

Wavetable *s.* (wehftehbl, *engl.*) Klangdatei (EDV)

Wear *w.* (währ, *engl.*) Kleidung, Bekleidung

Way of Life *m.* (weh off leif, *engl.*) die Art zu leben, Lebenszuschnitt

weatherproof (wehterpruhf, *engl.*) wetterfest (von Textilien)

Web *s.* (*engl.*) Kurzwort für World Wide Web; **Webalizer** *m.* (-leiser) Zählwerk für die Anzahl der Besucher einer Website; **Webbrowser** = Browser; **Webcam** *w.* digitale Kamera, deren Bilder direkt vom Internet übertragen werden; **Webdesign** *s.* (-disein) werbewirksame Gestaltung von Websites; **Webhoster** *m.* Firma, die Speicherplatz für Websites anbietet; **Weblog** = Blog; **Webmaster** *m.* Verwalter einer Website; **Webphone** *s.* Telefonverbindung über Internet; **Webserver** = Server; **Website** *w.* (-seit) virtueller Ort im Internet, wo sich eine Firma, Institution oder Person präsentiert (EDV)

Weda, Veda *m.* (*altind.-sanskr.*) große Sammlung von Texten der indischen Volksreligion; **Wedanta, Vedanta** *m.* auf den Upanischaden beruhende philosophische und religiöse Lehre Indiens

Wedges *Mz.* (wedschis, *engl.*) keilförmig geschnittene, gesalzene und gebackene Kartoffelstücke

Wedgewood s. (wedschwud) feines Steingut (nach dem engl. Kunsttöpfer J. Wedgewood, 1730–1795)

Weekend *s.* (wihkend, *engl.*) Wochenende

Weightwatchers *Mz.* (wehtwotsch-, *engl.*) US-amerik. Unternehmen, das ein Programm zur Ernährungsumstellung und Gewichtsreduktion sowie wöchentliche angeleitete Gruppentreffen (gegen Gebühr) anbietet

welldone (-dann, *engl.*) durch, durchgebraten (von Fleisch)

Wellness *w.* (*engl.*) körperliches Wohlbefinden, das durch leichtes körperliches Training erreicht werden soll

Welsh rabbits, Welsh rarebits *Mz.* (welsch räbbits, – rährebits, *engl.*) gebackene Käseschnitten

Weltbank = IBRD

Werst *w.* (*russ.*) altes russisches Längenmaß (ungefähr 1 km)

Wesir *m.* (*arab.*) erster Staatsminister in islamischen Staaten

Wesleyaner *m.* (-lih-) Methodist (nach dem engl. Geistlichen J. Wesley, 1703–1791)

Westend *s.* das (meistens im Westen gelegene) Viertel der Reichen in einer Großstadt (nach dem *West End* in London)

Western *m.* (*engl.*) Wildwestfilm; **Westerner** *m.* Westernheld

Whig *m.* (*engl.*) eigtl. *Vieh- und Pferdedieb*, was als Selbstbez. von der liberalen Partei im 19. Jh. übernommen wurde

Whipcord *m.* (*engl.*) fester Wollstoff mit schnurartiger Rippe

Whippet *m.* (wippit, *engl.*) englischer Rennhund

Whirlpool *m.* (wörlpuhl, *engl.*) Tauchbecken mit warmem brodelndem Wasser

Whiskey (in Irland und USA), **Whisky** (in Schottland und Kanada) *m.* (*gäl.*) Branntwein aus Getreide

Whist *s.* (*engl.*) Kartenspiel für vier Personen

Whistler *m.* (*engl.*) von Blitzen erzeugte elektromagnetische Wellen (die sich als Pfeifgeräusche im Radio manifestieren)

White Cube *m.* (weit kjub, *engl.*) der einem weißen Würfel gleichende, (vorgeblich) neutrale Ausstellungsraum, der künstlerischen Objekten erst die Aura eines Kunstwerks verleiht; **White Trash** *m.* (– träsch) abwert. Bez. für die von ökonomischen und sozialen Problemen geprägte weiße, proletarische Unterschicht in den USA

White-Collar-Kriminalität *w.* (weit koller, *engl.*) Schreibtischverbrechen in Wirtschaft und Politik

WHO *w.* (aus *engl.* *W*orld *H*ealth *O*rganization) Weltgesundheitsorganisation (der Vereinten Nationen), gegr. 1948, Sitz in Genf (Schweiz)

Whodunit, Whodunnit *s.* (huhdannit, *engl.*) das Wer-hat-es-getan als entscheidendes Konstruktionsprinzip von Kriminal- bzw. Detektivfilmen und -romanen

Who's who? (hus hu, *engl.*) Wer ist wer?

Englisches Jahrbuch berühmter Persönlichkeiten
Wicket *s.* (*engl.*) das Tor im Cricketspiel
Wikipedia *o. A.* (*Wz.*) (von Jimmy Wales gegr.) freie Enzyklopädie im Internet, an der im Prinzip jeder Netzbenutzer mitarbeiten kann
Wiklifit *m.* Anhänger des engl. Reformators John Wiclif im 14. Jh.
Williams Christ 1. *w.* alte Birnensorte mit vanillefarbenem saftigem Fruchtfleisch; 2. *m.* aus den Birnen hergestellter Obstschnaps (nach dem Londoner Baumschulenbesitzer Williams im 18. Jh.)
Winchester *w.* US-amerik. Repetiergewehr (nach dem Erfinder O. F. Winchester, 1810–1880)
Wigwam *s.* (*Algonkin*) zeltartige Rundhütte der nordamerikanischen Indianer
Window *s.* (windoh, *engl.*) Rechteck auf dem Bildschirm des Computers für eine Programmübersicht (EDV); **Windowing** *s.* Fenstertechnik, Darstellung mehrerer Dateien auf dem Bildschirm (EDV); **Windows** *o. A.* (-dohs, *Wz.*) meistbenutztes Betriebssystem eines PC (herg. von Microsoft – USA)
Windsorknoten *m.* dicker Krawattenknoten (nach dem Herzog von Windsor)
windsurfen (-sörf-, *engl.*) zu Lande segeln auf einem flachen Brett, das mit einem Segel ausgestattet ist; Hptw. **Windsurfing** *s.*
Winner *m.* (*engl.*) das Spiel entscheidender Punkt
Win-win-Situation *w.* (*engl.*) Problemlösung, Verhandlungsergebnis, bei dem sich beide Seiten im Vorteil fühlen
Wischnu *m.* neben Schiwa und Brahma höchster indischer Gott
Wladika *m.* (*russ.*) Titel eines Bischofs der russ.-orthodox. Kirche
W-LAN *s.* (aus *engl. w*ireless *l*okal *a*erea *n*etwork) drahtloses lokales Netzwerk für Internetzugang (EDV)
wobbeln (*engl.*) Frequenz verändern; **Wobbler** *m.* Einrichtung zum Wobbeln
Wodka *m.* (*russ.*) russischer Branntwein aus Kartoffelsprit
Wodu, Wudu = Voodoo
Wogging *s.* (aus *engl. W*alking und *Jogging*) schnelles, sportliches Gehen
Woilach *m.* (*russ.*) Pferdedecke
Woiwode *m.* (*poln.*) oberster Beamter einer polnischen Provinz
Wok (*chines.*) 1. *m.* schüsselförmiges Kochgerät zum Garen von Speisen; 2. *s.* Kurzwort für Wokgericht
Womanizer *m.* (wummeneis-, *engl.*) Mann, der es mit den Frauen hat
Wombat *m.* (*austral.*) kurzbeiniger, bärenähnlicher australischer Beutelsäuger
Women's Lib *w.* (aus *engl. Woman's Li*beration Movement) US-amerik. Frauenbewegung der 1960er Jahre
Won *m.* (*korean.*) Währungseinheit in Korea
Wonderbra *m.* = Push-up
Wood *s.* (wud, *engl.*) Golfschläger mit hölzernem Kopf (für bestimmte Schläge)
Woofer *m.* = Subwoofer
Worcestersoße *w.* (wußter-) Gewürzsoße nach engl. Rezept (nach der engl. Stadt Worcester)
Word *s.* (wörd, *engl.*) meistbenutztes Textverarbeitungsprogramm (herg. von Microsoft – USA)
Workaholic *m.* (wörkäholick, *engl.*) Arbeitssüchtiger; **Workout** *s.* (-aut) kurze, intensive Gymnastik; **Workshop** *s.* (-schop) Kurs, Seminar mit Werkstattcharakter; **Workstation** *w.* (-stehschen) an einem Arbeitsplatz installierter, leistungsfähiger Personalcomputer, der an ein größeres (z. B. lokales) Netz angeschlossen ist (EDV)
Worldcup *m.* (wörldkapp, *engl.*) internationale Weltmeisterschaft in verschiedenen sportlichen Disziplinen
World Wide Web *s.* (wörld weid –, *engl.*) weltweites Informationssystem im Internet, das dessen Benutzung durch eine grafische Bildschirmoberfläche vereinfacht hat (Abk. WWW)
World Wildlife Fund for Nature *m.* (– weildleif fand for nehtscher, *engl.*) eine weltweit organisierte Naturschutzorganisation, bes. zum Schutz für bedrohte Arten
Worst Case m. (wörstkehs, *engl.*) der schlimmste Fall, die schlimmste Situation
wow! (*engl.*) wunderbar! erstaunlich! ich bin platt!

Wrap *m.* (räpp, *engl.*) hauchdünner runder Fladen, der mit Fleisch, Fisch, Käse und/od. Gemüse belegt, gerollt und als Fingerfood gegessen wird; **Wrapping** *s.* Kompressionswicklung (aus medizinischen od. kosmetischen Gründen)

Wrestling *s.* (rest-, *engl.*) in bes. Maße auf Show ausgerichtetes Catchen

WTO (aus *engl.* *W*orld *T*rade *O*rganization) Welthandelsorganisation, Sonderorganisation der Vereinten Nationen zur Überwachung und Förderung des Welthandels, Nachfolgeorganisation von GATT, gegr. 1995, Sitz in Genf (Schweiz)

Wudu = Voodoo

Wurlitzerorgel w. seit 1912 von der US-amerik. Firma R. Wurlitzer hergestellte Kionoorgel

WWW = World Wide Web

WYSIWYG *o. A.* (wisiwig, Abk. für *engl.* *w*hat *y*ou *s*ee *i*s *w*hat *y*ou *g*et) du kriegst das, was du siehst, Grundsatz bei der Bearbeitung von Bildern und Texten am Bildschirm (EDV)

Wyandottes *Mz.* (wei'en-, *engl.*) amerik. Hühnerrasse (nach dem nordamerik. Indianerstamm der Wyandots)

X

Xanthen *s.* (*gr.*) kristalline Substanz, Grundlage bestimmter Farbstoffe

Xanthin *s.* (*gr.*) wichtige Stoffwechselverbindung

Xanthippe *w.* (*gr.*) Sinnbild der zanksüchtigen Ehefrau (nach Xanthippe, der Ehefrau des Sokrates, die unverbürgt als zänkisch gilt)

Xantho-, xantho- (*gr.*) als Wortteil: gelb

xanthochrom (*gr.*) gelbfarben; **xanthoderm** gelbhäutig; **Xanthodontie** *w.* Gelbfärbung der Zähne; **Xanthokon** *s.* ein Mineral, Rotgültigerz; **Xanthom** *s.* gutartiges, gelbfarbenes Hautgeschwulst; **Xanthophyll** *s.* gelbbrauner, bes. im Herbst sichtbarer Farbstoff grüner Blätter; **Xanthopsie** *w.* das Gelbsehen bei gestörter Farbwahrnehmung

X-Chromosom *s.* (*gr.*) Chromosom der Samenzelle, das das Geschlecht des Embryos als weiblich bestimmt

Xenie *w.* (-ni'e); **Xenion** *s.* (*gr.*) Sinngedicht, Sinnspruch, Spottgedicht (*Mz.* Xenien)

Xeno-, xeno- (*gr.*) als Wortteil: fremd, Gast

Xenogamie *w.* Fremd- od. Kreuzbestäubung (von Blüten); **Xenokratie** *w.* (*gr.*) Fremdherrschaft; **Xenon** *s.* chem. Grundstoff, Edelgas; **xenophil** fremdenfreundlich, Hptw. **Xenophilie** *w.*; **xenophob** fremdenfeindlich, Hptw. **Xenophobie** *w.*

Xenotransplantation *w.* (*gr.-lat.*) Implantation von Tierorganen in den menschlichen Organismus

Xero-, xero- (*gr.*) als Wortteil: trocken

Xeroderma *w.* (*gr.*) angeborene, schon im frühen Kindesalter zum Tod führende Hautkrankheit mit Flecken-, Warzen- und Karzinombildung; **Xerodermie** *w.* Trockenheit der Haut, Pergamenthaut; **Xerographie** *w.* elektrostatisches Verfahren zum Kopieren und Drucken; **Xerokopie** *w.* (*gr.-lat.*) im Trockendruckverfahren hergestellte Vervielfältigung; **xerophil** (*gr.*) die Trockenheit liebend (von Pflanzen), Hptw. **Xerophilie** *w.*; **Xerophyten** *Mz.* Pflanzen mit wasserspeichernden Blättern; **Xerose** *w.* Aus- bzw. Vertrocknung von Gewebe und Schleimhäuten

Xetra (*Wz.*, aus *engl.* Exchange *e*lectronic *tra*ding) vollelektronisches Handelssystem für Aktien (seit 1997 an der Deutschen Börse in Frankfurt/M.)

XL Abk. von e*x*tra *l*arge (*engl.*) größer als large (von Kleidergrößen)

Xmas = Christmas

X-Strahlen = Röntgenstrahlen

Xi *s.* (ksi, *gr.*) der vierzehnte Buchstabe des griechischen Alphabets, Ξ, ξ

XXL Abk. von e*x*tra e*x*tra *l*arge (*engl.*) übergroß (von Kleidergrößen)

Xylo-, xylo- (*gr.*) als Wortteil: Holz

Xylograph *m.* Holzschneider; **Xylographie** *w.* (*gr.*) 1. Holzschneidekunst; 2. Holzschnitt; Holzstich, eine Sonderform des Holzschnitts; **Xylophage** *m.* (*gr.*) Holzfresser (z. B. Termiten); **Xylophon** *s.* (*gr.*) Schlaginstrument aus abgestimmten Holzplättchen; **Xylothek** *w.* einer Bibliothek ähnliche Sammlung von Präparaten und Beschreibungen verschiedenster Hölzer in Buchform, Holzbibliothek

Xystos *m.* (*gr.*) 1. in altgriech. Gymnasien eine gedeckte Säulenhalle, die (auch) als Laufbahn diente; 2. im antiken Rom ein (bildgeschmückter) Promenadenweg in Gartenanlagen

Y

Yacht = Jacht
Yak *m.* (*tibet.*) tibetanischer Grunzochse
Yaki *s.* (*jap.*) Sammelbez. für japan. Keramikerzeugnisse
Yakuza *w.* (*jap.*) mafiose Inlandsorganisation in Japan
Yamashita *m.* Pferdsprung mit Handstand und Überschlag (nach dem jap. Kunstturner H. Yamashita, * 1938)
Yamato-E, Yamatoe *s.* (*jap.*) figürlich-narrative Szenen aus höfischen Romanen behandelnde Tusch- und Deckfarben-Malerei in Japan (12.–14. Jh.)
Yams = Jams
Yang und Yin (*chin.*) das männliche und das weibliche Prinzip in der chinesischen Philosophie
Yankee *m.* (jänkih, *engl.*) scherzhafter Name für die Nordstaatenamerikaner; **Yankee Doodle** *m.* (– dudl) altes amerikanisches Nationallied
Yard *s.* (*engl.*) englisch-amerikanisches Längenmaß (rd. 92 cm)
Y-Chromosom *s.* Chromosom der Samenzelle, das das Geschlecht des Embryos als männlich bestimmt
Yellow Press *w.* (jelloh –) Regenbogenpresse, Sensationspresse (nach der Figur eines Jungen im gelben Hemd in einer Bildergeschichte einer US-amerik. Zeitung von ca. 1895)
Yen *m.* (*jap.*) japanische Währungseinheit
Yerba *w.* (*span.*) südamerik. Stechpalme, eine der Matepflanzen
Yeschiwa = Jeschiwa
Yes-Set *s.* (*engl.*) ein aus der Verhaltensforschung bekanntes Phänomen, dass Menschen eher bereit sind, auf eine Aufforderung od. Bitte positiv zu reagieren, wenn sie vorher schon einmal ja gesagt haben.
Yeti *m.* (*nepales.*) sagenumwobener Schneemensch, der in Gebieten des Hochhimalaja angeblich beobachtet wurde
Yggdrasil *m.* (*altnord.*) Weltesche der nordischen Mythologie
Yin = Yang und Yin
Yinghi *s.* (*chin.*) chines. Schattenspiel mit Puppen
Ylang Ylang *s.* (*malai.*) ätherisches Öl aus dem gleichnamigen Baum
YMCA (weiemßieh, aus *engl.* *Y*oung *M*en's *C*hristian *A*ssociation) Christlicher Verein Junger Männer (Abk. CVJM), überwiegend evang., weltweite Gemeinschaft, gegr. 1955, Sitz in Genf (Schweiz)
Yoga, Joga *s.* (*altind.-sanskr.*) indische Methode der Meditation, um die Seele vom Diesseitigen zu lösen; **Yogi, Jogi** *m.* indischer Asket, Anhänger des Yoga
Yoghurt = Joghurt
Yohimbin *s.* (*Bantu*) Extrakt der Rinde des afrikanischen Yohimbebaumes, Mittel gegen Durchblutungsstörungen und Aphrodisiakum
Yoni *s.* od. *w.* (*sanskr.*) in Indien als heilig geltendes Symbol des weiblichen Geschlechts
Yorkshireterrier *m.* Zwergterrier (nach der Grafschaft Yorkshire in England)
Youngster *m.* (jang-, *engl.*) 1. junger Nachwuchssportler; 2. Nachwuchskraft in einem Unternehmen
Your Majesty *o. A.* (juhr mädschestih, *engl.*) Anrede: Ihre Majestät (Abk. Y. M.)
Yo-Yo = Jojo
Ypsilon *s.* (*gr.*) der 20. Buchstabe des griechischen Alphabets, Υ, υ
Ysop *m.* (*hebr.-gr.*) Lippenblütler, Heil- und Gewürzpflanze
Ytong *m.* (*Wz.*) ein Leichtbaubeton
Ytterbium *s.* chem. Element, Seltenerdmetall (nach dem Fundort Ytterby in Schweden)
Yuan *m.* (*chin.*) Währungseinheit in China
Yucca *w.* (*span.*) Palmlilie
Yuko *m.* (*jap.*) Wertungseinheit im Judo
Yuppie *m.* (jappih, ju-, aus *engl.* *y*oung *u*rban *p*rofessional *p*eople) junger karrierebewusster großstädtischer Aufsteiger

Z

Zabaglione, Zabaione *w.* (sabajone, *itl.*) Weinschaumcreme

Zaddik *m.* (*hebr.*) chassidischer Lehrer und Wundertäter

Zakat *m.* (*arab.*) Armensteuer im Islam

Zäkum *s.* (*lat.*) Blinddarm

Zälator *m.* (*lat.*) Metallstecher

Zampano *m.* (*itl.*) Aufschneider, Blender, jmd., der den Eindruck erweckt, zaubern zu können

zappen (dsäppen, *engl.*) hin und her schalten; **Zapper** jmd., der zappt; **Zapping** *s.* wahlloser Wechsel zwischen Fernsehprogrammen mittels Fernbedienung

Zar *m.* (*lat.*) Herrschertitel in Russland, Bulgarien und Serbien; **Zarewitsch** *m.* Sohn des Zaren; **Zarewna** *w.* Tochter des Zaren; **Zariza** *w.* Zarin

Zarzuela *w.* (sarsu'ela, *span.*) 1. Fischsuppe; 2. Singspiel

Zäsur *w.* (*itl.*) Einschnitt, Pause

Zaziki *m.* od. *s.* (*türk.*) Joghurtsoße mit klein geschnittener Salatgurke und Knoblauch

Zebaoth *Mz.* (*hebr.*) alttestament. Bez. Jahwes als Herr der himmlischen Heerscharen

Zebra *s.* (*lat.-port.*) schwarzweiß oder braunweiß quer gestreiftes afrikanisches Wildpferd

Zebu *m.* (*tibet.-frz.*) indisches und afrikanisches Buckelrind

Zechinen *Mz.* (*itl.*) 1. alte venezianische Goldmünzen; 2. Geld (umg.)

Zedent *m.* (*lat.*) jmd., der eine Forderung an einen Dritten abtritt, Ztw. **zedieren**

Zeder *w.* (*gr.-lat.*) Kieferngewächs

Zelebrant *m.* (*lat.*) die Messe lesender Priester; **Zelebration** *w.* feierlicher Vollzug (des Gottesdienstes); **zelebrieren** 1. etwas feierlich wie ein Ritual ausführen; 2. die Messe lesen; **Zelebrität** *w.* 1. berühmte Person; 2. Feierlichkeit

Zellmembran *w.* (*lat.*) Trennschicht zwischen den Zellen

Zellophan = Cellophan

zellular, zellulär (*lat.*) aus Zellen gebildet, zur Zelle gehörig, zellenartig; **Zellulitis** *w.* 1. Entzündung des Zellgewebes der Unterhaut; 2. Vermehrung des Fettgewebes der Unterhaut, bes. an den Oberschenkeln bei Frauen, Orangenhaut; **Zelluloid** *s.* (*engl.*) Kunststoff aus Zellulosenitrat, Zellhorn; **Zellulose** *w.* (*lat.*) Hauptbestandteil der pflanzlichen Zellmembran

Zelot *m.* (*gr.*) Glaubenseiferer; **Zelotismus** *m.* Glaubensfanatismus; **zelotisch** fanatisch

Zement (*lat.*) 1. *m.* Bruchstein, seit Jh.en verwendeter Baustoff aus Kalk, Ton o. Ä.; 2. Knochengewebe, das den Zahn überzieht; **zementieren** 1. mit Zement ausfüllen; 2. etwas unverrückbar festlegen

Zen *s.* oder *m.* (*sanskr.-chin.-jap.*) die Kontemplation und Meditation betonende Ausformung des Buddhismus in Japan, die eine starke Wirkung auf das gesamte japan. Geistesleben ausübte

Zenit *m.* (*arab.-itl.*) 1. Scheitelpunkt, der senkrecht über dem Beobachter befindliche Himmelspunkt; 2. Höhepunkt einer Entwicklung, höchster Entfaltungspunkt (z. B. im Schaffen eines Künstlers)

Zenotaph = Kenotaph

zensieren (*lat.*) beurteilen, benoten; 2. überwachen, unterdrücken (von Veröffentlichungen); **Zensor** *m.* 1. altrömischer Beamter mit fiskalischen und sittenrichterlichen Funktionen; 2. jmd., der im behördlichen Auftrag Veröffentlichungen überwacht; **zensorisch** den Zensor bzw. die Zensur betreffend; **Zensur** *w.* 1. in Noten ausgedrückte Bewertung, Beurteilung einer Leistung; 2. staatliche Überwachung und Unterdrückung von Schriften, Filmen und Datenmaterial; **zensurabel** 1. zinspflichtig; 2. anstößig; **Zensus** *m.* 1. Volkszählung; 2. Vermögensschätzung durch die altröm. Zensoren

Zentaur, Kentaur *m.* (*gr.*) griech. Fabelwesen mit menschlichem Oberkörper und Pferdeleib

Zentenarium *s.*; **Zentenarfeier** *w.* (*lat.*) Hundertjahrfeier

zentesimal (*lat.*) hundertteilig

Zentifolie *w.* (-li'e, *lat.*) Rosenart mit ganz gefüllter Blüte

Zentigrad *m.* (*lat.*) ein hundertstel Grad; **Zentigramm** *s.* (*lat.-gr.*) ein hundertstel Gramm (Abk. cg); **Zentiliter** *m.* und *s.* (*lat.-frz.*) ein hundertstel Liter (Abk. cl); **Zentimeter** *m.* und *s.* (*lat.*) ein hundertstel Meter (Abk. cm)

zentral (*lat.*) 1. den Mittelpunkt bildend, in der Mitte (gelegen); 2. von einer Hauptstelle aus; 3. wesentlich, entscheidend; **Zentrale** *w.* Hauptstelle, Mittelpunkt; **Zentralisation, Zentralisierung** *w.* Zusammenfassung, Unterstellung unter eine Zentrale; **zentralisieren** an einem Punkt zusammenziehen, von der Zentrale aus leiten; **Zentralismus** *m.* Bestreben, die Staatsgewalt zentralistisch zu organisieren; **zentralistisch** von der Zentrale ausgehend, auf die Zentrale bezogen; **Zentralnervensystem** *s.* Gehirn und Rückenmark; **zentrieren** zum Mittelpunkt hin ausrichten, Hptw. **Zentrierung** *w.*

zentrifugal (*lat.*) vom Mittelpunkt wegstrebend; **Zentrifugalkraft** *w.* Fliehkraft; **Zentrifuge** *w.* Schleudergerät zum Trennen fester und flüssiger Bestandteile; **zentrifugieren** ausschleudern; **zentripetal** zum Mittelpunkt hinstrebend; **Zentripetalkraft** *w.* zum Mittelpunkt hin wirkende Kraft; **zentrisch** im Mittelpunkt befindlich; **zentrovertiert** selbstbezogen; **Zentrum** *s.* 1. Mittelpunkt, Mitte; 2. zentraler Bezirk, Stadtmitte; 3. kath. Zentrumspartei (1870–1933)

Zentumvirat *s.* (*lat.*) aus einhundert Männern bestehendes Richterkollegium im antiken Rom; **Zenturie** *w.* (-ri'e) Hundertschaft der römischen Legion; **Zenturio** *m.* Befehlshaber einer Zenturie

Zephalo-, zephalo (*gr.*) als Wortteil: Kopf, Schädel

Zephalometrie *w.* Schädelmessung; **Zephalopode** *m.* Kopffüßer, bes. Tintenfisch

Zephir *m.* (*gr.*) 1. poetische Bez. für sanften Wind; 2. zartes, musselinartiges Baumwollgewebe; **zephirisch** linde, säuselnd; **Zephirwolle** *w.* aus weichem Kammgarn gedrehte Wolle

Zepter *s.* od. *m.* (*gr.*) 1. Herrscherstab; 2. Macht, Herrschaft

Zerberus *m.* (*gr.*) gestrenger Wächter (nach dem dreiköpfigen Wachhund der Unterwelt in der griech. Mythologie)

Zerealien *Mz.* (-li'en, *lat.*) Feldfrüchte, Getreide

zerebral (*lat.*) 1. zum Großhirn gehörig; 2. geistig, intellektuell; **Zerebralisation** *w.* Ausbildung und Differenzierung des Gehirns bei Embryo und Fetus; **Zerebrallaut** *m.* mit der Zungenspitze am Gaumen gebildeter Laut; **Zerebralsklerose** *w.* Verhärtung der Gehirnsubstanz; **Zerebralsystem** *s.* das Gehirn und die von ihm ausgehenden Nerven; **zerebrospinal** (*lat.*) Gehirn und Rückenmark betreffend; **Zerebrum** *s.* Großhirn

Zeremoniale *s.* (*lat.*) Sammlung der Zeremonien der kath. Kirche; **Zeremonie** *w.* feierliche Handlung, feierlicher Brauch; **Zeremoniell** *s.* (-ni'e-) Gesamtheit der vorgeschriebenen Förmlichkeiten bei feierlichen Anlässen; **zeremoniell** 1. dem Zeremoniell entsprechend, feierlich-förmlich; 2. umständlich, steif; **zeremoniös** steif, gemessen

zernieren (*frz.-lat.*) umzingeln, einschließen, Hptw. **Zernierung** *w.*

Zero *s.* (sero, *arab.-frz.*) die Null (im Roulette)

Zerodur *s.* (*Wz.*) glaskeramischer Werkstoff mit geringer Wärmeausdehnung, bes. in astronomischen Großteleskopen

Zerograph *m.* (*gr.-lat.*) Wachsgravierer; **Zerographie** *w.* 1. Kunst des Wachsgravierens; 2. Wachsgravur; **Zeroplastik** *w.* Wachsbildnerei, Wachsbild

zero problemo (Kunstwort) kein Problem, alles in Ordnung (Jj.)

Zertifikat *s.* (*lat.*) Bescheinigung, Zulassung, Beglaubigung, Anteilsschein, Ztw. **zertifizieren**; **Zertifizierung** *w.* 1. das Beglaubigen; 2. Prozess des Zugelassenwerdens

Zervelatwurst *w.* (*itl.*) gut geräucherte Hartwurst

zervikal (*lat.*) 1. zu Hals und Nacken gehörend; 2. zum Gebärmutterhals gehörend; **Zervikalsyndrom** *s.* Hals- und Nackenschmerzen; **Zervix** = Cervix; **Zervixkarzinom** *s.* Gebärmutterhalskrebs

Zession *w.* (*lat.*) Abtreten einer Forderung an einen Dritten, Ztw. **zedieren**

Zeta *s.* (*gr.*) der sechste Buchstabe des griechischen Alphabets, Z, ζ

Zetazeen *Mz.* (*gr.*) biologische Klasse der Wale

Zeugma *s.* (*gr.*) Redefigur, in der sich (meistens) das Prädikat auf alle Satzglieder bezieht, aber nicht für alle passt (z. B. Er hob den Blick und ein Bein gen Himmel [Laurence Sterne])

Zeus *m.* (*gr.*) der höchste der griechischen Götter

Zezidie *w.* (-di'e, *lat.*) Pflanzengalle, Wucherung an Pflanzen

Zibebe *w.* (*itl.-arab.*) große Rosine

Zibet *m.* (*arab.*) Analdrüsensekret der Zibetkatze, ein Grundstoff in der Parfümerie; **Zibetkatze** *w.* Gattung der asiatischen Schleichkatze

Ziborium *s.* (*lat.*) 1. gedeckter Kelch für die Hostie; 2. Altarüberbau mit Säulen

Zichorie *w.* (-ri'e, *gr.-lat.*) 1. Gattung der Korbblütler; 2. Wegwarte, aus deren gerösteten Wurzeln ein Kaffeezusatz hergestellt wird; 3. Stammform verschiedener Salatpflanzen (z. B. der Endivie)

Zider = Cidre

Zigarette *w.* (*span.-frz.*) längliche, mit geschnittenem Tabak gefüllte Papierhülse; **Zigarillo** *m.* dünne kleinere Zigarre; **Zigarre** *w.* Produkt aus gerollten ganzen od. geschnittenen Tabakblättern, die mit Tabakblatt oder -hülle ummantelt werden

Zikade *w.* (*lat.*) grillenähnliches Insekt

Zikatrix *w.* (*lat.*) Narbe

Zikkurat *w.* (*semit.*) terrassenförmig angelegter monumentaler Tempelturm in Mesopotamien

Zilie *w.* (-li'e, *lat.*) 1. Wimper; 2. Flimmerhaar der Wimperntiere, Eigw. **ziliar**

Zimbel *w.* (*lat.*) 1. kleines Becken als Schlaginstrument; 2. Glockenspiel; 3. hell klingendes Orgelregister

Zimelie *w.* (-li'e), **Zimelium** *s.* (*gr.-lat.*) 1. kostbares Buch oder Handschrift im Besitz einer Bibliothek; 2. Kirchenschatz (*Mz.* Zimelien)

Zimier *w.* oder *s.* (*frz.*) Ritterhelmschmuck

Zindel *s.* (*lat.*) Seidengewebe des Mittelalters; **Zindeltaft** *m.* Futterstoff aus Baumwolle oder Leinen

Zinerarie *w.* (-ri'e, *lat.*) Zimmerpflanze aus der Familie der Kreuzblütler; **Zinerarium** *s.* Urnengrabstelle in antiken römischen Grabanlagen

Zingel *m.* (*lat.*) Ringmauer um mittelalterliche Städte

Zinnie *w.* (-ni'e) Gartenzierpflanze mit leuchtenden Blütenköpfen, eine Korbblütlergattung (nach dem Botaniker J. G. Zinn)

Zinnober *m.* (*gr.-lat.*) 1. rotes Metall, ein Quecksilbererz; 2. Unsinn, dummes Zeug

Zionismus *m.* (*hebr.-lat.*) 1. im 19. Jh. entstandene Bewegung zur Gründung eines nationalen jüdischen Staates in Palästina; 2. nationalistische politische Strömung im heutigen Judentum, die die Interessen des Staates Israel offensiv vertritt; Eigw. **zionistisch**; **Zionist** *m.* Anhänger des Zionismus

Zipolle *w.* (*lat.*) Zwiebel

Zipp *m.* (*engl., Wz.*) Reißverschluss

zirka (*lat.*) etwa, ungefähr

Zirkel *m.* (*lat.*) 1. Zeichenhilfsmittel zum Kreiszeichnen; 2. Zeichen einer studentischen Verbindung; 3. Kreisfigur beim Dressurreiten; 4. eng verbundener geselliger Kreis; **Zirkelschluss** *m.* Trugschluss

Zirkon *m.* (*pers.*) (meist) braunes od. braunrotes Mineral, das beim Brennen Blautöne annimmt und dann als Edelstein verwendet wird

Zirkonium *s.* chem. Element, grau-weißes Metall (Zeichen Zr)

Zirkular *s.* (*lat.*) Rundschreiben; **zirkular, zirkulär** kreisförmig; **Zirkulation** *w.* 1. Umlauf; 2. Blutkreislauf; **zirkulieren** umlaufen, in Umlauf sein

Zirkumflex = Accent circonflexe

Zirkumzision *w.* (*lat.*) Beschneidung der Vorhaut des männlichen Glieds

Zirkus *m.* (*lat.*) 1. Kampfspielplatz im antiken Rom; 2. Schaustellerunternehmen, das in einem Rundzelt Tierdressuren, akrobatische Nummern u. a. zur Vorführung bringt; 3. Trubel, Wirbel, Verwirrung

Zirrhose *w.* (*gr.*) entzündliche Bindegewebswucherung eines Organs mit Schrumpfung und Verhärtung

Zirrokumulus *m.* (*lat.*) flockenartige Eiswolke; Schäfchenwolke; **Zirrostratus** *m.* hohe Schleierwolke aus Eisfedern; **Zirrus** *m.* 1. isolierte Federwolke aus Eisteilchen; 2. Körperanhang bei Wassertieren

zirzensisch (*lat.*) zum Zirkus gehörig

Zis-, zis- (*lat.*) als Vorsilbe: diesseits; **zisalpin** diesseits der Alpen (von Rom aus)

Ziseleur *m.* (-lör, *frz.*) Metallstecher; **ziselieren** Metall verzieren

Zislaweng *s.* Schwung, Dreh, Kniff; **mit einem Zislaweng** mit Schwung (Herk. ungekl., viell. frz.)

Zista, Ziste *w.* (*gr.*) 1. vorgeschichtlicher zylindrischer Bronzeeimer als Aufbewahrungsgefäß; 2. altgriech. sakrales Korbgefäß; 3. etruskische Urne

Zisterne *w.* (*lat.*) unterirdisches Auffangbecken für Regenwasser

Zisterzienser *m.* (-zi'e-) Angehöriger des Zisterzienserordens, der im 11. Jh. von dem benediktinischen Reformkloster Citeaux in Frankreich seinen Ausgang nahm

Zistrose *w.* (*lat.*) am Mittelmeer beheimateter Strauch mit wildrosenähnlichen Blüten

Zitadelle *w.* (*itl.*) 1. Festung innerhalb einer Stadt; 2. letzter Widerstandskern einer Festung

Zitat *s.* (*lat.*) 1. wörtliche Wiedergabe einer mündlichen oder schriftlichen Äußerung; 2. geflügeltes Wort; **zitieren** 1. eine Belegstelle aufführen; 2. jmdn. zu sich bestellen, um ihn zur Rede zu stellen

Zither *w.* (*gr.*) weitverbreitetes Zupfinstrument mit flachem Korpus

Zitrat *s.* (*lat.*) Salz der Zitronensäure; **Zitronat** *s.* kandierte Zitronenschale; **Zitrone** *w.* Rautengewächs mit sauren gelben Früchten; **Zitrusfrucht** *w.* Frucht einer Zitruspflanze (z. B. Zitrone, Apfelsine)

Zivi *m.* Zivildienstleistender (umg.); **zivil** (*lat.*) 1. bürgerlich (im Ggs. zu militärisch); 2. annehmbar, angemessen (von Preisen); **Zivil** *s.* bürgerliche Kleidung; **Zivilcourage** *w.* (-kurasche) mutiges Verhalten einer einzelnen Person oder einer Personengruppe im öffentlichen Leben; **Zivildienst** *m.* Ersatzdienst für den Wehrdienst; **Zivilehe** *w.* Ehe, die auf dem Standesamt geschlossen wird; **Zivilisation** *w.* die durch Wissenschaft und Technik geschaffenen Lebensbedingungen und Lebensverfeinerungen; **zivilisatorisch** auf Zivilisation gerichtet, zur Zivilisation gehörend, Ztw. **zivilisieren; zivilisiert** verfeinert, kultiviert, gesittet; **Zivilist** *m.* Nichtsoldat

Zloty *m.* (sloti, *poln.*) polnische Währungseinheit

Zobel *m.* (*russ.*) sibirischer Marder

Zoccoli *Mz.* Holzsandalen (Schweiz)

zocken (*hebr.-jidd.*) Glücksspiele spielen; **Zocker** *m.* Glücksspieler

zodiakal (*gr.*) den Tierkreis betreffend; **Zodiakallicht** *s.* Lichtschein in Richtung des Tierkreises; Tierkreislicht; **Zodiakus** *m.* zwölf Sternbilder, der Tierkreis

Zoff *m.* (*hebr.*) Streit, Zank, Ärger (umg.)

Zoidiogamie, Zoidiophilie *w.* (*gr.*) Bestäubung der Blüten durch Tiere

zölestisch (*lat.*) himmlisch

Zölibat *s.* oder *m.* (*lat.*) Ehelosigkeit der kath. Priester

Zombie *m.* (*engl.*) untoter Toter, willenloser Wiedergänger

zonal (*lat.*) zu einer Zone gehörig

zonked (*engl.*) stark unter Drogen stehend (Jargon)

Zönobium *s.* (*lat.*) 1. Klostergemeinschaft; 2. Lebensgemeinschaft einzelliger Lebewesen, Zellkolonie; **Zönotop** *s.* Lebensraum einer Gemeinschaft von Organismen

Zoo-, zoo- (zo'o, *gr.*) als Vorsilbe: Leben, lebendiges Tier; **zoogen** (*gr.*) aus tierischen Resten (von Gesteinen); **Zoografie** *w.* Einordnung und Benennung der Tierarten; **Zoolatrie** *w.* Tierkult; **Zoologe** *m.* Wissenschaftler auf dem Gebiet der Zoologie; **Zoologie** *w.* Wissenschaft von den Tieren, Tierkunde, Eigw. **zoologisch**

Zoom *m.* (suhm, *engl.*) Objektiv zur und Vorgang der stufenlosen Brennweitenveränderung an Kameras; **zoomen** mit dem Zoom arbeiten

zoophag (zo'o-, *gr.*) Fleisch fressend (von

Pflanzen); **Zoophage** *m.* 1. Pflanze, die sich von Tieren ernährt; 2. Tier, das sich von anderen Tieren ernährt; **Zoophilie** *f.* sexuelle Ausrichtung, bei der Tiere Objekte sexueller Befriedigung sind; Eigw. **zoophil**; **Zoosemantik** *w.* zoologisches Gebiet, das sich mit der Zeichensprache der Tiere beschäftigt; **Zootomie** *w.* Anatomie von Tieren

Zores *m.* (*hebr.*) Durcheinander, Ärger

Zoroastrier *m.* Anhänger des Zoroastrismus; **zoroastristisch** zum Zoroastrismus gehörig; **Zoroastrismus** *m.* = Parsismus (nach Zoroaster, eig. Zarathustra, dem pers. Propheten, um 600 v. Chr.)

Zuave *m.* (*arab.-frz.*) Angehöriger der französ. Kolonialarmee, die (auch) Berber rekrutierte

Zucchino *m.* (-kihno, *itl.*) Kürbisart mit gurkenähnlichen Gemüsefrüchten (Mz. Zucchini)

Zyan-, zyan- *w.* (*lat.*) als Wortteil: blau

Zyankali *s.* (*gr.-arab.*) Verbindung von Zyan und Kalium, starkes Gift; **Zyanose** *w.* bläuliche Hautverfärbung aufgrund von Sauerstoffmangel im Blut; **Zyanotypie** *w.* Lichtpausverfahren für technische Zeichnungen

Zygote *w.* (*gr.*) Zellvereinigung von Keimzellen

Zyklamen *s.* (*gr.*) Alpenveilchen

Zykl(o)-, zykl(o)- (*gr.*) als Wortteil: periodisch, Kreis

Zyklenroman *m.* (*gr.-lat.*) Romanzyklus aus einzelnen selbständigen Romanen mit verwandten Themen; **zyklisch** (*gr.*) 1. regelmäßig wiederkehrend; 2. ringförmig angeordnet (von Molekülen); **Zyklizität** *w.* (*gr.*) periodische Wiederkehr; **Zykloide** *w.* Radkurve, Rollkurve (in der Mathematik); **Zyklometrie** *w.* Maßbestimmung am Kreis

Zyklon *m.* (*gr.*) tropischer Wirbelsturm; Hurrikan, Taifun; **Zyklone** *w.* barometrisches Tiefdruckgebiet

Zyklop *m.* (*gr.*) einäugiger Riese der griech. Sage; **zyklopisch** gewaltig, riesig, überlebensgroß

Zyklorama *s.* (*gr.*) künstlicher Rundhintergrund, Rundhorizont in Theater und Film

Zyklothyme *m.* u. *w.* (*gr.*) Mensch mit starken Stimmungsschwankungen, Eigw. **zyklothym**

Zyklotron *s.* (*gr.*) Apparat zur Beschleunigung von Atomteilchen und zur Atomumwandlung

Zyklus *m.* (*gr.*) 1. periodisch wiederkehrendes Geschehen (z.B. die Menstruation); 2. Folge von thematisch oder stilistisch zusammengehörigen Kunstwerken; 3. Programmschleife (EDV)

Zylinder *m.* (*gr.*) 1. geometrische Figur; 2. walzenförmiger Hohlkörper, in dem sich ein Kolben bewegt; 3. Hut mit hohem, steifem Kopf; 4. Lampenglas (z.B. einer Petroleumlampe), Eigw. **zylindrisch**

Zyma *s.* (*gr.*) Hefe; **Zymase** *w.* Gärstoff der Hefe; **zymisch** auf Gärung beruhend; **Zymologie** *w.* Lehre von den Gärungsvorgängen; **zymotisch** Gärung erzeugend

Zynegetik *w.* (*gr.*) Verfahren der Hundeabrichtung für die Jagd, Eigw. **zynegetisch**

Zyniker *m.* (*gr.*) bissiger Spötter, Eigw. **zynisch**; **Zynismus** *m.* bissig-spöttische Haltung gegenüber den Gefühlen anderer

Zypresse *w.* (*gr.-lat.*) Nadelbaum der Mittelmeergebiete

Zyst(o)-, zyst(o)- (*gr.*) als Wortteil: Blase

Zyste *w.* (*gr.*) 1. kapselartiger, mit Flüssigkeit gefüllter Hohlraum, Geschwulst; 2. von einer Hülle umgebene Ruheform niederer Tiere und Pflanzen; **Zystis** *w.* Blase, Harnblase; **Zystitis** *w.* Blasenkatarrh; **Zystoskopie** *w.* Blasenspiegelung

Zytoblast *m.* (*gr.*) Zellkern; **zytogen** Zellen bildend; **Zytologie** *w.* Wissenschaft von den Zellen; **Zytoplasma** *s.* Zellplasma; **Zytostatikum** *s.* (*gr.-lat.*) chem. Mittel, das das Zellwachstum hemmt (*Mz.* Zytostatika); **Zytotoxin** *s.* (*gr.*) Zellgift

Weitere Titel

Sag es auf Deutsch

Sag es treffender

Friedemann Schulz von Thun
Miteinander reden 1

Störungen und Klärungen: Allgemeine Psychologie der Kommunikation

Beruf, Beziehung, Alltag: Ständig müssen wir mit anderen kommunizieren. Und immer wieder entstehen dabei Probleme; selbst scheinbar einfache Situationen bergen Tücken. Oft gelingt es nicht, uns verständlich zu machen, geschweige denn uns durchzusetzen. Und ebenso oft begreifen wir unser Gegenüber nicht. Gespräche werden zum Streit, ohne dass uns so recht klar ist, warum. Friedemann Schulz von Thun zeigt, welche Erkenntnisse die Kommunikationspsychologie bietet, damit wir persönlich und sachlich besser miteinander klarkommen.
Miteinander reden 1 erklärt, wie zwischenmenschliche Kommunikation abläuft. Was sind die typischen Probleme? Und wie können wir sie beheben?

320 Seiten

«Wenn es um Kommunikation oder Rhetorik geht, kommt man um den Namen Schulz von Thun nicht herum.»

PSYCHOLOGIE HEUTE

Sb 111/1

MIX
Papier aus verantwortungsvollen Quellen
FSC® C083411

Das für dieses Buch verwendete Papier ist FSC®-zertifiziert.